Karsten Schmidt, Geldrecht

Sonderausgabe der §§ 244–248 BGB
aus J. von Staudingers
Kommentar zum Bürgerlichen Gesetzbuch
mit Einführungsgesetz und Nebengesetzen
12., neubearbeitete Auflage
ergänzt um eine Einleitung, ein Abkürzungsverzeichnis,
ein Paragraphen- und ein Sachregister

Geldrecht

Geld, Zins und Währung im deutschen Recht

Kommentar
von

Dr. Karsten Schmidt
Professor an der Universität Hamburg

1983
J. Schweitzer Verlag KG Walter de Gruyter & Co., Berlin

Die Kommentierung der §§ 244–248 entspricht der Kommentierung der §§ 244–248 in **J. von Staudingers Kommentar zum Bürgerlichen Gesetzbuch** (12. Auflage). Die Sonderausgabe enthält zusätzlich eine Einleitung, ein Abkürzungsverzeichnis, ein Paragraphen- und ein Sachregister.

Zitierweise

KARSTEN SCHMIDT, Geldrecht Vorbem A 1 zu § 244
KARSTEN SCHMIDT, Geldrecht § 244 Rz 1

Stand der Bearbeitung

Oktober/Dezember 1982

CIP-Kurztitelaufnahme der Deutschen Bibliothek

Schmidt, Karsten:
Geldrecht : Geld, Zins u. Währung im dt. Recht ; Kommentar / von Karsten Schmidt. – Sonderausg. d. §§ 244–248 BGB aus J. von Staudingers Kommentar zum Bürgerlichen Gesetzbuch mit Einführungsgesetz u. Nebengesetzen, 12., neubearb. Aufl., erg. um e. Einl., e. Abkürzungsverz., e. Paragraphen- u. e. Sachreg. – Berlin : Schweitzer de Gruyter, 1983.
ISBN 3-8059-0659-5

Satz und Druck: Georg Wagner, Nördlingen. – Bindearbeiten: Lüderitz & Bauer, Buchgewerbe GmbH, Berlin. – Umschlaggestaltung: Bib Wies, München.

für Inga, Frauke und Hilke

Inhaltsübersicht

Vorwort

Das Geld ist Erzeugnis und unverzichtbarer Bestandteil des Wirtschaftslebens. Wirtschaftspraxis und Rechtspraxis bedienen sich seiner im Alltagsgeschäft mit jener mühelosen Selbstverständlichkeit, die als Charakteristikum des Geldes als einer Institution des Verkehrslebens gelten kann. Die sich hinter diesem Handwerkszeug des Wirtschaftsalltags verbergenden hochkomplizierten Zusammenhänge und Fragen sind zuvörderst Gegenstand der Wirtschaftswissenschaften, nicht der Rechtswissenschaft. Fragen der monetären Theorie gehören so lange nicht in den Rechtsstoff, wie sie sich nicht in Rechtsproblemen niederschlagen. Sobald sich aber monetäre Probleme zu Rechtsfragen verdichten, muß sich dies ändern, wie überhaupt die rechtlichen und ökonomischen Grundfragen des Geldes und der Geldschuld unmittelbares praktisches Interesse erlangen, wenn aus einem monetären Vorgang ein Rechtsfall wird.

Die vorliegende Untersuchung nimmt sich dieser Rechtsfragen an. Sie läßt sich auf das Wagnis ein, den sich aus ökonomischen und juristischen Vorgaben ergebenden Stoff systematisch zu ordnen, ihn kritisch darzustellen und dabei rechtsdogmatisch geschlossene und rechtspraktisch nützliche Problemlösungen vorzulegen. In wissenschaftlicher Hinsicht weiß sie sich einer Tradition monographischer Darstellungen verpflichtet. Gemeint sind vor allem die grundlegenden juristischen Arbeiten von Friedrich Carl von Savigny (1851), Levin Goldschmidt (1868), Martin Wolff (1917), Arthur Nussbaum (1925), Adalbert Schwander (1938) und F A Mann (1938, 4. Aufl 1982, deutsche Ausgabe 1960). Wegweisende Monographien über abgegrenzte Teilbereiche des Währungswesens (zB Neumeyer [1930/1936], Melchior [1932], Hoffmann [1969]) und des Geldrechts (zB Eckstein [1932], von Maydell [1974] und Ertl [1980]) haben Daten für die Lehre vom Geldrecht gesetzt. Praktischen Rat auf Teilgebieten geben Darstellungen von Schwerpunktproblemen in Gestalt von Handbüchern (zB Fögen [1969], Dürkes [1. Aufl 1953, 9. Aufl 1982]). Mit der vorliegenden Studie wurde versucht, eine bisher fehlende aktuelle Gesamtdarstellung des Geldrechts vorzulegen.

Der Band ist das Ergebnis einer 1977 übernommenen und 1979 begonnenen Neubearbeitung der Geldrechtskommentierung in J von Staudingers Kommentar zum Bürgerlichen Gesetzbuch. Dem neu konzipierten Text konnte die aus der Feder von Wilhelm Weber stammende umfangreiche und reichhaltig belegte Vorauflage nicht mehr als Basis dienen, so daß ein in allen Teilen neues Werk entstand. Zu einer Sonderausgabe neben dem Staudinger haben sich Verlag und Autor deshalb entschlossen, weil die geschlossene Neukommentierung des Geldrechts in ihrer Materialverarbeitung Züge einer Monographie und eines Handbuchs trägt. Das Werk soll vor allem auch denjenigen Benutzer in Praxis und Wirtschaftswissenschaft erreichen, der einen vielbändigen Kommentar zum BGB nicht benötigt. Die Verwendung wirtschaftswissenschaftlichen und ausländischen Schrifttums wurde bei der Schlußredaktion auf das dem Gegenstand der Darstellung zuträgliche Maß gebracht. Da der Text trotz der monographischen Materialverarbeitung von der spröden Darstellungstechnik eines Kommentars nicht unbeeinflußt bleiben konnte, wurde ihm in der Sonderausgabe zur besseren Einarbeitung eine Einleitung vorangestellt. Diese Einleitung gibt die Umrisse der Darstellung des Stoffs auf knappem Raum im Zusammenhang wieder. Für die Erschließung bei der Arbeit am praktischen Fall erhielt die Ausgabe ein Paragraphenregister sowie ein detailliertes Sachregister.

Vorwort

Der Text stammt aus den Jahren 1979–1982. Er ging in einer teils 1981, teils im Juli 1982 abgeschlossenen Fassung in den Druck, jedoch konnte im Zuge der Fahnenkorrektur noch umfangreiches Material bis zum Herbst 1982 nachgetragen werden, darunter die Neubearbeitungen des Standardwerks über Wertsicherungsklauseln von DÜRKES und der international wegweisenden Untersuchung von F A MANN (The Legal Aspect of Money [4. Aufl 1982]). Für zeitraubende Korrektur- und Überprüfungshilfe bei der wiederholten Durchsicht des Textes danke ich Frau Margret Suckale, Frau Regina Wechsler, Herrn Dietmar Kubis, Herrn Conrad König und Herrn Wolf Schulz. Daß meine Manuskriptentwürfe nicht zum Chaos gerieten, verdanke ich der ordnenden Hand von Herrn Dr. Andreas Blaschczok (bis 1981) und Herrn Peter Kiel (ab 1981), die überdies mit förderlicher Kritik Textverbesserungen anregten. Herr Kiel ging mir bei der Erstellung der Sachregister zur Hand. Der Berufserfahrung und der Geduld von Herrn Dr. Blaschczok (jetzt Akademischer Rat an der Universität Passau) verdanke ich den Einstieg in die dem Rechtswissenschaftler fremden finanzmathematischen Grundlagen der Zinsrechnung. Kritische Praktiker haben die Ausführungen über das Außenwirtschaftsrecht, die Wertsicherung und die Zinsrechnung durchgesehen, wofür ich ihnen ebenso zu Dank verpflichtet bin wie Herrn Professor Dr. Dieter Medicus, der mir als Bandredaktor des STAUDINGER nach vollständiger Lektüre noch nützliche Anregungen gab. Meinen Sekretärinnen, Frau Rany Hedtke (bis 1981) und Frau Erika Wilhelm (ab 1981), danke ich für die geduldige und kundige Betreuung des unhandlichen und zuweilen unübersichtlichen Manuskripts. Zu danken habe ich schließlich dem Verlag: für vorbildliche Zusammenarbeit, für die verständnisvolle Hinnahme der Satzkorrekturen, vor allem aber für jahrelanges Warten auf druckreife Ergebnisse. Daß diese Geduldsprobe ihren Grund in der Materie hatte, mag ihm das Vorwort beweisen, das KARL NEUMEYER im Jahre 1930 dem Band III/2 seines im gleichen Haus erschienenen Werks über das »Internationale Verwaltungsrecht« vorangestellt hat: »Als ich . . . eine Frist von zwei Jahren in Aussicht nahm, glaubte ich reichlich gerechnet zu haben. Das Kapitel Währung hat die schwärzesten Erwartungen hinter sich gelassen: aus den zwei Jahren sind beinahe fünf geworden«.

Hamburg, im Dezember 1982 KARSTEN SCHMIDT

Abkürzungsverzeichnis*

A

aA	anderer Ansicht
aaO	am angegebenen Ort
ABl	Amtsblatt
abl	ablehnend
ABl Am Mil Reg	Amtsblatt der Militärregierung Deutschland. Amerikanisches Kontrollgebiet
Abl Br Mil Reg	Amtsblatt der Militärregierung Deutschland. Britisches Kontrollgebiet
Abs	Absatz
AbzG	Gesetz betreffend die Abzahlungsgeschäfte (Abzahlungsgesetz)
AcP	Archiv für die civilistische Praxis
ADHGB	Allgemeines Deutsches Handelsgesetzbuch von 1861
ADSp	Allgemeine Deutsche Spediteurbedingungen
aE	am Ende
ÄndG	Änderungsgesetz
ÄndVO	Änderungsverordnung
aF	alte Fassung
AG	Amtsgericht; Aktiengesellschaft
AGB	Allgemeine Geschäftsbedingungen
AGBG	Gesetz zur Regelung des Rechts der Allgemeinen Geschäftsbedingungen
AKB	Allgemeine Bedingungen für die Kraftfahrtversicherung
AK BGB-Bearb.	Reihe Alternativkommentare, Kommentar zum Bürgerlichen Gesetzbuch, Bd. 2 Allgemeines Schuldrecht, 1980
AktG	Aktiengesetz
allg	allgemein
ALR	Allgemeines Landrecht für die Preußischen Staaten von 1794
Alt	Alternative
aM	anderer Meinung
amtl	amtlich
AnfG	Gesetz betreffend die Anfechtung von Rechtshandlungen eines Schuldners außerhalb des Konkursverfahrens
Anh	Anhang
Anm	Anmerkung
AnwBl	Anwaltsblatt, Nachrichten für die Mitglieder des Deutschen Anwaltvereins
AO	Abgabenordnung
AöR	Archiv des öffentlichen Rechts
AP	Nachschlagewerk des Bundesarbeitsgerichts – Arbeitsrechtliche Praxis –
ArbG	Arbeitsgericht
ArbR-Blattei	Arbeitsrecht-Blattei; Loseblatt-Handbuch systematischer Darstellungen, Entscheidungen, Gesetzestexte und Kurzberichte
ArchBürgR	Archiv für Bürgerliches Recht
arg	argumentum

* Das Verzeichnis enthält die durchgehend verwendeten Abkürzungen der Fachsprache sowie die durchgehend abgekürzt angeführte Literatur.

Abkürzungsverzeichnis

ARS	Arbeitsrechtssammlung (Entscheidungen des Reichsarbeitsgerichts und des Reichsehrengerichtshofes, der Landesarbeitsgerichte, Arbeitsgerichte und Ehrengerichte)
Art	Artikel
Artt	Artikel (Plural)
Aufl	Auflage
AufwertungsG	Gesetz über die Aufwertung von Hypotheken und anderen Ansprüchen (Aufwertungsgesetz)
Ausg	Ausgabe
AVG	Angestelltenversicherungsgesetz
AWD	Außenwirtschaftsdienst des Betriebs-Beraters
AWG	Außenwirtschaftsgesetz
AWVO	Verordnung zur Durchführung des Außenwirtschaftsgesetzes (Außenwirtschaftsverordnung)
B	
B	Beiblatt; Beiheft
BAföG	Bundesgesetz über individuelle Förderung der Ausbildung (Bundesausbildungsförderungsgesetz – BAföG)
BAG	Bundesarbeitsgericht
BAGE	Entscheidungen des Bundesarbeitsgerichts
BankArch	Bankarchiv, Zeitschrift für Bank- und Börsenwesen
BAnz	Bundesanzeiger
bayer	bayerisch
BayObLG	Bayerisches Oberstes Landesgericht
BayObLGZ	Entscheidungen des Bayerischen Obersten Landesgerichts in Zivilsachen (Neue Folge)
BayVBl	Bayerische Verwaltungsblätter
BayVGH	Bayerischer Verwaltungsgerichtshof
BayZ	Zeitschrift für Rechtspflege in Bayern
BB	Betriebs-Berater
BBankG	Gesetz über die Deutsche Bundesbank
BBesG	Bundesbesoldungsgesetz
BBG	Bundesbeamtengesetz
Bd	Band
BdL	Bank deutscher Länder
Bearb	Bearbeiter
BEG	Bundesgesetz zur Entschädigung für Opfer der nationalsozialistischen Verfolgung (Bundesentschädigungsgesetz)
Begr	Begründung
Beih	Beiheft
Bek	Bekanntmachung
Beil	Beilage
Berner Komm	Berner Kommentar zum schweizerischen Privatrecht
bes	besonders
Beschl	Beschluß
betr	betreffend
BetrAV	Betriebliche Altersversorgung
BetrAVG	Gesetz zur Verbesserung der betrieblichen Altersversorgung (Betriebsrentengesetz)
Betrieb	Der Betrieb
BFH	Bundesfinanzhof
BFHE	Sammlung der Entscheidungen des Bundesfinanzhofs
BGB	Bürgerliches Gesetzbuch
BGBl	Bundesgesetzblatt
BGBl NddBd	Gesetzesblatt des Norddeutschen Bundes
BGB-RGRK-Bearb	Das Bürgerliche Gesetzbuch mit besonderer Berücksichtigung der Rechtsprechung des Reichsgerichts und des Bundesgerichtshofs, Kommentar herausgegeben von Mitgliedern des Bundesgerichtshofes, 12. Aufl ab 1974

BGH	Bundesgerichtshof
BGHSt	Entscheidungen des Bundesgerichtshofes in Strafsachen
BGHZ	Entscheidungen des Bundesgerichtshofes in Zivilsachen
BHO	Bundeshaushaltsordnung
BK-Bearb	Bonner Kommentar zum Grundgesetz
BlGBW	Blätter für Grundstücks-, Bau- und Wohnungsrecht
Blomeyer, Allg SchuldR	Allgemeines Schuldrecht, 4. Aufl 1969
BM	Bundesminister, Bundesministerium
BMF	Bundesminister der Finanzen
BMWi	Bundesminister für Wirtschaft
BR	Bundesrat
BR-Drucks	Bundesrat, Drucksachen
BRAGO	Bundesgebührenordnung für Rechtsanwälte
BRRG	Rahmengesetz zur Vereinheitlichung des Beamtenrechts (Beamtenrechtsrahmengesetz – BRRG)
BSG	Bundessozialgericht
BSGE	Entscheidungen des Bundessozialgerichts
BStBl	Bundessteuerblatt
BT	Bundestag
BT-Drucks	Verhandlungen des Deutschen Bundestages, Drucksachen
Buchst	Buchstabe
BVerfG	Bundesverfassungsgericht
BVerfGE	Entscheidungen des Bundesverfassungsgerichts
BVerwG	Bundesverwaltungsgericht
BVerwGE	Entscheidungen des Bundesverwaltungsgerichts
BWNotZ	Zeitschrift für das Notariat in Baden-Württemberg

C

CMLRev	Common Market Law Review

D

dagg	dagegen
DAR	Deutsches Autorecht
DAVorm	Der Amtsvormund
DBB	Deutsche Bundesbank
DBG	Deutsches Beamtengesetz
Denkschr	Denkschrift
dens	denselben
ders	derselbe
DGVZ	Deutsche Gerichtsvollzieher-Zeitung
DGWR	Deutsches Gemein- und Wirtschaftsrecht
DGZ	Deutsche Girozentrale
dh	das heißt
Die AG	Die Aktiengesellschaft, Zeitschrift für das gesamte Aktienwesen
dies	dieselbe(n)
Diss	Dissertation
DJ	Deutsche Justiz
DJT	Deutscher Juristentag
DJZ	Deutsche Juristen-Zeitung
DM	Deutsche Mark
DNotZ	Deutsche Notar-Zeitschrift
DÖV	Die Öffentliche Verwaltung
DR	Deutsches Recht
DRiZ	Deutsche Richterzeitung
Drucks	Drucksache
DRZ	Deutsche Rechtszeitschrift
DStR	Deutsches Steuerrecht

Dt, dt	Deutsch, deutsch
DVBl	Deutsches Verwaltungsblatt
DVO	Durchführungsverordnung

E

E	Entwurf
E I; II	Entwürfe zum BGB
ebd	ebenda
ECU	European Currency Unit (Europäische Währungseinheit)
ed	edition
EG	Einführungsgesetz; Europäische Gemeinschaft
EGBGB	Einführungsgesetz zum Bürgerlichen Gesetzbuch
Ehrenbergs Hdb	Handbuch des gesamten Handelsrechts, herausgegeben von Victor Ehrenberg, ab 1913
Einl	Einleitung
einschr	einschränkend
EKG	Einheitliches Gesetz über den internationalen Kauf beweglicher Sachen
EmissG	Emissionsgesetz
Enneccerus-Lehmann	Recht der Schuldverhältnisse, 15. Bearb 1958
Enneccerus-Nipperdey	Allgemeiner Teil des Bürgerlichen Rechts, 1. Halbbd, 15. Aufl 1959; 2. Halbbd, 15. Aufl 1960
Entsch	Entscheidung
Entw	Entwurf
ErbbauVO	Verordnung über das Erbbaurecht
Erg	Ergänzung
Erman-Bearb	Handkommentar zum Bürgerlichen Gesetzbuch Bd 1 und 2, 7. Aufl 1981
Erl	Erlaß, Erläuterung
Esser-Eike Schmidt I/1	Schuldrecht Allgemeiner Teil, Teilband 1, 5. Aufl 1976
Esser-Eike Schmidt I/2	Schuldrecht Allgemeiner Teil, Teilband 2, 5. Aufl 1977
EStG	Einkommensteuergesetz
ESVGH	Entscheidungssammlung des Hessischen und des Württembergisch-Badischen Verwaltungsgerichtshofes
EuR	Europarecht
EuTR	Europäisches Transportrecht
EVO	Eisenbahnverkehrsordnung
EWG	Europäische Wirtschaftsgemeinschaft
EWGV	Vertrag zur Gründung der Europäischen Wirtschaftsgemeinschaft vom 25. 3. 1957 (BGBl II 766)
EWS	Europäisches Währungssystem
EZU	Europäische Zahlungsunion

F

f	folgende (r); für
FamRZ	Zeitschrift für das gesamte Familienrecht
ff	folgende (Plural)
Fikentscher	Schuldrecht, 6. Aufl 1976
FinG	Finanzgericht
FLF	Finanzierung, Leasing, Factoring
Flume, Rechtsgeschäft	Allgemeiner Teil des Bürgerlichen Rechts, 2. Bd: Das Rechtsgeschäft, 3. Aufl 1979
Fn	Fußnote
Fögen	Geld- und Währungsrecht, 1969
franz	französisch
FS	Festschrift

G

G	Gesetz
GBl	Gesetzblatt

GBO	Grundbuchordnung
GedSchr	Gedächtnisschrift
gem	gemäß
GenG	Gesetz betreffend die Erwerbs- und Wirtschaftsgenossenschaften
Goldschmidt Hdb I/2	Handbuch des Handelsrechts I/2, 1868
GewArch	Gewerbearchiv
GG	Grundgesetz
ggf	gegebenenfalls
GKG	Gerichtskostengesetz
GmbH	Gesellschaft mit beschränkter Haftung
GmbHG	Gesetz betreffend die Gesellschaften mit beschränkter Haftung
GmbH-Rdsch	GmbH-Rundschau mit Sonderfragen der GmbH & Co
Großkomm AktG	Aktiengesetz, Großkommentar, 3. Aufl ab 1970
Großkomm HGB	Handelsgesetzbuch, Großkommentar, 3. Aufl ab 1967
Gruchot	Beiträge zur Erläuterung des deutschen Rechts, begründet von Gruchot
GRUR	Gewerblicher Rechtsschutz und Urheberrecht
GS	Der Gerichtssaal
GVBl	Gesetz- und Verordnungsblatt
GVGA	Geschäftsanweisung für Gerichtsvollzieher
GWB	Gesetz gegen Wettbewerbsbeschränkungen
H	
H	Hauptblatt; Heft
HaftPflG	Haftpflichtgesetz
HansGZ	Hanseatische Gerichtszeitung
HansRGZ	Hanseatische Rechts- und Gerichtszeitschrift
HansRZ	Hanseatische Rechtszeitschrift für Handel, Schiffahrt und Versicherung, Kolonial- und Auslandsbeziehungen sowie für Hansestädtisches Recht
Hdb	Handbuch
HdSW	Handwörterbuch der Staatswissenschaften (Neuauflage unter dem Titel Handwörterbuch der Sozialwissenschaften)
Heck, Schuldrecht	Grundriß des Schuldrechts, 1929
Helfferich	Das Geld, 6. Aufl 1928
HGB	Handelsgesetzbuch
HintO	Hinterlegungsordnung
hM	herrschende Meinung
HöfeO	Höfeordnung
HRR	Höchstrichterliche Rechtsprechung
Hrsg	Herausgeber
HS	Halbsatz
HypBkG	Hypothekenbankgesetz
I	
idF	in der Fassung
idR	in der Regel
ieS	im engeren Sinne
IherJb	Iherings Jahrbücher für die Dogmatik des bürgerlichen Rechts
insbes	insbesondere
int	international
InterzonenhandelsVO	Verordnung über den Warenverkehr mit den Währungsgebieten der Deutschen Mark und der Deutschen Notenbank (DM-Ost)
IPR	Internationales Privatrecht
IPRax	Praxis des Internationalen Privat- und Verfahrensrechts

IPRspr	Makarov-Gamillscheg-Müller-Kropholler, Die deutsche Rechtsprechung auf dem Gebiet des internationalen Privatrechts
iS	im Sinne
Issing, Geldpolitik	Einführung in die Geldpolitik, 1981
Issing, Geldtheorie	Einführung in die Geldtheorie, 4. Aufl 1981
iVm	in Verbindung mit
IWF	Internationaler Währungsfonds
iwS	im weiteren Sinne
IzRspr	Drobnig, Sammlung der deutschen Entscheidungen zum interzonalen Privatrecht
J	
Jahrb	Jahrbuch
Jauernig-Bearb	Jauernig (Hrsg), Bürgerliches Gesetzbuch, 2. Aufl 1981
JbIntR	Jahrbuch für internationales Recht
JFG	Jahrbuch für Entscheidungen in Angelegenheiten der Freiwilligen Gerichtsbarkeit und des Grundbuchrechts
JMBl	Justizministerialblatt
JMBlNRW	Justizministerialblatt Nordrhein-Westfalen
JO	Journal Officiel de la République Française
JR	Juristische Rundschau
Jura	Juristische Ausbildung
JurA	Juristische Analysen
JurBl	Juristische Blätter
JurBüro	Das juristische Büro
JurJb	Juristen-Jahrbuch
JuS	Juristische Schulung
JW	Juristische Wochenschrift
JWTL	Journal of World Trade Law
JZ	Juristenzeitung
K	
Kap	Kapitel
KG	Kammergericht; Kommanditgesellschaft
KGBl	Blätter für Rechtspflege im Bezirk des Kammergerichts in Sachen der Freiwilligen Gerichtsbarkeit, in Kosten-, Stempel- und Strafsachen
KGJ	Jahrbuch für Entscheidungen des Kammergerichts
KJ	Kritische Jusitz
Knies	Das Geld, 1873
KO	Konkursordnung
KölnKomm	Kölner Kommentar zum Aktiengesetz, ab 1970
Komm	Kommentar
KostO	Gesetz über die Kosten in Angelegenheiten der freiwilligen Gerichtsbarkeit (Kostenordnung)
Kress, SchuldR I	Lehrbuch des Allgemeinen Schuldrechts, 1929
krit	kritisch
KSchG	Kündigungsschutzgesetz
KSt	Körperschaftsteuer
KStG	Körperschaftsteuergesetz
KStDVO	Körperschaftsteuer-Durchführungsverordnung
KTS	Zeitschrift für Konkurs-, Treuhand- und Schiedsgerichtswesen
KWG	Gesetz über das Kreditwesen
L	
LAG	Landesarbeitsgericht
Larenz AT	Allgemeiner Teil des deutschen Bürgerlichen Rechts, 5. Aufl 1980

Larenz I, II	Lehrbuch des Schuldrechts, Bd I, 13. Aufl 1982; Bd II, 12. Aufl 1981
Lehrb	Lehrbuch
Leonhard, SchR	Das Schuldrecht des BGB, Bd 1 1929; Bd 2 1931
Lfg	Lieferung
LftfzRG	Gesetz über Rechte an Luftfahrzeugen
LftVG	Luftverkehrsgesetz
LG	Landgericht
LK	Leipziger Kommentar zum Strafgesetzbuch
LM	Lindenmaier-Möhring, Nachschlagewerk des Bundesgerichtshofs
LPachtG	Gesetz über das landwirtschaftliche Pachtwesen (Landpachtgesetz)
Ls	Leitsatz
LSG	Landessozialgericht
Lütge	Einführung in die Lehre vom Gelde, 2. Aufl 1948
LZ	Leipziger Zeitschrift für Deutsches Recht
LZB	Landeszentralbank

M

M	Meinung
m	mit
MaBVO	Verordnung über die Pflichten der Makler, Darlehens- und Anlagenvermittler, Bauträger und Baubetreuer (Makler- und Bauträgerverordnung)
F A Mann, Legal Aspect	The Legal Aspect of Money, 4. Aufl 1982
F A Mann, Recht des Geldes	Das Recht des Geldes – eine rechtsvergleichende Untersuchung auf der Grundlage des englischen Rechts, 1960
maW	mit anderen Worten
MDR	Monatsschrift für Deutsches Recht
Medicus, Bürgerliches Recht	Bürgerliches Recht, 10. Aufl 1981
Medicus, SchuldR I	Schuldrecht I, Allgemeiner Teil, 1981
MHRG	Gesetz zur Regelung der Miethöhe
mitget	mitgeteilt
Mitt	Mitteilungen
MOG	Gesetz zur Durchführung der gemeinsamen Marktorganisation
Mot	Motive zum Bürgerlichen Gesetzbuch
MR	Militärregierung (zitiert in Verbindung mit der jeweiligen rechtstechnischen Qualifikation der Willensäußerung)
MRG	Militärregierungsgesetz
MünchKomm-Bearb	Münchener Kommentar zum Bürgerlichen Gesetzbuch, ab 1978
MünzG	Gesetz über die Ausprägung von Scheidemünzen
Mugdan	Die gesammten Materialien zum Bürgerlichen Gesetzbuch für das Deutsche Reich Bd 1–5, 1899
mwN	mit weiteren Nachweisen

N

Nachw	Nachweis(e)
NddBd	Norddeutscher Bund
NdsRpfl	Niedersächsische Rechtspflege
NF	Neue Folge
NJW	Neue Juristische Wochenschrift
Nr	Nummer
NRW	Nordrhein-Westfalen
Nussbaum, Das Geld	Das Geld in der Theorie und Praxis des deutschen und internationalen Rechts, 1925
NWB	Neue Wirtschaftsbriefe

O	
ÖPG	Gesetz über die Pfandbriefe und verwandten Schuldverschreibungen öffentlichrechtlicher Kreditanstalten
Oertmann	Bürgerliches Gesetzbuch, Recht der Schuldverhältnisse, 5. Aufl 1928
OGHZ	Entscheidungen des Obersten Gerichtshofes für die Britische Zone in Zivilsachen
oHG	offene Handelsgesellschaft
OLG	Oberlandesgericht
OLGE	Sammlung der Rechtsprechung der Oberlandesgerichte
OLGZ	Entscheidungen der Oberlandesgerichte in Zivilsachen
OLSchVO	Verordnung über Orderlagerscheine
ORDO	Jahrbuch für die Ordnung von Wirtschaft und Gesellschaft
OVG	Oberverwaltungsgericht
OVGE	Entscheidungen der Oberverwaltungsgerichte für das Land Nordrhein-Westfalen in Münster sowie für die Länder Niedersachsen und Schleswig-Holstein in Lüneburg mit Entscheidungen des Verfassungsgerichtshofes Nordrhein-Westfalen und des Niedersächsischen Staatsgerichtshofes
OWiG	Gesetz über Ordnungswidrigkeiten
P	
Palandt-Bearb	Bürgerliches Gesetzbuch, 41. Aufl 1982
PfandlVO	Verordnung über den Geschäftsbetrieb der gewerblichen Pfandleiher
Pfg	Pfennig
Planck-Bearb	Kommentar zum Bürgerlichen Gesetzbuch nebst Einführungsgesetz, 4. Aufl ab 1913, 5. Aufl (unvollständig) ab 1933
pM	pro Monat
Pr	Preußen; preußisch
PreisangabenVO	Verordnung über Preisangaben
Prot	Protokolle der Kommission für die II. Lesung des Entwurfs des BGB
R	
RabelsZ	Zeitschrift für ausländisches und internationales Privatrecht, begründet von Rabel
RAG	Reichsarbeitsgericht
rd	rund
RdA	Recht der Arbeit
RdL	Recht der Landwirtschaft
Recht	Das Recht
RegE	Regierungsentwurf
RFH	Reichsfinanzhof
RG	Reichsgericht
RGBl	Reichsgesetzblatt
RGSt	Entscheidungen des Reichsgerichts in Strafsachen
RGZ	Entscheidungen des Reichsgerichts in Zivilsachen
RheinZ	Rheinische Zeitschrift für Zivil- und Prozeßrecht des In- und Auslandes
RIW/AWD	Recht der internationalen Wirtschaft, Außenwirtschaftsdienst des Betriebsberaters
RJA	Reichsjustizamt; Entscheidungssammlung in Angelegenheiten der freiwilligen Gerichtsbarkeit und des Grundbuchrechts
RM	Reichsmark
ROHGE	Amtliche Sammlung der Entscheidungen des Reichsoberhandelsgerichts
ROW	Recht in Ost und West
Rpfleger	Der Deutsche Rechtspfleger

Rspr	Rechtsprechung
RStBl	Reichssteuerblatt
RT	Reichstag
RVO	Reichsversicherungsordnung
Rz	Randziffer
RzW	Rechtsprechung zum Wiedergutmachungsrecht

S

S	Satz; Seite
s	siehe
sa	siehe auch
SaBl	Sammelblatt für Rechtsvorschriften des Bundes und der Länder
Sächs	Sächsisch
SächsArch	Sächsisches Archiv für Bürgerliches Recht und Prozeß; ab 1906: Sächsisches Archiv für Rechtspflege; ab 1924: Archiv für Rechtspflege in Sachsen, Thüringen und Anhalt
Savigny, Obligationenrecht I	Obligationenrecht I, 1851
ScheckG	Scheckgesetz
SchiffsbankG	Gesetz über Schiffspfandbriefbanken (Schiffsbankgesetz)
SchiffsRegO	Schiffsregisterordnung
SchiffsRG	Gesetz über Rechte an eingetragenen Schiffen und Schiffsbauwerken (Schiffsrechtegesetz)
SchlHAnz	Schleswig-Holsteinische Anzeigen
SchRegG	Gesetz zur Regelung der landwirtschaftlichen Schuldverhältnisse (Schuldenregelungsgesetz)
SchwJbIntR	Schweizerisches Jahrbuch für internationales Recht
SchwJZ	Schweizerische Juristenzeitung
SeuffA	Seufferts Archiv für Entscheidungen der obersten Gerichte in den deutschen Staaten
SeuffBl	Seufferts Blätter für Rechtsanwendung
SGB	Sozialgesetzbuch
Siber	Schuldrecht (Grundriß), 1931
SJZ	Süddeutsche Juristenzeitung
SMAD	Sowjetische Militäradministration
Soergel-Bearb	Bürgerliches Gesetzbuch mit Einführungsgesetz und Nebengesetzen, 10. Aufl ab 1967, 11. Aufl ab 1978
SoergRspr	Soergels Rechtsprechung zum BGB, EGzBGB, CPO, KO, GBO und RFG
sog	sogenannt
SozR	Sozialrecht. Rechtsprechung und Schrifttum, bearbeitet von den Richtern des Bundessozialgerichts
Sp	Spalte
Spark	Sparkasse (Sparkassen-Mitteilungen)
StabG	Gesetz zur Förderung der Stabilität und des Wachstums der Wirtschaft
Staudinger-Bearb	J von Staudingers Kommentar zum Bürgerlichen Gesetzbuch nebst Einführungsgesetz und Nebengesetzen
std	ständig
StenBer	Stenographische Berichte
StGB	Strafgesetzbuch
str	streitig
StuW	Steuer und Wirtschaft
StVG	Straßenverkehrsgesetz
SZRA	Zeitschrift der Savigny-Stiftung für Rechtsgeschichte, Romanistische Abteilung

T

transpR	Transportrecht
Tsd	Tausend

TVG	Tarifvertragsgesetz
TZW	Die Teilzahlungswirtschaft

U

ua	und andere; unter anderem
uam	und andere(s) mehr
übereinst	übereinstimmend
UmstG	Drittes Gesetz zur Neuordnung des Geldwesens (Umstellungsgesetz)
unstr	unstreitig
unv	unverändert
UrhG	Gesetz über das Urheberrecht und verwandte Schutzrechte
Urt	Urteil
USt	Umsatzsteuer
UStDV	Umsatzsteuer-Durchführungsverordnung
UStG	Umsatzsteuergesetz
UWG	Gesetz gegen den unlauteren Wettbewerb

V

v	vom; von
VAG	Gesetz über die Beaufsichtigung der privaten Versicherungsunternehmen und Bausparkassen (Versicherungsaufsichtsgesetz)
Veit	Reale Theorie des Geldes, 1966
VerBAV	Veröffentlichungen des Bundesaufsichtsamtes für das Versicherungs- und Bausparwesen
Verf	Verfasser
VerglO	Vergleichsordnung
Verh	Verhandlung(en)
VerkRdsch	Verkehrsrechtliche Rundschau
VersPrax	Die Versicherungspraxis
VersR	Versicherungsrecht. Juristische Rundschau für die Individualversicherung
VersW	Versicherungswirtschaft
VerwArch	Verwaltungsarchiv
VerwRspr	Verwaltungsrechtsprechung in Deutschland. Sammlung oberstrichterlicher Entscheidungen aus dem Verfassungs- und Verwaltungsrecht
VG	Verwaltungsgericht
VGH	Verwaltungsgerichtshof
vgl	vergleiche
VO	Verordnung
VOB	Verdingungsordnung für Bauleistungen
VOBl	Verordnungsblatt
Vorbem	Vorbemerkung
von Maydell, Geldschuld	Geldschuld und Geldwert. Die Bedeutung von Änderungen des Geldwertes für die Geldschulden, 1974
von Tuhr	Der Allgemeine Teil des Deutschen Bürgerlichen Rechts, Bd I 1910; Bd II/1 1914; Bd II/2 1918
VVDStRL	Veröffentlichungen des Verbandes Deutscher Staatsrechtslehrer
VVG	Gesetz über den Versicherungsvertrag (Versicherungsvertragsgesetz)
VwGO	Verwaltungsgerichtsordnung
VwRspr	Verwaltungsrechtsprechung in Deutschland
VwVfG	Verwaltungsverfahrensgesetz

W

WährG	Erstes Gesetz zur Neuordnung des Geldwesens

WaffG	Waffengesetz
WarnR	Warneyer, Die Rechtsprechung des Reichsgerichts in Zivilsachen
WeltwirtschaftsA	Weltwirtschaftliches Archiv. Zeitschrift des Instituts für Weltwirtschaft Kiel
WG	Wechselgesetz
Windscheid-Kipp	Lehrbuch des Pandektenrechts, 9. Aufl 1906
WiSt	Wirtschaftswissenschaftliches Studium
wistra	Zeitschrift für Wirtschaft Steuer Strafrecht
WISU	Das Wirtschaftsstudium. Zeitschrift für Ausbildung, Examen und Kontaktstudium
WKSchG	Gesetz über den Kündigungsschutz für Mietverhältnisse über Wohnraum
WM	Wertpapiermitteilungen
Wolf, Allgemeiner Teil	Allgemeiner Teil des Bürgerlichen Rechts, Lehrbuch, 3. Aufl 1982
Wolf, Schuldrecht I	Lehrbuch des Schuldrechts Bd 1, 1978
Martin Wolff, in: Ehrenbergs Hdb IV/1	Das Geld, in: Ehrenbergs Hdb IV/1, 1917
Wolff-Raiser	Sachenrecht. Ein Lehrbuch, 10. Aufl 1957
WPg	Die Wirtschaftsprüfung
WRP	Wettbewerb in Recht und Praxis
WSchZinsG	Gesetz über die Wechsel- und Scheckzinsen
WuW	Wirtschaft und Wettbewerb
WuW/E	WuW-Entscheidungssammlung zum Kartellrecht

Z

ZAkDR	Zeitschrift der Akademie für Deutsches Recht
ZBJV	Zeitschrift des Bernischen Juristenvereins
ZBR	Zeitschrift für Beamtenrecht
ZfA	Zeitschrift für Arbeitsrecht
ZfKrW	Zeitschrift für das gesamte Kreditwesen
ZfSchweizR	Zeitschrift für schweizerisches Recht
ZfVers	Zeitschrift für Versicherungswesen
ZGR	Zeitschrift für Unternehmens- und Gesellschaftsrecht
ZHR	Zeitschrift für das gesamte Handels- und Wirtschaftsrecht
Ziff	Ziffer
ZIP	Zeitschrift für Wirtschaftsrecht und Insolvenzpraxis
ZMR	Zeitschrift für Miet- und Raumrecht
ZOstR	Zeitschrift für Ostrecht
ZPO	Zivilprozeßordnung
ZRP	Zeitschrift für Rechtspolitik
ZS	Zivilsenat
ZStrW	Zeitschrift für die gesamte Strafrechtswissenschaft
ZStW	Zeitschrift für die gesamte Staatswissenschaft
zT	zum Teil
zugl	zugleich
zust	zustimmend
zutr	zutreffend
ZVG	Gesetz über die Zwangsversteigerung und die Zwangsverwaltung (Zwangsversteigerungsgesetz)
ZVglRW	Zeitschrift für Vergleichende Rechtswissenschaft
zw	zweifelhaft
zZ	zur Zeit
ZZP	Zeitschrift für Zivilprozeß

Einleitung

I. Zum Gegenstand dieses Buchs

1. Geldrecht als rechtswissenschaftliche Materie

Das *Recht des Geldes* ist der Inbegriff derjenigen Rechtsnormen und Rechtsgrundsätze, die sich mit dem Geld als Institution, mit den Geldzeichen und mit der Geldschuld befassen. Diese Materie erschließt sich nur unter Schwierigkeiten einer geschlossenen Darstellung, weil sie als abgegrenzter Rechtsstoff nicht existiert. Weder die aus der Rechtsdogmatik (zB Rechtsgeschäftslehre, Schuldrecht, Sachenrecht) noch die aus der Anschauung des Rechtslebens erwachsenen juristischen Materien (zB Bankrecht, Außenwirtschaftsrecht, Kreditsicherungsrecht) weisen dem Geldrecht einen bestimmten Platz in der Rechtsordnung zu, und noch weniger gilt dies für die tradierten Rechtsdisziplinen (Staatsrecht, Völkerrecht, Verwaltungsrecht, Strafrecht, Privatrecht). Nicht nur die Abgrenzung des einzubeziehenden Stoffes, auch die Aufbereitung und Bewältigung des Materials setzt deshalb Arbeiten auf ganz und gar unterschiedlichen juristischen Feldern voraus. Diese Schwierigkeit enthebt aber die Rechtswissenschaft nicht der Aufgabe, den komplexen Bereich zu erschließen und, soweit möglich, ein geschlossenes System des Geldrechts für den praktischen und wissenschaftlichen Gebrauch vorzulegen.

2. Rechtswissenschaft und Wirtschaftswissenschaften: Das Geldrecht als Gegenstand interdisziplinärer Wissenschaft

Die Lehre vom Geld ist traditionellerweise in erster Linie *Gegenstand wirtschaftswissenschaftlicher Forschung*. Die vorliegende Untersuchung will hieran nichts ändern. Sie zielt auch nicht auf die Gewinnung neuer ökonomischer Erkenntnisse. Es wird aber der Versuch gemacht, solche Erkenntnisse nach Kräften für das Recht des Geldes nutzbar zu machen, und dies zwingt zur Einbeziehung ökonomischer Befunde, nicht selten auch zu eigenen Stellungnahmen in monetären Fragen der Wirtschaftswissenschaft (zB Vorbem A 1, A 8, A 29, A 46, D 1 ff, D 42, D 194 f, D 340 ff, F 2 ff, F 35 ff, § 246 Rz 157 ff). Die spezifisch rechtliche Analyse steht auf der anderen Seite einer unveränderten Übernahme als ökonomisch richtig erkannter Aussagen nicht selten im Wege. Wirtschaftswissenschaftliche Erkenntnis wurde nicht um ihrer selbst willen in den Text einbezogen, sondern nur mit dem Ziel der Gewinnung rechtlicher Aussagen. Damit stellt die Untersuchung den notwendig interdisziplinären Ansatz der Lehre vom Geldrecht nicht prinzipiell in Frage, wohl aber weist sie diesem Ansatz den ihm in der Lehre vom Geldrecht zukommenden Platz zu (zB Vorbem A 1, D 3, D 22, D 157 ff). Aus diesem Grunde wurde die Darstellung ökonomischer Vorarbeiten auf diejenigen Gesichtspunkte beschränkt, die für das Recht des Geldes von klärender oder erklärender Bedeutung sind. Bloße Reproduktionen wirtschaftswissenschaftlicher Erkenntnis, die sich im vorliegenden Text nur als Exkurse niedergeschlagen hätten, wurden dagegen beseitigt.

3. Zum Stellenwert der Rechtsdisziplinen im Geldrecht: Das Geldrecht als Gegenstand interdisziplinärer Jurisprudenz

Die Lehre vom Geldrecht schlägt nicht nur eine Brücke von der Rechtswissenschaft zu den Nachbarwissenschaften, sondern sie offenbart auch *Zusammenhänge unter den Einzeldisziplinen der Jurisprudenz.* Geht man von der tradierten Einteilung der Rechtsdisziplinen (Staatsrecht, Völkerrecht, Verwaltungsrecht, Strafrecht, Privatrecht) aus, so entzieht sich das Recht des Geldes aus den bereits unter I 1 angedeuteten Gründen einer klaren Zuordnung. Fest steht jedoch, daß diese Rechtsdisziplinen im Konzept einer Lehre vom Geldrecht einen je unterschiedlichen Stellenwert haben müssen. Das Staats- und mit Einschränkungen auch das Völkerrecht geben den rechtlichen Rahmen für das Geld- und Währungswesen vor, so daß vor allem die staatsrechtlichen Fragen als dem Privatrecht vor- und übergeordnet angesehen werden dürfen. Was dagegen die Akzentsetzung innerhalb des Geldrechts anlangt, so gebieten praktische ebenso wie rechtswissenschaftliche Erwägungen, daß die Verkehrsbedeutung des Geldes im Wirtschaftsleben in den Mittelpunkt gestellt wird.

Gegenstand der vorliegenden Untersuchung ist damit in erster Linie das *Privatrecht des Geldes und der Geldschuld.* Öffentlichrechtliche Probleme einschließlich der strafrechtlichen werden in erster Linie als Vorgaben und Legitimationsprobleme des Geldrechts oder als Konsequenzen privatrechtlicher Betrachtung einbezogen. Die Arbeit ist damit auf der einen Seite auf Privatrechtsprobleme zugeschnitten, sie kann sich jedoch nicht auf diesen Sektor beschränken. Die Bezüge und Verschränkungen unter den Rechtsdisziplinen schließen einen solchen Privatrechtsmonismus aus. Dies gilt in erster Linie und besonders ausgeprägt für den Sektor des öffentlichen Rechts. Das Recht des Geldes ist zu einem wesentlichen Teil öffentliches Recht (Staatsrecht, Verwaltungsrecht, Völkerrecht).

Die *verfassungsrechtlichen Bezüge des Geldrechts* beginnen bei der staatlichen Währungshoheit (Vorbem A 3) und bei dem untrennbaren Zusammenhang zwischen Währungsrecht, Währungspolitik und Privatrecht (Vorbem A 28, A 48). Das Prinzip des Nominalismus als Grundgedanke des privaten Geldrechts (Vorbem D 20 ff) trägt seine Rechtfertigung und Verwirklichung nicht in sich, sondern es bedarf der Legitimation durch rechtsgebundene Währungspolitik (Vorbem A 28). Bei Vorbem A 48 ist geradezu von einer Reaktionsverbundenheit von Währungsrecht und Schuldrecht die Rede: Sobald dem schuldrechtlichen Nominalismus die Legitimationsgrundlage entzogen ist, reagiert das Schuldrecht des Geldes mit Aufwertungsfolgen. Auch die Verfassungsprobleme, die sich zB im Steuerrecht aus dem Inflationsphänomen ergeben (Vorbem D 349 ff), sind Spiegelbild dieser Reaktionsverbundenheit von Privatrecht, Geldwert und Verfassung.

Nicht in jeder Hinsicht hat das öffentliche Recht die soeben geschilderte übergeordnete und überlagernde Funktion gegenüber dem Privatrecht des Geldes. In anderen Zusammenhängen geht es ganz im Gegenteil um die *Ausstrahlungen des privaten Geldrechts in das öffentliche Recht* (zB hinsichtlich der Zinsen § 246 Rz 182 ff, § 247 Rz 62, § 248 Rz 6), oder es werden *öffentlichrechtliche Verfahren in den Dienst des privaten Geldrechts* gestellt (so etwa hinsichtlich der Genehmigung von Wertsicherungsklauseln oder im Außenwirtschaftsrecht, Vorbem D 305 ff, E 1 ff). In diesem letzten Fall stellt sich dann wieder die spezifisch privatrechtliche Anschlußfrage nach den Rechtswirkungen fehlender oder erteilter Erlaubnisse auf private Verträge (Vorbem D 317 ff, E 18 ff).

In strafrechtlicher Hinsicht muß zwischen dem strafrechtlichen Schutz der Währung (Vorbem A 58 ff) und dem strafrechtlichen Schutz des Geldes, dh vor allem dem Eigentums- und Vermögensschutz (Vorbem B 22 ff) unterschieden werden. Im strafrechtlichen Eigentumsschutz schlägt sich die Problematik des Geldes in der Eigentumsordnung nieder („Das Geld im Sachenrecht"), und sie schlägt sich dort nur nieder, weil und soweit der strafrechtliche Eigentumsschutz dem Prinzip der Zivilrechtsakzessorietät unterliegt (dazu Vorbem B 24). Auch ohne ausführliche Behandlung weist damit die strafrechtliche Seite des Geldrechts in strafrechtliche Grundlagenprobleme hinein. Weniger deutlich scheint dies bei dem strafrechtlichen Wuchertatbestand des § 302 a StGB (§ 246 Rz 141 ff), der aus Gründen des Sachzusammenhangs Bestandteil der Kommentierung sein muß. Dieser im Jahr 1976 neu gefaßte Tatbestand steht im Zusammenhang mit dem Konzept des Kreditnehmerschutzes, das vor allem im Recht der Zinsschuld (§§ 246–248) wiederholt anzusprechen ist.

Fragen des Zivilprozeßrechts und der Zwangsvollstreckung treten notwendigerweise vor allem – jedoch nicht ausschließlich – im Zusammenhang mit dem Recht der Geldschuld auf (vgl. vor allem Vorbem C 57 ff und D 83 f; zur Fremdwährungsschuld § 244 Rz 103 ff; zur Geldsortenschuld § 245 Rz 25 ff; zur Zinsschuld § 246 Rz 47). Es werden jedoch auch Vollstreckungsprobleme beim Zugriff auf Geldzeichen sowie auf sog Buchgeld besprochen (Vorbem B 17 ff). Wiederholt muß ferner auf konkursrechtliche Fragen des Geldrechts eingegangen werden (Vorbem B 21, C 72, D 85, § 244 Rz 117, § 245 Rz 29).

II. Geld und Währung im Recht

1. Was ist Geld?

Geld ist zum einen eine Erscheinung des Wirtschaftslebens, zum anderen bestimmt es den Gegenstand des Geldrechts und die Handhabung geldrechtlicher Normen. Dies macht eine *Begriffsbestimmung* erforderlich, die auf die rechtliche Bedeutung des Geldbegriffs zugeschnitten ist, aber auf den Befunden des Verkehrslebens fußt. Der für das Geldrecht maßgebende Geldbegriff muß deshalb teils aus der Phänomenologie des Geldes, teils aus den Geldfunktionen hergeleitet werden (Vorbem A 1 ff, A 7 ff). Die *Geldfunktionen* lassen sich einteilen in die abstrakte Funktion als Wertmesser und die konkreten Fähigkeiten des Geldes, als Werttransportmittel und als Wertaufbewahrungsmittel zu dienen (Vorbem A 8). Die *Phänomenologie des Geldes* steht bereits unabhängig von der spezifisch juristischen Aufgabe, einen rechtlich maßgebenden Geldbegriff zu entwickeln, in engem Zusammenhang mit den Geldfunktionen, denn es kann bei ihr nur um die Frage gehen, mit welchen Mitteln im Rechtsverkehr Geldfunktionen erfüllt werden. Insofern ist die Phänomenologie des Geldes durch einen historischen Prozeß der Entsubstantialisierung vom Warengeld über die Metallwährungen hin zum Papier- und schließlich zum Buchgeld gekennzeichnet (Vorbem A 5 ff). Heute besteht deshalb die terminologische Grundfrage darin, ob der Geldbegriff auf Geldzeichen beschränkt bleiben oder auf Buchgeld ausgedehnt werden soll (Vorbem A 18). Die naheliegende Forderung, der Geldbegriff solle jeden tatsächlichen Funktionswandel nachvollziehen, müßte zu dem Ergebnis führen, daß eine Unterscheidung zwischen Zeichengeld (Papiergeld und Münzen) auf der einen und Buchgeld auf der anderen Seite nicht mehr gerechtfertigt wäre. Aber eine solche egalisierende Forderung kollidiert mit der Notwendigkeit, Geldzeichen und Geldforderungen als *Rechtsbegriffe* auch da zu unterscheiden, wo Geldforderungen Geldfunktionen übernehmen. Der hier vertretene zweigliedrige Geldbegriff (Vorbem A 9 ff) versucht, beiden Postulaten zu entsprechen: Geld im Sinne des *gegenständlichen Geldbegriffs* (Vorbem A 12 ff) sind die Geldzeichen; daneben steht der *institutionelle Geldbegriff* (Vorbem A 14 ff), der die in Geldzeichen zu verkörpernde Werteinheit Geld beschreibt und alles umfaßt, was unter währungsrechtlicher Legitimation Geldfunktionen ausfüllt. Dieser institutionelle Geldbegriff umfaßt damit zwar nicht jedes im Verkehr anerkannte Tauschmittel (zB nicht die sog Zigarettenwährung der Nachkriegszeit), wohl aber umfaßt er das sog Buchgeld.

2. Das Privatrecht des Geldes

Nach dem unter I 3 Gesagten steht das Privatrecht des Geldes im Mittelpunkt der Darstellung. Es liegt auf der Hand, daß innerhalb dieser Materie das *Recht der Geldschuld* besondere Aufmerksamkeit verdient (dazu alsbald unter III). Das Recht der Geldschuld deckt sich dabei nicht notwendig mit dem Schuldrecht iS des Zweiten Buchs des BGB. Die Anspruchsgrundlagen können nämlich auch aus dem Dritten, Vierten und Fünften Buch, und sie müssen überhaupt nicht aus dem BGB herrühren (charakteristisch etwa die Problematik der betrieblichen Ruhegelder in Vorbem D 141 ff). Auch können die Voraussetzungen geldrechtlicher Ansprüche – etwa im Bereich der Allgemeinen Geschäftsbedingungen (zB Vorbem D 168) oder des Kreditwuchers (§ 246 Rz 110 ff) – naturgemäß von Fragen der allgemeinen Rechtsgeschäftslehre abhängen. Dies ändert jedoch nichts daran, daß der überwiegende Teil des privaten Geldrechts durch die Befassung mit der Geldschuld verbunden ist. Dem steht das *Sachenrecht der Geldzeichen* gegenüber (Vorbem B 9 ff), das in rechtsdogmatischer Hinsicht Eigenwert hat, rechtspraktisch allerdings in erster Linie der zivilistischen Vorfragenklärung in Strafrechtsfällen dient.

3. Das Währungsrecht

a) Das Währungsrecht ist das *Recht der Geldverfassung* (Vorbem A 28). Seine Funktionszusammenhänge mit dem Privatrecht des Geldes sind bereits unter I 3 dieser Einleitung herausgestellt worden. Diese Funktionszusammenhänge setzen den entscheidenden Akzent für den währungsrechtlichen Teil der hier vorgelegten Untersuchung. In Vorbem A 27 ff sind die währungsrechtlichen Grundlagen des privaten Geldrechts unter Einschluß eines Abrisses der deutschen Währungsgeschichte (Vorbem A 32 ff) entwickelt. Das *Zentralbanksystem* der Bundesrepublik Deutschland (Vorbem A 51 ff) als währungspolitisches Instrumentarium ordnet sich in den hier entworfenen Funktions- und Legitimationszusammenhang zwischen Währungspolitik, Währungsrecht und Privatrecht (Vorbem A 28, A 48) ein. Die Untersuchung bejaht eine *Staatspflicht zur Stabilitätspolitik,* die zwar nur politisch durchsetzbar ist, aber doch eine Rechtspflicht, also einen Bestandteil des objektiven Rechts, darstellt (Vorbem A 47 ff). Jedenfalls bei gesetzespositivistischer Betrachtung gehört auch das praktisch wichtige Gebiet der genehmigungsfreien, genehmigungsbedürftigen und genehmigungsfähigen oder genehmigungsunfähigen Wertsicherungsklauseln nach § 3 WährG (Vorbem D 158 ff) in den Bereich nicht nur des monetären Schuldrechts, sondern auch des Währungsrechts. Eine funktionelle Betrachtung erhärtet diesen Zusammenhang, denn die Problematik der Wertsicherung ist auf das Engste mit dem Nominalismusstreit verbunden (Vorbem D 20 ff), und dieser wiederum mit den Grundlagen des Währungssystems.

b) Das *internationale Währungsrecht* (Vorbem F 1 ff) kann im Rahmen einer privatrechtlichen Untersuchung nur in seinen Umrissen dargestellt werden, obwohl es nicht nur im politischen Bereich, sondern auch im grenzüberschreitenden Rechtsverkehr eine zunehmende Rolle spielt. Immerhin sind aber Grundbegriffe der Außenwirtschaftstheorie (Vorbem F 2) wie Konvertibilität, Auf- und Abwertung, Außenwert, Wechselkurs und Parität unverzichtbare Gegenstände auch des privaten Geldrechts (Vorbem F 3 ff). Als Gegenstand des internationalen Währungsrechts wird die internationale Ordnung des Geldwesens herausgestellt (Vorbem F 10) und zu anderen Gegenständen des Geldrechts in Beziehung gesetzt (Vorbem F 13 ff). Im einzelnen befaßt sich die Darstellung namentlich mit dem Recht des Internationalen Währungsfonds (Vorbem F 19 ff) und mit dem Europäischen Währungsrecht (Vorbem F 35 ff).

4. Devisenrecht

In Vorbem E 2 ff werden Grundlagen des deutschen Devisenrechts und damit des Außenwirtschaftsrechts geschildert. Die historische Entwicklung von der Devisenbewirtschaftung hin zum *Außenwirtschaftsrecht des geltenden AWG* ist gekennzeichnet durch die Aufhebung von Bewirtschaftungsregeln und durch freie Konvertierbarkeit der Deutschen Mark (Vorbem E 7). Auszüge aus dem AWG und wenige Erläuterungen verdeutlichen den Stand der Gesetzgebung. Der *Außenwirtschaftsverkehr mit der DDR* unterliegt nicht dem AWG, sondern noch dem wesentlich strengeren Devisenrecht der Militärregierungen (Vorbem E 14 ff) und der DDR (Vorbem E 17). In diesem Bereich war nach Manuskriptabschluß eine Entscheidung des BVerfG nachzutragen, die neue Bewegung in die Diskussion gebracht hat (Vorbem E 4). Da die Darstellung des Außenwirtschaftsrechts im Rahmen der vorliegenden Arbeit nicht Selbstzweck, sondern Bestandteil privatrechtlicher Untersuchungen ist, wird den privatrechtlichen und zivilprozessualen Auswirkungen des Devisenrechts (Vorbem E 18 ff) sowie der kollisionsrechtlichen Problematik des deutschen und ausländischen Devisenrechts (Vorbem E 27 ff) besondere Aufmerksamkeit gewidmet.

5. Prozeßfragen

Prozeßprobleme der Geldschuld bestehen vor allem in der Bestimmtheit oder Unbestimmtheit von Anträgen und Verurteilungen sowie in der Problematik dynamisierter Leistungsklagen und Leistungsurteile (C 57 ff).

III. Das Recht der Geldschuld

1. Schuldrechtliche Grundlagen

a) Die Geldschuld zielt als *Wertverschaffungsschuld* auf einen in Geld ausgedrückten unkörperlichen Vermögenswert (Vorbem C 7). Geldschuld und Sachschuld müssen daher unterschieden werden (Vorbem C 4). Insbesondere stellt die Geldschuld keine Gattungsschuld dar (Vorbem C 6). Das schließt nicht aus, daß einzelne Gattungsschuldregeln analog anwendbar sind (Vorbem C 8 ff). Zu diesen gehört nach hM insbesondere § 279. Nach der hier vertretenen Auffassung ergibt sich indessen bereits aus autonomen Regeln des Geldschuldrechts, daß ein per se nach § 275 befreiendes Unvermögen des Schuldners bei der Geldschuld nicht anzuerkennen ist (Vorbem C 29).

b) Hinsichtlich der Erfüllung der Geldschuld ist insbesondere auf die Zunahme des bargeldlosen Zahlungsverkehrs Rücksicht zu nehmen (Vorbem C 39), denn die Bewirkung der geschuldeten Geldleistung in bar wirft kaum nennenswerte Probleme auf. Unbare Zahlung ist nicht Leistung an Erfüllungs statt, sondern Erfüllung (Vorbem C 44). Die Frage, unter welchen Voraussetzungen befreiend auf ein Gläubigerkonto gezahlt werden kann, wird in Vorbem C 46 f abweichend von der hM folgendermaßen gelöst: Bereits die Existenz eines für die Entgegennahme derartiger

Zahlungen nicht erkennbar ungeeigneten Gläubigerkontos setzt den Schuldner in Stand, befreiend durch Einzahlung oder Überweisung auf dieses Konto zu leisten. Einer besonderen Weisung oder Gestattung von seiten des Gläubigers bedarf es nicht, wohl aber kann der Gläubiger durch Weisung an den Schuldner verhindern, daß auf ein bestimmtes Gläubigerkonto gezahlt wird. Auch können außer einer solchen Weisung sonstige aus Schuldnersicht zumutbarerweise erkennbare Umstände eine befreiende Überweisung auf ein ungeeignetes Konto hindern. Der Schuldner trägt also, wenn sich die Parteien nicht verständigt haben, das Risiko, ob das Gläubigerkonto existiert und nicht für die Bewirkung der geschuldeten Leistung an den Gläubiger erkennbar ungeeignet ist. Im übrigen ist es Sache des Gläubigers, durch Weisungen an den Schuldner unwillkommene Zahlungen auf ein vorhandenes Konto zu verhindern.

2. Geldschuld und Geldwert

a) Die *Reaktionsverbundenheit zwischen Geldwert und Geldschulden* stellt eines der zentralen klassischen Probleme des Rechts der Geldschuld dar. Im Gegensatz zu der überholten Staatlichen Theorie des Geldes von Knapp ist das Phänomen der Geldwertveränderung nicht aus dem Bereich des Schuldrechts zu verdrängen. Die Verwendung ökonomischer Theorien über den Geldwert ist hierbei unentbehrlich, stößt allerdings auch insofern auf Grenzen, als es im vorliegenden Text nur um den rechtlich umsetzbaren Anteil an ökonomischer Theorie gehen kann (Vorbem D 3). In diesem Rahmen gilt es, die unterschiedlichen Geldwerte zu ermitteln (Vorbem D 8 ff) und die Phänomene der Geldwertänderungen aufzuarbeiten (Vorbem D 15 ff).

b) Kernproblem des Fragenkreises Geldschuld und Geldwert ist das *Nennwertprinzip,* also der sogenannte *Nominalismus* (Vorbem D 20 ff). Die uneinheitliche Terminologie im Schrifttum hat dazu geführt, daß die Nominalismusdebatte nicht selten mit schiefen Fronten geführt wird. Der Text entwickelt deshalb zunächst verschiedene Begriffe und Rechtsprinzipien des Nominalismus: Nominalismus als technische Regel (Vorbem D 25 ff), Nominalismus als Rechtsprinzip der Geldsummenschuld (Vorbem D 30 ff) und strikter Nominalismus (Vorbem D 35 ff). Die rechtspolitisch umstrittene Norm des § 3 WährG erweist sich als Anwendungsfall eines strikten Nominalismus (Vorbem D 39).

c) Das Recht der *Geldschuld unter Inflationsbedingungen* ist vielleicht der komplizierteste Fragenkreis des gesamten privaten Geldrechts. Das gilt jedenfalls für die sog *Geldsummenschulden,* während die sog *Geldwertschulden* nicht nominell in Währungseinheiten festgelegt, sondern nach dem Geldwert anderer Güter bestimmt werden und deshalb unter Inflationsbedingungen anpassungsfähig bleiben (Vorbem D 44 f). Die Unterscheidung von Geldsummenschulden und Geldwertschulden wird entgegen kritischen Stimmen des Schrifttums in der vorliegenden Arbeit beibehalten. Die Abgrenzung im einzelnen erweist sich als außerordentlich schwierig (Vorbem D 50 ff). Die Kommentierung gibt hier praktische Anwendungshilfen und verfolgt auch sonst das Recht der Geldwertschuld, insbesondere ihre Umwandlung in eine Geldsummenschuld, bis in die Einzelheiten (Vorbem D 80 ff).

d) Obwohl die Hauptprobleme im Bereich von Geldschuld und Geldwert bei der Forderungsaufwertung unter Inflationsbedingungen liegen (vgl unter III 3 und 4 dieser Einleitung), kann doch der Problembereich nicht abschließend beruteilt werden ohne Einbeziehung der *Irrtums- und Schadensproblematik* (Vorbem D 331 ff, D 333 ff). Sobald es darum geht, ob Fehlvorstellungen über den Geldwert zur Anfechtung wegen Irrtums berechtigen und ob Entwertungsverluste im Wege des

Schadensersatzes auszugleichen sind, haben sich allgemeine zivilistische Rechtsinstitute am Recht der Geldschuld zu bewähren.

e) Auch das *Recht der Rechnungslegung* und das *Steuerrecht* stehen im Zusammenhang mit Inflationserscheinungen vor erheblichen Problemen, zB im Hinblick auf den Ausweis und die Besteuerung von Scheingewinnen. Die Darstellung wendet sich diesen Fragen in Vorbem D 340 ff zu

3. Die gesetzliche Anpassung bei Geldsummenschulden

Seit dem berühmten reichsgerichtlichen Aufwertungsurteil vom 28. 11. 1923 (RGZ 107, 78, 87 ff) stellt die *gesetzliche oder richterliche Aufwertung von Geldschulden* in Inflationsfällen ein unbewältigtes Rechtsproblem von erheblicher Tragweite dar. Grundsatzproblem ist die Frage nach der richterlichen Entscheidungskompetenz (Vorbem D 94) und – wenn man die Zulässigkeit richterlicher Aufwertung grundsätzlich bejaht – die Bestimmung der Aufwertungskriterien. Der Text unterscheidet zwischen der Hyperinflation und dem Normalfall der »schleichenden« Inflation und stellt fest, daß die Aufwertungsfrage im wesentlichen zur Unterscheidung zwischen Einzelfallgerechtigkeit und genereller Aufwertung zwingt (Vorbem D 94). Die individuelle Anpassung von Forderungen gehört in die Hand des Richters. Instrument der richterlichen Aufwertungsrechtsprechung ist das Institut der Geschäftsgrundlage (Vorbem D 95). Die Reichsgerichtsrechtsprechung wird systematisch aufgearbeitet, und es werden die Kriterien der Anpassung (Vorbem D 100 ff) sowie der Aufwertungsmechanismus (Vorbem D 119 ff) analysiert. Über den konkreten Bezug des Geldrechts hinaus wird damit gleichzeitig ein *Konzept für die praktische Bewältigung von Geschäftsgrundlagenstörungen* durch Parteien und Gerichte vorgelegt.

4. Wertsicherungen

Spielt die Forderungsanpassung vor allem für die forensische Praxis eine Rolle, so steht für die vertragsgestaltende Praxis die Abwendung von Inflationsrisiken und Anpassungsstreitigkeiten durch Wertsicherungen im Vordergrund. Als *Wertsicherungsvereinbarungen* bezeichnet der Text diejenigen Vertragsabreden, durch die Geldschulden, ohne ihre Eigenschaft als Geldschulden einzubüßen, vom Nennwertprinzip gelöst werden und summenmäßig erst nachträglich aufgrund einer besonderen Bemessungsgrundlage bestimmbar sind (Vorbem D 159). Die Geschichte der Wertsicherungsvereinbarungen ist im wesentlichen geprägt durch die Inflationsgeschichte (Vorbem D 162). Nachdem das Mark-gleich-Mark-Gesetz versucht hatte, den strikten Nominalismus endgültig festzuschreiben (Vorbem D 162), stellte der Gesetzgeber in § 3 S 2 WährG bestimmte Wertsicherungsklauseln unter ein Verbot mit Erlaubnisvorbehalt.

Wertsicherungsklauseln werfen zunächst unabhängig von § 3 WährG *Probleme der allgemeinen Rechtsgeschäftslehre* auf, nämlich Fragen des Vertragsschlusses, Fragen der Wertsicherung durch allgemeine Geschäftsbedingungen sowie Fragen der Auslegung (Vorbem D 165 ff). Bei Nichtbewährung einer vereinbarten Wertsicherung stellen sich wiederum Geschäftsgrundlagenprobleme, denen die Parteien durch Aufnahme der Wertsicherungsklausel in den Vertrag gerade hatten ausweichen wollen (Vorbem D 178 ff).

Von entscheidender Tragweite sind sodann die *Probleme des § 3 WährG*. Grundsätzlich ist zu dieser Vorschrift zu bemerken, daß es sich um eine Norm des strikten Nominalismus handelt, die rechtspolitisch sehr umstritten ist (Vorbem D 187 ff), hier aber trotz vorhandener Bedenken als wirtschafts- und rechtspolitisch nützlich verteidigt wird. Angewandt wird § 3 WährG sowohl durch die Zivilgerichte als auch durch die DBB. Die DBB hat *Genehmigungsgrundsätze* entwickelt, die bei Vorbem D 208 wörtlich wiedergegeben sind und die Praxis zu § 3 WährG überall da bestimmen, wo sich eine Wertsicherungsklausel als genehmigungsbedürftig erweist.

Zur Auslegung des § 3 WährG vertritt der Text in Übereinstimmung mit der hM die Auffassung, daß sogenannte *Spannungsklauseln und Leistungsbestimmungsvorbehalte* nicht unter die Vorschrift fallen (Vorbem D 238 ff, D 246 ff). Die Rechtfertigung und Abgrenzung dieser Ausnahmesachverhalte ist wenig geklärt. Der Text zeigt auf, daß Spannungsklauseln durch den Äquivalenzgedanken gerechtfertigt sind (Vorbem D 240) und daß Leistungsbestimmungsvorbehalte deshalb genehmigungsfrei sind, weil § 3 S 2 WährG nicht jede potentiell inflationsfördernde Vereinbarung verbietet, sondern nur solche Vereinbarungen, die mit der Nennwertfunktion des Geldes unvereinbar sind (Vorbem D 248). Die Einzelabgrenzung genehmigungsfähiger oder genehmigungsunfähiger Wertsicherungsklauseln setzt eine umfassende Kasuistik voraus. Dieser Kasuistik wendet sich der Text in Vorbem D 223 ff, D 258 ff ausführlich zu. Der verwirrende Stand der Praxis macht hier eine systematische Aufbereitung der Problemgruppen erforderlich, die nicht nur bei der Erschließung des vorhandenen Materials, sondern auch bei der Bewältigung noch ungelöster künftiger Probleme weiterhelfen soll. Eingehend befaßt sich der Text auch mit den Verfahrensvorschriften der Wertsicherung, insbesondere mit dem Verwaltungsverfahren bei der DBB, mit dem Verwaltungsrechtsschutz und mit der Verbindlichkeit verwaltungsrechtlicher Entscheidungen für die Zivilgerichte (Vorbem D 305 ff).

5. Valutaschuld und Geldsortenschuld

a) *Fremdwährungsschulden (Valutaverbindlichkeiten),* deren wirksame Verabredung nach § 3 S 1 WährG von einer Genehmigung der DBB abhängen kann, sind im BGB nicht grundsätzlich geordnet, vielmehr enthält § 244 nur eine Detailregelung: Die Fremdwährungsschuld kann, wenn sie im Inland zu begleichen ist, auch in Inlandswährung beglichen werden, es sei denn, daß Zahlung in ausländischer Währung ausdrücklich bedungen ist (§ 244 Abs 1); die Umrechnung erfolgt dann nach dem Kurswert, der zur Zeit der Zahlung für den Zahlungsort maßgebend ist (§ 244 Abs 2). Die Befugnis, auch in Inlandswährung zu zahlen, wird von der hM und auch hier als *Ersetzungsbefugnis des Schuldners* eingeordnet (§ 244 Rz 70 ff). § 244 Abs 1 erklärt diese Ersetzungsbefugnis bei den „im Inlande zu zahlenden" Fremdwährungsschulden zur abdingbaren Regel, und diese Regel entspricht auch der tatsächlichen Häufigkeit. Überwiegend werden diese Fremdwährungsschulden als „unechte" Fremdwährungsschulden bezeichnet, während diejenigen Fremdwährungsschulden, bei denen iS von § 244 Abs 1 „die Zahlung in ausländischer Währung ausdrücklich bedungen ist", als „echte" Fremdwährungsschulden bezeichnet werden. Gegenüber dieser eher mißverständlichen Terminologie gibt die vorliegende Darstellung der folgenden Begriffsbildung den Vorzug (§ 244 Rz 6 ff): Der Regelfall des § 244 Abs 1 wird als „einfache Fremdwährungsschuld" bezeichnet, während diejenigen Schulden, bei denen „effektive" Zahlung in fremder Währung bedungen ist, „effektive Fremdwährungsschulden" sind. Stets handelt es sich dabei nicht um Gattungsschulden, sondern um Geldschulden, die aber – zB hinsichtlich der Aufrechnung und der Kreditsicherheiten – eigene Probleme aufwerfen (§ 244 Rz 43 ff). Sonderregeln enthalten § 661 HGB sowie die Artt 41 WG und 36 ScheckG.

Das *materiellrechtliche* Hauptproblem der Fremdwährungsschuld besteht bei Erfüllungsverbindlichkeiten aus Verträgen darin, unter welchen Voraussetzungen eine

Fremdwährungsverbindlichkeit ohne *Genehmigung der DBB* eingegangen werden kann (Vorbem D 211 ff; § 244 Rz 40 ff), bei allen anderen Verbindlichkeiten dagegen in der *Abgrenzung zwischen Heimwährungsschulden und Fremdwährungsschulden* (§ 244 Rz 13 ff). Fragen des materiellen Rechts liegen weiterhin in der Wertsicherung (§ 244 Rz 59), in der Kreditsicherung von Fremdwährungsschulden (§ 244 Rz 51 ff) sowie in den Problemen der Erfüllung und Aufrechnung (§ 244 Rz 46 ff).

Das *prozessuale* Hauptproblem der Fremdwährungsschuld besteht in dem Trend der Parteien und der Gerichte zur Prozeßführung in der moneta fori (§ 244 Rz 13 f). Prozeßpraxis und Rechtsdogmatik müssen hier zum einen der Tatsache gerecht werden, daß das materielle Recht über die geschuldete Währung entscheidet; zum anderen muß aber der Bindung des Gerichts an Dispositionen der Parteien Genüge getan werden; die Untersuchung bemüht sich deshalb um eine Lösung, die ohne dogmatische Friktionen zu praxisgerechten Lösungen verhilft (vgl § 244 Rz 14, 105). Nach deutschem Recht können Klagen und Urteile auf Zahlung in fremder Währung lauten (§ 244 Rz 104). Die im Klageantrag genannte Währung bestimmt den Streitgegenstand (§ 244 Rz 106). Die Frage, ob dem Schuldner die Ersetzungsbefugnis des § 244 Abs 1 zusteht, kann bereits im Erkenntnisverfahren (§ 244 Rz 110), aber auch noch im Vollstreckungsverfahren geklärt werden (§ 244 Rz 115).

b) Nur noch geringe Bedeutung haben Geldschulden, die in einer bestimmten Münzsorte zu bezahlen sind *(sog unechte Geldsortenschulden)*. Anders war dies noch zu Zeiten der Goldumlaufwährung. § 245 bestimmt, daß, wenn sich die vereinbarte Münzsorte zur Zeit der Zahlung nicht mehr im Handel befindet, die Zahlung so zu leisten ist, wie wenn die Münzsorte nicht bestimmt wäre (dazu § 245 Rz 14 ff). Von dieser „unechten" Geldsortenschuld wird die „echte" oder „eigentliche" Geldsortenschuld unterschieden. Diese ist überhaupt keine Geldschuld, sondern eine Gattungsschuld. „Echte" Geldsortenschulden werden etwa beim Valutakauf oder beim Geldwechseln begründet (Vorbem C 6).

IV. Das Zinsrecht

1. Grundlagen

Die meisten geldrechtlichen Alltagsprobleme sind Probleme der Kreditpraxis, und die meisten geldrechtlichen Probleme der Kreditpraxis rühren vom Zinsrecht her. Der Fragenkreis ist im vergangenen Jahrzehnt – vor allem bedingt durch eine *Verbreiterung des Kreditwesens* und durch kritische Untersuchungen auf dem Gebiet des *Konsumentenkredits* – in heftige Bewegung geraten. Die Kommentierung bemüht sich um möglichst umfassende und – wo dies erforderlich scheint – weiterführende Darstellung des Rechts des Zinses und der Zinsschuld (vgl insbes die Erläuterung der §§ 246–248).

2. Zinsbegriff, Zinsschuld und Zinsrecht

Die Anwendung von Grundsätzen über Zins und Zinsschuld hängt immer wieder – allerdings nicht durchgehend – vom Begriff des Zinses ab. Dieser wurde in der älteren Praxis dahin bestimmt, daß als Zins eine fortlaufend zu entrichtende Vergütung für den Gebrauch eines Kapitals bezeichnet wurde, die nach Bruchteilen dieses Kapitals berechnet und im voraus dem Betrage nach bestimmt ist. Vor allem unter dem Eindruck einer von Canaris unternommenen *Neubestimmung des Zinsbegriffs* hat der Bundesgerichtshof die Begriffsbestimmung dahin erweitert, daß Zins eine laufzeitabhängige – aber gewinn- und umsatzunabhängige – in Geld zu entrichtende Vergütung für den Kapitalgebrauch ist (§ 246 Rz 7). Dem ist zuzustimmen, wobei es nur der Klarstellung dient, wenn hier statt auf den Kapitalgebrauch des Zinsschuldners auf die Kapitalentbehrung des Zinsgläubigers abgestellt wird (§ 246 Rz 8). Eine ganz andere, noch nicht abschließend diskutierte Frage ist die, ob es einen einheitlichen Zinsbegriff gibt oder ob dieser Begriff von Norm zu Norm wechselt (§ 246 Rz 8). Die Abgrenzung im einzelnen bereitet etwa auf den Gebieten des Disagio, der Kredit- und Bearbeitungsgebühren, der Bereitstellungsgebühren, der Restsschuldversicherung und der Vorfälligkeitsentschädigung erhebliche Schwierigkeiten und setzt eine kritische Auseinandersetzung mit einer reichhaltigen Rechtsprechung und Literatur voraus.

3. Zinsschuld

Die Zinsschuld kann *auf Gesetz* (§ 246 Rz 50 ff) oder auf Vereinbarung beruhen (§ 246 Rz 59 ff). *Vertragszinsen* unterliegen dem Prinzip der Zinsfreiheit (§ 246 Rz 61). Die Zinsfreiheit ist allerdings durch das *Verbot wucherischer bzw „wucherähnlicher" Geschäfte* in § 138 begrenzt (§ 246 Rz 110 ff). Als Hauptproblem hat sich hierbei auf dem Gebiet der Kredite die Bestimmung der objektiven Sittenwidrigkeitsmerkmale („grobes", bzw „auffälliges" Mißverhältnis zwischen Leistung und Gegenleistung) erwiesen, und zwar vor allem im Tätigkeitsbereich der Teilzahlungsbanken. Sowohl die Abgrenzung der zu berücksichtigenden Kreditkosten (§ 246 Rz 119 ff) als auch die Durchführung des Effektivzinsvergleichs (§ 246 Rz 127 ff) zur Feststellung der Wuchermerkmale ist Gegenstand umfangreicher und weittragender Auseinandersetzungen. Der Standpunkt der höchstrichterlichen Rechtsprechung ist noch nicht hinreichend gefestigt (vgl besonders § 246 Rz 132), so daß die Darstellung auch um Perspektiven für die künftige Praxis bemüht sein muß.

4. Das Prinzip der Zinsklarheit

a) Im Recht der *PreisangabenVO* (§ 246 Rz 89 ff) sowie des *AbzG* (§ 246 Rz 103 ff) macht sich mehr und mehr ein Prinzip der Zinsklarheit bemerkbar: Die *Angabe des effektiven Jahreszinses* nach diesen Bestimmungen dient der Offenkundigkeit der Zinsbelastung und dem Konsumentenschutz.

b) Daneben tritt nach der hier vertretenen Auffassung das *Zinseszinsverbot* des § 248. Wie in JZ 1982, 829 ff näher angeführt ist, bedarf nämlich nicht nur die Kündigungsvorschrift des § 247, sondern auch das in § 248 ausgesprochene Zinseszinsverbot einer Neuorientierung nach Normzweck und Inhalt. Die auf eine gemeinrechtliche Tradition zurückgehende Bestimmung des § 248 kann vor dem Hintergrund der vom BGB zugrundegelegten Zinsfreiheit nicht mehr als Schutznorm gegen überhöhte Zinsen angesehen werden. § 248 dient der Zinsklarheit (§ 248 Rz 3). Sowohl für den Zinseszinsbegriff (§ 248 Rz 11 ff) als auch für das Tatbestandsmerkmal der Vereinbarung im voraus (§ 248 Rz 24 ff) kann dies nicht ohne Folgen bleiben: Das Zinseszinsverbot ist enger als bisher angenommen. Zugleich erfahren die sich aus § 355 HGB ergebenden zusätzlichen Einschränkungen des Zinseszinsverbots eine Ausdehnung (§ 248 Rz 31 ff).

5. Die Zinsanpassung

In Anbetracht der sich ständig ändernden Marktbedingungen spielt die *Anpassung der Zinssätze* eine erhebliche Rolle. Sie erfolgt in erster Linie aufgrund von

Zinsanpassungsklauseln (Zinsgleitklauseln, Zinsänderungsklauseln und Kündigungsklauseln), die freilich ihrerseits an § 138 BGB und ggf an den Vorschriften des AGBG gemessen werden müssen. Hinzu kommt das wichtige und rechtspolitisch umstrittene *Kündigungsrecht nach § 247*. Diese auf überholte Quellen zurückgehende Vorschrift (§ 247 Rz 1) gilt heute nicht mehr als spezielle Ausprägung des Wucherverbots, sondern als Mechanismus für die Anpassung des Vertragszinses an Senkungen des marktüblichen Zinssatzes (§ 247 Rz 2 ff). Nur im Sinne einer Gewährleistung der Leistungsäquivalenz bei Dauerschuldverhältnissen kann § 247 heute verstanden und rechtspolitisch gerechtfertigt werden. Während sich diese Erkenntnis – vor allem aufgrund wiederholter Auseinandersetzung von Canaris mit der Bestimmung – weitgehend durchgesetzt hat, gilt für die praktische Handhabung der Norm nicht dasselbe. Da § 247 dem Kreditnehmer nicht nur das Recht zur Änderungskündigung, sondern ein Kündigungsrecht schlechthin gibt, besteht auf der Rechtsfolgenseite noch ein Mißverhältnis zwischen dem gegenwärtigen Normzweckverständnis und der rechtlichen Handhabung des § 247. In BB 1982, 2075 ff wurde versucht, die Voraussetzungen und Folgen der Kreditkündigung nach § 247 auch in dieser Hinsicht dem „Wandel der Normsituation" anzupassen. Die Kommentierung beschreitet denselben Weg (§ 247 Rz 31 f). Unstimmigkeiten, die ohne gesetzgeberisches Handeln nicht zu beseitigen sind, bringen allerdings die Ausnahmeregeln des § 247 Abs 2 mit sich. Besondere Aufmerksamkeit gebührt hierbei den vor allem bei § 247 Abs 2 S 2 in jüngster Zeit aufgetretenen Abgrenzungsschwierigkeiten.

6. Die Zinsrechnung

Auch das Recht der Zinsrechnung befindet sich seit einigen Jahren in heftiger Bewegung (eingehend § 246 Rz 150 ff). Die Zinsrechnung spielt nicht nur bei der Bestimmung der Effektivzinshöhe für die nach der PreisangabenVO und dem AbzG gebotenen Angaben eine Rolle, sondern zB auch bei der für die Anwendung des § 138 erforderlichen Effektivzinsvergleichung (§ 246 Rz 154), vor allem aber bei der Feststellung der Zinsschuld bei vorzeitiger Kreditbeendigung (§ 246 Rz 156). Auf diesem Gebiet hat sich eine teils finanzmathematische, teils rechtliche *Methodendiskussion* angesponnen, deren Grundlagen und Folgen bei § 246 Rz 158 ff im Rahmen des in einer juristischen Arbeit Vertretbaren dargestellt worden sind. Für die *rechtliche Behandlung des Zinsrechnungsproblems* zeichnen sich in der ausgedehnten Diskussion Schwerpunktprobleme ab. Diese bestehen vor allem in den Fragen, inwieweit die Zinsrechnung im Recht von finanzmathematischem Perfektionismus freigehalten, also als autonomes Rechtsproblem begriffen werden darf (§ 246 Rz 157 f, 164 ff, 180) und wo hier die für die Heranziehung von Sachverständigen wichtige Grenze zwischen Tatfrage und Rechtsfrage verläuft (§ 246 Rz 157, 180). Die Kommentierung bemüht sich um praktikable Lösungsvorschläge auch auf diesem komplizierten Gebiet.

7. Zinsen im öffentlichen Recht

Schwierigkeiten eigener Art pflegen schließlich die Zinsprobleme im öffentlichen Recht zu bereiten (§ 246 Rz 182 ff). Hier fehlt es an durchgehenden Konzepten, wie sie im kodifizierten Privatrecht ermöglicht wurden, so daß eine Fülle unterschiedlicher Regeln zu beachten ist. Nicht einmal für die Anwendbarkeit der §§ 247 und 248 kann von einer Einheitslösung ausgegangen werden (§ 247 Rz 62, § 248 Rz 6). Die vorliegende Untersuchung soll nicht nur der Darstellung gesicherter Positionen, sondern auch ihrer Weiterentwicklung dienen.

Vorbemerkungen zu § 244

Schrifttum

zu Vorbem zu § 244 sowie zu §§ 244–248

FÖGEN, Geld- und Währungsrecht (1969); GOLDSCHMIDT, Handbuch des Handelsrechts I/2 (1868); HELFFERICH, Das Geld (6. Aufl 1928); ISSING, Einführung in die Geldpolitik (1981); ders, Einführung in die Geldtheorie (4. Aufl 1981); KNIES, Das Geld (1873); LÜTGE, Einführung in die Lehre vom Gelde (2. Aufl 1948); F A MANN, The Legal Aspect of Money (4. Aufl 1982); ders, Das Recht des Geldes – Eine rechtsvergleichende Untersuchung auf der Grundlage des englischen Rechts (1960); VON MAYDELL, Geldschuld und Geldwert. Die Bedeutung von Änderungen des Geldwertes für die Geldschulden (1974); NUSSBAUM, Das Geld in der Theorie und Praxis des deutschen und internationalen Rechts (1925); SAVIGNY, Obligationenrecht I (1851); VEIT, Reale Theorie des Geldes (1966); MARTIN WOLFF, Das Geld, in: Ehrenbergs Hdb IV/1 (1917).

Systematische Übersicht

Alphabetische Übersicht

A. Grundlagen

I. Geld und Geldschuld als Rechtsbegriffe

Schrifttum: Acta monetaria, Jahrbuch für Geldordnung und Geldethik (1977 ff); Andreae, Geld und Geldschöpfung (1953); Ascarelli, Studi giuridici sulla moneta (1952); Bechler, Geld und Währung, Bd 1: Theorie des Geldes und der Geldpolitik (1978); Bendixen, Geld und Kapital (1912) (3. Aufl 1922); ders, Das Wesen des Geldes (4. Aufl 1926); Brunner-Monissen-Neumann (Hrsg), Geldtheorie (1974); Budge, Lehre vom Geld I (1933); Burawoy, Der Knappsche Nominalismus und seine Rechtfertigung (1929); Burghardt, Geld und Währung (4. Aufl 1974); Burckhardt, Das Geld, Zeitschrift des Bernischen Juristenvereins 71 (1935) 6; Burstein, Money (Cambridge/Mass 1963); Carson (Hrsg), Money and finance (New York-London 1967); Chandler, The monetary financial system (New York 1979); Chandler-Goldfeld, The Economics of Money and Banking (7. ed New York 1977); Claassen, Probleme der Geldtheorie (2. Aufl. 1980); Crowther, An outline of money (Aufl 1946); del Vecchio, Grundlinien der Geldtheorie (1930); Döring, Die Geldtheorien seit Knapp (2. Aufl 1922); Duden, Der Gestaltwandel des Geldes und seine rechtlichen Folgen (1968); Ehrlicher, Geldtheorie, in: Handwörterbuch der Sozialwissenschaften IV (1965); ders, Geldtheorie und Geldpolitik III: Geldtheorie, in: Handwörterbuch der Wirtschaftswissenschaft III (1981) 374; Elster, Die Seele des Geldes (1920); Forstmann, Geld und Kredit (1952); Forster-Catchings, Money (2. Aufl 1924); Fraenkl, Geld, die Philosophie und die Psychologie des Geldes (1979); ders, Two Philosophies of Money (New York 1970); Frauenfelder, Das Geld als allgemeiner Rechtsbegriff (1938); Fuerst, Die Konsumtheorie des Geldes (1968); Galbraith, Money. Whence it came, where it went (Boston 1975) = Geld. Woher es kommt, wohin es geht (1976); Gemtos, Die Neubegründung der Quantitätstheorie durch Milton Friedman (1975); Gerber, Geld und Staat (1926); Gerloff, Geld und Gesellschaft (1952); Gocht, Kritische Betrachtung zur nationalen und internationalen Geldordnung (1975); Goldschmidt, Hdb des Handelsrechts I/2 (1868) 1060 ff; Harrod, Money, A comprehensive Account of the Nature of Money and of the Development of Monetary Theory and of modern Institutions (London 1874); Hartmann, Über den rechtlichen Begriff des Geldes und den Inhalt der Geldschulden (1868); Hawtrey, Currency and Credit (4. Aufl London 1950); Helfferich, Das Geld (6. Aufl 1928); Hicks, Critical Essays in Monetary Theory (1967); Hintner, Geld-, Bank- und Börsenwesen (36. Aufl 1967); Friedrich Hoffmann, Kritische Dogmengeschichte der Geldwerttheorie (1907); Issing, Einführung in die Geldtheorie (4. Aufl 1981); Kath, Geld und Kredit; in: Vahlens Kompendium der Wirtschaftstheorie und Wirtschaftspolitik I (1980) 155; KEYNES, Vom Gelde (A treatise on Money) (Nachdruck 1955); ders, A Tract on Monetary Reform (1923) = Ein Traktat über Währungsreform (1924); KIEFNER, Geld und Geldschuld in der Privatrechtsdogmatik des 19. Jahrhunderts, in: Coing-Wilhelm (Hrsg), Wissenschaft und Kodifikation des Privatrechts im 19. Jahrhundert Bd V (Geld und Banken), (1980) 27 ff; KINLEY, Money. A Study of the Theory of the Medium of Exchange (New York 1904); KNAPP, Staatliche Theorie des Geldes (3. Aufl 1921); KNIES, Das Geld (2. Aufl 1885); KÖHLER, Der Geldkreislauf (1962); KOEHLER, Geldwirtschaft I (2. Aufl 1977); KORNER, Entdeckung des wertbeständigen Geldes (1961); OTTO KRAUS, Geld-Kredit-Währung (1958); LAUGHLIN, The Principles of Money (1903); LIEFMANN, Geld und Gold (1916); LOJACONO, Aspetti privatistici del fenomeno monetario (1955); LÜTGE, Einführung in die Lehre vom Gelde (2. Aufl 1948); LUKAS, Aufgaben des Geldes (1937); LUTZ, Geld und Währung. Gesammelte Abhandlungen (1962); VON MISES, Theorie des Geldes und der Umlaufmittel (2. Aufl 1924); HERO MOELLER, Die Lehre vom Gelde (1925); HANS MÖLLER, Zur Vorgeschichte der Deutschen Mark (1961); MOLL, Logik des Geldes (4. Aufl 1956); MUNDELL, Monetary Theory (1971); NEUMAYER, Internationales Verwaltungsrecht III/2 (1930); NEWLYN, Theory of Money (3. Aufl Oxford 1978); NIEHANS, The Theory of Money (Baltimore 1978); ders, Theorie des Geldes (1980); OLIVECRONA, The problem of the monetary unit (1957); OTTEL, Ständische Theorie des Geldes (1934); PATINKIN, Money, Interest and Prices (2. Aufl 1965); PRATHER, Money and Banking (9. ed Homewood/Ill 1974); READINGS in Monetary Theory, Selected by a Committee of the American Economic Association (London 1952/1962); RITTER-SILBER, Money (3. ed New York 1977); ROBERTSON, Money (Aufl 1959); ders, Das Geld (2. Aufl 1935); RUGINA, Geldtypen und Geldordnungen (1949); SCHAELCHLIN, Das Geld als ökonomische und juristische Kategorie (1949); SCHILCHER, Geldfunktionen und Buchgeldschöpfung (1958); BERNHARD SCHMITT, Die Theorie des Kreditgeldes und ihre Anforderungen im internationalen Geldverkehr (1978); SCHMÖLDERS, Einführung in die Geld- und Finanzpsychologie (1975); SEUSS, Alles über Geld (1973); SIMMEL, Philosophie des Geldes (2. Aufl 1907; 6. Aufl 1958); SINGER, Das Geld als Zeichen (1920); SLOVIN-SUSHKA, Money and economic Activity (Lexington/Mass 1977); PAUL F SMITH, Money and financial intermediation (Englewood Cliffs 1978); SODES, Geld und Wert (2. Aufl 1924); VON STEBUT, Geld als Zahlungsmittel und Rechtsbegriff, Jura 1982, 561; STUCKEN, Geld und Kredit (2. Aufl 1957); THYWISSEN, Sind Bankguthaben Geld im Rechtssinne? BB 1971, 1304; TIEMANN, Die Geldschuld, Diss Marburg 1932; VEIT, Reale Theorie des Geldes (1966); WAGEMANN, Allgemeine Geldlehre I (1923); ADOLPH WAGNER, Theoretische Sozialökonomik II/2, Sozialökonomische Theorie des Geldes und Geldwesens (1909); WALKER, Das Buchgeld (1951); WALRAS, Theorie des Geldes (1922); WICKSELL, Vorlesungen über Nationalökonomie II, Geld und Kredit (1922); WIESER, Stichwort „Geld", in: Handwörterbuch der Staatswissenschaften (4. Aufl 1927); WILCZYNSKI, Comparative monetary Economics (New York 1978); ZOTTMANN, Geld und Kredit (9.–11. Tsd 1974).

1. Geld und Geldfunktionen A 1

a) Der Geldbegriff als Methodenproblem

aa) Die Analyse des Geldes und der Geldfunktion ist zunächst ein **Problem der interdisziplinären Kooperation.** Das ökonomische Schrifttum zur Lehre vom Geld ist unübersehbar. Wenn es im folgenden um Geld und Geldschuld *im Rechtssinne* und um die *rechtlichen* Probleme von Geld und Geldschuld geht, so stellt sich alsbald die Frage, in welchem Umfang wirtschaftswissenschaftliche Begriffe und Aussagen zu befragen sind. Das Problem der Zusammenarbeit von **Wirtschaftswissenschaft und Rechtswissenschaft** erwies sich bereits im 19. Jahrhundert als Kernfrage im Methodenstreit um das Geldrecht (vgl zu den Standpunkten von SAVIGNY und HARTMANN die Analyse von KIEFNER 42 f). Dieses Problem kann hier nicht allgemein entwickelt werden*. Festzuhalten bleibt folgender Standpunkt: Der Geldbegriff so, wie er hier

* Vgl dazu etwa: Das Verhältnis der Wirtschaftswissenschaft zur Rechtswissenschaft, Soziologie und Statistik, Schriften des Vereins für Socialpolitik NF 33, 1964; BUCHANAN, Das Verhältnis der Wirtschaftswissenschaft zu ihren Nachbardisziplinen, in: JOCHIMSEN-KNOBEL (Hrsg), Gegenstand und Methoden der Nationalökonomie (1971) 88; RINCK, Wirtschaftswissenschaftliche Begriffe in Rechtsnormen, in: Recht im Wandel, FS 150 Jahre Carl Heymanns Verlag (1965) 361; STAMMLER,

verwendet werden soll, kann nur ein *Rechtsbegriff* sein, dh ein Begriff, der rechtliche Aussagen über Geld und Geldschuld ermöglicht. Aber als deskriptiver Begriff muß der Geldbegriff der Welt der Tatsachen entlehnt, kann also nicht ohne Bezug zur Rechtswirklichkeit entwickelt werden. Daraus folgt zunächst, daß auch der juristische Geldbegriff nicht ohne Berücksichtigung wirtschaftswissenschaftlicher Erkenntnisse formuliert werden kann. Mit der im wirtschaftswissenschaftlichen Schrifttum hM soll daher der Geldbegriff aus den **Geldfunktionen** entwickelt werden (Vorbem A 10). Dabei erweist es sich als notwendig, diese Funktionen nach Kräften am Ist-Befund zu messen, den Geldbegriff also von Sollenssätzen nach Kräften freizuhalten. Unbrauchbar, weil nur iS eines Sollenssatzes, nicht einer beschreibenden Definition zu begreifen (S 6 ff, 72, 218), ist zB die Begriffsbestimmung bei Frauenfelder 218: ,,Das Geld (im Rechtssinn) ist das in einer zwingenden Norm zu bestimmende teilbare, absatzfähige (allgemein begehrte), in seiner durchschnittlichen Kaufkraft (zum mindesten relativ) beständige allgemeine subsidiäre Exekutionsmittel des Privatrechts, dh der Rechtsordnung mit Vertragsfreiheit und Privateigentum." Die Rücksichtnahme auf ökonomische Befunde zwingt aber auf der anderen Seite nicht zu einer Einheitsterminologie. Eine Identität des Begriffes Geld in den wissenschaftlichen Disziplinen ist allenfalls wünschenwert, keineswegs aber zwingend geboten. Ob zwischen einem ökonomischen und einem juristischen Geldbegriff unterschieden werden darf, ist str (bejahend Staudinger-Weber 11. Aufl Vorbem 2 f zu §§ 244, 245; vgl auch bes Helfferich 257 ff, 320 ff; Martin Wolff in Ehrenbergs Hdb IV/1 563 ff, 573 ff; verneinend Simitis AcP 159 [1960] 418). Da Begriffe – Rechtsbegriffe zumal – Abbreviaturen für sachliche Aussagen darstellen, kann eine unterschiedliche Terminologie in den Fachdisziplinen durchaus sachgerecht sein. Die im folgenden verwendete Terminologie nimmt deshalb Gültigkeit nur für das Recht des Geldes in Anspruch. Mit der terminologisch ,,richtigen" (dh zweckmäßigen, sachgerechten) Nomenklatur der wirtschaftswissenschaftlichen Forschung kann sich die hier verwendete Begrifflichkeit decken, aber sie muß sich mit ihr nicht decken.

A 2 bb) Das **Verhältnis der Rechtsordnung zum Geld** gehört zu den theoretischen *Grundproblemen* der Lehre vom Geld und von der Geldschuld. Doch sollte diese Lehre vor Fehleinschätzungen des Problems bewahrt werden, die bisweilen schon im Ausgangspunkt zu schiefen Fragestellungen führen. Unrichtig gestellt ist zunächst die Frage, ob Geld eine wirtschaftliche oder eine rechtliche Erscheinung ist; es ist das eine und das andere zugleich (Gerber 57). Geld als rechtliches Phänomen beruht auf der Anerkennung durch die Rechtsordnung und ist in diesem Sinne Erzeugnis der Rechtsordnung (Goldschmidt, Hdb I/2 1069 ff; Laband, Das Staatsrecht des Dt Reiches III [5. Aufl 1913] 170; Nussbaum, Das Geld 17; Martin Wolff in Ehrenbergs Hdb IV/1, 575; vgl auch Gerber 59). Der Streit, ob das Geld ein Geschöpf der Rechtsordnung ist (Knapp 3) oder ob es seinem Ursprung nach eine volkswirtschaftliche Institution ist (so zB Helfferich 320; Lütge 15 f) darf nicht in die Irre leiten (dies ist erkannt bei Elster 71 ff; Forstmann 29 f). Es geht bei diesem Streit um das komplexe Verhältnis zwischen der Rechtsordnung und der Welt der Tatsachen, nicht um ein tatsachengetreues Bild von der Entstehung des Geldes. Niemand –

Wirtschaft und Recht (5. Aufl 1924); zum Standpunkt des Verf vgl Raisch-Karsten Schmidt, Rechtswissenschaft und Wirtschaftswissenschaften, in: Dieter Grimm (Hrsg), Rechtswissenschaft und Nachbarwissenschaften I (1973 = 2. unv Aufl 1976) 143 ff; speziell zum Recht des Geldes vgl etwa: Frauenfelder, Das Geld als allgemeiner Rechtsbegriff (1938) 22 ff; Gerber, Geld und Staat (1926) 17 ff; Günter, Zur volkswirtschaftlichen Problematik der Indexklauseln bei Inflation, in: Horn-Tietz (Hrsg), Sozialwissenschaften im Studium des Rechts I (1977) 41; von Maydell, Geld und Währung, in: Horn-Tietz (Hrsg), ebd, 31.

auch nicht KNAPP! – hat je geleugnet, daß tatsächlicher Gebrauch zur Entstehung des Geldes geführt hat; aber niemand sollte leugnen, daß nicht schon die Einbürgerung einer fungiblen Werteinheit (etwa der „Zigarettenwährung" nach dem Zweiten Weltkrieg!), sondern nur deren Anerkennung durch die Rechtsordnung dieser Werteinheit diejenigen Eigenschaften verleiht, die sie im Rechtssinne zu Geld werden lassen. Es ist deshalb keineswegs widersprüchlich oder auch nur überraschend, wenn das Geld, je nach dem Blickwinkel, einmal als Produkt des Wirtschaftslebens, dann wieder als Geschöpf der Rechtsordnung erscheint (vgl hierzu MOLL, Logik des Geldes 21 f). Dies ist auch kein Grund zu der Folgerung, Geld sei also weder das eine noch das andere (überzeugend SIMITIS AcP 159 [1960] 417 Fn 52). *Vielmehr bleibt festzuhalten:* Der ökonomische Begriff des Geldes – wenn es ihn als Einheitsbegriff gibt – *kann* von der Anerkennung durch die Rechtsordnung abhängig sein; der *Rechts*begriff Geld *muß* von der Anerkennung durch die Rechtsordnung abhängig sein.

cc) Hieran anknüpfend stellt sich die **Frage nach der maßgeblichen Rechtsquelle,** also die Frage nach dem **Verhältnis zwischen Geld und Gesetzgebung.** Das Problem ist ein solches der Rechtsetzungsbefugnis und deshalb nur theoretisch streng von der Frage zu trennen, ob das Geld als Produkt des Wirtschaftslebens stets auch schon Geld im Rechtssinne ist. Um ein theoretisches – diesmal politisches – Grundlagenproblem des Geldrechts handelt es sich auch hier. Während die einen dem *staatlichen Gesetzgeber* allein die Befugnis zusprechen, über die Entstehung von Geld zu entscheiden (zB RGZ 96, 262, 265 = JW 1920, 43 f; KNAPP 1 ff, 19; F A MANN, Recht des Geldes 10; MARTIN WOLFF in Ehrenbergs Hdb IV/1 575), gibt nach den anderen die *tatsächliche Übung* den Ausschlag (in dieser Richtung SAVIGNY, Obligationenrecht I 408; NUSSBAUM, Das Geld 14 f). Diesem Streit sollte nur noch historische sowie rechtspolitische Bedeutung beigemessen werden (über die Bedeutung von SAVIGNYS Abneigung gegen hoheitliche Eingriffe in private Rechtsverhältnisse für die Geldschuldlehre vgl KIEFNER 37 f). Für das geltende Recht steht außer Zweifel, daß eine **Währungshoheit** dem Staat allein das Privileg einräumt, die Geldeigenschaft von Wertzeichen festzulegen und diese Zeichen in Umlauf zu setzen (HELFFERICH 385 ff; LABAND aaO [Vorbem A 2] 170 f, 173; REINHARDT, FS Boehmer [1954] 68; eingehend F A MANN, Legal Aspect 9 ff; ders, Recht des Geldes 10 ff; vgl aber SIMITIS AcP 159 [1960] 423 mwN). Auch Art 73 Nr 4 GG (dazu Vorbem A 43) geht von dieser ausschließlichen Befugnis des Staates aus (in diesem Sinne auch STAUDINGER-DILCHER § 91 Rz 8; eingehend zur Währungshoheit HALL, Rechtsprobleme der Währungsparitätsfestsetzung, Diss Kiel 1969, 48 ff). Wenn demgegenüber ENNECCERUS-NIPPERDEY (§ 123 I) und ERNST WOLF (Schuldrecht I § 4 D II b) heute noch zwischen staatlichem Geld und Verkehrsgeld unterscheiden, so beruht dies auf unzureichender Trennung des Geldes von der Ware. Geld ist nach ERNST WOLF staatliches Geld, wenn der Tauschwert ein aufgedruckter oder aufgeprägter Tauschwert in einer staatlichen Währung ist. Von usuellem Geld oder Verkehrsgeld spricht ERNST WOLF bei solchen vertretbaren Sachen, deren Verkehrswert darauf beruht, daß sie in einem Gebiet üblicherweise zur Erfüllung von Geldschulden geleistet und angenommen werden. Zum Verkehrsgeld rechnet ERNST WOLF sowohl das Warengeld, das als Ersatzgeld in Zeiten des Währungsverfalls an die Stelle der staatlichen Währung tritt (Roggenwährung, Zigarettenwährung etc), als auch ausländisches Geld, das in einem Gebiet kursiert, in dem die ausländische Währung nicht gilt. Ein solcher Geldbegriff ist gewiß weder logisch noch ökonomisch ein Unding. Er entspricht aber nicht dem gerade von ERNST WOLF betonten *Rechtsbegriff* Geld. Dieser ist an der nominalistischen Funktion des staatlichen Geldes orientiert. Er erfaßt daher sowohl inländisches als auch ausländisches Geld, immer jedoch nur Geld mit rechtsverbindlich bestimmtem Nennwert. Geld iS der hier verwendeten Terminologie ist also stets staatliches A 3

Geld, wenn auch nicht stets iS des Wortgebrauchs von ERNST WOLF, denn es verliert diese Eigenschaft nicht dadurch, daß Geldzeichen auch außerhalb des eigenen Währungsgebietes kursieren. Damit ist die Frage nach dem Verhältnis zur ,,Staatlichen Theorie des Geldes" gestellt.

Die von dem Wirtschaftswissenschaftler KNAPP entwickelte, in den Wirtschaftswissenschaften von Anbeginn umstrittene und heute überwiegend abgelehnte **Staatliche Theorie des Geldes** (Vorbem A 8, D 2) hat im rechtswissenschaftlichen Schrifttum nicht zuletzt deshalb so viel Gefolgschaft gefunden, weil sie den Geldbegriff konsequent auf das staatliche Geld beschränkt und die *ausschließliche Befugnis des Staates zur Schaffung von Geld* festgeschrieben hat. Darin liegt die Beschränkung, aber auch das Verdienst der Staatlichen Theorie, die von F A MANN (Recht des Geldes 10 f) auf die plausible Formel gebracht wird: ,,Nur diejenigen beweglichen Sachen sind Geld, denen vom Recht, dh vom Staate oder auf Grund einer staatlichen Ermächtigung, Geldcharakter verliehen wird." In diesem Sinn und mit dieser Beschränkung ist der Staatlichen Theorie des Geldes terminologisch und sachlich zu folgen. Zwar hat SIMITIS dazu aufgerufen, die staatliche Theorie des Geldes als Grundlage und Rechtfertigung des (scl: Gesetzes-) Positivismus in der Geldlehre abzulehnen, denn nur die Berücksichtigung der für das Geld entscheidenden wirtschaftlichen Zusammenhänge mache es möglich, ,,staatlichen Willkürakten auf monetärem Gebiete rechtzeitig einen Riegel vorzuschieben". Man sollte aber zwei Dinge nicht miteinander verwechseln: das Währungsmonopol des Staates, also des staatlichen Gesetzgebers, und das Legitimationsproblem bei der Ausübung dieser Währungshoheit. KNAPP 19 erklärt, nachdem er das Geld zum Geschöpf der Rechtsordnung erklärt hat, die Bestimmung der Zahlungsmittel zu einem freien Akt der Staatsgewalt. Diese währungsrechtliche Staatswillkür in öffentlichrechtlicher und ihre unbedingte Verbindlichkeit für das Recht der Geldschuld in privatrechtlicher Hinsicht konnte von KNAPPS Staatlicher Theorie des Geldes nicht bewiesen werden. Denn charakteristisch für den rechtspositivistischen Ansatz von KNAPPS Theorie ist ihre rechtspolitische Blindheit, ihre ,,freiwillige Selbstbeschränkung" (BENDIXEN, in SINGER [Hrsg], Knapp-Bendixen. Zur Staatlichen Theorie des Geldes. Ein Briefwechsel [1958] 151). Die Staatliche Theorie des Geldes ist viel zu eng angelegt, um dem Rechtsanwender das Nachdenken über Geldfunktion und Geldwert abzuschneiden (Vorbem A 8, D 2). *Die Staatliche Theorie des Geldes sollte deshalb in ihre Schranken gewiesen, nicht jedoch generell abgelehnt werden.* Auch der Hinweis auf die Bedeutung des Buchgeldes vermag die Lehre vom Geldschöpfungsmonopol des Staates nicht zu widerlegen (so aber SIMITIS AcP 159 [1960] 423 ff). Richtig ist zwar, daß mit der Existenz von Buchgeld die Möglichkeit privater Kreditschöpfung einhergeht (ausführlich FORSTMANN 93 ff; SCHILCHER 103–204) und daß solches ,,Kreditgeld" nicht auf staatlicher Deklaration beruht, sondern von der Barliquidität und dem ökonomischen Kalkül der Kreditnachfrager abhängt (FORSTMANN 92; SCHILCHER 105). Die Schaffung von Buchgeld ist indes qualitativ nicht dasselbe wie die Schaffung staatlichen Geldes, und zwar weder ökonomisch noch juristisch. Das Währungssystem schafft die Rahmenbedingungen für die Kreditschöpfung. Es hat zu verhindern, daß die private Kreditschöpfung als ,,Willkürkreditgeld" (FORSTMANN 95; LÜTGE 83 ff; der Umgang mit dem Begriff ,,Willkürgeld" ist uneinheitlich!) inflationäre Prozesse in Gang setzt. Einen Gesetzesvorbehalt für die Schaffung von Kreditgeld kann die Währungshoheit des Staates nicht zum Inhalt haben. Sie braucht ihn auch nicht zum Inhalt zu haben. Folglich läßt auch das Fehlen eines solchen Gesetzesvorbehalts keinen Schluß gegen die Währungshoheit des Staates zu.

A 4 **dd)** Ob der **Rechtsbegriff Geld** ein solcher des **öffentlichen** Rechts ist (GERBER 59 ff, 72 ff) oder ein solcher des **privaten** Rechts (JUNG, Das privatrechtliche Wesen des Geldes, passim; wohl auch ERNST WOLF, Schuldrecht I § 4 D II a mit Fn 60), ist eine

Frage, die heute in diese Form nicht mehr gestellt werden sollte (Fögen 6; in diesem Punkt zutreffend bereits Frauenfelder 74 ff, der aber ebd 190 ff den Geldbegriff, gleichfalls unbefriedigend, als „öffentlich-rechtlichen Begriff im Privatrecht" einordnet). Wenn Gerber 67 diese Frage auf die Überlegung stützte, ob Geld seinem Wesen nach ein Stück private oder öffentliche Wirtschaft und demnach (!) als rechtliche Erscheinung dem privaten oder dem öffentlichen Recht zuzuordnen sei, dann gab er den technischen Begriffen Privatrecht und öffentliches Recht einen ihnen nicht zukommenden Inhalt. Denn der Geldbegriff ist, wenngleich als Rechtsbegriff normativ determiniert, kein Spezifikum bestimmter Normen. Er tritt als Vorfrage bei der Anwendung sowohl privatrechtlicher als auch öffentlichrechtlicher Rechtsnormen in Erscheinung.

b) Geldbegriff und Geschichte des Geldes A 5

Schrifttum (Auswahl): Born, Geldtheorie und Geldpolitik II: Geldgeschichte, in: Handwörterbuch der Wirtschaftswissenschaft III (1981) 360; Duden, Der Gestaltwandel des Geldes und seine rechtlichen Folgen (1968); Einzig, Primitive Money (London 1948); Gerloff, Die Entstehung des Geldes (3. Aufl 1947); ders, Geld und Gesellschaft (1952) 30 ff; Goldschmidt, Hdb des Handelsrechts I/2 (1868) 1060 ff; Hugo J Hahn, Währungsrecht und Gestaltwandel des Geldes, FS Zweigert (1981) 625; Helfferich, Das Geld (6. Aufl 1928) 1–78; Hütter, Savignys Geldlehre, Diss Münster 1970; Kiefner, Geld und Geldschuld in der Privatrechtsdogmatik des 19. Jahrhunderts, in: Coing-Wilhelm (Hrsg), Wissenschaft und Kodifikation des Privatrechts im 19. Jahrhundert, Bd V (Geld und Banken) (1980) 27; Knies 1 ff; Laum, Heiliges Geld (1924); Lütge, Einführung in die Lehre vom Gelde (2. Aufl 1948) 22 ff; Gustav Maier, Das Geld und sein Gebrauch (1913) 3 ff; Del Mar, History of Monetary Systems (1895; Nachdruck 1969); Nau, Epochen der Geldgeschichte (1972); Hugo Ritter, Der Mensch und das Geld (1952); Rittmann, Deutsche Geldgeschichte 1484–1914 (1975); Rugina, Geldtypen und Geldordnungen (1949) 60 ff; Savigny, Obligationenrecht I (1851) 408 ff; Schmölders, Geldpolitik (2. Aufl 1968) § 3; Schmoller, Über die Ausbildung einer richtigen Scheidemünzpolitik vom 14.–19. Jahrhundert, Schmollers Jahrb XXIV (1900) 1247; Bruno Schultz, Kleine dt Geldgeschichte des 19. und 20. Jahrhunderts (1976); Schumpeter, Das Wesen des Geldes (1970) Kap III = S 40 ff; Simmel, Philosophie des Geldes (2. Aufl 1907) 129 ff; Veit, Reale Theorie des Geldes (1966) 22 ff; Rolf H Weber, Das Geld in einem sich wandelnden Vermögensrecht, ZfSchweizR 100 (1981) 165; Wirth, Das Geld. Geschichte der Umlaufmittel von der ältesten Zeit bis in die Gegenwart (1884).

aa) Die **Geschichte des Geldes** ist zuerst Gegenstand nationalökonomischer Betrachtung. Die nachfolgenden Bemerkungen beschränken sich auf den für die privatrechtliche Analyse entscheidenden Aspekt: auf die *von der Ware zur Abstraktion* führende Entwicklung des Geldes. Der Ursprung des Geldes wird im Entstehen einer arbeitsteiligen Tauschwirtschaft erblickt. Zu einer Handelswirtschaft konnte diese Tauschwirtschaft nur dadurch werden, daß bestimmte Waren – sie mußten allgemein gebraucht, zählbar, nach Möglichkeit auch kostbar und vor raschem Verderben geschützt sein – zu überindividuell anerkannten Tauschmitteln wurden (zum Warengeld vgl Lütge 23 ff; über Frühformen des Geldes vgl eingehend Gerloff, Entstehung 87 ff; noch Fichte schlug Ledergeld als Währung des geschlossenen Handelsstaats vor). Von hierher führte der Weg zu den Edelmetallen als Tauschmitteln (zum Verhältnis zwischen Substanzwert, Gebrauchswert und Nachfrage vgl Veit 23 f) und dann weiter zum Münzwesen, zunächst vor allem im griechischen und orientalischen, auch fernöstlichen Kulturraum (Gerloff, Entstehung 78 ff). Mit der Entwicklung des Münzwesens ging eine zunehmende Einflußnahme der Staatsgewalt auf die Entstehung von Geld und die Ordnung des Geldwesens einher (Münzregal). Die Geschichte des sog Münzregals seit dem klassischen Altertum ist Spiegelbild der politischen Geschichte, insbes des Aufbaus und Verfalls, der Zentralisierung und Zersplitterung staatlicher Gewalt. Geldtheoretisch war die neuzeitliche Phase des Geld- und Münzwesens zunächst von der sog metallistischen Theorie geprägt. Die

Münzhoheit des Staates wurde jahrhundertelang nur iS einer Befugnis zu verbindlicher Festlegung des realen Metallwerts begriffen (Münze als beglaubigter Barren; vgl GOLDSCHMIDT Hdb I/2 1093 ff mwN, 1177). Diese Deutung mußte allerdings schon im Hinblick auf Schwankungen und Imponderabilien im Wertverhältnis unter den verschiedenen Edelmetallen Theorie bleiben (vgl dazu besonders HELFFERICH 52 ff). Das Streben nach einem einheitlichen Geldsystem führte bei Festhalten am metallistischen Grundsatz teils zum *System der Goldwährung* (dazu GOLDSCHMIDT Hdb I/2 1191; HELFFERICH 58 ff; G MAIER 11); teils aber führte dieses Streben die Praxis und Theorie des Geldwesens auch auf eine neue Abstraktionsstufe: zur *Trennung des Geldwerts vom Substanzwert der Geldzeichen* (historisches Material bei GOLDSCHMIDT Hdb I/2 1185 ff). Die Loslösung von der metallistischen Grundlage des Geldwesens ließ seit dem 18. Jahrhundert Scheidemünzen und Papiergeld – dieses zunächst vielfach noch in Gestalt verzinslicher oder unverzinslicher Wertpapiere – entstehen. Diese Geldschöpfungsmethode galt zunächst als unseriös (charakteristisch der Zusammenbruch der Papiergeldfinanzierung durch JOHN LAW in Frankreich; als Reaktion hierauf versteht sich wohl GOETHE, Faust II, 1. Akt 4. Szene, Lustgarten). Sie wurde auch von zeitgenössischen Staatswissenschaftlern skeptisch beurteilt (vgl auch noch GOLDSCHMIDT Hdb I/2 1207) und führte teilweise zu beträchtlichem Währungsverfall (vgl näher HELFFERICH 64 ff; G MAIER 7 f). Diese Probleme sind indes Fragen der ökonomischen Grenzen der Geldschöpfung, nicht dagegen Probleme des Geldbegriffs. Sie haben die Fortentwicklung des Geldbegriffs vom Warencharakter des Geldes zur abstrakten Rechengröße nicht aufhalten können. Zu den Konsequenzen für die Lehre vom Geldwert vgl Vorbem D 7.

A 6 **bb) Der Prozeß der Entsubstantialisierung,** also der Weg vom Warengeld zur abstrakten Geldfunktion, ist charakteristisch für die historische Entwicklung des Geldes. Ob eine echte Entsubstantialisierung vorliegt oder vielmehr ein Sinnwandel der Geldsubstanz, ist eine rein terminologische Frage. GEBHART und im Anschluß an ihn SCHMÖLDERS haben die entwicklungsgeschichtlichen Stufen folgendermaßen bezeichnet: „magisch-mythisch bedingte Geldsubstanz" (I), „stoffwertbedingte Geldsubstanz" (II), „funktionsbedingte Geldsubstanz" (III), wobei die letzte neben dem Papiergeld auch das Buchgeld umfaßt. Sieht man als die Substanz das einzelne Geldzeichen an, so scheint der Begriff „funktionsbedingte Geldsubstanz" unglücklich, der Begriff „Entsubstantialisierung" treffender. Der Sinnwandel führt von der Substanz des Geldzeichens weg zu seiner abstrakten Funktion. SIMMEL 136 konstatiert, mit dem steigenden Bedürfnis nach Tauschmitteln und Wertmaßstäben werde das Geld „immer mehr aus einem Gliede von Wertgleichungen zu einem Ausdruck derselben, und insofern von dem Werte seines Substrats immer unabhängiger". Die ökonomische Erklärung dieses Prozesses der Entsubstantialisierung des Geldes wird in dem Bedürfnis nach Senkung der Transaktionskosten gesehen (CLAASSEN [vor Vorbem A 1] 61 ff; in gleicher Richtung bereits GOLDSCHMIDT Hdb I/2 1185 ff).

Terminologisch wurde diese Entwicklung erst allmählich nachvollzogen. Das 18. Jahrhundert sieht Banknoten noch als Geldsurrogat an und definiert das Geld nach seinem Substanzwert. KANT etwa verlangt noch, der Nominalwert des Geldes müsse durch den Fleiß, den die Hervorbringung der Sache Geld gekostet habe, gedeckt sein (Metaphysik der Sitten § 31 I). „Denn wäre es leichter, den Stoff, der Geld heißt, als die Ware anzuschaffen, so käme mehr Geld zu Markte, als Ware feil steht. . . . Daher können Banknoten und Assignaten nicht für Geld angesehen werden." SAVIGNY (Obligationenrecht I 413) unterscheidet noch zwischen dem aus Silber und Gold bestehenden „wirklichen Geld" und dem Papiergeld und den Scheidemünzen als bloßem „Zeichengeld". Spätestens seit KNAPPS „Chartalismus" (im Gegensatz zum „Metallismus") dürfte aber feststehen, daß die modernen Geldzeichen nicht Schuldscheine und nicht bloß Geldersatz sind (KNAPP [vor Vorbem A 1] 41; insoweit grundlegend bereits HARTMANN [vor Vorbem A 1] 59). Mit Recht bezeichnet es KNAPP 41 als „völlig verkehrt, im echten Papiergeld keine wirkliche Zahlung zu sehen; sie ist nicht stofflich." Geld im Rechtssinne ist nicht deshalb bloß „Geldsurrogat" oder „uneigentliches Geld", weil es in Form von Papiergeld oder Scheidemünzen ausgegeben und deshalb durch seinen Metallwert nicht gedeckt ist (MARTIN WOLFF in Ehrenbergs Hdb IV/1 566 mwN). Die definitive *Loslösung der Papiergeldwährung vom Goldwert* ließ das Geld einen neuen Abstraktionsgrad gewinnen: Es war nur mehr die *reine Verkörperung der Geldfunktion* (HELFFERICH 78). Eine weitere – vorläufig letzte – Abstraktionsstufe erreichte das Geld durch das Vordringen von Buchgeld (dazu mwN etwa DUDEN 6 f; PULVERMÜLLER, Rechtsnatur und Behandlung des privatrechtlichen Geldanspruches, Diss Würzburg 1974, 13 ff; HUGO J HAHN, FS Zweigert [1981] 631, 634; ISELE AcP 129 [1928] 134; SIMITIS AcP 159 [1960] 423; ROLF H WEBER ZfSchweizR 100 [1981] 168 f; zur Erfüllung der Geldschuld mittels *Buchgeld* vgl Vorbem C 39 ff). Die Folgerichtigkeit dieser Entwicklung wird etwa deutlich, wenn SIMITIS sagt: „Was die Banknote in der Vergangenheit gegenüber der Münze war, das ist heute das Buchgeld gegenüber dem Sachgeld." Auch die terminologischen Probleme jener früheren Entwicklungsstufe kehren in neuem Gewand wieder. Bereits KNAPP 139 hat dargelegt, daß die girale Zahlung Zahlung, daß also auch Buchgeld Geld sein kann: Zu den (metallistischen) „pensatorischen" und den (nominalistischen) „chartalen" Zahlungsmitteln komme nunmehr das „girale" hinzu. Diese partielle Funktionsgleichheit muß auch in der rechtlichen Lehre vom Geld Berücksichtigung finden, ohne daß freilich der unleugbare Unterschied zwischen den Geldzeichen und dem Buchgeld terminologisch eingeebnet werden sollte. Der gegenständliche Geldbegriff ist deshalb nicht auf das Buchgeld zu erstrecken (Vorbem A 18).

c) Funktionen des Geldes A 7

Schrifttum (vgl zunächst vor Vorbem A 1, A 5): BLOCK, Die Marx'sche Geldtheorie (1926); ELSTER (vor Vorbem A 1) 88 ff; FORSTMANN (vor Vorbem A 1) 38 ff; FRAUENFELDER (vor Vorbem A 1) 131 ff; FRITSCH, Die Geld- und Kredittheorie von Karl Marx (1968); GERLOFF, Geld und Gesellschaft (1952) 98 ff; GOLDSCHMIDT, Hdb des Handelsrechts I/2 (1868) 1060 ff; HELFFERICH 283 ff; ISSING, Einführung in die Geldtheorie (4. Aufl 1981); KERSCHAGL, Das Geld von heute (1949); KNIES 84 ff; LIEFMANN (vor Vorbem A 1) 85 ff; LUKAS, Aufgaben des Geldes (1937); VON MISES (vor Vorbem A 1) 1 ff; HANS MÖLLER, Geld als wirtschaftliches Gut – Ein Beitrag zu den Grundlagen der Geldtheorie, FS Neumark (1970) 637; REINHARDT, Vom Wesen des Geldes und seiner Einfügung in die Güterordnung des Privatrechts, FS Boehmer (1954); RUGINA (vor Vorbem A 1) 18 ff; SCHILCHER, Geldfunktionen und Buchgeldschöpfung (1958 = 2. unv Aufl 1973); SCHMÖLDERS, Geldpolitik (2. Aufl 1968) § 4; VEIT 51 ff; WAGEMANN (vor Vorbem A 1) 99 ff; WOLFF in Ehrenbergs Hdb IV/1 564 ff.

aa) Die **Begriffsbestimmung des Geldes von den Geldfunktionen her** hat sich in den ökonomischen Wissenschaften durchgesetzt (vgl statt vieler ISSING, Geldtheorie 1). Geld ist Träger von Geldfunktionen (SCHILCHER 16), oder – populär gewendet: „Money is what money does". Die Geldfunktionenlehre als tauglicher Ansatz wird überwiegend anerkannt (vgl nur SIMMEL [Vorbem A 5] 116 ff, 151 f; HELFFERICH 259; KERSCHAGL 21; SCHILCHER 14 f in Auseinandersetzung mit OLIVECRONA; ROLF H WEBER in Berner Komm Art 84 Rz 11 ff; SIMITIS AcP 159 [1960] 416 f unter Berufung auf HAWTREY). Nur vereinzelt wird die Fruchtbarkeit dieses Gedankens bestritten (zB ERNST WOLF, Schuldrecht I, § 4 D Fn 55; WAGEMANN 101). Durch seine Funktion unterscheidet sich das **Geld** zunächst von der **Ware**. Geld ist zwar, da es Tauschmittel und notwendiger Bestandteil einer Wirtschaftsordnung ist, die die Güter zueinander in meßbare Beziehungen setzt, Äquivalent von Gütern und damit selbst ein Gut (SCHILCHER 24 ff; OTTEL [vor Vorbem A 1] 24; SIMITIS AcP 159 [1960] 413 f; HANS MÖLLER, FS Neumark [1970] 638). Aber Geld – auch das einzelne Geldzeichen – ist nicht Ware, sondern Zahlungsmittel (vgl dagegen noch zur Einordnung des Geldes bei ADAM SMITH und bei RICARDO: WAGEMANN 19 ff). Werden Geldzeichen – etwa wegen ihres Metallwerts – im Einzelfall zum Gegenstand des Warenhandels, so ist der Bereich des Geldrechts und der Geldschuld verlassen (vgl auch Vorbem C 4 ff). Das Geld wird dann nicht in der ihm eigenen Funktion verwendet. Wo aber Geld nicht als Geld funktioniert, ist es nicht mehr Gegenstand geldrechtlicher Betrachtung. Ob es überhaupt noch Geld im Rechtssinne ist, ist dann privatrechtlich ohne Belang (Vorbem B 13; zum Strafrecht vgl Vorbem A 13 [eee] und B 4).

A 8 **bb**) Die Schwierigkeit der Geldfunktionenlehre besteht einmal darin, daß die in den Wirtschaftswissenschaften entwickelten **Kataloge der Geldfunktionen** – teils rein terminologisch, teils aufgrund unterschiedlicher Fragestellungen – voneinander divergieren (Überblick bei SCHILCHER 36–90; krit VON MISES 7 f); zum anderen hat man zwar über einen mehr oder weniger vollständigen Funktionenkatalog weitgehende Einigkeit erzielt, nicht aber darüber, welches *die primären, dh für den Geldbegriff ausschlaggebenden Geldfunktionen* sind (SCHILCHER 90). Klarheit gewinnt nur, wer die Funktionsbestimmung von der konkreten, hier also (privat)rechtlichen Aufgabe her angeht. Die politischen Implikationen der Geldfunktion etwa sind hier ohne Interesse (vgl etwa zur marxistischen Geldtheorie WAGEMANN 24 f; BLOCK, Die Marx'sche Geldtheorie [1926]). Der juristischen Analyse kann nur eine Einteilung dienen, die möglichst umfassend und doch zugleich einfach genug ist, um einerseits ohne Widerspruch zu ökonomischen Befunden, anderseits aber ohne ökonomischen Ballast mit ihr zu operieren. Die umfangreichen, von Autor zu Autor wechselnden Kataloge der Geldfunktionen lenken von einheitlichen Grundgedanken vielfach ab (vorbildlich im Bemühen, das Grundsätzliche herauszuarbeiten, dagegen MARTIN WOLFF in EhrenbergsHdB IV/1 564 ff). Den zahlreichen tatsächlichen Funktionen sind Hauptfunktionen überzuordnen (LÜTGE 31). Im Anschluß an FORSTMANN 53 und VEIT 51 ff sollte unterschieden werden zwischen den *abstrakten* und den *konkreten Funktionen*. Die **abstrakten Funktionen** konzentrieren sich auf die *Wertmessereigenschaft* des Geldes, die **konkreten Funktionen** auf die Fähigkeit des Geldes, *Werttransportmittel* und *Wertaufbewahrungsmittel* zu sein. Diese Funktionen als Recheneinheit (abstrakt) und als Tauschmittel (konkret) stehen zwar in innerem Zusammenhang miteinander, sind aber doch klar voneinander zu trennen (vgl VEIT 51 ff). Bei dieser Zweiteilung sollte es bleiben. Die weiteren gebräuchlichen Differenzierungen führen über sie nicht hinaus. Ein Teil der ökonomischen Funktionen ist in den abstrakten Funktionen enthalten, so etwa die Funktion als Wertausdrucksmittel, als Kostenausdrucksmittel, als Kostenvergleichsmittel, als Preisausdrucksmittel, als Preisvergleichsmittel; die meisten Geldfunktionen, die üblicherweise noch genannt werden, fallen unter die konkreten Funktionen, so die Aufgabe als Tauschmittel, Zahlungsmittel, Schuldentilgungsmittel, Vermittler des Kapitalverkehrs usw (ähnlich WAGNER [vor Vorbem A 1] 116 ff; LUKAS 7; FORSTMANN [vor Vorbem A 1] 58; LÜTGE 130; ähnlich auch MARTIN WOLFF in Ehrenbergs Hdb IV/1 567 ff, die allerdings unter den hier sog konkreten Funktionen die Tauschmitteleigenschaft in den Mittelpunkt stellen; aM zB SCHILCHER 41 ff mwN). Immer wieder hat man zwar einzelne Funktionen herausgestellt und in den Mittelpunkt der ökonomischen Funktionsanalyse gestellt (so etwa die Wertaufbewahrungsfunktion unter dem Eindruck von KEYNES' Liquiditätstheorie). Solche ökonomischen Akzentsetzungen ändern aber nichts an der juristischen Ergiebigkeit der Zweiteilung in die abstrakten und konkreten Funktionen. Der Sache nach ist diese Gegenüberstellung schon vor mehr als 100 Jahren selbst bei so unterschiedlichen Autoren wie SAVIGNY und LEVIN GOLDSCHMIDT nachweisbar. Bei SAVIGNY (Obligationenrecht I 405) erscheint Geld zunächst in der „Funktion eines bloßen Werkzeuges zur Messung des Werthes der einzelnen Vermögensbestandtheile", daneben aber noch „in einer zweiten und höheren Function, indem es den von ihm gemessenen Werth selbst in sich schließt, und so den Werth aller anderen Vermögensstücke vertritt"; in dieser zweiten Funktion verleiht Geld ,,dieselbe Macht, welche die durch dasselbe gemessenen Vermögensstücke zu verleihen fähig sind". Goldschmidt (Hdb I/2 1060 f) bezeichnet das Geld als allgemeines Tauschgut und als allgemeines Wertmaß. Er stellt auch bereits fest, daß beide Funktionen einander bedingen (ebd 1061). Die Gegenüberstellung der abstrakten und der konkreten Funktionen des Geldes ist ihrem Grundgedanken nach auch sonst allenthalben nachweisbar; so, wenn Wagemann 70 die Werteinheit Geld im Anschluß an Liefmann als ein Abstraktum, das Geld aber zugleich als etwas ,,durchaus Konkretes" bezeichnet: ,,Es repräsentiert Vermögensmacht." Beide Funktionen, die abstrakte und die konkrete stehen gleichwertig nebeneinander. Dies geleugnet zu haben, ist die ,,freiwillige Selbstbeschränkung" (Bendixen), aber auch der entscheidende *Irrtum in* Knapps *Staatlicher Theorie des Geldes* (eingehend D 8, D 29). Diese macht die Wertmaßfunktion zu ihrer zentralen – im Grunde gar einzigen – Aussage und hat sich dem Einwand ausgesetzt, dies sei so wenig eine Funktion des Geldes wie der Staat eine Funktion des Staates sei (Elster 93). Erst die Doppelfunktion des Geldes erlaubt die Anwendung des Geldbegriffs auf Tatbestände des Rechts- und Wirtschaftslebens. Keine wesentliche Hilfe für die Bestimmung des Geldbegriffs leistet die Funktion des Geldes als subsidiäres Exekutionsmittel (übereinstimmend Helfferich 350; Nussbaum, Das Geld 4; Reinhardt, FS Boehmer 60). Hier setzen die Begriffsbestimmungen von Gustav Hartmann (vor Vorbem A 1) 50 ff, von Frauenfelder (vor Vorbem A 1) 131 ff und von Burckhardt (ZBJV 71 [1935] 11 f) an. Der Grundsatz ,,omnis condemnatio pecuniaria est" entspricht nicht dem geltenden Recht (unstreitig; vgl. Nussbaum, Das Geld 4). Richtig ist zwar, daß im Nichterfüllungsfall – sofern nicht befreiende Unmöglichkeit vorliegt – jede Verbindlichkeit iS von § 916 ZPO in eine Geldverbindlichkeit übergehen kann; richtig ist auch, daß die Fähigkeit des Geldes, hier als *subsidiäres Exekutionsmittel* zu wirken, mit den allgemeinen Funktionen des Geldes zusammenhängt. Ein Begriffsmerkmal des Geldes sollte indes daraus nicht hergeleitet werden (Martin Wolff in Ehrenbergs Hdb IV/1 569). Die Rechtsordnung macht sich bei der Exekution in Geld nur die abstrakte Funktion (Wertmesser) und die konkrete Funktion des Geldes zunutze.

2. Begriffsbildung A 9

a) Die **Uneinheitlichkeit des Geldbegriffs** hindert zunächst eine allgemeingültige Begriffsbildung. Ein unwandelbarer Rechtsbegriff ,,Geld" existiert nicht (vgl besonders Enneccerus-Nipperdey § 123 I 3; Rist, Geschichte der Geld- und Kredittheorien [1947] 303 f). Nicht einmal die Gesetze verwenden den Begriff einheitlich (Fögen 8). Nussbaum (Das Geld 2) weist mit Recht darauf hin, daß schon im BGB der Begriff durchaus uneinheitlich gebraucht wird, zB einmal iS der einzelnen Geldzeichen, dann iS des Geldes als Abstraktum, zT sogar unter Einschluß des Buchgeldes (Giralgeldes). Die **Relativität des Begriffs Geld** wird im Schrifttum allenthalben betont (vgl nur Forstmann 65 ff; Veit 55 f; Isele AcP 129 [1928] 183 f; Simitis AcP 159 [1960] 408). Das gilt für die rechtswissenschaftliche ebenso wie für die ökonomische Literatur. Als Beispiel kann das bei Vorbem A 13 (unter eee) dargestellte Auseinanderfallen der allgemein geldrechtlichen und der strafrechtlichen Terminologie genannt werden. Trotz dieses Befundes sollte die Rechtswissenschaft nicht vor der Vielfalt des Geldbegriffs kapitulieren. Ein Geldbegriff, mag er auch hier und da der Erläuterung oder der Modifikation bedürfen, ist für die Lehre von der Geldschuld schwer zu entbehren (Nussbaum, Das Geld 3; F A Mann, Recht des Geldes 3). Die Relativität des Geldbegriffs, das Bedürfnis, die jeweils anzuwendende Norm stets auf die Aussagekraft des Begriffs zu befragen, verbietet es zwar, solcher Begrifflichkeit heuristischen Wert in dem Sinne zuzuerkennen, daß aus dem Begriff Rechtsfolgen zwingend deduziert werden könnten (insofern übereinstimmend SIMITIS AcP 159 [1960] 409). Solcher Begriffsrelativismus ist indes in der Rechtsordnung nichts Ungewöhnliches und darf einer Begriffsbildung nicht im Wege stehen.

A 10 b) Der Geldbegriff ist ein **funktionaler Begriff.** Wie bereits in Vorbem A 7 bemerkt, ist der Begriff Geld von den *Aufgaben des Geldes* her zu bestimmen (vgl namentlich SIMITIS AcP 159 [1960] 416 ff). Wenn sich damit Tautologien einschleichen, macht dies eine funktionale Begriffsbildung noch nicht unerlaubt (aM ERNST WOLF, Schuldrecht I § 4 D II a mit Fn 55). Tautologische Elemente in Rechtsbegriffen sind keine Seltenheit, weil Rechtsbegriffe im Hinblick auf die mit ihnen zu formulierenden rechtlichen Aussagen abgegrenzt werden müssen. Sagt man ,,Geld ist, was als Geld funktioniert", so ist dies eben nicht dasselbe, als sagte man ,,Wein ist, was als Wein verkauft und gekauft wird" (aM, wohl aufgrund seiner ,,realen Rechtslehre", ERNST WOLF ebd). Da es um den **rechtlichen Begriff** des Geldes gehen soll, entscheidet die *Ordnung der rechtlich relevanten Geldfunktionen* (Vorbem A8) auch über den Geldbegriff. Obwohl dies im Ansatz nur von wenigen bestritten wird, bereitet die Definition des Geldes selbst dann noch Schwierigkeiten, wenn man die in Vorbem A 8 festgehaltene Einteilung in abstrakte und konkrete Funktionen als geklärt betrachtet. Wer auf die Geldfunktionen verweist, kann notfalls ohne eine besondere Begriffsbestimmung auskommen. Nicht von ungefähr fehlt eine solche bei SAVIGNY (dazu eingehend HÜTTER [vor Vorbem A 5] 1 f, 25). SAVIGNY spricht zwar vom Begriff des Geldes (Obligationenrecht I 404), beschreibt indes nur dessen Funktionen (Obligationenrecht I 405 f). Das Bedürfnis nach klarer Sprachregelung drängt aber zu *expliziten Begriffsbestimmungen,* nicht weil Begrifflichkeit Probleme zu lösen imstande wäre, wohl aber weil sie terminologische Hindernisse bei der Problemlösung beseitigt. Wer im 19. Jahrhundert vom Geld sprach, mußte offenlegen, ob er metallistisch oder nominalistisch dachte, Geldzeichen ohne äquivalenten Substanzwert also vom Geldbegriff ausschloß oder nicht. Wer im 20. Jahrhundert vom Geld spricht, muß klarstellen, ob er nur Geldzeichen oder etwa auch Buchgeld einbegriffen sehen will. Die Formel ,,Money is what Money does", also der schlichte Hinweis auf die Funktionalität des Geldbegriffs, sagt hierüber noch nichts.

A 11 c) Der vorliegenden Kommentierung liegt ein **zweigliedriger Geldbegriff** zugrunde. Es geht dabei weniger um das Anliegen, den unzähligen vorhandenen Gelddefinitionen eine neue hinzuzufügen, als darum, den *Rechtbegriff Geld* so zu strukturieren, daß einerseits auf die wirtschaftlichen Geldfunktionen Rücksicht genommen werden kann, während anderseits die juristisch geläufige und in der Rechtssprache bewährte Beschränkung des Geldbegriffs auf Geldzeichen den ihr gebührenden Platz erhält. Der Rechtsbegriff Geld kann zweierlei besagen. Es ist zu unterscheiden zwischen dem **Geld als Institution** und den **Geldzeichen.** Beide sind durch Geldfunktionen definiert, sind also Geld. Demgemäß unterscheiden wir zwischen einem **institutionellen Geldbegriff** und einem **gegenständlichen Geldbegriff.** Diese Terminologie ist der Formulierung nach neu, dem Gedanken nach aber bereits bewährt. Ein zweigliedriger Geldbegriff ist in anderer Formulierung bereits verschiedentlich gefordert worden (vgl MARTIN WOLFF in Ehrenbergs Hdb IV/1 577 f: Geld als Geldstück und Geld als abstrakter Begriff; LIEFMANN 123 ff: Geld als Rechengeld oder abstrakte Rechnungseinheit und Geld als Tauschmittel oder Zahlungsmittel; DUDEN [vor Vorbem A 1] 6: ,,abstrakte" Geld-Rechnungseinheit und Geld in seinen ,,konkreten" Funktionen; F A MANN, Recht des Geldes 3: Geld als abstrakter Begriff und Geld als konkrete Sache; ESSER-EIKE SCHMIDT I/1 § 12 II 1.1: Wertmaßstab und Wertträger; LARENZ I § 12 I: Geld und Geldzeichen; AK-BGB-BRÜGGEMEIER Vorbem 2 zu §§ 244, 245: abstrakter Funktionsbegriff und konkrete Erscheinungsform;

krit Analyse bei SCHILCHER 46 ff; die hier gewählte Gegenüberstellung sollte ein Mißverständnis vermeiden, wie es der Aussage MANNS bei SIMITIS AcP 159 [1960] 409 Fn 10 widerfahren ist). Das *Nebeneinander zweier Geldbegriffe* – Geld als Institution und Geld als Geldzeichen – führt nicht zu terminologischer Verwirrung. In aller Regel – zB bei der Anwendung von § 935 Abs 2 – bedarf nicht einmal besonderer Klarstellung, von welchem Geldbegriff die Rede ist. Wo es dagegen auf den Unterschied ankommt, hilft der zweigliedrige Geldbegriff bei der sachgerechten Ordnung und Lösung von Einzelfragen.

aa) **Der gegenständliche Geldbegriff** zielt auf die *Geldzeichen in ihrer Funktion als* A 12
Geld. Zwischen dem gegenständlichen Geldbegriff und dem institutionellen Geldbegriff (Vorbem A 14) besteht ein enger Funktionszusammenhang. Geldzeichen sind nicht bloß bewegliche Sachen von objektiv abschätzbarem Wert. Gelddefinitionen, die am Substanzwert der Geldzeichen orientiert sind, stellen, obgleich noch im 20. Jahrhundert verbreitet, Anachronismen dar (vgl auch F A MANN, Recht des Geldes 4; ders, Legal Aspect 7 f). Sobald der Rechtsverkehr Geldzeichen wegen ihres Substanzwertes handelt, sie etwa zur Kaufsache macht, befaßt er sich mit beweglichen Sachen, nicht aber mit Geld; es wird dann nicht vom spezifischen Geldcharakter der Geldzeichen Gebrauch gemacht (Vorbem C 4 ff). Die um das Geldzeichen kreisenden **Definitionen** sind ohne Zahl. Einige besonders wichtige sollen hier analysiert werden. Jede funktionelle Gelddefinition droht sich in einer Tautologie zu erschöpfen. Bezeichnet man das Geldzeichen als eine Sache, die Geldcharakter hat (NUSSBAUM, Das Geld 33), so besagt dies nur, daß das Geldzeichen unter den gegenständlichen Geldbegriff fällt. Noch deutlicher ist der tautologische Zug in der Gelddefinition der hier verschiedentlich kritisierten Staatlichen Geldtheorie. Wie die Staatliche Theorie des Geldes allgemein zu wenig über das Geld besagt, so wenig besagt auch die Gelddefinition von KNAPP 31 (zust ELSTER 97; SINGER [vor Vorbem A 1] 63 ff; krit SCHMÖLDERS, Geldpolitik [2. Aufl 1968] § 2): „Geld bedeutet stets chartales Zahlungsmittel; jedes chartale Zahlungsmittel heißt bei uns Geld." Eine solche Begriffsbestimmung ist keine logische Unmöglichkeit (so aber ERNST WOLF, Schuldrecht I § 4 D II Fn 50), aber sie enthält – was für die bei Vorbem A 3 kritisierte Enge der Staatlichen Theorie charakteristisch ist – zu wenig an materialer Aussage. NUSSBAUM (Das Geld 7) sieht in der nach KNAPP so entscheidenden Chartalität des Geldes gar nur ein negatives Kriterium des Geldbegriffs: die Unabhängigkeit des Geldes von der Substanz der Geldzeichen. Indessen ist damit zugleich ein positives Merkmal benannt: *die nominalistische Funktion des Geldzeichens.* Gleichfalls nominalistisch ist auch die Definition von WAGEMANN 95: Geld ist Träger von Werteinheiten mit allgemeiner und unbedingter Zahlungskraft. Damit spricht WAGEMANN dem Geld nicht den Wertcharakter ab, bringt aber zum Ausdruck, daß das Geld keine Ware und damit als solches den Schwankungen des Marktes für Waren entzogen ist (WAGEMANN 96). Diese nominalistischen Definitionen lenken den Blick zu sehr auf ein Detail, wo es gilt, das Ganze zu erfassen. Überzeugen kann nur eine Begriffsbestimmung, die die *Gegenständlichkeit der Geldzeichen* ebenso wie die *Geldfunktion* zum Ausdruck bringt. Substanzlos ist noch die „juristische Definition des Geldes" bei KNIES 343. Geld ist nach KNIES „derjenige Gegenstand, welcher als Geld zu verwenden ist (!), soweit Geldgebrauch rechtsgültig normiert worden ist". Mit Tautologien und mit Vorgriffen auf das Recht der Geldschuld geradezu überladen ist die Begriffsbestimmung von FÖGEN. FÖGEN 7 rechnet zum Geld im Rechtssinne, „die nicht ablehnbaren Zahlungsmittel, dh Gegenstände, deren Annahme als Erfüllung von Zahlungsverbindlichkeiten mindestens in einem begrenzten Betrage von mindestens einer begrenzten Anzahl mit dem Emittenten der Gegenstände nicht identischer Gläubiger nicht ohne die Rechtsfolge des Annahmeverzuges oder anderer nachteiliger Rechtsfolgen abgelehnt werden

darf und die der Schuldner einer Zahlungsverbindlichkeit dem Gläubiger mangels abweichender Vereinbarung als Erfüllung verschaffen muß". Die Fülle der Merkmale täuscht hier Subsumtionsfähigkeit vor, die aber nicht vorhanden ist. Ein Kompromiß ist zB die Gelddefinition bei Lütge 20: Geld ist ein generelles Gut nominaler Geltung, das im Wirtschaftsleben auf Grund seiner allgemeinen Markttätigkeit tatsächlich die Rolle des allgemeinen Tauschmittels und der Recheneinheit übernimmt. Dem hier gesuchten gegenständlichen, dabei auf die Geldfunktionen ausgerichteten Geldbegriff entsprechen im wesentlichen die Definitionen durch Martin Wolff, F A Mann und Ernst Wolf. Nach Martin Wolff sind bewegliche Sachen, die innerhalb einer größeren Verkehrsgemeinschaft bestimmungsmäßig als allgemeine Tauschmittel dienen, Geld (Ehrenbergs Hdb IV/1 563). Ernst Wolf (Schuldrecht I § 4 D II a) bezeichnet als Geld eine vertretbare Sache, mit der innerhalb eines Gebiets eine bestimmte Menge an allgemeinem Tauschwert aufgrund einer Währung verbunden ist; der Rechtsbegriff Geld umfasse diejenigen vertretbaren Sachen, deren Wert ausschließlich oder vornehmlich darin bestehe, daß für sie im allgemeinen Verkehr Leistungen, Bemühungen oder Unterlassungen anderer in bestimmter Menge eingetauscht werden können. Nach F A Mann (Recht des Geldes 5) umfaßt der Begriff Geld jede bewegliche Sache, die, von Rechts wegen ausgegeben und nach einer Rechnungseinheit gestückelt, dazu bestimmt ist, als Universaltauschmittel zu dienen (vgl auch Legal Aspect 8: ,,all chattels which, issued by the authority of the law and dominated with reference to a unit of account, are meant to serve as universal means of exchange in the State of issue"). In Anlehnung an diese Begriffsbestimmung lautet die **Definition der Geldzeichen** folgendermaßen: *Geldzeichen sind bewegliche Sachen, die, nach einer Rechnungseinheit gestückelt, bestimmungsgemäß zum Nominalwert als Tauschmittel dienen, als solche von Rechts wegen anerkannt sind und vom Gläubiger nicht abgelehnt werden dürfen.* Dieser gegenständliche Geldbegriff bringt den Begriff der Geldzeichen mit der Institution Geld in Einklang. Die darin enthaltene Beschränkung auf aufdrängbares Geld, das vom Gläubiger nicht abgelehnt werden kann, wird sich unter eee) bei Vorbem A 13 nicht als zwingend, aber doch als durch die Währungsentwicklung vorgegeben erweisen.

A 13 Die **Einzelmerkmale dieses gegenständlichen Geldbegriffs** sind folgende:

(aaa) Geldzeichen sind **bewegliche Sachen** (Martin Wolff in Ehrenbergs Hdb IV/1 563; Nussbaum, Das Geld 32 ff; Soergel-Reimer Schmidt [10. Aufl] § 244 Rz 1; gegen die Bedeutung des Sachbegriffs im Geldrecht aber zB Pulvermüller [Vorbem A 6] 45 ff). Aus ihren Funktionen im Rechtsverkehr ergibt sich weiter, daß sie vertretbare und verbrauchbare Sachen iS von §§ 91 f sind (Vorbem B 11; s auch Staudinger-Dilcher § 91 Rz 7 ff; § 92 Rz 2). Forderungen, auch wertpapierrechtlich verbriefte Forderungen sind kein Geld (Fögen 4 f), so wie umgekehrt die Geldzeichen keine Forderungen verbriefen (sog. Leere des Papiergeldes; vgl Pfennig, Die Notenausgabe der DBB [1971] 29 f; AK-BGB-Brüggemeier Vorbem 5 zu §§ 244, 245, wo es aber auch unrichtig heißt, Geldzeichen seien Wertpapiere). Streitig war die Wertpapiereigenschaft noch für die Banknoten (Reichsbanknoten) älteren Rechts, die teilweise als Inhaberpapiere ausgegeben wurden und dann als einlösliches Geld Forderungen gegen die Notenbank auf Übereignung vollwertigen (kuranten) Metallgeldes verbrieften (vgl RGZ 114, 27; 125, 273; Martin Wolff in Ehrenbergs Hdb IV/1 608 ff). Die Sacheigenschaft des Geldes schließt dessen Wertpapiereigenschaft keineswegs begrifflich aus (eingehend Nussbaum, Das Geld 28 ff), aber die währungsgeschichtliche Entwicklung ist über diese Zwischenform zwischen nominalistischem und metallistischem Geld hinweggegangen (Vorbem A 6, A 34). Spätestens mit dem Fortfall der Pflicht der Zentralbank, Banknoten in Gold umzutauschen (Vorbem A 34), kann von einem Wertpapiercharakter der Geldzeichen nicht mehr gesprochen werden (vgl VON STEBUT Jura 1982, 563). Der moderne Sprachgebrauch meint mit Banknoten nichts anderes mehr als Papiergeld (vgl § 14 BBankG; FÖGEN 17; AK-BGB-BRÜGGEMEIER Vorbem 5 zu §§ 244, 245). Buchgeldforderungen (Vorbem A 18), auch Sonderziehungsrechte (zu ihnen Vorbem F 31 ff), sind mangels Sacheigenschaft selbst kein Geld im Sinne dieses gegenständlichen Geldbegriffs (vgl mit anderer Begründung auch PULVERMÜLLER [Vorbem A 6] 38 ff).

(bbb) Geldzeichen dienen bestimmungsmäßig als Tauschmittel (MARTIN WOLFF in Ehrenbergs Hdb IV/1 564 f), genauer: als **Zahlungsmittel** für die Begleichung von in Geld bemessenen Verbindlichkeiten (MARTIN WOLFF in Ehrenbergs Hdb IV/1 568 f; SCHILCHER 58). Die „Widmung" (FÖGEN 21) der Papierscheine und Münzen zu Zahlungsmitteln macht die Geldzeichen nach einer verbreiteten Auffassung zu *öffentlichen Sachen* (PFENNIG 28 ff; STAUDINGER-DILCHER § 91 Rz 13). Dahinter verbirgt sich der Versuch, die aufgrund der Währungshoheit dem Geld verliehene Zahlkraft rechtlich einzuordnen, ohne auf wertpapierrechtliche, also privatrechtliche Vorstellungen zu rekurrieren (besonders deutlich PFENNIG 32 f). Der Begriff der öffentlichen Sache wird aber gemeinhin dadurch gekennzeichnet, daß die Sache unmittelbar durch ihren Gebrauch dem Gemeinwohl oder den eigenen Bedürfnissen der öffentlichen Verwaltung zu dienen bestimmt ist (vgl FORSTHOFF, Lehrb des Verwaltungsrechts I [10. Aufl. 1973] § 20 I; WOLFF-BACHOF, Verwaltungsrecht I [9. Aufl 1974] § 55 II a; SALZWEDEL in: ERICHSEN-MARTENS, Allgemeines Verwaltungsrecht [5. Aufl 1981] § 43). Nur die Institution Geld, nicht das individuelle Geldzeichen dient in diesem Sinne dem Gemeinwohl. Geldzeichen sollten deshalb *nicht als öffentliche Sachen* angesehen werden. Die ihnen kraft „Widmung" beigegebene Zahlkraft rechtfertigt eine solche Einordnung nicht.

(ccc) Geldzeichen sind mit einem **Nominalwert** ausgestattet. Sie beziehen ihre Verkehrsgeltung von diesem Nominalwert und nicht, wie Waren, von dem Substanzwert oder von ihrem Nutzen als Sache. Der Nominalwert macht aus dem Tauschmittel (weiterer Begriff) ein Zahlungsmittel.

(ddd) Geldzeichen genießen als Zahlungsmittel von Rechts wegen **allgemeine Anerkennung** (MARTIN WOLFF in Ehrenbergs Hdb IV/1 565; F A MANN, Recht des Geldes 19). Dies bestimmt in Anbetracht der staatlichen Währungshoheit (Vorbem A 3) das Gesetz (vgl nur F A MANN, Recht des Geldes 10 f, 14 f). Die nur beschränkt verkehrsfähigen, insbesondere nur „kassenfähigen" Zahlungsmittel sind zwar Ausdruck der Institution Geld, sollten aber nicht als Geldzeichen angesehen werden (str; vgl dazu FÖGEN 5).

(eee) Als Geldzeichen sollten nur die (in der durchaus mangelhaften deutschen Terminologie sog) **gesetzlichen Zahlungsmittel** bezeichnet werden (BGB-RGRK-ALFF § 244 Rz 2). Diese Terminologie ist weder zwingend noch allgemein gebräuchlich, nach geltendem deutschen Recht aber zweckmäßig (aM etwa MARTIN WOLFF in Ehrenbergs Hdb IV/1 573 f mwN; VON STEBUT Jura 1982, 569 f; für das schweizerische Recht ROLF H WEBER in Berner Komm Art 84 Rz 26). Die Entwicklungsgeschichte des Geldes hat zur Unterscheidung zweier Geldarten geführt: Zwangsgeld (obligatorisches, zwangsläufiges, aufdrängbares Geld) und freiläufiges (ablehnbares) Geld (vgl bes ausführlich MARTIN WOLFF in Ehrenbergs Hdb IV/1 580 ff). Moderne Währungssysteme, auch das deutsche, haben indessen dafür gesorgt, daß jedes Geld aufdrängbares Geld ist. Der Geldbegriff sollte dieser Entwicklung ebenso angepaßt werden, wie er der Entwicklung vom Metallismus zum Nominalismus angepaßt wurde. Deshalb sollte *nur noch das Zwangsgeld als Geld im Rechtssinne* bezeichnet werden. Bei der Bestimmung des Anwendungsbereiches der Strafvorschriften gegen Falschmünzerei geht allerdings die Praxis von einem Geldbegriff aus, der allgemein

Annahmezwang als Tatbestandsmerkmal nicht enthält (grundlegend BGHSt 12, 344, 345; seither allg Meinung, vgl etwa DREHER-TRÖNDLE, StGB [40. Aufl 1981] § 146 Rz 2; HERDEGEN in LK [10. Aufl 1979] § 146 Rz 4; SCHÖNKE-SCHRÖDER-STREE, StGB [21. Aufl 1982] Rz 2f, der allerdings die Leitentscheidung BGHSt 12, 344 im Ergebnis ablehnt). Ob es dieser *Ausdehnung des strafrechtlichen Geldbegriffs* über das Zwangsgeld hinaus bedarf, ist außerordentlich zweifelhaft (vgl auch BGHSt 19, 344 = NJW 1964, 1629 = LM Nr 5 zu § 146). Die Leitentscheidungen des BGH bezogen sich sämtlich auf Geldzeichen, die als Zwangsgeld eingeführt und nicht demonetisiert (Vorbem B 4 ff), wenn auch faktisch nur noch als Wert- und Sammelobjekt im Handel waren (vgl zum englischen Goldsovereign BGHSt 12, 344 = NJW 1959, 947; 19, 334 = aaO; s auch BGHSt 27, 255 = NJW 1977, 2364 m krit Anm GEISSLER NJW 1978, 708 = LM Nr 1 zu §§ 146, 147 StGB 1975 m Anm PELCHEN). Im übrigen bezieht sich die Auffassung des BGH nicht auf den Geldbegriff insgesamt, sondern nur auf § 146 StGB, der das „Vertrauen in den gesetzlich geregelten Zahlungsmittelumlauf" schützt (BGHSt 12, 344, 346). Der Geldbegriff selbst sollte unabhängig von dieser strafrechtlichen Frage auf Zwangsgeld beschränkt bleiben (vgl insofern die methodische Vorüberlegung bei Vorbem A 9). Mindestens muß es sich um *beschränkt zwangsläufige Zahlungsmittel* handeln (zum Begriff des beschränkt zwangsläufigen Geldes vgl ausführlich MARTIN WOLFF in Ehrenbergs Hdb IV/1 582 f). Die nur „kassenläufigen" Zahlungsmittel sind zwar nach der hier gewählten Terminologie kein Geld (aM FÖGEN 5). Ist aber ein Zahlungsmittel Zwangsgeld für jeden Gläubiger, so kommt es nicht darauf an, ob es dem Gläubiger in beliebiger Höhe aufgedrängt werden kann. Gesetzliche Zahlungsmittel sind auch diejenigen, die der Gläubiger – wie die Scheidemünzen nach § 3 MünzG (Vorbem C 38) – nur bis zu einem bestimmten Betrage annehmen muß (FÖGEN 5). Unwesentlich ist auch, in welchem *Währungsgebiet* sich das Geldzeichen befindet. Es verliert seine Eigenschaft als gesetzliches Zahlungsmittel nicht etwa mit Überschreitung der Grenzen des Währungsgebiets (aM ERNST WOLF, Schuldrecht I § 4 D II b 2, der ausländisches Geld nicht als staatliches Geld, sondern als Verkehrsgeld, nach der hier verwendeten Terminologie also überhaupt nicht als Geld, betrachtet; s auch BGB-RGRK-ALFF § 244 Rz 2; differenzierend NUSSBAUM, Das Geld 42). Geld in der allgemeinen Bedeutung des Rechtsbegriffs sind alle gesetzlichen Zahlungsmittel, mögen sie nach der einheimischen oder nach einer ausländischen Rechts- und Währungsordnung diese Eigenschaft haben (FÖGEN 6; SCHLEGELBERGER-HEFERMEHL, HGB [5. Aufl] Anh § 361 Rz 2). Eine ganz andere Frage ist, ob eine bestimmte Rechtsnorm ausländische Geldzeichen als gesetzliche Zahlungsmittel behandelt oder solche Geldzeichen den Wertpapieren gleichstellt. Hierüber entscheidet nicht die geldrechtliche Terminologie, sondern die Norminterpretation. So umfaßt in § 429 Abs 2 HGB, wo es um das besondere Verlustrisiko geht, der Begriff Geld auch ausländische Zahlungsmittel (vgl BGH WM 1981, 714, 715 mwN). Bei §§ 232, 234 BGB, in denen es um Mittel der Sicherheitsleistung geht, werden dagegen ausländische Zahlungsmittel nicht als Geld, sondern als Wertpapiere behandelt, die einen Kurswert haben (STAUDINGER-DILCHER § 232 Rz 2; SOERGEL-FAHSE § 233 Rz 5). Auch kann ausländisches Geld von den Parteien im Rechtsverkehr als Ware behandelt werden (vgl. Vorbem C 4 ff; RGZ 108, 280; RG JW 1920, 44; OLG Hamburg HansGZ 1922, H 298, 299). Dies wird durch Auslegung nach §§ 133, 157 ermittelt. Abreden, die das Verlustrisiko im Transportrecht betreffen, erfassen mit dem Begriff „Geld" auch ausländische Zahlungsmittel (BGH WM 1981, 714).

A 14 **bb) Der institutionelle Geldbegriff** steht dem Begriff der Währung (Vorbem A 20 ff) nahe. Beides ist aber nicht dasselbe (FÖGEN 35 Fn 60 gegen FRANZKE, Geldhoheit und Währungssteuerung [1964] 29). Währung ist das Geldsystem. *Geld als Institution ist die in Geldzeichen zu verkörpernde Werteinheit.* Geld als Institution muß zwar der

Verkörperung in Geldzeichen fähig sein (über die außerordentliche Reichsabgabe aufgrund G v 21. 6. 1916 als Ausnahme vgl MARTIN WOLFF in Ehrenbergs Hdb IV/1 578). Aber die Institution Geld ist vorhanden und kann verwendet werden, *auch wo nicht von Geldzeichen Gebrauch gemacht wird.* Der institutionelle Geldbegriff trägt der Tatsache Rechnung, daß der Umfang des Geldwesens und des Geldbegriffs mit dem traditionellen Begriff des Geldzeichens nicht adäquat dargestellt werden kann. Er schlägt die Brücke zu den vielfachen Geldfunktionen, deren sich das Wirtschaftsleben auch ohne Verwendung von Geldzeichen bedient. Dies beginnt mit der *Wertmaßfunktion* (zu ihr vgl Vorbem A 8). Geld als Maßeinheit und damit als Institution dient der Bewertung von Gegenständen (zB in der Bilanz, im Insolvenzstatus oder bei der Nachlaßbewertung). Werden hier Anschaffungs- oder Versilberungswerte eingestellt, so wird doch nicht Geld, sondern der in Geld bemessene Wert des Gegenstandes verbucht. Es wird vom Geld als Maßeinheit Gebrauch gemacht, ohne daß Geldzeichen im Spiel sind (der Sache nach übereinstimmend bereits MARTIN WOLFF in Ehrenbergs Hdb IV/1 577 f). Der institutionelle Geldbegriff erfaßt auch die Verwendung von Wertzeichen, die selbst nicht Geldzeichen sind, aber einen nominellen Geldwert haben. Das gilt für Briefmarken („Postwertzeichen") ebenso wie für Jetons (Einwurfmarken für Münzautomaten), Gutscheine, Chips der Spielbanken, Fahrkarten etc. Sie verbriefen Forderungen und sind mit Ausnahme der Briefmarken, die kein privates Recht verbriefen, überwiegend Inhaberzeichen iS von § 807 BGB (vgl ZÖLLNER, Wertpapierrecht [13. Aufl 1982] § 27 III). Allgemein liegt der institutionelle Geldbegriff den *Geldforderungen,* insbesondere den verbrieften Geldforderungen, zugrunde (ganz ähnlich bereits MARTIN WOLFF in Ehrenbergs Hdb IV/1 577 f). Das gilt namentlich für Wechsel und Scheck. Die Funktion von Geldzeichen sollen und dürfen Privatpapiere nicht übernehmen (vgl §§ 795 und 808 a BGB und das G über die staatliche Genehmigung und Ausgabe von Inhaber- und Orderschuldverschreibungen v 26. 6. 1954, BGBl I 147). Deutlicher ist die rein institutionelle Geldqualifikation bei der nicht verbrieften Forderung. Die Geldforderung ist nicht als Anspruch auf Übereignung von Geldzeichen zu deuten, sondern unter Zuhilfenahme des institutionellen Geldbegriffs. Der Unterschied zwischen Geldwertschuld und Geldsummenschuld (Vorbem C 17, D 44 ff) und die unbare Tilgung von Geldschulden (Vorbem C 39 ff) bliebe rätselhaft, wollte man die Geldschuld nur am Begriff des Geldzeichens orientieren. Der institutionelle Geldbegriff verdeutlicht, daß auch *verbriefte Forderungen* und das sog *Buchgeld* Geldfunktionen wahrnehmen können, ohne doch Geld im Sinne des gegenständlichen Geldbegriffs zu sein. Er macht ihre terminologische Gleichstellung mit den Geldzeichen entbehrlich (Vorbem A 13 unter aaa).

d) Geldbegriff und Geldforderung stehen in einem Funktionszusammenhang. Dieser A 15
Zusammenhang ist nicht durch den Begriff des Geldzeichens bestimmt (Geldforderung als Anspruch auf Geldzeichen), sondern durch das *Geld als Institution* (Vorbem A 14; der Sache nach übereinstimmend bereits MARTIN WOLFF in Ehrenbergs Hdb IV/1 577 f; ähnlich auch ENNECCERUS-LEHMANN § 11 I 3: gerichtet auf den durch eine bestimmte Anzahl von Geldstücken oder Geldsorten ausgedrückten Wert einer Geldsumme; aM ERNST WOLF, Schuldrecht I § 4 D d). *Die Geldforderung ist gerichtet auf den durch den Nennbetrag der Forderung oder durch einen Geldwert ausgedrückten unkörperlichen Vermögenswert* (Vorbem C 2; LARENZ I § 12 III; unbegründete logische Einwände hiergegen bei ERNST WOLF, Schuldrecht I § 4 D II g). Im Einzelfall kann die Geldforderung als Geldsurrogat funktionieren, also der Erfüllung von Geldzwecken dienen, etwa im Wege der Abtretung, Aufrechnung etc. Auch dann ist sie aber nicht Geld. Für die Geldforderung im allgemeinen (Vorbem A 16), für die verbriefte Forderung (Vorbem A 17) und für das sog Buchgeld (Vorbem A 18) können hieraus Folgerungen gezogen werden:

A 16 aa) Die **Geldforderung im allgemeinen** wurde bereits aus dem Geldbegriff ausgeschieden (Vorbem A 15). Sie ist in Geld ausgedrückt und auf Verschaffung von in Geld ausgedrückter Vermögensmacht gerichtet. Sie kann ohne den institutionellen Geldbegriff rechtlich nicht eingeordnet werden, aber sie ist selbst kein Geld im Rechtssinne, denn sie erfüllt nicht die Merkmale des gegenständlichen Geldbegriffs.

A 17 bb) Auch **Wertpapiere** *in Gestalt von verbrieften Geldforderungen* sind keine Zahlungsmittel, also kein Geld (hM; vgl nur RGZ 41, 120, 123 f; BGH WM 1981, 594; Fögen 4 f; Ernst Wolf, Schuldrecht I § 4 D II c 1), so wie umgekehrt die Geldzeichen keine Wertpapiere sind (Vorbem A 13; irreführend AK-BGB-Brüggemeier Vorbem 5 zu §§ 244, 245, wo Banknoten als Wertpapiere bezeichnet werden). Wer verbriefte Geldforderungen begründet und in den Verkehr bringt, macht lediglich von der Institution Geld Gebrauch (Vorbem A 14). Wertpapiere können die Transportfunktion von Geld ausüben (Jacobi, Wechsel- und Scheckrecht [1955] § 55). Sie können auch Kreditfunktion haben (Eugen Ulmer, Recht der Wertpapiere [1938] § 15 II). Ob die hierin liegende Kreditschöpfung als Geldschöpfung anzusehen ist, ist ein wirtschaftswissenschaftliches Problem, das sich nicht in dem hier verwendeten Geldbegriff niederschlägt. Um Geldzeichen handelt es sich nicht, wohl aber um eine Erscheinung des Geldrechts. Die wertpapierrechtlichen Geldsurrogate – auch Scheck, Kreditkarte und Reisescheck – sind also kein Geld (Pulvermüller [Vorbem A 6] 42 f).

A 18 cc) Als **Buchgeld (Giralgeld)** bezeichnet man Guthaben bei Kreditinstituten, dh Forderungen, die nicht in einem Wertpapier verkörpert sind, sofern diese Guthaben jederzeit zu Zahlungszwecken zur Verfügung stehen (Larenz I § 12 I; Esser-Eike Schmidt I/1 § 12 II 1.1; eingehend von Stebut Jura 1982, 568 ff mit terminologischer Kritik am Begriff Buchgeld). *Buchgeld kann Geldfunktionen wahrnehmen* und nimmt sie in immer stärkerem Maße wahr, anfangs im nationalen, immer mehr auch im grenzüberschreitenden Geldverkehr (vgl nur RGZ 134, 73, 76; Dach, Payment in cashless Societies, FS Mann [1977] 707; Hugo J Hahn, FS Zweigert [1981] 631 ff; Lukas, Aufgaben des Geldes 231 ff; Lütge 79 ff; MünchKomm von Maydell § 244 Rz 4; AK-BGB-Brüggemeier Vorbem 7 zu §§ 244, 245; Isele AcP 129 [1928] 135 ff; Simitis AcP 159 [1960] 423, 431 ff). Wenn Geld durch Geldfunktionen (Vorbem A 7 ff) und durch Entsubstantialisierung bestimmt ist (Vorbem A 6), dann kann man geradezu sagen, daß im Buchgeld das Prinzip des Geldes weitaus konsequenter ausgeprägt ist als im Stückgeld (Vorbem B 10). Deshalb wird Buchgeld in der wirtschaftswissenschaftlichen Literatur (zB Schilcher 100 ff mwN), zunehmend aber auch im rechtswissenschaftlichen Schrifttum dem Stückgeld gleichwertig zur Seite gestellt und dem Begriff Geld zugeordnet (Staudinger-Weber [11. Aufl] Rz 9; Larenz I § 12 I; Reinhardt, FS Boehmer 70 f; AK-BGB-Brüggemeier Vorbem 8 und 16 zu §§ 244, 245; Rolf H Weber in Berner Komm Art 84 Rz 38; Simitis AcP 159 [1960] 432; Pulvermüller [Vorbem A 6] 27 ff, 34; Thywissen BB 1971, 1347 ff; von Stebut Jura 1982, 569 f). Sachgeld und Buchgeld stellen dann nur mehr Erscheinungsformen des Einheitsbegriffs Geld dar (Simitis AcP 159 [1960] 435). Die zunehmende Durchsetzung von Buchgeld erscheint als Reprivatisierung des Geldschöpfungswesens (AK-BGB-Brüggemeier Vorbem 8 zu §§ 244, 245), weil Kreditschöpfung die ökonomische Wirkung von Geldschöpfung hat. Der funktionale Geldbegriff („Money is what money does") zwingt aber nicht nur Gleichstellung des Buchgelds mit den Geldzeichen. Juristische Terminologie sollte nicht von dem Ehrgeiz bestimmt sein, um jeden Preis Spiegelbild der Rechtswirklichkeit zu sein. Sie darf zu den Rechtstatsachen nicht in Widerspruch stehen, muß aber auf die Aufgabe der Zuordnung subjektiver Rechte und der Rechtsfolgenformulierung zugeschnitten bleiben. Den mit Buchgeld ausgeübten Geldfunktionen wird der *institutionelle*

Geldbegriff gerecht, ohne daß der gegenständliche Geldbegriff (Geld als Geldzeichen) korrigiert werden muß. Damit wird terminologische Unklarheit vermieden. Bis heute ist nämlich nicht einmal der Begriff des Buchgeldes hinreichend geklärt. Zweifellos gehören hierher die jederzeit verfügbaren sog Sichteinlagen; aber problematisch ist die Gleichstellung von Terminguthaben, Festgeldkonten und Sparguthaben (bejahend SIMITIS AcP 159 [1960] 423 f; PULVERMÜLLER [Vorbem A 6] 35 ff; verneinend SCHILCHER 98 f; vermittelnd SCHLEGELBERGER-HEFERMEHL, HGB [5. Aufl] Anh § 361 Rz 1; AK-BGB-BRÜGGEMEIER Vorbem 7 zu §§ 244, 245). Die Ausdehnung des Geldbegriffs auf das Buchgeld ist deshalb der geldrechtlichen Terminologie nur abträglich. Wer Buchgeld als Geld iwS vom Geld ieS unterscheiden will und auf eine präzise Abgrenzung des weiteren Geldbegriffs verzichtet (SCHLEGELBERGER-HEFERMEHL Anh § 361 Rz 1, 3), wahrt immerhin noch die Genauigkeit des engeren Geldbegriffs. Der Sache nach ist es dasselbe, und hierbei sollte es bleiben, wenn der gegenständliche Geldbegriff auf die Geldzeichen begrenzt bleibt. Buchgeld ist kein Geld im Rechtssinne (STAUDINGER-DILCHER § 91 Rz 7; RGZ 41, 120, 123 f; ENNECCERUS-NIPPERDEY § 123 I 1; F A MANN, Recht des Geldes 5; ERNST WOLF, Schuldrecht I § 4 II c 2; MEYER-CORDING, Das Recht der Banküberweisung [1951] 127 ff; HUGO J HAHN, FS Zweigert [1981] 625 ff). Es weist nicht die Merkmale des gegenständlichen Geldbegriffs auf. Das gilt für die *Sonderziehungsrechte* (zu ihnen vgl Vorbem F 31 ff) sowie für die sog *Xeno-Devisen* (HUGO J HAHN, FS Zweigert [1981] 635 f), insbes für den *Eurodollar* (zu ihm vgl Vorbem F 41). Entscheidend für den nichtmonetären Charakter der Xeno-Devisen ist nach verbreiteter Auffassung die fehlende Währungshoheit (HUGO J HAHN, FS Zweigert [1981] 637). Hier wird dagegen eine rein terminologische Abgrenzung vorgezogen. Sie sorgt für eine klare Sprachregelung, ohne blind zu sein für die Entwicklung des Geldwesens. Der institutionelle Geldbegriff wird der Zunahme des bargeldlosen Verkehrs mühelos gerecht.

e) Die **unterschiedlichen Arten (Formen) des Geldes** sind besonders eingehend A 19
dargestellt bei MARTIN WOLFF in Ehrenbergs Hdb IV/1 580 ff. Sie haben im Privatrecht des Geldes nur eine *untergeordnete Bedeutung,* weil es dem privaten Recht des Geldes weder um eine ökonomische Geldfunktionenlehre noch um eine Phänomenologie des Geldes geht. Auch die *im ökonomischen Schrifttum* teilweise verwendete Unterscheidung zwischen Arten und Formen des Geldes (zB FORSTMANN 78 ff; LÜTGE 67 ff) ist privatrechtlich ohne nennenswerte Bedeutung. VEIT 89 ff bildet etwa die folgenden Gegensatzpaare: Stückgeld – Giralgeld; vollwertiges Geld – unterwertiges Geld; Warengeld – Kreditgeld; bares Geld – notales Geld; obligatorisches Geld – fakultatives Geld; gesetzliches Zahlungsmittel – Scheidegeld; definitives Geld – provisorisches Geld; Währungsgeld – andere Geldarten. Die *privatrechtlichen* Funktionen des Geldes sind aber im Prinzip einheitlich (zutreffend ESSER-EIKE SCHMIDT I/1 § 12 II 1.1). Deshalb sollte das Privatrecht des Geldes von solcher Begriffsvielfalt freigehalten werden. Die *Unterscheidung zwischen staatlichem Geld und Verkehrsgeld* wurde bereits in Vorbem A 3 abgelehnt. Das privatrechtliche Problem der Geldformen konzentriert sich wesentlich auf den Unterschied zwischen *Zeichengeld und Buchgeld* (FORSTMANN 112 ff). Mit der terminologischen Einordnung des sog Buchgelds bei Vorbem A 18 erledigt sich die Frage. Der Unterschied zwischen inländischem und ausländischem Geld schlägt sich gleichfalls nicht im Geldbegriff nieder (Vorbem A 13; str). Ob *ausländisches Geld* geschuldet ist und ob mit inländischem Geld erfüllt werden kann, ist ein Problem der Geldschuld, nicht des Geldbegriffs (näher Erl zu § 244). Ohne terminologischen Wert ist schließlich die *Unterscheidung zwischen zwangsläufigem (obligatorischem, aufdrängbarem) Geld und freiläufigem (ablehnbarem) Geld* (eingehend noch MARTIN WOLFF in Ehrenbergs Hdb IV/1 580 f). Geld ist nach der hier verwendeten Terminologie nur das Zwangs-

geld (Vorbem A 12 f). Zwar sind nur Banknoten, nicht Münzen, unbeschränkt obligatorisch (Vorbem C 38), beides sind aber gesetzliche Zahlungsmittel. Nur für das Währungsrecht und für die Phänomenologie und Geschichte, nicht aber für das Privatrecht des Geldes ist auch die noch in der 11. Aufl von STAUDINGER-WEBER verwendete Unterscheidung zwischen Kurantgeld und Scheidemünzen von Bedeutung (Vorbem 8 zu §§ 244, 245; übereinstimmend ENNECCERUS-NIPPERDEY § 123 II): *Kurantgeld* ist das vollwichtige oder nahezu vollwichtige ausgeprägte Geld, dessen Nennwert auf seinem Substanzwert beruht. *Scheidemünzen* sind zwar, wie das Kurantgeld, Metallgeld, aber sie sind nicht vollwichtig ausgeprägt, so daß der Substanzwert den Nennwert nicht deckt; charakteristisch, allerdings nicht begriffsnotwendig ist, daß Scheidemünzen nur bis zu einem bestimmten Betrag angenommen werden müssen (zum geltenden Recht vgl Vorbem C 38). *Papiergeld* schließlich ist durch Banknoten ausgedrücktes Geld. Es kann ungedecktes Papiergeld (reine Papierwährung) oder gedecktes Papiergeld sein (Deckung durch eine dem Nennwert entsprechende Menge von Gold oder Devisen bei dem staatlichen Zahlungsinstitut).

A 20 **f) Geld und Währung** als Rechtsbegriffe sind voneinander zu unterscheiden und können auch unterscheiden werden (FÖGEN 9 Fn 19, 35 Fn 60). Art 73 Nr 4 GG unterscheidet zwischen dem „Währungs-, Geld- und Münzwesen", geht also gleichfalls von einer Unterscheidung aus. Während der Geldbegriff überwiegend nur auf die Geldzeichen bezogen wird, rückt die hier verwendete Terminologie die Begriffe Geld und Währung nahe aneinander, denn es wird zwischen dem gegenständlichen und dem institutionellen Geldbegriff unterschieden. Auch die Institution Geld (Vorbem A 14) ist aber nicht dasselbe wie die Währung. Der **Begriff Währung** hat seine Bedeutung im Laufe der Währungsgeschichte verändert und wird auch heute noch unterschiedlich verwendet. Das Schrifttum nennt bisweilen noch als historische Reminiszenz den Begriff Währung iS der staatlichen Garantie des Feingehalts von Münzen (zB NUSSBAUM, Das Geld 43). Dieser Währungsbegriff hat sich in dem Wort „Währungsgeld" für das metallistische Kurantgeld erhalten (zB STAUDINGER-WEBER [11. Aufl] Vorbem 8 zu §§ 244, 245). Er wird noch verwendet bei MARTIN WOLFF in Ehrenbergs Hdb IV/1 581, ist aber durch die Entwicklung des modernen Geldwesens überholt. *Heute wird der Begriff Währung in unterschiedlichem Sinn gebraucht* (eingehend NUSSBAUM, Das Geld 43 ff). Einmal ist damit die staatliche *Geldordnung (Geldverfassung)* gemeint, ein andermal die maßgebliche *Rechnungseinheit* (vgl nur HELFFERICH 412; LIPFERT, Einführung in die Währungspolitik [8. Aufl 1974] I A 1; noch weiter differenzierend FÖGEN 35 ff). Demgemäß ist zu unterscheiden:

A 21 **aa) Währung als Funktionsbegriff** bezeichnet die staatliche Geldverfassung, dh das auf einer gesetzlich bestimmten Rechnungseinheit für ein Währungsgebiet aufgebaute staatliche Geldsystem (vgl mit Abweichungen im einzelnen etwa NUSSBAUM, Das Geld 44; FÖGEN 35; LARENZ I § 12 I; MARTIN WOLFF in Ehrenbergs Hdb IV/1 570). Dieser Währungsbegriff und der institutionelle Geldbegriff (Vorbem A 14) bedingen einander. Geld als Institution muß möglich sein, damit es eine Geldverfassung geben kann, aber Geld als Institution wird erst durch die Geldverfassung geschaffen. Geld als Institution ist ein abstractum, ist die in Geldzeichen zu verkörpernde Werteinheit. Währung als Geldverfassung ist ein System, das auf politischen (wirtschaftspolitischen) Entscheidungen und Maßnahmen beruht. Das Währungssystem schafft die Voraussetzungen dafür, daß Geld als Institution die ihm zugedachten ökonomischen Aufgaben erfüllen kann.

A 22 **bb) Währung als Zuordnungsbegriff** verweist auf die im konkreten Fall mit der Wertmaßfunktion des Geldes verbundene Recheneinheit. Der Zusammenhang dieses Währungsbegriffs mit dem in Vorbem A 21 besprochenen Funktionsbegriff besteht darin, daß der Zuordnungsbegriff sich mit der Frage befaßt, welcher unter mehreren Geldverfassungen die Parteien im Einzelfall unterstellt sind. Wenn der Wert eines Gegenstandes ,,in deutscher Währung" (dh in DM) oder ,,in englischer Währung" (dh in £) angegeben ist, dann besagt dies nur etwas über die verwendete Rechengröße. Heimwährungsschuld und Fremdwährungsschuld unterscheiden sich nach § 244 darin, daß die Fremdwährungsschuld ,,in ausländischer Währung ausgedrückt" ist (dazu § 244 Rz 4). Mit diesem Währungsbegriff ist der Zuordnungsbegriff gemeint.

g) Die **Geldschuld als Rechtsbegriff** ist definiert als schuldrechtliche Verbindlichkeit, die in Geld ausgedrückt und auf die Verschaffung von Geld als unkörperlichem Vermögenswert gerichtet ist (str; vgl Vorbem A 15, A 16). Über die *Rechtsnatur und Behandlung der Geldschuld* vgl Vorbem C 1 ff. Der **Begriff der Geldschuld** orientiert sich an den Funktionen des Geldes (von Maydell, Geldschuld 10) und enthält folgende Merkmale: A 23

aa) Nur eine **schuldrechtliche Verbindlichkeit** kann eine Geldschuld sein. Die Geldschuld setzt also eine Forderung im Rechtssinne voraus. Wer individuelle Geldstücke nach § 861, § 985, § 1007 oder § 2018 herausgeben muß, schuldet nicht Geld (vgl aber zum Problem der Wertvindikation Vorbem B 12). Forderungen und damit auch Geldschulden können allerdings nicht nur aufgrund schuldrechtlicher Normen entstehen. Wer etwa Schadensersatz nach §§ 989 ff oder ein Geldvermächtnis schuldet, schuldet Geld. Forderungen sind zweifelsfrei die Ansprüche auf Herausgabe des Erlangten (zB nach §§ 667, 812, 816). A 24

bb) Nur eine **in Geld ausgedrückte Verbindlichkeit** kann Geldschuld sein. Dieses Merkmal setzt nicht voraus, daß die Geldschuld bereits der Höhe nach bestimmt ist. Es genügt, daß sie bestimmbar ist wie zB ein Schmerzensgeldanspruch, dessen Bemessung selbst in der Klage noch in das Ermessen des Gerichts gestellt werden darf, oder ein Anspruch auf Ersatz eines nach § 287 ZPO zu schätzenden Schadens (RGZ 140, 211; BGHZ 4, 138, 141; 45, 91, 92 f; std Rspr). Darauf, ob die Geldschuld in deutscher oder ausländischer Währung ausgedrückt ist, kommt es nicht an (arg § 244). A 25

cc) Nur die **auf Verschaffung von Geld** als unkörperlichem Vermögenswert gerichtete, also nach einer in Kraft befindlichen deutschen oder ausländischen Währung bestimmte Verbindlichkeit ist Geldschuld. Auch aus diesem Grund scheiden die Fälle der §§ 861, 985, 1007, 2018 aus dem Bereich der Geldschuld aus. Wer dagegen Eigentum an Geld erlangt hat und das Erlangte etwa nach §§ 667, 812, 816 herauszugeben hat, schuldet nicht Übereignung dieser individuellen Stücke (Vorbem C 3). Zur Unterscheidung der Geldschuld von der Stück- und Gattungsschuld vgl Vorbem C 4 ff. A 26

II. Währungsrechtliche Grundlagen des privaten Geldrechts A 27

Schrifttum (Auswahl): Bernholz, Währungskrisen und Währungsordnung (1974); Cassel, Das Geldwesen nach 1914 (1925); Cagan, Determinants and Effects of Changes in the stock of money 1875–1960 (1965); Emminger, Verteidigung der DM. Plädoyer für stabiles Geld (1980); ders The D-Mark in the Conflict between internal and external equilibrium 1948–75 (Princeton 1977); Ettinger, Der Einfluß der Goldwährung (1982); Frowein-Courakis (Hrsg), Monetary Policy and Economic Activity in West Germany (London 1977); Götze-Hildebrandt-Jurisch-Krech-Möller-Siegert-Skaupy, Probleme der Währungsreform (1949); Hettlage und Maunz, Die Finanzverfassung im Rahmen der Staatsverfassung, VVDStRL 14 (1956) 2 ff, 37 ff; Issing, Einführung in die Geldpolitik (1981); Jarchow, Theorie und Politik des Geldes II (4. Aufl 1980); Kaulla, Rechtsstaat und Währung (1949); Laband, Das Staatsrecht des Dt Reiches III (5. Aufl 1913); Lütge, Einführung in die Lehre vom Gelde (2. Aufl 1948); LUTZ, Geld und Währung (1962); Monetary Policy in Germany. OECD monetary studies series (Paris 1973); ROEPER, Geschichte der D-Mark (1968); BRUNO SCHULTZ, Kleine deutsche Geldgeschichte des 19. und 20. Jahrhunderts (1976); SCHUMPETER, Das Wesen des Geldes (1970); STÜTZEL, Über unsere Währungsverfassung (1975); TRIFLIN, Die Währungsordnung des XX. Jahrhunderts in: Hunold (Hrsg), Inflation und Weltwährungsordnung (1963) 123; NYDEGGER ua Devisenmärkte und Währungsrisiken (1983).

A 28 1. Privatrecht und Währungsrecht

a) Der Funktionszusammenhang zwischen dem Währungsrecht und dem Privatrecht des Geldes besteht darin, daß das Währungsrecht die Voraussetzungen für ein funktionierendes Privatrecht des Geldes zu schaffen hat (vgl dazu auch VON MAYDELL, Geldschuld 57 f). Das *Währungsrecht* befaßt sich mit der Währung iS des bei Vorbem A 21 entwickelten Funktionsbegriffs. Das Währungsrecht kann deshalb definiert werden als das *Recht der Geldverfassung* (vgl auch zum Währungswesen iS von Art 73 Nr 4 GG MAUNZ in MAUNZ-DÜRIG-HERZOG-SCHOLZ, GG [Lfg 1973] Art 73 Rz 64). Das Währungsrecht regelt die Entstehung und die Erhaltung der Funktionsfähigkeit des Geldes mit den Mitteln des öffentlichen Rechts (VON MAYDELL, Geldschuld 57). Es gehört damit dem öffentlichen Recht an (näher BULL, Die Staatsaufgaben nach dem GG [1973] 268 f). Deshalb gehört es nur um des hier besprochenen Funktionszusammenhangs willen in die vorliegende Darstellung. *Währungsrecht, Währungspolitik und Privatrecht des Geldes stehen zueinander in Wechselwirkung.* Soll das Geld als Institution und soll das einzelne Geldzeichen Geldfunktionen erfüllen (Vorbem A 7 f) und ist die Fähigkeit hierzu neben der wirtschaftlichen auch von der rechtlichen Anerkennung des Geldes abhängig (Vorbem A 2), so schafft – anders als bei archaischen Geldsystemen (Vorbem A 5) – erst die *staatliche Währungsordnung* die Voraussetzungen für die Existenz von Geld (Vorbem A 3). Der Funktionszusammenhang erschöpft sich indes nicht darin, daß das Währungsrecht die Erfüllung von Geldfunktionen *technisch* ermöglicht. Der Funktionszusammenhang ist vielmehr auch *Legitimationszusammenhang:* Die Erfüllung von Geldfunktionen hängt von der *Geltung des Nennwertprinzips* ab (Vorbem D 43), und dieses wird nicht schon durch den Aufdruck des Nennwerts auf den Geldzeichen legitimiert, sondern nur durch *Währungsrecht* und durch *rechtsgebundene Währungspolitik* (Vorbem A 46 ff). Um der Anerkennung und Legitimation des Nennwertsprinzips willen ist die währungsrechtliche Praxis gehalten, der Inflationsproblematik im Recht der Geldschuld präventiv entgegenzuwirken (SCHWANDER, Die Geldschuldlehre [1938] 283; FRANZKE, Geldhoheit und Währungssteuerung [1964] 142 ff; VON MAYDELL, Geldschuld 72 ff). Der Funktionszusammenhang zwischen Währungsrecht und privatem Geldrecht erklärt auch, warum sich *der privatrechtliche Gesetzgeber* auf so wenige ausdrückliche Regeln über Geld und Geldschuld beschränken konnte. Bereits SAVIGNY (Obligationenrecht I 493) und, noch entschiedener, HARTMANN (Über den rechtlichen Begriff des Geldes [1868] 139) erklärten diese Beschränkung geradezu zum Prinzip. Auch die kargen Regeln des BGB über die Geldschuld erklären sich nicht zuletzt daraus, daß der Gesetzgeber des ausgehenden 19. Jahrhunderts auf der Basis des durch die Reichsgesetzgebung eingeführten Währungssystems nur ein sehr begrenztes Bedürfnis nach bürgerlichrechtlichen Vorschriften über die Geldschuld anerkannte (Mot in MUGDAN II 7). Wenn sich die erschütternden monetären Veränderungen seit Inkrafttreten des BGB im Gesetz nicht niedergeschlagen haben, dann ist das kein Beweis für eine prästabilierte Harmonie des privaten Geldrechts, die dieses gleichsam in sich ruhen ließe. *Das vom Nennwertprinzip regierte private Recht des Geldes und der Geldschuld* schöpft seine Legitimation nicht aus sich selbst, sondern es *bedarf währungsrechtlicher und währungspolitischer Legitimation.* Dieser Zusammenhang bleibt auch

Gegnern der hier vertretenen Auffassungen nicht verborgen. ERNST WOLF (Schuldrecht I § 4 D II k und l), der sich weigert, den Konflikt zwischen Nominalismus und Geldentwertung interessengerecht zu lösen, erkennt in der Entstehung dieses Konflikts eine Aufgabe des Rechts und sieht in der vom Staat zugelassenen oder geförderten Inflation sogar eine verfassungswidrige Enteignung der Eigentümer von Geld und der Inhaber von Geldforderungen. Die These ist nicht neu. Sie hat etwa in der Geldgeschichte der USA bereits im 19. Jahrhundert die Gemüter bewegt (KAULLA, Rechtsstaat und Währung [1949] 86 f). Ihre verfassungsrechtliche Basis ist zweifelhaft (vgl zur Bedeutung des Art 14 GG für die Währungspolitik Vorbem A 48). Treffend erkannt ist jedoch der Zusammenhang zwischen Nominalismus und Währungspolitik, dh nach der hier vertretenen Auffassung: das währungspolitische Legitimationsbedürfnis des Nennwertprinzips.

b) Die **Währungssysteme** lassen sich nach unterschiedlichen Gesichtspunkten ordnen **A 29** (eingehend FÖGEN 36 ff). In rechtsfunktioneller Hinsicht und im Blick auf den Zusammenhang zwischen Währungsrecht und Privatrecht interessiert namentlich die Frage der Wertdeckung des Geldes (vgl zum folgenden statt vieler FÖGEN 38 ff; ISSING, Geldpolitik 2 ff). Es werden dabei *Metallwährungen* und *Papierwährungen* unterschieden. *Metallumlaufwährungen* sind dadurch gekennzeichnet, daß die umlaufende Geldmenge aus Währungsmetall, namentlich aus Gold, besteht. *Metallkernwährungen* sind durch die Einlösungspflicht der Notenbank charakterisiert. Das Währungsgeld besteht aus Banknoten, aber die Notenbank hat diese Banknoten auf Vorlage jederzeit in das Währungsmetall, dh praktisch in Gold, einzulösen. *Metalldevisenwährungen* (Golddevisenwährungen) lassen es ausreichen, wenn die Deckung des inländischen Bargeldumlaufs ganz oder zT auch aus Währungseinheiten eines anderen Landes mit Goldwährung (Golddevisen) besteht. *Papierwährungen* sind demgegenüber dadurch gekennzeichnet, daß eine Deckung durch ein von Natur aus knappes Gut, zB Gold, fehlt. Neben Scheidemünzen befindet sich nur noch Papiergeld im Umlauf, für das eine bestimmte Einlösungspflicht oder Deckung nicht vorgeschrieben ist. Es wird für ein solches Währungssystem der Begriff der „manipulierten" oder „gelenkten" oder „gesteuerten" Währung verwandt (zur Terminologie vgl näher FÖGEN 39). Die Deutsche Mark ist eine solche „gelenkte" Währung (Vorbem A 42). Der Vorzug eines solchen Währungssystems besteht darin, daß die Geldversorgung ohne Rücksicht auf die Knappheit eines Edelmetalls reguliert werden kann. Mit diesem Vorzug geht bei der Papierwährung die *Gefahr einer manipulierten Inflation* einher. Sie kann nur von einer auf das Ziel der Geldwertstabilität verpflichteten Währungspolitik verhindert werden.

c) **Währungsänderungen im materiellen Sinne** sind Eingriffe in das Geldsystem, die zu **A 30** einer neuen Verfassung des Geldwesens führen (vgl auch FÖGEN 46). Nicht jede tatsächliche Veränderung des monetären Systems kann in diesem Sinne als Währungsänderung bezeichnet werden. Der hier verwendete *enge Begriff der Währungsänderung* korrespondiert mit der staatlichen Währungshoheit (vgl auch zur Bedeutung der Staatlichen Theorie des Geldes in diesem Zusammenhang F A MANN, Recht des Geldes 46). Er erfaßt *die auf der Währungshoheit beruhenden Eingriffe des Gesetzgebers in die Geldverfassung* (insoweit übereinstimmend RGZ 142, 23, 31) und nur sie. Allerdings ist diese Terminologie nicht zwingend. Der Begriff der Währungsänderung ist mehrdeutig, kann also unterschiedliche Vorgänge beschreiben. Keine Währungsänderung im hier verwendeten Sinn des Wortes ist die bloße Einführung oder Außerkurssetzung bestimmter Arten von Geldzeichen. Keine materiellen Währungsänderungen sind auch bloße Namensänderungen („Nouveau Franc" in „Franc"; „Mark der Deutschen Notenbank" in „Mark der DDR" etc), denn sie sind ohne unmittelbare monetäre Wirkungen (andere Terminologie bei FÖGEN 41). Inflation und Deflation (Vorbem D 17) sind nach der Terminologie von F A MANN

(Recht des Geldes 43 f) Währungsänderungen innerer Art. Nach der hier gewählten Sprachregelung fallen sie aus dem Begriff der materiellen Währungsänderung heraus. Sie verändern das Erscheinungsbild und die Funktionsfähigkeit eines Währungssystems; sie machen auch uU materielle Währungsänderungen erforderlich, stellen aber nicht selbst solche Änderungen dar (vgl aber RGZ 142, 23, 31, wo eine ,,Zerstörung der Währung" durch Inflation als Währungsänderung angesehen wird; dazu auch F A MANN, Recht des Geldes 46). Eher könnte man Aufwertung und Abwertung (dazu Vorbem F 9) als Währungsänderungen bezeichnen (vgl FÖGEN 44), doch geht es auch hierbei nicht um eine Änderung der Währung als Geldverfassung (Vorbem A 21) oder als Zuordnungsgegenstand (Vorbem A 22), sondern um Änderungen des Außenwerts bei einem in sich unverändert bleibenden Währungssystem. Die nur relative Eindeutigkeit des hier verwendeten Begriffs darf indes nicht aus den Augen verloren werden. Das gilt vor allem für die Auslegung von Verträgen, in denen etwa mit dem Begriff ,,Währungsänderung" auch Inflationserscheinungen gemeint sein können (FÖGEN 47 Fn 76). Aber selbst der hier verwendete enge Begriff der Währungsänderung kann noch *unterschiedliche Sachverhalte* erfassen. Er erfaßt sowohl *Änderungen des Währungstypus* (zB Änderungen in der Frage der Golddekkung; vgl RGZ 142, 23, 31) als auch die *Ersetzung einer Währung* (auch einer Währung gleichen Typs, zB einer Papierwährung) durch eine andere (vgl zur sog Währungsreform von 1948 Vorbem A 39). *Einfluß auf privatrechtliche Verhältnisse* haben beide Formen der Währungsänderung. So stellte die erste eine Hauptursache für die Geldschuldprobleme nach dem Ersten Weltkrieg dar. Unmittelbare Bedeutung für Schuldverhältnisse hat der zweite Typus des Währungswechsels. Dieser Fall ist dann und nur dann gegeben, wenn der Grundsatz der Gleichheit jeder Geldeinheit der vorhandenen Geldmenge mit jeder Geldeinheit einer späteren Geldmenge durchbrochen wird (FÖGEN 46). Ob damit auch ein Namenswechsel verbunden ist, ist unerheblich. Auch eine Regelung, die etwa eine vorhandene Geldmenge lediglich in einem bestimmten Verhältnis, zB ,,um zwei Nullen", kürzt, ist ein Währungswechsel (FÖGEN 46). Für *Kontinuität der Rechtsverhältnisse beim Währungswechsel* sorgt das *Prinzip des rekurrenten Anschlusses* (dazu vgl etwa FÖGEN 47; F A MANN, Legal Aspect 65, 262 ff; ders, Recht des Geldes 58, 217 ff; ders, JZ 1965, 450; NUSSBAUM, Das Geld 156 f). Das rekurrente Anschlußverhältnis bestimmt den Umrechnungsbetrag zwischen ,,Altgeld" und ,,Neugeld". In früheren Zeiten war es üblich, den Umrechnungsbetrag einheitlich zu bestimmen, während in jüngerer Zeit mit dem Währungswechsel meist ein differenziertes Anschlußverhältnis vorgeschrieben wird (FÖGEN 47). Das sich aus der sog Währungsreform ergebende Umstellungsrecht zwischen RM und DM ist im UmstellungsG (Vorbem A 39) sehr differenziert geregelt (vgl noch die eingehende Darstellung bei STAUDINGER-WEBER [11. Aufl] Einl T 1 ff vor § 241). Die Währungsänderung führt also nur zur Umstellung, nicht zum Erlöschen der Geldschuld (Vorbem C 29).

A 31 **d)** Nicht in den vorliegenden Zusammenhang gehören die **Sonderprobleme des internationalen Währungsrechts und des Devisenrechts.** Zu ihnen vgl Vorbem F 1 ff und E 1 ff.

A 32 **2. Die deutsche Währung**

a) Die **Entwicklung** der deutschen Währung **seit der Reichsgründung von 1871** ist für das Verständnis geldschuldrechtlicher Kernprobleme, vor allem aber auch für die aktuelle Würdigung der älteren Gerichtspraxis noch heute von Bedeutung. Wegen der Fülle der Details und der älteren Nachweise kann für wissenschaftliche Zwecke weiterhin auf STAUDINGER-WEBER (11. Aufl) Vorbem 19–36 zu §§ 244–245, verwiesen werden.

b) Die Zeit bis zum Ersten Weltkrieg kann als die **Epoche der Goldwährung** bezeichnet werden. Der Währungsvereinheitlichung diente zunächst das G v 4. 12. 1871 (RGBl 403: Prägung von Goldmünzen in Mark; Aufruf der Landesgoldmünzen; dazu FÖGEN 48). Die Markwährung als Goldwährung wurde definitiv eingeführt durch das MünzG v 9. 7. 1873 (RGBl 233). Da zunächst auch noch Silbergeld als gesetzliches Zahlungsmittel unbeschränkt annahmepflichtig war, war diese Goldwährung eine sog hinkende Goldwährung. Durch G v 30. 4. 1874 (RGBl 94) wurde die Ausgabe von Reichskassenscheinen und durch das BankG v 14. 3. 1875 (RGBl 177) die Ausgabe von Noten durch Privatbanken (Bayerische Notenbank, Sächsische Bank, Württembergische Notenbank, Badische Bank) geregelt. Die Reichskassenscheine und Privatbanknoten erhielten jedoch zunächst nicht die Funktion von gesetzlichen Zahlungsmitteln (eingehend FÖGEN 49 f). Das Recht zur Ausgabe der Noten lag bei der Deutschen Reichsbank, die durch das BankG v 14. 3. 1875 Nachfolgerin der PrBank geworden war (FÖGEN 49). Seit dem G v 1. 6. 1909 unterlagen auch die Reichsbanknoten dem unbeschränkten Annahmezwang. Da aber die Reichsbanknoten einlösungspflichtig waren, blieb die Währung eine Goldwährung. Scheidemünzen (Silbermünzen, Nickel- und Kupfermünzen) unterlagen einem der Höhe nach begrenzten Annahmezwang. A 33

c) Zum **Abbau der Goldwährung** führten die währungspolitischen Maßnahmen des Ersten Weltkrieges (eingehende Analyse bei STUCKEN [vor Vorbem A 1] 13 ff). Zunächst verschwanden die Goldmünzen aus dem Zahlungsverkehr. Das am 23. 11. 1914 (RGBl 481) erlassene, 1919 wieder aufgehobene Verbot, Goldmünzen mit Aufgeld zu handeln, bewahrte den Goldmünzen nicht die Funktion im Zahlungsverkehr. Durch das G v 4. 8. 1914 betr die Reichskassenscheine und die Banknoten (RGBl 347) wurden die Reichskassenscheine bis „auf weiteres" zu gesetzlichen Zahlungsmitteln erklärt. Die Reichsbank war zur Einlösung der Reichsbanknoten nicht mehr verpflichtet (§ 2); die Privatnotenbanken durften zur Einlösung ihrer Noten statt Gold Reichsbanknoten verwenden (§ 3). Gemäß G v gleichen Tage betr die Änderung des Münzgesetzes (RGBl 326) konnten die Reichs- und Staatskassen die Umwechslung von Silber- und Kupfermünzen an Stelle der Goldmünzen mit Reichsbanknoten und Reichskassenscheinen vornehmen. Als ein neues Papiergeld wurden die Darlehenskassenscheine eingeführt (G v 4. 8. 1914, RGBl 340); doch waren sie kein gesetzliches Zahlungsmittel (RG JW 1929, 3493). Damit war die Goldwährung praktisch durch eine Papierwährung ersetzt. Die Einziehung der 2-Mark-Stücke durch VO v 12. 7. 1917 (RGBl 625), die Außerkurssetzung der Silbermünzen durch VO v 13. 4. 1920 (RGBl 521) und die formelle „Außerkraftsetzung" der übrigen Scheidemünzen durch das MünzG v 30. 8. 1924 (RGBl II 254) sind Folgeerscheinungen dieser Entwicklung. Die alten Goldmünzen wurden erst durch VO v 16. 7. 1938 (RGBl I 901) formell außer Kurs gesetzt. A 34

d) Der Abbau der Goldwährung und der **Zusammenbruch der bestehenden deutschen Währung** führte zunächst zur Schaffung von sog Notgeld (näher FÖGEN 51; STUCKEN [vor Vorbem A 1] 55 ff) und zur Flucht in Golddollarklauseln (vgl zB RGZ 146, 1; 148, 42; 150, 153; 163, 324, 325, 331; eingehend STAUDINGER-WEBER [11. Aufl] § 244 Rz 163) und in Feingoldklauseln (vgl zB RGZ 101, 141; 103, 384; 104, 218; 107, 370; eingehend STAUDINGER-WEBER[11. Aufl] § 245 Rz 28 f). Mit diesem Aufkommen der „Dollargoldmark" und der „Feingoldmark", also mit dem Überhandnehmen der Wertsicherungsklauseln (insbes in Gestalt von Geldsortenklauseln) war die Wertmaßfunktion des Währungsgeldes (Vorbem A 8) praktisch aufgegeben und das Währungssystem zusammengebrochen. Die Neuordnung der deutschen Währung lag in der Hand der durch VO v 15. 10. 1923 (RGBl I 963) gegründeten *Rentenbank,* für kurze Zeit auch der Golddiskontbank (vgl G v 19. 3. 1924, RGBl II 71; §§ 15–20 der 3. DVO zum AktG v 21. 12. 1938, RGBl I 1839). Die von ihr ausgegebenen *Ren-* A 35 *tenbankscheine* (berechnet nach Rentenmark) wurden als gesetzlich zugelassene (nicht als gesetzliche!) Zahlungsmittel eingeführt. Die öffentlichen Kassen hatten sie als Zahlungsmittel anzunehmen (§ 14 Abs 3 VO v 15. 10. 1923). Die Rentenbankscheine hatten den Charakter von Inhaberschuldverschreibungen, gerichtet auf Leistung von Rentenbriefen. Deckungsunterlagen waren Grundschulden. Die Liquidierung des Umlaufs von Rentenbankscheinen wurde durch G v 30. 8. 1924 (RGBl II 252) langfristig in die Wege geleitet, doch wurde die Neuausgabe von Rentenbankscheinen durch G v 4. 9. 1939 (RGBl I 1694) wieder zugelassen (vgl im einzelnen Staudinger-Weber [11. Aufl] Vorbem 20 zu §§ 244, 245; Fögen 51 f; Stucken [vor Vorbem A 1] 50 ff, 61 ff). Alle Rentenbankscheine haben mit Ablauf des 31. 8. 1948 ihre Geldeigenschaft verloren.

A 36 e) **Die Reichsmark** wurde eingeführt durch das MünzG, das BankG und das PrivatnotenbankenG, sämtlich v 30. 8. 1924 (RGBl II 235–254; über die DVOen und Änderungen vgl Staudinger-Weber [11. Aufl] Vorbem 22 zu §§ 244, 245). Die Reichsmark war eingeteilt in 100 Reichspfennige. Ebenso wie bei der Rentenmark wurde die Reichsmark einer Billion Papiermark gleichgesetzt (näher Fögen 54). Die Reichsmark war keine Goldumlaufwährung, wohl aber – mindestens theoretisch – eine sog Goldkernwährung (vgl Fögen 54; Stucken [vor Vorbem A 1] 67 f; Schlegelberger-Hefermehl, HGB [5. Aufl] Anh § 361 Rz 6). Das MünzG sagte in seinem § 1: „Im Deutschen Reiche gilt die Goldwährung." Es legte eine feste Relation zwischen Gold und Geld fest (2790 RM = 1 kg Feingold) und bestimmte Reichsgoldmünzen und Reichsbankmünzen als unbeschränkte gesetzliche Zahlungsmittel. Allerdings traten die alten Reichsgoldmünzen zum gesetzlichen Nennwert nicht mehr als Zahlungsmittel in Erscheinung (Fögen 54). Die Ausgabe neuer Goldmünzen wurde in § 31 des BankG v 1924 in Aussicht gestellt. Die Bekanntmachung des Reichsbankdirektoriums v 15. 4. 1930 (RGBl II 691) stellte wieder die Pflicht der Reichsbank zur Einlösung der Reichsmark in Goldbarren, Goldmünzen oder Devisen her (Stucken [vor Vorbem A 1] 66 f; Schlegelberger-Hefermehl, HGB [5. Aufl] Anh § 361 Rz 7).

A 37 f) **Das Abrücken vom Grundsatz der internationalen Golddeckung** erfolgte durch das G über die Deutsche Reichsbank v 15. 6. 1939 (RGBl I 1015). § 21 Abs 1 dieses Gesetzes bestimmte, daß die Deckung der ausgegebenen Reichsbanknoten in erster Linie durch Reichsschatzwechsel, Wertpapiere, Schecks und Wechsel zu erfolgen habe, während die Gold- und Devisenbestände nur noch zur Aufrechterhaltung des Zahlungsverkehrs mit dem Ausland und zur Stabilisierung des amtlichen Wechselkurses zu dienen hatten. Das BankG v 1924 wurde ausdrücklich aufgehoben. Über Geld und Kredit im Verlauf des Zweiten Weltkrieges vgl eingehend Stucken (vor Vorbem A 1) 164 ff.

A 38 g) **Der Zusammenbruch 1945** führte zunächst – wenigstens im Gebiet der drei westlichen Besatzungszonen – nicht zur Auflösung der *Deutschen Reichsbank*. Vgl für das britische Besatzungsgebiet die VO Nr 140 (ABlBrMilReg Nr 23 S 718) v 1. 4. 1948 betr die Bestellung eines Treuhänders zur Wahrung der Rechte und Interessen der Deutschen Reichsbank und das G betr die Treuhandverwaltung über das Vermögen der Deutschen Reichsbank v 6. 8. 1954 (BGBl I 241), das auch in den Westsektoren von Berlin galt. Zur späteren Liquidation der Reichsbank und der Deutschen Golddiskontbank nach dem Zweiten Weltkrieg s G v 2. 8. 1961 (BGBl I 1165), geändert durch 3. UmstellungsänderungsG v 22. 1. 1964 (BGBl I 33); vgl ferner Heinz Beck, Komm z BundesbankG (1959) E 13 ff. Auch die Reichsmarkwährung blieb einstweilen bestehen. Die alliierten Militärregierungen führten jedoch neben der Reichsmark als gleichwertiges weiteres gesetzliches Zahlungsmittel die Alliierte Militär-Mark ein (MRG 51). Eine Neuordnung der Währung wurde wegen der *Inflation der Reichsmark* unentbehrlich. Diese hatte schon vor dem Zweiten Weltkrieg begonnen, weil die Produktion sich stark auf kriegswichtige Güter umgestellt und die Gesamtmenge der für den zivilen Bedarf vorhandenen Güter der ständig wachsenden Menge an umlaufenden Zahlungsmitteln nicht mehr entsprochen hatte (zur finanziellen Rüstung vor dem Zweiten Weltkrieg vgl STUCKEN [vor Vorbem A 1] 147 ff). Dies führte zu einem Geldüberhang und einer beträchtlichen Minderung der Kaufkraft der Reichsmark. Anzeichen einer offenen Inflation wurden allerdings durch eine strenge Preisregulierung und durch ein alle lebenswichtigen Güter umfassendes Bewirtschaftungssystem verdeckt, in dessen Folge praktisch die Wertfunktion des Geldes durch staatliche Bezugsberechtigungsscheine („Marken") übernommen wurde. Beim Zusammenbruch im Jahre 1945 wurde das Ausmaß der „schleichenden Inflation" sichtbar (vgl auch FÖGEN 55). Die Durchführung einer schon 1946 geplanten einheitlichen Währungsreform für ganz Deutschland scheiterte an der inzwischen eingetretenen Funktionsunfähigkeit des Alliierten Kontrollrates.

h) Die sog Währungsreform, dh die Neuordnung des Geldwesens nach dem Zweiten A 39
Weltkrieg, ging mit der innerdeutschen Währungsspaltung einher. Sie erfolgte auf dem Boden der heutigen Bundesrepublik durch gleichlautende Anordnungen der Militärregierungen der drei westlichen Besatzungsmächte in den von diesen besetzten Teilen Deutschlands (amerikanisches und britisches MRG 61 [ABlAmMilReg Ausg I S 6; ABlBrMilReg Nr 25 S 848]; französische MRVO 158 [JO Nr 173 S 1506]). Durch dieses sog **Währungsgesetz** (Erstes Gesetz zur Neuordnung des Geldwesens) wurde für das Gebiet der Bundesrepublik die *Deutsche Mark* (DM-West) eingeführt, die in hundert Deutsche Pfennig unterteilt ist und innerhalb des Währungsgebiets das alleinige gesetzliche Zahlungsmittel darstellt (§ 1 WährG). Die für eine Überbrückungszeit zu $^1/_{10}$ ihres Nennwerts weitergeltenden, auf Rentenmark, Alliierte Militär-Mark, Reichsmark und -pfennige bis zum Betrage von zwei Mark lautenden Scheidemünzen verloren am 31. 8. 1948 ihre gesetzliche Zahlungskraft. Gemäß § 2 WährG trat an die Stelle der in Gesetzen, Verordnungen, Verwaltungsakten oder rechtsgeschäftlichen Erklärungen verwendeten Rechnungseinheit Reichsmark die neue Rechnungseinheit Deutsche Mark. Gleichzeitig mit dem Währungsgesetz trat das (durch § 43 des BundesbankG v 26. 7. 1957 aufgehobene) Zweite Gesetz zur Neuordnung des Geldwesens oder **Emissionsgesetz** in Kraft (MRG 62 [ABlAmMilReg Ausg J S 18; ABlBrMilReg Nr 25 S 859]; franz MRVO 159 [JO Nr 176 S 1531]). Hierdurch erhielt die *Bank deutscher Länder* (BdL) als Vorgängerin der DBB das ausschließliche Recht, auf Deutsche Mark oder Pfennig lautende Banknoten und Münzen im Währungsgebiet auszugeben (§ 1 EmissG). Entsprechende Bekanntmachungen ergingen am 4. 11. 1948 und 7. 3. 1949 über die Ausprägung bzw Ausgabe von Münzen. Über die Errichtung der BdL und über die Entstehung des Landeszentralbanksystems vgl im einzelnen STAUDINGER-WEBER (11. Aufl) Vorbem 28 zu §§ 244, 245 (über die DBB vgl auch Vorbem A 52). Das dritte gleichzeitig erlassene Gesetz ist das Dritte Gesetz zur Neuordnung des Geldwesens oder **Umstellungsgesetz** (MRG Nr 63 [ABlAmMilReg Ausg J S 21; ABlBrMilReg Nr 25 S 862]; franz MRVO 160 [JO Nr 177 S 1537]). Das Gesetz trifft sehr differenzierte Regelungen über das rekurrente Anschlußverhältnis zwischen RM-Beträgen und DM-Beträgen (vgl auch Vorbem A 30). Schwerpunkt des Gesetzes ist die *Behandlung von Reichsmark-Schuldverhältnissen* (§§ 13 ff). Die Umstellung erfolgt nach der – durch viele Ausnahmen eingeschränkten – Regel des § 16 im Verhältnis 10:1. *Abdruck und Kommentierung der drei Gesetze zur Neuordnung des Geldwesens:* HARMENING-DUDEN, Währungsgesetze (1949); HÜBERNAGEL, UmstellungsG (1948); LANGEN, Die neuen Währungsgesetze (1949); PRIESE-REBENTROST, Kommentar zu den Gesetzen zur Neuordnung des Geldwesens (1948);

Schäffer-Strauch, Geld- und Währungsordnung (1949). Die Probleme und Erfahrungen der Währungsreform sind eingehend dargestellt zB bei Stucken (vor Vorbem A 1) 193 ff; Binder-Wetter-Reinbothe, Die Währungsreform (1949); Goetze-Hildebrandt-Jurisch-Krech-Möller-Siegert-Skaupy, Probleme der Währungsreform (1949); Walter-Seeliger, Die Regelung der Schuldverhältnisse nach der Währungsreform (1948). Zur Frage, ob die Ablösung eines am Umsatz eines Unternehmens orientierten Rentenanspruchs durch Kapitalzahlung im Jahr 1946 gegen Treu und Glauben verstieß, vgl BGH WM 1978, 1177. Die umfangreiche *Rechtsprechung zu den Problemen der Währungsreform,* insbes zum Umstellungsgesetz, wird hier aus Gründen der Aktualität nicht mehr insgesamt kommentiert, sondern nur noch in konkreten Problemzusammenhängen angesprochen. Als Musterbeispiel eines gesetzlich geordneten rekurrenten Anschlusses beim Währungswechsel hat zwar das Umstellungsgesetz (ebenso auch die kaum übersehbare Rechtsprechung) bleibende Bedeutung für die Lehre von der Geldschuld. Auch praktisch hat sich der Anwendungsbereich des Umstellungsgesetzes nicht endgültig erledigt, weil vereinzelt immer noch über die Umstellung von RM-Verbindlichkeiten entschieden werden muß. Insofern ist zu verweisen auf Staudinger-Weber (11. Aufl) Einl T 15–T 60. Folgende *Spezialliteratur über die privatrechtlichen Folgen des Währungswechsels* ist heute noch zu erwähnen: Blau, Währungsreform und Devisenrecht, SJZ 1949, 153; Böttcher, Zur Frage der Auslegung der Währungsgesetze, BB 1949, 105; Bruns, Zivilrechtliche Fragen der Währungsreform, MDR 1948, 334; Buder, Die ostdeutsche Währungsreform, DRZ 1948, 415; von Caemmerer, Währungsgesetzgebung und Schuldverhältnisse, SJZ 1948, 497; Coing, Die Währungsreform, NJW 1948, 441; ders, Die Einwirkung der Geldumstellung in den Westzonen auf schwebende Verträge, BB 1948, 232; Duden, Die westdeutsche Währungsreform, DRZ 1948, 265; ders, Allgemeine privatrechtliche Auswirkungen der Geldreform, DRZ 1948, 330; Felske, Die zivilrechtlichen Folgen der Währungsreform in der sowjetischen Besatzungszone Deutschlands (1948); Grotius, Die europäischen Währungsreformen nach dem Zweiten Weltkrieg, Weltwirtschaftliches Archiv Bd 63 S 106, 276; Harmening, Die Neuordnung des Geldwesens in den westlichen Besatzungszonen, NJW 1947/48, 401; Möhring, Die Währungsreform im Spiegel der Rechtsprechung des Obersten Gerichtshofes für die britische Zone, MDR 1949, 270; Münzel, Währungsreform und Rechtsfindung, AcP 150, 400; ders, Währungsreform und Verfahrensrecht, DRZ 1948, 341; G Reinicke, Die Einwirkung der Währungsreform auf Schuldverhältnisse gemäß dem dritten Gesetz zur Neuordnung des Geldwesens, MDR 1948, 194; G und D Reinicke, Die Einwirkung des Währungsrechts auf Schuldverhältnisse gemäß dem 3. Gesetz zur Neuordnung des Geldwesens, MDR 1948, 321; Schäffer, Geld und Währungsordnung (1948); Schäffer-Strauch, Geld- und Währungsordnung mit beiden Umstellungsergänzungsgesetzen, Kommentar (1949 ff); dies, Die Umstellungsergänzungsgesetze, Kommentar; Trost, Die Währungsumstellung in Westberlin (1948); Veit, Deutsche Geldpolitik (1950); Veit-Klaus, Recht der Geldumstellung, H 1: Schuldverhältnisse (1948); H 2: Verteilungen und Auseinandersetzungen (1949); Walb, Die Grundgesetze der neuen Geldordnung (1948); Walter-Seeliger, Die Regelung der Schuldverhältnisse nach der Währungsreform (1948); Wandel, Die Entstehung der Bank deutscher Länder und die deutsche Währungsreform (1980); Wilmanns, Währungsreform und Auslandsbeziehungen, DRZ 1948, 423; Wünschmann, Fragen des Privatrechts aus der Währungsreform, JR 1948, 241.

A 40 i) Die Entwicklung in der DDR

Schrifttum: Abeken, Das Geld- und Bankwesen in der sowjetischen Besatzungszone und im Sowjetsektor von Berlin von 1945 bis 1954 (1955); Autorenkollektiv, Das Finanzsystem der DDR (1962); Buder, Die ostdeutsche Währungsreform, DRZ 1948, 415; Deckers, Die Transformation des Bankensystems in der sowjetischen Besatzungszone/DDR (1974); DEWEY, Die Planung und Regulierung des Bargeldumflaufs in der Deutschen Demokratischen Republik (1956); FELSKE, Die zivilrechtlichen Folgen der Währungsreform in der sowjetischen Besatzungszone Deutschlands (1948); KOHLMEY-DEWEY, Bankensystem und Geldumlauf in der DDR 1945–1955. Gesetzessammlung und Einführung (1956); KÖLLNER, Chronik der deutschen Währungspolitik 1871–1971 (1972).

Währung und Zentralbanksystem der DDR sind gleichfalls durch die Nachkriegsentwicklung bestimmt. Als Reaktion auf die in den drei westlichen Besatzungszonen durchgeführte Währungsreform wurde auch in der sowjetisch besetzten Zone Deutschlands und im Sowjetsektor Berlins am 23. 6. 1948 eine Währungsreform angeordnet (SMAD-Befehl Nr 11/1948, abgedruckt bei KOHLMEY-DEWEY 193 ff). Es wurden zunächst keine neuen Geldzeichen ausgegeben, sondern Reichsmark und Rentenmark mit aufgeklebten Spezialkupons als neue Währung kenntlich gemacht. Dabei wurden 70 RM im Verhältnis 1:1 umgestellt. Spareinlagen bis zu 1000 RM wurden bevorzugt umgestellt: für die ersten 100 RM erfolgte eine Umstellung im Verhältnis 1:1, weitere 900 RM wurden im Verhältnis 5:1, alle größeren Guthaben im Verhältnis 10:1 umgestellt. Gemäß SMAD-Befehl Nr 124/1948 (abgedruckt bei KOHLMEY-DEWEY 242 f) wurden vom 25. bis 28. 7. 1948 Reichsmark und Rentenmark mit aufgeklebten Spezialkupons umgetauscht in „Deutsche Mark der Deutschen Notenbank", wobei die Umstellung im Verhältnis 1:1 erfolgte. Am 13. 10. 1957 erfolgte ein weiterer Umtausch von Banknoten im Verhältnis 1:1 unter gleichzeitiger Verringerung des Geldumlaufs (VO über die Ausgabe neuer Banknoten und die Außerkraftsetzung bisher gültiger Banknoten der Deutschen Notenbank v 13. 10. 1957, GBl I 603). Mit VO über die Erneuerung der Banknoten der Deutschen Notenbank vom 30. 7. 1964 (GBl II 653) wurde die Währungseinheit in *„Mark der Deutschen Notenbank"* umbenannt, wobei der Wert der Zahlungsmittel, Spareinlagen, Forderungen usw unberührt blieb. Eine erneute Umbenennung erfolgte durch die 1. DVO zum StaatsbankG vom 1. 12. 1967 (GBl II 805). Seither lautet die Bezeichnung *„Mark der Deutschen Demokratischen Republik"*, Kurzbezeichnung „Mark", abgekürzt „M".

Nachdem die sowjetische Besatzungsmacht zunächst noch die Errichtung einer gesamtdeutschen *Zentralbank* geplant hatte, gab sie diese Vorstellung nach der Währungsreform in den westlichen Besatzungszonen endgültig auf. Es kam zur Umwandlung der Deutschen Emmissions- und Girobank in die Deutsche Notenbank (SMAD-Befehl Nr 122 v 20. 7. 1948, ZentralVOBl 1948, 320). Dieser wurde am 13. 10. 1948 die Deutsche Investitionsbank als nicht weisungsgebundenes zentrales Realkreditinstitut zur Seite gestellt (Anordnung v 13. 10. 1948, abgedruckt in KOHLMEY-DEWEY 161 ff). Die Deutsche Investitionsbank erhielt die Aufgabe, Investitionsfonds für die volkseigene Wirtschaft zu verwalten sowie die Verteilung und Verwendung von Finanzmitteln zu organisieren. Demgegenüber verblieben der Deutschen Notenbank Aufgaben der Globalsteuerung durch Einflußnahme auf Geldumlauf, Zahlungsverkehr und kurzfristige Kredite (eingehend dazu DECKERS 81 ff und passim; DDR-Handbuch [2. Aufl 1979] Stichwort „Bankwesen").

k) Die Währung der Bundesrepublik Deutschland ist nicht in einem einheitlichen Münz- oder Währungsgesetz niedergelegt, sondern sie ergibt sich aus verschiedenen Rechtsquellen (eingehend FÖGEN 57 ff). *Die gesetzlichen Zahlungsmittel* ergeben sich aus dem *Währungsgesetz* (Vorbem A 39) und aus dem *Münzgesetz* 1950 (vgl zu diesem Gesetz auch im Zusammenhang mit der Annahmepflicht bei der Erfüllung von Geldschulden (Vorbem C 38). Geldeinheit ist die *Deutsche Mark,* zerlegt in 100 Pfennige. A 41

A 42 **aa) Das Währungssystem** der Bundesrepublik ist gekennzeichnet durch die völlige Abkehr von der Golddeckung. Der verfügbare Gold- und Devisenbestand hat nur noch die Bedeutung einer für zwischenstaatliche Zahlungen verwendbaren Währungsreserve (Fögen 59). Die Währung selbst ist weder Goldumlaufwährung noch Goldkernwährung noch Golddevisenwährung, sondern nur noch *gelenkte (manipulierte) Papierwährung* (vgl zu diesen Begriffen Vorbem A 29). Wert und Stabilität des Geldes sind durch das Vertrauen in die deutsche Währung und durch die Währungspolitik der DBB bestimmt. Diese Tatsache hat beträchtliche Auswirkungen auf die Zentralbankpolitik. Währungspolitisch ist allerdings immer wieder eine Rückkehr zur Goldwährung im Gespräch. Eine mittelbare Änderung der Situation der deutschen Währung ergab sich vorübergehend aus dem Beitritt zum Internationalen Währungsfonds (IWF; zu ihm vgl Vorbem F 19 ff), der für die Vornahme von Gold- und Devisengeschäften das Gold als Maßstab des Paritätswertes bestimmte (vgl dazu Schlegelberger-Hefermehl, HGB [5. Aufl] Anh § 361 Rz 16). Demgemäß klassifizierte Fögen 61 die DM nach damaligem Stand als eine nach nationalem Recht gesteuerte Währung mit den Merkmalen einer Goldparitätswährung aufgrund internationaler Abkommen. Im Jahre 1978 ist der IWF von der Goldparität abgerückt. Gem Anhang C Ziff 1 des IWF-Übereinkommens in der Fassung der zweiten Änderung und Ergänzung (BGBl II 1978, 15 ff, 68) werden die Paritäten der Währungen der Mitgliedsländer in Sonderziehungsrechten (vgl dazu Vorbem F 31 ff) oder einem anderen vom Fonds zugelassenen gemeinsamen Nenner, der weder Gold noch eine Währung sein darf, ausgedrückt. Zur *Konvertierbarkeit* der Deutschen Mark vgl Vorbem F 8.

A 43 **bb) Die Währungsverfassung** der Bundesrepublik basiert auf der staatstheoretisch und geldtheoretisch nicht mehr umstrittenen *Währungshoheit des Staates* (Vorbem A 3). Im einzelnen ist zu unterscheiden: Die *Gesetzgebungshoheit* für das Währungs-, Geld- und Münzwesen sowie für den Zahlungsverkehr mit dem Ausland liegt beim Bund (ausschließliche Gesetzgebung des Bundes nach Art 73 Nr 4 und 5 GG). Nach Art 88 GG errichtet der Bund eine Währungs- und Notenbank als Bundesbank (vgl über die DBB näher Vorbem A 52 ff). Träger der *Münzhoheit* ist die Bundesregierung. Die äußere *Währungspolitik,* insbes die Wechselkurspolitik, liegt gleichfalls in den Händen der Bundesregierung (Issing, Geldpolitik 23). Diese ist allerdings nach Art IV des Abkommens über den Internationalen Währungsfonds und nach Art 107 EWGV auf internationaler Ebene gebunden (näher Dickertmann-Siedenberg, Geldpolitische Lenkungsinstrumente in der BRD [2. Aufl 1975] 10 f, 80 ff). Rückwirkungen auf die Tätigkeit der DBB hat die internationale Währungspolitik namentlich in einem System fester Wechselkurse, denn dieses verpflichtet die DBB, spätestens bei Erreichen einer maximal zugelassenen Bandbreite zu intervenieren, so daß wechselkurspolitische Entscheidungen der Bundesregierung mit bestimmend sind für die Erfolgsaussichten der Notenbankpolitik (Issing, Geldpolitik 23/25). Das Instrumentarium der inneren Währungspolitik liegt dagegen in der Hand der DBB (Vorbem A 55).

A 44 **cc) Währungsverfassung und Bankensystem** stehen miteinander in engem Zusammenhang deshalb, weil die währungspolitischen Maßnahmen der DBB durchweg beim Banksektor ansetzen, von dem sich die kreditpolitischen Impulse dem Nichtbankensektor mitteilen (vgl nur Issing Geldpolitik 33; eingehend Möschel, Das Wirtschaftsrecht der Banken [1972] 50–83).

A 45 **1) Zur Währungspolitik**

Schrifttum (Auswahl; s auch bei Vorbem A 27; zur DBB vor Vorbem A 52): Adebahr, Währungstheorie und Währungspolitik I (1978); van den Adel, Geldentwertung und monetäre Stabilisierungspolitik (1973); Andreae, Geld und Geldschöpfung (1953); Andreae-Hansmeyer-Scherhorn

(Hrsg), Geldtheorie und Geldpolitik, FS Günter Schmölders zum 65. Geburtstag (1968); ARNDT, Politik und Sachverstand im Kreditgewährungswesen (1963); BADURA-ISSING (Hrsg), Geldpolitik (1980); BASLER, Wirtschaftspolitische Zielpräferenzen und theoretische Orientierung in der Geldpolitik der Bundesrepublik Deutschland (1979); BECHLER, Geld und Währung, Bd 2: Zahlungsbilanz und Währungspolitik (1981); BLOOMFIELD, Monetary Policy under the International Gold Standard 1888–1914 (1959); BOCHUD (Hrsg), Fundamentale Fragen künftiger Währungspolitik (1965); BOOMS, Geldtheoretische und -politische Konzepte der DBB: Ermittlung und Kritik (1980); BOSCH-VEIT, Theorie der Geldpolitik (1966); BRUNNER, Die Rolle des Geldes und der Geldpolitik, in: BRUNNER-MONISSEN-NEUMANN (Hrsg), Geldtheorie (1974) 332; CAESAR, Der Handlungsspielraum von Notenbanken (1981); CASSEL, Das Stabilisierungsproblem oder Der Weg zu einem festen Geldwesen (1926); CHALMERS, Monetary Policy in the Sixties (1968); CROWTHER, An outline of money (Aufl 1946) 181 ff; DAY, Outline of Monetary Economics (1957); DIECKHEUER, Wirkung und Wirkungsprozeß der Geldpolitik (1975); DOBRETSBERGER, Das Geld im Wandel der Wirtschaft (1946); DUENBERRY, Money and Credit (3. Aufl 1972); DÜRR (Hrsg), Geld- und Bankpolitik (1969); ders, Wirkungsanalyse der monetären Konjunkturpolitik (1966); DUWENAG-KETTERER-KÖSTER-POHL-SIMMERT, Geldtheorie und Geldpolitik (1977); EHRLICHER, Geldtheorie und Geldpolitik VI: Geldpolitik, in: Handwörterbuch der Wirtschaftswissenschaft III (1981) 423; EHRLICHER-RICHTER (Hrsg), Probleme der Währungspolitik (1981); EMMINGER, Deutsche Geld- und Währungspolitik im Spannungsfeld zwischen innerem und äußerem Gleichgewicht, in: Währung und Wirtschaft in Deutschland (1976); ders, Währungspolitik im Wandel der Zeit (1966); WOLFRAM ENGELS, Stabilität und diskretionäre Geldpolitik, in: Geld und Versicherung, Festgabe f Wilhelm Seuß (1981) 1; FORSTMANN, Wege zu nationalsozialistischer Geld-, Kredit- und Währungspolitik (1933); FRANZKE, Geldhoheit und Währungssteuerung (1964); FRIEDMAN, A Program for Monetary Stability (1959); HAHN, Geld und Gold (1969); HANKEL, Währungspolitik (2. Aufl 1972); ders, Die Rolle der Geldpolitik, in: BRUNNER-MONISSEN-NEUMANN (Hrsg), Geldtheorie (1974) 314; HAWTREY, The Art of Central Banking (2. Aufl 1962); ISSING, Leitwährung und internationale Wirtschaftsordnung (1965); ders, Einführung in die Geldpolitik (1981); JANOCHA, Intervention und Kooperation der Zentralbanken auf den Devisenmärkten (1966); JARCHOW, Theorie und Politik des Geldes, Bd 1: Geldtheorie (4. Aufl 1978); Bd 2: Geldmarkt, Bundesbank und geldpolitisches Instrumentarium (4. Aufl 1980); HARRY G JOHNSON, Beiträge zur Geldtheorie und Geldpolitik (1969); ders, Beiträge zur Geldtheorie und Währungspolitik (1976); KAULLA, Rechtsstaat und Währung (1949); KETTERER, Probleme der Neo-Quantitätstheorie und der Geldmengenpolitik (1975); KEYNES, Vom Gelde (A Treatise on Money) (Nachdruck 1955) 469 ff; KLAUSS-FALK, Geldpolitik und Globalsteuerung, Kredit und Kapital (1969) 160 ff; JOHN D KLEIN, Money and the Economy (1965 ff); KÖHLER, Geldwirtschaft I, Geldversorgung und Kreditpolitik (2. Aufl 1977); OTTO KRAUS, Geld-Kredit-Währung (1958) 154 ff; LIPFERT, Einführung in die Währungspolitik (1969); LUTZ, Geld und Währung (1962); MACHLUP, International Monetary Economics (London 1964); MELTZER, Kontrolle der Geldmenge, in: BRUNNER-MONISSEN-NEUMANN (Hrsg), Geldtheorie (1974) 378; MOLL, Die modernen Geldtheorien und Währungssysteme (2. Aufl 1926); NEUMANN, Zwischenziele und Indikatoren der Geldpolitik, in: BRUNNER-MONISSEN-NEUMANN (Hrsg), Geldtheorie, (1974) 360; PAHLKE, Staatliche Geldschöpfung als Einnahmequelle, in: Hdb der Finanzwissenschaft III (1981) 117; PATINKIN, Studies in Monetary Economics (1972); PIERCE-SHAW, Monetary Economics: Theories, Evidence and Policy (1974); PÖHL, Grundprobleme der dt Geldpolitik, in: Geld und Versicherung, Festgabe f Wilhelm Seuß (1981) 173; POHL, Geldtheoretische Analysen der DBB als Elemente einer Strategie der Überredung (1971); ROBERTSON, Money (1922); SALOMO, Geldangebot und Zentralbankpolitik (1971); SCAMMEL, International Monetary Policy (2. Aufl 1964); SCHAAL, Monetäre Theorie und Politik (1981); SCHLESINGER, Die Geldpolitik der DBB 1967–1977, Kredit und Kapital (1978) 1; ders, Verteidigung des Geldwertes in einer inflatorischen Umwelt (1982); SCHMÖLDERS, Gutes und schlechtes Geld (1968); ders, Währungspolitik (2. Aufl 1968); ders, Geldpolitik (2. Aufl 1968); WOLFGANG SCHRÖDER, Theoretische Grundstrukturen des Monetarismus (1978); SIEBKE-WILLMS, Theorie der Geldpolitik (1974); STERN-MÜNCH-HANSMEYER, Gesetz zur Förderung der Stabilität und des Wachstums der Wirtschaft (2. Aufl 1972); STUCKEN, Geld und Kredit (2. Aufl 1957); ders, Deutsche Geld- und Kreditpolitik 1914–1963 (3. Aufl 1964); STÜTZEL, Bankpolitik heute und morgen (1964); ders, Währung in weltoffener Wirtschaft (1973); TEIGEN, The Evolution of Monetarism, ZStW 137 (1981) 1; TOBIN, Grundsätze zur Geld- und Staatsschuldenpolitik (1978); TRÉSOR, Kompendium der Geld- und Währungspolitik für die Praxis (1981); VEIT, Der Wert unseres Geldes (1958); ders, Grundriß der Währungspolitik (3. Aufl 1969); ders, Währungspolitik als Kunst des Unmöglichen (1968); ders, Untauglich zur Abwehr der Inflation, in: Geld und Versicherung, Festgabe f Wilhelm Seuß (1981) 213; WARD, Monetary Theory and Policy (1966);

Wicksell, Vorlesungen über Nationalökonomie II, Geld und Kredit (1922); Wieners, Geldpolitik und Wirtschaftswachstum (1969); Wilson, Monetary Policy and the Development of Money Markets (1966); Zuck, Verfassungsrechtliche Probleme des Stabilitätsgesetzes, JZ 1967, 694.

A 46 aa) Der **Begriff Währungspolitik** wird unterschiedlich umschrieben. Die Vielfalt der Definitionen ist ohne nachhaltige juristische Bedeutung. Sie läßt sich ordnen, wenn man erkennt, daß Währungspolitik wie alle Politik einmal als Aufgabe, zum anderen auch als Geschehen, also als Aufgabenerfüllung, beschrieben und abgegrenzt werden kann. Währungspolitik als Aufgabe ist zB nach Fögen 35 „das Bemühen um die Erhaltung oder Herbeiführung eines bestimmten Zustandes des Geldwesens". Währungspolitik als Geschehen definiert Lipfert (Einführung 1) als „die Gesamtheit aller generellen und speziellen, langfristig und kurzfristig wirksamen Überlegungen, Absichten und Maßnahmen, die gerichtet sind auf die optimale Gestaltung, Regulierung und Manipulierung der Währung und des Währungsgeschehens eines Landes (Währungsgebietes) sowie des Miteinanders der Währungen und Währungsentwicklungen verschiedener Länder". Währungspolitik in diesem weiten Sinn ist eine kontinuierliche, auch in Zeiten der Stabilität niemals unterbrochene *Erscheinung des Wirtschaftslebens*. Sie beschränkt sich nicht auf die Schaffung einer neuen oder auf die Änderung einer vorhandenen Geldverfassung (in diesem Fall spricht Issing, Geldpolitik 1, von „institutionierender" Währungspolitik). Die folgende Darstellung beschränkt sich auf die für das *Privatrecht des Geldes* ausschlaggebenden Grundzüge, damit allerdings auf einen wesentlichen Aspekt der Währungspolitik, weil währungsrechtliche und währungspolitische Wirkungsmechanismen nur aufgrund ihres Einflusses auf private Rechtsverhältnisse funktionieren (vgl über Transmissionsmechanismen der Geldpolitik etwa Dieckheuer, Wirkung und Wirkungsprozeß der Geldpolitik [1975]; weitere Nachw bei Issing, Geldpolitik 128).

A 47 bb) Eine **Rechtspflicht des Staates zur Stabilitätspolitik,** hier iS von Antiinflationspolitik begriffen, ist zu bejahen. Diese Pflicht ist sogar eine wesentliche Legitimationsgrundlage für das Privatrecht des Geldes, insbesondere für den Nominalismus im Recht der Geldschuld (Vorbem A 28, D 43).

Schrifttum zum Stabilitätsgesetz (Auswahl). Benda, Die aktuellen Ziele der Wirtschaftspolitik und die tragenden Grundsätze der Wirtschaftsverfassung, NJW 1967, 849; Greitemann, Das Stabilitätsgesetz als Schrittmacher des rechts- und wirtschaftswissenschaftlichen Zusammenwirkens, in: FS Knorr (1968) 257; Hall, Rechtsprobleme der Währungsparitätsfestsetzung unter besonderer Berücksichtigung des Eigentumsschutzes bei staatlichen Maßnahmen der Währungslenkung, Diss Kiel 1968; Hollmann, Rechtsstaatliche Kontrolle der Globalsteuerung (1980); Alex Möller (Hrsg), Kommentar zum Gesetz zur Förderung der Stabilität und des Wachstums der Wirtschaft (2. Aufl 1969); Reiner Schmidt, Wirtschaftspolitik und Verfassung (1971); Stern-Münch-Hansmeyer, Kommentar zum Gesetz zur Förderung der Stabilität und des Wachstums der Wirtschaft (2. Aufl 1972); Zuck, Wirtschaftsverfassung und Stabilitätsgesetz (1975).

A 48 aaa) Die möglichen **Rechtsgrundlagen** der Staatspflicht zur Stabilitätspolitik sind ebenso zweifelhaft wie die Anerkennung dieser Pflicht überhaupt. Diese Rechtsgrundlagen werden von manchen aus **Art 14 GG** hergeleitet (vgl mit Unterschieden im einzelnen Mammitzsch, Eigentumsgarantie und Geldwert, Diss München 1968, passim; Maunz in Maunz-Dürig-Herzog-Scholz, GG [Lfg Mai 1969] Art 14 Rz 9; Schmidt-Bleibtreu-Klein, GG [5. Aufl 1980] Art 14 Rz 3; Papier, Eigentumsgarantie und Geldentwertung, AöR 98 [1973] 528 ff; ders JuS 1974, 477 ff; Selmer AöR 101 [1976] 433 ff; aM zB von Maydell, Geldschuld 79 ff; Inzitari RabelsZ 45 [1981] 731). Indes ist die Anerkennung einer solchen *verfassungsrechtlichen* Pflicht str. Die vom BVerfG vertretene Auffassung, aus Art 14 GG lasse sich „weder eine staatliche Wertgarantie des Geldes noch das währungs- und wirtschaftspolitische Leitbild, die Vorstellung eines stabilen Geldwerts zu verwirklichen", herleiten, wird mit Recht kritisiert (Papier AöR 98 [1973] 530 ff; ders JuS 1974, 477 mwN). Eine Wertgarantie in dem Sinne, daß das Auftreten von Entwertungsproblemen von Staats wegen ausgeschaltet würde, gibt es allerdings nicht (insoweit übereinstimmend von Maydell, Geldschuld 81). Die Annahme einer solchen Garantie wäre rechtspraktisch illusionär und auch grundrechtsdogmatisch nicht begründbar. Die Eigentumsgarantie garantiert primär nur Substanz und Rechtsträgerschaft; sie ist erst in der Entschädigungsfolge Eigentumswertgarantie (vgl BVerfGE 24, 367, 397, 400; 35, 348, 361; BGB-RGRK-Kreft Vorbem 10 zu § 839). Art 14 GG kommt damit nur iS einer **Institutsgarantie,** nicht iS individueller subjektiver Rechte zum Tragen (aM Maunz in Maunz-Dürig-Herzog-Scholz Art 14 Rz 52; Mammitzsch 87; Papier AöR 98 [1973] 548 f; krit mit Recht Rolf H Weber, ZSchweizR NF 100 [1981] 185 f). Art 14 GG schützt das individuelle Eigentum, nicht das Vermögen als solches (BVerfGE 27, 326, 343; vgl auch BVerfGE 28, 119, 142; 30, 250, 272 zur Auferlegung von Geldleistungspflichten). Nur Rechtspositionen des einzelnen sind als Eigentum geschützt (Nachw bei BGB-RGRK-Kreft Vorbem 25 zu § 839). Die geschützten Rechtspositionen müssen allerdings nicht Eigentum iS von § 903 sein. Erforderlich, aber auch ausreichend ist, daß Eigentum oder eine eigentumsähnliche Rechtsstellung vorliegt, die des Eigentumsschutzes fähig und bedürftig ist (BGH LM Nr 38 zu Art 14 GG [Ce] = WM 1968, 1126, 1129; WarnR 1967 Nr 161; LM Nr 17 zu Art 14 GG [Bc] = WM 1973, 491, 494; BGB-RGRK-Kreft Vorbem 28 zu § 839). Ein individueller Grundrechtsschutz, der jedem Grundrechtsträger gleichsam das Geldvermögen als solches garantierte, kommt nicht in Betracht. Auch an den Eingriffsmodalitäten des Art 14 GG läßt sich das verdeutlichen: Die Enteignung oder der enteignungsgleiche Eingriff setzen zwar keinen Einzeleingriff voraus (so noch RGZ 124, Anh 19, 33; 128, 165, 171; 129, 146, 149), nach Auffassung der Praxis aber doch eine *konkrete hoheitliche Maßnahme* (BGHZ 55, 229, 231; 56, 40, 42; BGH NJW 1978, 1051, 1052; BGB-RGRK-Kreft Vorbem 31 zu § 839). Durchweg grenzt nun die Rechtsprechung des Bundesgerichtshofs die entschädigungspflichtige Enteignung durch das *Merkmal des Sonderopfers* gegenüber der Sozialbindung ab (BGHZ 23, 30, 32 ff; 60, 145, 147; 63, 240, 246 und öfter). Daran wird es bei inflationsfördernden Maßnahmen oder Unterlassungen selbst dann fehlen, wenn die wirtschaftlichen Folgen auf die Sozialpartner oder auf Gruppen von Wirtschaftssubjekten ungleich verteilt sind (aM wohl Maunz in Maunz-Dürig-Herzog-Scholz aaO Rz 52). Eine Enteignung kann allerdings ausnahmsweise *auch bei generellen Regelungen* vorliegen, die nicht den Gleichheitsgrundsatz beeinträchtigen, wohl aber den Wesensgehalt des Eigentums (BGHZ 30, 338, 341; 60, 145, 147; BGB-RGRK-Kreft Vorbem 49 zu § 839). Doch dürfte diese Voraussetzung im Recht des Geldes allenfalls in dem unter den zZ vorstellbaren politischen Bedingungen rein theoretischen Fall ersatzloser Demonetisierung bestimmter Geldzeichen oder Buchgeldforderungen erfüllt sein. Währungspolitische Maßnahmen als solche erfüllen den Enteignungstatbestand nicht (vgl insoweit auch Papier JuS 1974, 478; Hall 75 ff) und werden auch schwerlich individuelle Staatshaftungsansprüche auslösen (vgl von Maydell, Geldschuld 78 f). *Im Sinne einer Institutsgarantie aber bleibt Art 14 GG einschlägig:* Diese Garantie ist nicht auf finale Hoheitsakte beschränkt (Papier AöR 98 [1973] 542 ff). Sie umfaßt und schützt die Grundformen der Vermögensdisposition (Dicke in von Münch, GG [2. Aufl 1981] Art 14 Rz 10), mithin auch die *Funktionsvoraussetzungen des Geldes* (Papier JuS 1974, 478). Im Rahmen der durch Art 109 Abs 2 GG und durch das Stabilitätsgesetz gezogenen Grenzen verpflichtet Art 14 GG den Staat auf die Stabilitätspolitik (vgl nur Mammitzsch 133 ff; Werner Weber in: Neumann-Nipperdey-Scheuner Die Grundrechte II [1954] 361; Papier AöR 98 [1973] 529 ff; ders JuS 1974, 478; Selmer AöR 101 [1976] 433 ff). Mammitzsch 77 ff spricht neben der Institutsgarantie noch von der Rechtsstellungsgarantie des Art 14 GG und sieht auch den „funktionellen Nutzen" des Geldes als durch Art 14 GG garantiert an. Nach der hier vertretenen Auffassung ist diese Funktionsgarantie Teil der Institutsgarantie. Für den Bereich der öffentlichen Haushalte wird eine Verpflichtung des Staates zur Erhaltung der Preisstabilität auch aus **Art 109 Abs 2 GG** hergeleitet: Im Rahmen des gesamtwirtschaftlichen Gleichgewichts stellt die Stabilität des Preisniveaus ein wichtiges Teilziel dar (Fischer-Menshausen in von Münch, GG [1978] Art 109 Rz 10; Schmidt-Bleibtreu-Klein aaO Art 109 Rz 9; Vogel-Wiebel in Bonner Kommentar zum GG [BK] [Lfg 1971] Art 109 Rz 83 ff; Selmer AöR 101 [1976] 433 f). Haushaltsmaßnahmen, die inflationsfördernd und damit geldwertmindernd wirken und nicht durch die Möglichkeit der Erreichung eines anderen volkswirtschaftlichen Teilzieles legitimiert sind, werden als verfassungswidrig zu beurteilen sein (vgl Fischer-Menshausen in von Münch Art 109 Rz 15; Vogel-Wiebel in BK Art 109 Rz 69). Fragwürdig ist dagegen die Herleitung der Staatspflicht zur Stabilitätspolitik aus dem **Sozialstaatsprinzip** (dafür Bull, Die Staatsaufgaben nach dem GG [1973] 269). Im wesentlichen ist es also Art 14 GG, der den verpflichtenden Zusammenhang zwischen den Geldfunktionen und den Staatsaufgaben herstellt. Auf dem durch Art 14 GG garantierten funktionellen Nutzen des Geldes, mithin auf den Geldfunktionen (Vorbem A 8) und dem auf ihnen fußenden Nominalismus (Vorbem D 20 ff) beruht auch die **währungsrechtliche Pflicht** des Staates zur Erhaltung der Geldwertstabilität. Im Gegensatz zu der aus Art 14 und aus Art 109 GG resultierenden Staatspflicht zur Erhaltung der Institution Geld und der mit ihr verbundenen Geldfunktionen hat die währungsrechtlich begründete Pflicht keinen Verfassungsrang. Sie ergibt sich aus dem **Legitimationszusammenhang zwischen Währungsrecht und Nominalismus** (in gleicher Richtung Kaulla, Rechtsstaat und Währung [1949] 90 ff; von Maydell, Geldschuld 74 ff). Diesen Zusammenhang hat mit besonderer Deutlichkeit Schwander zur Geltung gebracht. Schwander verbindet mit dem Nennwertprinzip den „Auftrag" an den Staat, die im „Rahmenverhältnis", dh der Fixierung des Nennbetrages umrissenen Belange des Vertragspartners zu wahren. Der Staat habe „gewissermaßen als Treuhänder für das zu sorgen, für das Gläubiger und Schuldner wegen der sich mit dem Zeitmoment einstellenden außerordentlichen Schwierigkeiten einer genauen Bestimmung der künftigen Geldleistung als einer wirtschaftlich angemessenen Leistung eben nicht zu sorgen vermögen. Der Staat soll als Treuhänder dafür sorgen, daß die dereinstige Geldleistung auch wirklich die wirtschaftlich angemessene Leistung ausmache" (Schwander Die Geldschuld [1938]). Dieser Lehre ist entgegengehalten worden, es fehle an dem von ihr zugrundegelegten Rechtsverhältnis zwischen dem einzelnen und dem Staat und die Lehre suggeriere die in Wahrheit illusionäre Vorstellung, der Staat sei aufgrund dieses – tatsächlich nicht einmal vorhandenen – Rechtsverhältnisses in der Lage, den einzelnen vor Geldentwertungen zu schützen (von Maydell, Geldschuld 80). Diese Bedenken sind nur teilweise berechtigt. Das von Schwander angenommene „Treuhandverhältnis" ist keine Sonderrechtsbeziehung zwischen jedem einzelnen Geldgläubiger und dem Staat. Es geht Schwander nur um eine Verdeutlichung der objektivrechtlichen Pflicht des Staates zur Stabilitätspolitik, nicht um ein subjektives Recht des einzelnen Geldgläubigers. Der Treuhandgedanke soll die staatlichen Pflichten gegenüber dem Rechtsverkehr, dh gegenüber allen aktuellen und potentiellen Geldgläubigern, benennen. Was aber die Illusion eines Schutzes gegen jede Entwertung anlangt, so kann und muß Schwanders Lehre von ihr befreit werden. Die Pflicht zur Stabilitätspolitik vermag nicht das Inflationsproblem zu erledigen, wohl aber trägt sie zur *Legitimation des Nominalismus* bei. Die Rechtspflicht des Staates zur Inflationsbekämpfung ist Garant und zugleich Legitimationsbasis für die Beibehaltung des vom geltenden Währungsrecht gewollten und stillschweigend angeordneten Nennwertprinzips (vgl zu diesen Zusammenhängen auch von Maydell, Geldschuld 71 ff mwN). Allerdings kann es nicht darum gehen, die Aufgaben des privaten Geldschuldrechts einfach auf das öffentliche Recht der Währung zu verlagern (gegen ein solches Substitutionsmodell mit Recht von May-

DELL, Geldschuld 81). Das *Verhältnis zwischen dem Währungsrecht* auf der einen *und dem Recht der Geldschuld* auf der anderen Seite ist ein Verhältnis wechselseitiger Durchdringung. Nominalismus, Währungsrecht und eine auf Geldwertstabilität zielende Währungspolitik bedingen einander. Sobald dem schuldrechtlichen Nominalismus die Legitimationsgrundlage entzogen ist – in Zeiten der Hyperinflation ist das in besonderem Maße der Fall – reagiert das Schuldrecht mit Aufwertungsfolgen (Vorbem D 90 ff). Diese *Reaktionsverbundenheit von Währungsrecht und Schuldrecht* ist, wenn die Pflicht des Staates zu einer stabilitätsorientierten Währungspolitik auch aus Art 14 GG resultiert, sogar verfassungsrechtlich verbürgt (vgl PAPIER AöR 98 [1973] 542; ders JuS 1974, 478). Eine Rechtspflicht zur Stabilitätspolitik wird schließlich auch aus § 1 des Gesetzes zur Förderung der Stabilität und des Wachstums der Wirtschaft (BGBl I 1967, 582 = StabG) hergeleitet (vgl MAUNZ in MAUNZ-DÜRIG-HERZOG-SCHOLZ Art 14 Rz 62).

bbb) Inhalt und Grenzen der Staatspflicht zu geldwertsichernder Währungspolitik **A 49**
können nicht mit absoluten Maßstäben gemessen werden. Die Pflicht beschränkt sich einerseits nicht auf das Verbot, den Nominalismus zur Sanktionierung staatlicher Betrugsmanöver zu mißbrauchen (zu diesem Verbot vgl STÜTZEL, Das Mark-gleich-Mark-Prinzip und unsere Wirtschaftsordnung [1979] 24 ff). Auf der anderen Seite kann nicht jede Zulassung oder Duldung von Geldentwertungsprozessen als rechtswidriges Staatshandeln betrachtet werden. Die *Festlegung eines quantitativen Maßstabs* bereitet naturgemäß Schwierigkeiten. Am weitesten geht diejenige Auffassung, die staatliche Maßnahmen, insbesondere Gesetze, mit erkennbar inflationären Rechtsfolgen für verfassungswidrig und damit für rechtswidrig – im Fall von Gesetzen für nichtig – erklärt (vgl MAUNZ in MAUNZ-DÜRIG-HERZOG-SCHOLZ Art 14 Rz 9). MAMMITZSCH 139 nennt als quantitative Orientierungsgröße den landesüblichen Habenzins für Spareinlagen (insofern ähnlich BFHE 89, 422, 442; abl aber DICKE in VON MÜNCH Art 14 Rz 73; PAPIER AöR 98 [1973] 539; Überblick bei SELMER AöR 101 [1976] 433). Derartige objektive Maßstäbe sind ohne Willkür nicht fixierbar; zB läßt das scheinbar plausible Abheben auf den Sparzins einerseits die Wahl der Anlageform und anderseits die Besteuerungsprobleme unberücksichtigt. Sie gehen auch an der Komplexität des Problems vorbei (vgl auch SELMER AöR 101 [1976] 434). Aus Art 109 Abs 2 GG und aus § 1 StabG ergibt sich, daß Geldwertstabilität nur ein Teilziel im Rahmen des anzustrebenden gesamtwirtschaftlichen Gleichgewichts ist (vgl nur VOGEL-WIEBEL in BK Art 109 Rz 107 ff; PAPIER AöR 98 [1973] 548 f; ders JuS 1974, 478). Abgesehen davon, daß wirtschaftsordnende Entscheidungen ohnehin weitgehend politisch determiniert sind, sind die Grenzen der Rechtspflicht zu einer Politik der Währungsstabilität auch aus Rechtsgründen nur eingeschränkt justitiabel (VOGEL-WIEBEL in BK Art 109 Rz 136 ff). Diese Grenzen sind nicht nur in tatsächlicher Hinsicht fließend. Geldwertstabilität ist auch in der Währungspolitik kein absoluter Wert (vgl mwN BULL, Die Staatsaufgaben nach dem GG [1973] 260; HALL, Rechtsprobleme der Währungsparitätsfestsetzung . . ., Diss Kiel 1969, 83 ff, 115; SIMITIS, in: KÖTZ-REICHERT-FACILIDES, Inflationsbewältigung im Zivil- und Arbeitsrecht [1976] 62 f; unter allgemein wirtschaftspolitischem Aspekt vgl eingehend STREISSLER-BEINSEN-SCHLECHER-SUPPANZ, Zur Relativierung des Zieles der Geldwertstabilität [1976]). Da sie nur als Teilziel Anerkennung verdient, können die Grenzen der Staatspflicht zu einer geldsichernden Währungspolitik und damit auch die Voraussetzungen eines Verstoßes nicht mit Absolutheit und Präzision bestimmt werden. Gerade die hier verfochtene Legitimationsfunktion rechtsgebundener Währungspolitik für den geldprivatrechtlichen Nominalismus gibt allerdings Anlaß, über solchen Relativierungstendenzen nicht das Rechtsprinzip selbst aus den Augen zu verlieren.

ccc) Auch die **Sanktionen** der Pflicht weisen nicht die für rechtlich durchsetzbare **A 50**

Pflichten charakteristische Schärfe auf, denn Verfassungsbeschwerde und Staatshaftungsanspruch kommen mangels subjektivrechtlichen Rechtsschutzes nicht in Betracht (hM; vgl etwa HETTLAGE VVDStRL 14 [1956] 7 ff; INGO MÜLLER ZRP 1974, 159; PAPIER JuS 1974, 479 mwN). Im Ergebnis ist damit die Staatspflicht zur Erhaltung der Währungsstabilität nur politisch durchsetzbar. Bestandteil des objektiven Rechts ist sie gleichwohl. Eben dies macht ihre Legitimationswirkung aus.

A 51 cc) Das **Zentralbanksystem der Bundesrepublik*** ist Teil der bei Vorbem A 43 umrissenen Währungsverfassung. Es besteht aus der DBB und den Landeszentralbanken. Rechtsgrundlage für die DBB ist das *Gesetz über die DBB (BundesbankG)* v 26. 7. 1957 (BGBl I 745). Vorgänger der DBB war die Bank Deutscher Länder (errichtet am 1. 3. 1948 aufgrund der gleichlautenden Militärregierungsgesetze Gesetz Nr 60, VO Nr 129, Information Nr 219/220; näher FÖGEN 58). Bereits die Bank Deutscher Länder arbeitete in einem zweistufigen System mit Landeszentralbanken und der Berliner Zentralbank zusammen. Sie alle wurden durch § 1 BBankG zur DBB verschmolzen (vgl zur historischen Entwicklung näher Ortrun Lampe, Die Unabhängigkeit der DBB [1971] 3 ff).

* **Schrifttum zur DBB** (Auswahl): BENDA, Die aktuellen Ziele der Wirtschaftspolitik und die tragenden Grundsätze der Wirtschaftsverfassung, NJW 1967, 849; VON BONIN, Zentralbanken zwischen funktioneller Unabhängigkeit und politischer Autonomie (1979); BRAUN, Die Stellung der Notenbank als wirtschaftspolitische Instanz (1969); DICKERTMANN-SIEDENBERG, Geldpolitische Lenkungsinstrumente in der BRD (2. Aufl 1975); DUWENAG, Macht und Ohnmacht der Bundesbank (1973); FABER, Wirtschaftsplanung und Bundesbankautonomie (1969); FÖGEN 65 ff; GAUDE, Die Mechanismen der Zentralbankgeldschöpfung und ihre Kontrollierbarkeit durch die Zentralbank (1969); GAUDENRIEGER, Die rechtliche Stellung der Zentralnotenbank im Staatsgefüge in Geschichte und Gegenwart, Diss Würzburg 1961; HUGO J HAHN, Rechtsfragen der Diskontsatzfestsetzung, (1966); ders, Die DBB im Verfassungsrecht, BayVBl 1982, 33, 70; HAWTREY, The Art of Central Banking (London 1962); HOFFMANN(-RIEM), Rechtsfragen der Währungsparität (1969); ISSING, Die Unabhängigkeit der Bundesbank, FS Voigt (1975) 365; JARCHOW, Theorie und Politik des Geldes II. Geldmarkt, Bundesbank und geldpolitisches Instrumentarium (4. Aufl 1980); KAISER, Bundesbankautonomie – Möglichkeiten und Grenzen einer unabhängigen Politik (1980); KIESCHKE, Rechtsprobleme der Diskont- und der Mindestreservesatzfestsetzung, Diss Tübingen 1964; KÖNNECKER, Die DBB (2. Aufl 1973); KÖSER-PFISTERER, Die Notenbank (1969); ORTRUN LAMPE, Die Unhängigkeit der Deutschen Bundesbank (1971); LIPFERT, Einführung in die Währungspolitik (8. Aufl 1974); ALEX MÖLLER, Kommentar zum Gesetz zur Förderung der Stabilität und des Wachstums der Wirtschaft (2. Aufl 1969); MÖSCHEL, Das Wirtschaftsrecht der Banken (1972); H MÜLLER, Die Zentralbank – Eine Nebenregierung (1973); PAPIER, Das Zentralbanksystem im Verfassungsgefüge – Generalbericht, Der Staat 1981 Beiheft 5, 109; PFLEIDERER, Die Notenbank im Spannungsfeld von Wirtschafts- und Finanzpolitik, Festgabe von Eynern (1967) 563; PROST, Die DBB im Spannungsbereich anderer unabhängiger Organe und Institutionen, in: BÜSCHGEN (Hrsg), Kapital und Kredit (1968) 110; ders, Wandlungen im dt Notenbankwesen (1972); RITTERSHAUSEN, Die Zentralnotenbank (1962); SAMM, Die Stellung der DBB im Verfassungsgefüge (1967); SALOMO, Geldangebot und Zentralbankpolitik (1971); REINER SCHMIDT, Grundlagen und Grenzen der Unabhängigkeit der DBB, FS Zepos (1973) Bd 2, 655; ders, Die Zentralbank im Verfassungsgefüge der Bundesrepublik Deutschland, Der Staat 1981, Beiheft 5, 61; SEECK-STEFFENS, Die Deutsche Bundesbank (4. Aufl 1979); SPEYERER, Die Offenmarktpolitik der DBB (1979); VON SPINDLER-BECKER-STARCKE, Die Deutsche Bundesbank (4. Aufl 1973); STERN, Das Staatsrecht der Bundesrepublik Deutschland, Bd II (1980) § 35; STERN-MÜNCH, Gesetz zur Förderung der Stabilität und des Wachstums der Wirtschaft (1967); DIRK UHLENBRUCK, Die verfassungsmäßige Unabhängigkeit der Deutschen Bundesbank und ihre Grenzen (1968); ders, Die Grenzen der währungspolitischen Gefolgschaftstreue der DBB, Betrieb 1967, 1; VÖLLING, Bedarf das Bundesbankinstrumentarium einer Erweiterung? FS Bärmann (1975) 1021 ff; WENDENBURG, Die Mitwirkung der DBB bei der Gestaltung der Wirtschaftspolitik auf der Grundlage der gesetzlichen Regelung im Stabilitäts-, Außenwirtschafts- und Kreditwesengesetz, Diss rer pol Hohenheim 1976.

aaa) Die DBB ist eine *bundesunmittelbare juristische Person des öffentlichen Rechts;* ihr Sitz ist Frankfurt am Main; ihr Grundkapital im Betrag von 290 Mio DM steht dem Bund zu (§ 2 BBankG). Die organisationsrechtlichen Grundlagen des dt Zentralbanksystems sind eingehend dargestellt bei FÖGEN 104 ff; ORTRUN LAMPE 65 ff; SEECK-STEFFENS 40 ff. **Organe der DBB** sind der Zentralbankrat, das Direktorium und die Vorstände der Landeszentralbanken (§§ 5 ff BBankG). Die Landeszentralbanken sind Hauptverwaltungen der DBB in den Bundesländern (§ 8 BBankG). Die DBB darf Zweiganstalten unterhalten (§ 10 BBankG). A 52

bbb) Die sog Unabhängigkeit der DBB hängt eng mit der organisationsrechtlichen Stellung und den Aufgaben der DBB zusammen (Versuch einer umfassenden Rechtfertigung bei ORTRUN LAMPE 72–101; rechtsvergleichende und historische Darstellung bei VON BONIN, Zentralbanken [1979]). Diese sog Unabhängigkeit besteht darin, daß die DBB Weisungen der Bundesregierung nicht unterworfen ist (§ 12 S 2 BBankG). Ob diese Unabhängigkeit vorrechtlich vorgegeben oder durch Art 88 GG garantiert ist, ist str und hier nicht zu entscheiden (eingehend STERN § 35 V; DIRK UHLENBRUCK, Die verfassungsmäßige Unabhängigkeit der Deutschen Bundesbank und ihre Grenzen [1968]; s auch REINER SCHMIDT Der Staat 1981 Beiheft 5, 64 f; ders, FS Zepos II 665 ff; HAHN BayVBl 1982, 33). Sie ist, wie § 12 S 1 BBankG zeigt, zunächst eine institutionelle und organisatorische, nicht eine in ,,Planlosigkeit" (HEIKO FABER aaO) führende Unabhängigkeit von der Wirtschaftspolitik der Bundesregierung (der Begriff der ,,planlosen Autonomie" wird zurückgeführt auf HANS-J ARNDT, Politik und Sachverstand im Kreditgewährungswesen [1963] 322 ff). Das positive Recht spricht sich eindeutig gegen solche ,,Planlosigkeit" aus. Die DBB ist nach § 12 S 1 BBankG verpflichtet, unter Wahrung ihrer Aufgabe die allgemeine Wirtschaftspolitik der Bundesregierung zu unterstützen. Ein allgemeiner Primat der Regierungspolitik gegenüber der Notenbankpolitik ergibt sich hieraus jedoch nicht (DIRK UHLENBRUCK 68 f mwN). Aber auch ein allgemeiner Vorrang der Notenbankpolitik vor der Wirtschaftspolitik der Bundesregierung wäre mit § 12 S 1 BBankG unvereinbar und kann nicht aus den Worten ,,unter Wahrung ihrer Aufgabe" gefolgert werden (insofern übereinstimmend HOFFMANN-RIEM BB 1970, 1264). Verschiedentlich wird die Auffassung vertreten, es liege eine ,,planbeschränkte" oder ,,planzielbezogene" Unabhängigkeit vor, dh eine Unabhängigkeit in der Verwirklichung, nicht in der Bestimmung der Planziele (in dieser Richtung FABER 27 ff; WENDENBURG 104 ff; krit hierzu REINER SCHMIDT Der Staat 1981 Beiheft 5, 68). Hiermit werden unzulässige Vereinfachungen – etwa die, daß jede Wirtschaftspolitik der Bundesregierung am Willen der autonomen Bundesbank scheitern kann – berichtigt. Aber das komplizierte Verhältnis gegenseitiger Durchdringung von Planzielen, Planverwirklichung, Wirtschaftspolitik und Rechtsbindung darf ebensowenig zugunsten der Bundesregierung vereinfacht werden wie zugunsten der DBB. Fragwürdig ist namentlich die These, schon im Rahmen des § 3 WährG sei die DBB neben der Kaufkraftstabilität der Währung auch auf die vier Globalziele der Wirtschaftspolitik verpflichtet (eingehend und kritisch dazu MÖSCHEL 51 ff). Mit MÖSCHEL ist die Unabhängigkeit der DBB gegen solche ,,berichtigenden" Gesetzesauslegungen zu verteidigen. Namentlich eine Mitwirkung an Maßnahmen, die die Währungssicherheit beeinträchtigen, ist der DBB grundsätzlich von Rechts wegen versagt (FÖGEN 71). Nicht die Notenbankpolitik im einzelnen, wohl aber die Aufgabe der Währungssicherung begrenzt die Unterstützungspflicht der DBB (MÖSCHEL 78 f). Die Zulässigkeit wirtschaftspolitischer Kompromisse ist umstritten (weitgehend HOFFMANN, Rechtsfragen der Währungsparität [1969] 219 ff). Eine Brücke zwischen weisungsfreier Zentralbankpolitik (§ 12 BBankG) und allgemeiner Wirtschaftspolitik schlägt auch § 13 StabG (zum umstrittenen Verhältnis zwischen diesen Bestimmungen vgl etwa die Nachweise bei von SPINDLER-BECKER-STARKE § 12 Anm 1 A 53

[I]; für Spezialität des § 12 BBankG zB FÖGEN 69 gegen HOFFMANN 220 ff; s dazu auch REINER SCHMIDT Der Staat 1981 Beiheft 5, 65 ff). Den Vorzug dürfte aber die Auffassung verdienen, daß § 13 StabG nur über § 12 BBankG, also auch nur in den Grenzen des § 12 S 1 BBankG angewandt werden kann (aM wohl HEIKO FABER 40 ff: Stabilitätsgesetz als lex posterior; ebd 59: berichtigende Auslegung des § 12 BBankG, mit der sich Kollisionen mit dem Stabilitätsgesetz „von selbst" auflösen). Im Gegensatz zur Bundesregierung ist dabei die DBB zwar nicht vom Zugriff des Gesetzgebers, wohl aber vom Parlament als politischer Instanz in dem Sinne unabhängig, daß sie von parlamentarischer Verantwortung frei ist (eingehend ORTRUN LAMPE 45 ff). Die Weisungsfreiheit der DBB schließt einen politischen Einfluß der Bundesregierung nicht aus. Diese hat das Vorschlagsrecht für die Bestellung des Präsidenten und des Vizepräsidenten (§ 7 Abs 3 BBankG; über die Frage der personellen Unabhängigkeit vgl in diesem Zusammenhang ORTRUN LAMPE 25 ff). Im übrigen ergeben sich immanente Grenzen der Unabhängigkeit der DBB aus ihrem Gegenstand. Nicht mit der Unabhängigkeit zu verwechseln ist namentlich die Frage, ob die Bundesregierung Vorbedingungen für eine erfolgreiche oder erfolglose Notenbankpolitik setzen kann. Das ist der Fall. Sogar konkrete Maßnahmen der DBB können sich aus politischen Vorgaben ergeben. Insbesondere die Entscheidungen der Bundesregierung über den Außenwert der DM können die DBB mittelbar vor die Notwendigkeit des Kaufs oder Verkaufs von Devisen und im Extremfall vor unlösbare Aufgaben stellen (vgl ISSING, Geldpolitik 23/25).

A 54 **dd) Aufgaben und Aufgabenerfüllung** der DBB werden hier nur im Hinblick auf die *Bezüge zum Privatrecht* des Geldes dargestellt (ausführlich zB DICKERTMANN-SIEDENBERG 44 ff; FÖGEN 72 ff; LIPFERT Einführung 147 ff; STERN § 35 III mwN).

A 55 **aaa) Die währungspolitische Aufgabe der DBB** besteht darin, mit Hilfe der ihr zustehenden währungspolitischen Befugnisse den Geld- und Kreditumlauf sowie die Kreditversorgung der Wirtschaft zu regeln, und zwar mit dem Ziel, die Währung zu sichern (§ 3 BBankG). Das bedeutet, daß die DBB bemüht sein muß, eine Überversorgung mit Zahlungsmitteln (Inflation) ebenso zu vermeiden wie eine Unterversorgung (Deflation). Diese währungspolitische Funktion stellt in Wahrheit nur einen Ausschnitt aus den Aufgaben der Zentralbank dar, die bis in das Recht der Bankenaufsicht hineinreichen. Doch ist der Bezug zum Privatrecht des Geldes allenthalben erkennbar, denn eine wesentliche Funktion staatlicher Währungspolitik besteht darin, daß sie erst die rechtstechnischen Vorzüge des Nennwertprinzips möglich macht und rechtfertigt (Vorbem A 28, A 46 ff und D 48). Besondere Bedeutung für das Recht der Geldschuld kommt der DBB im Bereich der Wertsicherungsklauseln zu (Vorbem D 204 ff, D 306 ff). Aufgaben, die über die Währungssicherung hinausgehen und hier nicht näher dargestellt werden, ergeben sich aus dem internationalen Währungsrecht (Vorbem F 10 ff), auch aus Artt 104, 107 EWGV. Danach ist die Bundesrepublik als Mitgliedstaat verpflichtet, eine Wirtschaftspolitik zu betreiben, die erforderlich ist, um unter Wahrung eines hohen Beschäftigungsstandes und eines stabilen Preisniveaus das Gleichgewicht seiner Gesamtzahlungsbilanz zu sichern und das Vertrauen in die Währung aufrechtzuerhalten. Das Abkommen über den Internationalen Währungsfonds (IWF; BGBl II 1978, 15) legt in Art I als Ziele das Wachsen des Welthandels, einen hohen Beschäftigungsgrad und die Stabilität der Währungen fest. Aber auch die sich aus dem nationalen Recht ergebenden Aufgaben sind vielschichtig und beschränken sich, wie schon in Vorbem A 19 angedeutet wurde, nicht auf das Ziel der Geldwertstabilität. Das sog Stabilitätsgesetz (Gesetz zur Förderung der Stabilität und des Wachstums der Wirtschaft v. 8. 6. 1967, BGBl I 582, idF von Art 25 des Gesetzes vom 25. 3. 1975, BGBl I 705) verpflichtet den Bund und die Länder auf die Erfordernisse des gesamtwirtschaftlichen Gleichgewichts; die Maßnahmen sind so zu treffen, daß sie im Rahmen der marktwirtschaftlichen Ordnung gleichzeitig zur Stabilität des Preisniveaus, zu einem hohen Beschäftigungsstand und zu außenwirtschaftlichem Gleichgewicht bei stetigem und angemessenem Wirtschaftswachstum beitragen. Die spezifischen Aufgaben, aber auch die Schwierigkeiten moderner Währungspolitik beruhen nicht zuletzt auf der Ablösung der Goldwährung durch eine manipulierte Währung. Die Zentralbankpolitik in einer Goldwährung hat sich auf die Aufgabe zu konzentrieren, die jederzeitige Einlösbarkeit der Geldnoten, also ihr Verhältnis zur vorhandenen Goldmenge, sicherzustellen (eingehend zB von Spindler-Becker-Starke Einl B II). Die manipulierte Währung in den modernen Währungssystemen führt zu einem Mehr an währungspolitischem Spielraum und an währungspolitischen Problemen. Im wesentlichen rühren diese Probleme von den Konflikten im „magischen Viereck" der Stabilitätsziele – Vollbeschäftigung, Ausgleich der Zentralbilanz, Wirtschaftswachstum und Preisstabilität – her (vgl Lipfert Einführung 11 ff; von Spindler-Becker-Starke Einl B III; Wendenburg 15–79; zu den Prioritäten vgl krit Schlesinger, Die Verteidigung des Geldwertes [Vorbem A 45] 6 ff).

bbb) Die Aufgabenerfüllung setzt bei dem ausschließlichen Recht der DBB zur Ausgabe von Banknoten an (§ 14 BankG; dazu Vorbem B 2 f). Dieses **Notenmonopol** verleiht der DBB eine Sonderstellung im Bankensystem, nämlich die einer letzten Liquiditätsstelle („Bank der Banken"), weil die DBB ein Höchstmaß an Liquidität aufweist. Obwohl Grundlage der weiteren währungspolitischen Steuerungsmittel, gehört doch die Notenausgabe selbst noch nicht zu den ieS währungspolitischen Befugnissen der DBB. Die Steuerung der Notenausgabe ist namentlich weder dazu geschaffen noch auch nur geeignet, die *Buchgeldschöpfung* der Geschäftsbanken in Grenzen zu halten. Das Buchgeld, selbst kein Geld iS des hier verwendeten gegenständlichen Geldbegriffs (Vorbem A 18), entspricht nicht den für Geldzeichen geltenden Regeln (dazu Vorbem B 2 ff). Die Schaffung von Buchgeld unterliegt damit nicht dem Monopol der DBB, wohl aber unterliegen ihre Voraussetzungen der währungspolitischen Kontrolle. Die Schaffung von Buchgeld ist von der Kreditnachfrage und von der Liquidität der Banken abhängig. **Das liquiditätspolitische Instrumentarium der DBB** (Mindestreservepolitik, Einlagenpolitik und Offenmarktgeschäfte) bestimmt über die Voraussetzungen und beeinflußt den Umfang der Entstehung von Buchgeld. Da der Umschlag von Buchgeld den Bargeldverkehr an Ausmaß und Bedeutung übertrifft, liegt hier ein Schwerpunkt der währungspolitischen Maßnahmen (zur stabilitätspolitischen Tragweite der Geldmengenpolitik vgl Schlesinger, Die Verteidigung des Geldwertes [Vorbem A 45] 8 ff). A 56

Die **Zins- und Kreditpolitik** der DBB (§ 15 BBankG) besteht in der Festsetzung der für die Geschäfte der DBB anzuwendenden Zins- und Diskontsätze, insbes also des Zinssatzes, zu dem die DBB Wechsel ankauft (Diskontsatz) und Lombardkredite gewährt (Lombardsatz). Diese zunächst nur für die von der DBB geführten Geschäfte geltenden Zinssätze beeinflussen die Zinsstruktur im gesamten Währungsgebiet (eingehend Hugo J Hahn, Rechtsfragen der Diskontsatzfestsetzung [1966]; Issing, Geldpolitik 47 ff; Pfleiderer, Diskontpolitik, HDSW II [1959] 614; Prost, Die Diskontfestsetzung der DBB, NJW 1966, 806; Tripp, Ist die Diskontsatzfestsetzung eine privatrechtliche Maßnahme? WM 1969, 1270). Nach § 15 BBankG bestimmt die DBB auch die Grundsätze für ihre **Offenmarktpolitik.** Gemeint ist der Ankauf und Verkauf von Wertpapieren zur Regelung des Geldmarktes, wodurch sowohl die Liquidität der Banken (Zuführung bzw Entzug von Liquidität als Gegenleistung) als auch die Zinssätze am Geldmarkt beeinflußt werden. Zur rechtlichen Beschaffenheit der Maßnahmen der Zins- und Kreditpolitik vgl eingehend Fögen 73 f; Hugo J Hahn 13 ff; Kieschke NJW 1966, 2201; Prost NJW 1966, 806. Die **Mindestreservepolitik** (§ 16 BBankG) besteht darin, daß die DBB zur Beeinflussung des Geldumlaufs und der Kreditgewährung verlangen kann, daß die

Kreditinstitute in Höhe eines Prozentsatzes ihrer Verbindlichkeiten aus Sichteinlagen, befristeten Einlagen und Spareinlagen sowie aus aufgenommenen kurz- und mittelfristigen Geldern mit Ausnahme der Verbindlichkeiten gegenüber anderen mindestreservepflichtigen Kreditinstituten Guthaben auf Girokonto bei ihr unterhalten. Die Mindestreserve bindet Liquidität und beschränkt die Kreditschöpfungsmöglichkeit der Banken. Über die rechtliche Qualifikation der Maßnahmen vgl Böckmann, Die Rechtsnatur der Mindestreservesatzfestsetzung, Diss Köln 1969. Als ökonomische Studien vgl: Gehrig, Geldmenge und Mindestreserven (Bern 1976); Voss, Zielkonforme Ausgestaltung der Mindestreservepolitik (1972). Schließlich entzieht auch die Bindung der Bankeinlagen bestimmter öffentlicher Stellen bei der DBB den Kreditinstituten Zentralbankgeld. Nach § 17 müssen der Bund, das Sondervermögen des Ausgleichsfonds, das ERP-Vermögen und die Länder ihre flüssigen Mittel bei der DBB auf Girokonten anlegen. Die sog **Einlagenpolitik** der DBB beschränkt sich hierbei allerdings darauf, daß eine anderweitige Einlage oder Anlage der Zustimmung der DBB bedarf, während die DBB auf den Umfang der betroffenen Mittel keinen Einfluß hat (vgl. zur Einlagenpolitik Oberhauser, Die Zentralbank als Geschäftsbank des Staates, Finanzarchiv 1969, 377). Ein wesentlicher Gewinn an währungspolitischem Spielraum ist von der Einlagenpolitik nicht zu erwarten. Nicht im Gesetz geregelt, aber praktisch besonders bedeutsam, ist die **Devisenpolitik,** durch die die DBB im Rahmen des freien Devisenhandels durch Kauf- und Verkaufsgeschäfte die Devisenströme beeinflußt (vgl insbes zur sog Swap-Satzpolitik Lipfert Einführung 183 ff; Janocha [Vorbem A 45] 15 ff).

A 57 ccc) **Rechtsschutzprobleme** bei kreditpolitischen Beschlüssen der DBB liegen außerhalb der vorliegenden Darstellung.*

A 58 m) Der **strafrechtliche Schutz der Währung**

Schrifttum: Dreher-Kanein, Der gesetzliche Schutz der Münzen und Medaillen (1975); Fögen 27 ff (zT veraltet); Prost, Straf- und währungsrechtliche Aspekte des Geldwesens, FS Richard Lange (1976) 419; Schmiedl-Neuburg, Die Falschgelddelikte (1968).

Das öffentliche Interesse an der Sicherheit und Zuverlässigkeit des Geldverkehrs ist durch strafrechtliche Bestimmungen geschützt (vgl zu diesem Rechtsgut RGSt 67, 294, 297; BGH NJW 1954, 564; LG Karlsruhe NJW 1977, 1301, 1302). Die einschlägigen Vorschriften werden hier nur genannt, nicht strafrechtlich analysiert:

A 59 **aa)** Nach dem **Achten Abschnitt des Besonderen Teils des StGB** genießen Geld und andere Wertzeichen strafrechtlichen Schutz. Der Achte Abschnitt wurde durch Art 19 Nr 60 EGStGB im Jahr 1974 mit Wirkung v 1. 1. 1975 neu gefaßt (§§ 146 ff StGB). Wegen der Kommentierung wird auf die strafrechtliche Literatur verwiesen. Zum strafrechtlichen Geldbegriff vgl Vorbem A 13 unter (eee).

A 60 **bb)** Nach **§ 127 OWiG** handelt ordnungswidrig, wer vorsätzlich ohne die schriftliche Erlaubnis der zuständigen Behörde Vorrichtungen (zB Platten, Druckstöcke), die ihrer Art nach geeignet sind zur Herstellung von Geld, oder Papier, das dem Papier für Geld gleicht oder zum Verwechseln ähnlich ist, herstellt, sich oder einem Dritten verschafft, feilhält, verwahrt, einem anderen überläßt oder in den räumlichen Geltungsbereich des OWiG einführt (Abs 1). Ordnungswidrig handelt auch derjenige, der fahrlässig das Fehlen der Erlaubnis verkennt (Abs 2). Geld fremden Währungsgebiets ist deutschem Geld gleichgestellt (Abs 3). Nach **§ 128 OWiG**

---

* **Schrifttum:** Kindermann, Die Anfechtung von kreditpolitischen Beschlüssen der Bundesbank (1974); Stern, Umstrittene Maßnahmen der Bundesbank, JuS 1963, 68.

handelt ordnungswidrig, wer vorsätzlich Drucksachen oder Abbildungen herstellt oder vertreibt, die im Zahlungsverkehr mit deutschem (Abs 1) oder ausländischem (Abs 3) Papiergeld verwechselt werden können oder zur Herstellung solcher verwechslungsfähigen Papiere verwendet werden können (§ 128 Abs 1 Nr 1). Ordnungswidrig handelt auch, wer vorsätzlich Vorrichtungen wie Platten, Druckstöcke etc, die zur Herstellung solcher Drucksachen oder Abbildungen geeignet sind, herstellt, verschafft, feilhält, verwahrt, einem anderen überläßt oder in den räumlichen Geltungsbereich des OWiG einführt (§ 128 Abs 1 Nr 2). Ordnungswidrig nach § 128 Abs 2 handelt, wer die Verwechslungsfähigkeit fahrlässig verkennt. Die §§ 127, 128 OWiG haben § 360 Nr 4–6 StGB aF sowie den Grundtatbestand des Gesetzes v 2. 1. 1911 (Vorbem A 62) ersetzt. § 129 OWiG regelt die Einziehung der Gegenstände.

cc) Nach **§ 35 BBankG** wird bestraft, wer vorsätzlich (Abs 1) oder fahrlässig (Abs 3) Geldersatz ausgibt (Abs 1 Nr 1) oder verwendet (Abs 1 Nr 2). Der Versuch ist strafbar (Abs 2). **A 61**

dd) Das **Gesetz betreffend den Schutz des zur Anfertigung von Reichsbanknoten verwendeten Papiers gegen unbefugte Nachahmung** v 2. 1. 1911 (RGBl 25) gilt mit seinem Verbot in § 1 auch heute noch. Die Strafvorschrift in § 2 und die Einziehungsanordnung in § 3 wurden durch Art 287 Ziff 32 EGStGB v 2. 3. 1974 (BGBl I 469) mit Wirkung v 1. 1. 1975 außer Kraft gesetzt. Die Strafbarkeit ist nun in §§ 127 Abs 1 Nr 3 OWiG, 149, 151 StGB geregelt (Vorbem A 60). **A 62**

ee) Das **Münzgesetz** (Gesetz über die Ausprägung von Scheidemünzen v 8. 7. 1950, BGBl 323), geändert durch das Änderungsgesetz v 18. 1. 1963 (BGBl I 55), durch Art 171 EGStGB v 2. 3. 1974 (BGBl I 469) und durch § 1 Nr 11 des Änderungsgesetzes zum EGStGB v 15. 8. 1974 (BGBl I 1942), enthält in §§ 11 a f MünzG eine Bestimmung über ordnungswidriges Handeln zum Schutz außer Kurs gesetzter Münzen. Um einen Schutz der Währung handelt es sich hierbei nicht mehr. Nur noch in losem Zusammenhang mit dem Währungsrecht steht *§ 5 der VO über die Herstellung und den Vertrieb von Medaillen und Marken* v 13. 12. 1974 (BGBl I 3520). Diese VO beruht auf der Ermächtigungsgrundlage des § 12 a MünzG, der seinerseits durch Art 171 Nr 2 EGStGB v 2. 3. 1974 (BGBl I 469) eingeführt wurde. **A 63**

B. Das Recht der Geldzeichen

I. Entstehung und Untergang von Geldzeichen **B 1**

Schrifttum: Fögen 21 ff; ders, Geld und Scheingeld der Bundesbank, JZ 1970, 409; F A Mann, Geld und Scheingeld der Bundesbank, JZ 1970, 212, 409; Nussbaum, Das Geld 35 ff; Pfennig, Die Notenausgabe der DBB (1971); Prost, Geld und Scheingeld der Bundesbank, JZ 1969, 786; von Spindler-Becker-Starke, Die Deutsche Bundesbank (4. Aufl 1973); Ullmann, Bundesmünzen und ihre Einlösung, ZfKrW 1967, 547.

1. Grundlagen **B 2**

Entstehung und Untergang von Geldzeichen sind zwar nicht ausschließlich, aber doch im wesentlichen an das Staatsmonopol der Geldherausgabe gebunden. Wegen der Ausübung dieser Hoheitsbefugnisse ist zu unterscheiden zwischen den **Banknoten** und den **Scheidemünzen.** Die Ausgabe von Banknoten ist geregelt in **§ 14 BBankG.** Für Scheidemünzen gilt das sog **MünzG** (Gesetz über die Ausprägung von Scheidemünzen v 8. 7. 1950, BGBl I 323, geändert durch Gesetz v 18. 1. 1963, BGBl I 55, und durch Art 171 des EGStGB v 2. 3. 1974, BGBl I 469). Zu den Münzen vgl besonders von Spindler-Becker-Starke § 14 Anm 3 (unter III 2); Ullmann ZfKrW

1967, 547. Der *Begriff des Geldzeichens* ist ein Funktionsbegriff (Vorbem A 10). Noten und Münzen werden zu Geldzeichen, indem ihnen die Funktion, gesetzliche Zahlungsmittel zu sein, verliehen wird. Sie gehen als Geldzeichen unter, indem ihnen diese Funktion genommen wird.

B 3 **2. Entstehung von Geldzeichen**

Die **Entstehung von Geldzeichen** (Nussbaum, Das Geld 35, spricht von der „Begeltung") ist hiernach rechtlich nicht ein Problem der gegenständlichen Gestaltung, sondern ein Widmungsproblem (vgl nur Nussbaum, Das Geld 35 ff; Fögen 20 ff; eingehend Pfennig 28 ff). Die Fabrikation der Geldzeichen als Sachen ist privatrechtlicher Natur (Pfennig 26 f). Von ihr ist die Widmung als Staatsakt zu unterscheiden (Pfennig 25). Sie ist kein Widmungsakt des öffentlichen Sachenrechts in dem Sinne, daß durch sie die einzelnen Geldzeichen zu öffentlichen Sachen würden (Vorbem A 13 unter bbb; aM Pfennig 28 ff; Staudinger-Dilcher § 91 Rz 13). Ihre Wirkung besteht vielmehr darin, daß Sachen, nämlich Medaillen und bedruckte Scheine mit Geldfunktionen versehen, also als Geldzeichen iS von Vorbem A 12 f qualifiziert werden. Die Widmung bestimmt, daß die Geldzeichen zu ihrem nominellen Wert Zahlkraft besitzen und als Zwangsgeld vom Gläubiger angenommen werden müssen (vgl Pfennig 42 ff, allerdings mit einer überkonstruierten Unterscheidung zwischen der Widmung zu Geldzeichen und zu gesetzlichen Zahlungsmitteln). Dagegen legt sie weder den Kurswert (Vorbem D 11) noch die Kaufkraft (Vorbem D 13) des emittierten Geldes fest (Pfennig 43). Widmendes Subjekt öffentlicher Verwaltung ist die DBB (Pfennig 38). **Banknoten** können im Geltungsbereich des BBankG nur von der DBB ausgegeben werden (§ 14 Abs 1 S 1 BBankG; eingehend Pfennig 22 ff). Die DBB hat die Stückelung und die Unterscheidungsmerkmale der von ihr ausgegebenen Note öffentlich bekanntzumachen (§ 14 Abs 1 S 5 BBankG). Für **Münzen** wird das Währungsmonopol von der Bundesregierung ausgeübt (§ 6 MünzG; verfassungsrechtliche Bedenken bei Maunz-Dürig-Herzog-Scholz, GG Art 88 Rz 12), jedoch werden auch die als Scheidemünzen ausgeprägten Geldzeichen von der DBB in den Verkehr gebracht (§ 8 MünzG). Die Münzausgabe ist durch § 5 MünzG an die Zustimmung des Zentralbankrates bei einer Ausprägung von mehr als 20 DM je Kopf der Bevölkerung gebunden. Das starre Verbot einer Ausprägung von mehr als 30 DM je Kopf (§ 5 Abs 1 MünzG aF) ist mit dem Änderungsgesetz v 18. 1. 1963 (BGBl I 55) gefallen. Streit herrscht über den *Zeitpunkt und Umfang des Widmungsakts.* Eine generelle Widmung durch das BBankG oder durch Rechtsverordnung liegt nicht vor (Pfennig 37). Daraus wird vielfach gefolgert, daß erst die Ausgabe die Widmung der je einzelnen Geldzeichen darstellt (in diesem Sinne namentlich Pfennig 37 f mwN). Richtig scheint die Einordnung der Widmung als Allgemeinverfügung iS von § 35 S 2 VwVfG. Stücke einer bereits eingeführten Geldsorte erlangen dann Geldeigenschaft bereits *mit der Herstellung,* jedenfalls mit der Inbesitznahme durch die DBB, nicht erst mit dem Inverkehrbringen durch den zur Ausgabe Berechtigten, denn sie sind bereits vom geldrechtlichen Widmungsakt erfaßt (so im Ergebnis die hM; Nussbaum, Das Geld 35; von Spindler-Becker-Starke, § 14 Anm 2; Martin Wolff in Ehrenbergs Hdb IV/1 631 f; F A Mann JZ 1970, 212 und 409; aM Fögen 21 f; ders JZ 1970, 409; Prost JZ 1969, 786; ders FS Lange [1976] 419, 425; s auch Geisler NJW 1978, 708; unentschieden BGHSt 27, 255 = NJW 1977, 2364 mAnm Pelchen LM Nr 1 zu § 146 StGB und Geisler aaO). Allerdings muß es sich um eine *befugte Herstellung* handeln. Münzen einer eingeführten Münzsorte, die ohne Prägeauftrag des Bundes in einer Münzstätte nachgeprägt werden, sind Falschgeld (BGHSt 27, 255 = aaO; aM LG Karlsruhe NJW 1977, 1301). Die Geldeigenschaft von Geldzeichen auch vor dem

Inverkehrbringen wird überwiegend, aber nicht überzeugend, mit § 794 BGB (MARTIN WOLFF; VON SPINDLER-BECKER-STARKE) oder mit der allgemeinen wertpapierrechtlichen Kreationstheorie begründet (so NUSSBAUM). Indes ist die Kreationstheorie umstritten, und die Parallelität der Probleme ist nur eine sehr vordergründige. Der Kreationstheorie geht es um die Begründung verbriefter Forderungen ohne Vertrag, während es hier um den Zeitpunkt der – zweifellos einseitig auszuübenden – Geldzeichenschöpfung geht. Kein Geld ist **Falschgeld.** Auch *unbefugt ausgegebene Geldzeichen* (§ 35 BBankG) sind kein Geld. Die DBB und alle Kreditinstitute haben nachgemachte oder verfälschte Geldzeichen sowie unbefugt ausgegebene Geldzeichen anzuhalten (§ 36 Abs 1 S 1 BBankG). Als Falschgeld verdächtige Banknoten und Münzen sind der DBB zur Prüfung vorzulegen. Zum Ersatz für Falschgeld ist die DBB nicht verpflichtet (§ 14 Abs 3 S 1 BBankG).

3. Demonetisierung B 4

a) Die **Demonetisierung durch Hoheitsakt** („Entgeltung" iS von NUSSBAUM, Das Geld 36) findet idR statt, indem Geldzeichen außer Kurs gesetzt oder eingezogen werden. Sie kann sich auf alle Geldzeichen einer Währung, auf ganze Geldsorten oder auf einzelne Stücke beziehen. Die Demonetisierung ist ein Staatsakt. Auch wertvolles Metallgeld, das im Verkehr nur noch als Sache gehandelt wird, bleibt bis zur Außerkurssetzung Geld (BGHSt 12, 344 = NJW 1959, 947; BGHSt 19, 357 mAnm WILLMS LM Nr 5 zu § 146 StGB; BGHSt 27, 255 = NJW 1977, 2364 m insoweit krit Anm GEISLER NJW 1978, 708). Für Geldsortenschulden, die auf solche Geldzeichen lauten, gilt § 245 (vgl § 245 Rz 15). Für die *Möglichkeit gewohnheitsrechtlicher Demonetisierung* tritt allerdings ein erheblicher Teil der Strafrechtsliteratur ein (Nachweise bei GEISLER NJW 1978, 709). Ein Gewohnheitsrechtssatz des Inhalts, daß Geldzeichen ihre Zahlkraft verlieren, läßt sich aber noch nicht daraus herleiten, daß diese Zeichen nicht mehr als Geld verwendet zu werden pflegen. Die spezifisch strafrechtliche Frage, ob § 146 StGB hier zurücktritt, mag durch restriktive Interpretation dieser Norm oder durch Schaffung eines besonderen strafrechtlichen Geldbegriffs bewältigt werden (vgl Vorbem A 13). Eine Demonetisierung liegt nicht vor.

aa) Die Demonetisierung aller Geldzeichen einer Währung kann nur durch gesetzlichen **Währungswechsel** erfolgen. Mit der Einführung einer neuen Währung verlieren die bisherigen Geldzeichen ihre Geldeigenschaft, soweit ihnen nicht vorübergehend oder auf Dauer zu einem gesetzlich festzulegenden Kurs die Zahlkraft in der neuen Geldordnung belassen wird (FÖGEN 24, 47). Charakteristisch waren etwa die §§ 1, 8 ff WährG. B 5

bb) Demonetisierung bestimmter Geldsorten lag etwa vor bei der VO über die Außerkraftsetzung der Reichsgoldmünzen v 16. 7. 1938 (RGBl I 901). Um die Demonetisierung bestimmter Geldsorten handelt es sich auch bei dem Aufruf nach §§ 14 Abs 2, 33 BBankG. Die DBB kann Noten zur Einziehung aufrufen. Aufgerufene Noten werden nach Ablauf der beim Aufruf bestimmten Umtauschfrist ungültig. Die noch von HELFFERICH 391 ff und von NUSSBAUM, Das Geld 36 f, diskutierte Frage, ob eine Pflicht der Zentralbank zum Aufruf und zur Gestattung des Umtausches besteht, ist für das geltende Recht durch § 14 Abs 2 BBankG geklärt. Geldzeichen einer aufgerufenen, aber noch eintauschbaren Sorte sind noch Geld. Wer statt ihrer Fälschungen zum Umtausch einreicht, bringt Falschgeld in den Verkehr (BGH LM Nr 2 zu § 146 StGB aF). Zu den Rechtsfolgen der Demonetisierung für Geldsortenschulden vgl § 245 Rz 15. B 6

B 7 cc) **Einzelne Geldzeichen** können zurückgezogen werden, zB wegen Abnutzung, Beschädigung oder Beschmutzung. Die Zweiganstalten der DBB sondern die auszuwechselnden Noten und Münzen aus und leiten sie der Hauptkasse der DBB zu, wo sie geprüft und ggf vernichtet werden (von Spindler-Becker-Starke § 14 Anm IV 3). Der *Zeitpunkt der Demonetisierung* ist in diesem Fall zweifelhaft. Gründe des Verkehrsschutzes sprechen für die Annahme, daß es sich bis zur Vernichtung noch um Geld handelt. Wird dieses unerlaubterweise wieder in den Verkehr gebracht, so erlangt der Erwerber Geld. Für beschädigte Banknoten hat die DBB Ersatz zu leisten, wenn der Inhaber der Note entweder Teile vorlegt, die insgesamt größer sind als die Hälfte der Note, oder den Nachweis führt, daß der Rest der Note vernichtet ist (§ 14 Abs 3 S 2 BBankG; näher Pfennig 52 f). Beschädigte Münzen braucht der Bund dagegen nicht umzutauschen (§ 4 MünzG; dazu Ullmann ZfKrW 1967, 547). Keine Demonetisierung ist die „Stillegung" von Geldzeichen, die der DBB zugeflossen sind (im Ergebnis übereinstimmend Pfennig 59 f). Die Geldzeichen verlieren durch diese rein tatsächliche Maßnahme nicht ihre Zahlkraft, sondern sie sind nur faktisch dem Zahlungsverkehr entzogen, solange sie nicht wieder in den Verkehr gebracht werden.

B 8 b) Eine **Demonetisierung durch rein tatsächliche Vorgänge** tritt ein durch Vernichtung oder durch eine Beschädigung, die den Geldcharakter so stark beeinträchtigt, daß der Gläubiger das Geldzeichen nicht mehr anzunehmen braucht (Fögen 26). Auch hier spielt bei Banknoten die Umtauschverpflichtung der DBB (§ 14 Abs 3 S 2 BBankG) eine Rolle. Die Toleranzgrenze für den Gewichtsverlust von Münzen wird aufgrund von § 6 Abs 1 MünzG von der Bundesregierung bestimmt. Geht ein verkehrsbedingter Substanzverlust über die Toleranzgrenze hinaus, so tritt noch keine Demonetisierung ein, aber die Münze braucht nur noch von Bundes- oder Landeskassen in Zahlung genommen zu werden; sie wird alsdann für Rechnung des Bundes eingezogen (§ 9 MünzG). Beruht der Substanzverlust dagegen auf einem anderen Eingriff, ist zB die Münze durchlöchert, so verliert die Münze die Eigenschaft als gesetzliches Zahlungsmittel; sie braucht nicht mehr angenommen und umgetauscht zu werden (§ 4 MünzG).

B 9 II. Das Geld im Sachenrecht

Schrifttum: Brandt, Eigentumserwerb und Austauschgeschäft (1940); Falck, Das Geld und seine Sonderstellung im Sachenrecht (1960); Goldberger, Zur Lehre von der Vermengung des Geldes nach BGB, SeuffBl 72 (1907) 633; Kaser, Das Geld im Sachenrecht, AcP 143 (1937) 1; Heinrich Lange, Zum System des deutschen Vermögensrechts, AcP 147 (1941) 290 ff; ders, Rechtswirklichkeit und Abstraktion, AcP 148 (1943) 188 ff; Hellmuth Mayer, Eigentum an Geld und strafrechtliche Konsequenzen, GS 104 (1934) 100 ff; Nemelka, Eigentum an Geld nach dem schweizerischen Zivilgesetzbuch, Diss Zürich 1978; Pikart, Die sachenrechtliche Behandlung von Geld und Wertpapieren in der neueren Rechtsprechung, WM 1980, 510; Reinhardt, Vom Wesen des Geldes und seiner Einfügung in die Güterordnung des Privatrechts, FS Gustav Boehmer (1954) 60 ff; Roxin, Geld als Objekt von Eigentums- und Vermögensdelikten, FS Hellmuth Mayer (1966) 467 ff; Simitis, Bemerkungen zur rechtlichen Sonderstellung des Geldes, AcP 159 (1960/1961) 406 ff; Wieacker, Sachbegriff, Sacheinheit und Sachzuordnung, AcP 148 (1943) 57 ff; Martin Wolff in Ehrenbergs Hdb IV/1 624 ff.

B 10 1. Das Grundproblem

Die Schwierigkeit, Geld und Geldzeichen überzeugend in das Sachenrecht einzuordnen, beruht auf dem **Spannungsverhältnis zwischen der ungegenständlichen Geldfunktion (Vorbem A 8) und den Prinzipien des Mobiliarsachenrechts.** Sieht das Sachenrecht auf die Individualität des Stücks (Spezialitätsgrundsatz!), so sieht der

Rechtsverkehr auf den im Geld verkörperten, vom individuellen Stück unabhängigen Wert. Verschiedentlich und mit unterschiedlichen Ergebnissen hat man versucht, dieser Besonderheit Rechnung zu tragen (vgl namentlich H WESTERMANN, Sachenrecht [5. Aufl] § 30 V 3; REINHARDT, FS Boehmer [1954] 84 ff; KASER AcP 143 [1937] 1, 9–11; WIEACKER AcP 148 [1943] 57, 70–72; SIMITIS AcP 159 [1960/1961] 406, 412 ff, 454 ff; ROXIN, FS Hellmuth Mayer [1966] 468 f; NEMELKA 171 ff; Meinungsüberblick bei FALCK 1 ff). Indes sollte die ordnende Kraft des Spezialitätsgrundsatzes und der Verkörperung des Geldwerts in je einzelnen Geldzeichen nicht im Prinzip preisgegeben werden. So richtig es nämlich ist, daß die Geldfunktionen wirtschaftlich im Vordergrund stehen, die durch das sog Buchgeld (Vorbem A 18) weitaus konsequenter als durch Geldzeichen umgesetzt werden, so sehr sollte auf der anderen Seite bedacht werden, daß die Sacheigenschaft der Geldzeichen kein Atavismus, sondern eine den Rechtsverkehr erleichternde Technik ist. Wo sich das Rechtsleben noch der Geldzeichen bedient, macht es sich die Handgreiflichkeit und damit den geringeren Abstraktionsgrad des Stückgeldes zunutze. Die *Besinnung auf die Geldfunktionen* im rechtlichen Umgang mit der Sache Geld sollte nichts an der prinzipiellen Anwendbarkeit sachenrechtlicher Regeln ändern. Wohl allerdings sollte bei der Anwendung einzelner Normen der Sonderstellung des Geldes Rechnung getragen werden. Die umstrittenen Einzelprobleme des Geldes im Sachenrecht sind damit Normanwendungsprobleme, die mit einer *generellen* Stellungnahme zum „Wesen" des Geldes nicht beantwortet werden können aber auch nicht ohne Rücksicht auf die Eigenschaft der Geldzeichen als Zahlungsmittel beantwortet werden sollten. Geldfunktionen und Sachenrecht lassen sich so in Einklang bringen.

2. Geldzeichen als bewegliche Sachen B 11

Das BGB sieht **das einzelne Geldzeichen als bewegliche Sache** an (WOLFF-RAISER § 65 IV; NUSSBAUM, Das Geld 9; MünchKommQUACK § 929 Rz 17; BGB-RGRK-PIKART § 929 Rz 21; HEINRICH LANGE AcP 147 [1941] 290, 300 f; 148 [1943] 188, 216 f). Versuche, dem Geldwert die Qualität eines Herrschaftsrechts oder eines Verfügungsgegenstands zuzusprechen, entsprechen nicht dem System des deutschen Sachenrechts (PIKART WM 1980, 515). Sie vernachlässigen auch die bei Vorbem B 10 herausgestellte Verkehrserleichterung, die das geltende Recht mit der Sachnatur der Geldzeichen verbindet. Umgekehrt jedes Herrschaftsrecht an Geld zu verneinen, mithin auch jeden Geldherausgebeanspruch zum bloßen Zahlungsanspruch zu erklären, wäre eine Vernachlässigung der sich mit dem Geldeigentum verbindenden Güterzuordnung (zB §§ 771 ZPO, 43 KO; dazu BGHZ 58, 257, 258). Der Wertcharakter des Geldes und das geringe Interesse des Rechtsverkehrs an der Individualität des einzelnen Wertzeichens sollte nach Vorbem B 10 nur bei der Normanwendung im einzelnen beachtet werden, die sachenrechtliche Einordnung des Geldes dagegen unangetastet lassen. Geldzeichen sind nicht nur *vertretbare* (FALCK 25, 70 ff), sondern sie sind, obgleich nur auf Verbrauch dem Werte nach gerichtet, *verbrauchbare Sachen* iS von § 92 Abs 1 (Mot in MUGDAN III 19; MARTIN WOLFF in Ehrenbergs Hdb IV/1 628; STAUDINGER-DILCHER § 92 Rz 2). Das Gesetz bewerkstelligt dies, indem es die bestimmungsmäßige Veräußerung dem bestimmungsmäßigen Verbrauch gleichstellt. Dagegen sind Geldzeichen *keine öffentlichen Sachen* (Vorbem A 13 unter bbb; str). Über Geldzeichen als Gegenstand von Pfandrechten vgl STAUDINGER-WIEGAND § 1204 Rz 52.

3. Eigentum an Geld B 12

Eigentum an Geld ist **Eigentum am einzelnen Geldzeichen.** Das Eigentum verkörpert die *Innehabung des Geldwerts*. Der *Spezialitätsgrundsatz* gilt für Geldzeichen ebenso wie für andere Sachen. Auch das Miteigentum bei der Vermischung von Geld (Vorbem B 14) ist Miteigentum an den einzelnen Geldzeichen, nicht am wertmäßigen Gesamtbestand (vgl zum Spezialitätsgrundsatz und zu seinen Grenzen bei der Bruchteilsgemeinschaft MünchKomm-KARSTEN SCHMIDT § 741 Rz 28, § 1008 Rz 2). Es gibt im deutschen Recht *kein allgemeines Prinzip der dinglichen Surrogation* (BGHZ 33, 66, 71 f). Ein allgemeiner Grundsatz, wonach sich das Eigentum an (fremdem) Geld an den mit diesem Geld angeschafften Gegenständen fortsetzte, ist dem geltenden Recht fremd und ist auch rechtspolitisch abzulehnen (vgl nur STAUDINGER-GURSKY § 985 Rz 48; aM REINHARDT, FS Boehmer 91 ff und 95). Eine solche Rechtsfolge würde Rechtsunsicherheit schaffen und die Geldvindikation nur noch weiter als schon nach geltendem Recht mit dem Wertcharakter des Geldes in Unstimmigkeit bringen. Wer im eigenen Namen mit dem Geld eines anderen im eigenen Namen bewegliche Sachen anschafft, wird deren Eigentümer (BGB-RGRK-PIKART § 929 Rz 110). Auch *eingewechseltes Geld* tritt nicht ohne weiteres an die Stelle der herauszugebenden Geldzeichen (WOLFF-RAISER § 84 Fn 6; REINHARDT, FS Boehmer 86 f; MünchKomm-MEDICUS § 985 Rz 16; PALANDT-BASSENGE § 985 Anm 3 c; aM H WESTERMANN, Sachenrecht [5. Aufl] § 30 V 3; FALCK 162 ff; BGB-RGRK-PIKART § 985 Rz 55; differenzierend ERMAN-HEFERMEHL § 985 Rz 6). Nur wenn ein Fremdbesitzer fremde Geldzeichen gegen bestimmte andere Geldzeichen eintauscht und diese für den Eigentümer verwahrt, kann das eingewechselte Geld im Wege des Insichgeschäfts an die Stelle des fremden Geldes treten (vgl auch FALCK 137 ff). Es gibt auch *keine allgemeine Wertsurrogation* in dem Sinne, daß die Unmöglichkeit der Herausgabe fremden Geldes stets einen Zahlungsanspruch nach sich zöge (dies wäre unvereinbar mit §§ 818 Abs 3, 993). Wohl aber kann und wird idR die Verfügung eines Nichtberechtigten über Geldzeichen einen Herausgabeanspruch aus § 816 Abs 1 S 1 begründen (dazu alsbald bei Vorbem B 12 aE). Auch hier wird aus dem dinglichen Herausgabeanspruch ein Zahlungsanspruch. In Vollstrekkung und Konkurs hat allerdings die Ablehnung der dinglichen Surrogation den Nachteil, daß der Schutz durch §§ 771 ZPO, 43 KO verkürzt wird. Abhilfe kann in den Grenzen des § 46 KO die Ersatzaussonderung schaffen (RGZ 98, 143, 148 f; 141, 89, 92 und 94; BGHZ 23, 307, 317; 30, 176, 179 ff).

Von den Fragen der dinglichen Rechtszuordnung ist die *Frage* zu unterscheiden, *ob der besitzende Nichteigentümer fremde Geldzeichen vermischen oder verbrauchen und durch eigene ersetzen darf.* Diese Frage, deren Hauptbedeutung im Strafrecht liegt (Vorbem B 24), kann nach der Verkehrsanschauung in weitem Umfang bejaht werden (eingehend FALCK 106 ff). Damit erwirbt aber weder der Nichteigentümer Eigentum an dem fremden Geld, noch erlangt der Eigentümer ohne weiteres Eigentum an Surrogatsstücken. Diese Fragen bestimmen sich nach allgemeinem Sachenrecht. Die „Einwechselung fremden Geldes in Buchgeld" (eingehend FALCK 180 ff) enthält zwei verschiedene Probleme: Die Frage, ob der Herausgabepflichtige den Vindikationsanspruch durch Überweisung erfüllen kann, ist dahin zu beantworten, daß Leistung an Erfüllungs Statt vorliegt (FALCK 182, 205; vgl dagegen zur Erfüllung von Zahlungsansprüchen durch Überweisung Vorbem C 42 ff). Die andere Frage, ob der Besitzer fremden Geldes dieses Geld auf ein eigenes Buchgeldkonto einzahlen darf, hängt von der Zustimmung des Geldeigentümers ab; fehlt diese, so ist die Befugnis zu verneinen (eingehend FALCK 183 ff).

Der sachenrechtlichen Zuordnung der einzelnen Geldzeichen entspricht der **Herausgabeanspruch aus § 985.** Dieser Anspruch bezieht sich stets auf die im Eigentum des Gläubigers und im Besitz des Schuldners befindlichen Geldzeichen, nicht auf den Geldwert; eine Wertvindikation ist dem geltenden Recht fremd (STAUDINGER-GURSKY § 985 Rz 46 ff; MünchKomm-MEDICUS § 985 Rz 17; ERMAN-HEFERMEHL § 985 Rz 6; BGB-RGRK-PIKART § 985 Rz 55; PIKART WM 1980, 514 f; aM H WE-

STERMANN, Sachenrecht [5. Aufl] § 30 V 3; EICHLER, Institutionen des Sachenrechts I [1954] 84 f; II/1 [1957] 216; NEMELKA 179; KASER AcP 143 [1937] 1, 15 ff; SIMITIS AcP 159 [1960/1961] 406, 459 ff). Die *Klage* ist auf Herausgabe individueller Stücke, nicht auf Zahlung zu richten. Die *Vollstreckung* erfolgt nach § 883 ZPO, nicht nach §§ 803 ff ZPO. Dieser Herausgabeanspruch spielt – abgesehen vom Strafrecht – in der Praxis nur eine ganz unbedeutende Rolle, aber der dingliche Eigentumsschutz ist Grundlage vollstreckungsrechtlicher Rechtsbehelfe (§§ 771 ZPO, 43 KO), und er fügt sich auch sonst in das geltende Recht der Vermögenszuordnung ein. Bei *Unmöglichkeit der Herausgabe* bestimmen sich die Rechtsfolgen nach §§ 989 ff, 816, 818 ff. Bei all dem ist aber nach dem bei Vorbem B 10 dargestellten Grundsatz die Funktion der Geldzeichen zu beachten, was zu **Konzessionen an den Gedanken der Wertvindikation** zwingt: Der Geldvindikationsanspruch und ein Zahlungsanspruch können *aufrechenbar* sein (vgl nur FALCK 100 ff; STAUDINGER-GURSKY § 985 Rz 49; BGB-RGRK-PIKART § 985 Rz 55; ERMAN-HEFERMEHL § 985 Rz 6; aM OLG Dresden SeuffA 72, 36, 38). Ob dies eine Aufrechnungslage trotz fehlender Gleichartigkeit ist oder ob die Gleichartigkeit bejaht werden kann, ist eine theoretische Frage, die im letzteren Sinn beantwortet werden sollte, weil das Merkmal der Gleichartigkeit bei § 387 kein deskriptives, sondern ein normatives Tatbestandsmerkmal ist. Die Praxis wird sich nicht einmal scheuen, einer *Zahlungsklage* stattzugeben, obwohl ein Vindikationssachverhalt dargelegt wird, doch läßt sich dies nur rechtfertigen, solange der Klagevortrag dahin ausgelegt werden kann, das Geld sei ausgegeben (§ 816 Abs 1 S 1). Auch *gesetzliche Zinsen,* insbes Verzugszinsen, sind auf die Herausgabeschuld zu zahlen. § 248 Abs 3 BGB-E I ordnete dies für Verzugszinsen noch ausdrücklich an. Die Bestimmung fand keine Aufnahme in das Gesetz, weil sich dieser Grundsatz, wenn er zutreffe, schon aus §§ 286, 288 ergebe (vgl Prot in Mugdan II 538). Dies ist in der Tat der Fall. § 288 Abs 1 pauschaliert den Verzugsschaden, wenn er in der Entbehrung von Geld besteht (vgl Mot in Mugdan II 34). *Wird das Geld weiterveräußert,* so greift § 816 ein (RG WarnR 1920 Nr 160; FALCK 51 ff). Gegenstand des mit dieser Nichtleistungskondiktion auszugleichenden Eingriffs ist der durch das Eigentum am Geld verkörperte Geldwert. Bei entgeltlicher Weiterveräußerung ist deshalb nicht die Gegenleistung, sondern, soweit nicht die Bereicherung entfallen ist (§ 818 Abs 3), Geld in Höhe des ausgegebenen Betrages herauszugeben (in dieser Richtung mit anderer Begründung JUNG in STAMMLER, Das gesamte deutsche Recht Bd 1 [1931] 765 f; VON LÜBTOW, Beiträge zur Lehre von der Condictio [1952] 35 f; aM RG WarnR 1920 Nr 160; ENNECCERUS-LEHMANN § 225 I 1; de lege lata auch FALCK 59). § 816 Abs 1 S 1 stellt nur die Verallgemeinerung einer in den Entwürfen an den Gutglaubenserwerb nach §§ 892, 932 anknüpfenden Rechtsregel dar, die den Gedanken der Eingriffkondiktion (§ 748 BGB-E I) auf die Einleitung eines gutgläubigen Erwerbes ausdehnte und noch auf Herausgabe der „dadurch erlangten Bereicherung" lautete (§§ 839, 880 BGB-E I; §§ 812, 850 BGB-E II; zur Überführung der Norm in das Schuldrecht vgl Prot in MUGDAN II 1181). Besinnt man sich auf diese Funktion des § 816 Abs 1 S 1 (zum umstrittenen Normzweck vgl MünchKomm-LIEB § 816 Rz 1 ff), so scheint es erlaubt, die Vorschrift bei der Verfügung über fremdes Geld in dem hier vorgeschlagenen Sinn zu handhaben: Herauszugeben ist Geld in Höhe des verausgabten Betrages, soweit nicht der Verfügende entreichert ist. Die umstrittene Rechtsprechung, nach der im Fall des § 816 Abs 1 S 1 ein etwaiger Gewinn dem Berechtigten verbleibt (RGZ 88, 351, 359; BGHZ 29, 157, 159; BGH WM 1975, 1179 = JuS 1976, 187 mwN), paßt nicht auf den Fall der Veräußerung von Geld.

4. Hauptsächliche Eigentumsänderungen B 13

a) Die **Übereignung von Geldzeichen** erfolgt nach §§ 929 ff (vgl eingehend PIKART WM 1980, 513 f). Bei der Benutzung von Waren- oder Leistungsautomaten wird die eingeworfene Münze Eigentum des Automatenaufstellers, wenn sie so weit gefallen ist, daß die Warenausgabe bzw Leistung möglich ist (von Olshausen-Schmidt, Automatenrecht [1972] Rz B 137). Zum erweiterten Schutz des guten Glaubens auch bei abhandengekommenen Geldzeichen vgl § 935 Abs 2. Nach verbreiteter Auffassung ist bei der Übereignung von Geld auch der gute Glaube an die Verfügungsmacht des Übereignenden geschützt (Reinhardt, FS Boehmer 85, 94), nach manchen sogar der gute Glaube an seine Geschäftsfähigkeit (Falck 29; Reinhardt, FS Boehmer 85, 94). Für diese Ausdehnung bietet allerdings das Gesetz keine tragfähige Grundlage (anders Art 16 WG). Jeder gutgläubige Erwerb setzt voraus, daß ein Verkehrsgeschäft vorliegt. § 935 Abs 2 gilt auch für ausländisches Geld (Pikart WM 1980, 514), nicht allerdings für Geldzeichen, die – etwa wegen ihres Goldwertes – als Ware erworben werden (LG Karlsruhe NJW 1977, 1301, 1303; BGB-RGRK-Pikart § 935 Rz 31; Pikart WM 1980, 514). Solche Geldzeichen bleiben zwar Geld im Rechtssinne (Vorbem B 1), aber § 935 Abs 2 befaßt sich nur mit dem Erwerb von Geld in seiner Funktion als Zahlungsmittel.

B 14 b) Die **Vermengung von Geldzeichen** löst die Rechtsfolgen der §§ 948, 947, 1008 ff, 741 ff aus, begründet also Miteigentum (RG WarnR 1918 Nr 117; 1920 Nr 160; BGB-RGRK-Pikart § 948 Rz 18; eingehend Falck 30 ff, 46 ff). Geldzeichen, die auch nach der Vermischung noch so identifiziert werden können, daß der Eigentümer feststellbar ist, bleiben dessen Alleineigentum (Falck 33); nur an untrennbar vermischtem oder vermengtem Geld entsteht nach § 948 Abs 1 Miteigentum. Dieser Fall ist aber im Rechtsleben der Häufigere: ,,money has no earmark" (vgl die Kritik bei Nemelka 178). Das Verkehrsbedürfnis spricht dafür, in diesem Fall das *Teilungsrecht* in Gestalt einer Verfügungsbefugnis dem unmittelbar besitzenden Miteigentümer zuzusprechen (Heck § 62/3; Wolff-Raiser § 72 III 3 Fn 22; H Westermann, Sachenrecht [5. Aufl] § 52 III b; Reinhardt FS Boehmer 90 f; Falck 36 ff; BGB-RGRK-Pikart § 948 Rz 17; MünchKomm-Quack § 948 Rz 9; Soergel-Mühl § 948 Rz 3; Pikart WM 1980, 514; aM Staudinger-Berg [11. Aufl] § 948 Rz 6). Alleineigentum nach §§ 948, 947 Abs 2 entsteht auch bei Vorräten unterschiedlicher Größe jedenfalls idR nicht (Falck 46 ff; Einzelheiten str; vgl BGB-RGRK-Pikart § 948 Rz 21 mwN; ganz anders Goldberger SeuffBl 72 [1907] 633, 635 f).

B 15 c) **Das Wechseln von Bargeld** – schuldrechtlich ein Tauschgeschäft (Falck 60; str; näher Vorbem C 6) – geschieht gleichfalls durch Übereignung nach §§ 929 ff. Die Übereignung ist regelmäßig in dem Sinne aufschiebend bedingt, daß ein dinglicher Zug-um-Zug-Mechanismus entsteht (BGB-RGRK-Pikart § 929 Rz 110 mit unzutreffender Berufung auf RG JW 1919, 321). In Anbetracht der geringen Verkehrsbedeutung der Individualität von Geldzeichen ist allerdings str, ob die Vorschriften über Rechtsgeschäfte zur Anwendung kommen (Martin Wolff in Ehrenbergs Hdb IV/1 626 f: Lehre von der ,,vermögensrechtlichen Neutralität" des Geldwechselns; eingehend Falck 149–176 mwN). Auch wird entgegen der hier vertretenen Ansicht ein Prinzip der dinglichen Surrogation befürwortet (vgl Vorbem B 12). Richtig ist, daß die wirtschaftlichen Ergebnisse einem Prinzip der dinglichen Auswechselung im Interesse der Verkehrsauffassung möglichst nahe kommen sollten. Wer im Auftrag eines Dritten bei einer Bank Geld wechselt – zB Auslandswährung in Inlandswährung – erwirbt regelmäßig für den Auftraggeber (RG LZ 1921, 723; BGB-RGRK-Pikart § 929 Rz 110). Das ergibt sich entweder aus § 164 oder aus den Regeln über das Geschäft für den, den es angeht, oder (dann Durchgangserwerb) aus einem antizipierten Besitzkonstitut. Wechselt der Verwahrer fremden Geldes – ein seltener Fall, weil meist ein depositum irregulare nach § 700 vorliegen wird – fremde Geldzeichen gegen andere ein, so kann dies ein Insichgeschäft (§§ 181, 930) sein, das dem Hinterleger Eigentum am Ersatzgeld verschafft (vgl auch Falck 137 ff). Zur

Auswechselung von Bargeld gegen Buchgeld und umgekehrt vgl eingehend FALCK 183 ff.

d) Die **Prägung von Münzen** – auch die unerlaubte Nachprägung – verschafft dem in der Münzstätte Tätigen kein Eigentum nach § 950 (BGHSt 27, 255, 258; LG Karlsruhe NJW 1977, 1301, 1302; PIKART WM 1980, 514). Es gilt das Prinzip der fremdwirkenden Verarbeitung. Vom Eigentumserwerb ist die Frage zu unterscheiden, ob unerlaubt hergestellte Münzen Geldzeichen sind (dazu Vorbem B 3). B 16

III. Geldzeichen in Zwangsvollstreckung und Konkurs

1. Grundsätzliches B 17

Der enge **Begriff der Geldzeichen** (Vorbem A 4) ist auch für das Zwangsvollstreckungs- und Konkursrecht verbindlich. Der vollstreckungsrechtlichen Systematik folgend geht es hier nicht um die Bedeutung und Behandlung der *Geldforderung* im Vollstreckungsrecht (dazu Vorbem C 69 ff), sondern um *Geld als Gegenstand der Vollstreckung* bzw der konkursrechtlichen Abwicklung.

2. Einzelzwangsvollstreckung B 18

a) Der auf bestimmte Geldzeichen zielende **Herausgabeanspruch** – zB aus §§ 861, 985 – wird nach § 883 ZPO vollstreckt (Vorbem B 12). Diese Vollstreckungsart gilt nicht für die Geldschuld, und zwar auch dann nicht, wenn die Geldschuld materiellrechtlich auf einem Herausgabeanspruch, zB nach §§ 667, 812, 816, beruht (zur Abgrenzung der Geldschuld in diesen Fällen vgl Vorbem C 3). Die Geldschuld ist auch nicht auf eine bestimmte Menge vertretbarer Sachen oder Wertpapiere gerichtet (Vorbem C 7). Sie fällt also nicht unter § 884 ZPO.

b) Die **Zwangsvollstreckung wegen einer Geldforderung** richtet sich nach §§ 803 ff ZPO. Dabei vollzieht sich die *Pfändung von Bargeld* nach § 808 Abs 1 ZPO. Gepfändetes Geld ist dem Gläubiger abzuliefern (§ 815 Abs 1 ZPO). Erst mit der Ablieferung geht das Eigentum auf den Gläubiger über (LG Braunschweig DGVZ 1977, 22, 23; STEIN-JONAS-MÜNZBERG, ZPO [20. Aufl] § 815 Rz 15; PIKART WM 1980, 515). Erst die Ablieferung beendet auch in verfahrensrechtlicher Hinsicht die Vollstreckung und schließt Anschlußpfändung, prozessuale Rechtsbehelfe etc aus (KG OLGZ 1974, 306, 307; LG Braunschweig DGVZ 1977, 22, 23; STEIN-JONAS-MÜNZBERG aaO; BAUMBACH-LAUTERBACH-HARTMANN, ZPO [40. Aufl] § 815 Anm 3 A b). Bis dahin besteht das Eigentum des Schuldners am Geld, belastet mit einem Pfändungspfandrecht, oder etwaiges Dritteigentum fort. Mit der Ablieferung erwirbt der Gläubiger Eigentum an dem Geld auch dann, wenn es sich um schuldnerfremde Geldzeichen handelte (hM). Zugunsten des Schuldners gilt nach § 815 Abs 3 ZPO bereits die Wegnahme des Geldes durch den Gerichtsvollzieher als Zahlung. Die Gefahr etwa einer Unterschlagung durch den Gerichtsvollzieher geht dann auf den Gläubiger über (hM; aM WIECZOREK, ZPO [2. Aufl] § 815 Anm A II b 3). Anders nur, wenn nach § 815 Abs 2 ZPO oder nach § 720 ZPO die Hinterlegung zu erfolgen hat. Von dieser in § 815 Abs 3 ZPO angeordneten Ausnahme – kein Gefahrübergang bei Hinterlegung – sind nach richtiger Auffassung auch die Hinterlegungsfälle der §§ 720, 815 Abs 3, 827 Abs 2, 3, 854 Abs 2, 930 Abs 2 ZPO erfaßt (BAUMBACH-LAUTERBACH-HARTMANN, aaO § 815 Anm 4; THOMAS-PUTZO, ZPO [11. Aufl] § 815 Anm 1 b; unentschieden KG OLGZ 1974, 306, 307). Von der Vollstreckung nach §§ 808, 815 muß die *Zahlung an den Gerichtsvollzieher* unterschieden werden (RG B 19

JW 1913, 101; Wieczorek § 815 Anm A II a 1; hM; anders OLG Hamm OLGE 25, 182). Nach § 754 ZPO liegt in der Beauftragung des Gerichtsvollziehers zur Zwangsvollstreckung in Verbindung mit der Übergabe der vollstreckbaren Ausfertigung die Bevollmächtigung oder (str) die gesetzliche Vertretungsmacht, Zahlungen in Empfang zu nehmen (zB RGZ 77, 24, 25; Blomeyer, Vollstreckungsverfahren [1975] § 47 II; Stein-Jonas-Münzberg § 754 Rz 7; § 815 Rz 23; Soergel-Schultze-von Lasaulx Vorbem 93 zu § 164). Diese Stellvertretungslösung ist allerdings str (für prozeßrechtliche, also öffentlichrechtliche Deutung des Vorgangs namentlich Messer, Die freiwillige Leistung des Schuldners in der Zwangsvollstreckung [1966] 45 ff, 84 ff, 90 ff; Fahland ZZP 92 [1979] 432 ff mwN). Aber sie entspricht der gesetzlichen Regelung, wonach die Entgegennahme durch den Gerichtsvollzieher keine mit Zustimmung des Schuldners geduldete Pfändung darstellt (so aber Messer aaO) und auch nicht den Gerichtsvollzieher zum bloßen Boten des Schuldners macht (so aber Fahland aaO). Der Schuldner kann den geschuldeten Betrag alsbald an den Gläubiger, vertreten durch den Gerichtsvollzieher, übereignen und sie hierfür an den Gläubiger als mittelbaren Besitzer übergeben (Wieczorek § 754 Anm B I b). Damit hat der Schuldner erfüllt und trägt nicht mehr die Gefahr des Verlustes (Wieczorek § 754 Anm B I b 1; nur im Ergebnis in analoger Anwendung von § 815 Abs 3 ZPO ebenso: Messer aaO 129 f; Fahland ZZP 92 [1979] 452 ff). Es liegt ein Anwendungsfall des § 362, nicht des § 270 vor (aM Wieczorek § 815 Anm A II a 1). Die *Abgrenzung der Zahlung gegenüber der Geldpfändung* kann zweifelhaft sein. Freiwilligkeit ist nicht unbedingte Voraussetzung der Zahlung nach § 754 ZPO (Wieczorek § 754 Anm B I b; Thomas-Putzo § 754 Anm 2 a; Messer aaO 54 ff; vgl aber auch Stein-Jonas-Münzberg, ZPO [20. Aufl] § 754 Rz 8). Entscheidend ist, ob nach dem Willen der Beteiligten eine befreiende Leistung an den Gläubiger auf eine bestehende Forderung vorliegt. Die Zahlung zur Abwendung der Vollstreckung kann Übereignung des Geldes sein, uU selbst dann, wenn dem Schuldner ein nur vorläufig vollstreckbarer Titel vorgelegt wird (vgl insoweit auch Fahland ZZP 92 [1979] 437 f; aM RGZ 63, 330, 331 f; Zöller-Scherübl, ZPO [12. Aufl] § 815 Anm 1). Aber nach § 106 Nr 1 S 2 GVGA darf und im praktischen Regelfall will der Gerichtsvollzieher Zahlungen unter Vorbehalt nicht entgegennehmen. Gibt der Schuldner nicht zu erkennen, daß er auf etwaige Einwendungen verzichten will, so stellt, was wie eine Zahlung aussieht, im Zweifel nur eine Duldung der Wegnahme dar (im Ergebnis zutr deshalb RGZ 63, 330, 331 f). Zur Anwendung des § 754 ZPO bei Fremdwährungsschulden vgl § 244 Rz 114.

B 20 c) Von der Pfändung von Geld wegen einer Geldforderung ist die **Vollstreckung wegen einer Geldforderung in eine Geldforderung** zu unterscheiden (vgl auch Vorbem C 71). Die **Pfändung von sog Buchgeld** ist Forderungspfändung, nicht Geldpfändung (vgl statt aller OLG Oldenburg WM 1979, 591; Liesecke WM 1975, 314; Terpitz WM 1979, 570; Pikart WM 1980, 515). Besondere Bedeutung kommt dabei dem Bestimmtheitsgrundsatz zu (zu ihm vgl RGZ 108, 318 f; 157, 321, 324; RG JW 1920, 558 mAnm Oertmann; BGHZ 13, 42, 43 ff; BGH LM Nr 5 zu § 829 ZPO; BB 1965, 607; NJW 1975, 980 f; BGH WM 1978, 613; NJW 1980, 584; OLG Köln MDR 1980, 150 f; Pikart WM 1980, 515). Die Formulierung, es würden die angeblichen Forderungen des Schuldners „aus Bankverbindung" gegen die Drittschuldnerbank gepfändet, genügt nicht den Bestimmtheitsanforderungen (OLG Frankfurt NJW 1981, 468 = JuS 1981, 461 mAnm Karsten Schmidt).

B 21 **3. Konkurs**

Über die vermögensrechtliche Zuordnung von Geldzeichen im Konkurs entscheidet das **Eigentum** (über Besonderheiten bei treuhänderischem Eigentum vgl Mentzel-

KUHN-UHLENBRUCK, KO [9. Aufl], § 43 Rz 10 ff). Eine *Aussonderung von Geld* nach §§ 985 BGB, 43 KO kommt nur in Betracht, wenn *individuelle Geldzeichen* als Fremdeigentum ausgemacht werden können (RGZ 94, 20, 24; 94, 191, 194; BGHZ 58, 257, 258; PIKART WM 1980, 515). Eine Geldforderung gegen den Gemeinschuldner genügt auch dann nicht, wenn sie materiellrechtlich einen Herausgabeanspruch (zB nach §§ 667, 816, 822) darstellt oder auf Eigentum beruht (zB §§ 823, 989 f). Anders kann es sich verhalten, wenn der Gegenstand der Herausgabepflicht – zB ein eingezogener Geldbetrag oder ein Zahlungsanspruch gegen einen Dritten – seinerseits ausgesondert werden kann. So etwa aufgrund von § 392 Abs 2 HGB (zu dieser Vorschrift vgl KARSTEN SCHMIDT, Handelsrecht [1980 = 2. Aufl 1982], § 30 V 4 mwN) oder aufgrund von § 46 KO *(Ersatzaussonderung)*. Nach § 46 KO kann, wenn Aussonderungsgegenstände vor der Eröffnung des Konkurses von dem Gemeinschuldner oder nach der Konkurseröffnung vom Konkursverwalter veräußert worden sind, der Aussonderungsberechtigte die Abtretung des Rechts auf die Gegenleistung verlangen; ist die Gegenleistung bereits eingezogen, so kann der Aussonderungsberechtigte diese Gegenleistung aus der Masse beanspruchen, soweit die Einziehung nach der Konkurseröffnung stattgefunden hat. Hat der Gemeinschuldner fremdes Geld auf das eigene Bankkonto eingezahlt und hierdurch fremdes Bargeld in eigenes sog Buchgeld verwandelt, so fehlt es nach BGHZ 58, 257 jedenfalls dann an den Voraussetzungen des § 46 KO, wenn der sich aus der Bareinzahlung ergebende Buchgeldanspruch im Kontokorrent seine Selbständigkeit eingebüßt hat, so daß ein abtretbares Recht auf die Gegenleistung nicht mehr besteht (BGHZ 58, 258, 259 f; PIKART WM 1980, 515); spätestens entfällt nach Auffassung des BGH die Ersatzaussonderung mit dem Saldoanerkenntnis, weil die für die Ersatzaussonderung in Betracht kommende Forderung im Wege der Novation beseitigt sei (zur Kritik dieser mindestens im Ergebnis bedenklichen Auffassung vgl CANARIS in Großkomm-HGB Anh § 357 Anm 256; CAPELLE-CANARIS, Handelsrecht [19. Aufl] § 16 IV 1 b; s auch KARSTEN SCHMIDT, Handelsrecht § 20 V 1 b). **Miteigentum** genügt, um einen auf Einräumung des Mitbesitzes und auf Auseinandersetzung gerichteten Aussonderungsanspruch geltend zu machen (BGH LM Nr 1 zu § 82 KO = KTS 1958, 142, 143; MENTZEL-KUHN-UHLENBRUCK § 43 Rz 50). Im Konkurs eines dritten Besitzers können die Miteigentümer und kann nach § 1011 jeder Miteigentümer aussondern (MENTZEL-KUHN-UHLENBRUCK § 43 Rz 50 mit Hinweis auf das allerdings nicht konkursrechtliche Urteil RGZ 69, 36, 40). Auch aus Treuhandverhältnissen kann sich ein Aussonderungsrecht ergeben (vgl zur Massefremdheit von Anderkonten BFH NJW 1965, 1046, 1048; MENTZEL-KUHN-UHLENBRUCK § 43 Rz 13).

IV. Strafrechtlicher Schutz von Geldzeichen B 22

Schrifttum: FÖGEN 27 ff.

Der strafrechtliche **Schutz des Eigentums an Geldzeichen** muß vom strafrechtlichen **Schutz der Währung** (Vorbem A 58 ff) unterschieden werden. Münzdelikte richten sich nicht gegen Eigentum und Vermögen des einzelnen, sondern gegen das öffentliche Interesse an der Sicherheit und Zuverlässigkeit des Geldverkehrs (RGSt 67, 294, 297; BGH NJW 1954, 564; LG Karlsruhe NJW 1977, 1301, 1302), maW gegen die Währung. Der strafrechtliche Schutz von Geldzeichen befaßt sich mit Rechtsgütern einzelner. Die folgende Darstellung kann nur grobe Hinweise geben.

1. Vermögensschutz B 23

Geld und Geldforderungen unterliegen dem **allgemeinen strafrechtlichen Vermögensschutz**, namentlich den §§ 263, 266 StGB. Buchgeld, das auch im Strafrecht nicht als Geldzeichen behandelt wird (OLG München JZ 1977, 408, 409 mAnm SIEBER), genießt Vermögensschutz, nicht Eigentumsschutz. Um den Schutz der Geldzeichen selbst geht es hierbei nicht.

B 24 **2. Eigentumsschutz**

Schrifttum: BAUMANN, Der strafrechtliche Schutz bei den Sicherungsrechten des modernen Wirtschaftsverkehrs (1956) 107 ff; BRUNS, Die Befreiung des Strafrechts vom zivilistischen Denken (1938); HELLMUTH MAYER, Eigentum an Geld und strafrechtliche Konsequenzen, GS 104 (1934) 100; ROXIN, Geld als Objekt von Eigentums- und Vermögensdelikten, FS Hellmuth Mayer (1966) 467 ff; UNGER, Die Zueignung von Geld und der allgemeine Unrechtsausschließungsgrund des „nicht schutzwürdigen Interesses" (1973).

Das **Eigentum an Geld** ist namentlich durch §§ 242, 246, 249 ff, 259 f StGB geschützt (vgl nur SCHÖNKE-SCHRÖDER-ESER, StGB [21. Aufl 1982] § 246 Rz 7). Zur Eigentumslage nach geltendem Sachenrecht vgl zunächst Vorbem B 12. Da Geld den Charakter eines Wertträgers hat, ist allerdings zweifelhaft, ob das Eigentum an Geld dem Eigentum an sonstigen beweglichen Sachen strafrechtlich gleichgestellt werden darf (ROXIN aaO; BOCKELMANN ZStrW 69 [1957] 269, 279). Der Versuch HELLMUTH MAYERS, den Begriff der Fremdheit von der sachenrechtlichen Eigentumsprüfung zu lösen, hat keine nennenswerte Gefolgschaft gefunden (vgl aber die Kritik der hM bei BAUMANN aaO 107 f, 201 ff). Die Problematik besteht darin, daß **Eigentumsdeliktstatbestände** vorliegen, daß aber die Anwendung dieser Tatbestände auf Geld in den praktischen Ergebnissen nicht auf den Schutz *des Eigentums*, sondern *des im Geldeigentum verkörperten Vermögenswerts* hinauslaufen muß. Es bedarf deshalb bei der Anwendung des strafrechtlichen Eigentumsschutzes auf Geldzeichen eines Korrektivs, das die Geldfunktionen zum Tragen bringt. Bei den §§ 242, 246 StGB wird dieses Korrektiv im wesentlichen im *Begriff der Zueignung* und in der (mutmaßlichen) Einwilligung des Eigentümers gesucht. Geldzueignung setzt nach manchen voraus, daß sich der Täter den Geldwert dauernd zueignen will; kann und will er die Summe erstatten, so liegt nach dieser Ansicht keine Zueignung vor (OLG Celle NJW 1974, 1833; zweifelhaft!). Die Vermischung fremden Geldes mit eigenem (§ 948 BGB!) ist nach dieser Auffassung noch keine Zueignung (OLG Celle NJW 1974, 1833; ROXIN 477; aM etwa RGSt 71, 95, 96; RG HRR 1929 Nr 1413; 1934 Nr 1170; 1937 Nr 533). Auch bei der eigenmächtigen Durchsetzung von Forderungen durch Wegnahme von Geld kann diese Ansicht die Strafbarkeit verneinen (ROXIN 479 f). Dieser Ansatz hat rechtspolitische Gründe für sich (vgl Amtl Entw eines Allg Dt StGB 1925, § 300 Abs 2 und dazu ebd S 156 f; Entwurf eines Allg Dt StGB, 1927, § 348 Abs 2 und dazu ebd S 180; KOHLRAUSCH in GÜRTNER, Das kommende dt Strafrecht, BT [2. Aufl 1936] 474 ff; BOCKELMANN ZStrW 69 [1957] 269 ff). Nach geltendem Recht hält die *hM* am Sacheigentum als geschütztem Rechtsgut fest. Eigentums- und Vermögensdelikte bleiben streng getrennt. Bei Wegnahme einer Sache, die Gegenstand eines Individual- oder Gattungsanspruchs ist, fehlt es zwar an der Rechtswidrigkeit der Zueignung (BGHSt 17, 87, 89), anders aber verhält es sich bei der Durchsetzung von Geldforderungen durch Wegnahme von Geld (BGHSt 17, 87, 88 f). In anderen Fällen der Zueignung von Geld kann (mußmaßliche) Einwilligung des Eigentümers vorliegen. Bei der **Hehlerei** wirft das Geldwechseln Probleme der Ersatzhehlerei auf (RGSt 4, 321 f; 47, 313, 314 f; BGH NJW 1958, 1244, 1245). Die Einzeldiskussion muß dem strafrechtlichen Schrifttum überlassen bleiben.

B 25 **3. Urheberschutz**

Die Banknoten werden meist unter Verwendung altmeisterlicher Vorlagen von angesehenen Graphikern entworfen. Sie sind **Werke der Kunst** und keine amtlichen

Werke iSv § 5 UrhG. Der strafrechtliche Schutz des Urheberrechts ergibt sich aus § 106 UrhG (zum Strafantragserfordernis vgl § 109 UrhG).

C. Das Recht der Geldschuld

I. Grundlagen

1. Die Geldschuld im BGB C 1

Das BGB enthält in §§ **244–248** und verstreut bei einzelnen Rechtsfragen (zB §§ 270, 288, 301, 1288) **nur vereinzelte Regeln** über die Geldschuld, nicht dagegen eine systematisch angelegte Ordnung dieses Regelungsbereichs (vgl demgegenüber etwa §§ 665–684 SächsBGB 1863/1865, Nachdruck 1973). Das Mißverhältnis zwischen der statistischen Bedeutung der Geldschuld und der ihr vom Gesetzgeber beigemessenen Bedeutung beruht nicht so sehr auf einer dem BGB häufig nachgesagten Vernachlässigung der Rechtswirklichkeit wie vielmehr darauf, daß man für schuldrechtliche Konflikte und Lösungen unter einem geordneten Währungsrecht wenig Raum sah (Mot in Mugdan II 7).

2. Abgrenzung der Geldschuld C 2

Der **Begriff der Geldschuld** ergibt sich aus Vorbem A 23 ff. Geldschulden sind alle **auf Zahlung** gerichteten Verbindlichkeiten und nur diese Verbindlichkeiten. Zahlung bedeutet Verschaffung eines in Geld ausgedrückten Vermögenswerts (Vorbem A 15, C 7). Geldschulden sind damit zunächst alle auf Zahlung gerichteten Primärverbindlichkeiten aus Gesetz oder Rechtsgeschäft. Geldschulden sind weiter die auf Kompensation in Geld zielenden (sekundären) Wertersatz- und Schadensersatzverbindlichkeiten (eingehend AK-BGB-Brüggemeier Vorbem 14 zu §§ 244, 245).

a) Abgrenzungsschwierigkeiten bereitet die **Verpflichtung zur Herausgabe von Geld.** C 3
Im Schrifttum wird teils eine strenge Abgrenzung gegen die Geldschuld befürwortet (vgl selbst für den Anspruch aus § 667 etwa MünchKomm-Emmerich § 279 Rz 4), teils wird ebenso generell die Herausgabeschuld als Geldschuld bezeichnet (AK-BGB-Brüggemeier Vorbem 14 zu §§ 244, 245). Nach richtiger Ansicht ist zu differenzieren, denn das Bürgerliche Recht bezeichnet völlig heterogene Ansprüche als Herausgabeansprüche. Die technisch präzise Unterscheidung spielt aber im Vollstreckungsrecht und damit auch bei Antrag und Titel eine Rolle. *Es kommt darauf an, was herauszugeben ist: Geldzeichen oder ein Geldbetrag bzw Geldwert.* Der auf die Herausgabe individueller Geldzeichen gerichtete Anspruch ist nach § 883 ZPO vollstreckbar und kein Zahlungsanspruch. Das gilt neben § 861 insbes für den Herausgabeanspruch aus § 985 (Vorbem B 12; str). Aber auch aus § 812 kann sich ein Anspruch auf Herausgabe bestimmter Stücke ergeben. Zwar kann sich ein solcher Herausgabeanspruch ohne Zutun des Gläubigers in einen Zahlungsanspruch verwandeln (vgl nur §§ 816, 951, 990, 818 Abs 2), und das geringe wirtschaftliche Interesse an der Identität der einzelnen Geldzeichen legt auch die Gleichstellung dieser Ansprüche mit Zahlungsansprüchen nahe. Eine solche Gleichstellung ist aber nach geltendem Recht nur sehr eingeschränkt möglich (vgl Vorbem B 12). Auch der Anspruch auf Herausgabe einer bestimmten Menge bestimmter Geldzeichen (eigentliche Geldsortenschuld; vgl Vorbem C 6) ist kein Zahlungsanspruch, sondern ein Anspruch auf eine bestimmte Menge vertretbarer Sachen (Vollstreckung nach § 884 ZPO). Eine *Geldschuld* liegt dagegen vor, wenn eine Geldsumme oder ein Geldwert herauszugeben ist. Wer ohne Rechtsgrund Geld übereignet hat, kann nach § 812 Abs 1 S 1 vom Bereicherten Zahlung, nicht Rückübereinigung der individuellen Geldzeichen verlangen. Wenn das Geld auf ein Girokonto gelangt ist, besteht das

erlangte und herauszugebende ,,Etwas" iS von § 812 nicht in der Buchgeldforderung, sondern es ist die Geldsumme zurückzuzahlen (vgl BGH JZ 1982, 470 = NJW 1982, 1585 = WM 1982, 707 = JuS 1982, 775 m Anm KARSTEN SCHMIDT). Wer als Nichtberechtigter (§ 816) oder als Empfänger einer ungerechtfertigten Bereicherung (§ 822) gegen Entgelt wirksam über einen herauszugebenden Gegenstand verfügt hat, schuldet Zahlung in Höhe des erzielten Erlöses, nicht Herausgabe der empfangenen Geldzeichen. Hier überall ist nicht Besitz und Eigentum an Geld, sondern ein durch Geld repräsentierter Vermögenswert ,,erlangt" iS von §§ 812, 816, 822 usw. Wer aufgrund Auftrags oder Geschäftsbesorgungsvertrags – etwa als Kommissionär – Geld für Rechnung des Eigentümers erworben hat und dieses herauszugeben hat, schuldet nach §§ 667 BGB, 384 Abs 2 HGB nicht Übereignung individueller Stücke, sondern eine Geldsumme (aM MünchKomm-EMMERICH § 279 Rz 4). Steht dem Geschäftsbesorger eine Geldforderung gegen den Herausgabe verlangenden Auftraggeber zu, so besteht eine *Aufrechnungslage* nach § 387 zwischen den beiden als gleichartig zu behandelnden Ansprüchen (BGHZ 71, 380, 382 = NJW 1978, 1807, 1808; SOERGEL-REIMER SCHMIDT [10. Aufl] § 387 Rz 6; BGB-RGRK-STEFFEN § 667 Rz 25; PALANDT-HEINRICHS § 387 Anm 5 a; SCHRADER MDR 1978, 621, 622; s auch OLG Celle OLGZ 1970, 5, 8; unentschieden RGZ 160, 52, 60; BGHZ 14, 342, 346; aM ENNECCERUS-LEHMANN § 70 VI; BGB-RGRK-WEBER § 387 Rz 33). Die Aufrechnung – etwa mit nichtkonnexen Ansprüchen – kann aus anderen Gründen ausgeschlossen sein (RGZ 160, 52, 60; BGHZ 14, 342, 346 f; MünchKomm-SEILER § 667 Rz 25). Daran, daß der Herausgabeanspruch kein Geldanspruch wäre, scheitert sie nicht. Die Einordnung dieser Ansprüche als Zahlungsansprüche zwingt nicht zur blinden Anwendung aller Geldschuldregeln. So paßt etwa die Gefahrtragungsregel des § 270 nicht auf einen Herausgabeanspruch aus § 667 (Vorbem C 22). Beruht der Herausgabeanspruch auf §§ 812 ff, so hat auch § 818 Abs 3 Vorrang vor der allgemeinen Regel des § 270 (vgl Vorbem C 22 aE). Keine Geldschuld begründet nach OLG Hamm DNotZ 1983, 61 die Verpflichtung des Notars, bei ihm hinterlegtes Geld auszuzahlen.

C 4 b) **Geldschuld und Sachschuld** müssen unterschieden werden. Die Geldschuld ist keine Sachschuld, insbesondere keine Gattungsschuld (Vorbem C 7); umgekehrt können auch Sachschulden, insbes Gattungsschulden, keine Geldschulden sein. Das zeigt sich mit Deutlichkeit in der Zwangsvollstreckung: Wegen Sachschulden wird nach §§ 883, 884, 894 ZPO vollstreckt, nicht nach §§ 808 ff ZPO (FÖGEN 112; vgl auch LG Frankfurt NJW 1956, 65 f). Sachschuld ist insbes die *Goldleistungsschuld,* und zwar auch dann, wenn sie sich auf Münzen bezieht (§ 245 Rz 23). Eine Selbstverständlichkeit ist, daß außer Kurs befindliche Geldzeichen, insbes antike Münzen, nur noch als Sachen und nicht mehr als Geld geschuldet sein können. Aber auch Geldzeichen, die nicht demonetisiert sind und deshalb die Geldeigenschaft nicht verloren haben (Vorbem B 4), können – etwa wegen ihres Goldwertes oder Seltenheitswertes – als Sachen im Handel sein und als Sachen geschuldet werden. Dann begründet das Verpflichtungsgeschäft keine Geldschuld, und auch das Erfüllungsgeschäft unterliegt nicht den Sonderregeln über Geldzeichen (vgl Vorbem B 13 zur Unanwendbarkeit des § 935 Abs 2). Dem trägt auch das **Steuerrecht** Rechnung. Die Umsatzsteuerbefreiung nach § 4 Nr 8 Buchst b UStG für die Umsätze und die Vermittlung der Umsätze von gesetzlichen Zahlungsmitteln gilt nach Satz 2 der Bestimmung nicht, wenn die Zahlungsmittel wegen ihres Metallgehaltes oder ihres Sammlerwertes umgesetzt werden. Vgl. dazu Bundesminister der Finanzen, Schreiben vom 12. 5. 1980 – IV A 3 – S 7160 – 11/80, mitgeteilt in BB 1980, 819:

Gesetzliche Zahlungsmittel

,,(2) Von der Steuerfreiheit für die Umsätze von gesetzlichen Zahlungsmitteln (kursgültige Münzen und Banknoten) und für die Vermittlung dieser Umsätze wurden solche Zahlungsmittel ausgenommen, die wegen ihres Metallgehaltes oder ihres Sammlerwertes umgesetzt werden (Buchstabe b). Hierdurch sollen Geldsorten, die als Waren gehandelt werden, auch umsatzsteuerrechtlich als Waren behandelt werden.

(3) Es kann davon ausgegangen werden, daß Goldmünzen in fremder Währung im Erhebungsgebiet nicht als gesetzliche Zahlungsmittel, sondern nur wegen ihres Metallgehaltes oder ihres Sammlerwertes umgesetzt werden. Die Umsätze von Goldmünzen sind deshalb nicht von der Umsatzsteuer befreit. Der BMF-Erlaß vom 28. 6. 1955 – IV A 2 – S 4139 – 11/55 – (USt-Kartei § 4 S 4139 Karte 55) wird mit Wirkung vom 1. Januar 1980 aufgehoben.

(4) Bei anderen Münzen und bei Banknoten ist davon auszugehen, daß sie wegen ihres Metallgehaltes oder ihres Sammlerwertes umgesetzt werden, wenn sie mit einem höheren Wert als ihrem Nennwert umgesetzt werden. Die Umsätze dieser Münzen und Banknoten sind nicht von der Umsatzsteuer befreit. Bei der Ermittlung des Nennwertes kann die Regelung in Absatz 3 Nr. 3 des BMF-Schreibens vom 28. 12. 1979 – IV A 1 – S 7229 – 9/79 – (BStBl 1980, S. 39) angewendet werden.

(5) Das Sortengeschäft (Geldwechselgeschäft) bleibt von den Regelungen der Absätze 2 bis 4 unberührt. Dies gilt auch dann, wenn die fremde Währung auf Wunsch des Käufers in kleiner Stückelung (kleine Scheine oder Münzen) ausgezahlt wird und hierfür ein vom gültigen Wechselkurs abweichender Kurs berechnet wird oder Verwaltungszuschläge erhoben werden."

Vgl dazu auch BMF-Finanznachrichten Nr 4/80 vom 18. 1. 1980, Betrieb 1980, 233. Zum ermäßigten Steuersatz für Sammlermünzen vgl § 28 UStDV 1980 und dazu BMF-Schreiben vom 28. 12. 1979 – IV A 1 – S 7229 – 9/79, Betrieb 1980, 45; ZIMMERMANN Betrieb 1980, 127, 129 f. Für die **zivilrechtliche Behandlung von Geldzeichen als Gegenstand einer Sachschuld** gilt folgendes:

aa) Die **Geldstückschuld** ist nicht Geldschuld (FÖGEN 112; TITZE, Recht der Schuld- C 5
verhältnisse [4. Aufl 1948] 27 f; ERMAN-SIRP § 244 Rz 11; PLANCK-SIBER Vorbem 2 d zu §§ 244, 245; PULVERMÜLLER [Vorbem A 6] 68 f). Ein bestimmtes Geldzeichen oder eine bestimmte Menge bestimmter Geldzeichen ist hier als Sache geschuldet, zB aufgrund Kaufvertrages oder Tauschvertrages. Dieser Fall ist bei inländischen Zahlungsmitteln weitgehend theoretisch. Er wird nur vorkommen, wenn es ausnahmsweise einmal auf die Individualität von Geldzeichen ankommt. Das ist regelmäßig nicht einmal bei Handgeschäften der Fall. Wer beim Handgeschäft ein Geldzeichen vorweist und damit bezahlt, schließt einen Kaufvertrag, Dienstvertrag etc ab, nicht einen Tauschvertrag. Eine Stückschuld kann etwa das Vermächtnis einer Geldkassette begründen. Dem wirtschaftlichen Zweck nach kommt eine Stückschuld bei solchen Zahlungsmitteln in Betracht, die auch als Sachen von Wert sind, zB bei Sondermünzen, Fehlprägungen, Fehldrucken, auch bei ausländischen Goldmünzen. Hierauf ist es wohl zurückzuführen, daß die Geldstückschuld oft, terminologisch ungenau, mit der eigentlichen Geldsortenschuld (Vorbem C 6) vermengt wird, die gleichfalls auf Sachleistung und nicht auf Zahlung gerichtet ist (charakteristisch LG Frankfurt NJW 1956, 65; FÖGEN 112).

bb) Die **eigentliche oder echte Geldsortenschuld** ist im Gegensatz zur unechten C 6
Geldsortenschuld (§ 245 Rz 3) eine **Gattungsschuld** und damit keine Geldschuld (BGB-RGRK-ALFF § 245 Rz 3; ERMAN-SIRP § 244 Rz 11; STAUDINGER-MEDICUS § 243 Rz 19). Die echte Geldsortenschuld zielt auf *Übereignung von Geldzeichen einer bestimmten Gattung*. Das Motiv für die Vereinbarung einer eigentlichen Geldsortenschuld kann unterschiedlich sein. Es kann auf das Geld als Zahlungsmittel gerichtet sein (zB beim Erwerb ganz bestimmter Zahlungsmittel aufgrund devisenrechtlicher Beschränkungen oder aus technischen Gründen, etwa als Vorrat von Wechselgeld für Münzautomaten). Doch ist dies ein seltener Fall. Beim Erwerb von Geldsorten als Zahlungsmittel liegt idR eine uneigentliche oder unechte Geldsortenschuld und damit der Fall des § 245 vor. Bei gesetzlichen Zahlungsmitteln ist die eigentliche Geldsortenschuld außerordentlich selten. Sie entspricht im Zweifel auch

dann nicht dem Parteiwillen, wenn sich die Parteien über die Leistung einer bestimmten Geldsorte geeinigt haben (ENNECCERUS-LEHMANN § 11 I 2). Doch wird man im *Valutakauf* (§ 244 Rz 12) und im *Auswechseln von Geldzeichen* derselben Währung die Begründung echter Geldsortenschulden durch Gattungskauf bzw Tausch erblicken können (vgl auch STAUDINGER-MAYER-MALY § 515 Rz 4; aM wohl SIMITIS AcP 159 [1960] 493 mit unzutreffendem Hinweis auf die auf das Auswechseln herauszugebender Stücke bezogene Äußerung von MARTIN WOLFF in Ehrenbergs Hdb IV/1 626 f). Häufiger zielt die eigentliche oder echte Geldsortenschuld nur auf den Erwerb von wertvollen Sachen, zB von ausländischen Goldmünzen oder von Sonder- oder Gedenkmünzen (FÖGEN 112; TITZE, Recht der Schuldverhältnisse [4. Aufl 1948] 27). Es gelten dann die bei Vorbem C 4 geschilderten Grundsätze. Da die echte Geldsortenschuld Gattungsschuld und nicht Geldschuld ist, unterliegt sie den §§ 243, 279 (ENNECCERUS-LEHMANN § 11 I 2; PLANCK-SIBER Vorbem 2 c zu § 244; ERMAN-SIRP § 244 Rz 11; BGB-RGRK-ALFF § 245 Rz 3). Befindet sich die vereinbarte Sorte von Münzen oder Geldzeichen nicht mehr im Umlauf, so gilt für die eigentliche Geldsortenschuld nicht § 245. Der Schuldner wird aber nur unter den Voraussetzungen der §§ 275, 279 frei (MünchKomm-VON MAYDELL § 245 Rz 7 sieht eine solche Schuld ohne Grund als uneigentliche oder unechte Geldsortenschuld an, bei der § 245 abbedungen ist). Leistungszweck ist in diesem Fall der Erwerb von Sachen, nicht von Zahlungsmitteln. Zielt ausnahmsweise – wie beim Valutakauf – die echte Geldsortenschuld auf Geldzeichen als Zahlungsmittel, so kann dem Gläubiger bei Außerkurssetzung der Geldzeichen mit §§ 119 Abs 2, 459, 480, evtl mit § 242, geholfen werden. Ein Fall des § 245 liegt auch dann nicht vor.

C 7 **3. Rechtsnatur der Geldschuld**

a) Die Geldschuld zielt auf einen in Geld ausgedrückten unkörperlichen Vermögenswert (vgl Vorbem A 15 in Anlehnung an LARENZ). Sie zielt – gleichgültig, ob eine sog Geldsummenschuld oder eine sog Geldwertschuld vorliegt – auf einen Betrag, der in einer Geldsumme ausgedrückt und durch Zahlung dieser Summe beglichen werden kann. Man kann sie deshalb als **Wertverschaffungsschuld** einordnen (SAVIGNY, Obligationenrecht I 440 ff; VON MAYDELL, Geldschuld 11 mwN), wobei allerdings dieser Begriff nicht zu Verwechselungen mit dem engeren Begriff der Geldwertschuld führen darf (hierzu Vorbem C 17, D 44 ff). Mit dem Begriff der Wertverschaffungsschuld soll gesagt sein, *daß der Geldschuldner Geld als abstrakte Vermögensmacht und nicht Geldzeichen als Sachen schuldet.* Die Geldschuld ist nicht auf Sachen, auch nicht auf Geldzeichen, gerichtet. Sie ist **keine Gattungsschuld** (STAUDINGER-MEDICUS § 243 Rz 18; ENNECCERUS-LEHMANN § 11 I; ERMAN-SIRP § 244 Rz 5; LARENZ I § 12 III; ders, Methodenlehre der Rechtswissenschaft [4. Aufl 1979] 407 f; ESSER-EIKE SCHMIDT I/1 § 12 II; MEDICUS, Bürgerliches Recht [10. Aufl] Rz 248 ff; LEMPPENAU, Gattungsschuld und Beschaffungspflicht [1972] 111 f; VON MAYDELL, Geldschuld 11; ders in MünchKomm § 244 Rz 8; ISELE AcP 129 [1928] 172; SIMITIS AcP 159 [1960] 445). Allerdings ist dies auch heute noch umstritten (ältere Nachweise bei VON MAYDELL, Geldschuld 11). Eine noch immer verbreitete Auffassung sieht die Geldschuld als eine Gattungsschuld an, die durch Verschaffung von Eigentum an der Gattungssache Geld erfüllt wird (BLOMEYER, Allg Schuldrecht § 13 I 2; BGH LM Nr 5 zu § 12 HöfeO; ERNST WOLF, Schuldrecht I § 4 D II 2; SOERGEL-REIMER SCHMIDT [10. Aufl] § 244 Rz 1). *Die Lehre von der Geldschuld als Gattungsschuld ist so überholt wie die Substanzwerttheorie des Geldes.* Überwiegend beruht sie auf der ungeprüften Fortschreibung überholter Prämissen. Ein ausführlicherer Begründungsversuch findet sich allerdings heute noch bei ERNST WOLF (Schuldrecht I § 4 D II d). ERNST WOLF verfährt zwar mit der Geldschuld nominalistisch, also ohne

Bezug auf den Stoffwert. Er spricht – ganz im Sinn der hier vertretenen Auffassung – von einer „Nennbetragsschuld, Wertsummenschuld oder Geldbetragsschuld". Die hiernach überraschende Einordnung als Gattungsschuld beruht auf folgender Überlegung: Da ein „reiner Wert" nicht existiere, könne die Geldschuld nicht „reine Wertschuld" sein, sondern sie sei, wie es dem Begriff Geld entspreche, eine Sachschuld, genauer: eine Gattungsschuld mit dem Inhalt, eine Sachmenge an Geld zu zahlen, die einer bestimmten Menge von Werteinheiten entspricht (der Begriff der „bargeldlosen Zahlung" wird von Ernst Wolf in Fn 70 folgerichtig negiert, und die Banküberweisung wird in § 8 C II a als Hingabe an Erfüllungs Statt eingeordnet). Der Fehler dieses Begründungsversuchs liegt im Geldbegriff. Geld ist nicht nur bewegliche Sache (Vorbem A 13 unter aaa), sondern auch Institution (Vorbem A 14). Dabei weist der institutionelle Geldbegriff den Geldzeichen nur eine, aber nicht die ausschließliche Tilgungsfunktion zu (vgl auch insofern Vorbem A 14). Nicht eine begriffliche, sondern allenfalls eine normative Betrachtungsweise könnte die Einordnung der Geldschuld unter die Gattungsschulden rechtfertigen. Es geht um ein Normanwendungsproblem, und es liegt nahe, die Geldschuld mangels durchgehender systematischer Sonderregeln im BGB dem Recht der Gattungsschuld zuzuordnen. Dies ist wohl die methodische Grundlage der *Lehre von der Gattungsschuld besonderer Art.* Nach dieser ist die Geldschuld nicht eine Gattungsschuld wie jede andere, weil nicht Geldzeichen mittlerer Art und Güte geschuldet werden; es liegt nach dieser Lehre ein Sondertypus der Gattungsschuld vor, auf den einzelnen Vorschriften der Gattungsschuld anwendbar sind (zB §§ 243 Abs 2, 279), andere (zB § 243 Abs 1) nicht (so Fikentscher § 29 I 1, 2; ähnlich Heck, Schuldrecht § 19/3; ähnlich Titze, Recht der Schuldverhältnisse [4. Aufl 1948] 26; Palandt-Heinrichs § 243 Anm 1). Die Lehre von der Gattungsschuld besonderer Art stellt eine durch Begriffsbildung *verdeckte Gesamtanalogie* dar (oder eine verdeckte „Induktion" iS des Sprachgebrauchs von Canaris, Die Feststellung von Lücken im Gesetz [1964] 97 ff). Die Methode der Gesamtanalogie schließt nicht aus, daß – wie bei der sog Gattungsschuld besonderer Art – unpassende Einzelregelungen von der Analogiebildung ausgenommen werden (vgl Larenz, Methodenlehre der Rechtswissenschaft [4. Aufl 1979] 371 f). Aber die Methode der verdeckten Analogie kehrt Regel und Ausnahme um. In Wahrheit kann es nicht darum gehen, unpassende Gattungsschuldregeln zu eliminieren. Es kann nur darum gehen, etwa vorhandene Lücken durch *offene Analogie* zu schließen. Als Wertverschaffungsschuld ist die Geldschuld eine Verbindlichkeit eigener Art, auf welche einzelne Regeln über Gattungsschulden analog anwendbar sind.

b) Die **analoge Anwendung einzelner Gattungsschuldregeln** auf die Geldschuld als Nicht-Gattungsschuld kommt nur in engen Grenzen in Betracht. **C 8**

aa) **Unanwendbar ist § 243 Abs 1** (allgM). Wer Geld schuldet, hat Geld als Vermögenswert in Höhe des geschuldeten Betrags zu leisten, nicht Sachen und schon gar nicht Sachen mittlerer Art und Güte. **C 9**

bb) Die (analoge) **Anwendbarkeit des § 243 Abs 2** ist str (bejahend Staudinger-Medicus § 243 Rz 34; LG Lüneburg MDR 1951, 424; Simitis AcP 159 [1960] 446 f; verneinend OLG Hamburg MDR 1948, 346, 347; Meyer-Cording, Das Recht der Banküberweisung [1951] 131; Planck-Siber § 243 Anm 4 c β bb; Isele AcP 129 [1928] 175 f). Wie Simitis ausführlich begründet hat, ließe sich der Gedanke der Konzentration, obgleich die Geldschuld keine Gattungsschuld ist, durchaus auf diese Schuld übertragen (aM Isele AcP 129 [1928] 176). Notwendigkeit und Legitimation einer solchen Analogie hängen indes davon ab, ob eine Lücke vorhanden ist. Das ist *zu verneinen.* § 270 Abs 1 genießt Vorrang und schließt den Rückgriff auf § 243 Abs 2 aus (OLG Hamburg MDR 1948, 346, 347; Meyer-Cording und Planck-Siber aaO). Medicus (Staudinger-Medicus § 243 Rz 34 und JuS 1966, 305) will allerdings § 243 **C 10**

Abs 2 analog da anwenden, wo § 270 Abs 1 nicht weiterhilft: erstens im Fall des § 270 Abs 3 (dazu Vorbem C 24); zweitens beim Problem der Verspätungsgefahr (dazu Vorbem C 25); drittens bei Herausgabepflichten des (entgeltlichen oder unentgeltlichen) Geschäftsführers, für die § 270 nicht gilt (dazu Vorbem C 22). Nach der zu diesen Fragen hier vertretenen Auffassung bedarf es der analogen Anwendung in keinem dieser Fälle.

C 11 **cc)** Auch **§ 279** findet nach einer im Vordringen befindlichen Auffassung *keine* Anwendung (Staudinger-Medicus § 243 Rz 18; Erman-Sirp § 244 Rz 5). Nach richtiger Auffassung ist zu unterscheiden: Für den Grundsatz, daß Unvermögen den Schuldner nicht befreit, bedarf es nicht der (analogen) Anwendung des § 279 (Vorbem C 29 f mit eingehenden Nachweisen zum Streitstand). Der ganz andere Grundsatz, daß der Schuldner sich nicht unter Berufung auf unverschuldete Zahlungsunfähigkeit nach § 285 exkulpieren kann, muß dagegen, da er bei § 285 nicht zum Ausdruck gelangt ist, analog § 279 entwickelt werden (Vorbem C 31).

C 12 **dd)** *Anwendbar* (nach der hier vertretenen Auffassung nur analog anwendbar) ist nach ganz hM **§ 300 Abs 2** (vgl nur Larenz I § 25 II b aE; Esser-Eike Schmidt I/1 § 23 I 2.1; Fikentscher § 28 III 4 b; Erman-Sirp § 244 Rz 5; Staudinger-Löwisch § 303 Rz 14; MünchKomm-Walchshöfer § 300 Rz 4). Die Materialien zu §§ 270 und 300 geben für eine Anwendung des § 300 Abs 2 auf Geldschulden nichts her (Mot in Mugdan II 18 ff, 41; Prot in Mugdan II 524, 540 f; Jakobs-Schubert, Die Beratung des BGB, Recht der Schuldverhältnisse I [1978] 181 ff, 349 ff). Aus ihnen geht nur hervor, daß sich die (heute umstrittene!) Notwendigkeit der Regelung aus dem für Geldschulden nicht einschlägigen § 243 Abs 2 ergeben soll (Hinweis auf § 214 E I in Mot aaO). Seinem Grundgedanken nach kann aber § 300 Abs 2 ebenso an § 270 Abs 1 anknüpfen wie an § 243 Abs 2. Wenn der Gläubiger die Gefahrtragung des Schuldners nicht durch Wohnsitzänderung (§ 270 Abs 3) zum Nachteil des Schuldners verlängern darf, muß auch der Gläubigerverzug die Gefahrtragung beenden. Der hM ist deshalb zuzustimmen. Über die *Rechtsfolgen* der analogen Anwendung vgl Vorbem C 35.

C 13 **ee)** *Nicht* analog anwendbar sind die **§§ 2155 und 2182.** Es besteht kein sachlicher Grund, das Geldvermächtnis als Gattungsvermächtnis zu behandeln. Bei anderen Sondervorschriften für die Gattungsschuld (§§ 480, 524 Abs 2) stellt sich die Frage einer analogen Anwendung auf Geldschulden nicht.

C 14 4. Arten der Geldschuld

Die **unterschiedlichen Arten der Geldschuld** können unter verschiedenen Gesichtspunkten geordnet werden.

C 15 **a)** Zur Unterscheidung von **Heimwährungsschulden** und **Fremdwährungsschulden** vgl § 244 Rz 4.

C 16 **b)** Die **Geldsortenschuld** ist eine Geldschuld nur dann, wenn sie als sog uneigentliche oder unechte Geldsortenschuld auf Zahlung, wenn auch auf Zahlung in bestimmter Geldsorte, gerichtet ist; die eigentliche oder echte Geldsortenschuld ist Gattungsschuld (vgl Vorbem C 6; § 245 Rz 3).

C 17 **c) Geldsummenschulden** und **Geldwertschulden** werden von der hM unterschieden (Vorbem D 44 ff). Die *Geldsummenschuld* ist betragsmäßig fixiert. Sie kann zum Gegenstand einer Leistungsklage und eines Leistungsurteils gemacht werden und Grundlage der Vollstreckung nach §§ 808 ff ZPO sein. Die *Geldwertschuld* ist nicht durch eine Summe, sondern durch einen Wertdeckungszweck (Schadensersatz, Wertersatz, angemessener Unterhalt etc) begrenzt. Die *Besonderheiten der Geld-*

wertschuld bestehen zum einen in ihrer automatischen Dynamisierung (Vorbem D 46), zum anderen angeblich auch in ihrer währungsmäßigen Neutralität (eingehend und krit § 245 Rz 23 ff). Schließlich wird auch behauptet, ein Geldwertanspruch sei nicht verzinslich (OLG Köln NJW 1960, 388, 389). Diese Auffassung hat sich indes nicht durchgesetzt (Vorbem C 18). Zur Berechtigung und Bedeutung des Instituts der Geldwertschuld und zur Umwandlung einer Geldwertschuld in eine Geldsummenschuld vgl Vorbem D 45, D 80 ff.

II. Allgemeine Regeln

1. Verzinslichkeit C 18

Zur Frage ob nur Geldschulden verzinslich sind, vgl § 246 Rz 10. **Jede Geldschuld** ist der Verzinsung fähig. Ob sie im Einzelfall verzinslich ist, ergibt sich auf Vertrag oder Gesetz (vgl insbes die gesetzliche Verzinsung nach §§ 291, 256, 347, 452, 819 f/291, 849 BGB, 352 f HGB). Ein Unterschied zwischen Geldsummenschulden und Geldwertschulden besteht nicht. Auch Geldwertansprüche unterliegen der gesetzlichen Verzinsung (Staudinger-Löwisch § 288 Rz 3; § 291 Rz 3; BGH NJW 1953, 337; 1965, 531, 532; 1965, 1374, 1376; KG VersR 1972, 281; MünchKomm-Walchshöfer § 291 Rz 5; F A Mann NJW 1960, 825 gegen OLG Köln NJW 1960, 388, 389). Es gibt also keinen Grundsatz, wonach die Möglichkeit der Verzinsung erst besteht, wenn die Geldwertschuld der Höhe nach fixiert und dadurch zur Geldsummenschuld umgewandelt ist (so aber OLG Köln NJW 1960, 388, 389; von Ernst Wolf, Schuldrecht I § 4 D II h wird diese Auffassung dem BGH unterstellt und zum Bestandteil einer eingehenden Polemik gegen das Institut der Geldwertschuld gemacht). Sogar vor der endgültigen Bezifferung wird § 291 schon auf Schmerzensgeldansprüche angewandt (Staudinger-Löwisch § 291 Rz 3; BGH NJW 1965, 531, 532; 1965, 1374, 1376; KG VersR 1972, 281, 282; aM auch hier OLG Köln NJW 1960, 388 m abl Anm F A Mann NJW 1960, 825; zu den Anforderungen an die Rechtshängigkeit OLG Nürnberg VersR 1962, 626).

2. Zahlungsort C 19

Der **Zahlungsort** ergibt sich aus **§§ 269, 270 Abs 4.** Der Zahlungsort kann vertraglich (auch im Wertpapier; vgl Art 1 Nr 5 WG, Art 1 Nr 4 ScheckG) bestimmt oder spezialgesetzlich geregelt sein (zB § 36 VVG). Fehlt es daran, so bestimmt der Wohnort bzw die gewerbliche Niederlassung des Schuldners den Zahlungsort. Bedeutung hat dies namentlich für die Verzögerungsgefahr (Vorbem C 25) und für den gesetzlichen Gerichtsstand nach § 29 ZPO, ausnahmsweise auch bei der Bestimmung des Schuldstatuts im Internationalen Privatrecht (zB BGHZ 57, 72; BGH NJW 1960, 1720, 1721; OLG Köln OLGZ 1975, 454, 456). Nach § 361 HGB entscheidet der Leistungsort auch über die geschuldete Währung (dazu § 244 Rz 16). Über weitere materiellrechtliche Folgen aus der Bestimmung des Leistungsorts vgl Staudinger-Selb § 269 Rz 19 mit umfassenden Nachweisen.

3. Gefahr und Kosten der Geldübermittlung C 20

Nach **§ 270 Abs 1, 2** hat der Schuldner Geld auf seine Kosten und Gefahr dem Gläubiger an dessen Wohnsitz oder Niederlassung zu übermitteln (dazu eingehend Balser, Die Bedeutung der Geldübereignungspflicht bei Geldschulden, Diss Göttingen 1933, 45 ff).

C 21 **a) aa)** Die Vorschrift gilt für die **Geldübermittlung.** Barübermittlung und *unbare Leistung* stehen einander gleich (vgl Vorbem C 49). Dem Wortlaut nach paßt § 270 nur auf die Übermittlung von einer Gemeinde in eine andere. Die Bestimmung gilt aber auch für das *Platzgeschäft,* dh für die Geldübermittlung am gemeinsamen Wohnort oder Sitz (RGZ 78, 137, 140; BGH NJW 1959, 1176; allgM). Auch die unbare Leistung vom Schuldnerkonto auf ein Gläubigerkonto derselben Bank fällt unter § 270.

C 22 **bb)** § 270 gilt für **alle Geldschulden,** für Geldwertschulden ebenso wie für Geldsummenschulden (Staudinger-Selb § 270 Rz 2). Allerdings enthält § 270 dispositives Recht (Staudinger-Selb § 270 Rz 15; AG Freiberg/Sa NJW 1947/48, 300, 301 mAnm Krekels). Nicht nur eine ausdrückliche oder eine konkludente Einzelfallabrede, sondern auch die allgemeine Risikoordnung eines Vertragsverhältnisses kann § 270 verdrängen. Hier ist mit Staudinger-Selb (§ 270 Rz 3) die Erklärung für die **Ausnahmen** *bei der Herausgabepflicht im Auftrags- und Geschäftsbesorgungsverhältnis,* insbes im Kommissions- und Speditionsrecht zu suchen. Im Ergebnis besteht weitgehende Einigkeit darüber, daß diese Pflichten zur Herausgabe von Geldsummen nicht der Gefahrtragungsregel des § 270 Abs 1, 2 unterliegen (vgl nur BGHZ 28, 123, 128 = LM Nr 2 zu § 270 mAnm Rietschel; LG Hamburg MDR 1951, 557 f; AG Frankfurt NJW 1949, 111, 112; Erman-Sirp § 270 Rz 7; Staudinger-Selb § 270 Rz 3; Münch-Komm-Keller § 270 Rz 3; Coing JZ 1970, 246; s auch schon zu Art 325 ADHGB: RGZ 2, 116, 117; 23, 96, 103; aM OLG Frankfurt NJW 1949, 111; Staudinger-Werner [11. Aufl] § 270 Rz 1). Überwiegend wird dies mit der Überlegung begründet, die Herausgabepflicht begründe keine oder doch keine typische Geldschuld (charakteristisch MünchKomm-Keller § 270 Rz 3; MünchKomm-Emmerich § 279 Rz 4). Aber die Pflicht dessen, der ein fremdes Geschäft besorgt hat, zur „Herausgabe" des Erlangten (§§ 667, 675, 681 BGB, 384 Abs 2 HGB) begründet, wenn Geld erlangt ist, nicht eine Herausgabepflicht iS von § 883 ZPO, sondern eine Geldschuld (Vorbem C 3). Man kann auch nicht sagen, dies sei keine „gewöhnliche" Geldschuld (so aber zB BGHZ 28, 123, 128; Ostler NJW 1975, 2274). Gleichwohl stand schon vor dem Inkrafttreten des BGB fest, daß der zur „Herausgabe" der Geldsumme Verpflichtete nicht die Verlustgefahr trägt (vgl m Nachweisen Coing JZ 1970, 246). Wenn aber der Beauftragte nicht für den Untergang des Erlangten in seiner Hand einzustehen hat, dann kann er nach der Risikoordnung des Vertrags auch für das Transportrisiko nicht haften (vgl im Ergebnis RGZ 2, 116, 118; 23, 96, 103 f; BGHZ 28, 123, 128 = LM Nr 2 zu § 270 mAnm Rietschel; LG Hamburg MDR 1951, 557 f; AG Frankfurt NJW 1949, 111, 112; aM OLG Frankfurt ebd). Deshalb bedarf es auch nicht einer analogen Anwendung des § 243 Abs 2, um das – gar nicht vorhandene – Transportrisiko des Geschäftsführers übergehen zu lassen (aM Staudinger-Medicus § 243 Rz 34). *Herausgabepflichten aus §§ 812 ff* unterliegen in aller Regel wegen § 818 Abs 3 gleichfalls nicht der Gefahrtragungsregel des § 270 Abs 1 (aA OLG Braunschweig MDR 1947, 290 f m insoweit abl Anm Sieveking; die teilw aA bei Staudinger-Selb § 270 Rz 3 bezieht sich nicht auf die Gefahrtragungsregel). Anders im Fall des § 819 Abs 1.

C 23 **b) aa)** Die **Transportgefahr** liegt nach § 270 Abs 1 beim Schuldner. Die „Gefahr", von der § 270 Abs 1 spricht, ist die des Verlusts von Geldzeichen bzw – bei Erfüllung mit Buchgeld – die Gefahr der Nichtausführung oder Fehlausführung einer Überweisung (Staudinger-Selb § 270 Rz 8, 10; MünchKomm-Keller § 270 Rz 15). Eine analoge Anwendung auf die *Versendung von Schecks* ist wegen § 364 Abs 2 in aller Regel überflüssig, weil auch der Empfang des Schecks noch keine Erfüllungswirkung hat (Erman-Sirp § 270 Rz 3; Staudinger-Selb § 270 Rz 9). Ist jedoch Scheckübersendung an Zahlungs Statt vereinbart, so sollte § 270 analog angewendet werden. Abgrenzungsschwierigkeiten können im **Giroverkehr** entstehen, weil der Zeitpunkt des Gefahrübergangs durch den Gesetzeswortlaut nicht geklärt ist. Über die (analoge) Anwendung des § 270 Abs 1 in diesem Bereich vgl zunächst allgemein CANARIS, Bankvertragsrecht (2. Aufl) Rz 477 ff. Grundsätzlich und eindeutig geht die Gefahr mit der endgültigen Gutschrift auf dem Gläubigerkonto über (RGZ 54, 329, 331; 105, 266, 268; BGHZ 3, 156, 159; 6, 121, 123 = (L) JZ 1952, 492; BGH WM 1982, 291, 293; ERMAN-SIRP § 270 Rz 5; STAUDINGER-SELB § 270 Rz 8; krit und eingehend POLKE, Der Zahlungsverkehr der Banken im In- und mit dem Ausland [1978] 81 ff). BGHZ 6, 121, 125 = JZ 1952, 492 läßt dahingestellt, ob es auch genügen kann, wenn die Überweisungsunterlagen bei der kontoführenden Bank eingehen. Die *Endgültigkeit der Vermögensbewegung* muß den Ausschlag geben. Deswegen genügt es, wenn die Unterlagen bei der Gläubigerbank eingegangen sind und der Schuldner die Widerrufsmöglichkeit verloren hat (STAUDINGER-SELB § 270 Rz 8 unter Berufung auf BGH NJW 1971, 380). Allerdings ist auch der Zeitpunkt, in dem das Widerrufsrecht endet, str. Nach hM endet es nicht vor der Erteilung der Gutschrift (eingehend CANARIS, Bankvertragsrecht [2. Aufl] Rz 354 f mwN; s aber HADDING-HÄUSER ZHR 145 [1981] 148 f). Der Sphärengedanke spricht indes für eine Vorverlegung in dem Sinne, daß bei der zwischenbetrieblichen Überweisung und bei der Filialüberweisung schon der Eingang der Unterlagen mit der Ermächtigung zur Belastung der Vorbank das Widerrufsrecht enden läßt (POLKE 51–61 mwN; zum Risiko eines Konkurses der Empfängerbank vgl jetzt eingehend CANARIS Rz 478 nwN sowie unten, Vorbem C 26). Nur bei der Hausüberweisung kommt es dann auf die Gutschrift an (nach POLKE 61 f und wohl auch nach CANARIS auf die Entäußerung der Gutschriftanzeige; vgl zu dieser CANARIS Rz 420). Die Filialüberweisung sollte hier der Hausüberweisung gleichgestellt werden (zw dagegen beim Konkursrisiko; Vorbem C 26). Nur in ganz unvorhersehbaren *Fällen der steckengebliebenen Banküberweisung* kommt eine Teilung des Verlustes zwischen Gläubiger und Schuldner nach § 242 in Betracht (BGHZ 2, 218, 225; 10, 319, 323; MünchKomm-KELLER § 270 Rz 13; PALANDT-HEINRICHS § 270 Anm 2 c).

bb) Soweit **Änderungen des Wohnsitzes oder der gewerblichen Niederlassung** des Gläubigers nach Entstehung des Schuldverhältnisses die Kosten und die Gefahr zum Nachteil des Schuldners verändern, trägt nach **§ 270 Abs 3** der Gläubiger die Mehrkosten bzw die Gefahr. Der Gläubiger trägt namentlich die Gefahr, daß die Durchführung eines Nachsendeauftrages zum Verlust führt (AG Berlin-Neukölln VersR 1967, 176; STAUDINGER-SELB § 270 Rz 12). Kein Anwendungsfall des § 270 Abs 3 ist die bloße Änderung des Bankkontos (BGHZ 6, 121, 127 = LM Nr 1 zu § 270 mAnm ASCHER = JZ 1952, 492; STAUDINGER-SELB § 270 Rz 12; ERMAN-SIRP § 270 Rz 5; BGB-RGRK-ALFF § 270 Rz 8). Das wird vom BGH damit begründet, daß der Schuldner nicht gezwungen ist, auf das Neukonto zu zahlen. Sollte allerdings der Schuldner einmal aus tatsächlichen oder rechtlichen Gründen keine andere Wahl haben, so müßte § 270 Abs 3 angewandt werden. Nach MEDICUS (JuS 1966, 305 und STAUDINGER § 243 Rz 43) gilt im Fall des § 270 Abs 3 die in analoger Anwendung des § 243 Abs 2 zu entwickelnde Regel, daß die Gefahr spätestens dann übergeht, wenn der Schuldner das zur Leistung seinerseits Erforderliche getan hat. Eine Regelungslücke, die diese Analogie erforderlich machen könnte, ist indes nicht zu erkennen. Es bleibt bei dem durch § 270 Abs 3 lediglich modifizierten Grundsatz des § 270 Abs. 1 (vgl. schon Vorbem C 10). C 24

c) Nicht in § 270 Abs 1 geregelt ist die **Verspätungsgefahr**. Das Risiko verspäteten Zahlungseingangs trägt der Gläubiger, wenn der Schuldner das seinerseits zur rechtzeitigen Zahlung Erforderliche getan hat (RGZ 78, 137, 139; 99, 257; RG Recht 1925 Nr 1244 = JR 1925 Nr 762; BGHZ 44, 178, 179 = NJW 1966, 46 f; BGH NJW 1959, 1176; 1964, 499; 1969, 875; OLG Hamm VersR 1976, 1032 f; LARENZ I § 14 IV c; SCHLEGELBERGER-HEFERMEHL, HGB [5. Aufl] Anh § 365 Rz 107). Das ergibt C 25 sich nicht – auch nicht in entspr Anwendung – aus § 243 Abs 2 (so aber MEDICUS JuS 1966, 305 und STAUDINGER-MEDICUS § 243 Rz 34), sondern daraus, daß § 270 Abs 4 den Zahlungsort unberührt läßt (RGZ 78, 137, 139; 99, 257, 258; BGB-RGRK-ALFF § 270 Rz 1, 7; MünchKomm-KELLER § 270 Rz 18; zur Unanwendbarkeit des § 243 Abs 2 vgl schon Vorbem C 10). Mit CANARIS (in Großkomm HGB [Erstbearbeitung der 3. Aufl] Anh § 357 Rz 243; Bankvertragsrecht [2. Aufl] Rz 479) sollte deshalb nicht vom *Übergang* der Verspätungsgefahr gesprochen werden, sondern davon, daß der Gläubiger diese Gefahr trägt. Darüberhinaus ist der Begriff der »Gefahr« überhaupt mißverständlich, sofern er dazu verleitet, die »Verspätungsgefahr« mit der Leistungs- und Gegenleistungsgefahr auf eine Stufe zu stellen. Es geht bei dieser »Gefahr« um nichts anderes als um die Rechtzeitigkeit der Leistung. Die ganz *herrschende Meinung* stellt dabei auf den *Zeitpunkt* der *Leistungshandlung* ab. Der Schuldner muß die Leistung in der Weise auf den Weg gegeben haben, daß sie seiner Verfügungsmacht endgültig entzogen ist (BGH NJW 1969, 874). Das gilt auch für **unbare Leistungen.** Die rechtzeitige *Absendung eines Schecks* – auch Verrechnungsschecks oder vordatierten Schecks –, der alsbald eingelöst wird, genügt (BGHZ 44, 178, 179 f; OLG Karlsruhe NJW 1955, 504, 505; OLG Nürnberg MDR 1968, 148; LARENZ I § 14 IV; MünchKomm-KELLER § 270 Rz 22). Überbringt der Schuldner den Scheck, so kommt es darauf an, wann der Scheck in die Verfügungsgewalt des Gläubigers gelangt (BGH NJW 1969, 875; BFH Betrieb 1969, 420; PALANDT-HEINRICHS § 270 Anm 2 c). Bei der *Überweisung im Bankgiroverkehr* oder im Postscheckverkehr geht die Verspätungsgefahr nach hM spätestens in dem Zeitpunkt über, in dem der Überweisungsbetrag auf dem Konto des Schuldners abgebucht worden ist (BGH NJW 1964, 499; 1971, 380; SCHÖNLE, Bank- und Börsenrecht [2. Aufl] § 32 I; MEYER-CORDING, Das Recht der Banküberweisung [1951] 136 f; MünchKomm-KELLER § 270 Rz 24; MARTIN VersR 1977, 658). Die bloße Absendung des Überweisungsauftrags an die Schuldnerbank genügt nicht (SCHLEGELBERGER-HEFERMEHL, HGB [5. Aufl] Anh § 365 Rz 107; MünchKomm-KELLER § 270 Rz 24; beide gegen die möglicherweise nur mißverständliche Abgrenzung bei ENNECCERUS-LEHMANN § 23 I 3). Ebensowenig genügt der Eingang des Überweisungsauftrags bei der noch der Schuldnersphäre zuzurechnenden Schuldnerbank (CANARIS in Großkomm HGB Anh § 357 Anm 243; SCHLEGELBERGER-HEFERMEHL, HGB [5. Aufl] Anh § 365 Rz 107; beide gegen OLG Celle MDR 1969, 1007; dem OLG aber zustimmend STAUDINGER-SELB § 269 Rz 19; PALANDT-HEINRICHS § 270 Anm 2 c). Mit CANARIS und HEFERMEHL wird man, der Zurechnung von Risikosphären folgend, die Absendung des Überweisungsauftrags durch die Schuldnerbank an die Gläubigerbank als den entscheidenden Zeitpunkt anzusehen haben. Das Handeln und Zögern der Schuldnerbank ist noch dem Schuldner zuzurechnen, sofern nicht die Gläubigerbank mit der Schuldnerbank identisch ist (LARENZ I § 14 IV Fn 16; auch CANARIS begrenzt seine Auffassung auf den außerbetrieblichen Überweisungsverkehr). Das Absenden an eine Zwischenbank genügt (so HEFERMEHL gegen CANARIS, beide aaO). Wird durch *Postanweisung* oder *Zahlkarte* – nicht durch Überweisung von einem Konto auf ein Postscheckkonto – gezahlt, so kommt es auf den Zeitpunkt an, in dem der Schuldner den Betrag bei der Post eingezahlt hat (RGZ 78, 137, 140; 99, 257 f; SCHLEGELBERGER-HEFERMEHL, HGB [5. Aufl] Anh § 365 Rz 106; PALANDT-HEINRICHS § 270 Anm 2 c). Diese auf den Zeitpunkt der Leistungshandlung abstellende hM ist einfach, allerdings zugegebenermaßen bei Abwägung der beiderseitigen Interessen nicht unanfechtbar. Ihr hat jetzt CANARIS (Bankvertragsrecht [2. Aufl] = Großkomm HGB, Zweitbearbeitung der 3. Aufl Rz 479 ff) ein *differenziertes Lösungsmodell* gegenübergestellt: Nicht jede Vornahme der Leistungshandlung vor Fälligkeit oder vor Fristablauf schließt nach CANARIS die Annahme einer verspäteten Leistung aus, sondern der Schuldner muß die Leistungshandlung – zB die Überweisung – so rechtzeitig vornehmen, daß bei normaler Durchführung damit zu rechnen ist, daß der Anspruch aus der Gutschrift spätestens zum Fälligkeitszeitpunkt entsteht; durch Erteilung des Überweisungsauftrags am 31. eines Monats kann deshalb nach CANARIS (Rz 480) eine auf den 1. des Folgemonats lautende Zahlungsfrist nicht gewahrt werden. Einschränkungen dieses Grundsatzes können nach CANARIS (Rz 480 a) nur der in concreto anzuwendenden Gesetzesnorm oder Vertragsklausel entnommen werden. Die bei RGZ 78, 137, 140 vollzogene Gleichstellung mit einer Holschuld („als wenn der Gläubiger bei ihm erschiene, um es zu holen") ist damit ausdrücklich abgelehnt. Aber das RG hat die Geldschuld nicht zur Holschuld erklärt, sondern nur die Regelung des Leistungsorts (§§ 269, 270 Abs 4) auf die Leistungszeit erstreckt: Habe der Schuldner das, was seinerseits zur Erfüllung zu geschehen habe, am Erfüllungsort getan, so sei dies auch rechtzeitig geschehen, sofern die Leistung nur überhaupt an den Gläubiger gelange. Diese Auslegung hat den Vorteil der Rechtsklarheit für sich; sie ist durch § 270 Abs 4 gedeckt. Deshalb ist an der Maßgeblichkeit der Leistungshandlung festzuhalten. Die gesetzliche „Gefahrtragungs"-Regelung ist *abdingbar*. Es kann eine Bringschuld vereinbart werden mit der Folge, daß Eingang der Zahlung beim Empfänger, bei unbarer Leistung also Gutschrift auf dem Empfängerkonto, erforderlich ist (BGH NJW 1971, 380; OLG München VersR 1975, 851; PALANDT-HEINRICHS § 270 Anm 2 c).

d) *Nicht* in § 270 geregelt ist das **Insolvenzrisiko,** auch nicht das Risiko eines Zusammenbruchs der Gläubigerbank, also ihres Konkurses bzw ihrer Schließung nach dem KWG (STAUDINGER-SELB § 270 Rz 8). Aber die Lösung muß aus dem Rechtsgedanken des § 270 entwickelt werden (CANARIS, Bankvertragsrecht [2. Aufl] Rz 478), der allerdings durch den Sphärengedanken zu modifizieren ist. Das Risiko eines Zusammenbruchs der Schuldnerbank im zwischenbetrieblichen Überweisungsverkehr und ebenso das Risiko des Zusammenbruchs einer Zwischenbank trägt der Schuldner (CANARIS aaO). Bei der Hausüberweisung trägt er das Risiko bis zur Gutschrift auf dem Gläubigerkonto (nach CANARIS Rz 476 iVm 419 ff und nach POLKE [Vorbem C 23] 94 bis zur Entäußerung der Gutschriftanzeige). Dagegen sollte es bei der zwischenbetrieblichen Überweisung (CANARIS Rz 478; eingehend POLKE 91 ff), nach richtiger Auffassung auch bei der Filialüberweisung (POLKE 94 ff; aM CANARIS Rz 478), auf den bei Vorbem C 23 für maßgeblich erachteten Zeitpunkt ankommen: Verlegt man den Verlust des Widerrufsrechts in dem bei Vorbem C 23 genannten Sinne vor, so wird in aller Regel schon der Eingang der Unterlagen bei der Gläubigerbank (Gläubigerfiliale) zum Übergang der Gefahr führen (wegweisend in dieser Richtung aufgrund des Sphärengedankens CANARIS und POLKE aaO). C 26

e) *Nicht* in § 270 geregelt ist auch das **Geldentwertungsrisiko** (aM STAUDINGER-SELB § 270 Rz 10; BGB-RGRK-ALFF § 270 Rz 1; PALANDT-HEINRICHS § 270 Anm 2 c). Es ist hierbei zu unterscheiden: Die *bloße Geldentwertung* hat nichts mit § 270 zu tun (OLG Karlsruhe SoergRspr 1926 Nr 2 zu § 270). Die Frage, ob § 270 Abs 1 angewendet werden soll, stellt sich nur bei solchen Entwertungsrisiken, die nicht ohnedies vom Gläubiger getragen werden, also nur bei Geldwertschulden und in Fällen der Aufwertung von Geldsummenschulden. Da die Verzögerungsgefahr vom Gläubiger zu tragen ist, trägt er auch die Gefahr eines während der Wertbewegung eintretenden Wertverlusts (ebenso CANARIS, Bankvertragsrecht [2. Aufl] Rz 477, 479). Erst mit Eintritt des Schuldnerverzuges geht die Entwertungsgefahr auf den Schuldner über (Vorbem D 335 f). Umstritten, aber zZ nicht aktuell, ist dagegen die *Frage des Währungswechsels,* also der Überweisung des Betrages in einer Altwährung (RM), die im Zeitpunkt des Eingangs außer Kurs gesetzt ist. Da die Außerkurssetzung zur *Demonetisierung* von Geldzeichen führt (Vorbem B 5), steht sie bei der Barzahlung dem Verlust des übermittelten Geldes gleich. Deshalb spricht eine sinngemäße Übertragung dieses Gedankens auf die Erfüllung mit Buchgeld dafür, die Gefahr der Außerkurssetzung dem Verlustrisiko gleichzusetzen (so im C 27

Ergebnis STAUDINGER-SELB § 270 Rz 10 mwN; OLG Stuttgart NJW 1950, 189; LG Dortmund MDR 1949, 225; MEYER-CORDING, Das Recht der Banküberweisung [1951] 131 ff; SCHÖNLE, Bank- und Börsenrecht [2. Aufl] § 32 I; CANARIS, Bankvertragsrecht [2. Aufl] Rz 477; SCHLEGELBERGER-HEFERMEHL, HGB [5. Aufl] Anh § 365 Rz 111; aM OLG Düsseldorf NJW 1949, 158; ACKERMANN JR 1947, 79; 1948, 183; vermittelnd JAKOBSOHN JR 1947, 159). Eine andere Frage ist, inwieweit ein Umstellungsgesetz bei einem Währungswechsel dieses Risiko ausschaltet.

C 28 f) Auch die **Kosten der Geldübermittlung** trägt nach § 270 Abs 1 der Schuldner. Diese Regelung gilt auch für den nach §§ 812 ff zur Herausgabe Verpflichteten (STAUDINGER-SELB § 270 Rz 3; für Anwendung des ganzen Abs 1 OLG Braunschweig MDR 1947, 290 m krit Anm SIEVEKING; dazu Vorbem C 22). Die Kontoführungsgebühr des Empfängers gehört nicht zu diesen Kosten (STAUDINGER-SELB § 270 Rz 13; BAG BB 1977, 443 = NJW 1977, 919; OVG Bremen ZBR 1976, 90, 91).

C 29 **4. Keine Befreiung durch Unvermögen**

a) Unvermögen (subjektive Unmöglichkeit) *befreit den Schuldner* auch dann *nicht,* wenn es auf unverschuldeter Ursache beruht. Die Zahlungsunfähigkeit kann zwar auslösendes Moment für eine Beseitigung des Schuldverhältnisses sein (zB §§ 119 Abs 2, 123, 326, 610). Das Unvermögen als solches hat aber nicht die Wirkung des § 275. Vielfach wird dieser Grundsatz aus § 279 hergeleitet (vgl nur RGZ 75, 335, 337; BGHZ 7, 346, 354; 28, 123, 128; BGH LM Nr 5 zu § 275; JZ 1982, 470 = NJW 1982, 1585 = WM 1982, 707 = JuS 1982, 775 [KARSTEN SCHMIDT]; BAG MDR 1961, 355; LEONHARD, Allgemeines Schuldrecht 115; ENNECCERUS-LEHMANN § 11 I 3; BLOMEYER, Schuldrecht § 13/2; SORGEL-REIMER SCHMIDT [10. Aufl] § 244 Rz 1; BGB-RGRK-ALFF § 244 Rz 11; ROTH JuS 1968, 106; dagg mit Recht ESSER-EIKE SCHMIDT I/1 § 12 II). Nach BGH JZ 1982, 470 = NJW 1982, 1585 = WM 1982, 707 = JuS 1982, 775 (KARSTEN SCHMIDT) gilt das auch für den gemäß §§ 818 Abs 4, 819 Abs 1 verschärft haftenden Bereicherungsschuldner. Die Vorstellung ist die, daß der Schuldner Sachen aus der unerschöpflichen Gattung Geld schuldet. Die Bestimmung ist aber sicherlich nicht unmittelbar anwendbar, denn die Geldschuld ist weder eine Gattungsschuld noch überhaupt eine Sachschuld (Vorbem C 4). Wer Geld schuldet, schuldet eine gegenständlich nicht bestimmte Vermögensleistung. Aus demselben Grund ist aber auch eine dem § 279 entsprechende Sonderregel entbehrlich, denn der Gedanke einer befreienden Unmöglichkeit ist dem Recht der Geldschuld schon im Ausgangspunkt fremd. Eine Rechtsordnung, die die Zahlungsunfähigkeit zum Konkursgrund erklärt, geht mit stillschweigender Selbstverständlichkeit davon aus, daß Zahlungsunfähigkeit den Schuldner nicht befreien kann (so oder ähnlich STAUDINGER-MEDICUS § 243 Rz 18; STAUDINGER-LÖWISCH § 279 Rz 2; LARENZ I § 12 III; ESSER-EIKE SCHMIDT I/1 § 12 III 3; LEMPPENAU, Gattungsschuld und Beschaffungspflicht [1972] 114; VON MAYDELL, Geldschuld 12; MünchKomm-EMMERICH § 279 Rz 3; SCHLEGELBERGER-HEFERMEHL, HGB [5. Aufl] Anh 361 Rz 19; BALLERSTEDT, FS Nipperdey [1955] 267 f; SIMITIS AcP 159 [1960] 445 f; jetzt auch ERMAN-BATTES § 279 Rz 3). Nicht einmal eine analoge Anwendung des § 279 ist deshalb angezeigt (LEMPPENAU 112 ff). Vgl auch § 244 Rz 61 ff *zur devisenrechtlich bedingten Unmöglichkeit* der Erfüllung einer Fremdwährungsschuld. Ein *Währungswechsel* oder der Untergang der geschuldeten Geldsorte führt gleichfalls nicht zum Erlöschen der Geldschuld, sondern zur Umstellung (vgl Vorbem A 30; RGZ 107, 370, 371; ESSER-EIKE SCHMIDT I/1 § 12 II 2.3; zur Lehre vom rekurrenten Anschluß vgl in diesem Zusammenhang auch F A MANN JZ 1965, 450). Selbst eine sog überobligationsmäßige Schwierigkeit (sog wirtschaftliche Unmöglichkeit), die man nach § 242 in Ausnahmefällen berücksichtigen mag (vgl zur Behandlung von Altschulden in der

Wiederaufbausituation nach dem Zweiten Weltkrieg NEHLERT NJW 1947/48, 142), führt nicht zum Erlöschen der Geldschuld, sondern kann nur den Verzugseintritt hindern. **Ein per se nach § 275 befreiendes Unvermögen gibt es bei der Geldschuld nicht.** Da nach der gesetzlichen Interessenwertung der Käufer einer Sache das Risiko der Geldbeschaffung zur Zahlung des Kaufpreises trägt, stellt die mangelnde Zahlungsfähigkeit auch keinen Fortfall der Geschäftsgrundlage des Kaufvertrages dar (BGH WM 1982, 532). Besondere gesetzliche Befreiungstatbestände und Einreden bei Entreicherung oder Erschöpfung eines Vorrats (§§ 818 Abs 3, 1973, 1989 f etc) sind hierdurch nicht ausgeschlossen.

b) An der herrschenden, bisher wohl einhelligen Ansicht ist entgegen neuerdings aufkommender **Kritik** festzuhalten. Solche Kritik üben einzelne rechtspolitisch motivierte Stimmen (REIFNER, Alternatives Wirtschaftsrecht am Beispiel der Verbraucherverschuldung [1979] 308 ff; AK-BGB-DUBISCHAR § 279 Rz 6). Stein des Anstoßes ist für REIFNER der dem BGH unterstellte Satz: ,,Geld hat man zu haben" (REIFNER 308 mit Fehlzitat BGH LM Nr 5 zu § 275). REIFNER sieht diesen Gedanken nur dort als zutreffend an, wo Geld und Waren zu Gewinnerzielung eingesetzt werden (308), nicht aber auf der Konsumentenebene (309 f). Hier werde ,,aus dem Schein, den das Geld auf einer bestimmten Stufe des gesellschaftlichen Entwicklungsprozesses ausstrahlt" durch ,,ideologische Gleichstellung von Verhältnissen der individuellen Konsumtion und Verhältnissen der Kapitalverwertung in der Zivilrechtsdogmatik" ein der ,,Kapitalsphäre" entnommenes Maß unzulässig verallgemeinert (311). Im Ergebnis behandelt REIFNER (317) die Geldschuld beim Konsumentenkredit als eine auf das verfügbare Einkommen (315) des Schuldners beschränkte Gattungsschuld. Die von REIFNER diskutierten ökonomischen Spannungsverhältnisse im scheinbar so einheitlichen Rechtsbild der Geldschuld sind offenbar. Offenbar ist aber auch die zivilrechtsdogmatische Unhaltbarkeit seines Lösungsansatzes. Nicht der ,,Schein, den das Geld auf einer bestimmten Stufe des gesellschaftlichen Entwicklungsprozesses ausstrahlt", sondern REIFNERS eigenes Gedankengebäude ist ideologischer Natur. Der Fortbestand einer Geldschuld bei jeder (auch der unverschuldeten) Zahlungsunfähigkeit knüpft keine Sanktion an die Zahlungsunfähigkeit (Schuldturm), sondern er besagt nur, daß die Forderung für den Zweck quotenmäßiger (Konkurs), evtl sogar vollständiger Befriedigung des Gläubigers (wenn der Schuldner wieder zu Geld kommt) fortbesteht. Er verhindert nur, daß dem Gläubiger über das wirtschaftliche Insolvenzrisiko hinaus auch noch ein rechtliches Insolvenzrisiko aufgebürdet wird. Die von REIFNER attackierte Formel ,,Geld hat man zu haben" ist als Erklärung der hM irreführend und damit unbrauchbar, denn der bloße Fortbestand der Geldschuld bei Zahlungsunfähigkeit ist keine Sanktion dieses Grundsatzes. REIFNERS Lösungskonzept steht aber nicht nur in der Begründung auf schwachen Füßen, es führt auch in den Rechtsfolgen nicht weiter. Die Rechtsfigur der beschränkten Gattungsschuld ist statisch angelegt. Ihr liegt die Begrenzung auf einen Vorrat zugrunde. Die Beschränkung der Haftung ,,auf eine bestimmte Vermögensmasse" (317) kann der Sache nach keine beschränkte Gattungsschuld, sondern nur eine gegenständlich beschränkte Haftung (Haftung ,,cum viribus bonorum") sein, also eine ganz andere Rechtsfigur. Sieht man aber mit REIFNER das verfügbare Einkommen als eine (sich ständig ändernde) ,,bestimmte Vermögensmasse" an, aus der der Schuldner zu zahlen hat, so kann doch das (stets nur vorübergehende) Fehlen solchen Einkommens nicht zum Erlöschen der Geldschuld führen, sondern allenfalls den Eintritt des Schuldnerverzuges hindern (dazu Vorbem C 31). Auch nach REIFNER tritt dauerndes, befreiendes Unvermögen nur in zwei Fällen ein: im Todesfall bei Erschöpfung des Nachlasses und im Fall dauernder Arbeitsunfähigkeit (322 f). Im ersten Fall ist REIFNERS Konstruktion überflüssig (arg §§ 1975 ff), im zweiten Fall ist das Ergebnis unhaltbar. Endgültiges Unvermögen des C 30

Schuldners zur Zahlung kann niemals, auch nicht im Fall der Erwerbsunfähigkeit, angenommen werden. Das geltende Recht der Geldschuld sieht jeden, auch den zZ zahlungsunfähigen Schuldner als potentiell zahlungsfähig an. Vermögenssubstanz und Vermögenserwerb des Schuldners werden durch §§ 811 ff, 850 ff ZPO gegen Zugriffe des Gläubigers auf das iS von Reifner nicht „verfügbare“ Vermögen und Einkommen geschützt. Die Frage des Leistungsunvermögens ist der falsche Ansatzpunkt für ein sich sozial gebärdendes Zivilrecht.

C 31 **5. Schuldnerverzug**

a) **Schuldnerverzug** tritt unter den allgemeinen Voraussetzungen der §§ 284 ff ein. Eine *Exkulpation des Schuldners* nach § 285 bei Vorliegen der objektiven Voraussetzungen des § 284 ist zwar nicht grundsätzlich ausgeschlossen, kann aber nicht auf unverschuldetes Unvermögen gestützt werden (so, teils unter Berufung auf § 279, im Ergebnis die hM; vgl Staudinger-Löwisch § 285 Rz 8; Fikentscher § 45 II 3; MünchKomm-Walchshöfer § 285 Rz 2; Roth JuS 1968, 106; vgl auch RGZ 75, 335, 337; BGHZ 36, 344, 345; BGH WM 1982, 399; BAGE 10, 176, 181; 11, 20). Üblicherweise wird dieser Grundsatz auf den Gedanken gestützt, wenn Zahlungsunfähigkeit den Schuldner nicht nach § 275 befreie, dann könne sie ihn auch nicht nach § 285 exkulpieren. Eine Selbstverständlichkeit ist dieser gedankliche Schritt nicht (vgl auch Prot in Mugdan II 536). Anders als beim Problem des befreienden Unvermögens geht es hier wirklich um einen Grundsatz des Vertretenmüssens, den Reifner (Alternatives Wirtschaftsrecht am Beispiel der Verbraucherverschuldung [1979] 308) mit den Worten kennzeichnet und kritisiert: „Geld hat man zu haben.“ Hier – nicht beim befreienden Unvermögen – könnte Reifners Kritik (Vorbem C 30) der hM also ansetzen. Aber der Grundsatz der hM entspricht eindeutig dem Willen des Gesetzgebers (vgl Prot in Mugdan II 537; Jakobs-Schubert, Die Beratung des BGB, Recht der Schuldverhältnisse I [1978] 299, 303). Er hat zwar entgegen den Beratungen der II. Kommission nicht bei § 285 Platz gefunden. Die Kommission sah aber von vornherein eine Verbindung zu § 237 E I, aus dem auch § 279 hervorgegangen ist, und hierauf beruht wohl die fehlende Klarstellung im Gesetz. Es handelt sich deshalb – anders als beim Problem des befreienden Unvermögens – um eine bei § 285 beheimatete, *analog § 279 zu entwickelnde Regel:* „Auf unverschuldete Zahlungsunfähigkeit kann sich der Schuldner nicht berufen“ (Prot in Mugdan II 537). Einzelergebnissen, die schlechterdings unvertretbar sind, kann nicht durch Außerkraftsetzung dieser Regel begegnet werden (vgl aber Reifner 314 ff, 320 f: Beschränkung der Leistungspflicht auf das „verfügbare Einkommen“; vgl auch zur Geldschuld im Wiederaufbau Nehlert NJW 1947/48, 142). Es kann nur in Extremfällen durch gerechte Einzelfallösung nach § 242 geholfen werden.

C 32 b) Die **Verzugsfolgen** (insbes Verzinsung und Ersatz des Verzugsschadens) ergeben sich aus §§ 286 ff. Da ein Entwertungsschaden als Verzugsschaden geltend gemacht werden kann (Vorbem D 335 f), kehrt sich das Entwertungsrisiko im Verzugsfall um. Jedoch ist ein Schaden des Gläubigers erforderlich. Keineswegs ergibt sich aus § 286 eine allgemeine Dynamisierung von Geldsummenschulden im Verzug.

C 33 c) Eine **Beendigung des Schuldnerverzuges** tritt nach allgemeinen Regeln ein (dazu Staudinger-Löwisch § 284 Rz 61 ff). Die *Beendigung durch nachträgliche Leistung* tritt ein, sobald der Schuldner das zur Vornahme der Leistungshandlung seinerseits Erforderliche getan hat (Staudinger-Löwisch § 284 Rz 62). Die Verzögerungsgefahr trägt auch nach Verzugseintritt der Gläubiger. Die Verzugsfolgen enden deshalb nicht erst mit dem Empfang des Geldes, sondern es entscheidet der in Vorbem C 25 entwickelte Zeitpunkt. Das gilt vor allem für die Zahlung mittels Scheck oder

Überweisung (BGH NJW 1969, 875; OLG Karlsruhe NJW 1955, 504 f; MünchKomm-Walchshöfer § 284 Rz 44; Eisenhardt JuS 1970, 489 f). Besonders wichtig ist dies für das Entwertungsrisiko. Dieses ist grundsätzlich Teil der vom Gläubiger zu tragenden Verzögerungsgefahr (Vorbem C 27); mit Verzugseintritt geht es nach § 286 auf den Schuldner über (Vorbem D 335 f); bewirkt der Schuldner die Leistung, so liegt die Verzögerungsgefahr wieder beim Gläubiger.

6. Gläubigerverzug C 34

a) Gläubigerverzug tritt nach § **294** nur ein, wenn der Schuldner die *Leistung* so, *wie sie zu bewirken ist,* auch tatsächlich anbietet. Bloße Leistungsbereitschaft genügt nicht (RGZ 109, 324, 328; MünchKomm-Walchshöfer § 294 Rz 2). *Bare Mittel* (Geldzeichen) müssen mindestens ausgesondert sein (RG LZ 1925, 256 = JW 1925, 470). Aber das bloße Aussondern von Geldstücken ohne tatsächliches Angebot genügt noch nicht. Doch reicht es aus, wenn der Schuldner zum Ausdruck bringt, daß er das Geld bei sich hat und leistungsbereit ist (Staudinger-Löwisch § 294 Rz 9; RGZ 85, 415, 416). Entsprechendes gilt bei unbarer Leistung. Bereithalten des Betrags bei der Bank genügt nicht (RGZ 108, 158, 160), auch dann nicht, wenn die Bank dem Gläubiger den Zahlungsauftrag mitteilt (Staudinger-Löwisch § 294 Rz 9; RGZ 109, 324, 327 f). Bei unbarem Angebot wird idR Eingang bei der Bank des Gläubigers als ausreichend, aber auch als erforderlich angesehen (Staudinger-Löwisch § 294 Rz 9). Voraussetzung hierfür ist, daß überhaupt mit befreiender Wirkung auf das betreffende Konto gezahlt werden kann (dazu Vorbem C 46 f). Notfalls muß deshalb nach hM der Schuldner nach § 294 Barzahlung anbieten. Die *zunehmende Verkehrsbedeutung der Zahlung mit Buchgeld* (Vorbem C 39 ff) läßt diesen Vorrang des Barangebots jedenfalls bei solchen Gläubigern als überholt erscheinen, die ein Girokonto unterhalten und denen die Entgegennahme unbarer Zahlung angesonnen werden kann. Soweit nicht Barzahlung vereinbart oder nach den Umständen des Einzelfalls objektiv allein angemessen ist, müssen vor allem Behörden und Unternehmensträger auf Anfrage ein Empfangskonto mitteilen, falls dieses nicht dem Schuldner bereits mitgeteilt ist. Ein solcher Gläubiger kommt in Verzug, wenn er der Aufforderung des Schuldners, ein Konto zu benennen, nicht nachkommt und damit die ihm angebotene (§ 295 S 2) Leistung nicht annimmt (§ 293).

b) Unter den **Rechtsfolgen des Gläubigerverzuges** ist der *Gefahrübergang* hervorzuheben. **§ 300 Abs 2** findet entsprechende Anwendung (Vorbem C 12). Die Frage, ob § 300 Abs 2 auf das *Entwertungsrisiko* anzuwenden ist, stellt sich nur bei denjenigen Entwertungsrisiken, die nicht von vornherein vom Gläubiger getragen werden (ähnlich bereits Vorbem C 27 zu § 270 Abs 1). Es versteht sich, daß nur diejenigen Gefahren, die nach allgemeinen Grundsätzen vom Schuldner zu tragen sind, analog § 300 Abs 2 auf den Gläubiger übergehen können. Bei der Gattungsschuld setzt allerdings dieser Gefahrübergang nach hM voraus, daß konkrete Gattungssachen ausgesondert sind, so daß der bloße Gläubigerverzug aufgrund wörtlichen Angebots nicht genügt (vgl nur BGH WM 1975, 917, 920; einschränkend Schröder MDR 1973, 466). Die ältere Praxis übertrug diese Voraussetzung auch auf die Geldschuld (vgl nur RG JW 1925, 470 mAnm von Tuhr; OLG Breslau JW 1928, 2876, 2877 mAnm Boesebeck; OLG Frankfurt JW 1928, 2877). Das Bereithalten von Geld soll danach nicht genügen; erforderlich ist die Aussonderung bestimmter Geldzeichen. Diese Praxis ist Ausdruck der hier nicht geteilten Orientierung der Geldschuld am Modell der Sachschuld (vgl gegen diese Betrachtung Vorbem C 4). *Den Vorzug verdient folgende Auffassung:* Der analog anzuwendende § 300 Abs 2 bezieht sich nur auf die nach allgemeinen Regeln vom Schuldner zu tragenden Verlustrisiken. Nach den C 35

Ausführungen bei Vorbem C 27 bezieht sich deshalb die Gefahrtragung nicht auf das Geldentwertungsrisiko (STAUDINGER-LÖWISCH § 300 Rz 14; anders die ältere Praxis, die aber die Anwendung im Ergebnis meist am Fehlen der Konkretisierung scheitern ließ und betonte, daß sich die Aufwertung auch noch im Gläubigerverzug fortsetzen könne; RG JW 1929, 229; DJZ 1927, 199; OLG Breslau JW 1928, 2876, 2877 mAnm BOESEBECK; OLG Frankfurt JW 1928, 2877). Sie bezieht sich auf das Verlustrisiko unter Einbeziehung des Verlusts durch Demonetisierung des zur Zahlung verwendeten Geldes (str; vgl zum Währungsrisiko die Nachweise bei BGH LM Nr 5 zu § 12 HöfeO). Unter das Verlustrisiko fällt bei Buchgeld wohl auch das Insolvenzrisiko bei der Schuldnerbank (vgl Vorbem C 26). Für den Gefahrübergang genügt es, wenn entweder Geldzeichen (angebotene Barzahlung) oder Buchgeld (Überweisungsauftrag; Festlegung auf Sonderkonto) dergestalt ausgesondert sind, daß bei Verlust die Identität der verlorenen Summe mit dem Zahlungsbetrag feststellbar ist. Ungeklärt ist noch, ob auch das Stehenlassen des Betrages auf einem größeren Konto ausreicht (vgl zur „Sammelaussonderung" im unmittelbaren Anwendungsbereich des § 300 Abs 2 SCHRÖDER MDR 1973, 466 f). Die Frage wird nur ausnahmsweise praktisch (bei Konfiskation ausländischer Konten; evtl auch bei Anwendung des § 300 Abs 2 auf den Konkurs der Schuldnerbank).

III. Die Erfüllung der Geldschuld

C 36 1. Barzahlung

Schrifttum: BOECKLER, Die Bezahlung von Geldschulden, VerkRdsch 2 [1923] 247; FALCK, Das Geld und seine Sonderstellung im Sachenrecht (1960); FÖGEN, Geld- und Währungsrecht (1969) § 2; SCHOENFELD, Die Verteilung der Beweislast beim Verlust einer Geldsendung, Recht 1902, 393.

C 37 a) Geldschulden werden durch **Verschaffung von Eigentum** (§ 929) und Besitz an Geldzeichen (Banknoten oder Scheidemünzen) der geschuldeten Art und Menge erfüllt (ESSER-EIKE SCHMIDT I/1 § 17 V). Barzahlung ist auch die Schuldtilgung mittels Postanweisung, denn hier erhält der Gläubiger den Betrag in Geldzeichen ausgehändigt. Dagegen ist die Einzahlung auf ein Gläubigerkonto bereits ein Fall der Erfüllung mit Buchgeld (ESSER-EIKE SCHMIDT I/1 § 17 V 1).

C 38 b) **In welcher Währung** zu erfüllen ist, ergibt sich aus § 244 Rz 16 ff. **Welche Geldzeichen** der Gläubiger annehmen muß, wird sich selten aus dem Schuldverhältnis ergeben (wo dies der Fall ist, liegt idR keine Geldschuld vor; Vorbem C 4 ff). Die Frage ist für Münzen geregelt in § 3 MünzG 1950. Danach müssen Bundes- und Landeskassen Scheidemünzen in jedem Betrag annehmen (§ 3 Abs 2 MünzG). Andere Gläubiger müssen Münzen nur bis zu bestimmten Beträgen annehmen, nämlich Münzen bis 50 Pfg nur bis zum Betrag von 5 DM, Münzen über 1, 2 und 5 DM nur bis zum Betrag von 20 DM (§ 3 Abs 1 MünzG). Im Einzelfall entscheidet sich die Frage, ob der Gläubiger Zahlung in unpassenden Banknoten oder Münzen zurückweisen darf und ob er Wechselgeld bereithalten muß, nach § 242 (vgl statt vieler FÖGEN 12 f). Im übrigen gelten für die Erfüllung der Geldschuld die §§ 362 ff. Die Verfasser des BGB haben auf Sonderregeln verzichtet (Mot in MUGDAN II 7 f). Zur Gefahrtragung und zum Verspätungsrisiko vgl Vorbem C 20 ff.

C 39 2. Bargeldloser Zahlungsverkehr

Schrifttum (Auswahl; vgl noch zum Lastschriftverfahren und zur Zahlung mittels Scheck Vorbem C 50 und C 52): BETTERMANN, Kriegsbedingte Störungen im Überweisungsverkehr, ZHR 111 (1948) 135; BÖTTICHER, Scheck und Giroüberweisung im Konkurs des Ausstellers und der bezogenen Bank, Diss Hamburg 1953; BERNINGHAUS, Die Stornierungsbefugnis der Banken gemäß Ziff 4, Abs III

AGB Banken (1980); von Caemmerer, Girozahlung, JZ 1963, 446; Canaris, Bankvertragsrecht (2. Aufl 1981) Rz 300 ff; ders, Lastschrift und Verfügungsbefugnis bei Bankkonten, NJW 1973, 825; ders, Einwendungsausschluß und Bereicherungsausgleich im Girovertragsrecht, BB 1972, 774; ders, Grundprobleme des bankgeschäftlichen Abrechnungsverkehrs, WM 1976, 994; Duden, Der Gestaltwandel des Geldes und seine rechtlichen Folgen (1968); Grimberg, Rechtsfragen zur Giroüberweisung, Archiv für das Spar-, Giro- und Kreditwesen 14 (1972) 41; Hadding, Neuere Rechtssprechung zum bargeldlosen Zahlungsverkehr, JZ 1977, 281; Hadding-Häuser, Rechtsfragen des Giroverhältnisses, ZHR 145 (1981), 138; Häuser, Giroverhältnis, in: Bundesminister der Justiz, Gutachten und Vorschläge zur Überarbeitung des Schuldrechts (1981) 1323; Hefermehl, Rechtsfragen des Überweisungsverkehrs, FS Möhring (1975) 381; Helbig, Die Giroüberweisung, Diss München 1970; Hellner, Rechtsprobleme des Zahlungsverkehrs unter Berücksichtung der höchstrichterlichen Rechtsprechnung, ZHR 145 (1981) 109; Herz, Das Kontokorrent (1974); Hildebrand, Die Rechtsstellung des Auftraggebers zu der Empfängerbank im Überweisungsverkehr, BankArch 1941, 289; Isele, Geldschuld und bargeldloser Zahlungsverkehr, AcP 129 (1928) 129; Kolbenschlag, Rechtliche Probleme der Stornierungspraxis bei Kreditinstituten, WM 1970, 174; Koller, Die Bedeutung der dem Überweisungsbegünstigten erteilten Gutschrift im Giroverkehr, BB 1972, 687; Kübler, Der Einfluß der Konkurseröffnung auf den Überweisungsverkehr des Gemeinschuldners, BB 1976, 801; Kümpel, Das Stornorecht der Kreditinstitute, WM 1979, 378; Kupisch, Bankanweisung und Bereicherungsausgleich, WM-Beilage 3/1979; Lieseke, Das Bankguthaben in Gesetzgebung und Rechtsprechung, WM 1975, 214, 238, 286, 314; Löffelholz, Zahlungsverkehr und Bankbetrieb (1935); Maser, Nochmals: Gutschrift auf dem Konto pro Diverse, NJW 1959, 1995; Mellerowicz, Der Zahlungsverkehr in Deutschland (1962); Meyer-Cording, Das Recht der Banküberweisung (1951); Möschel, Fehlerhafte Banküberweisungen und Bereicherungsausgleich, JuS 1972, 297; Nebelung, Gutschriften auf dem Konto pro Diverse, NJW 1959, 1068; Obermüller, Die Bank im Konkurs ihres Kunden (2. Aufl 1982) Rz 170 ff; ders, Zahlungsverkehr bei Insolvenz des Empfängers – Warnpflichten der Empfängerbank? ZIP 1981, 1045; von Olshausen, Die fehlgelaufene Postschecküberweisung, JuS 1974, 81; Otto, Grenzlinien des Stornorechts der Banken, BB 1978, 822; Otto-Stierle, (Fehl-)Entwicklungen im girovertraglichen Stornorecht der Kreditinstitute? WM 1978, 530; dies, Grenzlinien des Stornorechts der Banken, BB 1978, 987; Pikart, Die Rechtsprechung, des Bundesgerichtshofes zum Überweisungs- und Zahlungsverkehr, WM 1955, 390; Polke, Der Zahlungsverkehr der Banken im In- und mit dem Ausland (1978); Putzo, Erfüllung mit Buchgeld und die Haftung der Beteiligten wegen ungerechtfertigter Bereicherung (1977); Riesenkampff, Der Anspruch des Überweisungsempfängers im Konkurs der Absenderbank, NJW 1976, 321; Rospatt, Rückgängigmachung irrtümlicher Banküberweisungen, BankArch 1933/34, 499; ders, Unter welchen Voraussetzungen erwächst einem Dritten, zu dessen Gunsten eine Banküberweisung erfolgt, ein Rechtsanspruch gegen die Bank? BankArch 1933, 320; Schaudwet, Bankenkontokorrent und AGB (1967); Schoele, Das Recht der Überweisung (1937); Schoenle, Bank- und Börsenrecht (2. Aufl 1976) § 30; Schütz, Widerruf bei Zahlungen und Überweisungen, AcP 160 (1961) 17; Schwark, Bereicherungsansprüche bei Banküberweisungen, WM 1970, 1334; Severing, Der Zahlungsverkehr (1952); von Stebut, Geld als Zahlungsmittel und Rechtsbegriff, Jura 1982, 561; Stierle, Der Bereicherungsausgleich bei fehlerhaften Banküberweisungen (1980); Thywissen, Sind Bankguthaben Geld im Rechtssinne? BB 1971, 1347; Wirth, Die Rückabwicklung fehlgeschlagener Banküberweisungen (1975); Wunschel, Rechtsfragen der Banküberweisung, NJW 1958, 1764; nach Drucklegung: Baumbach-Duden-Hopt, HGB (25. Aufl 1983) Anh 7 III; Godschalk, Computergeld (1983).

a) Im Rechtsleben sind **der bargeldlose und der bargeldersparende Zahlungsverkehr** C 40
(vgl zu den Begriffen Putzo 1) mehr und mehr neben die Barzahlung getreten, die ihren Platz nur bei Alltagsgeschäften uneingeschränkt behauptet. Der Stand der Entwicklung ist eingehend geschildert bei Hellner ZHR 145 (1981) 109 ff. Mit von Stebut (Jura 1982, 567) kann heute konstatiert werden, daß die wirtschaftliche Gleichrangigkeit neben dem Verkehr mit barem Geld keiner nähreren Begründung mehr bedarf. Welche zivilrechtlichen Konsequenzen hieraus zu ziehen sind, ist spätestens seit den 20er Jahren als umstritten zu bezeichnen (vgl einerseits Nussbaum, Das Geld 68; anderseits Hoeniger WeltwirtschaftsA 24, 211; Isele AcP 129 [1928] 129). Die *Erfüllung mit Buchgeld* (Buchgeld und Giralgeld werden hier, was terminologisch umstritten ist, gleichgesetzt; vgl Vorbem A 18) nimmt bereits so breiten Raum ein, daß vielfach empfohlen wird, das Giralgeld dem Sachgeld in

rechtlicher Hinsicht gleichzustellen, und zwar auch hinsichtlich der Erfüllung der Geldschuld (vgl nur Fögen 15; Schlegelberger-Hefermehl, HGB [5. Aufl] Anh § 361 Rz 1; Reinhardt, FS Boehmer [1954] 70 f; Isele AcP 129 [1928] 185; Simitis AcP 159 [1960] 435; von Stebut Jura 1982, 568 f; eingehend Thywissen BB 1971, 1347; anders die hergebrachte Auffassung; vgl etwa Meyer-Cording 128 mwN). Zur grundsätzlichen Bedeutung der Frage vgl Vorbem A 18. In Anlehnung an die Lehre von der Relativität des Geldbegriffs (Vorbem A 9) hat aber bereits Isele (AcP 129 [1928] 183 f) angedeutet, daß nicht eigentlich der Geldbegriff, sondern die *Inhaltsbestimmung der Geldschuld* den Ausschlag geben muß (im Ergebnis aber doch für generelle Gleichsetzung des bargeldlosen Verkehrs mit dem Zahlungsverkehr im Bereich der Geldschuld Isele AcP 129 [1928] 185). Es kommt nicht darauf an, ob Buchgeld „Geld im Rechtssinne" ist, sondern darauf, ob unbare Zahlung „geschuldete Leistung" iS von § 362 Abs 1 ist (richtig Putzo 69, allerdings mit unzutreffender Berufung auf Helfferich 75 ff). Da die Geldschuld *tatsächlich* auf unterschiedliche Weise, nämlich durch bare oder durch unbare Zahlung, erfüllt werden kann, ist stets zu fragen, ob die geleistete Zahlung *obligationsmäßige Erfüllung* ist. Die Frage stellt sich bei barer Zahlung insoweit nicht, als ein Annahmezwang besteht (dazu Vorbem C 38), sie stellt sich aber bei der Zahlung mit Buchgeld. Bei der Beurteilung dieser Frage gehen allerdings diejenigen Argumente, die zur Einordnung des Buchgeldes unter einen institutionellen Geldbegriff führen können, doch wieder in die Diskussion ein: Buchgeld ist Verkehrsgeld und erfüllt, ebenso wie das Sachgeld, anerkanntermaßen die Funktion, Geldschulden zu tilgen. Die Frage ist nur, ob und unter welchen Voraussetzungen der Gläubiger die unbare Zahlung zurückweisen kann. Die Zahlung durch Giroüberweisung hat für die Beteiligten nicht nur praktische Vorteile, sondern auch Nachteile (Canaris, Bankvertragsrecht [2. Aufl] Rz 303). Einen *allgemeinen Annahmezwang* für Buchgeld kann man aus der Funktion des Buchgelds und des Überweisungsverkehrs auch nach heutiger Anschauung *nicht* herleiten (statt vieler Meyer-Cording 127; Canaris, Bankvertragsrecht [2. Aufl] Rz 466; aM Thywissen BB 1971, 1349 f). Die Bedeutung des Buchgelds im Verkehrsleben schlägt sich gleichwohl in der rechtlichen Beurteilung nieder (vgl. besonders Vorbem C 45, C 47).

C 41 Die **Tatbestände** *des bargeldlosen oder bargeldsparenden Zahlungsverkehrs* sind im Hinblick auf die Tilgungswirkung (§§ 362 ff) aus der Sicht des Gläubigers, nicht des Schuldners, zu bestimmen. Durch Zahlung mit Buchgeld erhält der Gläubiger nicht Eigentum an Geldzeichen, sondern eine Gutschrift auf einem ihm zustehenden Konto. Ob der Schuldner diese Gutschrift durch Überweisung (bargeldlose Zahlung) oder durch Barzahlung zugunsten des Kontos (bargeldsparende Zahlung) herbeiführt, ist ohne Belang. In beiden Fällen wird mit Buchgeld gezahlt (vgl auch Esser-Eike Schmidt I/1 § 17 V 1). Neben der Einzahlung oder Überweisung auf ein Konto des Gläubigers (Vorbem C 42 ff) gehört hierher namentlich das Lastschriftverfahren (Vorbem C 50 f). Bargeldloser bzw bargeldsparender Zahlungsverkehr ist auch die Begleichung einer Geldschuld mittels Scheck (Vorbem C 52 ff). Als weitere wichtige Form der bargeldsparenden oder bargeldlosen Forderungsbegleichung ist das Akkreditiv zu erwähnen (Vorbem C 55).

C 42 b) Die **Einzahlung oder Überweisung auf ein Bank- oder Postscheckkonto** ist der Grundfall der Erfüllung einer Geldschuld mit Buchgeld. Die Bareinzahlung auf das Gläubigerkonto ist bargeldersparende Zahlung; der Schuldner leistet Sachgeld, der Gläubiger erhält Buchgeld. Die Banküberweisung ist bargeldlose Zahlung durch Übertragung von Buchgeld von dem zu belastenden Konto des Überweisenden auf das Konto des Empfängers aufgrund Überweisungsauftrags.

C 43 **aa)** Die Einzahlung auf das Konto des Gläubigers oder die Banküberweisung ist **nicht Leistung an einen Dritten** iS von § 362 Abs 2, sondern Leistung an den Gläubiger als

Inhaber des Kontos; die Bank fungiert nur als Zahlstelle (BGHZ 53, 139, 142; BGH NJW 1974, 456, 458; LARENZ I § 18 II; ERMAN-H P WESTERMANN § 362 Rz 8; BGB-RGRK-WEBER § 362 Rz 20; aM wohl STAUDINGER-KADUK [10./11. Aufl] § 362 Rz 81; RGZ 133, 249, 253; OGHZ 4, 47, 49; OLG Celle OLGE 28, 86, 87). Anders, wenn das abgegebene Konto das eines Dritten ist (BGH WM 1971, 1500). Keine Leistung an einen Dritten liegt vor, wenn das Konto des richtig bezeichneten Empfängers lediglich unrichtig angegeben ist. Stimmen Name und Kontonummer nicht überein, so ist für die Bank der Name entscheidend, und die fehlgeleitete Gutschrift auf dem Konto eines Dritten unterliegt dem Stornorecht der Bank (OLG München WM 1971, 264; NJW 1950, 188, 189; CANARIS, Bankvertragsrecht [2. Aufl] Rz 331; SCHLEGELBERGER-HEFERMEHL, HGB [5. Aufl] Anh § 365 Rz 92; krit aber HELLNER ZHR 145 [1981] 129 ff; HADDING-HÄUSER ZHR 145 [1981] 144 f). Nr 4 Abs 3 Satz 2 AGB Banken, wonach die Bank bei Überweisungsaufträgen die Kontonummer als maßgeblich ansehen darf, wird von CANARIS (aaO Rz 331, 523, 2566) nur beim beleglosen Datenträgeraustausch, nicht aber beim herkömmlichen Überweisungsverkehr anerkannt (§ 9 AGBG; zweifelhaft!). Im Verhältnis zwischen Schuldner und Gläubiger kann eine Vertrauenshaftung des Gläubigers im Einzelfall, etwa wenn die falsche Angabe von ihm herrührte, dazu führen, daß der Gläubiger die Buchung auf dem unrichtigen Konto als Tilgung der Forderung gegen sich gelten lassen muß (CANARIS in Großkomm HGB [3. Aufl, Erstbearbeitung] Anh § 357 Anm 246; Bankvertragsrecht [2. Aufl] Rz 485).

bb) Umstritten ist, ob die zugunsten eines Gläubigerkontos erbrachte Leistung **Erfüllung** (§ 362 Abs 1) **oder Leistung an Erfüllung Statt** ist (§ 364 Abs 1). Die *traditionelle Auffassung* tritt für eine Anwendung des § 364 Abs 1 ein (STAUDINGER-KADUK [10./11. Aufl] Vorbem 62 zu § 362; § 364 Rz 30 f; RG Gruchot 37, 919, 920; RGZ 134, 73, 76; BGHZ 58, 108, 109; BGH NJW 1953, 897 = JZ 1953, 469 = LM Nr 1 zu § 364 mAnm PRITSCH; WM 1971, 1500; OGHZ 4, 47, 49; 4, 188, 194; OLG Celle OLGE 28, 86, 87; MEYER-CORDING 127; FIKENTSCHER § 29 I 4; § 39 I 3; BGB-RGRK-WEBER § 362 Rz 21; CANARIS, Bankvertragsrecht [2. Aufl] Rz 467). Die Befreiung des Schuldners hängt dann von der Einwilligung oder Genehmigung durch den Gläubiger ab (so auch, in Anwendung von § 362 Abs 2, RGZ 133, 249, 253). Die nach § 364 Abs 1 erforderliche Zustimmung des Gläubigers kann aber bereits in der Angabe einer Kontonummer auf Briefbögen, Rechnungen etc (RG Recht 1924 Nr 384; BGH NJW 1953, 897 = JZ 1953, 469 = LM Nr 1 zu § 364 mAnm PRITSCH; OGHZ 4, 47, 49; 4, 188, 194) oder in der widerspruchslosen Hinnahme bargeldloser Zahlungen auf das Konto liegen (RGZ 99, 257, 258; BGH WM 1955, 1473, 1476; OLG Hamburg HansRZ 1925, 441, 442). Überblick: ESSER-EIKE SCHMIDT I/1 § 17 V; SCHLEGELBERGER-HEFERMEHL, HGB (5. Aufl) Anh § 365 Rz 102. Die bloße Eröffnung eines Kontos ohne Mitteilung an den Schuldner ist noch kein Einverständnis mit der unbaren Zahlung auf dieses Konto (BGH NJW 1953, 897 = JZ 1953, 469 = LM Nr 3 zu § 364 mAnm PRITSCH; ESSER-EIKE SCHMIDT I/1 § 17 V 1; BGB-RGRK-WEBER § 362 Rz 21; CANARIS in Großkomm HGB Anh § 357 Anm 239; aM VON CAEMMERER JZ 1953, 446; ISELE AcP 121 [1928] 165; vgl auch LG Berlin JW 1916, 978). C 44

Nach einer *Gegenansicht* ist die Begleichung der Geldschuld mit Buchgeld Erfüllung, nicht also eine andere als die geschuldete Leistung (SCHOELE, Das Recht der Überweisung [1937] 240 ff; HELBIG, Die Giroüberweisung . . ., Diss Genf 1970, 85 ff; LARENZ I § 12 III Fn 15; § 18 IV; SCHÖNLE, Bank- und Börsenrecht [2. Aufl 1976] § 32 I; ERMAN-H P WESTERMANN § 362 Rz 8; MünchKomm-HEINRICHS § 362 Rz 17; PALANDT-HEINRICHS § 270 Anm 2 d; ISELE AcP 129 [1928] 165; SIMITIS AcP 159 [1960] 449 ff; SCHÜTZ AcP 160 [1961] 25; s auch ROLF H WEBER in Berner Komm Art 84 Rz 167).

C 45 **Stellungnahme:** Das Problem ist in dogmatischer Hinsicht ein solches des Geldschuldbegriffs und des Inhalts der geschuldeten Leistung. In praktischer Hinsicht besteht die Frage in der richtigen Verteilung von Regel und Ausnahme (ähnlich ISELE AcP 129 [1928] 165). In rechtlicher Hinsicht konzentriert sich das Problem, wie bei Vorbem C 40 bemerkt, nicht auf die Frage, ob Buchgeld Geld ist, sondern auf die Frage, ob die Verschaffung von Buchgeld Bewirkung der geschuldeten Leistung iS von § 362 ist. Auch wer Buchgeld als Geld im Rechtssinne anerkennt, braucht sich keineswegs für einen allgemeinen Annahmezwang bei Buchgeld auszusprechen (durchaus nicht inkonsequent deshalb SCHLEGELBERGER-HEFERMEHL, HGB [5. Aufl] Anh § 361 Rz 1 und § 365 Rz 102). Es geht bei der Frage, ob die Verschaffung von Buchgeld unter § 362 Abs 1 oder unter § 364 Abs 1 fällt, in erster Linie um die Wahrung berechtigter Gläubigerinteressen (sie werden verkannt bei THYWISSEN BB 1971, 1349). Aber die Anwendung des § 364 Abs 1 beruht auf einer Überbewertung dieser Interessen und ist mit den Anschauungen des Verkehrs nicht vereinbar. Nach der Verkehrsanschauung stehen Barzahlung und unbare Zahlung zueinander nicht, wie zB Zahlung und Befreiung von einer Verbindlichkeit (BGHZ 15, 154, 157), im Verhältnis der geschuldeten Leistung zur Leistung an Erfüllungs Statt (§§ 362 Abs 1, 364 Abs 1), sondern *es handelt sich um bloße Zahlungs-(Leistungs-)Modalitäten* (SIMITIS AcP 159 [1960] 449). Mindestens für den kaufmännischen Verkehr war dies bereits vor Jahrzehnten anerkannt (vgl RG Recht 1909 Nr 2789; OLG Dresden OLGE 37, 20, 21). Mit der Verbreitung der Postscheck- und Girokonten unter Privatleuten hat diese Verkehrsanschauung Allgemeingültigkeit erlangt. Die Rechtsfiguren der Wahlschuld, der facultas alternativa (gegen sie eingehend ISELE AcP 129 [1928] 180 f) und der Leistung an Erfüllungs Statt (§ 364 Abs 1) passen nicht auf diese bloße Modalität der Leistung (SIMITIS AcP 159 [1960] 449 f). Wenn die Art der Übermittlung geschuldeten Geldes dem Schuldner grundsätzlich frei zur Wahl steht (STAUDINGER-SELB § 270 Rz 7; für Bargeld RG LZ 1913, 380 = Recht 1913 Nr 915), dann hat dies im Grundsatz auch für die Frage, ob das Geld bar oder unbar übermittelt wird, zu gelten. Im Gegensatz zu § 364 Abs 1 bedarf es nicht eines – vom Schuldner im Streitfall zu beweisenden – besonderen Einverständnisses des Gläubigers. Hat der Schuldner den Betrag auf ein dem Gläubiger zustehendes Konto eingezahlt oder überwiesen, so ist dies als eine Bewirkung der geschuldeten Leistung anzusehen, sofern nicht eine andere Art der Zahlung vereinbart oder die gewählte Zahlungsart im Einzelfall für den Schuldner erkennbar mit den Gläubigerinteressen unvereinbar ist (Vorbem C 46 f).

C 46 cc) Die Modalitäten der geschuldeten Zahlung können sich zunächst aus den **Abreden der Parteien** ergeben. Ist *Zahlung auf ein bestimmtes Konto* vereinbart, so muß und kann der Schuldner vereinbarungsgemäß leisten. Die Leistung von Buchgeld ist dann die geschuldete Leistung (insoweit übereinstimmend auch BGB-RGRK-WEBER § 362 Rz 20 mwN). Ob hierfür die *Kontenangabe auf Briefbögen* genügt (so BGB-RGRK-WEBER aaO), kann nicht generell beantwortet werden, sondern bestimmt sich nach § 157 (eingehend, allerdings auf der Basis von § 364, CANARIS, Bankvertragsrecht [2. Aufl] Rz 468). Die Forderungstilgung durch Überweisung ist eindeutig ausgeschlossen, wenn ausdrücklich oder den erkennbaren Umständen nach *Barzahlung* vereinbart ist (KG JW 1925, 647). Aber nicht jede Barzahlungsklausel macht eine Forderungstilgung durch Überweisung unzulässig; es kommt auf den durch Auslegung zu ermittelnden Sinn und Zweck der Klausel an (KG JW 1933, 1468; CANARIS, Bankvertragsrecht [2. Aufl] Rz 469; SCHLEGELBERGER-HEFERMEHL, HGB [5. Aufl] Anh § 365 Rz 103; ISELE AcP 129 [1928] 169). Die Barzahlungsklausel kann die Bedeutung haben, daß lediglich die Verrechnung oder Hingabe eines Schecks, nicht aber die Bereitstellung von Buchgeld ausgeschlossen sein soll (OLG Hamburg HansRZ 1925, 440). „Netto Kasse" bedeutet nicht notwendig Barzahlung, sondern nur Ausschluß eines Skontoabzugs. Bei Rechtsgeschäften des täglichen Lebens wie alltäglichen Kauf-, Beförderungs- oder sonstigen Werk- bzw Dienstverträgen des Alltags kann regelmäßig Barzahlung als vertraglich vereinbart gelten (ISELE AcP 129 [1928] 169). Auch für die Begleichung von Geldschulden im Rahmen gesetzlicher Schuldverhältnisse können Gläubiger und Schuldner Vereinbarungen über die Zahlungsart treffen. Regelmäßig wird es sich hier indes nicht um verbindliche Abreden handeln, sondern um einseitige, vom Schuldner nur zur Kenntnis genommene Weisungen des Gläubigers (dazu Vorbem C 47). *Fehlt es an einer Abrede* über die Art der Erfüllung und hat der Gläubiger nicht um eine bestimmte Art der Zahlung gebeten, so steht dem Schuldner die Erfüllung in bar oder die Überweisung im Grundsatz zur Wahl. Die herrschende, von CANARIS (Bankvertragsrecht [2. Aufl] Rz 470) jüngst wieder ausführlich begründete Auffassung verlangt ein Einverständnis des Gläubigers mit der Überweisung auf das betreffende Konto (vgl nur CANARIS Rz 468; MEYER-CORDING 127 f; SCHLEGELBERGER-HEFERMEHL, HGB [5. Aufl] Anh § 365 Rz 102; ERMAN-H P WESTERMANN § 362 Rz 8; aM SCHÖNLE § 32 I; BÄRMANN-BRINK, Europäisches Geld-, Bank- und Börsenrecht I [1974] Rz 252). Eine Selbstverständlichkeit ist dies für diejenige Auffassung, die in der Überweisung eine Leistung an Erfüllungs Statt und keine Erfüllung sieht. Erkennt man dagegen mit der hier vertretenen Meinung in der Überweisung eine bloße Modalität der Erfüllung und lehnt man bei der Anwendung des § 362 die Vertragstheorie ab (Überblick bei ERMAN-H P WESTERMANN § 362 Rz 2), so kommt es nur noch darauf an, ob die Erfüllung obligationsmäßig ist (Vorbem C 41). Da die Zahlung mit Buchgeld keinem allgemeinen Annahmezwang unterliegt (Vorbem C 40), steht fest, daß der Gläubiger auf einer bestimmten Zahlungsart bestehen kann. Bare Zahlung kann er zwar nicht zurückweisen, soweit nicht eine Abrede (Vorbem C 46) oder die Verkehrssitte (§ 157) den Schuldner zur Überweisung anhält. Wohl aber kann der Gläubiger die Überweisung überhaupt oder die Überweisung auf ein bestimmtes Konto untersagen (ähnlich ISELE AcP 129 [1928] 165). Hat er dies nicht getan, aber auch kein Überweisungskonto genannt, so ist nach hM eine befreiende Überweisung auf ein dem Schuldner bekanntes Konto nicht möglich (RG Gruchot 37, 919 = JW 1892, 483; BGH NJW 1953, 897; CANARIS Rz 470 mwN). Es ist nach dieser Auffassung Sache des Schuldners, das Einverständnis des Gläubigers einzuholen. Diese hM hat gute Gründe der Interessenabwägung für sich. Der Gläubiger, nicht der Schuldner, bestimmt die Zahlstelle, bei der er die unbare Zahlung anzunehmen bereit ist. Die allgemeine Verbreitung der unbaren Zahlung ist auch für sich allein noch kein Grund, diese hM für überholt zu erklären. Obligationsmäßige Erfüllung besteht bei der Geldschuld in einer Leistung, die grundsätzlich unabhängig von den Modalitäten der Leistung als „gleich gut" angesehen wird. Girokonten von Gläubigern sind nicht immer „gleich gut". Die Frage ist nur, ob dieses Risiko dem Schuldner aufgeladen und ob der Gläubiger instand gesetzt werden soll, sich auf fehlendes Einverständnis zu berufen, wenn sich die Überweisung nachträglich als unvorteilhaft herausstellt. Die Zahlungspraxis sollte sich weiterhin auf die Lösung der hM einrichten. Aus dem zuletzt genannten Grund sprechen aber gravierende – wohl sogar überwiegende – Gründe für **folgende dem Schuldner günstigere Lösung:**

Bereits die **Existenz eines für die Entgegennahme derartiger Zahlungen nicht erkennbar ungeeigneten Gläubigerkontos** setzt den Schuldner instand, befreiend durch Einzahlung oder Überweisung auf dieses Konto zu leisten (so im Ergebnis namentlich von CAEMMERER JZ 1953, 447 f; in gleicher Richtung ROLF H WEBER in Berner Komm Art 84 Rz 166). Die Mitteilung von Kontonummern auf Briefen, Rechnungen etc dient nur der Information des Schuldners über diese Möglichkeit. Fehlt eine solche Angabe, so wird sich der Schuldner im eigenen Interesse nach einer Überweisungsmöglichkeit erkundigen. Das Risiko, ob ein Gläubigerkonto (noch) C 47 existiert, trägt, sofern nicht den Gläubiger im Einzelfall eine Mitteilungspflicht trifft (Anfrage des Schuldners; laufende Geschäftsverbindung etc), der Schuldner. Kennt er aber ein Gläubigerkonto und ist dieses nicht erkennbar ungeeignet für eine obligationsmäßige Zahlung, so wird der Schuldner befreit, gleichgültig woher seine Kenntnis rührt. Demgegenüber verweist die hM auf Fälle, in denen die Bank in Konkurs fällt, oder auf Fälle, in denen das Gläubigerkonto debitorisch, der Eingang auf diesem Konto also unwillkommen ist. Richtig ist, daß die bei Vorbem C 27 geschilderte Insolvenzrisikoverteilung zwischen Gläubiger und Schuldner erst Geltung verdient, wenn überhaupt durch Überweisung gezahlt werden darf. Aber der Gläubiger hat dieses Risiko für jede eingehende Zahlung im Verhältnis zu seinen Schuldnern auf sich genommen. Auch kann dem Gläubiger, wenn er nichts anderes angeordnet hat, angesonnen werden, die Zahlung auf ein im Debet befindliches Konto als Erfüllung gelten zu lassen (Isele AcP 129 [1928] 161 f; vgl auch OLG Dresden OLGE 37, 20, 21). Er kann diesen Nachteil oder das Insolvenzrisiko durch *Weisung an den Schuldner* von sich abwenden. Ist die Schuld bereits erfüllbar (§ 271 Abs 1), so trägt der Gläubiger, wenn er einen bestimmten Zahlungsweg anordnen will, das Risiko rechtzeitiger Information des Schuldners (unklar Isele AcP 129 [1928] 165, der die Ablehnung „bevor noch der Schuldner üblicherweise über seine Zahlungen disponiert" ausreichen läßt). Allerdings können nicht nur Weisungen des Gläubigers, sondern uU *auch sonstige aus Schuldnersicht zumutbarerweise erkennbare Umstände* eine befreiende Überweisung hindern, so das Vorhandensein von Sonderkonten. Der Gläubiger kann zB auch dann die Überweisung nachträglich zurückweisen, wenn in Zeiten extremer Inflation selbst kurzfristige Gutschrift des Betrags auf einem Girokonto einen beträchtlichen Entwertungsschaden erwarten läßt (Isele AcP 129 [1928] 165 mit Hinweis auf OLG Hamburg HansGZ 1924 H 257; 1925 H 203); jedenfalls kann dann der Gläubiger Schadensersatz wegen positiver Forderungsverletzung verlangen. Insgesamt bleibt damit das Risiko für den Schuldner, der sich des Einverständnisses seines Gläubigers nicht versichert hat, beträchtlich. Vermieden wird aber im Gegensatz zur hM, daß sich der Gläubiger im Nachhinein auf sein fehlendes Einverständnis beruft, um Nachteile von sich abzuwenden, die aus Schuldnersicht nicht ex ante erkennbar waren (debitorischer Kontenstand nach dem Überweisungsauftrag; Insolvenz der Bank nach Gutschrift). Die Streitfrage spielt, soweit ersichtlich, in der forensischen Praxis keine erhebliche Rolle. Da in den wichtigen Fällen der laufenden Geschäftsverbindung die Kenntnis des Schuldners vom Konto nicht auf Zufall, sondern auf einer Mitteilung des Gläubigers zu beruhen pflegt, wird es nur in Ausnahmefällen auf die Frage ankommen (Beispiel: Der Vermieter, der bisher nur Empfänger von Geldüberweisungen war, überweist eine zurückzuzahlende Kaution ohne entsprechende Weisung auf das ihm bekannte Konto des Mieters). In diesen Ausnahmefällen nimmt die hier vertretene Auffassung dem Schuldner ein erhebliches Prozeßrisiko ab und vermeidet Rechtsstreitigkeiten über das Einverständnis des Gläubigers.

C 48 **dd) Erfüllungswirkung** tritt im Fall der Banküberweisung mit der Gutschrift, auch ohne Kenntnis des Gläubigers, ein, aber auch erst mit der Gutschrift und nicht schon mit dem Anspruch auf Gutschrift (RGZ 54, 331; 105, 266, 269; 141, 289; BGHZ 6, 121, 122 f; 58, 108, 109; BGH BB 1971, 147, 148; WM 1982, 291, 293; OLG Hamburg HansRZ 1924, 142; Schönle, Bank- und Börsenrecht § 32 I; Canaris, Bankvertragsrecht [2. Aufl] Rz 419, 476; Schlegelberger-Hefermehl, HGB [5. Aufl] Anh § 365 Rz 105; Palandt-Heinrichs § 270 Anm 2 d; BGB-RGRK-Weber § 362 Rz 22; MünchKomm-Heinrichs § 362 Rz 18; von Caemmerer JZ 1953, 447; aM Schütz AcP 160 [1961] 18–28). Die bankrechtlichen, also das Giroverhältnis betreffenden, Grundlagen des Anspruchs auf Gutschrift und des Wirksamwerdens der Gutschrift finden sich mwN dargestellt bei Canaris aaO Rz 410–425 sowie bei Hadding-

HÄUSER ZHR 145 (1981) 158 ff; s auch KOLLER BB 1972, 687 ff. Die Erfüllungswirkung ist endgültig. Sie kann nicht, wie DIETRICH (AcP 170 [1970] 545) meint, dadurch rückgängig gemacht werden, daß etwa der Gläubiger noch von einer vor der Erfüllung vorhandenen Aufrechnungsbefugnis Gebrauch macht und das nun nachträglich rechtsgrundlos Erlangte dem Schuldner zurücküberweist (dagegen auch LARENZ I § 18 VI d).

ee) Für die **Gefahrtragung** gelten die Ausführungen von Vorbem C 20 ff. § 270 gilt auch für den bargeldlosen Verkehr (vgl nur BGH WM 1982, 291; SCHLEGELBERGER-HEFERMEHL, HGB [5. Aufl] Anh § 365 Rz 109; ISELE AcP 129 [1928] 173, 175; aM BRODMANN in Ehrenbergs Hdb IV/2 S 231). Der Schuldner trägt auch die Entwertungsgefahr im Fall einer Währungsumstellung (MEYER-CORDING 131 ff; SCHÖNLE, Bank- und Börsenrecht § 32 I; SCHLEGELBERGER-HEFERMEHL, HGB [5. Aufl] Anh § 365 Rz 111; CANARIS, Bankvertragsrecht [2. Aufl] Rz 477; vgl auch Vorbem C 27). Von der Erfüllungswirkung ist auch hier das **Verspätungsrisiko** zu unterscheiden. Dieses Risiko trägt der Gläubiger, wenn die Schuldnerbank rechtzeitig die zur Ausführung des Überweisungsauftrags erforderlichen Maßnahmen getroffen hat (Vorbem C 25). C 49

c) Das **Lastschriftverfahren***, von den Spitzenverbänden des Kreditgewerbes einheitlich geregelt durch das Abkommen über den Lastschriftverkehr (Wortlaut bei SCHÜTZ, Bankgeschäftliches Formularbuch [18. Ausg] 364 ff; FALLSCHEER-SCHLEGEL, Das Lastschriftverfahren [1977] 66 ff; CANARIS, Bankvertragsrecht [2. Aufl] Rz 536; Neufassung 1982: ZIP 1982, 750; dazu TERPITZ, Zur Neufassung des Lastschriftabkommens, Sparkasse 1982, 256; HADDING-HÄUSER, Zur Neufassung des Abkommens über den Lastschriftverkehr, WM-Sonderbeil 1/1983), tritt heute als dritte wichtige Art des bargeldlosen Zahlungsverkehrs neben Überweisung und Scheckzahlung. Mit der Überweisung besteht eine Gemeinsamkeit darin, daß Gläubiger und Schuldner Girokonten unterhalten müssen, aber der Unterschied besteht darin, daß der einzelne Zahlungsvorgang vom Gläubiger und nicht vom Schuldner eingeleitet wird. Der Schuldner erteilt entweder der Bank einen *Abbuchungsauftrag* oder dem Gläubiger eine – nach der Neufassung des Abkommens notwendig schriftliche – C 50

---

* **Schrifttum** (Auswahl): BADDE, Vertrag mit Schutzwirkung für Dritte im Lastschriftverfahren, Diss Münster 1979; BUCHAL, Problematische Urteile zum Lastschriftverkehr, Sparkasse 1978, 24; CANARIS, Bankvertragsrecht (2. Aufl) Rz 528 ff; DENCK, Der Mißbrauch des Widerspruchsrechts im Lastschriftverfahren, ZHR 144 (1980) 171; ENGEL, Rechtsprobleme um das Lastschriftverfahren (1966); FALLSCHEER-SCHLEGEL, Das Lastschriftverfahren (1977); FRANKE, Rechtsfragen im Bereich des Lastschriftverfahrens, Betrieb 1973, 1055; FRENZ-WINTERHALDER, Die unberechtigte Rückbelastung von Lastschriften beim Abbuchungsauftragsverfahren, Betrieb 1978, 1821; GREGOR, Grundlagen und verfahrenstypische Risiken des Lastschriftverfahrens, Diss Augsburg 1981; HADDING, Zivilrechtliche Beurteilung des Lastschriftverfahrens, FS Bärmann (1975) 375; ders, Das Lastschriftverfahren in der Rechtsprechung, WM 1978, 1366; HAHN, Das Zahlungs- und Inkassogeschäft der Banken (1970); HEGEL, Lastschriftverfahren und Widerspruchsrecht, Die Bank 1981, 611; HOLSCHBACH, Risiken der Forderungseinziehung im Lastschriftverfahren, Betrieb 1977, 1933; JAKFELD, Zum Risiko des Lastschrifteinzugsverkehrs, ZfKrW 1977, 152; KESSLER, Der Lastschrift-Einzugsverkehr (1966); LÜKE-PHILIPPI, Haftung der einlösenden Bank im Lastschriftverfahren, JuS 1978, 304; MÜTZE, Das Fehlerrisiko im bargeldlosen Zahlungsverkehr, Diss Köln 1980; OBERMÜLLER, Die Bank im Konkurs ihres Kunden (2. Aufl 1982) Rz 450 ff; PLEYER-HOLSCHBACH, Lastschriftverfahren und Monopolmißbrauch, Betrieb 1972, 761; POLKE, Der Zahlungsverkehr der Banken im In- und mit dem Ausland (1978); PUTZO, Betrug durch Angabe fingierter Forderungen im Lastschrift-Einzugsverkehr, NJW 1978, 689; SANDBERGER, Grundlagen und Grenzen des Widerspruchsrechts beim Lastschriftverfahren, JZ 1977, 285; SCHÖNLE, Bank- und Börsenrecht (2. Aufl 1976) § 32 IV; SKROTZKI, Lastschriftverfahren und Insolvenz, KTS 1974, 136; VIEHOFF, Automation im Zahlungsverkehr, ZfKrW 1967, 984; WOLFF, Zahlungsverkehrsabkommen im Kreditgewerbe, FS Bärmann (1975) 1057.

Einzugsermächtigung. Gegen die einzelne Buchung steht dem Schuldner ein Widerspruchsrecht zu. Höchstrichterliche Rechtsprechung zum Lastschriftverfahren (Auswahl): BGHZ 69, 82, 186; 72, 343; 74, 300, 309, 352 (Zusammenfassung in JuS 1980, 148 m Anm KARSTEN SCHMIDT); BGHZ 79, 381 = BB 1981, 754 = Betrieb 1981, 1083 = ZIP 1981, 489. Überblick nach Drucklegung bei BAUMBACH-DUDEN-HOPT, HGB (25. Aufl 1983) Anh 7 III A.

C 51 Wegen der Einzelprobleme des Lastschriftverfahrens muß auf das bankrechtliche Schrifttum, insbes jüngst auf die 2. Aufl des Bankvertragsrechts von CANARIS verwiesen werden. Im vorliegenden Zusammenhang geht es nur um die **Leistungsbewirkung durch Lastschriftvollzug:** Die Lastschriftabrede macht die Geldschuld zur Holschuld (LG Berlin WM 1975, 530, 531 f; CANARIS Rz 629; HADDING WM 1978, 1379). Die Geldforderung wird durch die Lastschriftabrede, ähnlich wie bei einer Leistung erfüllungshalber einredebehaftet in dem Sinne, daß sich der Gläubiger in erster Linie durch Lastschrifteinzug zu befriedigen hat (vgl CANARIS Rz 629). Dem Schuldner ist mit der Lastschriftabrede nicht generell die Barzahlung oder die Zahlung durch Überweisung untersagt (CANARIS Rz 632). Der Lastschrifteinzug bewirkt, wie die Banküberweisung, eine Erfüllung iS von § 362 Abs 1, nicht bloß eine Leistung an Erfüllungs Statt (aM CANARIS Rz 649). Freilich liegt eine Zahlungsmodalität vor, die eine Abrede zwischen Gläubiger und Schuldner und eine besondere Vollzugshandlung des Gläubigers voraussetzt. Erfüllungswirkung tritt mit der Gutschrift ein, dies aber unter der aufschiebenden Bedingung der Lastschrifteinlösung (näher CANARIS Rz 635) und unter der auflösenden Bedingung einer Rückbelastung wegen Widerspruchs des Schuldners (CANARIS Rz 636). Im einzelnen ist streng zwischen dem **Einziehungsermächtigungsverfahren** und dem **Abbuchungsverfahren** zu unterscheiden, wobei alle Lastschriften dem Einzugsermächtigungsverfahren unterworfen werden, die den Vermerk tragen: „Einzugsermächtigung des Zahlungspflichtigen liegt vor" (BGHZ 72, 343, 347; 74, 309, 311 = JuS 1980, 148 mAnm KARSTEN SCHMIDT). Nach Abschnitt III Nr. 1 des Abkommens über den Lastschriftverkehr kann die Zahlstelle (Schuldnerbank) Lastschriften, die auf einer Einziehungsermächtigung beruhen, zurückgeben und deren Wiedervergütung verlangen, wenn der Zahlungspflichtige der Belastung widerspricht (dazu eingehend HEGEL, Die Bank 1981, 611 ff). In diesem Fall hat die Zahlstelle den Widerspruch des Schuldners grundsätzlich ohne Rücksicht darauf zu befolgen, ob der Schuldner im Verhältnis zum Gläubiger zum Widerspruch berechtigt ist (BGHZ 74, 309 = JuS 1980, 148 m Anm KARSTEN SCHMIDT; CANARIS Rz 561; DENCK ZHR 144 [1980] 176 f). In diesem Fall trifft die Zahlstelle (Schuldnerbank) eine Schutzpflicht gegenüber dem Gläubiger (sog Vertrag mit Schutzwirkung für Dritte). Sie ist diesem gegenüber gehalten, die unbezahlte Lastschrift alsbald zurückzuleiten (Abschnitt II Nr 2) und kann dem Gläubiger zum Schadensersatz verpflichtet sein, wenn sie dies unterläßt (BGHZ 69, 82; CANARIS Rz 617; HOLSCHBACH Betrieb 1977, 1935; krit BADDE 78 ff, 169 ff; HADDING WM 1978, 1374 f; einschränkend auch HELLNER ZHR 145 [1981] 118 ff). Unwirksam ist der Widerspruch des Schuldners nur, wenn ein evidenter und beweisbarer Rechtsmißbrauch vorliegt (CANARIS Rz 562). Dann ist die Zahlstelle nicht nur berechtigt, sondern auch gegenüber dem Gläubiger verpflichtet, den Widerspruch unbeachtet zu lassen (CANARIS Rz 618; zu eng DENCK ZHR 144 [1980] 188 im Anschluß an SANDBERGER JZ 1977, 290). In diesem Fall kann der Schuldner auch der Gläubigerbank zum Schadensersatz verpflichtet sein, und zwar sowohl wegen Schutzpflichtverletzung (CANARIS Rz 612; aM wegen fehlenden Vertragsverhältnisses BGHZ 69, 186, 187 = NJW 1977, 2210; 74, 300 = NJW 1979, 1652; BGH WM 1979, 831; NJW 1979, 2146 = WM 1979, 994 = JuS 1980, 148 m Anm KARSTEN SCHMIDT) als auch aus § 826 (eingehend BGHZ 74, 300 = NJW 1979, 1652; BGH WM 1979, 831; NJW 1979, 2146 = WM 1979, 994 = JuS 1980, 148 m Anm KARSTEN

Schmidt; Canaris Rz 604 ff). Ein solcher Fall liegt insbesondere bei Lastschriftreiterei vor (vgl BGHZ 74, 309, 315 = JuS 1980, 148 f m Anm Karsten Schmidt; Canaris Rz 604; Denck ZHR 144 [1980] 180), außerdem immer dann, wenn das Lastschriftverfahren, etwa im Vorfeld der Insolvenz, als Kreditmittel in dem Sinne verwendet wird, daß dem Gläubiger auf Bankenrisiko ein Kredit zufließt. Wird die Insolvenz des Gläubigers erst nachträglich bekannt und widerspricht der Schuldner, um sich Einwendungen, Aufrechnungsmöglichkeiten oder Zurückbehaltungsrechte zu erhalten, so ist die Abgrenzung zweifelhaft. BGHZ 74, 300 = NJW 1979, 1652 verfährt hier nach folgendem Grundsatz: „Ein Schuldner, der den Widerspruch zu dem Zwecke einlegt, Zahlungen auf begründete und von seiner Einziehungsermächtigung gedeckte Gläubigeransprüche rückgängig zu machen, die er, wenn er sie überwiesen hätte, durch einen Widerruf der Überweisung nicht mehr hätte rückgängig machen können, nutzt . . . die ihm seiner Bank gegenüber zustehende Widerrufsmöglichkeit zweckfremd aus und handelt, wenn er damit vorsätzlich das Ausfallrisiko der ersten Inkassostelle zuschiebt, dieser gegenüber sittenwidrig" (kritisch, weil die Parallele zur Banküberweisung tatsächlich nicht zutreffe, Canaris Rz 605; Denck ZHR 144 [1980] 182 ff). Auch im Verhältnis zwischen Schuldner und Gläubiger ist nur ein rechtsmißbräuchlicher Widerspruch, nicht jeder Widerspruch gegen eine berechtigterweise ausgestellte Lastschrift, untersagt (Canaris Rz 637 f; str). Anders ist die Rechtslage im *Abbuchungsauftragsverfahren*. Hier kann zwar der Abbuchungsauftrag widerrufen werden (vgl im einzelnen Canaris Rz 555), nicht aber gibt es einen Widerspruch nach Einlösung der Lastschrift (BGHZ 72, 343, 345 f = NJW 1979, 542; BGHZ 79, 381, 385 = ZIP 1981, 489, 490; BGH WM 1978, 819, 820; Canaris Rz 557 mwN). Auch einen Regreß der Schuldnerbank gegen die Gläubigerbank gibt es dann nicht (BGHZ 79, 381, 384 = ZIP 1981, 489, 490). Die Weisung der Gläubigerbank an die Schuldnerbank ist allerdings nach BGHZ 79, 381 nur bindend, wenn ihr der Schuldner einen Abbuchungsauftrag erteilt hat und auf seinem Konto Deckung vorhanden ist. Fehlt es am Abbuchungsauftrag oder an der Deckung und wird die Lastschrift deshalb nicht bezahlt, so sendet die Zahlstelle die Lastschrift mit Vorlagevermerk zurück (Abschnitt II Nr 1 des Abkommens). Die verzögerte Rückgabe kann einen Schadensersatzanspruch der Gläubigerbank begründen (vgl BGH BB 1982, 2133 = Betrieb 1982, 2613 = WM 1982, 1246 = ZIP 1982, 1418). Liegt der Schuldnerbank kein Abbuchungsauftrag vor, ist die in der Übersendung der Lastschrift liegende Weisung nach Auffassung des BGH zwar nicht bindend; sie enthält aber das Auftragsangebot, dennoch die Lastschrift nach Möglichkeit vom Schuldner einzuziehen (vgl auch schon BGHZ 74, 352). Auch wenn in diesem Fall die Schuldnerbank das Konto des Schuldners zunächst belastet, ist das Angebot regelmäßig noch nicht angenommen und die Lastschrift im Verhältnis der Banken zueinander nicht eingelöst, solange der Schuldner der Belastung nicht zustimmt (BGHZ 79, 381 = ZIP 1981, 489 Leitsatz 2). Der Einziehungsauftrag ist jedoch mit dem Wirksamwerden der Belastung des Schuldnerkontos angenommen und die Lastschrift eingelöst, wenn aus dem Verhalten der Schuldnerbank zu folgern ist, daß sie aus besonderen Gründen das Risiko einer unwirksamen Belastung des Schuldnerkontos zu übernehmen bereit ist. Dies ist insbesondere der Fall, wenn sie zur Vereinfachung des Geschäftsbetriebs bei Lastschriften bis zu einem bestimmten Betrag auf die Prüfung, ob ein Abbuchungsauftrag vorliegt, verzichtet (BGHZ 79, 381 = ZIP 1981, 489 in Ergänzung zu BGHZ 74, 352). Mit dem BGH-Urteil vom 20. 9. 1982 (BB 1982, 2133 = Betrieb 1982, 2613 = WM 1982, 1246 = ZIP 1982, 1418) läßt sich der Standpunkt der Rechtsprechung dahin zusammenfassen, daß der Schuldnerbank die Rückbelastung der Gläubigerbank aufgrund einer Einlösung versagt ist, wenn der Schuldnerbank ein Abbuchungsauftrag vorgelegen oder der Schuldner der Belastung seines Kontos nachträglich zugestimmt oder die Schuldnerbank mit dem Willen gehandelt hatte, die Lastschriften endgültig – ggf auf eigenes

Risiko einzuziehen. Hat die Schuldnerbank eine Rücklastschrift vorgenommen und macht die Gläubigerbank geltend, daß dies aus den angeführten Gründen unzulässig war, so erlegt der BGH die Beweislast der Gläubigerbank auf (Leistungskondiktion).

C 52 d) Zur Leistung erfüllungshalber mittels Scheck und Wechsel

Schrifttum: Adler, Die Einwirkung der Wechselbegebung auf das kausale Schuldverhältnis, ZHR 64 (1909) 127; 65 (1909) 141; Baumbach-Hefermehl, WG und ScheckG (13. Aufl 1981); Bezler, Rechtsfragen der Scheckkarte, Diss Frankfurt 1972; Buchmüller, Rechtliche Probleme der Scheckkarte, NJW 1979, 1198; Canaris, Bankvertragsrecht (2. Aufl 1981) Rz 675 ff; Damrau, Probleme der Scheckkarte, BB 1969, 199; Dütz, Rechtliche Eigenschaften der Scheckkarte, Betrieb 1970, 189; Eisemann, Grenzen der Scheckkartengarantie, JR 1976, 367; Klausing, Zahlung durch Wechsel und Scheck (1919); Köhler, Die Leistung erfüllungshalber, WM 1977, 242; Müller, Die Hingabe erfüllungshalber, SeuffBl 70, 553; Pflug, Schecksperre und Handelsbrauch, ZHR 135 (1971) 1; Polke, Der Zahlungsverkehr der Banken im In- und mit dem Ausland (1978); Rieder, Scheckbestätigung und Scheckeinlösung, WM 1979, 686; Schütz, Die Fortbildung des Scheckrechts durch die Praxis, NJW 1968, 721; Wentzel, Das Scheckkartenverfahren der deutschen Kreditinstitute (1974); Zahrnt, Die Sicherheit der Scheckeinlösung (1971); Zöllner, Wertpapierrecht (13. Aufl 1982); ders, Zur rechtlichen Problematik der Scheckkarte, Betrieb 1968, 559.

C 53 Die **Leistung erfüllungshalber** als Mittel unbarer Zahlung erfolgt in erster Linie im Wege der *Leistung mittels Schecks*. Die Scheckbegebung, auch im Fall des Euroschecks mit Scheckkartengarantie, ist nach § 364 Abs 2 im Zweifel Leistung erfüllungshalber (RGZ 78, 137, 142; RG JR 1926 Nr 799 = JW 1926, 2074; BGHZ 44, 178, 179; hM). Auch die *Begebung eines Wechsels* fällt unter § 364 Abs 2 (RGZ 158, 315, 317; BGH LM Nr 12 zu § 766 = BB 1968, 357, 358 = NJW 1968, 987; Köhler WM 1977, 251). Dies gilt allerdings nach § 364 Abs 2 nur im Zweifel. Wird wie bei Empfang einer Geldsumme quittiert, so muß dies noch keine Annahme an Erfüllungs Statt sein; es kann immer noch eine Leistung erfüllungshalber vorliegen (RG WarnR 1911 Nr 13; BGB-RGRK-Weber § 364 Rz 6). Im Einzelfall kann eine Leistung an Erfüllungs Statt vereinbart sein (BGH WM 1959, 1092, 1093) oder eine Schuldumschaffung wie zB bei Hingabe eines Prolongationswechsels gegen Rückgabe eines Wechsels (RGZ 107, 34, 35 f). Kein Fall des § 364 Abs 2 liegt vor, wenn von vornherein nicht Geld, sondern Verschaffung der Wechselforderung geschuldet ist (RG JW 1937, 1485; BGB-RGRK-Weber § 364 Rz 6). Für die *Rechtzeitigkeit der Zahlung* (vgl zum Verspätungsrisiko Vorbem C 25) kommt es auf die Zeit der Leistungshandlung an. Die rechtzeitige Übergabe oder Übersendung eines Schecks genügt also, wenn dieser alsbald eingelöst wird (BGHZ 44, 178, 179 f; OLG Karlsruhe NJW 1955, 504, 505; vgl jetzt aber Canaris, Bankvertragsrecht [2. Aufl] Rz 780 und dazu oben Vorbem C 25). Nach BGH NJW 1969, 875 genügt bereits fristgemäße Absendung (dagg aber Erman-H P Westermann § 364 Rz 10).

C 54 Da die Begebung eines Schecks nur Erfüllungsversuch und keine Erfüllung ist, besteht keine allgemeine Obliegenheit des Gläubigers, einen Scheck anzunehmen (RG Recht 1919 Nr 1050; OLG Braunschweig OLGE 33, 277, 279; weitere Nachw bei Isele AcP 129 [1928] 143, 156 ff). Durch Auslegung der Parteierklärungen (RG LZ 1926, 695) oder aus § 242, insbesondere aus der Übung unter den Parteien (KG OLGE 13, 370), kann sich allerdings ergeben, daß ein guter Scheck im Einzelfall nicht zurückgewiesen werden darf (Isele AcP 129 [1928] 143). Das wird namentlich für den Scheckkartenscheck gelten. Hat der Gläubiger den Scheck erfüllungshalber entgegengenommen, so begründet dies eine Einrede gegen die zu tilgende Geldschuld; der Gläubiger hat sich in erster Linie durch Einziehung des Schecks zu befriedigen (RG SeuffA 81 Nr 26; HansRZ 1927, 421, 423). Sinngemäß Gleiches gilt für die Zahlung mittels Wechsels (RGZ 153, 179, 182; BGH WM 1968, 943). Auf einen zweifelhaften Prozeß aus der erfüllungshalber erlangten Forderung gegen einen Dritten braucht sich der Gläubiger dagegen nicht einzulassen (OLG Nürnberg WM 1976, 967, 968). Vgl eingehend STAUDINGER-KADUK (10./11. Aufl) § 364 Rz 35 ff; MünchKomm-HEINRICHS § 364 Rz 13 f; BAUMBACH-HEFERMEHL, WG und ScheckG (13. Aufl 1981) Einl WG Rz 39; CANARIS, Bankvertragsrecht (2. Aufl) Rz 761 ff. *Erfüllungswirkung* tritt, sofern nicht der Scheck oder Wechsel ausnahmsweise an Erfüllungs Statt genommen wurde, erst im Zeitpunkt der Einlösung ein (vgl RGZ 142, 296, 298; CANARIS, Bankvertragsrecht [2. Aufl] Rz 771; ERMAN-H P WESTERMANN § 364 Rz 10). Gutschrift „Eingang vorbehalten" bei der Einlösung eines Verrechnungsschecks genügt nicht; Erfüllungswirkung tritt hier erst mit der Honorierung des Schecks ein (ERMAN-H P WESTERMAN § 364 Rz 10). Von einem *Gefahrübergang mit Begebung des Schecks* (POLKE 180 f) kann nur bei der Scheckbegebung erfüllungshalber gesprochen werden. Was hier als „Gefahrübergang" bezeichnet wird, ist aber nur die Konsequenz daraus, daß der Schuldner den Gläubiger vorrangig auf den Scheck verweisen kann und nicht die Gefahr doppelter Zahlung, etwa bei Abhandenkommen des Schecks, läuft.

e) Das **Akkreditiv**, vor allem das Dokumentenakkreditiv im Außenhandel, hat neben C 55
der *Funktion bargeldloser Zahlung* auch *Sicherungsfunktion*. Akkreditiv und Dokumenteninkasso sind Gegenstand des Bankrechts. Wegen der Einzelheiten ist auf folgende Darstellungen sowie die dort nachgewiesene Spezialliteratur zu verweisen: CANARIS, Bankvertragsrecht (2. Aufl) Rz 916 ff; LIESECKE, Neue Theorie und Praxis des Dokumentenakkreditivs, WM 1976, 258; SCHLEGELBERGER-HEFERMEHL, HGB (5. Aufl) Anh § 365 Rz 139 ff; ZAHN, Zahlung und Zahlungssicherung im Außenhandel (5. Aufl 1976). Im vorliegenden Zusammenhang interessiert nur die Zahlungsfunktion. Diese besteht darin, daß die Akkreditivbank auf Geheiß des Akkreditiv-Auftraggebers Zahlung an den Begünstigten leistet. Die Frage, ob der Gläubiger diese Form der bargeldlosen Zahlung ablehnen kann, wird sich in der Praxis nicht stellen, weil die Akkreditivstellung üblicherweise aufgrund einer Akkreditivklausel im Grundvertrag (er ist meist Kaufvertrag) erfolgt. Einer ausdrücklichen Akkreditivklausel bedarf es dann nicht, wenn sich die Akkreditivabrede im Auslegungswege aus dem Vertrag ergibt (zB aus der Abrede „Kasse gegen Duplikatfrachtbrief"; vgl sinngemäß RGZ 105, 32, 34). Die Eröffnung und Bestätigung des Akkreditivs durch die Akkreditivbank bewirkt ebenso wie die Begebung eines akzeptierten Wechsels regelmäßig noch nicht das Erlöschen der Geldschuld, sondern erfolgt idR nur erfüllungshalber (BGH BB 1956, 546; CANARIS Rz 1057; hM). Die zu tilgende Kausalforderung wird aber, ähnlich dem Fall der Zahlung mit Wechsel und Scheck (Vorbem C 52 ff), einredebehaftet. Der Gläubiger muß zunächst Befriedigung aus dem Akkreditiv suchen (CANARIS Rz 1058). Die Verzögerungsgefahr trägt auch hier der Gläubiger. Es liegt aber kein Gefahrtragungsfall, sondern ein Anwendungsfall des § 278 vor, wenn die Akkreditivbank als Erfüllungsgehilfin des Schuldners die Verzögerung zu vertreten hat; dieses Risiko liegt also beim Schuldner (CANARIS Rz 1062). Für die Verlustgefahr gilt an sich § 270. CANARIS (Rz 1061) gibt allerdings zu bedenken, daß nach der Eröffnung bzw Bestätigung eines unwiderruflichen Akkreditivs der Erfüllungszeitpunkt vom Verhalten des Gläubigers abzuhängen pflegt.

3. Die Aufrechnung als Erfüllungssurrogat C 56

Geldforderungen sind Hauptanwendungsfall der Aufrechnung. *Forderungen gleicher Währung* sind **gleichartig**, Forderungen auf *Geld verschiedener Währungen* sind es nach hM nicht (dazu § 244 Rz 47 ff mit differenzierenden Ergebnissen). Anders, wenn durch Ausübung der in § 244 ausgesprochenen Ersetzungsbefugnis die Forderungen gleichartig geworden sind (näher § 244 Rz 49). *Befreiungsanspruch und*

Geldforderung sind nicht gleichartig (RGZ 158, 6, 10; RG JW 1910, 332; Recht 1915 Nr 2468; BGHZ 25, 1; 29, 337, 343; 47, 157, 166; aM TRINKL NJW 1968, 1077; zum Anspruch auf Zahlung an einen Dritten vgl OLG Hamburg MDR 1970, 588). Der Befreiungsanspruch kann sich indes in einen Zahlungsanspruch verwandeln (Übergang auf den Gläubiger; Regreßanspruch nach Inanspruchnahme des Befreiungsberechtigten). Er kann also gegen einen Zahlungsanspruch aufrechenbar werden (BGHZ 35, 317, 325; GERHARDT, Der Befreiungsanspruch [1966] 72 ff). Die Rechtsprechung läßt auch eine *Aufrechnung zwischen einer Geldsummenschuld und einer Geldwertschuld* zu (RGZ 136, 152, 161; BGHZ 27, 123). Allerdings wird Gleichartigkeit hier erst hergestellt, wenn die Geldwertschuld summenmäßig fixiert wird (G und D REINICKE NJW 1959, 361 ff; aM GRUNSKY JuS 1963, 104). Dies geschieht mit der Aufrechnungserklärung. Die Aufrechnung wirkt zwar nach § 389 zurück, aber doch nur zurück auf den Zeitpunkt der Aufrechnungslage. Der Umfang der Tilgungswirkung bestimmt sich wenigstens dann nach dem Zeitpunkt der Aufrechnungserklärung, wenn nur der Aufrechnende und nicht auch der Aufrechnungsgegner zur Aufrechnung berechtigt ist (BGHZ 27, 123 = JZ 1958, 504 mAnm LEHMANN; aM GRUNSKY JuS 1963, 106: Der Aufrechnende dürfe sich den für ihn günstigsten Zeitpunkt aussuchen). Dieses Ergebnis sollte aber nicht auf den Sonderfall der bloß einseitigen Aufrechnungsbefugnis begrenzt, sondern auf alle Fälle erstreckt werden, in denen der Gläubiger der Geldwertforderung aufrechnet (G und D REINICKE NJW 1959, 366; zust LARENZ I § 18 VI a 2): Die Aufrechnungslage zwischen Geldsummenschuld und Geldwertschuld entsteht erst mit der Aufrechnungserklärung, so daß dieser Zeitpunkt über den Umfang der Tilgungswirkung entscheidet. Dies entspricht der Funktion der Aufrechnung, die nicht nur ein Hin- und Herzahlen überflüssig machen soll, sondern auch Mittel privater Vollstreckung ist (vgl dazu BÖTTICHER, FS Schima [1969] 95 ff). Zur *Aufrechenbarkeit von Herausgabeansprüchen* vgl Vorbem B 12 und Vorbem C 3.

IV. Die Geldschuld in Prozeß, Zwangsvollstreckung und Konkurs

C 57 **1. Erkenntnisverfahren**

Für das **Erkenntnisverfahren** sind nur wenige besondere Regeln über die Geldschuld zu beachten.

C 58 **a)** Die prozessuale Durchsetzung einer Geldforderung erfolgt im **Mahnverfahren** (§§ 688 ff ZPO) oder durch **Klage** (§§ 253 ff, 495 ff, 642 ff ZPO), auch im Urkunden-, Wechsel- und Scheckprozeß (§§ 592 ff ZPO). Für den einstweiligen Rechtsschutz sorgt das **Arrestverfahren** (§§ 916 ff ZPO), ausnahmsweise auch die **einstweilige Verfügung** (§§ 1615 o BGB, 940 ZPO).

C 59 **b)** Bei Klageerhebung und Tenorierung wirkt sich die **Unterscheidung zwischen Geldforderungen und Individualansprüchen** auf Herausgabe oder Übereignung von Geld aus, denn diese Ansprüche unterliegen unterschiedlichen vollstreckungsrechtlichen Regeln (Vorbem B 18 f, C 70). Darüber, daß Ansprüche auf Herausgabe des Erlangten Geldforderungen sein können, vgl Vorbem C 3.

C 60 **c)** Die **Bestimmtheit des Klagantrags** setzt idR dessen Bezifferung voraus. Die Höhe der eingeklagten Summe gehört regelmäßig zum Gegenstand des erhobenen Anspruchs iS von § 253 Abs 2 Nr 2 ZPO, und zwar bei Geldwertschulden ebenso wie bei Geldsummenschulden. Unzulässig ist zB die Klage auf Schadensersatz schlechthin (BGH WM 1975, 599; BAUMBACH-LAUTERBACH-HARTMANN, ZPO [40. Aufl] § 253 Anm 5 B) oder auf „angemessenen Unterhalt" (OLG Düsseldorf FamRZ 1978, 134). Ein *unbezifferter Klagantrag* wird vom Gesetz ausnahmsweise nach *§ 642 ZPO* zugelassen: Das nichteheliche Kind kann mit der Klage gegen den Vater auf Unterhalt statt der Verurteilung zur Leistung eines bestimmten Betrages die Verurteilung zur Leistung des Regelunterhalts beantragen. Dieser Antrag ist unbeziffert, aber nicht eigentlich unbestimmt, denn er entspricht dem gesetzlichen Anspruch des minderjährigen nichtehelichen Kindes auf den durch RechtsVO festzusetzenden Regelunterhalt (§ 1615 f). Über diesen gesetzlich geregelten Sonderfall hinaus läßt die *Rechtsprechung* den unbezifferten Klagantrag zu, wo eine Bezifferung und damit das Risiko, zu wenig einzuklagen oder die Kosten einer Teilabweisung zu tragen, dem Kläger nicht zugemutet werden kann (std Rspr seit RGZ 21, 382, 387; BGH NJW 1967, 1420; NJW 1970, 281; OLG Düsseldorf DNotZ 1978, 683; Rosenberg-Schwab, Zivilprozeßrecht [13. Aufl] § 98 II 3 ß; eingehend Pawlowski ZZP 82 [1969] 131; abl Röhl ZZP 85 [1972] 52, 73; 86 [1973] 326). In diesem Fall genügt es, wenn der Kläger die Höhe der Verurteilung in das Ermessen des Gerichts stellt und die für eine Bezifferung ausschlaggebenden Tatsachen vorträgt (RGZ 21, 382, 387; 140, 211, 213; 141, 304, 305; 165, 289, 298; BGHZ 4, 138, 142 = NJW 1952, 382; BGH NJW 1964, 1797; 1967, 1420; 1970, 281; WM 1975, 599; LM Nr 54 und 59 zu § 253 ZPO; Zöller-Stephan, ZPO [13. Aufl] § 253 Anm 2 b dd). Ob der Kläger einen Mindestbetrag angeben muß, ist str (bejahend Pawlowski NJW 1961, 341; Berg JR 1967, 83; zur Bejahung neigt auch BGHZ 45, 91, 93). BGH LM Nr 54 und 59 zu § 253 ZPO spricht davon, daß der Kläger "nicht nur die tatsächlichen Feststellungs- und Schätzungsgrundlagen, sondern auch den Größenbereich (bzw die ‚Größenordnung') des geltend gemachten Anspruchs so genau wie möglich anzugeben" hat. Fälle des zulässigerweise unbezifferten Klagantrags sind diejenigen, in denen das Gericht im Rahmen der Leistungsklage rechtsgestaltend die Anspruchshöhe bestimmt (zB § 315 Abs 3 S 2, § 343), außerdem Fälle, in denen die Anspruchshöhe nach Billigkeit (zB §§ 847 BGB, 89 b HGB) oder aufgrund richterlicher Schätzung (§ 287 ZPO) festgelegt werden (vgl RGZ 140, 211, 213; 141, 304, 305; 165, 289, 298; BGHZ 4, 138, 142 = NJW 1952, 382; 45, 91, 92 f; BGH NJW 1967, 1420; 1970, 281; ausführlicher Überblick bei Baumbach-Lauterbach-Hartmann, ZPO [40. Aufl] § 253 Anm 5 B). Nicht zulässig ist der unbezifferte Klagantrag, wenn der Kläger nur das sich aus einer Beweisaufnahme oder aus einer ihn treffenden Mitverantwortung (§ 254) resultierende Prozeßrisiko vermeiden will (BGH NJW 1967, 1420). Schwierige Probleme werfen die **Rechtsmittel** auf (vgl auch Behrens, Die Nachprüfbarkeit richterlicher Ermessensentscheidungen [1979]). Zum *Problem der Beschwer bei unbeziffertem Klagantrag* vgl BGHZ 45, 91; BGH MDR 1978, 44; VersR 1979, 472; OLG Bamberg FamRZ 1967, 334, 335; OLG Oldenburg VersR 1979, 657; eingehend Stein-Jonas-Grunsky, ZPO [20. Aufl] Allg Einl vor § 511 Rz 9; Zeuner, Unbezifferter Klagantrag und Beschwer, FS Baur [1981] 741). Da die hM eine bloß materielle Beschwer nicht ausreichen läßt, kann nach ihr die für die Zulässigkeit von Rechtsmitteln erforderliche Beschwer nicht schon darin gesehen werden, daß der dem Kläger zugesprochene Betrag hinter seinen Erwartungen zurückbleibt (BGHZ 45, 91; std Rspr; Nachweise zum Streitstand bei Stein-Jonas-Grunsky aaO). *Eine formelle Beschwer kann sich nur ergeben, wenn der Kläger eine Größenordnung genannt hat und die zugesprochene Summe diese Größenordnung nicht erreicht* (BGHZ 45, 91, 93; BGH MDR 1978, 44; BGH VersR 1979, 472; OLG Bamberg FamRZ 1967, 334, 335; OLG Oldenburg VersR 1979, 657; std Rspr), wobei sich die Mindestsumme nicht aus dem Klageantrag ergeben muß (BGH LM Nr 26 zu § 511 ZPO = NJW 1971, 40). Der Umfang der formellen Beschwer, dh die Differenz zwischen Streitwert und zugesprochenem Betrag, kann sich unmittelbar oder mittelbar aus dem Urteil selbst ergeben (Lindacher AcP 182 [1982] 279). Zeuner 747 hat diese recht formal scheinende hM jüngst einer materialen Begründung und einer Korrektur unterzogen: Die Notwendigkeit einer formellen Beschwer sei als Ausdruck des Gedankens zu rechtfertigen, daß sich die

Parteien hinsichtlich der Zulässigkeit von Rechtsmitteln regelmäßig an ihren eigenen prozessualen Dispositionen festhalten lassen müssen und daß deshalb bei der Bestimmung der Beschwer von diesen auszugehen sei. Eine solche Disposition könne in der Benennung eines Mindestbetrages liegen. Aber auch unabhängig davon enthalte schon der unbezifferte Klagantrag als solcher eine prozessuale Disposition in diesem Sinne. Überlasse es der Kläger dem Gericht, die Höhe des eingeklagten Anspruchs zu bestimmen, so sei dies keine bedingungslose Unterwerfung unter jede Festlegung. Der unbezifferte Klagantrag gebe dem Gericht nur anheim, die Höhe des Klaganspruchs auf der Grundlage richtiger Tatsachenfeststellungen und richtiger Rechtsanwendung durch fehlerfreie Ermessensausübung oder Schätzung zu bestimmen. Seien diese Voraussetzungen zum Nachteil des Klägers nicht erfüllt, so sei die Bestimmung des Anspruchsbetrages in qualitativer Hinsicht nicht mehr durch die im unbezifferten Klagantrag enthaltene Disposition gedeckt, ohne daß es noch auf eine quantitative Unterschreitung des Klagebegehrens ankomme. Als konsequente Fortsetzung des Prinzips des unbezifferten Klagantrags im Recht der zivilprozessualen Rechtsmittel hat diese Lösung Vernunftgründe für sich. Solange aber die hM am Prinzip der formellen Beschwer festhält und diese auch für die Berufungssumme maßgebend sein läßt (vgl Stein-Jonas-Grunsky [20. Aufl] § 511 a Rz 6,8), scheinen die Konsequenzen kaum annehmbar. Wer keine Mindestsumme genannt hätte, bräuchte nur noch zu zeigen, daß die zugesprochene Summe aufgrund unrichtiger Tatsachenfeststellung oder Rechtsanwendung zustandegekommen ist und könnte die Berufungssumme durch den in zweiter Instanz gestellten Mindestantrag manipulieren. Lindacher (AcP 182 [1982] 282) bildet deshalb Zeuners Ansatz in dem Sinne fort, daß die „reale Möglichkeit" einer Beschwerquantität, wie sie das Gesetz verlangt, gegeben ist: Es müsse ein Schätz- oder Ermessensfehler solcher Tragweite vorliegen (geltend gemacht werden?), daß „unter Berücksichtigung der Unsicherheitszone einschlägiger Schätzung" nicht auszuschließen ist, daß der Fehler eine Minderverurteilung in Höhe der gesetzlichen Mindestbeschwer bewirkt hat. Das Gesamtmodell ist als Übertragung des Prinzips unbezifferter Anträge auf das Beschwerproblem durchaus stimmig. Es wird sich indessen nicht behaupten, solange die Praxis bei einem Rechtsmittel des Klägers grundsätzlich am strengen Erfordernis der formellen Beschwer festhält (zu diesem Erfordernis vgl BGH NJW 1958, 995, 996; Rosenberg-Schwab [13. Aufl] § 137 II 3; Stein-Jonas-Grunsky aaO Rz 49; abl aber Bettermann ZZP 82 [1969] 34 ff; Brox ZZP 81 [1968] 400 ff; Ohndorf, Die Beschwer und die Geltendmachung der Beschwer als Rechtsmittelvoraussetzung im deutschen Zivilprozeß [1972] 97 ff; insbes zum unbezifferten Klagantrag aaO 126).

C 61 Die **Verbindung eines bezifferten Klagantrags mit einer Wertsicherungsklausel** ist nur zulässig, wenn sich daraus ein summenmäßig bestimmbarer Titel ergibt; dabei ist ausreichend, aber auch erforderlich, daß die Anspruchshöhe aus den in Antrag und Tenor genannten Angaben mit Hilfe allgemein zugänglicher Hilfsmittel – zB Lebenshaltungskostenindex – ohne weiteres errechnet werden kann (vgl zur Abgrenzung BGH LM Nr 49 zu § 253 ZPO = MDR 1973, 217; OLG Karlsruhe NJW 1969, 1488, 1490).

C 62 **d) Geldwertforderungen** (Vorbem C 17) sind bis zu ihrer summenmäßigen Fixierung (Vorbem D 80 ff) noch nicht auf einen bestimmten Betrag konkretisiert. Sie passen sich auch einer Geldentwertung automatisch an. Die Klage aus einer *Geldwertforderung* unterliegt gleichwohl aus prozeßrechtlichen Gründen denselben *Bestimmtheitsanforderungen* wie die Klage aus einer Geldsummenschuld (Vorbem C 60 f). Deshalb wird die Geldwertforderung ebenso eingeklagt wie eine Geldsummenforderung, ohne sich indessen mit der Klage in eine Geldsummenforderung zu vewandeln (Vorbem D 83). Nach RG JW 1923, 457 m Anm Henle unterbricht dann die Klage die Verjährung auch hinsichtlich der weiteren Beträge, soweit die Klage auf vollen Schadensersatz zielte. Veränderungen der Geldwertschuld (auch soweit auf Entwertung des Geldes beruhend) können während eines möglicherweise langwierigen Prozesses durch (evtl wiederholte) *Klageerweiterung* geltend gemacht werden. Zulässig ist aber auch eine *Klaghäufung von Leistungs- und Feststellungsklage.* Es wird etwa bei einem Sachschaden auf Zahlung von . . . DM und auf Feststellung geklagt, daß der Beklagte dem Kläger allen weiteren (genauer: den durch Teuerung seit . . . entstehenden weiteren) Schaden zu ersetzen hat. Eine solche Feststellungsklage bereitet den Boden für eine spätere Zusatzklage. Sie verhindert, daß einer Nachforderung die materielle Rechtskraft des Urteils entgegensteht, und sie erleichtert den Zweitprozeß, indem sie für rechtskräftige Feststellung des Klaggrundes sorgt (über die Anpassung der titulierten Geldforderung an Veränderungen des Geldwerts vgl Vorbem C 64 ff).

e) Für **das Zahlungsurteil und seine Rechtskraft** gelten die allgemeinen prozessualen C 63
Grundsätze. Das Zahlungsurteil muß *summenmäßig bestimmt* sein (vgl zur Bestimmtheit des Zahlungstitels Vorbem C 70). Verurteilung zur Zahlung der laufenden Miete ist unzulässig (KG HRR 1938 Nr 1197), ebenso die Verurteilung zur Zahlung eines Vermögensbruchteils (STEIN-JONAS-MÜNZBERG, ZPO [20. Aufl] Vorbem 28 zu § 704 mwN). Das gilt auch bei dem aufgrund einer *Geldwertforderung* ergehenden Zahlungsurteil. Die Verurteilung zur Zahlung einer Verletztenrente aufgrund einer Erwerbsminderung von 40% ist kein zulässiges Leistungsurteil (BGH RzW 1957, 203, 293; ZÖLLER-STEPHAN, ZPO [13. Aufl] § 313 Anm 4). Wegen des Bestimmtheitserfordernisses führt das Leistungsurteil nach hM zur *„Umwandlung" der Geldwertschuld in eine Geldsummenschuld* (dazu vgl aber Vorbem D 84). **Dynamisierte Leistungsurteile** sind nach hM unzulässig (OLG Karlsruhe/Freiburg NJW 1969, 1488, 1490; ebenso WIECZOREK, ZPO [2. Aufl] § 323 Anm A I a 1; unentschieden BGH NJW 1973, 1653). Der Bestimmtheitsgrundsatz, auf den man sich hierfür beruft, gibt für diese hM wenig her, denn eine den Bestimmtheitsgrundsatz wahrende Dynamisierung ist bei anderen Titeln anerkannt (Vorbem C 70). Es wäre etwa möglich, den Beklagten zur Zahlung eines Festbetrags zu verurteilen, der sich automatisch nach Maßgabe des Lebenshaltungskostenindex erhöht. Materiellrechtlich setzt dies selbstverständlich voraus, daß eine Geldwertschuld (oder eine zulässigerweise wertgesicherte Schuld) vorliegt und daß die die gewählte Indexierung auch den materiellrechtlich richtigen Schlüssel für die Anpassung darstellt (dies verneint für die Schmerzensgeldrente BGH NJW 1973, 1653; dazu Vorbem D 60). Die *prozeßrechtliche Problematik des dynamisierten Leistungsurteils* ist von dieser *materiellrechtlichen Frage* zu unterscheiden (zutreffend BGH NJW 1973, 1653). Paßt sich die Klagforderung als Geldwertschuld kraft Gesetzes dem Geldwert an, so kann dies auch im Prozeß geltend gemacht werden, ohne daß Bedenken aus § 3 WährG bestehen; beruht die Dynamisierung auf einer Anpassungsklausel, so kann zwar § 3 WährG entgegenstehen, doch ist dies eine materiellrechtliche, keine prozessuale Frage: Soweit § 3 WährG entgegensteht, ist die Klage unbegründet, nicht unzulässig. Die Zulassung dynamisierter Leistungsurteile hat in der Praxis wohl nur bei der Verurteilung zu wiederkehrenden Leistungen eine Rolle gespielt (Unterhaltsrente, Schmerzensgeldrente). Gewichtige praktische *Argumente* sprechen *für die Zulassung solcher Urteile,* sofern die auch für sonstige Titel geltenden Bestimmtheitsanforderungen gewahrt sind (dazu Vorbem C 70). Die forensische Praxis muß sich indes auf den Standpunkt der hM einrichten. Dieser kann auf dem Gebiet der wiederkehrenden Leistungen mit einer Spezialität der §§ 323, 641 l-t ZPO begründet werden. Die hM verweist den Gläubiger auf diesen – im Fall des § 323 ZPO mühsamen – Weg (deutlich OLG Karlsruhe/Freiburg NJW 1969, 1488, 1490). Insofern liegt die Ablehnung dynamisierter Rentenurteile auf einer Ebene mit der Ablehnung der

Unterhaltszusatzklage durch BGHZ 34, 110 = NJW 1961, 872 m krit Anm Brox NJW 1961, 853. Im praktischen Ergebnis wird mit der Ablehnung dynamisierter Leistungsurteile eine gleitende Anpassung ausgeklagter Ansprüche auf wiederkehrende Leistung vermieden. Eine *Nachforderung* kann durch die innere *Rechtskraft des Urteils* ausgeschlossen sein (BGHZ 34, 337; std Rspr; s auch BGH NJW 1979, 720; zur Abgrenzung BGH NJW 1982, 578 = JuS 1982, 628 mAnm Karsten Schmidt; str; Nachweise bei Baumbach-Lauterbach-Hartmann, ZPO [40. Aufl] § 322 Anm 4 B ,,Nachforderung"). Vgl zu den prozessualen Problemen der Anpassung titulierter Forderungen sogleich Vorbem C 64 ff.

C 64 f) Die **Anpassung titulierter Geldforderungen** an die Geldentwertung ist zunächst keine prozessuale, sondern eine materiellrechtliche Frage (dazu Vorbem D 90 ff). Aber es stellt sich auch die *Frage nach der verfahrensrechtlichen Geltendmachung* des Anpassungsbegehrens. Dabei ist zu unterscheiden:

C 65 **aa)** Titel, die auf künftig fällig werdende *wiederkehrende Leistungen* gerichtet sind, unterliegen der **Abänderungsklage,** wenn eine wesentliche Änderung derjenigen Verhältnisse eintritt, die für die Verurteilung zur Entrichtung der Leistungen, für die Bestimmung ihrer Höhe oder der Dauer ihrer Entrichtung maßgebend waren (§ 323 ZPO). Änderungen der Kaufkraft sind, sofern ,,wesentlich" (vgl zu diesem Merkmal Wieczorek, ZPO [2. Aufl] § 323 Anm B II d 1 – B II d 3; Hummel FamRZ 1972, 124), Änderungen der in § 323 ZPO beschriebenen Verhältnisse (RGZ 114, 188, 192; LG Braunschweig JZ 1951, 271 mAnm Hamelbeck; LG Bonn MDR 1951, 302; LG Frankfurt NJW 1951, 606; LG Hagen MDR 1954, 553; LG Trier FamRZ 1954, 55; LG Tübingen MDR 1955, 112; LG Hof FamRZ 1961, 279; LG Baden-Baden FamRZ 1961, 279; von Maydell, Geldschuld 291 ff; Wieczorek, ZPO [2. Aufl] § 323 Anm B II b 4; Zöller-Vollkommer, ZPO [13. Aufl] § 323 Anm IV 1). Zur Abänderung ausländischer Unterhaltstitel wegen veränderter Umstände vgl eingehend Siehr, Ausländische Unterhaltsentscheidungen und ihre Abänderung im Inland wegen veränderter Umstände, FS Bosch (1976) 927 ff. Spezialvorschriften, in deren Anwendungsberich die Abänderungsklage mangels Rechtsschutzbedürfnisses unzulässig ist, enthält das **Vereinfachte Verfahren zur Änderung von Unterhaltstiteln über den Unterhalt Minderjähriger** (§§ 641 l ff ZPO). Das Verhältnis zur Abänderungsklage ergibt sich aus § 323 Abs 5 ZPO. Nur in dem dort geregelten Umfang kann der Antragsberechtigte zwischen beiden Rechtsbehelfen wählen (vgl BGH MDR 1982, 1004). Die durch §§ 323, 641 l ff ZPO geschaffene Verfahrensordnung sorgt namentlich dafür, daß eine rückwirkende Anpassung nicht unbegrenzt möglich ist. Nach § 323 Abs 3 ZPO darf das Urteil im Verfahren der Abänderungsklage nur für die Zeit nach Erhebung der Klage abgeändert werden. Nach § 641 p Abs 1 S 2 ZPO darf auch in Vereinfachten Verfahren der Titel nur für die Zeit nach Einreichung oder Anbringung des Antrags abgeändert werden. Eine Nachtragsklage, mit der diese zeitlichen Grenzen durchbrochen werden könnten, ist neben den Verfahren nach §§ 323, 641 l ff ZPO unzulässig (vgl zur Abgrenzung BGH NJW 1982, 578 = JuS 1982, 628 mAnm Karsten Schmidt). Auch § 258 ZPO gibt keine Handhabe für eine von den Voraussetzungen des § 323 ZPO unabhängige Nachtragsklage (BGHZ 34, 110; LG Frankenthal FamRZ 1972, 399; LG Freiburg FamRZ 1972, 397; Baumbach-Lauterbach-Hartmann, ZPO [40. Aufl] § 258 Anm 1 B; aM LG Fulda FamRZ 1961, 278; Brox NJW 1961, 853; Habscheid FamRZ 1961, 267). Ließe die Praxis *dynamisierte Leistungsurteile* zu, so könnte für Abhilfe im voraus gesorgt werden (vgl zur überwiegenden Ablehnung des dynamisierten Leistungsurteils Vorbem C 63). In der Zeit galoppierender Inflation hat allerdings das RG eine rückwirkende Aufwertungsklage als Nachtragsklage ohne Beschränkung auf die Grenzen des § 323 ZPO zugelassen (RGZ 114, 188, 192; vgl auch für die Nachtragsklage nach einem

Prozeßvergleich die Nachweise bei RGZ 126, 294, 299; ablehnend PAGENSTECHER, Die Einrede der Rechtskraft im Aufwertungsprozeß [1925] 21 ff).

bb) Liegt nicht eine Verurteilung zu wiederkehrenden Leistungen, sondern ein **einfaches Zahlungsurteil** vor, so stellt sich die Frage nach einer *Nachforderung* im Wege der Leistungsklage. Diese ist teils ein *materiellrechtliches,* teils ein *prozeßrechtliches* Problem. Die Lehre von der „Umwandlung" der Geldwertforderung durch ein Geldsummenurteil (Vorbem D 84) muß zu dem Ergebnis gelangen, daß eine titulierte Geldwertforderung die Fähigkeit verliert, sich dem Geldwert anzupassen. Dem ist im Ergebnis zu folgen, nicht aber in der materiellrechtlichen Begründung. Soweit nicht die materielle Rechtskraft des Urteils entgegensteht, ist eine Nachforderung möglich (diesem Ziel dient die bei Vorbem C 62 besprochene Verbindung von Zahlungsklage und Feststellungsklage). Die *Rechtskraft des Zahlungsurteils* (Vorbem C 63) kann eine Nachforderung ausschließen. Die objektiven Rechtskraftgrenzen lassen zwar die nachträgliche Geltendmachung von *Schadensposten* zu, *die außerhalb des Streitgegenstandes des Erstprozesses liegen* (vgl BGH MDR 1976, 299). *Ein auf Entwertung beruhender Verzugsschaden* (Vorbem D 335 ff) kann demnach noch eingeklagt werden (RGZ 109, 345; 113, 53). Unproblematisch ist dies freilich nur, soweit nicht der Verzugsschaden auch bereits Gegenstand des Vorprozesses war. War der Verzugsschaden auch Gegenstand des Vorprozesses, so kann der Geldentwertungsschaden nur noch geltend gemacht werden, soweit er nach der letzten mündlichen Verhandlung in der Tatsacheninstanz eingetreten ist (vgl PAGENSTECHER JW 1925, 2754 f; zur Verzugsschadensklage nach einem Zahlungsurteil vgl aber RGZ 109, 345, 348). Dasselbe gilt für sonstige Fälle, in denen die Geldentwertung Schadensposten ist (Vorbem D 333 ff). Sehr viel problematischer ist eine Nachforderung, die außerhalb besonderer Schadensersatzansprüche auf die bloße Aufwertung der ausgeklagten Forderung gestützt wird. *Die bloße Tatsache, daß eine Geldwertforderung vorliegt, die sich automatisch jeder Geldwertänderung anpaßt, kann nach wohl richtiger Auffassung nach Rechtskraft des Zahlungsurteils nicht mehr geltend gemacht werden* (im Ergebnis übereinstimmend die Lehre von der „Umwandlung" der Geldwertschuld in eine Geldsummenschuld). Umstritten ist, ob die materielle Rechtskraft eine *Nachforderung nach § 242* hindert. Der allgemeine Grundsatz, daß nur die Teilklage eine Nachforderung offen läßt, während nach einem rechtskräftigen Urteil über den ganzen Anspruch nicht mehr geltend gemacht werden kann, die Forderung sei falsch bemessen, gilt nach einer strengen Auffassung auch hier (PAGENSTECHER, Die Einrede der Rechtskraft im Aufwertungsprozeß [1925] 18 f). Die Rechtskraft des Urteils wirkt in diesen Grenzen nicht nur gegen den Besiegten, sondern auch gegen den Sieger (PAGENSTECHER 121). RGZ 109, 375, 378 sieht die Aufwertungsforderung nicht als ein aliud gegenüber dem Streitgegenstand des Vorprozesses an, sondern als „Nachforderung aus dem gleichen Geschäfte und dem gleichen Grunde". *Trotzdem kann nach ständiger reichsgerichtlicher Praxis die Rechtskraft des Urteils im Vorprozeß eine auf § 242 gestützte Nachforderung nicht hindern* (RGZ 109, 345, 348; 109, 375; 110, 127; 110, 147, 149; 110, 388; 110, 398; 111, 361; 113, 53; 113, 324; 119, 362, 363; 123, 66, 68; 126, 294, 299; vgl auch SEUFFERT-WALSMANN, ZPO] 12. Aufl 1932] § 322 Anm 3 b; krit PAGENSTECHER 45 ff; zum Streitstand von 1925 vgl auch die Nachweise bei RGZ 109, 375, 376). Diese Auffassung war mühelos begründbar, soweit man den Aufwertungsanspruch als einen neuen zusätzlichen Anspruch im materiellen wie im prozessualen Sinne ansah (RGZ 109, 345, 348). Soweit aber das RG sowohl an der Identität der Forderung als auch an dem Grundsatz der Unabänderlichkeit der rechtskräftig ausgeklagten Forderung festhielt, begründete es seine Auffassung mit der bedenklichen Unterstellung, die Klage im Vorprozeß sei lediglich Teilklage gewesen (abl PAGENSTECHER 72 ff, 93 f). Die Deutung als Teilklage war nichts als eine absichtsvolle Fiktion ex post (deutlich RGZ 110, 147, 148 und dazu PAGENSTECHER 97 f, 109 ff). Im Ergebnis läßt sich der Standpunkt des RG halten, wenn man die Aufwertung nach § 242 rechtsähnlich einer Gesetzesänderung behandelt. Es bedarf dann wohl nicht der Annahme eines Mißbrauchs der Rechtskraft durch den Schuldner, so, wie die Rechtsprechung dem Gläubiger einen Mißbrauch des als unrichtig erkannten Titels untersagt (vgl hierzu BGHZ 13, 71, 72; 26, 391, 396 f; 50, 115, 117; BGH WM 1969, 475; std Rspr; sehr str; Nachweise bei SPELLENBERG JuS 1979, 555); denn es wird nicht die Unrichtigkeit des Leistungsurteils geltend gemacht, sondern der Eintritt veränderter Umstände nach der letzten mündlichen Verhandlung in der Tatsacheninstanz. Auf diesen Zeitraum muß sich die Nachtragsklage beschränken. In diesem Umfang ist sie zulässig. Es liegt ein neuer Streitgegenstand vor.

C 67 Nicht weniger zweifelhaft als die Zulässigkeit der Nachtragsklage wegen Entwertung der rechtkräftig zuerkannten Geldforderung ist auch der *Einfluß der Rechtskraft auf die Vorfragenprüfung im Rahmen der Nachtragsklage*. Nach RGZ 111, 361, 363 kann allerdings auch der Beklagte gegenüber der Nachforderungsklage alle Einwendungen, die durch die materielle Rechtskraft gegenüber dem rechtskräftig zuerkannten Anspruch abgeschnitten sind, geltend machen. Das ist nicht unzweifelhaft, wenn man die objektiven Rechtskraftgrenzen nach Sinnzusammenhängen abgrenzt und sie in diesen Grenzen auf präjudizielle Fragen erstreckt (zu dieser auch in der Rechtsprechung unausgesprochen praktizierten Abgrenzungsmethode vgl grundlegend ZEUNER, Die objektiven Grenzen der Rechtskraft im Rahmen rechtlicher Sinnzusammenhänge [1959]). Das Bestehen der rechtskräftig ausgeklagten Forderung ist unter den Parteien einschließlich der unmittelbar präjudiziellen Vorfragen rechtsverbindlich festgestellt. Nach RGZ 113, 53 soll es nicht genügen, wenn der Gläubiger lediglich unter Bezugnahme auf den Vorprozeß nun auch den Verzugsschaden oder die Aufwertungssumme einklagt (zweifelhaft!). Ist im Vorprozeß das Nichtbestehen oder das Erlöschen des zugrundeliegenden Anspruchs festgestellt worden, so steht die materielle Rechtskraft dieses Urteils auch der Geltendmachung einer Nachforderung wegen Geldentwertung entgegen (RGZ 123, 66, 68).

C 68 g) Folgende **prozessrechtliche Einzelfragen aus der Aufwertungspraxis** sind zu erwähnen: Der Eintritt der Geldentwertung *wird von Amts wegen berücksichtigt* (RGZ 107, 19, 21; 107, 149, 151; 108, 75, 76; vgl aber zur Vollstreckungsgegenklage RGZ 109, 69). Wird die aufzuwertende Geldschuld eingeklagt, so ist aber selbstverständlich § 308 ZPO zu berücksichtigen. Hinsichtlich des *Zwischenurteils über den Grund* hat das RG in RGZ 109, 152, 155 f und in RGZ 109, 288, 290 daran festgehalten, daß sich das Zwischenurteil nur auf den Anspruch insoweit erstreckt, als er im Zeitpunkt der dem Zwischenurteil zugrundeliegenden mündlichen Verhandlung rechtshängig war. Wird später der Antrag erweitert, so muß er nach diesen Entscheidungen auch dem Grunde nach neu geprüft werden. Hinsichtlich der *Rechtsmittel* im allgemeinen ist zu verweisen auf das Problem der Beschwer bei unbeziffertem Klagantrag (Vorbem C 60). Für die Revisionsinstanz vgl zur Abgrenzung von Tatfrage und Rechtsfrage bei der Aufwertung von Geldforderungen RGZ 107, 149, 150. Über Fremdwährungsschulden und Fremdwährungsurteile vgl § 244 Rz 103 ff.

C 69 2. Einzelzwangsvollstreckung

In der **Einzelzwangsvollstreckung** wird nach der beizutreibenden Forderung und dem Gegenstand der Vollstreckung unterschieden.

C 70 a) Die **Vollstreckung wegen Geldforderungen** (§§ 803–882 a ZPO) wird von der sog Individualvollstreckung (Vollstreckung zur Erwirkung der Herausgabe von Sachen und zur Erwirkung von Handlungen und Unterlassungen) unterschieden (§§ 883–898 ZPO). Der *Anspruch auf Befreiung von einer Geldschuld* ist selbst kein Zahlungsanspruch und wird nach § 887 ZPO durchgesetzt (BGH NJW 1958, 497; BAG KTS 1976, 140, 143; hM; anders TRINKL NJW 1968, 1077). Ansprüche auf Herausgabe individueller Geldzeichen werden nach § 883 ZPO durchgesetzt, Ansprüche auf Übereignung von Geldzeichen nach §§ 894, 883 ZPO; sind die Geldzeichen nicht individuell, sondern nur der Art und Menge nach bestimmt, so gilt § 883 Abs 1 ZPO nach § 884 ZPO entsprechend. Herausgabeansprüche (Vorbem B 12) und Sachleistungsansprüche (Vorbem C 4) sind auf dem Gebiet des Geldrechts aber selten. Namentlich die auf §§ 667, 812 BGB, 384 Abs 2 HGB usw gestützten Ansprüche auf Herausgabe des Erlangten sind in aller Regel Geldforderungen (Vorbem C 3). Vollstreckungstitel haben in diesen Fällen auf Zahlung, nicht auf Herausgabe zu lauten. Die *Bestimmtheit des Vollstreckungstitels* setzt – ohne Unterschied zwischen den Geldsummenschulden und den Geldwertschulden – voraus, daß die zu zahlende und ggf zu vollstreckende Summe in dem Titel festgelegt oder aus ihm erkennbar ist (eingehend STEIN-JONAS-MÜNZBERG, ZPO [20. Aufl] Vorbem 26 ff zu § 704; WIECZOREK, ZPO [2. Aufl] § 704 Anm C I a 3; speziell für Urteile vgl auch bereits Vorbem C 63). Zum *Problem des sog Bruttolohnurteils* vgl BAG NJW 1964, 1338 m krit Anm PUTZO NJW 1964, 1823; BAG WM 1966, 758; 1980, 850, 854; BOCKELMANN DGVZ 1970, 6; W MÜLLER Betrieb 1978, 935; gegen die Zulässigkeit LG Frankfurt NJW 1956, 1764; LG Hamburg NJW 1966, 786. Über *Unterhaltsrenten* vgl GÖPPINGER, Unterhaltsrecht (4. Aufl 1981) Rz 3299. *Dynamisierte Rentenurteile* werden von der hM nicht zugelassen (Vorbem C 63). Bei *Vollstreckungstiteln nach § 794 Abs 1 Nr 5 ZPO** betont das Gesetz selbst, daß der Titel auf Zahlung einer bestimmten Geldsumme gerichtet sein muß. Der Anspruch muß in der Urkunde selbst beziffert sein oder sich aus den in der Urkunde enthaltenen Angaben mühelos errechnen lassen (BGHZ 22, 54, 57 f; LENT DNotZ 1952, 411). Faktoren, die außerhalb der Urkunde liegen, müssen ausreichen, wenn sie ihrerseits bestimmt und allgemein zugänglich sind. Ausreichend ist nach der Rechtsprechung die Bezugnahme auf den Diskontsatz (BGHZ 22, 54, 61; OLG Düsseldorf Rpfleger 1977, 67) oder auf den Lebenshaltungskostenindex (OLG Düsseldorf NJW 1971, 436, 437). Nicht ausreichend ist die Bezugnahme auf das jeweilige Grundgehalt oder die jeweilige Höchstpension einer bestimmten Gehaltsgruppe (BGHZ 22, 54, 60; OLG Nürnberg NJW 1957, 1286 = DNotZ 1957, 665 m krit Anm HIEBER). Vor allem Wertsicherungsklauseln in vollstreckbaren Urkunden werfen, soweit nach Vorbem D 214 ff wirksam, das Bestimmtheitsproblem auf (streng BGHZ 22, 54; OLG Nürnberg NJW 1957, 1286; LG Essen NJW 1972, 2050; großzügiger OLG Düsseldorf NJW 1971, 436, 437; LG Göttingen NdsRpfl 1971, 208; eingehend WOLFSTEINER 67 ff; STEIN-JONAS-MÜNZBERG, ZPO [20. Aufl] Vorbem 153 zu § 704; MES NJW 1973, 875; MÜMMLER Rpfleger 1973, 124; POHLMANN NJW 1973 200; AHRENS WM 1980, 749 f). LG Essen NJW 1972, 2050 mAnm POHLMANN NJW 1973, 199 erhält bei zu unbestimmter Wertsicherungsklausel die Vollstreckungsfähigkeit der Urkunde in Höhe des hinreichend bestimmten Sockelbetrags aufrecht.

b) Die **Vollstreckung in Geldforderungen** und die Verwertung einer gepfändeten Geldforderung ist geregelt in §§ 829, 835 ZPO*. Auch die *Pfändung sog Buchgelds* ist Forderungspfändung. Vgl hierzu und zur Bestimmtheit des Pfändungsbeschlusses Vorbem B 20. C 71

3. Konkurs C 72

Im **Konkurs** kommen als Konkursforderungen nur solche Vermögensansprüche (vgl § 3 Abs 1 KO) in Betracht, die entweder Geldforderungen sind oder in Geldforde-

* **Schrifttum:** WOLFSTEINER, Die vollstreckbare Urkunde (1978).

* **Schrifttum:** STÖBER, Forderungspfändung (6. Aufl 1981).

rungen übergehen können (JAEGER-HENCKEL, KO [9. Aufl] § 3 Rz 20; MENTZEL-KUHN-UHLENBRUCK, KO [9. Aufl] § 3 Rz 16). Die Anmeldung zur Konkurstabelle muß eine *Bezifferung* des Anspruchs enthalten (§ 139 KO). Das gilt auch für Geldwertforderungen sowie in denjenigen Fällen, in denen im Prozeß ein unbezifferter Klagantrag zulässig ist (Vorbem C 60), also zB auch für Forderungen aus § 847 (allgM; vgl nur BÖHLE-STAMSCHRÄDER-KILGER, KO [13. Aufl] § 139 Anm 1 b). Forderungen, die nicht auf einen Geldbetrag gerichtet sind oder deren Geldbetrag unbestimmt oder ungewiß ist, sind nach ihrem Schätzwert geltend zu machen (§ 69 KO).

D. Geldschuld und Geldwert

I. Einführung

D 1 **1. Der Geldwert**

Schrifttum: AMONN, Der Begriff des Geldes und das Geldwertproblem, ZStW 109, 665; BURAWOY, Der Knappsche Nominalismus und seine Rechtfertigung (1929); CROWTHER, An outline of money (Aufl 1946) 87 ff; IRVING FISHER, Die Kaufkraft des Geldes (1916); ders, The Money Illusion (1928); FORSTMANN 125 ff; FRIEDMAN, Studies in the Quantity Theory of Money (Chicago/London 1956); GAERTNER, Vom Gelde und der Geldentwertung (2. Aufl 1922); HELFFERICH 544 ff; HOFFMANN, Kritische Dogmengeschichte der Geldwerttheorie (1907); JAHR, Implikationen eines anhaltenden Geldwertschwundes in der Rechtsordnung der Bundesrepublik Deutschland, in: Expansion und Stabilität, Jahresgutachten 1966/67 des Sachverständigenrates zur Begutachtung der gesamtwirtschaftlichen Lage und Entwicklung (1966) 199; JARCHOW, Theorie und Politik des Geldes I (4. Aufl 1978); KAULLA, Rechtsstaat und Währung (1949); KEYNES, Vom Gelde (A Treatise on Money) (Nachdruck 1955) 43 ff; LIEFMANN, Geld und Gold (1916) 110 ff; LÜTGE (vor Vorbem A 1) 41 ff; MARSHALL, Money, Credit and Commerce (1922); VON MISES (vor Vorbem A 1) 73 ff; NEISSER, Der Tauschwert des Geldes (1928); OTTEL (vor Vorbem A 1) 91 ff; SCHMÖLDERS, Geldpolitik (2. Aufl 1968) § 5; SODA, Geld und Wert (1909); STEINMANN, Versuch einer Verzahnung der Geldtheorie mit der Gütertheorie (1971); VEIT, Der Wert unseres Geldes (1958); WAGEMANN, Allgemeine Geldlehre I (1923) 59 ff; WILHELM WEBER, Stabiler Geldwert in geordneter Wirtschaft (1965); WICKSELL, Geld und Kredit (2. Aufl 1928).

a) Der Geldwert ist als **ökonomische Tatsache im Recht** aufzufassen.

D 2 **aa)** Geld ist zwar keine Ware, aber ein **wirtschaftliches Gut** (Vorbem A 7). Als solches *kann Geld einen Wert haben* (vgl statt vieler VON MAYDELL, Geldschuld 22 ff; vgl selbst ERNST WOLF Schuldrecht I § 4 D II a). Dies beruht darauf, daß sich die Geldfunktionen (Vorbem A 7 f) nicht in der Wertmaßfunktion der Währungseinheiten erschöpfen, sondern die Aufgaben als Wertbewegungs- und Wertaufbewahrungsmittel umfassen. Daß Geld einen Wert haben kann, wird heute weder in der ökonomischen noch in der juristischen Lehre ernsthaft bestritten. Anders sah es noch KNAPPS *Staatliche Theorie des Geldes*. Nach ihr soll es zwar Teuerung geben, nicht aber Geldentwertung (KNAPP [vor Vorbem A 1] 436 ff; BENDIXEN Geld und Kapital [3. Aufl 1922] Rz 31). Die Begriffe Geldwert und Geldentwertung beruhen nach der Staatlichen Theorie des Geldes auf einer Vertauschung der Geldseite und der Warenseite. Die angebliche Wertschätzung des Geldes betrifft nur den Preis der geldwerten Güter (vgl ELSTER, Die Seele des Geldes [2. Aufl 1923] 22). Die Mark selbst bleibt deswegen konstant eine Mark wert, weil sie ihren Wert selbst benennt. Diese Auffassung ist, was ihre logische Schlüssigkeit anlangt, in sich zwar folgerichtig; sie kann und will aber die zivilrechtlichen Geldwertprobleme nicht aus der Welt reden, sondern nur aus dem Geldbegriff ausblenden (zu dieser Methode vgl Vorbem A 8, D 29). Auch darin, daß der Geldwert nicht als Abstraktum, sondern nur in Relation zu geldwerten Gütern existiert, ist KNAPP zuzustimmen, aber dies hat nicht mit der Leugnung, sondern durchaus mit der Feststellung des Geldwertes etwas zu tun. Was die tatsächlichen ökonomischen Gegebenheiten anlangt, so scheint die Staatliche Theorie, indem sie das Phänomen allgemeiner Teuerung ganz auf die Warenseite verlegt, durch das Währungsgeschehen des 20. Jahrhunderts widerlegt. Das Spannungsverhältnis zwischen Nennwert und Geldwert wird auf diese Weise verdeckt, die unterschiedlichen Gründe einer Teuerung (Knappheit der Güter und Inflation) werden ausgeblendet. Das kann nicht verwundern. Die ökonomische Wirklichkeit widerzuspiegeln, liegt jenseits der Leistungsgrenzen der Staatlichen Theorie des Geldes. Die Werteinheit ist bei KNAPP pure Abstraktion (zutreffend BENDIXEN Rz 11). Deshalb beruht auch die Eliminierung des Geldwertproblems aus diesem Gedankengebäude nicht auf einem „Gedankensprung, durch den hier das Wertproblem . . . gewissermaßen in das Reich der Metaphysik verwiesen wird" (so HELFFERICH 545 Fn 1), sondern auf der theoretischen Prämisse der Staatlichen Theorie. Das Geld wird gleichsam auf seine Wertmesserfunktion (Vorbem A 8) reduziert; die nominalistische Funktion der Geldeinheit und der Geldzeichen (Vorbem D 26) wird zum absoluten Maßstab erklärt, der *Nennwert* des Geldes zum *Geldwert* schlechthin. Zwar ist der Nennwert nur der vom Staat gewollte Wert (vgl treffend bereits SAVIGNY, Obligationenrecht I 423), doch ist eben dies für die Staatliche Theorie des Geldes der entscheidende Grund für seine Maßgeblichkeit. Die Staatliche Theorie des Geldes verweigert die Antwort auf die Geldwertfrage, indem sie die Augen vor ihr verschließt (auf diese methodische Schwäche zielt der Vergleich mit Andersens Märchen von des Kaisers neuen Kleidern bei KAULLA, Rechtsstaat und Währung [1949] 23). Aus diesem Grund kann die Staatliche Theorie des Geldes bei der Diskussion vom Geldwertproblem vernachlässigt werden. Sie muß sogar vernachlässigt werden, denn die Rede ist von einem Problem, das von der Staatlichen Theorie ausgeblendet wird, obwohl seine Existenz unleugbar ist. Eine terminologische Konsequenz ziehen ECKSTEIN (Vorbem D 20) 4 und VON MAYDELL, Geldschuld 21: Sie ersetzen den Begriff des Nennwerts durch den des Nennbetrags und machen auf diese Weise deutlich, daß eben der Nennbetrag nicht, wie es die Staatliche Theorie des Geldes sieht, den Geldwert fixiert.

bb) Die **Verwendung ökonomischer Theorien über den Geldwert** ist einerseits D 3
unentbehrlich (vgl auch VON MAYDELL, Geldschuld 17 f; s auch Vorbem A 1 zum allgemeinen Methodenproblem), sie stößt anderseits aber auf Grenzen (näher VON MAYDELL Geldschuld 18). Wenn RGZ 110, 371, 373 f sich weigert, der Aufwertungsrechtsprechung eine bestimmte ökonomische Theorie des Geldes zugrundezulegen, so ist dies charakteristisch. Wirtschaftswissenschaftliche Aussagen helfen zweifelsfrei dort weiter, wo sie die Antwort auf Tatfragen ermöglichen, die als rechtserheblich erkannt sind. Soweit sie Zusammenhänge herstellen und Folgerungen zulassen sollen, sind wirtschaftswissenschaftliche Modelle für *das Schuldrecht des Geldes* nur brauchbar, soweit Ziel und Methode mit der rechtlich vorgegebenen Fragestellung konform gehen. Im Bereich der Theorie des Geldes ist das weithin nicht der Fall. Die volkswirtschaftliche Geldtheorie will mit ihren Methoden zur Ermittlung des Geldwertes und seiner Veränderungen kompliziertere Mechanismen aufdecken, als sie für das Privatrecht des Geldes von Interesse sind, insbesondere auch währungspolitische Postulate. Die *objektive Quantitätstheorie* (IRVING FISCHER ua) geht von der Korrespondenz der Güterumsätze und Geldumsätze aus (sie setzt daher den Geldwert in Verhältnis zum Geldvolumen); gleichzeitig geht sie davon aus, daß die Zahlungen nicht nur zum Umfang, sondern auch zur Häufigkeit der Verwendung der Kassenbestände in einem Verhältnis stehen (sie stellt deshalb neben dem Geldvolumen auch auf die Umlaufgeschwindigkeit ab). Diese Theorie ist verschiedentlich modifiziert worden, zB durch die Kassenhaltungstheorie (A MARSHALL ua). Die vor allem auf KEYNES zurückgehende *Einkommenstheorie* mißt dem Ausmaß und der Art der Einkommenverwendung die entscheidende geldtheoretische Bedeutung bei; sie stellt

eine Relation zwischen der Einkommenverwendung für den Kauf von Verbrauchsgütern und der Einkommenverwendung für Hortungen her. MILTON FRIEDMAN hat versucht, zu einer *neu formulierten Quantitätstheorie* zurückzufinden. Die Geldmenge erscheint bei ihm als Zentralgröße der Geldwerttheorie und als monetäres Steuerelement. Die richtige Steuerung des jährlichen Geldmengenzuwachses („Die optimale Geldmenge“) ist der Schlüssel zu einer erfolgreichen Währungspolitik. Diese und andere Geldtheorien sind nicht etwa juristisch belanglos. Sie spielen namentlich bei der Handhabung des währungsrechtlichen Instrumentariums, also bei der rechtlichen Umsetzung währungspolitischer Befunde und Ziele, eine Rolle. Das Recht der Geldschuld können aber nicht diese theoretischen Modelle berühren, sondern nur diejenigen ökonomischen Lehren, die zur *Ermittlung des rechtlich relevanten Geldwerts* führen.

D 4 b) Die Bestimmung des Geldwerts ist zunächst ein **Methodenproblem.** Kann nicht die ökonomische Geldtheorie, sondern nur die vom Recht vorgegebene Frage über den *rechtlich maßgeblichen Geldwert* entscheiden, so läßt dies bereits generelle Schlüsse zu.

D 5 **aa)** Jede rechtliche Folgerung aus einer Geldwertveränderung setzt eine Feststellung und Quantifizierung dieser Veränderung voraus (vgl auch VON MAYDELL, Geldschuld 33 ff). Eine Reihe scheinbarer Kriterien erweist sich dabei a limine als **unbrauchbar:**

D 6 **aaa)** Selbstverständlich sagt der **Nennwert** nichts über den Geldwert aus. Das Geldwertproblem resultiert ja gerade aus dem Spannungsverhältnis zwischen konstantem Nennwert und beweglichem Geldwert, weshalb manche den Begriff des Nennwerts durch denjenigen des Nennbetrags auswechseln wollen (ECKSTEIN [Vorbem D 20] 3 f; VON MAYDELL, Geldschuld 20 f). Das Geldwertproblem muß bei der Tauschfunktion und der Wertaufbewahrungsfunktion des nominell konstant bleibenden Geldes ansetzen.

D 7 **bbb)** Auch der **Metallwert** ist in einem Währungssystem, das nicht mehr metallistisch strukturiert ist, unbrauchbar (zum Metallismus vgl Vorbem A 5 f). Der Substanzwert scheidet als Geldwertmesser aus (vgl statt vieler VON MAYDELL, Geldschuld 25 f). Die immer wieder erhobenen Forderungen nach Rückkehr zur Golddeckung ändern daran nichts. Sie sind währungspolitischer Art und zielen auf Sicherung, nicht auf Messung des Geldwerts. Der Metallismus beherrschte die ökonomische wie die juristische Theorie bis hinein in das 19. Jahrhundert. Der juristische Metallismus dürfte mit PUCHTA als dem wohl letzten großen Metallisten zu Ende gegangen sein (Pandekten [8. Aufl 1856]). Nach PUCHTA hängt der Wert der Geldmünze von ihrem Feingehalt ab, und dieser bestimmt sich nach der Menge der Münzen, die aus einer bestimmten Menge feinen Metalls geprägt werden, dh aus dem Münzfuß (Pand § 38). In der Rechtswissenschaft der Mitte des 19. Jahrhunderts konnte ein solcher Metallismus bereits als überholt gelten (GOLDSCHMIDT Hdb I/2 1165 mwN). Auch SAVIGNY (Obligationenrecht I 423 ff) lehnte ihn überzeugend ab.

D 8 **ccc)** Die **subjektive Wertlehre** sucht den subjektiven Tauschwert als Wertmaß der Güter auch für den Geldwert in Anspruch zu nehmen (vgl nur VON MAYDELL, Geldschuld 30 f mit Nachweisen). Der volkswirtschaftlich-subjektive Geldwert kann nach dieser Theorie nur aus den einzelwirtschaftlich-subjektiven Bewertungen ermittelt werden. Als theoretische Deutung des Phänomens Geldwert ist der Ansatz der subjektiven Wertlehre dem Anschein nach unwiderlegt. Das sozialpsychologische Moment des Geldwertes ist unleugbar und etwa aus der Diskussion um § 3 WährG kaum wegzudenken. Als Methode der praktischen Wertermittlung ist die subjektive Wertlehre unbrauchbar (vgl LÜTGE 42; ISSING, Geldtheorie 153). Denn das am Geldschuldverhältnis beteiligte einzelne Rechtssubjekt findet den Geldwert ungeachtet seiner subjektiven Determinanten als objektive Größe vor. Die objektiven Gegebenheiten des Geld- und Gütermarktes allein können Gegenstand der für das Recht der Geldschuld relevanten Geldwertermittlung sein. In der Methode der praktischen Geldwertfeststellung stellt sich deshalb der Geldwert als eine objektive Erscheinung dar, mag sich auch dahinter ein in Wahrheit subjektiver Mechanismus verbergen (nur im Ergebnis, nicht in der theoretischen Einschätzung ebenso von Maydell, Geldschuld 31 f).

bb) Der Geldwert ist hiernach ein **objektiver Funktionswert.** Er ist objektiv insofern, als er an Erscheinungen des Marktes gemessen werden muß, und ein Funktionswert insofern, als nicht die Substanz der Geldzeichen, sondern die Funktion des Geldes den Wert bestimmt (hM; vgl statt vieler Lütge 43). Maßgeblich ist in erster Linie die Tauschmittelfunktion des Geldes, selbstverständlich nicht die nominelle Wertmaßfunktion, weil eine Orientierung an ihr in die Knappsche Geldwerttautologie münden müßte. Welches Gewicht hierbei neben der Tauschmittelfunktion der Wertaufbewahrungsfunktion beigemessen werden kann, ist str (Nachweise bei von Maydell, Geldschuld 28). Man hat darauf hingewiesen, daß das Gegensatzpaar Substanzwert/Funktionswert ungenau bestimmt ist, weil jeder wirtschaftliche Wert, auch der am Sachwert orientierte, ein Funktionswert ist (Helfferich 557 im Anschluß an Simmel [vor Vorbem A 5] 151). Das Gegensatzpaar beruht indes auch nicht auf der Annahme, der Verkehrswert von Sachen wohne diesen in der Substanz inne. Es soll nur besagen, daß sich der Geldwert aus der Verkehrsgeltung der nominellen Geldzeichen und nicht aus der Verkehrsgeltung des Materials ergibt. **D 9**

cc) Innerhalb dieses Funktionsbegriffs trennt die hM zwischen **unterschiedlichen Geldwerten,** denn der Geldwert ist ein komplexer Funktionswert (von Maydell, Geldschuld 27 f): **D 10**

aaa) Unterschieden wird zwischen dem **Binnenwert** und dem Außenwert des Geldes (eingehend von Maydell, Geldschuld 28 ff mwN). Der **Außenwert** wird von dem Wertverhältnis der Inlandswährung zu Auslandswährungen bestimmt (von Maydell, Geldschuld 28 f; Fögen 44; Reichert-Facilides JZ 1969, 618; dazu näher Vorbem F 3 f). Der Außenwert ist nicht nicht dasselbe wie der *Kurswert* (Reichert-Facilides JZ 1969, 618; anders wohl Staudinger-Dilcher § 91 Rz 10). Zum Zusammenhang beider vgl von Maydell, Geldschuld 30. Auf den Kurswert kommt es zB im Fall des § 244 Abs 2 an (dazu § 244 Rz 84). In der Diskussion um Geldschuld und Geldwert geht es nicht um den Außenwert und schon gar nicht um den Kurswert (Reichert-Facilides JZ 1969, 618). Allerdings hat der Außenwert beträchtliche Bedeutung im internationalen Handel, insbesondere im Handel mit Devisen. Er läßt sich aber in einem Währungssystem der festen Wechselkurse nicht ohne weiteres aus den amtlichen Notierungen ablesen (näher von Maydell, Geldschuld 29). Unter der Geltung fester Paritäten vermag der Valutakurs nur wenig über den Geldwert zu sagen (von Maydell, Geldschuld 30), und selbst im System der frei schwankenden Wechselkurse (Floating; Vorbem F 6) ist zu bedenken, daß Auslandswährungen ihrerseits nicht stabil zu sein pflegen und deshalb als Vergleichsmaßstab wenig taugen (von Maydell Geldschuld 33 f). **D 11**

bbb) *Mißverständlich* und deshalb wenig brauchbar ist demgegenüber die **Unterscheidung zwischen dem objektiven und dem subjektiven Geldwert** (dazu von Maydell, Geldschuld 30 ff). Sie spiegelt das Vorhandensein zweier Geldwerte vor (von Maydell, Geldschuld 32). Diese sind nicht vorhanden, und nachdem hier die subjektive Wertlehre als rechtswissenschaftlich unergiebig abgelehnt wurde (Vorbem D 8), bezeichnet das Gegensatzpaar nicht einmal unterschiedliche Methoden der Geldwertfeststellung. Die für den Geldwert ausschlaggebende subjektive Nutzenschätzung wird durch objektive Gegebenheiten – namentlich durch die Knappheit **D 12**

eines Gutes – bestimmt, und sie ist auch objektiv (besser: überindividuell) in dem Sinne, daß das einzelne Wirtschaftssubjekt sie als gegeben vorfindet (vgl dazu auch VON MAYDELL, Geldschuld 32). Nur dieser Befund ist hier von Interesse.

D 13 dd) Die **Kaufkraft des Geldes** ist zwar nicht schlechthin mit dem Geldwert identisch (vgl VON MAYDELL, Geldschuld 31 ff). Regelmäßig – und das gilt gerade auch für das Schuldrecht des Geldes – werden aber die Begriffe *Geldwert und Kaufkraft* wie Synonyme gebraucht (LÜTGE 43), denn der Geldwert als Funktionsbegriff orientiert sich an der Tauschmittelfunktion des Geldes. Als Kaufkraft bezeichnet das ökonomische Schrifttum die Fähigkeit des Geldes zum Eintausch in geldwerte Güter (so mit Unterschieden im einzelnen KEYNES, Vom Gelde [1932] 43; LÜTGE 42 f; VON MAYDELL, Geldschuld 31). Die Maßgeblichkeit der Kaufkraft ist bereits bei SAVIGNY voll erkannt (Obligationenrecht I 423 ff), denn um nichts anderes handelt es sich bei dem ,,Courswerth", dem er gegenüber dem Nennwert und dem Metallwert den Vorzug gab. Dieser Kurswert hat nichts mit dem heutigen Begriff zu tun. Es ist ,,derjenige Werth, welchen der allgemeine Glaube, also die öffentliche Meinung, irgend einer Art des Geldes beilegt". Die prinzipielle Maßgeblichkeit des Kurswerts für die Geldschuld ergibt sich aus den Funktionen des Geldes, oder, wie es SAVIGNY ausdrückt: ,,aus dem Wesen des Geldes überhaupt, und daraus wird die Realität und Wichtigkeit des Courswerthes von selbst einleuchtend" (Obligationenrecht I 432; vgl auch ebd 454). Wenn SAVIGNY den Kurswert auch noch am Preis des Goldes oder des Silbers messen wollte (Obligationenrecht I 433), so fällt es doch leicht, darin das *Prinzip der Kaufkraft* zu entdecken. Es handelt sich lediglich um eine Besonderheit, die auf der von SAVIGNY noch zugrundegelegten Gold- oder Silberwährung beruht (vgl auch Vorbem D 27).

D 14 c) **Die Kaufkraft des Geldes und der Preis geldwerter Güter** stehen zueinander in einem reziproken Verhältnis (ISSING, Geldtheorie 153). Die Theorie der Kaufkraftmessung hat hier nicht zu interessieren (zu ihr vgl LÜTGE 45 ff). Da allerdings Preisänderungen von der Warenseite ebenso wie von der Geldseite herrühren können, kann die Kaufkraft nicht im Hinblick auf ein bestimmtes Gut bestimmt werden, sondern nur im Hinblick auf den *Preisdurchschnitt von Waren*. Deshalb wird die Preisentwicklung von einzelnen Gütern – zB von Grundstücken –, die oft spekulativen Charakter hat, nach Möglichkeit ausgeschaltet (vgl nur BGH LM Nr 17 [A] und 14, 15 [Ge] zu § 157 BGB; WM 1967, 1220; 1969, 1281; NJW 1974, 1235 = JuS 1974, 797 mAnm EMMERICH; OLG Schleswig WM 1969, 1249; OLG Oldenburg NdsRpfl 1978, 50, 52). Ein Preisindex auf der Basis des Bruttosozialprodukts läßt sich praktisch nicht festlegen; er wäre auch kein Maßstab für die meist als wesentlich angesehene Kaufkraft des Geldes in der Hand des Konsumenten (ISSING, Geldtheorie 154). Die einzelnen Preisindices für repräsentative Gruppen von Gütern haben unterschiedliche Aussagekraft einmal für die Preisentwicklung dieser Güter auf spezifischen Märkten, zum anderen für die Entwicklung des Geldwerts. Indices, die nur auf Nahrungsmittel etc zugeschnitten sind, sagen über die Teuerung auf diesen Märkten mehr als über Schwankungen in der Kaufkraft des Geldes (eingehend zur Problematik bereits HELFFERICH 567 ff mwN). Ein Preisindex, der die Kaufkraft des Geldes messen soll, muß an den Bedürfnissen des Konsumenten ausgerichtet sein (VON MAYDELL, Geldschuld 35). Deshalb hat sich der sog *Lebenshaltungskostenindex* als Preisindex für die Konsumgüterpreise durchgesetzt. Es handelt sich bei diesem Preisindex für die Lebenshaltung um einen sog *Warenkorbvergleich*, der freilich nicht nur am Preis bestimmter Waren, sondern an dem Normal-Lebenshaltungsaufwand einer Normal-Familie orientiert ist (vgl dazu ISSING, Geldtheorie 155 f). Die praktische Brauchbarkeit des Lebenshaltungskostenindex ist nicht unbestritten. Sie kann aber bejaht werden, wenn man als Ziel der Feststellung den Wert der ,,Verbraucher-Mark" ansieht und bedenkt, daß jeder Index nur Annäherungswerte vermitteln kann. Die DBB hat in einem für den BFH erstatteten Gutachten ausgeführt, es sei im allgemeinen noch nicht als Geldwertminderung zu werten, wenn der Preisindex für die Lebenshaltung der „mittleren" Verbrauchergruppe etwa um 1% im Jahr steige, und auch eine jährliche Erhöhung um 1–2% könne nur mit Einschränkungen als Indiz für eine Verschlechterung des Geldwerts angesehen werden (vgl BFHE 89, 422 = WM 1967, 1151; BGH BB 1977, 1151, 1152). An der grundsätzlichen Eignung dieses Index für eine rechtlich relevante Abschätzung der Geldwertentwicklung ändern solche Einschränkungen nichts (vgl auch BGH AP Nr 6 zu § 16 BetrAVG = Die AG 1979, 197, 198).

d) Geldwertänderungen D 15

Schrifttum (Auswahl):

Bombach (Hrsg), Stabile Preise in wachsender Wirtschaft, FS Erich Schneider zum 60. Geburtstag (1960); Bresciani-Turroni, The Economics of Inflation (2. Aufl 1953); Fellner-Gilbert-Hansen-Kahn-Lutz-de Wolff, The Problem of rising Prices (1961); Flamant, Die Inflation (1974); Fredborg, Die manipulierte Inflation (1971); Friedman, Inflation – das weltweite Übel (1974); Gaettens, Inflationen (1955); Giersch, Stichwort: Inflation, Handwörterbuch der Sozialwissenschaften V (1956); Habeler, Inflation. Its Causes and Cures (2. Aufl 1961); Hagger, The Theory of Inflation (1964); Hahn, Fünfzig Jahre zwischen Inflation und Deflation (1963); Harrod, Policy against Inflation (1960); Hinshaw (Hrsg), Inflation as a global Problem (1972); Hunold (Hrsg), Inflation und Weltwährungsordnung (1963); Issing, Einführung in die Geldtheorie (4. Aufl 1980) 153 ff; ders, Einführung in die Geldpolitik (1981); ders, Inflation, WiSt (Zeitschrift Wirtschaftswissenschaftliches Studium) 1974, 453; Jacobs, Auswirkungen der Inflation auf unternehmerische und gesetzgeberische Entscheidungen, Betrieb 1974, 1026; Jenkis, Die importierte Inflation (1966); Johnson, Inflation. Theorie und Politik (1975); Klaus, Inflationstheorie (1974); le Bourra, Die Theorie der Inflation unserer Zeit (1965); Lütge, Die Lehre vom Gelde (2. Aufl 1948); Lutz (Hrsg), Internationales Währungssystem und Inflation (1973); ders, Zins und Inflation (1973); Neumark, Begriff und Wesen der Inflation (1922); Paish, Studies in an inflationary Economy (1962); Parkin-Sumner, Income policy and Inflation (1972); Pohl, Theorie der Inflation (1981); Peter Richter, Ökonometrische Untersuchungen zum Inflationsproblem (1967); Rosch, Kreditinflation und Wirtschaftskrisen (1927); Roth-Geiler-Sontag-Abraham-von der Trenck, Die Geldentwertung in der Praxis des dt Rechtslebens (1923); Rothschild-Schmahl, Beschleunigter Geldwertschwund (1973); Ströbele, Inflation (1979); Warburton, Depression, Inflation, and Monetary Policy (1966); Ziercke, Die redistributiven Wirkungen von Inflationen (1970).

aa) Unter Geldwertänderung wird hier nur die **Änderung der Kaufkraft des Geldes** D 16
verstanden. Nicht erfaßt sind damit Maßnahmen der Aufwertung und Abwertung, die die internationalen Währungsbedingungen betreffen (Vorbem F 9). Gleichfalls nicht erfaßt sind staatliche Eingriffe in das Währungssystem wie ein Währungswechsel (Vorbem B 5). Schließlich ist auch die Demonetisierung bestimmter Geldsorten (Vorbem B 6) keine Geldwertänderung iS der folgenden Ausführungen.

bb) Die monetären Prozesse, in deren Verlauf Geldwertänderungen aufzutreten D 17
pflegen, werden **Inflation und Deflation** genannt (vgl etwa Lütge 59 ff; Issing, Geldtheorie 159 ff; aus dem rechtswissenschaftlichen Schrifttum etwa von Maydell, Geldschuld 36 f).

Beiden Erscheinungen ist gemeinsam, daß sie auf der geldwirtschaftlichen, nicht auf der güterwirtschaftlichen Seite ansetzen (Lütge 59). Beiden ist weiter gemeinsam, daß sie sich in der Kaufkraft niederschlagen. Ob die Begriffe Inflation und Deflation mit einem Sinken bzw Steigen der Kaufkraft gleichgesetzt werden dürfen, ob also mit jeder Inflation eine Geldentwertung, mit jeder Deflation ein Anstieg der Kaufkraft einhergeht, ist in der ökonomischen Lehre umstritten (vgl Issing, Geldtheorie 159 ff). Die Frage ist teils eine solche des ökonomischen Mechanismus, um den es hier nicht zu gehen hat, teils eine solche der Terminologie, die sich hier auf schuldrechtliche Zweckbegriffe beschränken kann (ähnlich von Maydell, Geldschuld 37). Für den Zweck des Geld-Schuldrechts kann deshalb *Inflation* als Sinken der Kaufkraft (und vice versa als geldwertbedingter Anstieg des Preisniveaus) bezeichnet werden oder auch – wenn man Geldwert und Kaufkraft einander gleichsetzt – schlicht als Entwertung des Geldes. Entsprechend kann dann die *Deflation* als ein Anstieg der Kaufkraft des Geldes (und vice versa als ein geldwertbedingtes Sinken des Preisniveaus) definiert werden (ISSING, Geldtheorie 161). Sind die geldrechtlichen Probleme der Inflation unverkennbar, so könnte doch auch die Deflation Auswirkungen auf Geldschulden haben (zu den ökonomischen Auswirkungen der „deflatorischen Lücke" vgl ISSING, Geldtheorie 163). Im Extremfall müßte sie zur Abwertung von Geldschulden auf der Basis des § 242 führen. Das Währungsgeschehen des 20. Jahrhunderts gestattet es jedoch, Deflationsprobleme zu vernachlässigen (vgl auch VON MAYDELL, Geldschuld 37). Praktische Bedeutung hat nach den Erfahrungen der vergangenen Jahrzehnte allein die Inflation. Es wird sogar vorgeschlagen, die Deflation aus dem Vokabular des Geldrechts zu streichen und statt von Geldwertschwankungen nur noch vom Geldwertschwund zu sprechen (REICHERT-FACILIDES JZ 1969, 618).

D 18 **cc) aaa)** Auch die **Erscheinungsformen der Inflation** (dazu etwa POHL 8 f; ISSING, Geldtheorie 163 ff) sollen hier nur nach ihrer schuldrechtlichen Relevanz unterschieden werden. Deshalb kann es nicht darum gehen, zwischen Inflationsursachen (Geldmenge, Nachfrageeffekte, Rückgang des Sozialprodukts, Angebotseffekte, insbes Kosteninflation und Gewinninflation usw) zu unterscheiden. Eine Typenbildung für Zwecke des Rechts der Geldschuld kann nur von denjenigen Faktoren bestimmt werden, die die Geldfunktionen im Schuldverhältnis bestimmen. VON MAYDELL unterscheidet insofern folgende Typen der Inflation (Geldschuld 37 ff): galoppierende und schleichende Inflation; offene und zurückgestaute Inflation; absolute und relative Inflation. Die Bedeutung der „Gangart" einer Inflation, also der Gegenüberstellung von **galoppierender und schleichender Inflation,** für das Recht der Geldschuld steht außer Frage. **Offene und zurückgestaute Inflation** unterscheiden sich nach der Manifestation der Geldentwertung. Die offene Inflation zeigt sich am Preisanstieg. Zurückgestaute Inflation liegt vor, wenn mit der Inflation ein staatlich angeordneter Preisstop einhergeht wie im Deutschland des Zweiten Weltkriegs (Vorbem A 38). Dem währungspolitischen Ziel der zurückgestauten Inflation entspricht die Inflationshemmung. Erfahrungsgemäß kann aber wohl nur der Preisauftrieb gestaut werden, nicht die Geldentwertung als solche, so daß ein teilweiser Funktionsverlust des Geldes eintritt (Rückgang des Güterumschlags, Verdrängung des Geldes durch andere Wertmesser, zB Berechtigungsmarken). Die zurückgestaute Inflation kann als zZ nicht aktuell vernachlässigt werden. Daß auch sie auf die Geschäftsgrundlage von Verträgen Einfluß haben kann, bleibt festzuhalten. Als **relative Inflation** im Gegensatz zur absoluten Inflation wird von manchen das Phänomen der Geldentwertung durch Anhebung des Lebensstandards bezeichnet (FRICKE, Geldentwertung bei konstantem Preisniveau und realem Einkommenswachstum. Das Problem der relativen Inflation, in: Geldtheorie und Geldpolitik, FS Schmölders zum 65. Geburtstag [1968] 47; VON MAYDELL, Geldschuld 40 f). Teils werden auch gesamtwirtschaftliche Vorgänge, die bei konstanten Preisen zur Aufgabe kostenorientierter Preisbildung führen, als relative Inflation bezeichnet (ISSING, Geldtheorie 159). Man mag darüber streiten, ob diese Erscheinungen als monetäre Probleme begriffen werden sollten. Richtig und auch in rechtlicher Hinsicht nicht völlig belanglos ist zB, daß Kapitalvermögen, die nicht am realen Einkommenswachstum teilhaben, der relativen Entwertung auch bei konstanter Kaufkraft unterliegen und daß die Kalkulation konstant bleibender Preise Verschiebungen unterliegen kann. Um einen Kaufkraftschwund, mithin um Inflation iS der hier gewählten Terminologie, handelt es sich nicht. Der bei VON MAYDELL nicht auftauchende *Gegensatz zwischen chronischer Inflation, einmaligem und vorübergehendem Preisanstieg* (ISSING, Geldtheorie 159) kann dagegen in einzelnen Fällen von Bedeutung sein, nämlich dort, wo zivilrechtliche Rechtsfolgen von einer Prognose abhängen (uU etwa bei der Kündigung eines Dauerschuldverhältnisses).

bbb) Die **Unterscheidung zwischen schleichender Inflation, galoppierender Inflation und Hyperinflation** ist für das Recht der Geldschuld von entscheidender Bedeutung. D 19 Überwiegend wird dies nur als eine Frage der „Gangarten" betrachtet (deutlich VON MAYDELL, Geldschuld 37 f mwN), die noch um die „trabende" Inflation ergänzt werden. Dabei wird meist die galoppierende Inflation mit der Hyperinflation gleichgesetzt (vgl zB ISSING, Geldtheorie 159). Die *Bedeutung der Inflationsgeschwindigkeit für die Inflationsfolgen* ist unbestreitbar. Auch läßt sich das Inflationstempo, wenn man sich einmal auf den für maßgeblich erachteten Index geeinigt hat, rechnerisch bestimmen. Eine genaue Quantifizierung des schleichenden, trabenden und galoppierenden Inflationstempos ist aber nicht möglich, und es ist auch nicht möglich, bestimmte Schwellen zu kennzeichnen, bei denen andere oder auch nur schärfere Rechtsfolgen einzutreten haben. Die wirtschaftspolitische Resignation vor der schleichenden Inflation hat teils schon zu der Auffassung geführt, eine allmähliche Erosion des Geldwertes sei gar kein Inflationsphänomen (vgl dazu VON MAYDELL, Geldschuld 38 mit Hinweis auf GAETTENS 299), teils hat sie dazu geführt, daß die Schwelle schleichender Inflation höher als etwa noch in den 50er Jahren angesetzt wird (ISSING, Geldtheorie 159). Erst bei einer monatlichen Preissteigerungsrate um 50% beginnt nach wohl hM die galoppierende Inflation (vgl POHL 8 im Anschluß an CAGAN). Im Recht der Geldschuld kann es stets nur um die *individuelle Erheblichkeit einer vorhandenen und objektiv feststellbaren Geldentwertung* gehen (vgl statt vieler RGZ 107, 124, 126). Die „Gangart" der Inflation ist dabei ein wesentlicher, allerdings nicht ein ausschließlich bestimmender Faktor. Eine schleichende Inflation kann bei langfristigen Schuldverhältnissen zur Aufwertung von Geldforderungen zwingen, während es Austauschverhältnisse geben kann, bei denen selbst die galoppierende Inflation zur Aufwertung nicht berechtigt. Die Gangarten der Inflation benennen deshalb die Inflationstypen auch in privatrechtlicher Hinsicht nur schlagwortartig und ohne Anspruch auf scharf abgrenzbare Rechtsfolgen. Das gilt selbst noch im Fall der galoppierenden Inflation. Dagegen wird hier der **Begriff der Hyperinflation** von demjenigen der galoppierenden Inflation unterschieden. Als Hyperinflation wird hier ein *inflationsbedingter Funktionsverlust des Geldes* bezeichnet. Dieser wird allerdings faktisch auf galoppierender Inflation beruhen und mit ihr zusammentreffen. Der Begriff der Hyperinflation dient zur Kennzeichnung dafür, daß nicht bloß die Geschwindigkeit zunimmt (galoppierende Inflation), daß vielmehr die Inflation eine *qualitativ andere Dimension* gewinnt, und zwar eine *Dimension von privatrechtlicher Erheblichkeit*. Die Hyperinflation rechtfertigt schärfere, von den Kriterien und Unwägbarkeiten des Einzelfalls weniger abhängige Rechtsfolgen (Vorbem D 96 a). Nicht von ungefähr stellte das Reichsgericht nach 1923 wiederholt Überlegungen darüber an, von welchem Zeitpunkt an die Papiermark – ihr Wert sank schließlich auf einen billionsten Teil der Goldmark – die Anerkennung als Wertmesser endgültig eingebüßt hatte (RGZ 113, 136, 138; 115, 198, 200; 115, 201, 205; 116, 306; 117, 34, 40 f; 118, 375, 376; 124, 76, 80). In der Tat war das Inflationstempo 1922/23 Ursache des Tatbestandes, der hier als Hyperinflation bezeichnet wird. Die Umlaufgeschwindigkeit zog extrem an (Angaben zB bei ISSING, Geldpolitik 17; BECHTEL, Wirtschaftsgeschichte Deutschlands [1956] 389). Der Index der Großhandelspreise (1913 = 100) stieg auf 2785 im Januar 1923 und im Verlauf des Jahres (Ruhrkampf!) auf 74 787 (STOLPER, Deutsche Wirtschaft seit 1870 [1964] 99). Die monatliche Inflationsrate lag im Oktober 1923 bei 32 000% (ISSING, Geldpolitik 17). Der hierdurch verursachte Funktionsverlust des Geldes äußerte sich zB darin, daß die Vertragspraxis ohne Wertsicherungsklauseln nicht mehr auskam, womit die Wertmaßfunktion des Geldes abhanden gekommen war. Im Gegensatz zum bloßen Inflationstempo ist Hyperinflation iS der hier eingeführten Begriffsbildung deshalb keine objektiv meßbare Erscheinung, weil neben der Geldwertveränderung auch die Geldillusion eine entscheidende Rolle spielt (eingehend Issing, Geldtheorie 195 ff). Bricht die Geldillusion zusammen, so wird aus der Stabilisierungskrise eine Hyperinflation, die Umlaufgeschwindigkeit des Geldes nimmt schlagartig und maßlos zu, womit sich die Hyperinflation selbst potenziert. Die Wertmaßfunktion des Geldes zerfällt, so daß ein Festhalten am nominalistischen Charakter der Geldzeichen eine Fiktion wäre, die den Beteiligten nicht mehr gerecht werden kann und auch währungspolitisch nicht mehr zu rechtfertigen ist.

D 20 2. Das Nennwertprinzip

Schrifttum: von Arnim, Der ausgebeutete Geldwertsparer, ZRP 1980, 201 ff; Bettermann, Die Geldentwertung als Rechtsproblem, ZRP 1974, 13; ders, Über Inhalt, Grund und Grenzen des Nominalismus, zugleich eine Besprechung von BAG AP Nr 4 und 5 zu § 242 Ruhegehalt – Geldentwertung, RdA 1975, 2; Boecken, Nominalwertprinzip und Substanzerhaltung, Betrieb 1974, 881; Brink-Scheerer, in Bärmann, Europäisches Geld-, Bank- und Börsenrecht I (1974) § 5; Eckstein, Geldschuld und Geldwert im materiellen und internationalen Privatrecht (1932); Ertl, Inflation, Privatrecht und Wertsicherung (1980); Irving Fisher, Die Kaufkraft des Geldes (1916); Geldwert und Recht, Podiumsdiskussion, in: 50. DJT II, 1974, N 6; Gozdz, Die Dynamisierung von Tariflöhnen, Diss Gießen 1977; Günter, Zur volkswirtschaftlichen Problematik der Indexklauseln bei Inflation, in: Horn-Tietz (Hrsg), Sozialwissenschaften im Studium des Rechts I (1977) 41; Güntsch, Nominalwertprinzip und Scheingewinne, BB 1981, 2568; Haller, Das Problem der Geldwertstabilität (2. Aufl 1971); Helfferich, Das Geld (6. Aufl 1923) 351 ff; Henle, Mark gleich Mark? (1923); Eliyahu Hirschberg, The nominalistic Principle (Ramat-Gan, Israel 1971; besprochen von: Wittmer RabelsZ 38 [1974] 801; von Maydell ZHR 141 [1977] 283; Karsten Schmidt MDR 1976, 437); ders, The Impact of Inflation and Devaluation on Private Legal Obligations (Ramat-Gan, Israel 1976); Horn, Geldwertveränderungen, Privatrecht und Wirtschaftsordnung (1975); Hütter, Savignys Geldlehre, Diss Münster 1970; Jahr, Implikationen des anhaltenden Geldwertschwundes in der Bundesrepublik Deutschland, in: Jahresgutachten des Sachverständigenrates zur Begutachtung der gesamtwirtschaftlichen Entwicklung (1966/67) 199; Inzitari, Geldschulden im Inflationszeitalter, RabelsZ 45 (1981) 705; Kaiser, Mark ist nicht mehr gleich Mark, FS E R Huber (1973) 237 ff; Kiefner, Geld und Geldschuld in der Privatrechtsdogmatik des 19. Jahrhunderts, in Coing-Wilhelm (Hrsg), Wissenschaft und Kodifikation im 19. Jahrhundert, Bd V, Geld und Banken (1980); Kötz-Reichert-Facilides, Inflationsbewältigung im Zivil- und Arbeitsrecht, Verhandlungen der Fachgruppe für Zivilrechtsvergleichung anläßlich der österreichischen Tagung für Rechtsvergleichung 1975 in München (1976) (Besprechung von Nobel AcP 178 [1978] 411 ff); Kollhosser, Rechtsprobleme der Geldentwertung, JA 1983, 49; Lipkau, Inflationsbewältigung im Zivil- und Arbeitsrecht in Brasilien, in: Kötz-Reichert-Facilides aaO 11; F A Mann, Legal Aspect 80 ff; ders, Recht des Geldes 55 ff; ders, Geldentwertung und Recht (1974); ders, Inflationsbewältigung im anglo-amerikanischen Zivilrecht und Arbeitsrecht, in: Kötz-Reichert-Facilides aaO 19; Matthöfer, Probleme der Indexierung von Geldforderungen, ZRP 1980, 325; von Maydell, Geldschuld und Geldwert (1974); ders, Geld und Währung. Zu den Auswirkungen von Geldwertveränderungen auf Geldschulden, in: Horn-Tietz, Sozialwissenschaften im Studium des Rechts I (1977) 31; Medicus, Privatrechtliche Fragen der Geldentwertung, Betrieb 1974, 759; Moll, Logik des Geldes (1956); Monatsbericht der DBB August 1979, 20 ff; Ingo Müller, Die Geldentwertung als rechtliches und soziales Problem, ZRP 1974, 159; Muscheler, Das Mark-gleich-Mark-Prinzip und unsere Wirtschaftsordnung, ZHR 144 (1980) 247; Nussbaum, Das Geld 11 f; Papier, Rechtsprobleme der Inflation, JuS 1974, 477; Reichert-Facilides, Geldwertschwankungen und Privatrecht, JZ 1969, 617; ders, Geldentwertung und Recht, JZ 1974, 483; Reuter, Nominalprinzip und Geldentwertung, ZHR 137 (1974) 482; ders, Geldwert und Geldschuld, ZHR 140 (1976) 73; Schwander, Die Geldschuld (1938); Simitis, Inflationsbewältigung im Zivil- und Arbeitsrecht, in: Kötz-Reichert-Facilides aaO 49; Simmel (Vorbem A 5) 101 ff; Singer (Hrsg), Knapp-Bendixen, Zur Staatlichen Theorie des Geldes, Ein Briefwechsel 1905–1920 (1958); Stützel, Das Mark-gleich-Mark-Prinzip und unsere Wirtschaftsordnung. Über den sog Nominalismus, insbesondere im Schuld- und Steuerrecht (1979); SUVIRANTA, Inflationsbewältigung im finnischen Zivil- und Arbeitsrecht, in: KÖTZ-REICHERT-FACILIDES aaO 41.

a) Das Recht der Geldschuld wird nach ganz herrschender, wenngleich bestrittener Auffassung vom **Nennwertprinzip (Nominalismus)** beherrscht (vgl nur BVerfGE 50, 57, 92 = NJW 1979, 1151, 1154 mAnm VOGEL; BGHZ 7, 134, 140; 61, 31, 38 = NJW 1973, 1599, 1600; BAGE 25, 146, 158 = AP Nr 4 zu § 242 BGB Ruhegehalt – Geldentwertung = NJW 1973, 959, 960; BVerwGE 41, 1, 5 = NJW 1973, 529, 530; BFHE 89, 422, 434 ff; 92, 561, 565; 112, 546, 555 ff; 112, 567 ff; 127, 30; BLOMEYER, Schuldrecht § 13 III 1; ESSER-EIKE-SCHMIDT I/1 § 12 II 2.1; FIKENTSCHER § 29 I 6; TITZE, Schuldverhältnisse § 6/4 = S 28; F A MANN, Legal Aspect 80 ff, 266 ff; ders, Recht des Geldes 55 ff, 222 ff; FÖGEN 137 f; HORN 18 ff; BRINK-SCHEERER § 5; REICHERT-FACILIDES JZ 1969, 620; REUTER ZHR 137 [1974] 493 ff). BFHE 89, 422, 436 sagt apodiktisch: „Das Nominalprinzip selbst kann (!) rechtlich nicht in Frage gestellt werden. . . . Angesichts der tragenden Bedeutung des Geldnominalismus für das Rechts- und Wirtschaftsleben ist für eine verfassungsrechtliche Prüfung des Grundsatzes kein Raum. Er stellt eine der Grundlagen der geltenden Währungsordnung und der staatlichen Wirtschaftspolitik dar.“ D 21

aa) Der **Nominalismus als Rechtsprinzip** liegt auch nach der hier vertretenen Auffassung dem Recht der Geldschuld zugrunde. Die folgende Darstellung zielt nicht auf vollständige Wiedergabe der Stimmen und Argumente. Sie muß aber so viel an Grundlagen aufarbeiten, wie für die Beurteilung praktischer Fragen des Geldschuldrechts erforderlich ist. D 22

bb) Dabei ist ohne eine **terminologische Vorklärung** nicht auszukommen. Hinter dem Schlagwort „Nominalismus“ steht keine in sich geschlossene Theorie (VON MAYDELL, Geldschuld 54 ff; ders in HORN-TIETZ aaO 34 f). Der Begriff „Nominalismus“ hat selbst bereits eine Fülle unterschiedlicher, zwischen Recht, Rechtspolitik und Wirtschaftswissenschaft schwankender Bedeutungen, wie namentlich STÜTZEL eingehend dargelegt hat (Das Mark-gleich-Mark-Prinzip und unsere Wirtschaftsordnung [1979]; dazu MUSCHELER ZHR 144 [1980] 247 ff). Es handelt sich in der Analyse STÜTZELS um genau sieben Varianten des Nominalismus, die allerdings für die rechtliche Würdigung wenig hergeben und nur die Notwendigkeit problemspezifischer Differenzierung belegen. Für den Umgang mit dem **Rechtsbegriff Nominalismus** (genauer: mit den unterschiedlichen Rechtsbegriffen des Nominalismus) verbietet sich eine schematisierende Gleichsetzung des Nominalismus mit dem Prinzip „Mark gleich Mark“ zu einem Einheitsbegriff (vgl treffend BETTERMANN RdA 1975, 2 gegen die terminologischen Ungenauigkeiten bei BAG AP Nr 4 und 5 zu § 242 BGB Ruhegehalt – Geldentwertung = NJW 1973, 959 und 1296 [nur Leitsätze] sowie bei BVerwGE 41, 1, 5 = NJW 1973, 529, 530). Die Formel „Mark gleich Mark“ kann nämlich ihrerseits unterschiedlichen Inhalt haben, an ihre Rechtsgeltung können sich unterschiedliche Rechtsfolgen knüpfen (auch hierin übereinstimmend BETTERMANN RdA 1975, 2). Deshalb können auch weder die Befürworter des sog Nominalismus noch seine Gegner schlicht als „Nominalisten“ oder „Valoristen“ in zwei gegnerische, je in sich einheitliche Lager aufgeteilt werden (man vergleiche etwa den „Valorismus“ bei BETTERMANN aaO mit demjenigen von ELIYAHU HIRSCHBERG aaO oder den „Nominalismus“ des BGH mit demjenigen von F A MANN). Auch in der Argumentation wirkt schematisierende Begrifflichkeit hier nicht klärend, sondern vernebelnd. BETTERMANN (RdA 1975, 5) hat darauf hingewiesen, daß etwa § 3 WährG teils als Beleg für die Rechtsgeltung des nominalistischen Prinzips herangezogen wird (vgl nur BVerwGE 41, 1, 5 = NJW 1973, 529, 530; BRINK-SCHEERER § 5 I Rz 20), während teils davon die Rede ist, das Nennwertprinzip gelte trotz § 3 WährG (vgl BFHE 89, 422, 435; 92, 561, 565; der BFH verweist allerdings in diesem Zusammenhang nicht D 23 auf den Verbotsinhalt des § 3 WährG, sondern auf die verbleibenden Wertsicherungsmöglichkeiten; die Ungereimtheit ist also eine nur scheinbare). Derartige Ungenauigkeiten schwächen die Argumentationskraft derer, die sich ihrer unbemerkt zu Argumentationszwecken bedienen. Sie bringen, wo sie bemerkt werden, auch die Gefahr mit sich, daß sie allzu leicht in Sachargumente gegen derart ungenau begründete Auffassungen umgemünzt werden. In beiden Fällen ist für die Sache des Nominalismus oder Valorismus nichts gewonnen. Eine differenzierte Terminologie, wie sie hiernach erforderlich ist, darf nicht von der Zufälligkeit wechselnder Aspekte abhängen und muß auf eine sachgerechte Ordnung der Begriffsebenen achten. Deshalb kann auch die Gegenüberstellung des „währungsrechtlichen", des „schuldrechtlichen" und des „stabilitätspolitischen" Nominalismus (AK-BGB-Brüggemeier Vorbem 18 ff zu §§ 244, 245) nicht weiterführen (ein „schuldrechtlicher" Nominalismus kann zB auf währungsrechtliche oder stabilitätspolitische Gesichtspunkte gestützt werden). Die terminologische Ordnung innerhalb des Nennwertprinzips muß sich zuerst nach der *inhaltlichen Aussage* des Prinzips richten. Die hier verwendete *rechtsfolgenorientierte Terminologie* ist von dem Bestreben geleitet, die Inhalte des Prinzips nach Kräften vom „Warum" zu trennen.

D 24 cc) *Das Nennwertprinzip kann hiernach ganz Unterschiedliches besagen.* Aus den vorstehenden Überlegungen ergibt sich die folgende Einteilung: Nominalismus ist zunächst eine sich aus den Geldfunktionen ergebende und dem Geldbegriff anhaftende **technische Regel** (Vorbem D 25 ff). Auf dieser technischen Regel baut das **positivrechtliche Nennwertprinzip im Recht der Geldschuld** auf, aus dem sich im einzelnen wiederum unterschiedliche Rechtsfolgen ergeben können (Vorbem D 30 ff). Nominalismus als technische Regel und geldschuldrechtlicher Nominalismus stehen nun keineswegs unverbunden nebeneinander, sondern es besteht zwischen ihnen ein Funktionszusammenhang. Von beiden Regeln zu unterscheiden, gleichfalls aber funktionell mit ihnen verbunden, ist der **Nominalismus als rechtspolitische Kategorie** (Vorbem D 40 ff).

D 25 b) **Der technische Nominalismus des Geldes** steht am Anfang der Nominalismusdiskussion.

D 26 aa) Nominalismus in diesem Sinn ist eine **Eigenschaft der Institution Geld und der Geldzeichen** oder – iS der Terminologie Stützels – eine *technische Erleichterung* des Zahlungsverkehrs (Stützel, Das Mark-gleich-Mark-Prinzip und unsere Wirtschaftsordnung [1979] 21). Es geht um die Gleichheit allen Geldes (Bettermann RdA 1975, 2). Von Maydell (Geldschuld 59 ff; Horn-Tietz aaO 38) spricht hier von „geldtheoretischem Nominalismus" (ebenso Ertl 25), doch ist diese Begriffsbildung problematisch, weil sich die Geldtheorie auch mit den konkreten Funktionen des Geldes (Vorbem A 8) und damit auch mit dem Nennwertprinzip bei Geldschulden befassen kann. Der technische Nominalismus ist aber, genau genommen, nichts als das Spiegelbild der abstrakten Funktion des Geldes (zu ihr vgl Vorbem A 8). Er ist Bestandteil der Geldtheorie und kann mit von Maydell (Geldschuld 61) als der „wahre" (dann aber nur beschränkt aussagekräftige!) Sinn des Satzes „Mark gleich Mark" bezeichnet werden. Im Gegensatz zu den älteren Waren- oder Metallwährungen haben es sich die modernen Währungssysteme zum Prinzip gemacht, daß alle Geldzeichen in einem bestimmten Währungsgebiet zueinander in einem festen Wertverhältnis stehen (Eckstein 18; der Sache nach ähnlich Fögen 16 f; Lütge 18; Nussbaum, Das Geld 11 ff). Jede Geldeinheit ist notwendig Träger einer nominalen Wertgröße (Lütge 18). Indem der technische Nominalismus die Geldzeichen vom Substanzwert unabhängig macht, nimmt er dem Empfänger von Geld die Aufgabe ab, außer der Echtheit auch noch irgend eine andere körperliche Eigenschaft des Geldzeichens zu prüfen; er läßt bei der Erfüllung einer Geldschuld die richtige Summe, nicht die richtige Menge der Geldzeichen, entscheiden (Nussbaum, Das

Geld 11 f). VEIT (in Festgabe Seuß [1981] 216) sagt plastisch und treffend, Geld könne seine abstrakte Funktion als Recheneinheit nur ausüben, wenn es von den Güterwerten unabhängig bleibe: „Ein Längenmaß, das sich verändert mit der Entfernung, die es messen soll, taugt zur Messung nicht. Mark, Franken, Dollar, deren Wert mit dem Preis der Waren mitgeht, sind nicht mehr in vollem Umfang Geld." Vollends belegt die Verbreitung von Buchgeld die Unentbehrlichkeit des technischen Nominalismus. Damit ist bereits die enge Verknüpfung zum schuldrechtlichen Nominalismus verdeutlicht (vgl auch STÜTZEL 33 ff), aber der technische Nominalismus schafft für dieses Prinzip nur eine Voraussetzung und ist mit ihm nicht identisch. Der technische Nominalismus ist der Funktionsbeschreibung des Geldes in modernen Währungssystemen beigegeben (vgl zur Gelddefinition Vorbem A 12). Er vollzieht nur die Abkehr des Geldwesens vom Substanzwertprinzip und des Geldes von der Metallwährung (Vorbem A 6) begrifflich nach.

bb) Diese **historischen und ökonomischen Grundlagen** des Nominalismus liegen auf der Hand. Sie sind als Vorbedingungen der gegenwärtigen Nominalismusdebatte noch heute von Belang. Das Nennwertprinzip als bestimmende Eigenschaft der Geldzeichen stellte bis weit in das 19. Jahrhundert hinein noch ein Zentralproblem der Lehre vom Recht des Geldes dar (vgl SAVIGNY, Obligationenrecht I 423; eingehend HÜTTER 60 ff). Es löste traditionelle Formen des Valorismus ab (eingehend HÜTTER 68 ff). SAVIGNY bezeichnet als Nennwert den „Wert, welcher jedem Geldstück, nach der Absicht seines Urhebers, beizulegen ist". Er erkannte damit den technischen Nominalismus an, maß aber im Schuldrecht des Geldes das von ihm sog „Zeichengeld", das gleichsam nur die Fiktion „wirklichen Geldes" war (Obligationenrecht I 413), noch an einem Kurswert, den er nach dem Kaufpreis von Edelmetallen bestimmte (Obligationenrecht I 433, 457 f; s auch oben, Vorbem D 13; eingehend HÜTTER 72 f, 82 ff). Nachdem im 18. Jahrhundert die Nennwerttheorie vorgedrungen war (Nachweise bei HÜTTER 97), war damit für das Recht der Geldschuld vorerst ein Kompromiß zwischen der rein metallistischen Auffassung – Substanzwert als Wertmesser des Geldes – und dem Nennwertprinzip geschaffen. Der technische Nominalismus war noch nicht in seinen Konsequenzen für die Geldschuld ausformuliert. Das änderte sich erst im Laufe des 19. Jahrhunderts, insbesondere aufgrund der Geldtheorie von HARTMANN (Vorbem D 29). Heute stellt die Frage kein Problem mehr dar. Das Währungsrecht der Bundesrepublik steht ganz auf dem Boden des technischen Nominalismus (vgl auch Vorbem A 28, A 48). **D 27**

cc) Die **Rechtsgeltung des technischen Nominalismus** ist nicht, wie etwa noch im SächsBGB von 1863/1865, ausdrücklich angeordnet. § 666 S 1 dieses Gesetzes lautete noch: „Unter dem Werthe der gültigen inländischen oder diesen gleichgestellten ausländischen Münzsorten ist, sofern nicht gesetzlich etwas Anderes bestimmt ist, der Werth zu verstehen, welcher den Münzen durch ihre Prägung beigelegt ist." Einer solchen Vorschrift bedarf es nicht. Der technische Nominalismus als Rechtsprinzip ergibt sich bereits daraus, daß Geld im Rechtssinne ein Geschöpf der Rechtsordnung ist (Vorbem A 2), die ihrerseits das Geld nicht um seiner selbst willen, sondern um der Geldfunktionen willen anerkennt. Wohnt aber dem staatlich geschaffenen Geld aufgrund seiner Funktionen das Nennwertprinzip notwendig inne, so bedarf es keines besonderen Rechtssatzes, der die Gleichwertigkeit aller nominell gleichwertigen Geldzeichen dekretiert (ECKSTEIN 12 gegen HELFFERICH 33 f). Auch das Privatrecht des Geldes macht sich den Grundsatz stillschweigend zu eigen (so wohl auch VON MAYDELL, Geldschuld 61, 62 f; INZITARI RabelsZ 45 [1981] 708 f). Die stillschweigend vom Gesetz zugrunde gelegte Rechtsgeltung des technischen Nominalismus zeigt sich besonders bei Rechtsnormen mit geldsummenmäßiger Quantifizierung. Beispiele sind etwa die Haftungshöchstgrenzen in §§ 12 StVG, 37 LftVG, §§ 9 f HaftPflG, 660 HGB (vgl auch VON MAYDELL, Geldschuld 50 f). Das **D 28**

Zivilprozeßrecht macht etwa bei Fragen des Streitwerts, der Zuständigkeit, der sog Erwachsenheitssumme (Rechtsmittelsumme) und der Pfändbarkeitsgrenzen von der Nennwertfunktion des Geldes Gebrauch (REUTER ZHR 137 [1974] 493 f; vgl auch VON MAYDELL, Geldschuld 50). Gleiches gilt für die Bestimmungen über das Mindestkapital und über die Anteile an Kapitalgesellschaften (RGZ 119, 170, 171; KROPFF, AktG [1965] 22; RegE GmbHG 1969, S 143). Das Mindeststammkapital der GmbH etwa blieb in seinem Nennbetrag von 1892 bis 1980 unverändert und wurde erst mit Wirkung vom 1. 1. 1981 durch den Gesetzgeber (Gesetz v 4. 7. 1980 zur Änderung des GmbH, BGBl I 833) ,,angesichts der seit Einführung der GmbH im Jahre 1892 veränderten Geldwerte" von 20 000 auf 50 000 DM erhöht (Begründung des E eines Ges zur Änderung des GmbHG, BR-Dr 404/77 S 29). Charakteristisch ist schließlich der Nominalismus in der Steuertarifgestaltung (vgl nur BFHE 89, 422, 435; STÜTZEL 39 ff). Er wirft die schwierigen Inflationsprobleme des Steuerrechts auf (dazu Vorbem D 349 ff).

D 29 **dd)** Die **Grenzen der Aussagekraft des technischen Nominalismus** ergeben sich von selbst aus dem Inhalt dieses Prinzips. Was im modernen Rechtsverkehr als eine Trivialität erscheint, wird wenig zur Klärung schwieriger Rechtsprobleme beitragen können. Eine *begriffliche Herleitung* des Nennwertsprinzips für Geldschulden aus dem hier sog technischen Nominalismus, wie sie namentlich in HARTMANNS seinerzeit zukunftsweisendem Modell entwickelt wurde (HARTMANN, Über den rechtlichen Begriff des Geldes und den Inhalt von Geldschulden [1868] 46 ff), wird heute mit Recht abgelehnt (VON MAYDELL, Geldschuld 82 ff mwN). Dieser bei VON MAYDELL 82 ff als ,,konstruktive" Theorie diskutierte Ansatz ist eine petitio principii. Wer ,,Mark gleich Mark" sagt, sagt noch nicht ,,Markwert gleich Markwert" (NUSSBAUM, Das Geld 10). Man braucht nur die Frage zu stellen, ob auch die Geldwertschuld mit dem Prinzip des technischen Nominalismus vereinbar ist, um dies zu erkennen. Das geltende Recht der Geldwertschulden (Vorbem D 44 ff) läßt keinen Widerspruch mit dem technischen Nominalismus erkennen. Dieser läßt Geldschulden zu, deren nomineller Betrag mit dem Geldwert schwankt. Mit den Grenzen der Aussagekraft des technischen Nominalismus erklärt sich auch der *beschränkte Argumentationswert der so umstrittenen ,,Staatlichen Theorie des Geldes"* von KNAPP (vor Vorbem A 1; dazu auch Vorbem A 8, D 2). KNAPP deutet die Wahl der Zahlungsmittel und die Bestimmung der Werteinheiten als freien Akt der Staatsgewalt (19) und erkennt ein systemimmanentes Problem des Geldwerts überhaupt nicht an (436 ff). Eine Veränderlichkeit des Geldwerts ist seiner Theorie unbekannt (439), nicht weil Teuerung und Währungsverfall als Fakten geleugnet werden, sondern weil sie auf den staatlich verfügten Nennwert des Geldes ohne Einfluß bleiben müssen (richtig eingeordnet bei BURAWOY aaO [Vorbem D 1] 183). Der Prozeß spielt sich außerhalb der Staatlichen Theorie des Geldes ab, weil die nominale Geltung des Geldes ,,als eine juristische Vorstellung ganz unabhängig ist davon, was man mit dem Gelde kaufen kann" (441). Diese These KNAPPS ist immer wieder als Kennzeichen der Unhaltbarkeit seiner Geldtheorie verstanden worden (vgl etwa ECKSTEIN 31; HANKEL, Währungspolitik [1972] 31, 99, 233; SCHMÖLDERS, Geldpolitik [1968] 47 f; RIST, Geschichte der Geld- und Kredittheorien [1947] 330; eingehende ältere Nachweise bei SCHWANDER 40). Sie ist indessen nur Kennzeichen einer bewußten Verengung des Blickfeldes. Mit Recht bescheinigt deshalb WAGEMANN, im Gegensatz zu der Mehrzahl der Nationalökonomen, der Staatlichen Theorie des Geldes, sie sei ,,ein Lehrgebäude von wunderbarer Architektonik" (WAGEMANN [Vorbem D 1] 42), bemängelt aber die ,,Überspannung des Prinzips: das Geld als Werteinheit" (WAGEMANN 52 f). KNAPPS Staatliche Theorie des Geldes argumentiert nur mit der abstrakten Funktion des Geldes (zu ihr vgl Vorbem A 8), und so kann nicht verwundern, daß sie über die hier entscheidenden konkreten Funktionen nichts auszusagen vermag. Allerdings ist auch KNAPPS Nominalismus mehr als das Ergebnis einer begrifflichen Operation. Der Sache nach läuft die Staatliche Theorie des Geldes auf die Auffassung hinaus, der nominalistische Charakter des Geldzeichens teile sich der Geldschuld automatisch mit, weil der mit Gesetzgebungshoheit versehene Staat es so wolle. Gegen eine solche Auffassung hatte sich mit Recht bereits SAVIGNY gewandt. SAVIGNY lehnt gerade den Begriff „gesetzlichen Werth" ab, weil er zu dem „Nebenbegriff" führen könne, „als läge in dem Nennwerth die gesetzliche Vorschrift für die Unterthanen des Münzherrn, jenen Werth als den wahren in ihren Rechtsgeschäften anzuerkennen" (Obligationenrecht I 425 f). Selbst ein Gesetz, das den Nennwert ausspreche, habe nicht notwendig den Sinn, daß dadurch der Wille der Einwohner gebunden, die Entscheidung der Richter bestimmt sein soll (Obligationenrecht I 444). Die Frage, „ob der Nennwerth als wahrer Inhalt einer Geldschuld anzusehen ist", wird von SAVIGNY unmißverständlich verneint (Obligationenrecht I 448). Nicht der Nennwert, auch nicht der Substanzwert, sondern der „Kurswerth" des Geldes gibt nach SAVIGNY den Ausschlag (Obligationenrecht I 454 ff). Dem wird hier nicht gefolgt (Vorbem D 27, D 33). Festzuhalten bleibt jedoch die heute noch gültige Erkenntnis, daß der technische Nominalismus des Geldes und der Geldzeichen den geldschuldrechtlichen Nominalismus nicht notwendig zur Folge hat.

c) **Der Nominalismus im Recht der Geldschuld** baut auf dem technischen Nominalis- **D 30**
mus auf, weil er ohne diesen nicht denkbar wäre. Es handelt sich jedoch um ein Nennwertprinzip anderer Qualität. Mehr oder weniger deutlich wird in der Literatur auf diesen Unterschied aufmerksam gemacht (ECKSTEIN 2; HELFFERICH 351 ff; NUSSBAUM, Das Geld 10; VON MAYDELL, Geldschuld 62 ff; ERTL 25). Nominalismus als Konstanz der Recheneinheit ist dem Geld immanent. Soll diese Konstanz auch für den Umfang der Geldschuld verbindlich bleiben, so bedarf dieser Nominalismus der Präzisierung und der rechtlichen Begründung. Im einzelnen ist dabei zu unterscheiden zwischen dem *Prinzip der Geldsummenschuld* (Vorbem D 31 ff) und dem *strikten Nominalismus,* insbesondere dem Verbot der Wertsicherung (Vorbem D 35 ff). Nicht zu folgen ist der Auffassung von KRESS (SchuldR I § 13 2 c), wonach ein Nominalitätsprinzip im Recht der Geldschuld entweder zwingend ist oder gar nicht existiert. Es macht einen Unterschied, ob das bürgerliche Recht Geldschulden zu Summenschulden erklärt oder ob es sogar die Vereinbarung anderer als summenmäßig begrenzter Schulden verbietet.

aa) Das **Prinzip der Geldsummenschuld** ist Spiegelbild des technischen Nominalis- **D 31**
mus, so wie der technische Nominalismus Spiegelbild der Geldfunktion ist. Die Geldsummenschuld ist die Anwendung und Übertragung des technischen Nominalismus auf die Geldschuld (vgl zur Geldsummenschuld Vorbem C 17).

aaa) Der **Inhalt des Prinzips** besteht in den Worten von BFHE 89, 422, 434 darin, **D 32**
„daß bei Geldschuldverhältnissen der Nennwert maßgebend ist. Den Gegensatz bildet der sogenannte Valorismus, der auf den Kurswert oder Verkehrswert, insbesondere den Kaufkraftwert des Geldes, abstellt". Diese Aussage des sog Nominalismus deckt sich im wesentlichen mit dem, was BETTERMANN (RdA 1975, 2 f) mit den Schlagworten beschreibt: „Gleichheit aller Geldschulden" und „Gleichheit von Geld und Geldschuld"; alle auf den gleichen Betrag lautenden Geld(summen)schulden sind nominell gleich, und jede bezahlte Mark ist gleich jeder geschuldeten Mark (ähnlich F A MANN, Legal Aspect 69; ders, Recht des Geldes 60). Im einzelnen sind in diesem Prinzip *mehrere Grundsätze* enthalten und für die Rechtsanwendung zu unterscheiden, aber auch in ihrem Zusammenhang zu erkennen. Der *erste Grundsatz* besteht darin, daß die Geldschuld regelmäßig als *Geldsummenschuld* durch einen Nominalbetrag ausgedrückt wird; dieser bestimmt ihren Inhalt (in diesem Sinn wird das Wort Nominalismus etwa verstanden bei ESSER-EIKE SCHMIDT I/1 § 12 II 2; F A MANN, Recht des Geldes 66 f; ders, Legal Aspect 84 f; FÖGEN 139). Dieses

Prinzip der Geldsummenschuld schließt eine *Anpassung* von Geldschulden an Veränderungen des Geldwerts nicht aus. Wohl aber ergibt sich aus ihm als *zweiter Grundsatz*, daß eine solche Anpassung nicht – wie bei der Geldwertschuld – die Regel, sondern die Ausnahme ist und nur durch Vertrag (Wertsicherung) oder im Einzelfall durch eine besondere gesetzliche Norm (auch § 242) gerechtfertigt werden kann. Im Zusammenhang hiermit besagt ein *dritter Grundsatz,* daß die vertragliche Wertsicherung, so groß bei Betrachtung ex post das Interesse an ihr sein mag, den Parteien nicht unterstellt werden darf: Es gibt keine für Wertsicherungsvereinbarungen sprechende Vermutung; Wertsicherungsvereinbarungen müssen im erklärten Parteiwillen nachweisbar sein (insoweit übereinstimmend von Maydell, Geldschuld 63 f). An das Prinzip der Geldsummenschuld können sich weitere rechtliche Folgerungen knüpfen. Zu ihnen rechnet BFHE 92, 561, 565 das umstrittene Gebiet der Ertragsbesteuerung unter Inflationsbedingungen (Vorbem D 352), denn aus dem Nennwertprinzip ergebe sich, daß über das Schuldrecht hinaus auch keine sonstige unmittelbare rechtliche Folgerungen aus einer Veränderung des inneren Geldwerts gezogen werden darf. Dagegen besagt das Prinzip der Geldsummenschuld allein noch nichts über die Zulässigkeit von Wertsicherungsklauseln. Es bringt dispositives Recht zum Ausdruck (Larenz I § 12 III). Ein Verbot der Wertsicherung kann nur auf einem strikten Nominalismus beruhen (Vorbem D 36).

D 33 bbb) Die **Rechtsgeltung des Prinzips** wird immer wieder bestritten. Sie steht aber für die Praxis außer Frage und ist auch theoretisch kaum angreifbar. Das Nennwertprinzip bei Geldforderungen ist objektiv geltendes, wenngleich ungeschriebenes Recht (vgl nur Larenz I § 12 III; Möschel, Das Wirtschaftsrecht der Banken [1972] 71; mit Einschränkungen auch F A Mann, Recht des Geldes 66 f; ders, Legal Aspect 84 f: „legal principle"). Nicht zu folgen ist der relativierenden Ableitung des Prinzips aus dem erklärten Parteiwillen (in dieser Richtung aber zB von Maydell, Geldschuld 97; s auch Jahr, Gutachten 200; Stützel 27 ff; Simitis 59; mit Recht abl Larenz I § 12 III Fn 19; Möschel aaO 71). Damit wird den Parteien ein Wille unterstellt, der in Anbetracht des technischen Nominalismus des Geldes im Regelfall weder vorhanden noch erklärt ist (in gleicher Richtung Eckstein 33 ff). Diesen Fehler vermeidet die Auffassung, die das Prinzip der Geldsummenschuld zur Auslegungsregel erklärt (zB Rosenfelder JherJb 71 [1922] 263; Bettermann RdA 1975, 6). Aber die Auslegungsregel, wonach vereinbarte Geldschulden im Zweifel Geldsummenschulden sind (Vorbem D 48), ist nur Bestandteil, nicht Grundlage des Nennwertprinzips. Dieses gilt auch für gesetzliche Schuldverhältnisse, soweit sich nicht aus deren Inhalt im Einzelfall ergibt, daß eine Geldwertschuld vorliegt. Nominalismus kraft Vereinbarung ist auch nicht ein isolierbares Institut unter verschiedenen „Nominalismen" (so aber Stützel 27 ff), vielmehr gilt das Nennwertprinzip für alle Geldsummenschulden, es mag vereinbart sein oder nicht. Man mag den Nominalismus entstehungsgeschichtlich aus dem regelmäßigen Parteiwillen herleiten; er ist doch selbst objektivrechtliches Prinzip (so wohl F A Mann: „a legal principle, but ... empirically derived from a generalization of the normal factual situation"). Seine Geltung für den Einzelfall beruht weder auf dem erklärten oder vermuteten Parteiwillen noch überhaupt auf dem Vertragstatbestand (richtig Möschel aaO 71; Fögen 138 Fn 220, der dann aber im Text unklar davon spricht, „daß das Wertverhältnis der Leistungen, wie es den Parteien beim Vertragsabschluß vorgeschwebt hat, nicht auch noch bei der Vertragserfüllung zu bestehen braucht"). Als objektivrechtliche, vertragsunabhängige Norm fand sich das Prinzip etwa in § 792 I 11 ALR, einer Rechtsnorm, die bei Savigny (Obligationenrecht I 485 f) auf heftigen Tadel stieß: „Das im Handel und Wandel gewöhnliche Steigen und Fallen des Cours bey einer und eben derselben Münzsorte kommt außer dem Fall des § 785. 786. (scl: Fremdwährungsschuld) bey Darlehns-Rückzahlungen in keine Betrachtung." Auf Art 1895

Code Civil weist BETTERMANN (RdA 1975, 6) hin: ,,(1) L'obligation qui résulte d'un prêt en argent n'est toujours que le la somme numérique énoncée au contrat. (2) S'il y a eu augmentation ou diminution d'espèces avant l'époque du payement, le débiteur doit rendre la somme numérique prêtée, et ne doit rendre que cette somme dans les espèces ayant cours au moment du payement." Dem *Recht der Geldschuld nach dem BGB* liegt eine solche Rechtsnorm lediglich stillschweigend zugrunde. Dem Wortlaut der §§ 244 ff läßt sich unmittelbar weder für noch gegen den Nominalismus etwas entnehmen (VON MAYDELL, Geldschuld 90 f, 93 ff). Insbesondere deutet § 244 Abs 2 nicht etwa auf eine valoristische Geldschuldlehre des BGB hin (aM wohl ECKSTEIN aaO), denn die Maßgeblichkeit des Kurswerts in diesem besonderen Fall ist eine Selbstverständlichkeit. Es ist deshalb BETTERMANN (RdA 1975, 5) recht zu geben, der eine Norm darüber, ,,daß jede Zahlungsmark mit jeder Schuldmark identisch sei", im Gesetz vermißt. Die Frage ist nur, ob es einer solchen im Gesetz fehlenden Norm über den ,,Zwangskurs" der DM (BETTERMANN aaO) bedarf. Das ist zu verneinen. Indem sich das Schuldrecht des Instituts Geld und damit des technischen Nennwertprinzips bedient, überführt es das Nennwertprinzip in das Recht der Geldschuld (der Sache nach übereinstimmend HELFFERICH 363 f; REUTER ZHR 140 [1976] 81). Nicht das nominalistische, sondern das valoristische Prinzip bedürfte ausdrücklicher gesetzlicher Fixierung. Schon *der historische Gesetzgeber* ging hinsichtlich der Heimwährungsschulden davon aus, daß das Nennwertprinzip durch das währungsrechtliche Prinzip des Zwangsgeldes vorgegeben sei. Nach Mot in MUGDAN II 7 folgt ,,schon aus dem eingeführten Währungssysteme, daß der Werth einer in Reichswährung ausgedrückten Schuld der Nennwerth ist und die Zahlung in Geld der Reichswährung zum Nennwerthe genommen werden muß. Aus dem unbedingten Annahmezwange ergiebt sich von selbst die Annahmepflicht zum Nennwerthe (ReichsmünzG v 13. Juli 1873 Art 14 § 1)." Das gilt bei geänderter währungsrechtlicher Grundlage noch heute. Das BGB geht stillschweigend von nominalistischen Prinzip aus, zB in § 433 Abs 2 (LARENZ I § 12 III): Der Kaufpreis besteht in Geld und wird nicht als angemessenes Äquivalent im Zeitpunkt der Erfüllung oder der Gerichtsentscheidung, sondern als ,,vereinbarter Kaufpreis" im Zeitpunkt des Vertragsschlusses bestimmt. Das Gegenteil folgt auch nicht aus § 243, denn die Geldschuld ist, wie bei Vorbem C 7 ff ausgeführt wurde, keine Gattungsschuld (vgl auch VON MAYDELL, Geldschuld 96 f). Zu Unrecht wird bisweilen § 607 für die Valorisierung von Darlehnsforderungen herangezogen (zB KRESS, Lehrb des Allg Schuldrechts [1929] § 13 2 a, S 229; SIBER, Schuldrecht [1931] § 7 V 4; ECKSTEIN 32; BETTERMANN RdA 1975, 7; Überblick bei SCHWANDER 86 ff). Die gesetzliche Gleichstellung des Gelddarlehns mit dem Sachdarlehn (vgl BETTERMANN RdA 1975, 6) ist der Natur der Sache nach dadurch begrenzt, daß das Gelddarlehn eine Geldschuld mit den dazugehörigen Rechtsfolgen begründet. Sie kann also weder aus dieser Geldschuld eine Gattungsschuld machen noch kann sie dem Darlehnsnehmer das Währungsrisiko nach dem Grundsatz ,,casum sentit dominus" auferlegen (unergiebig deshalb die Kontroverse darüber, wer hier der ,,dominus" sein soll; vgl einerseits REICHERT-FACILIDES JZ 1969, 620, anderseits BETTERMANN RdA 1975, 7). Geldschuldrechtlicher Nominalismus und technischer Nominalismus haben eine gemeinsame Wurzel. *Das Prinzip der Geldsummenschuld ist die Nutzbarmachung des technischen Nominalismus für das Schuldrecht* (in gleicher Richtung ERTL 26 ff). Die Frage, ob sich der technische Nominalismus in dieser Weise dem Recht der Geldschuld mitteilt, wurde mit unterschiedlicher Begründung bereits im 19. Jahrhundert namentlich von HARTMANN (Vorbem D 29) 76 f sowie von KNIES (Das Geld [1873] 258) und von GOLDSCHMIDT Hdb I/2 1121 ff erkannt und bejaht (Überblick bei SCHWANDER 23 ff). Die positiv-rechtliche Absicherung des Nennwertprinzips wird vielfach in der Währungsverfassung (MÖSCHEL aaO 71) oder im Währungsrecht gesucht (eingehende Nachweise bei VON MAYDELL, Geldschuld 62 ff; vgl auch zum

19. Jahrhundert KIEFNER 53; die von SCHWANDER 34 ff, 60 ff als konstruktiv, dh begriffsjuristisch und positivistisch gescholtenen Auffassungen von LABAND, HELFFERICH und NUSSBAUM setzen gleichfalls hier an). Die Aussagekraft des Währungsrechts, auch unter Einschluß des § 3 WährG, für den schuldrechtlichen Nominalismus ist allerdings str (vgl die Kritik bei VON MAYDELL, Geldschuld 67 f; BETTERMANN RdA 1975, 5). Unleugbar ist indes, daß § 3 WährG ohne die Geltung des Prinzips der Geldsummenschuld eine unverständliche Regel wäre. Das Währungsrecht soll das Nennbetragsprinzip als „technisches Hilfsmittel" (SCHWANDER 285) des Schuldrechts gewährleisten. Die Notwendigkeit, die Vorzüge des technischen Nominalismus des Geldes auf die Geldschuld zu übertragen, scheint unleugbar in Anbetracht der Tatsache, daß viele Geldforderungen sog Buchgeld (Vorbem A 18) darstellen. Forderungen müssen Geldfunktionen erfüllen, also auch Geldeigenschaften aufweisen können. Bezeichnenderweise rechtfertigt JAHR (Gutachten 200) den schuldrechtlichen Nominalismus wie folgt: „Soll eine Forderung auf einen Gegenstand nach dem Willen dessen, der sie begründet (Gesetzgeber, Vertragspartner, Erblasser), dem Eigentum an diesem Gegenstand gleichwertig sein, so gilt dieser Wille . . . Geldbetragsforderungen sind Forderungen, die dem Geldeigentum gleichstehen, weil sie ihm gleichstehen sollen.« *Das moderne Schuldrecht des Geldes kommt ohne die Vorzüge des Nominalismus nicht aus.* Wertungsgrundlage des Nennwertprinzips ist das Streben nach Rechtssicherheit (vgl statt vieler ESSER-EIKE SCHMIDT I/1 § 12 II 2; REICHERT-FACILIDES JZ 1969, 620; REUTER ZHR 137 [1974] 493), und zwar nicht nur nach Rechtssicherheit inter partes, sondern nach Sicherheit des gesamten Rechtsverkehrs. Es wird von der Unverträglichkeit des Valorismus mit öffentlichen Interessen ausgegangen (REUTER ZHR 140 [1976] 82). Als ungeschriebene, nicht erst durch Rechtsfortbildung hervorgebrachte Rechtsnorm darf das Prinzip der Geldsummenschuld dem Gewohnheitsrecht zugerechnet werden (vgl HECK AcP 122 [1924] 205). VON MAYDELL, Geldschuld 98 ff lehnt die Anerkennung eines solchen Gewohnheitsrechtssatzes zwar ab, weil weder über den Kreis der vom Nennwertprinzip erfaßten Verbindlichkeiten noch über die sonstigen Anwendungsgrenzen dieses angeblichen Gewohnheitsrechtssatzes (insbesondere über das zu seiner Durchbrechung erforderliche Ausmaß der Geldentwertung) Einigkeit bestehe. Die Rechtsgeltung eines Gewohnheitsrechtssatzes hat indessen nicht zur Voraussetzung, daß die genauen Konturen des Rechtssatzes unbestritten sind.

D 34 ccc) Mit dieser **Ablehnung des Valorismus** sind nur diejenigen Aussagen getroffen, die sich unter dem Gesichtspunkt des Valorismus auf das Prinzip der Geldsummenschuld beziehen. Ein *strikter Valorismus* in dem Sinne, daß jede Geldschuld Geldwertschuld wäre, kann nach geltendem Recht nicht anerkannt werden (in dieser Richtung aber wohl ELIYAHU HIRSCHBERG aaO). Vereinzelte Ansätze in dieser Richtung (MÜGEL JW 1921, 1269 ff; STAMPE DRiZ 1925, 210 ff) – sie stammen namentlich aus der Weimarer Zeit – sind jedenfalls de lege lata zurückzuweisen. Nach KRESS (Lehrb des Allg Schuldrechts [1929] § 13 2 a, S 228 ff) ist jede Geldschuld eine Wertschuld, nicht eine Summenschuld. Vertragliche Erfüllungsansprüche sind deshalb Wertschulden, weil der Wille der Parteien auf den „inneren Wert", nicht auf den Nennwert des vereinbarten Betrages abstelle. Auch Geldschulden aus gesetzlichen Schuldverhältnissen seien auf die „Verschiebung wirklicher Werte", nicht bloß auf Zahlung zum Nennwert, gerichtet. Demgegenüber ist auf Vorbem D 33 zu verweisen. Nicht mehr zu halten ist auch SAVIGNYS Kurswerttheorie (zu ihr vgl eingehend HÜTTER aaO; NUSSBAUM, Das Geld 67 ff; SCHWANDER 17 ff). Teile ihrer Begründung finden eine historische Erklärung darin, daß SAVIGNY zwar einen wichtigen, aber doch nicht den entscheidenden Schritt über den Metallismus hinaus tat. Aus heutiger Sicht wird deshalb diese Theorie als eine metallistische petitio principii kritisiert (deutlich HELFFERICH, 361). Dabei werden freilich die Wertungsgrundlagen vernachlässigt. SAVIGNYS Kurswerttheorie beruht auf dem Gedanken absoluter Gerechtigkeit: Weder der Gläubiger noch der Schuldner darf durch eine nominelle Geldwertdefinition bevorzugt werden; in einem modernen Währungswesen kann sich aber diese Theorie nicht behaupten, weil die Rechtsorganisation keines Staates in der Lage wäre, ihr zu entsprechen (ROSENFELDER JherJb 71 [1922] 262). Mit Recht wurde deshalb SAVIGNYS Geldlehre noch im Verlauf des 19. Jahrhunderts durch die Nennwerttheorie verdrängt (vgl mit umfangreichen Nachweisen HÜTTER 140 ff), die in KNAPPS Staatlicher Theorie des Geldes ihre konsequenteste Ausprägung und in der Hyperinflation der 20er Jahre unseres Jahrhunderts ihre tiefste Krise erfuhr. Nicht von ungefähr wandte die Literatur der Inflationszeit SAVIGNYS Geldlehre wieder gesteigerte Aufmerksamkeit zu (ECKSTEIN 56 f; der Sache nach auch HERZFELD AcP 120 [1922] 203 ff; MÜGEL JW 1921, 1269 ff; Überblick bei SCHWANDER 69 ff; HÜTTER 152 ff). Eine Rückkehr zum Kurswert ist aber rechtspolitisch fragwürdig (HELFFERICH 368) und entspräche jedenfalls nicht dem geltenden Recht. Wo materiale Gerechtigkeit eine Durchbrechung des Nennwertprinzips verlangt, um unerträgliche Wertverluste zu verhindern, bleibt nur die Aufwertung nach Vorbem D 90 ff.

bb) Als **strikten Nominalismus** kann man Rechtssätze bezeichnen, die eine Anpassung von Geldsummenforderungen an Geldwertveränderungen verbieten (vgl VON MAYDELL, Geldschuld 65 ff; ERTL 41 spricht von „verstärktem" Nominalismus). D 35

aaa) Der **Inhalt des Prinzips** kann wiederum uneinheitlich sein und muß deshalb besonders benannt werden. Die völlige Ablehnung jeglicher Geldwertschuld – auch der gesetzlichen – scheint unhaltbar und kann vernachlässigt werden. Der strikte Nominalismus bezieht sich auf Geldsummenschulden, insbes auf vertraglich begründete Geldschulden. Zielrichtung ist vor allem die vertragliche *Wertsicherung von Geldforderungen* (zu ihr vgl Vorbem D 158 ff). „Nominalistisch" in diesem Sinne ist die Ordnung des Geldrechts dann, wenn sie die vertragliche Wertsicherung untersagt. Diese Variante des strikten Nominalismus wird von manchen geradezu mit dem Nominalismus gleichgesetzt, während F A MANN die Wertsicherung als Sicherungsmaßnahme gegen den Nominalismus bezeichnet (Legal Aspect 136 ff; Recht des Geldes 99 ff). Das ist in der Sache unschädlich, wenn terminologisch bedingte Mißverständnisse vermieden werden. Die Wertsicherungsvereinbarung ist Sicherungsmittel gegen Risiken, die sich aus dem Prinzip der Geldsummenschuld ergeben; das *Verbot von Wertsicherungsvereinbarungen* ist Bestandteil eines strikten Nominalismus. Auch STÜTZEL (33 ff) setzt § 3 WährG nicht mit dem Nominalismus schlechthin gleich, sondern betrachtet die Norm nur als Ausprägung eines Teils des Nennwertprinzips (bei STÜTZEL „Nominalismus Nr 4"). Aber der strikte Nominalismus muß sich nicht auf die vertragliche Wertsicherung beschränken. Er kann unterschiedliche Rechtsregeln enthalten und zB auch dem Richter die *Anpassung von Geldsummenschulden* nach § 242 verbieten (vgl zB F A MANN NJW 1974, 1298). D 36

bbb) Die **Rechtsgeltung des Prinzips** muß zwischen den unterschiedlichen Inhalten eines strikten Nominalismus unterscheiden. Daran fehlte es noch in der im Anschluß an HARTMANN (Über den rechtlichen Begriff des Geldes und den Inhalt der Geldschulden [1868] 54 ff) geführten Diskussion. Der strikte Nominalismus bedarf einer positivrechtlichen Grundlage. Er beruht, anders als das bei Vorbem D 31 diskutierte Prinzip der Geldsummenschuld auf einer rechtspolitischen Entscheidung des Gesetzgebers. Wenn gesagt wird, das Nennwertprinzip als Bestandteil des geltenden Rechts setze eine formell-rechtliche Norm voraus, die dieses Prinzip ausdrücklich in den Rang eines „Zwangskurses" erhebe (so BETTERMANN RdA 1975, 3, 5), dann trifft das für den strikten Nominalismus, und nur für ihn, zu. Klar erkannt findet sich dies schon bei SAVIGNY: Ordne der Gesetzgeber die Maßgeblichkeit des Nennwertes D 37 durch einen „Zwangskurs" besonders an, so sei allerdings der Richter hieran gebunden (Obligationenrecht I 444 ff). Ein solches Gesetz könne nicht die Teuerung verhindern (Obligationenrecht I 449), wohl aber binde es den Richter bei der Rückzahlung von Verbindlichkeiten, so daß der Gläubiger sich bei der Rückzahlung von Verbindlichkeiten mit entwertetem Geld zufrieden geben müsse (Obligationenrecht I 450). Die Härte und Ungerechtigkeit eines dergestalt dekretierten Nominalismus, der einseitig nur den Gläubiger älterer Geldschulden treffe, steht in SAVIGNYS Augen außer Zweifel (Obligationenrecht I 450).

D 38 Eine positivrechtliche Anordnung des strikten Nominalismus fand sich im sog **Mark-gleich-Mark-Gesetz** (Gesetz Nr 51 der Militärregierung; dazu auch Vorbem D 162). Art II Nr 4 dieses Gesetzes hatte idF von 1947 folgenden Wortlaut:

„Eine Verbindlichkeit, gesichert oder ungesichert, die auf Reichsmark, Rentenmark, irgendein anderes auf Mark lautendes gesetzliches Zahlungsmittel, auf Goldmark oder auf Mark lautet, deren Nennwert unter Benützung einer gleitenden Skala oder auf andere Weise durch Bezugnahme auf den Preis des Feingoldes (Goldklausel) oder den Preis anderer Edelmetalle, Waren, Wertpapiere oder ausländischer Zahlungsmittel (Wertbeständigkeitsklauseln) bestimmt ist, ist bei Fälligkeit, ungeachtet der Bestimmungen der Paragraphen 157, 242 und 607 des Bürgerlichen Gesetzbuches und der Bestimmungen irgendeines anderen deutschen Gesetzes, durch Zahlung – Mark für Mark – von Reichsmark oder Alliierten Militärmarknoten erfüllbar. Dabei ist es gleichgültig, ob die Verbindlichkeit vor oder nach dem Inkrafttreten dieses Gesetzes fällig wird. Der Gläubiger ist in allen Fällen verpflichtet, Reichsmark- und Alliierte Militär-Marknoten zu ihrem Nennwert in Erfüllung der Verbindlichkeit anzunehmen. Ohne schriftliche Genehmigung der Militärregierung darf niemand eine Vereinbarung eingehen oder ein Rechtsgeschäft abschließen oder den Abschluß einer derartigen Vereinbarung oder eines derartigen Rechtsgeschäftes anbieten, falls darin Zahlung in einer anderen als der Markwährung oder Lieferung einer solchen vorgesehen ist."

Diese Regelung, die allerdings die sich nach den Kriegsjahren fortsetzende verdeckte Inflation (Vorbem A 38) nicht aufzuhalten vermochte, wird heute noch unterschiedlich beurteilt. Zustimmung findet sie zB bei EMMERICH, Das Recht der Leistungsstörungen (1978) § 28 III 3 b bb. FLUME (Rechtsgeschäft § 26/6 a) sieht in ihr dagegen eine Aufhebung der Vertragsregelung, die durch hoheitliche Regelung ersetzt worden sei. Dem geltenden Recht ist ein Verbot richterlicher Forderungsaufwertung fremd (Vorbem D 94 ff). Für das geltende Recht ist festzuhalten: *Eine richterliche Anpassung von Geldschulden an den veränderten Geldwert ist nicht verboten, allerdings auch nur in den bei Vorbem D 100 ff geschilderten Grenzen zugelassen.* Auch ein strikter Nominalismus muß nicht lückenlos durchgeführt sein; er kann vielmehr da zurücktreten, wo überwiegende Interessen der Vertragsgerechtigkeit dies fordern (in dieser Richtung FÖGEN 141; MEDICUS Betrieb 1974, 759). *Wertsicherungsvereinbarungen sind gleichfalls nicht generell verboten,* untersagt sind aber die in § 3 WährG beschriebenen klassischen Fälle der Wertsicherung, soweit keine Erlaubnis erteilt ist.

D 39 ccc) Damit ist **§ 3 WährG** als Anwendungsfall eines strikten Nominalismus eingeordnet. Die Regel ist, wenn man sie mit der hM als verfassungskonform ansieht (Vorbem D 192) geltendes Recht. Zu ihrer Anwendung vgl Vorbem D 201 ff. Von dieser Feststellung zu unterscheiden – aufgrund der oft unscharfen Verwendung des Schlagworts vom „Nominalismus" aber oft nicht hinreichend davon unterschieden – ist die Frage nach der rechtspolitischen Rechtfertigung des § 3 WährG (Vorbem D 42 sowie Vorbem D 193 ff).

D 40 d) Der **währungspolitische Nominalismus** macht den rechtspolitischen Kern der Nominalismusdiskussion aus. Er wird vor allem auf wirtschaftswissenschaftlicher Ebene diskutiert und kann in einer dem geltenden Recht gewidmeten Darstellung nur gestreift werden. Auch die rechtspolitische Diskussion sollte indes genauer, als es durchweg geschieht, zwischen den ganz unterschiedlichen Rechtsprinzipien unterscheiden, die sich unter dem Schlagwort vom „Nominalismus" verbergen.

aa) Hinsichtlich der **rechtlichen Bedeutung** ist hiernach zu differenzieren: Der rechtspolitische Nominalismusgedanke gibt den Ausschlag im Streit um die automatische Aufwertung von Geldforderungen wegen Währungsverfalls. Er rechtfertigt das Prinzip der Geldsummenschuld. Eine automatische Anpassung aller Geldforderungen, also ein strikter Valorismus, ist als „Institutionalisierung von Inflationsfaktoren" abzulehnen (HORN 31). Als Leitgedanke bei der Anwendung des geltenden Rechts spielt damit der währungspolitische Nominalismus durchaus eine Rolle, nämlich stets da, wo die automatische Aufwertung in Frage steht. Diese Aufwertung ist einmal ein Problem individueller (Vertrags-)Gerechtigkeit zwischen Gläubiger und Schuldner; insofern gilt es, ungerechte Inflationsverluste des einen und Inflationsgewinne des anderen aufzufangen (vgl FÖGEN 140 f; eingehende ältere Nachweise bei SCHWANDER 92 ff). Zum anderen weist die Aufwertungsrechtsprechung auch überindividuelle Implikationen auf, weil wirtschaftliche und soziale Folgen der Inflation und der Inflationsfolgenbewältigung mit einbezogen werden müssen (vgl besonders eingehend HORN 33 ff, 43 ff; ältere Nachweise bei SCHWANDER 112 ff). Die viel umstrittenere Frage, ob auch ein strikter Nominalismus, ob also insbes die Regel des § 3 WährG zu rechtfertigen ist, ist bei Vorbem D 42, D 193 ff dargestellt. D 41

bb) Die währungspolitischen **Wertungsgrundlagen** im Streit um den rechtspolitischen Nominalismusgedanken lassen sich im wesentlichen in folgende Gruppen von Argumenten einteilen: inflationspolitische Argumente, wachstumspolitische Argumente und verteilungspolitische Argumente (vgl den Überblick bei HORN 23 ff, 33 ff; REUTER ZHR 137 [1974] 482 ff mit Nachweisen aus dem wirtschaftswissenschaftlichen Schrifttum). Was das Prinzip der Geldsummenschuld anlangt, so scheinen die Vorzüge des Nominalismus unbestreitbar. Im Brennpunkt der Diskussion steht der strikte Nominalismus. Für das nominalistische Prinzip werden – mehr von juristischer als von wirtschaftswissenschaftlicher Seite – immer wieder dessen ökonomische Vorzüge in Anspruch genommen: Der Nominalismus wirke inflationshemmend, weil er antiinflationäre Interessen mobilisiere und die Überwälzung von Kostensteigerungen erschwere; als Folgewirkung der inflationshemmenden Kraft wird dem Nominalismus die Fähigkeit zuerkannt, das Wirtschaftswachstum und den Außenwirtschaftsverkehr günstig zu beeinflussen (vgl mit Unterschieden im einzelnen Sachverständigenrat, Gutachten 1972, Nr 341 ff; HORN 26 f mwN; REUTER ZHR 137 [1974] 482 ff; vgl auch MATTHÖFER ZRP 1980, 325). Allerdings handelt es sich hierbei um Wahrscheinlichkeitsmechanismen, die in der ökonomischen Literatur bestritten sind (vgl namentlich den Gegenstandpunkt bei GIERSCH, Indexklauseln und Inflationsbekämpfung [1973] 5 ff; vgl ebenfalls PFLEIDERER ZfKrW 1965, 886 ff; TIMM, Der Einfluß von Geldwertsicherungsklauseln, Jahrbuch für Nationalökonomie und Statistik Bd 180 [1967] 313 ff; SCHMÖLDERS, Geldpolitik [1968] 392 ff; WOLL, Allgemeine Volkswirtschaftslehre [7. Aufl 1981] 487 ff; weitere Nachw bei GÜNTER aaO; HORN 27). Auch die Befürworter einer valoristischen Indexierung von Geldforderungen berufen sich demgemäß auf die wirtschaftspolitischen Vorzüge ihres Konzepts (vgl nur AK-BGB-BRÜGGEMEIER Vorbem 23 zu §§ 244, 245; BETTERMANN ZRP 1974, 13, 15). Der häufig einbezogene soziale Gerechtigkeitsaspekt – soll der Geldschuldner oder der Geldgläubiger das Entwertungsrisiko tragen? – kann, wie in der Rechtsprechung des BAG, nur bei der Ordnung von Fallgruppen helfen, nicht dagegen bei der Gesamtbeurteilung des Nominalismus; denn es geht nicht an, Geldgläubiger und Geldschuldner zu sozialen Gruppen zu ordnen (überzeugend SIMITIS 72; vgl aber INGO MÜLLER ZRP 1974, 160 f). Das abschließend nicht bewertbare Bild der Meinungen spiegelt sich wider in der Podiumsdiskussion auf dem D 42

50. Deutschen Juristentag (50. DJT II N 6 ff). Es macht die *Bewertung des Nennwertprinzips* insgesamt schwierig, vor allem aber die Bewertung des § 3 WährG (Vorbem D 193 ff). Die enge Verknüpfung jedes Nominalismus mit den Funktionen des Geldes läßt aber jedenfalls eine Folgerung von relativer Gültigkeit zu: Das Nennwertprinzip dient dazu, die in langer Entwicklung errungene Wertmaßfunktion des Geldes aufrechtzuerhalten. Es darf um seiner währungspolitischen Vorteile willen nicht leichtfertig preisgegeben werden. Es darf aber nicht zum Selbstzweck in dem Sinne werden, daß es die ihm innewohnende ökonomische Vernunft selbst widerlegt. Mit einem recht verstandenen Nennwertprinzip ist deshalb die richterliche Forderungsanpassung nach § 242 BGB vereinbar. Zu der umstrittenen Frage der Streichung von § 3 WährG vgl Vorbem D 200.

D 43 cc) Der Zusammenhang zwischen **Nominalismus und Stabilitätspolitik** wird bei Vorbem A 28 und A 46 ff angesprochen. Das Nennwertprinzip wird vielfach nur als Instrument der Stabilitätspolitik diskutiert, es ist indessen rechtspolitisch nur haltbar, solange es in eine funktionierende Stabilitätspolitik eingebettet ist. Der Legitimationszusammenhang ist also wechselseitiger Art. Wie einerseits Stabilitätspolitik vom Nennwertprinzip abhängt, so setzt umgekehrt das Nennwertprinzip ein Bekenntnis zur Stabilitätspolitik voraus. Namentlich ein Verbot vereinbarter Wertsicherung (§ 3 WährG) kann nur gerechtfertigt werden, wenn der Staat auch mit anderen Mitteln für Geldwertstabilität sorgt. Die Diskussion um die Verfassungsmäßigkeit des § 3 WährG kann nicht unabhängig von der währungspolitischen Verpflichtung des Staates zur Geldwertstabilität sein. Stabilitätspolitik ist also nicht nur Ziel, sie muß auch Legitimationsgrundlage des § 3 WährG sein (deutlich Reuter ZHR 137 [1974] 496). Mit aller Deutlichkeit hat namentlich Simitis (66 f) auf den Zusammenhang zwischen wirtschaftsrechtlicher und einzelvertraglicher Inflationsbekämpfung hingewiesen, dies freilich mit einer bemerkenswerten Umkehrung der Perspektive, bei der der „etatistische Nominalismus" im Vordergrund steht. Der Zusammenhang von Nominalismus und Währungspolitik ist keine neue Entdeckung. Gerade der Nominalismus Knapps kann nur verständlich sein, wenn das staatliche Monopol der Ausgabe nominalistischen Geldes mit der Pflicht einhergeht, dieses gesetzliche Zahlungsmittel, dieses „Geschöpf der Rechtsordnung" auch wertbeständig zu erhalten (so Forstmann [vor Vorbem A 1] 46 zum Nominalismus Knapps). Bendixen (Vorbem D 2) Rz 54 sah deshalb die Geldemission nur insoweit als zulässig an, als Warenvermehrung vorliegt. Die Forderung nach Unveränderlichkeit des Wertmessers liegt bereits in der dem Geld zugedachten Funktion, Wertmesser zu sein, begründet (Forstmann 159 im Anschluß an Wicksell).

II. Geldwertschulden

D 44 1. Geldwertschulden und Geldsummenschulden

a) die hM unterscheidet zwischen **Geldwertschulden und Gelsummenschulden** (vgl nur Larenz I § 12 VI). Die Terminologie ist etwas uneinheitlich, vor allem deshalb, weil manche jede Geldschuld als Wertschuld bezeichnen (so zB mit nicht ganz treffendem Hinweis auf RGZ 101, 313 Enneccerus-Lehmann § 11 I 3; demgemäß werden Untergruppen der Währungs- oder Betragsschulden und der Wertschulden ieS gebildet; vgl ebd § 11 II 3 a; vgl auch OLG Köln NJW 1960, 388; Erman-Sirp § 244 Rz 8 f). Diese Uneinheitlichkeit der Terminologie ändert jedoch nichts daran, daß bei aller Umstrittenheit der Einzelfragen ein breiter Konsens über das allgemeine Institut der Geldwertschuld herrscht. Eine **Geldsummenschuld** ist eine Geldschuld, deren Höhe durch einen Nominalbetrag, dh durch ein bestimmtes Vielfaches einer Währungseinheit, bestimmt ist (vgl nur OLG Köln NJW 1960, 388;

BGB-RGRK-ALFF § 244 Rz 7; vgl auch RGZ 129, 134 und 216). Die Geldsummenschuld ist die regelmäßige Form der Geldschuld (LARENZ I § 12 VI; NUSSBAUM, Das Geld 145). Als **Geldwertschuld** bezeichnet man demgegenüber eine Geldschuld, deren Umfang nicht nominell in Währungseinheiten festgelegt, sondern aus dem Geldwert anderer Güter errechenbar ist (ähnlich OLG Köln NJW 1960, 388; ENNECCERUS-LEHMANN § 11 II 3 b; BGB-RGRG-ALFF § 244 Rz 7). Das Maß der Berechnung ergibt sich hier aus dem Schuldzweck (Schadensersatz, Unterhalt etc). Er allein kann auch die Anerkennung von Geldwertschulden rechtfertigen (ähnlich INZITARI RabelsZ 45 [1981] 714 f). Einer Geldsummenschuld entspricht auf der Gläubigerseite ein Geldsummenanspruch; einer Geldwertschuld entspricht ein Geldwertanspruch (BGB-RGRK-ALFF § 244 Rz 7).

b) Der **Nutzen der Unterscheidung von Geldwertschulden und Geldsummenschulden** D 45
hat sich namentlich in der Inflationszeit der 20er Jahre erwiesen. Während die „Aufwertung" von Geldsummenschulden beträchtliche Schwierigkeiten bereitete, war die „Umwertung" von Geldwertschulden ohne weiteres begründbar (vgl nur RGZ 109, 62; 111, 361, 366; 114, 342, 345; 130, 23, 33; std Rspr). Es handelt sich nicht, wie behauptet wird, um eine erst in Anwendung des Umstellungsgesetzes erfundene Rechtsfigur (ERNST WOLF, Schuldrecht I § 4 D Fn 80 mit unzutreffender Berufung auf ERMAN-SIRP [6. Aufl] § 244 Rz 12). Die Rechtsfigur der Geldwertschuld ist ein bewährtes Institut des Geldschuldrechts. Allerdings zeigt sich die Bedeutung dieser Rechtsfigur gerade auch beim *Währungswechsel*. Ein solcher beeinträchtigt Geldwertschulden nicht. Sie sind nicht umzustellen, sondern nach dem maßgebenden Wert in neuer Währung zu berechnen (vgl nur BGHZ 3, 162, 178; OGHZ 2, 65; 3, 287; SKAUPY in: Probleme der Währungsreform [1949] 63 ff; BGB-RGRK-ALFF § 244 Rz 8; zur Abgrenzung vgl BGH NJW 1951, 841; 1952, 1172; knapper Überblick bei LARENZ I § 12 VI). Die Hauptbedeutung liegt aber bei der *Unabhängigkeit vom Geldwertrisiko* (vgl alsbald Vorbem D 46). Trotz überwiegender Anerkennung ist allerdings diese Rechtsfigur nicht unbestritten. Die *Kritik* setzt zT beim Nominalismusproblem an und rügt, daß die Lehre von den Geldwertschulden ein Stück Valorismus in die Schuldrechtsordnung hereinträgt (in dieser Richtung zB ENNECCERUS-LEHMANN § 11 II 3 b). Ist aber der Nominalismus mit der hier vertretenen Auffassung (Vorbem D 33) als Satz des positiven Schuldrechts zu begreifen, so kann das positive Schuldrecht auch anordnen, daß bestimmte Verbindlichkeiten dem Nennwertprinzip nicht folgen. ERNST WOLF (Lehrbuch des Schuldrechts I § 4 D II d und h) leugnet, daß es einen „reinen Wert" gibt, und meint, deshalb jeder Geldschuld den Wertschuldcharakter absprechen zu müssen. Geldschulden seien ausnahmslos Gattungsschulden, gerichtet auf Zahlung in einer bestimmten „Wertmenge" (?). Dem wurde bereits bei Vorbem C 7 widersprochen. Weiter wendet sich ERNST WOLF gegen die angebliche Unverzinslichkeit von Geldwertschulden. Auch damit trifft er die hM nicht, weil diese Geldwertschulden überhaupt nicht für unverzinslich hält (Vorbem C 18). Nicht währungpolitischer und auch nicht begrifflicher, wohl aber methodologischer Art sind die Einwände VON MAYDELLS (Geldschuld 106 ff; vgl auch MünchKomm § 244 Rz 11 f). VON MAYDELL lehnt nicht die mit der Rechtsfigur der Geldwertschuld bezweckten Ergebnisse, sondern nur die Bildung zweier Klassen von Geldschulden ab. Er will den Gegensatz zwischen Geldsummenschulden und Geldwertschulden durch eine Systematisierung der Geldschulden nach funktionalen Gesichtspunkten ersetzen. **Drei Einwände** trägt VON MAYDELL vor: Erstens nehme die terminologische Trennung das Ergebnis vorweg; zweitens gehe sie von einem strikten Entweder-Oder aus, indem sie jede Forderung entweder streng nominalistisch oder streng valoristisch behandle; drittens schließlich habe sich im Wandel der währungspolitischen Diskussion noch keine allgemeingültige Abgrenzung ergeben. Diesen in der Sache beachtlichen Einwänden

kann Rechnung getragen werden, auch ohne daß die Terminologie der hM aufgegeben wird. Man muß sich zunächst darüber klar sein, daß juristische Terminologie stets auf Ergebnissen beruht, sie also nicht vorwegnehmen, sondern nur abbreviativ darstellen kann. Das strikte Entweder-Oder, gegen das sich von Maydell wendet, ist im Einzelfall eine Notwendigkeit und darf nur bei der Ordnung der Sachverhalte nicht irreleiten. Wenn etwa vielfach gefragt wird, ob ,,der Anspruch aus ungerechtfertigter Bereicherung" Geldsummenanspruch oder Geldwertanspruch ist (vgl dagegen Vorbem D 50 ff), dann beweist dies falschen Umgang mit der Unterscheidung, aber nicht die Unbrauchbarkeit der Unterscheidung. Zwar bleibt einzuräumen, daß die Begriffe Geldsummenschuld und Geldwertschuld auf zwei grundverschiedene Klassen von Geldforderungen hinzudeuten scheinen. Aber das ist kein Grund, von dieser gebräuchlichen Sprachregelung abzurücken, sofern nur beachtet wird, daß *lediglich unterschiedliche Methoden der summenmäßigen Bestimmung des Geldschuldinhalts* vorliegen. Die Schwierigkeit und Umstrittenheit der Zuordnung im Einzelfall (von Maydells dritter Einwand) macht schließlich die Benennung des Zuordnungsproblems nicht enbehrlich. Von Maydells *Einwände sollten deshalb nur als ein Aufruf zu sorgsamem Umgang mit der Rechtsfigur der Geldwertschuld verstanden werden.* An der Unterscheidung als solcher ist festzuhalten (ähnlich Ertl 40).

D 46 c) Die **Bedeutung der Unterscheidung** wird sowohl in praktischer als auch in rechtsdogmatischer Hinsicht bisweilen überschätzt. Nach der hier vertretenen Auffassung handelt es sich um nicht mehr und nicht weniger als die terminologische Klassifizierung der Geldschulden in solche, die summenmäßig feststehen und solche, deren Summe noch durch Wertberechnung konkretisiert werden muß. Es handelt sich also nicht eigentlich um verschiedene Arten von Forderungen, sondern nur um Techniken ihrer Bemessung. Auch die sog ,,Umwandlung" einer Geldwertschuld in eine Geldsummenschuld und umgekehrt (Vorbem D 80 ff) besagt nichts anderes, als daß der Nennbetrag der in ihrer Identität unberührt bleibenden Verbindlichkeit im ersten Fall fixiert, im zweiten Fall wieder zu einer nur berechenbaren Größe gemacht wird. Die *Konkretisierungsbedürftigkeit* der Geldwertschuld macht die Geldwertforderung vom *Entwertungsrisiko* frei. Sie paßt sich dem Geldwert automatisch an (vgl statt vieler Esser-Eike Schmidt I/1 § 12 1.1; Soergel-Reimer Schmidt [10. Aufl] § 244 Rz 4). Diese Anpassung der Geldwertschuld ist Konsequenz des Forderungsinhalts, nicht Änderung des Forderungsinhalts, denn der Forderungsinhalt kann, solange nicht die Geldwertschuld durch ,,Umwandlung" in eine Geldsummenschuld konkretisiert ist, nicht durch einen Festbetrag wiedergegeben werden. Das *Reichsgericht* brachte dies terminologisch dadurch zum Ausdruck, daß es bei Geldwertansprüchen von einer *Umwertung,* nicht von einer Aufwertung sprach (RGZ 115, 385, 392; 116, 324, 329; 118, 185, 188; 120, 76, 80; 126, 186, 191; 129, 208, 210). Hiermit hängt es zusammen, daß die Geldwertschuld auch nicht der Umstellung im Fall eines Währungswechsels bedarf (vgl soeben Vorbem D 45). Im Geldrecht der Nachkriegszeit bestand die Hauptbedeutung des Begriffs der Geldwertschuld darin, daß diese Schulden weder unter das Umstellungsgesetz (Vorbem A 39) noch unter das sog ,,Mark-gleich-Mark-Gesetz" (Vorbem D 38) fielen. Rechtliche Folgerungen, die über die summenmäßige Konkretisierungsbedürftigkeit der Geldwertschuld hinausgehen, läßt der Begriff der Geldwertschuld nicht zu. Abzulehnen ist insbesondere die Auffassung, Geldwertschulden könnten nicht verzinslich sein (dazu Vorbem C 18; § 246 Rz 10) oder sie seien währungsrechtlich neutral (dazu § 244 Rz 24 ff).

D 47 **d)** Da der Gegensatz zwischen Geldsummenschulden und Geldwertschulden nur eine Frage der Anspruchsbemessung ist, können im folgenden auch **Mischsachverhalte** mit abgehandelt werden, in denen eine Geldsummenschuld unter rückwirkender Berücksichtigung von Geldwertänderungen berechnet wird. Dazu gehört zB der

Anspruch auf Zugewinnausgleich (§ 1378); dieser Anspruch entsteht erst mit der Beendigung des Güterstandes (STAUDINGER-THIELE § 1378 Rz 11), und zwar als Geldsummenschuld; bei der Berechnung des Zugewinns nach §§ 1373 ff wird aber rückwirkend wie bei einer Geldwertschuld verfahren (Vorbem D 74).

2. Abgrenzung in wichtigen Fällen D 48

a) Vertragliche **Erfüllungsansprüche** sind, solange sie nicht durch Wertsicherungsklauseln dynamisiert sind, grundsätzlich *Geldsummenschulden* (eingehend VON MAYDELL, Geldschuld 110 ff). Die in einer Geldsumme ausgedrückte Verbindlichkeit aus einem Vertrag wird also nicht dynamisiert. Dies entspricht nicht nur dem Nennwertprinzip, das nach richtiger Auffassung vom Parteiwillen unabhängig ist (Vorbem D 33), sondern es entspricht auch dem regelmäßigen Willen der Parteien. Anderer Auffassung ist namentlich ECKSTEIN (29 ff), der bei gegenseitigen Verträgen den Geldwertcharakter der Forderung aus dem Sinn und Zweck des Austauschverhältnisses herleitet. Auch SAVIGNY entnahm die Maßgeblichkeit des Kurswertes (heute: der Kaufkraft) dem regelmäßigen Parteiwillen; er ziele nicht auf den Nennwert oder auf den Metallwert des geschuldeten Geldes, sondern auf den von SAVIGNY sog Courswert (Obligationsrecht I 461; dagg HARTMANN, Über den rechtlichen Begriff des Geldes und den Inhalt der Geldschulden [1868] 46 f, 67 ff; vgl dazu auch KIEFNER [vor Vorbem A 1] 43 ff). Nach geltendem Recht kann dieser Auffassung nicht gefolgt werden. Sie trägt eine schwer zu verkraftende Unbestimmtheit in die Auslegung der Rechtsgeschäfte hinein. Sie unterstellt auch den Parteien einen regelmäßig gerade nicht vorhandenen und nur im nachhinein für zweckmäßig angesehenen Parteiwillen. De lege lata spricht schließlich auch § 3 WährG gegen eine Vermutung stillschweigender Dynamisierungsabreden. Gegenteilige Anhaltspunkte enthält das Gesetz nicht, und zwar auch nicht beim *Darlehn*. Aus *§ 607*, wonach „Sachen von gleicher Art, Güte und Menge" zurückzuerstatten sind, wurde bisweilen gefolgert, die Rückzahlung eines in gutem Geld genommenen Darlehns mit schlechtem Geld sei keine Vertragserfüllung (zB SIBER, Grundriß [1931] § 7 IV 1 b S 28; ECKSTEIN [Vorbem D 20] 32). Heute kann als geklärt gelten, daß § 607 kein Argument für den Valorismus hergibt (vgl nur VON CAEMMERER in 40. DJT II [1954] D 8; OERTMANN, Die Aufwertungsfrage bei Geldforderungen, Hypotheken und Anleihen [1924] 16 ff; KOLLER, Die Risikozurechnung bei Vertragsstörungen in Austauschverträgen [1979] 258; vgl insoweit auch VON MAYDELL, Geldschuld 96). Die Verpflichtung, ein in bestimmter Höhe gegebenes (§ 607 Abs 1) oder bedungenes (§ 607 Abs 2) Darlehn zurückzuzahlen, ist, sofern nicht eine wirksame Wertsicherungsklausel vereinbart ist, eine Geldsummenschuld. Geldsummenschulden entstehen also nicht nur aus kurzfristigen Austauschverträgen (vgl zu diesen VON MAYDELL, Geldschuld 110 ff), sondern in aller Regel auch aus langfristigen Dauerschuldverhältnissen. Auch die Pflicht zur Geldeinlage bei einer Gesellschaft ist Geldsummenschuld (RGZ 124, 264, 269). Die **Vereinbarung von Geldwertschulden** wird zwar in Praxis und Lehre mehr oder weniger ausdrücklich für möglich gehalten (vgl RG WarnR 1921 Nr 99; 1923/24 Nr 3; BGHZ 7, 134, 137; 9, 56, 60; 28, 259, 265; RABEL Recht 1923, 139). Vor allem auf dem Gebiet der Wertsicherung hat aber diese Auffassung bedenkliche Unklarheit hervorgerufen (Vorbem D 235 ff). Richtig ist, daß die Vereinbarung von Geldwertschulden *schuldrechtlich* grundsätzlich möglich ist, aber *währungsrechtlich* nicht ohne weiteres zulässig ist. Nur wenige Geldschulden sind der Dynamisierung schlechthin unfähig wie etwa Forderungen aus Wechseln (sie sind nicht einmal der Aufwertung zugänglich; vgl RGZ 110, 40). Aus den angeführten Gründen darf aber den Parteien eine Wertsicherungsabrede nicht unterstellt werden. Großzügig verfährt hier die Praxis allenfalls dann, *wenn die Vertragsschuld eine Geldwertschuld ersetzen soll,* wie etwa beim Kauf zur *Abwehr einer Enteignung*

(RGZ 114, 185; 127, 266; zweifelhaft!). Auch hier ist jedoch idR von einer „Umwandlung" der Geldwertschuld in eine Geldsummenschuld auszugehen (Vorbem D 81; vgl auch zu den *Unterhaltsvereinbarungen* Vorbem D 68). Ist eine Wertsicherung vereinbart, so muß die Wirksamkeit des Vertrags nach § 3 WährG geprüft werden (Vorbem D 201 ff). Zweifelhaft ist die *Auslegung von Verträgen, die auf Auseinandersetzung oder auf vorweggenommene Erbfolge zielen.* VON MAYDELL (Geldschuld 143 ff) ordnet diese Verträge als atypische Austausch-Geldschuldverhältnisse ein, bei denen der Gedanke des Güteraustausches und der Äquivalenz durch andere Zwecksetzungen überlagert und teilweise ersetzt wird. Man kann etwa von *Verträgen mit Wertausgleichszweck* sprechen. Generelle Lösungen – etwa iS einer Dynamisierung aller durch solche Verträge begründeten Geldschulden – läßt aber dieser Typus von geldschuldbegründenden Verträgen nicht zu (gerade VON MAYDELL lehnt sie auch prinzipiell ab). Es kann deshalb bei diesem Sondertypus von Verträgen nur um *zwei Fragen* gehen: einmal darum, ob Wertsicherungsklauseln großzügiger als bei Austauschverträgen zugelassen werden sollen (Vorbem D 237), und zum anderen darum, daß bei Geldwertänderungen im Rahmen der Geschäftsgrundlage der spezifische Vertragszweck berücksichtigt wird (Vorbem D 130).

D 49 **b)** Die **Rückabwicklung von Verträgen** begründet regelmäßig Geldsummenschulden (vgl auch BGH NJW 1955, 417). Ist in einem *Aufhebungsvertrag* die Zahlung einer bestimmten Summe oder einfach die Rückzahlung des Erlangten vereinbart, so begründet dies eine Geldsummenschuld. Auch Rückgewähransprüche bei *Rücktritt* (§§ 346 ff) und *Wandlung* (§§ 467, 346) begründen Geldsummenschulden. Wer aufgrund § 346 S 1 eine Geldleistung zurückverlangen kann, hat einen summenmäßig fixierten Anspruch (vgl RGZ 108, 279, 281: Aufwertung nach § 242). Der *Wertersatz* nach § 346 S 2 begründet nur eine Geldsummenschuld. Der Wertersatz ist auf den Zeitpunkt der Leistung festzulegen (Prot in MUGDAN II 725; LESER, Der Rücktritt vom Vertrag [1975] 169; ERMAN-H P WESTERMANN § 346 Rz 8; MünchKomm-JANSSEN § 346 Rz 18). Wie nämlich § 346 S 2 mit dem Hinweis auf die vereinbarte Gegenleistung zeigt, orientiert sich dieser Wertersatz überhaupt nicht am Gedanken der reparatio damni, sondern am Gedanken der Rückgabe einer im Zeitpunkt der Bewirkung wertmäßig fixierten Leistung. Erst mit dem Zeitpunkt der verschärften Haftung nach § 347 kommt es zur *Schadensersatzhaftung,* die eine Geldwertschuld begründet. Die umstrittenen Voraussetzungen des § 347 sind nicht zuletzt aus diesem Grunde bedeutsam (zur Einschränkung des § 347 beim gesetzlichen Rücktritt vgl OLG Köln OLGZ 1970, 454, 455; eingehend LESER 204 ff; GLASS, Gefahrtragung und Haftung beim gesetzlichen Rücktritt [1959] 93 ff; ERMAN-H P WESTERMANN § 347 Rz 4 f; MünchKomm-JANSSEN § 347 Rz 10 f; PALANDT-HEINRICHS § 347 Anm 2 mwN).

D 50 **c) Herausgabeansprüche wegen ungerechtfertigter Bereicherung** werden unterschiedlich beurteilt.

D 51 **aa)** Die Einordnung ist **im Grundsätzlichen** umstritten. Die Rechtsprechung des RG hat auf Zahlung lautende Kondiktionsansprüche verschiedentlich als Geldwertansprüche eingeordnet (RGZ 108, 337, 340; 114, 342, 345; 118, 185, 188; 120, 76, 80; 130, 310, 313 aE; RG JW 1927, 1364, 1365; 1927, 1854; übereinst SOERGEL-REIMER SCHMIDT [10. Aufl] § 244 Rz 4; PULVERMÜLLER [Vorbem A 6] 72 ff). Heute werden sie in der Rechtsprechung überwiegend als Geldsummenansprüche angesehen (BGHZ 5, 197, 200; 6, 227, 231 f; 35, 356, 358 f; BGH LM Nr 25 zu § 18 Abs 1 Nr 3 UmstG; OGHZ 1, 72, 80; 1, 198, 204 f; 1, 217, 221 f; OGH MDR 1949, 32). Die Frage ist zunächst ein Methodenproblem. Indem das Gesetz den einen oder anderen Anspruch als Kondiktionsanspruch einordnet, trifft es eine systematische Entscheidung, die mit der Abgrenzung zwischen Geldsummenansprüchen und Geldwertansprüchen nichts zu tun hat. Die Frage, ob Bereicherungsansprüche in die eine oder in die andere Kategorie fallen, ist damit unrichtig gestellt (insofern übereinstimmend von Maydell, Geldschuld 346 ff, doch ist dies kein Beleg gegen die Brauchbarkeit der Unterscheidung an sich). Nach richtiger Ansicht muß aufgrund der vom Gesetz angeordneten Rechtsfolgen differenziert werden.

bb) Besteht das erlangte „Etwas" in Geld – das ist im besonderen bei einem auf Rückzahlung von Geld gerichteten Leistungskondiktionsanspruch (§ 812 Abs 1 S 1 1. Alt) der Fall –, so entsteht ein Geldsummenanspruch (im Ergebnis übereinst von Maydell, Geldschuld 347; vgl aber RGZ 114, 342, 344; 118, 185, 188; RG JW 1927, 1364; Kress SchuldR I § 13 2c). Das herauszugebende „Etwas" ist die erlangte Geldsumme, nicht ein Geldwert. Eine Aufwertung in Zeiten des Währungsverfalls ist nur nach den für Geldsummenschulden geltenden Grundsätzen zulässig. Der noch von RGZ 108, 120, 121 unternommene Versuch, diesen Grundsatz mit Hilfe von § 818 Abs 1 („gezogene Nutzungen") zu korrigieren, scheint kaum haltbar (eingehend und differenzierend von Maydell, Geldschuld 349). Aus dieser Vorschrift kann – etwa bei rechtsgrundloser Darlehnsgewährung – keine Dynamisierung, wohl allerdings eine Verzinsung des rechtsgrundlos genutzten Kapitals hergeleitet werden (RGZ 151, 123, 127; BGH NJW 1961, 452; 1962, 1158; hM). Das *Entwertungsrisiko* trägt damit grundsätzlich der Kondiktionsgläubiger. Diese Rechtslage ändert sich erst, wenn der Bereicherungsschuldner nach §§ 818 Abs 4, 819 Abs 1 verschärft haftet, denn dann muß er nach §§ 291, 288 Abs 2 auch einen Geldentwertungsschaden ersetzen (von Maydell, Geldschuld 349 f). Vgl zum Entwertungsschaden Vorbem D 331 ff. **D 52**

cc) Auch die Pflicht zur **Herausgabe des Erlangten in den Fällen der §§ 816, 822** begründet, wenn Geld erlangt ist, eine Geldsummenschuld. Die ganz hM erkennt dem Bereicherungsgläubiger in den Fällen der §§ 816 Abs 1, 822 nicht den Wert des Verfügungsgegenstandes, sondern den erlangten Geldbetrag zu (RGZ 88, 351, 359; 138, 45, 47 mit Begr aus § 281; BGHZ 29, 157, 159; BGH WM 1975, 1179 = JuS 1976, 187 mAnm Karsten Schmidt; eingehend Lopau, Surrogationsansprüche und Bereicherungsrecht [1971] 19 ff; aber sehr str; aM zB Larenz II § 69 IV a; ders FS von Caemmerer [1978] 228; Fikentscher § 99 IV 2 a ß; von Caemmerer, FS Rabel [1954] 356 ff; von Lübtow, Beiträge zur Lehre von der Condictio . . . [1952] 29 f; differenzierend Erman-H P Westermann § 816 Rz 20). **D 53**

dd) Wertersatz nach § 818 Abs 2 soll den Gläubiger so stellen, als könnte der Leistungsgegenstand herausverlangt werden (zur umstrittenen Bedeutung des „Wertersatzes" in § 818 Abs 2 vgl eingehend Larenz, FS von Caemmerer [1978] 209). Der Gesetzgeber verstand § 818 Abs 2 als Parallelnorm zu § 251: Der Wertersatz entspreche der Situation bei einer an sich geschuldeten, aber unmöglich gewordenen Naturalrestitution (Mot in Mugdan II 467). Trotzdem ist zweifelhaft, ob eine Geldwertschuld vorliegt (bejahend RGZ 108, 337, 340; verneinend Palandt-Thomas § 818 Anm 5 d). Man wird unterscheiden müssen. Bei der *Rückabwicklung entgeltlicher Verträge* spielen der Streit um die Saldotheorie (Überblick bei Karsten Schmidt JuS 1979, 663; 1981, 459 f) und die vertragliche Bewertung des Leistungsgegenstands eine Rolle. Auch der nichtige oder unwirksame Vertrag ist kein rechtliches nullum (vgl eingehend Pawlowski, Rechtsgeschäftliche Folgen nichtiger Willenserklärungen [1966] passim). Die in einem solchen Vertrag bedungene Bewertung des Leistungsgegenstands bleibt für die Wertherausgabe nach § 818 Abs 2 bei der Leistungskondiktion verbindlich (aM Palandt-Thomas § 818 Anm 5 c), es sei denn, die Rechtsgrundlosigkeit beruht gerade auf der Bewertung (Beispiel: § 123). Damit entsteht eine Geldsummenschuld. Zweifelhaft sind *die verbleibenden* **D 54**

Fälle, namentlich die Fälle der Eingriffskondiktion. Der *Bewertungszeitpunkt* im Fall des § 818 Abs 2 ist umstritten. Die Motive überlassen die Klärung der Theorie und Praxis (Mugdan II 467). Die *hM* stellt bei der Bewertung des Erlangten auf den Zeitpunkt ab, in dem der Kondiktionsanspruch entsteht (RGZ 101, 389, 391; 119, 332, 336; BGHZ 5, 197, 200; BGH NJW 1963, 1299, 1301; BGB-RGRK-Heimann-Trosien § 818 Rz 19; Palandt-Thomas § 818 Anm 5 d; Jauernig-Schlechtriem § 818 Anm 5 a cc; differenzierend aber BGH NJW 1970, 136). Eine *Gegenansicht* stellt auf den Zeitpunkt ab, in dem dem Bereicherten die Herausgabe unmöglich wird (von Maydell, Geldschuld 350; MünchKomm-Lieb § 818 Rz 45 f; Erman-H P Westermann § 818 Rz 21; Furtner MDR 1961, 649, 650; Pinger MDR 1972, 101, 188; so für den Fall, daß das Erlangte aus dem Vermögen des Kondiktionsschuldners ausgeschieden ist, auch Koppensteiner NJW 1971, 591 f). Die Frage, ob der so ermittelte Anspruch noch indexiert werden kann, ob er also Geldwertanspruch ist, wird verneint bei von Maydell (Geldschuld 345). Eine noch strengere *dritte Ansicht* stellt auf den jeweils gegenwärtigen Zeitpunkt – aus prozessualen Gründen also auf den Zeitpunkt der letzten mündlichen Verhandlung in der Tatsacheninstanz – ab (so mit Unterschieden im einzelnen Koppensteiner-Kramer, Ungerechtfertigte Bereicherung [1975] 181 f; Lange NJW 1951, 685, 688; nur für den Fall, daß das gegenständliche Substrat der Wertersatzschuld noch im Vermögen des Bereicherten vorhanden ist, Koppensteiner NJW 1971, 591). Diese dritte Auffassung entspricht am besten der vom Gesetzgeber gewollten Parallele zu § 251. Sie beruht auf dem Gedanken, daß der Bereicherte nach § 818 Abs 2 nicht eine von vornherein durch einen Geldbetrag fixierte Summe herauszugeben hat (so aber BGHZ 5, 197, 200), sondern, soweit er noch bereichert ist (§ 818 Abs 3!), den vollen Wert (Lange NJW 1951, 685; insoweit übereinst Koppensteiner-Kramer und Koppensteiner aaO; abl Staudinger-Lorenz § 818 Rz 31). Bis zur Grenze des § 818 Abs 3 wird der volle Wert ersetzt. § 818 Abs 3 erscheint dann als einziger Korrekturposten der auf Wertersatz zielenden *Geldwertschuld.* Diese ist in doppelter Weise begrenzt: durch den gegenwärtigen Wert des Erlangten (§ 818 Abs 2) und durch die noch vorhandene Bereicherung (§ 818 Abs 3). Die dritte Ansicht setzt allerdings voraus, daß § 818 Abs 3 die ihm zugewiesene Aufgabe auch noch nach Rechtshängigkeit erfüllen kann. Das wird von manchen mit der Begründung bejaht, daß § 818 Abs 4 auf die §§ 291, 292, verweist, aber den § 818 Abs 3 nicht ausschließt (vgl mit guten Gründen Wilhelm, Rechtsverletzung und Vermögensentscheidung als Grundlagen und Grenzen des Anspruchs aus ungerechtfertigter Bereicherung [1973] 185; MünchKomm-Lieb § 818 Rz 116; unklar, aber wohl in gleicher Richtung, vereinzelt das RG: RGZ 139, 208, 213; RG WarnR 1908 Nr 45; JW 1933, 692, 693; 1938, 1025, 1027 f). Nach ganz hM schließt § 818 Abs 4 dagegen den § 818 Abs 3 aus (RGZ 93, 227, 230; BGHZ 57, 137, 150; BGH NJW 1982, 1585 = JuS 1982, 775, 776 mAnm Karsten Schmidt; Koppensteiner-Kramer 157; Überblick Staudinger-Lorenz § 818 Rz 57; BGB-RGRK-Heimann-Trosien § 818 Rz 23). Der Meinungsstreit um § 818 Abs 2 führt damit in Grundfragen des § 818 hinein, die an dieser Stelle nicht ausdiskutiert werden können. Nur diejenige Ansicht, die auch nach Rechtshängigkeit den Entreicherungseinwand zuläßt, kann die dritte Auffassung (Bewertung nach dem jeweils gegenwärtigen Zeitpunkt) ohne Bruch mit der allgemeinen Ordnung des § 818 durchhalten. Diese Lösung verdient nach dem Sinn und Zweck des § 818 Abs 2 den Vorzug: Es liegt eine **Geldwertschuld** vor, die durch den Wert des Erlangten und durch die noch vorhandene Bereicherung begrenzt ist. Solange die hM daran festhält, daß § 818 Abs 4 den § 818 Abs 3 ausschließt, wird sie allerdings zwischen der ersten und der zweiten Lösung wählen müssen, wobei dann die zweite der von § 818 Abs 2 intendierten Wertersatzfunktion näher kommt als die erste. Daß die Haftung strenger ist als im Fall der Rückabwicklung eines gegenseitigen Vertrags, ist kein stichhaltiger Einwand, denn es macht einen Unterschied, ob die Parteien den Wert der Bereicherung vertraglich fixiert haben oder ob eine Bewertung nach dem Gesetz stattzufinden hat.

ee) Um einen dem Schadensersatz verwandten Anwendungsfall des Bereicherungsrechts handelt es sich im **Fall des § 951.** Die Geldschuld soll hier an die Stelle des dem Entreicherten versagten Anspruchs auf Wiederherstellung des ursprünglichen Zustands treten (Prot in Mugdan III 647). Dieser Grundgedanke spricht für eine am Wert der Sache orientierte Geldwertschuld (so im Ergebnis auch RGZ 130, 310, 313). In der Tat wird die Auffassung vertreten, es sei auf den gegenwärtigen Wert abzustellen (Skaupy in: Probleme der Währungsreform [1949] 94 f; Pinger MDR 1972, 101 ff, 187 ff, 188 f; im Ergebnis auch Koppensteiner NJW 1971, 588 ff). Die hM sieht die Bereicherungshaftung aus § 951 als *Geldsummenschuld* an (vgl BGHZ 7, 253). Die zu zahlende Vergütung richtet sich nach dem Sachwert zZ der Verbindung, Vermischung oder Verarbeitung (RGZ 130, 310, 313; RG Gruchot 67, 316, 317; BGH LM Nr 6 zu § 946; NJW 1962, 2293; MDR 1963, 120; von Maydell, Geldschuld 351; vgl aber auch BGHZ 10, 170, 180: Nichtabbruch eines Gebäudes durch weichenden Mieter; BGHZ 35, 356, 359: Erfolgsvereitelung). Die Rechtslage ist ebenso zweifelhaft wie im Fall des § 818 Abs 2. Für die hM spricht aber die Überlegung, daß der Gesetzgeber dem Bereicherten im Fall des § 951 eine unentziehbare dingliche Rechtsposition zuweist (nämlich durch §§ 946–950). Auch die Wertsteigerung des Erlangten fällt ihm zu. Das ändert sich erst in den Fällen der §§ 818 Abs 4, 819 Abs 1 (vgl insbes §§ 292, 982, 990 Abs 2, 287). D 55

d) aa) Schadensersatzansprüche sind *Geldwertansprüche,* solange sie auf Herstellung eines hypothetischen wirtschaftlichen Zustands – zB positives oder negatives Interesse, §§ 250, 251 – zielen (RGZ 101, 418, 420; 102, 383, 384; 109, 61, 62; 114, 342, 345; 117, 252, 253; 130, 23, 33 f; std Rspr; BGHZ 3, 162, 177; 14, 212, 217; OGHZ 1, 128, 132; 3, 131; 3, 135, 141; OLG Köln NJW 1960, 388). Dieser Grundsatz gilt, weil und soweit die Berechnung der Schadenssumme in die Gegenwart projiziert wird (von Maydell, Geldschuld 321). Alle, auch die auf Geldwertänderungen beruhenden Änderungen der Schadenssumme können dann berücksichtigt werden (von Maydell, Geldschuld 321). Allerdings gilt dies nicht ausnahmslos, sondern nur für den **Geldwertschaden.** Von diesem ist der Geldsummenschaden zu unterscheiden. Ein **Geldsummenschaden** liegt vor, wenn der in Geld zu ersetzende Schaden bereits summenmäßig fixiert ist. Das kann von Anfang an der Fall sein. So, wenn abhandengekommenes Geld zu ersetzen ist oder wenn der Schaden darin besteht, daß der Geschädigte mit einer Geldsummenschuld belastet ist (vgl von Maydell, Geldschuld 321). Der Schaden kann auch nachträglich zum Geldsummenschaden werden. So im Fall des § 249 S 2 (Vorbem D 57) oder beim Schadensersatz wegen Nichterfüllung, wenn ein Deckungsgeschäft getätigt wird (Vorbem D 58). D 56

bb) Geldschulden aus §§ **249–251** können nicht einheitlich beurteilt werden. Ein Geldsummenschaden kann sich im Fall des § **249 S 2** ergeben. Grundsätzlich ist auch diese Regelung vom Restitutionsgedanken geleitet (BGHZ 5, 138, 142; von Maydell, Geldschuld 322 f). Solange die Herstellung noch nicht stattgefunden hat, ist stets der gegenwärtig für die Herstellung erforderliche Betrag geschuldet (RGZ 108, 38, 40; BGHZ 2, 192, 196; 3, 162, 178; OGHZ 3, 131, 135; 4, 263, 270; von Maydell, Geldschuld 323). Stehen aber die Reparaturaufwendungen des Geschädigten fest, so liegt ein Geldsummenschaden, mithin eine Geldsummenschuld vor (vgl RGZ 117, 252; OLG Hamburg VersR 1979, 833 f). Die §§ 249 S 2 und 251 sind zwar in zivilrechtsdogmatischer Hinsicht von Aufwendungsersatzansprüchen zu unterscheiden (vgl Staudinger-Medicus § 249 Rz 223 ff; BGHZ 54, 82, 84 f; 63, 182, 185 f; OLG Köln OLGZ 1970, 132). Wirtschaftlich kommt aber der Schadensersatz in diesem Fall einem Aufwendungsersatz gleich. Eine Geldwertschuld besteht demge- D 57 genüber im Fall des **§ 250:** Nur der Anspruch auf Naturalherstellung durch den Schädiger ist in diesem Fall ausgeschlossen (§ 250 S 2, 2. HS), nicht dagegen eine Ausrichtung des Geldersatzanspruchs auf den Wiederherstellungszweck (für Ausrichtung des § 250 am Integritätsinteresse deshalb STAUDINGER-MEDICUS § 250 Rz 2 ff; VON MAYDELL, Geldschuld 324; MünchKomm-GRUNSKY § 250 Rz 2; PALANDT-HEINRICHS § 250 Anm 2; grundlegend FROTZ JZ 1963, 394; für Orientierung am Wertinteresse dagg HERMANN LANGE, Schadensersatz [1979] 151; LARENZ I § 28 II; BGB-RGRK-ALFF § 250 Rz 4; auch diese Auffassung gelangt zur Geldwertschuld). Nach **§ 251** kann der Ersatzberechtigte Entschädigung in Geld verlangen, soweit die *Herstellung in Natur nicht möglich* oder zur Entschädigung nicht genügend ist; der Ersatzpflichtige kann den Gläubiger in Geld entschädigen (facultas alternativa!), wenn die Herstellung nur mit unverhältnismäßigen Aufwendungen möglich ist. Diese Entschädigung ist am Wertinteresse orientiert, entspricht also nicht dem nach § 249 S 2 auszugleichenden Integritätsinteresse (STAUDINGER-MEDICUS § 251 Rz 2 f; VON MAYDELL, Geldschuld 324). Auszugleichen ist die wertmäßige Differenz zwischen der bestehenden Vermögenslage und der Vermögenslage, wie sie ohne das schädigende Ereignis bestünde. Auch dies ist ein Geldwertanspruch, denn es sind alle bis zur Entschädigung eintretenden, nicht inadäquaten Umstände bei der Berechnung der Entschädigungsleistung zu berücksichtigen, mithin auch eine Entwertung des Geldes (RGZ 101, 418, 420; 102, 383, 384; 106, 184; 119, 152, 155; BGHZ 3, 162, 178; VON MAYDELL, Geldschuld 325).

D 58 cc) Zum **Verzugsschaden** vgl Vorbem D 335 ff. Der **Schadensersatz wegen Nichterfüllung** begründet bei abstrakter Berechnung eine Geldwertschuld (vgl allerdings RGZ 112, 324). Ist ein Deckungsgeschäft getätigt und wird der Schaden auf diese Weise konkret berechnet, so wandelt sich der Geldwertschaden in einen Geldsummenschaden iS von Vorbem D 56 um (vgl RGZ 111, 342; 113, 136, 140). Verlangt der Käufer Schadensersatz wegen Nichterfüllung, so ist die Differenz zwischen dem Deckungskaufpreis und dem vereinbarten Kaufpreis der Schaden, und zwar auch insoweit, als diese Differenz auf der Geldentwertung beruht (RG aaO; zust VON MAYDELL, Geldschuld 324). Eine Kürzung dieser Differenz wegen Geldentwertung ist nur möglich, wenn auch der Verkäufer im Zeitpunkt des Deckungsgeschäfts eine Anpassung hätte verlangen können (vgl RGZ 113, 136, 139 f). Ein nach dem Deckungsgeschäft eingetretener Währungsverfall wird als Schadensposten berücksichtigt, wenn der Gläubiger den bei Nichteintritt des Schadens ersparten Betrag der Entwertung hätte entziehen können (RGZ 111, 342, 345; s auch Vorbem D 334).

D 59 dd) Auch der **Anspruch auf Ersatz eines immateriellen Schadens,** insbes nach §§ 847, 1300 begründet eine *Geldwertschuld,* denn was eine „billige Entschädigung in Geld" ist, berechnet sich nicht nach dem Zeitpunkt des Schadenseintritts, sondern stets nach dem gegenwärtigen Zeitpunkt (RG JW 1923, 174; OGHZ 2, 65; OLG Köln NJW 1960, 388; VON MAYDELL, Geldschuld 325; BGB-RGRK-KREFT § 847 Rz 34; eingehend HEIDEL, Schmerzensgeld und Geldentwertung, VersR 1974, 927; zur österreichischen Praxis vgl ERTL 176 ff).

D 60 ee) **Schadensersatzrenten** sind *Geldwertschulden.* Sie passen sich den Veränderungen des Geldwerts automatisch an (vgl statt vieler OLG Karlsruhe/Freiburg NJW 1973, 851 m Anm ROTH = STIELOW NJW 1973, 1503). Zur *prozessualen Geltendmachung* dieser Dynamisierung vgl Vorbem C 63 ff). Eine *„dynamische" Schmerzensgeldrente* ist allerdings nach hM schon deshalb ausgeschlossen, weil sie die Funktion eines billigen Ausgleichs immateriellen Schadens in Geld nicht zu gewährleisten vermag (BGH NJW 1973, 1653; ebenso MünchKomm-MERTENS § 847 Rz 44; referierend BGB-RGRK-KREFT § 847 Rz 63; krit HEIDEL VersR 1974, 929; CIUPKA VersR 1976, 226). Der BGH begründet dies für den besonderen Fall des Schmerzensgeldes damit, daß das Schmerzensgeld im Grundsatz endgültig festzusetzen ist und daß die

Zusprechung einer Geldrente statt eines Festbetrages selbst schon im Ermessen des Tatrichters steht (vgl dazu den Überblick bei BGB-RGRK-KREFT § 847 Rz 58); außerdem sei meist nicht abzusehen, welche Auswirkungen der Währungsverfall auf die bei der Schmerzensgeldbemessung mit zu berücksichtigenden Verhältnisse des Schädigers habe. Dieser Standpunkt des BGH hat gute Gründe für sich, ist aber doch letztlich von zweifelhafter Überzeugungskraft. Wenn der Richter eine Schmerzensgeldrente zuspricht, dann legt er – wie bei einer einmaligen Schmerzensgeldzahlung – einen der Schadensreparation zugrundezulegenden materiellen Wert fest. In *materiellrechtlicher* Hinsicht ist deshalb nicht zu erkennen, warum dies eine summenmäßige, nicht eine wertmäßige Fixierung sein muß. Das ganz andere Problem, ob das „dynamisierte Leistungsurteil" *prozeßrechtlich* zulässig ist und damit die „Umwandlung" der Geldwertschuld in eine Geldsummenschuld (Vorbem D 84) hindern kann, wird an anderer Stelle behandelt (Vorbem C 63). *Materiellrechtlich* bleibt der Schmerzensgeldanspruch ein Geldwertanspruch. Der materiellrechtliche Einwand, der für die Dynamisierung allein in Frage kommende Lebenshaltungskostenindex sei am Wert materieller Güter orientiert (OLG Bremen VersR 1972, 940, 942 und ebenso wohl BGH NJW 1973, 1653), spricht nicht gegen die dynamische Schmerzensgeldrente, denn der einmal als wirtschaftlich (!) angemessen angesehene Geldbetrag ist ein materielles Gut, dessen Wert konstant gehalten werden sollte. Eher sind schon zwei andere Erwägungen des BGH von Gewicht: die „Berücksichtigung allgemeiner volkswirtschaftlicher Gesichtspunkte" (also das Währungsargument) und die Rücksichtnahme auf das Kalkulationsrisiko der Versicherer und auf die Gefahr einer Erschöpfung der Deckungshöchstsumme. Auch diese Begründung vermag zwar nicht voll zu befriedigen, aber die Praxis muß sich auf den Standpunkt des BGH einstellen.

ff) Gesetzliche Haftungshöchstgrenzen ändern nichts daran, daß eine Geldwertforderung vorliegt. Sie können nur der Valorisierung von Schadensersatzansprüchen eine Obergrenze setzen (VON MAYDELL, Geldschuld 327 f). Dabei ist zu unterscheiden zwischen nominalistisch definierten Höchstgrenzen (zB § 12 StVG, § 37 LftVG, §§ 9, 10 HaftPflG, § 54a ADSp) und Höchstgrenzen, die ihrerseits valoristisch definiert sind (zB § 430 HGB, § 85 EVO, § 19 Abs 5 OLSchVO, § 54 c ADSp). Nur die erste Gruppe stellt eine Begrenzung des Geldwertschuldcharakters der Schadensersatzverbindlichkeit dar. Mit Erreichen dieser Grenze kann die Schadensersatzforderung ihre valoristische Funktion nicht mehr erfüllen. Die zweite Gruppe von Vorschriften läßt den Geldwertschuldcharakter unberührt und ändert nur die für die Berechnung der Geldwertschuld ausschlaggebende Vergleichsgröße (vgl zB RGZ 109, 16 zur Berechnung des gemeinen Handelswerts). D 61

e) *Geldwertschuld* ist auch die **Enteignungsentschädigung** (RGZ 102, 228, 229; 109, 258, 261; 114, 185; 119, 362; 120, 174, 175 f; RG WarnR 1923/24 Nr 112, 113; BGHZ 7, 96, 104; 11, 156, 165; 12, 357, 379; 14, 106, 108; 40, 87; 40, 312, 315; BGB-RGRK-ALFF § 244 Rz 9; anders für den Fall einer „angemessenen" Entschädigung anfangs BGHZ 6, 91, 96; aM auch noch OGHZ 1, 228, 233). Für die Bemessung einer Enteigungsentschädigung ist grundsätzlich der Zeitpunkt der Zahlung maßgebend (BGH NJW 1976, 1499; BGB-RGRK-KREFT § 839 Rz 98). Da aber die Geldwertschuld durch Urteil oder durch Verwaltungsakt konkretisiert wird (Vorbem D 84 und D 86), entscheidet in streitigen Fällen idR der Zeitpunkt der letzten mündlichen Tatsachenverhandlung (BGHZ 26, 373, 374; BGH NJW 1974, 275, 278) oder der Zeitpunkt der Zustellung eines Entschädigungsbeschlusses (BGHZ 14, 106, 110; 25, 225, 230; 44, 52, 54), je nachdem, ob die Entschädigung im Zivilrechtsstreit oder im administrativen Festsetzungsverfahren festgelegt wird. Bei dieser Festsetzung wird auf einen Zeitpunkt abgestellt, der der tatsächlichen Zahlung möglichst nahe kommt (BGHZ 25, 225, 230; 44, 52, 54; BGB-RGRK-KREFT Vorbem 98 zu § 839; eingehend D 62

Kreft WM-Sonderbeil 7/1982, 12 ff). Das gilt nicht nur für den klassischen Enteignungstatbestand, sondern auch für die Entschädigung wegen enteignungsgleichen Eingriffs (BGHZ 40, 312, 315; BGB-RGRK-Alff § 244 Rz 9; Kreft aaO 8 f) sowie für den Entschädigungsanspruch aus *Aufopferung*; auch dieser Anspruch geht auf Schadensdeckung (BGHZ 45, 290, 295; BGB-RGRK-Kreft Vorbem 162 zu § 839) und wird währungsrechtlich wie ein Enteignungsanspruch behandelt (von Maydell, Geldschuld 341). Zur *Kriegsopferversorgung* und zum *Lastenausgleich* vgl von Maydell, Geldschuld 342 ff; vergleichend zum österreichischen Recht Ertl 191 ff.

D 63 **f) Ansprüche nach dem Bundesentschädigungsgesetz** (BEG) verfolgen gleichfalls Restitutionsziele. Aufgrund des BEG sollen Opfer der nationalsozialistischen Verfolgung einen Ausgleich für erlittene Schäden erhalten (von Maydell, Geldschuld 345). Eine Dynamisierung findet hinsichtlich der Rentenzahlungen nach dem BEG statt (dazu näher von Maydell, Geldschuld 345). Keine Geldwertschuld, sondern eine Geldsummenschuld entsteht durch den *Anspruch auf Heilkostenersatz* nach § 30 BEG (eingehend BGH LM Nr 21 zu § 30 BEG = MDR 1975, 927 = RzW 1975, 301). Selbst wenn Heilverfahrenskosten in fremder Währung entstanden sind, werden sie nach dem Kurswert am Stichtag der Aufwendung in DM umgerechnet (§ 244 Rz 29). Der Anspruch ist sogleich in einer festen DM-Summe ausgedrückt und unterliegt dem nominalistischen Grundsatz „Mark gleich Mark", erfährt also weder nach oben noch nach unten valoristische Änderungen (BGH LM Nr 21 zu § 30 BEG 1956 = RzW 1975, 301). Für den Umrechnungskurs bei Abtretung von Ansprüchen aus dem BEG an internationale Hilfsorganisationen ist der Zeitpunkt der Zahlung durch diese Organisationen maßgeblich (BGH WM 1981, 1110).

D 64 **g) Wertersatzansprüche** begründen nicht in jedem Fall Geldwertschulden. Eine Gleichstellung mit dem Schadensersatz liegt zwar nahe, wird aber nicht in jedem Fall durch den Normzweck gerechtfertigt. Das Gesetz verfolgt mit dem Wertersatz unterschiedliche Zwecke. So geht es bei § 346 S 2 um nichts anderes als um die Rückgewähr eines fiktiven Entgelts (Vorbem D 49), bei § 818 Abs 2 dagegen um das Surrogat des Erlangten (Vorbem D 54). Nur der zweite Fall steht dem Restitutionszweck einer Schadensersatzleistung nahe und kann eine Geldwertschuld begründen. Die Einordnung der Wertersatzansprüche ist nicht immer einfach (ein Zweifelsfall ist zB § 256; dazu Vorbem D 65). Weil das so ist, verbietet sich eine generelle Aussage über Wertersatzansprüche.

D 65 **h)** Ansprüche auf **Aufwendungsersatz** sind regelmäßig bloße *Geldsummenansprüche,* wenn die Aufwendung in Geld bestand (von Maydell, Geldschuld 355 f; aM RGZ 120, 76, 80; 126, 186, 190). Sie sind dann durch den aufgewendeten Geldbetrag, nicht durch den mit der Aufwendung erwirtschafteten Wert, fixiert. Auch aus § 256 ergibt sich, daß der aufgewendete Betrag zu ersetzen ist. Aufwendungsersatzansprüche können nur der Aufwertung nach § 242 unterliegen, nicht der für Geldwertansprüche charakteristischen Umwertung (vgl RGZ 107, 148; 116, 187, 190 ff; aM RGZ 120, 76, 80; 126, 186, 190). Geldsummenanspruch ist aber der Anspruch nach richtiger Auffassung auch dann, wenn die Aufwendung selbst nicht in Geld, sondern in einer anderen Leistung bestand (vgl BGHZ 5, 197, 199). Allerdings kann dem § 256 entnommen werden, daß in solchen Fällen Wertersatz geschuldet wird. von Maydell (Geldschuld 357 f mit Hinweis auf Soergel-Reimer Schmidt [10. Aufl] § 256 Rz 1) behandelt einen solchen Anspruch der Sache nach als Geldwertanspruch, weil der Anspruch dem Restitutionsgedanken folgt. Das überzeugt nicht. Der Wertersatz, von dem § 256 S 1 spricht, steht gleichwertig neben dem Begriff des aufgewendeten Betrages. Die erbrachte Aufwendung ist zu vergüten, wie sie im Zeitpunkt ihrer Erbringung zu vergüten gewesen wäre. Deshalb wird die Aufwendungsleistung nach Maßgabe des Aufwendungszeitpunkts bewertet (vgl MünchKomm-Seiler § 670

Rz 11 mwN; einschränkend RGZ 120, 76, 80 f). Ausnahmen – Naturalrestitution oder Anpassung der Ersatzforderung – können zwar im Einzelfall nach § 242 geboten sein (vgl nur OLG Braunschweig MDR 1948, 112, 113 f mAnm BRUNS; MünchKomm-KELLER § 256 Rz 5; MünchKomm-SEILER § 670 Rz 11); aber dies ändert nichts daran, daß der Aufwendungsersatzanspruch als solcher ein Geldsummenanspruch ist.

i) aa) Unterhaltsschulden sind *Geldwertschulden* (allgM; vgl § 244 Rz 33 ff; OLG Frankfurt DNotZ 1969, 98; ENNECCERUS-LEHMANN § 11 II 3 b; FÖGEN 142; NUSSBAUM, Das Geld 148; HIRSCHBERG, Das int Währungs- und Devisenrecht der Unterhaltsverbindlichkeiten [1968] 34). Geschuldet ist angemessener Unterhalt, der sich nach der Lebensstellung des Bedürftigen richtet und den gesamten Lebensbedarf zu umfassen hat (§ 1610); der unter Ehegatten maßgebende Beitrag zum Familienunterhalt umfaßt alles, was nach den Verhältnissen der Ehegatten erforderlich ist, um die Kosten des Haushalts zu bestreiten und die persönlichen Bedürfnisse der Ehegatten und den Lebensbedarf der gemeinsamen unterhaltsberechtigten Kinder zu befriedigen (§ 1360 a Abs 1). Soweit sich hieraus Geldschulden ergeben, sind diese nicht summenmäßig, sondern nach Währung und Betrag durch den Lebensbedarf bestimmt. Für Unterhaltsrenten Minderjähriger gilt die Sonderregel des § 1612 a (dazu vgl Vorbem C 65 sowie KÖHLER NJW 1976, 1953). Allerdings ist nicht jede dem Unterhalt dienende Geldschuld eine Geldwertschuld (FÖGEN 142). Sie ist es nur, soweit und solange sie durch den Unterhaltszweck definiert ist. Leibrentenversprechen oder Unterhaltsverträge begründen Geldsummenschulden, sofern nicht Unterhalt „als solcher" versprochen ist (Vorbem D 237). Zur Änderung von Unterhaltstiteln vgl Vorbem C 65. D 66

bb) Eine Sonderstellung nimmt der **Regelbedarf des nichtehelichen Kindes** ein (§ 1615 f). Der Regelbedarf wird durch Rechtsverordnung der Bundesregierung mit Zustimmung des Bundesrates festgesetzt (§ 1615 f Abs 2; vgl VO v 28. 9. 1979 BGBl I 1601). Nicht nur die Durchsetzung des Unterhaltsanspruchs im allgemeinen, sondern auch die Dynamisierung der Unterhaltsrente ist damit erleichtert. Das Verfahren über den Regelunterhalt nichtehelicher Kinder ist geregelt in §§ 642 ff ZPO; vgl dort namentlich über die Neufestsetzung des Regelunterhalts § 642 b ZPO. D 67

cc) Unterhaltsvereinbarungen können die Geltendmachung veränderter Umstände ausschließen, müssen dies aber nicht tun. Zunächst ist stets zu prüfen, ob es der Aufwertung überhaupt bedarf. Das ist nur der Fall, wenn die Unterhaltspflicht von einer Geldwertschuld in eine Geldsummenschuld umgewandelt ist (Vorbem D 80 ff). Dann kann eine Geldentwertung nicht mehr iS einer automatischen Dynamisierung geltend gemacht werden (BGHZ 2, 379, 383 gegen BOEHMER JherJb 73 [1923] 204 ff), sondern nur noch aufgrund vertraglichen Vorbehalts oder, soweit noch zulässig, aufgrund Änderung der Geschäftsgrundlage. *Im einzelnen ist zu unterscheiden.* Soll die Unterhaltsregelung nur die gesetzliche Verpflichtung konkretisieren, so läßt sie die Unterhaltspflicht ihrem Wesen nach unverändert (KÖHLER, Hdb des Unterhaltsrechts [5. Aufl 1980] § 12; PALANDT-DIEDERICHSEN Vorbem 4 zu § 1601; vgl LG Kassel NJW 1975, 267). Der Unterhaltsgläubiger soll nicht schlechter dastehen, als wenn er ein Unterhaltsurteil erwirkt hätte. Im Regelfall wird dies bedeuten, daß jede wesentliche Geldentwertung, ebenso wie sonst jede wesentliche Änderung der Bemessungsgrundlage (arg § 323 Abs 4 ZPO), eine Anpassung ex nunc gestattet. Unterhaltspräzisierende Verträge dieser Art sind allerdings selten (vgl GERNHUBER, Familienrecht [3. Aufl] § 59 VI 2). In jedem Fall gilt der *Vorrang der Vertragsregelung vor der gesetzlichen Anpassung.* Eine Anpassung aufgrund von § 242 kann also nicht verlangt werden, soweit der Vertrag selbst eine abweichende Regelung enthält (vgl RGZ 145, 119, 120; LG Hamburg FamRZ 1975, 497). Auch nach § 1612 a Abs 1 D 68

S 2 kann die gesetzliche Anpassung einer vereinbarten Unterhaltsrente nicht verlangt werden, wenn und soweit bei der Festlegung der Höhe des Unterhalts eine Änderung der Geldrente ausgeschlossen worden oder ihre Anpassung an Veränderungen der wirtschaftlichen Verhältnisse auf andere Weise geregelt ist. Ob dies der Fall ist, ist Auslegungsfrage (Vorbem D 81; vgl als Beispiel OLG Hamm FamRZ 1980, 190 = [LS] NJW 1980, 1112). Nicht zu folgen ist der Auffassung von Langenfeld NJW 1981, 2378 f, wonach das vereinfachte Anpassungsverfahren des § 1612 a nur durch Wertsicherung abbedungen werden kann.

D 69 Die **Vereinbarung eines Festbetrages** schließt die Geltendmachung nachträglich veränderter Umstände als Veränderung der Geschäftsgrundlage nicht in jedem Fall aus (vgl RGZ 145, 119; 165, 26, 31; RG JW 1929, 583; DR 1940, 2163; BGH NJW 1962, 2147; VersR 1966, 37; 1968, 450, 451; Palandt-Diederichsen Vorbem 4 zu § 1601; Lauterbach DR 1940, 2165). Die Abgrenzung im einzelnen ergibt sich aus dem Sinn und Zweck der Unterhaltsvereinbarung (vgl zur Abgrenzung etwa RGZ 75, 124, 127; 165, 27, 31; BayObLG FamRZ 1967, 224; LG Hamburg FamRZ 1975, 497; LG Kassel NJW 1975, 267, 268). Insbesondere wird hierbei unterschieden zwischen der *Abfindung* und der *Kapitalisierung*. Abfindungsverträge, die § 1615 e sogar zwischen dem Vater und dem nichtehelichen Kind zuläßt, sollen idR sämtliche Unterhaltsansprüche abgelten und lassen dann keinen Raum mehr für den Einwand geänderter Geschäftsgrundlage. Die *Barabfindungsvereinbarung* hat idR zur Folge, daß das Rentenstammrecht endet; Änderungen der Geschäftsgrundlage, die für eine Rentenvereinbarung gelten könnten, sind damit ausgeschlossen, so daß die Rente auch bei wesentlicher Veränderung der Verhältnisse nicht mehr auflebt (RGZ 106, 396; RG WarnR 1925 Nr 104; BGHZ 2, 379, 381; OLG Hamburg MDR 1950, 614; LG Göttingen NJW 1954, 1330; Gernhuber, Familienrecht [3. Aufl] § 59 VI 3). Das gilt auch für den Währungsverfall (RGZ 106, 396; 141, 198, 200; RG WarnR 1925 Nr 104; OLG Hamburg MDR 1950, 614; LG Köln NJW 1949, 549; Gernhuber aaO; Soergel-Lange § 1585 c Rz 22 und § 1615 e Rz 10; MünchKomm-Köhler § 1615 e Rz 5; Strucksberg NJW 1949, 741, 742; aM Riedel NJW 1949, 539). *Anders* verhält es sich *bei kapitalisierenden Verträgen* (Gernhuber § 59 VI 4; MünchKomm-Köhler § 1615 e Rz 7). Sie belassen dem Unterhaltsgläubiger das Rentenstammrecht und schließen eine nachträgliche Anpassung nicht aus (vgl BGHZ 2, 379, 386). Deshalb kommt bei der Geltendmachung geänderter Geschäftsgrundlage der **Abgrenzung zwischen Abfindungsvereinbarungen und Kapitalisierungsvereinbarungen** erhebliche Bedeutung zu. Die Unterscheidung ist vor allem dann schwierig, wenn die Unterhaltsschuld durch eine einmalige Zahlung abgegolten werden soll. Fehlt jeder Hinweis, so ist eine Abfindungsvereinbarung anzunehmen (Dölle, Familienrecht [1964/65] § 103 VI 3; Göppinger, Unterhaltsrecht [4. Aufl 1981] Rz 1331; aM Gernhuber § 59 VI 5). Eine einseitige Belastung des Unterhaltsberechtigten folgt aus dieser Auslegungsregel nicht, denn auch zu seinen Lasten kann, etwa im Fall des Todes des Unterhaltspflichtigen, kein Fortfall der Geschäftsgrundlage geltend gemacht werden (Göppinger Rz 1331). Uneingeschränkt wird dies allerdings nur für einmalige Abfindungszahlungen, nicht auch für Renten, gelten können. Indizien für eine kapitalisierende, nicht abfindende, Vereinbarung sind etwa: der Vorbehalt von Nachforderungen für den Fall einer wesentlichen Veränderung der wirtschaftlichen Verhältnisse; die Vereinbarung, daß Teile der Festsumme bei vorzeitigem Tod zurückzuzahlen sind (Gernhuber § 59 VI 5). Zur Frage, unter welchen Voraussetzungen eine sog Derzeitklausel als stillschweigend bedungen angesehen werden kann, vgl Soergel-Lange § 1585 c Rz 20 mwN.

D 70 **k) Bei Auseinandersetzungs- und Abfindungsansprüchen** ist zu unterscheiden:

D 71 **aa)** Eine **Auseinandersetzung oder Teilung** nach §§ 731, 733, 1477, 2042, 749 ff BGB, 155 HGB, 271 AktG, 72 GmbHG wirft idR kein Bewertungsproblem auf. Die

Teilung erfolgt in Natur (§ 752) oder durch Verteilung des Resterlöses nach Verkauf (§§ 753, 733 Abs 3 BGB, 268/271 AktG, 70/72 GmbHG). Im ersten Fall entsteht keine Geldschuld. Im zweiten Fall ergibt sich die Höhe der Auseinandersetzungsforderung aus dem nach Abzug der Verbindlichkeiten verbleibenden Erlös und aus dem dem jeweiligen Gläubiger zustehenden Anteil (von Maydell, Geldschuld 305). Ein entgeltliches Übernahmerecht als testamentarische *Teilungsanordnung* kann auf den Geldwert bezogen sein, wenn dies ihrem wirtschaftlichen Sinn entspricht (RGZ 108, 83; von Maydell, Geldschuld 315).

bb) Schwieriger einzuordnen sind **Abfindungsansprüche,** insbes eines austretenden oder ausgeschlossenen Gesellschafters (§ 738 BGB, §§ 138, 140 ff HGB), aber auch zB nach § 305 AktG. In diesen Fällen ist streng zu unterscheiden zwischen dem für die Vermögens- und Anteils*bewertung* entscheidenden Bewertungsstichtag und Bewertungsmaßstab auf der einen und dem Schicksal des Auseinandersetzungs*anspruchs* auf der anderen Seite (insofern unbefriedigend von Maydell, Geldschuld 305 f). Das RG hat zwar für die Berechnung der Kapitalanteile die Bilanzen der Geldentwertungszeit auf Festmarkgrundlage umgewertet, „um die verwirrenden Einflüsse des Währungsverfalls nach Möglichkeit auszuschalten" (RGZ 127, 141, 145 im Nachgang nach RGZ 121, 238, 242; 126, 386, 396; RG WarnR 1925 Nr 184; 1928 Nr 65; zum Problem der Geldentwertung in der Bilanz vgl auch Vorbem D 340 ff). Es hat aber den Abfindungsanspruch in der Inflationszeit als aufwertungsbedürftig nach § 242 angesehen (RGZ 122, 28, 32), demnach also als Geldsummenschuld. Bereits die Leitentscheidung RGZ 117, 238, 242 f zeigt zwar, daß eine klare Trennung der Anteils*bewertung* vom Schicksal des Abfindungs*anspruchs* schwer fällt, aber der Grundsatz muß doch lauten: Der Anteil wird auf den Bilanzstichtag bewertet. Der Abfindungsanspruch bezieht sich auf diesen Zeitpunkt und ist als Summenanspruch in diesem Zeitpunkt fixiert. Das gilt sinngemäß auch für die *Buchwertabfindung* und sonstige Abfindungen aufgrund von *Abfindungsklauseln.* Ob dann das Abfindungsguthaben als Vereinbarungsdarlehn stehen bleibt oder nicht – es ist in jedem Fall eine Geldsummenschuld. Die Geltendmachung eines etwaigen Entwertungs-Verzugsschadens ist nicht ausgeschlossen. Aber eine Dynamisierung findet nicht statt. Über die vertragliche Wertsicherung vgl Vorbem D 297. D 72

cc) Auch der **Rückforderungsanspruch des stillen Gesellschafters** ist eine Geldsummenschuld (RGZ 126, 386 ff). Nach dem *gesetzlichen Modell* entspricht dieser Rückforderungsanspruch demjenigen eines Darlehnsgebers beim partiarischen Darlehn (Karsten Schmidt ZHR 140 [1976] 475 ff; str); in der *gesellschaftsvertraglichen Praxis* („atypische stille Gesellschaft") wird der Stille oft einem Gesamthandsgesellschafter, bei Beendigung der stillen Gesellschaft also einem abzufindenden Gesellschafter schuldrechtlich gleichgestellt. Die Gleichstellung mit einem Abfindungsanspruch führt aber wiederum zur Geldsummenschuld (vgl soeben bei Vorbem D 72). D 73

l) Der **Zugewinnausgleich** besteht nach § 1378 Abs 1 BGB in einer Ausgleichsforderung desjenigen Ehegatten, der keinen oder den geringeren Zugewinn gemacht hat. Die Zugewinnausgleichsforderung ist zwar keine Geldwertforderung in dem Sinne, daß der einmal entstandene und fällige Ausgleichsanspruch sich bis zu seiner Erfüllung an Geldwertänderungen anpaßt (Staudinger-Felgentraeger [11. Aufl] § 1378 Rz 18; aM Lange-Kuchinke, Erbrecht [2. Aufl] § 34 VII 2). Die *Höhe des Zugewinns* wird aber nach richtiger Auffassung wie eine Geldwertforderung errechnet. Während echte Wertsteigerungen des Ehegattenvermögens, auch wenn sie bloß auf Preisänderungen beruhen, als Zugewinn berücksichtigt werden (hM; vgl nur von Maydell, Geldschuld 308; OLG Köln DNotZ 1979, 753 = FamRZ 1979, 511 gegen Werner DNotZ 1978, 74 f), könnte *ein auf der Entwertung des Geldes beruhender* **„unechter Zugewinn"** bei nominalistischer Zugewinnberechnung dazu D 74 führen, daß etwa bei konstanter Vermögenslosigkeit des einen und bei konstantem Vermögensbestand des anderen Ehegatten für den letzteren ein scheinbarer Zugewinn in Höhe der Hälfte der auf Währungsverfall beruhenden Preissteigerung seiner Vermögensgegenstände errechnet würde. Das wäre im Ergebnis kaum annehmbar. Da der Zugewinn aus der Differenz zwischen Endvermögen und Anfangsvermögen errechnet wird (§ 1373) und da Anfangs- und Endvermögen nach ihrem Geldwert bei Eintritt und Beendigung des Güterstands berechnet werden (§ 1376), kann der „unechte Zugewinn" nur nachträglich wieder aus der Berechnung eliminiert werden. Das Gesetz klärt die Frage nicht. Deshalb ist die Auffassung vertreten worden, der unechte Zugewinn könne aus der Berechnung nicht ausgeschlossen werden (BREETZKE FamRZ 1959, 445; von GODIN MDR 1966, 722, 723; STUBY FamRZ 1967, 185 ff; sympathisierend noch heute wohl BEITZKE, Familienrecht [22. Aufl 1981] § 14 III 3). Eine verbreitete, lange Zeit vorherrschende Auffassung nimmt § 1381 zu Hilfe, muß sich dann aber mit der Frage auseinandersetzen, ob § 1381 nur von Fall zu Fall eingreift (vgl KG MDR 1971, 580; ERMAN-HECKELMANN § 1376 Rz 3; DÖLLE Familienrecht I [1964] §§ 59 III 2; 61 VIII 2) oder ob der „unechte Zugewinn" über § 1381 generell ausgeschlossen werden soll (so OLG München NJW 1968, 798 = JuS 1968, 289; SOERGEL-LANGE [10. Aufl] § 1376 Rz 9). Durchgesetzt hat sich die Auffassung, **daß der „unechte Zugewinn" überhaupt kein Zugewinn ist** und aus der Berechnung ausgeschlossen werden muß, ohne daß es einer Anwendung des § 1381 bedarf (BGHZ 61, 385 = NJW 1974, 173 = JuS 1974, 258 = JZ 1974, 293 mAnm HERMANN LANGE; OLG Hamm FamRZ 1973, 654 = JuS 1974, 258 mAnm KARSTEN SCHMIDT; OLG Köln DNotZ 1979, 753 = FamRZ 1979, 511; LG Berlin FamRZ 1965, 438 = JuS 1966, 82 mAnm GERBER; GERNHUBER, Familienrecht [3. Aufl 1980] § 36 VI; STAUDINGER-THIELE § 1373 Rz 12 ff; SOERGEL-LANGE [11. Aufl] § 1376 Rz 9; BGB-RGRK-FINKE § 1376 Rz 17; MünchKomm-GERNHUBER § 1373 Rz 10 ff; PALANDT-DIEDERICHSEN § 1376 Anm 3; VON MAYDELL, Geldschuld 311; THIELE JZ 1960, 398; KOHLER NJW 1963, 225, 229; THIERFELDER FamRZ 1959, 225; 1960, 184; 1963, 328; REICHERT-FACILIDES JZ 1974, 483, 486; WERNER DNotZ 1978, 66; MERKERT Betrieb 1974, 496). Der BGH argumentiert namentlich mit dem Leitbild und Zweck der Zugewinngemeinschaft als Gütertrennung mit Zugewinnausgleich und folgert auch aus § 1374 Abs 1 (2. Halbsatz), daß außer in den Ausnahmefällen des § 1375 Abs 2 der Zugewinnausgleich das Anfangsvermögen des Ausgleichspflichtigen nicht schmälern darf. Die von F A MANN NJW 1974, 1299 f, MEDICUS Betrieb 1974, 762 und ERTL (Vorbem D 20) 202 ff gerügte antinominalistische Tendenz dieser Praxis ist nicht zu beanstanden, denn sie wird dem Zweck des Vermögensvergleichs gerecht, der mit rein nominalistischer Methode nicht erfüllt werden kann (zutreffend HERMANN LANGE JZ 1974, 296). Die Berechnungsmethode, mit der der „unechte Zugewinn" ausgeschaltet werden soll, ist indes zweifelhaft, weil praktisch schwer zwischen der Wertsteigerung von Anlagegütern und dem „unechten Zugewinn" unterschieden werden kann. Der **BGH**, der in Ablehnung des § 1381 um eine generalisierende Lösung bemüht ist, verwendet den Lebenshaltungsindex und verfährt nach folgender Formel (Z = Zugewinn; A = Anfangsvermögen; E = Endvermögen; IA = Index bei Beginn des Güterstandes; IE = Index bei Beendigung des Güterstandes):

$$Z = E - \frac{A \times IE}{IA}$$

D 75 Der **Vorzug dieser Lösung** besteht in ihrer Praktikabilität und in der überindividuellen Gültigkeit dieses Index (VON MAYDELL, Geldschuld 310). Anders als OLG Hamm FamRZ 1976, 633 mindert der BGH den Index IE auch nicht um den nur grob zu schätzenden Anteil der Verbesserung des Lebensstandards (zustimmend MünchKomm-GERNHUBER § 1373 Rz 10). Die allerdings gleichfalls unübersehbaren

Nachteile der vom BGH durchgeführten Pauschalierung werden auch von prinzipiellen Befürwortern der neueren Rechtsprechung nicht verkannt (vgl namentlich GERNHUBER, Familienrecht § 36 VI; ders in MünchKomm § 1373 Rz 11; noch skeptischer zB HERMANN LANGE JZ 1974, 296 f): Die zugrundegelegten Indexzahlen unterscheiden die monetäre Ursache der Preisentwicklung nicht von anderen Faktoren; sie sind auf die Verhältnisse der Bundesrepublik begrenzt und an den in concreto evtl nicht maßgebenden Verhältnissen der Durchschnittsfamilie orientiert. Verschiedentlich werden deshalb Einzelkorrekturen versucht. Nach OLG Hamm FamRZ 1973, 654 = JuS 1974, 258 mAnm KARSTEN SCHMIDT gibt der Lebenshaltungskostenindex nur eine vorläufige, nicht eine endgültige Auskunft darüber, inwieweit die Geldwertsteigerung des Ehegattenvermögens im Einzelfall auf dem Kaufkraftschwund beruht (Preissteigerung von Eigenheimen als Zugewinn auch insoweit, als sie sich in Gestalt gestiegener Wohnkosten im Lebenshaltungskostenindex niederschlägt; deshalb geschätzter Abzug vom Faktor IE). Damit wird aber die vom BGH angestrebte Rechtssicherheit preisgegeben, ohne daß der unvermeidliche Nachteil der Pauschalierung wirklich beseitigt wäre. Ein Scheinproblem hat sich bei der Behandlung der Passiven im Anfangsvermögen (§ 1374) eingeschlichen. Nach HERMANN LANGE (JZ 1974, 297) sind sie um den gleichen Betrag wie die Aktiven zu erhöhen; möge auch die Schuld inzwischen mit entwertetem Geld zurückzuzahlen sein, so sei es doch mit der Vereinfachungstendenz des Gesetzes unvereinbar, im Einzelfall stets den einzelnen Zahlungen nachzugehen. Nach richtiger Auffassung wird ein etwa vorhandener Inflationsgewinn des Schuldners solcher Verbindlichkeiten mit der Formel des BGH automatisch berücksichtigt, ohne daß den einzelnen Zahlungen nachgegangen würde. Es werden nicht die einzelnen Aktiven und Passiven durch einen Entwertungszuschlag korrigiert. Das Anfangsvermögen wird nach § 1374 mit den unkorrigierten Posten errechnet, und die Korrektur (Multiplikation mit IE, Division durch IA) bezieht sich auf den nach § 1374 errechneten Saldo aus Aktiven und Passiven (so wohl auch STAUDINGER-THIELE § 1373 Rz 19 im Anschluß an MünchKomm-GERNHUBER § 1373 Rz 13). Auch Geldzeichen, Geldforderungen und Geldschulden werden vor der Korrektur in die Vermögensberechnung nach § 1374 einbezogen und nehmen insofern an der Korrektur teil (STAUDINGER-THIELE § 1373 Rz 18; mindestens mißverständlich MünchKomm-GERNHUBER § 1373 Rz 9). Einzelkorrekturen der vom BGH verwendeten Formel sollten vermieden werden. Insbes kommt es auf die Vermögenszusammensetzung im Einzelfall nicht an, denn Sinn und Zweck der valoristischen Zugewinnberechnung ist eine auf das Gesamtvermögen bezogene pauschale Loslösung vom Nennwertprinzip (STAUDINGER-THIELE § 1373 Rz 18). Korrekturen zugunsten des Ausgleichspflichtigen ermöglicht im Einzelfall § 1381.

m) Die **Ausgleichung von Vorempfängen unter Miterben** (§§ 2050 ff) wird von der Gerichtspraxis nicht zum Nennwert, sondern unter Berücksichtigung von Geldwertveränderungen durchgeführt (RGZ 108, 337, 340; RG HRR 1930 Nr 1805; 1932 Nr 1307; BGHZ 65, 75 = WM 1975, 860 = NJW 1975, 1831 mAnm VON LÖBBECKE NJW 1975, 2292; BGH WM 1975, 1179 = JuS 1976, 187 mAnm KARSTEN SCHMIDT). Auszugleichen ist nach § 2055 Abs 1 der *Wert der Zuwendung*, nicht eine im Zeitpunkt der Zuwendung fixierte Geldsumme. Nach BGHZ 65, 75, 77 ist der Wert, den die Zuwendung im Zuwendungszeitpunkt hatte, in Geld auszudrücken, und das Gesetz geht von dem ungeschriebenen Grundsatz aus, daß der errechnete Betrag im Zeitpunkt des Erbfalls, für den die Ausgleichung vorzunehmen ist, noch den unverändert gebliebenen Wert hat. § 2055 Abs 2 steht dem nur scheinbar entgegen. Es ist nämlich zwischen Wertänderungen auf der Währungsseite und auf der Warenseite zu unterscheiden. Die *Bewertung des Gegenstandes* nach dem Zeitpunkt der Zuwendung hat mit dem Problem der Geldwertschwankungen nichts zu tun, D 76 sondern nur mit Wertminderungen und Wertmehrungen, die diesen Gegenstand angehen. Sie sollen Sache des Erben sein, weil er sogleich Eigentümer geworden ist (Mot in MUGDAN V 381). Nachträgliche Sachwertänderungen, nicht aber nachträgliche Geldwertänderungen, bleiben damit außer Betracht. Der Rechtsprechung ist hiernach insoweit zuzustimmen, als der Ausgleichsbetrag nicht nach dem Zuwendungszeitpunkt fixiert ist. Auch die wohl überwiegende Auffassung im Schrifttum berücksichtigt den Kaufkraftschwund (vgl nur KIPP-COING, Erbrecht [13. Aufl 1978] § 120 VI 3; ERMAN-SCHLÜTER § 2055 Rz 4; MünchKomm-FRANK § 2055 Rz 15; BGB-RGRK-KREGEL § 2055 Rz 5 f; JAUERNIG-STÜRNER § 2055 Rz 2; KOHLER AcP 122 [1924] 70 ff; ders NJW 1963, 225, 227 f; VON LÖBBECKE NJW 1975, 2292, 2293; JOHANNSEN WM 1977, 272; vgl auch SOERGEL-WOLF [10. Aufl] § 2055 Rz 3; MEINCKE AcP 178 [1978] 46 f; **differenzierend** PHILIPP Betrieb 1976, 644; **aM** VON LÜBTOW Erbrecht I [1971] 564; Erbrecht II [1971] 856; LANGE-KUCHINKE, Erbrecht [2. Aufl 1978] § 15 III 4; HIRSCH JW 1923, 454; VON MAYDELL, Geldschuld 314 f). Die Frage ist allerdings, ob die **Berechnungsmethode** des BGH überzeugt. Das Gericht verwendet dieselbe Berechnungsmethode wie beim Zugewinnausgleich (BGHZ 61, 385 = JuS 1974, 258 mAnm KARSTEN SCHMIDT; vgl auch zur Anrechnung auf den Pflichtteil BGH WM 1975, 860, 862). Es gilt also sinngemäß die bei Vorbem D 74 angegebene Formel: *Der Gegenstand wird nach dem Zuwendungszeitpunkt bewertet* (§ 2055 Abs 2), *und dieser Betrag wird mit dem Lebenshaltungsindex im Zeitpunkt der Erbauseinandersetzung multipliziert und durch den Lebenshaltungsindex zZ der Zuwendung dividiert* (für den Auseinandersetzungszeitpunkt MünchKomm-FRANK § 2055 Rz 15). Diese pauschal auf den Lebenshaltungskostenindex abstellende Methode paßt ohne weiteres auf den Vergleich von Gesamtvermögensmassen nach §§ 1373, 1378, aber nicht in gleicher Weise auf die wertmäßige Hinzurechnung individueller Gegenstände zu einer Vermögensmasse. Beachtliche Gründe sprechen für die einfachere und in den Ergebnissen sachgemäße Methode von OLAF WERNER (STAUDINGER-WERNER § 2055 Rz 8 f; DNotZ 1978, 66, 80 ff): Das Wort „Wert" in § 2055 Abs 2 meint nach WERNER nicht den Geldwert, sondern den Zustand der Sache. Der Gegenstand soll bei der Auseinandersetzung als noch zum Nachlaß gehörig angesehen werden, dies aber in dem Zustand, den er zZ der Zuwendung hatte. In diesem Zustand ist er nach dem Zeitpunkt der Auseinandersetzung zu bewerten. Ein Geldwertproblem tritt nach dieser Methode nicht auf. WERNERS Deutung des § 2055 ist in der Durchführung bestechend; sie entspricht indes schwerlich der Intention des Gesetzgebers. Abs 2 bezieht sich, ganz wie nach hM, auf den Geldwert des Gegenstandes, nicht bloß auf den Zustand einer Sache (zB befassen sich §§ 333 ff II 2 ALR, auf die die MOTIVE Bezug nehmen, nicht nur mit Sachen). Eben deshalb spielt der Unterschied zwischen Sachwertveränderungen und Geldwertveränderungen – im Gegensatz zu WERNERS Deutung des § 2055 – eine beträchtliche Rolle. Der Empfänger soll vom Zeitpunkt des Empfanges an den Gewinn und das Risiko von Sachwertveränderungen tragen, nicht jedoch soll er von der Geldentwertung profitieren. Ein Ausgleich nach dem Wert des Gegenstandes im Zeitpunkt des Erbfalls kann sich aus einer letztwilligen Verfügung ergeben (OLG Hamm MDR 1966, 330; BGB-RGRK-KREGEL § 2055 Rz 5). Aus dem Gesetz ergibt er sich nicht. Ebensowenig stellt das Gesetz auf den Wert im Auseinandersetzungszeitpunkt ab. *Die Methode des BGH wird damit dem § 2055 Abs 2 gerecht.* Die Frage, ob bei Vorempfängen aus der Zeit vor 1948 auch die *Entwertung der RM* berücksichtigt werden muß, bleibt bei BGHZ 65, 75 = JuS 1976, 187 mAnm KARSTEN SCHMIDT offen. Sie ist zu bejahen (MERKERT DNotZ 1950, 425, 428 f). Davon zu unterscheiden ist die *Problematik der Währungsumstellung* von RM auf DM. Obgleich der Rechnungsposten bei der Miterbenausgleichung nicht als Forderung angesehen wird (LG Bremen NJW 1951, 199), wendet die hM § 18 Abs 1 Nr 3 UmstG entsprechend an, rechnet also den Vorempfangsposten 1:1 um (vgl mit uneinheitlichen Begründungen BGH JuS 1976, 187, 188 mAnm KARSTEN SCHMIDT [insoweit nicht in BGHZ 65, 75]; BGB-RGRK-KREGEL § 2055 Rz 6; HARMENING-DUDEN, Währungsgesetze [1949] § 18 UmstG Anm 27; MERKERT DNotZ 1950, 427; DÄUBLER JZ 1951, 97 f).

n) Der **Pflichtteilsanspruch** besteht in der Hälfte des Wertes des gesetzlichen Erbteils D 77
(§ 2303 Abs 1 S 2). Er begründet eine *Geldsummenschuld* und keine Geldwertschuld (RGZ 104, 195, 196; 116, 5, 7; RG LZ 1925, 223; BGHZ 7, 134, 138; OLG Celle NJW 1952, 706; SOERGEL-DIECKMANN [10. Aufl] § 2303 Rz 19; MünchKomm-FRANK § 2303 Rz 2; **aM** ECKSTEIN 46; LANGE-KUCHINKE, Erbrecht [2. Aufl] § 39 VII 4; SOERGEL-REIMER SCHMIDT [10. Aufl] § 244 Rz 4). Das kann nicht schon zwingend aus **§ 2311 Abs 1 S 1** gefolgert werden. Diese Vorschrift befaßt sich mit der Nachlaßbewertung (dazu vgl MEINCKE, Das Recht der Nachlaßbewertung im BGB [1973]). Sie sorgt dafür, daß *Wertänderungen des Nachlasses* (Kursschwankungen von Aktienpaketen, Wertschwankungen von Unternehmen etc) Sache der Erben bleiben und im Verhältnis zum Pflichtteilsberechtigten außer Ansatz bleiben (vgl aber BRAGA AcP 153 [1954] 158; zum Sonderproblem des „wirklichen Werts" am Stichtag bei Verzerrung durch Preisstop oder Inflation vgl BGHZ 13, 45, 47; RG JR 1926 Nr 2136 = LZ 1926, 1132; SeuffA 81 Nr 132 = JR 1927 Nr 119; DJZ 1927, 1272 = Recht 1927 Nr 1238). Bei BGHZ 7, 134, 138 ist die Einordnung als Geldsummenschuld auf § 18 Abs 1 Nr 3 UmstG gemünzt, dessen Hauptproblem in Wahrheit darin lag, ob der Nachlaß vor der Pflichtteilsberechnung in RM oder in DM umzurechnen war (für RM: BGHZ 7, 134; für DM: OLG München NJW 1950, 73; OLG Düsseldorf NJW 1950, 602; OLG Koblenz NJW 1951, 720; KG JR 1952, 279). Diese Problematik um § 18 UmstG ist auf das allgemeine Geldwertproblem kaum übertragbar. Dieses muß nach allgemeinen normativen Grundsätzen entschieden werden. Es kommt auf den *Sinn des Pflichtteilsanspruchs* an. Der Gesetzgeber hat auf die Möglichkeit, den Pflichtteilsberechtigten zum Miterben zu machen, aus praktischen Gründen verzichtet (Prot in MUGDAN V 875). Er hat den Pflichtteil auch nicht als Schadensersatz dafür ausgestaltet, daß der Pflichtteilsberechtigte nicht Erbe ist. Vielmehr ordnet er ein am Stichtag des § 2311 fixiertes gesetzliches Vermächtnis an (*insofern* argumentiert namentlich RGZ 116, 5, 7 zu Recht mit dieser Vorschrift). Das Pflichtteilsrecht gewährt also nicht eine wertmäßige Teilhabe am Nachlaß, so daß eine Berücksichtigung von Geldwertschwankungen nach den bei Vorbem D 76 geschilderten Grundsätzen ausscheiden muß. Auch der Anspruch auf den *Zusatzpflichtteil* (Pflichtteilsrestanspruch) nach § 2305 ist Geldsummenanspruch (RGZ 104, 195, 196). Eine andere Frage ist, ob der Erblasser durch genehmigungsfreie *Geldwertvermächtnisse* instand gesetzt ist, dem Bedachten eine wertmäßige Teilhabe am Nachlaß zuzuwenden. Das ist zu bejahen (Vorbem D 217 und D 298).

o) Die **Anrechnung einer Zuwendung auf den Pflichtteil** erfolgt nach § 2315 Abs 2 S 2 D 78
gleichfalls nach dem Wert im Zeitpunkt der Zuwendung; auch hier geht es jedoch um eine Hinzurechnung nicht der im Zuwendungszeitpunkt fixierten Summe, sondern des Wertes (§ 2315 Abs 2 S 1). Der Kaufkraftschwund des Geldes wird deshalb in ähnlicher Weise berücksichtigt wie bei der Ausgleichung unter Miterben (RGZ 108, 337, 340; BGHZ 65, 75; BGH LM Nr 12/13 zu § 2325 mAnm JOHANNSEN = WM 1975, 860; BGB-RGRK-JOHANNSEN § 2315 Rz 14; ERMAN-SCHLÜTER § 2315 Rz 5; MünchKomm-FRANK § 2315 Rz 15; MEDICUS Betrieb 1974, 759, 764; differenzierend PHILIPP Betrieb 1976, 664; krit auch hier WERNER DNotZ 1978, 66, 80 ff; gegen jede Berücksichtigung des Kaufkraftschwundes auch hier VON MAYDELL, Geldschuld 312 ff). Sieht man allerdings den Pflichtteilsanspruch nicht als Geldwertanspruch an (so Vorbem D 77), so muß diese Valorisierung mit dem Pflichtteilsstichtag enden. Es wird also nur der *Kaufkraftschwund zwischen der Zuwendung und dem Erbfall* berücksichtigt (vgl BGHZ 65, 75, 77 f; MünchKomm-FRANK § 2315 Rz 15).

D 79 p) Auch bei der **Berechnung des Pflichtteilsergänzungsanspruchs** (§ 2325) werden die genannten Grundsätze befolgt (BGB-RGRK-Johannsen § 2325 Rz 21 f; Medicus Betrieb 1974, 759, 764). Nach § 2325 Abs 2 kommt eine verbrauchbare Sache hier mit dem Wert zur Zeit der Schenkung in Ansatz; ein anderer Gegenstand kommt mit dem Wert zum Ansatz, den er zur Zeit des Erbfalls hatte; hatte er aber zur Zeit der Schenkung einen geringeren Wert, so wird nur dieser in Ansatz gebracht. Auch diese Vorschrift regelt mit den Bewertungsstichtagen nicht auch das Inflationsrisiko. Der Kaufkraftschwund ist nach den auch für §§ 2050 ff und 2315 geltenden Grundsätzen zu berücksichtigen MünchKomm-Frank § 2325 Rz 23; Palandt-Keidel § 2325 Anm 4; Erman-Schlüter § 2325 Rz 4; **aM** auch hier von Maydell, Geldschuld 312 ff; differenzierend BGB-RGRK-Johannsen § 2325 Rz 18 und 22). Wiederum kann es sich allerdings nur um den *bis zum Erbfall* eintretenden Kaufkraftschwund handeln, wenn man nicht auch den Pflichtteilsanspruch als Wertsummenanspruch einordnen will (vgl sinngemäß Vorbem D 78 aE).

D 80 **3. „Umwandlung" von Geldwertschulden und Geldsummenschulden**

a) Von einer **„Umwandlung" der Geldwertschuld in eine Geldsummenschuld** spricht man, wenn die Geldwertschuld von einem bestimmten Zeitpunkt an summenmäßig dergestalt fixiert ist, daß ihre Neuberechnung auf Geldwertgrundlage nur noch unter den für die Geldsummenschuld geltenden Voraussetzungen zulässig ist. Umgewandelte Geldwertschulden unterlagen auch der für Geldsummenschulden geltenden Umstellung nach dem UmstellungsG. Nach der hier vertretenen Auffassung (Vorbem D 46) darf allerdings der „Umwandlung" nicht die Bedeutung einer Auswechselung oder auch nur materiellen Inhaltsänderung der Forderung beigemessen werden. Es handelt sich nur um die nominelle Bemessung der Forderung: Diese wird am „Umwandlungs"-Stichtag der Höhe nach fixiert.

D 81 aa) **„Umwandlung" kraft Rechtsgeschäfts** ist grundsätzlich möglich (von Maydell, Geldschuld 328 f; Soergel-Reimer Schmidt [10. Aufl] § 244 Rz 4; Jahr, Gutachten [Vorbem D 20] 205). Dazu genügt jede Vereinbarung, durch welche die Schuld nach Währung und Betrag festgelegt wird (Fögen 143). Eine Novation (Schuldersetzung) ist ebensowenig erforderlich wie die Begründung einer abstrakten Verbindlichkeit. Die „Umwandlung" kann zB im Schuldanerkenntnis, in einer vollstreckbaren Urkunde, im Vergleich, im Vereinbarungsdarlehn etc enthalten sein. Die praktische Bedeutung liegt vor allem auf dem Gebiet der *Schadensregulierung* und des *Unterhalts*. Im einzelnen ist wegen der Rechtsfolgen einer vertraglichen Festlegung zwischen verschiedenen **Gestaltungsformen** zu unterscheiden: Praktisch selten, aber immerhin möglich ist *erstens*, daß nur eine *Festlegung der Forderung dem Grunde und der gegenwärtigen Höhe nach* gewollt ist (so uU bei einem deklaratorischen Schuldanerkenntnis). Eine solche Vereinbarung macht die Geldwertschuld nicht zur Geldsummenschuld. Sie schließt – ähnlich einem rechtskräftigen Urteil – die Berücksichtigung von Geldwertänderungen nur für die Vergangenheit, nicht für die Zukunft, aus (vgl etwa für Unterhalt RG WarnR 1921 Nr 99). Ein solcher Parteiwille ist indes nicht zu vermuten, er muß sich vielmehr aus den Umständen des Einzelfalls ergeben. Möglich ist *zweitens* die *Umwandlung in eine Geldsummenschuld ohne Ausschluß der Abänderbarkeit bei wesentlichen Änderungen der Verhältnisse* (RGZ 106, 233, 235; 110, 100; 145, 119; 164, 366, 369 f; BGH LM Nr 6 zu § 157 BGB [Ge]; von Maydell, Geldschuld 329). Eine solche Abrede schließt für die Vergangenheit jede Berufung auf Geldwertveränderungen aus (vgl für den Kauf zur Abwendung einer Enteignung RGZ 130, 58, 62 f); gleichzeitig beendet sie für die Zukunft die automatische Anpassung der Geldwertschuld, macht also aus ihr eine Geldsummenschuld; aber sie hindert nicht eine Aufwertung nach den allgemein für Geldsummenschulden geltenden Grundsätzen (dazu Vorbem D 90 ff). Eine *dritte,* am weitesten reichende Möglichkeit besteht in der *Umwandlung in eine Geldsummenschuld unter gleichzeitigem Ausschluß der Abänderbarkeit* bei Geldwertveränderungen (vgl zB RGZ 106, 233, 235; BGH LM Nr 6 zu § 157 BGB [Ge]). Die Möglichkeit solcher Vereinbarungen ist anerkannt durch § 1612 a Abs 1 S 2. Ihre Hauptbedeutung liegt bei den Unterhaltsrenten (Vorbem D 69).

Welche dieser drei Möglichkeiten vorliegt, ist im Einzelfall durch Auslegung des Vertrags zu ermitteln. Bei Unterhaltsabfindungen ist die dritte Gestaltung nicht selten (Vorbem D 68 f). Im übrigen kann die Umwandlung in eine Geldsummenschuld ohne Ausschluß der Abänderbarkeit als Regelfall angesehen werden (so wohl auch von Maydell, Geldschuld 329). Die Umwandlung unter Ausschluß der Abänderbarkeit bedarf besonderer Erklärung (BGH LM Nr 6 zu § 157 BGB [Ge]; s auch für Rentenvereinbarungen RGZ 106, 233, 235).

Gegen einen Zessionar wirkt die Abrede nach §§ 404, 407. Das gilt auch für Fälle der Legalzession, zB für §§ 426 Abs 2 BGB, 67 VVG, 1542 RVO (vgl für § 1542 RVO BGHZ 19, 177, 179; für § 67 VVG Prölss-Martin, VVG [22. Aufl 1980] § 67 Anm 5). Im Fall des § 1542 RVO ist zu beachten, daß der Anspruch bereits mit dem Schadensfall übergeht (BGHZ 48, 181) und daß jeder bösgläubig iS von § 407 ist, der vom Bestehen eines Sozialversicherungsverhältnisses weiß (BGHZ 19, 177, 180 f; BGH VersR 1960, 830, 831; Seitz, Die Ersatzansprüche der Sozialversicherungsträger nach §§ 903 und 1542 RVO [1954] 41; krit Wachsmuth, Voraussetzungen und Wirkungen der versicherungsrechtlichen Legalzession, Diss München 1978, 241 ff). Da § 1542 RVO einen Anspruchsübergang dem Grunde nach anordnet (BGHZ 19, 177, 181; 48, 181; Seitz 38), fehlt dem Geschädigten für einen Anspruchsverzicht die Verfügungsbefugnis. Sofern nicht § 407 eingreift, braucht sich deshalb der Sozialversicherungsträger die Abfindungsabrede zwischen dem Geschädigten und dem Schädiger nicht entgegenhalten zu lassen (BGHZ 19, 177; von Maydell, Geldschuld 331; Seitz 40 ff).

bb) Die **Einstellung einer Geldwertschuld in ein Kontokorrent** ist zunächst eine *Frage der „Kontokorrentfähigkeit"* der Geldwertforderung (vgl zur Kontokorrentfähigkeit D 82
etwa Canaris in Großkomm HGB [3. Aufl] § 355 Anm 36 ff; Schlegelberger-Hefermehl, HGB [5. Aufl] § 355 Rz 18 f). Nach RGZ 118, 139 gehörte eine wertbeständige Kaufpreisforderung nicht in ein Papiermark-Kontokorrent. Allgemein setzt die Einstellung in das Kontokorrent eine Bezifferung der Forderung voraus. Von einer Umwandlung in eine Geldsummenschuld wird man aber erst mit der Anerkennung des Saldos sprechen dürfen. Bis dahin können noch Posten ergänzt werden.

cc) Durch **Leistungsklage** tritt noch *keine „Umwandlung"* der Geldwertschuld in eine D 83
Geldsummenschuld ein (vgl aber zu den Fremdwährungsschulden § 244 Rz 25). Die *Rechtshängigkeit* beschränkt sich zwar bei der Zahlungsklage auf den eingeklagten Betrag. Damit ist aber nicht gesagt, daß nicht durch Klagerweiterung oder durch Feststellungsklage (Vorbem C 62) noch im Prozeß geltend gemacht werden kann, daß sich die Forderung durch Geldentwertung erhöht habe.

dd) Nach **hM** tritt **„Umwandlung" durch jedes Zahlungsurteil** ein (vgl nur Fögen 143; D 84
von Maydell, Geldschuld 287 ff, 333; Jahr, Gutachten [Vorbem D 20] 205). Ob dies für alle Vollstreckungstitel gelten oder nur eine Folge der materiellen Rechtskraft des Urteils sein soll (so wohl BGH WM 1965, 521, 523; Soergel-Reimer Schmidt [10. Aufl] § 244 Rz 4), wird dabei meist nicht deutlich. *Die hM ist irreführend.* Richtig ist nur, daß ein der Vollstreckung nach §§ 803 ff ZPO fähiger Titel der Bestimmtheit bedarf (Vorbem C 70). Lautet der Titel auf Zahlung einer bestimmten Summe, so ist die im Vollstreckungswege durchsetzbare Forderung summenmäßig konkretisiert

(BGHZ 36, 11, 15). Bei der Vollstreckung und bei der freiwilligen Leistung nach § 754 ZPO wird dann kein Unterschied zwischen Geldsummenschulden und Geldwertschulden gemacht. Aber dies ist noch keine Umwandlung der Geldwertschuld in eine Geldsummenschuld. Grundsätzlich kann sich die Geldwertschuld – nicht freilich der titulierte Forderungsteil – auch noch erhöhen, wenn bereits ein summenmäßig bestimmter Vollstreckungstitel vorliegt. Bei der Bestimmung der zu vollstreckenden Summe können deshalb schon absehbare Änderungen bis zum mutmaßlichen Zahlungszeitpunkt berücksichtigt werden (vgl zur Enteignungsentschädigung BGHZ 25, 225, 230; 44, 52, 54; BGB-RGRK-Kreft Vorbem 98 zu § 839). Handelte es sich wirklich um eine ,,Umwandlung" der Geldwertschuld in eine Geldsummenschuld, so wäre dies ausgeschlossen. Die angebliche »Umwandlung« der Geldwertschuld in eine Geldsummenschuld ist *in Wahrheit ein Rechtskraftproblem* (Vorbem C 63 ff). Dieses besteht im wesentlichen in zwei Fragen: Kann auch nach einem rechtskräftigen Urteil, das nicht auf einen Teilbetrag beschränkt ist, eine Erhöhung im Wege der Nachtragsklage verlangt werden (dazu Vorbem C 65 f)? Ist dies nur noch unter den für eine Geldsummenforderung geltenden Voraussetzungen zulässig, oder folgt die Geldwertschuld auch nach Rechtskraft eines Zahlungsurteils noch den Grundsätzen der Geldwertschuld (dazu Vorbem C 63)? Das RG hat in Enteignungssachen die Grundsätze der Geldwertschuld auch nach rechtskräftigem Geldsummenurteil (RGZ 119, 362) angewandt (vgl allerdings für die bestandskräftige Festsetzung durch eine Verwaltungsbehörde, in der schon die Geldentwertung berücksichtigt sein soll, RGZ 122, 110). Anders dagegen RGZ 130, 58, 62 f mit Hinweis auf ein unveröffentlichtes Urteil v 11. 6. 1929, wonach eine rechtskräftige Festsetzung der Enteignungsentschädigung den Wert am maßgebenden Stichtag bindend festlegt. Diese zweite Auffassung verdient den Vorzug: Eine bloß schleichende Inflation kann zur Erhöhung einer rechtskräftig festgestellten Forderung nur unter den besonderen Voraussetzungen des § 242 geltend gemacht werden. Insofern ist die hM im Recht: Es gelten die Grundsätze der Geldsummenschuld (vgl auch Vorbem C 66).

D 85 ee) Die **Feststellung einer Forderung im Konkurs** nach §§ 144 ff KO und ihre Eintragung in die Konkurstabelle hat – ebenso wie die Rechtskraft eines Feststellungsurteils nach §§ 146 f KO – dieselben Folgen wie ein rechtskräftiges Zahlungsurteil (dazu Vorbem C 63). Die Forderung ist aus *verfahrensrechtlichen* Gründen auf einen Festbetrag fixiert. Die *Anmeldung* zur Konkurstabelle hat – wie die Zahlungsklage – diese Wirkung noch nicht, obgleich die Forderung beziffert werden muß.

D 86 ff) Durch **Verwaltungsakt** kann die Geldwertschuld gleichfalls konkretisiert werden. So kann das Enteignungsrecht vorsehen, daß die Höhe der Enteignungsentschädigung durch administrativen Festsetzungsakt fixiert wird: Es gelten dann die für die Festsetzung durch Urteil maßgebenden Grundsätze sinngemäß (BGHZ 14, 106, 110; 25, 225, 230; 40, 87, 89; 40, 312, 316; 44, 52, 54; BGB-RGRK-Kreft Vorbem 98 zu § 839; eingehend zur Verfestigung der Enteignungsentschädigung von Maydell, Geldschuld 336 ff, 339 ff). In der Praxis führt dieser Vorgang dazu, daß die an sich auf den Zeitpunkt der Zahlung berechnende Enteignungsentschädigung durch den Feststellungsbescheid (Entschädigungsbeschluß) fixiert wird (BGB-RGRK-Kreft Vorbem 98 zu § 839). Bei dieser Festsetzung ist auf einen Zeitpunkt abzustellen, der dem Zeitpunkt der wirklichen Zahlung möglichst nahe kommt (BGHZ 25, 225, 230; 44, 52, 54; BGH WM 1957, 692, 693; 1972, 795, 796; BGB-RGRK-Kreft Vorbem 98 zu § 839). Eine nach dieser Fixierung der Geldwertschuld auf eine Geldsumme eintretende Geldentwertung kann nur noch ausnahmsweise und grundsätzlich jedenfalls nicht mehr bei bloß schleichender Inflation geltend gemacht werden (von Maydell, Geldschuld 340). Eine Erhöhung unter den besonderen Voraussetzungen des § 242 scheint aber – wie bei Vorbem D 84 aE – nicht ausgeschlossen.

gg) Erfüllung der Geldwertschuld (Vorbem C 36 ff) kann nur eintreten durch Zahlung des im Zeitpunkt der Erfüllung geschuldeten Betrages (§ 362 Abs 1). Gleichzeitig mit dem Erlöschen tritt eine Fixierung der Geldwertschuld ein. Der Begriff der „Umwandlung" in eine Geldsummenschuld ist hier besonders unglücklich. Scheinbar ist sogar die Rechtsnatur einer Geldschuld nach ihrem Erlöschen ganz irrelevant, dies jedoch eben nur scheinbar, weil nämlich die Geldschuld ihre Bedeutung als Rechtsgrund der Leistung behält. Erfüllungssurrogate haben dieselbe Wirkung. Zu den Voraussetzungen einer Aufrechnung vgl Vorbem C 56. D 87

hh) Die **Abtretung** einer Geldwertforderung fixiert diese *nicht* ohne weiteres auf eine bestimmte Summe. Eine summenmäßig begrenzte *Teilabtretung* beschränkt zwar die Abtretungswirkung, nicht aber die Forderung auf einen Nominalbetrag. Die unterschiedlichen Rechtsfolgen der Erfüllung und der Abtretung werfen beim **Zessionsregreß** Probleme auf. Unter den Zessionsregreß in diesem *weiten Sinn* fallen im wesentlichen drei Fallgruppen: erstens die Fälle, in denen der Gläubiger dem zahlenden Schuldner Ansprüche gegen einen Dritten *abzutreten* hat (zB §§ 255, 281), zweitens die Fälle der *cessio legis* (zB §§ 426 Abs 2, 1607 Abs 2, 1608 S 3, 1584 S 3, 1615 b BGB, 67 VVG, 1542 RVO, 4 LohnfortzahlungsG), drittens der Übergang kraft *Überleitungsanzeige* nach §§ 90 BundessozialhilfeG, 37 BAFöG. Rechtsdogmatische Erwägungen sprechen auf den ersten Blick für die Annahme, daß eine Geldwertschuld im Fall des Zessionsregresses als Geldwertschuld auf den Regreßberechtigten übergeht. Die Regreßtechnik des Zessionsregresses setzt voraus, daß der auf den Regreßberechtigten übergehende Anspruch des Gläubigers gegen den Dritten nicht schon mit der Zahlung des Regreßberechtigten nach § 362 Abs 1 erlischt. Das dogmatische Spezifikum dieser Rechtstechnik besteht in der Konstruktion eines identitätswahrenden Übergangs des Anspruchs des Gläubigers gegen den Dritten auf den Regreßberechtigten. Handelt es sich bei dem übergehenden Anspruch etwa um einen Schadensersatzanspruch (so vielfach bei §§ 426 Abs 2 BGB, 67 VVG, 1542 RVO) oder um einen Unterhaltsanspruch (vgl §§ 1607 Abs 2, 1608 S 3, 1584 S 3, 1615 b BGB), so liegt die Folgerung nahe, daß der übergegangene Anspruch seinen Charakter als Geldwertanspruch behält. Das ist indes zu verneinen. Dem Zessionsregreßberechtigten steht nur eine Geldsummenschuld zu. Seine Leistung an den Gläubiger wandelt die Geldwertschuld in eine Geldsummenschuld um. Allerdings steht außer Zweifel, daß eine Anpassung etwa des übergegangenen Schadensersatzanspruchs, soweit im Zeitpunkt der Zahlung schon realisiert, auch dem Regreßberechtigten zugute kommt (BGHZ 19, 177, 178 f; 48, 181, 186; von Maydell, Geldschuld 329 f). Auch das Recht des Verletzten, wegen veränderter Verhältnisse eine Abänderung zu verlangen, geht im Zeitpunkt des Forderungsübergangs auf den Regreßberechtigten über, soweit dieses Recht von der Leistung des Regreßberechtigten erfaßt ist (BGH LM Nr 42 zu § 1542 RVO; VersR 1970, 617; von Maydell, Geldschuld 330 Fn 1). Mit dem Übergang auf den Regreßberechtigten folgt dagegen der Anspruch eigenen Regeln. Der Rückgriff – gleich welcher Rechtstechnik das Gesetz sich bedient – ist seiner wirtschaftlichen *Funktion* nach ein Sonderfall des Aufwendungsersatzes (Medicus, Bürgerliches Recht [10. Aufl] Rz 905). Die auf den Regreßberechtigten übergehende Forderung behält zwar aus Gründen der Rechtskonstruktion (zB wegen der akzessorischen Sicherungsrechte) ihre Identität, aber sie erfährt eine Zweckänderung und ist, gleich dem Aufwendungsersatz, nur mehr Geldsummenforderung. D 88

b) Die **„Umwandlung" einer Geldsummenschuld in eine Geldwertschuld** erfolgt – soweit währungsrechtlich zulässig (Vorbem D 235 ff) – durch *Wertsicherungsklausel*. Eine solche Vertragsabrede, die den Forderungswert durch Loslösung von der fixen Summe konstant halten soll, stellt eine Geldwertschuld her (BGHZ 9, 56, 60; std Rspr). Eine *gesetzliche* „Umwandlung" gibt es dagegen, genau genommen, auch hier D 89 nicht (aM ECKSTEIN [Vorbem D 20] 39, 44: Umwandlung mit Fälligkeit). Wohl allerdings kann es sein, daß das Geldentwertungsrisiko vom Gläubiger auf den Schuldner übergeht. Das ist wegen § 286 mit *Eintritt des Verzugs* der Fall (Vorbem D 335 ff). Um eine Umwandlung der Geldsummenforderung in eine Geldwertforderung handelt es sich jedoch nicht. Der Ersatzanspruch aus § 286 stellt keine Dynamisierung der Geldsummenforderung dar. Es liegt ein besonderer, vom Gläubiger darzulegender Anspruch vor (zur Darlegungslast und zur Darlegung prima facie vgl Vorbem D 335 ff).

III. Geldentwertung und Anpassung bei Geldsummenschulden

D 90 **1. Grundbegriffe**

a) In Anlehnung an MÜGEL (Das gesamte Aufwertungsrecht [1925] 86) kann **Aufwertung** definiert werden als die unter Berücksichtigung der Veränderung des Geldwerts ohne Einigung der Parteien eintretende Änderung des Inhalts einer Geldforderung. Es muß sich dabei um eine *Geldsummenforderung* handeln (vgl RGZ 129, 134; 129, 216), denn Geldwertforderungen unterliegen der automatischen „Umwertung", nicht der Aufwertung (Terminologie des RG; vgl Vorbem D 46). Die jüngst von CHIOTELLIS (Rechtsfolgenbestimmung bei Geschäftsgrundlagenstörungen in Schuldverträgen [1981] 143 f) vertretene Gegenauffassung, wonach Geldwertschulden und Geldsummenschulden einheitlichen Grundsätzen unterliegen sollen, verdient keine Gefolgschaft. Diese Auffassung versteht sich als Übernahme des gedanklich einheitlichen, in sich freilich sehr ausdifferenzierten Lösungsmodells von VON MAYDELL. Voraussetzung dieses Lösungsmodells ist aber die Ablehnung der Rechtsfiguren Geldwertschuld und Geldsummenschuld (dazu Vorbem D 45). Erkennt man den Unterschied zwischen Geldwertschulden und Geldsummenschulden an, so muß man die Unterscheidung auch durchführen. Lehnt man den Unterschied ab, so ist das Institut der Geschäftsgrundlage, das nur im Rechtsgeschäftsbereich weiterhilft, als Basis der Vereinheitlichung fragwürdig. Die terminologische Unterscheidung zwischen der **Aufwertung** und der **Anpassung** ist zweifelhaft, weil die Anpassung von Verträgen, soweit sie hier zur Sprache kommt, idR nur in der Aufwertung einer Geldforderung bestehen kann. Der *Begriffsunterschied* besagt aber folgendes: Die *Anpassung* hat den Vertrag zum Gegenstand, sei es auch im Hinblick auf die Geldforderung; die Anpassung ist notwendig ein Problem der Geschäftsgrundlage. Die *Aufwertung* hat die Geldforderung als solche zum Gegenstand; sie *kann* im Wege der Vertragsanpassung zustande gebracht werden, muß aber nicht in jedem Fall auf diesem Wege zustande gebracht werden.

D 91 **b) Aufwertung, Anpassung und Geschäftsgrundlage** stehen damit in einem *Funktionszusammenhang,* sind aber weder Synonyma, noch treffen sie notwendig zusammen. Die Lehre von der Geschäftsgrundlage ist ein methodischer Ansatz, der zur Anpassung von Verträgen an geänderte wirtschaftliche Verhältnisse und auch zur Aufwertung von Geldforderungen führen kann. Sie ist aber weder der einzige Weg zur Aufwertung, noch besteht die Folge eines Fortfalls der Geschäftsgrundlage notwendig in der Aufwertung. Die *Dogmengeschichte und die Dogmatik der Lehre von der Geschäftsgrundlage* darzustellen, ist hier nicht der Ort. Es wird auf das allgemeine Schrifttum zum Schuldrecht verwiesen*.

---

* ZB auf: STAUDINGER-JÜRGEN SCHMIDT § 242 Rz 833 ff mit erschöpfenden Nachweisen im Schrifttumsverzeichnis zu § 242 unter II 2; BGB-RGRK-ALFF § 242 Rz 52 ff; MünchKomm-ROTH § 242 Rz 453 ff; BEUTHIEN Zweckerreichung und Zweckstörung im Schuldverhältnis (1969); BLOMEYER, Allgemeines Schuldrecht § 27 II; BRAUN, Wegfall der Geschäftsgrundlage, JuS 1979, 692;

Im Rahmen der vorliegenden Untersuchung müssen folgende Hinweise genügen: Die *Dogmengeschichte* des Rechts der Geschäftsgrundlage findet sich dargestellt bei LARENZ, Geschäftsgrundlage 5 ff; KEGEL, 40. DJT I 139 ff; DIESSELHORST aaO. Das **Institut des Fortfalls der Geschäftsgrundlage** ist in der Literatur weithin anerkannt und durch eine ständige Rechtsprechung erhärtet, allerdings bis heute noch nicht unbestritten (vgl namentlich die Kritik von FLUME, Rechtsgeschäft § 26/2, 3; ders FS DJT I [1960] 135 ff). Im Streit der Meinungen geht es nicht so sehr um die prinzipielle Notwendigkeit, daß das Recht auf unvorhergesehene Änderungen vertraglicher Prämissen reagieren muß; es geht im wesentlichen um drei miteinander zusammenhängende rechtsdogmatische und rechtspraktische Fragen: um den *dogmatischen Standort* des Problems zwischen Vertragsauslegung und Leistungsstörung (*Schlagwort:* wirtschaftliche Unmöglichkeit), um den *Gradmesser für die Erheblichkeitsprüfung* (*Schlagwort:* Vorrang des Erklärten oder des wirtschaftlich Bezweckten bei der Bindung an Rechtsgeschäfte?) und schließlich drittens um die *Rechtsfolgen* (*Schlagwort:* Vorrang des Lösungsrechts oder Vorrang der Vertragskorrektur?). Die unbestimmte Ansiedlung der Rechtsfolgen bei §§ 157, 242 entspricht der Funktion des Rechtsinstituts. Insbesondere die Verweisung auf § 242 wird teils als seine entscheidende Schwäche betrachtet (FLUME, Rechtsgeschäft § 26/2, 3), teils geradezu als seine entscheidende Stärke, weil sie die Grenzen der Vertragsauslegung übersteigen hilft und die Einbeziehung von Parteihandlungen erlaubt, die nicht in die Vertragsgestaltung eingegangen sind (KÖHLER, Unmöglichkeit und Geschäftsgrundlage 162 f). Man muß zwischen der Rechtsfolgenermittlung selbst und der Legitimation dieser richterlichen Tätigkeit unterscheiden. Die hM gibt sich unnötige Blößen, wenn sie vorgibt, die Rechtsfolgen eines Fortfalls der Geschäftsgrundlage aus § 242 abzulesen. Die Bestimmung – dasselbe gilt für § 157 – ist hierfür ungeeignet. Beide Vorschriften können nicht mehr als ein positivrechtliches Indiz für die rechtliche Maßgeblichkeit der anzustellenden Wertungen, dh für die Vereinbarkeit des Instituts mit dem geltenden Recht, sein (eingehend LARENZ, Geschäftsgrundlage 156 ff, 184). Die Unbestimmtheit der Kriterien und Rechtsfolgen, insbesondere die innere Fragwürdigkeit jedes lösenden oder korrigierenden Eingriffs in wirksam geschlos-

---

CHIOTELLIS, Rechtsfolgenbestimmung bei Geschäftsgrundlagenstörungen in Schuldverträgen (1981); DIESSELHORST, Die Geschäftsgrundlage in der neueren Rechtsentwicklung, in: Rechtswissenschaft und Rechtsentwicklung (1980) 153; EMMERICH in: Athenäum-Zivilrecht I (1972) = Vahlen – Zivilrecht I (1974) § 17; ders, Das Recht der Leistungsstörungen (1978) § 27; ESSER-EIKE SCHMIDT I/1 §§ 22 und 24; FIKENTSCHER, Schuldrecht § 27; ders, Die Geschäftsgrundlage als Frage des Vertragsrisikos (1971); FLUME, Rechtsgeschäft § 26; ders, Rechtsgeschäft und Privatautonomie, in: FS DJT I (1960) 135; GOLTZ, Motivirrtum und Geschäftsgrundlage im Schuldvertrag (1973); HAARMANN, Wegfall der Geschäftsgrundlage bei Dauerrechtsverhältnissen (1979); HEDEMANN, Reichsgericht und Wirtschaftsrecht (1929) 161 ff, 184 ff, 245 ff; ders, Die Flucht in die Generalklauseln (1933); HORN, Neuverhandlungspflicht, AcP 181 (1981) 255; KEGEL, Empfiehlt es sich, den Einfluß grundlegender Veränderungen des Wirtschaftslebens auf Verträge gesetzlich zu regeln und in welchem Sinn? 40. DJT I, 135; KÖHLER, Unmöglichkeit und Geschäftsgrundlage bei Zweckstörungen im Schuldverhältnis (1971); LANGE, Ausgangspunkte, Wege und Mittel zur Berücksichtigung der Geschäftsgrundlage, FS Gieseke (1958) 21; LARENZ, Allgemeiner Teil § 20; ders, Geschäftsgrundlage und Vertragserfüllung (3. Aufl 1963); MEDICUS, Bürgerliches Recht (10. Aufl 1981) Rz 151 ff; OERTMANN, Die Geschäftsgrundlage. Ein neuer Rechtsbegriff (1921); ROTHOEFT, System der Irrtumslehre als Methodenfrage der Rechtsvergleichung (1968); RÜTHERS, Die unbegrenzte Auslegung (1968) 13 ff, 68 ff; SCHIEFERSTEIN, Gesetzesänderung und Vertragsgrundlage, Diss Gießen 1970; PETER SCHLOSSER, Gestaltungsklagen und Gestaltungsurteile (1966); GÜNTER SIMON, Die Rechtsfolgen der gestörten Vertragsgrundlage, Diss Marburg 1969; ULMER, Wirtschaftslenkung und Vertragserfüllung, AcP 174 (1974) 167; WIEACKER, Gemeinschaftlicher Irrtum der Vertragspartner und Clausula rebus sic stantibus, FS Wilburg (1965) 225; WINDSCHEID, Die Lehre des römischen Rechts von der Voraussetzung (1850); WINDSCHEID-KIPP I §§ 97 ff; ERNST WOLF, Allgemeiner Teil des bürgerlichen Rechts (1973) 378 ff.

sene Verträge ist unleugbar, aber sie entspricht der Natur des Rechtsinstituts. Dieses beschränkt sich auf Sachverhalte, die einer subsumtionsfähigen Gesetzesregelung unzugänglich sind und doch der Regelung bedürfen (vgl rechtsvergleichend und rechtspolitisch das Gutachten von KEGEL in 40. DJT I, 139 ff, insbes 232 ff). Nur die Legitimation des Richteramts in Geschäftsgrundlagenfällen, nicht das im Einzelfall zu erzielende Ergebnis ist abstrakt regelbar. Nicht mehr und nicht weniger besagt der recht verstandene Hinweis auf § 242. Er darf deshalb nicht als Bankrotterklärung der Rechtsgeschäftslehre und des Rechts der Leistungsstörungen, sondern er muß als *Aufruf zur Methodenehrlichkeit* begriffen werden. Mit dieser Maßgabe wird hier der hM gefolgt (vgl deshalb über *Gerichtskompetenz und Rechtsanwendungsmethode* Vorbem D 94 f; zu den *Rechtsfolgen* eines Fortfalls der Geschäftsgrundlage vgl Vorbem D 119 ff). Die Lehre von der Geschäftsgrundlage ist als Instrument des privaten Geldrechts nicht zu entbehren.

D 92 c) **Gesetzliche und „freie" Aufwertung** sind zu unterscheiden (vgl nur ERTL [Vorbem D 20] 44). Die allgemeine Aufwertung von Geldforderungen bei Verfall einer Währung ist eine prinzipielle gesetzliche Aufgabe (insofern überzeugend BGH LM Nr 34 [Bb] zu § 242 = NJW 1959, 2203; EMMERICH in Athenäum-Zivilrecht I [1972] = Vahlens Zivilrecht I [1974] § 16 II 2 b; ders, Das Recht der Leistungsstörungen [1978] § 28 III 3 c; eingehend NUSSBAUM, Das Geld 126 f; VON MAYDELL, Geldschuld 116 mwN). Regelungen dieser Art enthielten das *Aufwertungsgesetz* (Gesetz über die Aufwertung von Hypotheken und anderen Ansprüchen) v 16. 7. 1925 (RGBl I 117) und das *Gesetz* v 18. 7. 1930 *über die Fälligkeit und Verzinsung von Aufwertungshypotheken* (RGBl I 300). Beide Gesetze sind kommentiert von MÜGEL, Das gesamte Aufwertungsrecht (1925; 5. Aufl 1927); ders, Kommentar zu den neuen Aufwertungsgesetzen (1930). Da es sich um eine virtuell gesetzgeberische Aufgabe handelt, mit der die Gerichte überfordert sind, spricht EMMERICH sogar dem Gesetzgeber allein die Befugnis zur Forderungsaufwertung zu, und zwar nicht nur unter Bedingungen der schleichenden Inflation, sondern auch im Fall einer Hyperinflation wie im Jahr 1923. Man wird indes unterscheiden müssen: Eine **generelle,** von der Würdigung des Einzelfalls nur noch beschränkt abhängige Aufwertung, auf die die Rechtsprechung des Reichsgerichts ab 1923 hinauslaufen mußte, wirft ernste Probleme der Gewaltenabgrenzung zwischen Rechtsprechung und Gesetzgebung auf. Gleichwohl muß die Rechtsprechung Folgerungen aus der Tatsache ziehen, daß Zahlung des Nennbetrags den Schuldner bei Hyperinflation nicht befreien kann; für eine Konsolidierung inter omnes hat dann der Gesetzgeber zu sorgen (so überzeugend FLUME, Rechtsgeschäft § 26/6 a). Von dieser Breitenwirkung einer allgemeinen Forderungsaufwertung muß die **individuelle** Anpassung unterschieden werden. Sie ist etwas qualitativ anderes als eine generelle Aufwertung sämtlicher Geldforderungen. Zu individuellen Korrekturen ist nicht der Gesetzgeber, sondern nur die Gerichtsbarkeit in der Lage. Der Unterschied zwischen der generellen Forderungsaufwertung und der individuellen Anpassung von Forderungen zeigt sich nicht zuletzt daran, daß eine gesetzliche Aufwertung von Forderungen ihrerseits wieder Anpassungsprobleme im Verhältnis zu Dritten aufwerfen kann. So konnte die gesetzliche Aufwertung von Hypothekenforderungen Ausgleichsansprüche zugunsten von Grundstücksverkäufern auslösen, die die Ablösung auf den Kaufgrundstücken lastender Hypotheken zugesagt hatten (RGZ 112, 329; 119, 133; std Rspr; dazu auch KOLLER, Die Risikozurechnung bei Vertragsstörungen in Austauschverträgen [1979] 209 f Fn 5; CHIOTELLIS 151). Ein Anpassungsmonopol des Gesetzgebers ist angesichts solcher Komplexität der Zusammenhänge schwerlich haltbar.

D 93 d) **Generelle und individuelle Aufwertung** unterliegen hiernach unterschiedlichen Regeln. Die individuelle Aufwertung, selbst wenn sie eine Vielzahl von Fällen betrifft, kann nur Aufgabe der Parteien und der Rechtsprechung, die allgemeine

Aufwertung grundsätzlich nur Aufgabe der Gesetzgebung sein. Nicht von ungefähr hat sich das Reichsgericht selbst in der Inflationsrechtsprechung ab 1923 noch bemüht, dem in Wahrheit generellen Problem individuelle Züge abzugewinnen.

2. Gerichtskompetenz und Rechtsanwendungsmethode D 94

a) Die **Grundsatzfrage,** ob der Richter zur Anpassung und Aufwertung befugt ist, wird von der ganz hM bejaht. Es liegt ein Legitimationsproblem richterlicher Entscheidungsmacht und damit ein Problem einerseits der Privatautonomie und andererseits der Gewaltenteilung vor (vgl auch Vorbem D 92). Die auf individuelle Komponenten und insbesondere auf § 242 gestützte RG-Praxis zur Hyperinflation wird zwar bisweilen in ihrer *Begründung* angezweifelt (zB Leonhard, Allg Schuldrecht 119 ff; Esser-Eike Schmidt I/1 § 12 II 2; von Maydell, Geldschuld 118; Hedemann, Reichsgericht und Wirtschaftsrecht [1929] 269 ff). Dagegen wird die prinzipielle *Möglichkeit* richterlicher Aufwertung anerkannt. Soweit sie nicht – wie durch das „Mark-gleich-Mark-Gesetz" von 1947 (Vorbem D 38) – durch den Gesetzgeber untersagt ist, wird die Aufwertungsrechtsprechung im Grundsatz gebilligt (vgl nur Larenz I § 10 II d, § 12 VII; ders, Geschäftsgrundlage 82 ff; Eckstein [Vorbem D 20] 101; Fögen 141 f; Chiotellis 142 ff; BGB-RGRK-Alff § 242 Rz 75; MünchKomm-Roth § 242 Rz 535 ff; alle mwN; besonders eingehend Oertmann, Die Aufwertungsfrage bei Geldforderungen, Hypotheken und Anleihen [1924] passim). Jahr, der den Grund für den Nominalismus in der Gleichbehandlung von Geldeigentum und Geldforderung erblickt, muß den Grund für die Aufwertung von Forderungen in einem Unterschied zwischen Geldeigentum und Geldforderung sehen: darin, daß der Geldforderung – anders als beim Geldeigentum – ein Schuldner gegenübersteht, der von der Entwertung einseitig profitieren könnte (Jahr, Gutachten [Vorbem D 20] 201). Das zB noch von Heck gegen jede Aufwertung ins Feld geführte Nominalwertprinzip (AcP 122 [1924] 214 f) darf nicht zu undifferenzierten Schlüssen verleiten (vgl zu seinem unterschiedlichen Bedeutungsgehalt Vorbem D 24 ff). Es wird durch § 242 begrenzt und vermag nicht selbst eine unübersteigbare Grenze vor sich aufzurichten. Einwände gegen die Kompetenz des Richters zur Anpassung von Geldforderungen werden allerdings auch deshalb erhoben, weil Gerichte *Einzelfallentscheidungen inter partes* fällen und einen Aufwertungsgesetzgeber nicht ersetzen können (in dieser Richtung zB Nussbaum, Das Geld 126 ff; Titze, Schuldverhältnisse [4. Aufl 1932; Nachdruck 1948] 29; Emmerich in Athenäum-Zivilrecht I [1972] = Vahlens Zivilrecht I [1974] § 17 II 2 b; ders, Das Recht der Leistungsstörungen [1978] § 28 III 3 c; Heck AcP 122 [1924] 203 ff; Grau AcP 122 [1924] 318 ff). Dieser Einwand ist nach den Ausführungen bei Vorbem D 92 ernst zu nehmen, kann aber letztlich zurückgewiesen werden: Solange die Gerichte um **Einzelfallgerechtigkeit** bemüht sind, versetzen sie sich nicht in die Rolle des Gesetzgebers. Die Nachteile der nur inter partes wirkenden Entscheidung gehen mit dieser Einzelfallgerechtigkeit Hand in Hand, so daß es bei der bei Vorbem D 92, 93 getroffenen Feststellung bleiben kann, daß die *individuelle Aufwertung* einzelner Klagforderungen und die *generelle Aufwertung* von Geldforderungen schlechthin von unterschiedlicher Qualität sind (vgl aber zB Redeker und Pfleiderer in 50. DJT II N 35). Erst in der **Hyperinflation** kann man mit Nussbaum (Das Geld 126) und Pfleiderer (aaO) sagen, eine individualisierende Rechtsprechung wäre das Chaos, weil es das Volk dann „mit zehntausend Gesetzgebern" zu tun habe. Genau hier wurde auch von individuellen Merkmalen mehr und mehr abgesehen (Vorbem D 103). Die Rechtsprechung zur Reichsmark-Hyperinflation beruhte auf einem Ausnahmesachverhalt und auf einem Versagen des Gesetzgebers (Larenz I § 10 II d). Das ernste Problem der Aufwertungsrechtsprechung in der Hyperinflation ist, daß sie einen Funktionsverlust des Geldes voraussetzt, diesen Funktionsverlust aber tatsächlich erst vollendet (vgl auch NUSSBAUM, Das Geld 127). Nicht zuletzt hieraus erklärt sich die Zerrissenheit der Inflationsrechtsprechung, die zwischen individuellen und überindividuellen Maßstäben schwankt. Grundsätzliche Bedenken gegen die Befugnis zu richterlicher Anpassung von Geldsummenschulden lassen sich daraus nicht ableiten. Sehr viel formalerer Art sind die von ERNST WOLF erhobenen Bedenken (Schuldrecht I § 4 D II 1): Das Gericht könne eine Geldschuld nur mit dem Inhalt erkennen, den sie habe, nicht könne es ihr einen anderen Inhalt verleihen; Geldwertänderungen, und seien sie noch so einschneidend, könnten nur von den Vertragsparteien und vom Gesetzgeber berücksichtigt werden, nicht dagegen vom Gericht; es gebe keine ergänzende Vertragsauslegung, keine Geschäftsgrundlage und keine Unzumutbarkeit als Grundlage einer Korrektur von Geldschulden. Als Warnung vor Richterwillkür ist diese Mahnung ernst zu nehmen. In ihrer dogmatischen Grundsätzlichkeit muß ihr jedoch widersprochen werden. ERNST WOLFS Auffassung hebt in Wahrheit die Bindung des Richters an Gesetz und Recht (Art 20 Abs 3 GG) auf, während sie gleichzeitig vorgibt, mit dieser Bindung ernst zu machen. Weder das Gesetz noch ein Vertrag kann den Richter zu Entscheidungen zwingen, die der materialen Gerechtigkeit zuwiderlaufen. Das Problem liegt nicht in der grundsätzlichen Möglichkeit, sondern in den Grenzen der Gerichtskompetenz zur Forderungsaufwertung.

D 95 b) Die **Methodenfrage** der Anpassungs- und Aufwertungsrechtsprechung ist bis heute umstritten. Weitgehend einig ist man darin, daß es sich um ein *Rechtsproblem* handelt (vgl nur RGZ 108, 379, 381) und daß dieses bei dem Grundsatz von Treu und Glauben (§§ 157, 242) angesiedelt werden muß. *Ökonomische Theorie* kann der Rechtsprechung die Wertungen und Ergebnisse nach bisherigem Stand nicht vorgegeben (charakteristisch RGZ 110, 371, 373 f). Anderes ergibt sich erwartungsgemäß auch nicht aus den interdisziplinären Überlegungen von VON MAYDELL und GÜNTER in: HORN-TIETZ, Sozialwissenschaften im Studium des Rechts I (1977) 31 ff, 41 ff. Ganz überwiegend wird der Fragenkreis als ein **Problem der Geschäftsgrundlage** angesehen, gleichzeitig aber als eine *Einschränkung des Nennwertprinzips* (vgl RGZ 107, 78, 88; 126, 294, 297 f). Angesichts der schillernden Bedeutung des Nominalismusbegriffs (Vorbem D 23 f) ist dies kein Widerspruch. Von grundsätzlicher Bedeutung ist aber die Frage, ob die Aufwertung von Vertragsschulden eine Vertrags*korrektur* ist (so die hM) oder ob sie dazu dient, die Vertragsregelung zur Geltung zu bringen (so FLUME, Rechtsgeschäft § 26/6 a). FLUME, der in der nominellen Anpassung nur eine Konsequenz der privatautonomen Regelung und im „Mark-gleich-Mark-Gesetz" (Vorbem D 38) eine Aufhebung der Privatautonomie erblickt, meint, daß die hM den Sitz des Problems verkennt und den Geldgläubiger zu Unrecht in die Verteidigung drängt, während es in Wahrheit der Geldschuldner sei, der bei Festhalten am Nominalbetrag vertragswidrig handle. Der hM ist demgegenüber zu folgen. Das Nennwertprinzip bestimmt die Akzentsetzung, so daß das Festhalten am Nennwert als die Regel, die Berücksichtigung von Verschiebungen in der Leistungsäquivalenz dagegen als die Ausnahme erscheinen muß. Richtig ist allerdings, daß bei Geldschulden aus Verträgen in erster Linie der Parteiwille, hilfsweise der mutmaßliche Parteiwille, verwirklicht werden muß. Für diese Geldschulden trifft die Beobachtung von CHIOTELLIS 24 f zu, wonach der Fall der Geschäftsgrundlagenstörung als eine „Lücke doppelter Natur" angesehen werden kann: als Fall der Lücke im Vertrag und im Gesetz.

Ergänzende Vertragsauslegung hat deshalb Vorrang vor der Vertragskorrektur (dazu FLUME, Rechtsgeschäft § 16/4, § 26; LARENZ, Allgemeiner Teil [5. Aufl] § 29 I; ders, Geschäftsgrundlage 159 f in Auseinandersetzung mit OERTMANN; MEDICUS FS Flume I [1978] 629 ff; CHIOTELLIS 59 f; abl ERNST WOLF, Allgemeiner Teil des bürgerlichen

Rechts [1973] § 9 A II c 3). Sie wird aber – auch wegen § 3 WährG – in den in Frage stehenden Fällen nur ausnahmsweise in Betracht kommen (ganz ähnlich schon die – seinerzeit aber normativ noch nicht abgesicherten – Einwände von HECK AcP 122 [1924] 214 f). Da idR der Rückgriff auf den Parteiwillen nicht weiterhilft, müssen die Voraussetzungen richterlicher Aufwertung regelmäßig im objektiven Recht gesucht werden. Denn die an den Vertrag herangetragenen Wertungen entstammen in Wahrheit nicht der autonomen Vereinbarung unter den Parteien, sondern es sind heteronome Wertungen, die eine ex post als angemessen empfundene Risikoordnung ermöglichen sollen (vgl KOLLER, Risikozurechnung bei Vertragsstörungen in Austauschverträgen [1979] 36 f; noch weitergehend jetzt CHIOTELLIS 27 f, 31 f). Die *Besinnung auf die objektivrechtlichen Grundlagen der Aufwertungsrechtsprechung* ist deshalb von großer Bedeutung, weil sie allein den Blick dafür frei macht, daß „freie Aufwertung" als allgemeines Geldschuldproblem zwar typischerweise, aber nicht begriffsnotwendig eine Frage der Auslegung und Umgestaltung von Schuldverträgen ist. *Regelungslücken und Geschäftsgrundlagenstörungen in Verträgen sind anerkannte Anwendungsfälle der „freien Aufwertung"; daß sich die „freie Aufwertung" auf diese Fälle beschränken müßte, steht damit nicht fest* (vgl auch Vorbem D 139).

Die **Methode der sog Aufwertungsrechtsprechung** ist gekennzeichnet durch Verstrikkung in den Grenzen des Nominalismus und der Gerichtskompetenz, auch in den Grenzen hergebrachter Rechtsfiguren, und durch die unausweichliche Überschreitung dieser Grenzen. Das anfängliche Festhalten an, bisweilen hergeholten, Rechtsfiguren ist Ausdruck eines richterlichen Legitimationsdilemmas (vgl zur Entwicklung der Rechtsprechung auf die Geschäftsgrundlagenlehre hin auch den Überblick bei ENNECCERUS-LEHMANN § 41 II). Charakteristisch sind etwa folgende Einordnungen des Problems: Geldentwertung als *Fall der wirtschaftlichen Unmöglichkeit* (vgl RGZ 100, 129, 131 f; 101, 74, 75 f; 102, 272, 273); Geldentwertung als Problem der gemeinrechtlichen *clausula rebus sic stantibus* (RGZ 100, 129, 130; 100, 134, 136; 106, 233, 235 und öfter); Geldentwertung als Problem der *Äquivalenz der Leistungen* im Synallagma (RGZ 103, 177, 179; 107, 149, 150 und öfter; dazu auch Vorbem D 96 a); Geldentwertung als Anwendungsfall von OERTMANNS Lehre von der *Geschäftsgrundlage* (RGZ 103, 328, 332; 106, 7, 9 f und öfter im Nachgang nach OERTMANN, Die Geschäftsgrundlage [1921]; oft kombiniert mit der clausula-Formel, zB RGZ 107, 124). Es wurde sogar das für diese Fälle gewiß nicht geschaffene *Kondiktionsrecht* bemüht und gefragt, ob nicht der Schuldner – in einem in Wahrheit ganz untechnischen Sinne – im Fall der Zahlung zum Nennwert rechtsgrundlos bereichert sei (vgl RGZ 109, 222, 224 f; 110, 40, 41). Die dogmatische Standortlosigkeit dieser Rechtsprechung ist mit der historischen Ausnahmesituation zu erklären und sollte auf sie beschränkt bleiben. Der Sache nach handelte es sich um einen *Prozeß der Rechtsneubildung* (richtig CHIOTELLIS 146). Heute erlaubt der historische Abstand eine behutsamere Einordnung der Probleme. Die Methodenfrage muß zwischen den Bedingungen der Hyperinflation (vgl sogleich Vorbem D 96 a) und den Bedingungen der anhaltend „schleichenden" Inflation (Vorbem D 96 b) unterscheiden. D 96

aa) Die **Aufwertung unter den Bedingungen der Hyperinflation** war in Wahrheit ein breit angelegtes, vom Regiment des Einzelfalls weitgehend losgelöstes Problem, mußte aber nach dem bei Vorbem D 92 f Gesagten von der Rechtsprechung wie ein Einzelfallproblem angegangen werden. Das RG hat deshalb das nominalistische Prinzip nicht einfach zugunsten des Valorismus preisgegeben, sondern – nicht zuletzt unter dem Eindruck von OERTMANNS Lehre von der Geschäftsgrundlage – vorwiegend auf Äquivalenzstörungen bei gegenseitigen Verträgen abgestellt. Aus diesem Grund ist diese Rechtsprechung zwar nicht hinsichtlich der tatsächlichen Ausgangslage (Hyperinflation) und damit auch nicht hinsichtlich ihrer praktischen Ergebnisse D 96a (weitgehende Auflösung von Rechtsverhältnissen und breit angelegte Anpassung nahezu aller Geldschulden), wohl aber hinsichtlich der Methode *auch in Zeiten der schleichenden Inflation* von Interesse. Ausgangspunkt ist der *Gedanke der Äquivalenzstörung* (zB RGZ 103, 177; 103, 328; 106, 7, 9; 106, 422, 424; 107, 19, 22; 107, 183; 108, 379; 109, 28; std Rspr; MEDICUS, Schuldrecht I [1981] § 37 IV 2, § 46 II 2; CHITOELLIS 141 ff; VON MAYDELL, Geldschuld 116 ff). Dies beruht darauf, daß die meisten Reichsgerichtsfälle gegenseitige Verpflichtungen bei Austauschverträgen betrafen und daß hier der Äquivalenzgedanke zum Tragen kommt (Kauf: RGZ 106, 422; 107, 124, 126; 108, 379; 109, 158 uam; Kauf mit teilweiser Übernahme von Hypotheken: RGZ 107, 183; Miete: RGZ 106, 7, 9 uam; Sachversicherung: RGZ 108, 173). Die RG-Praxis ist hierbei jedoch nicht stehengeblieben. Schon beim Vorhandensein beiderseitiger Vertragsleistungen *knüpft die RG-Praxis nicht an den Rechtsbegriff des Synallagmas an,* sondern es genügt eine *wirtschaftliche Äquivalenzbeziehung.* So hat das Gericht auch rückständige Gesellschaftereinlagen aufgewertet (RGZ 119, 220; 122, 339; 124, 264, 270; vgl allerdings RGZ 119, 170). Der Aufwertung unterlagen auch Abfindungsansprüche (RGZ 109, 41; 122, 28; s aber RGZ 127, 141) sowie das Auseinandersetzungsguthaben des stillen Gesellschafters (RGZ 122, 200). Auflagen bei Schenkungsverträgen und bei letztwilligen Zuwendungen müssen in einem angemessenen Verhältnis zu dem dem Verpflichteten zugewendeten Kapital stehen (RGZ 120, 237). Der im Testament festgesetzte Übernahmepreis bei der Auseinandersetzung kann gleichfalls aufgewertet werden (RGZ 108, 83). Aber die alleinige Maßgeblichkeit des Gedankens der Äquivalenz von Leistung und Gegenleistung unterliegt auch generellen Zweifeln. Das vielzitierte RG-Urteil vom 28. 11. 1923 (RGZ 107, 78) stellt entgegen verbreiteter Ansicht nicht die erstmalige Anerkennung der Inflationsfolgen dar, sondern die Ausdehnung der Aufwertungsrechtsprechung über den Bereich gegenseitiger Verträge hinaus (darüber, daß auch die Darlehensforderung am Äquivalenzgedanken gemessen werden kann, vgl allerdings Vorbem D 99). Bei RGZ 107, 148 f werden die Grundgedanken der Rechtsprechung auf Ansprüche aus Geschäftsführung ohne Auftrag (?) ausdrücklich ausgedehnt, weil die Geldentwertung „bei Vertragsverhältnissen (?) der vorliegenden Art ebenso zu berücksichtigen ist wie bei zweiseitigen Verträgen". RGZ 107, 180 unterwirft die Rücktrittsforderung, RGZ 108, 279 den Anspruch aus der Wandlung der Aufwertung. Für Bereicherungsansprüche vgl RGZ 108, 120. Bei RGZ 108, 110 geht es um den Rückforderungsanspruch eines Versicherungsunternehmens, bei RGZ 116, 5, 8 um den Pflichtteil. Alles in allem *erscheint die Äquivalenz von Leistung und Gegenleistung zwar als ein maßgebendes, nicht aber als das allein maßgebende Aufwertungskriterium in der RG-Rechtsprechung.* Der Sache nach – nicht nach den Entscheidungsgründen – war damit ein Stand erreicht, der es erlaubte, primär auf *das objektive Maß der Geldentwertung* abzustellen und nur noch zur Kontrolle sekundär zu prüfen, ob diese Entwertung auch unter den Parteien des Rechtsstreits als erheblich anzusehen war. Das konnte in Einzelfällen verneint werden, zB bei Risikogeschäften (RGZ 94, 45, 47; 101, 75, 77). Die Lehre von der Geschäftsgrundlage wurde zwar noch als willkommenes Vehikel für den Eingriff in Verträge eingesetzt, doch ging es im Kern um Veränderungen, die bereits über die Anpassung von Verträgen wegen Geldwertschwunds hinausgingen: um den *Funktionsverlust des Geldes* (vgl zur Hyperinflation Vorbem D 19). Die Bewältigung dieses Problems ließ die Rechtsprechung zu Mitteln greifen, die teilweise über die Normalfolgen gestörter Geschäftsgrundlage hinausgingen.

D 96b **bb)** Die **Anpassung unter den Bedingungen der schleichenden Inflation** erfolgt nach bisheriger Praxis nur nach den Grundsätzen des Fortfalls der Geschäftsgrundlage und hier unter dem Aspekt der *Äquivalenz von Leistung und Gegenleistung.* Das dürfte an den bisher zur Entscheidung stehenden Fällen liegen, müßte aber in Frage gestellt werden, sobald etwa ein zinsloses oder ein zu Freundeszinsen gegebenes Darlehn in Betracht käme. Selbst wenn man die Anpassung von Geldforderungen auf Geschäftsgrundlagenfälle beschränkt, bedarf es doch auch unter den Bedingungen der schleichenden Inflation mindestens folgender Korrekturen: Rückgewährschuldverhältnisse müssen ebenso erfaßt werden wie Primärpflichten aus Verträgen (es bedarf dazu nicht eines dogmatischen Bekenntnisses zur Rechtsfigur des „faktischen Synallagmas"); der Äquivalenzmaßstab darf nicht auf den Vergleich von Leistung und Gegenleistung beschränkt sein (vgl namentlich BETTERMANN RdA 1975, 8). Es liegt auf der Hand, daß zB ein zinslos gegebenes Darlehn mit gleichem Recht dem Währungsverfall angepaßt werden muß wie ein verzinsliches Darlehn (vgl auch Vorbem D 99). Die Ausgewogenheit synallagmatischer Leistungen ist einer unter mehreren, nicht aber der einzige Anwendungsfall des Äquivalenzprinzips. Denn es geht – insofern ist die bei Vorbem D 96 a analysierte RG-Rechtsprechung von bleibendem Wert – um eine *wirtschaftliche Äquivalenzbeziehung,* nicht bloß um Äquivalenz im Synallagma. Der von der Aufwertung umfaßte Kreis von Geldforderungen beschränkt sich also nicht notwendig auf Forderungen aus gegenseitigen Verträgen. Allerdings sind die Kriterien der Äquivalenzstörung bei gegenseitigen Verträgen am einfachsten feststellbar (s auch CHIOTELLIS 176 ff). Die Anwendung von Aufwertungsgrundsätzen auf nichtvertragliche Forderungen ist bei schleichender Inflation grundsätzlich nicht gerechtfertigt (Vorbem D 98, D 139).

c) Die in Betracht kommenden Forderungen sind unter verschiedenen Gesichtspunk- D 97
ten abzugrenzen. Prinzipiell kann jede Geldsummenschuld den hier zu besprechenden Grundsätzen unterliegen.

aa) Aufwertungsfähige Forderungen müssen nicht nur Geldforderungen *aus Verträ-* D 98
gen sein. Auch Ansprüche *aus Gesetz* können der Aufwertung unterliegen. Zweifelsfrei ist dies für den Fall einer gesetzlichen Aufwertung. Die „freie Aufwertung" nach § 242 macht bei gesetzlichen Ansprüchen Schwierigkeiten, soweit nur der Fortfall der Geschäftsgrundlage in Betracht gezogen wird (dazu Vorbem D 91, D 96 a). BRAUN JuS 1979, 692 mit Fn 3 führt die übliche Begrenzung der Anpassung auf rechtsgeschäftliche Verbindlichkeiten darauf zurück, daß das von WINDSCHEID herrührende Willensdogma in der Lehre von der Geschäftsgrundlage nicht überwunden wurde. Die Praxis ist hier nicht stehengeblieben. Jedenfalls *Rückgewährschuldverhältnisse* nach §§ 346, 467 und Leistungskondiktionsansprüche aus § 812 sind Erfüllungsansprüchen im Hinblick auf das Äquivalenzverhältnis in der Rechtsprechung zur Hyperinflation gleichgestellt worden (vgl oben Vorbem D 96 b). In der schleichenden Inflation wird das nur mit starken Einschränkungen gelten können, weil die Risikoordnung der §§ 347, 818 den Vorrang verdient (zweifelhaft). Bei nichtvertraglichen Ansprüchen entscheidet in erster Linie die gesetzliche Risikoordnung über die Folgen der Geldentwertung. Das Bedürfnis nach Forderungsaufwertung bei gesetzlichen Geldforderungen wird durch das Institut der Geldwertschuld erheblich eingeschränkt (dazu Vorbem D 44 ff). Ist eine Verbindlichkeit als Geldsummenschuld qualifiziert, so besagt das zunächst, daß sie sich Geldwertschwankungen grundsätzlich nicht anpaßt. Über *Fremdwährungsschulden* vgl § 244 Rz 45. Eine *Wechselsumme* ist und bleibt Geldsummenschuld; möglich ist eine Aufwertung der zugrundeliegenden Forderung, nicht dagegen eine Aufwertung der Wechselsumme (RGZ 110, 40). Beim *Fremdwährungswechsel* gilt an und für sich dasselbe, jedoch kann hier ein Verfall der Heimwährung bei der Umrechnung ausgeglichen werden (dazu § 244 Rz 101 f). Im *Kontokorrent* sind nicht die einzelnen eingestellten Forderungen, sondern nur Saldoforderungen der Aufwertung fähig (vgl zur Abgrenzung RGZ 114, 269, 273). Anders verhält es sich naturgemäß dann, wenn die einzelne Forderung als Geldwertforderung (Vorbem D 82) oder aufgrund des zugrundeliegenden Schuldvertrags der Korrektur unterliegt. Es muß dann auch möglich sein,

innerhalb einer Kontokorrentperiode Korrekturposten nachzuschieben. Das *Grund- oder Stammkapital* von Kapitalgesellschaften unterliegt nach RGZ 119, 170, 172 nicht der richterlichen Anpassung (es ist aber an eine Treupflicht zur Kapitalerhöhung zu denken!). Bei RGZ 123, 246 wird die Aufwertung der *Haftsumme* bei einer eingetragenen Genossenschaft abgelehnt (zweifelhaft). Analoge Probleme stellen sich heute noch bei der *Haftsumme des Kommanditisten* und bei der *beschränkten Nachschußpflicht* im Genossenschaftsrecht. Einlageforderungen gegen einen Gesellschafter können dagegen als Geldsummenforderungen der Aufwertung unterliegen (vgl allerdings RGZ 119, 170, 171 und dazu Vorbem D 108).

D 99 **bb) Äquivalenzstörungen und Geschäftsgrundlage** setzen der Anpassungsrechtsprechung Grenzen. Lösungsrechte (Rücktritt und Kündigung) kommen prinzipiell nur bei gegenseitigen Verträgen in Betracht, die noch nicht vollständig abgewickelt sind. Diese institutionelle Begrenzung darf indes das Aufwertungsinstrumentarium nicht über Gebühr entwerten. Die verbreitete Auffassung, daß Rückgewähransprüche aus Darlehnsverhältnissen nicht wegen Äquivalenzstörung aufgewertet werden können, weil sie nicht in den Gegenseitigkeitsmechanismus einbezogen sind (zB RGZ 145, 51, 56; MünchKomm-von Maydell § 244 Rz 17), ist schon in RGZ 163, 324, 334 stark relativiert worden. Sie ist, was das verzinsliche Darlehen anlangt, auch rechtsdogmatisch verfehlt und wird hier bei Vorbem D 96 b vollends abgelehnt. Im übrigen schließt der Äquivalenzgedanke nicht aus, daß die Grenze des unvollständig abgewickelten gegenseitigen Vertrags behutsam überschritten wird. Das gilt einmal für den Rück-Austausch von Leistungen (Rücktritt und Leistungskondiktion; vgl Vorbem D 96 b), zum anderen auch für unentgeltliche Kreditverhältnisse, bei denen sich ein Vergleich zwischen gewährtem und zurückzuzahlendem Kredit anbietet, obgleich es am Gegenseitigkeitsverhältnis fehlt (Vorbem D 96 b). Nachdem eine verbreitete Meinung aus § 607 sogar herzuleiten sucht, daß der Rückforderungsanspruch des Darlehnsgebers Geldwertforderung ist (vgl Vorbem D 48 und D 137), scheint ein Ausschluß der Aufwertung solcher Ansprüche unannehmbar. Vollends gegenstandslos wird die Begrenzung der freien Anpassung auf den Äquivalenzgedanken in Zeiten der Hyperinflation (Vorbem D 96 a).

D 100 **3. Allgemeine Kriterien der Anpassung**

a) Das **Zeitmoment** ist unentbehrlich für jede Aufwertung oder Anpassung. Das ist bei der schleichenden Inflation unverkennbar, gilt aber sogar in der Hyperinflation. Bei *Handgeschäften* und sonstigen *alsbald ausgetauschten Leistungen* kommt eine Aufwertung unter dem Gesichtspunkt der Äquivalenzstörung nicht in Betracht (von Maydell, Geldschuld 114). Unter dem Gesichtspunkt der Äquivalenzstörung ist zu bedenken, daß die dem Vertragsprinzip innewohnende „Richtigkeitsgewähr" (Schmidt-Rimpler AcP 147 [1941] 130 ff; ders FS Raiser [1974] 5 ff) oder „Richtigkeitschance" (Manfred Wolf, Rechtsgeschäftliche Entscheidungsfreiheit und vertraglicher Interessenausgleich [1970] 73 f, 81 f) von außen her gestört sein muß. Eine Veränderung der Geschäftsgrundlage durch Geldwertschwund ist ohne das Zeitmoment nicht denkbar (zum Irrtum über den Geldwert vgl Vorbem D 331 f). Fehlt es am Zeitmoment, irrten die Parteien einfach über den gegenwärtigen Wert des Geldes, so kann ein beiderseitiger Motivirrtum vorliegen, dessen Erheblichkeit und rechtliche Einordnung str ist (vgl dazu RGZ 105, 406; dazu Vorbem D 332; krit zur RG-Rechtsprechung zB Enneccerus-Nipperdey § 167 IV 4; Flume, Rechtsgeschäft § 23/4 e, § 26/3; Larenz AT [5. Aufl] § 20 II; Wieser NJW 1972, 708; eingehende Nachweise bei Staudinger-Dilcher § 119 Rz 27 ff). Der bloße Irrtum über die Kaufkraft des Geldes rechtfertigt nach richtiger Auffassung nicht die Anfechtung; nichts anderes gilt aber auch, wenn die Parteien über die künftige Kaufkraftentwicklung irrten (RGZ 111, 257, 259; dazu Vorbem D 331).

b) Eine **Quantifizierung** und eine **Wertung** müssen in die Entscheidung eingehen. Die Prüfung enthält also ein quantitatives und ein qualitatives Element. Zweifelhaft ist der *Gegenstand der Quantifizierung*. Nach einer im Schrifttum vertretenen Ansicht kann es nur um den Grad der Äquivalenzstörung gehen (von Maydell, Geldschuld 122 f). Dem ist nicht zu folgen. Ist zB bei einem langfristigen Liefervertrag über technische Güter eine erhebliche Geldentwertung eingetreten, ist aber der Marktpreis aus Gründen, die auf der Warenseite liegen, nominell konstant geblieben, also wertmäßig gefallen, so erübrigt sich nach von Maydell jede Wertung, weil schon eine quantifizierbare Äquivalenzstörung fehlt. Es ist aber keine quantitative Frage, sondern eine Frage des Vertragsrisikos, ob man dem Geldgläubiger und Sachschuldner wegen einer Preisentwicklung, die auf der Warenseite liegt, die Wohltat der Vertragsanpassung wieder nimmt. Gute Gründe sprechen dafür, gerade diese Fehlkalkulation als Risiko des Sachgläubigers und Geldschuldners anzusehen. Ob es, wie von Maydell meint, unbillig wäre, einem Verkäufer in diesem Fall einen über dem Marktpreis und nominell über dem Vertragspreis liegenden Kaufpreis zuzubilligen (Geldschuld 124), ist jedenfalls eine Frage der individuellen Wertung, nicht eine quantitative Frage. Auch droht von Maydells Methode dem sog Sachschuldner (Verkäufer, aber auch Dienstleistungsschuldner etc) etwaige Verhandlungsvorteile von vornherein zu entziehen, wenn der vereinbarte Preis über dem Marktpreis lag. *Gegenstand der Quantifizierung ist bei den hier zu besprechenden Fällen der Geldwert und nur der Geldwert.* Kalkulationsirrtümer und Fehlerwartungen auf der Warenseite müssen vom Geldwertproblem unterschieden werden (vgl auch RGZ 100, 129, 133). Ob eine Anpassung des Vertrages auch geboten sein kann, soweit eine Preissteigerung ihren Grund auf der Warenseite hat (grundsätzlich verneinend von Maydell, Geldschuld, 123 f; eingehende Nachweise bei MünchKomm-Roth § 242 Rz 542 ff), ist zwar gleichfalls ein Problem der Geschäftsgrundlage, aber kein Geldwertproblem. Ob umgekehrt eine vorhandene Geldwertänderung durch sonstige Veränderungen der Geschäftsgrundlage neutralisiert wird, gehört in den wertenden Teil der zu treffenden Entscheidung. An die Quantifizierung der eingetretenen Entwertung schließt sich die *individuelle Erheblichkeitsprüfung* als wertende Entscheidung an. Sie konnte in der Phase der Hyperinflation grundsätzlich bejaht und nur ausnahmsweise verneint werden (vgl zum Regel-Ausnahme-Mechanismus alsbald bei Vorbem D 103). In Zeiten der schleichenden Inflation bedürfen die individuellen Belange der Parteien genauerer Prüfung unter dem Gesichtspunkt der Zumutbarkeit. D 101

c) Die **Erheblichkeitsprüfung** kann hiernach nicht rein quantitativer Art sein, sondern sie setzt eine wertende Entscheidung voraus. Als Grundsatz ist mit RGZ 101, 74, 76 festzuhalten, daß die bloße Geldentwertung allein, also das quantitative Element, eine Forderungsaufwertung oder eine Anpassung des Vertrages nicht rechtfertigt. Das *Merkmal der Geschäftsgrundlage* wird bei Oertmann (Die Geschäftsgrundlage [1921] 37) definiert als die beim Geschäftsschluß zutage tretende und vom etwaigen Gegner in ihrer Bedeutung erkannte und nicht beanstandete Vorstellung eines Beteiligten vom Sein oder Eintritt gewisser Umstände, auf deren Grundlage der Geschäftswille sich aufbaut. Die RG-Praxis hat dieses Merkmal mit geringen Modifikationen übernommen (zB RGZ 168, 121, 126). Bei Enneccerus-Lehmann (§ 41 II Fn 8) findet es sich ergänzt um die Voraussetzung, daß der Vertragspartner sich bei redlichem Verhalten auf eine entsprechende Bedingung hätte einlassen müssen. Insgesamt hat sich Oertmanns Formel nachhaltig durchgesetzt. Vgl nur BGH BB 1978, 1033 = JR 1979, 60, 61 mAnm Hommelhoff = WM 1978, 322, 323 (zu dem Urteil auch Braun JuS 1979, 692): „Nach der gefestigten Rechtsprechung des Bundesgerichtshofs wird die Geschäftsgrundlage eines Vertrages gebildet durch die nicht zum eigentlichen Vertragsinhalt erhobenen, aber bei D 102

Vertragsschluß zutage getretenen gemeinschaftlichen Vorstellungen beider Vertragsparteien oder die dem Geschäftsgegner erkennbaren und von ihm nicht beanstandeten Vorstellungen der einen Vertragspartei von dem Vorhandensein oder dem künftigen Eintritt oder dem Fortbestand gewisser Umstände, auf denen der Vertragswille sich aufbaut (vgl insbesondere BGHZ 25, 390, 392 = WM 1958, 112; BGH, Urteile vom 7. 2. 1968 = LM BGB § 242 [Bb] Nr. 54 und vom 13. 11. 1975 = LM BGB § 242 [Bb] Nr 80 jeweils mwN). Bei gegenseitigen Verträgen ist in der Regel die Vorstellung von der Gleichwertigkeit von Leistung und Gegenleistung Geschäftsgrundlage (BGH, Urteile vom 14. 10. 1959 = LM BGB § 242 [Bb] Nr 34 und vom 21. 12. 1960 = LM BGB § 242 [Bb] Nr. 39)." Es liegt auf der Hand, daß die absolute oder relative Stabilität des Geldwerts Geschäftsgrundlage sein kann. Allerdings stellen Inflationsrisiken innerhalb der Geschäftsgrundlagenproblematik einen Sondertypus dar, und es wäre verfehlt, Risikozuweisungen aus dem allgemeinen Zweckstörungsbereich unbesehen hierher zu übertragen (vgl KOLLER, Die Risikozurechnung bei Vertragsstörungen in Austauschverträgen [1979] 5). Der Grund liegt nicht zuletzt in den *gesamtwirtschaftlichen Implikationen* jeder Aufwertungsrechtsprechung (zu ihnen vgl nachdrücklich HORN, Geldwertveränderungen, Privatrecht und Wirtschaftsordnung [1975] 40 ff). Einer schematischen Dynamisierung von Geldschulden aus Vertrag stehen damit nicht nur Bedenken aus dem Argumentationsschema „Privatautonomie und Richtermacht" entgegen, sondern es ist auch für ein wirtschaftspolitisch ausgewogenes Verhältnis zwischen dem Nennwertprinzip und seiner Durchbrechung zu sorgen. Die weitere Prüfung muß nach der hier (Vorbem D 96 ff) vertretenen Auffassung unter den Bedingungen der Hyperinflation und der schleichenden Inflation unterschiedlich ausfallen. Regel und Ausnahme sind hier ungleich verteilt.

D 103 **aa)** Im **Fall der Hyperinflation** führt der Funktionsverlust des Geldes in aller Regel zu einer überindividuellen Erheblichkeit des Wertverlusts, so daß individuelle Unerheblichkeit die Ausnahme darstellt und im Streitfall vom Geldschuldner dargelegt und bewiesen werden muß. Das RG hat namentlich bei Verträgen mit spekulativem Charakter Ausnahmen vom Grundsatz der Aufwertung gemacht (vgl Vorbem D 96 a; auch RGZ 106, 177; weitere Nachweise bei MünchKomm-ROTH § 242 Rz 544). Im übrigen hat es bei vollständigem Funktionsverlust des Geldes sogar im unternehmerischen (kaufmännischen) Verkehr in Verträge eingegriffen, während es sonst im Unternehmensbereich in der Berücksichtigung von Geldentwertungen außerordentlich zurückhaltend war (vgl nur RGZ 113, 136, 138; 115, 198, 200).

D 104 **bb)** Im **Fall der schleichenden Infaltion** muß die individuelle Erheblichkeit im Einzelfall dargelegt und positiv geprüft werden. Die Praxis der Gerichte verfährt hierbei außerordentlich zurückhaltend (Überblick bei PALANDT-HEINRICHS § 242 Anm 6 C a; zu der sich im Erbbaurecht anbahnenden Kurskorrektur vgl aber auch Vorbem D 132). Die *restriktive Rechtsprechung des BGH* zur Forderungsaufwertung bei schleichender Inflation hat ein unterschiedliches Echo ausgelöst. **Zustimmend zB** LARENZ I §§ 12 VII, 21 II; ESSER-EIKE SCHMIDT I/1 § 24 II 1; EMMERICH in Athenäum-Zivilrecht I = Vahlens Zivilrecht I, § 16 II 2 b; ders, Das Recht der Leistungsstörungen (1978) § 28 III 3 b; HORN, Geldwertveränderungen, Privatrecht und Wirtschaftsordnung (1975) passim; BGB-RGRK-ALFF § 242 Rz 75; ERMAN-SIRP § 242 Rz 185; F A MANN NJW 1974, 1297 ff; **ablehnend zB:** MünchKomm-VON MAYDELL § 244 Rz 18; BETTERMANN RdA 1975, 6; REICHERT-FACILIDES JZ 1969, 621; wohl auch MEDICUS, Bürgerliches Recht (10. Aufl) Rz 166 f, 254 f; ders Betrieb 1974, 763 ff. Die *Schwelle der Erheblichkeit* ist damit ungewiß. Nicht erforderlich ist, daß ein Ruin des Geldgläubigers droht. Dieses Kriterium wurde allerdings vom RG verschiedentlich ins Feld geführt (RGZ 100, 134, 136 f; vgl auch bereits RGZ 98, 18, 21; 99, 258, 259 f; noch strenger RGZ 101, 74, 76). Im übrigen unterschied die Reichsgerichtspraxis bereits zwischen Verträgen mit Versorgungszweck und sonstigen Verträgen (Vorbem D 130); bei dieser zweiten Gruppe unterschied sie zwischen unternehmerischen Umsatzgeschäften und Rechtsgeschäften Privater (RGZ 114, 399, 402; 116, 306, 310). Richtig kann aber nur sein, daß zugunsten eines durch Geldentwertung individuell bedrohten Gläubigers die kritische Schwelle vorverlegt werden kann. Die Benennung allgemeingültiger objektiver Grenzen ist bisher nicht geglückt. KRÜCKMANN (AcP 116 [1918] 358) will es bereits ausreichen lassen, wenn die Gewinnspanne aufgezehrt ist (vgl demgegenüber etwa BGH NJW 1977, 2262). WIEACKER (FS Wilburg [1965] 251) tritt dafür ein, daß Wertverschiebungen über 50% stets als Äquivalenzstörungen erheblich sind (ebenso MünchKomm-VON MAYDELL § 244 Rz 20; ERTL [Vorbem D 20] 241; CHIOTELLIS 145). Generalisierungen dieser Art sind auf dem Sektor der Geschäftsgrundlage von zweifelhaftem Wert (richtig ROLF H WEBER ZfSchweizR 1981, 183). Die Geschäftsgrundlage und ihr Fortfall müssen unter den Bedingungen der schleichenden Inflation von Fall zu Fall festgestellt werden. Dabei reicht das Spektrum von den Altverträgen aus der Vor-Inflationszeit (Vorbem D 131) über Verträge, die bereits unter den Bedingungen schleichender Inflation geschlossen, aber über größere Zeiträume aus dem Gleichgewicht gebracht sind, bis hin zu Verträgen, die das Inflationsrisiko bereits berücksichtigen, den nachträglich eintretenden Inflationsbedingungen aber im Ergebnis nicht gerecht werden (vgl zur Geschäftsgrundlage bei Wertsicherungsklauseln Vorbem D 174 ff). Wichtige Fallgruppen sind bei Vorbem D 129 ff dargestellt.

cc) **Fremdwährungsschulden,** die dem dt Schuldstatut und damit auch der Aufwertung nach § 242 unterliegen (vgl § 244 Rz 45), folgen im Grundsatz denselben Regeln wie Heimwährungsschulden (vgl nur RGZ 145, 51, 55; 147, 377, 380 f; 163, 324, 333; RG JW 1926, 1323; BGHZ 43, 162, 168; BGB-RGRK-ALFF § 244 Rz 21). Nach der Praxis des RG reicht ein Wertverlust unter 33% jedenfalls idR nicht aus (vgl RGZ 145, 51, 55; 147, 377, 380). Das Gegenteil wird vielfach aus den Gründen von RGZ 147, 286, 290 hergeleitet, wo das RG 13% Dollarentwertung hat ausreichen lassen, weil der Gläubiger nicht darauf verwiesen werden dürfe, daß er „nur mit 13 vH ausfällt" (vgl zu dieser Entscheidung LARENZ, Geschäftsgrundlage 87; CHIOTELLIS 151; MünchKomm-ROTH § 242 Rz 547; s dagg noch RGZ 141, 212). In Wahrheit hatte die Fremdwährungsschuld in casu Wertsicherungscharakter (Kaufpreiszahlung in Dollar unter Währungsinländern), und das Ergebnis versteht sich aus der Tatsache, daß der Kurswertverlust der Vertragswährung auf der Aufgabe der Golddeckung beruhte, während die Parteien gerade auf diese Golddeckung vertraut hatten. Es lag also ein charakteristischer Fall einer unzureichenden Wertsicherung vor (s auch RGZ 163, 324, 333 ff), der unter Vorbem D 180 gehört. D 105

d) Von einer **Subsidiarität** *des Rechts der Geschäftsgrundlage und der Aufwertung von Geldforderungen* kann in einem mehrfachen Sinne gesprochen werden. D 106

aa) **Andere Abhilfe hat Vorrang.** Ein in concreto eingreifendes anderes Rechtsinstitut kann die sonst aus § 242 herzuleitenden Rechtsfolgen verschärfen, wenn es geeignet ist, den durch die veränderten Umstände geschaffenen Zustand zu beseitigen und einen zumutbaren Zustand herzustellen (HAARMANN, Wegfall der Geschäftsgrundlage bei Dauerrechtsverhältnissen [1979] 75 ff). D 107

aaa) Für eine Aufwertung wegen Fortfalls der Geschäftsgrundlage ist kein Raum, wenn die Parteien für eine Berücksichtigung der fortschreitenden Geldentwertung durch **wirksame Vereinbarungen** Sorge getragen haben (Vorbem D 114; RGZ 118, 346, 352; 124, 75, 78; RG WarnR 1926 Nr 63; BGH WM 1973, 839; VON MAYDELL, Geldschuld 120; MünchKomm-ROTH § 242 Rz 555; zur Abgrenzung vgl die Roggenklauselfälle BGH LM Nr 27 zu § 157 [D] = BB 1972, 1527; AG Lübeck NJW 1976, 427 mAnm HARTMANN). Zur Geschäftsgrundlage bei Wertsicherungsklauseln vgl D 108 auch Vorbem D 177 ff. *Gesetzliche Regelungen* gehen der Anwendung des § 242 gleichfalls vor (eingehend STAUDINGER-JÜRGEN SCHMIDT § 242 Rz 911 ff). Die *Geltendmachung eines Entwertungsschadens* (Verzugsschaden!) hat Vorrang vor der Aufwertung (RGZ 118, 63, 64). RGZ 119, 170, 171 folgert sogar aus § 723, daß Einlageforderungen gegen einen Gesellschafter nicht aufgewertet werden können, wenn und soweit § 723 den Gesellschaftern ein Kündigungsrecht gibt. In dieser Allgemeinheit kann dem nicht gefolgt werden, denn die Kündigung zielt nicht in Erfüllungsrichtung. Sie ersetzt nicht die Vertragsanpassung.

D 109 **bbb)** Die **Aufwertung von Versicherungsansprüchen** war geregelt durch VO vom 22. 5. 1926 (zu dieser vgl RGZ 115, 207; 116, 196; 122, 41). Die *Umstellung von Lebens- und Rentenversicherungsverträgen auf DM* nach dem 2. Weltkrieg wurde durch eine Vielzahl von Gesetzen und Verordnungen geregelt (vgl dazu PRÖLSS, VVG [17. Aufl 1968] 1008 ff), abgeschlossen durch das Gesetz zum Abschluß der Währungsumstellung vom 17. 12. 1975 (BGBl I 3123; Auszug in VerBAV 1976, 60). Das Geldwertproblem im Versicherungswesen ist in erster Linie ein Problem der Wertsicherungsvereinbarungen (zu diesen Vorbem D 158 ff). Die *Prämienanpassung* wegen Geldentwertung geschieht durch Vertragsänderung oder Prämienanpassungsklausel, die der aufsichtsbehördlichen Genehmigung bedarf (dazu Aufsichtsamt für das Versicherungswesen VerBAV 1978, 305, teilweise aufgehoben durch BVerwG VersR 1981, 221; Aufsichtsamt für das Versicherungswesen VerBAV 1981, 162; BRUCK-MÖLLER, VVG [8. Aufl 1961] Bd I, § 41 Rz 23 f; GÄRTNER, Privatversicherungsrecht [2. Aufl 1980] 186; ders, Prämienangleichungsklauseln und Aufsichtsrecht, BB 1980, 448; BAUMGARTL VersW 1982, 556). Soll die Prämienanpassungsklausel nur für künftige, nach ihrer Einführung abzuschließende Verträge gelten, so darf ihre Genehmigung durch das Bundesaufsichtsamt nicht vom Vorliegen eines Fortfalls der Geschäftsgrundlage abhängig gemacht werden (BVerwG VersR 1981, 221, 224). Eine Prämienanpassungsklausel, die eine einseitige Erhöhung der Versicherungsprämien vorsieht, beeinträchtigt nicht ohne weiteres die schutzwürdigen Belange des Versicherungsnehmers und braucht nicht mit einem uneingeschränkten Kündigungsrecht des Versicherungsnehmers für jeden Kündigungsfall verbunden zu sein (BVerwG VersR 1981, 221, 226; RITTNER VersR 1982, 207). Darf die Versicherungsprämie nur bei einer nicht unwesentlichen Änderung der für Prämiengestaltung maßgeblichen Umstände geändert werden, so hat eine mit der Anpassungsklausel verbundene Kündigungsklausel nur die Funktion, den Versicherungsnehmer gegen Erhöhungen zu schützen, die ihm – obwohl objektiv angemessen – nicht zumutbar sind; deshalb muß das Versicherungsunternehmen dem Versicherungsnehmer keine uneingeschränkte Kündigungsmöglichkeit für den Anpassungsfall einräumen (BVerwG aaO). Fehlt in der *Rechtsschutzversicherung* eine Prämienanpassungsklausel, so kann eine Prämienanpassung nicht über eine Gefahrerhöhungsklausel durchgeführt werden; diese enthält keine Ermächtigung zur Prämienanpassung (BVerwG VersR 1976, 377). Bei der *Schadensversicherung* kann die Teuerung, gleich ob sie ihren Grund auf der Warenseite hat oder auf Geldentwertung beruht, bei fixen Versicherungssummen zur Unterversicherung führen. Es geht dann nicht um eine Anpassung (nur) der Prämien, sondern der Versicherungssumme. Der Anpassung ohne Vertragsänderung dienen Summenanpassungsklauseln (dazu BRUCK-MÖLLER-SIEG, VVG [8. Aufl 1980] Bd II, § 56 Rz 16 mit reichen Nachweisen). Die *Sonderbedingungen für die Gleitende Neuwertversicherung* von Wohn-, Geschäfts- und landwirtschaftlichen Gebäuden (Wortlaut und Erläuterung bei BRUCK-MÖLLER-SIEG § 56 Rz 17; zur Neufassung 1979 PRÖLSS-MARTIN, VVG [22. Aufl 1980] Zusatz zu § 52 ,,Neuwertversicherung") schließen bei nicht-industriellen und nicht-gewerblichen Bauten eine Unterversicherung weitgehend aus; die Prämie wird dann als gleitende Prämie durch Multiplikation der ,,Versicherungssumme 1914" mit dem bei Vertragsbeginn zugrunde gelegten und nach § 3 Nr 2 der Sonderbedingungen für die Gleitende Neuwertversicherung dynamisierten Prämienfaktor ermittelt (dazu im einzelnen Prölss-Martin § 3 SGlN 79 Rz 1; Eichler, Versicherungsrecht [2. Aufl 1975] 363 mwN). Bei industriellen und gewerblichen Bauten kann die Unterversicherung geschäftsplanmäßig nur mit Hilfe von Wertzuschlagsklauseln vermieden werden (vgl Prölss-Martin Rz 1). Es gelten die Sonderbedingungen für die Neuwertversicherung von Industrie und Gewerbe (Wortlaut bei Prölss-Martin aaO). Bei der *Lebensversicherung* gilt es, eine Zweckvereitelung durch schleichende oder trabende Inflation zu verhindern (vgl zum Problem bereits Sieg BB 1953, 16). Die vereinbarte Versicherungssumme kann sich im Versicherungsfall als für den Versorgungszweck unzureichend erweisen. Dem Ausgleich dient zum einen die verzinsliche Ansammlung von Gewinngutschriften (dazu Mohr-Hofmann, Lebensversicherung [1965] 158, 246). Die Dynamisierung von Lebensversicherungen hat Probleme bereitet (eingehend Dürkes, Wertsicherungsklauseln [9. Aufl 1982] Rz D 491 ff). Zu ihrer Einführung vgl Claus VerBAV 1974, 11, 25. Zu den versicherungswirtschaftlichen und versicherungsrechtlichen Problemen vgl Klingmüller, Zur Problematik wertbeständiger Renten, Festgabe Roehrbein (1962) 105 ff; Gerd Müller, Die Problematik der Wertsicherung in der Lebensversicherung, Festgabe A Möller (1968) 195 ff; Braess, Einfluß von Geldwertveränderungen auf langfristige Sparvorgänge, in: Grundprobleme des Versicherungsrechts, Festgabe H Möller (1972) 101 ff.

ccc) **Sozialrenten** unterliegen nach §§ 1253–1258 RVO der Dynamisierung nach der sog Rentenformel (dazu Bley, Sozialrecht [3. Aufl 1980] 222): Die Jahresrente (JR) errechnet sich bei Berufsunfähigkeit nach der Formel JR = pB × J × 1% bei Erwerbsunfähigkeit bzw bei der Altersrente nach der Formel JR = pB × J × 1,5%. Dabei ist pB die persönliche Rentenbemessungsgrundlage, und J sind die anrechnungsfähigen Versicherungsjahre. Die persönliche Bemessungsgrundlage ist ein Vom-Hundertsatz der allgemeinen Bemessungsgrundlage. Die §§ 1253–1258 RVO sind durch Rentenanpassungsgesetze wiederholt geändert worden (zB Änderung der allgemeinen Bemessungsgrundlage durch 21. Rentenanpassungsgesetz v 25. 7. 1978, BGBl I 1089). **D 110**

ddd) Gesetzlich geregelte Bezüge, wie die der Beamten (vgl §§ 83 BBG, 50 BRRG, 2 BBesG, Landesbesoldungsgesetze) liegen außerhalb der hier besprochenen Problematik (de lege ferenda vgl die Überlegungen von Wiese, Der Staatsdienst in der Bundesrepublik Deutschland [1972] 290 ff). Schon RGZ 113, 78 hat einem Beamten eine freie Aufwertung der laufenden Bezüge versagt. Der Grund liegt nicht in der öffentlichrechtlichen Ausgestaltung des Rechtsverhältnisses, sondern im Ausschluß privatautonomer Regelung (nur teilweise übereinstimmend RGZ 113, 78, 81 f). Die Anpassung der laufenden Bezüge an Veränderungen der Kaufkraft ist Sache des Gesetzgebers. Einen automatisch wirkenden Anpassungsmechanismus gibt es nach dt Recht nicht (s dagg rechtsvergleichend von Maydell, Geldschuld 175 f). Aus der Alimentationspflicht des Staates kann sich aber eine **Verpflichtung zur Anpassung der Bezüge** ergeben (Schinkel, Besoldungsrecht des Bundes und der Länder, § 7 BBesG Rz 7; von Maydell, Geldschuld 175 ff; vgl auch § 14 BBesG). Bislang ist der Gesetzgeber dieser Pflicht auch stets nachgekommen (vgl auch von Maydell, Geldschuld 175). Die Abgrenzung im einzelnen kann nur teilweise durch Rechtsansprüche, im übrigen aber – ähnlich dem Tarifvertragswesen – nur durch politische Auseinandersetzung der Interessengruppen vollzogen werden. Das gilt vor allem in wirtschaftlichen Krisensituationen. *Rückwirkende Kraft* für bereits fällige Gehaltszahlungen hat eine gesetzliche Anhebung der Bezüge nur, wenn das Gesetz dies bestimmt, anderenfalls auch dann nicht, wenn die Bezüge bei Inkrafttreten der Erhöhung rückständig waren (BVerwGE 14, 222 = NJW 1962, 1882 f; vgl auch von **D 111**

MAYDELL, Geldschuld 177 f mwN). Das BVerwG hat nur für den Fall der Hyperinflation eine andere Entscheidung offen gelassen, also für den Fall, daß bei Zahlung des Nennbetrags von einer „Besoldung" nach Treu und Glauben nicht mehr gesprochen werden kann. In der Tat läßt sich die grundsätzliche Möglichkeit der rückwirkenden Aufwertung in Zeiten der Hyperinflation auf die Praxis des RG stützen (RGZ 109, 122, 127; 112, 104, 105; 124, 229, 232; RG JW 1927, 450; vgl auch VON MAYDELL, Geldschuld 177). Doch hat sich die Reichsgerichtspraxis selbst in der Zeit extremer Geldentwertung auf die Aufwertung rückständiger Gehaltsforderungen beschränkt und die Anpassung der laufenden Bezüge an die Kaufkraft des Geldes dem Gesetzgeber überlassen (RGZ 113, 78, 81 f).

D 112 eee) Die **Anpassung des Arbeitslohns** an den sich verändernden Geldwert ist in erster Linie ein tarifrechtliches und tarifpolitisches Problem (VON MAYDELL, Geldschuld 164 ff mwN). Ein Arbeitskampf zur Verbesserung der tariflichen Leistungen durch neuen Tarifvertrag, durch einzelvertragliche Regelung oder durch Betriebsvereinbarung verstößt während der Laufzeit eines Tarifvertrags gegen die Friedenspflicht der Tarifpartner (BAG AP Nr 1 zu § 1 TVG Friedenspflicht; AP Nr 2 zu Art 9 GG Arbeitskampf; SCHAUB, Arbeitsrechts-Handbuch [4. Aufl 1980] § 201 III 2; WIEDEMANN-STUMPF, Tarifvertragsgesetz [5. Aufl 1977] § 1 Rz 341). Der Tarifvertrag und damit die Friedenspflicht kann allerdings bei Vorliegen eines wichtigen Grundes durch außerordentliche Kündigung aufgehoben werden (BAG AP Nr 4 zu § 1 TVG Friedenspflicht; SCHAUB § 200 IV 1 e). Ein wichtiger Grund liegt vor, wenn sich die Umstände, die bei Vertragsschluß vorlagen, wesentlich und unvorhergesehenerweise geändert haben und dem Kündigenden nicht zuzumuten ist, das Ende des Tarifvertrags oder den Ablauf der ordentlichen Kündigungsfrist abzuwarten. Für die Anwendung der clausula rebus sic stantibus ist gerade bei Tarifverträgen idR kein Raum; da gerade vor und bei Abschluß von Tarifverträgen die Dauer ihrer Geltung mit Rücksicht auf die wirtschaftlichen Verhältnisse einschließlich der Lebenshaltungskosten genau abgewogen wird, kommen nur völlig unerwartete und außergewöhnlich einschneidende Veränderungen in Betracht (RAG ARS V 411, 415 f mAnm NIPPERDEY; HUECK-NIPPERDEY, Lehrbuch des Arbeitsrechts II/1 [7. Aufl 1967] § 22 B I 5; WIEDEMANN-STUMPF § 1 Rz 109; NIPPERDEY-SÄCKER, Arbeitsrechtsblattei, Tarifvertrag II B [1970] V 2 e; WIEDEMANN RdA 1969, 326). Ob *Indexklauseln in Tarifverträgen* gegen § 3 WährG verstoßen, ist str (ja: SCHAUB § 202 II 2; nein: NIES RdA 1970, 169 ff; WIEDEMANN-STUMPF Einl Rz 95 mwN). Über *„Inflationsbewältigung im Zivil- und Arbeitsrecht"* vgl rechtsvergleichend den gleichnamigen Tagungsbericht von KÖTZ-REICHERT-FACILIDES, 1976.

D 113 **fff) Sonstige Spezialregelungen** können hier nur beispielhaft aufgezählt werden. Die *Anpassung von Betriebsrenten* ist in § 16 BetrAVG geregelt (Gesetz zur Verbesserung der betrieblichen Altersversorgung, sog Betriebsrentengesetz v 19. 12. 1974, BGBl I 3610). Danach hat der Arbeitgeber alle drei Jahre eine Anpassung der laufenden Leistungen der betrieblichen Altersversorgung zu prüfen und hierüber nach billigem Ermessen zu entscheiden (vgl im einzelnen Vorbem D 141 ff). Auch die *Angleichung von gesetzlichen Gebühren und von Taxen (Tarifen)* unterliegt speziellen Regeln, die durch das Institut der Geschäftsgrundlage nicht unterlaufen werden können (unter den konkreten Parteien wird es auch häufig an dem nach Vorbem D 100 erforderlichen Zeitmoment fehlen). Vgl insbes über die Gebührenordnungen bei den freien Berufen VON MAYDELL, Geldschuld 171 ff. Für die Vergütung bei der kassenärztlichen Versorgung gelten die §§ 368 f RVO (näher VON MAYDELL, Geldschuld 178 ff).

D 114 **bb)** Eine **Sperrwirkung des Vertrags** besteht insofern, als ein Vertrag, der den Währungsverfall bereits berücksichtigt, den Rückgriff auf das Institut der Geschäftsgrundlage grundsätzlich insoweit ausschließt, als die im Vertrag berücksichtigte Geldwertveränderung in Frage steht (vgl oben Vorbem D 108). Das gilt sowohl für Verträge, bei denen die Parteien von einer Wertsicherung abgesehen haben, als auch für solche, die eine Wertsicherungsklausel enthalten (zur Geschäftsgrundlage bei Wertsicherungsklauseln vgl wiederum Vorbem D 174 ff). Diese Form der „Subsidiarität" des Instituts der Geschäftsgrundlage ist in Wahrheit keine Konkurrenzregel, sondern *eine dem Tatbestand des Fortfalls der Geschäftsgrundlage immanente Schranke*. Besonders deutlich wird das bei jener Lehre, die die Regelungsproblematik der Geschäftsgrundlage bei der ergänzenden Auslegung, maW also bei der Ergänzungsbedürftigkeit des Parteiwillens ansiedelt (LARENZ, Geschäftsgrundlage 157 ff). Es ist eine Selbstverständlichkeit, daß sich die Frage der Geschäftsgrundlage verschieden darstellt bei Verträgen, in denen das Inflationsrisiko einkalkuliert ist, und bei Verträgen, bei denen dies nicht der Fall ist.

4. Fortfall der Rechte D 115

a) Jedes Recht auf Anpassung einer Geldschuld oder auf Lösung eines Rechtsverhältnisses entfällt, wenn es **vertraglich ausgeschlossen** ist (VON MAYDELL, Geldschuld 121). Ausdrückliche Bestimmungen darüber, daß in jedem Fall nur der Nominalwert geschuldet sein soll, werden praktisch kaum vorkommen. Ist aber zB ein Geldentwertungszuschlag vereinbart, so braucht das hierdurch entgoltene Geldentwertungsrisiko nicht auch durch § 242 aufgefangen zu werden. Zur Frage, inwieweit *unzureichende Wertsicherungsklauseln* wegen Fortfalls der Geschäftsgrundlage korrigiert werden können, vgl Vorbem D 180. Über *Unterhaltsverträge* vgl Vorbem D 68 und D 81). Ein *stillschweigender Verzicht auf das Aufwertungsrecht* wird nur unter besonderen Umständen – etwa bei bereits ausgetauschten Leistungen – angenommen werden können. Behält ein Lieferant die Ware unter Berufung auf andere Einwände zurück, ohne sich auch auf die Entwertung der Kaufpreisforderungen zu berufen, so kann hierin noch kein Verzicht auf den Aufwertungseinwand erblickt werden (RGZ 107, 19, 21). Bei einem Vergleichsvertrag kommt es darauf an, ob Aufwertungsansprüche überhaupt in Betracht gezogen und zum Gegenstand eines Forderungsverzichts gemacht wurden (RGZ 118, 59, 61; 122, 200, 203 f; 123, 224). Nach § 67 AufwertungsG 1925 war aber sogar ein Vergleich, in dem auf künftige Aufwertungsansprüche verzichtet wurde, der Aufwertung fähig (RGZ 117, 226). Doch wird dies – ähnlich wie bei der Friedenspflicht im Tarifvertrag (Vorbem D 112) – auf den Ausnahmefall einer gravierenden, in den Ausmaßen unvorhersehbaren Inflation beschränkt bleiben müssen.

b) **Verwirkung** tritt ein durch *illoyale Verspätung* (eingehend STAUDINGER-JÜRGEN SCHMIDT § 242 Rz 478 ff). Wer jahrelang zuwartet, kann jedenfalls nicht mit uneingeschränkter Rückwirkung die Aufwertung seiner Forderung verlangen (RGZ 118, 375, 377). Eine nur zögerliche, aber noch nicht illoyal verspätete Geltendmachung des Aufwertungsbegehrens muß diesem Begehren hinsichtlich unbeglichener Forderungen nicht entgegenstehen (RGZ 117, 211, 213; vgl auch RGZ 118, 63, 66). Ein vertragliches oder gesetzliches *Rücktrittsrecht* des Geldgläubigers beim gegenseitigen Vertrag kann durch Verwirkung (nach RGZ 107, 106, 110 durch Verzicht) verlorengehen, wenn der Berechtigte ohne rechtfertigenden Grund länger, als für den Vertragspartner zumutbar, mit dem Rücktritt wartet (RGZ 107, 106, 110 mwN). Das gilt um so mehr, je unklarer die Rechtslage wird (vgl RG aaO für den Fall von Vorauszahlungen). Durch *widerspruchslose Entgegennahme von Zahlungen* geht das Aufwertungsrecht nicht in jedem Fall verloren. RGZ 114, 399, 403 sagt mit Recht, daß es für die Vertragserfüllung nicht darauf ankommt, ob der Gläubiger befriedigt zu sein glaubt, sondern darauf, ob er befriedigt ist. Das Recht wird aber verloren- D 116 gehen, wenn das Verhalten des Gläubigers das Begehren nachträglicher Aufwertung nicht mehr erwarten läßt (vgl auch Vorbem D 125 zum Problem der „rückwirkenden Aufwertung"). Namentlich *unter den Bedingungen der schleichenden Inflation* wird die widerspruchslose Entgegennahme die nachträgliche Aufwertung in aller Regel hindern. Besonders nahe liegt diese Folgerung für die Lehre vom Erfüllungsvertrag, nach der die Wirkung des § 362 Abs 1 nicht schon durch die Leistungsbewirkung selbst, sondern durch besonderen Erfüllungsvertrag eintritt (Überblick bei Larenz I § 18 I; die Lehre vom Erfüllungsvertrag wird heute namentlich iS einer Realvertragstheorie vertreten von Ehmann NJW 1969, 1833; Weitnauer, FS von Caemmerer [1978] 255), denn wer den Erfüllungsvertrag geschlossen hat, wird nicht mehr ohne weiteres einwenden können, es habe am Erfordernis der Leistungsbewirkung gefehlt. Doch dürfte der Theorienstreit um die Erfüllung im Ergebnis unerheblich sein. Die Berufung auf einen bloßen Motivirrtum nach widerspruchsloser Annahme einer entwerteten Geldsumme als Erfüllung ist unzulässig. Zwar ist in RGZ 109, 111 und in RGZ 110, 65, 78 davon die Rede, daß auch die vorbehaltlose Annahme das Aufwertungsrecht unberührt lasse, weil die Zahlung mit entwertetem Geld nicht die Bewirkung der geschuldeten Leistung iS von § 362 Abs 1 sei, doch ging es hierbei um Zahlungen, die vor der Anerkennung des Aufwertungsrechts gelegen hatten, so daß ein Protest des Gläubigers aus dieser Sicht aussichtslos, also auch nicht zu erwarten war. Die widerspruchslose *Entgegennahme von Teilzahlungen* hindert nicht die Aufwertung (vgl aber noch RGZ 106, 11, 13); sie kann nur dazu führen, daß sich die Aufwertung auf die offen gebliebenen Beträge beschränkt (RGZ 116, 313, 315). Das RG hat sogar die rückwirkende Aufwertung verschiedentlich gelten lassen, weil die erbrachten Teilzahlungen nicht mehr nach ihrem Nennwert die geschuldete Leistung iS von § 362 Abs 1 darstellten (RGZ 109, 111; 110, 65, 78; dazu von Maydell, Geldschuld 134). Aber es handelte sich wiederum um Zahlungen, die der Aufwertungsrechtsprechung vorausgegangen waren. Wird der Aufwertungsanspruch *teilweise eingeklagt,* so muß der Kläger den Restanspruch nicht alsbald geltend machen, nur um dem Verwirkungseinwand zu entgehen (RGZ 129, 401, 404).

D 117 c) Durch **Vorleistung beim gegenseitigen Vertrag** kann das Recht zur Geltendmachung der Geldentwertung entfallen. RGZ 109, 97, 100 unterscheidet deutlich zwischen denjenigen Fällen, in denen der Geldgläubiger und Sachschuldner die eigene Leistung schon erbracht hat, und denjenigen, in denen er die eigene Leistung noch zurückbehalten kann. Auch im ersten Fall versagt das Reichsgericht dem Geldgläubiger nicht schlechthin die Berufung darauf, daß die eigene Leistung voll erbracht sei. Aber es sieht doch einen erheblichen Unterschied darin, „ob dem Sachschuldner zugemutet werde, nach eingetretener Geldentwertung selbst erst die Sachleistung zu erbringen, oder ob der geschuldete Sachwert schon hingegeben ist und es nur darum geht, die durch den Währungsverfall entwertete Geldleistung angemessen zu bestimmen". Das Reichsgericht sieht hierin einen ganz prinzipiellen Unterschied: „Es muß unbillig erscheinen, vom Sachschuldner zu verlangen, daß er eine vollwertige Sachlieferung gegen eine offensichtlich wertlose oder nur zu einem geringen Bruchteil aufgewertete Geldleistung mache. War hingegen die Sachleistung bereits bewirkt und steht nur die Aufwertung der Gegenforderung in Frage, dann ist – wirtschaftlich gesehen – der Schaden im Gegensatz zum vorigen Falle schon eingetreten ...". Die Ähnlichkeit mit dem Rechtsgedanken des § 17 KO ist unverkennbar. Es scheint richtig, daß sich die Wertung bei einem Kaufkraftverlust nach Vorleistung verändert. Auch von Maydell (Geldschuld 129 ff) spricht dem Gläubiger in diesem Fall das Recht zur Geltendmachung der Äquivalenzstörung grundsätzlich ab, indem er den Vorleistenden nur mehr als Kreditgeber behandelt (130). Dies entspricht der in §§ 320 f BGB, 17 KO zum Ausdruck gelangten, allerdings dort nicht auf das Entwertungsrisiko bezogenen Interessenwertung. Ein strikter Grundatz darf hieraus allerdings nicht gemacht werden (einschränkend auch von Maydell, Geldschuld 131). Die gesetzliche Wertung betrifft das Kreditrisiko, nicht aber ohne weiteres das Entwertungsrisiko. *Der vorleistende Sachschuldner begibt sich zwar der Möglichkeit, die Aufwertung durch Ausübung eines Zurückbehaltungsrechts zu erzwingen; das Aufwertungsrecht selbst gibt er nicht ohne weiteres auf.* Auf der anderen Seite läßt aber das geltende Recht auch nicht den Schluß zu, es komme auf die Vorleistung des Sachschuldners und Geldgläubigers schlechthin nicht an (in dieser Richtung aber Schwerdtner ZfA 1978, 566 mit Hinweis auf § 16 BetrAVG; diese Parallele überzeugt nicht; auch bei Bejahung eines Gegenseitigkeitsverhältnisses zwischen Arbeitsleistung und Ruhegeld läßt die notwendige Vorleistung des Arbeitnehmers keine Folgerungen für solche Fälle zu, bei denen eine Risikoverlagerung durch gewillkürte Vorleistung in Frage steht). Die Lösung dürfte, wie oft, in der Mitte liegen: Die Vorleistung bringt den Sachschuldner faktisch in eine Kreditgeberrolle; er kann den Mechanismus von Leistung und Gegenleistung nicht mehr in derselben Weise ausspielen wie bei einem beiderseits unerfüllten gegenseitigen Vertrag (über verschärfte Erheblichkeitsanforderungen bei unvollkommen zweiseitigen Schuldverhältnissen sinngemäß Chiotellis 174 ff). Ihm die Verweisung auf Äquivalenzstörungen generell abzuschneiden, besteht jedoch keine Berechtigung (zur Äquivalenzstörung beim Kredit vgl Vorbem D 99).

d) Ein **Verzug mit der Gegenleistung** läßt das Aufwertungsrecht des Geldgläubigers D 118
nicht generell entfallen (RGZ 107, 19, 21; 107, 124; 107, 148, 149; 107, 149, 150; 107, 156; von Maydell, Geldschuld 136 f). Anders beurteilt dies die verbreitete Auffassung, nach der sich eine selbst in Verzug befindliche Vertragspartei nicht auf den Fortfall der Geschäftsgrundlage berufen kann (RGZ 103, 3, 5; so in anderem Zusammenhang BGH LM Nr 2 zu § 284 BGB; s auch MünchKomm-Roth § 242 Rz 492). Diese Auffassung ist indes in ihrer Allgemeinheit abzulehnen. Der seinerseits im Schuldnerverzug befindliche Geldgläubiger hat dem Geldschuldner nach § 286 Schadensersatz zu leisten, muß aber nicht generell auf die Aufwertungsrechte verzichten (RGZ 106, 422, 425; 107, 124, 129; 107, 149, 150; 107, 156, 160; 109, 97, 99; 109, 222, 224). Das gilt mit Sicherheit dann, wenn die Geschäftsgrundlagenstörung bereits vor Verzugseintritt vorhanden war. Es sollte aber auch für solche Entwertungen gelten, die erst nach Verzugseintritt eintraten. Der Gedanke des § 287 S 2 (vgl Roth aaO) betrifft nur die Schadensersatzpflicht, die ohnehin unberührt bleibt. Von einem Übergang des Entwertungsrisikos mit Verzugseintritt kann also nur in dem Sinne gesprochen werden, daß der aufwertungsberechtigte Geldgläubiger Verzugsschäden ausgleichen muß, wenn er seinerseits mit der Gegenleistung in Verzug ist.

5. Rechtsfolgen D 119

a) Die **Rechtsfolgen eines Fortfalls der Geschäftsgrundlage** entziehen sich allgemeingültiger Festlegung (vgl statt vieler Enneccerus-Lehmann § 41 III; Larenz, Geschäftsgrundlage 170; Chiotellis 4 ff, 64 ff; MünchKomm-Roth § 242 Rz 494 ff; Ulmer AcP 174 [1974] 184; im Ergebnis insbes auch Flume, Rechtsgeschäft § 26/3 mit Methodenkritik an der hM). Bei Äquivalenzstörungen, um die es sich hier handelt, kommen als Rechtsfolgen in erster Linie die *Wiederherstellung des Vertragsgleichgewichts* und die *Vertragsauflösung* in Betracht (MünchKomm-Roth § 242 Rz 497 mwN). Das *Verhältnis zwischen Vertragsanpassung und Lösungsrecht* ist str. Für einen *Vorrang der Auflösung* spricht sich von Maydell (Geldschuld 127 ff) aus. Auch das RG hat verschiedentlich davon gesprochen, der Wille der Parteien zur Fortsetzung des Rechtsverhältnisses sei Voraussetzung der Anpassung (zB RGZ 100, 129, 132, wo die Befugnis richterlicher Vertragsinhaltsbestimmung geradezu a maiore ad minus aus dem Lösungsrecht hergeleitet wird). Das ist auf den ersten Blick verwunderlich, weil die Auflösung des Vertrags zwar beim Geschäftsgrundlagentypus der Zweckvereitelung, nicht aber bei der Äquivalenzstörung als adäquate Rechtsfolge erscheint. Heute überwiegt in Praxis und Literatur die Lehre vom **Vorrang der Anpassung** (vgl statt vieler: BGHZ 47, 48, 51 f; BGH NJW 1951, 836 f; BGH LM Nr 13, 18 und 24 zu § 242 [Bb]; Nr 27 zu § 242 [Ba]; LARENZ I § 21 II; ders, Geschäftsgrundlage 170 ff; ESSER-EIKE SCHMIDT I/1 § 24 III; EMMERICH in Athenäum Zivilrecht I [1972] = Vahlens Zivilrecht I [1974] § 16 III; ders, Das Recht der Leistungsstörungen [1978] § 29; KÖHLER, Unmöglichkeit und Geschäftsgrundlage [1971] 156 ff; CHIOTELLIS 10 ff; BGB-RGRK-ALFF § 242 Rz 67 ff; MünchKomm-ROTH § 242 Rz 494; HORN AcP 181 [1981] 276). Ein *Kompromiß* zwischen dem Vorrang der Auflösung und dem Vorrang der Anpassung ist bei RGZ 103, 328, 333 angelegt. Das RG hat hier noch die Rechtsgestaltungsbefugnis des Richters verneint, aber es hat die Ausübung des außerordentlichen Kündigungsrechts von der Verweigerung einer Vertragsanpassung abhängig gemacht: Bevor der Schuldner wegen Äquivalenzstörung zurücktrete (kündige), müsse er den Gläubiger zur Erhöhung der Gegenleistung auffordern; werde die Erhöhung verweigert, so sei der Schuldner frei (relativierend später RGZ 111, 156, 158: erst ab Eintritt der Hyperinflation). Damit zeigt sich, daß der Widerstreit der Meinungen nur teilweise auf unüberbrückbaren sachlichen Gegensätzen, teilweise aber auf der Vermischung unterschiedlicher Ebenen des Problems beruht: Unter dem Aspekt der Vertragstreue erscheint die Fortsetzung des Vertrags unter veränderten Bedingungen als der geringere, die Vertragslösung als der schärfere Eingriff. Als Eingriff in den erklärten Parteiwillen erscheint demgegenüber die Anpassung als die problematischere, der Legitimation bedürftige Rechtsfolge. Auch *in der praktischen Rechtsanwendung* ist mit dem Problem, ob der Lösung oder der Anpassung der Vorrang gebührt, Unterschiedliches gemeint: Das Lösungsrecht kann als Konfliktlösung Vorrang genießen (dann stellt es die vorvertragliche Vertragsfreiheit wieder her), es kann aber auch Mittel zum Zweck sein, ist dann nur zeitlich vorgeschaltet und dient dem Primärzweck der Anpassung (vgl insoweit auch VON MAYDELL, Geldschuld 128 f). In diese Richtung weisen Entscheidungen, in denen das RG ausgesprochen hat, die Lösung von Dauerschuldverhältnissen bzw der Rücktritt vom Kaufvertrag sei nur gerechtfertigt, wo nicht Anpassung als das mildere Mittel zu einer interessengerechten Lösung führe (RGZ 103, 329; 107, 151, 153; 107, 180, 182). Gegenüber diesem Vertragsänderungsmechanismus hat sich weitgehend die Theorie der verdeckten richterlichen Gestaltung durchgesetzt (vgl nur ESSER-EIKE SCHMIDT I/1 § 24 III; HORN AcP 181 [1981] 280). Nun ist hier nicht der Ort für die Entwicklung eines dogmatischen Modells dieser Vertragsanpassung, deren Einordnung zwischen korrigierender Vertragsauslegung, Feststellung eines ipso iure umgestalteten Vertragsinhalts und richterlicher Gestaltung schwankt (dazu mwN MEDICUS, FS Flume I [1978] 629 ff). Die allgemeine Standortlosigkeit der heute hM hinsichtlich der praktischen Prozedur läßt aber an den guten Sinn jener Reichsgerichtsrechtsprechung erinnern. *Für den Vorrang des Lösungsrechts werden namentlich die Legitimationsprobleme und die praktischen Schwierigkeiten einer dezisionistischen Vertragsanpassung ins Feld geführt* (deutlich VON MAYDELL, Geldschuld 127). Bei Abwägung gegen den Gedanken der Vertragstreue sprechen diese Erwägungen aber nur für den *technischen Vorrang einer „Änderungskündigung"*, nicht dagegen für den Vorrang der Vertragslösung als Konfliktlösungsziel. *Der Vorrang als* **Konfliktlösungsziel** *gebührt der Vertragsanpassung.* Sie stellt das Regelziel, die Vertragslösung dagegen das Ausnahmeziel dar, wenn auch aus diesem Grundsatz keine starre Regel gemacht werden kann (insofern zutreffend RGZ 111, 156, 158, wo das Korrektiv recht unglücklich beim Verschulden gesucht wird). Von diesem Konfliktlösungsziel ist die **Technik der Konfliktlösung** zu unterscheiden. Als Konfliktlösungsmethode dienen Lösungsandrohung und Lösung des Vertrags (außerordentliche Kündigung bzw Rücktritt). In rechtstechnischer Hinsicht stehen also die Lösungsrechte der Vertragspartei im Vordergrund. Lösungsandrohung und Lösungserklärung sind aber zunächst *nicht Ziel, sondern nur Mittel der Konfliktbewältigung.* Die angeblich vorrangige Kündigungs- oder Rücktrittserklärung setzt also den Geldgläubiger weder dazu instand, sich willkürlich und bedingungslos aus dem Vertragsverhältnis zu lösen (deutlich RGZ 107, 180, 182), noch dazu, dem Geldschuldner willkürlich eine den eigenen Interessen entsprechende Vertragsänderung aufzuzwingen (deutlich RGZ 107, 151, 155). Sie dient, solange die gütliche Einigung nicht aus objektiven oder subjektiven Gründen evident aussichtslos scheint, dem Versuch einer einverständlichen Vertragsänderung.

b) Der **Anpassungs- und Lösungsmechanismus** gestaltet sich im einzelnen nach folgenden, von Fall zu Fall zu modifizierenden Grundsätzen: D 120

aa) Bei gegenseitigen Verträgen steht dem Geldgläubiger ein **Leistungsverweigerungsrecht** zu, soweit und solange er berechtigt ist, Aufwertung der Geldforderung zu verlangen und seinerseits noch nicht geleistet hat (vgl RGZ 107, 124, 127). Die rechtsdogmatische Ansiedelung dieses Leistungsverweigerungsrechts (§ 273?, § 320?, § 242?) hängt von der rechtlichen Konstruktion der Rechtsfolgen des Fortfalls ab (automatische Korrektur oder Vertragsumgestaltung?), ist aber für die praktischen Folgen ohne Belang. Neben das Leistungsverweigerungsrecht (bei Vorleistung des Geldgläubigers: an seine Stelle) tritt Rücktritt oder Kündigung. Solange nicht eine einverständliche Anpassung ausgeschlossen oder vom Geldschuldner definitiv abgelehnt ist, wird *idR kein außerordentlicher Kündigungs- oder Rücktrittsgrund* bestehen. Der Gläubiger kann in diesem Zeitpunkt wählen: Spricht er eine unbedingte Kündigung oder einen Rücktritt aus, so geht er über seine Befugnisse hinaus; die Kündigung bzw der Rücktritt ist dann als lösende Kündigungs- bzw Rücktrittserklärung unwirksam. Zulässig scheint dagegen eine mit einem Änderungsangebot verbundene und an eine Potestativbedingung geknüpfte Kündigungs- bzw Rücktrittserklärung nach dem Vorbild der arbeitsrechtlichen **Änderungskündigung** (ähnlich wohl HAARMANN 141 f; HORN AcP 181 [1981] 277 f; zur Rechtsfigur der Änderungskündigung vgl allg MünchKomm-SCHWERDTNER Vorbem 28 f zu § 620). Vielfach wird nur eine *Rücktritts- oder Kündigungsdrohung,* verbunden mit einem Änderungsangebot gewollt und erklärt sein. Der technische Vorrang des Lösungsrechts ist damit gewahrt. Gleichfalls gewahrt ist der Vorrang des Anpassungsziels. D 121

bb) *Verweigert der Geldschuldner die Vertragsanpassung,* so berechtigt dies den Geldgläubiger nicht in jedem Fall (RGZ 111, 156), aber doch idR zum **Rücktritt** bzw zur **Kündigung** (RGZ 103, 329; 107, 180, 182). Inwieweit der Geldschuldner in Vertragsverhandlungen eintreten oder sich sogar unbedingt auf das Änderungsangebot einlassen muß, ist Frage des Einzelfalls. Hartnäckige Ablehnung jedes Anpassungsangebots wird idR ein Recht zur Lösung des Vertrags geben. Der Geldgläubiger kann dann idR nicht auf den Weg richterlicher Vertragskorrektur verwiesen werden; dieser Weg steht ihm, sofern er nicht im Einzelfall zu besonderer Vertragstreue angehalten werden kann, grundsätzlich neben der Kündigung zur Wahl. Auf der anderen Seite ist der Geldgläubiger nicht schon dann zur Lösung des Vertrags berechtigt, wenn die Gegenseite auf die von ihm erhobenen Forderungen nicht eingeht (vgl RGZ 107, 151, 155). Fehlt es – wie später das Gericht feststellt – überhaupt an einem zur Anpassung berechtigenden Fortfall der Geschäftsgrundlage, so kann das Ansinnen des Geldgläubigers umgekehrt auch dem Vertragsgegner ein außerordentliches Lösungsrecht (Kündigungsrecht oder Rücktrittsrecht) geben, wenn eine gravierende Störung des Vertragsfriedens vorliegt, doch ist dies eine streng zu prüfende Frage des Einzelfalls. In jedem Fall tritt die Aufhebung des Vertrags nur ex nunc (RGZ 103, 328, 333) und nur aufgrund der Erklärungen der D 122

Parteien ein (Aufhebungsvertrag, Rücktritt, Kündigung). Das Gericht kann diese Erklärungen nicht ersetzen.

D 123 cc) **Vertragsanpassung ohne Konsens der Parteien** kann nach dem Vorbild der §§ 315 Abs 3, 319 vom Gericht durchgeführt werden (grundlegend Sieg NJW 1951, 507; zur Auffassung des Verf vgl Karsten Schmidt JuS 1976, 715; aM namentlich Neumann-Duesberg JZ 1952, 709). Es handelt sich um eine subsidiäre richterliche Billigkeitsentscheidung, gestützt auf das Scheitern einer der Billigkeit entsprechenden Einigung. Freilich ist die dogmatische Ansiedelung dieser Entscheidung noch wenig geklärt, wie auch im unmittelbaren Anwendungsfall der §§ 315 und 319 Streit darüber besteht, ob das Gericht eine feststellende oder eine gestaltende Entscheidung trifft. Die Praxis neigt dazu, die Rechtsfolgen des Fortfalls der Geschäftsgrundlage auf § 242 zu stützen, und zugleich neigt sie zu der Annahme, es liege nicht Vertragsgestaltung, sondern die Feststellung eines ipso iure eingetretenen Rechtszustands vor (BGH NJW 1972, 152 f; BGB-RGRK-Alff § 242 Rz 88 mwN). Von einer bloß feststellenden Entscheidung kann indes allenfalls insoweit gesprochen werden, als aus dem wirklichen und dem hypothetischen Parteiwillen im Wege korrigierender Vertragsauslegung eine von den Parteien gewollte Regelung ermittelt wird (vgl hierzu Larenz, Geschäftsgrundlage 165 ff und Schuldrecht I § 21 II; Medicus, FS Flume I [1978] 629 ff mit eingehender Problemanalyse). In Fällen der Geldwertveränderung geht es dagegen um echte *richterliche Vertragsgestaltung,* und diese sollte nicht als bloß erkennende Richtertätigkeit ausgegeben, sondern als gestaltende subsidiäre richterliche Billigkeitsentscheidung erkannt und gewürdigt werden. Die Entscheidung kann durch Gestaltungsurteil erfolgen, erfolgt aber regelmäßig als sog verdeckte richterlichte Gestaltung im Rahmen eines Leistungsprozesses.

D 124 c) Der **Umfang der „Aufwertung“** ist nach den Grundsätzen billiger Vertragsinhaltsbestimmung (§§ 315, 319) unter *Berücksichtigung des individuellen Vertragsrisikos* zu bestimmen. Er entzieht sich einer generalisierenden Festlegung. Die Rechtfertigung der Anpassung durch die Geldentwertung bringt es mit sich, daß das Ausmaß der Entwertung das Höchstmaß der Anpassung markiert; die Forderungsaufwertung darf den Geldwertverlust nicht übersteigen (RGZ 109, 146, 148; 110, 371, 372). Sehr umstritten war in der RG-Praxis das Ausmaß der Aufwertung bei Geschäften des Großhandels (vgl RGZ 110, 371 und zuvor RGZ 108, 379; 109, 97; 109, 241). Günstiger Weiterverkauf einer Sache ist für den Verkäufer eine res inter alios gesta und rechtfertigt nicht einen Aufschlag auf den Aufwertungsbetrag (vgl nur RGZ 109, 222). Die zu treffende Billigkeitsentscheidung muß nicht in jedem Fall zu einer vollständigen Anpassung der Forderung an den veränderten Geldwert führen. Das Institut des Fortfalls der Geschäftsgrundlage dient nicht dazu, fehlende Wertsicherungen zu ersetzen. Das Risiko kann und muß in vielen Fällen geteilt werden. Bei Dauerschuldverhältnissen, also zB bei der Anpassung des Miet- oder Pachtzinses, ist indes regelmäßig eine vollständige Anpassung angezeigt, wenn einmal die Schwelle des Fortfalls der Geschäftsgrundlage überschritten ist. Eine Risikoteilung ergibt sich in diesen Fällen regelmäßig bereits daraus, daß keine Dynamisierung, sondern nur eine stufenweise Anhebung der Geldschuld stattfindet.

D 125 d) Der **Anpassungszeitraum** kann zweifelhaft sein. Bereits erloschene Forderungen können nicht aufgewertet werden. Damit ist eine *rückwirkende Anpassung* grundsätzlich ausgeschlosen (RGZ 107, 140; 116, 313, 317; von Maydell, Geldschuld 132 f). Der Vertragsgegner kann dann seine Leistung nicht nach Jahr und Tag unter Berufung auf Geldentwertung zurückhalten, denn die Entwertung empfangenen Geldes ist – im Gegensatz zur Entwertung einer Geldforderung – sein Risiko (RGZ 107, 128, 129 f; 108, 156, 157). Er kann sich auch nicht etwaigen Gewährleistungsrechten aus dem Vertrag mit der Begründung widersetzen, der empfangene Betrag sei nach der Zahlung entwertet, die Kalkulationsgrundlage also hinfällig (RGZ 107, 140). Auch wenn die Geldforderung durch Vorauszahlungen nur teilweise getilgt ist, ist es unzulässig, die Gesamtforderung aufzuwerten und die Zahlungen nur zum Nennwert auf die aufgewertete Forderung anzurechnen (RGZ 108, 395, 396). Im einzelnen wird ein *Unterschied zwischen der Aufwertung unter den Bedingungen der schleichenden Inflation und der Hyperinflation* gemacht werden müssen: *Schleichende Inflation* rechtfertigt regelmäßig nur die *Anpassung ex nunc.* Das bedeutet zunächst, daß die aufzuwertende Forderung noch existieren muß. Nur offenstehende oder unter Vorbehalt entgegengenommene Beträge können idR aufgewertet werden. Bei wiederkehrenden Leistungen bedeutet aber Aufwertung ex nunc auch, daß die Aufwertung nicht alle rückständigen Beträge umfassen kann. Insbes kann das Entgelt bei Dauerschuldverhältnissen idR nur für die Zukunft angepaßt werden (über Differenzierungen Haarmann 102). Hinsichtlich des Aufwertungszeitraums sind daher *zwei Fragen* zu unterscheiden: die Frage, *welche Forderungsbeträge* von der Korrektur erfaßt werden, und die Frage, *welcher Inflationszeitraum* in Betracht zu ziehen ist. Die erste Frage sollte in dem Sinne beantwortet werden, daß bei wiederkehrenden Leistungen regelmäßig vom Zeitpunkt eines begründeten Aufwertungsverlangens an die Korrektur stattfinden kann (immerhin zweifelhaft); der in Betracht zu ziehende Inflationszeitraum umfaßt dagegen auch rückwirkend den gesamten Zeitraum von der Vereinbarung bis zum Zeitpunkt der letzten tatrichterlichen mündlichen Verhandlung. Im *Fall der Hyperinflation* ließ das RG auch die *rückwirkende* Feststellung zu, daß eine Zahlung bereits im Zahlungszeitpunkt keine ordnungsmäßige Erfüllung mehr war (vgl RGZ 114, 399, 403; vgl auch Vorbem D 116 zum Problem des Rechtsverlusts durch widerspruchslose Entgegennahme der Zahlung). *Vorauszahlungen* werden nach ihrem wirtschaftlichen Wert taxiert (vgl auch RGZ 107, 108, 110; 108, 395, 396). Ist eine Vorauszahlung alsbald bei Vertragsschluß erfolgt, so tilgt sie die Geldschuld zum vollen Nennwert (vgl auch RGZ 107, 240, 243; 107, 128, 129 für den Einkauf in ein Altenheim). Die *Möglichkeit rückwirkender Aufwertung* sollte prinzipiell auf den Fall der Hyperinflation beschränkt bleiben. Sie findet dann eine zeitliche Grenze mit dem Übergang von der schleichenden, trabenden und schließlich galoppierenden Inflation in das Stadium der Hyperinflation (dazu vgl Vorbem D 19). Demgemäß stellte der II. Zivilsenat des RG in RGZ 113, 136, 138 und RGZ 115, 198, 200 im Jahr 1926 fest, daß die Papiermark noch bis Mitte 1922 als Wertmesser anerkannt war. Bis dahin galt also für Geldsummenschulden der Grundsatz „Mark gleich Mark"! Das RG hat aber diesen Grundsatz dann 1927 in RGZ 115, 201, 205 gelockert für Geschäfte, die nicht dem kaufmännischen Güterumsatz zugehörten, sondern die Grundlage für die wirtschaftliche Existenz des Gläubigers bildeten. Bereits in RGZ 114, 399 hatte der V. Zivilsenat Ausnahmen für Grundstücksgeschäfte angenommen. Insgesamt lockerte sich damit die Rechtsprechung (RGZ 116, 306; RG JW 1927, 1146). RGZ 117, 34, 40 f spricht dann schon aus, bereits am Schluß des Jahres 1922 sei die Geldentwertung so weit fortgeschritten gewesen, daß sich der Satz „Mark gleich Mark" als unhaltbar herausgestellt hätte. RGZ 118, 375, 376 stellt sogar die Frage, ob die rückwirkende Aufwertung nicht doch auf kaufmännische Geschäfte ausgedehnt werden dürfe. Doch wurde an der strengeren Praxis in RGZ 124, 76, 80 festgehalten, weil es sich nicht um lebenswichtige Geschäfte handle.

e) Der **Einfluß der Vertragsanpassung und Forderungsaufwertung auf Kreditsicherheiten** darf nicht mit dem Problem der Geschäftsgrundlage bei Sicherungsverträgen verwechselt werden (vgl zur Geschäftsgrundlage des Bürgschaftsvertrags RGZ 146, 376, 379; BGH WM 1959, 855; NJW 1965, 438; 1966, 448; WM 1973, 752; BB 1974, 1454). Es geht vielmehr darum, ob die aufgewertete Geldsummenforderung in eine vorhandene Kreditsicherung einbezogen ist oder einbezogen werden kann. D 126

D 127 **aa)** Unter den **Personalsicherheiten** steht die *Bürgschaft* im Vordergrund. Die Bürgschaft ist nach § 767 streng akzessorisch. Die Anpassung der Hauptverbindlichkeit ändert an deren Indentität nichts. Sie fügt der Hauptverbindlichkeit keine neue Verbindlichkeit in Höhe des Aufwertungsbetrages hinzu, wenn auch die Reichsgerichtspraxis bisweilen von einem zusätzlichen Ausgleichsanspruch uä gesprochen hat. Es geht zwar nicht nominell, aber doch materiell nach Bestand und Umfang um denselben Anspruch, für den die Sicherheit übernommen wurde. Die Aufwertung wirkt deshalb auch gegen den Bürgen (von Maydell, Geldschuld 218; Staudinger-Horn Vorbem 47 zu §§ 765-778). Der für die Bürgschaft geltende Bestimmtheitsgrundsatz (RGZ 57, 66; BGHZ 25, 318, 319 f; BGH NJW 1962, 1102; 1965, 965; WM 1978, 1065 = JuS 1979, 215 mAnm Karsten Schmidt) ändert hieran nichts. Auch eine *Höchstbetragsbürgschaft* folgt bis zu dem sich aus dem vereinbarten Höchstbetrag ergebenden Nennbetrag der Aufwertung. Eine Anpassung des vereinbarten Höchstbetrages wird dagegen idR nicht in Betracht kommen. Wird die Sicherung verkürzt, weil der Bürge eine Abänderung des Höchstbetrages verweigert, so kann dies für den Gläubiger ein Grund zur außerordentlichen Kündigung sein. *Schuldmitübernahme* und *Garantieversprechen* sind zwar keine akzessorischen Sicherheiten. Aber dies hindert nur, daß sie dem Umfang der gesicherten Verbindlichkeit automatisch folgen. Ihrem Vertragszweck entsprechend können dagegen diese Sicherheiten selbst der Aufwertung unterliegen. Damit entsteht eine Quasi-Akzessorietät. Dagegen ist die *Wechselverbindlichkeit* der Aufwertung durch Vertragsänderung oder Richterspruch unzugänglich.

D 128 **bb)** Bei den **dinglichen Sicherheiten** muß gleichfalls zwischen akzessorischen und nicht-akzessorischen Rechten unterschieden werden. *Sicherheiten an beweglichen Sachen* folgen – im Fall des Pfandrechts kraft gesetzlich angeordneter Akzessorietät (§ 1210) – der Forderung. Das gilt für das *Sicherungseigentum* ebenso wie für das akzessorische Pfandrecht (von Maydell, Geldschuld 219). Problemlos ist auch, daß die Sicherung durch *Eigentumsvorbehalt* der Aufwertung folgt, denn der Eintritt der aufschiebenden Bedingung vollständiger Kaufpreiszahlung (§§ 455, 158 Abs 1) hängt von der Höhe des Kaufpreises ab. Eine natürliche Obergrenze ist nur durch den Wert der Sache gesetzt. Besteht die Sicherheit ihrerseits in Geld, so kann ein Anspruch auf Ergänzung der Sicherheit bestehen (RGZ 117, 42; vgl zur Abgrenzung RGZ 121, 163). *Sicherheiten an unbeweglichen Sachen* lassen sich theoretisch streng unterscheiden in akzessorische Sicherungsrechte (Hypothek) und nicht akzessorische Sicherungsrechte (Grundschuld). Der Unterschied ist durch die Rechtsprechung zur Sicherungsgrundschuld stark relativiert (Nachweise bei Weirich JuS 1980, 189; vgl seither noch BGH NJW 1980, 2198 = JuS 1980, 911 mAnm Karsten Schmidt; BGH NJW 1981, 1554 = JuS 1981, 844 mAnm Karsten Schmidt). Soweit die Sicherungsabrede dies zuläßt, kann auch eine Grundschuld einen nachträglich erhöhten Forderungsbetrag sichern. Die Aufwertungsproblematik bei Grundpfandrechten erweist sich indes nicht als ein Akzessorietätsproblem, sondern als ein Nennwertproblem. Bei der *Eintragung* einer Hypothek (§ 1115 Abs 1) bzw einer Grundschuld (§§ 1192/1115 Abs 1) ist der Nennbetrag der gesicherten Forderung bzw der Grundschuld in das Grundbuch einzutragen. Der Nennbetrag unterliegt dem Grundsatz der Bestimmtheit (zu diesem Grundsatz vgl Eickmann, Grundbuchverfahrensrecht [1978] 8. Kapitel § 1 II 1). Wertbeständige Grundpfandrechte, die diesem Bestimmtheitsgrundsatz zuwiderlaufen, werden deshalb sachen- und grundbuchrechtlich nur anerkannt, soweit formell nicht aufgehobene *Sondervorschriften* dies zulassen. Es sind dies: das Gesetz über wertbeständige Hypotheken v 23. 6. 1923, RGBl I 407, und die VO über wertbeständige Rechte v 16. 11. 1940, RGBl I 1521 (vgl MünchKomm-Eickmann § 1113 Rz 42). Der *Effekt eines wertbeständigen Grundpfandrechts* läßt sich nach dem BGB nur auf folgende Weise und nur bis zur Höhe des eingetragenen Nennwerts erzielen: durch eine Höchstbetragshypothek (§ 1190), durch eine wie die Höchstbetragshypothek „auf Zuwachs" berechnete Sicherungsgrundschuld oder durch eine „verdeckte Höchstbetragshypothek", die mit einem bestimmten Forderungsnennbetrag für eine ihrer Höhe nach noch nicht feststehende Forderung bestellt und eingetragen wird (Zulässigkeit str; bejahend RGZ 60, 243, 247; 152, 213, 219; BayObLGZ 1951, 594, 597; 1954, 196, 203; verneinend WESTERMANN, Sachenrecht [5. Aufl] § 111 I 3; zweifelnd SOERGEL-BAUR § 1190 Rz 4; differenzierend MünchKomm-EICKMANN § 1113 Rz 35 ff). **Diese Fragen stellen sich** indes **regelmäßig** nicht im Zusammenhang mit der automatischen Forderungsaufwertung nach § 242, sondern **im Zusammenhang mit der vereinbarten Dynamisierung von Forderungen.** Sie gehören dann in den Zusammenhang des § 3 WährG (Vorbem D 301). Die Forderungsaufwertung nach § 242 stößt bei Grundpfandrechten regelmäßig an die *Grenze der eingetragenen Belastung.* Eine *Aufwertung der dinglichen Belastung* kann dann prinzipiell nur durch Rechtsgeschäft (§ 873) oder durch Gesetz erfolgen (III. SteuernotVO v 14. 2. 1924 RGBl I 74; AufwertungsG v 16. 7. 1925 RGBl I 117, ber 160). RG JW 1925, 1381 spricht sich für eine automatische Aufwertung auch des dinglichen Rechts aus (ebenso MÜGEL, Das gesamte Aufwertungsrecht [1925] 103). Diese für den Rang der Sicherheit bedeutsame Auffassung ist indes nur in Zeiten der Hyperinflation haltbar. Im übrigen gilt folgendes: Der Schuldner einer aufgewerteten Forderung kann nicht schon nach Rückzahlung des im Grundbuch eingetragenen Nennbetrags Grundbuchberichtigung (Hypothek) bzw Rückübertragung der Sicherheit (Grundschuld) verlangen, denn das Grundpfandrecht ist in Höhe des Aufwertungsbetrags noch valutiert. Hinsichtlich der Position des Gläubigers ist zu unterscheiden: Ein schuldrechtlicher Anspruch auf Einräumung zusätzlicher dinglicher Sicherheit besteht grundsätzlich nur, wenn der Eigentümer des belasteten Grundstücks und der Schuldner identisch sind. Selbst in diesem Fall kann es aus Gründen des Ranges an hinreichender Sicherheit fehlen. Bringt die unzureichende Sicherung die Geschäftsgrundlage auf der Gläubigerseite in Fortfall, so kann der Gläubiger das Rechtsverhältnis (zB den Kredit) kündigen.

6. Fallgruppen D 129

Die bisherigen Erfahrungen mit dem Entwertungsproblem lassen zwar nicht die Bildung eines abschließenden Katalogs zu, wohl aber die **Entwicklung wichtiger Fallgruppen.** Wegen des bei Vorbem D 100 dargestellten Zeitmoments wird es sich dabei idR um langfristige Verträge handeln (vgl DÜRKES, Wertsicherungsklauseln [9. Aufl 1982] E 56 ff; RASCH, Geldentwertung und langfristige Verträge, BB 1971, 753 ff).

a) Verträge mit Versorgungszweck erscheinen schon in RGZ 115, 201, 205 f als D 130
privilegierter Vertragstypus, bei dem die Erheblichkeit einer Entwertung eher als bei sonstigen Verträgen berücksichtigt wird (vgl auch RG WarnR 1923/24 Nr 3). BAG und BGH haben diesen Gedanken aufgegriffen. Bei diesen Verträgen – insbesondere bei Verträgen über **Ruhegelder** – rechtfertigt sich richterliche Anpassungen auch bei bloß schleichender, aber quantitativ erheblicher Inflation. In diese Richtung wies bereits BAGE 17, 120, 123 f = BB 1965, 670. Richtungweisend waren dann die Urteile des BAG vom 30. 3. 1973, die zwar keine stufenlose Dynamisierung und keine automatische Anpassung an die gesetzliche Rentenversicherung, wohl aber einen Anpassungsanspruch jedenfalls bei einer Geldentwertung um 40% befürwortet haben (BAG AP Nr 4 zu § 242 BGB Ruhegehalt-Geldentwertung m Anm MEDICUS = BB 1973, 522 = JuS 1973, 451 m Anm REUTER; AP Nr 5 zu § 242 BGB Ruhegehalt-Geldentwertung m Anm FÖRSTER-RÖSSLER-FÜRER = NJW 1973, 1296). Soweit nicht § 16 BetrAVG als Spezialregelung eingreift (Vorbem D 149 ff), hat

diese BAG-Praxis weiterhin Gültigkeit (vgl zum Verhältnis zwischen § 16 BetrAVG und § 242 BGB auch Vorbem D 148). BGHZ 61, 31 = NJW 1973, 1599 hat sich dieser Tendenzwende gegenüber der zuvor strengeren Rechtsprechung angeschlossen (ebenso BGH Betrieb 1977, 2239; vgl auch bereits OLG Celle AP Nr 3 zu § 242 BGB Ruhegehalt = BB 1971, 914, 915). Das BGH-Urteil betraf die Anpassung des Ruhegehaltes eines Vorstandsmitglieds einer AG bei Teuerung von rd 57%. Der BGH hat die kritische Grenze nach dem Inkrafttreten des BetrAVG für die noch nach altem Recht zu entscheidenden Fälle auf 33¹/₃% herabgesetzt (vgl dazu näher Vorbem D 148). Diese großzügige Anpassungspraxis hat eine lebhafte Diskussion ausgelöst. **Zustimmend** zB: Larenz I § 12 VII; MünchKomm-Roth § 242 Rz 538; MünchKomm-von Maydell § 244 Rz 15; BGB-RGRK-Alff § 242 Rz 75; Reuter ZHR 137 (1974) 482 ff; Stötter JZ 1974, 375; Medicus aaO; ders 1974, 761 f; Thierfeldt NJW 1974, 1854; Chiotellis 168 ff; Ertl [Vorbem D 20] 241 ff; Reichert-Facilides JZ 1974, 487; **kritisch** zB Ernst Wolf Schuldrecht I § 4 D II 1; Esser-Eike-Schmidt I/1 § 12 II 2; F A Mann NJW 1974, 1299; Höfer-Kemper Betrieb 1973, 130, 1347; dies BetrAV 1974, 48; von Wallis Betrieb 1973, 842, 848; Paulsdorff BetrAV 1974, 38; referierend Dürkes (Vorbem D 129) E 72 ff. Zu den *Methodenfragen* der Rechtsprechung vgl eingehend Diederichsen, Rechtsfortbildung in der betrieblichen Altersversorgung, FS Dietz (1973) 225 ff. Bei einer **Leibrente** muß der Versorgungszweck beachtet werden, der nach der Rechtsprechung eine aufwertungsfreundlichere Praxis rechtfertigt. Keineswegs paßt sich aber die Leibrente – etwa beim Grundstückskauf – wie eine Geldwertschuld automatisch jeder Geldwertveränderung an. Nach OLG Düsseldorf NJW 1972, 1137 = JuS 1972, 472 m Anm Reuter läßt sich jedoch eine auf allgemeinen Währungsverfall gestützte Erhöhung der Leibrente jedenfalls so lange nicht rechtfertigen, wie die vereinbarte Leistung noch als unterstützende Versorgung des Empfängers angesehen werden kann. Auch **Vereinbarungen über eine Unterhaltsrente** begründen Dauerschuldverhältnisse mit Versorgungszweck (vgl RGZ 107, 215; MünchKomm-Roth § 242 Rz 516, 538). Hier muß allerdings vorab die Frage geklärt werden, ob eine Geldwertschuld vorliegt, bei der es einer besonderen Anpassung nicht bedarf (so das RG im Fall RGZ 110, 100, 101), oder ob möglicherweise umgekehrt sogar die Anpassung ausgeschlossen ist (vgl Vorbem D 68 und D 81). Über den **Erbbauzins mit Versorgungscharakter** vgl. Dürkes BB 1980, 1616, sowie hier auch Vorbem D 132. Ob ein Vertrag Versorgungscharakter hat, ergibt sich aus dem vertragsmäßigen, nicht schon aus dem subjektiv verfolgten Zweck. Insbes kann ein Mietvertrag nicht schon dadurch zum Versorgungsvertrag für den Vermieter werden, daß der Vermieter alt werden und dann auf die Einkünfte aus der Vermietung angewiesen sein kann (BGH WM 1975, 1131 = JuS 1976, 119; s aber auch OLG München BB 1982, 583, 584).

D 131 **b) Langfristige Verträge aus der Zeit vor 1920,** jedenfalls vor dem Ersten Weltkrieg, sind unter der Geschäftsgrundlage der Geldwertstabilität abgeschlossen (Flume Rechtsgeschäft § 26/6 a). Die durch BGH LM Nr 34 (Bb) zu § 242 = NJW 1959, 2203 eingeleitete *Rechtsprechung zu den Kaliabbauverträgen* ist in den Ergebnissen unbillig und in den Argumenten verfehlt. Eine Entwertung der Geldforderung um ²/₃ (also auf ¹/₃) genügt dem BGH nicht für eine Vertragskorrektur. Es geht dabei aber nicht, wie man den Gründen entnehmen könnte, um die Frage, ob es erlaubt ist, dem Vertrag eine in Wahrheit fehlende Wertsicherung unterzuschieben; sondern es geht um Konsequenzen aus der Tatsache, daß diese Parteien zur Vereinbarung einer Wertsicherungsklausel überhaupt keinen Anlaß sehen konnten. In einem solchen Fall kann schon die Geldentwertung selbst eine so grundlegende und einschneidende Änderung der maßgeblichen Umstände sein, daß ein Festhalten an der ursprünglichen Vertragsregelung unzumutbar und damit rechtlich untragbar wäre (aM der BGH). Gesichtspunkte der Rechtssicherheit sprechen zwar auch bei diesen Altverträgen gegen eine automatische Dynamisierung, mindestens aber ist eine stufenweise Anpassung geboten. Eine Entwertung um je etwa 20–25% sollte für diese Anpassung ausreichen. Zu Unrecht wurde die durch das Kali-Abbauurteil eingeleitete Rechtsprechung fortgeführt in den Entscheidungen BGH LM Nr 39 (Bb) zu § 242 = BB 1961, 190 (Kaliabbauvertrag von 1895); LM Nr 49 (Bb) zu § 242 = NJW 1966, 105 (Kaliabbauvertrag von 1901). Der erste dieser beiden Fälle wies allerdings die Besonderheit auf, daß die Parteien im Jahr 1930, nachdem also das Phänomen der Inflationsgefahr den Parteien bewußt geworden sein mußte, einen Ergänzungsvertrag ohne Wertsicherung abgeschlossen hatten; die Steigerung der Lebenshaltungskosten seit diesem Zeitpunkt betrug 62,1%, die Rohstoffteuerung 111,4%; jedenfalls dieser Anstieg genügte dem BGH nicht. Das Schrifttum lehnt die Rechtsprechung zu den Altverträgen überwiegend und mit Recht ab (vgl statt vieler FLUME aaO; VON MAYDELL, Geldschuld 157 f; ERTL [Vorbem D 20] 238 ff; REICHERT-FACILIDES JZ 1969, 620).

c) **Der dingliche Erbbauzins** unterliegt nach § 9 Abs 2 S 1 ErbbauVO einem strengen Bestimmtheitsgrundsatz. Er muß nach Zeit und Höhe für die ganze Erbbauzeit im voraus bestimmt sein. Bestimmbarkeit genügt nicht (BGHZ 22, 220; OLG Hamm NJW 1967, 2362; STAUDINGER-RING § 9 ErbbauVO Rz 16). Jede automatische Dynamisierung ist damit ausgeschlossen. Damit muß nicht jede vertragliche Wertsicherung oder jede gesetzliche Anpassung scheitern (BGH WM 1976, 1250; BGHZ 77, 194 = BB 1980, 1183 = NJW 1980, 2241 = WM 1980, 882 = DNotZ 1981, 253, 254 f). Das ergibt sich auch aus § 9 a ErbbauVO. Aber eine vertragliche Wertsicherung (Vorbem D 277 ff) und ebenso eine Anpassung nach § 242 kann stets nur schuldrechtliche Ansprüche begründen. Bei Vertragsregelungen kann dies bedeuten, daß neben dem dinglichen Erbbauzins ein „schuldrechtlicher Erbbauzins" zu zahlen ist (dazu etwa STAUDINGER-RING § 9 ErbbauVO Rz 20; MünchKomm-VON OEFELE § 9 ErbbauVO Rz 30, 34) oder daß ein schuldrechtlicher Anspruch auf Anpassung des dinglichen Erbbauzinses begründet wird (dazu VON OEFELE aaO Rz 34 mwN). *Die gesetzliche Anpassung nach § 242 kann stets nur einen schuldrechtlichen Anspruch auf Änderung des Erbbauzinses begründen.* Die Rechtsprechung verfährt bei der Anpassung von Erbbauzinsen zumindest im Ausgangspunkt außerordentlich restriktiv. Sie mißt dem in Zeiten der Hyperinflation anerkannten Äquivalenzgedanken grundsätzlich keine zur Vertragsanpassung bei Erbbaurechten berechtigende Bedeutung bei, weil es nicht zulässig ist, in den Vertrag eine Anpassungsregelung hineinzuinterpretieren (BGH RdL 1958, 7; LM Nr 71 [Bb] zu § 242 = NJW 1974, 1186 = JuS 1974, 798 m Anm EMMERICH; LM Nr 81 [Bb] zu § 242 = NJW 1976, 846; BGHZ 76, 291; BGH LM Nr 15 zu § 9 ErbbauVO = WM 1976, 1034; WM 1979, 1212; BB 1981, 1121 = Betrieb 1981, 1617 = NJW 1981, 1668 = WM 1981, 583; OLG Hamm BB 1977, 265; OLG Nürnberg OLGZ 1977, 75 = NJW 1976, 1507; Überblick bei DÜRKES [Vorbem D 129] E 86 ff; Nachweise zur Diskussion bei INGENSTAU, ErbbauVO, [4. Aufl 1972] § 9 Rz 31; MünchKomm-ROTH § 242 Rz 551; DÜRKES BB 1980, 1615 mwN). Selbst langfristig forschreitende Inflation soll nach dieser bedenklich strengen Rechtsprechung dem Eigentümer kein Aufwertungsrecht geben. Sicherlich wird auch die künftige Praxis daran festhalten, daß fehlende Wertsicherungsklauseln in Erbbauverträgen nicht durch gesetzliche Anpassung substituiert werden dürfen. Aber es zeichnet sich doch mit Fortschreiten der schleichenden Inflation eine etwas anpassungsfreundlichere Tendenz ab. Fortfall der Geschäftsgrundlage wird vom OLG Hamburg MDR 1973, 851 bejaht bei 39% Geldwertschwund und Verdreifachung der Einkommen. BGHZ 77, 194 = BB 1980, 1183 = DNotZ 1981, 253 = NJW 1980, 2241 = WM 1980, 882 gibt der auf Erhöhung des Erbbauzinses gerichteten Klage einer Gemeinde statt bei einem 1939 bestellten Erbbaurecht, nachdem die Lebenshaltungskosten um 222,12% gestiegen sind, so daß D 132 zwischen der Geldleistung (15,36 DM) und dem Erbbaurecht (Grundstücksgröße 384 qm) kein auch nur annäherndes Gleichgewicht mehr vorhanden ist (eingehend dazu DÜRKES BB 1980, 1616). Bereits in der Vorinstanz hatte das OLG Oldenburg auch auf der Grundlage der strengeren älteren Rechtsprechung einen Fortfall der Geschäftsgrundlage angenommen, weil hier eine dem Gemeinwohl verpflichtete Gebietskörperschaft 1939 in Erfüllung ihrer sozialen Aufgabe ein Erbbauverhältnis eingegangen war. Zwar fehle hier der für Versorgungsverhältnisse charakteristische personale Einschlag, aber es liege auch kein gewöhnlicher Austauschvertrag vor. Ein Geldwertschwund auf 1/3 lasse hier die Geschäftsgrundlage entfallen (OLG Oldenburg NdsRpfl 1978, 50). Insgesamt gelten weniger strenge Maßstäbe für den Erbbauzins mit Versorgungscharakter (DÜRKES BB 1980, 1616 mwN). *Zur vertraglichen Wertsicherung des Erbbauzinses* vgl Vorbem D 277 ff; DBB DNotZ 1982, 329; VON MAYDELL Geldschuld 160 ff; DÜRKES BB 1980, 1609 ff mwN. Dient das auf Grund eines Erbbaurechts errichtete Bauwerk Wohnzwecken, so schränkt § 9 a ErbbauVO die Rechte aus Wertsicherungsklauseln ein (vgl dazu BGHZ 68, 152 = NJW 1977, 433 = LM Nr 1 zu § 9 a ErbbauVO m Anm MATTERN = Betrieb 1977, 445 = WM 1977, 143; BGHZ 73, 225 = NJW 1979, 1546; BGHZ 75, 279 = NJW 1980, 181; BGH WM 1976, 1250; Betrieb 1980, 86; NJW 1980, 588; BB 1980, 1182; OLG München OLGZ 1977, 337; OLG Hamm NJW 1978, 1634; HARTMANN BWNotZ 1976, 931; MÜMMLER JurBüro 1978, 1119; SCHALHORN JurBüro 1976, 281 (eingehend Vorbem D 289 ff).

D 133 d) Für den **Mietzins und Pachtzins** gelten sinngemäß dieselben Grundsätze wie für den Erbbauzins. Schleichende Geldentwertung kann ausnahmsweise eine Anpassung langfristiger Mietverträge unabweislich notwendig machen (BGH Betrieb 1958, 1325: Mietvertrag mit festem Mietzins seit 1932). Diese Vertragsverhältnisse setzen bei zumindest annähernd konstantem Gebrauchsüberlassungswert eine andauernde Äquivalenzbeziehung zwischen diesem Wert und dem Pachtzins voraus (eingehend VON MAYDELL, Geldschuld 151 ff). Grundsätzlich führen dagegen nach Auffassung des BGH das allmähliche Sinken der Kaufkraft und die allmähliche Mietpreissteigerung nicht zum Fortfall der Geschäftsgrundlage (BGH BB 1969, 1413 = Betrieb 1969, 2029 = WM 1969, 1323; Betrieb 1975, 2220 = NJW 1976, 142 = WM 1975, 1131 = JuS 1976, 119 m Anm KARSTEN SCHMIDT; vgl auch OLG Düsseldorf MDR 1975, 404; LG Lübeck MDR 1972, 612; vgl aber auch AG Stuttgart ZMR 1970, 303). Aus der Praxis zum Erbbaurecht (Vorbem D 132) entnimmt der BGH, daß jedenfalls ein Geldwertschwund von 2/3 noch keine Anpassung des Vertrags gegen den Willen des Mieters rechtfertigt. Diese Praxis ist allerdings umstritten (Nachweise bei EMMERICH, Das Recht der Leistungsstörungen [1978] § 28 III 3 b; STAUDINGER-EMMERICH Vorbem 157 zu §§ 535, 536; BGB-RGRK-GELHAAR Vorbem 160 zu § 535; MünchKomm-VOELSKOW §§ 535, 536 Rz 143 f). Im Hinblick auf die neuere Praxis zu § 9 ErbbauVO ist auch hier mit einer maßvollen Lockerung der Grenzen zu rechnen. Eine summenmäßige, für jeden Einzelfall geltende Fixierung ist nicht möglich. Über die Besonderheiten bei staatlicher Mietpreisbindung vgl VON MAYDELL, Geldschuld 153 f. Für die *Wohnraummiete* gelten die §§ 2–5 MHRG, zuletzt geändert durch G v 20. 12. 1982 (BGBl I 1912). Gemischttypische Verträge mit Nutzungselementen – zB Abbauverträge, Franchising-Verträge, Know-How-Verträge, Lizenzverträge etc – unterliegen sinngemäß den auch für Miet- und Pachtverträge geltenden Regeln, soweit ein konstantes Entgelt und nicht eine Wertsicherung oder eine Ertragsbeteiligung vereinbart ist. Gesetzliche Anpassungsregeln sind vorgesehen in: § 593 BGB idF des Entwurfs eines G zur Änderung des landwirtschaftlichen Pachtrechts (BR-Drucks 224/82); s auch § 4 Abs 1 Nr 3 des Entwurfs eines G über die Anzeige und Beanstandung von Landpachtverträgen (LandpachtverkehrsG), BR-Drucks 225/82.

D 134 e) **Langfristige Kaufverträge und Werklieferungsverträge** können das Entwertungsproblem aufwerfen (vgl KUNTH, Die Anpassung von Preisen in langfristigen Lieferverträgen, BB 1978, 178). Namentlich *Sukzessivlieferungsverträge und sog Wiederkehr-Schuldverhältnisse* (RGZ 148, 326, 330; zum fragwürdigen Sinn der Unterscheidung vgl KARSTEN SCHMIDT, Handelsrecht [1980] § 19 I 2 c) weisen das für die Aufwertung ausschlaggebende Zeitmoment auf (VON MAYDELL, Geldschuld 115). Sofern nicht zu Tages- oder Listenpreisen kontrahiert werden soll, kann eine Anpassung des Vertrags wegen Geldentwertung in Betracht kommen (nicht hierher gehört der Fall BGH JZ 1978, 235 = BB 1978, 1033 = JR 1979, 60 mAnm HOMMELHOFF; dazu auch BRAUN JuS 1979, 692; die Ölpreisentwicklung ist auf der Warenseite anzusiedeln). Aber auch wenn der Leistungsaustausch selbst nicht von Dauer, jedoch lange *im voraus vereinbart* ist, ist das für das Entwertungsproblem charakteristische Zeitmoment vorhanden. So im Opel-Motorwagen-Fall RGZ 100, 134, im Drehstrommotoren-Fall RGZ 101, 74 oder bei den Grundstücks- bzw. Unternehmenskaufverträgen RGZ 102, 98 und 103, 328. Was für den im voraus zwischen Verkäufer und Käufer vereinbarten Kaufpreis gilt, gilt sinngemäß auch für einen testamentarisch angeordneten Übernahmepreis (vgl dazu RGZ 108, 83). Auch *langfristige Kaufangebote, Vorverträge und aufschiebend bedingte Verträge,* also kaufrechtliche Austauschverhältnisse mit lange vorwegbestimmtem Kaufpreis sind der Anpassung nicht unzugänglich. OLG Hamburg WM 1971, 1062 erklärt den Erwerb eines Grundstücks im Werte von nunmehr 800 000 DM für einen im Jahr 1955 festgesetzten Kaufpreis von 100 000 DM für „grob ungerecht" und verteilt die Preissteigerung unter den Parteien. Im einzelnen ist die Erheblichkeit des Geldwertschwundes nach der Lage des Einzelfalls zu beurteilen. Grundsätzlich reicht es nicht aus, wenn der vereinbarte Preis nicht mehr kostendeckend ist (vgl BGH NJW 1977, 2262 Fernwärme). Selbst in der galoppierenden Inflation war die Praxis zunächst außerordentlich zurückhaltend. Ein Umschwung bahnte sich an in RGZ 106, 422. Zur Frage, ob Vorleistung des Verkäufers das Recht, sich auf eine Geldentwertung zu berufen, in Fortfall bringt, vgl Vorbem D 117. Über vertragliche *Tagespreisklauseln* vgl Vorbem D 168.

D 135 f) **Dienstverträge** weisen idR, allerdings keineswegs immer, das für die Anpassungsproblematik charakteristische Dauermoment auf. Fehlt es daran – so etwa regelmäßig bei werkvertragsnahen Dienstverträgen wie denen der Architekten, Ärzte, Rechtsanwälte, Steuerberater etc – so stellt die Anpassung von Gebührensätzen ein hier nicht zu behandelndes Sonderproblem dar (eingehend VON MAYDELL, Geldschuld 172). Die *Anpassung des Arbeitslohns* an Veränderungen des Geldwerts ist kein individualvertragsrechtliches, sondern in aller Regel ein tarifpolitisches und tarifvertragliches Problem. Die individuelle Vertragskündigung oder Vertragsanpassung muß deshalb zurücktreten (vgl Vorbem D 112). Über die Frage der arbeitsvertraglichen Gleichbehandlung und Ungleichbehandlung bei Teuerungszulagen im Arbeitsrecht vgl BAG AP Nr 13 zu Art 3 GG; MünchKomm-SCHAUB § 612 Rz 233).

D 136 g) **Werkverträge** unterliegen, je nach tatsächlicher Gestaltung, sinngemäß den für Kaufverträge oder für Dienstverträge dargestellten Grundsätzen.

D 137 h) **Kreditverträge** – insbesondere also Darlehen einschließlich der Vereinbarungsdarlehen (§ 607 Abs 1 und 2) – begründen Geldsummenschulden; Versuche, das Gegenteil aus der Formulierung des § 607, nämlich aus den Worten „Sachen von gleicher Art, Güte und Menge" herauszulesen, können als gescheitert betrachtet werden (Vorbem D 48). Auch die Erwägungen bei RGZ 107, 78, 91 sind nur auf § 242 gestützt und heben hervor, daß das Gesetz „wenigstens unter normalen wirtschaftlichen Verhältnissen" eine Darlehnsrückzahlung zum Nennwert als Zahlung in der nach § 607 erforderlichen „Güte" ansieht. Die Aufwertung nach § 242 ist dagegen zulässig (RGZ 107, 78, 91 ff; std Rspr; CHIOTELLIS 175 Fn 71; VON MAYDELL, Geldschuld 213). Zweifelhaft ist die Bedeutung des Äquivalenzgedankens. Darlehnshingabe und Darlehnsrückzahlung stehen nicht im Verhältnis von Leistung und Gegenleistung. VON MAYDELL (Geldschuld 214) will hieraus in Übereinstimmung mit RGZ 107, 78, 91 die Unbrauchbarkeit des Äquivalenzgedankens beim Darlehn herleiten, übersieht aber dabei, daß es beim verzinslichen Darlehn sehr wohl ein Gegenseitigkeitsverhältnis gibt, nämlich das zwischen Kreditbelassung und Zins (KARSTEN SCHMIDT JZ 1976, 757 mwN). Fraglich ist indessen, ob dieses Gegenseitigkeitsverhältnis für die Äquivalenzbetrachtung maßgebend sein kann und ob es allein maßgebend sein kann. Die erste Frage ist zu bejahen, die zweite zu verneinen. Die Wertdifferenz zwischen dem ausgezahlten und dem zurückgegebenen Darlehnsbetrag beziffert den Wertverlust der Forderung nach § 607. Diese Wertdifferenz kann trotz fehlender Gegenseitigkeit der Leistungen Anlaß für eine Aufwertung der Darlehnsforderung sein (Vorbem D 96 b, D 99). Die Frage, ob die ermittelte Entwertung ein Lösungs- oder Aufwertungsrecht gibt, ist jedoch unter Berücksichtigung des Zinsertrages zu ermitteln. Daß dieser allein nicht den Ausschlag geben kann, zeigt das Beispiel des zinslosen Darlehns. Allgemeine Grundsätze lassen sich nicht aufstellen, auch nicht ein Grundsatz des Inhalts, daß jeder durch Zinsen nicht ausgeglichene Wertverlust auszugleichen ist. Die Kreditinstitute pflegen durch Zinsanpassungsklauseln vorzusorgen. Über Kreditvereinbarungen im Zusammenhang mit Beteiligungsverhältnissen vgl sogleich Vorbem D 138.

D 138 i) **Geldschulden aus Beteiligungsverhältnissen,** insbes aus Gesellschaftsverträgen waren in § 63 Abs 2 Nr 1 AufwertungsG besonders hervorgehoben. Zur Bedeutung dieses Typus der Geldschuld im Recht der freien Forderungsaufwertung vgl eingehend VON MAYDELL, Geldschuld 222 ff. Soweit es um gesetzliche Gewinnanteilsrechte, Abfindungsansprüche oder Liquidationsquoten geht, kann sich die Aufwertungsfrage allerdings erledigen (vgl zur Frage, ob Geldwertforderungen vorliegen, Vorbem D 70 ff). Die *rein schuldrechtlichen* Ansprüche aus Beteiligungsverhältnissen – stille Beteiligungen, Gesellschafterdarlehen einschließlich stehengebliebener Gewinnanteile oder Abfindungsguthaben – können eine Anpassung erforderlich machen. Aus der gesellschaftsrechtlichen Zweckverbundenheit – evtl auch aus deren Nachwirken – ergibt sich uU eine Verstärkung des Inflationsschutzes gegenüber sonstigen Kreditverhältnissen. Der Gesellschafter etwa, der durch *stille Einlage* oder *Gesellschafterdarlehn* mehr als die Mitgesellschafter zur Lebensfähigkeit der Gesellschaft beiträgt, müßte sonst in Zeiten der Inflation zusehen, wie der wirtschaftliche Wert des Geleisteten allmählich im Eigenkapital der Gesellschaft aufgeht und insoweit auf seine Kosten den Mitgesellschaftern zufließt. Im Einzelfall kann es sogar gerechtfertigt sein, *stille Beteiligungen Dritter* oder partiarische Darlehnsverhältnisse den Geldschulden aus Beteiligungsverhältnissen gleichzusetzen (Nachweise bei MÜGEL, Das gesamte Aufwertungsrecht [1925] § 63 Anm 3/1; vgl auch MÜGEL JW 1925, 936 gegen RG ebd). Ähnliches gilt schließlich für „atypische Darlehnsverhältnisse", bei denen der Darlehnsgeber aus anderen Gründen an dem mit dem Darlehn erzielten wirtschaftlichen Ergebnis beteiligt sein soll (vgl VON MAYDELL, Geldschuld 216 mit Hinweis auf BGHZ 7, 143; BGH LM Nr 2 zu § 18 UmstG).

D 139 **7. Sonderprobleme**

a) Die **Aufwertung nichtvertraglicher Geldforderungen** spielt praktisch nur eine geringe Rolle. Das RG hat sie, wie bei Vorbem D 96 a bemerkt, in der Reichsmark-Hyperinflation verschiedentlich anerkannt. Hier kann nicht das Rechtsinstitut der Geschäftsgrundlage weiterhelfen, sondern es kann nur darum gehen, der nominell geschuldeten Geldsumme die Eigenschaft als „geschuldete Leistung" (§ 362 Abs 1) abzusprechen. Diese Aufwertung läßt sich schwerlich in das Schuldrechtsinstrumentarium des geltenden Rechts einordnen. Als Grundlage kommt ausschließlich § 242 in Betracht. In der Tat erweisen sich unter den Extrembedingungen der Hyperinflation die Grundsätze über den Fortfall der Geschäftsgrundlage für die erforderlichen Konfliktlösungen als zu eng. Auf die schleichende Inflation läßt sich dieser Gedanke nicht übertragen.

b) Geschäftsgrundlage und Inflationsbeendigung (es wird sich im praktischen Fall um eine Verlangsamung der Inflation handeln) können Probleme bei solchen Verträgen aufwerfen, die auf Inflationsbedingungen zugeschnitten sind. Das gilt namentlich mit der Beendigung einer Hyperinflation. Ein unter Inflationsbedingungen abgeschlossener Vertrag kann wegen Fortfalls der Geschäftsgrundlage der Anpassung bedürfen, wenn sich die Währungsverhältnisse normalisieren (vgl RGZ 110, 251: Inflationsdarlehn mit 500% Zinsen). D 140

IV. Die Anpassung betrieblicher Ruhegelder D 141

Schrifttum: AHREND-FÖRSTER, Betriebsrentengesetz (1975); AHREND-FÖRSTER-RÖSSLER, Anpassung von Betriebsrenten, Betrieb 1976, 336; dies, Rechtsprechung zur Anpassung von Betriebsrenten auf dem Prüfstand, BB 1980, Beil 6; AHREND-FÖRSTER-RÜHMANN, Die ablösende Betriebsvereinbarung – Instrument zur Anpassung betrieblicher Versorgungsleistungen, Betrieb 1982, 224; BERGER-KIEFER, Das Versorgungsrecht der Arbeitnehmer des öffentlichen Dienstes (1975); BEYE-BISCHOFF ua, Handbuch der betrieblichen Altersversorgung (6. Aufl 1979); BODE-GRABNER, Die Anpassung von Betriebsrenten – ein lösbares Problem, BetrAV 1976, 6 = BB 1975, 1644; dies, Zur Anpassung betrieblicher Versorgungsleistungen, BB 1978, Beil 3; dies, Altersversorgung – quo vadis? Betrieb 1977, 1897; BOLDT, Die Rechtsprechung des BAG zur Anpassung der Betriebsrenten, Die AG 1978, 141; DIEDERICHSEN, Rechtsfortbildung in der betrieblichen Altersversorgung, FS Dietz (1973) 225; FASOLD, Betriebliche Altersversorgung, DStR 1975, 383; FENGE, Zur Auslegung der Anpassungsvorschrift im BetrAVG, Betrieb 1975, 2371; ders, Die betriebliche Altersversorgung im IPR, Betrieb 1976, 51; FÜRER-FÖRSTER-RÖSSLER, Zur Anpassung von betrieblichen Ruhegehältern an die Geldentwertung, BetrAV 1974, 56 = Betrieb 1974, 776; GLATZEL-MEYER-WEIN, Gesetz zur Verbesserung der betrieblichen Altersversorgung (1975); HEISSMANN, Die betrieblichen Ruhegeldverpflichtungen (6. Aufl 1967); HETZEL, Bedenkliche Aspekte in der jüngsten Rechtsprechung des BAG zu § 16 BetrAVG, BB 1977, 652; HEUBECK, Zur Obergrenze bei der Anpassung von Betriebsrenten, Betrieb 1978, 345; ders, Die Anpassung – das ungelöste Problem im Betriebsrentengesetz, BB 1975, 1121; HEUBECK-HÖHNE-PAULSDORFF-RAU-WEINERT, Kommentar zum BetrAVG, Bd I (2. Aufl 1981); HÖFER, Gesetz zur Verbesserung der betrieblichen Altersversorgung (1976); ders, Die Grundsatzentscheidung des BAG zur Anpassung von Betriebsrenten, Betrieb 1977, 1893; ders, Zur Anpassung betrieblicher Altersversorgungsleistungen unter Beachtung des Anstiegs der Sozialversicherungsrenten, Betrieb 1977, 1142; HÖFER-ABT, Gesetz zur Verbesserung der betrieblichen Altersversorgung, Band 1: Arbeitsrechtlicher Teil (2. Aufl 1982); HÖFER-KEMPER, Einzelfragen zur Anpassung betrieblicher Versorgungsleistungen, Betrieb 1974, 1573; HÖHNE, Die Anpassungsurteile des BAG vom 17. 1. 1980, Betrieb 1980, 944; HÖHNE-HEUBECK, Anpassung betrieblicher Ruhegelder (2. Aufl 1975); KIEFER-GILOY, Die Verbesserung der betrieblichen Altersversorgung (1975); LASCHKE, Dynamisierungsklauseln für Ruhestandsbezüge in der Sicht strukturell geänderter Tarifforderungen, BB 1979, 379; LIEB-WESTHOFF, Voraussetzungen und Grenzen der Anpassung gemäß § 16 BetrAVG, Betrieb 1976, 1958; ORTLEPP-WILLEMSEN, Gesetz zur Verbesserung der betrieblichen Altersversorgung (1975); RICHARDI, Anpassung der Leistungen einer betrieblichen Altersversorgung nach § 16 BetrAVG, Betrieb 1976, 1718; ders, Voraussetzung einer Anpassung betrieblicher Versorgungsleistungen nach § 16 BetrAVG, Betrieb 1977, 207; SCHAUB, Arbeitsrechts-Handbuch (4. Aufl 1980) § 81 VII; ders, Die Anpassung von Betriebsrenten, NJW 1978, 2076; ders, Die Entwicklung der Rechtsprechung zur betrieblichen Altersversorgung im Jahre 1980/81, NJW 1982, 362; SCHAUB-SCHUSINSKI-STRÖER, Vorsorge für das Alter (1975); SCHULIN, Fragen der Anpassung von Betriebsrenten, insbesondere das Problem der betriebsbezogenen Dynamisierung, ZfA 1979, 139; SCHUSINSKI-STIFEL, Kostenanalyse zur Anpassung laufender Betriebsrenten, BB 1978, 158; SCHWERDTNER, Quasi-Dynamisierung von Betriebsrenten, ZfA 1978, 553.

D 142 **1. Definition, Rechtsnatur und Rechtsgrundlagen**

a) Die **betriebliche Altersversorgung** ist definiert in § 1 Abs 1 S 1 BetrAVG (Gesetz zur Verbesserung der betrieblichen Altersversorgung, sog Betriebsrentengesetz, vom 19. 12. 1974, BGBl I 3610). Danach handelt es sich um Leistungen der Alters-, Invaliditäts- oder Hinterbliebenenversorgung, die dem Arbeitnehmer aus Anlaß des Arbeitsverhältnisses zugesagt sind. Der Begriff der betrieblichen Altersversorgung ist weiter als der des Ruhegeldes. Er umfaßt nicht nur Geldrenten, sondern auch einmalige Kapitalleistungen sowie Leistungen, die nicht in Geld bestehen.

D 143 b) Die „**Rechtsnatur**" der betrieblichen Altersversorgung ist str. Die Altersversorgung ist jedenfalls von einer Schenkung zu unterscheiden (BAG AP Nr 2 zu § 518 BGB; Schaub, Arbeitsrechts-Handbuch § 81 I 2). Im übrigen streiten die sog Entgelttheorie und die sog Fürsorgetheorie über die Funktion des Ruhegeldes (vgl die Nachweise bei Schaub aaO; Schulin ZfA 1979, 150 ff). Das BAG neigt einer vermittelnden Auffassung zu und wägt das Entgeltmoment und das Versorgungsmoment von Fall zu Fall gegeneinander ab (vgl BAG AP Nr 1, 3 zu § 242 Ruhegehalt: Unterstützungskassen; AP Nr 1 zu § 87 BetrAVG 1972 Altersversorgung; AP Nr 9 zu § 61 KO). Unter dem Gesichtspunkt der Äquivalenzstörung (Vorbem D 148) war dieser Gesichtspunkt jedenfalls bis zum Inkrafttreten des BetrAVG nicht nur von theoretischer Bedeutung. Die Eignung der Entgelttheorie, zur Lösung der Anpassungsproblematik beizutragen, wird freilich sehr unterschiedlich eingeschätzt (vgl einerseits Schwerdtner ZfA 1978, 553, 579 ff; Reuter ZHR 137 [1974] 497 ff; anderseits Lieb-Westhoff Betrieb 1976, 1964 f; Schulin ZfA 1979, 150 f).

D 144 c) **Rechtsgrundlage** des Anspruchs auf betriebliche Altersversorgung ist nicht das BetrAVG, sondern der Einzelvertrag, die betriebliche Übung, die Betriebsvereinbarung, evtl auch ein Tarifvertrag, uU auch der Grundsatz der Gleichbehandlung (vgl im einzelnen Schaub, Arbeitsrechts-Handbuch § 81 II; Heubeck-Höhne-Paulsdorff-Rau-Weinert § 1 Rz 46 ff). *Rechtsquelle bei der Anpassungsproblematik* ist § 16 BetrAVG als Spezialvorschrift. Zur Konkurrenz mit dem allgemeinen Institut des Fortfalls der Geschäftsgrundlage vgl Vorbem D 113.

D 145 **2. Wertsicherungsklauseln in Ruhegeldzusagen**

a) Über das **Problem der Wertsicherung im allgemeinen** vgl zunächst Vorbem D 158 ff.

D 146 b) **Wertsicherungsklauseln** machen das Ruhegeld vom Preis geldwerter Güter abhängig. *Wertsicherungsklauseln aus der Zeit vor dem 1. 7. 1947* sind nach Art I des 1. Gesetzes zur Änderung des MRG 51 unwirksam (dazu vgl BGH AP Nr 120 zu § 242 Ruhegehalt; Schaub, Arbeitsrechts-Handbuch § 81 VII 2). *Neue Wertsicherungsklauseln* unterliegen dem § 3 WährG. Sie bedürfen damit der Genehmigung. Genehmigungsbehörde ist die DBB. Der Genehmigungsantrag wird bei den Landeszentralbanken im Namen der DBB bearbeitet (Schaub, Arbeitsrechts-Handbuch § 81 VII 2; s auch Vorbem D 311).

D 147 c) **Genehmigungsfrei** sind nach ständiger Praxis die sog Spannenklauseln oder *Spannungsklauseln* (Vorbem D 238 ff). Spannungsklauseln nehmen nicht auf den Preis beliebiger geldwerter Güter Bezug, sondern sie knüpfen an artgleiche Leistungen an. Die Anpassung an Gehälter, Pensionen und Renten erfüllt diese Voraussetzung. Die Genehmigungsfreiheit von Spannungsklauseln gilt auch im Recht der Ruhegeldzusagen (BGH BB 1952, 88 mAnm von der Goltz = Betrieb 1952, 100 = DNotZ 1952, 120 mAnm G und D Reinicke = [Leitsatz] NJW 1952, 377; BB 1954, 688; BB 1957, 1119 = Betrieb 1957, 1102; LM Nr 2 [A] zu § 133 BGB; AP Nr 3 zu § 3

WährG = BB 1970, 638 = Betrieb 1970, 1266 = WM 1970, 752; LM Nr 23 zu § 3 WährG = BB 1974, 101 = NJW 1974, 273; BAG AP Nr 1 zu § 3 WährG; BB 1970, 1179 = Betrieb 1970, 1445 = WM 1970, 1066; LG Heidelberg BB 1956, 574; dazu auch Vorbem D 269; DÜRKES, Wertsicherungsklauseln [9. Aufl 1982] D 5 ff, H 11 ff; SCHAUB, Arbeitsrechts-Handbuch § 81 VII 2). Zur *Auslegung von Spannungsklauseln* (Berücksichtigung von Sonderleistungen?) vgl BAG AP Nr 1, 2, 4 zu § 242 Ruhegehalt-Wertsicherung; AP Nr 3, 4 zu § 242 Ruhegehalt-Beamtenversorgung; näher unten Vorbem D 171, D 179. Über die Praxis der sog *Gesamtversorgungsklauseln* vgl SCHULIN ZfA 1979, 176 ff. Ebensowenig wie Spannungsklauseln bedürfen schuldrechtlich wirkende *Leistungsbestimmungsvorbehalte* der Genehmigung (Vorbem D 246 ff). Hierher gehört die Verpflichtung, daß der Arbeitgeber bei Eintritt bestimmter Voraussetzungen zur Anpassung der Betriebsrente an die Teuerung oder an Einkommenssteigerungen verpflichtet ist (BGH NJW 1970, 2103; SCHAUB, Arbeitsrechts-Handbuch § 81 VII 3 mwN).

3. Die Anpassung von Ruhegeldern D 148

a) Das *Problem der Anpassung betrieblicher Versorgungsleistungen* an die Entwicklung des Geldwerts bei fehlender Vertragsregelung ist im Ausgangspunkt ein **Problem der Geschäftsgrundlage**. Bis zur sondergesetzlichen Regelung stand deshalb *§ 242* im Vordergrund. Die **Sonderbeurteilung vertraglicher Geldschulden mit Versorgungscharakter** (Vorbem D 130) führte zunächst zu den berühmten Urteilen des BAG vom 30. 3. 1973, in denen das Gericht unter Aufgabe der älteren Rechtsprechung aussprach, daß der Arbeitgeber verpflichtet ist, mit dem Empfänger über eine angemessene Anpassung der Rente an die Lebenshaltungskosten zu verhandeln, wenn diese um mindestens 40% gestiegen sind (BAG AP Nr 4 zu § 242 Ruhegehalt-Geldentwertung mAnm MEDICUS = BB 1973, 522; AP Nr 5 zu § 242 Ruhegehalt-Geldentwertung mAnm FÖRSTER-RÖSSLER-FÜRER = BB 1973, 705; dazu CHIOTELLIS [Vorbem D 91] 168 ff; MünchKomm-ROTH § 242 Rz 561; HORN AcP 181 [1981] 269; vgl dazu auch bereits Vorbem D 130). BGHZ 61, 31 = NJW 1973, 1599 hat sich dieser neuen Praxis alsbald mit folgendem Leitsatz angeschlossen: ,,Eine Aktiengesellschaft kann, auch ohne daß eine Wertsicherungsklausel vereinbart ist, verpflichtet sein, die laufende Pension eines ehemaligen Vorstandsmitglieds nach billigem Ermessen jedenfalls dann zu erhöhen, wenn seit dem für die Bemessung zuletzt maßgeblichen Zeitpunkt eine Verteuerung über 40% eingetreten ist.“ Diese *Praxis führt nicht zu einer stufenlosen Dynamisierung,* wohl aber zu Anpassungsrechten, sobald die kritische Schwelle erreicht, die sog Opfer- oder Stillhaltegrenze also überschritten ist. BAG und BGH haben sich dabei auf den Fall der unmittelbaren Versorgungszusage durch den Arbeitgeber beschränkt, dh auf Fälle, in denen die gesetzliche Rentenversicherung und deren Dynamisierung keine Rolle spielt (näher HEUBECK-HÖHNE-PAULSDORFF-RAU-WEINERT § 16 Rz 10). Zur Diskussion in der Literatur vgl Vorbem D 130, D 135. **Bleibende Bedeutung hat diese Praxis außerhalb des persönlichen und sachlichen Geltungsbereichs des BetrAVG.** Diejenigen Versorgungsberechtigten, die weder Arbeitnehmer noch nach § 17 Abs 1 BetrAVG den Arbeitnehmern gleichgestellt sind (dazu Vorbem D 150), können Anpassung nach wie vor nur nach § 242 verlangen. Auch **Versorgungsanwartschaften** unterliegen – wenn überhaupt – allenfalls der Korrektur nach § 242 (vgl Vorbem D 151). Für die Zeit bis zum Inkrafttreten des BetrAVG unterliegen auch laufende Betriebsrenten nach wie vor diesen Grundsätzen. Insoweit gilt vor allem die von der Rechtsprechung entwickelte Opfer- oder Stillhaltegrenze fort. Dies ist auch dann nicht anders zu beurteilen. wenn die Gerichtsentscheidung erst nach Inkrafttreten des BetrAVG gefällt wird (vgl BAG AP Nr 2 zu § 16 BetrAVG m Anm AHREND-FÖRSTER-RÖSSLER;

AP Nr 4 zu § 16 BetrAVG m Anm Richardi = RdA 1977, 55; BGH BB 1977, 1151 = WM 1977, 53; BB 1977, 1101; Boldt Die AG 1978, 142 f; für Rückwirkung um drei Jahre LG Essen Betrieb 1979, 1610). Das BAG hat insofern an der nach altem Recht herausgearbeiteten Opfer- oder Stillhaltegrenze von 40% Geldentwertung festgehalten und eine rückwirkende Fortentwicklung dieser Rechtsprechung abgelehnt (BAG AP Nr 2 zu § 16 BetrAVG m Anm Ahrend-Förster-Rössler; AP Nr 4 zu § 16 BetrAVG m Anm Richardi = RdA 1977, 55). Demgegenüber versucht BGH BB 1977, 1101 und 1151, dem Gedanken des § 16 BetrAVG auch für die Vergangenheit Rechnung zu tragen und läßt eine Teuerung von 33⅓% für die Anpassung ausreichen. Die präzise Bemessung einer gesetzlich nicht festgeschriebenen Stillhaltegrenze kann niemals zweifelsfrei sein. Richtig ist jedenfalls, daß das BetrAVG nicht geeignet ist, die alte Rechtsprechung für die Zeit vor dem Inkrafttreten des Gesetzes festzuschreiben. Über die Änderung betrieblicher Versorgungsordnungen durch Betriebsvereinbarungen vgl BAG Betrieb 1982, 46 ff.

D 149 b) Nach **§ 16 BetrAVG** hat der Arbeitgeber alle drei Jahre eine Anpassung der laufenden Leistungen der betrieblichen Altersversorgung zu prüfen und hierüber nach billigem Ermessen zu entscheiden; dabei sind insbes die Belange des Versorgungsempfängers und die wirtschaftliche Lage des Arbeitgebers zu berücksichtigen. Zur Entstehungsgeschichte der Vorschrift vgl eingehend Heubeck-Höhne-Paulsdorff-Rau-Weinert § 16 Rz 7 ff; Höfer-Abt § 16 Rz 8 ff; Fenge Betrieb 1975, 2371. Sinn der Regelung ist jedenfalls in erster Linie die Anpassung an die Kaufkraftentwicklung (hM; vgl etwa Richardi Betrieb 1976, 1726; krit Schulin ZfA 1979, 164 mwN). Die methodischen Probleme der Anpassungspraxis sind durch diese neue Norm kaum verringert, da sie zwar Modifikationen gegenüber der Betriebsrentenrechtsprechung, aber keine wesentliche Konkretisierung der Rechtsfolgen mit sich bringt (eingehend Schulin ZfA 1979, 139 ff).

D 150 **aa) Nur für die betriebliche Altersversorgung** iS von § 1 BetrAVG (oben Vorbem D 142) gilt § 16 BetrAVG. Nach § 17 Abs 1 S 1 BetrAVG sind **Arbeitnehmer** die Arbeiter und Angestellten einschließlich der zu ihrer Berufsausbildung Beschäftigten; ein Berufsausbildungsverhältnis steht einem Arbeitsverhältnis gleich (vgl zu diesem Arbeitnehmerbegriff eingehend Heubeck-Höhne-Paulsdorff-Rau-Weinert § 17 Rz 13 ff; Höfer-Abt § 17 Rz 5 ff). Die §§ 1 bis 16 BetrAVG – damit also auch die Regeln über die Ruhegeldanpassung – gelten aber nach § 17 Abs 1 S 2 BetrAVG entsprechend für Personen, die, ohne Arbeitnehmer zu sein, aus Anlaß ihrer Tätigkeit für ein Unternehmen eine Zusage von Leistungen der Alters-, Invaliditäts- oder Hinterbliebenenversorgung erhalten haben. Der *Personenkreis* steht trotzdem nicht außer Zweifel. Denn § 17 Abs 1 S 2 BetrAVG ist nach seinem Sinn und Zweck einschränkend auszulegen (BGHZ 77, 94 = AP Nr 1 zu § 17 BetrAVG m Anm Beitzke = ZIP 1980, 453; BGH Betrieb 1981, 1454 = NJW 1981, 2059 = WM 1981, 676 = ZIP 1981, 757, 758). Die gebotene Einschränkung beruht auf dem Gedanken, daß nicht der Unternehmer selbst – dh zB der Alleingesellschafter – den Schutz des BetrAVG genießen soll, sondern nur derjenige, der sich als Pensionär in einer einem Arbeitnehmer jedenfalls vergleichbaren Position befindet. Arbeitnehmerähnliche Personen fallen stets unter § 17 Abs 1 S 2 BetrAVG. Im übrigen kommt es auf die Würdigung des Einzelfalls an. Nach BGH Betrieb 1981, 1454 = NJW 1981, 2059 = WM 1981, 676 = ZIP 1981, 757, 758 stehen diejenigen Personen als Unternehmer außerhalb des § 17 Abs 1 S 2 BetrAVG, die sowohl (!) vermögens- als auch einflußmäßig mit dem Unternehmen, für das sie arbeiten, so sehr verbunden sind, daß sie es als ihr eigenes betrachten können. Der *Alleingesellschafter* dürfte niemals unter § 17 Abs 1 S 2 BetrAVG fallen (einzig beim Treuhandgesellschafter scheint eine Ausnahme denkbar). Der *persönlich haftende Gesellschafter* genießt gleichfalls nicht den Schutz des BetrAVG (BGHZ 77, 233 =

AP Nr 2 zu § 17 BetrAVG). Ist der *Geschäftsführer* einer Gesellschaft deren *Mehrheitsgesellschafter,* so steht er idR gleichfalls außerhalb des § 17 Abs 1 S 2 BetrAVG (BGH Betrieb 1981, 1454 = NJW 1981, 2059 = WM 1981, 676 = ZIP 1981, 757). Dagegen ist der geschäftsführende Gesellschafter einer (Komplementär-) GmbH, dessen Beteiligung unter 50% liegt, idR durch das Gesetz geschützt (BGHZ 77, 94 = AP Nr 1 zu § 17 BetrAVG). Zur Bedeutung von *Stimmbindungen* für die Unternehmereigenschaft eines Vorstandsmitglieds vgl BGH AP Nr 3 zu § 17 BetrAVG. Genießt ein geschäftsführender Gesellschafter nicht den Schutz des BetrAVG, so kann immer noch die bei Vorbem D 148 dargestellte Anwendung des § 242 zum Tragen kommen. Ändern sich die maßgeblichen Verhältnisse, so kommt es nicht auf den Zeitpunkt der Versorgungszusage an, sondern darauf, inwieweit das Ruhegeld durch eine unter § 17 BetrAVG fallende Tätigkeit verdient wurde und inwieweit nicht (BGH Betrieb 1981, 1454 = NJW 1981, 2059 = WM 1981, 676 = ZIP 1981, 757, 759). Zum *Begriff der „Tätigkeit"* für ein Unternehmen vgl HEUBECK-HÖHNE-PAULSDORFF-RAU-WEINERT § 17 Rz 59 ff.

bb) Nur für die laufenden Leistungen der betrieblichen Altersversorgung gilt § 16 BetrAVG. Ist eine einmalige Abfindungszahlung erfolgt (vgl auch § 3 BetrAVG), so bleibt eine Aufwertung wegen nachträglicher Geldentwertung außer Betracht (SCHAUB, Arbeitsrechts-Handbuch § 81 VII 3). Bloße *Versorgungsanwartschaften* auf eine Betriebsrente oder auf eine Kapitalabfindung fallen nicht unter die Vorschrift. Eine Pflicht zur Anpassung von Anwartschaften wird deshalb weitgehend verneint (BAG AP Nr 5 zu § 16 BetrAVG = NJW 1977, 2370 = WM 1978, 176; LAG Düsseldorf BB 1975, 607 mAnm GUMPERT; LAG Baden-Württemberg BB 1976, 647; BB 1977, 1506; LAG Frankfurt BB 1978, 1722; SCHAUB, Arbeitsrechts-Handbuch § 81 VII 3; HEUBECK-HÖHNE-PAULSDORFF-RAU-WEINERT § 16 Rz 82; HÖFER-ABT § 16 Rz 13 ff; BOLDT Die AG 1978, 147; aM ArbG Hannover BB 1974, 980). Aber das bezieht sich nur auf § 16 BetrAVG. Da ein in dieser Vorschrift überhaupt nicht geregelter Fall vorliegt, kann von Fall zu Fall eine Anwendung der allgemeinen, vor Inkrafttreten des BetrAVG auch für die Altersversorgung geltenden Grundsätze angezeigt, eine Anpassung also nach §§ 157, 242 geboten sein (vgl auch BGH AP Nr 8 zu § 242 Ruhegehalt-Geldentwertung; BAG AP Nr 170 zu § 242 Ruhegehalt = BB 1976, 697; s dazu HEUBECK-HÖHNE-PAULSDORFF-RAU-WEINERT § 16 Rz 82 ff, 112 c, § 5 Rz 21; HÖFER-ABT § 16 Rz 17 ff, 79, § 5 Rz 36). D 151

Das gilt namentlich dann, wenn die Fälligkeit der Versorgungsleistung bereits nahe bevorsteht. *Naturalleistungen* sind der Anpassung nicht bedürftig und deshalb von § 16 BetrAVG nicht erfaßt (eingehend HÖFER-ABT § 16 Rz 30).

Zur Frage, inwieweit Versorgungsanwartschaften durch **Betriebsvereinbarungen** eingeschränkt werden können, hat das BAG in zwei Urteilen v 8. 12. 1981 auf der Grundlage des Vertrauensschutzgedankens Stellung genommen (Betrieb 1982, 46 ff).

cc) Die **Pflicht zur Prüfung und Anpassung** trifft den *Arbeitgeber*, und zwar auch dann, wenn Leistungsträger eine rechtlich verselbständigte Einrichtung ist (HEUBECK-HÖHNE-PAULSDORFF-RAU-WEINERT § 16 Rz 60 ff). Bei den sog Versicherungsrenten nach § 18 BetrAVG besteht keine Anpassungspflicht (BAG AP Nr 1 zu § 18 BetrAVG; SCHAUB, Arbeitsrechts-Handbuch § 81 VII 3). Grundsätzlich ist nach hM auch der Pensionssicherungsverein nicht zur Anpassung verpflichtet (vgl Betrieb 1976, 2019; str; dazu SCHAUB aaO mwN). D 152

dd) Inhalt der Pflicht ist die *Prüfung* und ggf die *Erhöhung der Betriebsrente. Die Entscheidung nach billigem Ermessen selbst ist ebensowenig wie im Fall des § 315 BGB als geschuldete Leistung anzusehen. Sie ist Mittel der Leistungsbestimmung, aber nicht geschuldete Leistung* (aM LIEB-WESTHOFF Betrieb 1976, 1971). Wie schon das D 153

BAG (Vorbem D 148) ordnet auch der Gesetzgeber nicht eine Dynamisierung, sondern eine *stufenweise Prüfung* und Anpassung an. Damit ist eine automatische Dynamisierung wie bei der sozialen Rentenversicherung abgelehnt, nicht freilich der Dynamisierungsgedanke als solcher (Schulin ZfA 1979, 164; aM Lieb-Westhoff Betrieb 1976, 1961; s auch Schwerdtner ZfA 1978, 562). Weder tritt eine automatische Dynamisierung ein, noch kann der Versorgungsberechtigte die Einführung einer solchen Vertragsregelung verlangen (BGH AP Nr 6 zu § 16 BetrAVG unter 7). Auf das Ausmaß der Teuerung kommt es grundsätzlich nicht mehr an. Die für die Anwendung des § 242 noch charakteristische Stillhalte- oder Opfergrenze ist gefallen. Deshalb ist die *Prüfung im Dreijahresrhythmus* in jedem Fall geboten (BAG AP Nr 2 zu § 16 BetrAVG; Nr 4 zu § 16 BetrAVG mAnm Richardi = RdA 1977, 55, 56; Richardi Betrieb 1976, 1719; aM Lieb-Westhoff Betrieb 1976, 1958 ff). Zum *Beginn der erstmaligen Prüfung* vgl BAG AP Nr 1–4 zu § 16 BetrAVG; BGH AP Nr 6 zu § 16 BetrAVG – Die AG 1979, 198; Schwerdtner ZfA 1978, 557. Da es nicht Absicht des Gesetzgebers gewesen sein kann, die Praktizierung des § 16 BetrAVG nach dem Inkrafttreten um drei Jahre zu verschieben, geht die Gerichtspraxis mit Recht davon aus, daß erstmals am 1. 1. 1975 alle unter § 16 BetrAVG fallenden Leistungen zu überprüfen waren, sofern sie in diesen Zeitpunkt drei Jahre und länger liefen. Da der Dreijahreszeitraum und nicht mehr das Ausmaß der Geldentwertung den Anpassungsrhythmus bestimmt, braucht der Arbeitgeber die Angemessenheit der Leistung nach hM auch dann nicht vor Ablauf der Dreijahresfrist zu prüfen, wenn vor Ablauf von drei Jahren bereits eine Entwertung von über 40% eingetreten ist (Heubeck-Höhne-Paulsdorff-Rau-Weinert § 16 Rz 71). Doch wird dies nur für die vom Gesetzgeber in Betracht gezogene „schleichende" bzw „trabende" Inflation gelten, nicht für eine Hyperinflation wie 1923 (ebenso Höfer-Abt § 16 Rz 55), denn die Hyperinflation unterliegt eigenen Regeln (Vorbem D 19, D 96 a). Zum Beginn der Dreijahresfrist vgl LAG Düsseldorf Betrieb 1976, 55. Der Dreijahreszeitraum kann im Interesse ökonomischer Sachbearbeitung nach Jahrgängen oder halbjährlich geordnet werden, womit eine permanente Prüfungstätigkeit in größeren Unternehmen vermieden wird (LAG Frankfurt ArbR-Blattei D 17; Schaub, Arbeitsrechts-Handbuch § 81 VII 3; Heubeck-Höhne-Pausldorff-Rau-Weinert § 16 Rz 74; Schaub NJW 1978, 2078). Der Arbeitgeber kann den Prüfungszeitraum verkürzen (Schaub NJW 1978, 2078 mwN). Völlig unzweifelhaft ist dies, wenn die Verkürzung dem Arbeitnehmer nützt (Höfer-Abt § 16 Rz 57). Schadet sie dem Arbeitnehmer, so ist die Rechtslage zweifelhaft. Bedenken, die gelegentlich im Hinblick auf mögliche Mißbräuche erhoben werden (Prüfung in einem aus betrieblichen Gründen „arbeitnehmerunfreundlichen" Zeitpunkt), sollten jedoch zurückgestellt werden. Solche angeblichen Mißbrauchsfälle können einer gerechten Risikoverteilung im Zuge einer Krisenüberbrückung dienen. Dann ist, was wie eine Manipulation aussieht, mit dem Gesetzeszweck vereinbar. Mißbilligenswerten echten Mißbräuchen kann mit §§ 226, 242 BGB entgegengewirkt werden.

D 154 ee) Die **Entscheidung nach billigem Ermessen** erfolgt nach dem Zeitpunkt, in dem über die Anpassung entschieden wird (BAG AP Nr 1, 2 zu § 16 BetrAVG). Das Ausmaß der zu berücksichtigenden Teuerung hängt von der *Frage nach dem relevanten Zeitraum* ab. Diese Frage ist bei der ersten Prüfung der laufenden Leistungen zweifelhaft, denn es fragt sich, ob der relevante Zeitraum erst mit dem *Beginn der Leistungen* oder mit dem *Leistungsversprechen* einsetzt. Im zweiten Fall kann die Anwartschaft in die Prüfung einbezogen werden, sofern sie nicht bereits angepaßt ist. Richtig scheint folgendes: *§ 16 BetrAVG schreibt nur eine Prüfung der laufenden Bezüge und nur eine Prüfung ihrer Entwertung im Dreijahreszeitraum vor* (vgl auch LAG Mannheim BB 1977, 1506; LAG Frankfurt BB 1978, 1722). Der Arbeitgeber muß nach BAG AP Nr 4 zu § 16 BetrAVG = RdA 1977, 55 die

Anpassung solcher laufender Verpflichtungen der betrieblichen Altersversorgung prüfen, die am 1. 1. 1975 bereits drei Jahre oder länger liefen. Sind bereits vor Inkrafttreten des BetrAVG laufend Ruhegeldzahlungen erfolgt, so kann auch dieser Zeitraum nach allgemeinen Grundsätzen berücksichtigt werden. Nach BGH AP Nr 7 zu § 242 Ruhegehalt-Geldentwertung kann diese Zeit in die Anhebung der Bezüge eingerechnet werden, wenn seit dem für die Bemessung maßgebenden Zeitpunkt eine Teuerung von mehr als 33% zu verzeichnen war.

ff) Die **Anpassungsentscheidung** erfolgt unter Beachtung aller nach § 16 BetrAVG einzubeziehenden Kriterien **nach billigem Ermessen.** Die Steigerung der Lebenshaltungskosten ist idR voll zu berücksichtigen (BAG AP Nr 5 zu § 16 BetrAVG = NJW 1977, 2370 = WM 1978, 176; Boldt Die AG 1978, 144 f; eingehende Nachweise bei Schaub, Arbeitsrechts-Handbuch § 81 VII 3). Auch wenn die Versorgungsbezüge bereits dem Netto-Einkommen eines vergleichbaren Arbeitnehmers entsprechen, kann die Anpassungsentscheidung nicht a limine abgelehnt werden (BAG AP Nr 8 zu § 16 BetrAVG m Anm Ahrend-Förster-Rössler und Heubeck = BB 1980, 417; VersR 1982, 178 = WM 1982, 165). Solange der Betriebspensionär mit seiner Gesamtversorgung nicht das fortgeschriebene vergleichbare Aktiveinkommen in dem bei der Pensionierung erreichten Versorgungsprozentsatz überschreitet, spricht nach BAG BB 1980, 419 viel dafür, den Betriebspensionär an der durch § 16 BetrAVG vorgeschriebenen Anpassung der Betriebsrente teilhaben zu lassen. Die Billigkeitsentscheidung ist dann ein zweiter Schritt; sie kann das Korrektiv gegenüber schematischen Anpassungsmechanismen sein (eingehend Höfer-Abt § 16 Rz 220 ff). Die absolute Opfergrenze der alten Rechtsprechung (40%) hat unter dem BetrAVG keine Gültigkeit (vgl näher Vorbem D 153), wohl aber wird eine relative Obergrenze der Anpassung anerkannt: Es kann billigem Ermessen entsprechen, die Teuerung nicht voll zu berücksichtigen, wenn der Betriebspensionär damit eine Gesamtversorgung erhielte, die, gemessen am Einkommen aktiver Arbeitnehmer, überhöht wäre (BAG AP Nr 5 zu § 16 BetrAVG = NJW 1977, 2370 = WM 1978, 176; einschränkend BAG AP Nr 8 zu § 16 BetrAVG m Anm Westhoff = BB 1980, 417). Die wirtschaftliche Lage des Arbeitgebers ist zu berücksichtigen (vgl im einzelnen BAG AP Nr 154, 157 zu § 242 Ruhegehalt; AP Nr 8 zu § 16 BetrAVG = BB 1980, 417; AP Nr 11 zu § 16 BetrAVG = VersR 1982, 178 = WM 1982, 165; AP Nr 13 zu § 16 BetrAVG = VersR 1982, 278; LAG Hamm ZIP 1982, 1473; ArbG Dortmund BB 1982, 1302; Höfer-Abt § 16 Rz 167 ff; Schaub, Arbeitsrechts-Handbuch § 81 VII 3; Schulin ZfA 1979, 168 ff mit reichen Nachweisen). § 16 bewirkt also keinen strikten Inflationsausgleich, sondern kann im Einzelfall, nämlich im Fall einer Notlage, sogar zur Kürzung von Ruhegeldern führen (Meilicke BB 1983, 74). Dies ist keine Ausnahme von § 279 (so Schaub NJW 1978, 2079), sondern integrierender Bestandteil der Billigkeitsprüfung. Eine pauschalierte Billigkeitsprüfung iS des sog Hälftelungsprinzips wurde vom BAG nur in der Anfangsphase des BetrAVG anerkannt (BAG AP Nr 5 zu § 16 BetrAVG = BB 1977, 1353 = NJW 1977, 2370 = WM 1978, 176). Bei der zweiten und weiteren Anpassungen genügt dagegen ein Ausgleich des halben Kaufkraftschwundes nicht mehr generell dem Maßstab des billigen Ermessens (BAG AP Nr 7 zu § 16 BetrAVG = BB 1980, 263). Außerordentlich umstritten ist, in welchem Umfang sonstige Versorgungsleistungen, insbes Sozialversicherungsrenten in eine Gesamtbetrachtung einbezogen werden können; die Einbeziehungsmöglichkeit ist grundsätzlich zu verneinen (vgl dazu BAG AP Nr 5 zu § 16 BetrAVG = NJW 1977, 2370 = WM 1978, 176; AP Nr 7 zu § 16 BetrAVG = BB 1980, 263; BAG VersR 1982, 178 = WM 1982, 165; LAG Hamm Betrieb 1976, 1972; Fenge Betrieb 1976, 1372; Richardi Betrieb 1976, 1718 ff; 1977, 207 ff; Lieb-Westhoff Betrieb 1976, 1958 ff; Höfer Betrieb 1977, 1893; Bode-Grabner Betrieb 1977, 1897; Schwerdtner ZfA 1978, 572 ff; Boldt Die AG 1978, 144 f;

Höhne Betrieb 1980, 945; vgl auch den Überblick bei Schaub, Arbeitsrechts-Handbuch § 81 VII 3). Kritiker sehen in der Rechtsprechung des BAG eine bedenkliche „Quasi-Dynamisierung" (vgl eingehend Lieb-Westhoff Betrieb 1976, 1958 ff; Schwerdtner ZfA 1978, 553 ff; Schulin ZfA 1979, 164 f mwN).

D 156 gg) Die Billigkeitsprüfung unterliegt der **gerichtlichen Kontrolle.** Es liegt ein Fall des **§ 315** vor (BAG AP Nr 4 zu § 16 BetrAVG = RdA 1977, 55; BGH Betrieb 1979, 256, 258; Richardi Betrieb 1976, 1723; ganz hM). Die Streichung einer entsprechenden Verweisung aus dem Gesetzesentwurf des BetrAVG steht der Anwendung des § 315 nicht engegen (eingehend Heubeck-Höhne-Paulsdorff-Rau-Weinert § 16 Rz 224; Höfer-Abt § 16 Rz 220 ff, die den Rückgriff auf § 242 statt auf § 315 offen lassen). Höfer (1. Aufl) § 16 Rz 29 folgerte aus der Streichung der Sonderregelung immerhin, daß keine Erklärungspflicht gegenüber dem anderen Teil bestehe (ausdrücklich anders jetzt Höfer-Abt § 16 Rz 220 ff, die den Rückgriff auf § 242 statt auf § 315 offen lassen).

Praktisch führt die Anwendung des § 315 zu einer *Subsidiärzuständigkeit des Gerichts,* das vom Versorgungsberechtigten angerufen werden kann, wenn der Arbeitgeber die Anpassung verweigert oder eine unzureichende Anpassung anbietet. Die Rechtslage ähnelt hierin der allgemeinen Situation in Geschäftsgrundlagenfällen (Vorbem D 123). Die Substituierung des Arbeitgeberermessens durch das Gerichtsermessen wirft Probleme des Verhältnisses zwischen Richtermacht und Privatautonomie auf, die jedoch im Anwendungsbereich des § 315 nichts Ungewöhnliches sind. Das BAG hat jedenfalls die tatsächlichen Schwierigkeiten erkannt, aber wohl auch das Legitimationsproblem solcher Billigkeitskontrolle, bei der in Wahrheit die private Billigkeitsentscheidung nicht nur kontrolliert, sondern evtl. auch ersetzt wird (vgl BAG AP Nr 1, 2 und 4 zu § 16 BetrAVG und dazu Boldt Die AG 1978, 146 f). Keine geeignete Abhilfe ist der von Lieb und Westhoff vorgeschlagene Weg, der Versorgungsberechtigte solle ggf Leistungsklage auf Anpassung nach billigem Ermessen erheben und diese Anpassung ggf durch Handlungsvollstreckung nach § 888 ZPO erzwingen (Betrieb 1976, 1971). Gegen diesen Lösungsweg hat sich mit Recht das BAG ausgesprochen (AP Nr 4 zu § 16 BetrAVG mAnm Richardi = RdA 1977, 55, 58; dazu auch Boldt Die AG 1978, 148 f). Wie bei Vorbem D 153 ausgeführt, ist die Entscheidung nach billigem Ermessen nur Mittel der Leistungsbestimmung, nicht aber eine klagbare Leistungspflicht des Arbeitgebers. Inhaltlich folgt die gerichtliche Entscheidung den auch für die Entscheidung des Arbeitgebers geltenden Grundsätzen.

D 157 c) Eine **freiwillige Anpassung** von Betriebsrenten vor Ablauf der in § 16 BetrAVG angeordneten Frist und über den Grad der Geldentwertung hinaus ist selbstverständlich zulässig. Bleibt die zwischenzeitliche Erhöhung nicht hinter dem bei einer Prüfung nach § 16 BetrAVG gebotenen Maß zurück, so beginnt die Dreijahresfrist neu zu laufen (vgl Heubeck-Höhne-Paulsdorff-Rau-Weinert § 16 Rz 225 ff; Höfer-Abt § 16 Rz 57).

D 158 V. Wertsicherungsvereinbarungen

Schrifttum (Auswahl; älteres Material bei Staudinger-Weber [11. Aufl] § 244 Rz 90 S 1181–1186; zur Kurswertsicherung vgl die Nachw bei § 244 Rz 57): von Arnim, Der ausgebeutete Geldwertsparer, ZRP 1980, 201; Bauer, Geldwertsicherungsklauseln als Indikator von Inflationserwartungen, Gutachten im Auftrag des BMWi (1973); Berndt, Die Wertsicherung in der Unternehmung unter besonderer Beachtung der Währungsgesetzgebung (1960); Bettermann, Die Geldentwertung als Rechtsproblem, ZRP 1974, 13; Bienert, Zum Problem der institutionalisierten Inflation, in: FS Schmölders (1968) 183; Bilda, Anpassungsklauseln in Verträgen (2. Aufl 1973); ders, Zur Wirkung vertraglicher Anpassungsklauseln, MDR 1973, 537; Bohndorf, Wertsicherungsklauseln, Theorie und Rechtsvergleichung, Diss Hamburg 1966; BRÜMMERHOFF, Zur Problematik wertgesicherter Anleihen, Diss Berlin 1970; VON CAEMMERER, Empfehlen sich unter Berücksichtigung der rechtlichen Regelung in anderen europäischen Staaten gesetzliche Bestimmungen über die Wertsicherung? Soll unter diesem Gesichtspunkt § 3 des Währungsgesetzes aufgehoben oder geändert werden? in: 40. DJT II (1954) D 5; ders, Wertsicherungs- und Valutaklauseln, in: Deutsche Landesreferate zum IV. Internationalen Kongreß für Rechtsvergleichung (1955); DUDEN, Empfehlen sich unter Berücksichtigung der rechtlichen Regelung in anderen europäischen Staaten gesetzliche Bestimmungen über die Wertsicherung? Soll unter diesem Gesichtspunkt § 3 des Währungsgesetzes aufgehoben oder geändert werden? in: 40. DJT I (1954) 1 ff; DÜRKES, Wertsicherungsklauseln (8. Aufl 1972; nach Drucklegung: 9. Aufl 1982); ders, Zur Genehmigungsbedürftigkeit von Kostenelementeklauseln, BB 1979, 805; ders, Die Wertsicherung von Erbbauzinsen, BB 1980, 1609; EPPIG, Wertsicherung, NJW 1949, 531; ders, Die Zulässigkeit neuer Wertsicherungsklauseln, DNotZ 1951, 405; ERTL, Inflation, Privatrecht und Wertsicherung (1980); EUBA, Der Einfluß von Geldwertrisiko und Wertsicherungsklauseln auf die Vermögensdisposition (1973); FELDSIEPER-MÜLLER, Inflation und Indexklauseln, WISU 1975, 13; FÖGEN, Bedeutung, Anwendungsbereich und Grundsätze für die Anwendung von § 3 S 2 des Währungsgesetzes, BB 1958, 1259; ders, Geld- und Währungsrecht (1969); ders, Genehmigungsbedürftige „Wertsicherungsklauseln" und nicht genehmigungsbedürftige „Leistungsvorbehalte", BB 1967, 1259; FRIELINGSDORF, Zur Problematik der Wertsicherungsklauseln, Betrieb 1982, 789; GERKE, Gleitklauseln mit Geld- und Kapitalverkehr (1980); GIERSCH, Indexklauseln und Inflationsbekämpfung, Kieler Diskussionsbeiträge Heft 32, 1973; GORNIAK, Wertsicherungsklauseln (Informationsdienst der Sparkassen und Girozentralen) (1967); GOZDZ, Die Dynamisierung von Tariflöhnen, Diss Gießen 1977; GÜNTER, Zur volkswirtschaftlichen Problematik der Indexklauseln bei Inflation, in: HORN-TIETZ (Hrsg), Sozialwissenschaften im Studium des Rechts I (1977) 41; GUTZWILLER, Vertragliche Abreden zur Sicherung des Geldwerts (1972); HAHN, Geldwertsicherung im Recht der internationalen Wirtschaft, FS Bärmann (1975); HENN, Die rechtsgeschäftliche Zulässigkeit von Wertsicherungsklauseln, MDR 1958, 461; ELIYAHU HIRSCHBERG, The Impact of Inflation and Devaluation on Private Legal Obligations (Ramat-Gan, Israel 1976) 107 ff; HORN, Geldwertveränderungen, Privatrecht und Wirtschaftsordnung (1975); ISSING, Indexklauseln und Inflation (1973); JAHR, Implikationen des anhaltenden Geldwertschwundes in der Rechtsordnung der Bundesrepublik Deutschland, in: Jahresgutachten 1966/67 des Sachverständigenrates (1966) 199; INZITARI, Geldschulden im Inflationszeitalter, RabelsZ 45 (1981), 705; KÖTZ-REICHERT = FACILIDES (Hrsg), Inflationsbewältigung im Zivil- und Arbeitsrecht. Verhandlungen der Fachgruppe für Zivilrechtsvergleichung anläßlich der deutsch-österreichischen Tagung für Rechtsvergleichung 1975 in München (1976); KUNZ, Preisindices für die Lebenshaltung als Wertmaßstab in Wertsicherungsklauseln, NJW 1969, 827; LARENZ, Schuldrecht I, § 12 V; LEUSCHNER, Inflationistische Entwicklung, Kapitalmarktprobleme und Preisindexbindung, Kredit und Kapital IX (1976) 238; LUBASCH, Die volkswirtschaftlichen Wirkungen von Wertsicherungsklauseln (1964); F A MANN, Empfehlen sich unter Berücksichtigung der rechtlichen Regelung in anderen europäischen Staaten gesetzliche Bestimmungen über die Wertsicherung? Soll unter diesem Gesichtspunkt § 3 des Währungsgesetzes aufgehoben oder geändert werden? in: 40. DJT II (1954) D 29; MANNHEIM, Die Aushöhlung des Nominalprinzips durch Wertsicherungsklauseln und ihre Auswirkung auf die Geldillusion, Diss Köln 1968; MATTHÖFER, Probleme der Indexierung von Geldforderungen, ZRP 1980, 325; VON MAYDELL, Geldschuld 369 ff; MES, Wertsicherung vollstreckbarer Urkunden, NJW 1973, 875; MEZGER, Entwicklung von Rechtsprechung und Gesetzgebung auf dem Gebiet der Indexklauseln in Frankreich seit 1958, in: Kötz-Reichert-Facilides (Hrsg), Inflationsbewältigung im Zivil- und Arbeitsrecht (1976) 25; MITTELBACH, Wertsicherungsklauseln im Zivil- und Steuerrecht (4. Aufl 1980); NIES, Geldwertsicherungsklauseln, 1977; ders, Indexklauseln in Tarifverträgen, RdA 1970, 169; NÖLLING, Sind Geldwertsicherungsklauseln unvermeidbar? Beiheft 2/1974 zu Kredit und Kapital, 105; NUSSBAUM, Vertraglicher Schutz gegen Schwankungen des Geldwerts (1928); OBERHAUSER, Indexklauseln als Sicherung gegen Inflationsverluste? in: Enteignung durch Inflation? (1972); PAPIER, Rechtsprobleme der Inflation, JuS 1974, 477; PFLEIDERER ua, Das Inflationsproblem heute – Stabilisierung oder Anpassung? Beih 21/1974 der Zeitschrift Konjunkturpolitik; PIKART, Die Rechtsprechung des Bundesgerichtshofes zur Wertsicherungsklausel, WM 1969, 1062; REICHERT-FACILIDES, Geldwertschwankungen und Privatrecht, JZ 1969, 617; REITHMANN, Die Wertsicherungsklausel in der neueren Rechtsprechung, DNotZ 1960, 172; REUTER, Nominalprinzip und Geldentwertung, ZHR 137 (1974) 482 ff; RINCK, Wirtschaftsrecht (5. Aufl 1975); ROQUETTE, Gleitklauseln bei preisgebundenen Mietverhältnissen, NJW 1958, 1374; ders, Erhöhungsklauseln statt Wertsicherungsklauseln in Mietverträgen, NJW 1958, 1857; ders, Die Zulässigkeit von Erhöhungsklauseln in Mietverträgen, NJW 1959, 1612; SAMM-HAFKE, Grundbesitz und Wertsicherungsklauseln (1981); VON

SCHAEWEN, Die Ökonomik der Indexklauseln, Diss Zürich 1968; SCHOLZ, Das Recht der Wertsicherungsklauseln seit der Währungsreform, Diss Heidelberg 1962; SCHUBERT, Wertsicherungsklauseln, NJW 1950, 285; SCHUMANN, Indexbindung und Inflationsbekämpfung, ZfKrW 1968, 221; SIMITIS, Inflationsbewältigung im Zivil- und Arbeitsrecht, in: KÖTZ-REICHERT-FACILIDES, Inflationsbewältigung im Zivil- und Arbeitsrecht (1976) 49; STEINHERR, Probleme der Indexbindung, Kredit und Kapital 1975, 487; STERN, Die Sicherung langfristiger Anleihen gegen Geldwertschwankungen (1932); SZAGUNN, Fragen der rechtsgeschäftlichen Wertsicherung, BB 1955, 969; ders, Bedingungen und Bezugsgrößen in Wertsicherungsklauseln, BB 1959, 205; VOGEL, Der geschundene Sparer und der Bundesminister der Finanzen, ZRP 1981, 35; WILLMS-WAHLIG, Zur Genehmigungsbedürftigkeit von Wertsicherungsvereinbarungen nach § 3 WährG und zur Neufassung der Genehmigungsgrundsätze der DBB, BB 1978, 973; ZEHETNER, Geldwertklauseln im grenzüberschreitenden Wirtschaftsverkehr (1976); ZIEM, Die Wertsicherungsklausel im deutschen Recht, Diss Hamburg 1966.

D 159 1. Begriff, Funktion und Entwicklung

a) Der **Begriff der Wertsicherungsvereinbarung** ist im Gesetz nicht geklärt und wird im Schrifttum unterschiedlich gebraucht. Diese unterschiedliche **Terminologie** ist unschädlich, wenn mit expliziten Begriffsbestimmungen operiert und dadurch die Zuordnung von Rechtsauffassungen erleichtert wird. Eine terminologische Vorentscheidung ist bereits dadurch getroffen, daß nicht von *Anpassungsklauseln* die Rede sein soll, sondern von Wertsicherungsklauseln. Als Anpassungsklauseln lassen sich alle Vertragsklauseln bezeichnen, die eine Regelung der Vertragsanpassung für den Fall schaffen, daß sich vertragserhebliche Umstände nachträglich ändern (BILDA Rz 9). Dieser *Begriff der Anpassungsklausel* reicht über den Bereich der Geldschuld, von der allein hier die Rede ist, hinaus. Er ist insofern weiter als der der Wertsicherungsklausel. Gleichzeitig ist er enger insofern, als diejenigen Wertsicherungsklauseln vom Begriff der Anpassungsklausel nicht erfaßt werden können, die nicht der Anpassung, sondern der erstmaligen Bestimmung des Umfangs einer Geldschuld dienen. Diese Klauseln müssen auf ihre Wirksamkeit nach § 3 WährG geprüft, zweckmäßigerweise also auch in den Einheitsbegriff der Wertsicherungsklausel aufgenommen werden. Der zugrundelegende *Begriff der Wertsicherungsklausel* stellt sich damit als ein **Rechtsbegriff** dar, der als *Zweckbegriff* dazu geschaffen ist, den potentiellen Geltungsbereich des § 3 WährG – also den Prüfungsbereich dieser Norm – zu verdeutlichen. Der Begriff der Wertsicherungsvereinbarung soll damit auf der einen Seite die Prüfung nach § 3 WährG nicht vorwegnehmen. Wertsicherungsklauseln sind also nicht nur diejenigen Vertragsabreden, die nach § 3 WährG genehmigungspflichtig sind. Mit Recht wird deshalb überwiegend ein weiter Begriff zugrundegelegt, und es werden in Anwendung des § 3 WährG genehmigungspflichtige und genehmigungsfreie Wertsicherungsvereinbarungen unterschieden (vgl besonders deutlich JAUERNIG-VOLLKOMMER §§ 244, 245 Anm 5 und 6). Der weite Begriff der Wertsicherungsvereinbarung soll auf der anderen Seite als Rechtsbegriff eng genug sein, um als Filter bei der Normanalyse des § 3 WährG dienen zu können. Ein weiter Begriff, der alle mit Wertsicherungszweck getroffenen Abreden umfaßt (vgl in dieser Richtung GUTZWILLER 24), wird diesem Zweck ebenso wenig gerecht wie der soeben abgelehnte zu enge Begriff. Unter einen solchen weiten Begriff fielen auch alle Surrogate von Wertsicherungsklauseln, obgleich sie allenfalls als Umgehungsformen des § 3 WährG in Betracht zu ziehen sind, wie zB die Vereinbarung einer Sachschuld an Stelle einer Geldschuld. *Der soziale Sachverhalt der Wertsicherung* geht sogar noch wesentlich hierüber hinaus und erfaßt eine in einem Rechtsbegriff nicht mehr faßbare Vielfalt von Vermögensentscheidungen und Vertragsregeln. VON MAYDELL (Geldschuld 370 f) rät dazu, diese Vielfalt mit einzubeziehen. Solche Vielfalt ist aber nicht bei der Begriffsbildung der Wertsicherungsvereinbarung, sondern erst bei vergleichenden und wertenden Betrachtungen am Platze (auch VON MAYDELL, Geldschuld 372 besinnt sich für § 3 WährG auf die „Wertsicherung ieS“). Ein praktikabler Begriff der Wertsicherungsvereinbarung muß als *Rechts-* und *Zweckbegriff* einerseits eng genug sein, um aus dem Sozialtatbestand wertsichernder Rechtsgeschäfte diejenigen herauszuhalten, die die spezifischen Rechtsprobleme der geldschuldrechtlichen Wertsicherung nicht aufwerfen; zugleich muß er weit genug sein, um Problementscheidungen bei der Anwendung des § 3 WährG offen zu lassen. Dem entspricht der folgende **Begriff:** *Wertsicherungsvereinbarungen sind diejenigen Vertragsabreden, durch die Geldschulden, ohne ihre Eigenschaft als Geldschulden einzubüßen, vom Nennwertprinzip gelöst werden und summenmäßig erst nachträglich aufgrund einer besonderen Bemessungsgrundlage bestimmbar sind.* Typisch, aber nicht begriffsnotwendig, ist, daß der Zweck der Abrede gerade und nur auf den Ausgleich von Geldwertverlusten zielt. Eine Wertsicherungsvereinbarung kann auch dazu dienen, Kalkulationsrisiken auf der Warenseite auszugleichen, wie etwa bei Preisklauseln in langfristigen Lieferverträgen. Sie kann auch, wie etwa bei der Anpassung dauernder Zahlungen an Gehälter und Renten (Vorbem D 179), der Teilnahme des Geldgläubigers an steigendem Lebensstandard dienen. Insoweit mag man die eingebürgerte Bezeichnung Wertsicherungsvereinbarung unpräzis nennen, aber sie trifft den Normalfall. Durch die hier gewonnene Begriffsbildung gewinnt § 3 WährG an Struktur: Jede Wertsicherungsvereinbarung im beschriebenen Sinne ist auf ihre Vereinbarkeit mit § 3 WährG zu prüfen, aber nicht jede dieser Vereinbarungen ist nach § 3 S 2 WährG untersagt. Umgekehrt kann nur eine Vertragsklausel, die die Merkmale der Wertsicherungsvereinbarung aufweist, unter § 3 S 2 WährG fallen. Vereinbarungen, die keine Wertsicherungsvereinbarungen im beschriebenen Sinn sind, können nur kraft ausdrücklicher gesetzlicher Anordnung den Wertsicherungsvereinbarungen gleichgestellt werden (so die Fremdwährungsschulden nach § 3 S 1 WährG) oder, wenn sie einen Wertsicherungszweck verfolgen, ausnahmsweise unter Umgehungsgesichtspunkten den Wertsicherungsvereinbarungen gleichgestellt werden (zum Umgehungsproblem vgl Vorbem D 199, D 203).

b) aa) Die **Funktion der Wertsicherungsklauseln** besteht hiernach typischerweise, **D 160**
aber nicht ausschließlich, darin, dem Gläubiger das Inflationsrisiko abzunehmen. BOHNDORF 18 beschreibt den hierzu führenden Mechanismus dahingehend, daß der Wertmesser Geld durch einen anderen Wertmesser ersetzt wird. Diese Beschreibung ist ungenau. Zum einen kann der Wertmesser seinerseits wieder in einer (ausländischen) Währung bestehen, denn auch die Valutawertschuld ist eine wertgesicherte Geldschuld (Vorbem D 220; § 244 Rz 5); zum anderen wird auch das inländische Geld als Wertmesser nicht eigentlich ersetzt. Das Wertmaß wird nur korrigiert und seiner Nennwertfunktion teilweise beraubt. Die Wertmaßfunktion des Geldes ist gerade auch für Wertsicherungsvereinbarungen unentbehrlich, besonders deutlich zB im Bereich der sog Spannungsklauseln. Von dieser *technischen* Funktion ist die **wirtschaftliche Funktion** der Wertsicherungsklauseln zu unterscheiden. Wenn diese überwiegend in der Inflationssicherung von Geldforderungen besteht, liegt zunächst eine *Wechselwirkung von Wertsicherung und Geldwertstabilität* auf der Hand: Bei stabilen Währungsverhältnissen ist das Bedürfnis nach Wertsicherung gering; dieses Bedürfnis wächst jedoch mit inflationären Entwicklungen (BVerwGE 41, 1, 8 = NJW 1973, 529, 531). Dies bedeutet keineswegs, daß etwa Wertsicherungen in Zeiten der Währungsstabilität entbehrlich wären, denn Wertsicherungsvereinbarungen haben einen vorsorgenden Zweck, so daß bloßes Mißtrauen gegenüber der Beständigkeit der Währung als Vertragsmotiv genügt (vgl BVerwG aaO). F A MANN hat bemerkt, daß die *aktuelle* Funktion der Wertsicherungsklauseln erst bei spürbarer Inflation erkennbar wird, während die *sozialpsychologischen* Probleme der Wertsicherung nach den Inflationserfahrungen des 20. Jahrhunderts allgegenwärtig sind (vgl 40. DJT II D 30). Er hat auf die Erscheinung hingewiesen, daß in Ländern

mit weiter Verbreitung von Wertsicherungsklauseln diese Klauseln typischerweise gerade in dem Augenblick gesetzlich bekämpft werden, in dem sie sich als nützlich erweisen sollen (Recht des Geldes 129 f). Die ganz andere Frage, ob zwischen *Wertsicherungsabreden und Geldwertverfall* ein Kausalzusammenhang besteht und ob es deshalb gerechtfertigt ist, Wertsicherungsklauseln präventiv zu unterbinden, gehört in den Zusammenhang der rechtspolitischen Beurteilung des § 3 WährG (Vorbem D 193 ff).

D 161 **bb)** Über **Geldwertklauseln im grenzüberschreitenden Wirtschaftsverkehr** vgl ausführlich die gleichnamige Schrift von ZEHETNER (1970) sowie hier § 244 Rz 40 ff, 59; neuere Literaturangaben bei DÜRKES (9. Aufl) B 76. Neben Kursklauseln (ZEHETNER 9 ff) kommen auch hier Wertsicherungsklauseln vor. ZEHETNER 99 ff nennt besonders: Indexklauseln, Preisgleitklauseln, Quotenklauseln und Mengenklauseln. Die DBB trägt dem Bedürfnis nach Genehmigung von Valutawertschulden im Export und Import durch Nr 3 d aa und bb ihrer Genehmigungsgrundsätze (Vorbem D 208) Rechnung. Vgl zum Problemkreis noch BRAUN, Monetärrechtliche Probleme vertraglicher Geldwertsicherung im grenzüberschreitenden Wirtschaftsverkehr unter besonderer Darstellung der Wertsicherung der Young-Anleihe, Diss Würzburg 1980.

D 162 c) Die **Geschichte der Wertsicherungsvereinbarungen** geht einher mit der Währungs- und Inflationsgeschichte (vgl zu dieser Vorbem A 32 ff). Die geschichtliche Entwicklung der Wertsicherungsklauseln **seit dem Ersten Weltkrieg** findet sich eingehend geschildert bei DUDEN, 40. DJT I 8 ff; STAUDINGER-WEBER (11. Aufl) § 244 Rz 85 ff; BERNDT 12 ff; GUTZWILLER 86 ff; ERTL 71 ff; FÖGEN 143 ff; DÜRKES (9. Aufl) A 17 ff. Etwa seit 1920 bis in die Mitte der 30er Jahre waren vor allem *Fremdwährungsklauseln, Feingoldklauseln* und *Getreideklauseln* verbreitet (vgl namentlich NUSSBAUM, Vertraglicher Schutz gegen Schwankungen des Geldwerts [1928]; ders, Das Geld [1925] 144 ff, 164 ff). Im *NS-Staat* veränderte sich das rechtspolitische Klima zu Lasten der Wertsicherungsklauseln (vgl zur Diskussion JÜRGENSEN, Immer noch Währungsschutzklauseln, JW 1937, 2947; MEYER-COLLINGS, Zur Frage der Berechtigung und Gültigkeit innerdeutscher Wertsicherungsklauseln, JW 1937, 3281). Durch die *VO über wertbeständige Rechte* v 16. 11. 1940 (RGBl I 1521) wurden die Goldklauseln entkräftet (dazu VOGELS, VO über wertbeständige Rechte, DJ 1940, 1309; WEITNAUER, Abbau der Wertsicherungsklauseln, DR 1941, 14). In der „gestauten Inflation" seit 1936 versagten die herkömmlichen Wertsicherungen, weil Geldforderungen im allgemeinen, auch wertgesicherte Forderungen, ihre Funktion nicht mehr ausüben konnten (näher DUDEN, 40. DJT I 13 f). Einen weiteren Einschnitt erlebte das Recht der Wertsicherungsklauseln nach 1945 (eingehend DUDEN, 40. DJT I 15 ff). Das Erste Änderungsgesetz zum MRG 51, das sog *„Mark-gleich-Mark-Gesetz"*, ordnete dann an, daß alle Forderungen nur noch in Höhe ihres Nennbetrags zu begleichen seien (Gesetz v 1. 7. 1947 ABlAmMilReg 567; in der britischen Zone: MRVO Nr 92 v 1. 7. 1947 VOBl 111; in der französischen Zone: MRVO v 6. 11. 1947, Journal official 1211). Vgl dazu auch oben Vorbem D 38; BGH WM 1964, 248; STAUDINGER-WEBER (11. Aufl) § 244 Rz 192 ff; BERNDT 28 f; HARMENING-DUDEN, Währungsgesetze (1949) 190, 196, 214. Überwiegend wurde dieses Gesetz eng ausgelegt (vgl BGHZ 7, 143, 152 = NJW 1952, 1295, 1296; BGH NJW 1951, 841, 842; 1951, 708, 709; OLG Braunschweig JR 1950, 154, 155 = MDR 1950, 550, 551; OLG Neustadt NJW 1950, 827, 828; STAUDINGER-WEBER [11. Aufl] § 244 Rz 196 mwN). Namentlich Geldwertschulden (Vorbem D 44 ff) fielen nicht unter das „Mark-gleich-Mark-Gesetz" (BGHZ 9, 56, 62 = NJW 1953, 662, 663 = BB 1953, 246 m Anm DIETERS = JZ 1953, 338 m Anm DUDEN; BGH NJW 1951, 708, 709; 1951, 841, 842; 1957, 342, 343; BB 1961, 586, 587; OLG Braunschweig MDR 1950, 550, 551; OLG Neustadt NJW 1950, 827, 828; OLG Celle

MDR 1951, 749, 750; OLG Düsseldorf NJW 1951, 362; SCHUBERT NJW 1950, 286 f; Schrifttumsnachweise bei STAUDINGER-WEBER [11. Aufl] § 244 Rz 195). Nach der sog Währungsreform (Vorbem A 39) war das „Mark-gleich-Mark-Gesetz" nicht mehr anwendbar (vgl nur DUDEN JZ 1953, 340). Von diesem Zeitpunkt an bestand die Hauptbedeutung des „Mark-gleich-Mark-Gesetzes" darin, daß § 13 Abs 3 UmstG sinngemäß auf seine Regelung Bezug nahm. § 13 Abs 3 UmstG lautete:

„Reichsmarkverbindlichkeiten und Reichsmarkforderungen im Sinne dieses Gesetzes sind alle Verbindlichkeiten und Forderungen aus vor dem 21. Juni 1948 begründeten Schuldverhältnissen (Abs 1), die auf Reichsmark, Rentenmark oder Goldmark lauten oder nach den vor dem Inkrafttreten des Währungsgesetzes in Geltung gewesenen Vorschriften in Reichsmark zu erfüllen gewesen wären. Auf Reichsmarkverbindlichkeiten, die bei Beginn des 21. Juni 1948 bereits erloschen waren, findet dieses Gesetz keine Anwendung."

Die Frage, ob *Geldwertschulden* als Reichsmarkverbindlichkeiten iS dieser Vorschrift anzusehen sind, war von Anfang an umstritten, wurde jedoch überwiegend verneint (BGHZ 7, 143, 149 = NJW 1952, 1295; BGHZ 9, 56 = NJW 1953, 662 = BB 1953, 246 mAnm DIETERS = JZ 1953, 338 m Anm DUDEN; std Rspr; Nachweise bei STAUDINGER-WEBER [11. Aufl] § 244 Rz 199 ff). Nur die mit *Geldsummenschulden* verknüpften alten Wertsicherungsklauseln wurden mit dem UmstG endgültig gegenstandslos, denn die Altforderungen wurden von einem RM-Nennwert in einen DM-Nennwert umgerechnet. Die auf diese Weise beseitigten *Wertsicherungen für Alt-Verbindlichkeiten* sind nach der Umstellung nicht wieder aufgelebt (OLG Stuttgart NJW 1951, 106, 107; OLG Düsseldorf NJW 1951, 362; DÜRKES [9. Aufl] A 22). *Leistungsvorbehalte* bei Rentenschulden wurden allerdings als beständig angesehen, blieben also unberührt (BGH BB 1968, 568 = NJW 1979, 91 = WM 1978, 470; Nachweise bei PIKART WM 1969, 1063). *Alte Geldwertschulden* blieben Wertschulden; daran konnte weder das „Mark-gleich-Mark-Gesetz" noch das UmstG etwas ändern (DUDEN, 40. DJT I 23; PIKART WM 1969, 1063 mwN). Zum Umstellungsrecht der Wertsicherungsschulden vgl im übrigen noch BGH NJW 1951, 708 und NJW 1951, 841 je mAnm RÖTELMANN; BGHZ 5, 173 = BB 1952, 304; BGH BB 1959, 1038 = NJW 1959, 2060 = WM 1959, 1243; NJW 1965, 531 = BB 1965, 183 = WM 1965, 169; BB 1968, 568 = NJW 1969, 91 = WM 1968, 470; OLG Neustadt NJW 1960, 827 mAnm SCHUBERT; KG BB 1958, 786; OLG Düsseldorf NJW 1951, 362. Zahlreiche Einzelfragen, die heute nur noch bei langfristigen Schuldverhältnissen eine Rolle spielen können, referiert STAUDINGER-WEBER (11. Aufl) § 244 Rz 206 ff. Für das Verständnis der Praxis zum WährG sind aber heute noch die Hauptergebnisse der „engen Auslegung" des „Mark-gleich-Mark-Gesetzes" und des § 13 Abs 3 UmstG aufschlußreich. *Von der Umstellung unberührt* blieben im wesentlichen (vgl GUTZWILLER 93): Naturalschulden, auch als Wahlschulden, Geldschulden ohne bezifferten Nennbetrag, die als Gegenwert einer bestimmten Menge von Gütern oder Leistungen vereinbart waren, und Geldschulden, die auf einen noch festzusetzenden „angemessenen Preis" oder Schätzwert lauteten. Wesentliche Ergebnisse der „einschränkenden Auslegung" des neueren § 3 WährG finden sich bereits hierin angelegt. Für die jüngere Entwicklung mag es kennzeichnend sein, daß sich die Zahl der Genehmigungsanträge bei der DBB von 1960 bis 1980 etwa vervierfacht hat (DÜRKES [9. Aufl] B 1). D 163

d) Rechtsvergleichende Hinweise sollen hier unterbleiben, obwohl sie für die rechtspolitische Beurteilung des § 3 WährG von hohem Interesse sind. Es wird verwiesen auf: DUDEN, 40. DJT I 28 ff; VON CAEMMERER, 40. DJT II D 17 f; ders, Wertsicherungs- und Valutaklauseln, Deutsche Landesreferate zum 4. Internationalen Kongreß für Rechtsvergleichung (1955) 84; F A MANN, Legal Aspect 136 ff = Recht des Geldes 99 ff; DÜRKES (8. Aufl) B 33 ff; ROLF H WEBER in Berner Komm Art 84 D 164

Rz 228 ff; Bohndorf 26 ff; Ertl und Gutzwiller passim; Mezger in Kötz-Reichert-Facilides 25 ff; Nussbaum, Money in The Law (1952); Inzitari, Geldschulden im Inflationszeitalter, RabelsZ 45 (1981), 705, 715 ff.

D 165 **2. Allgemeine Rechtsgeschäftslehre**

a) Die Hauptprobleme der Wertsicherungsvereinbarungen nach deutschem Recht sind solche des **§ 3 WährG.** Zwischen dieser Norm, die Verbotsgesetz iS von § 134 ist (Vorbem D 188) und den *allgemeinen Grundsätzen der Rechtsgeschäftslehre* besteht eine Wechselwirkung, die in Vorbem D 317 ff dargestellt ist (schwebende Unwirksamkeit, ex-tunc-Genehmigung oder Nichtigkeit, Fragen der Teilnichtigkeit, der Umdeutung und der Pflicht zur Vertragsänderung). Unabhängig von diesen Besonderheiten verdienen aber auch allgemeine Grundsätze der Rechtsgeschäftslehre und des Schuldrechts Aufmerksamkeit.

D 166 **b)** Wertsicherungsvereinbarungen sind Vertragsbestandteile. **Ihre Einbeziehung in den Vertrag** erfolgt durch *Einzelabrede* oder durch *Allgemeine Geschäftsbedingungen.* Eine Wertsicherungsabrede darf den Parteien nicht ex post unterstellt werden (vgl auch § 244 Rz 59). Die *Vertragspraxis* hat sich namentlich mit folgenden Fragen zu befassen: Als erstes muß die zu sichernde Geschäftsgrundlage geklärt werden; es muß also zB festgestellt werden, welcher Art die angestrebte Konstanz sein soll, denn Wertsicherungsklauseln dienen keineswegs stets nur dazu, den Kaufkraftschwund auszugleichen. Der zweite Schritt ist die Ermittlung der für den konkreten Wertsicherungszweck geeigneten Bemessungsgrundlagen (Ahrens WM 1980, 751), denn es ist evident, daß etwa die Bezugnahme auf ein Beamtengehalt oder die Bezugnahme auf den Lebenshaltungsindex zu ganz unterschiedlichen Formen der Wertsicherung führt. Sodann hat die Frage der Genehmigungsfreiheit oder Genehmigungsfähigkeit wesentlichen Einfluß auf die zu wählende Vertragsgestaltung. Der *beurkundende Notar* muß die etwaige Genehmigungsbedürftigkeit einer vereinbarten Wertsicherungsklausel prüfen und die Parteien ggf darauf hinweisen, daß sie selbst die Genehmigung zu beschaffen haben, falls sie ihn nicht damit beauftragen; er kann allerdings die Genehmigung auch im stillschweigenden Einverständnis der Beteiligten selbst in deren Namen einholen (BGH BB 1959, 1079 = Betrieb 1959, 1028 = WM 1959, 112).

D 167 **aa)** Die Vereinbarung durch **Einzelabrede** unterliegt den allgemeinen Grundsätzen der Rechtsgeschäftslehre. Die Individualabrede setzt hinreichende *Bestimmtheit* voraus (Bilda Rz 23). Die Bestimmtheit bezieht sich hierbei auf die Wertsicherung, nicht auf den Preis (zur Wertsicherung von Vertragsangeboten und zu § 1 PreisangabenVO vgl besonders Vorbem D 259). Bei einem Leistungsbestimmungsvorbehalt (Vorbem D 246 ff), der einen Anpassungsspielraum voraussetzt (Vorbem D 249), ist ein nach § 315 justitiabler Maßstab erforderlich und genügend. Der Preis muß nur aufgrund der Klausel bestimmbar, soll und muß dagegen noch nicht bestimmt sein. Insofern läßt das Institut der Wertsicherungsvereinbarung auch Rückschlüsse auf die *essentialia negotii* zu, ohne deren Regelung kein Vertrag geschlossen ist. Ist in einem Kaufvertrag der Preis oder ist in einem sonstigen Austauschvertrag das Entgelt *mit Hilfe einer Wertsicherungsklausel feststellbar,* so kann auch ohne summenmäßige Festlegung bereits ein wirksamer Vertrag vorliegen; auch die Beurkundung nach § 313 braucht sich dann nur auf die Kaufpreisbestimmung, nicht auf die Kaufpreissumme zu beziehen (BGHZ 71, 731, 732 = BGH BB 1978, 731, 732 = NJW 1978, 1371, 1372 = WM 1978, 794, 795). *Irrtümer* über die Wertbemessungsgrundlage können nach allgemeinen Regeln zu einem versteckten Dissens, zu einer Anfechtbarkeit oder zum Fortfall der Geschäftsgrundlage führen. Kein Dissens und kein

Fortfall der Geschäftsgrundlage, sondern eine unschädliche Fehlbezeichnung liegt vor, wenn die Parteien den Eck-Tariflohn einer bestimmten Berufsgruppe zugrundelegen und auch zugrundelegen wollen, den gegenwärtigen Betrag aber unrichtig angeben (OLG Hamm BB 1971, 1124). Zur *Auslegung* von Wertsicherungsvereinbarungen vgl alsbald Vorbem D 170 ff. Die *Wirksamkeit* der Vereinbarung hängt neben § 3 WährG von den allgemeinen Grundsätzen ab. Nichtigkeit kann sich im Einzelfall aus §§ 125, 134, 138 ergeben. Zur Frage, unter welchen Voraussetzungen eine Wertsicherungsvereinbarung nach § 138 nichtig ist, vgl BILDA Rz 23; ERTL 61 ff. Eine Knebelung des Geldschuldners kommt bei Klauseln, die dem Gläubiger nur das Geldwertrisiko abnehmen, kaum in Betracht. Wohl aber kann sie sich aus der Kombination mit anderen Merkmalen ergeben (zB mit einer Zinshöhe, die nur durch das Währungsrisiko zu rechtfertigen wäre). Auch ist zu beachten, daß nicht jede Wertsicherung sich auf einen Ausgleich des Geldwertrisikos beschränkt.

bb) Wertsicherungsklauseln in Allgemeinen Geschäftsbedingungen unterliegen der allgemeinen Kontrolle nach **§ 9 AGBG** (BGH BB 1980, 1490, 1491 = NJW 1980, 2518, 2519; BGHZ 82, 21 = BB 1982, 146 = NJW 1982, 331; OLG Frankfurt BB 1980, 1550; LG Nürnberg-Fürth BB 1982, 456; vgl auch LÖWE BB 1982, 152; zur Inhaltskontrolle vgl bereits OLG Hamm BB 1975, 489 f; BILDA Rz 26; ULMER-BRANDNER-HENSEN, AGBG [4. Aufl. 1982] § 9 Rz 152). *In kurzfristig abzuwickelnden Verträgen kann eine durch AGB eingeführte Wertsicherung nach* **§ 11 Nr 1 AGBG** *unwirksam sein* (zur Regelung der PreisangabenVO vgl Vorbem D 259); das gilt nicht nur für die nach § 3 WährG genehmigungspflichtigen Klauseln, sondern für jede Wertsicherungsklausel einschließlich des Leistungsbestimmungsvorbehalts und der Spannungsklausel (vgl KOCH-STÜBING, AGBG [1977] § 11 Nr 1 Rz 6-11; SCHLOSSER-COESTER-WALTJEN-GRABA, AGBG [1977] § 11 Nr 1 Rz 32; STAUDINGER-SCHLOSSER § 11 Nr 1 AGBG Rz 6; ULMER-BRANDNER-HENSEN, AGBG [4. Aufl 1982] § 11 Nr 1 Rz 5). Selbst eine auf den Fall einer bevorstehenden Gesetzänderung – zB Einführung der Mehrwertsteuer – bezogene Anpassungsklausel fällt unter § 11 Nr 1 AGBG (so mwN BGHZ 77, 78 = BB 1980, 906 = WM 1980, 739 = NJW 1980, 2133; OLG Frankfurt NJW 1979, 985; ULMER-BRANDNER-HENSEN aaO; differenzierend OLG Düsseldorf NJW 1979, 1509; AK-BGB-BRÜGGEMEIER Vorbem 31 zu §§ 244, 245; aM LG Düsseldorf NJW 1979, 986; BURCK Betrieb 1978, 1385, 1387 f). Für die Viermonatsfrist kommt es nach § 11 Nr 1 AGBG auf die vereinbarte Liefer- bzw Leistungszeit an (AK-BGB-BRÜGGEMEIER Vorbem 31 zu §§ 244, 245; BURCK Betrieb 1978, 1385). Fristbeginn ist der Vertragsschluß, nicht das vielleicht früher liegende Unterschriftdatum (OLG Frankfurt DB 1981, 884; ULMER-BRANDNER-HENSEN § 11 Nr 1 Rz 7). Nach § 24 Nr 1 AGBG findet allerdings § 11 AGBG keine Anwendung auf *Allgemeine Geschäftsbedingungen, die gegenüber einem Kaufmann verwendet werden,* wenn der Vertrag zum Betrieb seines Handelsgewerbes gehört. Nur die Generalklausel des § 9 AGBG bleibt hier anwendbar. Dasselbe gilt für alle Wertsicherungsklauseln in Verträgen, die vom Tatbestand des § 11 Nr 1 AGBG nicht erfaßt werden. Das sind einmal die Preiserhöhungsklauseln bei Dauerschuldverhältnissen (BGH BB 1980, 1491 = Betrieb 1980, 2125 = NJW 1980, 2518 = WM 1980, 1120) zum anderen die *Preiserhöhungsklauseln bei Lieferfristen über vier Monate* (BGHZ 82, 21 = BB 1982, 146 m Anm LÖWE 152 = Betrieb 1982, 427 = NJW 1982, 331 = WM 1982, 9 = ZIP 1982, 71), schließlich auch für die in § 99 Abs 1 und Abs 2 Nr 1 GWB genannten *Beförderungsentgelte.* Aus der Befreiung dieser Preiserhöhungsklauseln von der strengen Regel des § 11 Nr 1 AGBG ist nicht zu folgern, daß solche Klauseln nicht nach dem AGBG unzulässig sein könnten. Prüfungsmaßstab ist § 9 AGBG, und bei der Prüfung dieser Bestimmung kann die in § 11 Nr 1 AGBG getroffene Wertung relevant bleiben (ULMER-BRANDNER-HENSEN § 11 Nr 1 Rz 10). Nach **§ 9 AGBG** können Preiserhöhungsklauseln *wegen unangemessener Benachtei-* D 168 *ligung des Abnehmers* unwirksam sein. Grundlage dieser Beurteilung ist die einseitige willkürliche Erhöhungsbefugnis. In **Dauerschuldverhältnissen** sind die zB bei Pachtverträgen unentbehrlichen Leistungsbestimmungsvorbehalte und Spannungsklauseln nicht generell unzulässig (richtig Ulmer-Brandner-Hensen § 11 Nr 1 Rz 11 aE). Im übrigen kann aber die Befugnis zu einseitiger willkürlicher Preiserhöhung nach § 9 AGBG unwirksam sein. Leitentscheidung für *Preiserhöhungsklauseln beim Zeitschriftenabonnement* ist BGH BB 1980, 1490 = Betrieb 1980, 2125 = NJW 1980, 2518. Die Klausel ließ jede beliebige Erhöhung des Bezugspreises zu. Sie war nach der zutreffenden Auffassung des BGH mit dem wesentlichen Grundgedanken der Preisvereinbarung beim Kaufvertrag nicht zu vereinbaren, und das Gebot eines angemessenen Ausgleichs der beiderseitigen Interessen war nicht mehr gewahrt. Ebenso entschied der BGH über die **Tagespreisklausel bei langfristigen Kaufverträgen.** Das Urteil v 7. 10. 1981 erklärt die Tagespreisklausel im Kraftwagenhandel bei Verträgen mit Nichtkaufleuten für unwirksam, weil sie unter Abwägung der beiderseitig schutzwürdigen Interessen beim Neuwagenkauf den Käufer gegenüber dem Verkäufer unangemessen benachteiligt (BGHZ 82, 21 = BB 1982, 146 m Anm Löwe 152 = Betrieb 1982, 427 = NJW 1982, 331 = ZIP 1982, 71; ebenso bereits OLG Frankfurt BB 1980, 1550; eingehend Löwe BB 1982, 152 ff). Der BGH bestreitet nicht ein berechtigtes Interesse des Verkäufers daran, notwendig werdende Preiserhöhungen auf den Käufer abzuwälzen. Er sieht aber formularmäßige Preisänderungsvorbehalte dann nicht mehr als angemessen an, wenn sie es dem Verkäufer als Verwender ermöglichen, den vereinbarten Kaufpreis ohne jede Begrenzung einseitig anzuheben. Der BGH hat nicht abschließend entschieden, wie ein gesetzeskonformer Preisänderungsvorbehalt in Allgemeinen Geschäftsbedingungen ausgestaltet werden kann; die Unangemessenheit eines allgemein formulierten Preisvorbehalts kann nach Auffassung des BGH jedenfalls dadurch behoben werden, daß dem Käufer unter bestimmten Voraussetzungen ein Lösungsrecht eingeräumt wird. Die Konsequenzen der Unwirksamkeit für bereits geschlossene oder gar abgewickelte Verträge sind umstritten (vgl jetzt eingehend Ulmer-Brandner-Hensen, AGBG [4. Aufl 1982] § 11 Nr 1 Rz 10 f, 12 f). Eine „geltungserhaltende Reduktion" der Klausel mit dem Ziel, sie mit zulässigem Inhalt aufrechtzuerhalten, ist bereits im Grundsatz umstritten (eingehend Ulmer-Brandner-Hensen [4. Aufl] § 6 Rz 19 ff; Ulmer NJW 1981, 2025 ff; vgl aber auch Kötz BB 1982, 644 f mwN). Schon vor dem Inkrafttreten des AGBG sprach der BGH dem Gericht die Aufgabe ab, unzulässige Geschäftsbedingungen so zu „entschärfen", daß sie die Grenzen des rechtlich Tragbaren ausschöpfen (BGHZ 62, 83, 89; 72, 206, 208). Diese Praxis findet sich in einem nach Manuskriptabschluß erschienenen Urteil vom 17. 5. 1982 auch für das AGBG bestätigt (BGH BB 1982, 1750 = WM 1982, 871). Der „geltungserhaltenden Reduktion" dürfte damit schon grundsätzlich der Boden entzogen sein. Davon abgesehen muß aber jede „geltungserhaltende Reduktion" im Fall der unwirksamen Tagespreisklausel daran scheitern, daß eine „Reduktion" der Klausel stets nur auf ein minus, nicht auf ein aliud zielen kann (grundsätzlich gegen die Reduktion von Tagespreisklauseln LG Nürnberg-Fürth BB 1982, 456 m Anm Jung; Löwe BB 1982, 152, 153 und 648; ders DAR 1982, 34, 35; Salje DAR 1982, 88, 92; vgl auch Kötz aaO). Eine Abhilfe über §§ 315, 316 entspräche wohl noch am besten der Interessenlage (in dieser Richtung denn auch OLG Stuttgart BB 1982, 148; LG Wuppertal v 13. 8. 1981, mitgeteilt bei Jung BB 1982, 458; Kötz BB 1982, 646; weitere Nachweise bei Ulmer BB 1982, 1126). Diese Lösung stößt allerdings zT auf entschiedene Ablehnung (LG Nürnberg-Fürth BB 1982, 456 m zust Anm Jung; Löwe BB 1982, 648 ff). Das liegt zumindest vordergründig in der Konsequenz des – fragwürdigen! – BGH-Urteils vom 7. 10. 1981, das ausdrücklich den Einwand zurückgewiesen hat, „die in § 315 Abs 3 BGB verankerte und jedenfalls durch Allgemeine Geschäftsbedingungen nicht abdingbare Befugnis des Käufers, im

Rechtsstreit die geänderten Listenpreise auf ihre Billigkeit zu überprüfen, schütze ihn vor unangemessener Benachteiligung". Es ist auf den ersten Blick widersprüchlich, wenn nun aus der Unwirksamkeit der Tagespreisklausel die Folgerung gezogen wird, daß eben jener § 315 Abs 3 die Vertragslücke ausfüllt, obwohl eine geltungserhaltende Reduktion der Klausel abgelehnt wird. Das LG Nürnberg-Fürth und Jung (aaO) haben denn auch jede ergänzende Vertragsauslegung und jeden Rückgriff auf das Institut der Geschäftsgrundlage – er würde nach Vorbem D 123 zur subsidiären Anwendung des § 315 führen – entschieden abgelehnt. Diese Konsequenzen ergeben sich indes nicht aus dem BGH-Urteil. Vorab ist zu bemerken, daß die ergänzende Vertragsauslegung gerade als Konsequenz der Klausel-Unwirksamkeit zu begreifen ist (dazu nach Manuskriptabschluß Ulmer BB 1982, 1130) und daß das Institut des Fortfalls der Geschäftsgrundlage Gesetzesrecht im materiellen Sinne ist, folglich nicht durch die Unwirksamkeit einer Vertragsklausel betroffen wird (Löwe BB 1982, 154). Die Entscheidung des BGH, um deren Konsequenzen es geht, versteht sich nicht ohne Berücksichtigung der Besonderheiten des Kontrollverfahrens nach §§ 13 ff AGBG. Dieses Verfahren soll in den Worten des BGH „gerade im Vorfeld einer prozessualen Auseinandersetzung den Kunden schützen, der sich nur zu leicht von dem Verwender unter Hinweis auf eine – wenn auch materiell-rechtlich unwirksame – Klausel von einer Durchsetzung seiner Rechte abhalten läßt und resigniert". Wenn aus diesem Grunde die Tagespreisklausel nicht mit Hilfe des § 315 gehalten werden kann, so besagt dies noch nicht, daß nicht bei Altverträgen die Preisstellung mit Hilfe des § 315 aufrechterhalten werden darf. Das Verbandsklageverfahren, das zu dem Urteil vom 7. 10. 1981 führte, hat Breitenwirkung (§ 17 AGBG) und Wirkung in die Zukunft (§ 21 AGBG). Die rückwirkende Prüfung der Unwirksamkeitsfolgen im Individualprozeß ist dadurch nicht präjudiziert (insofern überzeugend Kötz BB 1982, 647, der aber zu Unrecht davon ausgeht, im Individualprozeß gelte das Prinzip der kundenfreundlichsten Klauselauslegung; dagg mit Recht Ulmer BB 1982, 1126). Die Folge der Klauselunwirksamkeit ergibt sich aus § 6 AGBG: Der Vertrag ist nur unter den Voraussetzungen des § 6 Abs 3 unwirksam; im übrigen bleibt er wirksam, und Vertragslücken werden nach den gesetzlichen Vorschriften gefüllt (§ 6 Abs 2). Zu diesen gehört auch § 315 (vgl im Ergebnis Ulmer BB 1982, 1130). Es widerspräche dem Willen beider Parteien und kann bei Altverträgen aus 1981 und den Vorjahren nicht als mit § 6 vereinbar angesehen werden, den Vertrag mit dem in der Vertragsurkunde genannten Listenpreis am Stichtag des Vertragsschlusses aufrechtzuerhalten (aM Löwe und Salje aaO). Die Maßgeblichkeit des § 315 wird in einem nach Manuskriptabschluß erschienenen Beitrag von Ulmer folgendermaßen begründet (BB 1982, 1125 ff): Soweit der Kaufpreis im Vertrag offen gelassen ist und der gegenwärtige Listenpreis nur als Richtwert für die künftige Listenpreisbestimmung dient, liegt mit dem Wegfall der Listenpreisklausel ohne weiteres ein Anwendungsfall der §§ 315, 316 vor; dies ist nach Ulmer jedenfalls dann anzunehmen, wenn die vereinbarte Lieferfrist deutlich über einem Jahr liegt (aaO 1128). Der Verkäufer kann nach § 316 Abs 1 die Preisbestimmung nach billigem Ermessen treffen, wobei eine Billigkeitskontrolle nicht stattfindet, wenn ein Listenpreis verlangt wird, der auch dem Marktpreis entspricht (aaO 1129). Ist dagegen der eingetragene Listenpreis nicht bloß als Richtwert gewollt, sondern liegt eine Preisvereinbarung mit Preisänderungsklausel vor, so liegt es in Anbetracht der Klauselunwirksamkeit immerhin nahe, den vertragsmäßigen Ursprungspreis für maßgeblich zu halten, denn die §§ 315, 316 greifen nicht ein, wenn eine vertragsmäßige Preisbestimmung vorhanden ist (Löwe BB 1982, 153 f; Ulmer BB 1982, 1130). Nach Ulmer (aaO 1130 f) und Hensen (Ulmer-Brandner-Hensen § 11 Nr 1 Rz 13) hilft indessen das Institut der ergänzenden Vertragsauslegung (zu ihrer Zulässigkeit im Rahmen des § 6 Abs 2 AGBG vgl auch Ulmer-Brandner-Hensen § 6 Rz 33): Mangels geeigneten dispositiven Rechts gelte der Listenpreis im Zeitpunkt der

Lieferung als vereinbart, soweit er dem Marktpreis entspreche. Diesem, zugegebenermaßen mühsamen, Versuch, Rückwirkungen des BGH-Urteils in Grenzen zu halten, ist im Ergebnis zuzustimmen. Die vorbehaltlose Zahlung bei abgewickelten Altverträgen löst also keine Rückforderungsansprüche nach § 812 aus, sofern nur die Preisstellung der Billigkeit entspricht, und das heißt praktisch: sofern sie einem marktgerechten Listenpreis entspricht (im Ergebnis übereinst Kötz BB 1982, 646; aM Löwe BB 1982, 152, 156 f und 648, 650; zur Zahlung unter Vorbehalt vgl LG Nürnberg-Fürth BB 1982, 456 mAnm Jung). Für **Neuverträge** seit 1982 – oder schon seit dem 7. 10. 1981 – wird sich eine solche Fortschreibung der vom BGH mißbilligten Listenpreispraxis nicht halten lassen (vgl auch Ulmer-Brandner-Hensen § 11 Nr 1 Rz 12). Die an Preisänderungsklauseln in Allgemeinen Geschäftsbedingungen im Lichte des Urteils vom 7. 10. 1981 künftig zu stellenden Anforderungen sind noch offen (vgl zum folgenden die Nachweise bei Ulmer-Brandner-Hensen § 10 Nr 1 Rz 11). Fest steht, daß die Ausübung des Preisänderungsrechts stets der Kontrolle nach § 315 unterliegen wird und daß die Preisänderungsklausel bei Überschreitung einer kritischen Grenze ein Lösungsrecht vorsehen muß. Die Festlegung eines bestimmten Prozentsatzes (Löwe BB 1982, 157 empfiehlt 5%) oder Jahresprozentsatzes wird für den Verwender zweckmäßig sein, sollte ihm aber nicht generell angesonnen werden. Es wäre zu begrüßen, ist jedoch nach dem BGH-Urteil wohl nicht zu erwarten, wenn das Kündigungsrecht auf den Fall beschränkt werden dürfte, daß die Preissteigerung die Steigerung der Lebenshaltungskosten übersteigt. Neben dem Kündigungsrecht wird eine objektiv nachprüfbare Preisänderungsgrundlage unentbehrlich sein (vgl Ulmer-Brandner-Hensen § 11 Nr 1 Rz 11; über Preisänderungsklauseln vgl auch Vorbem D 244). **Tagespreisklauseln gegenüber Händlern** unterliegen nicht denselben strengen Maßstäben (aM wohl von Westphalen Betrieb 1982, 1655 bei Fn 8). Ein Hauptproblem dieser Tagespreisklauseln, die häufig mit Vertikalbindungen nach § 18 GWB einhergehen, ist die Einhaltung der Schriftform des § 34 GWB. § 34 S 3 GWB gestattet die Bezugnahme auf Preislisten. Dies können auch künftige Preislisten sein (BGHZ 77, 1, 5 ff; BGH WuW/E BGH 1498 „Püff" = NJW 1978, 822; WuW/E BGH 1641 „Tanzcafe" = WM 1979, 493, 494; WuW/E BGH 1889 „Brunnenhof"; OLG Frankfurt OLGZ 1977, 474; OLG München WRP 1980, 357, 358; Emmerich in Immenga-Mestmäcker, GWB [1981] § 34 Rz 63; Benisch in Gemeinschaftskomm GWB [4. Aufl] § 34 Rz 14). Zur Begründung hat BGHZ 77, 1, 6 f ausgeführt, daß § 34 GWB zwar zur vollständigen Beurkundung des Vertrages zwingt, aber keine zusätzlichen Anforderungen an den Inhalt des Vertrages stellt. **Preisänderungsvorbehalte auf der Käuferseite** kommen in Allgemeinen Geschäftsbedingungen von Industrieunternehmen vor (Käufer als Verwender). Von Westphalen Betrieb 1982, 1655 erklärt folgende Klausel für unvereinbar mit §§ 9 Abs 2 Nr 1/10 Nr 4 AGBG: „Sollte die Marktlage eine Abänderung unserer Listenpreise erforderlich machen, so ist der Preis entsprechend zu ermäßigen." **Zinsanpassungsklauseln** in AGB fallen nicht unter § 11 Nr 1 AGBG (Löwe-von Westphalen-Trinkner, AGBG [1977] § 9 Rz 73). Nach § 9 Abs 1 AGBG dürfen sie aber den Kreditnehmer nicht unangemessen benachteiligen. Ferner kann § 11 Nr 5 AGBG zu beachten sein (vgl zu all dem § 246 Rz 70–79). Auch von individuell vereinbarten Zinsanpassungsklauseln darf nur in einer mit §§ 157, 242 vereinbaren Weise Gebrauch gemacht werden (LG Heidelberg WM 1975, 1271, 1272). Vgl eingehend § 246 Rz 63 ff, 70 ff.

D 169 cc) Der Geldgläubiger hat im allgemeinen **keinen allgemeinen Anspruch auf** (nachträgliche) **Aufnahme von Wertsicherungsvereinbarungen in einen Vertrag.** Grundsätzlich besteht keine Pflicht des Geldschuldners, sich auf eine solche Vertragsregelung (Vertragsänderung) einzulassen. Gegenüber der Forderungsanpassung wegen Fortfalls der Geschäftsgrundlage (Vorbem D 90 ff) ist die vereinbarte Wertsicherung in aller Regel das schärfere Mittel des Gläubigerschutzes (vgl allerdings zu den „deklaratorischen" Wertsicherungsklauseln Vorbem D 234). Das objektive Recht gewährt keinen über die Grundsätze zum Fortfall der Geschäftsgrundlage hinausreichenden gesetzlichen Schutz, und es kann diesen Schutz auch nicht mittelbar über einen Anspruch auf vertragliche Wertsicherung gewähren. Damit soll nicht für jeden Einzelfall ausgeschlossen sein, daß der Geldschuldner – etwa bei einem auf 99 Jahre geschlossenen Pachtvertrag – ausnahmsweise gehalten sein kann, künftige Anpassungen auf vertragliche Grundlage zu stellen. Grundsätzlich aber besteht eine solche Rechtspflicht nicht. Hiervon zu unterscheiden ist die *Pflicht der Parteien, die Genehmigung der einmal vereinbarten, aber genehmigungsbedürftigen Klausel herbeizuführen* (Vorbem D 311); gleichfalls hiervon zu unterscheiden ist der Fall, daß sich die Parteien bereits über eine Wertsicherung geeinigt haben, die jedoch wider Erwarten unwirksam, nichtig oder wegen Fortfalls der Geschäftsgrundlage gegenstandslos oder unbrauchbar ist. Dann haben sich die Parteien über das Ob der Wertsicherung geeinigt, und nur das Wie der Wertsicherung bedarf der Korrektur. In diesem Fall kommt ein *Anspruch auf Klauseländerung* in Betracht (vgl zum Fortfall der Geschäftsgrundlage Vorbem D 176 ff; zur Unwirksamkeit oder Nichtigkeit der Klausel vgl Vorbem D 323 f).

c) Zur **Auslegung** von Wertsicherungsklauseln vgl zB BGH LM Nr 12 (A) zu § 133 = BB 1970, 1323 = MDR 1971, 36 = NJW 1970, 2103; WM 1981, 1109; Bilda Rz 42 c ff; Dürkes (9. Aufl) Rz D 98. D 170

aa) Die Auslegung einer Wertsicherungsklausel **folgt allgemeinen Grundsätzen** (vgl zB BGH WM 1964, 906, 907; BB 1968, 646 = WM 1968, 617; LM Nr 12 [A] zu § 133 = BB 1970, 1323 = MDR 1971, 36 = NJW 1970, 2103; BB 1971, 147; Betrieb 1972, 1526; WM 1976, 154; BB 1979, 1631 = Betrieb 1979, 933; BB 1979, 1213 = Betrieb 1979, 2223 = WM 1979, 1097). Die Klausel *„stabile Währungsverhältnisse vorausgesetzt"* kann als Leistungsvorbehalt aufgefaßt werden (dazu BGH BB 1963, 497 = WM 1963, 568). Zur Auslegung eines Vertrags, der seinerseits auf einen *anderen Vertrag* Bezug nimmt vgl BGH BB 1979, 1214 = WM 1979, 1389. Neben dem *Wortlaut* und dem *Wertsicherungszweck* verdient auch *§ 3 WährG* Berücksichtigung insofern, als eine Klausel im Zweifel in dem Sinne auszulegen ist, daß sie wirksam ist. Der *Parteiwille* hat Vorrang und schließt richterliche Gestaltung grundsätzlich aus. Der Richter ist, soweit die Klausel wirksam ist, durch den zum Vertragsgegenstand gewordenen Parteiwillen gebunden (BGH BB 1973, 723 = WM 1973, 461). Er kann deshalb, wenn etwa ein Beamtengehalt als Maßstab vereinbart ist, nicht einfach den Lebenshaltungskostenindex zugrundelegen (BGH BB 1965, 183 = NJW 1965, 531 = WM 1965, 169). Zur Auslegung der Klausel *„maßgebliche" oder „wesentliche Änderung"* vgl BGH BB 1951, 485; WM 1967, 1248, 1249; LM Nr 12 (A) zu § 133 BB 1970, 2068 = NJW 1970, 2103 mAnm Bilda NJW 1971, 372. Zum „angemessenen Mietzins" vgl BGH BB 1975, 898 = NJW 1975, 1557 = WM 1975, 772. Wertsicherungen, die auf *Mindestschwankungen des Lebenshaltungsindex* abstellen und eine Mindestschwankungsklausel enthalten, sind erst dann zum zweiten Mal anzuwenden, wenn die erforderliche prozentuale Steigerung des Index erneut eingetreten ist (OLG Saarbrücken WM 1968, 558; Dürkes [9. Aufl] D 524 ff). Diese *erneute Anwendung* braucht im Vertrag nicht besonders klargestellt zu sein (LG Heidelberg BB 1981, 123 m zust Anm Dürkes). Mindestschwankungsklauseln regeln zunächst nur die Voraussetzungen der Anpassung, besagen also nicht ohne weiteres, daß dann der Umfang der Anpassung der eingetretenen Schwankung entsprechen muß; dies kann aber iS von §§ 315, 316 der Billigkeit entsprechen (OLG München BB 1982, 583). Bei **Lohn-, Gehalts- und Ruhegeldklauseln** kann die *Bemessungsgrundlage* zweifelhaft sein (eingehend nach Drucklegung Dürkes [9. Aufl] C 159–188). Eine Wertsicherungsklausel, die auf ein Beamtengehalt Bezug nimmt, D 171 bezieht sich im Zweifel nicht nur auf diejenigen Gehaltserhöhungen, die dem Kaufkraftausgleich dienen, sondern auch auf solche, die für eine Beteiligung des Gehaltsempfängers am gestiegenen Bruttosozialprodukt sorgen sollen (BGH BB 1967, 735 = Betrieb 1967, 898 = WM 1967; 786; vgl auch BGH BB 1979, 1631 = Betrieb 1979, 933). Ähnlich kann die Bezugnahme auf die Rentenentwicklung bedeuten, daß nicht nur der Kaufkraftschwundausgleich, sondern auch die Verbesserung des Lebensstandards durch Rentenerhöhungen erfaßt sein soll; vor allem bei Geldleistungen mit Versorgungscharakter liegt dies nahe (OLG Celle WM 1980, 747, 748 mAnm Ahrens: Leibrente). Wird auf ein Beamtengehalt Bezug genommen, so erfaßt diese Bezugnahme im Zweifel auch die als „13. Monatsgehalt" – früher als Weihnachtsgeld – bezeichnete Sonderzuwendung (BGH WM 1968, 830; 1971, 507; BB 1979, 1631 = Betrieb 1979, 933; Betrieb 1980, 492 = WM 1980, 192). Doch kann sich aus dem Zweck der konkreten Wertsicherungsklausel etwas anderes ergeben (vgl den Mietzinsfall BGH LM Nr 27 zu § 3 WährG = BB 1974, 1608 = NJW 1975, 105). Zur Auslegung eines wertgesicherten Vermächtnisses vgl BGH BB 1971, 1175.

D 172 **bb) Lücken** in der Wertsicherungsregel sind durch *ergänzende Vertragsauslegung* zu schließen (vgl OLG Düsseldorf Betrieb 1978, 2166). Nachträglich können sich solche Lücken ergeben, wenn sich der Bewertungsmaßstab der Bezugsgröße seinerseits ändert (vgl zB zur Änderung der Beamtengehälter BGH LM Nr 26 zu § 157 [Ge] = BB 1976, 1483 = NJW 1976, 2342 = WM 1976, 814; OLG Hamm BB 1970, 1194 = WM 1970, 1239; zur Einführung der Mehrwertsteuer BGH BB 1972, 334 = NJW 1972, 677 = WM 1972, 414; OLG Düsseldorf BB 1970, 1232 = WM 1970, 997; zur Roggenklausel BGH BB 1972, 1527 = Betrieb 1973, 59 = WM 1972, 1442; WM 1981, 899). In diesen Fällen hat die korrigierende Auslegung *Vorrang vor einer Vertragskorrektur wegen Fortfalls der Geschäftsgrundlage* (vgl Vorbem D 177). Wichtig ist in diesen Fällen, daß auf den Wertsicherungszweck und auf den konkreten Vertragsinhalt abgestellt wird (vgl BGH LM Nr 26 zu § 157 [Ge] = aaO). Eine Wortinterpretation, die an Begriffen festhält, obgleich diese ihren Sinn verändert haben, ist unzulässig (OLG Hamm aaO). Eine ergänzende Vertragsauslegung ist auch dann nicht ausgeschlossen, wenn die Klausel der Genehmigung nach § 3 WährG unterlegen hat (BGH LM Nr 26 zu § 157 [Ge] = aaO; BGH WM 1982, 1329, 1331). Allerdings muß das Ergebnis der ergänzenden Vertragsauslegung noch mit dem Gegenstand und Inhalt der Genehmigung vereinbar sein (BGH LM Nr 26 zu § 157 [GE] = aaO). Von der korrigierenden Auslegung der Klausel zu unterscheiden sind: die *„ergänzende Auslegung" des Vertrags, wenn die darin enthaltene Klausel unwirksam oder nichtig ist* (Vorbem D 321 ff); die *Umdeutung einer genehmigungsunfähigen Klausel* nach § 140 (Vorbem D 318); das umstrittene *Problem der „geltungserhaltenden Reduktion"* bei Unwirksamkeit nach dem AGBG (Vorbem D 168).

D 173 **cc)** Der **maßgebende Zeitpunkt** bedarf namentlich *bei Dauerschuldverhältnissen der Klärung*. Hier wirkt eine Erhöhung des Entgelts nur *ex nunc*. Was dies genau bedeutet, hängt von den vereinbarten Anpassungsvoraussetzungen ab und ist wiederum eine Auslegungsfrage. Dabei ist zunächst zu klären, ob eine automatisch wirkende *Gleitklausel* oder ein *Leistungsbestimmungsvorbehalt* vorliegt. Insbesondere die Frage, ob die Anpassung durch Vereinbarung oder unter bestimmten Voraussetzungen automatisch erfolgt, muß nach dem Wortlaut oder dem Sinn der Klausel ermittelt werden (BGH DNotZ 1979, 19 = WM 1978, 1133). Ist bestimmt, daß der Vermieter den Mieter zur erhöhten Mietzahlung auffordern muß, so ist diese Aufforderung regelmäßig nicht nur Fälligkeitsvoraussetzung, sondern Anspruchsvoraussetzung; erst sie kann also zur Erhöhung des Mietzinses ex nunc führen (vgl BGH WM 1979, 784, 786). Dagegen kann eine automatisch wirkende Gleitklausel auch dann gewollt sein, wenn es in dem Vertrag – insofern irreführend – heißt, es könne eine Erhöhung des Miet- oder Pachtzinses verlangt werden (BGH WM 1979, 1308; vgl zur Abgrenzung auch EMMERICH-SONNENSCHEIN, Mietrecht [2. Aufl 1981] Vorbem 160 zu § 535). Eine Klausel, wonach Veränderungen des zugrundegelegten Beamtengehalts unter 5% „außer Betracht" bleiben, kann rechtsfehlerfrei so ausgelegt werden, daß die Anpassung eine Veränderung von mindestens 5% voraussetzt, dann aber die gesamte Veränderung erfaßt (BGH Betrieb 1972, 1526 = WM 1972, 700). Eine *vertragliche Änderung der Wertsicherungsklausel* kann dahingehend zu verstehen sein, daß die Parteien einander so stellen wollen, als sei die neue Klausel von Anfang an vereinbart gewesen (OLG Nürnberg WM 1959, 1251 sieht dies sogar als den Regelfall an). Es kann aber auch eine ex-nunc-Änderung gewollt sein. Sofern der Vertragstext keinen Aufschluß gibt, wird es auf Anlaß und Zweck der Änderung ankommen.

d) **Wertsicherung und Geschäftsgrundlage** stehen miteinander in Wechselbeziehung. **D 174**
Einerseits hat eine wirksam getroffene Wertsicherungsvereinbarung Vorrang vor der gesetzlichen Forderungsaufwertung (vgl sogleich Vorbem D 175), auf der anderen Seite aber liegt der Wertsicherungsregelung ihrerseits eine Geschäftsgrundlage zugrunde, deren Fortfall oder Störung Probleme der Vertragskorrektur aufwerfen kann (s auch DÜRKES [9. Aufl] E 34 ff).

aa) **Äquivalenzstörungen** – dh Störungen der *Geschäftsgrundlage des gesamten* **D 175**
Vertrages – können nur eingeschränkt geltend gemacht werden. Der *Vorrang der Wertsicherungsvereinbarung* schließt eine gesetzliche Vertragskorrektur wegen Geldwertschwundes unter dem Gesichtspunkt des Fortfalls der Geschäftsgrundlage regelmäßig aus (Subsidaristätsgrundsatz; vgl Vorbem D 108, D 114). Wenn der Vertrag eine Regelung des Geldwertproblems enthält, ist für einen Eingriff in den Vertrag wegen der eingetretenen Inflation idR kein Raum (RGZ 118, 346, 352; 124, 75, 78; RG WarnR 1926 Nr 63; vgl auch hierzu Vorbem D 108). Die vertragliche Wertsicherung kann grundsätzlich nicht nach §§ 157, 242 durch eine andere, dem Wertsicherungszweck ex post gesehen besser dienende Regelung ersetzt werden (BGH WM 1973, 461). *Gegenüber der Vertragsregelung setzt sich das Institut des Fortfalls der Geschäftsgrundlage nur in zwei Fällen durch:* erstens wenn die eingetretene Geldwertänderung von den bei der Wertsicherung in Betracht gezogene Ereignissen so wesentlich abweicht, daß von einer speziellen Vertragsregelung für den in Frage stehenden Fall nicht gesprochen werden kann; zweitens wenn die Wertsicherungsklausel selbst der Korrektur wegen Fortfalls ihrer Geschäftsgrundlage unterliegt (dazu sogleich Vorbem D 176 ff).

bb) Beim **Fortfall der Klauselgrundlage** geht es nicht um die Äquivalenzstörung im **D 176**
Vertrag selbst, sondern um ein Versagen der vereinbarten Wertsicherung (vgl zum folgenden eingehend nach Manuskriptabschluß DÜRKES [9. Aufl] E 34 ff).

aaa) Der **Vorrang der Klauselauslegung** vor einer Vertragsumgestaltung wegen **D 177**
Fortfalls der Geschäftsgrundlage (Vorbem D 172) kommt immer dann zum Tragen, wenn die vereinbarte Wertsicherungsklausel nicht unbrauchbar geworden ist, sondern wegen einer veränderten Kalkulation der Bezugsgröße im Sinne des Wertsicherungszwecks lediglich der Berichtigung bedarf (vgl zum umstrittenen Verhältnis zwischen Vertragsauslegung und Vertragsanpassung in Geschäftsgrundlagenfällen allerdings Vorbem D 95, D 119 ff). Unvorhergesehene Änderungen der für die Wertsicherungsklausel maßgebenden Posten sind in erster Linie durch Auslegung nach §§ 133, 157 zu beheben. Vgl etwa BGH BB 1972, 334 f zur *Einführung der Mehrwertsteuer* und zu ihrer Auswirkung auf die Wertsicherung eines Pachtvertrags, bei dem die Höhe des Pachtzinses vom Brauereilieferpreis einer bestimmten Biersorte abhängig gemacht ist. Die Steigerung der umsatzsteuerlichen Belastung stellte

nach Auffassung des BGH keine wirkliche Verteuerung des Bierpreises dar, weil sie kostenneutral war. Soweit dagegen gleichzeitig mit der Einführung der Mehrwertsteuer eine verdeckte Preiserhöhung vorgenommen worden war, handelte es sich um eine echte Verteuerung des Bieres, die sich nach der Wertsicherungsklausel im Pachtzins niederschlug (zur Einführung der Mehrwertsteuer vgl auch OLG Düsseldorf BB 1970, 1232 = WM 1970, 997). Charakteristische *Fälle der berichtigenden Auslegung* sind auch die Entscheidungen über die Neuberechnung der Beamtengehälter (vgl dazu BGH LM Nr 26 zu § 157 [Ge] = BB 1976, 1483 = NJW 1976, 2342 = WM 1976, 814; OLG Hamm BB 1970, 1194 = WM 1970, 1239). Als Fall der berichtigenden Auslegung wird man auch BGH WM 1982, 1329 einzuordnen haben, wo eine „ergänzende" Auslegung abgelehnt und folgende „interessengerechte" Auslegung durchgeführt wird: „Haben die Parteien 1967 eine Wertsicherungsklausel vereinbart, wonach die Höhe des Mietzinses sich nach dem Endgrundgehalt eines Regierungsrats in Bundesdiensten mit zwei Kindern über 14 Jahren bestimmt, so ist bei der Bemessung der Miete ab 1. Januar 1975 an die Stelle des weggefallenen Kinderzuschlags das nunmehr nach dem Kindergeldgesetz zu zahlende Kindergeld zu setzen."

D 178 bbb) **Nichtbewährung der vereinbarten Wertsicherungsklausel** kann einen Fortfall der Klauselgrundlage darstellen. Auf der Rechtsfolgenseite gelten dann die allgemeinen Grundsätze über den Fortfall der Geschäftsgrundlage (zu ihnen vgl Vorbem D 119 ff). Im Vordergrund steht auch hier eine Anpassung des Vertrags (vgl BGH WM 1957, 401, 402). Für den Anpassungsmechanismus gelten sinngemäß die bei Vorbem D 120 ff dargestellten Regeln. Der *Tatbestand des Fortfalls der Geschäftsgrundlage* bereitet allerdings auch hier beträchtliche Abgrenzungsschwierigkeiten. In erster Linie ist zu bedenken, daß kein Wertmesser ideal ist (Ertl 101, 104). Das in der Wertsicherung zum Ausdruck gelangte Bedürfnis nach zuverlässiger und konstanter Sicherung kann dem Gläubiger nicht schlechthin das Risiko abnehmen, sich in der Wahl der Wertsicherungsklausel verkalkuliert zu haben. Die Wertsicherungsfunktion der Klausel steht zwar aus Gläubigersicht einseitig im Vordergrund, aber aus der Sicht der inneren Vertragsordnung hat die Wertsicherung auch eine befriedende Funktion. Nichtbewährung liegt also nicht schon dann vor, wenn die optimale Wertsicherung verfehlt wurde. Starke Schwankungen der Bezugsgröße, die mit dem Wertsicherungszweck unvereinbar sind und die Befriedungswirkung der Klausel aufheben, können ausnahmsweise einen Fortfall der Geschäftsgrundlage darstellen (Ertl 101 ff). *Gehaltsklauseln* und *Ruhegeldklauseln* sind in dieser Hinsicht besonders anfällig (eingehend Ertl 108 ff). Das beruht einmal darauf, daß hier die Veränderung der Bezugsgröße nicht nur Spiegelbild der Geldentwertung, sondern auch Ausdruck sozialer Statusverbesserung sein kann (dazu alsbald Vorbem D 179). Auch unterliegen die Berechnungsgrundlagen starken Schwankungen. Diese Eigenart von Gehältern und Ruhegeldern sollte nicht Anlaß zu besonders großzügiger Vertragskorrektur sein, denn sie werden, wenn eine solche Klausel gewählt wird, in Kauf genommen. Ob zB eine Arbeitszeitverkürzung zu berücksichtigen ist, hängt von der Formulierung der Klausel (Stundenlohn oder Monatslohn) ab und ist jedenfalls grundsätzlich kein Problem der Geschäftsgrundlage (vgl aber Ertl 110 ff). Stellt die Wertsicherungsklausel auf eine bestimmte Besoldung ab, deren Veränderungen die Geldschuld folgen soll, so liegt noch kein Fortfall der Geschäftsgrundlage vor, wenn statt der zu erwartenden Änderungen der betreffenden Besoldung eine vollständige Neuordnung dieser Besoldung eintritt; allerdings kann diese Neuordnung eine berichtigende Auslegung der Wertsicherungsklausel notwendig machen (OLG Hamm BB 1970, 1194 = WM 1970, 1239).

D 179 ccc) Unangemessene Bevorzugung des Geldgläubigers durch **übermäßige Wertsicherung** kann eintreten, wenn durch Zufälligkeiten der Wertsicherung eine die

Geldentwertung überschreitende Anpassung der Geldforderung eintritt. Das ist der Fall, wenn die gewählte Bezugsgröße eine die Geldentwertung weit übertreffende Dynamik entfaltet. Der Geldschuldner muß, um hier eine Zweckverfehlung geltend zu machen, nicht nur das objektive Übermaß an Wertsicherung darlegen. Voraussetzung eines Fortfalls der Geschäftsgrundlage ist auch, daß dieses Auseinanderklaffen von Inflation und Wertsicherung ungewollt ist. Das ist der Fall, wenn Inflationsausgleich ausschließlicher Zweck der Wertsicherung ist. Vor allem bei der *Anpassung an Gehälter und Renten* geht der Anpassungszweck hierüber vielfach hinaus (BGH WM 1973, 461: Kapitänsheuer; WM 1975, 445: Altersrente; vgl auch BGH BB 1967, 735 = Betrieb 1967, 898 = WM 1967, 786; OLG Düsseldorf Betrieb 1978, 2166; OLG Celle WM 1980, 747, 748 m Anm Ahrens). Die Bezugnahme auf eine Rente oder auf ein Gehalt kann neben der reinen Wertsicherung auch der Anpassung des Lebensstandards an eine bestimmte soziale Gruppe dienen. Die Anpassung kann dann bestimmungsgemäß von der Inflationsrate abweichen (BGH WM 1975, 445). In diesem Fall kann nur eine völlig unerwartete und unverhältnismäßige Abweichung einen Fortfall der Geschäftsgrundlage begründen (vgl auch hierzu BGH WM 1975, 445 und dazu Hartmann NJW 1976, 428). Solange nicht feststeht, daß die Klausel keine andere Funktion als die des Inflationsausgleichs haben sollte, rechtfertigt eine die Inflationsrate übersteigende Anhebung der Bezugsgröße weder eine korrigierende Auslegung noch eine Umgestaltung der Klausel wegen Fortfalls der Geschäftsgrundlage (vgl BGH WM 1973, 461, 463; 1975, 445). Aber auch wenn es um bloßen Inflationsausgleich geht, nehmen die Vertragspartner Pauschalierungen und Abweichungen von der Entwicklung der Lebenshaltungskosten in Kauf (BGH WM 1979, 250, 251). Das bedeutet nicht, daß etwa die Geltendmachung eines Fortfalls der Geschäftsgrundlage bei Gehalts- und Ruhegeldklauseln allgemein aussichtslos wäre. Mit einer Spannungsklausel in einem Ruhegeldvertrag, die auf die Bezüge in einer anderen Berufsgruppe Bezug nimmt, ist idR nicht beabsichtigt, dem Empfänger eine überdurchschnittliche, die Einkommensentwicklung der eigenen Berufsgruppe unerwartet und weit übersteigende Anhebung des Lohnniveaus der fremden Berufsgruppe zugute kommen zu lassen; erweist sich die Spannungsklausel infolge einer solchen unvorhergesehenen Entwicklung als ungeeignet, so kann ihre Anpassung nach den Grundsätzen über den Wegfall der Geschäftsgrundlage (Vorbem D 120 ff) geboten sein (BGH LM Nr 23 zu § 3 WährG = BB 1974, 101, 102 = NJW 1974, 273, 274 f). Der Fall des BGH ist allerdings dadurch gekennzeichnet, daß hier ein Festhalten an der vertraglichen Regelung die geschuldete Hinterbliebenenrente in eine Höhe getrieben hätte, die der verstorbene Geschäftsführer, hätte er noch gelebt und im aktiven Berufsleben gestanden, voraussichtlich nicht erhalten hätte. Es geht also um einen Extremfall. Das wird auch deutlich bei BGH WM 1979, 250, wo eine Steigerung der Bezugsgröße von 186,4% bei nur 62,9% Kaufkraftschwund hingenommen wird. Eine allgemeine Regel, nach der jede unerwartete Schwankung der Vergleichsgröße die Geschäftsgrundlage entfallen läßt, gibt es nicht. Die Parteien haben, wenn sie sich auch hiergegen absichern wollen, die Möglichkeit, die Bandbreite zwischen der minimalen und der maximalen Anpassung im Vertrag festzulegen (Ahrens WM 1980, 752). Im Einzelfall können sich bei Betriebsrenten Anpassungspflichten aus nachwirkender Vertragspflicht zum Schutz des Unternehmens ergeben (BGH WM 1979, 250, 251 mwN). Einen Fortfall der Geschäftsgrundlage bejaht BGH BB 1963, 247 = Betrieb 1963, 448 = WM 1963, 315 in einem Fall, in dem der Kreditnehmer zulässigerweise (Vorbem D 237) dem Kreditgeber versprochen hatte, den Wert zur Wiederbeschaffung bestimmter Aktien zurückzuerstatten, deren Kurs dann aber in unvorhergesehenem Maße angezogen hatte.

ddd) Eine **unzureichende Wertsicherung** läßt ambivalente Schlüsse zu (vgl auch **D 180**

MünchKomm-ROTH § 242 Rz 555): Unter dem Aspekt der Subsidiarität des Fortfalls der Geschäftsgrundlage kann auf das Vorhandensein einer vertraglichen Spezialregelung verwiesen werden (Einschränkung des Fortfalls der Geschäftsgrundlage); auf der anderen Seite kann zugunsten des Fortfalls der Geschäftsgrundlage darauf hingewiesen werden, daß die vereinbarte, jedoch ex post gesehen unzureichende Wertsicherung den Willen der Parteien zur vertraglichen Wertsicherung demonstriert. Der scheinbare Widerspruch löst sich auf, wenn man zwischen der *Vertragsgrundlage* (Vorbem D 175) und der *Klauselgrundlage* (Vorbem D 176) unterscheidet. Das Leistungsäquivalent als allgemeine Vertragsgrundlage ist durch die Wertsicherungsvereinbarung verdrängt. Der eigenen Klauselgrundlage, auf der die gewählte Wertsicherung beruht, muß aber Rechnung getragen werden. Wiederum muß darauf hingewiesen werden, daß das Institut der Geschäftsgrundlage nicht dazu dienen darf, dem Vertrag nachträglich die ideale Wertsicherungsklausel unterzuschieben. Besteht der alleinige Zweck der Klausel im Inflationsausgleich, so müssen zunächst Kalkulationsirrtümer ausscheiden, die auf der Warenseite, nicht auf der Geldseite, liegen. Haben die Parteien eines aufschiebend bedingten Grundstückskaufvertrags den Lebenshaltungskostenindex als Maßstab gewählt, so ist die Geschäftsgrundlage nicht deshalb entfallen, weil die Grundstückspreise stärker als die Lebenshaltungskosten gestiegen sind (BGH WM 1973, 839; s auch DÜRKES [9. Aufl] E 38). Erweist sich dagegen die Wertsicherungsklausel als ungeeignet zur Erfüllung ihrer Aufgabe, so muß zunächst im Wege der korrigierenden Auslegung (§ 157) eine Lösung gesucht werden, die dem Parteiwillen gerecht wird. So vor allem die *Rechtsprechung zur „Roggenklausel"*, die sich aufgrund der eingefrorenen Roggenpreise als ungeeignet erwiesen hat (BGH LM Nr 27 b zu § 157 [D] = BB 1972, 1527 = WM 1972, 1442; WM 1981, 899; OLG Celle WM 1969, 1026; LG Lübeck NJW 1976, 427 mAnm HARTMANN). Namentlich die Herabsetzung eines wertgesicherten Pachtzinses aufgrund der gelenkten Roggenpreisreduzierung muß ausscheiden (OLG Celle aaO). Wo eine korrigierende Vertragsauslegung nicht gelingt, ergibt sich eine *Neuverhandlungspflicht* wegen Fortfalls der Geschäftsgrundlage. Auch die österreichische Praxis hat sich mit diesem Fragenkreis befaßt (eingehend ERTL 103). Auf ähnlichen Überlegungen basierte die *Rechtsprechung des RG zur Pfund- und Dollarentwertung,* soweit die Fremdwährungsschulden in diesen Fällen eigens im Hinblick auf die schließlich beseitigte Golddeckung dieser Währungen eingegangen waren (RGZ 147, 286, 290; 163, 324, 334 mwN). Nicht von ungefähr erkannte das RG in diesen Fällen einen Fortfall der Geschäftsgrundlage schon bei Wertveränderungen um 13% an; es ging nicht um dasselbe Problem wie bei der Aufwertungsrechtsprechung, sondern um das Scheitern vertraglich vereinbarter Wertsicherung (insofern unberechtigt die Verwunderung von MünchKomm-ROTH § 242 Rz 547).

D 181 **eee**) Schließlich bereitet der **Wegfall des Wertmaßstabs** Schwierigkeiten (ERTL 102). Er stellt ein eindeutiges Beispiel für den Fortfall der Geschäftsgrundlage dar. Die Parteien sind einander aufgrund der *Neuverhandlungspflicht* zur Vereinbarung eines dem Zweck möglichst nahekommenden Maßstabes verpflichtet (Prinzip des nächstverwandten Wertmaßstabes; vgl ERTL 106).

D 182 **fff**) Die **Wiederherstellung der Währungsstabilität** kann die Geschäftsgrundlage einer auf eine Ausnahmesituation zugeschnittenen Wertsicherung in Fortfall bringen. In Zeiten starken Währungsverfalls werden Wertsicherungsvereinbarungen bisweilen ausschließlich zur Behebung der momentanen Währungssituation abgeschlossen, eine Normalisierung der Kaufkraftentwicklung kann dann – muß aber nicht – einen Fortfall der Geschäftsgrundlage begründen (näher RGZ 115, 88). Die in Zeiten schleichender Inflation vereinbarten Klauseln sind dagegen idR vom aktuellen Grad der Inflation unabhängig. Sie können auch präventiv wirken.

D 183 e) **Verzicht und Verwirkung** können die Rechte aus einer Wertsicherungsklausel hinfällig machen (eingehend ERTL 119 f). Dabei ist zu unterscheiden:

D 184 aa) Nur zu einem **Aufschub der Erhöhung** – nicht schon zum Verlust aller Rechte aus der Klausel – kann es führen, wenn der Berechtigte den Geldschuldner bei einer automatisch wirkenden Klausel über die Geltendmachung seiner Rechte vorerst im unklaren läßt und diese Rechte erst im Nachhinein geltend macht (BGH DNotZ 1979, 19, 20 f = WM 1978, 1133 f). Verfolgt ein Gläubiger ein Erhöhungsverlangen aufgrund einer Wertsicherungsklausel nicht weiter, so kann das als ein Verzicht auf das Verlangen ausgelegt werden (BGH Betrieb 1976, 671 = WM 1976, 296). Auch eine Berufung auf die Rückwirkung der Genehmigung kann wegen illoyaler Widersprüchlichkeit arglistig sein, etwa wenn die rückwirkende Genehmigung erst nach einer Änderung der Genehmigungsgrundsätze erteilt werden konnte und der Berechtigte in der Zwischenzeit eine aus damaliger Sicht gebotene Neuregelung verhindert hat (OLG Hamm WM 1966, 787, 788). Selbstverständlich kann ein Aufschub der Anpassung auch vereinbart, also einverständlich herbeigeführt werden. Dies erübrigt sich, wenn der vertragliche Anpassungstatbestand eine Mitwirkungshandlung des Gläubigers voraussetzt und diese Handlung unterbleibt.

D 185 bb) Zum **Verlust aller Rechte aus der Klausel** führt der *Verzicht* auf die Wertsicherung. Eine **Verwirkung** kommt in Betracht, wenn zurechenbares Verhalten des Geldgläubigers das Vertrauen des Geldschuldners rechtfertigt, die Klausel habe sich ein für allemal erledigt. Das wird nur sehr selten der Fall sein. Der **Verzicht** kann durch *Vertragsänderung* herbeigeführt werden. Ein *einseitiger „Verzicht" auf die Wertsicherungsklausel* durch den, der durch sie begünstigt wird, ist nach hM gleichfalls möglich (OLG München BB 1958, 786 = MDR 1959, 925 = Vorinstanz zu BGH BB 1959, 1006; DÜRKES [9. Aufl] E 26 ff; MITTELBACH Rz 286; REITHMANN DNotZ 1960, 195; vgl im Ergebnis auch LG Wuppertal DNotZ 1959, 237, 240). Die Rechtsnatur dieses „Verzichts" ist zweifelhaft. Nach Ansicht des OLG München ist die Verzichtserklärung selbst eine Gestaltungserklärung, gerichtet auf Beseitigung eines Gestaltungsrechts (so auch MITTELBACH Rz 286). Die Erklärung ist nach Auffassung des OLG einseitig und ohne Zugang an den Vertragsgegner wirksam, weil es sich um den einseitigen Verzicht auf ein Gestaltungsrecht handle. Richtig ist, daß die hM Gestaltungsrechte für einseitig verzichtbar hält (vgl nur RGZ 78, 130, 131 für die Einrede der Verjährung; ENNECCERUS-LEHMANN § 74 I). Aber darum wird es regelmäßig schon deshalb nicht gehen, weil die Klausel idR kein Gestaltungsrecht einräumt. Die Grundfragen sind folgende: „Verzichtet" der Gläubiger *im Einzelfall* auf die Geltendmachung von Rechten aus der Wertsicherungsklausel, so kann ihn dies nach § 242 binden, jedoch nicht ohne weiteres für die Zukunft. Eine *dauernde Beseitigung oder Änderung der Klausel* setzt – abgesehen vom Verwirkungsfall – eine Vertragsänderung voraus, die freilich nicht ausdrücklich erklärt zu werden braucht. „Verzichtet" ein Gläubiger deshalb auf die Anpassung, weil sich ein Festhalten an der Wertsicherungsklausel aus unvorhergesehenen Gründen als nachteilig erweist, so kann sich die Frage stellen, ob stillschweigend eine Mindestklausel vereinbart war (zu dieser vgl Vorbem D 256) oder ob die Geschäftsgrundlage gestört ist (dazu Vorbem D 119 ff). Bei einer *unwirksamen Wertsicherungsklausel* (uU auch bei unklarer Rechtslage) will der Gläubiger mit dem „Verzicht" auf das Recht idR nur den Eintritt der Vollnichtigkeit des Vertrages abwenden (so wohl im Fall OLG München BB 1958, 786 = MDR 1959, 925; vgl auch MEES NJW 1957, 1261 ff; LG Wuppertal DNotZ 1959, 237 ff; dazu näher DÜRKES [9. Aufl] E 30; das OLG München hätte freilich im Ergebnis nur Teilnichtigkeit angenommen; insofern bestätigt in BGH BB 1959, 1006). Dies kann auch schon vor dem Scheitern eines Genehmigungsverfahrens geschehen. Wiederum scheint die Problematik falsch eingeordnet, wenn es um einen Verzicht auf das Stammrecht gehen soll. Es ist auch hier zu unterscheiden zwischen denjenigen Fällen, die eine Ausübung des Wertsicherungsrechts durch den Geldgläubiger voraussetzen, und den Fällen mit einer Wertsicherungsautomatik. Gemeinsam ist diesen Fällen aber, daß der „Verzicht" des Geldgläubigers auf die Wertsicherungsklausel bzw auf ihre Ausübung als Angebot zur Vertragsänderung auszulegen ist (zum Anspruch auf Vertragsänderung vgl Vorbem D 323). Nach LG Wuppertal DNotZ 1959, 237, 240 verstößt dann der Geldschuldner gegen Treu und Glauben, wenn er der ihn begünstigenden Vertragsänderung nicht zustimmt. Zur Frage, ob sich der Geldschuldner auf eine neue Wertsicherungsklausel einlassen muß, vgl Vorbem D 186.

D 186 cc) Die **Rechtsfolgen** eines „Verzichts" auf die Klausel sind hiernach uneinheitlich. Sie reichen von der vorübergehenden bis zur endgültigen Nichtberücksichtigung der Klausel. Die Rechtsfolgen bei Nichtberücksichtigung der Klausel hängen davon ab, ob ohne die Wertsicherungsklausel noch ein Forderungsbetrag feststellbar ist (Reithmann DNotZ 1960, 196). Fehlt es daran, so kann der „Verzicht" auf die Wertsicherungsklausel die Klagbarkeit und Erfüllbarkeit des Vertrags in Frage stellen. Ist ein Sockelbetrag vereinbart, so kann dieser fortbestehen; fehlt es daran, so bedarf es – wie im Fall der Teilnichtigkeit – einer genehmigungsfreien oder genehmigungsfähigen Neufassung des Vertrages, zu der die Parteien ggf nach Treu und Glauben verpflichtet sein können (Reithmann DNotZ 1960, 196). Aber auch wenn ein Festbetrag feststellbar ist, kann die Einführung einer für den Schuldner minder gravierenden genehmigungsfreien Klausel nach Treu und Glauben geboten sein.

D 187 **3. Grundsätzliches zu § 3 WährG**

a) Die **Norm** ist *Bestandteil des allgemeinen Währungsrechts* (Vorbem A 27 ff). Das WährG ist als Erstes Gesetz zur Neuordnung des Geldwesens v 20. 6. 1948 in der amerikanischen und britischen Besatzungszone als Gesetz Nr 61, in der französischen Zone als Gesetz Nr 158 erlassen worden (Vorbem A 39). Das Gesetz ist nicht Bundesrecht, sondern fortgeltendes Besatzungsrecht (BVerwGE 41, 1, 3 f = NJW 1973, 529, 530). In Berlin gilt Nr 2 Buchstabe C der Verordnung der Kommandanten des französischen, britischen und amerikanischen Sektors von Groß-Berlin vom 24. Juni 1948 (VOBl für Groß-Berlin 1948 I 363) – BerlWährV –. *§ 3 WährG hat folgenden Wortlaut:*

„Geldschulden dürfen nur mit Genehmigung der für die Erteilung von Devisengenehmigungen zuständigen Stelle in einer anderen Währung als in Deutscher Mark eingegangen werden. Das gleiche gilt für Geldschulden, deren Betrag in Deutscher Mark durch den Kurs einer solchen anderen Währung oder durch den Preis oder eine Menge von Feingold oder von anderen Gütern und Leistungen bestimmt werden soll."

D 188 Seiner **Normstruktur** nach ist § 3 WährG ein *Verbot mit Erlaubnisvorbehalt* (vgl Vorbem D 305). § 3 WährG ist ein *Verbotsgesetz iS von § 134* (BGH NJW 1953, 1912, 1913; BB 1964, 944; Bohndorf 19; von Maydell, Geldschuld 383; zur Dogmatik der Verbotsgesetze vgl Karsten Schmidt, Kartellverfahrensrecht – Kartellverwaltungsrecht – Bürgerliches Recht [1977] 12 ff mwN). Dem steht nicht entgegen, daß von dem Verbot Freistellungen erteilt werden können; Verbote mit Erlaubnisvorbehalt können durchaus unter § 134 fallen (vgl eingehend Kieckebusch, Die öffentlich-rechtliche Genehmigung privater Rechtsgeschäfte, VerwArch 57 [1966] 17, 162 und dazu Karsten Schmidt aaO 13 f). Zur Unwirksamkeit und Nichtigkeit verbotener Wertsicherungsvereinbarungen vgl im einzelnen Vorbem D 318 ff. Dagegen ist § 3 WährG *kein „Schutzgesetz"* iS von § 823 Abs 2 (auf die Ungenauigkeit dieser üblichen Frage, ob eine Norm „Schutzgesetz" ist, kann hier nur hingewiesen werden; näher Schmiedel, Deliktsobligationen nach deutschem Kartellrecht I [1974] 110 ff,

119 f; Karsten Schmidt aaO 355 ff). Schadensersatzansprüche Dritter lassen sich aus der Verletzung der Bestimmung nicht herleiten.

b) Der **Normzweck** des § 3 WährG ist nicht aus Materialien zu dem Gesetz ablesbar (vgl. von Maydell, Geldschuld 376). Die generalklauselhafte Präambel, wonach die Folgen der durch den Nationalsozialismus herbeigeführten Zerrüttung beseitigt werden sollten, rechtfertigte nicht ohne weiteres ein Verbot der Wertsicherungsklauseln unter der neuen Währung (Bohndorf 63). Der Verfall der Reichsmark seit den 30er Jahren hatte nicht auf Wertsicherungsklauseln beruht, deren Verbreitung vielmehr seit Mitte der 30er Jahre sogar stark zurückgegangen war (Vorbem D 162). Auch als bloße Starthilfe für die DM-Währung (von Maydell, Geldschuld 383) ist § 3 WährG gewiß nicht zu verstehen, denn es soll sich unzweifelhaft um einen dauerhaften Baustein im währungsrechtlichen Gefüge handeln. In Anbetracht dieser Unklarheit wird die ratio legis meist nur mit nebulösen Formeln beschrieben: § 3 WährG dient dem *Schutz der Währung* (BGHZ 14, 306, 309; BGH BB 1962, 815; BVerwGE 41, 1, 5 = NJW 1973, 529, 530; OVG Münster BB 1965, 16 = Betrieb 1964, 1847 = NJW 1965, 650; Dürkes [9. Aufl] B 5 ff; von Maydell, Geldschuld 376; BGB-RGRK-Alff § 245 Rz 18). Es muß hierbei zwischen den beiden Sätzen des § 3 WährG unterschieden werden. D 189

aa) **§ 3 S 2 WährG** als Grundnorm des Rechts der Wertsicherungsklauseln soll zunächst die *Funktionstüchtigkeit des Geldes sicherstellen.* Es handelt sich insofern um einen **institutionellen Schutz** des Geldes. Die Bestimmung ist deshalb im Zusammenhang mit den Geldfunktionen zu sehen: Das Geld soll seine *nominalistische Funktion als abstrakter Wertmaßstab* behalten und zugleich auch seine konkreten Funktionen als *Werttransportmittel* und als *Wertaufbewahrungsmittel.* Der *Schutz des Nennwertprinzips* ist ebenso vielschichtig und auch ebenso zweifelhaft wie das Nennwertprinzip selbst (dazu Vorbem D 20 ff). Es macht einen Unterschied, ob nur die technische Nennwertfunktion geschützt werden soll oder der Nominalismus als währungsrechtliches Konzept. Die hM, die § 3 WährG ausschließlich unter dem Aspekt der Inflationsbekämpfung beurteilt, greift über diese technische Aufgabe der Bestimmung hinweg. Neben dem Institutionsschutz des Geldes steht dann allerdings die **währungspolitische Aufgabe** des § 3 WährG. Der Vorschrift liegt die umstrittene Vorstellung zugrunde, daß Wertsicherungsklauseln nicht nur die technische Nennwertfunktion des Geldes, sondern die Stabilität der Währung gefährden (vgl statt vieler BVerwGE 41, 1, 5 = NJW 1973, 529, 530; zur rechtspolitischen Diskussion vgl Vorbem D 195 f). § 3 S 2 WährG knüpft damit sowohl beim Nennwertprinzip als auch bei dem Gebot der Geldwertstabilität an. Dieser **doppelte Anknüpfungspunkt** bestimmt die Abgrenzung der Norm. *Die Bestimmung erfaßt nur diejenigen Vereinbarungen, die vom Nennwertprinzip abweichen und im Fall allgemeiner Verbreitung geeignet sind, die Teuerung von Waren und Leistungen und damit die Entwertung des Geldes zu fördern.* Beides muß zusammentreffen. Das Gesetz verbietet die willkürliche *und* potentiell inflationsfördernde Vereinbarung von Geldwertschulden. Die *ungeschriebenen Restriktionen des § 3 S 2 WährG* finden hier ihre Erklärung. Um die Vorschrift zur Anwendung zu bringen, ist eine Abweichung vom Nennwertprinzip zwar erforderlich, aber noch nicht ausreichend. Soweit den Verbindlichkeiten schon von Gesetzes wegen oder aus der Typik des Rechtsgrundes (Äquivalenzprinzip) Dynamisierungseffekte innewohnen, können Rechtsgeschäfte, die vom Nennwertprinzip abweichen, nach dem Maßstab des § 3 S 2 WährG unbedenklich sein. So erklären sich die *Ausnahmen bei den gesetzlichen Geldwertschulden* (Vorbem D 236) und bei den sog *Spannungsklauseln* (Vorbem D 238 ff). Umgekehrt ist die Eignung der Vereinbarung, inflationsfördernd zu wirken, für die Anwendung des § 3 S 2 WährG erforderlich, jedoch nicht allein ausreichend. Das Gesetz erfaßt nicht jede potentiell inflationsfördernde Vertragsabrede, sondern nur diejenigen, bei denen D 190 sich die Parteien des Mittels einer Abweichung vom Nennwertprinzip bedienen; denn die Erfassung aller potentiell inflationsfördernden Abreden ist vom Wortlaut nicht gedeckt und auch nicht mit hinreichender tatbestandlicher Bestimmtheit möglich. Hierauf beruht die *Nichterfassung der sog Sachschulden* (Vorbem D 223 ff), aber auch die von der hM als ,,enge Auslegung" gerechtfertigte *Nichterfassung der Leistungsbestimmungsvorbehalte* durch § 3 WährG (vgl Vorbem D 246 ff). Die Vorschrift ist nicht zum Schutz des Geldschuldners, sondern im öffentlichen Interesse erlassen (vgl insbes OVG Münster BB 1965, 16 = NJW 1965, 650). Dem Schutz des Geldschuldners gegen Knebelung dient nur § 138 BGB (Vorbem D 198), nicht § 3 WährG (von Maydell, Geldschuld 393 f).

D 191 **bb) § 3 S 1 WährG** steht außerhalb der Grundnorm des Satzes 2 und stellt einen Sonderfall dar. Darauf, ob eine Wertsicherungsvereinbarung iS von Vorbem D 159 vorliegt, kommt es hier nicht an. Der Schutzgedanke wird vielfach darin gesehen, daß die *Durchsetzung der Heimwährung gegenüber Fremdwährungen* gesichert werden soll (Reithmann DNotZ 1960, 174 f). Dürkes (9. Aufl B 19) spricht von einem devisenrechtlichen Schutzzweck. Es geht dabei allerdings nicht um eine Bekämpfung der fremden Währungen, sondern wiederum nur um die Funktionssicherung der Heimwährung (vgl auch Reithmann DNotZ 1960, 175). Diese Funktionssicherung ist naturgemäß nur in dem Rahmen möglich, in dem das Devisenrecht ihre Durchführung zuläßt. Die großzügige Ausnahme des § 49 Abs 2 AWG ist Teil eines liberalen Devisenrechts (Vorbem D 212; § 244 Rz 41). Richtig ist deshalb, daß § 3 S 1 WährG im Hinblick auf § 49 Abs 2 AWG und zuvor schon im Hinblick auf das MRG 53 von jeher in erster Linie Geschäfte unter Währungsinländern betraf (vgl schon Wilmanns BB 1951, 907 ff; Schulze AWD 1962, 89 ff). Der Normzweck des § 3 S 1 WährG lehnt sich indes doch an die Grundnorm des Satzes 2 an: Es geht um eine *Funktionssicherung der DM.*

D 192 **c)** Die **Verfassungsmäßigkeit des § 3 WährG** wird vom BVerwG bejaht (BVerwGE 41, 1 = NJW 1973, 529 = DVBl 1973, 408 m abl Anm Bettermann; krit Bettermann ZRP 1974, 13, 14). Das BVerwG hat dabei deutsches Verfassungsrecht nur bei der inhaltlichen Konkretisierung des § 3 WährG herangezogen, nicht aber die Bestimmung selbst einer regelrechten verfassungsrechtlichen Kontrolle unterzogen. Leitend war der Gedanke, die Bestimmung sei fortgeltendes Besatzungsrecht (Vorbem D 187) und als solches nicht auf Vereinbarkeit mit dem GG zu prüfen (krit auch hierzu Bettermann DVBl 1973, 412). Aber das BVerwG läßt doch erkennen, daß nach seiner Auffassung § 3 WährG die Prüfung an den Maßstäben des GG bestünde. Im Schrifttum werden erhebliche Bedenken erhoben (eingehender Überblick bei Gerke 47; krit bes von Arnim ZRP 1980, 201, 204 ff). Unter dem *Gesichtspunkt der Bestimmtheit* darf der Gesetzgeber Grundrechtseingriffe nicht dem Ermessen der Verwaltungsbehörde überlassen (BVerfGE 20, 150, 157 f; Papier JuS 1974, 481). Nach BVerwGE 41, 1, 8 = NJW 1973, 529, 531 genügt § 3 WährG diesen Anforderungen, weil sich Inhalt und Grenzen der Ermächtigung aus dem Normzweck ergeben (im Ergebnis zust von Maydell, Geldschuld 402; **aM** Papier JuS 1974, 481; Bettermann DVBl 1973, 412; ders ZRP 1974, 13, 14; s auch Gozdz 39 ff). Einen inhaltlichen Verstoß gegen Art 2 Abs 1 GG bejaht Bohndorf 77 ff. Indes steht seit dem ,,Elfes-Urteil" (BVerfGE 6, 32, 37 f) für die Praxis fest, daß der Vorbehalt der ,,verfassungsmäßigen Ordnung" jede formell und materiell der Verfassung entsprechende Norm umfaßt, wobei diese allerdings wieder im Lichte des Art 2 Abs 1 GG zu interpretieren ist (vgl grundlegend BVerfGE 20, 150, 154 ff; std Rspr). Einer solchen inhaltlichen Kontrolle hält § 3 WährG stand (von Maydell, Geldschuld 400).

D 193 **d)** Die **rechtspolitische Beurteilung** des § 3 WährG – vor allem des S 2 – ist umstritten. Die Vorschrift hat *rechtspolitische Billigung* erfahren (vgl namentlich BVerwGE 41, 1, 5 = NJW 1973, 529, 530; F A Mann 40. DJT II D 29 ff; Fögen 149; Rinck,

Wirtschaftsrecht Rz 314; AK-BGB-Brüggemeier Vorbem 24 zu §§ 244, 245; Reichert-Facilides JZ 1969, 621; Reuter ZHR 137 [1974] 482 ff; Matthöfer ZRP 1980, 325 f). Auf der anderen Seite ist eher eine Zunahme der Stimmen derer zu verzeichnen, die eine *Streichung der Vorschrift* fordern (zB 40. DJT II D 75; Wissenschaftlicher Beirat beim BMWi, Bulletin der Bundesregierung [1975] 947; Bohndorf 76 f; von Maydell, Geldschuld 402 ff; MünchKomm § 244 Rz 21; Giersch, Indexklauseln und Inflationsbekämpfung [1973]; Euba, passim; Lubasch 19 ff; Stützel [oben Vorbem D 20] 33 ff, 74; Gerke 177 ff; Gozdz, Die Dynamisierung von Tariflöhnen, Diss Gießen 1977, 39 ff; Bettermann ZRP 1974, 13 ff; von Arnim ZRP 1980, 201 ff; wohl auch Vogel ZRP 1981, 35; vgl auch Ertl 138 ff; AK-BGB-Brüggemeier Vorbem 23 zu §§ 244, 245). Die rechtspolitische Kontroverse erreichte einen Höhepunkt auf dem *40. Deutschen Juristentag* in Hamburg, wo sich die Mehrheit der wirtschaftsrechtlichen Abteilung für eine Aufhebung des § 3 WährG aussprach (40. DJT II D 75). Duden als Gutachter (40. DJT I 61) und von Caemmerer als Referent (40. DJT II D 27) hatten diese Maßnahme empfohlen, F A Mann (40. DJT II D 43) hatte sie abgelehnt. Die ökonomische und juristische Literatur zu der Frage ist unübersehbar geworden, jedoch sind die Sachfragen nicht wesentlich über den Stand des 40. DJT hinaus gediehen. In der wirtschaftswissenschaftlichen Studie von Gerke 103–113 werden die durch § 3 WährG unterbundenen Wertsicherungsklauseln geradezu als „Vorbild eines neuen Geldsystems" gefeiert, denn die Verbreitung von Wertsicherungsklauseln sei „Ausdruck eines allgemeinen Verlangens nach einer Währung mit niedrigem Maßgutrisiko", dem das staatliche Geldwesen nicht entspreche (ebd 103). Nach Gerke (113) versuchen die Vertragspartner, „durch den Abschluß von Wertsicherungsklauseln ... sich ein ihren Bedürfnissen nicht entsprechendes staatliches Geldwesen privatrechtlich dennoch nutzbar zu machen". In der bei Vorbem D 23 f und D 35 gebrauchten Terminologie heißt das: Wer den strikten Nominalismus ablehnt und Wertsicherungsklauseln zuläßt, gestattet es den Parteien, das Prinzip der Geldsummenschuld zu verlassen und statt des währungsrechtlich bestimmten Zwangsgeldes ein „Geldsurrogat" (Gerke 113) zu vereinbaren. Damit ist aber die *entscheidende Frage* erst gestellt und noch nicht beantwortet: *ob der Gesetzgeber solche Vereinbarungen zulassen und die damit verbundene Aushöhlung des Nennwertprinzips hinnehmen soll.*

aa) Als währungsrechtliche und währungspolitisch intendierte Norm ist § 3 WährG **D 194**
Gegenstand des Nominalismusstreits (vgl statt vieler Horn, Geldwertveränderungen, Privatrecht und Wirtschaftsordnung [1975] 19 ff; Dürkes [9. Aufl] A 3 ff). Es ist deshalb zunächst auf Vorbem D 20 ff zu verweisen. Daraus ergibt sich, daß § 3 WährG nicht mit dem Nominalismus schlechthin gleichgestellt werden kann. § 3 WährG ist Ausprägung eines strikten Nominalismus (Vorbem D 36 ff), allerdings nicht als eine bloße Maxime des Schuldrechts, sondern als ein Prinzip mit währungspolitischen Implikationen. *Schutzgegenstand* ist das Prinzip der Geldsummenschuld (zu diesem vgl Vorbem D 31). Nach dem bei Vorbem D 190 zum *Normzweck* des § 3 WährG Gesagten muß die rechtspolitische Diskussion unterscheiden zwischen dem *institutionellen Schutz der Nennwertfunktion des Geldes* und dem *Schutz der Währung* gegen inflationsbeschleunigende Maßnahmen. Der erste Gesichtspunkt tritt hinter dem zweiten an Bedeutung zurück, aber beide hängen eng miteinander zusammen.

bb) Die währungspolitischen Argumente stehen hiernach im Vordergrund. Der **D 195**
Diskussionsstand ist durch tiefe Widersprüchlichkeiten gekennzeichnet (eingehend Gerke 115 ff). Einen Katalog der immer wiederkehrenden Argumente pro und contra hat Lubasch aufgestellt. Als *Argumente gegen die Zulassung von Wertsicherungsklauseln* nennt Lubasch 19 ff: die Beschleunigung der Inflation (Zerstörung des Vertrauens in die Währung, Verallgemeinerung und Beschleunigung von Preisstei-

gerungen und Sinken des Tauschwertes des Geldes bei genügender Verbreitung von Wertsicherungsklauseln), Ungleichbehandlung (weil nicht alle Kreditnachfrager Wertsicherungsklauseln akzeptieren werden), Unerfüllbarkeit in Zeiten der Hyperinflation. – Als *Argumente für die Zulassung der Klauseln* nennt Lubasch 23 ff: Erzwingung der produktiven Verwendung von Krediten, Fortfall des Interesses an einer Fortsetzung der Inflation, Sichtbarkeit des Realzinses und Sichtbarkeit der erwarteten Änderungen des Tauschwerts in Gestalt der Zinsdifferenz zwischen wertgesicherten und nichtwertgesicherten Krediten.

D 196 Im Schwerpunkt wird die *Diskussion um die inflationsfördernde Wirkung der Wertsicherungsklauseln* und hier insbes um die Dynamisierung vertraglicher Geldschulden als einen sozialpsychologischen Faktor geführt. Es kann bis heute als ungeklärt angesehen werden, ob die allgemeine Zulassung von Wertsicherungsklauseln oder der Übergang vom Nennwertprinzip zum Valorismus schlechthin inflationsverstärkende oder inflationsbeschleunigende Wirkung hat (*bejahend* zB BGH NJW 1953, 1912; BB 1962, 815; BVerwGE 41, 1, 8 = NJW 1973, 529, 531; BFHE 89, 422, 436; DBB Monatsbericht 5/1971, 25 f; F A Mann Recht des Geldes 109; ders, 40. DJT II D 30 ff; Dürkes [8. Aufl] B 2; [9. Aufl] B 5; Fögen 137 ff; Rinck Rz 313; Bienert, FS Schmölders [1968] 189; Reuter ZHR 137 [1974] 482 ff; *verneinend:* Bohndorf 64 ff; Mittelbach Rz 12 ff, 32; Gerke 120 ff; Bettermann ZRP 1974, 13 f; weitere Nachweise, auch aus dem ökonomischen Schrifttum, bei Papier JuS 1974, 480; Günter 42 ff). Im Mittelpunkt steht vor allem der Streit um die sog Ölflecktheorie, nach der das Mittel der Wertsicherung die gefährlichen Eigenschaft besitzt, sich unkontrollierbar auszudehnen (krit Gerke 121). In sozialpsychologischer Hinsicht tragen Verteidiger des § 3 WährG vor, die Ausbreitung von Wertsicherungsklauseln gefährde das Vertrauen in die Währung (vgl statt vieler BVerwGE 41, 1, 8 = NJW 1973, 529, 531; BGH NJW 1953, 1912; im Ergebnis auch Reithmann DNotZ 1960, 176). Umgekehrt wenden die Kritiker ein, die Vereinbarung von Wertsicherungsklauseln sei nicht Ursache, sondern Folge und Ausdruck des Mißtrauens, und § 3 WährG bekämpfe das Symptom, wo es darum gehe, die Krankheit zu bekämpfen; nicht die Wertsicherung, sondern ihr Verbot schüre das Mißtrauen gegenüber der Währung (vgl statt vieler Duden 40. DJT I 51; Eppig DNotZ 1951, 405; insoweit auch Reithmann DNotZ 1960, 175 f). Jahr (Gutachten 209) hat die rechtspolitisch entscheidende Frage dahin gestellt, „ob ein Staat gut beraten ist, der seine Bürger zum Vertrauen in seine Währung zwingt, statt ihnen das Mißtrauen freizustellen und sich ihr Vertrauen durch eine funktionierende Währung verdienen und erhalten zu müssen". Eine Gefahr der Wertsicherungsklauseln wird auch darin erblickt, daß währungspolitische Maßnahmen ins Leere stoßen können, wenn Geldwertveränderungen durch Wertsicherungsklauseln neutralisiert werden (Duden 40. DJT I 47; Reithmann DNotZ 1960, 176). Dieser Überlegung kann allerdings mit der Frage begegnet werden, ob ein Recht des Staates besteht, auf Kosten von Geldgläubigern mit Mitteln der Währungspolitik gesamtwirtschaftliche Ziele zu verfolgen.

D 197 cc) Allgemein **marktpolitische Argumente** treten bisweilen neben die rein währungspolitische Bewertung der Wertsicherungsklauseln. Ein gravierendes wirtschaftspolitisches Argument geht von Auswirkungen auf den Preismechanismus auf der Warenseite aus. Der kalkulatorische Effekt von Wertsicherungsklauseln, die einem Unternehmen auferlegt werden, kann darin bestehen, daß die durch sie entstehenden Mehrkosten auf Abnehmer übergewälzt werden (Fögen BB 1958, 1259; Reithmann DNotZ 1960, 176). Dem naheliegenden Einwand, ob nicht das Verbot der Wertsicherungsklauseln die Unternehmen von vornherein zu inflationssicherer, dh überhöhter, Preisbildung anhält und hierdurch seinerseits zur Teuerung beiträgt, ist wettbewerbsrechtlich zu begegnen: Vor überhöhten Preisen schützt unter Wettbewerbsbedingungen der Preiswettbewerb; wo dieser fehlt, ist Raum für die – freilich in ihrer Berechtigung und Wirksamkeit umstrittene – Preismißbrauchskontrolle durch die Kartellbehörden.

dd) Individuelle Gerechtigkeitserwägungen sind in dieser Diskussion schwer unterzubringen (eingehend SIMITIS in KÖTZ-REICHERT-FACILIDES 69 ff). Das Ziel einer gerechten Verteilung von Inflationsrisiken führt leicht zu einer *Vermischung verteilungspolitischer Aspekte mit Aspekten der inneren Vertragsgerechtigkeit.* Als verteilungspolitisches Argument läßt sich dieses Ziel nicht zugunsten der Wertsicherungsklauseln und gegen § 3 WährG ins Feld führen (eingehend GÜNTER aaO 45 ff). Eine verteilungspolitisch umfassende Wertsicherung ließe sich allenfalls durch gesetzliche Indexierung sämtlicher Geldschulden erreichen, also durch eine vollkommene Preisgabe des Nennwertprinzips, die nach den Ausführungen bei Vorbem D 193 ff rechtspolitisch außer Betracht bleiben muß. Wertsicherungsklauseln können allenfalls inter partes für gerechte Verteilung von Inflationsrisiken sorgen. Als währungspolitische Norm kann aber § 3 WährG nicht am Maßstab individueller Vertragsgerechtigkeit gemessen werden. Gesichtspunkte des Vertragspartnerschutzes können im Zusammenhang mit der dem öffentlichen Interesse dienenden Norm stets nur erwünschte oder unerwünschte Nebeneffekte darstellen. Über den Stellenwert des Individualschutzes besteht auch schon deshalb keine Einigkeit, weil der tatsächliche Schutzeffekt zweifelhaft ist. Bezeichnen die einen die Wertsicherung im Anschluß an VASSEUR als „arme des faibles" (VON CAEMMERER in 40. DJT II D 20; GUTZWILLER 42; ERTL 138 ff), so betonen andere, daß sie nur dem zu ihrer Durchsetzung bei den Vertragsverhandlungen befähigten mächtigeren Vertragspartner nütze (SIMITIS in KÖTZ-REICHERT-FACILIDES 106). Das ist – stellt man sich etwa die Kombination von hohen Zinsen mit einer Wertsicherung vor – durchaus plausibel, läßt allerdings die Frage offen, ob nicht der elastischere § 138 einen gerechteren Kompromiß zwischen Vertragsfreiheit und Inhaltskontrolle schafft als das präventive Verbot des § 3 WährG. Als überzogen ist jedenfalls das Argument anzusehen, eine Indexierung störe das Vertragsgleichgewicht auf Kosten des Schuldners (vgl REICHERT-FACILIDES JZ 1969, 621) und die als Mittel des Ausgleichs präsentierte Wertsicherung erweise sich leicht als willkommenes Mittel, um ein Höchstmaß an Inflationsgewinnen zu erzielen (SIMITIS in KÖTZ-REICHERT-FACILIDES 106). Diese Befunde sind schon in sich zweifelhaft und als Argumente für § 3 WährG jedenfalls unbrauchbar. Als präventives Verbot mit Erlaubnisvorbehalt muß § 3 WährG auf typische Gefahren abstellen und darf nicht als Verdachtstrafe gerechtfertigt werden. Typischerweise aber sollen Wertsicherungen dem Gläubiger das Risiko von Inflationsverlusten abnehmen, nicht aber ihm Inflationsgewinne ermöglichen. Einwände unter dem Gesichtspunkt der Vertragsgerechtigkeit sind deshalb als Rechtfertigung des § 3 WährG fragwürdig. Jedenfalls bedürfte der Gesichtspunkt eines Schutzes des Schwächeren der Präzisierung und Konkretisierung, bevor daraus greifbare Argumente für eine Rechtfertigung des § 3 WährG gewonnen werden könnten (vgl mwN SIMITIS in KÖTZ-REICHERT-FACILIDES 71 f). D 198

ee) Ein beträchtlicher rechtspolitischer Einwand gegen § 3 WährG besteht in der zweifelhaften **Effektivität der Bestimmung:** In den Augen von Kritikern führt § 3 WährG nur dazu, daß der Geschäftsverkehr auf zulässige Wertsicherungen ausweiche oder die langfristige Festlegung von Preisen meide (MITTELBACH Rz 21 ff; VON MAYDELL, Geldschuld 396; MünchKomm § 244 Rz 21). Auch das Ausweichen auf Substitutionsformen wird hervorgehoben (eingehend GERKE 44 ff). Aber die Effektivität von Rechtsnormen ist ein Beurteilungsmaßstab von sehr relativem Wert (vgl RÖHL, Rechtsgeltung und Rechtswirksamkeit, JZ 1971, 576). Bei Vorbem D 203 wird auch hier hervorgehoben, daß § 3 WährG nicht uneingeschränkt umgehungsfest ist. § 3 WährG ist aber nicht schon deshalb eine ineffektive Norm, weil er Surrogatsstrategien zuläßt, denn die Norm ist dann immer noch effektiv in dem Sinne, daß D 199 sie Surrogatsstrategien *erforderlich* macht, wenn die Parteien auf vertraglicher Wertsicherung bestehen wollen. *Der Beitrag des § 3 WährG zum Recht der Geldsummenschuld wird durch die geringe Umgehungsfestigkeit der Norm nur geschmälert, nicht beseitigt.* Schon die Verhinderung und fast vollständige Verdrängung der klassischen, mit dem Prinzip der Geldsummenschuld unvereinbaren Wertsicherungsformen – Goldklauseln, Weizenklauseln etc – stellt einen spürbaren Beitrag zur Sicherung der Währung und der nominalistischen Funktion des Geldes dar.

D 200 **ff)** Eine **Stellungnahme** muß von den unterschiedlichen *Funktionen des Nennwertprinzips* und seines Schutzes durch § 3 WährG ausgehen. Soweit die Bestimmung nur dem institutionellen Schutz des Geldes und seiner nominalistischen Funktion dient, kann von einer Ineffektivität dieses Schutzes und vom mangelnden Beweis seines Funktionierens nicht gesprochen werden. Die inflationshemmende Wirkung des § 3 WährG wird dagegen auf absehbare Zeit umstritten bleiben. Die damit *im engsten Sinne rechtspolitische Frage* ist nur, ob angesichts dieser offenen Diskussion dem Grundsatz „in dubio pro libertate" folgend die Abschaffung des § 3 WährG den Vorzug verdient, oder ob, da § 3 WährG einmal vorhanden ist, nach dem Grundsatz „quieta non movere" verfahren werden soll (so F A MANN 40. DJT II D 42; GÜNTER 50). Da die gegen eine vollständige Freigabe von Wertsicherungsvereinbarungen sprechenden Argumente gewichtig und währungspolitische Fehler schwer wieder gutzumachen sind, *sollte der Gesetzgeber von einer Abschaffung der Bestimmung absehen.* Ein strikter Valorismus, der alle Geldschulden zu Geldwertschulden macht, ist ohnedies abzulehnen (Vorbem D 34). Wenn § 3 WährG Wertsicherungsvereinbarungen an bestimmte Voraussetzungen bindet, leistet die Bestimmung einen mutmaßlich nennenswerten Beitrag zur Stabilität des Währungssystems und einen unverkennbaren Beitrag zur Ordnung des Geldschuldrechts. Der – zugegebenermaßen ambivalente – Befund reicht damit zur Rechtfertigung der Bestimmung aus.

D 201 **e)** Der **Geltungsbereich** des § 3 WährG geht aus der Bestimmung nicht hervor. Der **sachliche Anwendungsbereich** beschränkt sich auf *Geldschulden* (vgl nur MITTELBACH Rz 51; RÖTELMANN NJW 1950, 364). Sachschulden fallen auch dann nicht unter § 3 WährG, wenn sie Wertsicherungszwecken dienen (Vorbem D 223 ff). Weiter beschränkt sich § 3 WährG auf *Vereinbarungen.* Urteile bedürfen nicht der Genehmigung. Die Genehmigung nach § 3 WährG ist nur eine Frage des materiellen Rechts. Eine Klage kann mangels Genehmigung als unbegründet, nicht dagegen als unzulässig abgewiesen werden. Auch § 32 AWG, wonach ein Genehmigungsvorbehalt in ein Zahlungsurteil aufzunehmen ist (Vorbem E 23), hat bei Fremdwährungsurteilen und bei Verurteilungen aus Valutawertschulden nichts mit § 3 WährG zu tun. Eine *territoriale Begrenzung* gibt es nicht. Auch kommt es nicht darauf an, ob das Schuldverhältnis deutschem oder ausländischem Recht folgt. Dem § 3 WährG kann also nicht durch Vereinbarung fremden Rechts ausgewichen werden. Der **persönliche Geltungsbereich** des § 3 WährG ist nicht ausdrücklich festgelegt. Nach hM betrifft § 3 WährG nur diejenigen Geldschulden, die von Inländern eingegangen sind (DÜRKES [9. Aufl] B 18, 22, C 220; MITTELBACH Rz 47; SCHULZE AWD 1962, 92; SEETZEN AWD 1969, 257). Diese Auffassung ist nach dem Sinn und Zweck des § 3 WährG zweifelhaft (vgl auch § 244 Rz 42 aE), aber in der Praxis vorherrschend. Der Schuldner muß danach *Währungsinländer* sein. Wer Währungsinländer und wer Währungsausländer ist, bestimmt sich dabei in analoger Anwendung des § 4 Abs 1 Nr 3 und 4 AWG (MITTELBACH Rz 50). Der Schuldner muß also Gebietsansässiger iS dieser Bestimmung sein (vgl auch DÜRKES [9. Aufl] C 220). Verbindet man diese allgemeine Geltungsgrenze des § 3 WährG mit derjenigen des § 49 Abs 1 AWG, so ergibt sich: *Nur wenn der Schuldner Gebietsansässiger ist, kommt überhaupt eine Anwendung des § 3 WährG in Frage. § 3 S 1 WährG kommt überdies nur in Frage, wenn auch der Gläubiger Gebietsansässiger ist.* Darüber, daß dasselbe auch bei der

Valutawertklausel gilt, vgl Vorbem D 220. Der **zeitliche Geltungsbereich** des § 3 WährG beschränkt sich auf Vereinbarungen, die nach der sog Währungsreform, also seit dem 21. 6. 1948 getroffen sind (BGHZ 9, 56, 63; BGH NJW 1951, 708, 709; OLG Celle MDR 1951, 749, 750; SCHUBERT NJW 1950, 755). Dabei kommt es auf den Zeitpunkt der Wertsicherungsvereinbarung, nicht des gesamten Vertrages an.

f) Allgemeine Auslegungsmaßstäbe hat eine ständige Praxis entwickelt. *Nach hM ist § 3 WährG eng auszulegen* (BGHZ 14, 306, 308 = NJW 1954, 1684 mwN; BGH NJW 1962, 1568, 1569; Betrieb 1970, 1266 = WM 1970, 752, 753; OLG Celle DNotZ 1952, 479, 481; OLG Schleswig NJW 1955, 65; OLG Köln NJW 1972, 1052; BVerwGE 41, 1, 6 = NJW 1973, 529, 530 = WM 1973, 433, 435; BAG BB 1970, 1179 = Betrieb 1970, 1445 = WM 1970, 1066, 1068; DÜRKES [9. Aufl] B 8; BGB-RGRK-ALFF § 245 Rz 18; RANNIGER DNotZ 1951, 396, 398 f; RÖTELMANN NJW 1951, 709, 842; PIKART WM 1969, 1063; krit aber zB ESSER-EIKE SCHMIDT I/1 § 12 Fn 37). Das BVerwG sagt zugleich, § 3 WährG sei eine *strikt anzuwendende Verbotsnorm* (BVerwGE 41, 1, 5 f = NJW 1973, 529, 530). Beides widerspricht sich nur scheinbar. Die „enge Auslegung“ betrifft die Voraussetzungen, die „strikte Handhabung“ die Rechtsfolgen der Verbotsnorm. Das Ergebnis dieser „engen Auslegung“ besteht im wesentlichen darin, daß sog Leistungsvorbehalte (Vorbem D 246 ff) und sog Spannungsklauseln (Vorbem D 238 ff) von dem Verbot unberührt bleiben. Die hM läßt die genaue Berechtigung dieser „engen Auslegung“ im Dunkeln. Richtig ist zwar – worauf immer wieder hingewiesen wird –, daß § 3 WährG die Vertragsfreiheit beschränkt und richtig ist sogar, daß eine Ausnahmevorschrift vorliegt. Das Prinzip der „engen“ Auslegung des § 3 WährG ist aber weder ohne weiteres mit dem Grundsatz „in dubio pro libertate“ noch mit gesicherten Grundsätzen der Auslegungslehre zu rechtfertigen. Es resultiert schlicht daraus, daß der *Gesetzestext* unzweifelhaft *zu weit gefaßt* (VON CAEMMERER, 40. DJT II D 14) und einer schulmäßigen Auslegung weitgehend unzugänglich ist. Die „enge Auslegung“ erscheint in ihren praktischen Ergebnissen und im Vergleich mit dem Gesetzeswortlaut teilweise als *rechtsfortbildende Entwicklung ungeschriebener Freistellungstatbestände* und kann mit den nebulösen Formulierungen der hM nicht überzeugend begründet werden. Der Begründungsfehler liegt im undifferenzierten Umgang mit dem Gesetzeszweck, denn in Anbetracht der mangelhaften Normformulierung gebührt der *teleologischen Auslegung* der Vorrang. Wenn es richtig ist, daß § 3 S 2 WährG potentiell inflationsfördernde Abweichungen vom Nennwertprinzip treffen soll (Vorbem D 190), dann zeigt sich zunächst, daß § 3 WährG keineswegs um jenden Preis „eng“ ausgelegt werden muß. Vertragliche Geldwertschulden (Vorbem D 235) und Indexklauseln (Vorbem D 219) sind nach dem Gesetzeszweck typische Anwendungsfälle des § 3 S 2 WährG, obgleich der Wortlaut diese Fälle nicht eindeutig und ausnahmslos deckt. Umgekehrt sind Leistungsbestimmungsvorbehalte (Vorbem D 246 ff) und Spannungsklauseln (Vorbem D 238 ff) keine Anwendungsfälle des § 3 WährG, obwohl der Gesetzeswortlaut diese Fälle mit zu umfassen scheint. Der Rückgriff auf den Normzweck rechtfertigt dieses Ergebnis. Wie bei Vorbem D 190 bemerkt, setzt nämlich § 3 S 2 WährG ein Doppeltes voraus: die willkürliche Begründung einer Geldwertschuld (hieran fehlt es bei den Sachschulden und bei den Leistungsbestimmungsvorbehalten) und die potentielle Inflationsförderung (hieran fehlt es bei der Bestätigung gesetzlicher Geldwertschulden und bei den sog Spannungsklauseln). *Was von der hM viel zu unbestimmt als „enge Auslegung“ des § 3 S 2 WährG bezeichnet wird, erweist sich damit als das Ergebnis teleologischer Reduktion.* D 202

g) Umgehungsprobleme sind Normanwendungsprobleme (TEICHMANN, Die Gesetzesumgehung [1962] 67 ff). Die „enge Auslegung“ des § 3 S 2 WährG kann aber nicht durch eine scharfe Umgehungspraxis konterkariert werden. Das Konzept der teleologischen Reduktion des § 3 S 2 WährG schlägt sich notwendig auch in der D 203

Umgehungsproblematik nieder. Aus der Einengung dieser Norm folgt, daß die Bestimmung *nur in geringem Maße umgehungsfest* ist (charakteristisch BGH NJW 1962, 1568, 1569; richtig auch der Diskussionsbeitrag von EPPIG, 40. DJT II D 49; REITHMANN DNotZ 1960, 172, 179; unrichtig zB OLG Köln NJW 1951, 363, 364; s auch BERNDT 38). Denn § 3 WährG will nicht die Wertsicherung von Forderungen schlechthin unterbinden, sondern nur bestimmte Formen der Wertsicherung (OLG Celle DNotZ 1952, 479, 481). Insbesondere Leistungsbestimmungsvorbehalte sowie diejenigen Rechtsgeschäfte, die zur Flucht aus der Geldschuld und zur Wertsicherung durch Sachschulden führen, fallen nur dann als unzulässige Umgehungsgeschäfte in den Verbotsbereich des § 3 WährG, wenn sie ihrem wirtschaftlichen Sinn nach *versteckte Geldwertschulden* darstellen (Vorbem D 231 f). Allein mit der Begründung, der in Frage stehende Vertrag könne der Inflation ebenso Vorschub leisten wie eine nach § 3 S 2 WährG verbotene Wertsicherungsvereinbarung, läßt sich eine unzulässige Umgehung nicht begründen. Zur Umgehung durch Sachschuldvereinbarungen vgl Vorbem D 230.

D 204 **h) Zentralbankpraxis und Gerichtspraxis** bestimmen die praktische Handhabung des § 3 WährG.

D 205 **aa) Divergenzen** zwischen Zentralbankpraxis und Gerichtspraxis führen dazu, daß die Effektivität der Norm *in erster Linie durch die Praxis der ordentlichen Gerichte* und nur sekundär durch die DBB als Genehmigungsbehörde bestimmt wird. Der Plan des Gesetzgebers, der DBB eine die Handhabung des § 3 WährG beherrschende Stellung einzuräumen, ist damit gescheitert (GUTZWILLER 108; dazu auch ERTL 142). Denn anders als vielfach im Recht der Wirtschaftsaufsicht (vgl zB §§ 37 a, 38 GWB) gibt es keinen öffentlichrechtlichen Vollzug der Verbotsnorm. Die Sanktion besteht, ähnlich etwa dem § 1 GWB, nur in der Versagung von Rechtsschutz. Solange keine für die Zivilgerichte verbindliche Entscheidung der DBB ergangen ist (dazu Vorbem D 306 ff, D 318 ff, D 326 ff), sind die ordentlichen Gerichte berechtigt und verpflichtet, § 3 WährG selbständig und ohne Bindung an die Rechtsauffassung der DBB auszulegen (OLG Köln NJW 1972, 1052, 1053 mAnm KNICKENBERG NJW 1972, 1375 und BILDA NJW 1972, 1865; DÜRKES [8. Aufl] B 24). Sie können also Verträge auch entgegen der Auffassung der DBB für genehmigungsfrei erklären und könnten im Extremfall für weitgehenden Leerlauf des § 3 WährG sorgen. Das angebliche Auseinanderklaffen der Praxis der DBB und der ordentlichen Gerichte wird häufig überzeichnet. Demgegenüber verdient die bei Inkrafttreten des WährG noch ungeahnte, durch die Genehmigungspraxis der DBB mit vollzogene Einschränkung des Verbots hervorgehoben zu werden (vgl VON MAYDELL, Geldschuld 384 mwN). Wo Wertsicherungen nach einhelliger Meinung genehmigungsfrei sind, wirkt sich der **Primat der Zivilgerichtsbarkeit** nicht aus. Die Gegensätze haben sich damit im Laufe der Jahre entschärft (vgl DÜRKES [9. Aufl] B 50). Die Befugnis der Zivilgerichte, frei über das Genehmigungsbedürfnis zu entscheiden, führt aber doch dazu, daß eine Wiederherstellung der Vertragsfreiheit durch Genehmigung nur dort erforderlich ist, wo die Gerichte dies für erforderlich halten. Der DBB bleibt gegenüber diesem Primat der Gerichtspraxis nur die Möglichkeit mahnender Hinweise. So im Monatsbericht 4/1971, wo es auf S 25 heißt, die unkontrollierte Verwendung der Klauseln werde stark zunehmen, wenn die rechtlichen Voraussetzungen der Genehmigungsfreiheit mehr und mehr herabgestuft würden. Dieser Hilferuf ist unverkennbar an die Zivilgerichte gerichtet (WOLF ZIP 1981, 236). Überraschen konnte diese Entwicklung schon nach dem bei Inkrafttreten des WährG herrschenden Stand der Meinungen nicht (vgl insoweit auch ERTL 142). Denn wie bei Vorbem D 163 bemerkt, ist die bei Vorbem D 202 beschriebene „enge Auslegung" des § 3 WährG in parallelen Entwicklungen unter dem „Mark-gleich-Mark-Gesetz" und dem UmstG bereits angelegt.

bb) Die **Genehmigungspraxis der DBB** zu § 3 WährG beruht auf der Überlegung, daß eine massenhafte Verbreitung der Wertsicherungsklauseln verhindert werden muß, daß es aber im Einzelfall währungspolitisch unbedenklich und wirtschaftlich vernünftig sein kann, Wertsicherungsklauseln zu tolerieren (WILLMS-WAHLIG BB 1978, 976). Das BVerwG hat bisher die Praxis der DBB ausnahmslos bestätigt (WILLMS-WAHLIG aaO). Die Statistik der Genehmigungspraxis wird regelmäßig in deren Mitteilungen publiziert und findet sich nach dem Stand von 1979/1980 wiedergegeben bei WOLF ZIP 1981, 236 (vgl jetzt auch DÜRKES [9. Aufl] B 1 ff). Dieser Genehmigungspraxis liegen die **Genehmigungsgrundsätze** der DBB von 1958, dann von 1964, 1969 und schließlich von 1978 zugrunde (dazu auch DÜRKES [9. Aufl] A 12 ff, C 5 ff, C 10 ff). D 206

cc) Die **Genehmigungsgrundsätze der DBB** befinden sich zZ auf dem Stand der Grundsätze bei der Entscheidung über Genehmigungsanträge nach § 3 des Währungsgesetzes (Nr 2 c der WährungsVO für Berlin) vom 9. 6. 1978, BAnz Nr 109 (zu dieser Neufassung vgl DÜRKES [9. Aufl] C 34 ff, C 60 ff, C 242 ff; WILLMS-WAHLIG BB 1978, 977). Diese Grundsätze enthalten im wesentlichen einen *Negativkatalog* derjenigen Klauseln, die nicht genehmigt werden, wobei dieser Katalog teils auf bestimmte Rechtsverhältnisse, teils auf bestimmte Klauseln abstellt (s auch WILLMS-WAHLIG BB 1978, 976). Soweit der Negativkatalog eine genehmigungsbedürftige Wertsicherungsvereinbarung nicht trifft, kann nach Nr 4 der Grundsätze „im allgemeinen" mit der Erteilung einer beantragten Genehmigung gerechnet werden. D 207

Mitteilung Nr. 1015/78 D 208

betreffend Grundsätze bei der Entscheidung über Genehmigungsanträge nach § 3 des Währungsgesetzes (Nummer 2c der Währungsverordnung für Berlin)

Vom 9. Juni 1978

Die Deutsche Bundesbank weist zur Unterrichtung der Öffentlichkeit auf folgendes hin:

1. Klauseln, nach denen ein in Deutscher Mark geschuldeter Betrag durch den künftigen Kurs einer anderen Währung oder durch den künftigen Preis oder Wert von Gütern oder Leistungen bestimmt werden soll (§ 3 Satz 2 des Währungsgesetzes, Nummer 2c Satz 2 der Währungsverordnung für Berlin) werden nicht genehmigt

   a) bei Zahlungsverpflichtungen aus Darlehen, auch aus in Darlehen umgewandelten Schuldverhältnissen anderer Art, aus Schuldverschreibungen, Kapital- und Rentenversicherungen, Bankguthaben oder Abmachungen anderer Art, die die Rückzahlung eines Geldbetrages zum Gegenstand haben (Zahlungsverpflichtungen aus dem Geld- und Kapitalverkehr);

   b) in Miet- und Pachtverträgen über Gebäude oder Räume[1]), es sei denn, daß der Vertrag

      - für die Lebenszeit einer der Parteien,
      - für die Dauer von mindestens 10 Jahren,
      - mit dem Recht des Mieters oder des Pächters, die Vertragsdauer auf mindestens 10 Jahre zu verlängern oder
      - in der Weise abgeschlossen ist, daß er vom Vermieter oder Verpächter durch Kündigung frühestens nach Ablauf von 10 Jahren beendet werden kann.

2. Unabhängig von der Art des Schuldverhältnisses werden solche Klauseln nicht genehmigt, wenn

   a) einseitig ein Kurs-, Preis- oder Wertanstieg eine Erhöhung, nicht aber umgekehrt ein Kurs-, Preis- oder Wertrückgang eine entsprechende Ermäßigung des Zahlungsanspruchs bewirken oder nur der Gläubiger das Recht haben soll, eine Anpassung zu verlangen oder die Bezugsgröße zu bestimmen (Mindestklauseln, Einseitigkeitsklauseln);

---

[1] Klauseln in Mietverträgen über Wohnraum, auf die das Gesetz zur Regelung der Miethöhe Anwendung findet, werden im Hinblick auf § 10 Abs 1 dieses Gesetzes nicht genehmigt.

b) der geschuldete Betrag an den künftigen Goldpreis gebunden sein soll;

c) der geschuldete Betrag allgemein von der künftigen ,,Kaufkraft" der Deutschen Mark oder einem anderen Maßstab abhängig sein soll, der nicht erkennen läßt, welche Preise oder Werte dafür bestimmend sein sollen;

d) der geschuldete Betrag sich gegenüber der Entwicklung der Bezugsgröße überproportional ändern kann (z. B. durch Gleichsetzung von Indexpunkten mit dem Prozentsatz der Änderung der Geldschuld).

3. Außerdem werden Klauseln nicht genehmigt, nach denen der geschuldete Betrag

a) von der künftigen Entwicklung der Lebenshaltungskosten (einem Preisindex für die Lebenshaltung) abhängig sein soll, es sei denn, daß es sich um

aa) wiederkehrende Zahlungen handelt, die

- auf Lebenszeit des Gläubigers oder des Schuldners,
- bis zum Erreichen der Erwerbsfähigkeit oder eines bestimmten Ausbildungszieles des Empfängers,
- bis zum Beginn der Altersversorgung des Empfängers,
- für die Dauer von mindestens 10 Jahre (gerechnet vom Vertragsschluß bis zur Fälligkeit der letzten Zahlung) oder
- auf Grund von Verträgen zu entrichten sind, die die Laufzeitvoraussetzungen von Nummer 1 Buchstabe b erfüllen,

oder

bb) Zahlungen handelt, die

- auf Grund einer Verbindlichkeit aus der Auseinandersetzung zwischen Miterben, Ehegatten, Eltern und Kindern,
- auf Grund einer letztwilligen Verfügung oder
- von dem Übernehmer eines Betriebes oder eines sonstigen Sachvermögens zur Abfindung eines Dritten zu entrichten sind,

sofern zwischen dem Entstehen der Verbindlichkeit und der Endfälligkeit ein Zeitraum von mindestens 10 Jahren liegt oder die Zahlungen nach dem Tode eines Beteiligten zu erbringen sind,

b) von der künftigen Einzel- oder Durchschnittsentwicklung von Löhnen, Gehältern, Ruhegehältern oder Renten abhängig sein soll, es sei denn,

aa) daß es sich um regelmäßig wiederkehrende Zahlungen handelt, die

- für die Lebensdauer,
- bis zum Erreichen der Erwerbsfähigkeit oder eines bestimmten Ausbildungszieles oder
- bis zum Beginn der Altersversorgung des Empfängers zu entrichten sind oder

bb) daß der jeweils noch geschuldete Betrag insoweit von der Entwicklung von Löhnen oder Gehältern abhängig gemacht wird, als diese die Selbstkosten des Gläubigers bei der Erbringung der Gegenleistung unmittelbar beeinflussen,

c) vom künftigen Preis oder Wert sonstiger verschiedenartiger Güter oder Leistungen (z. B. vom Baukostenindex oder einem anderen die Preis- oder Wertentwicklung von einer Anzahl von Gütern oder Leistungen bezeichnenden Index) abhängig sein soll, es sei denn, daß der jeweils noch geschuldete Betrag

aa) von der Entwicklung der Preise oder Werte für Güter oder Leistungen abhängig gemacht wird, die der Schuldner in seinem Betriebe erzeugt, veräußert oder erbringt, oder

bb) insoweit von der Entwicklung der Preise oder Werte für Güter oder Leistungen abhängig gemacht wird, als diese die Selbstkosten des Gläubigers bei der Erbringung der Gegenleistung unmittelbar beeinflussen,

d) durch den künftigen Kurs einer anderen Währung bestimmt werden soll, es sei denn, daß es sich handelt um aa) Einfuhrverträge, Einfuhranschlußverträge zwischen Importeuren und Erstabnehmern, Ausfuhr-Zulieferungsverträge zwischen Exporteuren und ihren unmittelbaren Zulieferern oder Kaufverträge des „gebrochenen" Transithandels, sofern die Ware von den Importeuren, den Exporteuren oder den Transithändlern unverändert weiterveräußert wird oder

bb) Passage- oder Frachtverträge im grenzüberschreitenden Verkehr,

e) von der künftigen Einzel- oder Durchschnittsentwicklung des Preises oder Wertes von Grundstücken abhängig sein soll, es sei denn, daß sich das Schuldverhältnis auf die land- oder forstwirtschaftliche Nutzung eines Grundstücks beschränkt.

4. Soweit nach den vorstehenden Grundsätzen eine nach § 3 Satz 2 des Währungsgesetzes (Nummer 2c Satz 2 der Währungsverordnung für Berlin) erforderliche Genehmigung nicht ausgeschlossen ist, kann im allgemeinen mit ihrer Erteilung gerechnet werden,

5. Bei Verträgen der in Nummer 3 Buchstabe d bezeichneten Art kann auch mit der Genehmigung zur Eingehung von Verbindlichkeiten in fremder Währung (§ 3 Satz 1 des Währungsgesetzes, Nummer 2c Satz 1 der Währungsverordnung für Berlin) gerechnet werden[2].

6. Diese Grundsätze treten an die Stelle der im Bundesanzeiger Nr. 160 vom 29. August 1964 (durch die Mitteilung der Deutschen Bundesbank Nr. 1018/64) bekanntgegebenen und durch die Mitteilung der Deutschen Bundesbank Nr. 1006/69 (BAnz. Nr. 169 vom 12. September 1969) geänderten Grundsätze. Soweit sie abweichend von den bisherigen Grundsätzen eine Genehmigung ausschließen, werden sie auf Vereinbarungen angewandt, die nach dem 30. September 1978 getroffen werden. Im übrigen werden diese Grundsätze bei allen Genehmigungsanträgen angewandt, über die nach der Bekanntgabe dieser Grundsätze entschieden wird.

7. Eine Änderung dieser Grundsätze bleibt vorbehalten.

8. Genehmigungsanträge nach § 3 des Währungsgesetzes (Nummer 2c der Währungsverordnung für Berlin) sind bei der zuständigen Landeszentralbank einzureichen.

Frankfurt a. M., den 9. Juni 1978

DEUTSCHE BUNDESBANK
Dr. Irmler Dr. Willms

Ihrer **Rechtsnatur** nach sind die Genehmigungsgrundsätze der DBB *keine Rechtsquelle,* insbes also auch keine Rechtsverordnung. Rechtsgrundlage für die Genehmigungsbedürftigkeit und Genehmigungsfähigkeit von Wertsicherungsklauseln ist allein § 3 WährG. Die Genehmigungsgrundsätze dienen der allgemeinen Information und der *Typisierung* der Genehmigungssachverhalte. Auch für die *Ermessenskonkretisierung* spielen die Grundsätze eine Rolle. Sie stellen insofern mehr dar als eine unverbindliche Information, aber doch auch weniger als eine Rechtsquelle. Die Genehmigungsbehörde hat das Gesetz anzuwenden, nicht ihre Genehmigungsgrundsätze. Diese typisieren und dokumentieren nur die Gesetzesanwendung. Es gibt keine allgemeine Bindung der DBB an ihre Genehmigungsgrundsätze, wohl aber gehen diese in die Ermessensausübung ein. *Zu Ungunsten des Antragstellers* darf die Genehmigungsbehörde von den Richtlinien nicht ohne weiteres abweichen; sie muß eine solche Abweichung und ihre Gesetzeskonformität begründen (GUTZWILLER 102). Aus der Begründung muß zu ersehen sein, warum eine Genehmigung, mit der nach den Grundsätzen „im allgemeinen" zu rechnen war, nicht erteilt wird. *Zugunsten des Antragstellers* darf die Behörde abweichen, soweit der Sinn und Zweck des § 3 WährG dies zuläßt (insoweit zutreffend VG Frankfurt als Vorinstanz zu HessVGH BB 1969, 652). Nach Auffassung des VG Frankfurt kann sogar entgegen dem Wortlaut der Richtlinien im Einzelfall ein Anspruch auf Erteilung der Genehmigung bestehen, wenn die genehmigungsbedürftige Klausel die Währung D 209

[2] Zur Genehmigung nach § 3 Satz 1 WährG vgl im übrigen Mitteilung 1009/61 (BAnz. Nr. 167 vom 31. August 1961); dazu § 244 Rz 41.

weniger gefährdet als andere, genehmigungsfähige Klauseln. Der HessVGH hat demgegenüber eine abstrakte Betrachtung angestellt und ausgesprochen, daß die Genehmigung unter Berufung auf die Genehmigungsgrundsätze versagt werden kann, wenn der betreffende Passus der Genehmigungsgrundsätze geeignet ist, die deutsche Währung in irgendeiner Weise zu schützen. Demgegenüber stellt schließlich BVerwGE 41, 1, 7 f = NJW 1973, 529, 531 = WM 1973, 433, 435 folgendes richtig: „Der Bundesbank ist nur die Befreiung vom Verbot im Einzelfall übertragen. Eine weitergehende Ermächtigung zu Ermessensentscheidungen wäre vom Sinn und Zweck der Vorschrift nicht gefordert und vom Grundsatz der Rechtsstaatlichkeit nicht gedeckt. Es wäre deshalb nicht zulässig, wenn die Beklagte durch Richtlinien generell festlegte, in welchem Umfang Wertsicherungsklauseln genehmigt werden können, etwa in der Weise, daß lediglich negativ die Voraussetzungen bestimmt werden, unter denen eine Genehmigung nicht erfolgen kann, und in allen anderen Fällen ein Anspruch auf Genehmigung bestünde. Eine solche Regelung würde auf eine Normsetzung, eine Ergänzung oder Änderung des Gesetzes durch die Beklagte hinauslaufen." Dem ist zuzustimmen. Die *Aufgabe der Verwaltungsgerichte* besteht nicht darin, zu kontrollieren, ob sich die Behörde an die Genehmigungsgrundsätze gehalten hat und ob diese – abstrakt – gerechtfertigt sind; sie besteht darin, zu prüfen, ob die im konkreten Fall beantragte Genehmigung zu Recht oder zu Unrecht versagt worden ist. Das schließt, wie das BVerwG richtig bemerkt, eine Typisierung, wie sie in den Genehmigungsrichtlinien enthalten ist, nicht aus. Das BVerwG hat die Befugnis der DBB zur Festlegung von Voraussetzungen, die eine Genehmigung ausschließen, grundsätzlich bejaht und betont, daß Klauseln, die sich zu verbreiteten Standardklauseln entwickeln oder deren Bezugsgröße häufigeren oder größeren Veränderungen unterliegt, generell als nicht genehmigungsfähig angesehen werden können (vgl auch Vorbem D 305). Die für die Rechtsanwendungspraxis allgemein wichtigen *Ausführungen des BVerwG* zu diesem Punkt lauten wörtlich:

D 210

„In den Grundsätzen ist zwar generell negativ festgelegt, unter welchen Voraussetzungen Wertsicherungsklauseln nicht genehmigt werden. Darin liegt jedoch keine unzulässige Ergänzung oder Änderung des Gesetzes; denn die Grundsätze bestimmen in ihrer Nr. 7, daß ihre Änderung vorbehalten bleibe, und in Nr. 4, daß bei Nichtvorliegen der im einzelnen bezeichneten Ausschließungsgründe lediglich „im allgemeinen" mit der Erteilung der Genehmigung gerechnet werden könne. Die Festlegung negativer Genehmigungsvoraussetzungen und ihre Veröffentlichung liegen im Interesse des Rechtsverkehrs, ohne daß schon damit weitergehende Ansprüche begründet würden. Wegen des in § 3 Satz 2 WährG enthaltenen repressiven Verbots von automatischen Wertsicherungsklauseln kann es im übrigen nur darauf ankommen, ob der jeweils einschlägige Ausschließungsgrund ein Merkmal darstellt, das jeden Vertrag dieser Art in einer Weise charakterisiert, daß alle anderen Umstände des Einzelfalles dahinter zurücktreten müssen.

Die Beklagte ist nicht nur berechtigt, sondern auch verpflichtet, ihre Grundsätze zu ändern, wenn dies nach Sinn und Zweck des Ausnahmevorbehaltes in § 3 Satz 2 WährG erforderlich wird. Es ist ein sachgerechter Grund, die Genehmigungsfähigkeit einer Klausel stärker einzuschränken oder von einem gesteigerten individuellen Bedürfnis abhängig zu machen, wenn sie sich zu einer verbreiteten Standardklausel entwickelt hat oder dahin tendiert. Entsprechendes gilt für eine Klausel, deren Bezugsgröße häufigere oder größere Veränderungen erfahren hat oder erwarten läßt. Daß sich der Rechtsverkehr auf die veröffentlichten Grundsätze der Beklagten eingestellt hat, kann deren Änderung für die Zukunft nicht hindern. Dazu bedürfte es nicht einmal des Änderungsvorbehaltes. Es kann unentschieden bleiben, ob und inwieweit die Veröffentlichung der Genehmigungsgrundsätze einen Vertrauensschutz des Rechtsverkehrs gegenüber einschränkenden Änderungen begründen kann, denn in Nr. 6 der Grundsätze der Beklagten in der geänderten Fassung vom 26. August 1964 ist bestimmt, daß ihre Verschärfungen – erst – auf solche Vereinbarungen angewandt werden, die nach dem 31. Oktober 1964 getroffen wurden. Die neuen Grundsätze wurden im Bundesanzeiger vom 29. August 1964 veröffentlicht. Die Erschwerungen treffen danach nur solche Verträge, die nach ihrer öffentlichen Bekanntmachung abgeschlossen wurden; darüber hinaus blieben dem Rechtsverkehr zwei Monate Zeit sich umzustellen. Dieser Zeitraum war jedenfalls ausreichend.

b) Die durch Vertrag vom 29./30. Dezember 1965 vereinbarte Klausel fällt unter Nr. 3 Buchst. b der Grundsätze der Beklagten in der Fassung der Bekanntmachung vom 26. August 1964. Danach werden Klauseln nicht genehmigt, nach denen der geschuldete Betrag von der künftigen Einzel- oder Durchschnittsentwicklung von Löhnen, Gehältern, Ruhegehältern oder Renten abhängig sein soll. Die Beklagte war berechtigt, diese Bezugsgröße unter Änderung ihrer früheren Grundsätze als einen Genehmigungsausschließungsgrund anzusehen. Wegen der in der Vergangenheit festgestellten und für die Zukunft zu erwartenden Häufigkeit oder auch des Ausmaßes der Veränderung der Bezugsgröße konnte diese von der Beklagten ohne Ermessensverstoß als ein Merkmal angesehen werden, das jeden einzelnen Vertrag dieser Art maßgeblich charakterisiert. Insoweit bedarf es keiner gerichtlichen Feststellung darüber, wie groß das Ausmaß und die Häufigkeit jener Veränderungen vergleichsweise sind und welche Faktoren dafür in Betracht kommen. Es kann auch offenbleiben, ob die Vereinbarung einer Lohn- und Gehaltsklausel geeignet sein könnte, sämtliche sonstigen Umstände des jeweiligen Einzelfalles als unbeachtlich zurückzudrängen; denn die Beklagte hat in ihren Grundsätzen weitere Differenzierungen vorgenommen. Sie genehmigt im allgemeinen Lohn- und Gehaltsklauseln, wenn es sich um eine regelmäßig wiederkehrende Zahlung handelt, die für die Lebensdauer oder bis zur Erreichung der Erwerbsfähigkeit oder eines bestimmten Ausbildungszieles des Empfängers zu entrichten ist (3b aa), oder wenn der jeweils noch geschuldete Betrag von der Entwicklung von Löhnen oder Gehältern abhängig gemacht wird, durch die die Selbstkosten des Gläubigers wesentlich beeinflußt werden (3b bb). Hierbei handelt es sich um sachgerechte Umstände, die den individuellen Interessen ein erhebliches, besonderes Gewicht verleihen."

4. Der Tatbestand des § 3 S 1 WährG (Fremdwährungsschulden) D 211

a) Der **Tatbestand des § 3 S 1 WährG** ist bei jeder **Fremdwährungsschuld** erfüllt, bei der einfachen ebenso wie bei der effektiven Fremdwährungsschuld (vgl zu diesen Begriffen § 244 Rz 7 f; irreführend Reithmann DNotZ 1960, 173 f). Darauf, ob die Vereinbarung Wertsicherungszwecke verfolgt, kommt es für § 3 S 1 WährG nicht an. Keine Fremdwährungsschuld und damit kein Problem des § 3 S 1, sondern des § 3 S 2 WährG ist die Valutawertschuld (§ 244 Rz 541 f). Dagegen fällt die *alternative Währungsklausel* unter § 3 S 1 (§ 244 Rz 9). Nur *rechtsgeschäftlich bedungene Fremdwährungsschulden* fallen unter § 3 S 1 WährG. Die Frage, ob ein Fremdwährungsvermächtnis unter das Verbot fällt, sollte verneint werden. Ein solches Vermächtnis ist keine vom Erblasser in fremder Währung „eingegangene" Verbindlichkeit. Die *praktische Bedeutung von Fremdwährungsklauseln mit Wertsicherungsfunktion* ist beträchtlich zurückgegangen (Rinck Rz 314). Sie war erheblich, solange bedeutende ausländische Währungen noch dem Prinzip der Golddeckung folgten (zu den Folgen des Fortfalls der Golddeckung vgl RGZ 141, 212; 163, 324).

b) *Genehmigungsfrei* ist nach **§ 49 Abs 1 AWG** die rechtsgeschäftliche Begründung einer Fremdwährungsschuld zwischen einem Gebietsansässigen und einem Gebietsfremden. Diese Begriffe sind erläutert in § 4 Abs 1 Nr 3 und 4 AWG (dazu § 244 Rz 41). Danach kommt es bei natürlichen Personen auf den Wohnsitz oder gewöhnlichen Aufenthalt an, bei juristischen Personen und Personengesellschaften auf deren Sitz an. Nicht ausdrücklich bestimmt ist, daß § 3 S 1 auf die Rechtsgeschäfte zweier Gebietsfremder untereinander keine Anwendung findet. Dies ergibt sich indes aus dem persönlichen Geltungsbereich des § 3 WährG (dazu Vorbem D 201). Ist die Fremdwährungsschuld genehmigungsfrei, so bleibt sie es auch dann, wenn sie ihrerseits durch eine *Wertsicherungsklausel* gesichert ist; eine solche Wertsicherungsklausel fällt nicht unter § 3 S 2 WährG, denn diese Vorschrift erfaßt nur die Wertsicherung von DM-Forderungen (§ 244 Rz 42, 59). D 212

c) Die **Genehmigungspraxis** unterliegt nach § 49 Abs 2 AWG der Zuständigkeit der DBB. Sie folgt den insoweit auszugsweise bei § 244 Rz 41 wiedergegebenen Richtlinien (Wortlaut auch oben Vorbem D 208). Das Verhältnis der „Devisengenehmigung" nach § 3 S 1 zur Genehmigung nach § 3 S 2 ist str. Nach richtiger Auffassung ersetzt die Einzelfallgenehmigung nach § 3 S 1 auch die Genehmigung nach § 3 S 2 D 213

(DÜRKES [9. Aufl] B 19). Anderes gilt nach DÜRKES aaO für Allgemeine Genehmigungen der DBB (auch zu ihnen vgl § 244 Rz 41), weil diese von gewöhnlichen, nicht wertgesicherten Geldschulden ausgehen. Die Wertsicherung von Verbindlichkeiten, die nicht auf DM lauten, fällt indes auch nicht unter § 3 S 2 WährG (vgl § 244 Rz 42).

D 214 **5. Der Tatbestand des § 3 S 2 WährG (Wertsicherungsvereinbarungen)**

a) Eine **Geldschuld in DM** muß vorliegen, also keine Sachschuld (Vorbem C 4 ff) und keine Fremdwährungsschuld (§ 244 Rz 4). Die Valutawertschuld ist keine Fremdwährungsschuld (§ 244 Rz 5). Sie ist ein Anwendungsfall des § 3 S 2 WährG (Vorbem D 220). Die alternative Währungsklausel (§ 244 Rz 9) begründet dagegen eine DM-Verbindlichkeit, wenn der Gläubiger Zahlung in DM verlangen kann. Nach hM muß außerdem der Schuldner Inländer sein (dazu Vorbem D 201).

D 215 **b)** Nur gegen **Rechtsgeschäfte** richtet sich § 3 S 2 WährG.

D 216 **aa)** Aus der Verweisung auf S 1 ergibt sich, daß nur eine durch Rechtsgeschäft „eingegangene" Verbindlichkeit unter § 3 S 2 fallen kann. Indes kommt es, anders als bei S 1, genau genommen nicht auf den rechtsgeschäftlichen Rechtsgrund der Geldschuld an, sondern *auf den rechtsgeschäftlichen Ursprung der Wertsicherung;* zB darf ein Vergleich, ein Schuldanerkenntnis oder eine vollstreckbare Urkunde über eine gesetzliche Geldsummenforderung nur unter Berücksichtigung des § 3 S 2 WährG mit einer Wertsicherung versehen werden. Darauf, ob eine Schuldersetzung (Novation) vorliegt, kommt es nicht an. Entscheidend ist das Vorliegen einer Wertsicherungsvereinbarung.

D 217 **bb)** Auch die *Wertsicherung von letztwilligen Verfügungen* kann unter § 3 S 2 fallen (mit einem *Geldwertvermächtnis,* aber nicht mit der Genehmigungspflicht, befaßt sich BGH BB 1971, 1175 = WM 1971, 1151). Im wesentlichen werden drei Auffassungen vertreten (Überblick bei DÜRKES [8. Aufl] D 234 ff; [9. Aufl] D 499 ff): Teils wird § 3 S 2 WährG auf Wertsicherungen in letztwilligen Verfügungen voll angewandt; teils wird die Vorschrift auf letztwillige Verfügungen überhaupt nicht angewandt; teils schließlich wird differenziert: Ein Geldwertvermächtnis ist als solches genehmigungsfrei; soll die Wertsicherung über den Anfall des Vermächtnisses hinaus wirken, so bedarf es der Genehmigung. Dieser Auffassung ist zu folgen (Vorbem D 298). Die Begründung einer Schuld durch letztwillige Verfügung kann diese Schuld nicht jeglicher Kontrolle nach § 3 S 2 WährG entziehen. Eine uneingeschränkte Anwendung wäre auf der anderen Seite mit dem Zweck des Vermächtnisses, den Bedachten am Nachlaßwert zu beteiligen, nicht zu vereinbaren.

D 218 **c) Das Merkmal der Wertsicherung** ist das entscheidende und das schwierigste Merkmal des § 3 S 2 WährG. Die bereits bei Vorbem D 202 bemängelte Tatbestandsformulierung beweist hier ihre entscheidende Schwäche. In § 3 S 2 sind statt der maßgebenden Wertungskriterien die seinerzeit geläufigen Wertsicherungsformen aneinandergereiht. Die Bestimmung der DM-Schuld nach dem Lebenshaltungskostenindex (nach heutigem Stand eine naheliegende, wirkungsvolle und einfach zu handhabende Wertsicherungsklausel) ist nicht genannt, und die tatbestandlich beschriebene Klauseln sind viel zu pauschal der Genehmigungspflicht unterstellt. Die bei Vorbem D 202 geforderte teleologische Auslegung soll gegenüber dem Wortlaut Klarheit schaffen.

D 219 **aa) Indexklauseln** fallen zwar nicht dem Wortlaut, wohl aber dem Sinn und Zweck des § 3 S 2 WährG nach ausnahmslos unter die Vorschrift (vgl BGHZ 63, 132, 134 =

NJW 1975, 44, 45 = [Leitsatz] LM Nr 26 zu § 3 WährG mAnm Braxmaier; BGH Betrieb 1959, 23; BB 1977, 718, 719 = NJW 1977, 1394 = WM 1977, 643, 645; offengelassen von OLG Stuttgart NJW 1952, 106, 107; Reithmann DNotZ 1960, 189; eingehend Dürkes [9. Aufl] C 102 ff, D 263 ff, 386 ff, 408). Nach Nr 2 c der Genehmigungsgrundsätze der DBB von 1978 (Vorbem D 208) werden Klauseln nicht genehmigt, nach denen ohne nähere Bestimmung der maßgebenden Werte oder Preise die künftige „Kaufkraft" der DM maßgebend sein soll (näher Dürkes [9. Aufl] C 84 f). Diesen Klauseln fehlt es bereits an der erforderlichen *Bestimmtheit.* Eine schwebend unwirksame und damit genehmigungsfähige Vereinbarung liegt nicht vor. Regelrechte Indexklauseln, die auf einen bestimmten Index abstellen, werden unter den Voraussetzungen der Nr 3 a, b, c und e nur ausnahmsweise genehmigt. Zweckmäßigerweise werden Indexklauseln als Leistungsbestimmungsvorbehalte vereinbart (Vorbem D 246 f; Dürkes [9. Aufl] D 401). In der Vertragspraxis kommen *Indexklauseln* in unterschiedlicher Gestalt vor (eingehende Analyse bei Ertl 93 ff). Dem Wertsicherungszweck entspricht die Ausrichtung auf den Lebenshaltungskostenindex am besten. Auch unter dem Gesichtspunkt der Bestimmtheit ist dieser jederzeit greifbare Index zweckmäßig (eingehend Dürkes [9. Aufl] D 102 – D 158).

bb) Valutawertschulden sind Heimwährungsschulden, als deren Wertmesser eine fremde Währung verwendet wird (§ 244 Rz 5). Sie fallen, da sie keine Fremdwährungsschulden sind, nicht unter § 3 S 1, wohl aber unter § 3 S 2 WährG. Voraussetzung ist allerdings, daß die Bezugnahme auf die fremde Währung *Wertsicherungscharakter* hat. Das ist nur der Fall, wenn der künftige Kurs der fremden Währung den Nennbetrag der DM-Forderung bestimmen soll. Eine Vereinbarung, nach der sich der DM-Schuldbetrag nach dem zur Zeit des Vertragsschlusses geltenden Kurs einer fremden Währung bestimmen soll, ist keine Wertsicherungsvereinbarung, sondern eine genehmigungsfreie Preisbestimmung (BGH NJW 1953, 1912). Soweit nicht der Umrechnungskurs bei Vertragsschluß, sondern der jeweilige Kurs maßgebend ist, ist der Wertsicherungscharakter zu bejahen. Dann fällt die Abrede unter § 3 S 2 WährG. Nach der hier vertretenen Auffassung ist aber § 3 S 2 WährG im Lichte des § 49 AWG *restriktiv zu handhaben:* Auf Valutawertschulden ist die Vorschrift nur anzuwenden, wenn sie entweder unter Gebietsangehörigen vereinbart oder im Inland zu erfüllen sind (§ 244 Rz 42). Soweit eine Valutawertschuld genehmigungsbedürftig ist, ist sie nur nach Maßgabe von Nr 3 d der Genehmigungsgrundsätze der DBB von 1978 (Vorbem D 208) genehmigungsfähig. **D 220**

cc) Sachwertklauseln und **Leistungswertklauseln** binden den Betrag der Geldforderung an den künftigen Preis von „anderen Gütern oder Leistungen". Ebenso wie bei der Valutawertschuld kommt es auch hier auf den *künftigen Preis* an. Eine Bezugnahme auf einen taxmäßigen Preis (zB auf den Wert einer Feinunze Gold, auf eine bestimmte Notargebühr etc) im Zeitpunkt des Vertragsschlusses stellt nur eine ungewöhnliche Form der Preisbestimmung, nicht eine Wertsicherung dar. *Goldwertklauseln* gehören neben den Valutawertschulden zu den klassischen Wertsicherungen. Die Literatur aus der Zeit zwischen den Weltkriegen ist unübersehbar (eingehende Darstellung heute bei Ertl 73 ff). Die Klauseln fallen unter § 3 S 2 WährG (BGH DNotZ 1954, 530, 531; Dürkes [9. Aufl] C 83). Nach Nr 2 b der Genehigungsgrundsätze der DBB von 1978 (Vorbem D 208) werden diese Klauseln nicht genehmigt. Die *Goldmünzklausel* fällt nach geltendem Währungsrecht nur noch unter § 3 S 1 WährG. Sie ist praktisch bedeutungslos geworden (§ 245 Rz 3). Auch Goldwertklauseln haben an praktischer Bedeutung stark eingebüßt, so daß die ihnen zugewendete Aufmerksamkeit als übertrieben bezeichnet wird (F A Mann, Recht des Geldes 100 Fn 5; Gutzwiller 17). Sie könnten allerdings wieder an Bedeutung gewinnen, wenn § 3 S 2 WährG nicht umgehungsfest ausgelegt wird. **D 221**

Effektive Goldschulden sind Sachschulden und damit an sich nicht durch § 3 S 2 WährG verboten (Vorbem D 224). Eine Menge Feingold fällt nicht als Leistungsgegenstand, sondern nur als Wertmaßstab einer Geldschuld unter § 3 S 2 WährG. Nicht nur im Fall der Goldwertklausel, sondern auch wenn die zu zahlende Summe durch den Preis oder eine Menge von *anderen Gütern oder Leistungen* bestimmt ist, liegt nach § 3 S 2 eine genehmigungsbedürftige Wertsicherungsklausel vor. Dieses recht undurchdacht angelegte Tatbestandsmerkmal gibt Anlaß zu großer Unsicherheit, und es ist zugleich Anknüpfungspunkt für die von der hM beschworene *„enge Auslegung" des § 3 WährG:* Diejenigen Wertsicherungen, die man als „Spannungsklauseln" gelten lassen will, werden dadurch gekennzeichnet, daß angeblich keine „anderen Güter oder Leistungen" iS von § 3 S 2 WährG zugrunde gelegt werden (BGHZ 14, 306, 310 f = LM Nr 7 zu § 3 WährG m zust Anm Pritsch = NJW 1954, 1684, 1685; BGH LM Nr 11 zu § 3 WährG, LM Nr 29 zu § 3 WährG = NJW 1976, 422 = BB 1976, 59, 60; OLG Düsseldorf BB 1973, 913; Dürkes [9. Aufl] D 5 ff; eingehend von Maydell, Geldschuld 380 f). Dem Merkmal der „anderen" Güter oder Leistungen wird das Merkmal der Gleichartigkeit gegenübergestellt (vgl BGH LM Nr 11 zu § 3 WährG; LM Nr 23 zu § 3 WährG = NJW 1974, 273 = BB 1974, 101; LM Nr 29 zu § 3 WährG = NJW 1976, 422 = BB 1976, 59, 60; LM Nr 37 zu § 3 WährG = NJW 1979, 1545, 1546 = BB 1979, 1260; LM Nr 38 zu § 3 WährG = NJW 1979, 1888, 1889 = BB 1979, 1259 f; OLG Düsseldorf BB 1973, 913; Wolf ZIP 1981, 236).

D 222 *Die Methode dieser angeblichen „Auslegung" ist mit dem eindeutigen Gesetzeswortlaut unvereinbar.* Es liegt eine absichtsvolle Verdrehung des Wortsinns vor. Wenn § 3 S 2 WährG davon spricht, daß der DM-Betrag durch den Preis oder eine Menge von Feingold oder von **anderen Gütern oder Leistungen** bestimmt werden soll, dann bezieht sich das Wort „anderen" nach seiner grammatischen Stellung und seinem Sinn unmißverständlich auf Feingold. Die klassische Goldklausel ist nur die jahrzehntelang wichtigste Variante unter den Sachwert- und Leistungswertklauseln. Der Sinn des Gesetzeswortlauts ist derselbe, als wenn § 3 S 2 WährG von DM-Schulden spräche, deren Betrag durch den Preis von Leistungen bestimmt werden soll. Die von der hM vertretene „enge Auslegung" des § 3 S 2 bei Spannungsklauseln findet im Gesetzeswortlaut keine Stütze und bedarf anderer Rechtfertigung. Nach dem bei Vorbem D 202 Gesagten kann nicht eine wortgetreue oder „einschränkende", „enge" Auslegung des § 3 S 2 WährG, sondern nur eine *teleologische Reduktion* die Genehmigungsfreiheit von Spannungsklauseln rechtfertigen (Vorbem D 240).

D 223 **6. Die Problemgruppen**

a) Sachschuldvereinbarungen fallen nicht unter § 3 WährG (eingehend Dürkes [9. Aufl] D 217 ff). Mit Sachschulden sind hierbei (ähnlich etwa der gesellschaftsrechtlichen Terminologie bei den „Sacheinlagen") alle Nicht-Geldschulden gemeint. Gegenstand der Leistungen können auch Handlungen und Unterlassungen insbes Dienstleistungen, sein. Nur für Geldschulden gilt § 3 S 2 WährG (Vorbem D 214). *Die Vorschrift erfaßt und verbietet nicht die Flucht in die Sachschuld.* Die Vereinbarungen von Sachschulden statt von Geldschulden wird vielfach unter die Rubrik der genehmigungsfreien Wertsicherungsklauseln eingestuft (besonders deutlich Mittelbach Rz 28, 53 ff; in gleicher Richtung MünchKomm-von Maydell § 244 Rz 27; Palandt-Heinrichs §§ 244, 245 Anm 5 b cc). Nach der hier verwendeten Terminologie liegt eine Wertsicherungsvereinbarung überhaupt nicht vor. Der bloße Wertsicherungszweck reicht hierfür nicht aus (Vorbem D 159). Erst in Kombination mit einer Mindestklausel wird aus der Sachschuld eine wertgesicherte Geldsummenschuld (Vorbem D 257).

aa) Zunächst scheidet die **einfache Sachschuld** aus dem Anwendungsbereich des § 3 S 2 WährG aus. Sie fällt auch dann nicht unter § 3 WährG, wenn sie mit dem Ziel der Wertsicherung vereinbart ist (BGH NJW 1957, 342 m abl Anm SZAGUNN; BB 1962, 815 = Betrieb 1962, 1042 = NJW 1962, 1568 = WM 1962, 820; OLG Schleswig NJW 1955, 65; BB 1957, 903; DNotZ 1975, 720, 721; RINCK Rz 316; BERNDT 78 f; BGB-RGRK-ALFF § 245 Rz 19; SCHLEGELBERGER-HEFERMEHL, HGB [5. Aufl] Anh § 361 Rz 47; MünchKomm-VON MAYDELL § 244 Rz 27; PALANDT-HEINRICHS §§ 244, 245 Anm 5 b cc; RANNIGER DNotZ 1951, 396; FRIELINGSDORF Betrieb 1982, 792; Überblick über die Rechtsprechung: DÜRKES [9. Aufl] D 217 ff; REITHMANN DNotZ 1960, 179; PIKART WM 1969, 1062 ff; **aM** OLG Celle NJW 1951, 363; OLG Köln NJW 1951, 364 m abl Anm RÖTELMANN). Dies gilt zB für die teilweise *Begleichung eines Grundstückskaufpreises durch Naturralleistungen* (BGH NJW 1962, 1568, 1569; OLG Celle DNotZ 1952, 479; OLG Schleswig BB 1957, 903; MITTELBACH Rz 69) sowie für die *Naturalreallast* (OLG Schleswig NJW 1955, 65; DNotZ 1975, 720, 721) und für den Natural-Erbbauzins (dazu unten Vorbem D 283). D 224

Sachschulden und damit keine Anwendungsfälle des § 3 S 2 WährG sind auch *effektive Goldschulden* (REITHMANN DNotZ 1960, 188; aM GOLTZ Betrieb 1959, 339). Gold ist auch keine „andere Währung" iS von § 3 S 1 WährG. Zur Frage, ob eine unzulässige Umgehung des § 3 S 2 WährG vorliegt, vgl Vorbem D 230. Vgl über *Goldklauseln* im übrigen § 245 Rz 21 ff. Der wirksamen Vereinbarung einer Sachschuld steht auch nicht entgegen, daß die Parteien diese Sachschuld an *die Stelle einer Geldschuld* (Kaufpreis, Abfindung eines ausgeschiedenen Teilhabers, eines weichenden Erben etc) gesetzt haben. ZB kann bei der Hofnachfolge statt der üblichen Geschwisterabfindung in bar eine Sachleistungsschuld (Getreidelieferung) vereinbart werden (OLG Schleswig NJW 1955, 65; MITTELBACH Rz 65). Entsprechend kann gegenüber einem ausgeschiedenen Gesellschafter anstelle der Barabfindungsschuld eine Lieferverpflichtung übernommen werden (praktisch empfiehlt sich allerdings eher die Umwandlung des Abfindungsguthabens in ein partiarisches Darlehn oder in eine stille Einlage; zur Genehmigungsfreiheit vgl Vorbem D 233). In diesen Fällen wird eine unzulässige Umgehung des § 3 WährG auch nicht darin gesehen werden dürfen, daß der Gläubiger den Schuldner beauftragt und *ermächtigt, die dem Gläubiger zustehenden Lieferungen für dessen Rechnung zu veräußern* (OLG Braunschweig NJW 1950, 755 m Anm SCHUBERT; DÜRKES [9. Aufl] D 223; MITTELBACH Rz 67). Zur Frage, ob solche Vereinbarungen unter Umgehungsgesichtspunkten erfaßt werden vgl Vorbem D 230 ff. Auch *an Stelle eines in Geld zu entrichtenden Pachtzinses* kommen Sachleistungsvereinbarungen vor (DÜRKES [9. Aufl] D 217; MITTELBACH Rz 54). Das *Sachdarlehn* – Hingabe von vertretbaren Sachen statt von Geld – ist gleichfalls eine genehmigungsfreie, wenngleich praktisch wenig bedeutsame Abrede (vgl dazu MITTELBACH Rz 55 ff). Anzumerken bleibt, daß auch die darlehnsweise *Überlassung von Wertpapieren* einschließlich des depositum irregulare (§§ 700 BGB, 419 Abs 3 HGB) als Sachdarlehn zu behandeln ist (MITTELBACH Rz 58).

Nur eine *effektive Sachschuld* ist genehmigungsfrei (REITHMANN DNotZ 1960, 179 f). D 225
Dient die in den Vertrag aufgenommene Sachschuld nur der Bemessung der in Wahrheit geschuldeten Geldleistung, so liegt keine Sachschuld vor, sondern eine genehmigungsbedürftige Wertsicherungsklausel (OLG Celle NJW 1951, 363; vgl auch die ursprüngliche Fassung des Vertrags bei OLG Celle DNotZ 1952, 479 f).

bb) Wahlschulden (§§ 262–265) können gleichfalls Wertsicherungsfunktion haben, D 226
wenn das Wahlrecht dem Gläubiger eingeräumt ist und dieser zwischen Geld und wertbeständiger Sachleistung wählen kann (zum Anpassungszweck der Wahlschuld vgl ERLER, Wahlschuld mit Wahlrecht des Gläubigers und Schuld mit Ersetzungsbe-

fugnis des Gläubigers, 1964, 23 ff). Eine *Einheitsbetrachtung* könnte hier die Anwendung des § 3 WährG nahelegen, doch würde sich dies nicht in die sonstige Handhabung der Bestimmung einfügen. Der Normzweck des § 3 WährG wird nicht über den Wortlaut hinaus ausgeschöpft (vgl Vorbem D 199, D 203). Das gilt auch hier. Jede der zur Wahl stehenden Leistungen wird auf ihre Vereinbarkeit mit § 3 WährG geprüft. Wenn man das eingeschränkte Konzept des § 3 WährG hinnimmt, ist dieser hM zuzustimmen, denn die Wertsicherung durch Vereinbarung einer Wahlschuld dient nicht der Dynamisierung der Geldschuld, sondern der *Flucht aus der Geldschuld.* Die Sachschuld fällt nicht unter § 3 WährG, und damit scheidet die Anwendung der Vorschrift hinsichtlich der ganzen Vereinbarung aus, wenn nicht die Geldschuld ihrerseits durch eine unter § 3 WährG fallende Klausel wertgesichert ist (OLG Schleswig MDR 1951, 679; OLG Celle DNotZ 1952, 126; 1955, 315, 316; Berndt 83; Dürkes [9. Aufl] D 206 f; Mittelbach Rz 72 ff; MünchKomm-von Maydell § 244 Rz 28; BGB-RGRK-Alff § 245 Rz 19; Schlegelberger-Hefermehl, HGB [5. Aufl] Anh § 361 Rz 47; Palandt-Heinrichs §§ 244, 245 Anm 5 b cc; Reithmann DNotZ 1960, 191 f; Frielingsdorf Betrieb 1982, 792; unentschieden noch BGH WM 1959, 206, 208 = BB 1959, 207 = Betrieb 1959, 199). *In aller Regel scheidet damit eine Anwendung des § 3 WährG auf Wahlschulden aus.* Auch eine Vereinbarung, wonach die Naturalleistung zugunsten eines Altenteilsberechtigten bei dessen Fortzug vom Grundstück automatisch in eine Geldleistung übergehen soll, sollte als genehmigungsfrei anerkannt werden (Rötelmann NJW 1951, 364 gegen OLG Celle NJW 1951, 363). Eine Exklave des § 3 WährG, die jede Wahlschuld umfaßte, ist damit jedoch nicht geschaffen. Ist die Geldschuld – oder ist eine von mehreren zur Wahl des Gläubigers gestellten Geldleistungen – durch eine genehmigungsbedürftige Wertsicherungsklausel gesichert, so bleibt es bei der Anwendbarkeit der Bestimmung (LG Braunschweig NJW 1954, 884, 885; Dürkes [9. Aufl] D 211; MünchKomm-von Maydell § 244 Rz 28; Szagunn BB 1955, 969, 970; Reithmann DNotZ 1960, 193). Das muß auch dann gelten, wenn eine genehmigungsbedürftige Fremdwährungsschuld (§ 244 Rz 40 ff) neben der Heimwährungsschuld zur Wahl steht. Hiervon zu unterscheiden ist ein Wahlschuldverhältnis mit freier Wahl zwischen zwei Geldleistungen verschiedenen Inhalts (dazu eingehend Dürkes [9. Aufl] D 211 ff; Mittelbach Rz 81 f). In diesem Fall, der mit dem Problem der Sachschuld nichts zu tun hat, sind selbstverständlich die beiden zur Wahl stehenden Geldleistungen je für sich zu beurteilen. Steht etwa dem Gläubiger neben einem Fixbetrag in DM ein Fremdwährungsbetrag (§ 3 S 1 WährG) oder eine dynamisierte DM-Summe (§ 3 S 2 WährG) zur Wahl, so kann diese Wertsicherung genehmigungsbedürftig sein.

D 227 cc) Eine **Ersetzungsbefugnis des Gläubigers** ist im praktischen Fall nach Voraussetzungen und Rechtsfolgen kaum von der Wahlschuld mit Wahlrecht des Gläubigers zu unterscheiden (eingehend Ziegler AcP 171 [1971] 193 ff). Die hM sieht einen rechtsdogmatischen Unterschied darin, daß hier nur eine, nämlich die primär vereinbarte Leistung, geschuldet ist, daß aber der Gläubiger berechtigt ist, eine andere Leistung zu fordern. Sub specie § 3 WährG ist eine unterschiedliche Behandlung gegenüber der Wahlschuld jedenfalls nicht gerechtfertigt. Kann der Gläubiger an Stelle der geschuldeten Geldleistung eine Sachleistung verlangen, so dient dies nicht der Dynamisierung der Geldschuld, sondern der *Flucht aus der Geldschuld.* Eine solche Ersetzungsbefugnis ist *genehmigungsfrei* (BGH LM Nr 12 zu § 3 WährG = BB 1962, 815 = Betrieb 1962, 1042 = WM 1962, 820 = NJW 1962, 1568 f; OLG Celle DNotZ 1955, 315, 316; Dürkes [9. Aufl] D 207; Palandt-Heinrichs §§ 244, 245 Anm 5 b cc; Pikart WM 1969, 1065; aM OLG München BB 1958, 786). Anders beurteilt LG München I (DNotZ 1952, 220) eine Vereinbarung des Inhalts, daß der Gläubiger befugt sein soll, an Selle der primär geschuldeten Sachleistung deren Marktpreis in Geld zu verlangen. Auch OLG Celle DNotZ 1955,

315, 316 würde hierin eine nach § 3 WährG genehmigungsbedürftige Wertsicherung sehen.

dd) Zweifelhaft ist, wann eine *Sachleistungsvereinbarung* als **Scheingeschäft** *oder als* **Gesetzesumgehung** nichtig ist. Beide Tatbestände müssen unterschieden werden (Staudinger-Dilcher § 117 Rz 32 ff; Flume, Rechtsgeschäft § 20/2 b cc; unbefriedigend insofern die hM, zB Gutzwiller 112 f; Dürkes [9. Aufl] D 220, D 224; Mittelbach Rz 61 ff). **D 228**

aaa) Um ein **Scheingeschäft,** das nach § 117 Abs 1 nichtig ist, handelt es sich dann und nur dann, wenn die Parteien nicht die sich aus ihren Erklärungen ergebende Rechtsfolge, sondern nur deren Schein herbeiführen wollen (vgl etwa BGHZ 36, 84, 87 f; BGH NJW 1980, 1572, 1573). Scheingeschäft wäre etwa eine Vereinbarung, durch die einverständlich eine Geldschuld mit genehmigungsbedürftiger Wertsicherungsklausel dissimuliert und eine Sachschuld simuliert würde, etwa indem das Unvermögen des Schuldners einkalkuliert und die primär gewollte Geldschuld als vorgebliche Schadensersatzverbindlichkeit nach §§ 280, 325 dynamisiert würde. Immer dann, wenn *der Schuldner* nicht die wahlweise vereinbarte Sachleistung, sondern nur deren Geldwert aufbringen soll, liegt die Annahme eines Scheingeschäfts nahe (Mittelbach Rz 78; Dürkes [9. Aufl] D 220; Reithmann DNotZ 1960, 180). Solche Scheingeschäfte spielen praktisch offenbar keine nennenswerte Rolle. Die Tatsache, daß dem *Gläubiger* im Ergebnis ein wertgesicherter Geldbetrag zufließen soll, macht aus der Flucht in die Sachschuld noch kein Scheingeschäft. Kein Scheingeschäft ist insbes die Vereinbarung, daß der Schuldner die geschuldeten Sachen unmittelbar an einen Dritten liefern soll (Mittelbach Rz 62; insoweit überzeugend auch OLG Celle DNotZ 1952, 479; s auch Dürkes [9. Aufl] D 223). Ebensowenig kann darin, daß A von B Waren kauft und den B beauftragt, diese Waren kommissionsweise für ihn zu Tagespreisen zu verkaufen, ein Scheingeschäft gesehen werden (Mittelbach Rz 62 ff mit Differenzierungen). Zwischen den Scheingeschäftsfällen und den Umgehungen liegen Vereinbarungen, bei denen die Parteien in Wahrheit dem Gläubiger das Recht gewähren wollen, statt einer bestimmten Geldsumme am Tage der Fälligkeit den Betrag zu verlangen, der dem Preis einer bestimmten Warenmenge entspricht (vgl BGH BB 1959, 1006 = WM 1959, 1198; OLG München BB 1958, 786; und dazu BGH NJW 1962, 1568, 1569 sowie Pikart WM 1969, 1065). Man wird dies, wenn nicht als nichtiges Scheingeschäft, dann jedenfalls als unzulässige Umgehung des § 3 WährG anzusehen haben. **D 229**

bbb) Zur Frage der **Gesetzesumgehung** vgl zunächst Vorbem D 199, D 203. § 3 WährG ist, wie dort bemerkt wurde, nur in geringem Maße umgehungsfest. Eine präzise Abgrenzung ist nicht möglich. Die Tatsache allein, daß eine Sachschuldvereinbarung Wertsicherungszwecke erfüllt, macht sie noch nicht zu einer unzulässigen Umgehung. *Nicht die Flucht aus der Geldschuld, sondern nur die Wertschuldvereinbarung mittels eines Geldsurrogats kann eine unzulässige Umgehung des § 3 S 2 WährG sein.* Die *effektive Sachschuld* stellt deshalb in aller Regel keine solche Umgehung dar. Der vertragsgestaltenden Praxis ist allerdings zur Beschränkung auf „sachgerechte", dh geschäftstypische, Sachleistungen zu raten (vgl auch Dürkes [9. Aufl] D 224). Vereinbarungen dieses Inhalts sind dem Umgehungsvorwurf nur ausgesetzt, wenn zusätzliche Umstände hinzukommen, die auf eine versteckte Geldwertklausel hindeuten. Die forensische Praxis sollte bei Sachschulden, bei denen der Gläubiger die Sache oder sonstige Leistung effektiv erhalten soll, nur dann auf *Sachgerechtigkeit* abstellen, wenn die vereinbarte Sachschuld auf die Schaffung eines institutionellen Geldsurrogats hinausläuft. Bei der *effektiven Goldschuld* kommt dieser Einwand in Betracht. Wer zB statt eines Grundstückskaufs (§ 433) ein Tauschgeschäft „Grundstück gegen Gold" vereinbart, hat zwar keine Geldwert- **D 230**

schuld, also keine unmittelbar unter § 3 S 2 WährG fallende Wertsicherungsklausel vereinbart, doch ist der Vertrag als Umgehungsfall dieser Vereinbarung gleichzustellen.

D 231 Eine unzulässige Umgehung liegt vor, wenn die Sachschuldvereinbarung die *Funktion einer* **verdeckten Geldwertschuld** erfüllt. So, wenn im Fall der *Wahlschuld* und der *Ersetzungsbefugnis* von vornherein feststeht, der Schuldner werde die Sachleistung nie erbringen, der Gläubiger sie niemals fordern (im Ergebnis übereinstimmend Mittelbach Rz 77). Keine Schein-Wahlschuld, sondern eine schlichte Wertsicherungsklausel, für die § 3 WährG gilt, ist die Vereinbarung, nach der der Gläubiger einen Festbetrag oder den Gegenwert einer bestimmten Ware verlangen kann (vgl Vorbem D 226 aE; in der Einordnung zweifelhaft Mittelbach Rz 78). Zweifelhaft sind diejenigen Fälle, in denen die Sachschuldvereinbarung mit einer anderen Abrede dergestalt verknüpft ist, daß der Schuldner im Ergebnis nicht Sachen zu leisten hat, sondern deren Ertrag in Geld. Es kann aber nicht generell gesagt werden, die Vereinbarung einer Sachschuld sei ein von § 3 WährG erfaßter Umgehungsfall, wenn die Naturalleistungen nicht zum Eigengebrauch oder Eigenverbrauch des Gläubigers bestimmt sind, sondern nur für seine Rechnung verwertet werden (Rinck Rz 316; Rötelmann NJW 1951, 364 mwN). Ein typisches Beispiel ist die Abrede, der Schuldner solle die dem Gläubiger geschuldeten Sachen in *Kommission* für den Gläubiger verkaufen (vgl zB OLG Braunschweig NdsRpfl 1950, 74 = NJW 1950, 755; OLG Celle DNotZ 1952, 479, 481; OLG Schleswig BB 1957, 903). Hier wird nicht Geld in Höhe des abstrakten Preises marktgängiger Sachen versprochen, sondern geschuldet ist die Herausgabe eines konkreten Verkaufserlöses (§ 384 Abs 2 HGB, §§ 667, 675 BGB; vgl Vorbem D 224). Selbst die sonderbare Vereinbarung, daß der Vermieter von Räumen, in denen ein Lichtspieltheater betrieben wird, an Stelle des Mietzinses 1067 Kinokarten des I. Parketts und den Verkauf dieser Kinokarten für seine Rechnung verlangen kann, ist als genehmigungsfrei anerkannt worden (BGH BB 1963, 610 = WM 1963, 92; Vorbem D 272). Der Ertrag konkreter Sachen kann also ebenso genehmigungsfrei versprochen werden wie eine Gewinnbeteiligung (zu dieser vgl Vorbem D 233).

D 232 Abreden der hier besprochenen Art können *verdeckte Geldwertschulden* begründen. Überall da, wo die Sachleistungsvereinbarung in Wahrheit nur kalkulatorischen Charakter hat und überhaupt nicht den Anspruch des Gläubigers bestimmt, kann § 3 WährG unter Umgehungsgesichtspunkten eingreifen. Ein Indiz hierfür kann die Vereinbarung einer Mindestklausel sein (vgl Vorbem D 257). Nur geschäftstypische Sachleistungsvereinbarungen sind unangreifbar (vgl Vorbem D 230). Die bei Vorbem D 231 genannten Fälle der Kommission einschließlich des Falls „Kinokarten statt Geld“ sind unangreifbar insoweit, als sie ihrem wirtschaftlichen Gehalt nach auf partiarische Rechtsverhältnisse hinauslaufen (partiarisches Darlehn, partiarische Miete oder Pacht, partiarische Altenteilsregelung etc; vgl Vorbem D 233). Verdeckte Geldwertklauseln können auch unter denselben Voraussetzungen wie offene Wertsicherungsklauseln als Spannungsklauseln genehmigungsfrei sein (Vorbem D 238 ff). Im übrigen unterliegen verdeckte Geldwertklauseln als Umgehungsfälle dem § 3 WährG. Unzulässig sind zB Verkaufsabreden über Gold oder börsengängige Waren, die der Schuldner selbst überhaupt nicht liefern kann und soll. Ein Umgehungsfall wäre etwa die Klausel, nach der der Schuldner im Zeitpunkt der Fälligkeit eine bestimmte Menge Goldes für Rechnung des Gläubigers veräußern soll. Bedenklich ist auch die vom OLG Celle DNotZ 1952, 479 f als genehmigungsfrei betrachtete Klausel, nach der der Käufer eines Grundstücks, auf dem kein Roggen gewonnen wird, dem Verkäufer eines Grundstücks, der selbst als Abnehmer von Roggen nicht in Frage kommt, Roggenlieferungen an eine Mühle für Rechnung des Verkäufers verspricht.

b) Gewinnbeteiligungsklauseln, Ertragsklauseln und Umsatzklauseln sind auch dann *bedenkenfrei,* wenn ihr wirtschaftliches Ziel in der Neutralisierung des Geldwertschwundes liegt (MünchKomm-von Maydell § 244 Rz 29; Frielingsdorf Betrieb 1982, 792). § 3 S 2 WährG kommt auch nicht unter dem Gesichtspunkt der Gesetzesumgehung zur Anwendung. Die Höhe des Anspruchs hängt bei diesen Vereinbarungen vom Gewinn oder vom Umsatz des Schuldners ab. Hierher gehören namentlich *partiarische Rechtsverhältnisse* (partiarisches Darlehn, partiarisches Dienstleistungsverhältnis, partiarische Miete oder Pacht) sowie die *stille Beteiligung* nach §§ 335 ff HGB. Bedenken unter dem Gesichtspunkt des § 3 WährG bestehen nicht (OLG Düsseldorf NJW 1951, 362; Dürkes [9. Aufl] D 133 ff, D 480 ff, H 87 ff; Mittelbach Rz 204 ff). Bei der stillen Beteiligung (§§ 335 ff HGB), beim partiarischen Darlehn sowie bei *Provisionen* für Dienstleistungen ist dies völlig zweifelsfrei (Mittelbach Rz 194 f). Hier handelt es sich um vertragstypische Wertsicherungen. Aber auch die partiarische Miete und Pacht ist unbedenklich. Ob *gestundete Kaufpreisforderungen* mit einer Gewinnbeteiligungs- oder Umsatzklausel verbunden werden können, ist str (Dürkes [9. Aufl] H 89; zweifelnd Mittelbach Rz 197, 204 f, 225 ff; bejahend aber Rz 210 f für Mieterträge des verkauften Grundstücks). Die Zulässigkeit ist zu bejahen. Auch wer sie verneinen wollte, könnte nicht verhindern, daß die gestundete Forderung nach § 607 Abs 2 in ein partiarisches Darlehn umgewandelt würde. Erst wenn etwa geprüft würde, ob die Gewinnbeteiligung wegen Schuldnerknebelung nach § 138 nichtig ist, könnte es auf die Atypizität dieser Stundungsregelung ankommen. Die Ertragsklausel kann mit einer *Mindest- oder Höchstbetragsklausel* verbunden werden (BGH BB 1956, 936; Dürkes [9. Aufl] D 481 ff; Mittelbach Rz 212 ff; Reithmann DNotZ 1960, 193). Erst diese Kombination vermeidet, daß der Wertsicherungszweck durch ein zusätzliches Risiko erkauft wird. Die Klausel kann etwa bei einer partiarischen Pacht lauten: „Der monatliche Pachtzins beträgt . . . vH des Umsatzes, jedoch mindestens . . . DM.“ Ist die Mindestklausel ihrerseits mit einer Wertsicherung verbunden, so ist auch die Genehmigungsbedürftigkeit dieser Wertsicherung zu prüfen. Handelt es sich um eine nach Vorbem D 238 ff zulässige Spannungsklausel, so bleibt die gesamte Wertsicherung genehmigungsfrei; anders dagegen, wenn etwa die Mindestklausel mit einer Indexklausel gekoppelt ist (vgl Vorbem D 256). D 233

c) Deklaratorische Wertsicherungsklauseln können mit von Maydell von den „konstitutiven“ Wertsicherungsklauseln unterschieden werden (Geldschuld 376 ff). von Maydells These ist, daß nur konstitutive Wertsicherungsklauseln, dh solche, die die Wertsicherung erst herbeiführen, unter § 3 WährG fallen. Als „deklaratorische“ Klauseln will von Maydell diejenigen von der Genehmigungspflicht ausnehmen, die lediglich eine der Forderung bereits innewohnende Wertsicherung wiederholen oder konkretisieren. Der berechtigte Kern dieses Gedankens wird im folgenden verschiedentlich aufgegriffen. Als allgemeingültiger Grundsatz läßt sich die These indes nur für diejenigen Klauseln aufrechterhalten, die nur den Inhalt einer Geldwertschuld wiederholen (ebenso wohl Jauernig-Vollkommer §§ 244, 245 Anm 6 d; vgl insoweit auch von Maydell, Geldschuld 378). Die bloße Wiederholung des Forderungsinhalts in einem Vertrag, zB das Anerkenntnis einer Schadensersatzschuld als Geldwertschuld, kann keine verbotene Wertsicherung sein. In den eigentlichen Problemfällen, mit denen sich von Maydell befaßt, ist das Gegensatzpaar „konstitutiv/deklaratorisch“ in seiner Schärfe nicht nachweisbar und verleitet zu unzulässiger Vereinfachung. Eine Wertsicherungsklausel, die eine der Geldschuld – zB beim Pacht- oder Erbbauzins – schon nach den allgemeinen Grundsätzen über die Geschäftsgrundlage (Vorbem D 90 ff) innewohnende Wertsicherung iS von Maydells „konkretisiert“, ist und bleibt doch eine konstitutive Klausel, die nicht generalklauselhaft dem Zugriff des § 3 WährG entzogen werden sollte. Der Begriff D 234 der deklaratorischen Klausel sollte so eng gehalten werden, daß er nur diejenigen Fälle erfaßt, die a limine nicht unter § 3 S 2 fallen können. Nur so wird vermieden, daß § 3 S 2 entgegen dem Normzweck ausgehöhlt und die Vereinbarung von Geldwertschulden allgemein kontrollfrei gestellt wird (dazu Vorbem D 235 ff).

D 235 d) *Geldwertschulden* passen sich ipso iure dem Geldwert an (Vorbem D 44 ff). Nach einer verbreiteten Vorstellung kann durch **Vereinbarung einer Geldwertschuld** § 3 S 2 WährG ausgeschaltet werden, weil es dann einer unter diese Vorschrift fallenden Wertsicherung nicht mehr bedarf (BGHZ 9, 56, 63 = BB 1953, 246 m Anm Dürkes = JZ 1953, 338 f m Anm Duden; BGH NJW 1957, 342 f m abl Anm Szagunn; BB 1961, 586 f; s auch BGH WM 1965, 846, 848; BB 1971, 1175; wie der BGH von Maydell, Geldschuld 380; Berndt 42 ff; Dürkes [8. Aufl] D 66 iVm D 62 ff; s auch Mittelbach Rz 90 f; BGB-RGRK-Alff § 245 Rz 18; Schlegelberger-Hefermehl, HGB [5. Aufl] Anh § 361 Rz 47). Zur Frage, wann eine Geldwertvereinbarung vorliegt, vgl differenzierend BGH NJW 1951, 708; WM 1958, 293, 295; 1959, 1243. Der Unterschied zwischen der vereinbarten Geldwertschuld und der Geldsummenschuld besteht nach BGH WM 1964, 248 darin, ob der Inhalt der Zahlungspflicht allein durch die Währungseinheit oder ob die Schuld nach dem Willen der Parteien erst später bestimmt werden und die Erwähnung einer (RM-) Geldsumme nur als Hilfswert oder Beispiel dienen sollte. *Die Genehmigungsfreiheit vertraglich bedungener Geldwertschulden wird allerdings mit beachtlichen Gründen bestritten* (OLG Düsseldorf NJW 1951, 362; Staudinger-Weber [11. Aufl] § 244 Rz 244; Gutzwiller 111 Fn 45; von Caemmerer JZ 1951, 420; Ranniger DNotZ 1951, 397 f; Duden JZ 1953, 340; Fögen NJW 1953, 1324; jetzt auch Dürkes [9. Aufl] D 146, D 463 ff). *Diesen Gegenstimmen ist im Ausgangspunkt zuzustimmen.* Nach dem bei Vorbem D 189 ff herausgearbeiteten Normzweck ist die Ausschaltung des Nennwertprinzips durch Vereinbarung einer Geldwertschuld geradezu ein klassischer Anwendungsfall des § 3 S 2 WährG. Die Vereinbarung von Geldwertschulden wäre, wenn sie ohne Rücksicht auf den Rechtsgrund zulässig sein sollte, auch kaum noch von Preisgleitklauseln zu unterscheiden (Mittelbach Rz 86 f). Jedenfalls die Kombination der Geldwertvereinbarung mit einer Mindestklausel kann nicht zugelassen werden, denn dann liegt in Wahrheit eine wertgesicherte Geldsummenschuld vor (Vorbem D 257). Aber auch sonst ist die angebliche Genehmigungsfreiheit von Geldwertvereinbarungen fragwürdig. Die weitgehende Anerkennung genehmigungsfreier Geldwertschulden ist ein Mißverständnis, das seinen Ursprung in der Umstellungsrechtsprechung findet. Diese Rechtsprechung war darum bemüht, Geldwertvereinbarungen von der Umstellung nach dem UmstG auszunehmen (zB BGHZ 7, 143; BGH NJW 1951, 708 m Anm Rötelmann; NJW 1951, 841 m Anm Rötelmann; vgl eingehend Staudinger-Weber [11. Aufl] § 244 Rz 194 ff, 206 ff; s auch oben Vorbem D 163). Im Grundsatzurteil des BGH v 12. 2. 1953 (BGHZ 9, 56 = NJW 1953, 662 = BB 1953, 246 mAnm Dürkes = JZ 1953, 338 mAnm Duden) ging es um folgende Klausel: ,,Um eine Wertbeständigkeit des gegebenen Darlehens zu sichern, wird festgestellt, daß die Darlehenssumme von 130 000 RM nach heutigem Stande 13 000 Ztr Weizen entspricht. Bei der Rückzahlung von Teilbeträgen oder der ganzen Summe und bei der Zinszahlung ist der Wert von den entsprechenden Zentnern Weizen zugrunde zu legen und die daraus sich ergebende Summe in bar an die Darlehensgeberin zu zahlen.“ Da es sich nicht um eine dem § 3 WährG unterliegende Neuverbindlichkeit handelte, ist die Entscheidung als Beleg für die Genehmigungsfreiheit untauglich. Dasselbe gilt für eine Reihe anderer Entscheidungen (BGH NJW 1957, 342 f; BB 1961, 586 f = Betrieb 1961, 569). Die nach Drucklegung erschienene Neuauflage des Werks von Dürkes bestätigt diesen Befund (Dürkes [9. Aufl] D 476 mit Fn 285): Es liege keine für die bisher hM einschlägige neuere Entscheidung zu § 3 vor. Auch Dürkes spricht sich jetzt **gegen die Genehmigungsfreiheit vereinbarter Geldwert-**

schulden aus. Nur diese Auffassung kann überzeugen. Der Normzweck des § 3 WährG ist ein anderer als der des UmstG. *Die Vereinbarung einer Geldwertschuld kann nur ausnahmsweise als genehmigungsfrei anerkannt werden.* Dabei ist zu differenzieren:

aa) Deklaratorische Geldwertklauseln fallen nach Rz D 234 niemals unter § 3 S 2 WährG. Das gilt selbstverständlich auch für Geldwertschulden. Keiner Genehmigung bedarf deshalb etwa der Vertrag über eine Schadensersatzrente (vgl auch hierzu Vorbem D 234; STAUDINGER-WEBER [11. Aufl] § 244 Rz 244; MITTELBACH Rz 92, 94; insofern übereinstimmend VON MAYDELL, Geldschuld 376 ff) oder das vertragsweise Versprechen „angemessenen" oder „standesgemäßen" Unterhalts (MITTELBACH Rz 92 f; REITHMANN DNotZ 1960, 185 f). **D 236**

bb) Auch aus dem **Leistungszweck** kann sich die Zulässigkeit einer Geldwertschuld ergeben. Das gilt zunächst für alle Abreden mit **Versorgungszweck.** Ein *Leibrentenversprechen* (§ 759) kann, wie eine gesetzliche Unterhaltsschuld, auf angemessenen Unterhalt in Geld lauten (Vorbem D 261; DÜRKES [9. Aufl] D 49). Die Tatsache allein, daß der Gläubiger die Geldrente für Versorgungszwecke verwenden will, gibt aber noch nicht den Weg zur genehmigungsfreien Dynamisierung frei. Das gilt auch für sonstige dauernde Geldleistungen (verrentete Kaufpreise, Mietzins, Pachtzins etc). Das einseitige Versorgungsmotiv des Geldgläubigers genügt selbst dann nicht, wenn es dem Geldschuldner bekannt oder sogar im Vertrag festgehalten ist. Der Versorgungszweck rechtfertigt die genehmigungsfreie Wertsicherung nicht schon dann, wenn die Geldleistungen als Unterhalt verwendet werden sollen, sondern nur dann, wenn sie auch als Unterhalt geschuldet sein sollen; erforderlich ist, daß der Geldschuldner effektiv den Unterhalt des Gläubigers übernimmt (ähnlich und ausführlich DÜRKES [9. Aufl] D 48 ff mwN: Der Unterhalt müsse „als solcher" geschuldet sein). Der ziemlich unscharfe Ausnahmetatbestand sollte eng gehandhabt werden: Regelmäßig liegt eine Unterhaltsvereinbarung nur vor, wenn der Unterhalt des Gläubigers im wesentlichen aus den versprochenen Leistungen bestritten wird und wenn beide Parteien hierüber einig sind (vgl auch Vorbem D 261). Liegt eine effektive Versorgungszusage vor, so kann eine Geldwertschuld genehmigungsfrei vereinbart werden („angemessener", „standesgemäßer" Unterhalt etc). Zulässig ist auch ein *Geldwertvermächtnis* (so wohl auch BGH BB 1971, 1175; DÜRKES [9. Aufl] D 498 ff). Die Zulässigkeit folgt auch hier aus dem Sinn und Zweck der Zuwendung sowie aus der Überlegung, daß bei Geldwertbestimmung nach dem Zeitpunkt des Anfalls des Vermächtnisses von einer Ausschaltung des Nennwertprinzips nicht gesprochen werden kann. **Aufwendungsersatz** ist zwar nicht von Gesetzes wegen eine Geldwertschuld (Vorbem D 65). Es kann aber genehmigungsfrei vereinbart werden, daß ein erst künftig zu leistender Aufwendungsersatz den Geldwert der Aufwendung und nicht bloß den Nennwert umfassen soll. Die *Wiederbeschaffungsklausel bei einem Darlehn* – Rückzahlung des Kurswertes von Wertpapieren, des Marktwertes von Waren – ist dann zulässig, wenn der Darlehnsgeber diese Art Wertpapiere oder Waren etc zum Zwecke der Darlehnshingabe veräußert hat (BGH BB 1963, 247 f = WM 1963, 315; dazu Vorbem D 268; DÜRKES [9. Aufl] C 62; zweifelnd Mittelbach Rz 156 f). Dasselbe sollte gelten, wenn der Darlehnsgeber die Anschaffung bestimmter Papiere unterlassen hat, um die Darlehnsvaluta aufzubringen (zweifelhaft; vgl Vorbem D 268). Wiederbeschaffungsklauseln dieser Art fallen nur dann unter § 3 S 2 WährG, wenn sie mit einer Mindestklausel versehen sind (Rückzahlung des Wiederbeschaffungswertes, mindestens aber des darlehnsweise gezahlten Betrages). Die Rechtfertigung der Wiederbeschaffungsklausel ist nicht im Gedanken der Spannungsklausel zu erblicken, sondern darin, daß nach dem Leistungszweck ausnahmsweise eine Geldwertschuld vereinbart werden kann (s auch Vorbem D 268). Wirtschaftlich liegt eine Variante des Aufwendungsersatzes vor. Im übrigen ist die **D 237**

Abgrenzung zwischen vereinbarten Geldwertschulden und den sog Spannungsklauseln (Vorbem D 238 ff) unscharf und zweifelhaft. Sobald eine Mindestklausel vereinbart ist, kann es auf den Unterschied ankommen (Vorbem D 257).

D 238 e) **Spannungsklauseln** sind Vereinbarungen, nach denen die Höhe der Geldschuld an den künftigen Preis oder Wert gleichartiger Güter gebunden sein soll (vgl dazu Dürkes [9. Aufl] D 5 ff; Bilda Rz 40 ff; Mittelbach Rz 154 ff; Gutzwiller 113 ff; AK-BGB-Brüggemeier Vorbem 29 vor §§ 244, 245; BGB-RGRK-Alff § 245 Rz 18; MünchKomm-von Maydell § 244 Rz 27; Palandt-Heinrichs, §§ 244, 245 Anm 5 b bb; Pikart WM 1969, 1065; Wolf ZIP 1981, 236; Frielingsdorf Betrieb 1982, 790). **Spannungsklauseln sind genehmigungsfrei.**

D 239 **aa)** Mit dem **Begriff** der „Spannungsklausel“ wird eine Beziehung festgehalten, die zwischen zwei Geldleistungen für die Zukunft bestehen bleiben soll (BGHZ 14, 306, 310 = NJW 1954, 1684, 1685 = WM 1955, 74, 75; BGH BB 1970, 638, 639 = WM 1970, 752, 753; BAG BB 1970, 1179 = WM 1970, 1066, 1068). Der II. ZS des BGH hat erstmals in LM Nr 2 zu § 133 BGB [A] = BB 1952, 88 = DNotZ 1952, 120, 121 ausgesprochen, daß eine genehmigungsbedürftige Wertsicherungsklausel nicht vorliege, wenn die Versorgungsrente eines ausscheidenden Vorstandsmitglieds in einem bestimmten Abstand zum Gehalt eines Angestellten einer bestimmten Abstufung stehen soll (dazu Dürkes [9. Aufl] D 6; von der Goltz BB 1952, 89; G und D Reinicke DNotZ 1952, 122). Die Bezeichnung „Spannungsklausel“ darf nicht dahin mißverstanden werden, es müsse eine Spanne zwischen der Vergleichsgröße und der Geldschuld bestehen. Schon im Urteil BGHZ 14, 306 = NJW 1954, 1684 = WM 1955, 74 hat der BGH dies deutlich gemacht. Es besteht kein einleuchtender Unterschied zwischen der Vereinbarung, daß eine Geldschuld mit der Vergleichsgröße übereinstimmen soll, und der Vereinbarung, daß zwischen ihr und der Vergleichsgröße eine „Spannung“ bestehen soll (Duden 40. DJT I 23; G und D Reinicke DNotZ 1952, 122 f; dies MDR 1953, 385, 390; Reithmann DNotZ 1960, 186). Ausdrücklich heißt es denn auch bei BGH BB 1954, 976 und bei BGH LM Nr 23 zu § 3 WährG = BB 1974, 101 = NJW 1974, 273, es könne keinen Unterschied machen, ob sich die geschuldete Summe nach einem bestimmten Prozentsatz oder als ein Vielfaches der Vergleichsgröße errechnet oder ob sie der Vergleichsgröße entsprechen soll. Diese Auffassung überzeugt (vgl auch Dürkes [9. Aufl] D 23). Der Begriff „Spannungsklausel“ ist mithin mißverständlich. Erst recht gilt dies für den bisweilen an seine Stelle gesetzten Begriff der „Spannenklausel“.

D 240 **bb)** Die **Rechtfertigung der Genehmigungsfreiheit** wird von der hM darin erblickt, daß die für Spannungsklauseln charakteristische *Bezugnahme auf gleichartige Güter oder Leistungen* keine Bezugnahme auf „andere Güter oder Leistung“ iS von § 3 S 2 WährG ist (BGHZ 14, 306, 310 = NJW 1954, 1684, 1685; vgl statt vieler Dürkes [9. Aufl] D 13; Jauernig-Vollkommer §§ 244, 245 Anm 6 b). Von Maydell (Geldschuld 381) bezeichnet diese Begründung als unvollständig. Nach dem bei Vorbem D 222 zur „engen Auslegung“ des § 3 S 2 WährG Gesagten ist sie nicht bloß unvollständig, sondern *unhaltbar*. § 3 S 2 WährG meint nicht andersartige als die zu bezahlenden Güter oder Leistungen, vielmehr schließt das Wort „andere“ nur an das Wort Feingold an. *Trotzdem ist der hM im Ergebnis zuzustimmen.* § 3 S 2 WährG dient dem Schutz der Nennwertfunktion des Geldes (Vorbem D 190). *Wenn das Nennwertprinzip relativierbar ist (Vorbem D 38), kann auch der Schutz des Nennwertprinzips kein absoluter Schutz sein.* Die ungeschriebenen Ausnahmetatbestände zu § 3 WährG korrespondieren mit ungeschriebenen Ausnahmen des Nennwertprinzips. Die Aufwertung wegen Fortfalls der Geschäftsgrundlage (Vorbem D 90 ff) ist eine solche Ausnahme. Spannungsklauseln ersetzen nicht eine beliebige Geldsummenschuld durch eine beliebige Geldwertschuld, sondern sie konkretisieren den Äquivalenzgedanken (überzeugend von Maydell aaO). Nicht der mißverstandene

Wortlaut des § 3 S 2 WährG, sondern der **Äquivalenzgedanke** offenbart also die ratio exceptionis: *Die Spannungsklausel beugt einer Äquivalenzstörung, mithin einem Fortfall der Geschäftsgrundlage, vor* (ähnlich schon VON MAYDELL, Geldschuld 382; aM WILLMS-WAHLIG BB 1978, 975). Freilich wäre die Zulassung jeder beliebigen Indexierung, die Störungen der ,,wirtschaftlichen" Äquivalenz (Vorbem D 96 b) vermeidet, mit § 3 S 2 unvereinbar. Der Äquivalenzmaßstab darf deshalb nicht einfach im Geldwert bestehen, sondern er muß auf eine Bewertung der geldwerten Gegenleistung (Ware, Nutzung, Dienstleistung etc) zielen. Aus diesem Grund, nicht wegen des Wortes ,,anderen" im Gesetzeswortlaut, beschränkt sich das Privileg der Spannungsklausel auf diejenigen *Vereinbarungen, die auf den künftigen Wert der Vertragsleistung oder gleichartiger Leistungen Bezug nehmen.* Auch in dieser Hinsicht erweist sich der Begriff ,,Spannungsklausel" als mißverständlich. Die Bezeichnung als ,,Äquivalenzklausel" träfe die Sache besser, doch soll es um terminologische Verwirrung zu vermeiden, hier bei dem eingeführten Begriff bleiben. Neben dem Äquivalenzgedanken sollte im übrigen auch der *Versorgungszweck* privilegiert werden, denn auch bei der gesetzlichen Anpassung von Geldschulden wegen Fortfalls der Geschäftsgrundlage kommt den Schuldverhältnissen mit Versorgungszweck eine Sonderstellung zu (vgl schon Vorbem D 237).

cc) Die **Typen von Spannungsklauseln** sind außerordentlich vielfältig. Es fallen **D 241**
darunter *alle Klauseln, die um der Gleichartigkeit des Bewertungsmaßstabes willen genehmigungsfrei sind.* **Preisklauseln, Kostenelementsklauseln, Gehaltsklauseln** uam können unter den Oberbegriff der Spannungsklausel fallen. Sie unterscheiden sich von ihm insofern, als der Begriff der Spannungsklausel nicht dem Rechtsleben entnommen, sondern als Zweckbegriff auf einen bestimmten Ausnahmetatbestand zugeschnitten ist: auf die Sicherung des Leistungsäquivalents zwischen der Sachleistung oder sonstigen Nicht-Geldleistung auf der einen und der Geldleistung auf der anderen Seite. Deshalb sind nicht, wie es bei LARENZ I § 12 V scheint, ,,Spannungsklauseln" und Klauseln mit einem dem Schuldverhältnis ,,eigentümlichen Wertmesser" unterschiedliche Fälle; gerade der dem Schuldverhältnis ,,eigentümliche Wertmesser" rechtfertigt nämlich die genehmigungsfreie Verwendung von Spannungsklauseln.

dd) Das Merkmal der Gleichartigkeit ist auf die bei Vorbem D 240 erarbeitete **D 242**
Rechtfertigung des Ausnahmetatbestandes zugeschnitten. *Die Gerichtspraxis neigt zu einer großzügigen Handhabung* (Überblick bei DÜRKES [9. Aufl] D 11 ff, D 33 ff, D 44 ff, H 25 ff; FRIELINGSDORF Betrieb 1982, 790 f). Ihr ist zuzustimmen. Nach der bei Vorbem D 240 gegebenen Rechtfertigung der Praxis zu den Spannungsklauseln muß jeder Wertmesser als ,,gleichartig" angesehen werden, der geeignet ist, Äquivalenzstörungen im Schuldverhältnis durch Bewertung geldwerter Leistungen vorzubeugen und auf diese Weise das Gleichgewicht von Leistung und Gegenleistung zu erhalten. Von einer ,,formalen" extensiven Auslegung (so AK-BGB-BRÜGGEMEIER Vorbem 29 zu §§ 244, 245) kann deshalb schwerlich gesprochen werden. Gerade in Anbetracht der hier erarbeiteten Rechtfertigung der Genehmigungsfreiheit wird man dem Judiz der erkennenden Gerichte trotz der unhaltbaren Begründung dieser Rechtsprechung hohe Anerkennung zollen. *Die Genehmigungsfreiheit von Spannungsklauseln setzt künftig abzuwickelnde entgeltliche Leistungen voraus; sie beschränkt sich auf diejenigen Klauseln, die dazu geschaffen und geeignet sind, durch Bezugnahme auf den künftigen Preis dieser oder vergleichbarer Güter oder Leistungen das vereinbarte Äquivalenzverhältnis zu erhalten.* Bei **Lieferungen** darf deshalb auf die Herstellungskosten oder den Preis dieses Gutes, nicht zB auf die statistische Preisentwicklung, Bezug genommen werden. **Nutzungsentgelte** dürfen auf vergleichbare Nutzungsentgelte abstellen. Eine gewisse *Pauschalierung* ist hierbei unvermeidbar, zB im Vergleich zwischen Mietzins, Pachtzins und Erbbauzins.

Der BGH erkennt die Gleichartigkeit des einen Nutzungsentgelts mit dem anderen an (BGH LM Nr 29 zu § 3 WährG = NJW 1976, 422), **nicht** aber die Gleichartigkeit mit dem Substanzwert des Grundstücks (BGH LM Nr 37 zu § 3 WährG = BB 1979, 1260 = NJW 1979, 1545 = WM 1979, 728: Bodenwertklausel beim Erbbauzins). Es besteht auch **keine Gleichartigkeit** zwischen einem *Sachwert- oder Nutzungsentgelt* (Kaufpreis, Erbbauzins, Pachtzins etc) und einem *Arbeitsentgelt oder Ruhegehalt* (BGHZ 14, 306, 311 = NJW 1954, 1684, 1685; BGH BB 1954, 976; WM 1957, 401, 402; OLG Braunschweig BB 1954, 976; OLG Hamm BB 1975, 344 f).

D 243 ee) Auch bei den **Gehaltsklauseln** und **Ruhegeldklauseln** kann es nur darauf ankommen, ob die Vergleichsgröße als eine gleichartige oder als eine ungleichartige Leistung angesehen wird (BGHZ 14, 306, 310 f = NJW 1954, 1684, 1685 = WM 1955, 74, 75; BGH LM Nr 29 zu § 3 WährG = NJW 1976, 422; Fögen NJW 1953, 1321, 1323; besonders eingehend zu den Gehaltsklauseln Ertl 98 ff; Frielingsdorf Betrieb 1982, 790). *Kaufpreis und Erbbaurecht* dürfen nach BGHZ 14, 306 *nicht* ohne Genehmigung an ein bestimmtes Gehalt gebunden werden, wohl aber kann ein Ruhegeld an ein Gehalt oder ein Gehalt an ein Ruhegeld gebunden werden. *Arbeitsentgelt* und *Ruhegehalt* sind stets und ohne Rücksicht auf die soziale oder wertmäßige Einstufung der zu erbringenden Arbeitsleistung vergleichbar (vgl BGHZ 14, 306, 311; BGH LM Nr 23 zu § 3 WährG = BB 1974, 101 = NJW 1974, 273). Ein Ruhegehalt kann also nach einem (meist tariflichen) Arbeitsentgelt bemessen werden und umgekehrt. Dabei ist belanglos, ob die Höhe der Zahlungen einen bestimmten Prozentsatz oder ein Vielfaches des in Bezug genommenen Gehalts oder Ruhegeldes ausmacht oder ob sie diesem Gehalt oder Ruhegeld entsprechen soll (BGH BB 1954, 976; LM Nr 23 zu § 3 WährG = BB 1974, 101 = NJW 1974, 273; eingehend Dürkes [9. Aufl] D 23). *Bestimmend für die Gleichartigkeit* ist der *Vergütungs- und Versorgungszweck,* nicht der Rechtsgrund oder das Berufsbild. Ein öffentlich-rechtliches und ein privatrechtliches Dienstverhältnis sind in dieser Hinsicht vergleichbar (vgl BGH LM Nr 23 zu § 3 WährG = BB 1974, 101 = NJW 1974, 273 mit Hinweis auf BGH WM 1968, 830). Ebensowenig kommt es auf die *Art der Tätigkeit* an. Demgegenüber stellte die DBB auf die Vergleichbarkeit der Dienstleistung ab; zB seien eine leitende Tätigkeit und eine untergeordnete Tätigkeit nicht gleichartig (DBB v 3. 12. 63, mitgeteilt bei Dürkes [8. Aufl] D 12 ff; ebenso Fögen BB 1964, 1017; referierend Mittelbach Rz 158 ff; Willms-Wahlig BB 1978, 974). Diese Ansicht war abzulehnen und wurde mit Recht auch vom BGH nicht geteilt (BGH LM Nr 23 zu § 3 WährG = BB 1974, 101 = NJW 1974, 273; vgl auch die Nachweise bei Dürkes [8. Aufl] D 7 ff, D 13 ff; zur älteren BGH-Praxis vgl aber noch Reithmann DNotZ 1960, 186). In der nach Drucklegung erschienenen 9. Aufl konstatiert nun auch Dürkes (D 22), daß der frühere Standpunkt der DBB nach der Stellungnahme von Willms und Wahlig als aufgegeben betrachtet werden kann. Gehälter und Ruhegelder können an jedes andere Gehalt oder Ruhegeld angepaßt werden, sofern diese Bezugnahme auf das andere Gehalt oder Ruhegeld zur Vermeidung von Äquivalenzstörungen geeignet ist.

D 244 **ff) Preisänderungsklauseln** werfen erhebliche Probleme und Streitfragen auf (s dazu auch Vorbem D 168, 264 ff). Dabei ist auf die recht *unterschiedliche Terminologie* zu achten, die gelegentlich nicht vorhandene Meinungsdivergenzen vorspiegelt oder vorhandene Kontroversen verdeckt. *Preisänderungsklauseln* iwS sind alle Vertragsklauseln, die auf den künftigen Preis dieses oder eines vergleichbaren Guts Bezug nehmen (einen engeren, nur Kostenelementklauseln und Preisklauseln umfassenden Begriff der Preisänderungsklauseln verwendet Dürkes BB 1979, 808). Die DBB sieht Preisänderungsklauseln in weitem Maße als genehmigungsbedürftig an (Überblick bei Dürkes [9. Aufl] D 70 ff; zur Rechtsprechung ebd D 109 ff). Das gilt allerdings nur, soweit sie „automatisch" wirken (Vorbem D 249) und nicht durch den Äquivalenzgedanken gerechtfertigt sind (Vorbem D 240). Die *Vereinbarung von* **Listenpreisen, Tagespreisen** *etc,* verstößt nicht gegen § 3 S 2 WährG (Vorbem D 264; zur Problematik der §§ 9, 11 Nr 1 AGBG vgl Vorbem D 168). Als *Kostenklauseln* oder **Kostenabwälzungsklauseln** sollten nur diejenigen Vertragsklauseln bezeichnet werden, die keine automatische Dynamisierung, wohl aber eine Erhöhung der Geldleistungen mit Ansteigen der Selbstkosten vorsehen (vgl mwN PALANDT-HEINRICHS §§ 244, 245 Anm 5 b dd). Solche Kostenklauseln sind völlig unbedenklich, solange sie sich darauf beschränken, dem Geldschuldner *effektiv entstandene Mehrkosten* aufzuerlegen (vgl auch BGH BB 1958, 1220; 1973, 998, 999 = NJW 1973, 1498, 1499; DÜRKES [9. Aufl] D 133; BGB-RGRK-ALFF § 245 Rz 19; SCHLEGELBERGER-HEFERMEHL, HGB [5. Aufl] Anh § 361 Rz 47; PALANDT-HEINRICHS §§ 244, 245 Anm 5 b dd; JAUERNIG-VOLLKOMMER §§ 244, 245 Anm 6 c; WILLMS-WAHLIG BB 1978, 973, 975; DÜRKES BB 1979, 807, 812). Genehmigungsfrei sind auch nach der Auffassung der DBB diejenigen Klauseln, die als *offene Kostenabwälzungsklauseln* nur dafür sorgen, daß künftig effektiv entstehende Mehrkosten aufgeschlagen werden dürfen (FÖGEN BB 1958, 1260 f). Dies wird – rechtlich ungenau, aber wirtschaftlich treffend – mit dem Institut des Aufwendungsersatzes begründet (WILLMS-WAHLIG BB 1978, 975; s auch DÜRKES BB 1979, 805, 807 und 812). Die richtige Begründung besteht darin, daß diese Klauseln lediglich die Gewinnspanne sichern, also Äquivalenzstörungen entgegenwirken sollen. In der zivilistischen *Rechtsprechung* und *Literatur* überwiegt die Auffassung, daß Preisklauseln genehmigungsfrei sind, wenn die vereinbarte Preiserhöhung die Selbstkostensteigerung nicht übersteigt (vgl – nicht immer zu den automatischen Klauseln – BGH BB 1953, 925 = JZ 1954, 356; BB 1956, 1089; 1958, 1220; NJW 1973, 1498; BB 1979, 1213, 1214 = WM 1979, 1097, 1099; OLG Schleswig NJW 1962, 113; VON MAYDELL, Geldschuld 382; MünchKomm § 244 Rz 26; AK-BGB-BRÜGGEMEIER Vorbem 30 zu §§ 244, 245; JAUERNIG-VOLLKOMMER §§ 244, 245 Anm 6 c; DÜRKES BB 1979, 811; REITHMANN DNotZ 1960, 183). Bei BGH BB 1979, 1213, 1214 = WM 1979, 1097, 1099 wird dies damit begründet, solche Vereinbarungen ließen das Nominalwertprinzip unberührt. Voraussetzung für diese Genehmigungsfreiheit ist aber, daß die Klausel lediglich dem Ausgleich der Mehrkosten dient. Die LZB Hessen BB 1983, 87 hat allerdings auch eine dort als Kostenelementeklausel bezeichnete Klausel in einem Wartungsvertrag als genehmigungsfrei angesehen, die alle Kostenbestandteile einbezieht und für eine prozentuale Änderung des gesamten Wartungsentgelts – offenbar einschließlich einer Gewinnspanne – ermöglicht. Problematisch sind Preisänderungsklauseln und Kostenklauseln, wenn sie nur auf einzelne **Kostenelemente** abstellen, sich aber auf den Gesamtpreis auswirken. Die Terminologie ist in diesem Bereich besonders uneinheitlich. Dies setzt bei jeder Sachaussage eine explizite Begriffsbestimmung voraus. Eingebürgert hat sich die *Unterscheidung von Kostenelementklauseln und Preisklauseln.* Beiden ist die Anknüpfung an ein vertragswesentliches Kostenelement oder an mehrere Elemente gemeinsam. Von **Kostenelementklauseln** wird gesprochen, wenn die Verteuerung eines Kostenelements nicht proportional auf den gesamten Kaufpreis verrechnet, sondern dem Preis nur anteilig insoweit hinzugerechnet wird, wie dies dem Anteil des Kostenelements am Gesamtpreis entspricht. Eine solche Klausel unterscheidet sich von der Kostenabwälzungsklausel darin, daß sie die Mehrkosten zwar gleichfalls nur anteilig, aber proportional aufschlägt. Sie enthält ein Element der Pauschalierung (DÜRKES BB 1979, 811), und sie beziehen die Gewinnspanne in die Erhöhung ein. Die praktische Bedeutung der Kostenelementklauseln liegt vor allem auf dem Gebiet der langfristigen Lieferverträge, Werkverträge und Werklieferungsverträge. *Die DBB hält Kostenelementklauseln wegen fehlender Gleichartigkeit für genehmigungsbedürftig* (vgl MITTELBACH Rz 150 a; FINGER Betrieb 1970, 1865 ff; WILLMS-WAHLIG BB 1978, 975). Nr 3 c der Genehmigungsrichtlinien bestimmt, unter welchen Voraussetzungen Kostenelementklauseln ausnahmsweise genehmigt werden sollen. *Die hM hält sie für genehmigungsfrei* (BGH BB 1979, 1213, 1214; OLG Hamm BB 1975, 489, 490; Dürkes BB 1953, 953 ff; ders 1979, 805 ff mwN; Mittelbach Rz 150 a; Frielingsdorf Betrieb 1982, 791). Der hM ist zuzustimmen. Die Kostenelementklausel dient nur der Sicherung des Leistungsäquivalents. Sie stellt damit eine Spannungsklausel dar. Der Pauschalierungseffekt der Kostenelementklausel kann hingenommen werden, sofern nur im Einzelfall gesichert ist, daß der proportionale Anteil des Kostenelements am Gesamtpreis zu realistischen Ergebnissen führt (ähnlich Dürkes BB 1979, 811). Die in der Diskussion meist vernachlässigte *Einbeziehung der Gewinnspanne in die Preisanpassung durch Kostenelementklauseln* ist dann gleichfalls durch den Äquivalenzgedanken gerechtfertigt. Die Vertragspraxis begnügt sich meist nicht mit der Bezugnahme auf ein Kostenelement, sondern nimmt auf mehrere wesentliche Kostenelemente Bezug (vgl zB BGB BB 1979, 1214: Bindung der Gaspreise zu 70% an den Jahresdurchschnittpreis für schweres Heizöl, zu 10% an den Lohn). Eine vollständige Wertsicherung wird durch Kostenelementklauseln nur dann herbeigeführt, wenn die Summe der zu berücksichtigenden Kostenelemente entweder 100% des Preises oder, wenn eine Schmälerung der Gewinnspanne hingenommen wird, jedenfalls 100% der Selbstkosten ausmacht (sog mathematische Klauseln; eingehend Dürkes [9. Aufl] D 139 ff). Von den Kostenelementklauseln zu unterscheiden und in ihrer Beurteilung gleichfalls zweifelhaft sind **Preisklauseln** oder **Preisgleitklauseln.** Bei diesen geht es darum, daß der Gesamtpreis eines Wirtschaftsguts ingleichem Maße steigt, wie der Preis eines einzelnen Kostenelements dieses Gutes oder einzelner ausgewählter Kostenelemente (Berndt 54; MünchKomm-von Maydell § 244 Rz 26; BGB-AK-Brüggemeier Vorbem 30 zu §§ 244, 245; Dürkes BB 1979, 813). Die DBB hält naturgemäß auch diese Klauseln für genehmigungsbedürftig (Dürkes [9. Aufl] D 80; eingehend Finger Betrieb 1970, 1865 ff). Aus Nr 3 c ergeben sich die engen Voraussetzungen, unter denen die DBB zur Genehmigung bereit ist. Die hM stimmt hierin der DBB zu (vgl nur Dürkes [9. Aufl] D 137; ders BB 1979, 813). Dem ist grundsätzlich zu folgen. Doch wird man in Anbetracht der unscharfen Abgrenzung zwischen Kostenelementklauseln und Preisgleitklauseln differenzieren müssen: Sofern ein Kostenelement – zB Dienstleistungen – alle Kalkulationsfaktoren in solchem Maße überragt, daß es als alleiniger Äquivalenzmaßstab gelten darf, wird man die Preisgleitklausel als zulässige Pauschalierung hinnehmen und sie als genehmigungsfreie Spannungsklauseln akzeptieren können (aM Willms-Wahlig BB 1978, 975). Es kann sich indes nur um Ausnahmefälle handeln. Sind Preisklauseln nicht als Preisgleitklauseln, sondern als *Leistungsbestimmungsvorbehalte* formuliert, so gelten die Ausführungen zu Vorbem D 246 ff.

D 245 **gg)** Die praktische **Durchführung der Erhöhung** bei Spannungsklauseln kann sehr unterschiedlich gestaltet sein. Spannungsklauseln können als *Gleitklauseln* formuliert sein und sorgen dann für automatische Anpassung. So heißt es bei BGH BB 1954, 688 von einer an einem Beamtengehalt orientierten Spannungsklausel, mit ihr werde eine Vertragsklausel vermieden, die dem in § 323 ZPO niedergelegten Gedanken einer Anpassung laufender Bezüge in anderer Weise Rechnung tragen müßte. Spannungsklauseln können aber auch als *Leistungsbestimmungsvorbehalte* formuliert sein. Für ihre praktische Handhabung gelten dann die Ausführungen von Vorbem D 246 ff. Das Zusammentreffen von Spannungsklausel und Leistungsbestimmungsvorbehalt in einer einzigen Wertsicherungsklausel ist nur scheinbar erstaunlich. Es handelt sich nämlich hierbei nicht, wie den Darstellungen bisweilen entnommen werden könnte, um verschiedene Arten von Wertsicherungsklauseln, sondern um verschiedene Ausnahmetatbestände von § 3 S 2 WährG. Eine Spannungsklausel, die zugleich Leistungsbestimmungsvorbehalt ist, ist kein Widerspruch in sich, sondern eine Wertsicherungsklausel, die aus doppeltem Grund nicht unter § 3 S 2 WährG fällt.

f) Leistungsbestimmungsvorbehalte – üblicherweise als Leistungsvorbehalte bezeichnet – sind nach ganz hM **genehmigungsfrei** (BGH BB 1962, 737 = NJW 1962, 1393; DNotZ 1968, 408, 409; std Rspr; OLG Köln NJW 1972, 1052; Dürkes [10. Aufl] B 27 ff, D 148 ff, D 398 ff, H 46 ff; Mittelbach Rz 165 ff; Soergel-Reimer Schmidt [10. Aufl] § 244 Rz 3; MünchKomm-von Maydell § 244 Rz 23; Jauernig-Vollkommer §§ 244, 245 Anm 6 a; Palandt-Heinrichs §§ 244, 245 Anm 5 b aa; Pikart WM 1969, 1064; Willms-Wahlig, BB 1978, 974; Frielingsdorf Betrieb 1982, 789). D 246

aa) Der **Begriff** des Leistungsbestimmungsvorbehalts ist als Rechtsbegriff auf den Freistellungstatbestand zugeschnitten, muß also diejenigen Wertsicherungsklauseln benennen, die nach der bei Vorbem D 248 darzustellenden Rechtfertigung des Ausnahmetatbestandes nicht unter § 3 S 2 WährG fallen. *Leistungsbestimmungsvorbehalte sind Vereinbarungen, nach denen die Geldschuld nach Ablauf einer bestimmten Zeit oder mit Eintritt bestimmter Veränderungen (zB Erhöhungen des Lebenshaltungsindex oder einer sonstigen Bezugsgröße um einen bestimmten Wert) durch Vereinbarung der Parteien oder durch eine Partei oder einen Dritten den neuen Gegebenheiten angepaßt werden soll* (in gleicher Richtung zB MünchKomm-von Maydell § 244 Rz 23; Jauernig-Vollkommer §§ 244, 245 Anm 6 a). D 247

bb) Die **Begründung des Ausnahmetatbestandes** ist zweifelhaft. Überwiegend wird sie darin gesehen, daß der Leistungsbestimmungsvorbehalt nicht, wie eine genehmigungsbedürftige Anpassungsklausel, automatisch wirkt (vgl nur BGH NJW 1962, 1393; 1967, 830; Dürkes [9. Aufl] B 27 ff). Die weitere Frage, ob und warum § 3 S 2 eine solche Automatik verlangt, wird dabei vernachlässigt (mit Recht kritisch auch Gutzwiller 111 f). Dem Gesetzeswortlaut ist eine Einschränkung des Inhalts, nur automatisch wirkende Klauseln würden erfaßt, nicht zu entnehmen. Insbesondere versagt eine Wortinterpretation des Inhalts, nur in diesem Fall sei die Geldschuld durch die Wertsicherungsklausel „bestimmt" (so OLG Hamburg BB 1967, 735; mit Recht kritisch Fögen BB 1967, 739). Eine Wortinterpretation spricht geradezu für die Genehmigungspflicht, denn nach dem Wortlaut des § 3 S 2 genügt es, daß die Geldsumme durch die Wertsicherungsklausel „bestimmt werden *soll*". Der hM ist gleichwohl zuzustimmen. Wie bei Vorbem D 190 entwickelt, *erfaßt der Schutz des § 3 S 2 WährG nicht jede potentiell inflationsfördernde Vereinbarung, sondern nur diejenigen Vereinbarungen, die mit der Nennwertfunktion des Geldes unvereinbar sind.* Vereinbarungen, die für künftige Leistungen eine Preisänderung möglich machen, sind aber mit dem Nennwertprinzip so wenig unvereinbar wie etwa Verträge, deren Preissetzung noch der Konkretisierung bedarf. Auch das OLG Hamburg (BB 1967, 735) hat – insofern mit Recht – dargelegt, daß solchen Leistungsbestimmungsvorbehalten die für Wertsicherungsklauseln charakteristische Gefahr einer Unterhöhlung des Nennwertprinzips fehle (einschränkend und kritisch aber Fögen BB 1967, 740; dazu auch Dürkes [9. Aufl] B 53 f). Dies ist die *technische Rechtfertigung* des ungeschriebenen Freistellungstatbestandes: Mit der fehlenden Automatik verbindet sich eine fehlende Zwangsläufigkeit. Zwischen den Anpassungstatbestand und die Anpassungsfolge ist bei Leistungsbestimmungsvorbehalten noch ein *Willkürakt* dazwischengeschaltet, der einem Mindestmaß an Richtigkeitskontrolle unterliegt. Entweder nämlich müssen die Parteien sich einigen und dadurch für „Richtigkeitsgewähr" inter partes sorgen (zu diesem Konzept der Richtigkeitsgewähr vgl Schmidt-Rimpler AcP 147 [1941] 130 und FS Raiser [1974] 5), oder es kommt zu einer nach §§ 315 ff kontrollierbaren Billigkeitsentscheidung. Hinsichtlich der *materialen Rechtfertigung* trifft sich die ratio exemtionis mit der scheinbar ganz andersartigen Ausnahme bei den Spannungsklauseln: Das vom Nennwertprinzip D 248 unberührt gelassene Institut der Geschäftsgrundlage (Vorbem D 90 ff) wird charakterisiert durch einen objektiven Tatbestand (die Äquivalenzstörung) und einen dezisionistischen Akt (die Vertragsanpassung). Beide Merkmale sind chrakteristisch auch für die Leistungsbestimmungsvorbehalte. Diese stellen sich somit als eine zulässige Verfeinerung des *Mechanismus der Vertragsanpassung wegen Äquivalenzstörung* dar (auf den Sachzusammenhang weist auch von Maydell, Geldschuld 375, hin). Was von Gesetzes wegen die Ausnahme ist (die Anpassung gestörter Verträge), wird durch Leistungsbestimmungsvorbehalte zum Prinzip erhoben. Anders gewendet: Während Spannungsklauseln der automatischen *Verhinderung* von Äquivalenzstörungen dienen, dienen Leistungsbestimmungsvorbehalte der vereinfachten *Bewältigung* von Äquivalenzstörungen. § 3 WährG steht solchen Wertsicherungsvereinbarungen nicht entgegen (Vorbem D 190 aE).

D 249 cc) Die **Abgrenzung des Ausnahmetatbestands** muß von dieser ratio exceptionis ausgehen. *Der Unterschied zwischen Gleitklauseln und Leistungsbestimmungsvorbehalten* besteht in folgendem: Die Gleitklausel macht die zahlenmäßige Höhe der Geldschuld derart unmittelbar von der Bezugsgröße abhängig, daß deren Veränderung sich der Geldschuld ohne weiteres mitteilt; beim Leistungsbestimmungsvorbehalt bildet dagegen die Veränderung der Bezugsgröße nur eine Voraussetzung dafür, daß eine Vertragspartei die Anpassung der Schuld durch eine Vertragsänderungsvereinbarung verlangen oder nach §§ 315 ff durch einseitige Leistungsbestimmung eine solche Änderung herbeiführen kann (BGH BB 1963, 497 = WM 1963, 568, 569; WM 1967, 1248, 1249; BB 1968, 568 = NJW 1969, 91 = WM 1968, 470; BB 1968, 930 = Betrieb 1968, 1617 = WM 1968, 985, 986; BB 1968, 646 = WM 1968, 617; WM 1969, 564, 565; Betrieb 1972, 2206 f = WM 1972, 1279, 1280; Dürkes [9. Aufl] B 27 ff; Mittelbach Rz 165 f; MünchKomm-von Maydell § 244 Rz 23; Jauernig-Vollkommer §§ 244, 245 Anm 6 a; Palandt-Heinrichs §§ 244, 245 Anm 5 b aa; Pikart WM 1969, 1064 mwN). Üblicherweise wird auf das **Kriterium der „Automatik“** abgestellt: automatisch wirkende Wertsicherungsklauseln sind Gleitklauseln; Leistungsbestimmungsvorbehalte sind am Fehlen dieser „Automatik“ zu erkennen (vgl statt vieler Dürkes [9. Aufl] B 27, B 68, D 160). Dieses eingebürgerte Kriterium wird von der überwiegenden Praxis und Literatur sachgerecht verwandt, hat aber auch zu Mißverständnissen geführt (charakteristisch OLG Köln NJW 1972, 1052 m krit Anm Knickenberg NJW 1972, 1375 und Bilda NJW 1972, 1865). Es verleitet zu einer rein formalen Unterscheidung zwischen „automatisch“ wirkenden Gleitklauseln und Leistungsbestimmungsvorbehalten (zu solchem Formalismus neigt wohl auch OLG Hamburg BB 1967, 735; dazu krit Fögen BB 1967, 739). Im Extremfall müßte es möglich sein, durch rein formale Zwischenschaltung eines Erklärungsakts (etwa einer nach § 894 ZPO erzwingbaren Erklärung) die Geldschuld ohne Genehmigung unter tatbestandlich genau bestimmten Voraussetzungen anzupassen, was aber nur im Fall der Spannungsklausel gestattet ist. ZB könnte eine nach § 3 S 2 unzulässige und idR nicht einmal genehmigungsfähige zwingende Indexklausel genehmigungsfrei vereinbart werden (zB: „Erhöht sich der Lebenshaltungskostenindex um wenigstens 5%, so ist der Mieter/Pächter/Darlehensnehmer verpflichtet, in eine entsprechende Erhöhung der Schuldsumme einzuwilligen“). *Die rein formale Zwischenschaltung einer Erklärung genügt aber nicht.* Vielmehr bedarf es eines bestimmenden Rechtsakts (Jauernig-Vollkommer §§ 244, 245 Anm 6 a; Überblick über die Praxis bei Willms-Wahlig BB 1978, 974). Das wird unmißverständlich klargestellt bei BGH LM Nr 37 zu § 3 WährG = NJW 1979, 1545, 1546 = WM 1979, 728, 729: Ein genehmigungsfreier Leistungsbestimmungsvorbehalt liegt, sofern jegliches Entscheidungsermessen fehlt, nicht schon dann vor, wenn noch ein Tätigwerden der Parteien erforderlich ist. Auch eine Wertsicherung, die erst auf Verlangen einer Partei aktuell wird und dann einer Einigung der Parteien oder der Tätigkeit eines Schiedsgutachters bedarf, kann genehmigungsbedürftig sein, wenn kein Spielraum besteht (vgl insoweit als Beispiel auch die Gleitklausel bei BGH LM Nr 11 zu § 308 ZPO = NJW 1979, 2250 = WM 1979, 252). Voraussetzung ist also ein – sei es auch begrenzter – **Ermessensspielraum** (BGH WM 1967, 1248, 1249; LM Nr 18 zu § 3 WährG = DNotZ 1969, 96, 98; BB 1971, 288, 289; BB 1971, 289 = LM Nr 14 [Ge] zu § 157 BGB; NJW 1975, 44, 45 [insoweit nicht in BGHZ 63, 132]; BB 1978, 581; MünchKomm-von Maydell § 244 Rz 24; Willms BB 1970, 197 f; Willms-Wahlig BB 1978, 974; zur Praxis der DBB vgl eingehend Dürkes [9. Aufl] B 37 ff; Willms BB 1970, 197 f). Zweckmäßigerweise wird dieser Ermessensspielraum im Vertrag deutlich gemacht. So zB im Fall BGH BB 1964, 1452 = WM 1964, 1325. Hier sollte der Kaufpreis bei einer Steigerung der Lebenshaltungskosten um mehr als 15% nach billigem Ermessen neu festgesetzt werden, und es hieß ausdrücklich, daß sich der neue Kaufpreis nicht – dh nicht ausschließlich – nach der Änderung des Lebenshaltungskostenindex richten solle. Notwendig ist eine solche Klarstellung nicht. Um einen *Leistungsvorbehalt* handelt es sich auch, wenn die Parteien sich verpflichten, im Fall einer unzumutbaren Wertverschiebung in *Vertragsverhandlungen* über eine Anpassung zu treten (BGHZ 62, 314 = NJW 1974, 1235 = JuS 1974, 797 mAnm Emmerich; Rinck Rz 317; Fögen BB 1967, 738; zum Urteil des BGH vgl eingehend Bulla JuS 1976, 19). Ebenso, wenn die Parteien die Festsetzung durch einen *Schiedsgutachter* vorschreiben (eingehend Bulla JuS 1976, 19; ders BB 1976, 389). Hierzu und zum Verhältnis zwischen Schiedsgutachterklausel und Schiedsgerichtsklausel vgl Vorbem D 253.

Die Praxis der ordentlichen Gerichte verfährt außerordentlich großzügig (vgl Dürkes **D 250**
[9. Aufl] D 196 ff; Mittelbach Rz 168 ff; krit Fögen 151 Fn 240; Willms-Wahlig BB 1978, 974). Wenn die Voraussetzungen der Anpassung auf eine bestimmte Entwertung und die Folgen der Anpassung auf die „Wirtschaftslage" zugeschnitten sind, wird ein ausreichender Ermessenspielraum noch bejaht (BGH BB 1969, 462 f). *Rechnerische Größen,* die zwar die Größenordnung des Geldbetrages, nicht aber den Betrag selbst festlegen, sollen zulässig sein, so zB die Klausel, der monatliche Rentenbetrag solle „tunlichst" dem Stundenlohn für 125 Arbeitsstunden eines gelernten Maurers entsprechen (BGH BB 1968, 568 = NJW 1969, 91); ähnlich die Klausel, daß „etwa die gleiche Relation zwischen Miete und Kaufkraft wie im Zeitpunkt des Vertragsschlusses" hergestellt werden solle (BGH BB 1968, 646). Auch eine Erhöhung des Erbbauzinses „entsprechend dem allgemeinen Steigen der Mietzinsen" deutet nicht auf eine „automatische" Erhöhung hin, sondern benennt *nur eine Richtlinie* für die im Einzelfall durchzuführende Erhöhung (BGH BB 1960, 344, 345 = Betrieb 1960, 383, 384 = WM 1960, 437, 440). Selbst die *Anknüpfung an den Lebenshaltungskostenindex* kann genehmigungsfrei sein, wenn sie nur die Voraussetzung, aber nicht das Ausmaß der Erhöhung festlegt (OLG Hamburg BB 1967, 735; BGH WM 1967, 515, 516; Betrieb 1968, 1617; BB 1969, 1328, 1329; Mittelbach Rz 179). Ist hinsichtlich des *Umfangs* der Anpassung dieses Mindestermessen gegeben, so ist nach Ansicht der Rechtsprechung ein Leistungsvorbehalt auch dann genehmigungsfrei, wenn vorbehaltlos ein *Anspruch auf Vertragsänderung* besteht; es genügt also, wenn die Anpassung der *Höhe* nach unbestimmt ist, mag sie auch *dem Grunde nach* bestimmt sein (BGH BB 1968, 568 = NJW 1969, 91, 92; BB 1968, 930; Betrieb 1977, 92, 93; BB 1978, 581; OLG Hamburg BB 1967, 735; aM noch DBB mitgeteilt bei Dürkes [9. Aufl] B 54). Die im Schrifttum hM folgt dieser Auffassung (vgl nur Dürkes [9. Aufl] B 31, B 55 ff; aM Fögen BB 1967, 740 vgl auch zur Kritik der DBB Dürkes aaO B 41). Daß die Klausel einseitig nur zugunsten des Geldgläubigers wirkt, ist gleichfalls unschädlich (BGH BB 1969, 462, 467). Die *Vereinbarung eines Grenzwerts* schadet nicht (BGH Betrieb 1977, 92, 93; BB 1978, 581 = WM 1978, 352; MünchKomm-von Maydell § 244 Rz 23; Palandt-Heinrichs §§ 244, 245

Anm 5 b aa; kritisch zB GUTZWILLER 112; WILLMS-WAHLIG BB 1978, 974). Ein solcher Grenzwert kann zB formuliert sein wie im Fall BGH BB 1978, 581 = WM 1978, 352: „Als Bemessungsgrundlage dient der jeweilige gemeine Grundstückswert. Der Erbbauzins darf nicht unter 8% dieses Wertes sinken." Obwohl sich hier bereits diese Grenzwertklausel in Anbetracht der steigenden Grundstückspreise allein schon zu einer zwingenden Bezugsgröße entwickelt hatte, ließ der BGH die Grenzwertvereinbarung gelten; er ließ es genügen, daß die Wertsicherungsklausel im Prinzip einen Beurteilungsspielraum bestehen lasse und meinte, die Beurteilung der Anpassungsregelung könne sich nicht aufgrund nachträglich eingetretener tatsächlicher Veränderungen ändern (dazu auch DÜRKES [9. Aufl] D 194 f; WOLF ZIP 1981, 237). WILLMS-WAHLIG BB 1978, 974 nehmen diese Entscheidung zum Anlaß für die Mahnung, die Rechtsprechung sölle nicht schon jeden theoretischen, rein formalen Beurteilungsspielraum ausreichen lassen. Richtig ist jedenfalls, daß die Grenzwertklausel unter § 3 S 2 fällt, wenn sich schon im Zeitpunkt des Vertragsschlusses abzeichnet, daß sie als eine zwingende Anpassungsregelung funktionieren wird. Dies allein entspricht der bei Vorbem D 249 getroffenen Feststellung, daß die rein formale Zwischenschaltung einer Willenserklärung aus einer Gleitklausel noch keinen genehmigungsfreien Leistungsbestimmungsvorbehalt macht.

D 251 **dd)** Die **Durchführung der Erhöhung,** dh die praktische Handhabung von Leistungsbestimmungsvorbehalten hängt in erster Linie von der Formulierung und vom Sinn der Vertragsklausel ab. Auslegungsfrage sind zunächst die genauen *Voraussetzungen des Anpassungsmechanismus* (vgl zur Auslegung von Wertsicherungsvereinbarungen eingehend Vorbem D 170 ff). Setzt der Leistungsbestimmungsvorbehalt einen „wesentlichen" Kaufkraftschwund voraus, so ist dieses Erfordernis jedenfalls bei einem Kaufkraftschwund von annähernd 15% erfüllt (vgl BGH WM 1967, 1248, 1249). Setzt der Vorbehalt eine „wesentliche Veränderung" und ein „grobes Mißverhältnis" voraus, so wird idR ein Kaufkraftschwund von 30% ausreichen (BGH LM Nr 12 [A] zu § 133 = BB 1970, 1323 = Betrieb 1970, 2068 = NJW 1970, 2103 mAnm BILDA NJW 1971, 372 = WM 1970, 1417). Charakteristisch für den Leistungsbestimmungsvorbehalt ist aber die *Technik der Erhöhung.* Dabei ist zu unterscheiden:

D 252 **aaa)** Eine **Vertragsänderung** durch Vereinbarung der Parteien ist der rechtsdogmatisch glattere Weg, einen Leistungsbestimmungsvorbehalt durchzusetzen. Die Wertsicherungsklausel kann so zu verstehen sein, daß der Berechtigte dem Geldschuldner ein neues Angebot unterbreiten darf. Dann gebührt dem Einigungsversuch der Vorrang vor der einseitigen Leistungsbestimmung. Aus der Klausel ergibt sich eine *Neuverhandlungspflicht* (vgl zu diesem Rechtsinstitut HORN AcP 181 [1981] 255). Ausdrückliche Vereinbarungen dieser Art ergeben sich aus Neuverhandlungsklauseln, insbes den sog „Hardship-Klauseln" (vgl BRAUN, Monetäre Probleme ... Diss Würzburg 1979, 71 ff). Liegt ein beiderseitiges Handelsgeschäft vor, so obliegt es dem Geldschuldner, auf ein solches Angebot unverzüglich zu antworten, widrigenfalls sein Schweigen als Annahme des Vertragsänderungsangebots anzusehen ist (BGHZ 1, 353 = BB 1951, 486 = NJW 1951, 711). Eine einverständliche Vertragsänderung kann nicht – auch nicht zugunsten des Geldschuldners – unter Übergehung des Vertragspartners durch ein einseitiges Verlangen ersetzt werden (vgl OLG Hamm WM 1971, 1190). Ist dagegen der *Einigungsversuch gescheitert,* so wird die Wertsicherungsregelung idR gemäß §§ 315, 316 so aufgefaßt, daß der Berechtigte selbst die geschuldete Leistung nach billigem Ermessen festsetzen darf (BGHZ 5, 173, 180 = BB 1952, 304; BGH LM Nr 11 zu § 308 ZPO = NJW 1979, 2250, 2251 = WM 1979, 252, 253). Eine *subsidäre richterliche Leistungsbestimmung* folgt dann aus § 315 Abs 3. Sie ist also auch dann möglich, wenn der Leistungsbestimmungsvorbehalt auf eine Einigung der Parteien zielt (vgl Vorinstanz bei BGH WM 1969, 1281; EMMERICH JuS 1974, 798; PALANDT-HEINRICHS §§ 244, 245 Anm 5 b aa). Der zunächst naheliegende Weg über eine Klage und Vollstreckung nach § 894 ZPO wäre unpraktisch (Bestimmtheit des Klagantrags!) und würde auch dem für den Leistungsbestimmungsvorbehalt chrakteristischen Spielraum bei der Leistungsbestimmung nicht gerecht. Die Gerichtsentscheidung ist Ausübung einer subsidiären richterlichen Gestaltungsbefugnis und findet – wie beim Fortfall der Geschäftsgrundlage (Vorbem D 123) – ihre Rechtfertigung in den §§ 315–319. Der Klagantrag kann dahin gestellt werden, daß die Leistungsbestimmung nach dem Ermessen des Gerichts erfolgen soll (BGH BB 1969, 977 = WM 1969, 22). Die Wertsicherungsklausel kann auch so formuliert sein, daß in erster Linie eine Einigung und hilfsweise eine Schiedsgutachterentscheidung herbeigeführt werden soll (BGH BB 1978, 580 = WM 1978, 228). Auch dann kann nach § 319 das Gericht angerufen werden, freilich grundsätzlich erst gegen die Schiedsgutachterentscheidung (vgl im einzelnen BGH BB 1975, 898 und 899; Bulla BB 1976, 389). Vgl aber zur alsbaldigen Leistungsbestimmung durch das Gericht auch Vorbem D 253. Die gerichtliche Billigkeitsentscheidung kann auch inzidenter gefällt werden, wenn der Inhalt des Vertrags nur Vorfrage eines Rechtsstreits ist.

bbb) Soll die **Leistungsbestimmung durch eine Partei oder durch einen Dritten** erfolgen, so gelten die §§ 315–319 (vgl nur BGH Betrieb 1969, 1328, 1329 = WM 1969, 1281, 1282; BB 1975, 899; BB 1975, 898 = NJW 1975, 1557 = WM 1975, 772). Die Befugnis zu einseitiger Leistungsbestimmung oder zur Anrufung eines Dritten kann primär, aber auch hilfsweise für den Fall, daß eine Vertragsänderung scheitert, vereinbart sein (Vorbem D 252). Die Klausel, die Geldleistung solle „neu festgesetzt" werden, schließt nicht die Auslegung aus, der Geldgläubiger solle eine einseitige Bestimmungsbefugnis haben. Häufig wird die Bestimmung durch einen *Schiedsgutachter* vereinbart (vgl etwa BGH BB 1964, 1452 = WM 1964, 1325; Betrieb 1967, 1258 = WM 1967, 1248; BB 1973, 723 = WM 1973, 461; BB 1975, 899 = NJW 1975, 1556; BB 1975, 898 = NJW 1975, 1557; Dürkes [9. Aufl] D 170 ff; Reithmann DNotZ 1960, 184; Bulla JuS 1976, 19; ders BB 1976, 389; Wolf ZIP 1981, 242). Der Schiedsgutachtervertrag bedarf nicht der Form des § 1027 ZPO (BGH BB 1975, 899). Die Abgrenzungsfrage, ob die Parteien eine *Schiedsgutachterklausel oder* eine *Schiedsgerichtsklausel* vereinbaren wollten, ist Auslegungsfrage (BGH BB 1969, 462, 463 = WM 1968, 1143, 1144). Der Vertragspraxis ist zu eindeutigen Formulierungen zu raten. Nur wenn es an solcher Eindeutigkeit fehlt, bedarf die Klausel der Auslegung. Regelmäßig ist nur eine Schiedsgutachterklausel gewollt (Bulla BB 1976, 393). Liegt eine Schiedsgutachterklausel vor, so können die *Schiedsgutachterkosten* nach dem Rechtsgedanken des § 92 ZPO aufgeteilt werden (BGH aaO). Rechtsgrundlage ist der Vertrag; kann von einem Obsiegen und Unterliegen nicht gesprochen werden, so haben sich die Parteien im Zweifel in die Kosten zu teilen (AG Göppingen BB 1971, 107). Zur Anhörung der Parteien und zur Nichtgewährung des rechtlichen Gehörs durch einen Schiedsgutachter vgl BGH BB 1968, 646 = Betrieb 1968, 752 = WM 1968, 617. Die Entscheidung des Schiedsgutachters wird durch eine solche des Gerichts ersetzt, wenn der Schiedsgutachter eine offenbar unbillige Entscheidung trifft (§ 319). Billig ist eine gemäß §§ 315, 319 getroffene Leistungsbestimmung, wenn sie sich im Rahmen des in vergleichbaren Fällen Üblichen hält und nach Lage der besonderen Umstände des Falls als angemessen, als sachlich begründet und als persönlich zumutbar erscheint; die Interessen beider Parteien sind zu berücksichtigen (BGH BB 1969, 977 = WM 1969, 62). Ein offenbar unrichtiges Ergebnis ist auch offenbar unbillig (Wolf ZIP 1981, 242). Dazu genügt es nicht, daß der Schiedsgutachter eine falsche Methode gewählt hat (BGH WM 1968, 617, 618; Wolf ZIP 1981, 242). Offenbar unbillig ist eine Entscheidung, wenn die für die Anpassung gewählten Kriterien eine Partei einseitig bevorzugen. So im Fall BGHZ 62, 314 = NJW 1974, 1235 = JuS 1974, 797 Nr 3 mAnm Emmerich, wo der D 253

Schiedsgutachter statt einer bloßen Anpassung eine Neufestsetzung des Mietzinses unter Berücksichtigung der Preissteigerung für Grundstücke durchgeführt hatte (dazu eingehend BULLA JuS 1976, 19). Auch ist es nicht zulässig, eine Erhöhung der Bezugsgröße – zB Lebenshaltungskostenindex – zum Anlaß für eine Änderung der Schuldsumme in anderer Richtung – Herabsetzung – zu nehmen; dies müßte im Vertrag besonders zugelassen sein (OLG Frankfurt BB 1979, 1630). Es muß eine prüfbare Berechnungsgrundlage gegeben werden (BGH BB 1975, 899 f = NJW 1975, 1556 f; krit. BULLA BB 1976, 389). Auch dürfen die Berechnungsgrundlagen nicht einseitig ausgerichtet oder rein theoretisch sein (BGH WM 1977, 413, 415; WOLF ZIP 1981, 242). Im übrigen kommt es nur darauf an, ob der vereinbarte Maßstab im Ergebnis eingehalten ist (BGH BB 1975, 898 = NJW 1975, 1557). Rufen die Parteien das Gericht an, ohne zuvor gemäß ihrer Vereinbarung ein Schiedsgutachten einzuholen, so hat das Gericht nicht seinerseits ein Schiedsgutachten einzuholen, vielmehr bestimmt es die Leistung selbst (BGH WM 1977, 413, 415; WM 1977, 418; WOLF ZIP 1981, 242). Hat die Erhöhung stattgefunden, so macht eine *nachträgliche „Umbasierung" der Bezugsgröße* die Erhöhung nicht nachträglich rechtswidrig oder gar gegenstandslos (vgl LG Mannheim BB 1971, 1259 f für eine Indexklausel). Es kann nur aufgrund der neuerlichen Veränderung ein Anspruch auf erneute Vertragskorrektur ex nunc bestehen (vgl zu dieser Entscheidung auch MITTELBACH Rz 304 ff). Zur Preisbestimmung durch Behörden vgl OLG Düsseldorf NJW 1952, 1139. Kein Fall des § 317 ist die Indexklausel. Das Statistische Bundesamt ist nicht ein den Vertragsinhalt bestimmender Dritter (LG Mannheim BB 1971, 1259).

D 254 ccc) Eine **„Halbautomatik"** kann mit dem Leistungsbestimmungsvorbehalt durch eine *aufschiebende oder auflösende Bedingung* verbunden werden: Das vereinbarte Entgelt soll seine Maßgeblichkeit automatisch verlieren, wenn ein bestimmtes Ereignis eingetreten (zB ein Zeitraum abgelaufen oder eine Bezugsgröße um einen bestimmten Wert verändert) ist (MITTELBACH Rz 167). Nach FÖGEN BB 1967, 738 ist eine solche Klausel genehmigungsbedürftig. Dieser Standpunkt ist überholt. Die entsprechende Vertragslücke wird durch Neuvereinbarung oder nach §§ 316, 315 gefüllt. Der erforderliche Ermessensspielraum ist also vorhanden (DÜRKES [9. Aufl] D 152). Auch die Vereinbarung eines Kündigungsrechts dient der „Halbautomatik".

D 255 ddd) Der **Anpassungszeitpunkt** kann in Fällen des Leistungsbestimmungsvorbehalts bei Dauerschuldverhältnissen Probleme aufwerfen. Im Fall der *Vertragsänderung* ist es Sache beider Parteien, sich hierüber zu einigen. Mangels besonderer Anhaltspunkte wird bei Schweigen der Vereinbarung davon auszugehen sein, daß diese nur ex nunc wirken soll. Allerdings braucht eine Rückwirkung nicht ausdrücklich vereinbart zu werden (§ 157). Zweifelhaft ist, ob dies auch für die Leistungsbestimmung durch einen Schiedsgutachter gelten soll, wenn die vertragliche Einigung scheitert. Nach Auffassung des V. ZS des BGH sollen hier die erhöhten Zahlungspflichten im Zweifel nicht schon vom Zugang des Erhöhungsverlangens an gelten (BGH BB 1978, 580 = WM 1978, 228; Erbbauzins). Ganz im Gegensatz dazu heißt es in einer fast gleichzeitig vom VIII. ZS des BGH erlassenen Entscheidung, die Vertragsklausel, nach der bei Fehlschlagen der Einigung ein Schiedsgutachter zu entscheiden hat, sei grundsätzlich dahin auszulegen, daß der vom Schiedsgutachter festgelegte Mietzins von dem Zeitpunkt an gilt, in dem das Änderungsverlangen der Gegenseite zugegangen ist (BGH NJW 1978, 154; s auch JAUERNIG-VOLLKOMMER §§ 244, 245 Anm 6 a). Von der gerichtlichen Entscheidung heißt es dann wieder bei BGH Betrieb 1979, 887 = NJW 1979, 811, diese wirke regelmäßig nur ex nunc. Die Frage scheint generell kaum lösbar. Der Vertragswortlaut wird meist keine Anhaltspunkte geben. Richtig ist einerseits, daß gestaltende Entscheidungen auf Dauerschuldverhältnisse idR nur für die Zukunft wirken, aber richtig ist auf der anderen Seite auch, daß der Sinn der Vertragsklausel eine Belohnung des Geldschuldners, der eine einverständliche Regelung vereitelt, nicht rechtfertigt. Im Grundsatz sollte es dabei bleiben, daß jede Entscheidung nach §§ 315-319 nur ex nunc wirkt. Wird allerdings die einseitige Leistungsbestimmung bestätigt, so ist ihr Zeitpunkt maßgebend. Darüber hinaus kann im Einzelfall dem Schuldner die Berufung auf die ex-nunc-Wirkung der Leistungsbestimmung nach § 242 versagt sein, wenn er die Leistungsbestimmung treuwidrig hinausgezögert hat; ausnahmsweise kann sogar die vertragswidrige Verhinderung der Anpassung eine positive Vertragsverletzung darstellen.

g) **Mindestklauseln (Mindestbetragsklauseln; Einseitigkeitsklauseln)** sind kein eigen- D 256
ständiger Wertsicherungstypus, aber sie werden vielfach mit Wertsicherungen verbunden. Die *Mindest(betrags)klauseln* müssen von *Mindestschwankungsklauseln* unterschieden werden (Dürkes [9. Aufl] D 517 ff; Mittelbach Rz 212 ff). Mindestschwankungsklauseln legen eine Stillhaltegrenze fest. Mindestbetragsklauseln, von denen allein hier die Rede ist, bestimmen einen Sockelbetrag. *Dabei ist zu unterscheiden zwischen Mindestklauseln (Einseitigkeitsklauseln) bei genehmigungsbedürftigen und bei genehmigungsfreien Wertsicherungen.* Die Mindestklausel bedarf nicht als solche der Genehmigung nach § 3 WährG. Genehmigungsbedürftig kann aber die Wertsicherungsklausel sein, mit der die Mindestklausel verbunden ist. Das Vorhandensein einer Mindestklausel kann dann die Erteilung einer Genehmigung hindern. Nur mit **Mindestklauseln bei genehmigungsbedürftigen Wertsicherungsklauseln** befaßt sich Nr 2 a der Genehmigungsgrundsätze der DBB (Wortlaut bei Vorbem D 208; vgl zum folgenden Dürkes [9. Aufl] C 73 ff). Eine Wertsicherungsklausel, die nur eine Anpassung zugunsten des Geldgläubigers zuläßt, ist nach Nr 2 a der Genehmigungsgrundsätze der DBB *nicht genehmigungsfähig* (vgl auch BGH LM Nr 20/21 zu § 3 WährG = BB 1973, 998, 999 = NJW 1973, 1498, 1499; Fögen BB 1964, 1015, 1017; aM OLG Köln NJW 1972, 1052 m krit Anm Knickenberg NJW 1972, 1375). Der HessVGH sieht diesen Passus der Genehmigungsgrundsätze als dem währungspolitischen Grundgedanken des § 3 WährG genau entsprechend an (BB 1970, 942): „Jede ungleiche – also einseitige – Verknüpfung einer künftigen Leistung mit einer Erhöhung oder Ermäßigung der Preise für Güter und Leistungen birgt die Gefahr in sich, daß der Aushöhlung der realen Kaufkraft der Deutschen Mark Vorschub geleistet wird." Diese Begründung ist fragwürdig. Sie könnte nur überzeugen, wenn Nr 2 a jede mit einer Mindestklausel versehene Wertsicherungklausel für genehmigungsbedürftig erklärte, während es bei der Bestimmung in Wahrheit darum geht, daß eine als genehmigungsbedürftig vorausgesetzte Wertsicherungsklausel nicht genehmigt werden soll. In der Praxis entschärft sich das Problem der Nr 2 a, weil die Genehmigung unter der Bedingung entsprechender Vertragsänderung erteilt werden kann (vgl den Sachverhalt bei BGH BB 1960, 118 = NJW 1960, 523 = WM 1960, 104).

Mindestklauseln bei genehmigungsfreien Wertsicherungen bringen Nr 2 a der Ge- D 257
nehmigungsgrundsätze grundsätzlich nicht nur Anwendung, weil die Bestimmung gegenstandslos ist, soweit § 3 WährG keine Genehmigung vorschreibt. Im Grundsatz hat die Mindestklausel nur etwas mit der *Genehmigungsfähigkeit* einer Wertsicherungsklausel zu tun, nicht mit der *Genehmigungsbedürftigkeit* (zum Ausnahmefall der wirksamkeitsschädlichen Mindestklausel vgl aE dieser Rz). Ist die Klausel als Spannungsklausel – zB im Dienstvertrag oder Ruhegeldvertrag – genehmigungsfrei, so bleibt sie es auch dann, wenn dem Empfänger eine Mindestvergütung zugesagt ist (BGH WM 1968, 1143 unter II; LM Nr 23 zu § 3 WährG unter II = BB 1974, 101 = NJW 1974, 273, 274; NJW 1979, 1545, 1546; Wolf ZIP 1981, 237). Vor allem Gehaltsklauseln und Spannungsklauseln sind vielfach mit einer Mindestklausel verbunden (Mittelbach Rz 220 ff). Auch Leistungsbestimmungsvorbehalte, insbes

Preisklauseln, werden häufig mit Mindestklauseln gekoppelt (MITTELBACH Rz 216 ff). Die Mindestklausel besteht vielfach nur in dem Sockelbetrag, auf dem die Preisklausel aufbaut („Der Kaufpreis beträgt . . .; er erhöht sich . . .“). Zulässig ist aber auch die Vereinbarung einer reinen Preisklausel mit dem Zusatz „. . . mindestens jedoch . . .“. Im Extremfall kann allerdings eine Mindestklausel faktisch eigenständigen Wertsicherungscharakter annehmen. So im Fall BGH WM 1978, 352, wo vereinbart war, der Erbbauzins dürfe nicht unter 8 vH des Grundstückswertes sinken (dazu auch WOLF ZIP 1981, 237). Der BGH hat diese Klausel aus einem doppelten Grund als genehmigungsfrei angesehen: Einmal stellt er für den Wertsicherungscharakter der Klausel auf den Zeitpunkt des Vertragsschlusses und nicht auf die spätere Entwicklung ab. Zum anderen war die vereinbarte Untergrenze nur im Rahmen eines Leistungsbestimmungsvorbehalts zu berücksichtigen und wirkte nicht automatisch. Zusammenfassend läßt sich sagen, daß Mindestklauseln im Zusammenhang mit *Spannungsklauseln* sogar in Form von zulässiger Preisgleitklauseln unbedenklich sind (DÜRKES [9. Aufl] D 31 ff, 45; MITTELBACH Rz 217 ff); unschädlich sind Mindestklauseln außerdem im Zusammenhang mit *Leistungsbestimmungsvorbehalten.* Genehmigungsfrei sind auch Mindestklauseln in Zusammenhang mit *Gewinnbeteiligungsklauseln, Ertragsbeteiligungsklauseln und Umsatzbeteiligungsklauseln,* insbes als Provisionsgarantien (Vorbem D 233). Ausnahmsweise können allerdings Mindestklauseln den Grund für die Genehmigungsfreiheit beseitigen. Dies ist der Fall bei der Vereinbarung von Sachschulden (Vorbem D 223 ff), insbesondere bei Sachschulden mit Kommissionsabrede (Vorbem D 229, D 231), außerdem in Fällen, bei denen Geldwertschulden vereinbart werden (Vorbem D 235 ff). Diese Abreden werden zwar durch Mindestklauseln (Einseitigkeitsklauseln) nicht schlechthin unzulässig. Aber das Vorhandensein einer Mindestklausel kann nach Vorbem D 232 ein Indiz für das Vorliegen einer verdeckten Geldwertklausel sein (s auch Vorbem C 268). Ist die Mindestklausel ihrerseits an einen Index geknüpft, so kann diese zusätzliche Abrede gleichfalls genehmigungsbedürftig sein.

D 258 **7. Rechtsgeschäftsgruppen**

Eine Übersicht, die sich nicht an den Problemgruppen des § 3 S 2 WährG (dazu Vorbem D 223 ff), sondern an den Gestaltungsproblemen der Vertragspraxis orientiert, kann weder auf Vollständigkeit noch auf dogmatisch präzise Ordnung der Probleme, sondern nur auf die *Bestimmung typischer Problemlagen* zielen.

D 259 **a) Vertragsangebote** mit Wertsicherungsklauseln sind unproblematisch, weil der die Geldschuld begründende Vertrag noch nicht besteht (NIES 10 f). Als Sicherung eines erst künftig entstehenden Anspruchs ist auch die *Wertsicherung eines langfristig bindenden Angebots* genehmigungsfrei (DÜRKES [9. Aufl] D 258). Von der Wertsicherung des Angebots muß das *Angebot zu einem Vertrag mit Wertsicherungsklausel* unterschieden werden (vgl OLG Hamm BB 1975, 489 f). Hierbei kann schon vor Vertragsschluß zwischen genehmigungsbedürftigen und genehmigungsfreien Wertsicherungsklauseln unterschieden werden. Eine etwa erforderliche Genehmigung oder ein Negativattest kann bereits vor der Annahme des Angebots beantragt werden (näher zum Antrag bei Vorbem D 311). Die Wertsicherungsklausel kann auch Auswirkungen auf die erforderliche *Bestimmtheit des Angebots* haben, denn sie verkürzt die essentialia negotii, ermöglicht also wirksamen Vertragsschluß schon vor der Fixierung der zu zahlenden Summe (Vorbem D 167). Die für ein Angebot erforderliche *Bestimmtheit* ist zu bejahen, wenn der Preis in dem Sinne bestimmbar ist, daß sich aus dem Angebot mit hinreichender Klarheit ergibt, wie er festgestellt und berechnet werden soll (vgl BGHZ 71, 276, 280 = BB 1978, 731, 732 = NJW 1978, 1371, 1372 = WM 1978, 794, 795). Ein Angebot, das einen *Preisvorbehalt* oder einen

Mindestpreis mit Wertsicherungsklausel enthält, ist bindend und der Annahme fähig, wenn diesem Erfordernis der Bestimmbarkeit des Preises – auch unter Zuhilfenahme der §§ 315–319 – genügt ist. Gegenüber Letztverbrauchern ist die PreisangabenVO (Verordnung über Preisangaben v 10. 5. 1973, BGBl I 461) zu beachten, die grundsätzlich Preisänderungsklauseln nur bei Dauerschuldverhältnissen und bei Leistungs- und Lieferfristen über 4 Monaten zuläßt (§ 1 Abs 5). Ein Verstoß berührt jedoch die Wirksamkeit des Angebots nicht (vgl BGH BB 1974, 386; GELBERG, Kommentar zur PreisangabenVO [1975] § 1 Abs 5 Anm 6).

b) **Vorverträge** mit Wertsicherungsklauseln sind im gleichen Umfang möglich, wobei es hier nicht auf die rechtsdogmatische Fixierung des Vorvertrags ankommen kann, bei dem es sich vielfach um nichts anderes als um einen noch unvollständigen, aber bereits bindend gewollten Hauptvertrag handelt (FLUME, Rechtsgeschäft § 33/7). Die Bindungswirkung ist auch hier ein Problem der Bestimmtheit (BGH BB 1953, 97; WM 1961, 1052; NJW 1962, 1812, 1813; STAUDINGER-DILCHER Vorbem 42 zu § 145 mwN). Zwar ist bei einem gegenseitigen Vertrag im Zweifel noch keine vertragliche – auch keine vorvertragliche – Bindung gewollt, solange nicht das Entgelt feststeht (MITTELBACH Rz 104). Erst recht gilt dies im Stadium des sog letter of intent (vgl LUTTER, Der Letter of Intent, 1982, 19 ff). Besteht aber bereits der Wille beiderseitiger Bindung, so genügt auch hier bloße Bestimmbarkeit des Preises. Unter dieser Voraussetzung kann eine vorvertragliche Bindung unter Preisvorbehalt oder mit einer Wertsicherungsklausel eingegangen werden, wenn der Preis mit Hilfe der Klausel bestimmbar ist (die Frage ist nicht mit dem rein theoretischen Problem zu verwechseln, ob Leistungsbestimmungsvorbehalte selbst als Vorverträge zu Vertragsänderungen eingeordnet werden sollten; dazu BILDA Rz 136, 141). Da nach hM die Wertsicherung künftig entstehender Ansprüche nicht unter § 3 WährG fällt (DÜRKES`[9. Aufl] D 257 ff), sind Wertsicherungen in Vorverträgen, soweit sie nur die Zeit bis zum Vertragsschluß betreffen, als genehmigungsfrei anzusehen. Ebenso wie bei den Angeboten ist auch hier zu unterscheiden zwischen dieser wertgesicherten vorvertraglichen Bindung und dem Vorvertrag zu einem Hauptvertrag mit Wertsicherungsklausel. Beides wird allerdings faktisch häufig zusammentreffen. Die Wertsicherung der Hauptvertragsleistungen ist unter den Voraussetzungen des § 3 WährG genehmigungspflichtig. Für die Einholung der Genehmigung oder des Negativattests gilt dasselbe wie beim Angebot (Vorbem D 259). Regelmäßig ergibt sich aus dem Vorvertrag die Verpflichtung, bei der Beschaffung einer etwa erforderlichen Genehmigung mitzuwirken. D 260

c) **Leibrentenversprechen** können auf Sachleistungen lauten. Sie sind dann genehmigungsfrei (Vorbem D 224). Lauten sie auf Geldzahlung, so werden sie regelmäßig mit einer Wertsicherungsklausel versehen (zur allgemeinen Beratungspflicht vgl BGH VersR 1968, 450, 452; MünchKomm-PECHER § 759 Rz 18). Einen aktuellen Überblick gibt – nach Manuskriptabschluß – DÜRKES (9. Aufl) D 44 ff, 263 ff. *Zwei Gesichtspunkte* können für die Genehmigungsfreiheit von Wertsicherungsklauseln als Gleitklauseln sprechen. Zum einen ist dies der **Versorgungscharakter,** der zweckmäßigerweise in der Vertragsurkunde hervorzuheben ist. Geldschulden mit Versorgungscharakter unterliegen bereits nach den Grundsätzen über den Fortfall der Geschäftsgrundlage unter geringeren Anforderungen als sonstige Geldsummenschulden der Anpassung (Vorbem D 130). Dementsprechend sollte eine den Versorgungszweck berücksichtigende Wertsicherungsklausel, insbesondere eine (Ruhe-) Gehaltsklausel hier generell als genehmigungsfrei zugelassen werden. Solche Regelungen sind in der Praxis häufig anzutreffen (vgl nur BGH BB 1971, 147 = Betrieb 1970, 2365; Betrieb 1972, 1526 = WM 1972, 700). Ihre Genehmigungsfreiheit wird mit Recht weitgehend anerkannt (vgl auch LZB Bayern, mitgeteilt bei DÜRKES [8. Aufl] D 29; [9. Aufl] D 47). Das sollte selbst für Indexklauseln gelten (DÜRKES D 261

[8. Aufl] D 142; s auch BGH NJW 1965, 531 = WM 1965, 169 f). Die Genehmigungsfähigkeit (Nr 3 b der Genehmigungsgrundsätze; vgl Vorbem D 208) besagt nichts über die Genehmigungsbedürftigkeit. Wie schon bei Vorbem D 237 bemerkt, macht aber der bloße einseitige Versorgungszweck Wertsicherungsvereinbarungen noch nicht genehmigungsfrei, und zwar auch dann nicht, wenn dieser Zweck im Vertrag festgehalten ist. Es genügt nicht, daß der Gläubiger seinen Unterhalt mit den Zahlungen bestreiten will, sondern erforderlich ist, daß der Geldschuldner die Unterhaltsverpflichtung *als solche* übernimmt (DÜRKES [9. Aufl] D 48, D 263). Er muß dazu nicht jedes Unterhaltsbedürfnis in unbegrenzter Höhe abdecken. Da mehr zu verlangen ist als die bloß verbale Bezugnahme auf den Unterhalt, ist auf objektive Kriterien abzustellen: Regelmäßig macht der Versorgungsgedanke nur diejenigen Leistungsversprechen genehmigungsfrei, aus denen objektiv und nach dem Willen der Parteien der Unterhalt des Gläubigers im wesentlichen bestritten wird (vgl DÜRKES [9. Aufl] D 264). Der gestaltenden Praxis ist in Grenzfällen zu vorsorglichen Genehmigungsanträgen zu raten. Im Fall OLG Celle WM 1980, 747 mAnm AHRENS wurde folgende Klausel genehmigt: ,,Für die Erhöhung der Rente soll die allgemeine Rentenbemessungsgrundlage nach §§ 1255 Abs 2, 1256, 1277 RVO . . . entsprechend gelten". Bei Renten, die auf Austauschverhältnissen beruhen, kommt als *zweiter Gesichtspunkt* der bei Vorbem D 240 besprochene **Äquivalenzgedanke** zum Tragen. Beim *Kauf auf Rentenbasis* kann zB auch eine *Spannungsklausel* des Inhalts zugelassen werden, daß die Rente der Entwicklung der Grundstückspreise folgt (immerhin zweifelhaft). Die *Vereinbarung* eines *Leistungsbestimmungsvorbehalts,* der nach allgemeinen Regeln genehmigungsfrei ist, ist auch hier der sicherere Weg (Vorbem D 246 ff). Ein ausreichender Spielraum ist beispielsweise darin zu sehen, daß eine ,,angemessene" Erhöhung der Rente vereinbart wird (BGH BB 1970, 1323; DÜRKES [9. Aufl] B 63). Genehmigungsbedürftig ist nach Auffassung der DBB ein wertgesicherter ,,Leibrentenkauf", bei dem die Leibrente nicht Gegenleistung für einen Kaufgegenstand, sondern selbst ,,Kaufgegenstand" ist (DÜRKES [9. Aufl] C 64): der Gläubiger ,,kauft" hier gegen einmalige Zahlung ein Rentenrecht. Auch in diesem Falle sollte man sich auf den Versorgungscharakter der Rente oder auf den Äquivalenzgedanken besinnen; die Vertragspraxis wird vorsorglich um Negativatteste oder Genehmigungen nachsuchen. Über **Unterhaltsverträge** als Geldwertschulden vgl Vorbem D 68, D 237. Die Unterhaltsrente bleibt nach DÜRKES (9. Aufl D 49) auch bei Vereinbarung einer Mindestklausel genehmigungsfrei (vgl aber Vorbem D 257).

D 262 d) **Übergabeverträge** – vor allem Hofübergabeverträge – machen einen beträchtlichen Teil der Gerichtspraxis über genehmigungsfreie Sachschulden und Wertsicherungsklauseln aus (DÜRKES [9. Aufl] D 44 ff; H 29; vgl auch NIES 28). Die großzügig verfahrende Praxis verdient Zustimmung, soweit die Wertsicherung durch den Versorgungszweck der Sach- oder Geldschuld oder durch den Äquivalenzgedanken gerechtfertigt ist. Die Vereinbarung von Sachschulden ist genehmigungsfrei (OLG Celle DNotZ 1951, 512 ff; OLG Schleswig NJW 1955, 65; hM; vgl Vorbem D 223 ff; aM noch OLG Köln NJW 1951, 363 m abl Anm RÖTELMANN). Zur Leibrente vgl soeben Vorbem D 261.

D 263 e) Der **Grundstücks- und Unternehmenskauf** kann unter den bei Vorbem D 242 ff und geschilderten Voraussetzungen mit genehmigungsfreien Spannungsklauseln und Leistungsbestimmungsvorbehalten versehen sein. Soweit nur Äquivalenzstörungen vorgebeugt werden soll, können auch automatisch wirkende Preisgleitklauseln genehmigungsfrei sein. Da allerdings kein allgemein anerkannter Marktpreis existiert, kommt hier in erster Linie ein Leistungsbestimmungsvorbehalt in Betracht (MITTELBACH Rz 193). Spannungsklauseln nehmen bisweilen auf den *Baukostenindex* Bezug. Nr 3 c der Genehmigungsgrundsätze der DBB ist bei Annahme der Genehmigungsfreiheit irrelevant. Aber die zulässige Grenze der Pauschalierung (Vorbem D 242) scheint hier überschritten. Eine strengere Auffassung, auf die sich die Vertragspraxis einrichten muß, verlangt deshalb eine Ausrichtung auf den *Preis des individuellen Grundstücks* (DÜRKES [9. Aufl] D 272). Sieht man die Baukostenindexklausel als genehmigungsbedürftig an, so wird sie idR nichtig sein, weil eine Genehmigung nach Nr 3 c der Genehmigungsgrundsätze nicht erteilt wird. Klauseln, nach denen der Kaufpreis mit einer bestimmten *Gehaltsgruppe* steigt, sind grundsätzlich *unzulässig* (BGHZ 14, 306; BGH und OLG Braunschweig BB 1954, 976; DÜRKES [8. Aufl] C 54 c; [9. Aufl] D 151). Zulässig und gebräuchlich sind *Leistungsbestimmungsvorbehalte,* zB die Anpassung durch einen Sachverständigen (BGH Betrieb 1967, 2158 = WM 1967, 1248). Über das *Ertragswertverfahren und Sachwertverfahren bei der Wertermittlung* vgl MITTELBACH Rz 140 mit Hinweis auf BGH Betrieb 1970, 1684; s auch BGH Betrieb 1980, 1685, 1686. Ratschläge für die Vertragsgestaltung erteilt MITTELBACH Rz 137 ff. Ein *Mietvertrag mit Ankaufsrecht* kann ein aufschiebend bedingter Kauf sein. Ein Leistungsbestimmungsvorbehalt, der die *Entwicklung der Grundstückspreise* berücksichtigt, ist hierbei zulässig (BGH BB 1978, 731 = NJW 1978, 1371 = WM 1978, 794 dazu jetzt näher DÜRKES [9. Aufl] D 91). Besondere Bedeutung hat bei diesen Geschäften der **Kauf auf Rentenbasis** (eingehend BILDA Rz 234; DÜRKES [9. Aufl] D 370 ff, H 124 ff; HAEGELE, Geschäfts- und Grundstücksveräußerung auf Rentenbasis [2. Aufl 1971]; STAUDINGER-KOEHLER § 433 Rz 26). Die allgemeinen Grundsätze über die Genehmigungsbedürftigkeit gelten auch hier (BGH Betrieb 1972, 2206 f = WM 1972, 1279, 1280). Die Wertsicherung des Kaufpreises durch Spannungsklauseln muß nach hM am Grundstück ausgerichtet sein. Eine solche Wertsicherung der Rente ist genehmigungsfrei. Nach BGH LM Nr 38 zu § 3 WährG = BB 1979, 1259 = NJW 1979, 1888 = WM 1979, 894 liegt eine genehmigungsfreie „Spannungsklausel" vor, wenn der verrentete Kaufpreis am Ertragswert ausgerichtet ist (s auch DÜRKES [9. Aufl] D 43). Wie sich aus Vorbem D 233 ergibt, sind auch Gewinnbeteiligungsklauseln, Ertragsklauseln und Umsatzklauseln genehmigungsfrei. Dient die Rente Unterhaltszwecken, so besteht ein praktisches Bedürfnis dafür, die Rente als solche – unabhängig vom Wert der Kaufsache – wertbeständig zu machen (vgl als Beispiele BGH BB 1971, 147 = Betrieb 1970, 2365; Betrieb 1972, 1526 = WM 1972, 700). Nach hM ist aber die *Dynamisierung der Kaufpreisrente etwa nach einem (Ruhe-)Gehalt oder dem Lebenshaltungsindex* genehmigungsbedürftig, allerdings nach näherer Maßgabe der bei Vorbem D 208 mitgeteilten Richtlinien auch genehmigungsfähig (vgl Nr 3 a, b der Genehmigungsgrundsätze; BGHZ 14, 306, 312 = NJW 1954, 1684, 1685; OLG Braunschweig BB 1954, 976; LG Wuppertal MDR 1955, 417; DÜRKES [8. Aufl] C 41 a ff, D 152 ff, D 171 ff; [9. Aufl] D 59 ff, D 273 ff, H 124 ff). Die Genehmigungsbedürftigkeit soll sich daraus ergeben, daß die verrentete Kaufpreisforderung ihren Kaufpreischarakter behalte. Nach richtiger Auffassung kann der vereinbarte Versorgungszweck die Dynamisierung rechtfertigen, dies allerdings nur unter engen Voraussetzungen (Vorbem D 237; wenn eine Mindestklausel hinzutritt, Vorbem D 257). Die vertragsgestaltende Praxis weicht auf genehmigungsfreie Leistungsbestimmungsvorbehalte aus (vgl als Klauselbeispiel BGH Betrieb 1972, 1526 = WM 1972, 700). Seltener, aber nach Maßgabe von Vorbem D 223 ff zulässig, ist die Vereinbarung von Sachschulden anstelle des Kaufpreises. Nach hM ist die Vereinbarung, daß der Verkäufer statt Zahlung des Kaufpreises die Lieferung einer genau bestimmten Menge Roggen verlangen kann, genehmigungsfrei (BGH BB 1962, 815 = Betrieb 1962, 1042 = NJW 1962, 1568 = WM 1962, 820; OLG Schleswig BB 1957, 903). Es kann dann aber eine verdeckte Geldwertschuld vorliegen (Vorbem D 230, D 232). Neben diesen Regelungen kommen zahlreiche *Wertsicherungssurrogate* in Betracht, zB die ratenweise Auflassung von Bruchteilen oder Teilflächen, die Begründung von Miteigentum etc (DÜRKES [9. Aufl] D 276 ff). Solche Wertsicherungssurrogate sind keine unzulässigen Umgehungen des § 3 S 2 WährG (Vorbem D 230 ff).

D 264 f) **Liefervertrag, Werklieferungsvertrag und Werkvertrag** werfen weitgehend einheitliche Probleme auf. Zur Anpassung des Preises bei langfristigen Lieferverträgen vgl zunächst den Überblick bei KUNTH BB 1978, 178 sowie oben Vorbem D 168, 244. Eine zulässige Spannungsklausel ist die Bezugnahme auf den Marktpreis (im Ergebnis ebenso MITTELBACH Rz 133 ff; EICHLER BB 1971, 457 ff). Währungsrechtlich zulässig sind *Listenpreisklauseln* (vgl statt vieler DÜRKES [9. Aufl] D 73; NIES 28). Es wird etwa in einem Bierlieferungsvertrag Lieferung zu Tagespreisen vereinbart (zur Problematik des § 34 GWB vgl Vorbem D 168) oder es wird bei langen Lieferfristen der Verkauf eines Automobils oder eines technischen Geräts zu Listenpreisen vereinbart (MITTELBACH Rz 110, 113). Zur Vereinbarkeit mit der Preisangabenverordnung vgl Vorbem D 259. Die *Problematik der Listenpreisklauseln, insbes Tagespreisklauseln in AGB* ist bei Vorbem D 168 dargestellt und von der hier erörterten Frage des § 3 S 2 WährG zu unterscheiden. Der *Äquivalenzgedanke* rechtfertigt auch hier genehmigungsfreie Wertsicherungsklauseln. *Produkte gleicher Art* können zum Maßstab einer genehmigungsfreien Spannungsklausel gemacht werden (BGH BB 1977, 1574, Fernwärme; einschränkend WILLMS-WAHLIG BB 1978, 974). Bei langfristigen Kaufverträgen können sich *genehmigungsfreie Leistungsbestimmungsvorbehalte* empfehlen, zB für den Fall einer bestimmten Veränderung des Lebenshaltungskostenindex (vgl BGH BB 1964, 1452 = Betrieb 1964, 1807 = WM 1964, 1325). Genehmigungsfrei ist nach Vorbem D 253 auch die Kaufpreisbestimmung durch Schiedsgutachter (BGH Betrieb 1967, 2158 = WM 1967, 1248).

D 265 *Preisvorbehalte,* die auf die Gestehungskosten Bezug nehmen (Vorbem D 244), berechtigen idR nur zur Preisanhebung bei steigenden, nicht auch zur Preisherabsetzung bei sinkenden Gestehungskosten (BGH BB 1953, 925 f). Nach Vorbem D 233 sind bei gestundeten Kaufpreisforderungen Umsatz- und Ertragsklauseln zulässig. Eine *Gewinnklausel,* wonach der Käufer periodische Zahlungen aus dem Erlös der gekauften Waren oder Wertpapiere, mindestens aber einen vereinbarten Festbetrag zu zahlen hat, stellt keine versteckte Gleitklausel und keine Umgehung des § 3 WährG dar (vgl in dieser Richtung BGH BB 1956, 936 = NJW 1957, 347 = WM 1956, 1330). Vgl auch Vorbem D 232.

D 266 *Kostenklauseln* und *Kostenelementklauseln* sind vor allem für langfristige Lieferverhältnisse typisch (dazu Vorbem D 244; WOLF ZIP 1981, 240). Verbreitet sind sie außerdem bei langfristigen Werkverträgen, insbes im Hoch- und Tiefbau (vgl OLG Hamm BB 1975, 489, 490; MITTELBACH Rz 152). Zur **Wertsicherung im Energierecht** vgl eingehend MALZER, Das Recht der Energielieferungsverträge (1976) 127 ff; SALINGER-BROCKE, Preisänderungsklauseln in Erdgaslieferverträgen, Heft 35 der Veröffentlichungen des Instituts für Energierecht an der Universität zu Köln (1974); EBEL, Preisänderungsklauseln in Stromlieferungsverträgen für Sonderabnehmer nach Aufhebung des Preisstops von 1936, Betrieb 1982, 2607. Die Frage der Wertsicherung spielt bei der Energielieferung nur im Bereich der Sonderabnahmeverträge eine Rolle; die Preise für Tarifkunden unterliegen öffentlich-rechtlichen Sonderregungen (vgl etwa die Verordnung über allgemeine Tarife für die Versorgung mit Elektrizität vom 26. 11. 1971, BGBl I S 1865, zuletzt geändert durch Verordnung vom 30. 1. 1980, BGBl I 122). Zur Auslegung von Wertsicherungsklauseln im Energierecht s BGH BB 1979, 1214 = WM 1979, 1389. Bei der Energielieferung spielen Kostenklauseln und Kostenelementklauseln eine besondere Rolle (Vorbem D 244). Üblich ist die Bindung an den Preis eines wichtigen Rohstoffs (DÜRKES [9. Aufl] D 80, 85, 90 ff; MITTELBACH Rz 132), wobei automatisch wirkende Klauseln bevorzugt werden, da Leistungsbestimmungsvorbehalte eine Vielzahl von

Vertragsverhandlungen erforderlich machen würden. Genehmigungsfrei ist bei *Gaspreisen* zB die Bindung an den Jahresdurchschnittspreis für schweres Heizöl und an den Lohn (BGH BB 1979, 1214; dazu auch Dürkes [9. Aufl] D 101 ff; Mittelbach Rz 150 a), bei *Fernwärmeverträgen* die Bindung an den Preis der Kohle oder des Heizöls etc (OLG Stuttgart, mitgeteilt bei Dürkes BB 1979, 811; Mittelbach Rz 131). *Fernwärme* kann nach Lieferpreisen berechnet werden, die sich mit den Kohlepreisen und Löhnen verändern (vgl die bei Mittelbach Rz 153 wiedergegebene Formel). In währungsrechtlicher Hinsicht ist auch die Anpassung der Fernwärmepreise an Preise eines anderen Energieversorgungsunternehmens zulässig (BGH BB 1977, 1574; dazu Mittelbach Rz 164; krit Willms-Wahlig BB 1978, 974). Bei allen in Frage kommenden Preisänderungsklauseln hängt nach Vorbem D 244 die Genehmigungsfreiheit wesentlich davon ab, daß die Klausel im Rahmen zulässiger Pauschalierung lediglich Mehrkosten abwälzt. Für *Stromversorgungspreise* galt bis 1982 die VO PR Nr 18/52 über Preise für elektrischen Strom, Gas und Wasser v 26. 3. 1952 (BAnz Nr 62 v 28. 3. 1952; vgl dazu auch BGH BB 1979, 1213 = WM 1979, 1097). Danach durften im Sonderabnehmerbereich Preisänderungsklauseln in Verträgen mit einer Laufzeit von mindestens sechs Monaten vereinbart und angewandt werden, sofern sie die Preise für elektrischen Strom von Änderungen der Kohlepreise (und der Löhne) abhängig machten und nicht nur zugunsten einer Vertragspartei wirkten. Diese Klauseln bedurften als Kostenelementklauseln nicht auch noch der Genehmigung nach § 3 S 2 WährG (BGH aaO; vgl auch Vorbem D 244). Die VO wurde aufgehoben durch die Zweite PreisfreigabeVO PR Nr 1/82 v 12. 5. 1982 (BGBl I 617). Die Maßstäbe für die Zulässigkeit der Klauseln ergeben sich nunmehr nur noch aus §§ 3 WährG, 9 AGBG, 103, 104 GWB (eingehend Ebel aaO). Für § 3 S 2 WährG bleibt es bei dem Standpunkt des BGH: Kostenelementklauseln in Sonderabnehmerverträgen sind genehmigungsfrei (eingehend Ebel Betrieb 1982, 2609). Für § 9 AGBG gilt, daß Preisänderungsklauseln in Allgemeinen Geschäftsbedingungen dann vor dem AGBG Bestand haben, wenn sie vom Gebot eines angemessenen Interessenausgleichs beherrscht sind und nach Zeitpunkt und Ausmaß der Preiserhöhung hinreichend bestimmt sind (eingehend Ebel Betrieb 1982, 2607 f). Zur kartellbehördlichen Aufsicht nach §§ 103, 104 GWB vgl Jürgen F Baur, in: Ordnungspolitische Überlegungen zur leitungsgebundenen Energieversorgung, RTW-Schriftenreihe 15 (1977) 75 ff; Lukes, Preisvergleich und Strukturvergleich bei der Mißbrauchsaufsicht nach §§ 103, 104 GWB (1977); Klaue in Immenga-Mestmäcker, GWB (1981), Vorbem 14 ff zu § 103 und § 103 Rz 47 ff.

g) Kredite sind der Wertsicherung nur beschränkt zugänglich. Die DBB bringt in Nr 1 a der Genehmigungsrichtlinien (Vorbem D 208) zum Ausdruck, daß Wertsicherungen des Geld- und Kapitalverkehrs *grundsätzlich nicht genehmigt* werden (eingehend Dürkes [8. Aufl] C 19 ff; [9. Aufl] D 480 ff; C 60 ff; Mittelbach Rz 233, 331 ff; Willms-Wahlig BB 1978, 976). Das Hauptaugenmerk hat deshalb der Frage zu gelten, welche Vereinbarungen *genehmigungsfrei* sind. Vgl insofern zunächst Vorbem D 263 zum verrenteten Kaufpreis (er fällt nach Dürkes [9. Aufl] C 61 nicht in die Kategorie des Geld- und Kapitalverkehrs iS der Genehmigungsgrundsätze). Das in der Praxis seltene *Sachdarlehn* begründet nach § 607 Abs 1 eine Gattungsschuld und keine Geldschuld. Seine Vereinbarung ist genehmigungsfrei. Die *Vereinbarung einer Sachschuld* als Rückgewähranspruch wegen eines Gelddarlehns kann dagegen eine unzulässige Umgehung des § 3 S 2 WährG darstellen (vgl dazu auch Vorbem D 230 ff). Das ist insbes der Fall, wenn eine verdeckte Geldwertschuld vorliegt. **D 267**

Die Abrede, daß der Gläubiger berechtigt sein soll, statt der hingegebenen Darlehnssumme die Zahlung eines dem *Preis oder Wert einer bestimmten Ware* entsprechenden Geldbetrages zu verlangen, stellt eine Wertsicherungsklausel dar **D 268** und fällt unter § 3 S 2 WährG (BGH BB 1959, 1006 = Betrieb 1959, 1108 = WM 1959, 1198). Der *Wiederbeschaffungswert bestimmter Waren* kann nach BGH BB 1963, 247, 248 = Betrieb 1963, 448 = WM 1963, 315 den Rückzahlungsanspruch des Darlehnsgebers bestimmen (zweifelnd Mittelbach Rz 157). Der BGH und Mittelbach Rz 156 bezeichnen dies als eine Spannungsklausel (zweifelhaft; zur Einordnung als vereinbarte Geldwertschuld vgl Vorbem D 237). Die Besonderheit des BGH-Falls liegt darin, daß die Darlehnsgeberin dem Darlehnsnehmer den Erlös der Aktien zur Verfügung gestellt und sich Rückzahlung in Höhe des Wiederbeschaffungswerts ausbedungen hatte. Da der Darlehnsgeber dem Darlehnsnehmer auch die Wertpapiere genehmigungsfrei als Sachdarlehn hätte zur Verfügung stellen und ihn zur Verwertung instand setzen können und da die vereinbarte Forderung wirtschaftlich auf einen Aufwendungsersatz hinausläuft, ist in der Tat diese Geldwertschuld als genehmigungsfrei anzusehen. Dasselbe muß gelten, wenn der Darlehnsgeber lediglich den Erwerb bestimmter Papiere oder Devisen unterlassen hat (Vorbem D 237). Umgehungen des § 3 S 2 WährG, die auf diese Weise möglich sind, können nach Vorbem D 199, D 203, D 230 ff hingenommen werden, sofern nicht eine Mindestklausel hinzutritt (vgl Vorbem D 232, D 237, D 257). Allerdings ist diese Folgerung nicht zweifelsfrei, denn auf diese Weise ließen sich auch genehmigungsfreie Goldklauseln begründen, obwohl Goldklauseln nach Nr 2 b der Genehmigungsgrundsätze der DBB nicht einmal genehmigungsfähig sind. Auch hier sind jedoch angesichts des schwankenden Goldpreises Mißbräuche nicht zu befürchten, denn die Klausel fällt unter § 3 S 2 WährG, sobald sie mit einer Mindestklausel verbunden ist. Für *Spannungsklauseln* ist beim Darlehen praktisch kein Raum. *Leistungsbestimmungsvorbehalte* sind bei einem nominell zurückzahlbaren Darlehn naturgemäß ungebräuchlich; ihre Vereinbarung wäre auch unter dem Gesichtspunkt des § 138 bedenklich. Die Äquivalenzbeziehung sollte beim verzinslichen Darlehn über den Zins hergestellt werden. Über gleitende Zinssätze vgl § 246 Rz 69. Dürkes (8. Aufl F 127; 9. Aufl H 176) empfiehlt die Verknüpfung der Darlehnszinsen mit einer wertgesicherten Leibrente, die allerdings genehmigungsbedürftig sei. *Partiarische Darlehnsverhältnisse* sind bedenkenfrei (Vorbem D 233; Dürkes [8. Aufl] D 222; [9. Aufl] D 481; Mittelbach Rz 331).

D 269 **h) Gehalts- und Ruhegeldvereinbarungen** unterliegen in erster Linie arbeitsrechtlichen Regeln, die hier nicht darzustellen sind (eingehend MünchKomm-Söllner § 611 Rz 299 ff, 452 ff). Nach Maßgabe der in Vorbem D 238 ff dargestellten Regeln kann genehmigungsfrei eine *Spannungsklausel* vereinbart werden (Vorbem D 147). Dabei kann der *Wertmaßstab* für ein Gehalt einem Ruhegeld entnommen werden und umgekehrt (Vorbem D 243); ebensowenig schadet es, wenn der Wertmaßstab einer fremden Berufsgruppe entnommen wird und wenn dem Empfänger ein Mindesteinkommen zugesichert ist (BGH LM Nr 23 zu § 3 WährG; dort zahlreiche Nachweise; die Entwicklung der Rechtsprechung ist eingehend dargestellt bei Dürkes [8. Aufl] D 4 ff; [9. Aufl] D 5 ff; H 12 ff). Deshalb besteht für *Leistungsbestimmungsvorbehalte* nur ein geringeres Bedürfnis. Genehmigungsfrei sind auch Provisionen, die auf Umsatz- oder Gewinnbeteiligung zielen (Vorbem D 233). Zur Auslegung der Klausel vgl Vorbem D 171 sowie Dürkes (9. Aufl) C 148–188. Über **Tarifverträge** vgl Vorbem D 112.

D 270 **i) Dienstleistungsverträge** (Geschäftsbesorgungsverträge nach § 675) stehen zwar nicht dem Vertragstypus nach, wohl aber hinsichtlich der Technik der Wertsicherung den Miet- und Pachtverhältnissen näher als den Gehaltsvereinbarungen. Da für *Spannungsklauseln* meist geeignete Maßstäbe fehlen, bietet sich für genehmigungsfreie Wertsicherung in erster Linie die Technik des Leistungsbestimmungsvorbehalts an. Im technischen Bereich sind Kostenelementklauseln gebräuchlich, zB Bezugnahme auf Lohnkosten; zur Genehmigungsfreiheit solcher Klauseln vgl Vorbem D 244.

k) Für **Miete und Pacht** gelten im Ausgangspunkt keine Besonderheiten. Über Wertsicherungsklauseln in Mietverträgen vgl eingehend Dürkes (9. Aufl) D 380 ff, H 158 ff; Emmerich-Sonnenschein, Mietrecht (2. Aufl 1981) Vorbem 157 zu §§ 535, 536; §§ 535, 536 Rz 110; § 1 MHRG Rz 17; § 10 MHRG Rz 11; Staudinger-Pikalo Anh § 597 Rz 58–63. Allgemein über langfristige Nutzungsverträge Rasch BB 1971, 753. Zur Auslegung von Wertsicherungsklauseln in Miet- und Pachtverträgen vgl BGH LM Nr 12 (A) zu § 133 = BB 1970, 1323 = MDR 1971, 36 = NJW 1970, 2103; WM 1979, 784, 786; 1979, 1308; KG NJW 1970, 951). Zur Genehmigungspraxis vgl eingehend Dürkes (9. Aufl) C 65 ff. Da die bei Vorbem D 208 wiedergegebenen Genehmigungsgrundsätze unter Nr 1 b eine Genehmigung nur bei langfristigen Verträgen vorsehen, steht die Frage im Vordergrund, welche Klauseln genehmigungsfrei sind. D 271

aa) **Klauselbeispiele** können nur ohne Anspruch auf Vollständigkeit wiedergegeben werden. Automatisch wirkende *Indexklauseln* sind genehmigungsbedürftig und grundsätzlich nicht genehmigungsfähig (BGHZ 63, 132, 134 = NJW 1975, 44, 45 mAnm Braxmaier LM Nr 26 zu § 3 WährG; BGH BB 1977, 718, 719 = NJW 1977. 1394 = WM 1977, 643, 645). Das gilt nach Nr 3 c der Genehmigungsgrundsätze vor allem auch für den Baukostenindex (Dürkes [9. Aufl] C 122, D 388). Notfalls bedarf es hier der ergänzenden Vertragsauslegung oder der Vertragsanpassung, zB in dem Sinne, daß ein Leistungsbestimmungsvorbehalt vereinbart ist. Keine währungsrechtlichen Bedenken bestehen im übrigen dagegen, daß eine bestimmte Erhöhung des Baukostenindex zu einem außerordentlichen Kündigungsgrund erklärt wird (Dürkes [9. Aufl] D 401). Außer bei Wohnungsmietverträgen (Vorbem D 273) ist eine solche Kündigungsklausel mithin zulässig. Die Vereinbarung von *Naturalleistungen* als Miet- oder Pachtzins ist währungsrechtlich zulässig (vgl Vorbem D 224; aM OLG Köln NJW 1951, 363 m abl Anm Rötelmann). Nicht selten wird deshalb die Teilhabe des Vermieters oder Verpächters am Ertrag in Gestalt einer Sachschuld vereinbart (vgl zB über Kinokarten statt Geld BGH BB 1963, 610 = WM 1963, 92; OLG Hamm WM 1971, 1190; vgl Vorbem D 231 f). Pachtrechtliche Beschränkungen solcher Naturalleistungsvereinbarungen enthält § 6 Abs 3 des PachtG v 25. 6. 1952 (BGBl I 343; de lege ferenda außer Kraft gesetzt durch Art 6 des Entwurfs eines Gesetzes zur Neuordnung des landwirtschaftlichen Pachtrechts BT-Drucks 8/141; zuletzt BR-Drucks 224/82; zur Reform insgesamt vgl Staudinger-Pikalo Anh § 597 Rz 16 f, 58). Handelt es sich nicht um Leistungen aus dem Miet- oder Pachtgegenstand und soll der Vermieter oder Verpächter die Naturalleistungen nicht selbst verwenden, so kann ein Umgehungsfall vorliegen (Vorbem D 232). *Umsatzklauseln* und *Gewinnbeteiligungsklauseln* sind genehmigungsfrei (Dürkes [9. Aufl] D 251 ff). Unproblematisch ist zunächst die partiarische Pacht (vgl Vorbem D 233). Ist die partiarische Pachtregelung mit einem Leistungsbestimmungsvorbehalt versehen, so ist auch dieser zulässig (vgl dazu OLG Hamm WM 1971, 1190). *Lasten des Vermieters* können durch *Spannungsklauseln* umgelegt werden (BGH BB 1958, 1220 = Betrieb 1958, 1391). Als *Spannungsklauseln* (Vorbem D 238 ff) sind nach dem Äquivalenzgedanken Klauseln genehmigungsfrei, die – auch automatisch! – dafür sorgen, daß der Vermieter erhöhte *Belastungen,* die durch eine Anhebung des Zinssatzes der auf dem Mietgrundstück ruhenden Hypotheken oder Grundschulden oder durch Erhöhung der öffentlichen Abgaben eintreten, durch eine entsprechende Erhöhung des Mietzinses weitergeben darf (vgl BGH BB 1958, 1220 = Betrieb 1958, 1391; zur Abgrenzung vgl BGH LM Nr 20/21 zu § 3 WährG = BB 1973, 998 = MDR 1973, 927 = NJW 1973, 1498 = WM 1973, 905). Anders, wenn die Bezugnahme auf den Hypothekenzins nicht der Anpassung des Preises an die konkreten Lasten dient, D 272 sondern als Wertmesser für einen gleitenden Mietzins gewählt ist (BGH LM Nr 20/21 zu § 3 WährG = aaO). Eine solche Wertsicherungsklausel ist genehmigungsbedürftig und nach Nr 2 a der Genehmigungsgrundsätze der DBB von 1978 (Vorbem D 208) nicht genehmigungsfähig (vgl auch BGH LM Nr 20/21 zu § 3 WährG unter II 4). Eine genehmigungsfreie Spannungsklausel liegt bei Miet- und Pachtverträgen, ebenso wie bei Erbbauverträgen, immer dann vor, wenn Wertmesser für den Miet- oder Pachtzins die Höhe der *Einnahmen aus Untervermietung oder Unterverpachtung* ist (BGH LM Nr 29 zu § 3 WährG = BB 1976, 59 = NJW 1976, 422 = WM 1976, 33). Dient der Miet- oder Pachtzins *Unterhaltszwecken,* so sollte auch die Anpassung an ein vereinbartes Gehalt als genehmigungsfrei anerkannt werden (Dürkes [9. Aufl] D 408). Die Voraussetzungen ergeben sich sinngemäß aus Vorbem D 237 und 261. Im Hinblick auf die unsichere Rechtslage empfiehlt sich allerdings eine besondere Leibrentenvereinbarung. In Mietverträgen und Wartungsverträgen über *EDV-Anlagen, Telefonanlagen* uä finden sich genehmigungsfreie *Kostenklauseln* (Wolf ZIP 1981, 240). Die reine Kostenüberwälzung ist genehmigungsfrei, gleich, ob sie automatisch oder kraft Leistungsbestimmungsvorbehalts erfolgt. *Leistungsbestimmungsvorbehalte* sind auch hier genehmigungsfrei (Vorbem D 246 ff). Ein Leistungsbestimmungsvorbehalt liegt zB vor, wenn der Vermieter (Verpächter) den Mietzins (Pachtzins) bei einem langfristigen Vertrag in bestimmten Abständen (zB jeweils am Jahresanfang) oder bei einer bestimmten Veränderung der Lebenshaltungskosten nach billigem Ermessen neu festsetzen soll (BGH BB 1962, 737 = NJW 1962, 1393 = WM 1962, 772; BB 1964, 944; BB 1967, 735 = WM 1967, 515; BB 1968, 646; Dürkes [9. Aufl] B 55 f; Mittelbach Rz 110). Über *Mietverträge mit Baukostenzuschuß* vgl BGH WM 1976, 154; 1978, 1356 = BB 1978, 1749. *„Angemessener Mietzins“* iS einer Wertsicherungsklausel ist idR der im Zeitpunkt der Neufestsetzung angemessene, dh regelmäßig der zu diesem Zeitpunkt orts- und marktübliche Mietzins (BGH BB 1975, 898 = NJW 1975, 1557 = WM 1975, 772).

D 273 **bb)** Ein **Sonderproblem** entsteht **bei Mietverhältnissen über Wohnraum.** Grundlage ist das als Art 3 des Zweiten Wohnraumkündigungsschutzgesetzes erlassene Gesetz zur Regelung der Miethöhe (MHRG). Hier sind nach § 10 MHRG Mietgleitklauseln und sonstige Wertsicherungsklauseln – auch wenn sie als Spannungsklauseln oder Leistungsbestimmungsvorbehalte nach § 3 WährG unbedenklich wären – unzulässig, soweit sie den Mieter zu Mieterhöhungen verpflichten, die dem Umfang oder dem Verfahren nach nicht dem MHRG entsprechen (Begr RegE zu Art 3 § 8 Abs 1 MHRG BT-Drucks 7/2011 S 14; MünchKomm-Voelskow Anh zu § 654 b § 10 MHRG Rz 6; Emmerich-Sonnenschein [Vorbem D 271] § 10 MHRG Rz 11; Barthelmess, Zweites Wohnraumkündigungsschutzgesetz und Miethöhegesetz [1976] § 10 MHRG Rz 12). Das gilt nach hM auch dann, wenn die Anpassungsklausel für den Fall einer Verlängerung des Mietverhältnisses gelten soll (Schmidt-Futterer, Wohnraumschutzgesetze [2. Aufl 1976] C 412; aM Schopp ZMR 1975, 101). Ausgenommen sind, soweit nicht eine Wertsicherungsvereinbarung aus anderen Gründen ausgeschlossen ist, die in § 10 Abs 3 MHRG genannten Mietverhältnisse (bis 1982 Abs 2 ohne die neue Nr 4). Neu eingeführt wurde nach Drucklegung das Prinzip der sog *Staffelmiete.* Das G zur Erhöhung des Angebots an Mietwohnungen v 20. 12. 1982 (BGBl I 1912), dessen weiteres Schicksal vom Ausgang bevorstehender Bundestagswahlen abhängen dürfte, fügte in § 10 MHRG zwischen den bisherigen Abs 1 und 2 (jetzt Abs 3) folgenden neuen § 10 Abs 2 MHRG ein:

„(2) Abweichend von Absatz 1 kann der Mietzins für bestimmte Zeiträume in unterschiedlicher Höhe schriftlich vereinbart werden. Die Vereinbarung eines gestaffelten Mietzinses darf nur einen Zeitraum bis zu jeweils zehn Jahren umfassen. Während dieser Zeit ist eine Erhöhung des Mietzinses nach den §§ 2, 3 und 5 ausgeschlossen. Der Mietzins muß jeweils mindestens ein Jahr unverändert bleiben und betragsmäßig ausgewiesen sein. Eine Beschränkung des Kündigungsrechts des Mieters ist unwirksam, soweit sie sich auf einen Zeitraum von mehr als vier Jahren seit Abschluß der Vereinbarung erstreckt."

Wird eine *Genehmigung nach § 3 WährG* beantragt, so kann die DBB die Genehmigung unter Berufung auf § 10 MHRG versagen (zu dieser Anpassung der Genehmigungspraxis an das MHRG vgl VG Frankfurt ZMR 1977, 151; vgl auch BGH NJW 1977, 1394; Dürkes [9. Aufl] D 384; Emmerich-Sonnenschein [Vorbem D 271] § 10 MHRG Rz 11). Wie sich aus dem bei Vorbem 208 Fn 1 mitgeteilten Hinweis der DBB ergibt, genehmigt die DBB seit dem 1. 1. 1975 keine Wertsicherungsklauseln mehr, auf welche das MHRG Anwendung findet. Bei befristeten Mietverhältnissen hat jedoch die Mietanpassungsklausel die Wirkung, daß das Mietverhältnis nicht als solches mit festem Mietzins anzusehen ist (Barthelmess, Zweites Wohnraumkündigungsschutzgesetz und Miethöhegesetz [1976] § 10 MHRG Rz 13; MünchKomm-Voelskow Anh zu § 564 b § 10 MHRG Rz 6). Zur umstrittenen Frage der *Staffelmiete* vgl Emmerich-Sonnenschein aaO Rz 12. D 274

Soweit aufgrund eines Leistungsbestimmungsvorbehalts bereits vor dem Gesetz über den Kündigungsschutz für Mietverhältnisse über Wohnraum v 18. 12. 1974 (BGBl I 3603) ein Mieterhöhungsanspruch entstanden war, stehen die Vorschriften dieses Gesetzes der Mieterhöhung nicht entgegen (BGH LM Nr 32 zu § 3 WährG = BB 1977, 315 und 619 = MDR 1977, 572 = WM 1977, 418; Emmerich-Sonnenschein aaO Rz 11). Neue Erhöhungsansprüche aus Verträgen von 1974 und davor können nicht mehr entstehen, denn mit dem 1. 1. 1975 haben alle mit dem MHRG unvereinbaren Wertsicherungsklauseln ihre Wirksamkeit verloren (Dürkes [9. Aufl] D 384; Löwe NJW 1975, 12). Für die Zeit zwischen dem Ersten Wohnraumkündigungsschutzgesetz v 25. 11. 1971 und dem 31. 12. 1974 war dies str (vgl Dürkes [9. Aufl] D 384 Fn 179; eingehend Schmidt-Futterer ZRP 1974, 153). D 275

l) In **Zeitcharterverträgen** sind Klauseln üblich, die zB lauten: „It is mutually agreed that the monthly hire-money due under clause ... is based upon the mean of the present ... selling and buying rate of the US Dollar ... Should this mean rate fluctuate it is understood and agreed that the sterling hire payments shall be adjusted upwards and downwards and that the amount actually payable ... shall be the hire calculated at the agreed rate ... multiplied by ... and divided by the new mean rate in force on the due date of payment." Dies ist eine Variante der Valutawertschuld. Ist am Vertrag ein Gebietsfremder beteiligt, so ist die Klausel nach der hier vertretenen Auffassung nicht nach § 3 S 2 WährG genehmigungsbedürftig. Üblich sind daneben Preisänderungsklauseln wie zB: „The rate of hire agreed in this charter is based upon the level of owner's monthly operating expenses at the date of this charter ... By the end of every year of the charter period the average monthly expenses for the preceding year shall be compared with the basic statement attached hereto. Any difference exceeding 5 per cent to be multiplied by 12 and regulated in connection with the next hire payment ..." Dies ist ein Leistungsbestimmungsvorbehalt (vgl zu diesen Fragen demnächst Mohamed Idwan Ganie, Zeitfrachtzahlung und Zurückziehungsrecht ... Diss Hamburg 1983). D 276

m) Beim **Erbbauzins** ist, wie auch die Rechtsprechung zur Geschäftsgrundlage zeigt (Vorbem D 132), eine Wertsicherung besonders unentbehrlich. Die neuere Rechtsentwicklung hat zu einer *Komplizierung der Probleme* geführt (vgl im einzelnen Dürkes [9. Aufl] D 281 ff, H 58 ff, H 139 ff; ders BB 1980, 1610): Bis 1969 unterlag das Erbbaurecht keinen Besonderheiten. Das unverhältnismäßige Ansteigen der Grundstückspreise führte zur Änderung der Genehmigungsrichtlinien v 9. 9. 1969 (Mitt der DBB Nr 1006/69, BAnz Nr 169 S 3 v 9. 9. 1969; vgl dazu Dürkes [8. Aufl] D 60 ff; [9. Aufl] D 282; ders BB 1980, 1610). Die Koppelung an Grundstückspreise im Wege des Leistungsbestimmungsvorbehalts blieb zunächst zulässig. Heute gelten D 277 die bei Vorbem D 208 wiedergegebenen *Genehmigungsgrundsätze*. Eine wesentliche Verschärfung brachte die Einführung von **§ 9 a ErbbauVO** durch Gesetz v 8. 1. 1974 (BGBl I 41) mit sich:

D 278 „§ 9 a (1) Dient das auf Grund eines Erbbaurechts errichtete Bauwerk Wohnzwecken, so begründet eine Vereinbarung, daß eine Änderung des Erbbauzinses verlangt werden kann, einen Anspruch auf Erhöhung des Erbbauzinses nur, soweit diese unter Berücksichtigung aller Umstände des Einzelfalles nicht unbillig ist. Ein Erhöhungsanspruch ist regelmäßig als unbillig anzusehen, wenn und soweit die nach der vereinbarten Bemessungsgrundlage zu errechnende Erhöhung über die seit Vertragsabschluß eingetretene Änderung der allgemeinen wirtschaftlichen Verhältnisse hinausgeht. Änderungen der Grundstückswertverhältnisse bleiben außer den in Satz 4 genannten Fällen außer Betracht. Im Einzelfall kann bei Berücksichtigung aller Umstände, insbesondere

1. einer Änderung des Grundstückswertes infolge eigener zulässigerweise bewirkter Aufwendungen des Grundstückseigentümers oder
2. der Vorteile, welche eine Änderung des Grundstückswertes oder die ihr zugrunde liegenden Umstände für den Erbbauberechtigten mit sich bringen,

ein über diese Grenze hinausgehender Erhöhungsanspruch billig sein. Ein Anspruch auf Erhöhung des Erbbauzinses darf frühestens nach Ablauf von drei Jahren seit Vertragsabschluß und, wenn eine Erhöhung des Erbbauzinses bereits erfolgt ist, frühestens nach Ablauf von drei Jahren seit der jeweils letzten Erhöhung des Erbbauzinses geltend gemacht werden.

(2) Dient ein Teil des auf Grund des Erbbaurechts errichteten Bauwerks Wohnzwecken, so gilt Absatz 1 nur für den Anspruch auf Änderung eines angemessenen Teilbetrages des Erbbauzinses.

(3) Die Zulässigkeit einer Vormerkung zur Sicherung eines Anspruchs auf Erhöhung des Erbbauzinses wird durch die vorstehenden Vorschriften nicht berührt."

Eine **Übergangsregelung** enthält Art 2 des Gesetzes v 8. 1. 1974 (BGBl I 41):

„Art. 2. (1) Für nach dem Inkrafttreten dieses Gesetzes (23. 1. 1974) fällig werdende Erbbauzinsen ist § 9 a der Verordnung über das Erbbaurecht in der Fassung des Artikels 1 Nr. 1 dieses Gesetzes auch bei Vereinbarungen des dort bezeichneten Inhalts anzuwenden, die vor Inkrafttreten dieses Gesetzes geschlossen worden sind.

(2) Ist der Erbbauzins auf Grund einer solchen Vereinbarung vor dem Inkrafttreten dieses Gesetzes erhöht worden, so behält es hierbei sein Bewenden. Der Erbbauberechtigte kann jedoch für die Zukunft eine bei entsprechender Anwendung der in Absatz 1 genannten Vorschrift gerechtfertigte Herabsetzung dann verlangen, wenn das Bestehenbleiben der Erhöhung für ihn angesichts der Umstände des Einzelfalles eine besondere Härte wäre."

Diese Übergangsregelung findet sich erläutert bei Soergel-Baur § 9 a ErbbauVO Rz 15 f; MünchKomm-von Oefele § 9 a ErbbauVO Rz 15 f; Palandt-Bassenge § 9 a ErbbauVO Anm 6; Bokelmann MDR 1974, 634; Dürkes BB 1980, 1612; vgl auch die Nachweise bei Vorbem D 132 aE). Kann eine Erbbauzinserhöhung deshalb nicht in der in der Anpassungsklausel vorgesehenen Höhe, sondern nur nach Maßgabe des § 9 a ErbbauVO verlangt werden, weil infolge Verzugs des Erbbauberechtigten mit der vertraglich geschuldeten Mitwirkung bei der Erhöhung der Erbbauzins nicht schon vor dem Inkrafttreten des Gesetzes im Sinne des Art 2 Abs 2 S 1 dieses Gesetzes erhöht worden ist, so kann in Höhe des Unterschiedsbetrages ein Anspruch des Grundstückseigentümers wegen Verzugsschadens gegeben sein (BGH BB 1978, 581).

D 279 **Schrifttum** (vgl zunächst Vorbem D 158): Alberty, Der Anspruch auf Neufestsetzung des Erbbauzinses und seine Sicherung, Rpfleger 1956, 330; Bilda, Zur Wirkung vertraglicher Anpassungsklauseln, MDR 1973, 537; Brunner, Die Anpassungsfähigkeit des Erbbauzinses . . ., Diss Würzburg 1981; Czerlinsky, Anpassung von Erbbauzinsen an die „wirtschaftlichen Verhältnisse", NJW 1977, 228; Dürkes (9. Aufl) D 281 ff; ders, Die Wertsicherung von Erbbauzinsen, BB 1980, 1609; Giese, Begrenzung der aufgrund von Anpassungsklauseln geforderten Erbbauzinserhöhungen, BB 1974, 583; Götz, Die Beleihbarkeit von Erbbaurechten, DNotZ 1980, 3; Hartmann, Die Begrenzung bestehender und künftiger Erhöhungsmöglichkeiten von Erbbauzinsen auf Grund von Vereinbarungen nebst Formulierungsvorschlägen, Betrieb-Beil 22/1974; ders, Wertsicherung von Erbbauzinsen, NJW 1976, 403; INGENSTAU, ErbbauVO (5. Aufl 1980); NORDALM, Nochmals: Anpassung von Erbbauzinsen an die „wirtschaftlichen Verhältnisse", NJW 1977, 1956; ODENBREIT, Die Billigkeitsregelung des § 9 a ErbbauVO, NJW 1974, 2273; OSTERMEIER, Die Wertsicherung des Erbbauzinses, Diss München 1965; RIPFEL, Variabler Erbbauzins? DNotZ 1958, 455; RÖLL, Zur Sicherung des Anspruchs auf Neufestsetzung des Erbbauzinses durch Eintragung einer Vormerkung, DNotZ 1962, 243; SCHROEDER, Das neue Gesetz zur Änderung der ErbbauVO, JurBüro 1974, 151; SPERLING, Maßstäbe für Erbbauzinserhöhungen, NJW 1979, 1433; WANGEMANN, Die Sicherung des steigenden Erbbauzinses, DNotZ 1959, 174; WEITNAUER, Wertsicherungsklauseln beim Erbbauzins, DNotZ 1957, 295.

aa) Zu den **Grundlagen des Rechts des wertgesicherten Erbbauzinses** gehört die Differenzierung zwischen den verschiedenen rechtlichen Schranken der Wertsicherung und zwischen den verschiedenen für die Betrachtung in Frage kommenden Rechten. D 280

aaa) Drei rechtliche Schranken müssen beim wertgesicherten Erbbauzins beachtet werden, die nach Funktion und Rechtsfolgen sehr unterschiedlich sind: Die *währungsrechtliche Schranke des § 3 WährG* (Vorbem D 283) kann die Wertsicherung insgesamt, dh in schuldrechtlicher wie in sachenrechtlicher Hinsicht, zu Fall bringen. Die *sachenrechtliche Schranke des § 9 ErbbauVO* (Vorbem D 284 ff) betrifft nur den dinglich gesicherten Erbbauzins (die sog Erbbauzinsreallast) und hindert nicht eine Wertsicherung des „schuldrechtlichen Erbbauzinses", mag dieser schuldrechtliche Anspruch unmittelbar auf Zahlung oder als Leistungsbestimmungsvorbehalt auf Anpassung des Erbbauzinses gerichtet sein. Die *Schranke für den Erhöhungsanspruch nach § 9 a ErbbauVO* (Vorbem D 289 ff) betrifft schließlich nicht die Wirksamkeit der Vereinbarung, sondern nur die Ausübung des Rechts aus der Wertsicherungsklausel. D 281

bbb) Drei verschiedene Rechte können von diesen Schranken betroffen sein: der „dingliche Erbbauzins", der „schuldrechtliche Erbbauzins" und ein Anspruch auf Änderung des Erbbauzinses. Da diese Rechte im Einzelfall ineinandergreifen können, ist eine genaue Unterscheidung vonnöten. Rechtsprechung und Literatur lassen diese Genauigkeit vielfach vermissen. Der **dingliche Erbbauzins** ist eine reallastartige Verpflichtung (vgl § 9 Abs 1 ErbbauVO und dazu eingehend STAUDINGER-RING § 9 ErbbauVO Rz 2 ff). Es handelt sich um eine Sonderform der Reallast, die dem zwingenden Recht des § 9 ErbbauVO unterliegt und ausschließlichen Charakter hat (vgl sinngemäß MünchKomm-VON OEFELE § 9 ErbbauVO Rz 7). Es kann insbesondere der schuldrechtliche Erbbauzinsanspruch nicht durch eine normale Reallast nach § 1105 gesichert und § 9 Abs 2 ErbbauVO hierdurch umgangen werden (vgl OSTERMEIER 37: „Reallastverbot für den gleitenden Erbbauzins."). Im Zweifel gilt ein dinglicher Erbbauzins als vereinbart; eine Beschränkung auf den bloß schuldrechtlichen Anspruch ist im Zweifel nicht anzunehmen (MünchKomm-VON OEFELE § 9 ErbbauVO Rz 7; hM). Vom **„schuldrechtlichen Erbbauzins"** wird in unterschiedlichem Sinn gesprochen: teils iS eines dinglich nicht gesicherten Erbbauzinses, teils iS einer Wertsicherungsklausel. Beides sind aber verschiedene Dinge. Eine *klare Terminologie* verdient den Vorzug: Als *„schuldrechtlicher Erbbauzins"* sollte nur die auf Zinszahlung gerichtete *Geldschuld* bezeichnet werden. Da die Eintragung einer Erbbauzinsreallast nicht Voraussetzung des Erbbaurechts ist, können sich die Parteien damit begnügen, den Erbbauberechtigten schuldrechtlich zur Zinszahlung zu verpflichten (allgM). Dieser schuldrechtliche Erbbauzins ist für die Wertsicherung von erheblicher Bedeutung, denn er kann als schuldrechtlicher Zahlungsanspruch Gegenstand einer Wertsicherungsklausel sein, und zwar sogar einer automatisch wirkenden (Gleit-)Klausel, denn § 9 Abs 2 S 1 ErbbauVO gilt für D 282 ihn nicht (Vorbem D 284). Der schuldrechtliche Erbbauzins kann nicht nur an die Stelle des sog dinglichen Erbbauzinses (dh des dinglich gesicherten Erbbauzinsanspruchs) treten, sondern es kann auch neben den sog dinglichen Erbbauzins ein wertgesicherter schuldrechtlicher Erbbauzins treten (MünchKomm-von Oefele Rz 7; Erman-Ronke § 9 ErbbauVO Rz 5). So etwa im Fall BGH LM Nr 6 zu § 9 ErbbauVO = NJW 1970, 944, wo eine Umsatzbeteiligung neben dem eingetragenen Erbbauzins vereinbart war. Von diesem schuldrechtlichen Erbbauzins zu unterscheiden ist ein **Leistungsbestimmungsvorbehalt,** der auf vertragliche Anpassung des (dinglichen oder schuldrechtlichen) Erbbauzinses gerichtet ist. Nur von diesem schuldrechtlichen Anspruch – nicht vom wertgesicherten Zahlungsanspruch – ist etwa die Rede bei Staudinger-Ring § 9 ErbbauVO Rz 20 ff. Die Zulässigkeit einer solchen Wertsicherungsvereinbarung steht seit dem Urteil BGHZ 22, 220 = NJW 1957, 98 und spätestens seit Einführung des § 9 a ErbbauVO außer Frage. Der Leistungsbestimmungsvorbehalt begründet zwar einen schuldrechtlichen Anspruch, aber keinen Zahlungsanspruch. Er hat eine Geldschuld zum Gegenstand, ist aber selbst nicht auf Zahlung, sondern auf Vertragsänderung gerichtet. Er ist nicht Gegenstand der Wertsicherung, sondern Mittel der Wertsicherung. Auch hinsichtlich der dinglichen Sicherung muß genau zwischen dem „schuldrechtlichen Erbbauzins" als einem Zahlungsanspruch und dem Anspruch auf Erhöhung des dinglichen Erbbauzinses unterschieden werden. Der schuldrechtliche Erbbauzins kann als Zahlungsanspruch durch eine Höchstbetragshypothek oder Grundschuld gesichert werden (Ostermeier 47 ff; Huber NJW 1952, 687; es ist ungenau, von einer Sicherung der Anpassungsverpflichtung durch diese Grundpfandrechte zu sprechen; so aber Ingenstau § 9 Rz 47; MünchKomm-von Oefele § 9 ErbbauVO Rz 44; Ripfel DNotZ 1958, 460). Eine umfassendere Sicherung ohne summenmmäßige Begrenzung könnte von einer Reallast nach § 1105 erwartet werden, jedoch ist die Eintragung einer solchen Reallast durch die Spezialregelung des § 9 ErbbauVO ausgeschlossen (vgl oben in dieser Vorbem). Von diesem wertgesicherten Zahlungsanspruch, dem „schuldrechtlichen Erbbauzins", ist der schuldrechtliche Anspruch auf Erhöhung des dinglichen Erbbauzinses zu unterscheiden. Dieser kann nicht als Zahlungsanspruch, sondern nur durch eine Vormerkung gesichert werden (Vorbem D 288). Im Einzelfall können die drei Rechte etwa in folgender **Kombination** zusammentreffen (vgl MünchKomm-von Oefele § 9 ErbbauVO Rz 34): bestimmter dinglicher Erbbauzins; darüberhinaus ein variabler schuldrechtlicher Erbbauzins; daneben ein schuldrechtlicher Anspruch auf Anpassung des dinglichen Erbbauzinses an den schuldrechtlichen Erbbauzins. Bestellt der Grundstückseigentümer ein Erbbaurecht für sich selbst, so kann ein Erhöhungsanspruch vorerst nicht entstehen, weil niemand sein eigener Schuldner sein kann (BGH BB 1982, 641 = JZ 1982, 419 = NJW 1982, 2381 m Anm Kohler JZ 1983, 13). Das *Eigentümer-Erbbaurecht* ist dann also nicht wertgesichert. Erwirbt aber später ein Dritter das Erbbaurecht unter Bezugnahme auf den Vertrag, so kann die zunächst gegenstandslose Wertsicherung als Bestandteil des neuen Vertrags wirksam werden (vgl Dürkes [9. Aufl] D 305 a).

D 283 **bb)** Die **Zulässigkeit der Wertsicherung nach § 3 WährG** folgt allgemeinen Regeln (DBB DNotZ 1982, 329; eingehend Ostermeier 55 ff). Rechtsprechungsnachweise für typische Klauseln finden sich bei Soergel-Baur § 9 ErbbauVO Rz 6 f. Genehmigungsfrei sind Sachschuldvereinbarungen (Vorbem D 224 ff), Spannungsklauseln (Vorbem D 238 ff), Leistungsbestimmungsvorbehalte (Vorbem D 246 ff) und Ertragsklauseln (Vorbem D 233). Keiner Genehmigung bedarf damit die Vereinbarung von *Sachleistungen* – auch in Form der Wahlschuld – als Erbbauzins (OLG Celle DNotZ 1955, 315, 316; LG München DNotZ 1952, 220, 221 f m zust Anm G und D Reinicke; Soergel-Baur § 9 ErbbauVO Rz 18; Palandt-Bassenge § 9 ErbbauVO

Anm 2 a; Dürkes BB 1980, 1610). Zulässig sind *Leistungsbestimmungsvorbehalte* des Inhalts, daß der Erbbauzins in bestimmten Abständen oder bei Eintritt bestimmter Ereignisse neu festgesetzt werden soll, sei es einseitig von einer Partei, sei es einverständlich (BGH BB 1960, 344 = Betrieb 1960, 383 = WM 1960, 437; BB 1968, 930; 1969, 977 = WM 1969, 62, 64; OLG Hamburg BB 1967, 735; Soergel-Baur § 9 ErbbauVO Rz 16; Dürkes [9. Aufl] D 293; ders BB 1980, 1610; eingehend, auch zu Auslegungsfragen, Soergel-Baur § 9 ErbbauVO Rz 6 f mwN). Als Spannungsklauseln zulässig sind Vereinbarungen über die *Abhängigkeit des Erbbauzinses vom Ertrag* aus Vermietung, Verpachtung oder Untererbbaurecht (BGH BB 1970, 418; LM Nr 29 zu § 3 WährG = BB 1976, 59 = NJW 1979, 422 = WM 1979, 33; Dürkes [9. Aufl] D 291; MünchKomm-von Oefele § 9 ErbbauVO Rz 39; Soergel-Baur § 9 ErbbauVO Rz 17; Palandt-Bassenge § 9 ErbbauVO Anm 3 a cc; Dürkes BB 1980, 1609 f; Wolf ZIP 1981, 236). Aber es muß sich um den Ertrag des konkreten Gebäudes handeln, nicht um einen allgemeinen Mietenindex (Dürkes [9. Aufl] D 58). Der Leistungsbestimmungsvorbehalt kann auch – im Gegensatz zur Spannungsklausel – auf Grundstückspreise oder auf den Grundstückswert Bezug nehmen (vgl BGH ZMR 1971, 127; BGH BB 1978, 580 f; 1978, 581 f). Eine solche nach § 3 WährG unbedenkliche Vereinbarung wird auch durch § 9 a Abs 1 S 3 und 4 ErbbauVO nicht verboten; nur die Ausübung des Erhöhungsrechts, dh der Anspruch im Einzelfall, unterliegt einer Billigkeitskontrolle nach § 9 a ErbbauVO (dazu vgl alsbald Vorbem D 290 ff). Genehmigungsfreie *Spannungsklauseln* setzen Gleichartigkeit des Wertmaßstabes voraus (näher Soergel-Baur § 9 ErbbauVO Rz 17; MünchKomm-von Oefele § 9 ErbbauVO Rz 39). Eine Gehaltsklausel, die den Erbbauzins an ein bestimmtes Gehalt bindet, ist deshalb nicht genehmigungsfrei (BGHZ 14, 306 = NJW 1954, 1684 = WM 1955, 74; Erman-Ronke § 9 ErbbauVO Rz 9); diese Klauseln sind auch nur in den engen Grenzen von Nr 3 b der Genehmigungsgrundsätze der DBB genehmigungsfähig (Dürkes BB 1980, 1609). Genehmigungspflichtig, aber seit 1969 nicht mehr genehmigungsfähig, ist die Bindung des Erbbauzinses an den künftigen Verkehrswert des Grundstücks (BGH LM Nr 37 zu § 3 WährG = BB 1979, 1260 = NJW 1979, 1545; vgl dazu auch Soergel-Baur § 9 ErbbauVO Rz 17; Dürkes [8. Aufl] C 60 ff; [9. Aufl] C 207 ff; ders BB 1980, 1610; aM MünchKomm-von Oefele § 9 ErbbauVO Rz 39; Hartmann NJW 1976, 405). In Anbetracht der Genehmigungsunfähigkeit besteht hierbei regelmäßig eine Pflicht zur vertraglichen Änderung der Klausel (BGH LM Nr 37 zu § 3 WährG = BB 1979, 1260 = NJW 1979, 1545, 1546; Palandt-Bassenge § 9 ErbbauVO Anm 3 a cc). Indexklauseln, die keine Spannungsklauseln darstellen, sind genehmigungsbedürftig (Palandt-Bassenge § 9 ErbbauVO Anm 2 b; Dürkes BB 1980, 1609). Zu ihrer Genehmigungsfähigkeit vgl Nr 3 a der Genehmigungsgrundsätze der DBB (Vorbem D 208). Eine Bezugnahme auf Löhne und Gehälter ist nur unter den engen Voraussetzungen von Nr 3 b bb der Genehmigungsgrundsätze zulässig (DBB DNotZ 1982, 329, 330). Zur *Auslegung* typischer Klauseln vgl Nachweise bei Palandt-Bassenge § 9 ErbbauVO Anm 3 a bb.

cc) Die **sachenrechtliche Zulässigkeit** betrifft stets nur die einzutragende Erbbauzinsreallast, niemals die schuldrechtliche Vereinbarung. Deshalb steht insbes § 9 Abs 2 S 1 ErbbauVO weder einer schuldrechtlichen Regelung über die Anpassung des dinglichen Erbbauzinses entgegen (vgl § 9 a ErbbauVO; BGHZ 22, 220 = NJW 1957, 98; jetzt auch Staudinger-Ring § 9 ErbbauVO Rz 20) noch einer Dynamisierung des schuldrechtlichen Erbbauzinses (eingehend Ostermeier 10 ff; MünchKomm-von Oefele § 9 ErbbauVO Rz 30 ff). **D 284**

aaa) Der **dingliche Erbbauzins** (die „Erbbauzinsreallast“) kann in Geld- oder Sachleistungen bestehen (vgl OLG Schleswig MDR 1951, 679; OLG Celle DNotZ 1955, 315, 316; LG München DNotZ 1952, 220; Staudinger-Ring § 9 ErbbauVO **D 285**

Rz 1; Palandt-Bassenge § 9 ErbbauVO Anm 2 a). Aber er muß gemäß § 9 Abs 2 S 1 ErbbauVO nach Zeit und Höhe für die ganze Erbbauzeit *im voraus bestimmt* sein. Bloße Bestimmbarkeit genügt nicht (Soergel-Baur § 9 ErbbauVO Rz 3; Erman-Ronke § 9 ErbbauVO Rz 4 a). Eine Gleitklausel kann deshalb – unabhängig von der währungsrechtlichen Frage des § 3 WährG – den dinglichen Erbbauzins ebensowenig unmittelbar berühren wie ein Leistungsbestimmungsvorbehalt (Ingenstau § 9 Rz 20 ff; Soergel-Baur § 9 ErbbauVO Rz 5; MünchKomm-von Oefele § 9 ErbbauVO Rz 31 ff; Dürkes BB 1980, 1610). Eine solche Klausel kann deshalb unmittelbar nur einen schuldrechtlichen Erhöhungsanspruch begründen (vgl BGHZ 22, 220, 223 = NJW 1957, 98; BGHZ 61, 209, 211 = NJW 1973, 1838 = WM 1973, 1071, 1073; BGH WM 1969, 64; NJW 1970, 944; WM 1971, 39, 40; BB 1982, 641, 642; BayObLG DNotZ 1978, 239; OLG Düsseldrof DNotZ 1976, 539; Betrieb 1978, 2166; LG Aurich NJW 1953, 1027 mAnm Hoche; Staudinger-Ring § 9 ErbbauVO Rz 20). Eine nur schuldrechtlich wirkende Klausel wirkt nicht kraft Gesetzes gegen einen Erwerber des Grundstücks (vgl BGH BB 1972, 17, 18; OLG Frankfurt Rpfleger 1979, 24, 25; Mittelbach Rz 336; Dürkes BB 1980, 1610; Palandt-Bassenge § 9 ErbbauVO Anm 3 a).

D 286 bbb) **Der dingliche Vollzug der Erhöhung** kann in einer Änderung des dinglichen Erbbauzinses bestehen, die eine Neubestellung des Rechts im Umfang der Erhöhung darstellt und keine Rückwirkung hat (vgl OLG Frankfurt Rpfleger 1978, 312; MünchKomm-von Oefele § 9 ErbbauVO Rz 9; Palandt-Bassenge § 9 ErbbauVO Anm 2 c). Nach hM ist diese Änderung „ihrem Wesen nach" die Neubestellung einer Erbbauzinsreallast. Technisch vollzieht sich diese Änderung entweder durch Eintragung einer selbständigen Zusatz-Erbbauzinsreallast oder durch Erhöhung der bereits eingetragenen Erbbauzinsreallast (BayObLGZ 1959, 520, 534 = DNotZ 1960, 540, 548; OLG Frankfurt Rpfleger 1978, 312, 313 f; LG Hamburg DNotZ 1961, 93 = Rpfleger 1960, 170). Daß das Gesetz eine solche Erhöhung als möglich ansieht, zeigt § 9 a ErbbauVO mit Abs 3 (richtig Staudinger-Ring § 9 ErbbauVO Rz 20).

D 287 ccc) Die **Sicherung des Erhöhungsanspruchs** ist von der Sicherung des „schuldrechtlichen Erbbauzinses", also eines Zahlungsanspruchs, zu unterscheiden (insofern ungenau MünchKomm-von Oefele § 9 ErbbauVO Rz 44; vgl auch bereits Vorbem D 282).

D 288 Genau genommen ist weiter zu differenzieren zwischen dem nicht vormerkungsfähigen Anspruch auf Neufestsetzung des Erbbauzinses, dh auf schuldrechtliche Vertragsänderung, und dem vormerkungsfähigen Anspruch auf Änderung der dinglichen Rechtslage (BGHZ 22, 220, 224 f; Soergel-Baur § 9 ErbbauVO Rz 10). Gegenstand des vorgemerkten Anspruchs ist regelmäßig die Begründung oder Erhöhung der Erbbauzinsreallast (vgl BGH BB 1980, 1182; BayObLGZ 1969, 97, 102; BayObLG DNotZ 1978, 239 f; LG Bonn NJW 1956, 1566; Soergel-Baur § 9 ErbbauVO Rz 10). Die *Vormerkungsfähigkeit* des Anspruchs steht außer Zweifel (BGHZ 22, 220, 224 f; 61, 209, 211; BayObLGZ 1969, 97, 102; BayObLG DNotZ 1978, 239 f; KG OLGZ 1976, 276 = Rpfleger 1976, 244; OLG Oldenburg DNotZ 1962, 250 = NJW 1961, 2261; OLG Düsseldorf DNotZ 1976, 539, 540; OLG Celle DNotZ 1977, 548, 549; Ingenstau § 9 Rz 41 f; Ostermeier 19 ff; Staudinger-Ring § 9 ErbbauVO Rz 21; MünchKomm-Wacke § 883 Rz 21; MünchKomm-von Oefele § 9 ErbbauVO Rz 44 ff; Palandt-Bassenge § 9 ErbbauVO Anm 3 b; vgl allerdings Soergel-Baur § 9 ErbbauVO Rz 10). Auch das Gesetz stellt jetzt die Vormerkungsfähigkeit in § 9 a Abs 3 ErbbauVO klar (OLG Düsseldorf DNotZ 1976, 539, 540). Am Schutzzweck des § 9 Abs 2 S 1 ErbbauVO scheitert die Vormerkung nicht, denn dem Zweck dieser Bestimmung, die die Beleihbarkeit des dinglichen Rechts sichern und deshalb eine klare Übersicht über die dem Erbbauberechtigten obliegenden

Lasten ermöglichen soll, ist damit gedient, daß die Anpassungsklausel nicht selbst bereits dinglich wirkt (vgl BGHZ 22, 220, 223). Auch die rangwahrende Wirkung der Vormerkung ist zu bejahen (hM; OLG Düsseldorf DNotZ 1976, 539; vgl eingehend OSTERMEIER 39 f; MünchKomm-VON OEFELE § 9 ErbbauVO Rz 55 f; SOERGEL-BAUR § 9 ErbbauVO Rz 13; JERSCHKE DNotZ 1976, 543; aM noch ALBERTY Rpfleger 1956, 333; HOCHE NJW 1953, 1027). Für *wiederholte Anpassung* kann *eine* Vormerkungseintragung genügen (BayObLG DNotZ 1978, 239; MünchKomm-WACKE § 883 Rz 37 mwN). Die Vormerkung setzt nicht die für § 9 Abs 2 S 1 ErbbauVO verlangte Bestimmtheit, sondern nur **Bestimmbarkeit** des Anspruchs voraus (BGHZ 22, 220, 225 f; std Rspr; OLG Hamm NJW 1967, 2362; KG OLGZ 1976, 276, 280 = Rpfleger 1976, 244 f; DÜRKES [9. Aufl] D 308 ff; SOERGEL-BAUR § 9 ErbbauVO Rz 10; eingehend zum folgenden OSTERMEIER 25 ff; MünchKomm-VON OEFELE § 9 ErbbauVO Rz 49 ff). Das Ausmaß dieser erforderlichen Bestimmbarkeit wird unterschiedlich beurteilt. Ein Mindestmaß an Bestimmbarkeit ist, wie bei Vorbem D 167 ausgeführt wurde, bereits für die rein schuldrechtliche Wirkung des Leistungsbstimmungsvorbehalts zu verlangen. Für die Vormerkung ist nach BGHZ 22, 220, 225 f eine Anpassung nach Maßgabe des Grundstückswerts bestimmt genug (vgl auch OLG Düsseldorf DNotZ 1976, 539). Ausreichend sind auch folgende Maßstäbe: Mietkosten (ERMAN-RONKE § 9 ErbbauVO Rz 6 a); Preisindices (BayObLG DNotZ 1969, 492; weitere Nachweise bei ERMAN-RONKE § 9 ErbbauVO Rz 6 a). Insgesamt ist die Gerichtspraxis von bemerkenswerter Großzügigkeit (skeptisch OSTERMEIER 29 f). Nach KG OLGZ 1976, 276 = Rpfleger 1976, 244 genügt eine Billigkeitsklausel dem Bestimmtheitserfordernis. Das KG sieht die Erklärung für die strengere Auffassung des OLG Hamm in NJW 1967, 2362 lediglich darin, daß dieses Urteil vor Erlaß des § 9 a ErbbauVO erging. Im praktischen Ergebnis läuft die Auffassung des KG darauf hinaus, daß spätestens seit der Anerkennung der Vormerkungsfähigkeit durch § 9 a Abs 3 ErbbauVO jeder Anspruch, der dem schuldrechtlichen Bestimmtheitserfordernis von Vorbem D 167 genügt, auch vormerkbar ist. Diese Auffassung ist bestritten und im Ergebnis nicht unzweifelhaft (krit MünchKomm-VON OEFELE § 9 ErbbauVO Rz 49 ff). Die Gerichte haben teilweise strenger entschieden. OLG Oldenburg DNotZ 1962, 250 = NJW 1961, 2261 hält eine Klausel, die den Zeitpunkt der Anpassung offen läßt, für zu unbestimmt (abl dazu OSTERMEIER 28). Nicht ausreichend ist nach OLG Hamm NJW 1967, 2362 eine Regelung über die Neufestsetzung, wenn sich der Verkehrswert von Grundstücken gleicher Art und Lage um mehr als 20% verändert (zust ERMAN-RONKE § 9 ErbbauVO Rz 6 b). Nach LG Bochum NJW 1960, 153 genügt es nicht, wenn eine bestimmte Änderung der Lebenshaltungskosten als erhöhungsbegründender Tatbestand, nicht aber der Umfang der Erhöhung festgelegt ist (im Ergebnis zustimmend OSTERMEIER 31). Als unzureichend wird auch eine Generalklausel bezeichnet, die die jederzeitige Anpassung ohne geregelte Intervalle gestattet (ERMAN-RONKE § 9 ErbbauVO Rz 6 b mit Hinweis auf OLG Schleswig SchlHAnz 1970, 60). Voraussetzung eines vormerkungsfähigen Erhöhungsanspruches ist, daß Gläubiger und Schuldner nicht identisch sind. Mit der *Bestellung eines Eigentümererbbaurechts* kann deshalb ein vormerkungsfähiger Erhöhungsanspruch nicht verbunden werden (BGH BB 1982, 641 = JZ 1982, 419 = NJW 1982, 2381; vgl bereits Vorbem D 282 aE).

dd) Die **Begrenzung der Rechtsausübung aus Wertsicherungsklauseln durch § 9 a ErbbauVO** ist, wie in Vorbem D 281 bemerkt, von der währungsrechtlichen (§ 3 WährG) und der sachenrechtlichen Schranke (§ 9 ErbbauVO) zu unterscheiden. Deshalb macht die Prüfung nach § 9 a ErbbauVO die Prüfung nach § 3 WährG nicht entbehrlich (PALANDT-BASSENGE § 9 a ErbbauVO Anm 1 b; HARTMANN NJW 1976, 403). Normzweck des § 9 a ErbbauVO ist die Verhinderung einer Steigerung des Erbbauzinses nach Maßgabe der zT unvorhersehbar steigenden Grundstückspreise D 289

(MünchKomm-von Oefele § 9 a ErbbauVO Rz 2; Palandt-Bassenge § 9 a ErbbauVO Anm 1; eingehend Dürkes [9. Aufl] D 295–396).

D 290 aaa) Der **Anwendungsbereich des § 9 a** ist demgemäß weit. Das Gesetz läßt im Unklaren, *welche Art Wertsicherungsklauseln* erfaßt sind. § 9 a Abs 1 S 1 ErbbauVO spricht nur vom Anspruch auf Erhöhung des Erbbauzinses. Das dürfte auf § 9 Abs 2 S 1 ErbbauVO beruhen, der eine automatische Anpassung des dinglichen Erbbauzinses bereits ausschließt. Dieser Wortlaut paßt nur auf Leistungsvorbehalte, aber seinem Sinn und Zweck nach erfaßt § 9 a ErbbauVO auch automatisch wirkende Wertsicherungen des schuldrechtlichen Erbbauzinses (Staudinger-Ring § 9 a ErbbauVO Rz 2; Soergel-Baur § 9 a ErbbauVO Rz 5; MünchKomm-von Oefele § 9 a ErbbauVO Rz 5; Erman-Ronke § 9 a ErbbauVO Rz 2; Dürkes BB 1980, 1611). Selbst die Anwendung auf Wahlschulden wird zu bejahen sein (MünchKomm-von Oefele § 9 a ErbbauVO Rz 5; aM Staudinger-Ring § 9 a ErbbauVO Rz 2). Auf die Art der Vergleichsgröße kommt es nur in den Fällen des Abs 1 S 3 und 4 an. Hiervon abgesehen ist der gewählte Wertmaßstab für die Anwendung des § 9 a ErbbauVO ohne Bedeutung (MünchKomm-von Oefele § 9 a ErbbauVO Rz 5). Ob die Klausel der Genehmigung nach § 3 WährG bedarf, ist für § 9 a ErbbauVO belanglos (Dürkes BB 1980, 1611). Kein Wertsicherungsproblem, also auch kein Fall des § 9 a ErbbauVO, ist die einverständlich vollzogene Anpassung des Erbbauzinses durch ex nunc wirkende *Vertragsänderung* (MünchKomm-von Oefele § 9 a ErbbauVO Rz 5; dies ist wohl auch gemeint bei Staudinger-Ring § 9 a ErbbauVO Rz 4).

D 291 bbb) Ein **Wohnzwecken dienendes Bauwerk** wird vorausgesetzt. Gewerblich genutzter Raum scheidet aus, und zwar auch dann, wenn das Beherbergungsgewerbe betrieben wird (Soergel-Baur § 9 a ErbbauVO Rz 3; Sager-Peters NJW 1976, 409; Dürkes BB 1976, 1611). Bei *gemischter Verwendung* zu Wohnungs- und Gewerbezwecken unterliegt der Erbbauzins nach Abs 2 nur anteilig dem § 9 a ErbbauVO (dazu OLG Düsseldorf Betrieb 1978, 2166, 2167; Odenbreit NJW 1974, 2273, 2274; Dürkes [9. Aufl] D 323; ders BB 1980, 1611). Daß der Erbbauberechtigte selbst in dem Bauwerk wohnt, ist nicht erforderlich. Auch vermieteter Wohnraum fällt unter § 9 a ErbbauVO (BGHZ 73, 225, 227 = NJW 1979, 1546, 1547 = WM 1979, 537; BGHZ 75, 279, 282 = NJW 1980, 181; Sager-Peters NJW 1976, 409). Eine Begrenzung auf sozial oder steuerlich begünstigte Wohnungen ist nicht vorgesehen (MünchKomm-von Oefele § 9 a ErbbauVO Rz 6; Palandt-Bassenge § 9 a ErbbauVO Anm 4).

D 292 ccc) Die Rechtsfolge einer Anwendbarkeit von § 9 a ErbbauVO besteht zunächst in einer **Sperrfrist.** Zur Verfassungsmäßigkeit vgl OLG München OLGZ 1977, 337, 338. Abs 1 S 5 ist genau formuliert. Die Geltendmachung des Erhöhungsanspruchs vor Ablauf von drei Jahren ist nicht ausgeschlossen. Ausgeschlossen ist die Geltendmachung eines Erhöhungsanspruchs für die Zeit vor Ablauf der Sperrfrist; wer für diese Zeit die Erhöhung verlangt, macht nicht einen begründeten Anspruch verfrüht geltend, sondern er macht einen Anspruch geltend, der nicht besteht (vgl auch Soergel-Baur § 9 a ErbbauVO Rz 10; Palandt-Bassenge § 9 a ErbbauVO Anm 3). Maßgebender Zeitpunkt ist nicht der Vertragsschluß, sondern der Zeitpunkt der Wertsicherungsabrede (BGHZ 68, 152, 155 = NJW 1977, 433; BGH BB 1980, 123 = Betrieb 1980, 155; BB 1980, 1182; 1982, 641, 643; Dürkes [9. Aufl.] D 327, 334; ders BB 1980, 1611). Wird die Anpassungsklausel nachträglich grundlegend geändert, so ist der Änderungszeitpunkt maßgeblich (BGH BB 1980, 123 = Betrieb 1980, 155 = WM 1980, 106). Auch wenn durch Vereinbarung der Erbbauzins auf eine neue Basis gestellt und die ursprüngliche Anpassungsklausel geändert – wenn auch nicht notwendig grundlegend geändert – wird, entscheidet der Änderungszeitpunkt (BGH NJW 1981, 2568 = WM 1981, 1054). Ist eine längere

Sperrfrist als die des Abs 1 S 5 bedungen, so bleibt diese maßgeblich (ERMAN-RONKE § 9 a ErbbauVO Rz 12).

ddd) Die **Funktion der Billigkeitskontrolle** nach § 9 a ErbbauVO besteht in einer reinen Ergebniskontrolle. Die Billigkeitskontrolle nach § 9 a ErbbauVO ist deshalb von der einer Vertragsinhaltskontrolle zu unterscheiden. Gegenstand der Kontrolle ist nicht der Vertragsinhalt, sondern nur der im Einzelfall zu prüfende Umfang des aus dem Vertrag resultierenden Erhöhungsanspruchs (BGH Betrieb 1980, 86 = WM 1979, 1332 = [L] NJW 1980, 183). Das gilt sogar für die Sätze 3 und 4 des Abs 1 (MünchKomm-VON OEFELE § 9 a ErbbauVO Rz 5). Auch die Vereinbarung einer auf den Grundstückswert abstellenden Spannungsklausel oder eines entsprechenden Leistungsbestimmungsvorbehalts bleibt also zulässig; nur die *Ausübung des Rechts* aus dieser Klausel unterliegt der Billigkeitskontrolle nach § 9 a ErbbauVO. Es liegt also kein Verbotsgesetz iS von § 134 vor (STAUDINGER-RING § 9 a ErbbauVO Rz 5; MünchKomm-VON OEFELE § 9 a ErbbauVO Rz 4). Hierauf beruht auch Abs 3, der die Vormerkungsfähigkeit ausdrücklich unberührt läßt. Haben sich die Parteien auf eine Erhöhung geeinigt und wird aufgrund dieser Erhöhung gezahlt, so kann der Erbbauberechtigte weder die Zahlung für die Zukunft verweigern noch geleistete Zahlungen als ungerechtfertigte Bereicherung zurückverlangen (vgl STAUDINGER-RING § 9 a ErbbauVO Rz 5). D 293

eee) Das **Kriterium der Billigkeit** kann stets nur zur Aufrechterhaltung oder zur Ermäßigung des Anpassungsanspruchs führen, niemals zu seiner Erhöhung (STAUDINGER-RING § 9 a ErbbauVO Rz 6; MünchKomm-VON OEFELE § 9 a ErbbauVO Rz 8). Die Billigkeitsprüfung ermöglicht gerechte Einzelfallentscheidungen. Deshalb sind regelmäßig *alle Umstände* zu berücksichtigen, die die Berechtigung und Belastung der Erbbauzinserhöhung ausmachen (ähnlich MünchKomm-VON OEFELE § 9 a ErbbauVO Rz 12). Dagegen sind nach BGHZ 73, 225, 228 = NJW 1979, 1546, 1547 mAnm VON HOYNINGEN-HUENE = WM 1979, 537 *die persönlichen Verhältnisse* (Alter, Krankheit und schlechte Einkommensverhältnisse) bei der Beurteilung der Billigkeit der begehrten Anhebung außer Betracht zu lassen: Derartige Umstände fallen regelmäßig in den Risikobereich des davon Betroffenen. Gerade bei auf lange Dauer angelegten Rechtsverhältnissen wie Erbbaurechtsverträgen müssen die wechselseitigen Rechte und Pflichten von vornherein möglichst einkalkulierbar sein. Die Vorhersehbarkeit würde aber zu stark eingeschränkt, wenn die Höhe des Erbbauzinses von den möglicherweise wechselnden persönlichen Verhältnissen des Erbbauberechtigten oder seiner Rechtsnachfolger abhängig wäre. Der **BGH** bemüht sich deshalb um *generalisierbare Billigkeitsmaßstäbe*. Diese Auffassung ist im Schrifttum auf Kritik gestoßen (vgl als prinzipielle Kritik: MünchKomm-VON OEFELE § 9 a ErbbauVO Rz 12; VON HOYNINGEN-HUENE NJW 1979, 1547 f; abl auch PALANDT-BASSENGE § 9 a ErbbauVO Anm 2 b). Der BGH hat an ihr jedoch festgehalten (Betrieb 1982, 1456 = NJW 1982, 2382, 2384). Aus § 9 a Abs 1 S 3 ErbbauVO ergibt sich ferner, daß *Änderungen der Grundstückswertverhältnisse* im Rahmen der Billigkeitsprüfungen außer Betracht zu lassen sind. Auch diese Auffassung wird bestritten (für die Berücksichtigung etwa OLG Köln OLGZ 1979, 104 = MDR 1979, 141; VON HOYNINGEN-HUENE NJW 1979, 1548; nur für den Fall des Abs 1 S 4 aber SOERGEL-BAUR § 9 a ErbbauVO Rz 9; ERMAN-RONKE § 9 a ErbbauVO Rz 7). Einigkeit besteht nur darüber, daß die ausschließliche Orientierung nur am Wert des *konkreten* Grundstücks unzulässig ist (OLG Köln aaO). D 294

Stellungnahme: Der Versuch des BGH, dem Billigkeitsmaßstab generalisierende Grenzen zu setzen, ist de lege lata fragwürdig. Generalisierenden Charakter haben die Regelfälle der Sätze 2–4. Der Billigkeitsmaßstab als solcher ist individueller Natur. Die Zuweisung individueller Risikobereiche des Gläubigers und des Schuldners kann innerhalb der Billigkeitsprüfung berücksichtigt werden, nicht dagegen kann sie bestimmte Fragen von der Billigkeitsprüfung a limine ausschließen. Eine Ausnahme gilt nach § 9 a Abs 1 S 3 ErbbauVO für die Grundstückswertverhältnisse. Obwohl dies rechtspolitisch nicht zu billigen ist (MünchKomm-von Oefele aaO), sind sie als eigenständiger Posten nur im Rahmen des S 4 beachtlich. In die „allgemeinen Wirtschaftsverhältnisse" gehen sie nur im Rahmen der Lebenshaltungskosten ein.

D 295 Der allgemeine Billigkeitsmaßstab wird konkretisiert durch die **Regelfälle der Sätze 2–4:** Nach **§ 9 a Abs 1 S 2** ist ein Erhöhungsanspruch regelmäßig als unbillig anzusehen, wenn und soweit die Erhöhung über die seit Vertragsschluß eingetretene Änderung der *„allgemeinen wirtschaftlichen Verhältnisse"* hinausgeht. Damit verweist das Gesetz, wie der BGH in ständiger Rechtsprechung betont, auf generelle, vom Einzelfall unabhängige Kriterien. Als Maßstab für die Beurteilung der „Änderung der allgemeinen wirtschaftlichen Verhältnisse" kommt unter Berücksichtigung von Sinn und Zweck dieser Gesetzesbestimmung der aus den – im jeweiligen Bezugszeitraum eingetretenen – prozentualen Steigerungen einerseits der *Lebenshaltungskosten* und anderseits der *Einkommen* gebildete *Durchschnittswert* in Betracht. Dabei ist es angezeigt, hinsichtlich der Lebenshaltungskosten auf den vom Statistischen Bundesamt veröffentlichten Index für einen Vier-Personen-Arbeitnehmerhaushalt mit mittlerem Einkommen abzustellen, sowie hinsichtlich der Einkommensseite an die ebenfalls vom Statistischen Bundesamt veröffentlichten Daten über die Entwicklung der Bruttoverdienste der Arbeiter in der Industrie sowie der Bruttoverdienste der Angestellten in Industrie und Handel anzuknüpfen und hieraus einen Durchschnittswert zu bilden (BGHZ 75, 279, 285 ff = BB 1979, 1791, 1792; BGHZ 77, 188, 190 = BB 1980, 1182, 1183; BGH BB 1980, 1491 = NJW 1980, 2243, 2244; NJW 1981, 2568 = WM 1981, 1054; Betrieb 1982, 1456 = NJW 1982, 2382; OLG Hamm NJW 1978, 1634; Odenbreit NJW 1974, 2273; Sperling NJW 1979, 1434; Dürkes [9. Aufl] D 336; ders BB 1980, 1613; aM Sager-Peters NJW 1974, 409). Erstes Datum sind hiernach die statistischen *Lebenshaltungskosten* (vgl zum Lebenshaltungskostenindex Vorbem D 14). Eine Schwierigkeit hat sich bei der Feststellung der Einkommensverhältnisse ergeben. Eine vom V. Zivilsenat des BGH eingeholte Auskunft des Statistischen Bundesamtes darüber, wie sich die umfassend verstandenen Durchschnittseinkommen je Einwohner der Bundesrepublik Deutschland in dem Zeitraum von 1959 bis 1974 entwickelt haben, ergab, daß es keine statistischen Daten gibt, in denen sämtliche privaten Einkünfte (also nicht nur die Bruttoverdienste der Arbeiter und Angestellten, sondern zB auch Einkünfte aus Kapitalvermögen) berücksichtig wären. Bei dieser Sachlage hielt es der Senat für angezeigt, in Übereinstimmung mit dem Berufungsgericht für die Einkommensseite an die erwähnten, vom Statistischen Bundesamt veröffentlichten Daten über die Entwicklung der Bruttoverdienste der Angestellten in Industrie und Handel anzuknüpfen und hieraus einen Durchschnittswert zu bilden. Der Senat hat es dabei als vertretbar angesehen, daß die Einkommensentwicklung verschiedener Bevölkerungsgruppen, namentlich der Gruppe der Selbständigen, unberücksichtigt bleibt (BGHZ 77, 188, 192 = BB 1980, 1182, 1183 = NJW 1980, 2243, 2244 f; Rechenbeispiele bei Dürkes BB 1980, 1613 f). Nach dem generalisierenden Ansatz des BGH waren schließlich die Lebenshaltungskosten auf der einen und die Einkommensentwicklung auf der anderen Seite in ein sachgerechtes Verhältnis zu setzen. Nach Auffassung des Senats kommt es auf den aus den prozentualen Steigerungen dieser beiden Maßstäbe gebildeten *Durchschnittswert* an (BGHZ 77, 188, 193 = BB 1980, 1182, 1183 = NJW 1980, 2243, 2245; BGH NJW 1981, 2568 f = WM 1981, 1054; Dürkes BB 1980, 1163 f mit Rechenbeispielen). Eine stärkere Berücksichtigung der Einkommensveränderungen lehnt der BGH ab (BGH Betrieb 1982, 1456 = NJW 1982, 2382, 2383). Als Maßstab nicht geeignet sind volkswirtschaftliche Gesamtrechnungen, wie das Bruttosozialprodukt, das Nettosozialprodukt oder das Volkseinkommen (BGHZ 75, 279, 285), die Kosten für Mieten, Reisen und Zweitwohnungen (BGHZ 77, 188, 191 = BB 1980, 1182, 1183). Nur „regelmäßig" kann nach § 9 a Abs 1 S 2 eine über die Änderung der allgemeinen wirtschaftlichen Verhältnisse hinausgehende Erhöhung als unbillig angesehen werden. Der objektivierende Maßstab schließt also im Einzelfall nicht die Feststellung aus, daß die Erhöhung der Billigkeit ausnahmsweise doch entspricht (Erman-Ronke § 9 a ErbbauVO Rz 5). Für den Billigkeitsmaßstab gelten dann die Ausführungen von Vorbem D 294. Strenger ist der Regel-Ausnahme-Mechanismus in den Fällen der **Sätze 3 und 4**. *Änderungen der Grundstückswertverhältnisse* bleiben idR außer Betracht. Anders gewendet: Die Billigkeit einer Erhöhung kann idR nicht hierauf gestützt, eine die Veränderung der allgemeinen wirtschaftlichen Verhältnisse übersteigende Erhöhung also nicht mit Hinweis auf die gestiegenen Grundstückswerte gerechtfertigt werden. Ausnahmen enthält nur S 4 (str; vgl Vorbem D 294). Die *Beweislast* für die Billigkeit trägt der Grundstückseigentümer (Staudinger-Ring § 9 a ErbbauVO Rz 10; MünchKomm-von Oefele § 9 a ErbbauVO Rz 8; Sager-Peters NJW 1974, 264).

fff) Der Billigkeitsmaßstab des § 9 a Abs 1 ErbbauVO kann auch für die **Vertragsauslegung** von Bedeutung sein, etwa wenn der Vertrag generalklauselhaft auf grundlegende Veränderungen der Währungs- oder Wirtschaftsverhältnisse abstellt (vgl BGH Betrieb 1980, 86 = WM 1979, 1332). Auch bei der *Aufwertung des Erbbauzinses wegen Fortfalls der Geschäftsgrundlage,* also bei der Anpassung ohne Wertsicherungsklausel legt der BGH den Maßstab des § 9 a ErbbauVO zugrunde (BGHZ 77, 194, 200 = BB 1980, 1183, 1185 = NJW 1980, 2241, 2242). Vgl zu dieser Auffassung näher Vorbem D 132. **D 296**

n) Gesellschaftsverträge werfen nur geringe Wertsicherungsprobleme auf (ausführlich jetzt Dürkes [9. Aufl] D 441 ff). Gewinnanteile sind ipso jure wertgesichert. Auch wenn die *Gewinnanteile* oder die *Ausschüttungsansprüche* nach dem Wert von Gütern oder Leistungen berechnet werden, liegt kein Fall des § 3 S 2 WährG vor (vgl auch Dürkes [8. Aufl] D 217 a, D 217 b; Nies [Vorbem D 158] 35). Denn es geht hierbei nicht darum, entstandene Geldsummenansprüche zu dynamisieren. Dasselbe gilt für *wertgesicherte Abfindungsklauseln* (eingehend Dürkes [9. Aufl] D 446 ff). Sie sollen nur die Teilhabe eines ausscheidenden Gesellschafters an der Vermögenssubstanz sicherstellen und bedürfen nicht der Genehmigung (Dürkes [8. Aufl] D 215; [9. Aufl] D 255 f; Nies 35; Sudhoff, Der Gesellschaftsvertrag der GmbH & Co [4. Aufl 1979] 459; ders, Der Gesellschaftsvertrag der GmbH [6. Aufl 1982] 544 ff). Dieser Abrede bedarf es, weil der Anspruch auf Buchwertabfindung kein Geldwertanspruch ist (vgl Vorbem D 72). Hiervon zu unterscheiden ist die *Wertsicherung von Gesellschafterdarlehen, von stehenbleibenden Gewinnen und von stehenbleibenden Abfindungsguthaben* (eingehend Dürkes [9. Aufl] D 448 ff). Genehmigungsfrei sind zunächst Vereinbarungen, nach denen diese Forderungen einen Anteil am Bruttogewinn begründen (Vorbem D 233). Soweit jedoch nicht eine Gewinnbeteiligung, sondern eine Gleitklausel vereinbart ist, ist eine solche Abrede genehmigungsbedürftig, nach richtiger Auffassung aber auch genehmigungsfähig. Das Problem liegt bei Nr. 3 a der Genehmigungsgrundsätze (Vorbem D 208). Danach können Indexklauseln für Verbindlichkeiten aus der Auseinandersetzung zwischen Miterben, Ehegatten, Eltern und Kindern genehmigt werden, wenn zwischen dem Entstehen der Verbindlichkeit (dh dem Stichtag des Ausscheidens) und der Endfälligkeit zehn Jahre liegen oder die Zahlungen erst nach dem Tode eines Beteiligten zu erbringen sind (zur Bedeutung dieser Genehmigungsfähigkeit für Familiengesellschaften vgl Sudhoff aaO). Läßt der Ausgeschiedene ein Abfindungsguthaben stehen, so stellt dies eine Stundungsabrede oder eine Abrede nach § 607 Abs 2 dar, die ein Vereinbarungsdarlehn entstehen läßt. Die von Dürkes (8. Aufl D 218 und jetzt in der **D 297**

9. Aufl D 457) referierte Bundesbankpraxis unterscheidet zwischen diesen beiden Formen der Abrede und erklärt die Wertsicherung nur für genehmigungsfähig, wenn die gestundete Auseinandersetzungsforderung nicht „noviert", dh nicht in ein Darlehn umgewandelt ist. Diese Unterscheidung ist ohne Sinn. Die Funktion eines gestundeten Abfindungsguthabens ist in beiden Fällen die eines Kredits. Entweder sollte also die Genehmigung unter Berufung auf Nr 1 a der Genehmigungsgrundsätze stets versagt werden oder die Wertsicherung sollte stets als genehmigungsfähig anerkannt werden, weil der Normalfall des wertgesicherten Kapitalverkehrs nicht vorliegt. Für die zweite Lösung sprechen die besseren Gründe. Nr 1 a der Genehmigungsgrundsätze ist nach Sinn und Zweck hier nicht anwendbar. Auch die Nr 3 a bb der Genehmigungsgrundsätze scheint für diesen Bereich zu eng formuliert. Selbst Preisindexklauseln sollten deshalb analog Nr 3 a bb der Genehmigungsgrundsätze als genehmigungsfähig anerkannt werden, wenn zwischen dem Zeitpunkt des Ausscheidens und der Endfälligkeit ein Zeitraum von mindestens zehn Jahren liegt oder die Zahlungen erst nach dem Tod der Berechtigten zu erbringen sind. In Anbetracht der bestehenden Schwierigkeiten ist allerdings der Vertragspraxis dazu zu raten, auf Gewinnbeteiligungsabreden oder auf einen Ausgleich des Entwertungsrisikos auf der Zinsseite auszuweichen.

D 298 o) **Letztwillige Verfügungen** können als Rechtsgeschäfte dem § 3 WährG unterliegen (Vorbem D 217). Fremdwährungsvermächtnisse sind nach der hier vertretenen Auffassung unbeschränkt zulässig (Vorbem D 211). Die *Höhe eines Erbteils* kann bedenkenlos an den Wert von Gold, Gütern oder Leistungen geknüpft werden, denn dabei geht es um die Bemessung eines dem Miterben kraft Universalsukzession zufallenden Gesamthandsanteils, nicht einer Geldforderung (vgl im Ergebnis auch Dürkes [9. Aufl] D 500 mwN). Problematisch sind *wertgesicherte Vermächtnisse* und *Wertsicherungen des Anrechnungsbetrags bei Auseinandersetzungsanordnungen.* Nach richtiger Auffassung greift § 3 S 2 WährG nicht ein, solange nur Geldwertveränderungen zwischen der Errichtung der letztwilligen Verfügung und dem Erbfall erfaßt sein sollen. Denn insoweit geht es nur darum, die wertmäßige Teilhabe am Nachlaß sicherzustellen, nicht um die Dynamisierung einer bereits entstandenen Geldsummenschuld. Ein *Geldwertvermächtnis* des Inhalts, daß mit dem Erbfall etwa der Gegenwert eines Grundstücks oder einer bestimmten Menge Feingold aus dem Nachlaß zu zahlen ist, ist deshalb unbedenklich (vgl auch BGH BB 1971, 1175; Dürkes [8. Aufl] D 238, D 243; [9. Aufl] D 503 f). Soweit allerdings das Vermächtnis geleistete Dienste entgelten soll, wird in der Formularliteratur eine Spannungsklausel mit Bindung an Gehälter vorgeschlagen (Alice Prausnitz-Klaus Hardraht in: Formularkommentar Erbrecht Bd 6 Bürgerliches Recht III [1977] 265 Formular 6.329). Nur soweit die Wertsicherung über den Anfall der Erbschaft oder des Vermächtnisses hinauswirken soll, bedarf sie der Genehmigung (vgl Berndt 67 f; Dürkes [8. Aufl] D 237, 239 ff mwN; [9. Aufl] D 505 ff). Der Erblasser kann die Genehmigung schon zu Lebzeiten erwirken (Dürkes [9. Aufl] D 511). Zur Genehmigung von *Indexklauseln* für Zahlungen auf Grund letztwilliger Verfügungen oder zum Zweck der Auseinandersetzung zwischen Miterben vgl Nr 3 a bb der Genehmigungsgrundsätze.

D 299 p) Wertsicherungsklauseln werfen schließlich besondere **Kreditsicherungsprobleme** auf (Berndt 89 ff).

D 300 aa) **Personalsicherheiten** können eine wertgesicherte Forderung, wenn dies dem Parteiwillen entspricht, problemlos erfassen (vgl namentlich § 767 für die Bürgschaft; Staudinger-Horn Vorbem 47 zu §§ 765–778).

D 301 bb) Die **dingliche Sicherung** durch *Hypothek* und *Grundschuld* bereitet Schwierigkeiten, weil diese nach § 1113 Abs 1 nur auf eine „bestimmte Geldsumme" bestellt und eingetragen werden dürfen. *Wertgesicherte Hypotheken* können deshalb *nicht* eingetragen werden (Erman-Räfle § 1113 Rz 4; Staudinger-Scherübl § 1115 Rz 19; über Fremdwährungsschulden vgl § 244 Rz 54). Die Zulässigkeit einer „verdeckten Höchstbetragshypothek" ist zweifelhaft (eingehend Vorbem D 128), die Eintragung einer Sicherungsgrundschuld „auf Zuwachs" bewältigt das Problem nicht mit Sicherheit, weil – wie bei der Höchsthypothek – das Erfordernis einer fest bestimmten Endsumme bleibt. Auch eine *Rentenschuld* kann mangels Bestimmtheit nicht zB unter Bezugnahme auf das Gehalt eines Beamten eingetragen werden (LG Braunschweig NJW 1954, 883 f; Soergel-Baur § 1199 Rz 2; Reithmann DNotZ 1960, 193). Es muß also nicht nur die nach § 1199 Abs 2 einzutragende Ablösesumme bestimmt sein (dazu Erman-Räfle § 1199 Rz 2), sondern auch die als Rentenschuld zu zahlende Summe. Die *Vormerkung* nach § 883 kann nur den Anspruch auf Änderung der dinglichen Rechtslage, also zB auf Anpassung der Hypothek, Grundschuld oder Rentenschuld an die wertgesicherte Forderung, nicht dagegen die wertgesicherte Forderung selbst sichern. Die Vormerkung eignet sich vor allem für die *Sicherung von Leistungsbestimmungsvorbehalten.* Da die Vormerkung nicht Bestimmtheit, sondern nur Bestimmbarkeit der gesicherten Forderung voraussetzt, ist eine Vormerkung zur Sicherung des Anspruchs auf Ergänzung der dinglichen Sicherheit zulässig (vgl zum Erbbauzins Vorbem D 288). Die Grenzen hinreichender Bestimmbarkeit sind allerdings im Einzelfall zweifelhaft. Aus diesem Grund zieht Dürkes (9. Aufl) D 241 eine Sicherung durch *Sicherungsnießbrauch* vor.

Der Inhalt einer **Reallast** kann auf Geld, auf persönliche Dienste oder Naturalleistungen zielen (Soergel-Baur § 1105 Rz 7; MünchKomm-Joost § 1105 Rz 8). D 302
Wertgesicherte Reallasten spielen vor allem bei Altenteilsverträgen und bei sonstigen Unterhaltsverträgen eine Rolle (Dürkes [9. Aufl] D 243). Nach heute überwiegender, freilich bestrittener Auffassung kommt es auch nicht auf eine Beziehung des Leistungsgegenstands zum Grundstück an; die gesetzliche Formulierung – Leistungen „aus dem Grundstück" – wird also nicht wörtlich genommen (vgl nur OLG Schleswig DNotZ 1975, 720; LG München I DNotZ 1952, 220, 221; aM heute noch OLG Celle JZ 1979, 268; Meinungsüberblick bei Joost aaO). Nach hM müssen die Leistungen jedoch in irgendeiner Beziehung zum Grundstück stehen (RG JW 1921, 894; Erman-Ronke § 1105 Rz 7 mwN). Für die Eintragung genügt *Bestimmbarkeit* der Leistungen (KG JFG 1, 434, 438; BayObLG DNotZ 1954, 98, 100 f; OLG Düsseldorf DNotZ 1968, 354; BGB-RGRK-Rothe § 1105 Rz 16; Staudinger-Amann § 1105 Rz 11; Sorgel-Baur § 1105 Rz 11; MünchKomm-Joost § 1105 Rz 17; Erman-Ronke § 1105 Rz 6; Palandt-Bassenge § 1105 Anm 4 b). Dies macht die Reallast **sachenrechtlich** zu einem idealen Instrument zur Sicherung wertgesicherter Ansprüche (vgl – nicht immer ausdrücklich – BGH WM 1967, 1248; OLG Düsseldorf DNotZ 1968, 354; OLG Celle DNotZ 1977, 548, 549; JZ 1979, 268; Bilda Rz 216; Dürkes [9. Aufl] D 242 ff; eingehend Staudinger-Amann Vorbem 41 zu § 1105 und § 1105 Rz 13 ff). Dabei muß unterschieden werden zwischen dem wertgesicherten Zahlungsanspruch und einem etwa bei einem Leistungsbestimmungsvorbehalt bestehenden Anspruch auf Anpassung der Geldschuld. Die Reallast sichert stets nur den Zahlungsanspruch; soll daneben auch noch der Anspruch auf Anpassung gesichert werden, so ist hierfür nur die *Vormerkung* – gerichtet auf Änderung der Reallast – geeignet (vgl OLG Celle DNotZ 1977, 548, 549; Palandt-Bassenge Vorbem 1 e zu § 1105).

Die Eintragung wertgesicherter Reallasten und der Verzicht auf das Erfordernis der Bestimmtheit ist nicht unproblematisch. Daß man bloße Bestimmbarkeit ausreichen läßt, beruht auf der Funktion der Reallast, zB als Altenteilsicherung. Es folgt daraus kein allgemeiner Grundsatz, wonach etwa jedes Bedürfnis nach Wertsicherung den Bestimmtheitsgrundsatz ausschalten könnte. Für den dinglichen Erbbauzins gilt nach

§ 9 Abs 2 S 1 ErbbauVO der Grundsatz der Bestimmtheit. Dieses Erfordernis kann auch nicht dadurch umgangen werden, daß der Erbbauzins als Reallast nach § 1105 eingetragen wird (Vorbem D 282).

D 303 Von der sachenrechtlichen Zulässigkeit der wertgesicherten Reallast ist die **währungsrechtliche Zulässigkeit** zu unterscheiden. Insofern gelten die allgemeinen Regeln der Vorbem D 214 ff. Reallasten können zB *genehmigungsfrei* auf wiederkehrende *Naturalleistungen* lauten (OLG Schleswig NJW 1955, 65; DNotZ 1957, 537 mAnm Eppig; OLG Celle DNotZ 1977, 548, 549; Staudinger-Amann § 1105 Rz 13; MünchKomm-Joost § 1105 Rz 30). Nach dem bei Vorbem D 226 f Gesagten gilt dies auch für die *Wahlschuld* oder *Ersetzungsbefugnis*. Die Genehmigungsfreiheit hängt nach hM nicht davon ab, daß die Naturalleistungen in Beziehung zur konkreten Grundstücksnutzung stehen (OLG Celle DNotZ 1952, 479, 480 ff; OLG Schleswig DNotZ 1975, 720; Joost aaO; immerhin zweifelhaft unter dem Aspekt der Umgehung). Ein Darlehn kann nach hM auf diese Weise durch Weizenreallast gesichert werden (OLG Schleswig DNotZ 1975, 720; vgl aber Vorbem D 232); ebenso ein Restkaufpreis (Joost aaO). Werden Reallasten als wertgesicherte Geldschulden eingetragen, so gelten die allgemeinen Regeln des § 3 WährG. Nies 24 erklärt eine Rentenreallast, die für eine auf Lebenszeit des Verkäufers zu zahlende Restkaufgeldrente vereinbart und eingetragen werden soll, für genehmigungsbedürftig. Das trifft in dieser Allgemeinheit nicht zu (vgl zum verrenteten Kaufpreis Vorbem D 263). Ist die Kaufpreisrente schuldrechtlich genehmigungsfrei, dann ist auch die Sicherung als Reallast genehmigungsfrei. Auch ein Leistungsbestimmungsvorbehalt, durch den die Reallast dem Kaufkraftschwund angepaßt werden soll, bedarf nicht der Genehmigung (BGH Betrieb 1967, 2158 = WM 1967, 1248).

D 304 Ändert sich bei einer Reallast die Rentenhöhe nach Vertragsschluß zugunsten des Rentenberechtigten, so kann dieser vom Grundstückseigentümer verlangen, daß er der Eintragung der Veränderung im Grundbuch zustimmt (BGH Betrieb 1967, 2158 = WM 1967, 1248). Der Anspruch auf Eintragung einer von Zeit zu Zeit anzupassenden Reallast kann auch durch Vormerkung gesichert werden (Dürkes [9. Aufl] D 246 sowie oben Vorbem D 302 aE). Über wertgesicherte Reallasten nach österreichischem Recht vgl Ertl 136 ff.

D 305 **8. Verwaltungs- und Verfahrensrecht**

a) Ein **Verbot mit Erlaubnisvorbehalt** ist in § 3 WährG ausgesprochen (BVerwGE 41, 1, 5 = NJW 1973, 529, 530 = WM 1973, 433, 435; OVG Münster BB 1965, 16 = Betrieb 1964, 1847 = NJW 1965, 650; HessVGH BB 1969, 652; MünchKomm-von Maydell § 244 Rz 31; AK-BGB-Brüggemeier Vorbem 24 zu §§ 244, 245; Dürkes [8. Aufl] B 3, C 3, E 3; [9. Aufl] B 8, G 5). Rechtsdogmatisch ungenau heißt es bei Mittelbach Rz 279, das gesetzliche Verbot werde erst voll wirksam, wenn die Erteilung der Genehmigung abgelehnt werde. *Genehmigungsbehörde* ist die DBB, die jedoch idR durch die Landeszentralbanken handelt (vgl auch zum Antrag bei der Landeszentralbank Vorbem D 311). Für den Rechtsschutz ist von großer Bedeutung, ob eine *freie oder gebundene Erlaubnis* vorliegt. Nach BVerwGE 41, 1, 5 = NJW 1973, 529 = BB 1973, 638 enthält § 3 S 2 WährG ein repressives Verbot automatischer Gleitklauseln, von dem die Deutsche Bundesbank im Einzelfall nach ihrem Ermessen Ausnahmen zulassen kann. Die ganz hM teilt die Auffassung, es handle sich um eine Ermessensentscheidung (Mittelbach Rz 274; insoweit auch Bettermann ZRP 1974, 14; von Arnim ZRP 1980, 205). Die *Bedeutung der Genehmigungsgrundsätze der DBB* für die Genehmigungspraxis wurde bereits bei Vorbem D 209 angeschnitten. Nach Auffassung des HessVGH (BB 1969, 652) ergibt sich schon aus dem Charakter des § 3 S 2 WährG als Verbot mit Erlaubnisvorbehalt, daß Genehmigungen grundsätzlich nur in engen, von der DBB zum Schutz der Währung bestimmten Grenzen erteilt werden müssen. In den Genehmigungsgrundsätzen sieht der VGH eine Generalisierung dieser Grenzen. Das BVerwG hat sich im Revisionsrechtszug diesem Standpunkt im Ergebnis angeschlossen (BVerwGE 41, 1, 9 f = NJW 1973, 529, 531 = WM 1973, 433). Die Genehmigungsgrundsätze enthalten keine Selbstbindung in dem Sinn, daß Klauseln, deren Genehmigung nicht schon durch die Genehmigungsgrundsätze ausgeschlossen ist, stets genehmigt werden müssen. § 3 S 2 WährG ist nach der zutreffenden Auffassung des BVerwG eine strikt anzuwendende Norm. Ausnahmen kommen nur in Betracht, wenn das individuelle Interesse des Gläubigers an der Erhaltung des Wertes einer Geldschuld in besonderem Maße schutzwürdig ist und diesem Einzelinteresse ohne Gefährdung der Interessen der Allgemeinheit an der Währungsstabilität entsprochen werden kann. Dies hat die Genehmigungsbehörde unter Berücksichtigung der währungspolitischen Situation, der allgemeinen Verbreitung und mutmaßlichen Gefährlichkeit der in Frage stehenden Klausel und der Besonderheiten des Einzelfalles zu prüfen. Im Fall der Versagung einer Genehmigung bedeutet dies im Hinblick auf § 114 VwGO praktisch, daß kaum mit einem Verpflichtungsurteil des Verwaltungsgerichts (§ 113 Abs 4 S 1 VwGO) gerechnet werden kann (vgl auch Vorbem D 315).

b) Da § 3 WährG eine durchaus mangelhaft formulierte Ermächtigungsnorm darstellt, sind die **Entscheidungsbefugnisse der DBB** im Gesetz nicht hinreichend geklärt. D 306

aa) Eine **Genehmigung** kann nach dem klaren Wortlaut des § 3 WährG erteilt werden. IdR erfolgt die Genehmigung für einen bestimmten Vertrag. **Sammelgenehmigungen** können aufgrund von § 3 WährG erteilt werden, wenn der Antragsteller mit gleichen oder verschiedenen Partnern eine größere Anzahl von Verträgen mit gleichlautenden Wertsicherungsklauseln abschließt (Dürkes [9. Aufl] B 74, G 7). Handelt es sich lediglich um ein Paket von bereits vorliegenden Anträgen, so stellt die Sammelgenehmigung keine Besonderheit dar. Der Vorgang könnte ohne weiteres als Antragshäufung, die Sammelgenehmigung könnte als Zusammenfassung einer bestimmten Zahl von Genehmigungen aufgefaßt werden. Aber Sammelgenehmigungen können auch für künftige gleichartige Verträge beantragt und erteilt werden (vgl Fögen 153; Dürkes [9. Aufl] B 74 mit Bezugnahme auf ein Schreiben der LZB Baden-Württemberg v 4. 6. 1965). Solche Sammelgenehmigungen kommen namentlich bei industriellen Wartungsverträgen, bei Erbbaurechtsverträgen einer Gemeinde uä in Betracht (vgl aaO). Üblicherweise werden sie befristet. Ihre praktische Nützlichkeit steht außer Zweifel. Allerdings ist das Verfahren auf sie nicht zugeschnitten. Die Erteilung einer Sammelgenehmigung kann auch, soweit sie künftige, vielleicht nicht voll übereinstimmende, Vertragsschlüsse erfaßt, Abgrenzungsstreitigkeiten mit sich bringen. Diese werden ggf vor den Zivilgerichten auszutragen sein. Fögen (153) hält auch „allgemeine Genehmigungen" für zulässig, nämlich „Genehmigungen, die für Vereinbarungen bestimmter Art zugunsten von jedermann gelten". Über eine allgemeine Genehmigung auf dem Sektor der Fremdwährungsschuld vgl § 244 Rz 41. Solche „Genehmigungen" sind aber verwaltungsrechtlich nur anzuerkennen, soweit sie als Allgemeinverfügungen (§ 35 S 2 VwVfG) Verwaltungsakte sind und nicht abstrakt regelnden Charakter haben. Unter dieser Voraussetzung bedarf es nach § 41 Abs 3 S 2 VwVfG nur der öffentlichen Bekanntgabe, nicht der förmlichen Mitteilung an einzelne Adressaten. Für „allgemeine Genehmigungen" mit Verordnungscharakter fehlt der DBB die erforderliche Ermächtigung. Im übrigen ist bei „allgemeinen Genehmigungen" darauf zu achten, ob überhaupt ein gestaltender Verwaltungsakt vorliegt. Keine Genehmigung, sondern nur eine deklaratorische Meinungskundgabe liegt vor, wenn die „allgemeine Genehmigung" in Wahrheit dahin zu verstehen ist, daß die DBB eine Klausel allgemein D 307 für genehmigungsfrei erklärt. Rechtsgestaltende Wirkung hat eine solche Erklärung nicht.

D 308 **bb)** Neben der Genehmigung hat sich in der Praxis das **Negativattest** durchgesetzt. Das Negativattest bescheinigt dem Antragsteller die Genehmigungsfreiheit. Es ist im Gesetz nirgends geregelt. Nach **hM** ist es nur eine *freiwillige Meinungsäußerung* der DBB (MITTELBACH Rz 264 mit ungenauem Hinweis auf BGH Betrieb 1969, 658). Darin ist eine doppelte Aussage enthalten: Zum einen soll *kein Verwaltungsakt* vorliegen. Zum anderen folgt aus der Freiwilligkeit, daß das Negativattest weder durch Verpflichtungsklage nach § 42 VwGO noch durch allgemeine Leistungsklage (wenn man die Verwaltungsaktsnatur ablehnt) erzwingbar ist (MITTELBACH Rz 264). *Ein subjektives öffentliches Recht auf Erteilung des Negativattest besteht nicht.* Die Genehmigungsfreiheit eines Vertrags ist im Streitfall vor dem Zivilgericht, nicht durch Klage auf ein Negativattest zu klären. Beide Aussagen der hM müssen auf Zweifel stoßen. Die Frage, ob dem Negativattest die *Verwaltungsaktsqualität* fehlt, ist in Anbetracht seiner Rechtsfolgen (Vorbem D 329) zweifelhaft. Das Negativattest hat konstitutive Rechtsfolgen und ist ein **Verwaltungsakt**. Mit Recht scheint diese Auffassung auch in der Praxis der Landeszentralbanken vorzudringen. Viel zu pauschal ist aber auch die Auffassung, daß kein **Anspruch auf ein Negativattest** besteht. Vielmehr ist zu differenzieren: Wer zum Zweck der Freistellung ein Negativattest, hilfsweise eine Genehmigung begehrt (Vorbem D 311), kann verbindliche Bescheidung dieses Antrags verlangen. Unzulässig wäre es, wenn hier die Behörde die Erteilung des Negativattests ablehnte, weil darauf kein Anspruch bestehe, und die Genehmigung gleichfalls ablehnte, weil die Vereinbarung keiner Genehmigung bedürfe. Die künftig eintretenden Rechtswirkungen des – vermeintlich rein deklaratorischen – Negativattests und einer Genehmigung sind nämlich dieselben (Vorbem D 327 und 329), so daß die Antragshäufung auf ein *einheitliches sachliches Begehren* hinausläuft: auf rechtsverbindliche Freistellung schlechthin. Wer dagegen nur ein Negativattest begehrt (und dann im Ablehnungsfall keine ungünstigen Gestaltungsfolgen zu befürchten hätte), hat keinen Anspruch auf Bescheidung dieses Antrags, denn er besteht auf der Rechtsansicht, daß die Wertsicherungsklausel genehmigungsfrei, also ipso iure wirksam ist. Da dem Antragsteller Gelegenheit zur Nachreichung eines Hilfsantrags zu geben ist (Vorbem D 311), wird dieser Fall selten sein.

D 309 **cc)** Die dritte Möglichkeit besteht in der **Versagung der Genehmigung** (MITTELBACH Rz 270 ff; DÜRKES [9. Aufl] G 8). Die Versagung des beantragten begünstigenden Verwaltungsakts ist nicht bloß schlichtes Nichthandeln, sondern selbst ein *Verwaltungsakt* (BVerwGE 4, 298, 299; 25, 357, 358; 38, 99 ff; OVG Münster OVGE 10, 12, 14 ff; OVG Lüneburg MDR 1956, 765; VGH Mannheim ESVGH 10 [1961] 12, 13 ff; REDEKER-VON OERTZEN, VwGO [7. Aufl 1981] § 42 Rz 3; STELKENS-BONK-LEONHARDT, VwVfG § 35 Rz 80). Sie bringt das Verwaltungsverfahren zum Abschluß (vgl § 9 VwVfG). Die Genehmigungsbehörde ist aber gehalten, vor der Ablehnung eines Genehmigungsantrags den Parteien *Gelegenheit zur Änderung ihrer Wertsicherungsklausel* zu geben (DÜRKES [9. Aufl] G 11 f; MITTELBACH Rz 270 ff). Dieses Verfahren entspricht dem der Zwischenverfügung im Recht der freiwilligen Gerichtsbarkeit. Es handelt sich zunächst nicht um einen ablehnenden Verwaltungsakt, sondern um ein Verfahrensinternum. Die Parteien erhalten Gelegenheit, die beanstandete Klausel neu zu fassen. Ob sie dies voneinander verlangen können oder ob eine Partei auf der beanstandeten Klausel bestehen darf, hängt von der Lage des Einzelfalls, insbesondere von den Aussichten eines Verwaltungsrechtsstreits, ab (Vorbem D 323). Nach den bisherigen Erfahrungen mit dem Verwaltungsrechtsschutz gegenüber ablehnenden Bescheiden in Wertsicherungsfällen kann davon ausgegangen werden, daß die Beanstandung der DBB im Regelfall begründet, eine Vertragsänderung also geboten ist. Ist sie den Parteien zumutbar, so können sie voneinander die Korrektur der Klausel verlangen.

c) Das **Verwaltungsverfahren** ist ein *Antragsverfahren* (§ 22 Nr 1 VwVfG). **D 310**

aa) Der Genehmigungsantrag ist nach Nr 8 der Genehmigungssätze der DBB (Vorbem D 208) bei der zuständigen *Landeszentralbank* einzureichen. Weder die Genehmigung noch der Negativbescheid ergeht ohne Antrag. Antragsteller kann jede Vertragspartei sein. Der Antrag setzt nicht voraus, daß das Vertragsangebot schon angenommen ist (Vorbem D 259). Die Antragstellung durch eine Partei genügt (DÜRKES [9. Aufl] G 2; MITTELBACH Rz 266). Jede Partei ist der anderen verpflichtet, soweit erforderlich, an der Erteilung der Genehmigung mitzuwirken (OVG Münster Betrieb 1964, 1847, 1848; DÜRKES [9. Aufl] E 1 ff; MITTELBACH Rz 267). Zweifelhaft ist das *Verhältnis zwischen dem Antrag auf Genehmigung und auf Erteilung des Negativattests.* Im Zweifelsfall – also immer dann, wenn die Genehmigungsbedürftigkeit zweifelhaft ist – sollte der Antragsteller in erster Linie ein Negativattest und hilfsweise eine Genehmigung beantragen (in gleicher Richtung DÜRKES [9. Aufl] C 251; MITTELBACH Rz 268). Hat der Antragsteller nur ein Negativattest beantragt, so ist in diesem Antrag nicht auch der weitergehende Antrag auf Genehmigung der Klausel enthalten. Hält die Behörde die Klausel für genehmigungsbedürftig, so wird sie den Antragsteller auf das Erfordernis eines Erlaubnisantrags hinweisen und ihm ggf auch Gelegenheit zur Vertragsänderung geben müssen (vgl auch MITTELBACH Rz 272). Dagegen ist im Antrag auf Genehmigung der Antrag auf Erteilung des Negativattestes als ein minus auch ohne ausdrückliche Antragshäufung mit enthalten. Ist die Genehmigungsbehörde der Auffassung, die Klausel sei nicht genehmigungsbedürftig, so darf sie dennoch den Genehmigungsantrag nicht ablehnen. Sie kann den Antragsteller auf die Rechtslage hinweisen und vorsorglich um Klarstellung bitten, ob er auch ein Negativattest begehrt. Dieses Verfahren ist zulässig. Es ist allerdings nach richtiger Auffassung überflüssig, denn das Negativattest kann auch ohne weiteres aufgrund des Erlaubnisantrags erteilt werden. **D 311**

bb) Das **Verfahren** wird, wenn nur eine Vertragspartei den Antrag gestellt hat, *ohne Anhörung des Vertragspartners* durchgeführt (DÜRKES [9. Aufl] G 2; MITTELBACH Rz 266). Eine notwendige Hinzuziehung iS von § 13 Abs 2 VwVfG liegt nach hM also nicht vor, obgleich eine bestandkräftige Ablehnung des Antrags auch gegen den Vertragspartner wirkt (vgl Vorbem D 318). *Dieser Standpunkt der hM ist abzulehnen.* Zwar kann die Genehmigung ohne Anhörung des Vertragspartners erteilt werden; ihre Versagung setzt jedoch voraus, daß der Vertragspartner hinzugezogen, mindestens aber gehört wird. Die Ablehnung ist nach § 41 VwVfG auch der nicht antragstellenden Partei bekanntzugeben. **D 312**

d) Gerichtlicher Verwaltungsrechtsschutz ist nach Maßgabe der VwGO durch Klage gegen die DBB gewährleistet. Dabei ist zu unterscheiden. **D 313**

aa) Die **Genehmigung** ist ein begünstigender Verwaltungsakt und *für keine Partei (übrigens auch nicht für Dritte) anfechtbar.* Auch diejenige Partei, die nicht um die Genehmigung nachgesucht hat und sich jetzt durch die Wirksamkeit der genehmigten Klausel beschwert fühlt, ist nicht iS von § 42 Abs 2 VwGO in ihren Rechten verletzt, also nicht zur Anfechtung befugt (OVG Münster BB 1965, 16 = Betrieb 1964, 1847 = NJW 1965, 650; DÜRKES [9. Aufl] C 255 f; ders BB 1964, 1016; MITTELBACH Rz 273). Das OVG Münster hat dies allerdings zu Unrecht als ein Problem der Popularklage angesehen. Es hat dazu ausgeführt, der Staatsbürger könne nicht unter Berufung auf solche Normen Klage erheben, die seinen Rechtskreis nicht berühren und nicht zu seinem Schutz erlassen sind. § 3 S 2 WährG ziele auf Währungsstabilität und sei nicht nach privatrechtlichen Gesichtspunkten zu beurteilen. Diese Begründung verfehlt das Problem. Der Vertragspartner klagt nicht als **D 314** quivis ex populo. Die Genehmigung berührt sehr wohl seinen Rechtskreis, aber es fehlt an der Beschwer, weil ein begünstigender Verwaltungsakt vorliegt; vgl als bemerkenswerten Parallelfall KG WuW/E OLG 1903 „Air-Conditioning-Anlagen" BGH WuW/E BGH 1562 „Air-Conditioning-Anlagen" mAnm Bache; dazu näher Karsten Schmidt, Gerichtsschutz in Kartellverwaltungssachen (1980) 47 f; zur Beschwer als Klagevoraussetzung vgl die gleichnamige Schrift von Bettermann (1970). Aus demselben Grund ist auch die *Erteilung eines Negativattestes* selbst dann unanfechtbar, wenn man sie als Verwaltungsakt ansieht (dazu Vorbem D 308).

D 315 **bb**) Die **Versagung der Genehmigung** ist nach hM mit der Anfechtungsklage *anfechtbar* (Dürkes [9. Aufl] C 262; Mittelbach Rz 274). Virtueller Streitgegenstand ist indessen nicht die Bekämpfung eines rechtswidrig die Rechte des Klägers beeinträchtigenden belastenden Verwaltungsakts, sondern der Anspruch auf Erteilung eines begünstigenden Verwaltungsakts, nämlich der Genehmigung. Insoweit liegt eine *Verpflichtungsklage,* nicht eine Anfechtungsklage vor (Eichler BB 1971, 460 Fn 37). Wenn trotzdem nach hM nicht die Genehmigung einzuklagen, sondern nur die Ablehnung des Antrags anzufechten ist, so beruht dies darauf, daß ein strikter Verleihungsanspruch nicht besteht (vgl hierzu Willms-Wahlig BB 1978, 976; Vorbem D 305). In Fällen dieser Art sieht die im Verwaltungsprozeßrecht hM nicht die Verpflichtungsklage, sondern die Anfechtungsklage als die geeignete Rechtsschutzform an. Begehrt der Kläger im Hinblick auf § 114 VwGO und auf § 113 Abs 4 S 2 VwGO nur eine neue Bescheidung seines rechtswidrig abgelehnten Antrags, so ist nach der Praxis des BVerwG eine sog *isolierte Anfechtungsklage* zulässig, die sich nur gegen die Ablehnung richtet (zur isolierten Anfechtungsklage vgl BVerwGE 24, 351 = NJW 1967, 1146 m krit Anm Asam; BVerwGE 38, 99 = JuS 1972, 162 mAnm Bähr; BVerwG NJW 1971, 2004 = DVBl 1973, 374 m abl Anm Bettermann). Diese Praxis ist zumindest dogmatisch wenig überzeugend (vgl zur Bescheidungsklage Bettermann NJW 1960, 649, 656; zur Auffassung des Verf vgl Karsten Schmidt [Vorbem D 314] 26 f mwN). Der Kläger wird sich aber zweckmäßigerweise auf sie einstellen und den Antrag, wie immer dieser dann prozeßrechtlich eingeordnet wird, zumindest als Anfechtungsklage formulieren. Gerade im Fall des § 3 WährG entspricht die isolierte Anfechtungsklage auch besonders gut den Interessen des Klägers, denn dieser Klage kann stattgegeben werden, wenn die Vertragsklausel entweder nicht genehmigungsbedürftig oder zwar genehmigungsbedürftig, aber auch genehmigungsfähig ist.

D 316 **cc**) Die **Klagebefugnis** beschränkt sich nicht auf den Antragsteller. Da die Versagung der Genehmigung auch in Rechte des Vertragspartners eingreift, ist auch dieser nach § 42 Abs 2 VwGO zur Klage befugt. Bei der Anfechtungsklage folgt sie daraus, daß die Nichtgenehmigung eines genehmigungsbedürftigen Rechtsgeschäfts in den Rechtskreis der Vertragsbeteiligten eingreift und sie beschwert. Unrichtig ist die bei Vorbem D 314 ausführlicher kritisierte Auffassung des OVG Münster, wonach es am Eingriff in den privaten Rechtskreis fehlt, weil Einwendungen gegen die Nichterteilung oder Erteilung einer Erlaubnis nach § 3 WährG nur auf währungspolitische, im Allgemeininteresse liegende Überlegungen gestützt werden können. Mit dieser Auffassung wird der objektive Maßstab der Rechtmäßigkeitsprüfung verwechselt mit dem für die Klagebefugnis ausschlaggebenden Maßstab der Verletzung des Klägers in seinen Rechten.

D 317 **e**) Wegen der **privatrechtlichen Wirkungen** ist zu unterscheiden:

aa) **Genehmigungsfreie Wertsicherungen** können selbstverständlich aus anderen Gründen unwirksam sein, aber § 3 WährG steht ihrer Wirksamkeit nicht entgegen. Das Prozeßgericht ist in der Beurteilung, ob eine genehmigungsfreie Klausel vorliegt, grundsätzlich frei, dh nicht an die Auffassung der DBB gebunden (vgl Vorbem

D 204 ff). Selbst wenn diese ein Negativattest oder eine Genehmigung versagt hat, ändert sich dies nicht (Vorbem D 328 f).

bb) Genehmigungsbedürftige Wertsicherungen sind nach § 134 (Vorbem D 188) **schwebend unwirksam,** solange die Genehmigung nicht erteilt ist (BGHZ 14, 306, 313 = NJW 1954, 1684, 1685; BGH BB 1954, 579; 1959, 868 = WM 1959, 1160 = DNotZ 1959, 581; BB 1959, 1079; WM 1963, 763, 765; BB 1966, 559 = WM 1966, 590, 592; WM 1976, 671, 672; Dürkes [9. Aufl] G 5; Mittelbach Rz 280; Reithmann DNotZ 1960, 194). Ein *Unterschied zwischen genehmigungsfähigen und genehmigungsunfähigen Klauseln* besteht insoweit grundsätzlich nicht. Grundsätzlich führt erst die rechtskräftige Versagung der Genehmigung zur Nichtigkeit des Vertrags (über Probleme der Teilnichtigkeit vgl Vorbem D 321). Die Parteien sind einander verpflichtet, die Genehmigung herbeizuführen und alles zu unterlassen, was die Erteilung der Genehmigung hindert (Dürkes [9. Aufl] E 1 ff, 16 ff, 19 ff; allgM). Naturgemäß hängt das Ausmaß dieser Pflichten im konkreten Fall von den Aussichten eines Genehmigungsantrags ab. Werden, solange es bei der schwebenden Unwirksamkeit der Klausel geblieben ist, die Richtlinien der DBB zugunsten des in Frage stehenden Vertrages geändert, so ist keiner der Beteiligten gehindert, jetzt die – rückwirkende! – Genehmigung einzuholen (OLG Hamm BB 1966, 675 = WM 1966, 787). **Anfängliche Nichtigkeit** und nicht bloß schwebende Unwirksamkeit nimmt allerdings das LG Regensburg (BB 1975, 346) an, wenn die Parteien um die Genehmigungsunfähigkeit der vereinbarten Klausel wissen und überhaupt nicht die Absicht haben, eine Genehmigung einzuholen. Dieses Ergebnis stimmt mit der allgemeinen Praxis und Lehre zu strikten, umgehungsfesten Verboten überein (vgl Vorbem E 22; RGZ 125, 209, 211; BGH WM 1955, 1385; 1959, 1133; BB 1968, 852 = NJW 1968, 1928; OLG Stuttgart WuW/E OLG 1083, 1088 „Fahrschulverkauf"; Staudinger-Dilcher § 134 Rz 9 mwN). Aber § 3 S 2 WährG verbietet nicht die Wertsicherung schlechthin, sondern nur bestimmte Techniken der Wertsicherung. Die Vorschrift ist nur eingeschränkt umgehungsfest und läßt Surrogatsstrategien, vor allem in Form von Leistungsbestimmungsvorbehalten, zu (Vorbem D 203). Nur so läßt sich das Urteil BGH LM Nr 11 zu § 308 ZPO = NJW 1979, 2250 erklären. Der BGH hält darin eine *„ergänzende Vertragsauslegung"* (Vorbem D 324) für zulässig, wenn die Parteien wissentlich eine genehmigungsunfähige Wertsicherungsklausel vereinbaren, deren Erfüllung sie trotz ihrer Nichtigkeit wünschen. Die „ergänzende Auslegung", die in Wahrheit eine *Umdeutung* ist, macht aus einer genehmigungsunfähigen und nichtigen Gleitklausel einen genehmigungsfreien Leistungsbestimmungsvorbehalt. Dem Urteil kann trotz methodischer Bedenken im Ergebnis zugestimmt werden: Wenn eine Wertsicherungsvereinbarung in der Erwartung, sie werde eingehalten, bewußt contra legem eingegangen wird und deshalb nichtig ist, bestehen nur folgende Möglichkeiten: Entweder läßt sich die Klausel nach § 140 in ein zulässiges minus umdeuten (Leistungsbestimmungsvorbehalt statt Gleitklausel), oder es besteht ein Anspruch auf Vereinbarung einer wirksamen Wertsicherung (Vorbem D 323 f), oder der unter der Voraussetzung der Wertsicherung geschlossene Vertrag ist insgesamt nach § 139 nichtig (Vorbem D 321 f). Unter diesen Lösungen gebührt der Umdeutung der Vorrang, denn sie kommt dem Parteiwillen so weit entgegen, wie es mit § 3 S 2 WährG zu vereinbaren ist. **Endgültig nichtig** ist eine genehmigungsbedürftige Wertsicherungsklausel, wenn ein Genehmigungsantrag formell rechtskräftig abgelehnt worden ist (vgl nur BGH BB 1963, 793; Dürkes [9. Aufl] E 8; Staudinger-Dilcher § 134 Rz 9 mwN). Die Zivilgerichte können eine solche Klausel nicht mehr als genehmigungsfähig ansehen; dagegen sind sie frei in der Beurteilung der Frage, ob die Klausel genehmigungsbedürftig oder genehmigungsfrei ist (Vorbem D 328). **Endgültige Wirksamkeit** tritt, sofern nicht der Vertrag an anderen Mängeln leidet, durch *Genehmigung* ein, und zwar mit rückwirkender Kraft

(Vorbem D 320). Auch für die Wertsicherungsklausel bei einem *gekündigten Rechtsverhältnis* kann die Genehmigung noch erteilt werden, und zwar selbst dann, wenn das Rechtsverhältnis durch fristlose Kündigung bereits im Zeitpunkt der Genehmigung aufgehoben war; denn die Kündigung beendet den Vertrag nur mit Wirkung ex nunc und schließt eine rückwirkende Genehmigung nicht aus (BGH LM Nr 6 zu § 542 ZPO = BB 1979, 860 = Betrieb 1979, 1502 = MDR 1979, 930 = WM 1979, 784). *Gegenstand der Genehmigung* ist die Klausel und der Vertrag, wie er sich objektiv im Auslegungswege darstellt, auch wenn diese Auslegung nicht vollständig mit dem Wortlaut übereinstimmt und vielleicht auch von der Genehmigungsbehörde nicht ebenso wie später vom Zivilgericht verstanden wurde (BGH WM 1964, 906; OLG Hamm WM 1970, 1239, 1240). Ist die Genehmigung ohne zeitliche Beschränkung erteilt, so erfaßt sie die gesamte *Dauer* des Schuldverhältnisses. Ist dieses wirksam gekündigt, einigen sich aber die Parteien vor Ablauf der Kündigungsfrist über eine Fortsetzung des Vertrages, so bleibt auch die genehmigte Wertsicherungsklausel wirksam (BGH LM Nr 22 zu § 566 = BB 1974, 578 = NJW 1974, 1081).

D 319 Die Genehmigung kann mit **Einschränkungen, Auflagen oder Bedingungen** versehen werden (vgl dazu § 36 VwVfG). Hat die Landeszentralbank eine nur zugunsten des Gläubigers wirkende Wertsicherungsklausel für den Fall genehmigt, daß die Vertragspartner sie auch zugunsten des Schuldners vereinbaren, so tritt die Genehmigungswirkung an sich erst mit dieser Vereinbarung ein; der Schuldner ist aber nach Treu und Glauben verpflichtet, an dieser ihn begünstigenden Änderung mitzuwirken (BGH BB 1960, 118 = Betrieb 1960, 117 = NJW 1960, 523 = WM 1960, 104). Es handelt sich um eine klagbare und nach § 894 ZPO vollstreckbare Verpflichtung. Aber auch ohne Einigung der Parteien und auch ohne solche Klage und Vollstrekkung – die zulässig bleibt, weil ein Rechtsschutzinteresse an eindeutiger Klärung besteht – muß sich der Schuldner in einem solchen Fall nach § 242 behandeln lassen, als sei die Vertragsänderung bereits zustandegekommen. Der Versuch des Schuldners, sich unter Berufung auf die Unwirksamkeit der vereinbarten Klausel aus einem unbequemen Vertragsverhältnis zu lösen, ist treuwidrig (BGH BB 1960, 118 = Betrieb 1960, 117 = NJW 1960, 523 = WM 1960, 104; vgl dazu auch Horn AcP 181 [1981] 255, 270 f).

D 320 cc) Die **genehmigte Wertsicherung** ist voll wirksam, soweit nicht andere Vorschriften entgegenstehen. Die Genehmigung hat rückwirkende Kraft (BGH LM Nr 1 zu § 542 BGB = BB 1959, 868 = WM 1959, 1160; BB 1965, 183; WM 1976, 671, 672; LM Nr 6 zu § 542 ZPO = Betrieb 1979, 860 = Betrieb 1979, 1502 = WM 1979, 784, 786; OLG Hamm BB 1966, 675 = WM 1966, 687; MünchKomm-von Maydell, § 244 Rz 32; allgM). Sie kann auch nach Jahren noch rückwirkend erteilt werden (OLG Hamm BB 1966, 675 = WM 1966, 787; Reithmann DNotZ 1960, 195), und zwar auch dann, wenn das Vertragsverhältnis selbst bereits gekündigt (Vorbem D 318) oder sonst erloschen ist. Soweit nach der Klausel der Anpassungstatbestand bereits vor Erteilung der Genehmigung eingetreten war, kann allerdings in einem solchen Fall die Berufung auf die Rückwirkung der Genehmigung rechtsmißbräuchlich sein.

D 321 **dd) Teilunwirksamkeit und Teilnichtigkeit** folgen den allgemeinen Grundsätzen (vgl BGH LM Nr 4 und 5 zu § 139 BGB; WM 1964, 248, 249; OLG Bamberg NJW 1957, 268; MünchKomm-von Maydell § 244 Rz 33; Dürkes [9. Aufl] G 23; Palandt-Heinrichs § 139 Anm 3; Reithmann DNotZ 1960, 194). Einen Grundsatz, wonach der Vertrag stets mit dem vereinbarten, wegen der Nichtigkeit der Klausel unverändert beizubehaltenden Festbetrag fortgesetzt werden soll, gibt es nicht (vgl BGH BB 1963, 793; Mittelbach Rz 283). Es kommt auf den hypothetischen Parteiwillen an, also darauf, ob die Wertsicherungsklausel für die Parteien von so wesentlicher Bedeutung ist, daß der gesamte Vertrag mit ihr steht oder fällt (BGH NJW 1952, 299; BB 1959, 1006 = Betrieb 1959, 1108; BB 1974, 1414 = NJW 1974,

2233, 2235; OLG München BB 1958, 786 = MDR 1959, 925; Dürkes [9. Aufl] G 25 f; Mittelbach Rz 284; s auch OLG Oldenburg NdsRpfl 1952, 152). Das gilt ebenso für die schwebende Unwirksamkeit (BGH LM Nr 6 zu § 542 = BB 1974, 1414 = NJW 1974, 2233, 2234 f). Ein Vertrag, der ohne Wertsicherung nicht aufrechterhalten werden kann, ist allerdings dann nicht nichtig, wenn die unwirksame Wertsicherungsklausel im Wege der berichtigenden („ergänzenden") Auslegung, der Umdeutung oder der Vertragsänderung in eine wirksame oder genehmigungsfähige Klausel verwandelt werden kann (Vorbem D 323 f).

Der *Regel-Ausnahme-Mechanismus des* **§ 139** (Totalnichtigkeit, sofern nicht der hypothetische Parteiwille zur bloßen Teilnichtigkeit führt) ist allerdings für eine Reihe von Fallgruppen, darunter auch der Fall der nichtigen Wertsicherungsklausel, umgekehrt worden: *Typischerweise ist anzunehmen, daß die getroffene Vereinbarung auch ohne die Wertsicherungsklausel zustandegekommen wäre, so daß idR der Vertrag mit Ausnahme der nichtigen Klausel wirksam bleibt* (BGH NJW 1974, 2233, 2235; Pierer von Esch, Teilnichtige Rechtsgeschäfte [1968] 91 ff; MünchKomm-von Maydell § 244 Rz 33; MünchKomm-Mayer-Maly § 139 Rz 24). Läßt sich dann ein vereinbarter Preis – zB der vereinbarte Grundpreis – auch ohne die Wertsicherungsklausel ermitteln, so gilt, wenn nicht der Parteiwille für Gesamtnichtigkeit des Vertrages spricht, dieser Preis. Es ist zB der vereinbarte Miet- oder Pachtzins weiterzuzahlen (Mittelbach Rz 281). Entspricht dieser Preis nicht dem Parteiwillen, so folgt noch nicht aus § 139 die Nichtigkeit des ganzen Vertrags, sondern die bei Vorbem D 324 geschilderte Vertragsänderungspflicht (BGHZ 63, 132, 135 = NJW 1975, 44, 45). Der Vertragspraxis wird zu Regelungen für den Fall, daß die Wertsicherungsklausel nichtig ist, geraten (Mittelbach Rz 281). Formulierungshilfen gibt Dürkes (9. Aufl) E 103 ff. Auch eine Neuverhandlungspflicht (Vorbem D 323) kann für diesen Fall ausdrücklich vorgesehen werden (Dürkes [9. Aufl] E 105). Möglich ist auch eine Umdeutungsklausel (Vorbem D 324). Auch eine Vertragsklausel, nach der die Wertsicherung „integrierender Bestandteil" eines Darlehnsvertrags ist, zwingt noch nicht zu der Folgerung, daß mit der Rechtsbeständigkeit der Klausel der ganze Vertrag steht und fällt (BGH BB 1959, 1006 = Betrieb 1959, 1108 = WM 1959, 1198). D 322

ee) Die Unwirksamkeit oder Nichtigkeit des Vertrags kann zum **Anspruch auf Vertragsänderung** führen. Die Unwirksamkeitsfolge schließt eine Verbindlichkeit des vereinbarten Vertragsinhalts aus, nicht notwendig auch eine Pflicht zu Heilung des Mangels (Pierer von Esch [Vorbem D 322] 93; über rechtsgeschäftliche Folgen nichtiger Willenserklärungen vgl allgemein die gleichnamige Schrift von Pawlowski [1966]). Dabei muß unterschieden werden zwischen den Fällen, in denen nur die Wertsicherungsklausel unwirksam und korrekturbedürftig ist, und den Fällen, bei denen die Korrektur die Totalnichtigkeit des Vertrages beheben soll (Vorbem D 324 f). In erster Linie sind die Parteien nach § 242 verpflichtet, die unwirksame Klausel durch eine andere zu ersetzen, die der nichtigen Klausel möglichst nahe kommt, aber entweder nicht genehmigungsbedürftig oder zwar genehmigungsbedürftig aber auch genehmigungsfähig ist (BGHZ 63, 132, 135 = NJW 1975, 44, 45 = LM Nr 26 zu § 3 WährG mAnm Braxmeier; BGH LM Nr 14 zu § 3 WährG; DNotZ 1960, 144; BB 1967, 228 = NJW 1967, 830 = WM 1967, 257; NJW 1973, 1498, 1499; Betrieb 1976, 669; LM Nr 37 zu § 3 WährG = NJW 1979, 1545; Dürkes [9. Aufl] E 1 ff; Pierer von Esch aaO 93; MünchKomm- von Maydell § 244 Rz 32; Reithmann DNotZ 1960, 196; zur dogmatischen Begründung vgl Horn AcP 181 [1981] 270 f). D 323

Ein Anspruch auf Vertragsänderung kann sich nach Lage des Falls aus § 242 ergeben, wenn die Wertsicherungsklausel schwebend unwirksam oder nichtig, der Vertrag aber im übrigen wirksam ist (BGH BB 1966, 559 = WM 1966, 590; LM Nr 17 zu § 3 D 324

WährG = Betrieb 1967, 374 = NJW 1967, 830, 831 = WM 1967, 257; LM Nr 20/21 zu § 3 WährG = MDR 1973, 927 = NJW 1973, 1498; LM Nr 37 zu § 3 WährG = BB 1979, 1260 = NJW 1979, 1545, 1546; enger noch BGH BB 1960, 919). Ein solcher Anspruch auf Vertragsänderung kommt insbes dann in Betracht, wenn neben der unwirksamen Klausel kein Festpreis vereinbart ist oder wenn ein Festpreis zwar vereinbart, ein Festhalten am Festpreis aber für den Geldgläubiger nicht zumutbar ist. Ist der gesamte Vertrag mit der rechtskräftigen Versagung der Genehmigung nichtig (Vorbem D 321 f), so besteht idR zwar keine Pflicht zum Neuabschluß, aber im Einzelfall kann doch ein Anspruch auf wirksamen Neuabschluß bestehen, wenn die andere Partei die Nichtigkeit durch culpa in contrahendo herbeigeführt hat (BGH BB 1963, 793 = Betrieb 1963, 991 = WM 1963, 763; Mittelbach Rz 300; vgl auch Vorbem D 325). Im übrigen erkennt die hM ganz weitreichende Vertragsänderungspflichten an. Die Aufnahme einer genehmigungsfreien oder genehmigungsfähigen Wertsicherungsklausel in den Vertrag kann grundsätzlich dann schon verlangt werden, wenn die Parteien durch Vereinbarung einer genehmigungsunfähigen Wertsicherungsklausel übereinstimmend den Willen kundgetan haben, die Geldforderung wertbeständig zu machen, und diese Vertragsklausel für sie wesentlich war (vgl BGH LM Nr 20/21 zu § 3 WährG unter III 1 b = NJW 1973, 1498, 1499). Zweifelsfrei kann ein Vertragspartner dann von dem anderen die Änderung verlangen, wenn sie für diesen anderen günstig ist (BGH BB 1960, 919). Der andere Vertragspartner kann sich dann nicht etwa unter Berufung auf die Nichtigkeit der Klausel von dem Vertrag lossagen. Eine schwierige Frage ist die der **Vertragsanpassungstechnik.** Kommt es unter den Parteien zu keiner Einigung, so wäre der einfachste Weg der einer rückwirkenden richterlichen Vertragsanpassung, der dogmatisch sauberste, aber rechtspraktisch kaum annehmbare Weg der eines klagbaren Vertragsänderungsanspruchs (Vollstreckung: § 894 ZPO). *Einzig praktikabel ist der Weg einer primären Vertragsänderungspflicht der Parteien und einer subsidiären Gestaltungsbefugnis des Gerichts analog § 315 Abs 3* (vgl auch zum Fortfall der Geschäftsgrundlage Vorbem D 123). So – mit primärer Leistungsbestimmung durch den Geldgläubiger – auch BGH LM Nr 20/21 zu § 3 WährG unter III 2 c = BB 1973, 998, 999 = NJW 1973, 1498, 1500. *Vorrang vor diesem Verfahren hat die* **ergänzende Vertragsauslegung** (Wolf ZIP 1981, 237 mwN). Im praktischen Ergebnis dient sie der Rechtsprechung dazu, eine viel weitergehende Vertragsänderung zu rechtfertigen, nämlich die *Vertragskorrektur ex tunc.* Die Praxis behandelt in solchen Fällen die Parteien so, als hätten sie von Anfang an eine genehmigungsfreie Klausel vereinbart, was im Ergebnis einem fingierten Vertragsinhalt gleichkommt (vgl BGHZ 63, 132, 136 = NJW 1975, 44, 45 = LM Nr 26 zu § 3 WährG mAnm Braxmeier; BGH LM Nr 10 zu § 3 WährG = NJW 1960, 523; LM Nr 51 zu § 139 BGB = Betrieb 1976, 669; LM Nr 37 zu § 3 WährG = NJW 1979, 1545, 1546; LM Nr 11 zu § 308 ZPO = NJW 1979, 2250; OLG Karlsruhe BB 1981, 2097; dazu Dürkes [9. Aufl] E 14). Obwohl diese Praxis auf eine Umdeutung hinausläuft, ist sie im Ergebnis zu billigen (vgl auch Dürkes [9. Aufl] E 31 ff). Nach BGHZ 63, 132 = NJW 1975, 44 = mAnm Braxmeier LM Nr 26 zu § 3 WährG kann im Wege der ergänzenden Auslegung eine genehmigungsfreie Wertsicherungsklausel als von Anfang an vereinbart gelten, wenn in einem Vertrag eine genehmigungsunfähige Wertsicherungsklausel enthalten ist, aber feststeht, daß der Vertrag ohne Wertsicherung nicht abgeschlossen worden wäre und daß die Parteien bei Kenntnis der Rechtslage eine bestimmte genehmigungsfreie Klausel vereinbart hätten. Wird Anpassung der Geldleistungen aufgrund einer solchen ergänzenden Vertragsauslegung verlangt, so ist allerdings im Einzelfall noch zu prüfen, ob das Ergebnis der Wertsicherung auch der Billigkeit entspricht (BGH LM Nr 51 zu § 139 = MDR 1976, 571 = Betrieb 1976, 669, 670). Ist das der Fall, so sind nach BGH aaO die Parteien verpflichtet, einander so zu stellen, als ob eine genehmigungsfreie Klausel – in casu ein Leistungsbestimmungsvorbehalt – von vornherein vereinbart gewesen wäre. Nach BGH LM Nr 11 zu § 308 ZPO = NJW 1979, 2250 = WM 1979, 252 ist eine ergänzende Vertragsauslegung nicht einmal dann ausgeschlossen, wenn die Parteien wußten, daß die Klausel nicht genehmigt werden könne. Wenn nämlich die Vertragsparteien die Erfüllung der Wertsicherungsklausel trotz Kenntnis der Rechtslage wünschten, ist die Lage nach Auffassung des BGH eine andere, als wenn die Parteien den Punkt wegen der Unwirksamkeit der beabsichtigten Klausel ungeregelt gelassen haben (dazu Vorbem D 318). Die Legitimation solcher angeblich nur ergänzenden Vertragsauslegung ist nicht unzweifelhaft. Sie kann sich aus dem Vertrag ergeben, wenn dieser eine salvatorische Klausel enthält, wonach eine unwirksame Vertragsbestimmung zweckgerecht umgedeutet werden soll (Wolf ZIP 1981, 237 mwN). Fehlt es daran, so liegt in Wahrheit eine Umdeutung oder Vertragsänderung vor. Nur wenn sich mit hinreichender Sicherheit absehen läßt, welche genehmigungsfreie Wertsicherung die Parteien bei Kenntnis der Rechtslage vereinbart hätten, kann diese Wertsicherung – es wird sich meist um ein minus gegenüber der vereinbarten Klausel handeln – ex tunc als Vertragsbestandteil gelten.

Fehlen für diese Art Vertragskorrektur („ergänzende Auslegung") die tatsächlichen D 325
Grundlagen oder kann den bei Vertragsschluß als berechtigt angesehenen Interessen des Geldgläubigers auf diese Weise nicht genügend Rechnung getragen werden, so kommt nur die Vertragsänderung durch Einigung der Parteien oder durch billige Rechtsgestaltung ex nunc in Betracht. Eine Rückwirkung kann dann allenfalls in dem Sinne bestehen, daß die Parteien einander schuldrechtlich stellen müssen, als hätten sie alsbald eine den beiderseitigen Interessen entsprechende Klausel vereinbart (BGH LM Nr 51 zu § 139 = Betrieb 1976, 669). Die Pflicht zur Heilung des Mangels durch Vertragsänderung entfällt nach BGH BB 1963, 793 = WM 1963, 763, wenn durch bestandskräftige Versagung der Genehmigung die Wertsicherungsklausel und mit ihr der gesamte Vertrag (§ 139) endgültig nichtig ist (grundsätzlich ebenso Dürkes [8. Aufl] E 34 und E 40 b; [9. Aufl] E 12 f). Diese Auffassung ist zweifelhaft. Selbst wenn die Wertsicherungsklausel endgültig nichtig ist, kann bei Berücksichtigung des hypothetischen Parteiwillens und des Grundsatzes von Treu und Glauben eine Pflicht zur Vertragsänderung, dh zur Vereinbarung einer den hypothetischen Parteiwillen treffenden Klausel bleiben (ähnlich Mittelbach Rz 298 f). Nur wenn es für diese Pflicht keine Grundlage gibt, kann dem BGH zugestimmt werden, aber dann versteht sich das Ergebnis von selbst (Umkehrung der Argumentationsrichtung). Zur Frage, ob ausnahmsweise eine Neuverhandlungspflicht besteht, vgl Vorbem D 324.

f) Die **Bindung der Zivilgerichte** an den Ausgang eines Verwaltungsverfahrens folgt D 326
allgemeinen Verfahrensregeln.

aa) Die **Genehmigung** als privatrechtsgestaltender Verwaltungsakt führt dazu, daß D 327
die Vertragswirksamkeit nicht mehr unter dem Gesichtspunkt des § 3 WährG in Zweifel gezogen werden kann (BGHZ 1, 294, 302; Fögen 153 f; Dürkes [9. Aufl] G 15; Mittelbach Rz 269). Da die Genehmigung den Vertrag nur vom Verbot des § 3 WährG freistellt, kann sie selbstverständlich weder eine nach anderen Vorschriften erforderliche Genehmigung ersetzen noch ein sonstiges Wirksamkeitshindernis beheben (Fögen 154).

bb) Die **Ablehnung der Genehmigung** ist kein privatrechtsgestaltender Verwaltungs- D 328
akt. *Die Zivilgerichte sind in diesem Fall nicht an die Auffassung der DBB gebunden* (Dürkes [9. Aufl] C 215; Mittelbach Rz 276). Sie können die Klausel immer noch als genehmigungsfrei einordnen. Sieht allerdings ein Zivilgericht die Klausel als genehmigungsbedürftig an, so kann es sie *nach rechtskräftiger Versagung der Genehmigung* nicht mehr als genehmigungsfähig ansehen. Die genehmigungsbedürftige

und damit zunächst schwebend unwirksame Klausel wird mit der endgültigen Versagung der Genehmigung nichtig (Vorbem D 318). Die Genehmigung kann dann auch nicht mehr nachträglich erteilt werden (vgl Reithmann DNotZ 1960, 194). Nach herrschender, wenngleich bestrittener, Auffassung bedeutet dies, daß auch eine entgegen diesen Grundsätzen nachträglich erteilte Genehmigung das Rechtsgeschäft nicht mehr zu heilen vermag; es ist ein Neuabschluß erforderlich (Reithmann DNotZ 1960, 194). Diese hM ist nicht unzweifelhaft. Soweit aus ihr die Vorstellung spricht, ein nichtiges Rechtsgeschäft sei einem Nichtgeschäft gleich zu achten, ist sie überholt. Es liegt aber wohl der Gedanke zugrunde, daß nur schwebend unwirksame Geschäfte Gegenstand der Genehmigung sein sollen. Von der rechtskräftigen Ablehnung eines Genehmigungsantrags muß eine ablehende Rechtsauskunft der Landeszentralbank unterschieden werden. Sie ist der Bestandkraft unfähig und vermag die ordentlichen Gerichte schon aus diesem Grunde nicht zu binden (BGH LM Nr 20/21 zu § 3 WährG unter III 1 b = NJW 1973, 1498, 1499).

D 329 cc) **Das Negativattest** – nach hM ein rein deklaratorischer Staatsakt – hat *Genehmigungswirkung.* Es ist dies nicht, wie Dürkes (9. Aufl) C 252, G 19 meint, eine Frage des Rechtsschutzinteresses (mit Recht krit Gutzwiller Rz 182, der deshalb eine rein pragmatische Begründung gibt), sondern eine Frage des Inhalts und der Rechtsnatur eines Negativattestes. Die Frage, ob der Vertrag nach § 3 WährG genehmigungsbedürftig ist, darf von den Zivilgerichten nur geprüft werden, solange weder eine Genehmigung noch ein Negativattest erteilt ist. Ist dagegen ein Negativattest erteilt, so haben die Zivilgerichte die Frage, ob eine Wertsicherungsklausel nach § 3 WährG genehmigungsbedürftig oder auch nur genehmigungsfähig ist, nicht mehr zu prüfen (BGHZ 1, 294, 301 ff; BGH BB 1955, 876; Dürkes [9. Aufl] C 251 ff und G 15 ff; Mittelbach Rz 261; Reithmann DNotZ 1960, 194). Dagegen hat die *Ablehnung eines Negativattestes* ebensowenig wie die einer Erlaubnis gestaltende Wirkung. Das Zivilgericht ist also, wenn es die Vereinbarung für genehmigungsfrei hält, nicht an die Auffassung der DBB gebunden (Mittelbach Rz 263). Ebensowenig bindet eine *Rechtsauskunft,* nach der die in Frage stehende Klausel genehmigungsbedürftig oder sogar genehmigungsunfähig ist (BGH LM Nr 20/21 zu § 3 WährG = NJW 1973, 1498, 1499).

D 330 **9. Bilanz- und Steuerrecht**

Wegen der *Auswirkungen von Wertsicherungsvereinbarungen auf bilanz- und steuerrechtlichen Fragen* ist zu verweisen auf die eingehende Darstellung bei Dürkes (9. Aufl) F 1 ff; Mittelbach Rz 349–546. Bei der Berechnung des Kapitalwerts einer betrieblichen Kaufpreisrente ist die Berücksichtigung eines höheren Rechnungszinsfußes als 5,5% besonders dann nicht gerechtfertigt, wenn eine Wertsicherung vereinbart ist.

VI. Geldentwertung und Irrtumsanfechtung

D 331 **1. Der Irrtum über den Tauschwert**

Ein **Irrtum über den Tauschwert** des Geldes berechtigt bei einem gegenseitigen Vertrag weder nach § 119 Abs 1 noch nach § 119 Abs 2 zur Anfechtung. Die Kaufkraft des Geldes ist *keine Eigenschaft* iS von § 119 Abs 2 (RGZ 111, 257, 259; BGB-RGRK-Krüger-Nieland § 119 Rz 41; Palandt-Heinrichs § 119 Anm 4 c; Staudinger-Dilcher § 119 Rz 59). Der Wert wohnt nicht den einzelnen Geldzeichen inne (Vorbem A 12), sondern der Institution Geld (Vorbem A 14). Auch ein *Irrtum* *über den Inhalt der Willenserklärung* iS von § 119 Abs 1 liegt *nicht* vor (RGZ 111, 257, 260; PALANDT-HEINRICHS § 119 Anm 3 b; s auch RG LZ 1926, 742, 743 f). Wie jeder Irrtum über die Angemessenheit von Leistung und Gegenleistung (RG JW 1917, 214) ist dieses nur ein **Irrtum im Beweggrund.** Erst recht gilt dies für den Irrtum über die künftige Kaufkraftentwicklung; auch er stellt keinen Anfechtungsgrund iS von § 119, sondern einen unbeachtlichen Motivirrtum dar (RGZ 111, 257, 259; OLG Düsseldorf JW 1924, 1186 m Anm VON DER TRENCK; ERMAN-BROX § 119 Rz 51). Abhilfe schafft nur das Institut des Fortfalls der Geschäftsgrundlage (Vorbem D 90 ff). Hier nicht darzustellen ist die Problematik des Irrtums über den Geldwert eines Vertragsgegenstandes (nach hM kein zur Anfechtung berechtigender Eigenschaftsirrtum; BGHZ 16, 54, 57; BGH LM Nr 2 zu § 779 BGB; str; vgl FLUME Rechtsgeschäft § 24/2 d) oder über den Nennbetrag einer Forderung (nach hM gleichfalls kein Eigenschaftsirrtum; BGH LM Nr 2 zu § 779 BGB; WM 1963, 252, 253; aM DUNZ NJW 1964, 1214 f).

2. Der Kurswertirrtum als Kalkulationsirrtum D 332

Der **Irrtum über den Kurswert einer Währung als Kalkulationsirrtum** kann Sonderprobleme aufwerfen. Grundsätzlich ist auch er als bloßer Motivirrtum unbeachtlich, wenn die betreffende Währung den Tauschwert eines Gutes bestimmen soll, denn dann steht der Fall dem bei Vorbem D 331 dargestellten Irrtum über den Tauschwert gleich (RG DRiZ-Beil 1926 Nr 2). Schwieriger sind diejenigen Fälle, bei denen die *Umrechnung Gegenstand der vertraglichen Einigung ist.* Hierher gehört zunächst der *Devisenkauf.* Die Problematik entspricht den umstrittenen Fällen des Kalkulationsirrtums beim Wertpapierkauf (vgl auch RG DRiZ-Beil 1926 Nr 2; PALANDT-HEINRICHS § 119 Anm 4 c). Wie bei den Börsenkursfällen ist hier zu fragen, ob der Tageskurs Eigenschaft iS von § 119 Abs 2 sein kann (vgl SOERGEL-HEFERMEHL § 119 Rz 31) oder ob die erkennbar gemachte *Kalkulation Teil der Erklärung,* der Kalkulationsirrtum dann also Inhaltsirrtum ist (RGZ 64, 266, 268; 94, 65, 67 f; 97, 138, 139 f; 101, 51, 53; 116, 15, 17; 162, 198, 201; unentschieden BGH LM Nr 21 zu § 119 BGB; JR 1971, 415; dagegen die heute ganz hM; vgl nur LARENZ AT § 20 II a; FLUME, Rechtsgeschäft § 23, 4 e; MünchKomm-KRAMER § 119 Rz 76 f; STAUDINGER-DILCHER § 119 Rz 28; ERMAN-BROX § 119 Rz 38; GIESEN JR 1971, 405). Im Einzelfall kann der Gedanke der falsa demonstratio helfen (ENNECCERUS-NIPPERDEY § 167 Fn 27; STAUDINGER-DILCHER § 119 Rz 29; SOERGEL-HEFERMEHL § 119 Rz 29; ERMAN-BROX § 119 Rz 38; WIESER NJW 1971, 709; für ergänzende Vertragsauslegung bei gleichem Ergebnis BROX, Einschränkung der Irrtumsanfechtung [1960] 182). Ob ein beiderseitiger Irrtum über den Kurswert einer Währung eine *falsa demonstratio* darstellt, hängt davon ab, was gewollt und erklärt ist. Der Kalkulationsirrtum kann als falsa demonstratio richtiggestellt werden, wenn nach dem Parteiwillen der objektiv richtige Umrechnungsbetrag den Ausschlag geben sollte. Der errechnete Betrag ist dann nur die (vermeintliche) Konsequenz, nicht aber der Gegenstand der Willenseinigung. Dieser Fall liegt vor allem dann vor, wenn die vereinbarte Geldleistung nicht dazu bestimmt ist, den Tauschwert einer Sachleistung zu bestimmen. So im Fall RGZ 105, 406, wo Geber und Nehmer eines Rubeldarlehns von einem falschen Kurswert ausgingen und für die Rückzahlung den falschen Markbetrag errechneten. Das RG sieht hierin einen zur Anfechtung berechtigenden Inhaltsirrtum iS von § 119 Abs 1, obwohl es zugleich ausführt, Gegenstand der ausgetauschten Erklärungen sei „der Wille, zu dem als richtig angenommenen Kurswert umzurechnen". Aus diesem letzten Grund liegt nach richtiger Auffassung kein Anfechtungsfall, sondern eine falsa demonstratio vor: Die Parteien hatten sich über die Rückzahlung in Mark zum richtigen Kurswert geeeinigt und diesen nur falsch berechnet (GOLTZ, Motivirrtum und Geschäftsgrundlage im Schuldvertrag [1973] 238 ff; ENNECCERUS-NIPPERDEY aaO; FLUME, Rechtsgeschäft § 26/4 a; MünchKomm-KRAMER § 119 Fn 159; SOERGEL-HEFERMEHL § 119 Rz 30; im Ergebnis ebenso BROX aaO).

D 333 **VII. Geldentwertung als Vermögensschaden***

Eine durch **Geldentwertung** oder **Kursverfall** eingetretene Vermögenseinbuße kann ein Schaden sein (allgM; vgl nur RGZ 130, 23, 33 f; RG JW 1922, 159; 1923, 457; BGH MDR 1976, 661 = RIW/AWD 1976, 229; OLG München NJW 1979, 2480 = RIW/AWD 1979, 277; OLG Frankfurt MDR 1981, 1016; GRUNSKY aaO; ders in MünchKomm Vorbem 125 zu § 249). Auch ohne besondere Vereinbarung kann also im Rahmen von Schadensersatzansprüchen Ausgleich für Geldentwertung verlangt werden. Der geldschuldrechtliche Nominalismus (Vorbem D 30 ff) verbietet es nicht, schuldrechtliche Folgerungen aus einem Sinken des Geldwerts zu ziehen (RG JW 1922, 159; VON MAYDELL, Geldschuld 138 ff; STAUDINGER-LÖWISCH § 286 Rz 15; MünchKomm-GRUNSKY Vorbem 126 zu § 249; MEDICUS Betrieb 1974, 763), denn er beruht nicht auf der Fiktion eines konstanten Geldwerts. Bei Geldwertschulden – also auch bei der **Schadensersatzpflicht als Geldwertschuld** (Vorbem D 334) ergibt sich die Berücksichtigung von Geldwertveränderungen von selbst. Bei Geldsummenschulden (Vorbem D 335 ff) kann ein Entwertungs- oder Kursverlust als Schadensposten, vor allem im Rahmen des Verzugsschadensersatzes, zu berücksichtigen sein. Hier kann der Schadensersatz noch *Gegenstand eines nachfolgenden Prozesses* sein (§ 244 Rz 111). Wird der Schadensersatz gleichzeitig mit der Forderung geltend gemacht, so kann er im Zinsausspruch des Urteil aufgehen (§ 246 Rz 52).

D 334 **1. Geldentwertung und Geldwertschuld**

Im Rahmen einer auf Schadensersatz zielenden **Geldwertschuld** (Vorbem D 56 ff) stellen sich keine wesentlichen Probleme (vgl GRUNSKY GedSchr Bruns [1980] 19): Es wird der zur Herstellung erforderliche Betrag (§ 249 S 2) oder Schadensersatz in Geld (§§ 250 f) oder das positive oder negative Interesse geschuldet. Die Höhe des zu leistenden Ersatzes bestimmt sich nach dem Zeitpunkt der Ersatzleistung. Steigt der Preis eines zu beschaffenden oder wiederherzustellenden Guts, so steigt damit auch die geschuldete Schadensersatzleistung. Darauf, ob dieser Preisanstieg inflationsbedingt ist oder seinen Grund auf der Warenseite hat, kommt es nicht an. Das ist im Ergebnis unstr (vgl nur RG HansRZ 1921, 461 = Recht 1921 Nr 1125 = WarnR 1921 Nr 70; RG JW 1923, 457 m Anm HENLE; VON MAYDELL, Geldschuld 319 ff; MünchKomm-GRUNSKY Vorbem 125 ff zu § 249; ders, GedSchr Bruns 19). Das gilt allerdings nicht für eine nach § 249 S 2 oder durch ein Deckungsgeschäft bereits fixierte Summe (*Geldsummenanspruch;* vgl Vorbem D 57 f). RGZ 111, 342, 345 stellt in diesem Fall – wie beim Verzugsschaden (Vorbem D 335 ff) – darauf ab, was aus dem verauslagten Betrag geworden wäre, wenn er im Vermögen des Geschädigten geblieben wäre. Der Entwertungsschaden ist dann also nur Schadensposten. Er ist nicht automatisch durch die Schadensersatzforderung ausgeglichen. Das gilt auch, wenn der summenmäßig fixierte Schaden in fremder Währung zu ersetzen ist (OLG Hamburg VersR 1979, 833 f). *Entwertungsschadensersatz für den Sachgläubiger* beim Verzug des Sachschuldners wurde in der Zeit der Währungsumstellung gewährt:

---

* **Schrifttum** (Auswahl); GRUNSKY, Verzugsschaden und Geldentwertung, Gedächtnisschrift Bruns (1980) 19; VON MAYDELL, Geldschuld 134 ff, 318 ff; NUSSBAUM, Das Geld 136, 149 ff; INZITARI, Geldschulden im Inflationszeitalter, RabelsZ 45 (1981), 705, 723 ff.

Befand sich der Sachschuldner (zB Verkäufer) am Währungsstichtag in Verzug, so konnte der Geldschuldner (zB Käufer) gegenüber der 1:1 umgestellten DM-Forderung geltend machen, er hätte bei rechtzeitiger Lieferung in RM zahlen können; im Ergebnis wurden deshalb diese Geldschulden nur 10:1 umgestellt (BGH NJW 1951, 109; OGHZ 3, 352, 360). Die Problematik darf mit derjenigen des Entwertungs-Verzugsschadens beim Verzug mit der Geldschuld (Vorbem D 335 ff) nicht verwechselt werden.

2. Entwertungsschaden als Verzugsschaden D 335

a) Der **Entwertungsschaden** kann ein Verzugsschaden sein. Das entspricht ständiger höchstrichterlicher Praxis (RGZ 130, 23, 33 f; std Rspr; OLG München NJW 1979, 2480 = RIW/AWD 1979, 277 f; LG Berlin JW 1923, 132 m Anm Schubart; zum Umstellungsschaden nach der Währungsreform vgl OGHZ 4, 177, 179). Auch in der Literatur ist der Ersatz des Entwertungs-Verzugsschadens nahezu allgemein anerkannt (vgl Grunsky aaO; F A Mann, Recht des Geldes 84; Jahr, Gutachten [Vorbem D 158] 201 f; von Maydell, Geldschuld 138 ff; Harmening-Duden, Währungsgesetze [1949] § 16 Rz 5 a; Staudinger-Löwisch § 286 Rz 15 ff; MünchKomm-Walchshöfer § 286 Rz 6; Erman-Battes § 286 Rz 8; einschränkend Esser-Eike Schmidt I/2 § 28 I 2.1.1: nur sofern der Geldwertverfall außergewöhnlich ist, mithin die normalen Inflationsverluste erheblich übersteigt). Der *Entwertungsschaden bei einer Fremdwährungsschuld* (§ 244 Rz 58) ist nicht notwendig identisch mit dem Kursverlust. Nach OLG München NJW 1979, 2480= RIW/AWD 1979, 277 f, wo eine Lira-Verbindlichkeit gegenüber einem italienischen Gläubiger verspätet beglichen worden war, kann zwar der innere Wertverlust der Lira „auch am Kursverfall gegenüber der DM zutreffend abgelesen werden", jedoch war die Schadenshöhe in casu unstreitig; die Schadensbemessung nach dem Kurswert kann in einem solchen Fall nur Schadensschätzung nach § 287 ZPO sein. Ein Verzugsschaden, dh ein durch die Verspätung verursachter Schaden, liegt allerdings nur dann vor, wenn der Gläubiger den Betrag bei rechtzeitiger Zahlung der Entwertung entzogen hätte (RGZ 120, 193, 198; 130, 23, 34; RG JW 1926, 1323; 1938, 946, 947; std Rspr; Larenz I § 23 II a; Staudinger-Löwisch § 286 Rz 15 f; MünchKomm-Walchshöfer § 286 Rz 6; eingehend von Maydell, Geldschuld 139 ff, 334; Grunsky aaO 27 ff). Es gibt im Verzug keinen allgemeinen „Entwertungszuschlag" zu den Verzugszinsen (Jahr, Gutachten [Vorbem D 158] 202). Ein Verzugsschadensersatz kommt nur insoweit in Betracht, als sich die Geldentwertung im Gläubigervermögen niedergeschlagen hat und auch nicht durch sonstige Schadensposten (Zinsschaden, Zinsausfall etc) oder durch den Verzugszins ausgeglichen ist (von Maydell, Geldschuld 141 f). In Zeiten der sog schleichenden Inflation wird der Entwertungsschaden regelmäßig durch den Verzugszins ausgeglichen (von Maydell, Geldschuld 142). Das ist wohl auch gemeint, wenn Esser-Eike Schmidt I/2 § 28 I 2.1.1 den Verzugsschadensersatz auf „außergewöhnlichen" Geldwertverfall beschränken wollen.

b) Nicht mit dem Entwertungsschaden identisch ist der **Kursverlustschaden.** Ein solcher Schadensposten kann in Betracht kommen, wenn der geschuldete Betrag in fremde Währung umgetauscht wird. Das gilt insbes für gebietsfremde Gläubiger, also für ausländische und deutsche Gläubiger mit Sitz im Ausland, aber nicht nur für sie (vgl aus der umfangreichen Praxis RGZ 98, 160, 164; 147, 377, 381; RG JW 1920, 704 mAnm Nussbaum; 1922, 159 mAnm Nussbaum; 1938, 946 f; WarnR 1922 Nr 3, 4, 80; LAG Hamburg Betrieb 1972, 1587). Auch bei der Fremdwährungsschuld kommt ein Kursverlust in Betracht, insbes dann, wenn die Fremdwährung in Inlandswährung oder in eine Drittwährung umgetauscht worden wäre (vgl § 244 Rz 58; RG JW 1923, 924 mAnm Henle; BGH MDR 1976, 661 = RIW/AWD 1976, 229). Ein Kursverlust D 336 der Zahlungswährung ist ebenso wie ein Verlust ihres inneren Wertes (Vorbem D 335) nur dann ein Schaden, wenn er sich auch im Gläubigervermögen niedergeschlagen hat (vgl nur OLG Frankfurt MDR 1981, 1016). An einem Verzugsschaden durch Entwertung kann es beispielsweise dann fehlen, wenn der Erlös aus einem Deckungsgeschäft zur Tilgung von Verbindlichkeiten verwendet wurde (BGH MDR 1976, 661 = RIW/AWD 1976, 229; nur teilweise übereinstimmend OLG München NJW 1979, 2480 = RIW/AWD 1979, 277).

D 337 **3. Das Beweisproblem**

Da weder der innere Geldwertschwund der Zahlungswährung noch ein Kursverlust für sich allein einen ersatzfähigen Schaden darstellt, stellt sich das Verzugsschadensproblem in der Praxis als *Beweis- und Beweislastproblem* dar (Staudinger-Löwisch § 286 Rz 16; Grunsky aaO 29 ff).

D 338 a) Der **Nachweis des reinen Entwertungsschadens** wird idR außerordentlich schwierig sein (vgl nur von Maydell, Geldschuld 142; Schubart JW 1923, 133: probatio diabolica). Die praktische Verwirklichung des Entwertungs-Schadensersatzes hängt daher von der Frage ab, inwieweit eine Beweislastumkehr (dazu BGH MDR 1976, 661 = RIW/AWD 1976, 229) oder jedenfalls ein Beweis des ersten Anscheins in Betracht kommt. Grundlage einer sachgerechten Beweislastverteilung und Beweisführung ist das Institut des prima-facie-Beweises. Eine allgemeine Erfahrungsregel, wonach bei rechtzeitiger Zahlung der Entwertungsschaden vermieden worden wäre, ist für den *Fall der Hyperinflation* (Vorbem D 19) anzuerkennen (F A Mann, Recht des Geldes 84; von Maydell, Geldschuld 142 f; Nussbaum, Das Geld 150; Staudinger-Löwisch § 286 Rz 17). In der Hyperinflation kann also ein allgemeiner „Inflationszuschlag" zum Verzugszins zuerkannt werden, sofern nicht aufgrund der Umstände des Einzelfalls der für den Entwertungsschaden sprechende Anschein ausgeräumt ist. *Bei schleichender Inflation* gilt dies nicht, weil diejenigen, auf die eine solche Erfahrungsregel zutreffen würde, durch die Geltendmachung von Zinsschäden wegen Inanspruchnahme von Bankkredit oder wegen entgangenen Zinses in aller Regel ausreichend entschädigt sind (vgl im Ergebnis auch Nussbaum und von Maydell aaO; Staudinger-Löwisch § 286 Rz 16). In einzelne Fallgruppen ist aber auch hier der **Anscheinsbeweis** anzuerkennen (eingehend Grunsky 29 ff): Bei *Unternehmensforderungen,* insbes also Forderungen von Kaufleuten, kann prima facie davon ausgegangen werden, daß die Geldsumme bei rechtzeitigem Eingang der Entwertung entzogen worden wäre (OLG Karlsruhe JW 1922, 1730; Grunsky 31). Darüber hinaus hat Grunsky 31 ff zwei weitere Fälle herausgearbeitet: Auch bei *Unterhalts- und bei Lohn- bzw Gehaltsforderungen* ist davon auszugehen, daß die Geldentwertung zu einem Verzugsschaden im Gläubigervermögen führt. Dem ist zuzustimmen. Die Sonderbehandlung von Verbindlichkeiten mit Versorgungscharakter (Vorbem D 130) schlägt sich hier in der Beweisführung nieder.

D 339 b) Der **Nachweis eines Kursverlustschadens** ist leichter zu erbringen als der eines reinen Entwertungsschadens. Wird inländische Währung an einen Ausländer mit Sitz im Ausland gezahlt, so nimmt die Rechtsprechung typischerweise an, daß das Geld alsbald in die Gläubigerwährung umgetauscht worden wäre (RGZ 98, 160, 164; RG JW 1920, 704 mAnm Nussbaum; 1921, 1311 mAnm Nussbaum; WarnR 1922 Nr 4 und 80; JW 1923, 498; Nussbaum, Das Geld 149 f). Grundsätzlich wird dasselbe für einen im Währungsausland ansässigen Deutschen gelten, sofern auf ein beim Sitz des Gläubigers befindliches Konto gezahlt wird (ein Sonderfall ist RG JW 1922, 159 m Anm Nussbaum). Beim Kursverlust einer Fremdwährung, die nach Verzugseintritt an einen Inländer gezahlt wird, sollte vice versa die gleiche Beweiserleichterung anerkannt werden (LAG Hamburg Betrieb 1972, 1587; im Ergebnis auch RGZ 147, 377, 378; KG JW 1935, 2291 mAnm ZEILER; zu eng RG WarnR 1923/24 Nr 37 = JW 1923, 924 mAnm HENLE). In all diesen Fällen geht es nicht an, den Gläubiger hinsichtlich aller hypothetischen Abläufe mit vollem Beweisrisiko zu belasten. Ein Teil der Praxis kehrt hier die Beweislast zum Vorteil des Gläubigers um (BGH MDR 1976, 661 = RIW/AWD 1976, 229; OLG München NJW 1979, 2480, 2481 = RIW/AWD 1979, 277, 278). Macht etwa der im Verzug befindliche Schuldner geltend, der Gläubiger hätte die eingegangenen Beträge bei rechtzeitiger Zahlung nicht eingetauscht, sondern zur vorzeitigen Tilgung von Verbindlichkeiten in der Zahlungswährung verwendet und deshalb keinen Schaden erlitten, so trägt der Schuldner hierfür die Beweislast (BGH MDR 1976, 661 = RIW/AWD 1976, 229). Einen regelrechten Gegenbeweis sollte man aber dem Schuldner nicht aufbürden (ebenso OLG Hamburg HansRGZ 1936 B 308, 310). Es muß genügen, daß er die prima-facie-Darlegung des Gläubigers durch Darlegung einer atypischen Konstellation erschüttert. Die Beweiserleichterung (oder Beweislastumkehr) gilt nicht, wenn Inlandswährung an einen inländischen Gläubiger gezahlt wird (RGZ 102, 60, 63; RG JW 1920, 704), ebensowenig wenn Auslandswährung an einen im Währungs(in)land ansässigen Gläubiger gezahlt wird (RGZ 107, 132, 136; RG WarnR 1923/24 Nr 38; JW 1926, 1323; 1938, 946; STAUDINGER-LÖWISCH § 286 Rz 14). In diesen Fällen reicht es auch nicht ohne weiteres aus, daß der Gläubiger Im- und Export betreibt (RG JW 1926, 1323). Kann nicht davon ausgegangen werden, daß das Geld umgewechselt worden wäre, so ist zwar die Geltendmachung eines Entwertungsschadens nicht ausgeschlossen; dieser Schaden kann aber nur nach den bei Vorbem D 338 geschilderten allgemeinen Grundsätzen geltend gemacht werden, also nur dann, wenn davon ausgegangen werden kann, daß der Gläubiger das Geld bei rechtzeitiger Zahlung dem inneren Währungsverfall entzogen hätte (vgl RG JW 1926, 1323). Diesen Beweis wird man als erbracht ansehen können, wenn der Gläubiger, um rasch umzuwechseln, auf eilige Zahlung gedrängt hatte (STAUDINGER-LÖWISCH § 286 Rz 19 mit Hinweis auf RGZ 147, 377).

VIII. Rechnungslegung, Steuerrecht und Geldentwertung

1. Geldwert und Rechnungslegung

D 340

Schrifttum: BERNDT, Die Wertsicherung im Unternehmen ... (1960) 95 ff; BIERICH, Geldwertschwankungen und Rechnungslegung der Unternehmung (1974); BOECKEN, Nominalwertprinzip und Substanzerhaltung, Betrieb 1974, 881; BRINKMANN, Auswirkungen von inflationären Preissteigerungen auf den Jahresabschluß, Betrieb 1976, 1589; BUCHER, Zur globalen Berechnung von Scheingewinn und inflationsbedingter Kapitalbildung beim Vorratsvermögen, Betrieb 1973, 1513; BUSSE VON COLBE, Eliminierung von Preis- und Geldwertschwankungen, in: Handwörterbuch der Betriebswirtschaft II (3. Aufl 1960) 4423; COENENBERG, Inflationsbereinigte Rechnungslegung, Die AG 1973, 113; FEUERBAUM, Aktuelle Fragen der Eliminierung von Scheingewinnen in der Bilanz, Betrieb 1973, 737, 795; FORSTER, Bewertungsstetigkeit und Rechnungslegung nach dem AktG 1965, Wpg 1966, 555; GEMPER, Probleme der Nominalwertrechnung bei inflatorischer Geldentwertung (1972); GROSSFELD, Bilanzrecht (1978) 214 ff; GÜNTSCH, Nominalwertprinzip und Scheingewinne, Betrieb 1981, 2568; HAVERMANN, Zur Berücksichtigung von Preissteigerungen in der Rechnungslegung von Unternehmen, Wpg 1974, 423, 445; HAX, Die Substanzerhaltung der Betriebe (1957); HÜBENER, Rechnungslegung bei sinkendem Geldwert (1978); JACOBS, Die Bedeutung von Schuldnergewinnen bei Geldentwertung im handels- und steuerrechtlichen Jahresabschluß, in: FS Leffson (1976) 235; KNOBBE-KEUK, Bilanz- und Unternehmenssteuerrecht (3. Aufl 1981); MAHLBERG, Bilanztechnik und Bewertung bei schwankender Währung (1921); VON MAYDELL, Geldschuld 49 f; MILLER, Die Berücksichtigung von Geldwertschwankungen in Buchhaltung und Bilanz (1932); MOXTER, Betriebswirtschaftliche Gewinnermittlung (1982); NIEHUS, Zur Berücksichtigung von Geldwertschwankungen in ausländischen Jahresabschlüssen, Wpg 1975, 153; SIEBEN, Geldentwertung und Bilanz, in: Bericht über die Fachtagung des IdW (1971) 57 (s auch BB-Beil 5/1971); ders, Zur Problematik einer auf Bilanzgewinnen basierenden Unternehmensbewertung in Zeiten der Geldentwertung, in: FS Leffson [1976] 255; SPRÖGEL, Bilanzrecht und Geldentwertung, Diss Göttingen 1974; STROBEL, Zur Reformbedürftigkeit des Jahresabschlusses unter dem Inflationsaspekt, FS Leffson (1976) 217; WENGER, Unternehmenserhaltung und Gewinnbegriff (1981); WÖHE, Die Handels- und Steuerbilanz (1977); WOLTMANN-RIESTERER, Zur Bilanzierung unter Inflationsbedingungen, BB 1976, 541.

D 341 a) Die **bilanziellen Probleme** der Geldentwertung sind solche der *Substanzerhaltung* und der *Eliminierung von Scheingewinnen* (MOXTER 64 ff, 82 ff, 184 ff). Beides sind unterschiedliche Aspekte eines einheitlichen Problems. Das Anschaffungswertprinzip bzw das Herstellungswertprinzip (vgl § 153 Abs 1, § 155 Abs 1 AktG) läßt den Anschaffungs- oder Herstellungswert eines Gegenstandes im Zuge der Geldentwertung vom Wiederbeschaffungspreis abweichen. Im Gegensatz zB zum niederländischen Recht (vgl GROSSFELD 223 f) und zu Art 181 des geänderten Verordnungsvorschlags für Europäische Aktiengesellschaften (BT-Drucks VII/3713 = BR-Drucks 372/75 = LUTTER, Europäisches Gesellschaftsrecht [1979] 278) geht die Bewertung der Aktiven nach deutschem Recht vom Prinzip des Anschaffungs- bzw Herstellungswerts aus, und zwar auch beim Umlaufvermögen und bei Sachanlagen von zeitlich begrenzter Nutzung (vgl nur GROSSFELD 73; KNOBBE-KEUK § 5 III; WÖHE 63 ff; zur historischen Herleitung aus Art 31, 185 a ADHGB vgl HÜBNER 36 f). Die Wiederbeschaffungskosten spielen in der Bilanz nur aufgrund des Niederstwertprinzips eine Rolle (vgl § 155 Abs 2 AktG zu den Wiederbeschaffungskosten und dazu etwa WÖHE 56; CLAUSSEN in Kölner Komm AktG [Lieferung II/1 1971] § 155 Rz 18 ff). Die Ausscheidung von inflationsbedingten Scheingewinnen durch Abschreibung zu Wiederbeschaffungswerten und durch entsprechende Neubewertungsrücklagen ist steuerrechtlich unzulässig und bilanzrechtlich nicht vorgeschrieben. Das Bilanzrecht geht damit von der nicht mehr zutreffenden Vorstellung eines konstanten Geldwerts aus (eingehend HÜBENER 16 ff, 19 ff, 38 f mwN). Das Faktum der Geldwertänderungen beeinträchtigt die Funktionsfähigkeit der Rechnungslegungsvorschriften des Aktien- und Steuerrechts (HÜBENER 23 ff). Umgekehrt kann aber auch eine inflationsbereinigte Rechnungslegung, von Steuerfolgen abgesehen, die Vergleichbarkeit und Aussagefähigkeit von Bilanzen gefährden.

D 342 b) Nahe liegt eine *Übertragung der* bei Vorbem D 74 und D 77 ff besprochenen *Zugewinn- und Pflichtteilsrechtsprechung* (BGHZ 61, 385; 65, 75) auf das Gebiet des Bilanzrechts, denn die Ausschaltung inflationsbedingter Schein-Zugewinne durch Korrektur der Wertrelation ist eine Aufgabe, die der inflationsbereinigten Rechnungslegung entspricht. HÜBENER 55 ff lehnt jedoch die Übertragung dieser Methode zwingender Inflationsbereinigung ab. Dem wird deshalb zugestimmt werden müssen, weil sich die an die Rechnungslegung anknüpfenden Rechtsfolgen nicht auf einen Korrekturposten im Zweipersonenverhältnis beschränken, sondern sowohl personell als auch und vor allem sachlich, dh in den Rechtsfolgen, mehrdimensional sind. Es kommen deshalb wohl nur speziell bilanzrechtliche oder gesellschaftsrechtliche Remeduren in Frage.

D 343 c) Die **Kapitalerhaltungsbestimmungen** im Recht der Kapitalgesellschaften beruhen auf dem Prinzip der nominellen Kapitalerhaltung (WÖHE 58). Dieses Prinzip der nominellen Kapitalerhaltung beruht seinerseits auf dem Grundsatz „Mark gleich Mark". Demgegenüber will das Prinzip der realen Kapitalerhaltung auf Erhaltung der Kaufkraft abstellen (HAX 17; eingehende Darstellung bei HÜBENER 108 ff; WENGER 176 ff, 363 ff). Diesem Prinzip wird wiederum das Prinzip der Substanzerhaltung gegenübergestellt (HAX 18; eingehende Darstellung bei HÜBENER 99 ff); tatsächlich greift beides ineinander, denn die auf FRITZ SCHMIDTS „Organische Bilanz" zurückgehende Substanzerhaltungskonzeption zielt auf gütermäßige Erhaltung der Unternehmenssubstanz, wozu ein Wertberichtigungskonto die Differenz zwischen Anschaffungswert und Wiederbeschaffungswert ausgleicht (vgl die Darstellung bei Hübener 99 f). Eine Kombination von Geldkapitalrechnung und Substanzrechnung stellt auch das Modell einer „Polaren Bilanz" von Feuerbaum dar (Die Polare Bilanz [1966]; dazu Hübener 31, 112). Durch Kumulation der Geldkapitalrechnung und der Substanzrechnung wird dafür gesorgt, daß bereits die eine *oder* die andere genügt, um einen Verlust auszuweisen, während ein ausschüttungsfähiger Gewinn nur vorliegt, wenn er durch Geldkapitalrechnung *und* Substanzrechnung nachgewiesen ist. Die *bilanzrechtliche* Umsetzung dieser betriebswirtschaftlichen Postulate ist indes keine Selbstverständlichkeit (vgl zum Verhältnis von betriebswirtschaftlicher und bilanzrechtlicher Gewinnermittlung Moxter BB 1982, 1031). Ob die Rechnungslegung des Unternehmens den Bilanzzwecken genügt, ist nämlich nicht allein eine Frage der (theoretisch!) realen Kapitalerhaltung und der (theoretischen!) Trennung der „Scheingewinne" von den wirklichen Gewinnen. Gleichermaßen bedeutsam ist die praktische Durchführbarkeit einer solchen Isolierung der „Scheingewinne" sowie auch die gesamtwirtschaftliche Haltbarkeit des Konzepts (vgl dazu sogleich Vorbem D 344 f).

d) **Die bilanzrechtspolitische Kontroverse** muß hiernach die Realisierbarkeit und die gesamtwirtschaftliche Beurteilung einer inflationsbereinigten Rechnungslegung berücksichtigen. Die Haupteinwände gegen inflationsberücksichtigende Bewertungsmethoden (zusammengestellt etwa bei Söffing, 4. EG-Richtlinie. Mögliche steuerliche Auswirkungen [1979] 43 ff) laufen neben steuerlichen Bedenken auf zwei Gesichtspunkte hinaus: auf das Postulat der Objektivität, Zuverlässigkeit und Prüfbarkeit der Rechnungslegung und auf stabilitäts- und ordnungspolitische Bedenken gegen eine bilanzrechtliche Institutionalisierung des Phänomens Inflation. Die deutsche Delegation bei der Verabschiedung der EG-Bilanzrichtlinie, die Bundesregierung und die einschlägig befaßten Ausschüsse des Bundestages haben sich eindeutig gegen inflationsberücksichtigende Bewertungsmethoden ausgesprochen (Nachw bei Söffing 42), und die Bundesregierung hat dies auf parlamentarische Anfrage (BT StenBer VIII/84 v 14. 4. 78 S 6667) sowie in der Begründung zum RegE eines Bilanzrichtlinie-Gesetzes neuerlich unterstrichen (BR-Drucks 61/82 S 87). Die Berücksichtigung der Geldentwertung bei Bilanzansätzen ist zwar nicht mit dem technischen (Vorbem D 25 ff) und auch nicht mit dem geldschuldrechtlichen Nominalismus (Vorbem D 30 ff) unvereinbar, wohl aber steht sie in Widerspruch mit dem Nominalismus als währungspolitischem Postulat (Vorbem D 40 ff). Die rechtspolitische Beurteilung fällt deshalb ähnlich aus wie bei § 3 WährG (Vorbem D 193–200): Der Gesetzgeber scheut mit Recht eine Institutionalisierung des Inflationsgeschehens. D 344

e) Für das **geltende und das künftige Bilanzrecht** bleibt es bei dem **Anschaffungskostenprinzip** (Bewertung nach Anschaffungs- oder Herstellungskosten). Auch die Vierte Richtlinie des Rates der EG v 25. 7. 1978 (ABl Nr L 222 S 11 v 14. 8. 1978 = Lutter, Europäisches Gesellschaftsrecht [1979] 81 ff = Betrieb-Beil 17/1978 = Söffing 65 ff) geht in Art 32 hiervon aus. Allerdings läßt es ihr Art 33 zu, daß in Abweichung von den Anschaffungs- und Herstellungskosten (Art 32) folgende Bewertungen zugelassen oder vorgeschrieben werden: „(a) die Bewertung auf der Grundlage des Wiederbeschaffungswertes für Sacheinlagen, deren Nutzung zeitlich begrenzt ist, und für Vorräte; (b) die Bewertung der Posten im Jahresabschluß einschließlich des Eigenkapitals, auf der Grundlage anderer Methoden als der unter Buchstabe (a) bezeichneten Methoden, die der Inflation Rechnung tragen sollen; (c) die Neubewertung der Sachanlagen sowie der Finanzanlagen." Der Regierungsentwurf eines Bilanzrichtlinie-Gesetzes (Entwurf eines Gesetzes zur Durchführung der Vierten Richtlinie des Rates der Europäischen Gemeinschaften zur Koordinierung D 345 des Gesellschaftsrechts, BR-Drucks 61/82) schreibt die Bewertung nach Anschaffungs- und Herstellungskosten, vermindert um Abschreibungen und Wertberichtigungen vor (§§ 260 Abs 1, 262 Abs 1).

D 346 f) Eine **gesellschaftsrechtliche Pflicht zur Feststellung und Offenlegung inflationsbedingter Scheingewinne** ist durch das bilanzrechtliche Prinzip der nominellen Anschaffungs- und Herstellungswerte nicht ausgeschlossen. Nicht vom Recht des Geldes, sondern allenfalls vom Unternehmens- und Gesellschaftsrecht her kann aber eine solche Pflicht der zuständigen Organe begründet werden. Hübener 65 ff leitet solche Pflichten aus dem AktG her: die Feststellungspflicht aus §§ 76, 93 AktG, die Offenlegungspflicht aus § 160 Abs 2 S 1 und Abs 4 S 1 AktG (über die Berücksichtigung von Scheingewinnen außerhalb der Gewinnermittlung durch sog Nebenrechnung vgl eingehend Hübener 117 ff). Eine Pflicht dieses Inhalts wird aber nur zu bejahen sein, soweit eine entsprechende Selbstinformation im Interesse der Gesellschaft erforderlich ist. Einer Generalisierung ist zu widersprechen. Die Rechnungslegung über inflationsbedingte Scheingewinne läuft ggf neben der bilanzrechtlichen Rechnungslegung.

D 347 g) Der Sicherung der realen Kapitalerhaltung kann de lege lata eine **Substanzerhaltungsrücklage** dienen. Entsprechende Vorschriften gibt es zZ nicht. Ein für das AktG 1965 vorgeschlagener § 152 Abs 6 a (vgl Kropff, AktG [1965] 241) wurde nicht Gesetz. Die Zulässigkeit als freie Rücklage wird befürwortet (Grossfeld 221), jedoch kann es sich nur um einen Informationsposten außerhalb der Bilanz, nicht um eine den Jahresüberschuß mindernde Rücklage handeln (vgl BFH Betrieb 1980, 1522).

D 348 **h) Bilanzprobleme in Zeiten der Hyperinflation** (Vorbem D 19) scheinen kaum lösbar, denn das Bilanzrecht steht und fällt insgesamt mit der Wertmaßfunktion des Geldes, und diese bricht in der Hyperinflation zusammen. Das RG hat – soweit ersichtlich – in der Zeit nach 1922 kein durchgehendes Lösungskonzept entwickelt. Allerdings hat es bei der Errechnung von Abfindungs- und Auseinandersetzungsguthaben die Bilanzen der Geldwertungszeit auf Festmarkgrundlage umgewertet, um Zufallseinflüsse des Währungsverfalls auf die Höhe der Forderungen nach Möglichkeit auszuschalten (vgl RGZ 117, 238, 242; 126, 386, 396; 127, 141, 145 mit Einschränkungen; RG WarnR 1925 Nr 184; 1928 Nr 65). Mit der Aufwertungsgesetzgebung wurden Forderungen wieder bewertbar. Das Aufwertungsgesetz v 16. 7. 1925 (RGBl I 117, ber 160) sah in § 13 vor, daß Forderungen unter Zugrundelegung des normalen Höchstsatzes in die Bilanz einzustellen waren. Die Tragweite dieser Bestimmung war zweifelhaft, weil §§ 10–12 im Einzelfall auch Abweichungen vom normalen Höchstsatz der Aufwertung zuließen.

D 349 2. Steuerrecht und Geldentwertung

Schrifttum (Auswahl): von Arnim, Steuerrecht bei Geldentwertung, BB 1973, 621; von Arnim-Borell-Schelle, Geldentwertung und SteuerR, Schriftreihe des Karl Bräuer Instituts des Buches der Steuerzahler, Heft 24 (1973) 519; Bächli, Nominalwertprinzip und Inflation in der Einkommensbesteuerung, Diss Zürich 1978; Bierle, Inflation und Steuer (2. Aufl 1974); Friauf, Eigentumsgarantie, Geldentwertung und Steuerrecht, Steuerberater-Jahrbuch 1971/72, 425; Gemper, Geldentwertung, Nominalwertprinzip und Besteuerung, BB 1972, 761; Güntsch, Nominalwertprinzip und Scheingewinne, Betrieb 1981, 2568; Gurtner, Nominalwertprinzip und Einkommensteuerrecht 1980; Inzitari, Geldschulden im Inflationszeitalter, RabelsZ 45 (1981) 705, 731 ff; Knobbe-Keuk, Bilanz- und Unternehmenssteuerrecht (3. Aufl 1981); Kröger, Sparzinsbesteuerung und Geldentwertung, NJW 1973, 1017; Möllhoff, Die Besteuerung nomineller Erträge bei Geldentwertung, Betrieb 1974, 2219; Noll, Besteuerung bei sinkendem Geldwert, WiSt 1974, 515;

Papier, Rechtsprobleme der Inflation, JuS 1974, 477; Rose, Substanzbesteuerung und Substanzerhaltung, in: Die Unternehmung in ihrer gesellschaftlichen Umwelt (1975) 301; Schildbach, Zur Verwendbarkeit der Substanzerhaltungskonzeption in Handels- und Steuerbilanz, BB 1974, 49; Wagner, Kapitalerhaltung, Geldentwertung und Gewinnbesteuerung (1978); ders, Einkommensbesteuerung und Inflation – Ein betriebswirtschaftlicher Beitrag zum steuerlichen Einkommensbegriff, StuW 1976, 228; Wenger, Unternehmenserhaltung und Gewinnbegriff (1981).

a) Die **Probleme** der Geldentwertung im Steuerrecht konzentrieren sich auf folgende Schwerpunkte: D 350

aa) Rechtspolitisch zweifelhaft ist die **lautlose Erhöhung der Steuerlast** aufgrund der progressiven Steuertarife (vgl statt vieler von Arnim BB 1973, 622; Papier JuS 1974, 483). Verfassungsrechtliche Bedenken haben sich jedoch in der Rechtsprechung nicht durchgesetzt (vgl BFHE 118, 221 = Betrieb 1976, 993 = JuS 1976, 545 f mAnm Selmer; dort weitere Nachweise). Ein vergleichbares Problem ergibt sich aus dem Bedeutungsverlust von Pauschalbeträgen (Hartz Betrieb 1973, 1521). D 351

bb) Die **Besteuerung von Scheingewinnen** im Unternehmensbereich resultiert daraus, daß Bilanz und Erfolgsrechnung auf den Anschaffungswerten beruhen (Vorbem D 345). Das kann zur Ausweisung von Scheingewinnen führen, die der Besteuerung unterliegen (vgl zu diesem Problem Knobbe-Keuk, Bilanz- und Unternehmenssteuerrecht [3. Aufl 1981] § 7 I 1; Schildbach BB 1974, 49, 53; Papier JuS 1974, 483; Gemper BB 1972, 763; eingehend Wenger 202 f, 356 f). Nicht zuletzt angesichts der Tatsache, daß reale Gewinne, die Geldschuldnern im Wege der Geldentwertung zufließen, steuerfrei sind (dazu Papier JuS 1974, 483), ist diese Besteuerung problematisch (eingehende Kritik bei Gurtner aaO). D 352

cc) **Zinsen** unterliegen nach §§ 2 Abs 1 Nr 5, 20 Abs 1 Nr 5–8 EStG als Einkünfte aus Kapitalvermögen der Einkommensteuer. Der nominelle Zinsertrag unterliegt damit als Vermögensertrag der Besteuerung, obgleich er wertmäßig durch die Inflationsrate geschmälert ist (vgl statt vieler Papier JuS 1974, 483; zur Praxis des BFH und zur Bestätigung durch das BVerfG vgl Vorbem D 354). In der Literatur wird zwar vertreten, daß der Zins nur teilweise einen Vermögensertrag, im übrigen dagegen einen Ersatz für den Wertverlust darstellt (zB von Arnim BB 1973, 623; Friauf Steuerberater-Jahrbuch 1971/72, 442; Gemper BB 1972, 763; Hartz Betrieb 1973, 1525). In der Praxis hat sich diese Auffassung aber nicht durchgesetzt (BFH BStBl 1974 II 572 und 582 = Betrieb 1974, 1845 und 1847 = JuS 1974, 807 mAnm Selmer; krit Wenger 296 ff). Der Begriff der Einkünfte wird also nominalistisch verstanden (vgl auch BFH Betrieb 1976, 993 = JuS 1976, 545, 546 mAnm Selmer). D 353

b) **Der Standort der Praxis** steht im Zeichen eines strengen Nominalismus. Die Rechtssprechung des BFH nimmt die dargestellten Folgen des Nennwertprinzips hin (BFHE 89, 422, 433; 90, 396; 91, 261; 92, 561; 102, 383; BFH BStBl 1968 II 302; BStBl 1974 II 572 und 582 = Betrieb 1974, 1845 und 1847 = JuS 1974, 807 m Anm Selmer; Betrieb 1976, 993 = JuS 1976, 545 f m Anm Selmer; Betrieb 1980, 1552). Die DBB hat in einem ausführlichen Gutachten für das BVerfG die Befunde aufgearbeitet, sich aber im Grundsatz gleichfalls für eine Beibehaltung des Nennwertprinzips ausgesprochen (Monatsbericht 8/1979, 20 ff). Durch den ausführlich begründeten Beschluß BVerfGE 50, 57 = NJW 1979, 1115 m krit Anm Vogel wurde die Nominalzinsbesteuerung auch verfassungsrechtlich bestätigt. In der Literatur werden hiergegen beträchtliche, auch verfassungsrechtliche, Bedenken erhoben (vgl nur Rüfner, in: Scheuner [Hrsg], Die staatliche Einwirkung auf die Wirtschaft [1971] 653 ff; Kaiser FS E R Huber [1973] 246 ff; Selmer, Steuerinterventionismus und Verfassungsrecht [1972] 324 ff; Wenger 331 ff; Klein StuW 1966, 486 ff; Friauf Steuerberater-Jahrbuch 1971/72, 443 ff; Von Arnim BB 1973, 629; Kröger NJW 1973, 1020; Hartz Betrieb 1973, 1526; s auch Papier JuS 1974, 484). Aber es wird D 354 auch betont, daß eine „Indexierung" auf dem Gebiet des Steuerrechts erhebliche praktische Probleme mit sich brächte (Dürkes [9. Aufl] A 9). Die Praxis erblickt weder in Art 109 Abs 2 GG noch sonst in einer Verfassungsnorm (Art 3, 14, 20 GG ua) den verbindlichen Auftrag an den Gesetzgeber, wegen der Geldentwertung steuerliche Anpassungsregeln zu erlassen; auch eine Verletzung des Art 14 GG wird verneint (eingehende Nachweise zum Streitstand bei Wagner StuW 1976, 228; Selmer JuS 1974, 808; von Arnim BB 1973, 625; Güntsch Betrieb 1981, 2569). Diese Praxis, die sich nur vor dem Hintergrund einer schleichenden Inflation versteht und in Zeiten der Hyperinflation neu überdacht werden müßte, ist hier nicht zu diskutieren. Es wird auf das Spezialschrifttum verwiesen. Rechtspolitische Vorschläge aus schweizerischer Sicht bei Bächli 168 ff. Über Strukturprobleme der Wertsicherungsklauseln vgl die Hinweise in Vorbem D 330.

E 1 E. Devisenrecht

Schrifttum: (Auswahl) Staudinger-Weber (11. Aufl) Vorbem 51–478 zu § 244; Staudinger-Firsching (10./11. Aufl) Vorbem 415 zu Art 12 EGBGB; Blau, Devisenrecht und Privatrecht, JherJb 83 (1933) 201; Bydlinski, Devisenvorschriften und IPR, JurBl 1956, 380; ders, Die kollisionsrechtliche Behandlung devisenrechtlicher Leistungsbeschränkungen, JurBl 1959, 526; Carreau, Les zones monétaires en droit international, FS F A Mann (1977) 673; Coing, Inländische Werte und ausländisches Devisenrecht. Zur Auslegung von Art VIII 2 (b) des Abkommens von Bretton Woods, WM 1972, 838; Drobnig, Die Anwendung des Devisenrechts der Sowjetzone durch westdeutsche Gerichte, NJW 1960, 1088; Ernst, Die Bedeutung des Gesetzeszwecks im internationalen Währungs- und Devisenrecht (1962); Förger, Probleme des Art VIII Abschn 2 (b) des Abkommens über den internationalen Währungsfonds, NJW 1971, 309; Garcke, Der Anwendungsbereich des öffentlichen Außenwirtschaftsrechts (1973); Gurski, Deutsches Devisenrecht (1950); Gutzwiller, Der Geltungsbereich der Währungsvorschriften (1940); Hartenstein, Devisennotrecht (1935); Heiz, Das fremde öffentliche Recht im internationalen Kollisionsnormenrecht (1959); Hirschberg, Das internationale Währungs- und Devisenrecht der Unterhaltsverbindlichkeiten (1968); Hocke-Berwald-Maurer, Außenwirtschaftsrecht, Loseblattausgabe; Hocke-Schmidt, AWG (1961); Joerges-Kühne, Außenwirtschaft und Interzonenverkehr, 3 Bde (1954 ff); Kägi, Der Einfluß des Devisenrechts auf internationale schuldrechtliche Verträge (1961); Kegel, Probleme des internationalen Enteignungsrechts und Währungsrechts (1956); Kern, Der Internationale Währungsfonds und die Berücksichtigung ausländischen Devisenrechts (1968); Koeppel, Die deutsche Devisengesetzgebung im IPR (1938); Langen, Kommentar zum Devisengesetz (3. Aufl 1958); ders, AWG, Loseblattausgabe; Lipfert, Internationaler Devisen- und Geldhandel (1967); Mallmann, Devisenrecht und IPR, Diss Bonn 1972; F A Mann, The Legal Aspect of Money (4. Aufl 1982); ders, Das Recht des Geldes (1960); ders, Der Internationale Währungsfonds und das IPR, JZ 1953, 442; 1970, 709; 1981, 327; Meilicke, Die devisenrechtlichen Genehmigungspflichten des Kapitalverkehrs, BB 1973, 716; Fritz W Meyer, Stichwort Devisenbewirtschaftung, HDSW II (1959); Müller-Hagen, Der Zahlungsverkehr mit dem Ausland nach Einführung der DM-Konvertibilität, AWD 1959, 1; Neumann, Devisennotrecht und IPR (1938); Neumeyer, Internationales Verwaltungsrecht IV (1936); Nussbaum, Money in the Law (1950); Peltzer, Die Nichtigkeit im Devisengesetz, ZAkDR 1938, 57; ders, Aktuelle Fragen zum Bardepot und zur devisenrechtlichen Genehmigungspflicht, BB 1973, 963; von Preuschen, Anwendung fremder Devisenkontrollbestimmungen im Geltungsbereich des Abkommens von Bretton Woods, AWD 1969, 56; Schoenle, Bank- und Börsenrecht (2. Aufl 1976) § 35; Scholtz, Einwirkungen der Devisengesetzgebung auf das Privatrecht, JW 1934, 1621; Schulz, Außenwirtschaftsrecht (1965/66); ders, Außenwirtschaftsgesetz (AWG) (6. Aufl 1981); ders, Die Änderung des dt Außenwirtschaftsrechts seit Einführung der Konvertierbarkeit der DM, AWD 1959, 29; Sieg-Fahning-Kölling, AWG (1963); Simon, Devisenrecht und Bürgerliches Recht, BankArch 1934, 430, 519; Stedtfeld, Die Ein- und Ausfuhr von inländischen Geldsorten, JW 1936, 1810; Ungnade, Rechtliche Aspekte der DM-Auslandsanleihen, BB 1975, 300; Wabnitz, Der zwischenstaatliche Zahlungsverkehr auf der Grundlage internationaler Zahlungsabkommen (1955); Wapenhensch, Das neue Außenwirtschaftsrecht, Loseblattausgabe; Warneyer, Devisenrecht und Bürgerliches Recht, BankArch 1934, 427; Weiss, Zwangsversteigerung und Zwangsverwaltung unter dem Einfluß des Devisenrechts, JW 1938, 273; Wengler, Die

Anknüpfung des zwingenden Schuldrechts im IPR, ZVglRW 54 (1949) 168; WESENBERG, Devisenrecht und ordre public, JZ 1951, 433; ders, Das Börsenrecht in der zivilistischen Praxis, BB 1952, 363; WÖRNER, Wertpapierverkehr mit dem Ausland, WM-Beil 10/1956; ZWEIGERT, Nichterfüllung aufgrund ausländischer Leistungsverbote, RabelsZ 14 (1942) 283.

I. Grundlagen

1. Standort des Devisenrechts E 2

Devisenrecht kann definiert werden als Inbegriff der rechtlichen Regelungen des Verkehrs mit ausländischen Zahlungsmitteln und anderen Wirtschaftsgütern (insbes Forderungen und Wertpapieren in fremder Währung) sowie des Verkehrs mit Zahlungsmitteln und anderen Wirtschaftsgütern, an dem Währungsausländer beteiligt sind (in dieser Richtung auch die Begriffsbestimmung bei STAUDINGER-WEBER [11. Aufl] Vorbem 54 zu § 244). Dieser Begriffsbestimmung entspricht es, wenn das geltende Devisenrecht nicht mehr isoliert als Recht des Geldes, sondern als *Teil des allgemeinen Außenwirtschaftsrechts* erscheint. Mit dem *Währungsrecht* (Vorbem A 28 ff) teilt sich das *Devisenrecht* in die Aufgabe, die eigene Währung zu schützen. *Regelungsgegenstand des Währungsrechts* ist aber die eigene Währung, *Regelungsgegenstand des Devisenrechts* dagegen der Verkehr mit Devisen. Das Devisenrecht ist rechtssystematisch *Teil des öffentlichen Rechts,* und zwar des Wirtschaftsverwaltungsrechts (vgl nur E R HUBER, Wirtschaftsverwaltungsrecht II [2. Aufl 1954] 244 ff). Im Gegensatz zum internationalen Währungsrecht ist das Devisenrecht *nationales* Außenwirtschaftsrecht (vgl Vorbem F 13). Es geht damit in doppelter Weise – einmal als Bestandteil des allgemeinen Außenwirtschaftsrechts und zum anderen wegen seiner Zugehörigkeit zum öffentlichen Recht – über eine Darstellung des Schuldrechts des Geldes hinaus. Die folgende Darstellung beschränkt sich deshalb auf diejenigen Grundzüge des Devisenrechts, die für die privatrechtlichen Schuldverhältnisse und hier für die Geldschuld von Bedeutung sind (anders noch STAUDINGER-WEBER, [11. Aufl] Vorbem 51–478 zu § 244).

2. Entwicklung des Devisenrechts E 3

Die **historische Entwicklung** von der *Devisenbewirtschaftung* über das durch die Devisengesetzgebung geschaffene *Devisenrecht* zum *Außenwirtschaftsrecht des AWG* ist geschildert bei STAUDINGER-WEBER [11. Aufl] Vorbem 51–142 zu § 244. Auf diese ausführliche Darstellung der Entwicklungsgeschichte des deutschen Devisenrechts und auf das dort angeführte Material, das für weiterführende Untersuchungen bedeutungsvoll bleibt, kann verwiesen werden, weil das Verständnis des geltenden Rechts und seiner schuldrechtlichen Konsequenzen nur eine *entwicklungsgeschichtliche Skizze* erfordert. Wie weite Teile des Wirtschaftsverwaltungsrechts erhielt auch die Devisenbewirtschaftung ihren entscheidenden Impuls in den Jahren des Ersten Weltkrieges und danach (STAUDINGER-WEBER [11. Aufl] Vorbem 58 zu § 244). Das hing mit dem Zusammenbruch des Goldstandards und mit inneren wirtschaftspolitischen Spannungen zusammen, die zur Verhinderung des Kapitalabflusses zwangen. Die Devisenzwangswirtschaft (insbes DevisenVO v 8. 11. 1924, RGBl I 729) wurde durch VO v 22. 2. 1927 (RGBl I 68) zwar wieder beseitigt, aber die Bankenkrise von 1931 führte wieder zu der VO über den Verkehr mit ausländischen Zahlungsmitteln v 15. 7. 1931 (RGBl I 366) mit DVOen und zur DevisenVO v 1. 8. 1931 (RGBl I 421). Die DevisenVO v 23. 5. 1932 (RGBl I 231) brachte weitere Verschärfungen, das mehrfach geänderte DevisenG vom 4. 2. 1935 (RGBl I 105) eine Neuordnung des

Devisenrechts (STAUDINGER-WEBER [11. Aufl] Vorbem 62 zu § 244). Das DevisenG v 12. 12. 1938 (RGBl I 1733) stellte dann das Devisenrecht auf eine neue, in sich geschlossene Grundlage, die der damals nahezu globalen Devisenbewirtschaftungspraxis entsprach (eingehende Würdigung bei STAUDINGER-WEBER [11. Aufl] Vorbem 64 ff zu § 244). Nach dem Zweiten Weltkrieg wurde in den drei westlichen Besatzungszonen das **MRG Nr 53** der amerikanischen und der britischen Militärregierung = VO Nr 235 des Hohen Kommissars der Französischen Republik (Neufassung 1949) erlassen (BAnz Nr 2 = SaBl 1950, 660 = HOCKE-BERWALD-MAURER Hauptteil III). **Kommentierung:** LANGEN, Devisengesetze (3. Aufl) Stand 1958; eingehende Darstellung mwN STAUDINGER-WEBER (11. Aufl) Vorbem 72 ff zu § 244. Zur *Fortgeltung im Interzonenverkehr* vgl Vorbem E 14. Die alliierten Devisengesetze wurden abgelöst durch das **Außenwirtschaftsgesetz (AWG)** v 1961 (dazu sogleich Vorbem E 5 ff). Dieses Gesetz ist aus zwei Gründen *kein Devisengesetz im hergebrachten Sinne* mehr: Einmal ist es ein *umfassendes Gesetz für den Außenwirtschaftsverkehr,* beschränkt sich also nicht mehr auf das Devisenrecht. Zum anderen ist das AWG Ausdruck der *Liberalisierung des Wirtschafts- und Zahlungsverkehrs* seit Einführung der freien Konvertierbarkeit der DM am 29. 12. 1958. Vgl eingehend STAUDINGER-WEBER (11. Aufl) Vorbem 111 ff zu § 244. Zu den durch die freie Konvertierbarkeit der DM eingetretenen Änderungen im Zahlungsverkehr vgl MÜLLER-HAGEN AWD 1959, 1; SCHULZ AWD 1959, 29.

E 4 **3. Verfassungsmäßigkeit devisenrechtlicher Vorschriften**

Die Verfassungsmäßigkeit devisenrechtlicher Vorschriften wirft immer wieder grundsätzliche Probleme auf. Vgl zum MRG Nr 53: BVerfGE 18, 353 = BB 1965, 309 = JZ 1965, 247 (betr Interzonenhandel); BVerwG NJW 1979, 1840 (betr nichtkommerziellen Interzonenverkehr; Verfassungsbeschwerde bei Manuskriptabschluß noch nicht beschieden [Aktenzeichen 1 BvR 210/79]); BVerwG Urt v 6. 5. 1982, 3 C 55. 8 (betr Transfer vom Sperrkonto); VG Frankfurt WM 1982, 932 (betr Refinanzierungsgeschäfte); BGHSt 13, 190; EHLERS NJW 1959, 511; DITGES-BRODESSER NJW 1959, 1153; zum AWG: OLG Hamburg RIW/AWD 1976, 175.

Nach Manuskriptabschluß erging in der soeben genannten Sache 1 BvR 210/79 ein **Beschluß des BVerfG v 3. 11. 1982** (WM 1982, 1426), der wiederum nur das MRG Nr 53 betraf und dieses Gesetz nicht aufheben konnte. Unmittelbarer Gegenstand des Beschlusses war nur die vom BVerfG als verfassungswidrig erkannte Gegenseitigkeitspraxis der DBB im nichtkommerziellen Interzonenverkehr (dazu Vorbem E 14). Der Beschluß enthält aber wegweisende Ausführungen zu der Frage, ob der Gesetzgeber zur Herstellung eines materiell verfassungsmäßigen Zustandes durch Ablösung des MRG Nr 53 verpflichtet ist, und diese Ausführungen interessieren über den Gegenstand der Verfassungsbeschwerde hinaus auch für die allgemeinen verfassungsmäßigen Anforderungen, die an außenwirtschaftsrechtliche Vorschriften im allgemeinen und im Verhältnis zur DDR im besonderen zu stellen sind. Wegen der richtungsweisenden Bedeutung des Beschlusses seien deshalb folgende Auszüge im Wortlaut wiedergegeben (zu den Auswirkungen vgl Vorbem E 14):

„1. . . . Das Gesetz ist in einer rechtlich wie politisch extrem gelagerten historischen Ausnahmesituation entstanden; deutsche Stellen hatten auf seine rechtstechnische Gestaltung keinen Einfluß (vgl BVerfGE 18, 353 [363]). Eine in einer Ausnahmesituation hinzunehmende Regelung kann jedoch grundsätzlich nicht auf Dauer Bestand haben. Seit dem Inkrafttreten des MRG 53 sind mehr als 35 Jahre vergangen; auch der an sich zutreffende Hinweis auf die weiterhin bestehenden rechtlichen und politischen Schwierigkeiten, die einer völligen Normalisierung weiterhin im Wege stehen, kann nicht dazu führen, daß auf unabsehbare Zeit Regelungen hingenommen werden, die in einer Normalsituation unter der Herrschaft des Grundgesetzes erheblichen verfassungsrechtlichen Bedenken begegnen.

2. Solche Bedenken ergeben sich zunächst hinsichtlich der Ausgestaltung des in Art I Nr 1 Buchst c MRG 53 enthaltenen Verbots mit Erlaubnisvorbehalt. Die Regelung ist eine gesetzliche Bestimmung von Inhalt und Schranken des Eigentums im Sinne des Art 14 Abs 1 Satz 2 GG. In formeller Hinsicht hat der Gesetzgeber bei Regelungen dieser Art insbesondere zu beachten, daß Inhalt und Schranken des Eigentums nach Art 14 Abs 1 Satz 2 GG „durch die Gesetze" bestimmt werden. Im Blick auf die elementare freiheitssichernde Bedeutung des Art 14 Abs 1 Satz 1 GG ist er gehalten, die Voraussetzungen, unter denen der Gebrauch des Eigentums beschränkt werden darf, durch eine nach Inhalt, Zweck und Ausmaß hinreichend bestimmte Ermächtigung selbst festzulegen (BVerfGE 58, 137 [146] mwN). Nach dem Grundsatz der Gesetzmäßigkeit der Verwaltung und dem Gewaltenteilungsprinzip ist es zudem Aufgabe der Exekutive, Gesetze auszuführen. Hieraus ergibt sich für den Gesetzgeber die Notwendigkeit, die der staatlichen Maßnahme offenliegende Rechtssphäre selbst abzugrenzen. Das Gesetz muß die Tätigkeit der Verwaltung inhaltlich normieren und darf sich nicht darauf beschränken, allgemein gehaltene Grundsätze aufzustellen. Darüber hinaus gebietet bereits das Rechtsstaatsprinzip, grundrechtsrelevante Vorschriften in ihren Voraussetzungen und in ihrem Inhalt so klar zu formulieren, daß die Rechtslage für den Betroffenen erkennbar ist und er sein Verhalten danach einrichten kann (vgl BVerfGE 21, 73 [79]). Hält der Gesetzgeber es für erforderlich, der Ausübung von grundrechtlichen Befugnissen ein Genehmigungsverfahren vorzuschalten, so muß sich aus der Rechtsvorschrift selbst ergeben, welche Voraussetzungen für die Erteilung der Genehmigung gegeben sein müssen und aus welchen Gründen die Genehmigung versagt werden darf (BVerfGE 52, 1 [41] mwN).

Art I Nr 1 Buchst c MRG 53 enthält jedoch selbst keine ausdrücklichen Bestimmungen über die Frage, in welchen Fällen die Behörde eine Genehmigung zu erteilen oder zu versagen hat. Die Deutsche Bundesbank, die zudem kraft ihrer verfassungsrechtlichen unabhängigen Stellung keiner Aufsicht anderer Organe der Exekutive unterliegt, ist deshalb in der Lage, in erheblichem Umfange selbst zu bestimmen, welche Kriterien sie ihrer Genehmigungspraxis zugrunde legt.

3. Regelungen zur Inhalts- und Schrankenbestimmung des Eigentums haben vor der Verfassung nicht schon deshalb Bestand, weil sie als formelles Gesetz erlassen sind; sie müssen vielmehr auch in materieller Hinsicht mit dem Grundgesetz in Einklang stehen (BVerfGE 52, 1 [27] mwN). Eigentumsbindungen im Sinne des Art 14 Abs 1 Satz 2 GG müssen insbesondere stets verhältnismäßig sein. Sie dürfen, gemessen am sozialen Bezug und an der sozialen Bedeutung des Eigentumsobjekts sowie im Blick auf den Regelungszweck, nicht zu einer übermäßigen Belastung führen und den Eigentümer im vermögensrechtlichen Bereich unzumutbar treffen (BVerfGE 58, 137 [148] mwN). Darüber hinaus müssen das Ziel der Regelung selbst und die Mittel, mit denen es verfolgt wird, mit der Verfassung in Einklang stehen.

Nicht alle mit dem MRG 53 verfolgten Ziele stehen mit der Verfassung in Einklang. Der Zweck des Art I MRG 53 ist nicht ausdrücklich im Gesetz genannt. Er ergibt sich aber aus dem Gesetz und aus dem Zusammenhang, in dem es mit dem zu regelnden Lebensgebiet steht. Es ist nicht erforderlich, daß dieser Zweck mit dem ursprünglichen subjektiven Zweck des historischen Gesetzgebers übereinstimmt; es kommt vielmehr auf den objektiven Zweck des Gesetzes an. Daß ein Wandel des Gesetzeszwecks dabei stets durch einen ausdrücklichen Akt des Gesetzgebers kenntlich gemacht wird, ist nicht erforderlich.

a) Der ursprüngliche Zweck des MRG 53 bestand in der Erfassung aller Devisenwerte, der Beschlagnahme und Wegnahme des deutschen Auslandsvermögens sowie der Verhinderung jeglichen Verkehrs mit den Devisenwerten (Langen, Kommentar zum Devisengesetz, 3 Aufl, 1958, B II Rdnr 2), um dieses Vermögen zur Leistung von Reparationen sicherzustellen (H F Schulz, Außenwirtschaftsrecht, 1965/1966, S 10 – zum MRG 53 a F 1945). Darüber hinaus hatte das Gesetz von Anfang an den Zweck einer sinnvollen Devisenbewirtschaftung und Leitung des Zahlungsverkehrs mit dem Ausland (Langen, aaO, C Rdnr 1). Dies kommt schon in der Überschrift des Gesetzes zum Ausdruck (a F: Devisenbewirtschaftung; n F: Devisenbewirtschaftung und Kontrolle des Güterverkehrs). Dieser zunächst lediglich als sekundär angesehene Zweck trat mit Übergang der Verwaltungsverantwortung auf deutsche Stellen in den Vordergrund (Langen, aaO, C Rdnr 1). Das Gesetz diente nunmehr vor allem dazu, den Außenhandel wirksam zu kontrollieren, ihn zu steuern und so langsam wieder aufzubauen (vgl BVerfGE 12, 281 [292]). Nach Ablösung des MRG 53 auf dem Gebiet des Außenhandels durch das Außenwirtschaftsgesetz galt es darüber hinaus, eine wirksame Kontrolle sowie einen Überblick über den innerdeutschen Wirtschafts- und Zahlungsverkehr zu erreichen, bedingt durch ein kompliziertes Verrechnungssystem und durch wirtschafts- und allgemeinpolitische Interessen (vgl BVerfGE 18, 353 [362]).

Daneben wird es als Zweck des MRG 53 angesehen, die in der DDR lebenden Kontoinhaber vor Eingriffen der dortigen Behörden zu schützen.

Die Regelung soll zudem dazu dienen, die Wahrung des Gegenseitigkeitsprinzips im Verhältnis der Bundesrepublik Deutschland zur DDR zu ermöglichen und zu sichern. Die Durchsetzung dieses Prinzips im Interesse von Bürgern der Bundesrepublik Deutschland mit Guthaben in der DDR wird auch in ständiger Rechtsprechung der Verwaltungsgerichtsbarkeit als wesentlicher Zweck des MRG 53 anerkannt (vgl. Urteile des OVG Lüneburg vom 12. Juni 1979 – IX OVG A 82/77 –; vom 12. Juni 1979 – IX OVG A 6/77 –; OVG Berlin vom 4. April 1979 – OVG I B 165.76 – sowie die angegriffenen Entscheidungen des Ausgangsverfahrens).

Diese Zwecke haben sich in der langjährigen Praxis zum MRG 53 herausgebildet und werden der ständigen Genehmigungspraxis der Deutschen Bundesbank zugrunde gelegt.

b) Die Verfolgung des Zweckes der Devisenbewirtschaftung und Devisenkontrolle ist verfassungsrechtlich nicht zu beanstanden. Auch der Bereich des innerdeutschen nichtkommerziellen Zahlungsverkehrs bedarf eines Lenkungs- und Kontrollinstruments. Allerdings ist zweifelhaft, ob das gegenwärtige Volumen der einer Sperre unterliegenden Guthaben im innerdeutschen nichtkommerziellen Zahlungsverkehr, das verhältnismäßig klein ist, zur Rechtfertigung des Verbotes mit Erlaubnisvorbehalt ausreicht.

Auch der Schutz der Kontoinhaber selbst vor ungerechtfertigten Eingriffen ist ein legitimer verfassungsrechtlicher Zweck, da ihnen wie jedem anderen Grundrechtsträger der Schutz des Art 14 GG zugute kommt.

Es verstößt jedoch gegen Art 14 Abs 1 GG in Verbindung mit dem Rechtsstaatsprinzip, wenn mit der Anwendung des MRG 53 das Ziel verfolgt wird, dem Prinzip der Gegenseitigkeit im Verhältnis zur DDR zum Durchbruch zu verhelfen. Das Gegenseitigkeitsprinzip selbst ist nicht zu beanstanden (vgl BVerfGE 1, 14 [52]; 30, 409 [413 f]; 51, 1 [24]; st Rspr). Die Folgen, zu denen die Verfolgung einer solchen Zielsetzung führt, lassen sich aber nur rechtfertigen, wenn auch die hierfür eingesetzten Mittel angemessen sind (vgl BVerfGE 51, 1 [24]).

Soweit die Regelung auf den Zweck gestützt wird, Gegenseitigkeit zu erreichen, wird das Eigentumsrecht der Bürger der DDR als Druckmittel dazu benutzt, daß Bürger der Bundesrepublik Deutschland über ihre Guthaben in der DDR verfügen können. Dies gilt auch insoweit, als die Kontensperre dazu eingesetzt wird, Bürger der DDR dazu zu bewegen, den Transfer ihrer Sperrguthaben in die DDR nach Maßgabe der Sperrguthabenvereinbarung von 1978 abzuwickeln. Der Beschwerdeführerin hat dieser Weg zum Zeitpunkt ihres Antrags nicht zur Verfügung gestanden. Den betroffenen Kontoinhabern wird die freie Verfügung über ihre Guthaben untersagt, und sie werden auf einen bestimmten, begrenzten Transferweg verwiesen, um Bürgern der Bundesrepublik Deutschland die Möglichkeit zu geben, ihrerseits ihre Guthaben aus der DDR zu transferieren . . .

Das Eigentumsrecht (Art 14 Abs 1 GG) darf jedoch nicht als ,,Faustpfand" für die berechtigten Anliegen anderer verwendet werden. Dies hat das Bundesverfassungsgericht schon dort festgestellt, wo außenpolitische Erwägungen die Regelungen auf einem Gebiet beeinflussen, auf welchem dem Gesetzgeber ein besonders großer Gestaltungsraum zukommt (BVerfGE 51, 1 [25]). Der Grundrechtsschutz kann in nicht geringerem Maße dort gelten, wo es um die Grundrechte deutscher Staatsangehöriger geht (vgl BVerfGE 36, 1 [31 f]) und wo es sich nicht um den Bereich gewährender Staatstätigkeit, sondern um einen Eingriff in bestehende grundrechtlich gesicherte Positionen handelt . . .

4. Ob die dargestellten Bedenken zur Verfassungswidrigkeit der Regelung insgesamt führen, bedarf keiner abschließenden Entscheidung. Jedenfalls darf Art I MRG 53 nicht dahin ausgelegt werden, daß bei der Genehmigung von Geschäften im innerdeutschen nichtkommerziellen Zahlungsverkehr der Zweck zugrunde gelegt werden dürfe, das Gegenseitigkeitsprinzip durchzusetzen.

Nach dem zu C I 1 Ausgeführten dürfen die gegen das Weitergelten des MRG 53 bestehenden verfassungsrechtlichen Bedenken allerdings nicht auf Dauer durch den Hinweis auf eine politisch schwierige Problemlage für unerheblich erklärt werden. Dem Gesetzgeber obliegt die Prüfung, ob die politische Lage es ermöglicht, das MRG 53 für den hier zu erörternden Anwendungsbereich aufzuheben oder durch eine andere, der Verfassung nähere Regelung zu ersetzen. Eine solche Neuregelung könnte, etwa wie das Außenwirtschaftsgesetz, an die Stelle des Verbots mit Erlaubnisvorbehalt eine Regelung setzen, die nur in Einzelfällen die generell zulässige, wenn auch anzeigepflichtige Verfügung über die betroffenen Vermögenswerte aus verfassungsgemäßen Gründen, wie insbesondere der Devisenkontrolle, untersagt. Außer der Aufhebung oder Ersetzung des MRG 53 käme auch eine Genehmigungspraxis in Betracht, die nicht auf das Vorliegen eines Härtefalles abstellt, sondern die nur dann eine Einzelprüfung vorsieht, die zu einem Verfügungsverbot führen kann, wenn einer der verfassungsrechtlich zulässigen Normzwecke gefährdet wird."

II. Das Devisenrecht des AWG

1. Rechtsgrundlagen E 5

Außenwirtschaftsgesetz (AWG) v 28. 4. 1961 (BGBl I 481) mit folgenden Änderungen: G v 26. 7. 1962 (BGBl I 455); 3. G zur Änderung des ZollG v 25. 3. 1964 (BGBl I 245); G v 28. 10. 1964 (BGBl I 821); G v 18. 8. 1965 (BGBl I 892); DurchfG EWG Fette v 12. 6. 1967 (BGBl I 393); DurchfG EWG Zucker v 30. 6. 1967 (BGBl I 610); DurchfG EWG Getreide, Reis etc v 30. 6. 1967 (BGBl I 617); G v 24. 5. 1968 (BGBl I 503); G v 30. 7. 1968 (BGBl I 874); ÄndG v 23. 12. 1971 (BGBl I 2141); MOG v 31. 8. 1972 (BGBl I 1617); WaffG v 19. 9. 1972 (BGBl I 1797); 2. ÄndG v 23. 2. 1973 (BGBl I 109); EGStGB v 2. 3. 1974 (BGBl I 469, 591); ZuständigkeitsanpassungsG v 18. 3. 1975 (BGBl I 705); 3. ÄndG v 29. 3. 1976 (BGBl I 869); G über die Neuorganisation der Marktordnungsstellen v 23. 6. 1976 (BGBl I 160 B); 4. ÄndG v 6. 10. 1980 (BGBl I 1905).

Verordnung zur Durchführung des Außenwirtschaftsgesetzes (AWVO) idF v 31. 8. 1973 (BGBl I 1070) mit folgenden Änderungen: 28. ÄndVO v 24. 8. 1973 (BGBl I 1061); 29. ÄndVO v 19. 12. 1973 (BGBl I 1951); 30. ÄndVO v 17. 1. 1974 (BGBl I 49); 31. ÄndVO v 30. 1. 1974 (BGBl I 122); 32. ÄndVO v 12. 9. 1974 (BGBl I 2324); 33. ÄndVO v 17. 12. 1974 (BGBl I 3564); ZuständigkeitslockerungsVO v 18. 4. 1975 (BGBl I 967); 34. ÄndVO v 28. 8. 1975 (BGBl I 2308); 35. ÄndVO v 3. 4. 1976 (BGBl I 891); 36. ÄndVO v 19. 5. 1976 (BGBl I 1244); 37. ÄndVO v 22. 12. 1976 (BGBl I 3679); VO über die Beseitigung der Depotpflicht v 23. 9. 1977 (BGBl I 1857); 38. ÄndVO v 14. 11. 1977 (BGBl I 2073); 39. ÄndVO v 20. 12. 1977 (BGBl I 2886); 40. ÄndVO v 13. 3. 1978 (BGBl I 397); 41. ÄndVO v 26. 5. 1978 (BGBl I 636); 42. ÄndVO v 7. 5. 1979 (BGBl I 521); 43. ÄndVO v 22. 6. 1979 (BGBl I 708); 44. ÄndVO v 20. 12. 1979 (BGBl I 2346); 45. ÄndVO v 1. 2. 1980 (BGBl I 125); 46. ÄndVO v 23. 4. 1980 (BGBl I 445); 47. ÄndVO v 21. 5. 1980 (BGBl I 580); 48. ÄndVO v 11. 8. 1980 (BGBl I 1250 und 1560); 49. ÄndVO v 24. 1. 1981 (BGBl I 106); 50. ÄndVO v 3. 8. 1981 (BGBl I 849) mit *Bekanntmachung der Neufassung* (BGBl I 854); 51. ÄndVO v 22. 12. 1981 (BGBl I 1435); 52. ÄndVO v 13. 8. 1982 (BGBl I 1152); 53. ÄndVO v 28. 12. 1982 (BGBl I 2093); 54. ÄndVO v 17. 1. 1983 (BGBl I 29). E 6

2. AWG und AußenwirtschaftsVO E 7

Das geltende Devisenrecht der Bundesrepublik Deutschland ist gekennzeichnet durch die **Freiheit von Devisenbewirtschaftung,** durch die **freie Konvertierbarkeit** der DM **und die Freiheit des Außenwirtschaftsverkehrs.** Die Bedeutung für die Währungspolitik der Bundesbank und für die währungspolitischen Mittel ist hier nicht darzustellen (vgl allgemein zur Währungspolitik Vorbem A 56). Die Liberalisierung des Zahlungsverkehrs hat aber beträchtliche Auswirkungen auf die Praxis der Fremdwährungsschulden. Die sog Devisengesetze der Militärregierungen (MRG Nr 53 = VO Nr 235, Neufassung 1949; erläutert von Langen, Devisengesetz) und ihre DurchführungsVOen sind nach § 47 Abs 1 Nr 1, 2 AWG auf den Außenwirtschaftsverkehr nicht mehr anzuwenden (vgl dagegen zum Interzonenverkehr

Vorbem E 14). Außenwirtschaftsverkehr ist nach § 1 Abs 1 S 1 AWG der Waren-, Dienstleistungs-, Kapital-, Zahlungs- und sonstige Wirtschaftsverkehr mit fremden Wirtschaftsgebieten sowie der Verkehr mit Auslandswerten und Gold zwischen Gebietsansässigen (zu den Definitionen dieser Begriffe im einzelnen vgl § 4 AWG; vgl auch Richtlinien des BMWi zur *Auslegung der Begriffe „Gebietsansässiger" und „Gebietsfremder"* nach § 4 Abs 1 Nr 3 und 4 AWG v 25. 6. 1962 – V A 6 – 480473, mitgeteilt bei Hocke-Berwald-Maurer Hauptteil III). **Nach § 1 Abs 1 S 1 AWG ist der Außenwirtschaftsverkehr**, insbes also der Geld- und Kapitalverkehr mit dem Ausland, **grundsätzlich frei.** Er unterliegt jedoch einzelnen Einschränkungen, die sich aus dem AWG und aus der AWVO ergeben. Bestimmte Arten von Rechtsgeschäften unterliegen danach Verboten mit Erlaubnisvorbehalt. Außerdem bestehen Meldepflichten. Die wichtigsten einschlägigen Bestimmungen sollen genannt, aber nicht kommentiert werden:

E 8 a) **Beschränkungen für Rechtsgeschäfte** (Verbote mit Erlaubnisvorbehalt) sind in folgenden Bestimmungen vorgesehen:

§ 5 AWG
Erfüllung zwischenstaatlicher Vereinbarungen

Rechtsgeschäfte und Handlungen im Außenwirtschaftsverkehr können beschränkt werden, um die Erfüllung von Verpflichtungen aus zwischenstaatlichen Vereinbarungen zu ermöglichen, denen die gesetzgebenden Körperschaften in der Form eines Bundesgesetzes zugestimmt haben.

§ 6 AWG
Abwehr schädigender Einwirkungen aus fremden Wirtschaftsgebieten

(1) Rechtsgeschäfte und Handlungen im Außenwirtschaftsverkehr können beschränkt werden, um schädlichen Folgen für die Wirtschaft oder einzelne Wirtschaftszweige im Wirtschaftsgebiet vorzubeugen oder entgegenzuwirken, wenn solche Folgen durch Maßnahmen in fremden Wirtschaftsgebieten drohen oder entstehen, die

1. den Wettbewerb einschränken, verfälschen oder verhindern oder

2. zu Beschränkungen des Wirtschaftsverkehrs mit dem Wirtschaftsgebiet führen.

(2) Rechtsgeschäfte und Handlungen im Außenwirtschaftsverkehr können ferner beschränkt werden, um Auswirkungen von in fremden Wirtschaftsgebieten herrschenden, mit der freiheitlichen Ordnung der Bundesrepublik Deutschland nicht übereinstimmenden Verhältnissen auf das Wirtschaftsgebiet vorzubeugen oder entgegenzuwirken.

§ 6 a AWG
Abwehr schädigender Geld- und Kapitalzuflüsse aus fremden Wirtschaftsgebieten

(1) Wird die Wirksamkeit der Währungs- und Konjunkturpolitik durch Geld- und Kapitalzuflüsse aus fremden Wirtschaftsgebieten derart beeinträchtigt, daß das gesamtwirtschaftliche Gleichgewicht gefährdet ist, so kann durch Rechtsverordnung vorgeschrieben werden, daß Gebietsansässige einen bestimmten Vom-Hundert-Satz der Verbindlichkeiten aus den von ihnen unmittelbar oder mittelbar bei Gebietsfremden aufgenommenen Darlehen oder sonstigen Krediten während eines bestimmten Zeitraums zinslos auf einem Konto bei der Deutschen Bundesbank in Deutscher Mark zu halten haben (Depotpflicht). Als Kredite im Sinne des Satzes 1 gelten alle Rechtsgeschäfte und Handlungen, die wirtschaftlich eine Kreditaufnahme darstellen. Geht ein Gebietsansässiger gegenüber einem Gebietsfremden eine Verbindlichkeit durch Ausstellung, Annahme oder Indossierung eines Wechsels ein, so gilt eine im Zusammenhang hiermit von dem Gebietsfremden erbrachte Geldleistung für die Dauer der Laufzeit des Wechsels als Kredit.

(2) Absatz 1 Satz 1 gilt nicht für Verbindlichkeiten, für die Mindestreserven bei der Deutschen Bundesbank unterhalten werden müssen.

(3) Durch Rechtsverordnung wird bestimmt, welche Arten von Verbindlichkeiten, die in unmittelbarem Zusammenhang mit der handelsüblichen Abwicklung von Waren- und Dienstleistungsgeschäften zwischen Gebietsansässigen und Gebietsfremden stehen, von der Depotpflicht ausgenom-

men werden. Weitere Verbindlichkeiten können durch Rechtsverordnung von der Depotpflicht ausgenommen werden, soweit hierdurch eine Gefährdung der nach Absatz 1 Satz 1 zu wahrenden Belange nicht zu erwarten ist.

(4) Die Höhe des in Absatz 1 Satz 1 genannten Vom-Hundert-Satzes (Depotsatz) wird jeweils durch Rechtsverordnung festgelegt. Der Depotsatz darf hundert nicht überschreiten.

(5) Der Depotpflichtige kann die zur Erfüllung seiner Depotpflicht bei der Deutschen Bundesbank eingezahlten Beträge nicht zurückverlangen, solange seine Depotpflicht besteht.

§ 7 AWG
Schutz der Sicherheit und der auswärtigen Interessen

(1) Rechtsgeschäfte und Handlungen im Außenwirtschaftsverkehr können beschränkt werden, um

1. die Sicherheit der Bundesrepublik Deutschland zu gewährleisten,
2. eine Störung des friedlichen Zusammenlebens der Völker zu verhüten oder
3. zu verhüten, daß die auswärtigen Beziehungen der Bundesrepublik Deutschland erheblich gestört werden.

(2) Nach Absatz 1 können insbesondere beschränkt werden

1. im Rahmen der auf die Durchführung einer gemeinsamen Ausfuhrkontrolle gerichteten internationalen Zusammenarbeit die Ausfuhr oder Durchfuhr von
   a) Waffen, Munition und Kriegsgerät,
   b) Gegenständen, die bei der Entwicklung, Erzeugung oder dem Einsatz von Waffen, Munition und Kriegsgerät nützlich sind, oder
   c) Konstruktionszeichnungen und sonstigen Fertigungsunterlagen für die in Buchstabe a und b bezeichneten Gegenstände;
2. die Ausfuhr von Gegenständen, die zur Durchführung militärischer Aktionen bestimmt sind;
3. die Einfuhr von Waffen, Munition und Kriegsgerät;
4. Rechtsgeschäfte über gewerbliche Schutzrechte, Erfindungen, Herstellungsverfahren und Erfahrungen in bezug auf die in Nummer 1 bezeichneten Waren und sonstigen Gegenstände.

§ 22 AWG
Kapitalausfuhr

(1) Rechtsgeschäfte zwischen Gebietsansässigen und Gebietsfremden können beschränkt werden, wenn sie

1. den entgeltlichen Erwerb von Grundstücken in fremden Wirtschaftsgebieten und von Rechten an solchen Grundstücken,
2. den entgeltlichen Erwerb ausländischer Wertpapiere durch Gebietsansässige,
3. den entgeltlichen Erwerb von Wechseln, die ein Gebietsfremder ausgestellt oder angenommen hat, durch Gebietsansässige,
4. die Unterhaltung von Guthaben bei Geldinstituten in fremden Wirtschaftsgebieten durch Gebietsansässige oder
5. die Gewährung von Darlehen und sonstigen Krediten sowie die Gewährung von Zahlungsfristen an Gebietsfremde

zum Gegenstand haben.

(2) Ferner kann für Inhaber- und Orderschuldverschreibungen, die ein Gebietsfremder ausgestellt hat und in denen die Zahlung einer bestimmten Geldsumme versprochen wird, das öffentliche Anbieten zum Verkauf im Wirtschaftsgebiet beschränkt werden.

(3) Beschränkungen nach Absatz 1 sind zulässig, um das Gleichgewicht der Zahlungsbilanz sicherzustellen. Beschränkungen nach Absatz 2 sind zulässig, wenn sie erforderlich sind, um erheblichen nachteiligen Auswirkungen auf den Kapitalmarkt vorzubeugen oder entgegenzuwirken.

§ 23 AWG
Kapital- und Geldanlagen Gebietsfremder

(1) Rechtsgeschäfte zwischen Gebietsansässigen und Gebietsfremden können beschränkt werden, wenn sie

1. den entgeltlichen Erwerb von Grundstücken im Wirtschaftsgebiet und von Rechten an solchen Grundstücken durch Gebietsfremde,
2. den entgeltlichen Erwerb von Schiffen, die im Schiffsregister eines Gerichts im Wirtschaftsgebiet eingetragen sind, und von Rechten an solchen Schiffen durch Gebietsfremde,
3. den entgeltlichen Erwerb von Unternehmen mit Sitz im Wirtschaftsgebiet und Beteiligungen an solchen Unternehmen durch Gebietsfremde,
4. den entgeltlichen Erwerb inländischer Wertpapiere durch Gebietsfremde,
5. den entgeltlichen Erwerb von Wechseln, die ein Gebietsansässiger ausgestellt oder angenommen hat, durch Gebietsfremde,
6. die unmittelbare oder mittelbare Aufnahme von Darlehen und sonstigen Krediten durch Gebietsansässige sowie den entgeltlichen Erwerb von Forderungen gegenüber Gebietsansässigen durch Gebietsfremde oder
7. die Führung und Verzinsung von Konten Gebietsfremder bei Geldinstituten im Wirtschaftsgebiet

zum Gegenstand haben. Als Kredite im Sinne des Satzes 1 Nr. 6 gelten alle Rechtsgeschäfte und Handlungen, die wirtschaftlich eine Kreditaufnahme darstellen.

(2) Ferner können beschränkt werden

1. die Gründung von Unternehmen mit Sitz im Wirtschaftsgebiet durch Gebietsfremde oder unter Beteiligung von Gebietsfremden an der Gründung oder
2. die Ausstattung von Unternehmen, Zweigniederlassungen und Betriebsstätten im Wirtschaftsgebiet mit Vermögenswerten (Betriebsmittel und Anlagewerte) durch Gebietsfremde.

(3) Beschränkungen nach Absatz 1 und 2 sind zulässig, um einer Beeinträchtigung der Kaufkraft der Deutschen Mark entgegenzuwirken oder das Gleichgewicht der Zahlungsbilanz sicherzustellen.

§ 51 AWVO
Beschränkung nach § 5 AWG zur Erfüllung des Abkommens über deutsche Auslandsschulden

(1) Einem Schuldner ist die Bewirkung von Zahlungen und sonstigen Leistungen verboten, wenn sie

1. die Erfüllung einer Schuld im Sinne des Abkommens vom 27. Februar 1952 über deutsche Auslandsschulden (Bundesgesetzblatt II S. 331) zum Gegenstand haben, die Schuld aber nicht geregelt ist;
2. die Erfüllung einer geregelten Schuld im Sinne des Abkommens zum Gegenstand haben, sich aber nicht innerhalb der Grenzen der festgesetzten Zahlungs- und sonstigen Bedingungen halten;
3. die Erfüllung von Verbindlichkeiten zum Gegenstand haben, die in nichtdeutscher Währung zahlbar sind oder waren und die zwar den Voraussetzungen des Artikels 4 Absatz 1 und 2 des Abkommens entsprechen, aber die Voraussetzungen des Artikels 4 Abs. 3 Buchstabe a oder b des Abkommens hinsichtlich der Person des Gläubigers nicht erfüllen, es sei denn, daß es sich um Verbindlichkeiten aus marktfähigen Wertpapieren handelt, die in einem Gläubigerland zahlbar sind.

(2) Die in Artikel 3 des Abkommens enthaltenen Begriffsbestimmungen gelten auch für den Absatz 1.

§ 52 AWVO
Beschränkungen nach § 23 Abs 1 Nr 4 und 5 AWG
(aufgehoben)

§ 53 AWVO
Beschränkungen nach § 7 Abs 1 Nr 2 AWG
(aufgehoben)

§ 54 AWVO
Befreiung
(aufgehoben)

Zu § 52 vgl Mitt der DBB v 18. 3. 1980 betr Bekanntmachung zur Genehmigungspraxis für die Veräußerung kurzlaufender inländischer Schuldverschreibungen an Gebietsfremde (BAnz 1980 Nr 59). Zu § 53 AWVO vgl Mitt der DBB Nr 7010/80 v 22. 5. 1980 betr Sanktionsmaßnahmen gegen Iran auf dem Gebiet des Kapitalverkehrs (BAnz 1980 Nr 98).

b) Wichtige **Meldepflichten** ergeben sich aus den folgenden Bestimmungen: E 9

§ 26 AWG
Verfahrens- und Meldevorschriften

(1) Durch Rechtsverordnung können Vorschriften über das Verfahren bei der Vornahme von Rechtsgeschäften oder Handlungen im Außenwirtschaftsverkehr erlassen werden, soweit solche Vorschriften zur Durchführung dieses Gesetzes oder von Regelungen der in Satz 2 genannten Art oder zur Überprüfung der Rechtsgeschäfte oder Handlungen auf ihre Rechtmäßigkeit im Sinne dieses Gesetzes oder solcher Regelungen erforderlich sind. Regelungen im Sinne des Satzes 1 sind

1. die Bestimmungen der Verträge zur Gründung der Europäischen Gemeinschaften,
2. die Bestimmungen in Verträgen, einschließlich der zu ihnen gehörenden Akte mit Protokollen, die auf Grund der in Nummer 1 genannten Verträge zustande gekommen sind oder zu deren Erweiterung, Ergänzung oder Durchführung oder zur Begründung einer Assoziation, Präferenz oder Freihandelszone abgeschlossen und im Bundesgesetzblatt, im Bundesanzeiger oder im Amtsblatt der Europäischen Gemeinschaften veröffentlicht und als in Kraft getreten bekanntgegeben sind.
3. Rechtsakte des Rates oder der Kommission der Europäischen Gemeinschaften auf Grund oder im Rahmen der in den Nummern 1 und 2 genannten Verträge.

Durch Rechtsverordnung können ferner Aufzeichnungs- und Aufbewahrungspflichten vorgeschrieben werden, soweit sie zur Überwachung der Rechtsgeschäfte oder Handlungen auf ihre Rechtmäßigkeit im Sinne dieses Gesetzes oder von Regelungen der in Satz 2 genannten Art oder der Erfüllung von Meldepflichten nach den Absätzen 2 und 3 erforderlich sind und soweit sie nicht bereits nach handels- oder steuerrechtlichen Vorschriften bestehen.

(2) Durch Rechtsverordnung kann angeordnet werden, daß Rechtsgeschäfte und Handlungen im Außenwirtschaftsverkehr, insbesondere aus ihnen erwachsende Forderungen und Verbindlichkeiten sowie Vermögensanlagen und die Leistung oder Entgegennahme von Zahlungen, unter Angabe des Rechtsgrundes zu melden sind, wenn dies erforderlich ist, um

1. festzustellen, ob die Voraussetzungen für die Aufhebung, Erleichterung oder Anordnung von Beschränkungen vorliegen,
2. laufend die Zahlungsbilanz der Bundesrepublik Deutschland erstellen zu können,
3. die Wahrnehmung der außenwirtschaftspolitischen Interessen zu gewährleisten,
4. Verpflichtungen aus zwischenstaatlichen Vereinbarungen erfüllen zu können oder
5. die Durchführung und Einhaltung einer auf Grund des § 6 a Abs. 1 Satz 1 vorgeschriebenen Depotpflicht zu gewährleisten.

(3) Durch Rechtsverordnung kann ferner angeordnet werden, daß der Stand und ausgewählte Positionen der Zusammensetzung des Vermögens Gebietsansässiger in fremden Wirtschaftsgebieten und Gebietsfremder im Wirtschaftsgebiet zu melden sind, soweit dies zur Verfolgung der in Absatz 2 Nr. 1 bis 4 angegebenen Zwecke erforderlich ist. Vermögen im Sinne des Satzes 1 ist auch die mittelbare Beteiligung an einem Unternehmen. Gehört zu dem meldepflichtigen Vermögen eine unmittelbare oder mittelbare Beteiligung an einem Unternehmen, so kann angeordnet werden, daß auch der Stand und ausgewählte Positionen der Zusammensetzung des Vermögens des Unternehmens zu melden sind, an dem die Beteiligung besteht.

(4) Art und Umfang der Meldepflichten sind auf das Maß zu begrenzen, das notwendig ist, um den in den Absätzen 2 und 3 angegebenen, jeweils verfolgten Zweck zu erreichen. Die §§ 7, 10 und 12 des Gesetzes über die Statistik für Bundeszwecke sind in den Fällen des Absatzes 1 Nr. 1 bis 4 und des Absatzes 3 entsprechend anzuwenden.

§ 55 AWVO

Vermögensanlagen Gebietsansässiger in fremden Wirtschaftsgebieten

(1) Leistungen Gebietsansässiger, welche die Anlage von Vermögen in fremden Wirtschaftsgebieten zur Schaffung dauerhafter Wirtschaftsverbindungen in folgenden Formen bezwecken, sind nach § 56 zu melden:

1. Gründung oder Erwerb von Unternehmen,
2. Errichtung oder Erwerb von Zweigniederlassungen,
3. Errichtung oder Erwerb von Betriebsstätten,
4. Erwerb von Beteiligungen an Unternehmen,
5. Ausstattung dieser Unternehmen, Zweigniederlassungen oder Betriebsstätten mit Anlagemitteln oder Zuschüssen,
6. Gewährung von Darlehen an Unternehmen, die dem gebietsansässigen Darlehensgeber gehören oder an denen er unmittelbar oder mittelbar beteiligt ist oder auf deren Geschäftsführung er infolge der Gewährung des Darlehens erheblichen Einfluß hat.

Die Meldepflicht nach Satz 1 besteht auch dann, wenn sich der Gebietsansässige beim Erbringen seiner Leistung eines Gebietsfremden, insbesondere eines von ihm abhängigen Unternehmens, bedient.

(2) Ferner sind nach § 56 zu melden

1. die Veräußerung von Unternehmen, Zweigniederlassungen, Betriebsstätten oder Beteiligungen,
2. die Auflösung von Unternehmen sowie die Aufhebung von Zweigniederlassungen oder Betriebsstätten,
3. die Entgegennahme der Darlehnsrückzahlung,

wenn diese sich auf Vermögensanlagen im Sinne des Absatzes 1 beziehen.

(3) Die Meldepflicht besteht in den Fällen des Absatzes 1 und des Absatzes 2 Nr. 3 nur, wenn die erbrachten oder entgegengenommenen Leistungen im Kalenderjahr den Wert von zwanzigtausend Deutsche Mark übersteigen.

(4) Die Meldevorschriften der §§ 59 bis 69 bleiben unberührt.

§ 56 AWVO

Abgabe der Meldungen nach § 55

(1) Meldepflichtig ist der Gebietsansässige, dem die Vermögensanlage zusteht oder in den Fällen des § 55 Abs. 2 zustand.

(2) Die Meldungen sind, wenn ihr Gegenstand im Einzelfall den Wert von zehntausend Deutsche Mark übersteigt, bis zum fünften Tage des auf den meldepflichtigen Vorgang folgenden Monats, in anderen Fällen bis zum 5. Februar des folgenden Jahres der Deutschen Bundesbank mit dem Vordruck „Vermögensanlagen Gebietsansässiger in fremden Wirtschaftsgebieten" (Anlage K 1) in fünffacher Ausfertigung zu erstatten. Sie sind bei der Landeszentralbank einzureichen, in deren Bereich der Meldepflichtige ansässig ist. Die Deutsche Bundesbank übersendet je eine Ausfertigung der Meldungen dem Bundesminister für Wirtschaft über das Bundesamt für gewerbliche Wirtschaft, dem Auswärtigen Amt und der örtlich zuständigen obersten Landesbehörde für Wirtschaft oder der von dieser bestimmen Stelle.

§ 56 a AWVO

Vermögen Gebietsansässiger in fremden Wirtschaftsgebieten

(1) Der Stand und ausgewählte Positionen der Zusammensetzung folgenden Vermögens in fremden Wirtschaftsgebieten sind nach § 56 b zu melden:

1. des Vermögens eines gebietsfremden Unternehmens, wenn dem Gebietsansässigen mindestens fünfundzwanzig vom Hundert der Anteile oder der Stimmrechte an dem Unternehmen zuzurechnen sind;
2. des Vermögens eines gebietsfremden Unternehmens, wenn mindestens fünfundzwanzig vom Hundert der Anteile oder Stimmrechte an diesem Unternehmen einem von einem Gebietsansässigen abhängigen gebietsfremden Unternehmen zuzurechnen sind;
3. des Vermögens Gebietsansässiger in ihren gebietsfremden Zweigniederlassungen und auf Dauer angelegten Betriebsstätten.

(2) Ein gebietsfremdes Unternehmen gilt im Sinne des Absatzes 1 Nr. 2 als von einem Gebietsansässigen abhängig, wenn dem Gebietsansässigen mehr als fünfzig vom Hundert der Anteile oder Stimmrechte an dem gebietsfremden Unternehmen zuzurechnen sind. Wenn einem von einem Gebietsansässigen abhängigen gebietsfremden Unternehmen sämtliche Anteile oder Stimmrechte an einem anderen gebietsfremden Unternehmen zuzurechnen sind, so ist auch das andere gebietsfremde Unternehmen und unter denselben Voraussetzungen jedes weitere Unternehmen im Sinne des Absatzes 1 Nr. 2 als von einem Gebietsansässigen abhängig anzusehen.

(3) Absatz 1 findet keine Anwendung, wenn die Bilanzsumme des gebietsfremden Unternehmens, an dem der Gebietsansässige oder ein anders von ihm abhängiges gebietsfremdes Unternehmen beteiligt ist, oder das Betriebsvermögen der gebietsfremden Zweigniederlassung oder Betriebsstätte des Gebietsansässigen fünfhunderttausend Deutsche Mark nicht überschreitet. Absatz 1 findet ferner insoweit keine Anwendung, als dem Gebietsansässigen Unterlagen, die er zur Erfüllung seiner Meldepflicht benötigt, aus tatsächlichen oder rechtlichen Gründen nicht zugänglich sind.

§ 56 b AWVO
Abgabe der Meldungen nach § 56 a

(1) Die Meldungen sind einmal jährlich nach dem Stand des Bilanzstichtages des Meldepflichtigen oder, soweit der Meldepflichtige nicht bilanziert, nach dem Stand des 31. Dezember der Deutschen Bundesbank mit dem Vordruck „Vermögen Gebietsansässiger in fremden Wirtschaftsgebieten" (Anlage K 3) in zweifacher Ausfertigung zu erstatten. Die Deutsche Bundesbank übersendet eine Ausfertigung der Meldungen dem Bundesminister für Wirtschaft.

(2) Stimmt der Bilanzstichtag eines gebietsfremden Unternehmens, an dem der Meldepflicht oder ein anderes von ihm abhängiges gebietsfremdes Unternehmen beteiligt ist, nicht mit dem Bilanzstichtag des Meldepflichtigen oder, soweit der Meldepflichtige nicht bilanziert, nicht mit dem 31. Dezember überein, so kann bei der Berechnung des Vermögens von dem diesem Zeitpunkt unmittelbar vorangegangenen Bilanzstichtag des gebietsfremden Unternehmens ausgegangen werden.

(3) Die Meldungen sind jeweils spätestens bis zum letzten Werktag des sechsten auf den Bilanzstichtag des Meldepflichtigen oder, soweit der Meldepflichtige nicht bilanziert, des sechsten auf den 31. Dezember folgenden Kalendermonats bei der Landeszentralbank einzureichen, in deren Bereich der Meldepflichtige ansässig ist.

(4) Meldepflichtig ist der Gebietsansässige, dem das Vermögen unmittelbar oder über ein abhängiges gebietsfremdes Unternehmen am Bilanzstichtag des Gebietsansässigen oder, soweit er nicht bilanziert, am 31. Dezember jeweils zuzurechnen ist.

§ 57 AWVO
Vermögensanlagen Gebietsfremder im Wirtschaftsgebiet

(1) Leistungen Gebietsfremder, welche die Anlage von Vermögen im Wirtschaftsgebiet zur Schaffung dauerhafter Wirtschaftsverbindungen in folgenden Formen bezwecken, sind nach § 58 zu melden:
1. Gründung oder Erwerb von Unternehmen,
2. Errichtung oder Erwerb von Zweigniederlassungen,
3. Errichtung oder Erwerb von Betriebsstätten,
4. Erwerb von Beteiligungen an Unternehmen,
5. Ausstattung dieser Unternehmen, Zweigniederlassungen oder Betriebsstätten mit Anlagemitteln oder Zuschüssen,

6. Gewährung von Darlehen an Unternehmen, die dem gebietsfremden Darlehnsgeber gehören oder an denen er unmittelbar oder mittelbar beteiligt ist oder auf deren Geschäftsführung er infolge der Gewährung des Darlehens erheblichen Einfluß hat.

(2) Ferner sind nach § 58 zu melden

1. die Veräußerung von Unternehmen, Zweigniederlassungen, Betriebsstätten oder Beteiligungen,
2. die Auflösung von Unternehmen sowie die Aufhebung von Zweigniederlassungen oder Betriebsstätten,
3. die Rückzahlung von Darlehen,

wenn diese sich auf Vermögensanlagen im Sinne des Absatzes 1 beziehen.

(3) Die Meldepflicht besteht in den Fällen des Absatzes 1 und des Absatzes 2 Nr 3 nur, wenn die entgegengenommenen oder erbrachten Leistungen im Kalenderjahr den Wert von zehntausend Deutsche Mark übersteigen.

(4) Die Meldevorschriften der §§ 59 bis 69 bleiben unberührt.

§ 58 AWVO

Abgabe der Meldungen nach § 57

(1) Meldepflichtig ist

1. in den Fällen des § 57 Abs 1 der Gebietsansässige, der die Leistung entgegennimmt,
2. in den Fällen des § 57 Abs 2 Nr 1 der Gebietsansässige, der die Vermögensanlage erwirbt,
3. in den Fällen des § 57 Abs 2 Nr 2 bei Auflösung eines Unternehmens der Gebietsansässige, der die Abwicklung durchführt, und bei Aufhebung einer Zweigniederlassung oder Betriebsstätte der Gebietsansässige, der bis zur Aufhebung die Zweigniederlassung oder Betriebsstätte geleitet hat,
4. in den Fällen des § 57 Abs 2 Nr 3 der Gebietsansässige, der die Leistung erbringt.

(2) Die Meldungen sind mit dem Vordruck „Vermögensanlagen Gebietsfremder im Wirtschaftsgebiet" (Anlage K 2) zu erstatten. Im übrigen gilt § 56 Abs 2 entsprechend.

§ 58 a AWVO

Vermögen Gebietsfremder im Wirtschaftsgebiet

(1) Der Stand und ausgewählte Positionen der Zusammensetzung folgenden Vermögens im Wirtschaftsgebiet sind nach § 58 b zu melden:

1. des Vermögens eines gebietsansässigen Unternehmens, wenn dem Gebietsfremden oder einer Gruppe wirtschaftlich verbundener Gebietsfremder mindestens fünfundzwanzig vom Hundert der Anteile oder Stimmrechte an dem gebietsansässigen Unternehmen zuzurechnen sind;
2. des Vermögens eines gebietsansässigen Unternehmens, wenn mindestens fünfundzwanzig vom Hundert der Anteile oder Stimmrechte an diesem Unternehmen einem von einem Gebietsfremden oder einer Gruppe wirtschaftlich verbundener Gebietsfremder abhängigen gebietsansässigen Unternehmen zuzurechnen sind;
3. des Vermögens Gebietsfremder in ihren gebietsansässigen Zweigniederlassungen und auf Dauer angelegten Betriebsstätten.

(2) Als Gruppe wirtschaftlich verbundener Gebietsfremder im Sinne des Absatzes 1 Nr 1 und 2 sind anzusehen:

1. natürliche und juristische gebietsfremde Personen, die sich zum Zweck der Gründung oder des Erwerbs eines gebietsansässigen Unternehmens, des Erwerbs von Beteiligungen an einem solchen Unternehmen oder zur gemeinsamen Ausübung ihrer Anteilsrechte an einem solchen Unternehmen zusammengeschlossen haben;
2. natürliche gebietsfremde Personen, die miteinander verheiratet oder in gerader Linie verwandt, verschwägert oder durch Adoption verbunden oder in der Seitenlinie bis zum dritten Grade verwandt oder bis zum zweiten Grade verschwägert sind, oder
3. juristische gebietsfremde Personen, die im Sinne des § 15 des Aktiengesetzes miteinander verbunden sind.

(3) Ein gebietsansässiges Unternehmen gilt im Sinne des Absatzes 1 Nr 2 als von einem Gebietsfremden oder von einer Gruppe wirtschaftlich verbundener Gebietsfremder oder von einer Gruppe

wirtschaftlich verbundener Gebietsfremder abhängig, wenn dem Gebietsfremden oder der Gruppe wirtschaftlich verbundener Gebietsfremder mehr als fünfzig vom Hundert der Anteile oder Stimmrechte an dem gebietsansässigen Unternehmen zuzurechnen sind.

(4) Absatz 1 findet keine Anwendung, wenn die Bilanzsumme des gebietsansässigen Unternehmens, an dem der Gebietsfremde, die Gruppe wirtschaftlich verbundener Gebietsfremder oder ein anderes von dem Gebietsfremden oder der Gruppe wirtschaftlich verbundener Gebietsfremder abhängiges gebietsansässiges Unternehmen beteiligt ist, oder das Betriebsvermögen der gebietsansässigen Zweigniederlassung oder Betriebsstätte des Gebietsfremden fünfhunderttausend Deutsche Mark nicht überschreitet. Absatz 1 findet ferner insoweit keine Anwendung, als dem Gebietsansässigen Unterlagen, die er zur Erfüllung seiner Meldepflicht benötigt, aus tatsächlichen oder rechtlichen Gründen nicht zugänglich sind. Absatz 1 Nr 1 und 2 findet keine Anwendung, wenn das gebietsansässige oder das abhängige gebietsansässige Unternehmen, an dem eine Gruppe wirtschaftlich verbundener Gebietsfremder beteiligt ist, nicht erkennen kann, daß es sich bei den Gebietsfremden im Sinne des Absatzes 2 um eine Gruppe wirtschaftlich verbundener Gebietsfremder handelt.

§ 58 b AWVO

Abgabe der Meldungen nach § 58 a

(1) Die Meldungen sind einmal jährlich nach dem Stand des Bilanzstichtages des Meldepflichtigen oder, soweit es sich bei dem Meldepflichtigen um eine nicht bilanzierende gebietsansässige Zweigniederlassung oder Betriebsstätte eines gebietsfremden Unternehmens handelt, nach dem Stand des Bilanzstichtages des gebietsfremden Unternehmens der Deutschen Bundesbank mit dem Vordruck ,,Vermögen Gebietsfremder im Wirtschaftsgebiet" (Anlage K 4) in zweifacher Ausfertigung zu erstatten. Die Deutsche Bundesbank übersendet eine Ausfertigung der Meldungen dem Bundesminister für Wirtschaft.

(2) Die Meldungen sind spätestens bis zum letzten Werktag des sechsten auf den Bilanzstichtag des Meldepflichtigen oder, soweit es sich bei dem Meldepflichtigen um eine nicht bilanzierende gebietsansässige Zweigniederlassung oder Betriebsstätte eines gebietsfremden Unternehmens handelt, des sechsten auf den Bilanzstichtag des gebietsfremden Unternehmens folgenden Monats bei der Landeszentralbank einzureichen, in deren Bereich der Meldepflichtige ansässig ist.

(3) Meldepflichtig ist

1. in den Fällen des § 58 a Abs. 1 Nr. 1 das gebietsansässige Unternehmen,
2. in den Fällen des § 58 a Abs. 1 Nr. 2 das abhängige gebietsansässige Unternehmen,
3. in den Fällen des § 58 a Abs. 1 Nr. 3 die gebietsansässige Zweigniederlassung oder Betriebsstätte.

§ 58 c AWVO

Ausnahmen

Die Deutsche Bundesbank kann für einzelne Meldepflichtige oder für Gruppen von Meldepflichtigen vereinfachte Meldungen oder Abweichungen von Meldefristen oder Vordrucken zulassen oder einzelne Meldepflichtige oder Gruppen von Meldepflichtigen befristet oder widerruflich von einer Meldepflicht freistellen, soweit dafür besondere Gründe vorliegen oder der Zweck der Meldevorschriften nicht beeinträchtigt wird.

§ 59 AWVO

Meldepflicht für Zahlungen

(1) Gebietsansässige haben Zahlungen, die sie

1. von Gebietsfremden oder für deren Rechnung von Gebietsansässigen entgegennehmen (eingehende Zahlungen) oder
2. an Gebietsfremde oder für deren Rechnung an Gebietsansässige leisten (ausgehende Zahlungen),

zu melden.

(2) Absatz 1 findet keine Anwendung auf

1. Zahlungen, die den Betrag von eintausend Deutsche Mark oder den Gegenwert in ausländischer Währung nicht übersteigen,
2. Ausfuhrerlöse,
3. Zahlungen, die die Gewährung, Aufnahme oder Rückzahlung von Krediten (einschließlich der Begründung und Rückzahlung von Guthaben bei Geldinstituten) mit einer ursprünglich vereinbarten Laufzeit oder Kündigungsfrist von nicht mehr als zwölf Monaten zum Gegenstand haben,
4. Zahlungen natürlicher Personen für den Bezug von Waren zum persönlichen Gebrauch und für die Inanspruchnahme von Dienstleistungen zu persönlichen Zwecken.

(3) Zahlung im Sinne dieses Kapitels ist auch die Aufrechnung und die Verrechnung. Als Zahlung gilt ferner das Einbringen von Sachen und Rechten in Unternehmen, Zweigniederlassungen und Betriebsstätten.

§ 60 AWVO
Form der Meldung

(1) Ausgehende Zahlungen, die über ein gebietsansässiges Geldinstitut oder eine Postanstalt im Wirtschaftsgebiet geleistet werden, sind mit dem Vordruck „Zahlungsauftrag im Außenwirtschaftsverkehr" (Anlage Z 1) zu melden.

(2) Eingehende und ausgehende Zahlungen außerhalb des Warenverkehrs, die durch Gebietsansässige, ausgenommen Geldinstitute, über ein Konto bei einem gebietsfremden Geldinstitut entgegengenommen oder geleistet werden, sind in doppelter Ausfertigung zu melden, und zwar

1. eingehende Zahlungen mit dem Vordruck „Auslandskontenmeldung (Eingänge)" (Anlage Z 2),
2. ausgehende Zahlungen mit dem Vordruck „Auslandskontenmeldung (Ausgänge)" (Anlage Z 3).

(3) Eingehende und ausgehende Zahlungen, die nicht nach Absatz 1 und 2 gemeldet werden müssen, sind mit dem Vordruck „Zahlungen im Außenwirtschaftsverkehr" (Anlage Z 4) in doppelter Ausfertigung zu melden. Für den Warenverkehr und für den übrigen Außenwirtschaftsverkehr sind getrennte Meldungen einzureichen.

(4) In den Meldungen sind die Kennzahlen des Leistungsverzeichnisses (Anlage LV) anzugeben.

(5) Bei abgabenbegünstigten Lieferungen und Leistungen an im Wirtschaftsgebiet stationierte ausländische Truppen sowie an das zivile Gefolge kann abweichend von Absatz 3 Satz 1 die Meldung auch durch Abgabe einer Durchschrift der Empfangsbestätigung der Truppen oder des zivilen Gefolges nach dem auf Grund der Abgabenvorschriften vorgeschriebenen Muster gemeldet werden.

§ 61 AWVO
Meldefrist

Die Meldungen sind abzugeben

1. bei Zahlungen nach § 60 Abs. 1 mit der Erteilung des Auftrages an das Geldinstitut oder die Postanstalt;
2. bei Zahlungen nach § 60 Abs. 2
   a) von Kontoinhabern, die im Handels- oder Genossenschaftsregister eingetragen sind, monatlich bis zum siebenten Tage des auf die Leistung oder Entgegennahme der Zahlungen folgenden Monats, wenn der Gesamtbetrag der nach § 59 Abs. 1 zu meldenden Zahlungen im Kalendermonat fünftausend Deutsche Mark übersteigt,
   b) in den übrigen Fällen halbjährlich bis zum zehnten Tage des auf den Ablauf des Kalenderhalbjahres folgenden Monats;
3. bei Zahlungen nach § 60 Abs. 3 bis zum siebenten Tage des auf die Leistung oder Entgegennahme der Zahlungen folgenden Monats; Sammelmeldungen sind zulässig.

§ 62 AWVO
Meldung der Forderungen und Verbindlichkeiten

(1) Gebietsansässige, ausgenommen Geldinstitute, haben ihre Forderungen und Verbindlichkeiten gegenüber Gebietsfremden zu melden, wenn diese Forderungen oder Verbindlichkeiten bei Ablauf eines Monats jeweils zusammengerechnet mehr als einhunderttausend Deutsche Mark betragen.

(2) Die Forderungen und Verbindlichkeiten sind jeweils monatlich bis zum zehnten Tage des folgenden Monats nach dem Stand des letzten Werktages des Vormonats mit dem Vordruck „Forderungen und Verbindlichkeiten aus Finanzbeziehungen mit Gebietsfremden" (Anlage Z 5 Blatt 1 und Blatt 2) in doppelter Ausfertigung zu melden, sofern nicht Absatz 3 etwas anderes vorschreibt.

(3) Forderungen und Verbindlichkeiten aus dem Waren- und Dienstleistungsverkehr mit Gebietsfremden einschließlich der geleisteten und entgegengenommenen Anzahlungen sind jeweils monatlich bis zum zwanzigsten Tage des folgenden Monats nach dem Stand des letzten Werktages des Vormonats mit dem Vordruck „Forderungen und Verbindlichkeiten gegenüber Gebietsfremden aus dem Waren- und Dienstleistungsverkehr" (Anlage Z 5 a) in doppelter Ausfertigung zu melden.

(4) Entfällt für einen Gebietsansässigen, der für einen vorangegangenen Meldestichtag meldepflichtig war, wegen Unterschreitens der in Absatz 1 genannten Betragsgrenze die Meldepflicht, so hat er dies bis zum zwanzigsten Tage des darauf folgenden Monats der Meldestelle schriftlich anzuzeigen.

§ 63 AWVO
Meldestellen

(1) Die Meldungen sind der Deutschen Bundesbank zu erstatten. Sie sind bei der Landeszentralbank, Hauptstelle oder Zweigstelle, einzureichen, in deren Bereich der Meldepflichtige ansässig ist.

(2) In den Fällen des § 60 Abs. 1 ist die Meldung bei dem beauftragten Geldinstitut oder der beauftragten Postanstalt zur Weiterleitung an die Deutsche Bundesbank einzureichen.

§ 64 AWVO
Ausnahmen

§ 58 c gilt entsprechend.

§ 65 AWVO
Zahlungen bei Ausfuhren

(aufgehoben)

§ 66 AWVO
Zahlungen im Transithandel

(1) Für Zahlungen im Transithandel gelten die §§ 59 bis 61, 63 und 64. Ist die Ware bei Abgabe der Meldung bereits an einen Gebietsfremden weiter veräußert, so ist der Zahlungseingang zusammen mit dem Zahlungsausgang zu melden. Ist die Zahlung des gebietsfremden Erwerbers im Zeitpunkt des Zahlungsausgangs noch nicht eingegangen, so ist der vereinbarte Betrag der Zahlung zu melden.

(2) Wer eine ausgehende Zahlung im Transithandel gemeldet hat und die Transithandelsware danach einfuhrrechtlich abfertigen läßt, hat dies formlos bis zum zehnten Tage des auf die Einfuhrabfertigung folgenden Monats unter Angabe des gemeldeten Betrages und des Zeitpunktes der Zahlung mit dem Zusatz „Umstellung von Transithandel auf Wareneinfuhr" zu melden.

(3) Wer eine ausgehende Zahlung für eine Wareneinfuhr gemeldet hat und die Ware danach an einen Gebietsfremden veräußert, ohne daß diese einfuhrrechtlich abgefertigt worden ist, hat dies formlos bis zum zehnten Tage des auf die Veräußerung folgenden Monats unter Angabe des Betrages mit dem Zusatz „Umstellung von Wareneinfuhr auf Transithandel" zu melden.

(4) In den Fällen der Absätze 2 und 3 sind ferner die Benennung der Ware, die Nummer des Warenverzeichnisses für die Außenhandelsstatistik, das Einkaufsland und die Währung, in der die Zahlung geleistet worden ist, anzugeben.

§ 67 AWVO
Zahlungen der Seeschiffahrtsunternehmen

Gebietsansässige, die ein Seeschiffahrtsunternehmen betreiben, haben abweichend von den §§ 59 bis 61 Zahlungen, die sie im Zusammenhang mit dem Betrieb der Seeschiffahrt entgegennehmen oder leisten, mit dem Vordruck „Einnahmen und Ausgaben der Seeschiffahrt" (Anlage Z 8) monatlich bis zum siebenten Tage des auf die Zahlung folgenden Monats der zuständigen Landeszentralbank in vierfacher Ausfertigung zu melden. Die Landeszentralbank übersendet je eine Ausfertigung dem Bundesminister für Verkehr und der zuständigen obersten Landesbehörde für Wirtschaft oder der von dieser bestimmten Stelle.

§ 68 AWVO
Meldungen der Reisebüros über Ankauf und Verkauf von Zahlungsmitteln

Gebietsansässige, die ein Reisebüro betreiben, haben die von ihnen im Rahmen ihres Unternehmens angekauften und verkauften, auf ausländische Währung lautenden Zahlungsmittel mit dem Vordruck „Meldungen der Reisebüros" (Anlage Z 9) monatlich bis zum fünften Tage des auf den An- oder Verkauf folgenden Monats zu melden. § 63 Abs. 1 und § 64 finden Anwendung.

§ 69 AWVO
Meldungen der Geldinstitute

(1) Soweit Zahlungen nach Absatz 2 zu melden sind, finden die §§ 59 bis 64 keine Anwendung.

(2) Gebietsansässige Geldinstitute haben zu melden

1. eingehende und ausgehende Zahlungen für die Veräußerung oder den Erwerb von Wertpapieren, die das Geldinstitut für eigene oder fremde Rechnung an Gebietsfremde verkauft oder von Gebietsfremden kauft, sowie ausgehende Zahlungen, die das Geldinstitut im Zusammenhang mit der Einlösung inländischer Wertpapiere leistet, mit dem Vordruck „Wertpapiergeschäfte im Außenwirtschaftsverkehr" (Anlage Z 10) in doppelter Ausfertigung; statt dieses Vordrucks kann eine Durchschrift der Wertpapierabrechnung des Geldinstituts eingereicht werden, wenn sie die im Vordruck vorgesehenen Angaben enthält;
2. Zins- und Dividendenzahlungen an Gebietsfremde auf inländische Wertpapiere, die sie im Auftrag eines Gebietsfremden einziehen, mit dem Vordruck „Wertpapier-Erträge im Außenwirtschaftsverkehr" (Anlage Z 11);
3. eingehende und ausgehende Zinszahlungen im Kontokorrent- und Sparverkehr, einschließlich ausgehender Zinszahlungen auf Sparbriefe und Namens-Sparschuldverschreibungen, die sie für eigene Rechnung von Gebietsfremden entgegennehmen oder an Gebietsfremde leisten,
   mit den Vordrucken „Zinseinnahmen von Gebietsfremden im Kontokorrent- und Sparverkehr" (Anlage Z 14) und „Zinsausgaben an Gebietsfremde im Kontokorrent- und Sparverkehr, einschließlich der Zinsen auf Sparbriefe und Namens-Sparschuldverschreibungen" (Anlage Z 15);
4. im Zusammenhang mit dem Reiseverkehr und der Personenbeförderung
   a) eingehende Zahlungen einschließlich des Gegenwerts der in fremde Wirtschaftsgebiete versandten auf Deutsche Mark lautenden Noten und Münzen mit dem Vordruck „Zahlungseingänge im aktiven Reiseverkehr" (Anlage Z 12),
   b) ausgehende Zahlungen einschließlich des Gegenwerts der aus fremden Wirtschaftsgebieten eingegangenen auf Deutsche Mark lautenden Noten und Münzen mit dem Vordruck „Zahlungseingänge im passiven Reiseverkehr" (Anlage Z 13).

(3) Absatz 2 Nr. 1 findet keine Anwendung auf Zahlungen, die den Betrag von eintausend Deutsche Mark oder den Gegenwert in ausländischer Währung nicht übersteigen.

(4) Bei Meldungen nach Absatz 2 Nr. 1 bis 3 sind die Kennzahlen des Leistungsverzeichnisses (Anlage LV) anzugeben.

(5) Es sind zu erstatten

1. Meldungen nach Absatz 2 Nr. 1, 2 und 4 monatlich bis zum fünften Tage des auf den meldepflichtigen Vorgang folgenden Monats,
2. Meldungen nach Absatz 2 Nr. 3 halbjährlich bis zum dreißigsten Tage nach Ablauf eines Kalenderhalbjahres.

(6) Die Meldungen sind der Deutschen Bundesbank zu erstatten. Sie sind bei der Landeszentralbank, Hauptstelle oder Zweigstelle, einzureichen, in deren Bereich der Meldepflichtige ansässig ist.

Zu diesen **Meldepflichten** vgl Mitt der DBB Nr 8002/67 betr Erl der DBB für den Zahlungsverkehr nach §§ 56 bis 69 der AWVO v 13. 11. 1967 (BAnz Nr 219), neu gefaßt durch die Bundesbank-Mitt Nr 8001/71 v 16. 6. 1971 (BAnz Nr 112), Nr 8001/74 v 13. 3. 1974 (BAnz Nr 52) und Nr 8002/80 v 18. 8. 1980 (BAnz Nr 154). Zur Auskunftspflicht nach § 44 AWG vgl BVerwG BB 1979, 1583. E 10

c) Eine **Bardepotpflicht** für Auslandsverbindlichkeiten kann aufgrund § 6 a AWG angeordnet werden (eingehend DEMMLER, Das Bardepot, Diss München 1975; FLACHMANN, Bardepot [1972]; ders, Kritische Anmerkungen zum Bardepot, ZfKrW 1973, 462). Die Bardepotpflicht gehört zu den Techniken außenwirtschaftspolitischer Differenzierung (DEMMLER 26). Ihre Anordnung setzt eine Gefährdung des gesamtwirtschaftlichen Gleichgewichts durch Geld- und Kapitalzuflüsse aus fremden Wirtschaftsgebieten voraus (BVerwGE 58, 189 = NJW 1980, 467 = RIW/AWD 1980, 288). Sinn und Zweck der Bardepotpflicht ist es, die Nachfrage von Gebietsansässigen nach Kreditnahme bei Gebietsfremden zu erschweren und auf diese Weise währungspolitisch unerwünschte Kapitalzuflüsse aus dem Ausland abzuwehren. Das Bardepot begründet ein verwaltungsrechtliches Rechtsverhältnis eigener Art (DEMMLER 14). Die Heranziehung zur Depotpflicht und die Vollstreckung ist in § 28 a AWG geregelt. Die Bundesregierung hat von dem Instrument des Bardepots in der Zeit v 1. 3. 1972 bis 30. 9. 1974 Gebrauch gemacht (vgl näher SCHÖNLE, Bank- und Börsenrecht [2. Aufl 1976] § 35 V 3; BARTELS, Zur Aufhebung der Bardepotpflicht, AWD 1974, 658; HEINZE, Rechtsfragen der Bardepotpflicht, AWD 1972, 313; INHÜLSEN, Das Bardepot, BB 1972, 638; JAHN, Bardepoterleichterungen nach der 29. VO zur Änderung der AWVO, AWD 1974, 124; LOOS, Gewinnverwendungsbeschlüsse und Bardepot, Betrieb 1974, 1009; VON METTENHEIM, Die Bardepotpflicht für Roll-over-Kredite, BB 1972, 945; PELTZER, Aktuelle Fragen zum Bardepot und zur devisenrechtlichen Genehmigungspflicht, BB 1973, 963; PFEFFER, Zweifelsfragen zum Bardepot, ZfKrW 1972, 376; STARCK, Der Kreditbegriff und der Verhältnismäßigkeitsgrundsatz im Depotrecht, BB 1973, 1607; TETTINGER, Anmerkungen zu den rechtsstaatlichen Anforderungen an die Depotpflicht, RIW/AWD 1975, 197). Für Altverbindlichkeiten wurde die Bardepotpflicht bei ihrer Abschaffung aufrechterhalten (§ 3 der 32. VO zur Änderung der AWVO; krit mwN SCHÖNLE aaO). Säumige Depotpflichtige, die ihre Depotpflicht für zurückliegende Monate noch nicht erfüllt hatten, blieben damit zunächst zur Nachhaltung von Depotbeträgen verpflichtet. Nach Auffassung des BVerwG war diese Regelung rechtsungültig (BVerwGE 58, 189 = NJW 1980, 467 = RIW/AWD 1980, 288 = WM 1981, 22; vgl bereits PELTZER BB 1975, 1457; HELLWIG DB 1976, 709; WERNICKE WM 1975, 1198; aM OVG Bremen RIW/AWD 1975, 60; OVG Hamburg RIW/AWD 1976, 173; VGH Mannheim BB 1976, 1577 = Betrieb 1976, 1525 mAnm BARTELS). Durch § 1 der VO über die Beseitigung der Depotpflicht v 23. 9. 1977 (BGBl I 1857) wurde auch diese Nachhaltepflicht beseitigt. Vgl dazu Mitt der DBB Nr 7005/77 v 27. 9. 1977 (BAnz Nr 183). Im einzelnen findet sich die Rechtsentwicklung nachgezeichnet in zwei Urteilen des BGH v 11. 3. 1982 (WM 1982, 663 und 788). Der BGH hat in diesen Urteilen *Entschädigungsansprüche* wegen einer aufgrund der Auffassung des BVerwG als rechtswidrig anzusehenden Heranziehung zur Bardepotpflicht abgelehnt. Das nachzuhaltende Bardepot habe keine erdrosselnde Wirkung gehabt und damit keinen E 11 enteignungsgleichen Eingriff dargestellt, denn Art 14 GG schütze das Vermögen als solches nicht gegen die Auferlegung von Geldleistungspflichten; für eine Haftung wegen Amtspflichtverletzung (§ 839 BGB iVm Art 34 GG) habe es bis zur letztinstanzlichen Entscheidung des BVerwG am Verschulden gefehlt; schließlich gebe es auch keinen verschuldensunabhängigen Schadensersatzanspruch analog § 717 Abs 2 ZPO.

E 12 Folgende Fragen und Entscheidungen sind mit der Abschaffung der Bardepotpflicht *vorerst bedeutungslos* geworden. Sie bleiben aber für den Fall ihrer Wiedereinführung von Belang: Verfassungsmäßigkeit der Bardepotpflicht (VGH Mannheim NJW 1974, 2252); Rechtswidrigkeit und Verschulden bei amtspflichtwidriger Heranziehung zur Bardepotpflicht (BGH Betrieb 1979, 1454 = MDR 1979, 825 = NJW 1979, 2097 = VersR 1979, 574; WM 1982, 663; 1982, 788); aufschiebende Wirkung beim Verwaltungsrechtsstreit um die Bardepotpflicht (OVG Münster Betrieb 1972, 1386, 2350; VGH Mannheim NJW 1974, 2252; OVG Bremen RIW/AWD 1975, 50); materiellrechtlich wird die Nichtausübung eines Kündigungsrechts bei einem Alt-Darlehen nicht als Kreditgewährung angesehen (OVG Koblenz BB 1972, 1293); Einzahlungen auf übernommene Gesellschaftereinlagen sind keine Kredite (BVerwGE 54, 11 = BB 1977, 1011 mAnm Krohn = Betrieb 1977, 1250 = NJW 1977, 1700 = VerwRspr 29, 500; OVG Hamburg RIW/AWD 1976, 173; OLG Schleswig BB 1975, 13 [LS] = RIW/AWD 1975, 52); Umgehungen durch Umwandlung beschlossener Kapitalerhöhungen in Kredite werden dagegen von der Bardepotpflicht erfaßt (OVG Berlin Betrieb 1974, 1110); bleiben ausgeschüttete Gewinne bei der Gesellschaft stehen, so handelt es sich um Kredite (BayVGH VGHE 27, 83 = BayVBl 1975, 171; eingehend Loos Betrieb 1974, 1009); wird eine zur Auszahlung fällige Dividende an gebietsfremde Aktionäre nicht ausgeschüttet, weil damit eine Kapitalerhöhung durchgeführt werden soll, so ist dies vorerst eine Kreditaufnahme, deren Dpotpflichtigkeit erst endet, wenn die Kapitalerhöhung aktienrechtlich wirksam durchgeführt ist (VGH Mannheim BB 1974, 197). Ein Strohmanngeschäft, das eine Umgehung der Bardepotpflicht verdecken soll, ist kein Scheingeschäft, sofern der zwischengeschaltete Strohmann selbst als Vertragspartner haften soll (BGH NJW 1982, 569 = WM 1981, 1132 = JuS 1982, 380 mAnm Karsten Schmidt).

E 13 III. Interzonenverkehr

Schrifttum (Auswahl): Staudinger-Weber (11. Aufl) Vorbem 87–102; Buchholz, Währungs- und devisenrechtliche Probleme in interzonalen Unterhaltsstreitigkeiten, DRiZ 1952, 71; Drobnig, Die Anwendung des Devisenrechts der Sowjetzone durch westdeutsche Gerichte, NJW 1960, 1088; Ehlermann-Kupper-Lambrecht-Ollig, Handelspartner DDR (1975); Erdmann, Das neue Devisengesetz der Sowjetzone, NJW 1956, 929; Gentzmann, Devisenrechtliche Fragen im Interzonenverkehr, ROW 1958, 110; Hirschberg, Das interzonale Währungs- und Devisenrecht der Unterhaltsverbindlichkeiten (1968); Jahn, Handbuch des Interzonenzahlungsverkehrs (1956); Joerges-Kühne, Außenwirtschaft und Interzonenverkehr (1954 ff); Sieben, Abkommen und Vorschriften zum Interzonenhandel (1961); Stehle, Bezahlung einer DM-Ost-Unterhaltsschuld in westdeutscher Währung, NJW 1959, 1714; Wapenhensch, Das neue Außenwirtschaftsrecht, Loseblattausgabe, Stichwort: Interzonenhandel; Zieger, Das neue Devisengesetz der DDR, RIW/AWD 1975, 1.

1. Das Devisenrecht der Militärregierungen E14

Für den Interzonenverkehr gelten weiterhin die Vorschriften des **MRG Nr 53 = VO Nr 235** (Neufassung). Dazu oben Vorbem E 3. Die Durchführung des MRG 53 im Bereich des Zahlungs- und Kapitalverkehrs wurde der Bank Deutscher Länder übertragen; deren Befugnisse sind auf die Deutsche Bundesbank übergegangen. Das Gesetz (die VO) ist durch § 47 Abs 1 Nr 1 und 2 AWG nicht aufgehoben, sondern nur für unanwendbar auf den Außenwirtschaftsverkehr erklärt worden (eingehend LANGEN, AWG, § 47 Rz 1 ff; HOCKE-BERWALD-MAURER Anm zu § 47). Für den Berlinverkehr mit der DDR und Ostberlin gilt weiterhin die VO Nr 500 der Kommandanten des amerikanischen, britischen und französischen Sektors über Devisenbewirtschaftung und Kontrolle des Güterverkehrs v 15. 7. 1950 (VOBl für Groß-Berlin I 304). Der Wortlaut stimmt weitgehend mit dem MRG Nr 53 überein. Näher STAUDINGER-WEBER, 11. Aufl) Vorbem 82 zu § 244. Nach dem Schreiben der Alliierten Kommandatur Berlin v 4. 8. 1961 (GVOBl Berlin 1084) ist die VO auf den Außenwirtschaftsverkehr nicht mehr anzuwenden. Sie ist also nicht aufgehoben und bleibt im interlokalen Verkehr anwendbar (BVerfGE 18, 353, 355 = NJW 1965, 741; BVerwG NJW 1979, 1840; VG Frankfurt WM 1982, 932, 935; EHLERMANN-KUPPER-LAMBRECHT-OLLIG 147 ff). Das MRG Nr 53 = VO Nr 235 und die VO Nr 500 stellen Devisengeschäfte unter Verbot mit Erlaubnisvorbehalt (Art I, VIII). Welche Geschäfte darunter fallen, ergibt sich aus Art I. Vgl eingehend STAUDINGER-WEBER (11. Aufl) Vorbem 72 ff zu § 244; **Kommentar:** LANGEN, Kommentar zum Devisengesetz (3. Aufl, Stand 1958). Die **Verfassungsmäßigkeit** der Devisenbewirtschaftungsgesetze ist str., wurde bis 1982 aber überwiegend bejaht (vgl 11. Aufl Vorbem 105 ff zu § 244; BVerfGE 12, 281, 289 ff = NJW 1961, 723; BVerfGE 18, 353, 361 ff = NJW 1965, 741, 742 f; BVerwG bei BARBEY JR 1979, 147 = NJW 1979, 1840; BVerwG v 6. 5. 1982 [3 C 55.8]; VG Frankfurt WM 1982, 932, 939 f; BGHSt 13, 190, 193 ff = NJW 1959, 1692 ff mAnm DITGES; DITGES-BRODESSER NJW 1959, 1153 ff; DITGES NJW 1957, 170 f; EVERLING NJW 1957, 896 f; DANCKELMANN NJW 1958, 1209 ff; EHLERS NJW 1959, 511 ff). Die Situation hat sich indes nachhaltig geändert durch den bei Vorbem E 4 wiedergegebenen *Beschluß des BVerfG v 3. 11. 1982*. Über Vermögenswerte von DDR-Bürgern in der Bundesrepublik darf aufgrund des MRG Nr 53 bzw der VO Nr 235 nicht ohne Genehmigung verfügt werden. Für Bewohner der DDR besteht also hinsichtlich ihrer im Bundesgebiet belegenen Vermögenswerte eine unter Genehmigungsvorbehalt stehende Verfügungssperre. Die Genehmigungspflicht kann nicht dadurch umgangen werden, daß Zahlung an einen im Bundesgebiet lebenden Bevollmächtigten erfolgt (LZB NRW, mitgeteilt bei LG Münster VersR 1977, 143 f). Auch die Überweisung von DM auf in der DDR vorhandene Valutakonten ist nicht genehmigungsfrei (Mitt Nr 6003/77 der DBB v. 14. 7. 1977 BAnz Nr 134 = WAPENHENSCH I 710). Nach VG Frankfurt WM 1982, 932 unterliegen auch Refinanzierungsgeschäfte deutscher Kreditinstitute für Kredite ausländischer Banken an DDR-Institutionen der Genehmigungspflicht. Das VG gelangt zu diesem Ergebnis, indem es das mehrseitige Vertragspaket devisenrechtlich als ein einheitliches „Geschäft" iS des MRG Nr 53 betrachtet. Zu einer Nichtgenehmigung vgl BVerwG v 27. 10. 1978 bei BARBEY JR 1979, 147. Die **allgemeinen Genehmigungen des BMWi zur InterzonenhandelsVO** stellen von diesen Beschränkungen frei (zB Mitteilung Nr 6001/78 der DBB v 4. 4. 1978 [BAnz Nr 68, 81]; Mitteilung Nr 6001/80 der DBB v 4. 7. 1980 [BAnz Nr 145, Beil 145 a, S 38, 41, 77]).

Keine allgemeine Genehmigung existierte bis zum *Beschluß des BVerfG v 3. 11. 1982* (WM 1982, 1426) hinsichtlich der sog GENEX-Bezüge von DDR-Bewohnern. Die Praxis wird in dem Beschluß folgendermaßen beschrieben: Die GENEX-Geschenkdienst GmbH in Berlin (Ost) ist eine Verkaufsgesellschaft der DDR. Über sie können DDR-Waren oder von der DDR importierte Waren gekauft werden, die als

Geschenke an Bewohner der DDR geliefert werden sollen. Die Bezahlung erfolgt in freier Währung auf Konten von Agenturen der DDR im westlichen Ausland. Die DBB genehmigte Bewohnern der DDR Verfügungen über Sperrguthaben zugunsten solcher GENEX-Geschäfte nur in Härtefällen. Dies geschah anfangs nach Prüfung des Einzelfalles. Als Voraussetzung eines Härtefalles wurde ein dringender persönlicher Bedarf angesehen. Diese Praxis wurde seit dem 1. Juli 1979 durch eine pauschalierte Härteregelung abgelöst; Genehmigungen wurden nunmehr grundsätzlich dann erteilt, wenn die über die Firma GENEX bestellten Gegenstände für den persönlichen Gebrauch oder Verbrauch des Sperrkontoinhabers oder seiner nahen Familienangehörigen bestimmt waren. Während zuvor Sperrkontoinhaber aus der DDR bei Vorliegen eines Härtefalles jährlich bis zu 15 000,– DM an die Firma GENEX hatten leisten dürfen, war nach der Neuregelung die jährliche Pauschale auf 5 000,– DM begrenzt. Für den Kauf eines Personenwagens erteilte die Deutsche Bundesbank Genehmigungen im Vorgriff auf die Pauschalen der beiden folgenden Jahre, also bis zu einem Höchstbetrag von 15 000,– DM. Auf Konten des GENEX-Geschenkdienstes wurden im Jahre 1980 zu Lasten der Sperrguthaben von Bürgern der DDR nach Angaben der Deutschen Bundesbank etwa 30 Millionen DM gezahlt. Der Beschluß des BVerfG dürfte kurzfristig eine Änderung der Zentralbankpraxis zu den GENEX-Bezügen zur Folge haben. Das BVerfG hat durch diesen Beschluß das oben angeführte Urteil des BVerwG v 27. 10. 1978 (NJW 1979, 1840) aufgehoben und die vom *Prinzip der Gegenseitigkeit* beherrschte Praxis der DBB für verfassungswidrig erklärt. Nach dem bei Vorbem E 4 auszugsweise wiedergegebenen Beschluß verstößt es gegen Art 14 Abs 1 GG iVm dem Rechtsstaatsprinzip, wenn in der Bundesrepublik belegene Guthaben von Bewohnern der DDR einer Sperre unterworfen werden, um dadurch die Behörden der DDR zu weiteren Abkommen im innerdeutschen nichtkommerziellen Zahlungsverkehr zu veranlassen. Den Zustand einer verfassungswidrigen Praxis zu beheben, wird kurzfristig Sache der DBB sein. Von ihr ist jetzt eine summenmäßig begrenzte allgemeine Genehmigung für GENEX-Bezüge und eine großzügigere Genehmigungspraxis bei Beiträgen jenseits der summenmäßigen Grenze zu erwarten. Längerfristige rechtspolitische Überlegungen können zur Ablösung des MRG Nr 53 durch eine neue bundesrechtliche Regelung führen, die den bei Vorbem E 14 angeführten Bedenken des BVerfG Rechnung trägt.

E 15 2. Zahlungsverkehr im Interzonenhandel

Der *Zahlungsverkehr im Interzonenhandel* ist geregelt in § 10 der **InterzonenhandelsVO** (VO über den Warenverkehr mit den Währungsgebieten der Deutschen Mark und der Deutschen Notenbank [DM-Ost] v 18. 7. 1951, BGBl I 463, geändert durch VO v 22. 5. 1968, BAnz Nr 97). Regelungen finden sich auch in *Art IV–X des Berliner Abkommens* (Abkommen v 20. 9. 1951 über den Handel zwischen den Währungsgebieten der Deutschen Mark [DM-West] und den Währungsgebieten der Deutschen Mark der Deutschen Notenbank [DM-Ost]). Das Abkommen gilt in der Fassung der Vereinbarung v 16. 8. 1960 (BAnz Nr 32 v 15. 2. 1961). Hinzu kommen DVOen zur InterzonenhandelsVO sowie Vereinbarungen und Protokolle zum Berliner Abkommen (Dokumentation: Wapenhensch, Stichwort Interzonenhandel; ferner: Mitt der DBB Nr 6005/75 v 4. 12. 1975 BAnz Nr 224; Nr 6002/79 v 5. 2. 1979 BAnz Nr 28 = Wapenhensch I 710).

E 16 3. Transferzahlungen aufgrund der Vereinbarung von 1974

Transferzahlungen (Überweisungen) aus Guthaben im anderen Staat sind möglich unter den Voraussetzungen der Vereinbarungen v 25. 4. 1974 zwischen dem BM der

Finanzen und dem Minister der Finanzen der DDR über den Transfer von Unterhaltszahlungen und über den Transfer aus Guthaben in bestimmten Fällen v 25. 4. 1974 (BGBl II 621 = BAnz Nr 90). Vgl dazu die Mitt Nr 6003/79 der DBB v 9. 2. 1979 (BAnz Nr 30) und das Merkblatt des BMF v Mai 1974, Neufassung Februar 1979 (DAVorm 1979, 487). Der Transfer erfolgt im Verrechnungswege über die DBB und die Staatsbank der DDR. Die in das Währungsgebiet der DM überwiesenen Beträge werden dem Begünstigten in DM gutgebracht, die in das Währungsgebiet der Mark der DDR überwiesenen Beträge in Mark der DDR. Der Begünstigte erhält seine Heimwährung im Verhältnis 1:1. Die **Unterhaltsvereinbarung** umfaßt gesetzliche familienrechtliche Unterhaltsverpflichtungen und gesetzliche Schadensersatzansprüche. Zahlungen an minderjährige Berechtigte sind in voller Höhe der gesetzlichen Unterhaltsverpflichtungen zulässig. Unterhaltsrückstände können auch dann transferiert werden, wenn der Berechtigte inzwischen volljährig geworden ist. Zahlungen an volljährige Berechtigte können ohne gerichtliche Entscheidung bis zu 200 DM monatlich, mit Genehmigung der LZB auch darüber hinaus transferiert werden; liegt eine gerichtliche Entscheidung oder ein gerichtlicher Vergleich vor, so ist der Transfer in Höhe des ausgewiesenen Betrages zulässig (OLG Frankfurt FamRZ 1978, 934, 935). Das frühere Verrechnungsverfahren zwischen den Jugendämtern (Brühl-Göppinger-Mutschler, Unterhaltsrecht I [3. Aufl 1973] Rz 159) ist damit entfallen (OLG Frankfurt FamRZ 1978, 934, 935). Zugelassen sind nach der Unterhaltsvereinbarung auch **Schadensersatzzahlungen,** die aufgrund gesetzlicher Haftpflichtbestimmungen an Verletzte bzw deren Hinterbliebene zu zahlen sind. Nicht hierunter fallen *Kfz-Haftpflichtversicherungsfälle*. Diese werden nach der HUK-Vereinbarung v 10. 5. 1973 (BAnz Nr 124) abgewickelt (vgl dazu OLG Stuttgart VersR 1981, 763; Kittke DAR 1976, 281). Nach OLG Frankfurt VersR 1982, 706 gewährt die Verpflichtung des HUK-Verbandes zur Regulierung von Schadensersatzansprüchen nach Art 5 Nr 2 dieser Vereinbarung dem Geschädigten keinen klagbaren Direktanspruch. Den Auftrag zu Überweisungen nach der Unterhaltsvereinbarung gibt der Schuldner oder ein hierzu berechtigter Dritter (zB das Jugendamt), bei aufgelaufenen Guthaben der Gläubiger. Die **Sperrguthabenvereinbarung** geht davon aus, daß sich die wechselseitigen Überweisungen ausgleichen müssen. Zu den sich daraus ergebenden Wartezeiten für Bewohner der Bundesrepublik vgl Merkblatt des BMF aaO. Transferberechtigt ist nur, wessen Einkünfte vorwiegend aus Bezügen aus einer Altersversorgung, aus Bezügen aufgrund Invalidität und/oder aus Sozialhilfe bestehen, außerdem minderjährige Vollwaisen. Die Sperrguthabenvereinbarung läßt einen Transfer von monatlich bis zu 200 DM zu. Transferiert werden kann nur aus Devisenausländerkonten iS des DevisenG der DDR (näher Merkblatt des BMF aaO). Den Überweisungsauftrag gibt hier der Kontoinhaber. Der Auftrag kann bei jedem Kreditinstitut im Währungsgebiet der DM erteilt werden. Auskünfte über die Abkommen erteilen die Landeszentralbanken.

4. Das Devisenrecht der DDR E 17

Nach dem **DevisenG der DDR v 19. 12. 1973** (GBl I 574) sind im wesentlichen nur Personen mit Wohnsitz oder ständigem Aufenthalt in der DDR Deviseninländer (§ 2 Nr 1), Personen mit Wohnsitz oder ständigem Aufenthalt in anderen Staaten dagegen Devisenausländer (§ 3). Geldzeichen, Schecks, Wechsel, Akkreditive etc, die nicht auf Mark der DDR lauten, sind Devisenwerte. Devisenwerte sind aber zB auch auf Mark der DDR lautende Geldzeichen, Schecks, Akkreditive, sobald sie zwischen Deviseninländern und Devisenausländern in Umlauf gegeben werden oder zur Aus- oder Einfuhr über die Zoll- und Staatsgrenzen der DDR vorgesehen sind.

Die Währungs- und Devisenbeziehungen der DDR unterliegen zentraler Leitung, Planung und Kontrolle (§§ 7 ff). Der Umlauf von Devisenwerten ist genehmigungspflichtig (§ 11), die Aus- und Einfuhr von Mark der DDR verboten (§ 12). Zahlungen in das Devisenausland bzw aus dem Devisenausland dürfen nur über die Staatsbank der DDR geleistet bzw empfangen werden (§ 13). Der Präsident der Staatsbank legt die Umrechnungssätze für den Devisen- und Zahlungsverkehr fest (§ 15). Devisenausländer dürfen nur über solche Konten in der DDR verfügen, die als Devisenauslandskonten geführt sind (OLG Celle FamRZ 1981, 200, 202). Durch das DevisenG wurde die VO zur Regelung des Geldverkehrs zwischen der DDR und Westdeutschland v 20. 9. 1961 (GBl II 461) außer Kraft gesetzt. Eingehende Darstellung bei Zieger, Das neue DevisenG der DDR, RIW/AWD 1975, 1. Zur Geschichte des Devisenrechts der DDR vgl noch Staudinger-Weber (11. Aufl) Vorbem 87 ff zu § 244. Die Devisenbestimmungen der DDR stehen nicht in Widerspruch zum ordre public (OLG Celle FamRZ 1981, 200).

E 18 **IV. Privatrechtliche Auswirkungen des Devisenrechts**

Die **privatrechtlichen Folgen von Devisenvorschriften** werden regelmäßig nur in der Nichtigkeit oder Unwirksamkeit von Rechtsgeschäften erblickt, die mit devisenrechtlichen Vorschriften unvereinbar sind. Es kommen aber vielfältige Rechtsfolgen in Betracht.

E 19 **1. Devisenrechtswidrige Rechtsgeschäfte**

Rechtsgeschäfte, insbes *Verpflichtungsgeschäfte, die gegen zwingende inländische Devisenvorschriften verstoßen,* können nichtig oder schwebend unwirksam sein (vgl auch Staudinger-Dilcher § 91 Rz 17; § 134 Rz 27, 34). Das ergibt sich teils aus Sondervorschriften (zB § 31 AWG; Art VII MRG Nr 53 = VO Nr 235), gilt aber, entgegen dem Wortlaut von § 31 AWG allgemein: *Zwingende Devisenvorschriften, die nicht bloß Ordnungsvorschriften sind* (vgl BGH MDR 1961, 138, 139; 1969, 659, 660), *stellen Verbotsgesetze iS von § 134 BGB dar* (Staudinger-Dilcher § 134 Rz 27). Der Verstoß gegen ein Verbotsgesetz führt nach § 134 BGB grundsätzlich zur Nichtigkeit des Rechtsgeschäfts, kann aber, wenn das Verbotsgesetz ein Verbot mit Erlaubnisvorbehalt darstellt, auch *zur schwebenden Unwirksamkeit* führen (Staudinger-Dilcher § 134 Rz 9; RGZ 103, 104, 106; 106, 142, 145; 106, 320, 323; 108, 91, 94; BGHZ 37, 233, 235 = NJW 1962, 1715, 1716; BGH NJW 1953, 1587; BB 1955, 876 = WM 1955, 1385, 1386; NJW 1968, 1928; Otto Lange AcP 152 [1952/53] 253 ff). Ein aus diesem Grunde schwebend unwirksamer Vertrag löst zwar keine Erfüllungsansprüche aus, *bindet aber die Parteien* (vgl RGZ 106, 320, 323; 108, 91, 94; 114, 155, 159; 168, 261, 267). Er verpflichtet sie, zur Erteilung der erforderlichen Genehmigung beizutragen (vgl RGZ 115, 35, 38; 129, 357, 376; BGHZ 67, 34, 35; BGH BB 1956, 869; NJW 1960, 523; BB 1960, 919; NJW 1967, 830 f; 1973, 1498, 1499). IdR gilt dies auch dann, wenn das Genehmigungserfordernis bei Vertragsschluß unbekannt war (aM Kieckebusch VerwArch 57 [1966] 37). Die **Sonderregelung des § 31 AWG** hat folgenden Wortlaut: ,,Ein Rechtsgeschäft, das ohne die erforderliche Genehmigung vorgenommen wird, ist unwirksam. Es wird durch nachträgliche Genehmigung vom Zeitpunkt seiner Vornahme an wirksam. Durch die Rückwirkung werden Rechte Dritter, die vor der Genehmigung an dem Gegenstand des Rechtsgeschäfts begründet worden sind, nicht berührt.« **Im einzelnen gelten folgende Grundsätze:**

E 20 **a)** Schuldrechtliche Verträge, die iS von § 2 Abs 1 Nr 2 AWG **verboten** sind, sind **nichtig** nach § 134 (Hocke-Berwald-Maurer Anm zu § 31; Sieg-Fahning-Kölling § 31 Anm II a, III 4).

b) Schuldrechtliche Verträge, die **genehmigungsbedürftig, aber** nicht genehmigt und eindeutig **genehmigungsunfähig** sind, sind gleichfalls **nichtig.** Das kann jedoch nur für zweifelsfreie Fälle gelten, denn über die Genehmigungsfähigkeit hat grundsätzlich nur die Behörde zu befinden. Ob ein Vertrag der Genehmigung bedarf oder genehmigungsfrei ist, kann grundsätzlich in jedem Verfahren, also auch vom Zivilrichter, geprüft werden. Über die Genehmigungsfähigkeit hat dagegen, solange Zweifel möglich sind, die Genehmigungsbehörde zu entscheiden, nicht der Zivilrichter. Im Fall rechtskräftiger Ablehnung der Genehmigung, sie mag zu Recht oder zu Unrecht erfolgt sein, ist der Vertrag nicht mehr genehmigungsfähig. Das entspricht allgemeinen, nicht auf das Devisenrecht beschränkten Grundsätzen (STAUDINGER-DILCHER § 134 Rz 9). Zur Frage der nachträglichen Genehmigung nach rechtskräftiger Versagung vgl BGH NJW 1956, 1918; 1968, 1928; WM 1964, 1195; JANICKI NJW 1963, 838; STAUDINGER-DILCHER § 134 Rz 9). E 21

c) **Nichtig** sind auch schuldrechtliche **Verträge, die** *in Kenntnis oder Inkaufnahme der Genehmigungsbedürftigkeit abgeschlossen werden,* aber **nach dem Willen der Parteien nicht genehmigt werden sollen** (allgM; vgl auch BGH NJW 1968, 1928; vgl auch die Nachweise bei Vorbem D 318). Dasselbe gilt, wenn die Parteien einverständlich von einer Genehmigung Abstand nehmen, deren Erforderlichkeit sich nachträglich herausgestellt hat. Dagegen gibt es keinen allgemeinen Grundsatz, wonach jedes in Kenntnis der Genehmigungsbedürftigkeit ohne Genehmigung geschlossene Geschäft ausnahmslos unheilbar nichtig ist (SIEG-FAHNING-KÖLLING § 31 Anm III 5; vgl aber HOCKE-BERWALD-MAURER Anm zu § 31; vgl zum früheren Devisenrecht bereits THIELE JW 1935, 3130). E 22

d) Schuldrechtliche Verträge, die **genehmigungsbedürftig und genehmigungsfähig** sind, sind **schwebend unwirksam** (Begr mitget bei LANGEN, AWG § 31 Rz 1; KÄGI 142 f; SIEG-FAHNING-KÖLLING § 31 Anm III 3). Sie *binden die Parteien* in dem bei Vorbem E 19 geschilderten Sinn: Die Parteien haben das ihnen Zumutbare beizutragen, um die Genehmigung herbeizuführen (vgl speziell zu § 31 AWG SIEG-FAHNING-KÖLLING § 31 Anm III 3). Die schwebende Unwirksamkeit endet mit **Erteilung der Genehmigung.** Die nachträgliche Genehmigung wird idR nur erteilt werden, wenn das Geschäft auch bei rechtzeitiger Antragstellung genehmigt worden wäre (Mitt der BdL Nr 6018/55 v 4. 4. 1955 [BAnz Nr 69]; HOCKE-BERWALD-MAURER Anm zu § 31). Ihre Rückwirkung (SIEG-FAHNING-KÖLLING § 31 Rz 6 c) ergibt sich aus § 31 S 2 und 3 AWG. Die Praxis hat rückwirkende Genehmigungen auch bei solchen Geschäften erteilt, die zwischenzeitlich genehmigungsfrei geworden waren (die Frage wurde praktisch bei der Aufhebung der Iran-Sanktionen; vgl Vorbem E 8 aE). Eine prozeßrechtliche Besonderheit gilt für die **Klage, Verurteilung und Vollstrekkung aus schwebend unwirksamen Verträgen** im Geltungsbereich des AWG. § 32 AWG bestimmt folgendes: E 23

(1) Ist zur Leistung des Schuldners eine Genehmigung erforderlich, so kann das Urteil vor Erteilung der Genehmigung ergehen, wenn in die Urteilsformel ein Vorbehalt aufgenommen wird, daß die Leistung oder Zwangsvollstreckung erst erfolgen darf, wenn die Genehmigung erteilt ist. Entsprechendes gilt für andere Vollstreckungstitel, wenn die Vollstreckung nur auf Grund einer vollstreckbaren Ausfertigung des Titels durchgeführt werden kann. Arreste und einstweilige Verfügungen, die lediglich der Sicherung des zugrunde liegenden Anspruchs dienen, können ohne Vorbehalt ergehen.

(2) Ist zur Leistung des Schuldners eine Genehmigung erforderlich, so ist die Zwangsvollstreckung nur zulässig, wenn und soweit die Genehmigung erteilt ist. Soweit Vermögenswerte nur mit Genehmigung erworben oder veräußert werden dürfen, gilt dies auch für den Erwerb und die Veräußerung im Wege der Zwangsvollstreckung.

E 24 e) Eine **im voraus erteilte devisenrechtliche Genehmigung** behebt das Verbot mit Erlaubnisvorbehalt. Das Rechtsgeschäft ist von vornherein *voll wirksam,* sofern ihm nicht sonstige Mängel anhaften.

E 25 f) **Folgeverträge,** dh Verträge, die nicht gegen Devisenvorschriften verstoßen, sondern nur auf dem unwirksamen oder nichtigen Geschäft aufbauen, sind nicht ohne weiteres von der Nichtigkeit oder Unwirksamkeit erfaßt (eingehend LANGEN, AWG § 31 Rz 11 ff). Einzelfälle sind mit §§ 134, 138 oder mit § 242 (Geschäftsgrundlage) zu lösen. Bedarf eine Geschäftsübernahme der devisenrechtlichen Genehmigung, so berührt das Fehlen dieser Genehmigung nicht die Haftung des Übernehmers nach § 25 HGB (BGHZ 18, 248 = JZ 1956, 58 mAnm LANGEN = LM Nr 4 zu § 25 HGB mAnm DELBRÜCK; str; zur Problematik vgl KARSTEN SCHMIDT, Handelsrecht [1980] § 8 II 1 b).

E 26 g) Über die **Nichtigkeit von Umgehungsgeschäften** vgl LANGEN, AWG § 31 Rz 14.

E 27 **2. Deutsches und ausländisches Devisenrecht**

Die **kollisionsrechtliche Frage** der Anwendung deutschen und ausländischen, dh währungs-ausländischen Devisenrechts wirft zwei Hauptfragen auf:

E 28 **a) Inländisches Devisenrecht** beschränkt sich nicht notwendig auf Rechtsgeschäfte und Verbindlichkeiten, die deutschem Recht unterliegen und in Inlandswährung zu erfüllen sind. Eine solche Beschränkung widerspräche dem Sinn und Zweck des Devisenrechts, das notwendig *Rechtsgeschäfte mit Auslandsberührung* erfaßt. Namentlich das privatautonomer Bestimmung zugängliche Schuldstatut kann nicht darüber bestimmen, ob deutsches Devisenrecht als öffentliches Recht anwendbar ist. Das Devisenrecht unterliegt einer Sonderanknüpfung (RGZ 156, 158, 160; STAUDINGER-FIRSCHING [10./11. Aufl] Vorbem 415 zu Art 12 EGBGB). Schon für die DevisenVO 1917 entschied das RG, daß weder ein ausländischer Zahlungsort noch die Anwendbarkeit ausländischen Schuldrechts die Anwendbarkeit deutschen Devisenrechts auf Geschäfte von Währungsinländern hindert (RG IPRspr 1926/27 Nr 12; JW 1924, 1516; eingehend ERNST 82 ff). *Der inländische Richter hat inländisches Devisenrecht anzuwenden, vorausgesetzt selbstverständlich, daß dieses den konkreten Sachverhalt erfassen will.* Dies ist der richtige Kern der mißverständlichen Lehre vom „Vorrang des AWG vor dem Internationalen Privatrecht" (vgl dazu SIEG-FAHNING-KÖLLING § 31 Anm II c). Die Anwendung deutschen Devisenrechts durch ausländische Gerichte ist damit freilich nicht gesichert (SIEG-FAHNING-KÖLLING § 31 Anm II c).

E 29 **b)** Die Nichtigkeit oder Unwirksamkeit von Rechtsgeschäften wegen der **Verletzung ausländischer Devisenvorschriften** nach § 134 hängt von der Frage ab, inwieweit die deutschen Gerichte aufgerufen sind, diese Vorschriften zu sanktionieren. Darüber bestimmt nach hM grundsätzlich nicht das internationale Schuldrecht (zur älteren Gegenauffassung vgl STAUDINGER-FIRSCHING [10./11. Aufl] Vorbem 415 zu Art 12 EGBGB), sondern das internationale Verwaltungsrecht und damit das Territorialitätsprinzip (RG JW 1926, 2002; BGHZ 31, 367, 372; 55, 334, 339; OLG Karlsruhe WM 1966, 1312; SOERGEL-HEFERMEHL § 134 Rz 9; **aM** RGZ 108, 241, 243 f; 126, 196, 205; KÄGI 58 ff, 90 ff; MALLMANN 23 ff, 43). Nach BGHZ 31, 367, 373 hindert deshalb die Verletzung von Devisenvorschriften der DDR nicht die Durchsetzbarkeit der Forderung, soweit nicht auch Devisenvorschriften aus dem Bereich der DM verletzt sind. Soweit Devisenrecht des Währungsauslands nicht sanktioniert wird, kann dies auch nicht unter dem Aspekt der Gesetzesumgehung geschehen (str; vgl rechtsvergleichend KÄGI 182 f), denn Umgehungsprobleme sind Normanwendungsprobleme

(TEICHMANN, Die Gesetzesumgehung [1962] 15 ff), hier also Normdurchsetzungsprobleme. Wo aber der Norm die Durchsetzung versagt wird, muß auch ein Umgehungsschutz der Norm ausscheiden.

c) Anders verhält es sich mit den **Devisenvorschriften von Mitgliedsländern des Abkommens über den Internationalen Währungsfonds** von 1944 (dazu Vorbem F 19). Durch G v 28. 7. 1952 (BGBl II 637) hat der Dt BT dem Beitritt der Bundesrepublik zum *Abkommen von Bretton Woods* über den Internationalen Währungsfonds zugestimmt (Wortlaut des Abkommens: BGBl 1952 II 638 [vgl dazu Vorbem F 22]). Gegenwärtig gilt aufgrund des IWF-Gesetzes von 1978 das **IWF-Übereinkommen idF von 1976.** *Art VIII 2 (b)* dieses Übereinkommens lautet: E 30

„Exchange contracts which involve the currency of any member and which are contrary to the exchange control regulations of that member maintained or imposed consistently with this agreement shall be unenforceable in the territories of any member. In addition, members may, by mutual accord, cooperate in measures for the purpose of making the exchange control regulations of either member more effective, provided that such measures and regulations are consistent with this agreement."

„Aus Devisenkontrakten, welche die Währung eines Mitglieds berühren und den von diesem Mitglied in Übereinstimmung mit diesem Übereinkommen aufrechterhaltenen oder eingeführten Devisenkontrollbestimmungen zuwiderlaufen, kann in den Hoheitsgebieten der Mitglieder nicht geklagt werden. Außerdem können Mitglieder in gegenseitigem Einverständnis bei der Durchführung von Maßnahmen zusammenarbeiten, um die Devisenkontrollbestimmungen der beteiligten Mitglieder wirksamer zu gestalten, vorausgesetzt, daß diese Maßnahmen und Bestimmungen mit diesem Übereinkommen vereinbar sind."

aa) Die **Auslegung von Art VIII 2 (b) des Übereinkommens** hat zu erheblichen Streitfragen und Meinungsunterschieden geführt (eingehend F A MANN, Legal Aspect 383 ff; ders, Recht des Geldes 365 ff; KÄGI 95 ff; KERN 51 ff; COING WM 1972, 841). Die Anwendung durch deutsche Gerichte gilt auch bei deutschem Vertragsstatut (aM KG IPRspr 1966/67 Nr 190). Zur Frage, was Devisenkontrollbestimmungen iS von Art VIII 2 (b) des Abkommens sind, vgl eingehend F A MANN, Recht des Geldes 369; KERN 73 ff. Aus Art VIII 2 (b) ergibt sich *keine allgemeine Pflicht deutscher Gerichte, jede devisenrechtliche Regelung eines Auslandsstaats zu berücksichtigen* (F A MANN JZ 1970, 710). Insbes lassen sich Klagen aus devisenrechtlicher Anspruchsgrundlage nicht aufgrund von Art VIII 2 (b) auf ausländisches Devisenrecht stützen (VON PREUSCHEN AWD 1969 56). Nur für die „Klagbarkeit" von Devisenkontrakten, die die Währung eines Mitgliedstaates berühren und mit dessen Devisenkontrollbestimmungen in Widerspruch stehen, gilt die Regelung. Damit ist selbstverständlich nicht ausgeschlossen, daß ein Vertrag auch aus sonstigen Gründen, zB nach § 138, nichtig sein kann (F A MANN JZ 1970, 711). **Devisenkontrakte** sind nicht alle mit Devisenbestimmungen in Konflikt geratenen Rechtsgeschäfte (KERN 53, 63), aber auch nicht nur Verträge, die Devisen zum Gegenstand haben (so aber NUSSBAUM, Money in the Law [1950] 542 f; unentschieden OLG Hamburg AWD 1959, 284). Es fallen darunter alle Verpflichtungs- und Verfügungsgeschäfte, die den Devisenbestand eines Mitgliedsstaats in irgendeiner Weise beeinträchtigen (OLG Schleswig JbIntR V [1954] 113 mAnm BÜLCK; KERN 52 f; F A MANN, Legal Aspect 385; ders, Recht des Geldes 367; ders JZ 1970, 712; FÖGEN NJW 1971, 309). Das ist der Fall, wenn das Geschäft die Währungsreserven beeinträchtigt (BGH LM Internationaler Währungsfonds Nr 3 = NJW 1970, 1507, 1508 = JZ 1970, 827; RIW/AWD 1977, 433, 435; KERN 64 f; s auch COING WM 1972, 838). Dabei ist nicht ausgeschlossen, daß die Währung des Landes A bedungen, aber die Währung des Landes B berührt ist (F A MANN, Recht des Geldes 368 Fn 28). Ob Verträge des Kapitalverkehrs unter Art VIII 2 (b) fallen, ist zweifelhaft (BGH RIW/AWD 1977, 433, 435). Typischerweise wird es sich bei Devisenkontrakten um grenzüberschreitende Wertbewegungen handeln (BGH RIW/AWD 1977, 433, 435). COING (WM E 31

1972, 842) schränkt die betroffenen Geschäfte weiter dadurch ein, daß er Gegenstände, die sich bereits auf dem Gebiet eines anderen Vertragsstaats befinden und damit aus der Sicht des devisenbewirtschaftenden Staats Auslandsvermögen darstellen, aus der Regelung ausnimmt (zw; unentschieden BGH RIW/AWD 1977, 433, 435).

E 32 **bb)** Die Voraussetzungen der **„Unklagbarkeit"** ergeben sich aus Art VIII 2 (b). Der entscheidende Zeitpunkt wird teils in der Eingehung (F A Mann, Legal Aspect [3. Aufl] 445), teils in der Erfüllung erblickt (BGH AWD 1971, 291 = Betrieb 1971, 717; LM Internationaler Währungsfonds Nr 5 = NJW 1980, 520 = WM 1979, 486; Kern 71; Förger NJW 1971, 310; differenzierend jetzt F A Mann, Legal Aspect 394). Die Frage hängt mit dem umstrittenen *Problem* zusammen, *was Unklagbarkeit in Art VIII 2 (b) bedeutet*. Diese Unklagbarkeit stellt keine Einrede dar (vgl auch F A Mann, Recht des Geldes 370), sondern sie ist im Prozeß von Amts wegen zu berücksichtigen (Kern 85 ff). Die wohl überwiegende Auffassung entnimmt die Rechtsfolge dem Abkommen selbst, sieht also Art VIII 2 (b) nicht als Anwendungsfall von § 134, sondern als Spezialfall gegenüber § 134 an (vgl Soergel-Hefermehl § 134 Rz 9). Der Grundgedanke ist der, daß die Rechtsfolgen nicht über das hinausgehen sollen, was das Übereinkommen verlangt. Nach dieser namentlich vom BGH vertretenen Auffassung ist Unklagbarkeit nicht iS einer Nichtigkeit oder Unwirksamkeit des Vertrags zu verstehen (inkonsequent aber BGH RIW/AWD 1977, 433, 434 f), sondern sie bedeutet lediglich, daß Ansprüchen aus der betreffenden Vereinbarung der gerichtliche Rechtsschutz zu versagen ist (BGHZ 55, 334, 337 f; BGH LM Internationaler Währungsfonds Nr 3 = JZ 1970, 827 = NJW 1970, 1507; RIW/AWD 1977, 433, 434; LM Internationaler Währungsfonds Nr 5 = NJW 1980, 520 = WM 1979, 486; Förger NJW 1971, 310). Diese Unklagbarkeit ist nach BGH LM Internationaler Währungsfonds Nr 5 = NJW 1980, 520 = WM 1979, 486 nicht materiellrechtliche Einwendung, sondern *Prozeßhindernis*. Es fehlt also nach dieser Auffassung eine Sachurteilsvoraussetzung. Im Ergebnis läuft diese Auffassung auf eine Anlehnung an angloamerikanische Vorstellungen hinaus (vgl Förger NJW 1971, 309; s aber F A Mann, Legal Aspect 397). Es entscheidet der Zeitpunkt der letzten mündlichen Verhandlung (BGH LM Internationaler Währungsfonds Nr 5 = NJW 1980, 520 = WM 1979, 486). Während ein nach § 134 BGB nichtiges Geschäft nach hM nicht durch Fortfall des Verbots wirksam wird (RGZ 138, 52, 55), beseitigt nach BGHZ 55, 334, 337 = LM Internationaler Währungsfonds Nr 4 mAnm Mormann der Fortfall der ausländischen Devisenbestimmung die Unklagbarkeit. Umgekehrt wird dann auch eine nachträgliche Unklagbarkeit eintreten können (Förger NJW 1971, 310). Da der BGH die Forderung nur als unklagbar, aber als in ihrem Bestand unberührt ansieht, verneint er Rückforderungsansprüche aus § 812 BGB nach Erfüllung des unklagbaren Anspruchs (BGH RIW/AWD 1977, 433, 434). Für dingliche Sicherheiten vertritt Förger (NJW 1971, 310) die Auffassung, ihre Verwertung für eine solche unklagbare, aber materiell einredefreie Verbindlichkeit werde durch § 1137 BGB nicht gehindert.

E 33 Eine **Gegenauffassung** wird namentlich von F A Mann vertreten (Legal Aspect 397 f; JZ 1970, 714; ebenso OLG Frankfurt AWD 1969, 509 = WM 1969, 508; unentschieden Bülck JbIntR V [1954] 119 f). Die Rechtsfolge von Art VIII 2 (b) ergibt sich danach aus dt Recht (OLG Frankfurt AWD 1969, 509 = WM 1969, 508). Dieses bewerkstelligt die international garantierte „Unklagbarkeit" durch Nichtigkeit oder Unwirksamkeit. Es gelten dieselben Grundsätze wie bei einem Verstoß gegen deutsche Devisenvorschriften (Vorbem E 19 ff). Haben die Parteien die Erfüllung des Vertrages von seiner devisenrechtlichen Zulässigkeit abhängig gemacht und haben sie für den Fall, daß der Vertrag devisenrechtlich unzulässig sei, seine Erfüllung erst für den Zeitpunkt vorgesehen, in welchem die fraglichen Devisenbestimmungen aufgehoben würden, so ist der Vertrag gem §§ 308, 309 voll wirksam, wenn die Devisenbewirtschaftung aufgehoben wird (OLG Frankfurt AWD 1969, 509 = WM 1969, 508). In sonstigen Fällen eines Fortfalls der devisenrechtlichen Bestimmung bedarf es der Bestätigung des nichtigen Rechtsgeschäfts (§ 141), und es muß dann eine Frage des Einzelfalls sein, ob einer Partei die Verweigerung dieser Bestätigung oder die Berufung auf diese Verweigerung nach § 242 versagt werden kann. Die nachträgliche Einführung eines gesetzlichen Verbots (§ 134 BGB greift dann nach herkömmlicher Ansicht nicht ein; unentschieden aber BGHZ 45, 322, 326) wird mit den Regeln über Leistungsunmöglichkeit und Geschäftsgrundlage in den Griff zu bringen sein.

Stellungnahme: Die für die Anwendung des § 134 BGB vorgetragenen Argumente sind beachtlich. In *dogmatischer* Hinsicht ist die rein prozessuale Einordnung der „Unklagbarkeit" zweifelhaft. Nichtigkeit, Unwirksamkeit oder unvollkommene Verbindlichkeit sind nach deutschem bürgerlichem Recht als materiellrechtliche Rechtsfiguren besser geeignet. Für den Standpunkt der hM spricht indes die **Praktikabilität** der Lösungen. Auch der Grundgedanke, aus Art VIII 2 (b) nicht mehr als erforderlich herauszulesen, überzeugt. Die Schwebelage des Vertragsverhältnisses endet spätestens mit der Erfüllung, ggf aber schon vorher durch Rücktritt oder Kündigung. Dem Ansatz der hM kann daher trotz unleugbarer Zweifel gefolgt werden. E 34

3. Anfechtung von Rechtsgeschäften E 35

Die Anfechtung wegen Irrtums über devisenrechtliche Bestimmungen (Kägi 149 ff) kommt kaum in Betracht. Es bedarf ihrer auch nicht, wenn Devisenbestimmungen bereits der Wirksamkeit des Geschäfts entgegenstehen. Irrt eine Partei nur über die Erfüllbarkeit des Geschäfts – etwa über die Verwertbarkeit eines Sperrkontos –, so ist dies lediglich ein Motivirrtum. Ein etwa vorhandener gemeinsamer Motivirrtum beider Parteien kann im Einzelfall die Rechtsfolgen eines Fehlens oder Fortfalls der Geschäftsgrundlage haben (Staudinger-Dilcher § 119 Rz 70, 93).

4. Nichterfüllung aufgrund devisenrechtlicher Verbote E 36

Die Nichterfüllung von Geldschulden aufgrund devisenrechtlicher Verbote legt die Frage nahe, ob sich die geschuldete Währung aufgrund des Verbots ändert, insbes ob aus einer Fremdwährungsschuld automatisch eine Heimwährungsschuld wird (vgl dazu § 244 Rz 61 ff). Die Möglichkeit oder Unmöglichkeit einer Leistung aufgrund einer deutschen oder ausländischen Devisenbeschränkung oder die Änderung der Geschäftsgrundlage kann zur Berücksichtigung ausländischer Devisenbestimmungen auch da zwingen, wo eine inländische Sanktion dieser Bestimmungen nach Vorbem E 29 nicht stattfindet (vgl Mallmann 120; im Ergebnis auch Zweigert RabelsZ 14 [1942] 298 ff; Drobnig NJW 1960, 1093; aM Kägi 172 ff). Es liegt darin kein Widerspruch zu Vorbem E 28, denn die Feststellung der Unmöglichkeit oder des Fortfalls der Geschäftsgrundlage ist kein kollisionsrechtliches Problem (treffend RGZ 93, 182, 184). Die Berufung auf ein die Unmöglichkeit begründendes ausländisches Devisengesetz kann gegen § 242 verstoßen und unzulässig sein, wenn dem Schuldner die Erfüllung an einem anderen Ort (RG JW 1924, 1357, 1358 mAnm Haase) oder in einer anderen Währung zuzumuten ist (vgl § 244 Rz 63).

5. Culpa in contrahendo und Vertragsverletzung E 37

Culpa in contrahendo oder Verletzung einer laufenden Geschäftsverbindung kann nach Lage des Einzelfalls darin liegen, daß der sachkundige Vertragspartner den anderen auf devisenrechtliche Vorschriften nicht hinweist (BGH LM § 307 Nr 1; STAUDINGER-WEBER [11. Aufl] Vorbem 458 zu § 244; KÄGI 164 f; MünchKomm-EMMERICH Vorbem 97 zu § 275; vgl OLG Stuttgart NJW 1953, 670). So muß die Bank im Rahmen eines Kontokorrentverhältnisses auch devisenrechtliche Vorschriften beachten (BGHZ 23, 226 = NJW 1957, 586).

E 38 **6. Devisenrechtsverstoß als unerlaubte Handlung?**

Schadensersatz wegen unerlaubter Handlung kann nicht auf § 823 Abs 2 iVm einer verletzten Devisenbestimmung gestützt werden. Ein Schutzgesetzverstoß, der einem betroffenen einzelnen einen Anspruch auf Unterlassung oder Schadensersatz gäbe, liegt nicht vor (BGH BB 1956, 252; vgl allgemein zur Schutzzweckermittlung bei § 823 Abs 2: SCHMIEDEL, Deliktsobligationen nach dt Kartellrecht I [1974] 138 ff).

F 1 **F. Internationales Geldrecht und Währungswesen**

Schrifttum *(Auswahl):* ADEBAHR, Währungstheorie und Währungspolitik I (1978); ALBRECHT, Sonderziehungsrechte und internationale Liquidität, Diss Basel 1973; ANDERSEN, Das internationale Währungssystem zwischen nationaler Souveränität und supranationaler Integration. Entwicklungstendenzen seit Bretton Woods im Spannungsfeld der Interessen (1977); ASCHINGER, Das Währungssystem des Westens (1971); ders, Das neue Währungssystem. Von Bretton Woods bis zur Dollarkrise 1977 (1978); AUFRICHT, The IMF (London 1964); BECHLER, Geld und Währung, Bd 2, Zahlungsbilanz und Währungspolitik (1981); BIENERT, Die internationale Liquidität der Volkswirtschaften (1967); BOCHUD, Zahlungsbilanz und Währungsreserven (1970); BORCHERT, Außenwirtschaftslehre. Theorie und Politik (1977); F BRAUN, Die Zehner-Gruppe (1970); CARREAU, Le fonds monétaire international (1970); CASSEL, Money and foreign exchange after 1914 (New York 1923); COHEN, International Monetary Reform 1964–1969 (London 1970); CRUMP, The ABC of Foreign Exchange (13. ed London 1963); DAVIDSON, Internationales Währungssystem und europäische Währungsunion, Europaarchiv 27 (1972) 609; DUEVER, Gold und Sonderziehungsrechte. Eine währungstheoretische und währungspolitische Untersuchung (1975, zugl wirtschaftswiss Diss Frankfurt/M 1974); EINZIG, The History of Foreign Exchange (London 1964); ELSHOLZ, Währungspolitik in der westlichen Welt (1977); EMMINGER, Der Internationale Währungsfonds, in: Enzyklopädisches Lexikon für das Geld-, Bank- und Börsenwesen Bd I (3. Aufl 1968); ders, Auf dem Wege zu einer neuen Weltwährungsordnung, in: Hugo J Hahn (Hrsg), Währungsordnung und Konjunkturpolitik (1977) 53; GOLD, The Fund Agreement in the Courts (Washington 1962); GROSCHE-FINSTER, Weltwährungssystem und Weltwirtschaft (1977); GRÜBEL, The International Monetary System (Hannodsworth 1969, Nachdruck 1970); HAHN, Über monetäre Integration (1961); ders, Das Geld im Recht der parlamentarischen Diplomatie. Von der Europäischen Zahlungsunion zur Reform des Internationalen Währungsfonds (1970); ders, Elemente einer neuen Weltwährungsordnung, in: Kewenig (Hrsg), Völkerrecht und internationale wirtschaftliche Zusammenarbeit (1978) 218; ders, Geldwertsicherung und internationales Währungsrecht, in: Liber Amicorum A F Schnitzer (1979) 199; ders, Währungsrecht und Gestaltwandel des Geldes, in: FS Zweigert (1981) 625; HALL, Rechtsprobleme der Währungsparitätsfestsetzung unter besonderer Berücksichtigung des Eigentumsschutzes bei staatlichen Maßnahmen der Währungslenkung, Diss Kiel 1968; HANKEL, Europäische Wirtschaftsintegration und Reform des IWF, Europaarchiv 27 (1972) 37; HASSE-WERNER-WILLGERODT, Außenwirtschaftliche Absicherung zwischen Markt und Interventionismus (1975); HELFFERICH 467 ff; HELLMANN, Dollar, Gold und Schlange. Die letzten Jahre von Bretton Woods (1976); HERI, Bestimmungsgründe kurzfristiger Wechselkursfluktuationen, 1982; HEXNER, Das Verfassungs- und Rechtssystem des Internationalen Währungsfonds (1960); HOFFMANN, Rechtsfragen der Währungsparität (1969); HORIE, The International Monetary Fund (London 1964); HORN (Hrsg), Monetäre Probleme im internationalen Handel und Kapitalverkehr. Rechtliche und wirtschaftliche Risikokontrollen (1976); HUDECZEK, Das Internationale Währungssystem. Mängel und Reformen (1969); ISSING, Währungspolitik, internationale, in: Handwörterbuch der Wirtschaftswissenschaft VIII (1980) 522; ders, Die Bundesrepublik im System der internationalen Währungspolitik, in: Haller-Recktenwald (Hrsg), Finanz- und Geldtheorie im Umbruch (1969) 421; ITH, Die Sonderziehungsrechte und die internationale Währungsreform (1975, zugl Diss St Gallen 1975); JOERGES-SCHLEIMINGER, Internationaler Währungsfonds. Weltbank – IDA – IFC (1965); KERN, Der Internationale Währungsfonds und die Berücksichtigung des ausländischen Devisenrechts (1968); KNIEPER, Weltmarkt, Wirtschaftsrecht und Nationalstaat (1976); KÖHLER, Geldwirtschaft II, Zahlungsbilanz und Wechselkurs (1979); KRAEGENAU, Die Reform des internationalen Währungssystems (1974); KRAMER, Die Rechtsnatur der Geschäfte des Internationalen Währungsfonds (1967); KRONSTEIN, Internationale Währungspolitik in den Grenzen gegebener Marktstruktur, BB 1972, 141; KRUSE, Außenwirtschaft. Die internationalen Wirtschaftsbeziehungen (3. Aufl 1972); KUELP, Außenwirtschaftspolitik (1978); KUENG, Weltwirtschaftspolitik (1978); LEHMENT, Devisenmarktinterventionen bei flexiblen Wechselkursen. Die Politik des Managed Floating (1980); LEVICH, The International Money Market (Greenwich 1979); LUCKENBACH (Hrsg), Theorie der Außenwirtschaftspolitik (1979); MACKINNON, Private and official international money: The case for the Dollar (Princeton 1969); ders, Money in international exchange (New York 1979); MACHLUP, International Monetary Economics (London 1966); F A MANN, Legal Aspect 463 ff; ders, Das Geld 399 ff; ders, Der Internationale Währungsfonds und das Internationale Privatrecht, JZ 1953, 442; 1970, 709; 1981, 327; FRITZ W MEYER, Sonderziehungsrechte für Sonderinteressen, ORDO 21 (1970) 93; MUNDELL, Geld- und Währungstheorie (1976); MURPHY, The International Monetary System (1979); NELDNER, Die Kursbildung auf dem Devisenmarkt und die Devisenterminpolitik der Zentralbanken (1970); RIEDEL, Ökonomische Wirkungen von Wechselkursänderungen (1981); SAMMLER, Eigentum und Währungsparität (1975); SCHÄFER, Währungen und Wechselkurse (1981); SCHLAEGER, Die internationale Buchgeldschöpfung (1971); SCHLEIMINGER, Das Europäische Währungsabkommen von 1955 und einige neuere währungspolitische Entwicklungen (1956); ERICH SCHNEIDER, Zahlungsbilanz und Wechselkurs (1968); SCHWILLING, Die kursbildenden Faktoren am Devisenmarkt, Diss Köln 1962; SOHMEN, Wechselkurs und Währungsordnung (1973); STRATMANN, Der internationale Währungsfonds (1972); THEILE, Die Koppelung der Sonderziehungsrechte mit der Entwicklungsfinanzierung (1981); TOMUSCHAT, Die Aufwertung der Deutschen Mark (1970); TRÉSOR, Kompendium der Geld- und Währungspolitik für die Praxis (1981); UMLAUFF, Zur Theorie vom Zusammenhang zwischen Zahlungsbilanzsalden und Änderungen von Devisenkursen (1964); WALTER, Die Sonderziehungsrechte (1974); WILLGE-RODT, Die Krisenempfindlichkeit des internationalen Währungssystems (1981); WILLMS, Währung, in: Vahlens Kompendium der Wirtschaftstheorie und Wirtschaftspolitik I (1980) 191; WIRTH, Zwischen Währungspolitik und Entwicklungshilfe-Finanzierung. Veränderte Aufgabenstellung des Internationalen Währungsfonds, Diss Berlin 1981; ZOTTMANN, Theorie und Politik der Außenwirtschaft (1967).

I. Grundbegriffe der Außenwirtschaftstheorie F 2

Die dem internationalen Währungsrecht zugrundeliegende **ökonomische Theorie** bezieht sich auf die Analyse des grenzüberschreitenden Austauschs von Gütern und Dienstleistungen auf der einen Seite, Geldtransfers auf der anderen Seite. In dem hier zu behandelnden Zusammenhang interessieren ua die währungstheoretischen Fragen des Außenhandels (vgl hierzu aus dem ökonomischen Schrifttum u a BALOGH, Internationale Wirtschaftsbeziehungen [1973]; GLASSTETTER Außenwirtschaftspolitik [2. Aufl 1979]; ROSE, Theorie der Außenwirtschaft [8. Aufl 1981]; WOLL, Allgemeine Volkswirtschaftslehre [7. Aufl 1981] 549 ff mit vielen weiterführenden Nachweisen 527 ff).

1. Außenwert, Wechselkurs und Parität F 3

a) Der **Außenwert** von Währungen (Vorbem D 11) kann nur ein relativer, dh ein durch das Wertverhältnis der Währungen zueinander zu bestimmender Wert sein. Das im einzelnen komplexe Verhältnis zwischen Außenwert, Wechsel- bzw Devisenkurs und Währungsparität läßt sich folgendermaßen zusammenfassen: Der Wechselkurs (bzw Devisenkurs, s zum Begriff Vorbem F 4) bestimmt den tatsächlichen Außenwert einer Währung. Auch die Währungsparität bestimmt diesen Außenwert. Der Unterschied zwischen dem Wechselkurs und der Währungsparität besteht darin, daß der Wechselkurs eine Ist-Größe, die Währungsparität dagegen eine im System fester Wechselkurse vorgegebene Soll-Größe darstellt. Dasselbe meint eine verbreitete Formulierung, wonach der Wechselkurs die „tatsächliche", die Währungsparität dagegen die „abstrakte" Wertrelation bestimmt (vgl zB Sammler 18 f mwN).

F 4 **b) Devisenkurs und Wechselkurs** stellen den Preis für eine ausländische Währung dar, zu dem sich Angebot und Nachfrage im Hinblick auf Währungseinheiten dieser Währung (Devisen) auf einem Devisenmarkt ausgleichen (vgl mwN Hoffmann 4). Dabei versteht man unter *Devisenkurs* den in Inlandswährung ausgedrückten Preis für die Einheit der ausländischen Währung (sog Preisnotierung), unter dem *Wechselkurs* dagegen den in ausländischer Währung ausgedrückten Preis für die Einheit der Inlandswährung (sog Mengennotierung), s dazu Stobbe, Volkswirtschaftliches Rechnungswesen (5. Aufl 1980) 231. Einfacher ausgedrückt: Devisen- und Wechselkurs drücken das Verhältnis aus, in dem verschiedene Währungen gegeneinander austauschbar sind (Trésor 194). Der Devisenkurs bildet sich an den **Devisenbörsen.** Zu unterscheiden sind der amtlich notierte *Devisenkassakurs* und der *Devisenterminkurs* (Hoffmann 5). Abschlüsse, die sofort oder kurzfristig erfüllt werden müssen, folgen dem Devisenkassakurs. Der Devisenterminkurs gilt für Termingeschäfte. Der ökonomische Wechselkursmechanismus ist Gegenstand wirtschaftswissenschaftlicher Untersuchungen (eingehend Woll, Allgemeine Volkswirtschaftslehre [7. Aufl 1981] 556 ff; Hoffmann 8 ff).

F 5 **aa)** Die **Ursachen von Wechselkursänderungen** sind im ökonomischen Schrifttum namentlich zwischen der „Zahlungsbilanztheorie" und der „Kaufkraftparitätentheorie" umstritten. Sie sind nach wohl richtiger ökonomischer Auffassung selbst nicht monetärer Art, und sie sind jedenfalls nicht Gegenstand der hier vorgelegten Darstellung. Der Wechselkursmechanismus selbst beruht auf dem Verhältnis von Angebot und Nachfrage.

F 6 **bb)** Die **Kursfestsetzung** kann nach dem *System fester Wechselkurse* oder nach dem System *flexibler Wechselkurse* erfolgen. Der Hauptvorteil der festen Wechselkurse besteht in der für Kapitalverkehr und Integration, uU auch für die Preisstabilität, wichtigen Kurssicherheit. Die Hauptvorteile der flexiblen Wechselkurse bestehen darin, daß sie die Marktverhältnisse adäquat widerspiegeln, interventionistische Maßnahmen entbehrlich machen und Spekulationswellen bei veränderungsverdächtigen Währungen vermeiden. Das *System der Kursfestsetzung* beruhte bis 1978 auf dem Grundsatz fester Wechselkurse (vgl etwa Hall 95 ff; Walter 30 f). Ende der 70er Jahre zeichnete sich ein zunehmender Übergang zum System der flexiblen Wechselkurse ab. Nach Art IV Abschnitt 1 des Abkommens über den Internationalen Währungsfonds von 1944 wurde der Paritätswert jeder Währung in Gold als gemeinsamem Maßstab oder in US-Dollar ausgedrückt. Die Ausrichtung auf den US-Dollar als Internationale Interventions- und Reservewährung war für das Währungssystem von Bretton Woods (Vorbem F 21) charakteristisch. Eine generelle Freigabe der Wechselkurse wurde vom Fonds abgelehnt. Gebilligt wurde dagegen die Praxis des sog „floatens", also die Praxis fluktuierender Wechselkurse für einen bestimmten Zeitraum (Adebahr 425 ff; Nachweise bei Walter 33). Der Zusammenbruch des Golddollarsystems und des Systems der festen Wechselkurse zeichnete sich damit bereits in der Praxis ab. Das **IWF-Übereinkommen von 1976** (Vorbem F 22) trägt diesem Trend vom System fester Wechselkurse zu einem „Mischsystem" Rechnung, indem es folgende Wechselkursregelungen zuläßt (Art IV Abschnitt 2 b): „(i) Aufrechterhaltung des Wertes einer Währung durch das betreffende Mitglied in Sonderziehungsrechten oder in einem anderen, vom Mitglied gewählten Maßstab außer Gold, (ii) Gemeinschaftsregelungen, nach denen Mitglieder den Wert ihrer Währungen im Verhältnis zum Wert der Währung oder Währungen anderer Mitglieder aufrechterhalten oder (iii) andere Wechselkursregelungen nach Wahl des

Mitglieds". Zwei Vorgänge verbergen sich hinter dieser Formulierung: einmal die *Abkehr vom strengen System der festen Wechselkurse* hin zu größerem nationalem Spielraum; zum anderen die *Abkehr vom gemeinsamen Nenner Gold.* Die sich in dieser Neufassung von 1976 abzeichnenden desintegrativen Tendenzen sind nur die Konsequenz aus dem Scheitern des Systems von Bretton Woods (vgl Adebahr 426 ff).

c) Die **Währungsparität** ist vom Devisenkurs (dazu Vorbem F 3) zu unterscheiden (Hoffmann 6). Der Devisenkurs stellt eine sich aus Angebot und Nachfrage ergebende reale Größe dar, die Währungsparität ist *nur eine nominelle Größe:* das rechtlich festgelegte Wertverhältnis der Recheneinheit einer Währung zu der Gewichtseinheit eines Währungsmetalls, zB des Goldes oder zu der Recheneinheit einer anderen Währung, zB des Dollars (so Hoffmann 6). Änderungen der Parität stellen zunächst nur nominelle Änderungen dar. Sie zielen zwar idR auf eine Änderung des Devisenkurses, führen diese aber nicht unmittelbar herbei (Hoffmann 6 f). Die Paritäten werden völkerrechtlich festgelegt, während die Kursfestsetzung durch Bundesregierung und Bundesbank gesteuert wird. Erst den Vollzug der Paritätsänderung sollte man Auf- und Abwertung nennen (vgl Hoffmann 7). Nach Art IV Abschnitt 4 des Übereinkommens über den Internationalen Währungsfonds kann der Fonds mit einer Mehrheit von 85% aller Stimmen feststellen, daß die internationale Wirtschaftslage die Einführung eines weitverbreiteten Systems von Wechselkursregelungen auf der Grundlage stabiler, aber anpassungsfähiger Paritäten zuläßt. F 7

2. Konvertibilität F 8

Die **Konvertibilität einer Währung** bedeutet, daß jeder Inhaber ausländischer bzw einheimischer Zahlungsmittel das Recht hat, diese unbeschränkt zum jeweiligen Wechselkurs gegen inländische bzw ausländische Zahlungsmittel einzutauschen (vgl nur Fögen 40; eingehende Nachweise aus der Zeit vor 1958 bei Staudinger-Weber [11. Aufl] Vorbem 17 zu §§ 244, 245). Als „konvertierbar" oder „konvertibel" wird deshalb eine Währung bezeichnet, wenn das für sie geltende Währungsrecht keine rechtlichen Hindernisse für den Umtausch von Heimwährungsbeträgen in Fremdwährungsbeträge aufrichtet (Fögen 40). Die Konvertibilität ist eine währungs- und rechtspolitische Grundfrage des internationalen Währungsrechts (vgl etwa einführend Adebahr 406 f; Elsholz 22 ff). Die Konvertibilität von Währungen ist in Wahrheit eine relative Eigenschaft, die unter mehr oder weniger engen Voraussetzungen vorhanden oder nicht vorhanden sein kann (Fögen 40). So verpflichtet Art VIII des Abkommens (1945) und des Übereinkommens (1976) über den Internationalen Währungsfonds (Vorbem F 22) die Mitglieder nur zur Herstellung sog Ausländerkonvertibilität (Vorbem F 14), während die Deutsche Mark neben einer Reihe von anderen Währungen eine Vollkonvertibilität, dh auch eine Inländerkonvertibilität, aufweist (Adebahr 407). Das Europäische Währungsabkommen v 5. 8. 1955, in Kraft gesetzt durch G v 26. 3. 1959 (BGBl II 293), zielte auf die Rückkehr zur Konvertierbarkeit der Währungen der Mitgliedsstaaten ab. Die Bundesrepublik Deutschland war schon am 31. 12. 1958 zur freien Ausländerkonvertibilität übergegangen. Mit Inkraftsetzung des Europäischen Währungsabkommens trat automatisch die 1950 gegründete Europäische Zahlungsunion (EZU) in Liquidation (Staudinger-Weber [11. Aufl] Vorbem 17 zu §§ 244, 245).

3. Aufwertung und Abwertung F 9

Die Begriffe der **Aufwertung und Abwertung** (Revalvation und Devalvation) werden uneinheitlich gebraucht. Sie sind zunächst nicht mit den binnenwirtschaftsbezogenen

Begriffen der Geldentwertung und der Forderungsaufwertung zu verwechseln (Hoffmann 7). Teilweise werden die Begriffe der Aufwertung und Abwertung einfach mit Schwankungen des Wechselkurses gleichgesetzt (so zB Woll, Allgemeine Volkswirtschaftslehre [7. Aufl 1981] 557). *Für den juristischen Sprachgebrauch* ist mit Hoffmann (aaO 7) eine Begriffsbildung vorzuziehen, in der Auf- und Abwertung als Oberbegriffe vollzogener Paritätsänderungen erscheinen. Zur Rechtsnatur und zur verfassungsmäßigen Beurteilung dieser Maßnahmen vgl Hall 118 ff.

II. Begriff des internationalen Währungsrechts

F 10 1. Gegenstand des internationalen Währungsrechts

Gegenstand des internationalen Währungsrecht ist die **internationale Ordnung des Geldwesens.** Internationales Währungsrecht harmonisiert mit völkerrechtlichen Mitteln die unterschiedlichen nationalen Währungs- und Devisenrechte. Darin liegt der Beitrag des modernen internationalen Währungsrechts zu einer Weltwirtschaftsordnung. Es leistet diesen Beitrag durch Einflußnahmen sowohl auf das innerstaatliche Devisenrecht als auch auf das innerstaatliche Währungsrecht.

F 11 2. Aufgaben des internationalen Währungsrechts

Demgemäß bestehen die Aufgaben des internationalen Währungsrechts darin, **internationale Rahmenbedingungen für den grenzüberschreitenden Waren-, Dienstleistungs- und Kapitalverkehr** zu schaffen. Insbesondere soll internationales Währungsrecht verhindern, daß einzelne Staaten einander durch ihre Währungs- und Devisenpolitik in volkswirtschaftliche Bedrängnis bringen. So kann etwa die von einem Land manipulierte Unterbewertung der eigenen Währung gegenüber Fremdwährungen konkurrierende Auslandsunternehmen künstlich benachteiligen. Der ungehemmte Währungsverfall in einem Land kann dazu führen, daß Gläubigerländer benachteiligt werden oder er kann einen Währungsverfall in Partnerländern begünstigen. In Zusammenhang hiermit stehen die Probleme des Ausgleichs der Zahlungsbilanzen (vgl Woll, Allgemeine Volkswirtschaftslehre [7. Aufl 1981] 558 ff, 601 ff; Riedel, Ökonomische Wirkungen von Wechselkursänderungen [1981] 82 ff, 151 ff; Umlauff, Zur Theorie vom Zusammenhang zwischen Zahlungsbilanzsalden und Ordnungen von Devisenkursen [1964] 85 ff; Stobbe, Volkswirtschaftliches Rechnungswesen [5. Aufl 1980] 235 ff; Samuelson, Volkswirtschaftslehre Bd II [7. Aufl 1981] 341 ff).

F 12 3. Instrumentarien des internationalen Währungsrechts

Das internationale Währungsrecht ist im wesentlichen **Gegenstand internationaler Abkommen,** die völkerrechtlich bestimmte Wirkungsrichtungen der nationalen Währungs- und Devisenpolitik der Mitgliedsländer vorschreiben. Zu nennen sind in diesem Zusammenhang insbesondere das Übereinkommen über den Internationalen Währungsfonds (IWF) idF von 1976 (BGBl 1978 II 15 ff) und die Verordnungen (EWG) des Rates Nrn 3180/78 und 3181/78 vom 18. 12. 1978 (ABl EG Nr L 379, 1 ff) in Verbindung mit dem Zentralbankabkommen vom 13. 3. 1979 (wiedergegeben bei Hellmann, Das Europäische Währungssystem [1979] 150 ff). Teils wirken derartige Abkommen auch unmittelbar auf das nationale Devisenrecht ein wie das Londoner Schuldenabkommen vom 27. 2. 1953 (BGBl II 556), dazu näher Vorbem F 15.

III. Verhältnis des internationalen Währungsrechts zu anderen Bereichen des Geldrechtes

1. Verhältnis zum (nationalen) Devisenrecht F 13

Devisenrecht ist **nationales Außenwirtschaftsrecht** (Vorbem E 2). Es liegt in der Natur des internationalen Währungsrechts, hierauf Einfluß zu nehmen. Insbesondere gilt dies für das Übereinkommen über den internationalen Währungsfonds (dazu Vorbem F 19 ff), für die Regelungen über das Europäische Währungssystem (dazu Vorbem F 37 ff) und für das Londoner Schuldenabkommen (dazu Vorbem F 15). Als völkerrechtliche Verträge sind aber diese Abkommen nicht selbst Bestandteile des nationalen Devisenrechts. Beispielsweise legen diese Abkommen völkerrechtlich verbindlich Währungsparitäten mit gewissen Bandbreiten fest und verpflichten die Mitgliedsstaaten, durch geeignete währungs- und wirtschaftspolitische Maßnahmen die Wechselkurse mit den festgesetzten Paritäten in Einklang zu bringen (vgl Art IV des Übereinkommens über den Internationalen Währungsfonds idF von 1976; Art 107 EWG-Vertrag; Art 1–4 des Zentralbankabkommens vom 13. 3. 1979). Die Umsetzung in nationales Recht ist Sache der einzelstaatlichen Gesetzgeber.

Regelungen über die Konvertibilität (Vorbem F 8) enthält **Art VIII des IWF-Übereinkommens**: F 14

Abschnitt 2

Vermeidung von Beschränkungen laufender Zahlungen

a) Vorbehaltlich des Artikels VII Abschnitt 3 Buchstabe b und des Artikels XIV Abschnitt 2 darf ein Mitglied nicht ohne Zustimmung des Fonds Zahlungen und Übertragungen für laufende internationale Geschäfte Beschränkungen unterwerfen.

b) Aus Devisenkontrakten, welche die Währung eines Mitglieds berühren und den von diesem Mitglied in Übereinstimmung mit diesem Übereinkommen aufrechterhaltenen oder eingeführten Devisenkontrollbestimmungen zuwiderlaufen, kann in den Hoheitsgebieten der Mitglieder nicht geklagt werden. Außerdem können Mitglieder in gegenseitigem Einverständnis bei der Durchführung von Maßnahmen zusammenarbeiten, um die Devisenkontrollbestimmungen der beteiligten Mitglieder wirksamer zu gestalten, vorausgesetzt, daß diese Maßnahmen und Bestimmungen mit diesem Übereinkommen vereinbar sind.

Abschnitt 4

Konvertibilität von Guthaben des Auslands

a) Jedes Mitglied hat auf seine Währung lautende Guthaben eines anderen Mitglieds zu kaufen, wenn das Mitglied darum ersucht und dabei geltend macht,

   i) daß die zu kaufenden Guthaben kürzlich aus laufenden Geschäften angefallen sind oder

   ii) daß ihr Umtausch zwecks Zahlungen für laufende Geschäfte erforderlich ist.

   Das kaufende Land hat die Wahl, entweder in Sonderziehungsrechten nach Maßgabe des Artikels XIX Abschnitt 4 oder in der Währung des ersuchenden Landes zu zahlen.

b) Die Verpflichtung nach Buchstabe a entfällt

   i) wenn die Konvertibilität der Guthaben in Einklang mit Abschnitt 2 dieses Artikels oder Artikel VI Abschnitt 3 beschränkt worden ist;

   ii) wenn die Guthaben aus Geschäften aufgelaufen sind, die vor dem Zeitpunkt geschlossen wurden, zu dem ein Mitglied die nach Artikel XIV Abschnitt 2 aufrechterhaltenen oder eingeführten Beschränkungen aufgehoben hat;

   iii) wenn die Guthaben entgegen den Devisenvorschriften des Mitglieds erworben worden sind, das zum Kauf aufgefordert wird;

   iv) wenn die Währung des um Ankauf ersuchenden Mitglieds nach Artikel VII Abschnitt 3 Buchstabe a für knapp erklärt worden ist oder

v) wenn das um Ankauf ersuchte Mitglied aus irgendeinem Grund nicht berechtigt ist, vom Fonds Währungen anderer Mitglieder gegen seine eigene Währung zu kaufen.

Auf europäischer Ebene ist **Art 106 des EWG-Vertrages** hervorzuheben:

Art 106 (Zahlungsverkehr)

(1) Jeder Mitgliedstaat verpflichtet sich, in der Währung des Mitgliedstaates, in dem der Gläubiger oder der Begünstigte ansässig ist, die Zahlungen zu genehmigen, die sich auf den Waren-, Dienstleistungs- und Kapitalverkehr beziehen, sowie den Transfer von Kapitalbeträgen und Arbeitsentgelten zu gestatten, soweit der Waren-, Dienstleistungs-, Kapital- und Personenverkehr zwischen den Mitgliedstaaten nach diesem Vertrag liberalisiert ist.

Die Mitgliedstaaten sind bereit, über die im vorstehenden Unterabsatz vorgesehene Liberalisierung des Zahlungsverkehrs hinauszugehen, soweit ihre Wirtschaftslage im allgemeinen und der Stand ihrer Zahlungsbilanz im besonderen dies zulassen.

(2) Soweit der Waren-, Dienstleistungs- und Kapitalverkehr nur durch Beschränkungen der diesbezüglichen Zahlungen begrenzt ist, werden diese Beschränkungen durch entsprechende Anwendung der Kapitel über die Beseitigung der mengenmäßigen Beschränkungen, die Liberalisierung der Dienstleistungen und den freien Kapitalverkehr schrittweise beseitigt.

(3) Die Mitgliedstaaten führen untereinander keine neuen Beschränkungen für die Transferierungen ein, die sich auf die in der Liste des Anhangs III 1 zu diesem Vertrag aufgeführten unsichtbaren Transaktionen beziehen.

Die bestehenden Beschränkungen werden gemäß den Artikeln 63 bis 65 schrittweise beseitigt, soweit hierfür nicht die Absätze 1 und 2 des vorliegenden Artikels oder das Kapital über den freien Kapitalverkehr maßgebend sind.

(4) Im Bedarfsfall verständigen sich die Mitgliedstaaten über die Maßnahmen, die zur Gewährleistung der in diesem Artikel vorgesehenen Zahlungen und Transferierungen zu treffen sind; diese Maßnahmen dürfen die in diesem Kapitel genannten Ziele nicht beeinträchtigen.

F 15 Das **Abkommen über deutsche Auslandsschulden** v 27. 2. 1953 (Londoner Schuldenabkommen) findet sich mit umfassenden Nachweisen kommentiert bei STAUDINGER-WEBER (11. Aufl) Vorbem 479–549 zu §§ 244, 245. Das Abkommen hat durch das Gesetz v 24. 8. 1953 betreffend das Abkommen vom 27. 2. 1953 (sog Zustimmungsgesetz; BGBl II 331) in der Bundesrepublik Deutschland Gesetzeskraft erlangt (zur Geltung in Berlin vgl Art 24 des Abkommens sowie die Übernahmegesetze v 2. 9. 1953 [GVBl Berlin 1953, 1031]). Es enthält die multilaterale Regelung deutscher Vorkriegsschulden und wirkt zT auch unmittelbar auf die Rechtsverhältnisse von Staatsbürgern ein. Das gilt insbesondere für Art 5 des Abkommens, der ein Zahlungsverbot mit privatrechtlicher Wirkung ausspricht (vgl STAUDINGER-WEBER [11. Aufl] Vorbem 514 ff zu §§ 244, 245).

F 16 **2. Verhältnis zum (nationalen) Währungsrecht**

Charakteristisch für die völkerrechtliche Verbindlichkeit international-währungsrechtlicher Verträge ist auch ihr **Einfluß auf das nationale Währungsrecht.** Beispielsweise muß nach Art IV Abschnitt 1 des Übereinkommens über den Internationalen Währungsfonds idF von 1976 (BGBl 1978 II 15) jedes Mitglied

„i) bestrebt sein, seine Wirtschafts- und Währungspolitik unter angemessener Berücksichtigung seiner Situation auf das Ziel eines geordneten Wirtschaftswachstums bei angemessener Preisstabilität auszurichten;

ii) um Stabilität bemüht sein, indem es geordnete Wirtschafts- und Währungsverhältnisse und ein Währungssystem anstrebt, das nicht dazu neigt, erratische Störungen auszulösen."

Auf ähnlicher Ebene wirkt auch das europäische Recht auf die betroffenen Währungen. **Artt 104, 105 des EWG-Vertrags** wollen die Währungspolitik der Mitgliedstaaten koordinieren:

Art. 104 (Sicherung des Gleichgewichts der Gesamtzahlungsbilanz)

Jeder Mitgliedstaat betreibt die Wirtschaftspolitik, die erforderlich ist, um unter Wahrung eines hohen Beschäftigungsstands und eines stabilen Preisniveaus das Gleichgewicht seiner Gesamtzahlungsbilanz zu sichern und das Vertrauen in seine Währung aufrechtzuerhalten.

Art 105 (Koordinierung der Wirtschafts- und Währungspolitik)

(1) Um die Verwirklichung der Ziele des Artikels 104 zu erleichtern, koordinieren die Mitgliedstaaten ihre Wirtschaftspolitik. Sie richten zu diesem Zweck eine Zusammenarbeit zwischen ihren zuständigen Verwaltungsstellen und zwischen ihren Zentralbanken ein.

Die Kommission unterbreitet dem Rat Empfehlungen zur Herbeiführung dieser Zusammenarbeit.

(2) Um die Koordinierung der Währungspolitik der Mitgliedstaaten in dem für das Funktionieren des Gemeinsamen Marktes erforderlichen Umfang zu fördern, wird ein Beratender Währungsausschuß eingesetzt, der die Aufgabe hat,

- die Währungs- und Finanzlage der Mitgliedstaaten und der Gemeinschaft sowie den allgemeinen Zahlungsverkehr der Mitgliedstaaten zu beobachten und dem Rat und der Kommission regelmäßig darüber Bericht zu erstatten,
- auf Ersuchen des Rates oder der Kommission oder von sich aus Stellungnahmen an diese Organe abzugeben.

Jeder Mitgliedstaat sowie die Kommission ernennen zwei Mitglieder des Währungsausschusses.

Vgl hierzu Burghard, in: Hahn (Hrsg), Integration und Kooperation (1980) 41 ff.

3. Verhältnis zum Internationalen Privatrecht des Geldes F 17

a) Bisweilen werden auch **die kollisonsrechtlichen Regeln über Geldschulden** dem Internationalen Währungsrecht zugerechnet (so Schlegelberger-Hefermehl, HGB [5. Aufl] Anh § 361 Rz 21 ff). Es sollte dabei besser vom Internationalen Privatrecht des Geldes, insbesondere der Geldschulden, gesprochen werden. Der Fragenkreis gehört damit in die Darstellung des Internationalen Privatrechts. Im vorliegenden Zusammenhang unterscheidet die hM zwischen *Schuldstatut und Währungsstatut* (vgl dazu etwa Staudinger-Firsching [10./11. Aufl] Vor Art 12 EGBGB Rz 402; Erman-Arndt, Vor Art 12 EGBGB Rz 7; Schlegelberger-Hefermehl, HGB [5. Aufl] Anh § 361 Rz 22, 23). Das Schuldstatut gibt den Ausschlag für die *schuldrechtlichen* Normen, die auf ein Schuldverhältnis anwendbar sind. Das *Währungsstatut* gibt den Ausschlag für die auf die Zahlungsverpflichtung anzuwendenden währungsrechtlichen Normen. Das Währungsstatut folgt der lex causae, also dem Schuldstatut (§ 244 Rz 15; str). Damit ist noch nicht gesagt, daß bei inländischem Schuld- und Währungsstatut auch in jedem Fall inländisches Geld geschuldet ist, sondern nur, daß bei inländischem Währungsstatut deutsches Recht über die Schuldwährung entscheidet (§ 244 Rz 15). Zur Abgrenzung zwischen Heimwährungsschulden, einfachen Fremdwährungsschulden und effektiven Fremdwährungsschulden vgl § 244 Rz 13–36. Vgl dazu das **Schrifftum** bei § 244 vor Rz 1.

b) Als Teil des **interlokalen,** nicht des internationalen, **Geldschuldrechts** wurde herkömmlicherweise das Geldschuldrecht zwischen der Bundesrepublik und der DDR eingeordnet. Eine eingehende Darstellung nach dem Stand von 1967 findet sich bei Staudinger-Weber (11. Aufl) Vorbem 550–829 („Interzonale Geldverbindlichkeit"). Sie gehört in Darstellungen des Internationalen Privatrechts. Für das Schuldrecht des Geldes ist hervorzuheben, daß die DDR Währungsausland, eine in Mark der DDR zu begleichende Verbindlichkeit also eine Fremdwährungsschuld ist (eingehend § 244 Rz 4, 79 ff). F 18

F 19 IV. Der Internationale Währungsfonds

Der **Internationale Währungsfonds (International Monetary Fund,** im folgenden **IWF)** wird als das monetäre Gegenstück zu den Vereinten Nationen bezeichnet. Er bildet die Grundlage des internationalen Währungssystems und arbeitet nach Art X des Übereinkommens über den Internationalen Währungsfonds (Vorbem F 22) mit den anderen internationalen Organisationen zusammen. 1980 zählte er 141 Mitgliedsländer (Trésor 171 mit näheren Angaben). Im Sommer 1982 sind es 146.

F 20 1. Aufgaben

Aufgabe des Internationalen Währungsfonds ist es einerseits, die **Währungsstabilität** in der Welt zu sichern; auf der anderen Seite soll dem *internationalen Währungssystem* eine gewisse **Elastizität** erhalten bleiben. Nach Art IV Abschnitt 1 des Übereinkommens (Vorbem F 22) ist ,,der eigentliche Zweck des internationalen Währungssystems die Schaffung von Rahmenbedingungen zur Erleichterung des Waren-, Dienstleistungs- und Kapitalverkehrs zwischen den Ländern und zur Aufrechterhaltung eines gesunden Wirtschaftswachstums". Ein Hauptziel wird darin gesehen, ,,die geordneten Grundbedingungen ständig weiterzuentwickeln, welche für die Währungs- und Wirtschaftsstabilität notwendig sind". Ziele des Internationalen Währungsfonds sind nach Art I des Abkommens von 1944 bzw des Übereinkommens idF von 1976:

(i) die internationale Zusammenarbeit auf dem Gebiet der Währungspolitik durch eine ständige Einrichtung zu fördern, die als Apparat für Beratungen und die Zusammenarbeit bei internationalen Währungsproblemen zur Verfügung steht;

(ii) die Ausweitung und das in sich ausgeglichene Wachsen des Welthandels zu erleichtern und dadurch zur Förderung und Aufrechterhaltung eines hohen Beschäftigungsgrades und Realeinkommens sowie zur Entwicklung der Produktionskraft aller Mitglieder als oberste Ziele aller Wirtschaftspolitik beizutragen;

(iii) die Stabilität der Währungen zu fördern, geordnete Währungsbeziehungen zwischen den Mitgliedern aufrechtzuerhalten und Währungsabwertungen aus Wettbewerbsgründen zu verhindern.

(iv) bei der Einrichtung eines multilateralen Zahlungssystems für die laufenden Geschäftsbeziehungen zwischen den Mitgliedern und bei der Beseitigung von Devisenverkehrsbeschränkungen, die das Wachsen des Welthandels hemmen, mitzuwirken;

(v) das Vertrauen der Mitglieder dadurch zu stärken, daß ihnen unter angemessenen Sicherungen Mittel des Fonds zur Verfügung gestellt werden und ihnen so die Gelegenheit gegeben wird, Unausgeglichenheiten in ihren Zahlungsbilanzen zu bereinigen, ohne zu Maßnahmen Zuflucht nehmen zu müssen, die dem nationalen und internationalen Wohlstand abträglich sind;

(vi) in Übereinstimmung mit Vorstehendem die Dauer der Unausgeglichenheit der internationalen Zahlungsbilanzen der Mitglieder abzukürzen und den Grad der Unausgeglichenheit zu vermindern.

F 21 2. Entstehungsgeschichte

Die *Entstehungsgeschichte des Internationalen Währungsfonds* ist mit dem Namen **Bretton Woods** verbunden. Das Abkommen von 1944 wurde auf der von 45 Nationen beschickten ,,Währungs- und Finanzkonferenz der Vereinten Nationen" in Bretton Woods/USA erarbeitet. Vorausgegangen waren Expertenvorschläge (insbes der *Keynes*-Plan und der *White*-Plan) und Verhandlungen zwischen den USA und England (Walter 21). In der Entwicklung des Weltwährungssystems ist das Abkommen von Bretton Woods Markstein der Abkehr vom Goldstandard und von der Devisenbewirtschaftung.

3. Rechtsgrundlagen F 22

a) *Rechtsgrundlage* des Internationalen Währungsfonds war ursprünglich das **Abkommen über den Internationalen Währungsfonds** (Articles of Agreement of the International Monetary Fund; zweisprachiger Abdruck BGBl 1952 II 638). Im BGBl 1978 II 15 findet sich die **Neufassung aufgrund der Zweiten Änderung des Übereinkommens über den Internationalen Währungsfonds von 1976** (Second Amendment to the Articles of Argreement of the International Monetary Fund). Zustimmungsgesetz ist das *Gesetz zu dem Übereinkommen über den Internationalen Währungsfonds in der Fassung von 1976* **(IWF-Gesetz)** v 9. 1. 1978 (BGBl II 13). Die Bundesrepublik ist dem Internationalen Währungsfonds 1952 beigetreten. Zustimmungsgesetz war das Gesetz über den Beitritt der Bundesrepublik Deutschland zu den Abkommen über den Internationalen Währungsfonds (International Monetary Fund) und über die Internationale Bank für Wiederaufbau und Entwicklung (International Bank for Reconstruction and Development) v 28. 7. 1952 (BGBl II 637).

b) **Auslegungsfragen,** die sich zwischen einem Mitglied und dem Fonds oder zwischen Mitgliedern ergeben, werden dem Exekutivdirektorium zur Entscheidung unterbreitet; das einzuschlagende Verfahren ist in Art XXIX geregelt. Art XXX enthält die Erläuterung von Begriffen. F 23

4. Rechtsstellung F 24

Der Fonds besitzt volle **Rechtspersönlichkeit,** d h Rechtsfähigkeit und Parteifähigkeit (Art IX Abschnitt 2; näher Walter 27 mwN). Er genießt *Immunität von jeder Gerichtsbarkeit,* soweit er nicht im Einzelfall oder auf Grund vertraglicher Bestimmungen ausdrücklich darauf verzichtet (Art IX Abschnitt 3). Der Fonds, seine Vermögenswerte, Einkünfte und Transaktionen sind *von jeder Besteuerung und von allen Zollabgaben befreit* (Art IX Abschnitt 9).

5. Organisation F 25

Die **Organisation und Geschäftsführung** des Fonds ist in Art XII des Übereinkommens geregelt. Der Fonds hat einen *Gouverneursrat* (Abschnitt 2), ein *Exekutivdirektorium* (Abschnitt 3), einen *geschäftsführenden Direktor* und *Personal* (Abschnitt 4), sowie einen *Rat auf Ministerebene* (Anhang D). Der Gouverneur und der stellvertretende Gouverneur für die Bundesrepublik Deutschland werden von der Bundesregierung im Benehmen mit der DBB bestellt (Art 5 Abs 1 IWF-Gesetz v 9. 1. 1978, BGBl II 13). Das Recht zur Besetzung der Stelle eines Exekutivdirektors im Internationalen Währungsfonds wird für die Bundesrepublik Deutschland vom Bundesminister der Finanzen im Benehmen mit der DBB ausgeübt (Art 5 Abs 3 IWF-Gesetz v 9. 1. 1978, BGBl II 13).

6. Mitgliedschaft F 26

a) **Beginn und Ende der Mitgliedschaft** sind folgendermaßen geregelt: Die Mitgliedschaft entstand für *die ursprünglichen Mitglieder* durch Erwerb vor dem 31. 12. 1945 (Art II Abschnitt 1), für *die anderen Länder* durch Beitritt nach Art II Abschnitt 2. Sie wird beendet durch Austritt oder Ausschluß nach Art XXVI. Regelungen über die Liquidation und über die zeitweilige Außerkraftsetzung von Bestimmungen im Notstand enthält Art XXVII.

b) **Mitgliederrechte** sind vor allem das *Stimmrecht* im Gouverneursrat und im F 27
Exekutivrat (Art XII Abschnitt 5) und das *Recht zu Kreditaufnahmen*. Die Ge-

währung von Finanzierungshilfen an Mitglieder mit Zahlungsbilanzschwierigkeiten gehört zu den Hauptaufgaben des Internationalen Währungsfonds. Diese Kredite werden oftmals mit einschneidenden wirtschaftspolitischen Bedingungen oder Auflagen verbunden (krit hierzu Knieper, KJ 1979, 270 ff; Nachdruck in: ders, Zwang, Vernunft, Freiheit. Studien zur juristischen Konstruktion der bürgerlichen Gesellschaft [1981] 84 ff). Sie werden in der Rechtsform von Kaufgeschäften gewährt (Trésor 174 f). Dieses als ,,Ziehung" bezeichnete Geschäft besteht darin, daß das kreditnehmende Mitglied Fremdwährung gegen Heimwährung kauft. Nach Maßgabe von Art V Abschnitt 3 besteht ein Recht auf *Inanspruchnahme der allgemeinen Fondsmittel.* Diese geschieht durch den Kauf von Währungen anderer Mitglieder. Voraussetzung ist u a, daß der Kauf wegen der Zahlungsbilanz- oder Reservesituation oder wegen der Entwicklung der Reserven des Mitglieds erforderlich ist. Der Fonds kann dem Mitglied die Befugnis zur Inanspruchnahme der allgemeinen Fondsmittel entziehen, wenn die Verwendung der Mittel den Zielen des Fonds zuwiderläuft (Art V Abschnitt 5). Grundsätzlich darf ein Mitglied die allgemeinen Fondsmittel nicht dazu verwenden, einen beträchtlichen oder anhaltenden Kapitalabfluß zu decken (Art VI Abschnitt 1).

F 28 c) Hinsichtlich der **Mitgliedspflichten** unterscheidet das Übereinkommen zwischen den Verpflichtungen auf dem Gebiet der Wechselkursregelungen (Art IV) und den allgemeinen Mitgliederpflichten (Art VIII). Pflichten auf dem Gebiet der Wechselkursregelungen ergeben sich zunächst aus Art IV Abschnitt 1. Danach wird jedes Mitglied

,, i) bestrebt sein, seine Wirtschafts- und Währungspolitik unter angemessener Berücksichtigung seiner Situation auf das Ziel eines geordneten Wirtschaftswachstums bei angemessener Preisstabilität auszurichten;

ii) um Stabilität bemüht sein, indem es geordnete Wirtschafts- und Währungsverhältnisse und ein Währungssystem anstrebt, das nicht dazu neigt, erratische Störungen auszulösen;

iii) Manipulationen der Wechselkurse oder des internationalen Währungssystems mit dem Ziel, eine wirksame Zahlungsbilanzanpassung zu verhindern oder einen unfairen Wettbewerbsvorteil gegenüber anderen Mitgliedern zu erlangen, vermeiden und

iv) eine Wechselkurspolitik verfolgen, die mit den Verpflichtungen aus diesem Abschnitt vereinbar ist.«

F 29 Die **Zulässigkeit allgemeiner Wechselkursregelungen** ist in Art IV Abschnitt 2 geregelt. Der Fonds überwacht die Einhaltung dieser Verpflichtungen (Art IV Abschnitt 3). Weitere allgemeine Verpflichtungen betreffen die *Vermeidung von Beschränkungen laufender Zahlungen* (Art VIII Abschnitt 2), die *Vermeidung diskriminierender Währungspraktiken* (Art VIII Abschnitt 3), die *Konvertibilität* von Guthaben des Auslands (Art VIII Abschnitt 4), die *Erteilung von Informationen* (Art VIII Abschnitt 5), die *Konsultation über bestehende internationale Übereinkünfte* (Art VIII Abschnitt 6). Jedem Mitglied wird eine in Sonderziehungsrechten (Vorbem F 31 ff) ausgedrückte *Quote* zugeteilt (Art III Abschnitt 1). Die *Subskription jedes Mitglieds* entspricht seiner Quote und ist in voller Höhe bei der zuständigen Hinterlegungsstelle an den Fonds zu zahlen (Art III Abschnitt 1). Bei Quotenänderungen (Art III Abschnitt 2) hat jedes Mitglied 25% der Erhöhung in Sonderziehungsrechten (nach der Fassung von 1945 in Gold) zu zahlen, falls nicht der Gouverneursrat eine andere Bestimmung nach Maßgabe von Art III Abschnitt 3 a trifft. Den Rest zahlt das Mitglied in seiner eigenen Währung. Unter der Voraussetzung von Art III Abschnitt 4 kann die Bareinzahlung durch Schuldurkunden ersetzt werden. Zur Wiederauffüllung seiner Bestände, die er im Zusammenhang mit seinen Transaktionen braucht, kann der Fonds Kredite bei Mitgliedern aufnehmen oder von Mitgliedern verlangen, seine Währung gegen Sonderziehungsrechte zu verkaufen (Art VII Abschnitt 1).

7. Transaktionen des Fonds F 30

Die **Transaktionen,** die für Rechnung des Fonds durchgeführt werden, beschränken sich prinzipiell darauf, *Mitgliedern gegen Zahlung in ihrer Währung Sonderziehungsrechte oder die Währungen anderer Mitglieder zur Verfügung zu stellen* (Art V Abschnitt 2 a). Nach Art XV Abschnitt 1 ist der Fonds befugt, den Mitgliedern, die Teilnehmer der Sonderziehungsabteilung sind, Sonderziehungsrechte zuzuteilen, um im Bedarfsfall die bestehenden Währungsreserven ergänzen zu können. Der *Sonderziehungsrechtsverkehr* besteht darin, daß die Teilnehmer die ihnen zugeteilten Sonderziehungsrechte auf das Konto eines anderen Teilnehmers transferieren und als Gegenleistung konvertible Nationalwährung erhalten, um Zahlungsbilanzerfordernissen Rechnung zu tragen (eingehend Walter 64 ff). Der Fonds kann allerdings auch beschließen, finanzielle und technische Dienstleistungen – zB in Gestalt der Verwaltung von Mitteln – zu erbringen, die mit seinen Zielen vereinbar sind (Art V Abschnitt 2 b). Die *Operationen und Transaktionen zwischen den Mitgliedern und dem Fonds* werden über das Schatzamt, die Zentralbank, den Stabilisierungsfonds oder eine ähnliche Währungsbehörde des Fonds abgewickelt (Art V Abschnitt 1). In der Bundesrepublik Deutschland ist dies die **DBB** (Art 3, 4 IWF-Gesetz v 9. 1. 1978, BGBl II 13). Ihre Zusammenarbeit mit der Bundesregierung ist Gegenstand einer Verwaltungsvereinbarung (Art 7 IWF-Gesetz). Aufgrund von Art V Abschnitt 3 beschließt der Fonds *Geschäftsgrundsätze für die Inanspruchnahme* seiner allgemeinen Mittel. Sonstige Käufe und Verkäufe von Sonderziehungsrechten durch den Fonds und der Rückkauf eigener Währung durch ein Mitglied aus den Beständen des Fonds sind in Art V Abschnitt 6 und 7 geregelt, sonstige Operationen und Transaktionen in Art V Abschnitt 12.

8. Sonderziehungsrechte F 31

a) Der **Begriff** der Sonderziehungsrechte läßt sich nicht der Beziehung selbst entnehmen (eingehend Ith 53 ff; Walter 57 ff), sondern nur der Funktion. Sonderziehungsrechte sind internationales Buchgeld und zugleich sind sie eine Währungseinheit.

b) Die **Rechtsnatur der Sonderziehungsrechte** ist zweifelhaft. Ihre **Eigenschaften** sind folgende (Walter 135): Sie sind *Recheneinheit* und *Wertmaßstab;* sie sind in beschränktem Umfang mit *Annahmezwang* ausgestattet; sie können als Mittel zur Begleichung von Schulden dienen. Walter (140) bezeichnet sie als internationales Geld. Das besondere Charakteristikum des neuen internationalen Geldes sieht er darin, daß auf einen Zentralschuldner verzichtet wird und daß die Gemeinschaft aller Teilnehmer anspruchsverpflichtet ist, daß das neue Geld von den Nationalwährungen unabhängig und Privaten nicht zugänglich ist (Walter 146). Nach dem hier (Vorbem A 11 ff) entwickelten Geldbegriff muß unterschieden werden. Die Sonderziehungsrechte werden teilweise lediglich als *Einheit zur Berechnung von Geldschulden* verwendet. Insoweit stehen sie mit dem Funktionsbegriff Geld in Zusammenhang, sind aber selbst ebensowenig Geld wie eine Währungseinheit Geld ist. Im Internationalen Währungsfonds funktionieren die Sonderziehungsrechte zugleich als *internationales Buchgeld* (Schlaeger 71 ff; Walter 141, 145). Auch insoweit ist der Zusammenhang mit dem funktionellen Geldbegriff gewahrt. Geld iS des gegenständlichen Geldbegriffs sind die Sonderziehungsrechte ebenso wenig, wie das allgemeine Buchgeld Geld ist (Vorbem A 18). Es ist deshalb zu unterscheiden: F 32

aa) Sonderziehungsrechte als Buchgeld sind Zahlungsmittel (eingehend Walter 135 ff), aber – wie jedes Buchgeld (Vorbem A 18) – nicht gegenständliches Geld iS der hier verwandten Terminologie. Sonderziehungsrechte als Buchgeld entstehen F 33 durch *Zuteilungsbeschluß des Fonds* auf der Grundlage von Art XV ff des IWF-Übereinkommens: Die Gläubigerländer kaufen Sonderziehungsrechte nach Maßgabe der für sie aufgestellten Quote gegen eigene Währung. Der Fonds schreibt ihnen dafür auf ihrem von der Sonderziehungsrechts-Abteilung geführten Sonderziehungsrechtskonto Sonderziehungsrechte gut. Die betroffenen Notenbanken weisen die Sonderziehungsrechte als Währungsreserven aus. Den Schuldnerländern stellt der Fonds Sonderziehungsrechte bzw deren Gegenwert in ausländischer Währung zur Verfügung. Vgl zusammenfassend ADEBAHR, Währungstheorie und Währungspolitik (1978) 444 ff; WALTER 57 ff.

F 34 bb) **Sonderziehungsrechte als Wertmesser** beruhen darauf, daß man den Wert der Sonderziehungsrechte vom Außenwert der betroffenen Währungen unabhängig machen mußte, um eine sachgerechte (Rück-) Abwicklung von Transaktionen mit diesem Buchgeld zu gewährleisten. Zunächst wurden die Sonderziehungsrechte daher mit einer *Goldwertgarantie* ausgestattet, die an den Goldwert des US-Dollars anknüpfte (vgl WALTER 62). Dieses System scheiterte daran, daß einerseits die Mitgliedsländer zu flexiblen Wechselkursen gegenüber dem US-Dollar übergingen, während anderseits die Parität zwischen dem Sonderziehungsrecht und dem US-Dollar konstant blieb. Das System der Goldwertgarantie wurde daher 1974 durch die sog *Standardkorb-Technik* abgelöst: Die Gesamtheit der nach einer Quotelung zu berücksichtigenden maßgeblichen Währungen repräsentiert den Wert eines Sonderziehungsrechts (näher ADEBAHR, Währungstheorie und Währungspolitik [1978] 446 ff). Der IWF errechnet täglich den Wert eines Sonderziehungsrechts, ausgedrückt in den jeweiligen Standardkorb-Währungen. Der Kurs der Sonderziehungsrechte gegenüber der DM wird täglich im BAnz veröffentlicht. *Heute verdrängen die Sonderziehungsrechte als Wertmesser zunehmend den Goldfranken in internationalen einheitsrechtlichen Haftungsübereinkommen* (vgl eingehend KLINGSPORN WM 1978, 918; speziell für das Seehandelsrecht W RICHTER, Tendenzen der Entwicklung des int Seehandelsrechts, FS Dünnebier [1982] 729, 740 ff). Die einheitsrechtlichen Übereinkommen setzten die Haftungssumme zunächst in sog Goldfranken fest, nämlich entweder in Germinal-Franken (10/31 Gramm Gold von 900/1000 Feingehalt) oder in Poincaré-Franken ($65^1/_2$ Milligramm Gold von 900/1000 Feingehalt). Für die meisten Währungen gab es keine direkte Goldparität, was zu weltweiter Rechtsunsicherheit führte. Es war nicht ohne weiteres vorhersehbar, ob die Gerichte eines ausländischen Staates nun den Marktwert des Goldes zugrundelegen, eine Parität konstruieren oder aber die Bestimmung gar nicht anwenden würden (instruktiv der Fall der „Blue Hawk“: Arrondissementsrechtsbank te Rotterdam EuTR 1981, 369 und Hoge Raad 1981 AirLaw 1981, 191 mAnm DU PERRON; über die Rechtsunsicherheit der Goldfrankengrenze im Warschauer Abkommen vgl MÜLLER-ROSTIN transpR 1982, 91 ff). Eine aus Goldwert und Sonderziehungsrecht kombinierte Parität ließ sich konstruieren, solange diese mit einer Goldwertgarantie ausgestattet waren (vgl KLINGSPORN WM 1978, 918, 919). Man konnte die Goldfranken über ihren Goldgehalt in Sonderziehungsrechte umrechnen, daraufhin einen Betrag in US-Dollar und schließlich in Heimwährung ermitteln. Dieser Ausweg ist in dieser Form nicht mehr gangbar, weil die Sonderziehungsrechte nicht mehr durch eine Goldparität definiert sind. Seitdem zeichnet sich ein weltweiter Trend ab, die Haftungssummen unmittelbar in Sonderziehungsrechten auszudrücken (KLINGSPORN WM 1978, 919, 920; vgl dazu auch BGH RIW/AWD 1981, 792 = VersR 1981, 1030). Im innerstaatlichen Bereich hat der Gesetzgeber für eine Ersetzung der Goldfranken durch die Sonderziehungsrechte gesorgt durch das sog **Goldfrankenumrechnungsgesetz** vom 9. 6. 1980 (BGBl II 721; s dazu auch W RICHTER aaO 742 f).

V. Europäisches Währungsrecht F 35

Schrifttum: Vgl zunächst auch die Angaben bei Vorbem F 1; BERTHOLD, Das europäische Währungssystem (EWS). Konzeption und bisherige Erfahrungen (1981); BURGHARD, Währungsrecht und Währungspolitik in der EG, in: HAHN (Hrsg), Integration und Kooperation im Europäischen Währungswesen (1980) 41 ff; DICKEN, Wechselkurse im europäischen Währungswesen, in: HAHN (Hrsg), Integration und Kooperation im Europäischen Währungswesen (1980) 11 ff; HABLITZEL, Integration und Kooperation im europäischen Währungswesen, BayVBl 1979, 300; HAHN, Das Währungsrecht der Eurodevisen (1973); ders, Das Europäische Währungssystem – Systemvergleich und Funktionsweise, EuR 14 (1979) 337; HARTMANN, Die Europäische Währungsunion unter dem Gesichtspunkt der Theorie des optimalen Währungsgebiets (1975); HELLMANN, Europäische Wirtschafts- und Währungsunion. Eine Dokumentation (1972); ders, Das Europäische Währungssystem (1979); KESS, Die Rechnungseinheit als Finanzinstrument der Europäischen Gemeinschaften, EuR 13 (1978) 122; KLOTEN, Das Europäische Währungssystem. Eine europapolitische Grundsatzentscheidung im Rückblick, Europaarchiv 35 (1980) 111; ders, Zur „Endphase" des Europäischen Währungssystems, Europaarchiv 36 (1981) 21; LUTZ, Nachruf auf die europäische Währungsschlange, Europaarchiv 29 (1974), 285; MAC KENZIE, The Economics of the Eurocurrency System (London 1976); MACKINNON, The Eurocurrency Market (Princeton 1977); MAGNIFICO, Eine Währung für Europa. Ein Weg zur Europäischen Währungsvereinigung (1977); Monatsberichte der DBB 3/1979, 11; NICOLAYSEN, Stichwort Wirtschafts- und Währungsunion, in: Handwörterbuch des Agrarrechts II (1982); REY, The european monetary System, CMLRev 1980, 7; SEIDEL, Das Europäische Währungssystem – Rechtliche Grundlage und Ausgestaltung, EuR 14 (1979); TIMMANN, Die europäischen Rechnungseinheiten: Von der Rechnungseinheit zum ECU (1979); TREMER, Der Euromarkt, in: HAHN (Hrsg), Integration und Kooperation im Europäischen Währungswesen (1980) 25; TREZISE, The european monetary System (Washington 1979); WEGNER, Das europäische Währungssystem und die Folgen, Europaarchiv 34 (1979) 189; WIDMER, Euromarkt. Eurogeld- und Eurokapitalmarkt (1977).

1. Der Europäische Währungsverbund F 36

Der **Europäische Währungsverbund,** die *sog Schlange,* beruhte auf dem Versuch, innerhalb der Europäischen Gemeinschaft das System der festen Wechselkurse zu verteidigen. Der Währungsverbund ging auf einen *Beschluß des EG-Ministerrats aus dem Jahr 1971* zurück, der auf die stufenweise Einführung einer Wirtschafts- und Währungsunion zielte und vorerst ein eigenständiges Wechselkurssystem vorsah, ferner auf das sog Basler Abkommen von 1972, das einen Wechselkursverbund errichtete. Diese sog Währungsschlange ließ die Wechselkurse der Mitgliedsländer untereinander nur innerhalb schmaler Bandbreiten schwanken. Gegenüber dem US-Dollar ermöglichte der Europäische Währungsverbund das sog Blockfloating, dh das freie Schwanken bei festen Wechselkursen innerhalb des Blocks.

2. Das Europäische Währungssystem F 37

a) Aufgrund einer Entschließung des Europäischen Rates vom 5. 12. 1978 wurde der Europäische Währungsverbund abgelöst durch das **Europäische Währungssystem (EWS).** Durch Verordnung (EWG) Nr 3180/78 vom 18. Dezember 1978 (ABl EG Nr L 379/1) wurde eine neue **Europäische Währungseinheit (European Currency Unit = ECU)** definiert, die als Grundlage für die währungspolitische Zusammenarbeit dienen sollte. Die Verordnung (EWG) Nr 3181/78 vom 18. 12. 1978 (ABl EG Nr L 379/2) ermächtigte den Europäischen Fonds für währungspolitische Zusammenarbeit, ECU als Gegenwert für die Einlagen der Währungsbehörden der Mitgliedsstaaten auszugeben.

b) Das Europäische Währungssystem stellt **mehr** dar **als eine Neufassung des Währungsverbundes,** denn es zielt – über einen bloßen Wechselkursverbund hinaus – auf F 38 eine weitere Integrationsstufe. Das wird namentlich an der Einführung der *Europäischen Währungseinheit* (ECU) erkennbar. Das Europäische Währungssystem hat die Aufgaben des alten Währungsverbundes, der sog Währungsschlange, übernommen, stellt also insofern ein System fester Wechselkurse mit geringen Bandbreiten dar. Die festen Wechselkurse des Europäischen Währungssystems sind nicht unveränderlich. Paritätsänderungen sind also möglich, dies aber nur in gegenseitigem Einvernehmen und in einem gemeinsamen Verfahren innerhalb des Währungssystems. Die sich aus dem System fester Wechselkurse ergebenden Interventionspflichten gelten nur für die ECU-Währungen. Im Verhältnis zu Währungen, für die keine ECU-Leitkurse festgelegt sind, gelten keine festen Paritäten. Das gilt vor allem im Verhältnis zum US-Dollar.

F 39 **3. Die Europäische Währungseinheit (ECU)**

a) Im Mittelpunkt des Europäischen Währungssystems steht die **Europäische Währungseinheit (ECU).** Diese Währungseinheit ist – wie die Bezeichnung erkennen läßt – *selbst nicht Geld* iS der bei Vorbem A 11 ff entwickelten Terminologie, sondern eine *Rechnungseinheit, die zwar Teilfunktionen des Geldes übernimmt, anders als dieses aber nur eine abstrakte Werteinheit darstellt* (vgl auch die Begriffsbestimmung bei Timmann 11). Derartige, mit keiner der in Betracht kommenden nationalen Währungen identische Rechnungseinheiten wurden im Rahmen der EG von Anfang an verwendet (ausführlich zur historischen Entwicklung Timmann aaO, passim). Wie bei den Sonderziehungsrechten auf der Ebene des Internationalen Währungsfonds war auch hier *zunächst eine Goldparität* zugrunde gelegt worden. Hiervon ist die EG schon bei *Schaffung der Europäischen Rechnungseinheit (ERE)* im Jahre 1975 zugunsten eines Währungskorbsystems abgerückt. Dieses System liegt auch der Bewertung des ECU zugrunde. Danach bestimmt sich der Wert eines ECU in einer der nationalen Währungen nach der Summe der Gegenwerte fester Anteile der Mitgliedswährungen in eben dieser nationalen Ausgangswährung. Der Anteil der Mitgliedswährungen, der zur Berechnung herangezogen wird, richtet sich nach der Bedeutung der jeweiligen Volkswirtschaften, gemessen an der Höhe des Bruttosozialprodukts und dem Anteil am innergemeinschaftlichen Handel (vgl dazu Timmann 16).

F 40 b) Die Europäische Währungseinheit hat folgende **Funktionen** im Europäischen Währungssystem: Sie ist Bezugsgröße für Wechselkurse, Indikator für Kursabweichungen und Rechengröße für Buchgeld im Interventions- und Kreditmechanismus des Europäischen Währungssystems sowie bei den zugehörigen Notenbanken.

F 41 **4. Der Euro-Dollar**

Schrifttum: vgl zunächst auch die Angaben bei Vorbem F 1; Bell, The Euro-Dollar Market and the international financial System (London 1974); Brandes, Der Eurodollarmarkt (1967); Crochat, Le marché des eurodevises (Paris 1970); Einzig-Quinn, The Euro-Dollar System (6. ed London 1977); F G Fischer, The Eurodollar Bond Market (London 1979); Hahn, Das Währungsrecht der Euro-Devisen (1973); Lamfalussy, The Euro-Dollar Market, JWTL 1971, 377; Liepmann, Geldtheoretische und geldpolitische Probleme des Eurodollarmarktes (1971); F A Mann, The Legal Aspect of Money (4. Aufl 1982) 61 ff, 193 ff; Natermann, Der Eurodollarmarkt in rechtlicher Sicht. Institutioneller Rahmen und Regelungsmöglichkeiten (1977); Schäfer, Der Euro-Dollarmarkt (1971).

F 42 Bei dem Euro-Dollar handelt es sich um **Dollarguthaben,** die bei Abschlüssen am internationalen Finanzmarkt durch Umbuchung im amerikanischen Bankensystem unter Beteiligung mindestens einer europäischen Bank bewegt werden (Natermann 32 f). Dementsprechend ist der Euro-Dollar *weder eine besondere Währung, noch* *auch nur eine eigene Rechnungseinheit* (NATERMANN 64). Von den Sonderziehungsrechten wie von der ECU unterscheidet sich der Euro-Dollar daher vor allem durch seine Verfügbarkeit auch für private Wirtschaftssubjekte als allgemein gültige Währung. Es handelt sich um *Buchgeld in US-Dollarwährung,* das Gegenstand des europäischen Geldhandels ist. Vgl. eingehend zum rechtlichen Rahmen des Eurodollarmarktes, über einzelstaatliche Steuerungsmöglichkeiten, insbes nach dem Recht des Internationalen Währungsfonds und der Bank für Internationalen Zahlungsausgleich NATERMANN aaO, passim. Zur geldrechtlichen Einordnung der sog *Xeno-Devisen* im allgemeinen vgl Vorbem A 18. Daß es sich überhaupt um Geldschulden handelt, stellt neuerdings F A MANN (Legal Aspect 194) in Frage: "In the case of dollars it seems to be the rule (and therefore possibly a term of the contract) that such credit should be effected through the Clearing House Interbank Payments System (Chips) in New York. Accordingly, the creditor will probably be entitled, not to payment, but to specific performance by way of a credit, which can only be effected in New York, so that the obligation is not a monetary one . . . In short, as economists have said, the Eurodollar market is a mere account market rather than a money market."

§ 244

Ist eine in ausländischer Währung ausgedrückte Geldschuld im Inlande zu zahlen, so kann die Zahlung in Reichswährung erfolgen, es sei denn, daß Zahlung in ausländischer Währung ausdrücklich bedungen ist.

Die Umrechnung erfolgt nach dem Kurswerte, der zur Zeit der Zahlung für den Zahlungsort maßgebend ist.

E I § 215; II § 208; III § 238; Mot II 12; Prot I 289.

Schrifttum

Vgl zunächst das allg Schrifttum vor Vorbem A 1 zu § 244. Zu Fragen der Fremdwährungsschuld vgl besonders: ALSBERG, Ein Valutavertrag aus dem Mittelalter, JW 1922, 1673; BERNER, Die Unzulässigkeit der „Umstellung" eines Schuldtitels der Sowjetzone über eine Ostmarkforderung auf den Nennbetrag in DM-West im Vollstreckungsverfahren, Rpfleger 1962, 86; ders, Probleme um die Vollstreckung von DM-Ost-Forderungen, insbes um die Unterhaltsvollstreckung, Rpfleger 1967, 193; BIRK, Schadenseratz und sonstige Restitutionsformen im int Privatrecht (1969); ders, Aufrechnung bei Fremdwährungsforderungen und internationales Privatrecht, AWD 1969, 12; ders, Die Umrechnungsbefugnis bei Fremdwährungsforderungen im internationalen Privatrecht, AWD 1973, 425; BLAU, Devisenrecht und Privatrecht, JherJb 83 (1933) 201; WILFRIED BRAUN, Monetärrechtliche Probleme vertraglicher Geldwertsicherung im grenzüberschreitenden Wirtschaftsverkehr, Diss Würzburg 1979; BRODMANN, Zu § 244 BGB, JW 1921, 441; BRUCK, Das Währungsproblem in der Lebensversicherung, VersPrax 1934, 58; BRÜHL-GÖPPINGER-MUTSCHLER, Unterhaltsrecht I (3. Aufl 1973); Unterhaltsrecht II (3. Aufl 1976); COHN, Fragen aus dem Valutarecht, LZ 1922, 16; ders, Spezifisch ausländischer Charakter einer Forderung nach dem Londoner Schuldenabkommen, NJW 1957, 329; COLLIN, L'Aspect monétaire du crédit international, FS F A Mann (1977) 689; CZAPSKI, Zur Frage des Verzugsschadens bei Abänderung einer Währung im internationalen Geschäftsverkehr, AWD 1974, 49; DÖLLE, Die Kompensation im internationalen Privatrecht, RheinZ 1924, 32; DROBNIG, American-German Private International Law (1972); DURST, Fremdwährungs-Lebensversicherung, NWB 21/153; ECKSTEIN, Geldschuld und Geldwert im materiellen und internationalen Privatrecht (1932); ERNST, Die Bedeutung des Gesetzeszweckes im internationalen Währungs- und Devisenrecht (1963); GEILER-PFEFFERLE, Die schweizerischen Goldhypotheken in Deutschland (1924); GÖPPINGER, Unterhaltsrecht (4. Aufl 1981); GRAUPNER, Rechtsannäherung durch Rechtsprechung englischer Gerichte, RIW/AWD 1976, 258; HAASE, Wer trägt das Repartierungsrisiko? JW 1924, 664; HAHNENFELD, Ost-West-Unterhaltsansprüche, NJW 1955, 528; HAMMER, Pfundforderungen und deutsches Aufwertungsrecht, BankArch 31 (1931/32), 280; HARTENSTEIN, Die amerikanische Gerichtspraxis gegenüber deutschen Golddollarverpflichtungen, JW 1935, 2873; HARTMANN, Über den rechtlichen Begriff des Geldes und den Inhalt von Geldschulden (1868); ders, Internationale Geldschulden (1882); HAUSSMANN, Die rechtliche Tragweite der Pfund- und Dollar-Entwertung im In- und Ausland, BankArch 33 (1933/34) 26, 43; HENN, Aufrechnung gegen Fremdwährungsforderungen, MDR 1956, 584; ders, Kursumrechnung bei der Erfüllung von Fremdwährungsforderungen, RIW 1957, 153; ders, Zur interzonalen Anwendung des § 244 BGB, NJW 1958, 733; HIRSCH, Valutaschulden, ZHR 85 (1921) 210; HIRSCHBERG, Das interzonale Währungs- und Devisenrecht der Unterhaltsverbindlichkeiten (1968); HOFFMANN, Nochmals: Die Goldklausel, BankArch 33 (1933/34) 141; BERND VON HOFFMANN, Aufrechnung und Zurückbehaltungsrecht bei Fremdwährungsforderungen, IPRax 1981, 155; HOHLBECK, Ist der deutsche Gläubiger aufgrund der Devisenbewirtschaftung verpflichtet, für seine Forderung in effektiver Devise Markzahlungen von seinem Schuldner entgegenzunehmen? BankArch 35 (1935/36) 214; HORN, Das Recht der internationalen Anleihen (1972); KAHN, Pfundaufwertung und englisches Recht, BankArch 31 (1931/32) 217; KAUFMANN, Ein Beitrag zur Auslegung des § 244 Abs 2 BGB, LZ 1921, 99; KOENIGS, Gültigkeit von Kaufpreisabreden in fremder Währung zwischen Inländern, Betrieb 1952, 160; KRAEMER, Aufwertung inländischer Forderungen in ausländischer Währung? JW 1933, 2558; KÜHNE, Die Durchsetzung von Ostmarkforderungen im westdeutschen Bundesgebiet, NJW 1950, 729; KÜNG, Zahlung und Zahlungsort im Internationalen Privatrecht (1970); KUNDLER, Wer trägt das Repartierungsrisiko? (1924) 155; LEWALD, Zum Problem der interzonalen Geldschulden, FS Hans Lewald (1953) 515; LEWIS-MOUNTFORD, Foreign Currency Obligations in English Law, ZHR 140 (1976) 120; LÜDERS, Das Währungsstatut interzonaler Währungsverbindlichkeiten, MDR 1948, 384; F A Mann,

Das Recht des Geldes (1960) 133 ff; ders, The Legal Aspect of Money (4. Aufl 1982) 179 ff; ders, Zahlungsprobleme bei Fremdwährungsschulden, JbSchweizR 1980, 98; MARQUORDT, Unterhaltsansprüche und Währungstrennung, MDR 1950, 8; WOLFGANG MAYER, Die Valutaschuld nach deutschem Recht (1934); MEILICKE, Gestaltung und Umgestaltung der Schuldverhältnisse durch das Devisenrecht, BankArch 35 (1935/36) 407; MELCHIOR, Die Grundlagen des deutschen internationalen Privatrechts (1932) 272 ff; ders, Internationales Privatrecht und Währungsrecht bei der Aufwertung? JW 1926, 2345; ders, Aufwertung und internationales Privatrecht, ZOstR 1928, 501; MEYER-COLLINGS-SACK, Gold- und Valutaklausel in dt und niederländischer Gerichtspraxis (1937); MEYER-COLLINGS, Alternative Valutaklausel oder Ersetzungsbefugnis? ZAkDR 1937, 240; MOSHEIM, Währungsklauseln und Risiko von Währungsschwankungen, Betrieb 1951, 953; MÜGEL, Die Behandlung von Währungsklauseln nach deutschem Recht, JW 1934, 516; MUELLER, Das amerikanische Gesetz über die Aufwertung der Goldklauseln vom 5. Juni 1933, RabelsZ 1933, 489; NEUKIRCH, Pfund = Pfund? JW 1931, 3253; NEUMANN, Neue Aspekte der Vollstreckung von DDR-Titeln in DM, Rpfleger 1976, 117; NEUMEYER, Internationales Verwaltungsrecht III/2 (1930); IV (1936); ders, Die Aufwertung im internationalen Privatrecht, JW 1928, 147; NUSSBAUM, Das Geld in Theorie und Praxis des deutschen und ausländischen Rechts (1925) 187 ff; ders, Juristische Valutafragen, JW 1920, 13; ders, Einwand der Unerschwinglichkeit gegenüber Valutaforderungen, DJZ 1923, 20; OBERMAIR, Der räumliche Geltungsbereich des Aufwertungsgesetzes, LZ 1925, 1205; RAPPORT EXPLICATIF sur la convention Européenne relative aux obligations en monnaie étrangère, Conseil de l'Europe (Strasbourg 1968); REICHEL, Int Geldschulden (Valutaschulden) mitgeteilt von LEO HansRZ 1920, 34; ders, Schulden in Auslandswährung, SchwJZ 1920/21, 213; ders, Rückwirkung der Aufrechnung gegen Fremdgeldforderungen, AcP 126 (1926) 313; ders, Aufwertung auslandsrechtlicher Mark-Forderungen, Festgabe hanseatischer Juristen für den 24. deutschen Anwaltstag (1929); REITHMANN, Internationales Vertragsrecht (3. Aufl 1980); REUPKE, Valutaforderungen. Rechtsprechung und Wirtschaftsverkehr, Wirtschaft und Recht 1928, 355; ROEGER, Die Behandlung ausländischer Valutaforderungen im Geschäftsaufsichtsverfahren, LZ 1923, 329; ROTH, Aufwertung und Abwertung im internationalen Privatrecht, in: Fragen des Rechtes der Auf- und Abwertung (1979) 87; ders, Währungsprobleme im internationalen Seerecht, Schriften des Dt Vereins für internationales Seerecht A 42, 1980; SANDROCK, Handbuch der internationalen Vertragsgestaltung, 2 Bde (1980); SCHLEGELBERGER, Die Aufwertung im internationalen Privatrecht, RabelsZ 1929, 869; SCHMALZ, Die Behandlung von Währungsklauseln nach deutschem Recht, JW 1934, 513; SCHNITZER, Internationales Handels-, Wechsel- und Checkrecht (1938); SCHWENCKENDIECK, Unterhaltsansprüche unehelicher „Ost"-Kinder gegen „West"-Väter, JR 1952, 463; SEETZEN, Zur innerstaatlichen und internationalen Zulässigkeit von Fremdwährungsschulden und -klauseln, AWD 1969, 253; SEYDEL, Ost-West-Unterhalt, NJW 1958, 736; SMOSCHEWER, Aufrechnung von Valutaforderungen, JW 1921, 1446; STEHLE, Bezahlung einer DM-Ost-Unterhaltsschuld in westdeutscher Währung, NJW 1959, 1714; STROBER, Valutaforderungen zur Erfüllung von Stammeinlageverbindlichkeiten bei der GmbH zu Zeiten von Währungsschwankungen, DNotZ 1975, 15; VON TUHR, Umrechnung von Mark-Schulden in Franken-Währung, SchwJZ 1922, 17; WIESNER, Aufwertung inländischer Forderungen in ausländischer Währung? JW 1934, 142; WINDEN, Die Einwirkung der Devisenbewirtschaftung auf die Erfüllung von Stillhalteschulden, Betrieb 1953, 548; MARTIN WOLFF, Das Geld, in: EhrenbergsHdb IV/1 (1917) 563; ZEHETNER, Geldwertklauseln im grenzüberschreitenden Wirtschaftsverkehr (1976); ZEILER, Zahlung nach Gold-Pfund oder Aufwertung? BankArch 31 (1931/32), 200; ders, Rechtsgeschäft in Pfund-Währung, DRiZ 1932, 49; ZWEIGERT, Nichterfüllung aufgrund ausländischer Leistungsverbote, RabelsZ 14 (1942) 283.

Systematische Übersicht

Alphabetische Übersicht

I. Problemfeld und Normzweck

1. Grundfragen der Fremdwährungsschuld 1

Ist eine **Geldschuld in einer anderen als der inländischen Währung** ausgedrückt, so stellen sich hinsichtlich des Inhalts der geschuldeten Leistung, der Erfüllung, der richtigen Klage, Verurteilung und Vollstreckung unterschiedliche Fragen. Denn daraus, daß die Schuld *in fremder Währung ausgedrückt* ist, muß sich nicht in jedem Fall ergeben, daß sie in dieser Währung und nur in dieser Währung *erfüllt* werden muß und kann. Hinter den Fragen verbergen sich nicht nur Probleme der technischen Abwicklung von Geldschulden, sondern vor allem die für § 293 bedeutsamen Fragen des Annahmezwanges (Wolfgang Mayer 47) sowie schwierige Fragen des Kurs- und Entwertungsrisikos (vgl dazu etwa RGZ 102, 60, 61; 112, 37; 120, 76 = JW 1928, 1204 mAnm Klausing; F A Mann, Recht des Geldes 267 ff; ders, Legal Aspect 309 ff).

2. Zweck des § 244 2

Der **Normzweck** des § 244 besteht darin, dem Währungsinländer die Begleichung von Fremdwährungsschulden in Inlandswährung zu gestatten. § 215 E I sprach noch davon, daß die Geldschuld „in Reichswährung zu bewirken" sei, erklärte also die Fremdwährungsschuld zur Heimwährungsschuld und ließ den Ort und die Zeit der Zahlung über die Umrechnung entscheiden (dazu Mot in Mugdan II 7). Die Gesetzesfassung beruht auf § 208 E II (Prot in Mugdan II 507 f). Die Bestimmung ist Teil des materiellen Schuldrechts, steht aber mit dem Währungssystem (Vorbem A 28 zu § 244) in engem Zusammenhang (deutlich Mot in Mugdan II 7). Sie ist keine auf rechtsgeschäftliche Erfüllungsansprüche beschränkte Auslegungsregel (in dieser Richtung aber RGZ 109, 61, 62; dazu Rz 75). Vielmehr beruht sie auf dem Gedanken, daß die inländischen gesetzlichen Zahlungsmittel als Zwangsgeld im Zweifel jedem Geldgläubiger angeboten und von ihm im Zweifel nicht abgelehnt werden können (Melchior 287 f). Damit versteht sich § 244, weit über das Vertragsrecht hinaus, als eine *gesetzliche Regelordnung für das Verhältnis zwischen Schuld- und Zahlungswährung* (dazu allgemein F A Mann, Recht des Geldes 155; ders, Legal Aspect 201). § 244 hat sich insofern von seinem historischen Vorgänger, dem Art 336 Abs 2 ADHGB in einem wesentlichen Punkt gelöst. Diese Vorschrift hatte gelautet: „Ist die im Vertrage bestimmte Münzsorte am Zahlungsorte nicht im Umlauf oder nur eine Rechnungswährung, so kann der Betrag nach dem Werthe zur Verfallzeit in der Landesmünze gezahlt werden, sofern nicht durch den Gebrauch des Wortes ›effektiv‹ oder eines ähnlichen Zusatzes die Zahlung in der im Vertrage benannten Münzsorte ausdrücklich bedungen ist." Der Grund für Art 336 Abs 2 ADHGB wurde teils in den „Verkehrsverhältnissen", teils im mutmaßlichen Parteiwillen gesehen (Mot prE HGB 1857 S 129 zu Art 249). Noch der geltende § 244 trägt in Abs 1 Spuren einer Auslegungsregel, darf aber nicht mehr als eine bloße Auslegungsregel verstanden werden (aM Wolfgang Mayer 81); zur Auslegungsregel des § 361 HGB, die aus Art 336 Abs 1 ADHGB hervorgegangen ist, vgl Rz 16). Dem § 244 wohnt eine *doppelte Privilegierungsfunktion* inne: der Schutz des inländischen Schuldners und der Primat der inländischen Währung.

II. Terminologie 3

Dem Gesetz liegt weder eine eindeutige Terminologie zugrunde noch gibt es Auskunft über den Begriff der Fremdwährungs- oder Valutaschuld. Das *Fehlen einer präzisen Terminologie* ist im Ergebnis ohne Bedeutung, erschwert aber bisweilen die Verständigung unter den streitenden Auffassungen.

4 **1. Heimwährungsschuld und Fremdwährungsschuld**

a) **Heimwährungsschulden** sind die in Inlandswährung ausgedrückten Geldschulden (näher NUSSBAUM, Das Geld 187). Aus der Sicht des Währungsbereichs der DM sind also DM-Schulden einschließlich der umgestellten RM-Schulden Heimwährungsschulden. Alle in anderen Währungen ausgedrückten Schulden sind **Fremdwährungsschulden (Valutaschulden).** Fremdwährungsschuld ist damit auch eine in DDR-Währung ausgedrückte Geldschuld (Rz 79). Soweit die Tendenz, § 244 auf Geldschulden in DDR-Währung nur analog anzuwenden (Rz 79) auf der Vorstellung beruht, die DDR sei nicht Ausland, ist dies im Rahmen der Lehre von der Geldschuld verfehlt und mit dem Sinn und Zweck des § 244 nicht vereinbar. Das umstrittene staats- und völkerrechtliche Verhältnis zwischen der Bundesrepublik und der DDR ist hier ohne Belang.

5 b) Heimwährungsschuld und *keine* echte oder unechte Fremdwährungsschuld (Valutaschuld) ist die **Valutawertschuld.** Die Valutawertschuld ist eine Geldschuld, als deren Wertmesser eine ausländische Währung verwendet wird (Vorbem D 220 zu § 244). Das Hauptaugenmerk gebührt bei der Valutawertschuld nicht der Schuld- und Zahlungswährung, sondern dem Problem der Wertsicherung. Allerdings neigt die Rspr dazu, Geldwertschulden zu gesetzlichen Valutawertschulden zu erklären (dazu krit Rz 13).

6 **2. Arten der Fremdwährungsschuld**

a) Die Fremdwährungsschulden (Valutaschulden) werden überwiegend in **echte und unechte Fremdwährungsschulden** eingeteilt, jedoch ist damit nicht immer dasselbe gemeint. STAUDINGER-WEBER (11. Aufl) Rz 31, 152 und STAUDINGER-FIRSCHING Vorbem 391, 394 zu Art 12 EGBGB bezeichnen als „echte" Valutaschuld jede Geldschuld, bei der der Gegenstand der Schuld in Auslandswährung bezeichnet ist, als „unechte" Valutaschuld dagegen die *Valutawertschuld,* die nichts über die zu zahlende Währung besagt, sondern nur als Wertmesser für die Höhe der in Inlandswährung zu begleichenden Geldschulden dient (ebenso zB WOLFGANG MAYER 74). Für diese Terminologie sprechen sachliche Gesichtspunkte, denn die unter § 244 fallende Fremdwährungsschuld ist ebensowenig etwas „Unechtes" oder „Uneigentliches", wie die unter § 245 fallende „unechte" oder „uneigentliche" Geldsortenschuld (Rz 10). Überwiegend wird mit dem Gegensatz etwas anderes gemeint (vgl zur vorherrschenden Terminologie etwa FÖGEN 122 f; BGB-RGRK-ALFF Rz 13; ERMAN-SIRP Rz 14; SOERGEL-REIMER SCHMIDT [10. Aufl] Rz 5; PALANDT-HEINRICHS Anm 4; MünchKomm-VON MAYDELL Rz 41): Als **echte Fremdwährungsschuld** (echte Valutaschuld) bezeichnet die hM eine Fremdwährungsschuld, wenn und solange sie in der bezeichneten Währung und nur in dieser Währung erfüllt werden kann. **Unechte Fremdwährungsschuld** (unechte Valutaschuld) ist nach dieser vorherrschenden Terminologie eine Fremdwährungsschuld, die in der fremden Währung erfüllt werden kann, aber nach § 244 nicht in fremder Währung erfüllt werden muß. Die Bedeutung des § 244 Abs 1 besteht in der Sprache dieser vorherrschenden Terminologie darin, daß das Gesetz im Zweifel von einer unechten Fremdwährungsschuld ausgeht, die echte Fremdwährungsschuld aber zuläßt. Für die Beibehaltung dieser Terminologie spricht die Erwägung, daß eine einheitliche Sprachregelung, und sei sie auch nicht die beste, Verständigungsschwierigkeiten vermeidet. Die ganz unterschiedliche Verwendung der Begriffe „echt/unecht" bzw „eigentlich/uneigentlich" ist indes nicht mehr aus der Welt zu schaffen. *Um neue Verständigungsschwierigkeiten zu vermeiden, werden hier beide Begriffe gemieden.* **Fremdwährungsschuld** (Rz 4) ist jede nicht bloß nach fremder Währung berechnete, sondern in fremder Währung geschuldete Geldschuld. Für die Unterteilung wird folgende unmißverständliche Terminologie zugrundegelegt:

b) Die **einfache Fremdwährungsschuld** („unechte" Fremdwährungsschuld iS der hM) 7
lautet zwar, wie jede Fremdwährungsschuld, auf Zahlung in fremder Währung, kann aber unter den Voraussetzungen des § 244 in Inlandswährung erfüllt werden (Ersetzungsbefugnis des Schuldners; Rz 72 ff).

c) Die **effektive Fremdwährungsschuld** („echte" Fremdwährungsschuld iS der hM) 8
lautet gleichfalls auf Zahlung in fremder Währung, kann aber nicht nach § 244 in Inlandswährung erfüllt werden. Befreiende Leistung in Inlandswährung ist nur im Wege der Annahme an Erfüllungs Statt (§ 364) oder im Wege der Umwandlung der Geldschuld in eine Heimwährungsschuld möglich.

d) Die **Geldschuld mit alternativer Währungsklausel** steht als Sonderfall neben der 9
einfachen und der effektiven Fremdwährungsschuld (eingehend Nussbaum, Das Geld 203 ff; F A Mann, Recht des Geldes 162 ff; Zehetner 31 ff; Braun 56 ff; BGB-RGRK-Alff Rz 16). Sie ist von der alternativen Zahlstellenklausel zu unterscheiden (RG JW 1927, 2289; vgl Springer BankArch 25 [1925/26], 291, 293). Die Geldschuld mit alternativer Währungsklausel ist in verschiedenen Währungen ausgedrückt (RGZ 152, 213, 218; 168, 240, 247; RG JW 1926, 2275). Die alternative Währungsklausel wird das **Wahlrecht** idR dem Gläubiger, nicht dem Schuldner einräumen (RGZ 152, 213, 218; 168, 240, 247; RG SeuffA 82 Nr 45; BankArch 27 [1927/28] 162; eingehend Nussbaum, Das Geld 203 f; Neumeyer III/2 178) und kann als **Ersetzungsbefugnis** oder als **Wahlschuld** (§§ 262 ff) vereinbart sein (zur Abgrenzung RGZ 136, 127, 129). Die Abgrenzung ist vor allem im Hinblick auf § 263 Abs 2 von Bedeutung, der für die Ersetzungsbefugnis nicht gilt (RGZ 136, 127, 130; s auch RGZ 132, 9, 14; vgl allerdings BGH NJW 1970, 992 f, wo die Ausübung der Ersetzungsbefugnis als Gestaltungsrecht betrachtet wird). Ist der Gläubiger ersetzungsberechtigt, so muß er sich allerdings idR an seiner Erklärung festhalten lassen (so MünchKomm-Keller § 263 Rz 9 unter Berufung auf OLG Celle NJW 1949, 223 [zu § 251]; s aber RGZ 132, 9, 14; für Einzelfallentscheidung BGB-RGRK-Alff § 263 Rz 7; Palandt-Heinrichs § 263 Anm 1). Liegt, was als gesetzlicher Regelfall gelten sollte, eine Wahlschuld vor, so ist entgegen § 262 auch ohne zusätzliche Anhaltspunkte davon auszugehen, daß dem Gläubiger das Wahlrecht zustehen soll (RGZ 168, 240, 247). Hat der Wahlberechtigte sein Wahlrecht ausgeübt (§ 263) und hat er sich für die Zahlung in fremder Währung entschieden, so liegt eine effektive Fremdwährungsschuld vor (widersprüchlich Staudinger-Weber [11. Aufl] Rz 5 und 46). Das Wahlrecht des Berechtigten ist grundsätzlich frei; er kann also, gerade weil die alternative Währungsklausel auch Wertsicherungsfunktion haben kann, bei einem Verfall einer der Währungen die für ihn günstigere wählen (RG JW 1926, 2675 mAnm Nussbaum; WarnR 1921 Nr 134; Braun 57; Springer BankArch 25 [1925/26], 291; aM RG JW 1926, 1320 m krit Anm Nussbaum). Nur in Extremsituationen kann dem Gläubiger unter Berufung auf § 242 die Ausübung des Wahlrechts versagt werden (RGZ 100, 79, 82; RG JW 1921, 231; BankArch 22 [1922/23], 69). Wie die Fremdwährungsklauseln unterliegt die alternative Währungsklausel allerdings der Genehmigung nach § 3 WährG (Vorbem D 211 zu § 244). Damit hat die alternative Währungsklausel an Bedeutung verloren. Ihre Bedeutung lag vor allem bei Inhaberschuldverschreibungen. Wegen ausführlicherer Darstellung und wegen weiterer Nachw vgl Staudinger-Weber [11. Aufl] Rz 43 ff. Besteht, was selten sein wird, ein *Wahlrecht des Schuldners,* so ist im Zweifel davon auszugehen, daß eine

Ersetzungsbefugnis vereinbart ist. Diese wird dann mit der Zahlung ausgeübt. Ankündigungen des Schuldners über die beabsichtigte Zahlung binden diesen nur ausnahmsweise (§ 242).

10 **3. Fremdwährungsschuld und Geldsortenschuld**

Von der **Geldsortenschuld** (§ 245 Rz 6 ff) unterscheidet sich die Fremdwährungsschuld dadurch, daß nicht eine bestimmte Geldsorte („Münzsorte" iS von § 245) bedungen ist. Bei der Fremdwährungsschuld ist nur die Währung bestimmt. Die echte Geldsortenschuld (dazu § 245 Rz 3) kann auf Geldzeichen inländischer oder ausländischer Währung gerichtet sein. Sie ist aber Sachschuld (idR Gattungsschuld) und keine Geldschuld, also auch niemals Fremdwährungsschuld. *Die unechte Geldsortenschuld kann dagegen zugleich Fremdwährungsschuld* sein, denn sie ist Geldschuld, und die bedungene Geldsorte kann einer fremden Währung zugehören (§ 245 Rz 8). Eine Fremdwährungsschuld, die zugleich Geldsortenschuld ist, ist *im Zweifel eine effektive Fremdwährungsschuld,* denn aus der Bestimmung der Geldsorte ergibt sich, daß Zahlung in ausländischer Währung „ausdrücklich" iS von Abs 1 bedungen ist (Rz 38). Es hat dann zwar der Gläubiger die Ersetzungsbefugnis des § 245, nicht aber steht dem Schuldner die Ersetzungsbefugnis des § 244 zu.

III. Rechtsnatur der Fremdwährungsschuld

11 **1. Die Fremdwährungsschuld als Geldschuld**

Jede Fremdwährungsschuld – die einfache wie die effektive Fremdwährungsschuld – ist *Geldschuld, nicht Sachschuld* (RGZ 101, 312, 313; 106, 74, 77; RG JW 1921, 22, 23; 1921, 1328; 1923, 188; heute ganz allgM; Neumeyer III/2 132; Nussbaum, Das Geld 188; F A Mann, Recht des Geldes 144; Wolfgang Mayer 4; aM noch RG JW 1920, 704, 705; Gerber, Geld und Staat [1926] 75 ff). Der zB noch bei RGZ 96, 262, 266 und bei RG JW 1927, 980 anklingende Gedanke, wonach inländisches Geld im Ausland und ausländisches Geld im Inland eine Ware darstellt, ist überholt (Wolfgang Mayer 4, 6 f). Die Geldschuldeigenschaft hat eine Reihe grundsätzlicher Rechtsfolgen, nicht zuletzt in prozessualer Hinsicht (Rz 103 ff).

12 **2. Der Valutakauf**

Keine Geldschuld, also auch keine Fremdwährungsschuld begründet der **reine Valutakauf.** Dieses Geschäft ist nach dem Standpunkt der Parteien als Sachkauf anzusehen, so daß keine Fremdwährungsschuld, sondern eine Gattungsschuld begründet wird (RG JW 1925, 1986 mAnm Nussbaum; Nussbaum, Das Geld 201 f; F A Mann, Recht des Geldes 145; Staudinger-Köhler § 433 Rz 14; Neumeyer JW 1928, 137; krit Wolfgang Mayer 4 f, 11). Die Frage hat kaum praktische Bedeutung (evtl einmal wegen der Aufrechnung oder der gesetzlichen Verzinsung). Der Auftrag eines Bankkunden, einen bestimmten Betrag in Auslandswährung dem Devisenkonto des Auftraggebers gutzubringen, ist regelmäßig kein Valutakauf (so aber RG JW 1925, 1986), sondern nur eine Weisung im Rahmen eines Geschäftsbesorgungsvertrags (Wolfgang Mayer 12). Eine theoretische Schwierigkeit liegt beim Valutakauf in der Frage, welches die Ware und welches der Preis ist. Regelmäßig darf davon ausgegangen werden, daß die Leistung in Inlandswährung den Preis und die Leistung in Auslandswährung die Sachleistung darstellt (vgl RG JW 1925, 1986; vgl auch KG JW 1926, 2002; krit Wolfgang Mayer 11 ff). Das gilt für den Kauf ebenso wie für den Verkauf ausländischer Sorten. Auch der Ausländer, der sich durch Umtausch ausländischen Geldes im Inland Inlandswährung verschafft, kauft nicht inländisches Geld, sondern er verkauft ausländisches Geld (aM WOLFGANG MAYER 12 im Anschluß an CHARLOTTE BÉQUIGNON, La Dette de Monnaie étrangère [1925]). Der *Valutakauf* (Kauf und Verkauf ausländischer Geldsorten) ist Sachkauf, der sog *Devisenkauf* (Kauf und Verkauf von Fremdwährungsforderungen) dagegen Rechtskauf (STAUDINGER-KÖHLER § 433 Rz 14).

IV. Die Abgrenzungsfrage: Heimwährungsschuld, einfache Fremdwährungsschuld oder effektive Fremdwährungsschuld?

1. Grundsätzliches 13

a) Von der terminologischen Unterscheidung (Rz 3 ff) muß die **Abgrenzung im Einzelfall** unterschieden werden. Fremdwährungsschulden unterliegen anderen Regeln als Heimwährungsschulden, effektive Fremdwährungsschulden anderen Regeln als einfache Fremdwährungsschulden. Namentlich im *Prozeß* (Rz 103 ff), bei der *Erfüllung* (Rz 46) und bei der *Aufrechnung* (Rz 47 ff) muß deshalb für jeden Einzelfall feststehen, um welche Art Schuld es sich handelt. Dabei erweist sich das Abgrenzungsproblem als wenig geklärt (vgl eingehend NUSSBAUM, Das Geld 228 ff, 243 ff; NEUMEYER III/2 168 ff; WOLFGANG MAYER 29 ff). *Es fehlt an geschlossenen theoretischen Ansätzen,* und eine Analyse der Rspr fördert gleichfalls kein einheitliches Konzept zutage. Ursache hierfür ist nicht nur die objektive Schwierigkeit der Materie, sondern auch das Verhalten der Parteien. Kläger neigen vor dt Gerichten dazu, selbst Fremdwährungsschulden in DM umgerechnet einzuklagen, und offenbar wird dies selten gerügt, solange nicht Kursrisiken zum Tragen kommen. Bei Wertsummenschulden neigt überdies die Rspr dazu, Fremdwährungsschulden zu gesetzlichen Valutawertschulden zu erklären. Das dt Recht enthält aber nicht den von MELCHIOR (290 ff) postulierten Satz, daß im Zweifel Inlandswährung geschuldet und im Zweifel zur Zahlung von Inlandswährung zu verurteilen ist. Weil das so ist, darf diesem Satz auch nicht stillschweigend und uneingestanden zu rechtlicher Geltung verholfen werden. Der in der forensischen Praxis erkennbare **Zug zur Heimwährungsklage und zum Heimwährungsurteil** ist aus praktischen Gründen begreiflich (NUSSBAUM, Das Geld 198, 243 f), geht aber über das objektivrechtlich zu rechtfertigende Maß hinaus. Die Zurückdrängung der Fremdwährungsschuld wäre belanglos und unschädlich (vgl auch RGZ 120, 76, 81), verschöbe sie nicht den Umrechnungszeitpunkt (zutr NUSSBAUM, Das Geld 246). Der Kläger rechnet idR nach dem Zeitpunkt der Klageerhebung oder rückwirkend (Zeitpunkt des Schadenseintritts etc) um. Auch eine Umrechnung nach dem Stichtag des Urteils oder der letzten mündlichen Verhandlung wird mit Recht als prozeßbedingte Zufälligkeit kritisiert (NUSSBAUM, Das Geld 219) und ist, wenn in Wahrheit eine Fremdwährungsschuld vorliegt, mit § 244 nicht zu vereinbaren.

b) Im Prozeß müssen Kläger und Gericht sich festlegen. Heimwährungsklagen und Fremdwährungsklagen sind Klagen mit unterschiedlichem Streitgegenstand (Rz 106). Aus einer Heimwährungsforderung muß in DM geklagt und verurteilt werden, aus einer Fremdwährungsforderung in fremder Währung. In Zweifelsfällen wird der Kläger sogleich einen Haupt- und Hilfsantrag stellen, wobei der Hilfsantrag im Kosteninteresse regelmäßig als eventuelle Klagänderung (§ 263 ZPO) aufzufassen ist (Rz 106). Dem *praktischen Bedürfnis nach Heimwährungsklagen und Heimwährungsurteilen* kann nicht das Gesetzesrecht entsprechen, wohl aber die **Bindung des Gerichts an Dispositionen der Parteien** (vgl auch NEUMEYER III/2 171): Die Parteien können eine Fremdwährungsschuld in eine Heimwährungsschuld umstellen (Rz 67). Sie können auch dadurch, daß sie den Rechtsstreit als Heimwährungsstreit führen, 14 die Klagforderung als Heimwährungsforderung fixieren (Rz 69). Für die Praxis bedeutet dies, daß sich in solchen Fällen die schwierige Unterscheidung erledigt: Entweder war die Klagforderung von vornherein Heimwährungsforderung, oder sie ist jedenfalls nach dem Vorverhalten der Parteien als eine Heimwährungsforderung zu behandeln. Dadurch entschärft sich die Abgrenzungsproblematik in der Prozeßpraxis. Grundsätzlich darf aber die geschuldete Währung nicht unentschieden bleiben und auch nicht iS von MELCHIORS Vermutungsregel (Rz 13) entschieden werden. Besonders klar zeigt sich dies im *Versäumnisverfahren:* Bei Säumnis des Beklagten kann einer DM-Klage nur stattgegeben werden, wenn entweder die Schlüssigkeitsprüfung ergibt, daß von vornherein Zahlung in Heimwährung geschuldet wurde oder wenn Umwandlung in eine Heimwährungsschuld – zB bei den Vorverhandlungen – behauptet wird. Ist weder das eine noch das andere der Fall, so kann ein Versäumnisurteil nur ergehen, wenn neben dem auf DM lautenden Hauptantrag ein Hilfsantrag (hilfsweise Klagänderung) angekündigt und gestellt wurde.

15 c) **Die kollisionsrechtliche Frage nach dem Währungsstatut** ist zunächst iS der lex causae zu beantworten (STAUDINGER-GAMILLSCHEG [10./11. Aufl] Vorbem 403 ff zu Art 13 EGBGB; MELCHIOR 277; NEUMEYER III/2 159; SOERGEL-KEGEL [10. Aufl] Vorbem 619 zu Art 7 EGBGB; PALANDT-HELDRICH Vorbem 7 zu Art 12 EGBGB; GÖPPINGER Rz 370; str; aM WOLFGANG MAYER 19): Das Recht, das bestimmt, ob und in welcher Höhe Geld geschuldet ist, bestimmt auch die geschuldete Währung; damit ist keineswegs gesagt, daß bei ausländischem Währungsstatut unbedingt in ausländischer, bei inländischem Währungsstatut unbedingt in inländischer Währung geschuldet wird (vgl nur NUSSBAUM, Das Geld 245; HIRSCHBERG 27; SOERGEL-KEGEL [10. Aufl] Vorbem 620 zu Art 7 EGBGB). Das wird häufig übersehen (vgl nur OLG Hamburg JW 1922, 1143; Rechtsprechungsbelege bei HIRSCHBERG 25; charakteristisch auch WOLFGANG MAYER 19, dessen Kritik an der hM wohl auf diesem Mißverständnis beruht). Der *Begriff Währungsstatut* hat in diesem Punkt zu Mißverständnissen geführt (HIRSCHBERG 27 Fn 55 rät deshalb im Anschluß an HANS STOLL von seiner Verwendung ab). Dieser Begriff *bestimmt nur das anwendbare Recht,* und dieses bestimmt die Währung. Das Währungsstatut der lex causae erschwert allerdings die Unterscheidung in der Praxis erheblich und macht den in Rz 13 f angemerkten Zug zur Heimwährungsklage in Zweifelsfällen nur um so verständlicher. Die in Rz 16 ff dargestellten Unterscheidungskriterien sind nur dann unmittelbar verbindlich, wenn der eingeklagte Anspruch dt Recht unterliegt. Ist dies nicht der Fall, so bedarf besonderer Prüfung, ob die ausländische lex causae ebenso entscheidet; in vielen Grundsatzfragen entscheidet aber ausländisches Recht über die geschuldete Währung ebenso wie das deutsche Recht.

16 **2. Die Abgrenzung bei Vertragsschuldverhältnissen**

a) Die in Geld zu erbringende **Hauptleistung aus einem Rechtsgeschäft (Vertrag)** ist in der bedungenen Währung geschuldet (eingehend NUSSBAUM, Das Geld 228 ff; F A MANN, Recht des Geldes 211; DROBNIG 254). Die bedungene Währung ist ggf durch *Auslegung* (§§ 133, 157) zu ermitteln (NEUMEYER III/2 171 ff). Häufig ergibt sie sich bereits aus dem *Vertragswortlaut.* Das gilt jedenfalls für die in Geld geschuldete Hauptleistung (Kaufpreis, Werklohn, Arbeitslohn, Vergütung beim Geschäftsbesorgungsvertrag und beim allgemeinen Dienstvertrag etc). Auch ein im Währungsinland unter Währungsinländern abgeschlossener Vertrag kann auf Zahlung in ausländischer Währung gerichtet sein (RGZ 108, 191, 193; BGH WM 1965, 843; zur Abgrenzung RGZ 112, 27, 31 f). Nennt der Vertrag eine ausländische Währung, so ist idR eine *einfache Fremdwährungsschuld* (Rz 7) bedungen (vgl RG LZ 1932,

1478), nur ausnahmsweise aber eine *effektive Fremdwährungsschuld* (Rz 8). Eine Ausnahme ist auch die *Valutawertschuld* (Rz 5), die zwar in Auslandswährung ausgedrückt, aber in Inlandswährung zahlbar ist (zu solchen Vereinbarungen RG JW 1922, 711 = WarnR 1922 Nr 34; Koenigs Betrieb 1952, 160). Der Umrechnungszeitpunkt ist im Zweifel derselbe wie im Fall des Abs 2 (RG LZ 1921, 748 = WarnR 1922 Nr 5 = Recht 1922 Nr 22). Die *alternative Währungsklausel* (Rz 9) gibt bei *Anleihen* im Zweifel dem Gläubiger das Wahlrecht. Über die Abgrenzung entscheidet im Einzelfall der erklärte Parteiwille nach Maßgabe der §§ 133, 157. Eine Provision kann die Währung der Hauptsumme teilen (Nussbaum, Das Geld 232). Eine im Ausland hypothekarisch gesicherte Anleihe wird der Währung der Hypothek unterstehen (Nussbaum, Das Geld 233). Nachträgliche Rückschlüsse auf den Parteiwillen kann auch das Verhalten der Parteien nach Vertragsschluß zulassen (Nussbaum, Das Geld 229; zur ganz anderen Frage der nachträglichen Umwandlung vgl Rz 67 ff). Ein Gläubiger, der gleichförmig *Massenverträge* abschließt und vom Ausland her erfüllt, wird stillschweigend von der Zahlung in seiner Währung ausgehen (Neumeyer III/2 175). Fehlen Anhaltspunkte, so spricht nach hM eine Vermutung dafür, daß die **Währung des Zahlungsortes** bedungen sein soll. In diese Richtung weisen für den Fall gleichnamiger Währungseinheiten die *Auslegungsregeln* in § 361 HGB, Art 41 Abs 4 WG, Art 36 Abs 4 ScheckG (vgl auch zu diesen wechsel- und scheckrechtlichen Regeln Rz 97 ff). Nach § 361 HGB ist im Zweifel die Währung des Erfüllungsortes (§ 269) als die vertragsmäßig Bedungene anzusehen. Die Vertragsschuld bei einem Zahlungsort im Währungsinland ist also im Zweifel Heimwährungsschuld (dies ergibt sich nicht, wie man RGZ 106, 99, 100 entnehmen könnte, aus § 244). Es liegt nahe, die nur für den Handelskauf geltende Vorschrift als Erfahrungsregel auch bei der Auslegung von Nicht-Handelsgeschäften und von Nicht-Kaufverträgen heranzuziehen (Nachweise bei Nussbaum, Das Geld 230; in gleicher Richtung wohl auch Wolfgang Mayer 19; distanziert Nussbaum aaO; Neumeyer III/2 174). Gegenseitige Verträge können für Leistung und Gegenleistung verschiedene Erfüllungsorte haben (vgl etwa RGZ 106, 99, 100). Möglich ist allerdings, daß die Parteien einen gemeinsamen Erfüllungsort vereinbaren wollten (RG WarnR 1922 Nr 60). Ob in diesem Fall wirklich die Währung dem Erfüllungsort folgt, ist aber von Fall zu Fall kritisch zu prüfen. Gute Gründe sprechen dafür, daß gar nicht der Erfüllungsort, sondern der – mit dem Erfüllungsort nur typischerweise, aber nicht notwendig identische – *Wohnsitz bzw die Niederlassung des Geldschuldners* mangels abweichender Vereinbarungen die geschuldete Währung bestimmt (Nussbaum, Das Geld 242 f; ähnlich Neumeyer III/2 175: Währung des Schuldnervermögens). Ein solcher *Vorrang der Schuldnerwährung* paßt auch zur gesetzlichen Wertung des § 244. Doch kann es sich nur um eine Hilfsregel handeln, die hinter konkreten Auslegungsgesichtspunkten im Einzelfall zurücktritt.

b) Schadensersatzansprüche aus Vertrag unterliegen nicht begriffsnotwendig (Geld- 17
wertschuld, vgl Rz 28!), wohl aber nach dem regelmäßigen Parteiwillen der Vertragswährung (vgl im Ergebnis RG HansGZ 1924 H Nr 36; JW 1924, 1593 mAnm Nussbaum; OLG Karlsruhe SoergRspr 1917 Nr 1; House of Lords RIW/AWD 1979, 347; Queen's Bench Division RIW/AWD 1978, 415; näher Nussbaum, Das Geld 246). Auch dehnt die Praxis § 361 HGB über Erfüllungsansprüche hinaus auf Ansprüche aus *Leistungsstörungen* und auf *konkurrierende gesetzliche* Ansprüche aus (RGZ 120, 76, 81 = JW 1928, 1204 m zust Anm Klausing; aM Wolfgang Mayer 20 Fn 7). Beim gegenseitigen Vertrag richtet sich deshalb die Zahlungspflicht dessen, der primär Sachschuldner ist, nicht notwendig nach der für das Entgelt vereinbarten Währung. Ist beim Warenkauf Zahlung des Kaufpreises in Auslandswährung bedungen, so kann doch bei inländischem Erfüllungsort der Verkäuferpflichten ein Schadensersatz wegen Nichterfüllung in Inlandswährung geschuldet sein (RGZ 102,

60, 61; SCHLEGELBERGER-HEFERMEHL, HGB [5. Aufl] § 361 Rz 5). Gleiches gilt für die **Geldschuld aus ungerechtfertigter Bereicherung** im Rahmen einer vertraglichen Leistungsbeziehung (RGZ 120, 76, 81). Auch der vertragliche Anspruch auf **Aufwendungsersatz** kann an die Vertragswährung gebunden sein, und zwar nach RGZ 120, 76, 81 f sogar dann, wenn die Aufwendungen selbst in Fremdwährung erbracht wurden (ebenso SCHLEGELBERGER-HEFERMEHL, HGB [5. Aufl] § 361 Rz 5; KLAUSING JW 1928, 1205; SOERGEL-MÜHL § 670 Rz 5 mit unrichtiger Berufung auf RGZ 109, 85; zu dieser Entsch vgl DROBNIG 256). So idR beim Aufwendungsersatz für Auslandsreisen oder bei einer ausländischen Geschäftsbesorgung. Der inländische Schuldner zahlt hier idR von vornherein nur den umgerechneten DM-Betrag (Umrechnung auf den Aufwendungsstichtag, weil keine Geldwertschuld; vgl Vorbem D 65 zu § 244; aber nicht unzweifelhaft). Nicht selten sind überhaupt in diesen Fällen die Aufwendungen des zum Aufwendungsersatz Berechtigten nur scheinbar in Fremdwährung angefallen; so, wenn Fremdwährungsbeträge in DM erworben oder mit der Bank des Berechtigten in DM abgerechnet sind. Dann wird Erstattung dieses DM-Betrages dem regelmäßigen Parteiwillen entsprechen. Im Einzelfall entscheidet das von den Parteien Gewollte. Der Parteiwille wird zwar nach dem Gesagten nicht regelmäßig auf Zahlung in fremder Währung zielen, aber er kann auf Zahlung in fremder Währung, insbes in der Gläubigerwährung, zielen. Aufwendungsersatz in Geschäftsbesorgungsverhältnissen (§§ 675, 670 BGB, § 396 Abs 2 HGB) kann nach dem Parteiwillen auch vom inländischen Schuldner in der Währung geschuldet sein, in der die Aufwendungen vertragsgemäß erbracht wurden (RG LZ 1922, 512; NUSSBAUM, Das Geld 251; SOERGEL-MÜHL § 670 Rz 5). Das kann vor allem der Fall sein, wenn der zum Aufwendungsersatz berechtigte Gläubiger selbst seinen Sitz im betreffenden Währungsausland hat. Auch *bei mittelbarer Stellvertretung* wird häufig im Innenverhältnis so abgerechnet, als hätte der Auftraggeber selbst das Ausführungsgeschäft in Fremdwährung zu erfüllen. So bei einer auf Kauf im Ausland zielenden Einkaufskommission (RGZ 101, 122) oder bei einer auf ein Transportgeschäft im Ausland zielenden Spedition (RGZ 109, 85, 88). Die praktischen Ergebnisse liegen im Hinblick auf § 244 nicht weit auseinander. Wesentlich ist, daß nicht der Gläubiger, sondern der inländische Schuldner des Aufwendungsersatzanspruchs das *Risiko einer Entwertung* der Heimwährung trägt (vgl auch RG JW 1924, 1590, 1593 je mAnm NUSSBAUM; SCHLEGELBERGER-HEFERMEHL, HGB [5. Aufl] § 396 Rz 42). **Herausgabe des Erlangten** – zB nach §§ 675, 667 BGB, 384 Abs 2 HGB – ist im Zweifel in der Währung zu leisten, in der ein Betrag erlangt ist (vgl RGZ 110, 47, 48 f; RG WarnR 1922 Nr 81; BGH WM 1969, 26; OLG Hamburg HansGZ 1927 H Nr 8; LG Hamburg IPRax 1981, 174; WOLFGANG MAYER 83; vgl auch RGZ 116, 330, 332). Aber die Ersetzungsbefugnis des § 244 ist damit noch nicht ausgeschlossen (aM NUSSBAUM, Das Geld 249). Ähnlich dem Aufwendungsersatz bei der Geschäftsbesorgung kann aber auch hier ausdrücklich oder stillschweigend vereinbart sein, daß nur in Heimwährung abgerechnet wird; so insbes, wenn zwischen den Parteien ein *Kontokorrent* in Heimwährung besteht (NUSSBAUM, Das Geld 249 f). Eine ausdrückliche Regelung der Ersetzungsbefugnis enthält *Nr 4 Abs 1 S 3 und 4 AGB Banken:* ,,Geldbeträge in ausländischer Währung darf die Bank mangels ausdrücklicher gegenteiliger Weisung dem Kunden in Deutscher Mark gutschreiben, sofern sie nicht für den Kunden ein Konto in der betreffenden Währung führt. Die Abrechnung erfolgt zum amtlichen Geldkurs – bei Fehlen eines solchen zum Marktkurs – des Tages, an dem der Geldbetrag in ausländischer Währung zur Verfügung der die Buchung auf dem Kundenkonto vornehmenden Stelle der Bank steht und an dem er von der Bank verwertet werden kann." Hat ein *Verkaufskommissionär* das Erlangte in Fremdwährung herauszugeben, weil als Ausführungsgeschäft ein Verkauf in Fremdwährung vereinbart ist (zB Verkauf ausländischer Wertpapiere an ausländischer Börse), so ist im Zweifel anzunehmen, daß auch der *Selbsteintritt des Kommissionärs* eine Fremdwährungsschuld begründet (RGZ 108, 191; aM in der Vorinstanz OLG Hamburg HansGZ 1922 H Nr 75 = HansRZ 1922 Nr 150, 151 = Recht 1922 Nr 1543).

c) **Rückzahlung eines Darlehens** (§ 607 Abs 1) ist im Zweifel in der *Darlehnswährung* 18
geschuldet (RGZ 153, 384 = JW 1937, 1401 mAnm HARTENSTEIN; vgl auch BGH LM Nr 5 zu § 275 BGB = BB 1954, 209; OLG Hamburg HansGZ 1922 B Nr 136 zur unregelmäßigen Verwahrung; OLG Hamburg HansGZ 1921 H Nr 17 = Recht 1921 Nr 1300 zum Rembourskredit). Ist dies eine Fremdwährung, so ist auch der Anspruch aus § 607 eine Fremdwährungsschuld, allerdings nicht notwendig eine effektive Fremdwährungsschuld. Eine Effektivklausel (Rz 38) enthält *Nr 3 Abs 1 AGB Banken:* »Währungskredite sind in der Währung zurückzuzahlen, in der die Bank sie gegeben hat. Zahlungen in anderer Währung gelten als Sicherheitsleistung. Die Bank ist jedoch berechtigt, den Währungskredit in deutsche Währung umzuwandeln, wenn dessen ordnungsgemäße Abwicklung aus Gründen, die von der Bank nicht zu vertreten sind, nicht gewährleistet erscheint." Vgl dazu eingehend BGH NJW 1980, 2171 = RIW/AWD 1980, 586 = WM 1980, 793; CANARIS, Bankvertragsrecht (2. Aufl) Rz 2558 ff; KÜMPEL WM-Sonderbeil 1/1976, 17. Wie der BGH hervorhebt, trägt die Regelung dem Umstand Rechnung, daß sich eine Bank, die einen Kredit in fremder Währung gewährt, regelmäßig in dieser Währung refinanziert. Da dem ausgegebenen Kredit üblicherweise eine entsprechende Verbindlichkeit der Bank in gleicher Währung gegenübersteht, benötigt sie Geldmittel in dieser Währung. Dies sicherzustellen ist der Zweck der Effektivklausel in Nr 3 Abs 1 S 1 AGB, nämlich, daß Währungskredite in der Währung zurückzugeben sind, in der die Bank sie gegeben hat. Zur alternativen Währungsklausel im Darlehnsvertrag und zu ihrer Abgrenzung gegenüber der unechten Fremdwährungsschuld vgl Rz 9 sowie RGZ 136, 127.

d) Die **Abfindung** eines ausscheidenden Gesellschafters ist, sofern nicht der Ge- 19
sellschaftsvertrag eine andere Bestimmung trifft, in der Währung zu zahlen, in der bilanziert wurde.

e) Zur **Fremdwährungsschuld im Versicherungsrecht** vgl RGZ 107, 111; KG OLGE 20
41, 95; LG Berlin KGBl 1921, 52; JW 1935, 1948 mAnm RENTROP; LG Halle SoergRspr 1922 Nr 8; OLG Hamburg HansRGZ 1935 B Nr 164; OLG Schleswig VersR 1951, 256; OLG Nürnberg VersR 1952, 121 mAnm WEBER; LG München VersR 1952, 33; NUSSBAUM, Das Geld 235 ff; J VON GIERKE, Valuta und Lebensversicherung, ZHR 86 (1923) 336 ff; GRUNER, Die sog Valutaversicherungen dt Lebensversicherungsgesellschaften, ZfVers 1923, 289. Über selbständige Abteilungen im Deckungsstock für die in ausländischer Währung abgeschlossenen Lebensversicherungen vgl § 66 Abs 7 VAG und dazu GOLDBERG-MÜLLER, VAG (1980) § 66 Rz 21; PRÖLSS-SCHMIDT-SASSE, VAG (8. Aufl 1978) § 66 Rz 3. Zum Internationalen Privatrecht der Privatversicherungen vgl SOERGEL-KEGEL [10. Aufl] Vorbem 249 Fn 8 zu Art 7 EGBGB; BASEDOW, Le droit international privé des assurances (1939); BESSON, La loi applicable au contrat d'assurance dans le cadre du Marché Commun, FS Prölss (1967) S 83; BRUCK, Zwischenstaatliches Versicherungsrecht (1930); ROTHE, Über dt internationales Privatversicherungsrecht (1934); RYSER, Der Versicherungsvertrag im Internationalen Privatrecht, Diss Bern 1957. Außenwirtschaftsrechtlich ist hinzuweisen auf § 21 AWG, § 49 AWVO (vgl zum Außenwirtschaftsrecht Vorbem E 5 ff zu § 244).

3. Gesetzliche Geldsummenansprüche 21

a) **Anlehnung an ein Rechtsgeschäft** (Rz 17) ergibt sich im Zuge der (Rück-) Abwicklung von Verträgen. In diesem Fall kann die Vertragsauslegung unter

Berücksichtigung von § 361 HGB Aufschluß auch darüber geben, ob *Zahlung aus gesetzlicher Anspruchsgrundlage* in fremder Währung oder in DM geschuldet ist (Rz 17). Auch ein nichtiger Vertrag ist kein rechtliches nullum, kann also Auskunft über den *Inhalt eines Bereicherungsanspruchs* geben (vgl zu diesem allgemeinen Phänomen etwa BGH NJW 1981, 877 = JuS 1981, 375, 376 mAnm Karsten Schmidt; Pawlowski, Rechtsgeschäftliche Folgen nichtiger Willenserklärungen [1966] passim). Ergibt sich ein Fremdwährungsanspruch, so liegt eine einfache Fremdwährungsschuld (Rz 7) vor. § 244 ist einschlägig. Die Vorschrift beschränkt sich entgegen RGZ 109, 61, 62 nicht auf solche Ansprüche, die im Vertrag besonders benannt sind. Eine solche Deutung des Wortes „ausgedrückt" verkennt die ratio legis (Rz 2). Allerdings bedarf von Fall zu Fall sorgfältiger Prüfung, ob ein im Fall von Kursschwankungen auftretendes Risiko im Ergebnis vertragsgerecht verteilt ist (Nussbaum, Das Geld 252). *Stornobuchungen* erfolgen in derselben Währung wie die zu korrigierende Buchung (Nussbaum, Das Geld 254).

22 b) Auch **sonstige gesetzliche Geldsummenansprüche,** die nicht an ein Vertragsverhältnis angelehnt sind, können einfache Fremdwährungsschulden begründen. Die von Wolfgang Mayer 80 ff eingehend begründete Auffassung, nach der sich § 244 auf Vertragsschuldverhältnisse beschränkt, steht mit dem Normzweck (Rz 2) nicht in Einklang (vgl auch Rz 25). Darüber, ob eine Heimwährungsschuld oder eine Fremdwährungsschuld vorliegt, ist im Einzelfall nach Sinn und Zweck der die Anspruchsgrundlage bildenden Norm zu entscheiden. Ansprüche auf *Herausgabe des Erlangten* (zB nach §§ 812, 816 BGB oder nach §§ 681, 667 BGB) gehen grundsätzlich auf die erlangte Summe nach Währung und Betrag (vgl Rz 17; zur Abgrenzung zwischen Geldsummenschuld und Geldwertschuld in diesem Fall vgl Vorbem D 53 zu § 244). Für *Pflichtteilansprüche* gilt das Erbstatut (BGHZ 24, 352; BayObLGZ 1961, 4, 16 ff). Aus Artt 24, 25 EGBGB darf aber nicht ohne weiteres gefolgert werden, daß für den Pflichtteilsanspruch nach einem Deutschen stets in deutscher, für den Pflichtteilsanspruch nach einem Ausländer stets in ausländischer Währung zu zahlen ist, denn das Währungsstatut ist noch nicht die Währung (Rz 15). Gleichwohl überwiegt wohl die Auffassung, daß der Pflichtteil nach dt Recht stets in Inlandswährung geschuldet wird (Lange-Kuchinke, Erbrecht [2. Aufl 1978] § 39 VII 1). Gleiches dürfte für den *Erbersatzanspruch* nach § 1934 a und den *Anspruch auf Zugewinnausgleich* gelten. Zweifelsfrei ist diese Auffassung nicht. Die ratio legis spricht für die Währung der Belegenheit des Nachlasses, im Fall des § 1371 für die Währung des Ausgleichsschuldners. Die hM hat allerdings den Vorzug der Praktikabilität für sich.

23 **4. Gesetzliche Geldwertansprüche**

a) Die **Tendenz der forensischen Praxis zur Heimwährungsklage und zum Heimwährungsurteil** ist besonders ausgeprägt bei den Geldwertansprüchen (vgl dazu bereits Nussbaum, Das Geld 243 f; zu den Geldwertansprüchen und Geldwertschulden allgemein vgl Vorbem D 44 ff zu § 244). Nussbaum hat nachgewiesen, daß der Trend zur moneta fori nicht auf das dt Recht und auf dt Gerichte beschränkt ist. Geht man entgegen RGZ 109, 61, 62 und entgegen Wolfgang Mayer 80 ff von der Anwendbarkeit des § 244 auch auf gesetzliche Schuldverhältnisse aus (hM; vgl auch Rz 21 und 22), so ist durchaus Raum für Fremdwährungsklagen, und es kann dann dem Schuldner überlassen bleiben, sich unter den Voraussetzungen des § 244 durch DM-Zahlung zu befreien. In stärkerem Maße als durch das objektive Recht gerechtfertigt wird demgegenüber in der Praxis dem Gläubiger das Recht eingeräumt, Zahlung in DM zu verlangen (Rz 13).

aa) Theoretische Grundlage dieser *Flucht in die Heimwährung* ist die **Lehre von der Wertschuld** (vgl auch Staudinger-Firsching [10./11. Aufl] Vorbem 396 ff zu Art 12 EGBGB mwN): Echte Geldwertansprüche sind nach dieser Lehre **währungsrechtlich neutral;** sie lauten, im Gegensatz zu Geldsummenansprüchen, nicht von vornherein auf eine bestimmte Währung (RGZ 96, 121; 120, 76 = JW 1928, 1204 mAnm Klausing; RG WarnR 1923/24 Nr 148; HRR 1928 Nr 610; BGHZ 3, 321, 327; 5, 138, 142; 14, 212 = JZ 1955, 161 mAnm Kegel = NJW 1954, 1441 mAnm Werner; BGH WM 1977, 478, 479; Hirschberg 34, 436; AK-BGB-Brüggemeier Rz 7; MünchKomm – von Maydell Rz 45). Die Rspr neigt sogar zur eindeutigen Fixierung der Geldschuld auf die Heimwährung und erklärt eine im Einzelfall maßgebliche fremde Währung zum bloßen Rechnungsfaktor (zB RGZ 96, 121, 123; 120, 76, 82; RG WarnR 1923/24, Nr 148; HansGZ 1924 H Nr 36; JW 1924, 672 Nr 5 mAnm Nussbaum; 1924, 1593 mAnm Nussbaum; 1926, 360 mAnm Nussbaum; BGHZ 14, 212; BGH WM 1977, 487; OLG Köln AWD 1971, 485 = NJW 1971, 2128; zust zB AK-BGB-Brüggemeier Rz 7; Erman-Sirp Rz 8; BGB-RGRK-Alff Rz 17). Folgerichtig wird § 244 von dieser hM *auf Geldwertschulden überhaupt nicht angewandt* (RGZ 96, 121, 123; 109, 61, 62; BGHZ 14, 212, 218; BGH WM 1977, 478, 479; Soergel-Kegel [10. Aufl] Vorbem 650 zu Art 7 EGBGB; Staudinger-Weber [11. Aufl] Vorbem § 244 Rz 623). Angeblich liegt überhaupt keine Fremdwährungsschuld vor, sondern eine Geldschuld, die man als gesetzliche Valutawertschuld bezeichnen könnte. 24

bb) Die hM überzeugt nicht. BGH WM 1977, 478, 479 meint zB, für den Schadensersatz gelte § 249, nicht § 244. Aber damit wird die ganz unterschiedliche Regelungsaufgabe dieser Normen verkannt. RGZ 109, 61, 62 sagt, der eingeklagte Schadensersatz sei „selbstverständlich niemals vertragsmäßig (!) in Auslandswährung ‚ausgedrückt' gewesen". Die Prämisse, begrifflich (!) könne eine Geldschuld nur dann iS von Abs 1 in einer bestimmten Währung „ausgedrückt" sein, „wenn der Inhalt des Vertrags die Geldleistung in ausländischer Währung bezeichnet", ist abzulehnen. § 244 spricht nicht nur von Vertragsschuldverhältnissen (Rz 2) und erfaßt keineswegs nur vertraglich bedungene Fremdwährungsschulden (richtig zB OLG Hamburg VersR 1979, 833; Nussbaum, Das Geld 245; aM Wolfgang Mayer 80 ff; dazu Rz 22). Der angebliche Gegensatz zu § 244 ist also überzeichnet (vgl insoweit auch Brühl-Göppinger-Mutschler Rz 156). Mißverständlich ist auch die *These von der währungsrechtlichen Neutralität des Anspruchs.* Sie kann weder den Zug zur Heimwährung rechtfertigen, denn dies wäre ein Widerspruch in sich, noch kann sie die Anwendung des § 244 ausschließen. Daß von währungsrechtlicher Neutralität nicht gesprochen werden sollte, zeigt schon die Überlegung, daß eine Geldwertschuld keineswegs in jeder beliebigen, sondern nur in einer von mehreren konkreten Währungen zu erfüllen ist (Hirschberg 35 f). Die sog währungsrechtliche Neutralität der Geldwertschuld bedeutet in Wahrheit nur, daß die geschuldete Währung im Einzelfall offen, also nicht für alle Eventualitäten bestimmbar, und damit *konkretisierungsbedürftig* ist. Die Geldwertschuld kann für den Fall der Erfüllung, Aufrechnung, Klage usw überhaupt nicht währungsrechtlich neutral sein. Namentlich im Prozeß wird sie währungs- und summenmäßig konkretisiert (BGHZ 36, 11, 15; Hirschberg 36). Nach hM verliert sie dann den Charakter einer Wertschuld und wird zur Summenschuld (dazu aber Vorbem D 83 f zu § 244). Nach der hier vertretenen Auffassung stellt diese vermeintliche Umwandlung in eine Summenschuld im Prozeß keine materiellrechtliche Umwandlung dar, aber das Phänomen einer Konkretisierung nach Währung und Betrag ist doch unleugbar. Auch im Zeitpunkt der Erfüllung muß feststehen, ob die Verbindlichkeit in dieser Währung und Höhe getilgt werden kann. Daß diese währungsmäßige Festlegung der Geldwertschuld nichts mit dem materiellen Forderungsrecht zu tun haben soll (so 25

Hirschberg 36), kann nicht zugegeben werden. Erweist sich die Wertschuld im Einzelfall als Heimwährungsschuld, so kann sich doch ihre Höhe nach einer fremden Währung richten; erweist sie sich als Fremdwährungsschuld, so gestattet § 244 dem Schuldner, sich durch Zahlung in Inlandswährung zu befreien. Abweichungen – etwa gegenüber Ostgläubigern – können sich aus devisenrechtlichen Beschränkungen des Transfers ergeben (Rz 35). Mit einer Unanwendbarkeit des § 244 hat das nichts zu tun.

26 cc) **Folgerung:** Geldwertansprüche können Fremdwährungsforderungen sein, jedenfalls durch summenmäßige Konkretisierung zu Fremdwährungsforderungen werden; § 244 kann in diesen Fällen zur Anwendung kommen. Im wirtschaftlichen Ergebnis ist der Unterschied gegenüber der hM dann nicht groß, wenn die Verurteilung in DM zum Umrechnungskurs am Zahlungstag erfolgt (so ein Großteil der Rspr; zB RG HansGZ 1924 H Nr 36; WarnR 1923/24 Nr 148). Es zeigt sich dann aber nur um so mehr, daß der Weg über § 244 (Verurteilung in Fremdwährung mit Ersetzungsbefugnis des Schuldners) besser überzeugt.

27 b) **Einzelfälle** gesetzlicher Geldwertansprüche können nur exemplarisch dargestellt, die Einzelergebnisse also nur mit Vorsicht verallgemeinert werden. Die als „währungsrechtliche Neutralität" bezeichnete Konkretisierungsbedürftigkeit der Geldwertschuld in jedem Einzelfall (Rz 24) setzt der abstrakten Bestimmung der geschuldeten Währung Grenzen.

28 aa) **Schadensersatzansprüche** folgen dem Restitutionsgedanken (RG WarnR 1923/24 Nr 148). Sie folgen demgemäß der **Schadenswährung** (RG JW 1925, 1477; OLG Hamburg VersR 1979, 833; LG Düsseldorf MDR 1954, 358, 359; Wolfgang Mayer 19 f, 82; Roth, in: Fragen des Rechtes der Auf- und Abwertung 100; Birk, Schadensersatz 114; nur teilweise übereinstimmend Neumeyer III/2 166 f; aM RGZ 96, 121, 123; RG WarnR 1923/24 Nr 148; vgl auch RGZ 111, 183, 184; Wolfgang Mayer 82 f; Brodmann JW 1921, 442). **Im praktischen Regelfall ist deshalb Schadensersatz in der Gläubigerwährung geschuldet** (Vorinstanz bei BGHZ 5, 138, 139; ähnlich Birk, Schadensersatz 124; **aM** BGHZ 14, 212, 217: im Regelfall Heimwährungsschuld; Neumeyer III/2 159: Währung des Tatorts). Die **hM** betrachtet demgegenüber die Schadensersatzschuld als gesetzliche Valutawertschuld: Die fremde Währung ist nur Berechnungsfaktor (RGZ 96, 121, 123; RG WarnR 1923/24 Nr 60, Nr 148; BGHZ 14, 212, 217; BGH WM 1977, 478, 479; BGB-RGRK-Alff 17; MünchKomm-von Maydell in 45). Dem ist, wie bei Rz 25 f ausgeführt, nicht zu folgen. Es muß zwischen einem **Heimwährungsschaden** und einem **Fremdwährungsschaden** unterschieden werden. Ist der Schaden nur scheinbar in Auslandswährung entstanden, hat sich aber im Vermögen des Geschädigten nur als DM-Schaden ausgewirkt, so liegt eine in DM zu begleichende Heimwährungsschuld vor. So uU, wenn entgangener Gewinn aus Auslandsgeschäften zu ersetzen ist (Staudinger-Weber [11. Aufl] Rz 35), oder wenn ein Auslandsschaden bereits auf einem DM-Konto zu einem bestimmten Kurs verrechnet ist (str; vgl zu diesen Fragen Neumeyer III/2 166; Wolfgang Mayer 82; Roth, in: Fragen des Rechtes der Auf- und Abwertung 100 f). Die vom DM-Bankkonto eines Inländers beglichene ausländische Arztkosten- oder Reparaturrechnung begründet einen in DM einklagbaren Schaden, dessen Höhe nach einem in der Vergangenheit liegenden Kurswert, nicht nach dem Kurswert bei Zahlung bemessen wird. Die Forderung ist damit schon bei Klageerhebung als Heimwährungsforderung konkretisierbar. Liegt dagegen ein Fremdwährungsschaden vor, so ist die Schadensersatzforderung einfache Fremdwährungsforderung. Auch ein inländischer Gläubiger kann dann nur Schadensersatz in fremder Währung verlangen, es sei denn, die Fremdwährungsforderung wäre nach den bei Rz 61 ff geschilderten Grundsätzen in eine Heimwährungsforderung umgewandelt.

Beim Entzug von Sachen richtet sich die Schadenswährung nach dem Ort, an den der Gläubiger die Sachen ohne die schädigende Handlung verbracht hätte (BGHZ 5, 138, 143). Anders, wenn (zB nach §§ 430, 658 HGB, 85 EVO) der gemeine Handelswert des Gutes an einem bestimmten Ort zu ersetzen ist; dann entscheidet regelmäßig die Währung dieses Ortes jedenfalls über die Höhe, aber wohl auch über die zu zahlende Währung (RGZ 105, 312; 107, 212, 214; RG LZ 1924, 333, 334; Wolfgang Mayer 20 f). Wird entgangener Gewinn geltend gemacht, so bestimmt die Währung der entgangenen Geschäfte auch die Schadenswährung. Ergibt sich eine Fremdwährungsforderung, so ist § 244 anwendbar. Soweit aus der Schadensberechnung in fremder Währung ein zusätzlicher *Entwertungsschaden* entsteht, kann dies im Einzelfall ein besonderer Schadensposten sein (vgl Vorbem D 334 ff zu § 244; zur Abgrenzung des Entwertungsschadens vgl auch Rz 58). Bei der Schadensersatzforderung als einer Geldwertforderung bedarf es regelmäßig nicht der besonderen Geltendmachung eines Entwertungsschadens. Über den **Transfer** im Verhältnis zwischen DDR und Bundesrepublik vgl Vorbem E 16 zu § 244.

bb) *Keine Fremdwährungsschuld* ist der **Entschädigungsanspruch nach dem BEG 1956.** Aus § 11 Abs 1 BEG 1956 wird gefolgert, daß Geldansprüche nach dem BEG auf Zahlung in DM gerichtet, also keine Anwendungsfälle des § 244 sind (BGH LM Nr 18 zu § 116 BEG 1956; LM Nr 21 zu § 30 BEG 1956 = MDR 1975, 927). Der Erstattungsanspruch nach § 30 BEG 1956 wegen Aufwendungen für Heilbehandlungen ist gleichfalls eine Heimwährungsschuld, jedoch nicht einmal eine Valutawertschuld. Er entsteht auch dann in DM, wenn die Heilverfahrenskosten in ausländischer Währung angefallen sind (BGH LM Nr 18 zu § 116 BEG 1956; LM Nr 20 zu § 30 BEG 1956 = MDR 1975, 49 = WM 1974, 1078; LM Nr 21 zu § 30 BEG 1956 = MDR 1975, 927; MünchKomm-von Maydell Rz 45). Der Anspruch entsteht nach BGH LM Nr 21 zu § 30 BEG 1956 nicht als valoristische Wertschuld, sondern er ist von Anfang an auf den Umrechnungsbetrag der Aufwendungen am Aufwendungsstichtag fixiert. 29

cc) **Der Anspruch auf Wertersatz nach § 818 Abs 2** begründet eine Geldwertschuld (Vorbem D 54 zu § 244). Die Währungsbestimmung wird ähnlich den für den Schadensersatz geltenden Grundsätzen erfolgen müssen, denn Wertersatz zielt auf wertmäßig begrenzten Ersatz, nicht auf Herausgabe des Erlangten (unklar Wolfgang Mayer 31 f; ebd auf S 84 wird analog § 244 dem Schuldner ein Wahlrecht eingeräumt). Wird Wertersatz in Inlandswährung geschuldet, so kann der Schuldner Entreicherung nach § 818 Abs 3 einwenden, wenn ein Gegenwert des herauszugebenden Gegenstandes nur noch in entwerteter Fremdwährung vorhanden ist. Besteht die ungerechtfertigte Bereicherung darin, daß Aufwendungen in Auslandswährung erspart wurden, so ist nach OLG Düsseldorf BB 1958, 322 auch Herausgabe der Bereicherung in Auslandswährung geschuldet (zw, weil ersparte Aufwendungen idR nur Rechnungsposten, aber nicht Gegenstand der Bereicherung sind; vgl dazu Staudinger-Lorenz § 812 Rz 71 mwN). 30

dd) **Aufwendungsersatz** aus *Geschäftsführung ohne Auftrag* (§§ 683, 670) kann in fremder Währung geschuldet sein, wenn die Aufwendungen in Fremdwährung erbracht wurden (RG JW 1924, 1590 m krit Anm Nussbaum). Die Rechtslage ist nicht dieselbe wie beim Aufwendungsersatz innerhalb von Vertragsverhältnissen (Rz 17). Ähnlich wie beim Schadensersatz bedarf die Frage, ob wirklich eine Aufwendung in fremder Währung vorliegt, im Einzelfall genauer Prüfung. Dasselbe wird für den **Verwendungsersatz,** zB nach §§ 994 ff, 2022 gelten müssen (zw). Ergibt sich, daß eine Fremdwährungsschuld vorliegt, so gilt auch hier § 244. 31

ee) Umstritten ist die **Währung des gesetzlichen Berge- und Hilfslohns** nach §§ 740 ff HGB. Zunächst gilt auch hier, daß sich die Beteiligten einigen können. Der 32

Normzweck (BGHZ 67, 368 hat die §§ 740 ff HGB sogar durch die Regeln der Geschäftsführung ohne Auftrag ergänzt) spricht für ein Abstellen auf die Währung des rettenden Schiffs (so im Ergebnis Schaps-Abraham, Das Seerecht [4. Aufl 1978] § 744 Rz 31). Das OLG Hamburg HansRZ 1920 Nr 60 Sp 320 entscheidet zugunsten der Währung des geretteten Schiffs. Noch anders Prüssmann, Seehandelsrecht (1968) § 744 Anm D 1, dem aber die in Rz 15 kritisierte Verwechselung von Währungsstatut und geschuldeter Währung unterläuft: Es entscheide (richtig!) das Schuldstatut, mithin sei (falsch!) dt Währung zu zahlen, wenn sich der Lohnanspruch nach dt Recht bestimme. Um eine elastische Lösung bemüht sich Nussbaum, Das Geld 254, der die Billigkeitsregel aus Art 6 des Brüsseler Übereinkommens über Hilfeleistung und Bergung in Seenot vom 10. 9. 1910 auch auf die Bestimmung der Währung anwenden will.

33 ff) Auch **Unterhaltsschulden** sind Geldwertschulden (Vorbem D 66 ff zu § 244). *Unterhaltsansprüche* dienen der Bedarfsdeckung und *entstehen grundsätzlich in der Währung, in der das Bedürfnis des Unterhaltsberechtigten dauerhaft zu befriedigen ist* (LG Hannover DAVorm 1974, 481; AG Lübeck DAVorm 1978, 692; Brühl-Göppinger-Mutschler Rz 155, 323; Göppinger Rz 370, 636; Hahnenfeld NJW 1955, 529; Seydel NJW 1958, 737; eingehend Hirschberg 28 ff).

34 aaa) Im einzelnen bereitet die Frage nach der **Unterhaltswährung** Schwierigkeiten. Wie von allen Geldwertschulden sagt die hM auch von den Unterhaltsverbindlichkeiten, daß sie währungsrechtlich neutral sind (vgl namentlich Hirschberg 34 ff). Diese Lehre von der Neutralität des Geldwertanspruchs darf nicht zu Mißverständnissen führen (Rz 25 f). Unterhaltsklage und Unterhaltsurteil müssen die geschuldete Währung benennen. Entsprechend dem Zweck der Unterhaltspflicht muß *regelmäßig* die **Gläubigerwährung** – dh die Währung des Wohnsitzes (dauernder Aufenthaltsort) – den Ausschlag geben (LG Bremen MDR 1955, 547; LG Bochum NJW 1952, 471; Brühl-Göppinger-Mutschler Rz 155, 323; Göppinger Rz 370, 625; Seydel NJW 1958, 737; Henn NJW 1958, 735). Dieser Grundsatz gilt uneingeschränkt zwar nur, solange nicht devisenrechtliche Beschränkungen eine Korrektur des Ergebnisses erforderlich machen (Rz 35), aber das sollte kein Grund sein, das Prinzip selbst zu verfälschen. Der Wohnsitz oder dauernde Aufenthalt des Unterhaltsgläubigers bestimmt jedenfalls die *Bemessung des Lebensbedarfs* in Geld (vgl mwN Brühl-Göppinger-Mutschler Rz 324; Göppinger Rz 370, 635). Aber der Unterhalt wird auch in dieser Währung geschuldet. Eine Berücksichtigung der inneren Kaufkraft der Schuldnerwährung (Warenkorbvergleich; eingehend Staudinger-Weber [11. Aufl] Vorbem 764 f zu § 244; Hirschberg 32 mwN) ist mit dieser am Zweck der Unterhaltspflicht orientierten Betrachtung unvereinbar, denn es kommt darauf an, daß dem Unterhaltsberechtigten die seinem Bedarf entsprechende Kaufkraftmenge zufließt (Brühl-Göppinger-Mutschler Rz 324; Göppinger Rz 636; aM Hahnenfeld NJW 1955, 530 unter Berufung auf BGHZ 14, 212, wo es nicht um Unterhalt geht). Hat der Unterhaltsgläubiger seinen Wohnsitz oder dauernden Aufenthalt im dt Währungsgebiet, so liegt eine in DM zu erfüllende Heimwährungsschuld vor (OLG Schleswig SchlHAnz 1979, 125; im Ergebnis auch LG Bamberg NJW 1957, 676 m krit Anm Heinemann NJW 1957, 1112). Befindet sich sein Wohnsitz oder dauernder Aufenthalt im Währungsausland, so handelt es sich um eine Fremdwährungsschuld (LG Hannover DAVorm 1974, 481; AG Lübeck DAVorm 1978, 692; aM Staatsgerichtshof Prag DAVorm 1974, 688). Die *Wahl des Aufenthaltsortes* ist entweder Sache des Berechtigten oder Sache derer, denen die Personensorge zusteht. Zur Frage, wann im Einzelfall der Unterhaltsschuldner Einwendungen gegen die Wahl eines ausländischen Unterhaltsortes erheben kann, vgl Brühl-Göppinger-Mutschler Rz 323 aE; Göppinger Rz 635 aE. *Die Lehre von der währungsrechtlichen „Neutralität“* der Wertschulden (Rz 24) müßte konsequen-

terweise davon ausgehen, daß die Unterhaltsschuld eines Inlandsschuldners nur in der Gläubigerwährung zu *berechnen,* aber in Inlandswährung zu zahlen ist (BGH FamRZ 1961, 261, 262; LG Oldenburg NJW 1953, 1183; LG Aachen NJW 1952, 471; LG Dortmund MDR 1950, 552; vgl auch BGHZ 14, 212, 217 [Schadensersatz]; differenzierend HIRSCHBERG 36). Einer solchen Auffassung könnte indes aus den bei Rz 25 dargelegten Gründen nicht gefolgt werden. Eine im Vordringen befindliche *dritte Auffassung* gibt dem Unterhaltsberechtigten die Wahl zwischen seiner Heimwährung und der Schuldwährung (STAUDINGER-FIRSCHING [11. Aufl] Vorbem 396 zu Art 12 EGBGB; LG Bochum NJW 1952, 471; LG Berlin NJW 1952, 1379; DAVorm 1968, 214, 216; FamRZ 1970, 100, 102; KÖHLER, Hdb des Unterhaltsrechts [5. Aufl 1980] § 78; vorsichtig in dieser Richtung auch HAHNENFELD NJW 1955, 530; vgl auch OLG Düsseldorf BB 1958, 322; LG Aurich DAVorm 1974, 630). Diese Auffassung trägt dem bei Rz 13 f konstatierten Zug zur Heimwährungsklage Rechnung, legitimiert also die zahlreichen Heimwährungsklagen von Währungsausländern. Eine Begründung für diese gläubigerfreundliche und zugegebenermaßen praktikable Lösung ist aber im geltenden Recht nicht erkennbar. Der im Ausland lebende Unterhaltsgläubiger kann Befriedigung seines Lebensbedarfs in Auslandswährung und nur in dieser Währung verlangen. Es liegt dann eine Fremdwährungsschuld vor. Der Beklagte kann ohne seine Zustimmung (Rz 69) nicht in seiner Heimwährung verurteilt werden. Die ganz andere Frage, ob der inländische Schuldner zur Erfüllung des Fremdwährungsanspruchs DM aufwenden muß oder ob er sich nach § 244 durch Leistung in DM befreien kann, muß hiervon unterschieden werden. Klage und Urteil lauten bei der Fremdwährungsschuld auf die fremde Währung. § 244 findet dann Anwendung.

bbb) Die eigentlichen **Problemfälle (Unterhaltsberechtigte in sozialistischen Ländern)** 35
rühren nicht von der Rechtsnatur und dem Inhalt von Unterhaltsverbindlichkeiten, sondern vom **Devisenrecht** her (Vorbem E 13 ff zu § 244, über den Einfluß des Devisenrechts auf den Inhalt der Geldschuld vgl auch Rz 66). *Die Bedeutung des Devisenrechts für den Inhalt der Unterhaltsschuld* liegt für die Lehre von der Währungsneutralität der Geldwertschulden (Rz 24) besonders klar auf der Hand: die angeblich neutrale Geldschuld wird devisenrechtlich konkretisiert (vgl besonders HIRSCHBERG 38 ff, 52 f). Der Unterhaltsschuldner schuldet Leistung in Inlandswährung, wenn das Devisenrecht des Gläubigerstaats dies verlangt. Auch die hier vertretene, auf die Gläubigerwährung abstellende Auffassung gelangt zu diesem Ergebnis (vgl auch Rz 65). Der Unterhaltsanspruch des Währungsausländers zielt auch hier auf Gewährung von Unterhalt in der Gläubigerwährung; nur die Erfüllung dieses Anspruchs, dh die Zahlungsweise, bestimmt sich unter Berücksichtigung der devisenrechtlichen Möglichkeiten und Hindernisse (BRÜHL-GÖPPINGER-MUTSCHLER Rz 325). Geben Devisenvorschriften dem Schuldner nur die Möglichkeit der Zahlung von DM auf ein Transferkonto und versagen sie ihm eine andere Möglichkeit, dem Gläubiger den geschuldeten Betrag in seiner Währung zu verschaffen, so ist der Schuldner *verpflichtet, den Fremdwährungsanspruch des ausländischen Unterhaltsgläubigers durch Zahlung in DM zu begleichen.* Damit tritt *keine Umwandlung der Fremdwährungsschuld in eine Heimwährungsschuld* ein, denn der Unterhaltsanspruch soll nach wie vor in Fremdwährung befriedigt werden. Dem Gläubiger ist die Fremdwährungsklage nicht versagt. Demgemäß haben auch die Gerichte im Währungsinland vielfach auf Zahlung in Mark der DDR erkannt (OLG Düsseldorf BB 1958, 322; KG Rpfleger 1962, 172; OLG Bremen Rpfleger 1962, 173; LG Lüneburg MDR 1951, 746, 747; LG Dortmund MDR 1950, 552; LG Bochum MDR 1952, 169; LG Mannheim MDR 1976, 1019; LG Berlin bei NEUMANN Rpfleger 1967, 118; 1976 144; AG Plön MDR 1952, 42; LG Düsseldorf MDR 1954, 358; weitere Nachw bei HIRSCHBERG 29; aM LG Bielefeld MDR 1952, 108; LG Hamburg MDR 1952, 301; LG

Braunschweig MDR 1953, 367; LG Bremen MDR 1955, 547; LG Dortmund MDR 1953, 367). Vereinzelt ist dabei bereits berücksichtigt worden, daß der Westschuldner die Fremdwährungsschuld durch Zahlung von DM auf ein Sperrkonto tilgen konnte (OLG Oldenburg MDR 1950, 430; LG Hamburg MDR 1952, 301; LG Lüneburg MDR 1951, 746, 747; vgl auch LG Passau MDR 1952, 169; LG Düsseldorf MDR 1954, 358); doch ist jetzt das **Unterhaltsabkommen von 1974** als Sonderregelung zu beachten (vgl Vorbem E 16 zu § 244). Die **Verurteilung in Mark der DDR** ist also nicht nur prozeßrechtlich zulässig (Rz 104), sondern sie entspricht auch dem materiellrechtlichen Befund (aM KÖHLER, Handbuch des Unterhaltsrechts [5. Aufl 1980] § 79). Sie kann aber *unzweckmäßig* sein und ist dies um so mehr, je komplizierter sich der Transfer gestaltet. Der Fall der devisenrechtlichen Beschränkung ist ein klassisches Beispiel dafür, daß „Schuldwährung" und „Zahlungswährung" auseinanderfallen können (vgl zur Kritik dieser Begriffe allerdings NEUMEYER III/2 182). Die Frage der Erfüllung durch DM-Zahlung und des maßgebenden Umrechnungskurses kann allerdings noch im Vollstreckungsverfahren geklärt werden (BGHZ 36, 11; aM LG Berlin Rpfleger 1967, 222, 223; AG Berlin-Charlottenburg DGVZ 1978, 137, 138; BERNER Rpfleger 1962, 87). Das Fremdwährungsurteil wirft dann ähnliche Probleme auf wie ein vollstreckbarer DDR-Titel (dazu vgl Rz 116 aE). Sachgerecht und zulässig ist indes eine *Klärung bereits im Erkenntnisverfahren.* Fallen Schuldwährung und Zahlungswährung aus devisenrechtlichen Gründen auseinander, so kann auf Antrag des Klägers eine **Verurteilung in der Zahlungswährung** erfolgen (Rz 104). Dies entspricht einer gerade in Unterhaltssachen verbreiteten Praxis: *Der Schuldner wird aus dem Fremdwährungsanspruch zur Zahlung in DM auf ein Sperr- oder Transferkonto verurteilt* (vgl zu dieser verbreiteten Praxis etwa OLG Oldenburg NJW 1953, 1183; LG Köln NJW 1953, 269; LG Frankenthal MDR 1954, 614; DAVorm 1977, 62, 66; LG Hamburg MDR 1952, 301; LG Bremen MDR 1955, 547; LG München NJW 1952, 1179; LG Aurich DAVorm 1974, 630, 631; SEYDEL NJW 1958, 737). Nach LG Düsseldorf MDR 1954, 358 erfolgt die Verurteilung zur Zahlung in DM-West nur hilfsweise. Nach anderen Gerichten *ist dem Schuldner allerdings nachzulassen, sich durch devisenrechtlich zulässige Zahlung in fremder Währung zu befreien* (LG München NJW 1952, 1179 m krit Anm BEITZKE; OLG Oldenburg NJW 1953, 1183; LG Bremen MDR 1955, 547; SEYDEL NJW 1958, 737; aM LG Braunschweig MDR 1951, 238; LG Düsseldorf MDR 1954, 358; HAHNENFELD NJW 1955, 530). Die Verurteilung primär in DM mit der Befugnis, auch Fremdwährung zu zahlen, entspricht zwar nicht dem § 244, aber sie entspricht der vom Gesetzgeber nicht bedachten Ausnahmesituation. Ist der Verpflichtete ausnahmsweise in der Lage, seiner Unterhaltspflicht in Mark der DDR nachzukommen, so bleibt es bei der in Rz 34 dargestellten Rechtslage: geschuldet wird Zahlung in der Fremdwährung (KÖHLER, Hdb des Unterhaltsrechts [5. Aufl 1980] § 79). Doch ist dies der Ausnahmefall (NEUMANN Rpfleger 1976, 118). Einen solchen Ausnahmesachverhalt im Prozeß vorzutragen, ist Sache des Verpflichteten. Das Vorhandensein eines Kontos in der DDR setzt den Verpflichteten nicht zur Zahlung in Mark der DDR instand, sofern das Konto nicht als Währungsausländerkonto geführt wird (OLG Celle FamRZ 1981, 201, 202). Das in § 244 vorgesehene Regel-Ausnahmeverhältnis – Fremdwährungsschuld mit Ersetzungsbefugnis in DM – kehrt sich damit aus devisenrechtlichen Gründen um. Die Verurteilung in DM mit dem Vorbehalt, dem Schuldner werde die Zahlung in Ostwährung nachgelassen, ist deshalb zulässig. Seit dem Unterhaltsabkommen von 1974 (Vorbem E 16 zu § 244) hat sich die Problematik wesentlich entschärft.

36 ccc) Heftig umstritten war der **Umrechnungskurs bei DDR-Unterhaltsansprüchen** (vgl die eingehenden Nachw bei BRÜHL-GÖPPINGER-MUTSCHLER Rz 325 f; HIRSCHBERG 30 ff; vgl auch Rz 88). Spätestens seit dem **Unterhaltsabkommen von 1974** (Vor-

bem E 16 zu § 244) kann die Umrechnung nach dem Wechselstubenkurs oder nach der Kaufkraftparität (sog Warenkorbvergleich) als endgültig überholt gelten. Mit dem Sinn und Zweck des Unterhalts und mit dem durch das Abkommen sichergestellten Transfer ist nur eine Auffassung vereinbar: Der Westschuldner hat so viel in DM aufzubringen, wie erforderlich ist, um den Unterhaltsanspruch in Ostwährung unter Berücksichtigung devisenrechtlicher Vorschriften zu befriedigen (vgl für die **DDR** OLG Karlsruhe NJW 1957, 1603 m krit Anm BRUNN NJW 1958, 754 = Rpfleger 1958, 91 m krit Anm BERNER; OLG Hamburg MDR 1971, 487; LG Dortmund MDR 1950, 552; LG Oldenburg NJW 1953, 1183; LG Duisburg DAVorm 1952/53, 13, 14; LG Hagen MDR 1955, 230; LG Bremen MDR 1955, 547, 548; LG München NJW 1952, 1179; LG Lübeck DAVorm 1975, 259; LG Berlin Rpfleger 1976, 144; SEYDEL NJW 1958, 737; weitere Nachw bei HIRSCHBERG 32, 34; SCHULZ MDR 1971, 640 f). Dasselbe gilt im Verhältnis zu anderen Ostblockstaaten, zB für die **CSSR:** LG Kaiserslautern DAVorm 1972, 125; LG Essen DAVorm 1973, 51; LG Aurich DAVorm 1974, 527; LG Düsseldorf DAVorm 1974, 630; LG Frankenthal DAVorm 1977, 62, 65 f; LG Butzbach DAVorm 1979, 707. Nach Bezirksgericht Gliwice/Polen, DAVorm 1977, 341 ist die Zahlung von Unterhalt und dessen Transferierung von **Polen** nur auf der Grundlage eines Urteils möglich.

5. Die effektive Fremdwährungsschuld 37

a) Die **effektive Fremdwährungsschuld** (zum Begriff vgl Rz 8) stellt nach Wortlaut und Zweck des § 244 die **Ausnahme** dar (Rz 16). Eine solche Schuld kann nicht gegen den Willen des Gläubigers in DM getilgt werden. Die Vermutung spricht stets gegen das Vorliegen einer effektiven Fremdwährungsschuld, und zwar auch dann, wenn die Geldschuld ausländischem Recht oder dem EKG unterliegt (vgl zum EKG OLG Karlsruhe OLGZ 1978, 338, 340 = Betrieb 1978, 2017).

b) Eine **effektive Fremdwährungsschuld aus Rechtsgeschäft** liegt nach Abs 1 nur vor, 38
wenn „Zahlung in ausländischer Währung ausdrücklich bedungen ist". Die Formulierung des Gesetzes ist irreführend. Auf der einen Seite nämlich reicht die ausdrückliche Vereinbarung einer Fremdwährung gerade nicht aus (dies ist vielmehr der typische Fall der einfachen Fremdwährungsschuld, Rz 16). Es kommt darauf an, daß nach dem erklärten Willen in fremder Währung und nur in fremder Währung gezahlt werden soll. Auf der anderen Seite muß dies nicht expressis verbis, also nicht im Wortsinne ausdrücklich, bedungen sein. **Ausdrücklich** *bedeutet in Abs 1 nach hM so viel wie „eindeutig" oder „deutlich"* (RGZ 107, 110, 111; 111, 316; 138, 52, 54; 153, 384, 385; BGH LM Nr 5 zu § 275 BGB = BB 1954, 209; OLG Stuttgart SoergRspr 1925 Nr 1; PLANCK-SIBER Anm 3). Die Erklärung muß deutlichen Ausdruck gefunden haben, sei es durch die Sprache, sei es durch sonstige Handlungen (BGH LM Nr 5 zu § 275 BGB = BB 1954, 209). Aber selbst dies ist mißverständlich, denn Abs 1 meint mit „ausdrücklich" noch weniger. Es genügt, daß der erklärte Wille – sei er auch undeutlich und auslegungsbedürftig – **eindeutig feststellbar** ist. Nicht der Wille und seine Erklärung müssen also eindeutig sein, sondern es genügt, daß die Auslegung (§§ 133, 157) zu dem eindeutigen Ergebnis führt, es sei effektive Zahlung in fremder Währung bedungen. Die unglückliche Formulierung des Gesetzes zieht nur die Folgerung daraus, daß die Vermutung gegen eine effektive Fremdwährungsschuld spricht. Eine solche muß eigens vereinbart sein. Das Unklarheitsrisiko und die Beweislast trägt derjenige, der das Vorliegen einer effektiven Fremdwährungsschuld geltend macht. *Konkludente Vereinbarungen* sind nicht ausgeschlossen (sehr großzügig OLG Karlsruhe Recht 1921 Nr 1298). Die Vereinbarung einer effektiven Fremdwährungsschuld kann sich auch aus laufender Geschäftsverbindung ergeben (OLG Hamburg HansGZ 1924 H Nr 129), auch daraus, daß bei den

Vertragsverhandlungen von Effektivzahlung die Rede war (RG HansRGZ 1932 B Nr 270 = LZ 1932, 1478). Üblich und eindeutig ausreichend ist die *Effektivklausel;* der Zusatz ,,effektiv" schließt die Zahlung in inländischer Währung unmißverständlich aus (RGZ 151, 35, 36). Auch die Wendung ,,zahlbar in" genügt (RG JW 1926, 2838 = Recht 1927 Nr 6). Für *Währungskredite* enthält Nr 3 Abs 1 S 1 AGB Banken eine Effektivklausel (vgl BGH WM 1980, 793; CANARIS Bankvertragsrecht [2. Aufl] Rz 2558), hier allerdings verbunden mit der besonderen Ersetzungsbefugnis von Nr 3 Abs 1 S 3 AGB Banken (Wortlaut Rz 18). Über *Effektivklauseln bei Anleihen* vgl HORN, Das Recht der internationalen Anleihen 265 (zur alternativen Währungsklausel vgl Rz 16). Über Wechsel und Scheck vgl Rz 100 f. Als ausreichend wurde ferner angesehen: der Ausdruck ,,leihweise Überlassung" bei einer Fremdwährungssumme (RGZ 153, 384, 385 f = JW 1937, 1401 mAnm HARTENSTEIN; RG JR 1925 Nr 761; zur Abgrenzung vgl OLG Kiel SchlHAnz 1937, 173; OLG Hamburg HansGZ 1922 B Nr 136), die Weisung, einen Dollarbetrag ,,rein netto Kasse" in Dollar auf das Devisenkonto zu überweisen (RG Recht 1924 Nr 451). Auch wenn die Fremdwährungsschuld als Geldsortenschuld vereinbart ist, ist Zahlung in ausländischer Währung ,,ausdrücklich" bedungen (Rz 10). *Nicht ausreichend* sind zB: die Festsetzung einer Schuld in fremder Währung (RGZ 107, 110; 111, 316, 317; RG JW 1926, 2838; OLG Kiel SchlHAnz 1937, 173), insbes die Preisvereinbarung in fremder Währung (RG JW 1928, 233, 234). Sie begründet eine einfache Fremdwährungsschuld (Rz 16).

39 c) Es gibt **grundsätzlich** keine **effektiven Fremdwährungsschulden aus Gesetz.** Nur wenn die Zahlung in ausländischer Währung und nur in dieser Währung ,,bedungen", dh vom Schuldner versprochen ist, liegt eine effektive Fremdwährungsschuld vor. Gesetzliche Schuldverhältnisse begründen demnach grundsätzlich entweder Heimwährungsschulden oder einfache Fremdwährungsschulden. Selbst Schadensersatz und Unterhalt sind keine Fälle effektiver Fremdwährungsschulden, sofern nicht das Devisenrecht zu Abweichungen zwingt. Freilich sind damit effektive Fremdwährungsschulden auf gesetzlicher Grundlage nicht schlechthin ausgeschlossen. Die *Anlehnung des gesetzlichen Anspruchs an ein Rechtsgeschäft,* etwa bei konkurrierenden Vertragsansprüchen oder der Rückabwicklung von Erfüllungsleistungen, kann dazu führen, daß eine Abrede über die Schuldwährung auch den gesetzlichen Anspruch erfaßt (RZ 21). Allerdings ist im Einzelfall durch Auslegung sorgsam zu prüfen, ob eine Effektivklausel über Erfüllungsansprüche hinaus auch diese gesetzlichen Schuldverhältnisse erfassen soll.

V. Das Genehmigungserfordernis nach § 3 WährG

40 1. Grundsatz

Beruht die *Fremdwährungsschuld* auf einem dem inländischen Schuldrecht unterstehenden Vertrag, so kann sie **Elemente der Spekulation** enthalten (F A MANN, Recht des Geldes 229) oder **Elemente der Wertsicherung** (F A MANN, Recht des Geldes 248). Wertsicherungscharakter hat auch die *Valutawertschuld* (Rz 5). *Jede vertraglich eingegangene Fremdwährungsschuld* und *jede vertragliche Valutawertschuld* kann daher nach **§ 3 WährG** genehmigungsbedürftig sein, soweit nicht § 49 AWG den Vertrag von der Genehmigungspflicht freistellt. Auf den Ort des Vertragsschlusses, die Staatsangehörigkeit der Beteiligten, das Schuldstatut oder den Erfüllungsort kommt es hierfür nicht an (SCHULZE AWD 1962, 90 ff).*

---

* **Schrifttum:** WILFRIED BRAUN (vor Rz 1); DÜRKES, Wertsicherungsklauseln (8. Aufl 1972; nach Manuskriptabschluß: 9. Aufl 1982); SCHULZE, Genehmigungsbedürftigkeit von Wertsicherungs-

2. § 3 WährG 41

a) Nach **§ 3 S 1 WährG** (Wortlaut Vorbem D 187 zu § 244) dürfen Geldschulden nur mit Genehmigung der für die Erteilung von Devisengenehmigungen zuständigen Stelle in einer anderen Währung als in Deutscher Mark eingegangen werden. Unter die Bestimmung fallen einfache und effektive Fremdwährungsschulden, nicht auch Valutawertschulden (vgl näher Vorbem D 211 zu § 244). Der mit dem **Außenwirtschaftsgesetz (AWG)** v 28. 4. 1961 (Vorbem E 5 ff zu § 244) erstrebte Liberalisierungseffekt (vgl § 1 AWG) wäre durch uneingeschränkte Geltung des § 3 WährG beeinträchtigt worden. Deshalb ordnet **§ 49 AWG** an, daß das Genehmigungserfordernis nach § 3 S 1 WährG auf Rechtsgeschäfte zwischen Gebietsansässigen und Gebietsfremden keine Anwendung findet. Die Begriffe der Gebietsansässigen und Gebietsfremden sind in § 4 Abs 1 Nr 3 und 4 AWG abgegrenzt. Über den Vertrag unter zwei Gebietsfremden vgl Vorbem D 212 zu § 244. Von einem sich aus *§ 3 S 2 WährG* ergebenden Genehmigungserfordernis für Wertsicherungsvereinbarungen (dazu Vorbem D 214 ff zu § 244) befreit § 49 Abs 1 AWG nach seinem klaren Wortlaut nicht (SCHULZ, AWG [1965/66] § 49 Rz 4; HOCKE-BERWALD-MAURER, Außenwirtschaftsrecht [Stand 1980] Hauptteil I Anm zu § 49; krit DÜRKES [8. Aufl] C 67; [9. Aufl] C 220). Das ist für Fremdwährungsschulden ohne Bedeutung, denn diese fallen nicht unter § 3 S 2 WährG (Rz 42), brauchen also auch nicht durch § 49 AWG freigestellt zu werden (zur Rechtslage, wenn die Fremdwährungsschuld ihrerseits wertgesichert ist, vgl Rz 59). Anders verhält es sich bei Heimwährungsschulden, nach wohl herrschender, aber zweifelhafter Ansicht auch bei Valutawertschulden (Rz 42). Soweit es nach §§ 3 S 1 WährG, 49 Abs 1 AWG oder nach § 3 S 2 WährG einer Genehmigung bedarf, ist nach § 49 Abs 2 AWG die DBB zuständig. Zu den Genehmigungsgrundsätzen der DBB vgl Vorbem D 208 zu § 244. Nach Nr 3 d der Mitt Nr 1015/78 der DBB betr die Grundsätze bei der Entscheidung über Genehmigungsanträge nach § 3 WährG v 9. 7. 1978 (BAnz Nr 109) werden Valutawertschulden (Rz 42) nur genehmigt, wenn es sich um folgende Verträge handelt:

aa) Einfuhrverträge, Einfuhranschlußverträge zwischen Importeuren und Erstabnehmern, Ausfuhr-Zulieferungsverträgen zwischen Exporteuren und ihren unmittelbaren Zulieferern oder Kaufverträge des „gebrochenen" Transithandels, sofern die Ware von den Importeuren, den Exporteuren oder den Transithändlern unverändert weiterveräußert wird oder

bb) Passage- oder Frachtverträge im grenzüberschreitenden Verkehr.

Eine **Allgemeine Genehmigung,** die allerdings bereits hart an der Grenze zwischen Allgemeinverfügungen und mangels Ermächtigung unzulässigen Verordnungen der DBB liegt (dazu Vorbem D 307 zu § 244), enthält die Mitteilung Nr 1009/61 der DBB betr Eingehung von Verbindlichkeiten in fremder Währung v 24. 8. 1961 (BAnz 167/61):

„1. Vom 1. September 1961 an findet § 3 Satz 1 des Währungsgesetzes (Nummer 2 c Satz 1 der Berliner Währungsverordnung) auf Rechtsgeschäfte zwischen Gebietsansässigen und Gebietsfremden keine Anwendung mehr (§ 49 Abs 1 des Außenwirtschaftsgesetzes).

2. Es bleibt jedoch nach dieser Vorschrift die Eingehung von Geldschulden in fremder Währung zwischen Gebietsansässigen im Sinne des Außenwirtschaftsgesetzes genehmigungsbedürftig. Soweit hierfür schon bisher Allgemeine Genehmigungen erteilt waren, soll sich daran grundsätzlich nichts ändern; demgemäß wird hiermit erlaubt die Eingehung von Geldschulden in fremder Währung zwischen Gebietsansässigen

   a) durch Führung von Fremdwährungskonten bei Kreditinstituten,

---

klauseln und Fremdwährungsvereinbarungen bei Sachverhalten mit Auslandsbeziehungen, AWD 1962, 89; SEETZEN, Zur innerstaatlichen und internationalen Zulässigkeit von Fremdwährungsschulden und -klauseln, AWD 1969, 253; ZEHETNER (vor Rz 1).

b) durch Aufnahme von Fremdwährungskrediten mit einer Laufzeit bis 12 Monaten bei Kreditinstituten,

c) zum Erwerb von Edelmetallen (Gold, Silber, Platin), Gold- und Silbermünzen,

d) zum Erwerb von Fremdwährungsforderungen und von ausländischen oder auf fremde Währung lautenden inländischen Wertpapieren,

e) durch Transithandelsgeschäfte, an denen mehrere Transithändler beteiligt sind (gebrochener Transithandel),

f) durch Übernahme von Garantien und Bürgschaften im Auftrag von Gebietsfremden oder für Verbindlichkeiten in fremder Währung,

g) durch Abschluß von Lebensversicherungsverträgen (Kapital- und Rentenversicherungen) und Rückversicherungsverträgen dafür, ferner durch die Beleihung solcher Versicherungsverträge, sofern den Versicherungsunternehmen nur das Recht zusteht, den Anspruch aus der Beleihung bei Eintritt des Versicherungsfalles oder bei einem Versicherungsrückkauf zu verrechnen,

h) durch Abschluß von Versicherungsverträgen (einschließlich Rückversicherungsverträgen dafür) wegen Gefahren im Zusammenhang mit dem Außenwirtschaftsverkehr, dem grenzüberschreitenden Transport von Umzugsgut, Reisegepäck und Ausstellungsgütern und in fremden Wirtschaftsgebieten befindlichem Vermögen.

3. Die Erlaubnis nach Nummer 2 umfaßt nicht die Eingehung von Geldschulden in fremder Währung zwischen Gebietsansässigen, wenn ihre Höhe durch den künftigen Kurs einer anderen als der Vertragswährung, durch den künftigen Goldpreis oder durch den künftigen Preis oder Wert von anderen Gütern oder Leistungen bestimmt werden soll. Dazu bedarf es – wie in allen anderen Fällen der Eingehung von Geldschulden in fremder Währung zwischen Gebietsansässigen, die nicht in Nummer 2 aufgeführt sind – einer besonderen, bei der zuständigen Landeszentralbank zu beantragenden Genehmigung nach § 3 Satz 1 des Währungsgesetzes (Nummer 2 c Satz 1 der Berliner Währungsverordnung)."

42 **b) § 3 S 2 WährG** unterwirft diejenigen Geldschulden der Genehmigung, deren Betrag in Deutscher Mark durch den Kurs einer anderen Währung oder durch den Preis oder eine Menge von Feingold oder von anderen Gütern oder Leistungen bestimmt werden soll. Diese Bestimmung wirft im internationalen Rechtsverkehr scheinbar keine Probleme auf. Die *Wertsicherung genehmigungsfreier Fremdwährungsschulden* (Rz 41) fällt auch nicht unter § 3 S 2 WährG, denn Wertsicherungen für Forderungen, die nicht auf DM lauten, werden von § 3 S 2 WährG nicht erfaßt (ROTH, in: Fragen des Rechtes der Auf- und Abwertung 117). Der Gläubiger einer Fremdwährungsschuld kann deshalb nach dt Währungsrecht die Fremdwährungsschuld durch eine Wertsicherungsklausel sichern, ohne gegen § 3 S 2 WährG zu verstoßen (ROTH, in: Fragen des Rechtes der Auf- und Abwertung 117). Das muß sogar für die einfache Fremdwährungsschuld gelten, obgleich sie nach § 244 in DM beglichen werden kann (zur Kurssicherung vgl die Angaben bei Rz 59). Anderes gilt für die **Valutawertschuld,** denn sie ist eine wertgesicherte Heimwährungsschuld (Rz 5) und in Satz 2 ausdrücklich genannt. *Die Bedeutung des § 49 AWG für Valutawertschulden* ist nach dem Gesetzeswortlaut klar (keine Befreiung), bei systemgerechter Auslegung aber zweifelhaft, denn es ist nicht einzusehen, warum die Eingehung einer Fremdwährungsschuld mit Ersetzungsbefugnis statthaft, die Eingehung einer Valutawertschuld dagegen unstatthaft sein soll (SEETZEN AWD 1969, 254, für Geldwertschulden 255). Die richtige Lösung verspricht eine *restriktive Auslegung des § 3 S 2 WährG im Lichte des § 49 AWG:* Auf Valutawertschulden (Rz 5) trifft § 3 S 2 WährG sinnvollerweise nur zu, wenn sie entweder unter Gebietsangehörigen vereinbart oder im Inland zu erfüllen sind (vgl SEETZEN AWD 1969, 254). Die *Praxis der Landeszentralbanken* folgt dieser Auffassung, soweit ersichtlich, nicht; da Genehmigungsanträgen problemlos stattgegeben wird, ist der *Vertragspraxis* anzuraten, vorsorglich Genehmigungen einzuholen. Auf **wertgesicherte Verbindlichkeiten Gebietsfremder** wird § 3 S 2 WährG nach wohl überwiegender Auffassung nicht

angewandt (Vorbem D 201 zu § 244). Da auch solche Geschäfte die von § 3 WährG geschützten Belange berühren können, ist diese Auffassung nicht unzweifelhaft. Zum internationalen Anwendungsbereich währungsrechtlicher Wertsicherungsverbote vgl eingehend WILFRIED BRAUN 91–140, der sich selbst für ein „negatives Auswirkungsprinzip" entscheidet (S 140): Geldwertklauselverbote seien im Ausland dann anzuwenden, wenn sie nach ihrem eigenen Geltungskreis angewandet werden wollen und wenn sich die konkrete Vertragsklausel auf die Wirtschaftsordnung des normgebenden Staates auswirken kann.

VI. Die rechtliche Behandlung der Fremdwährungsschuld

1. Anwendung des allgemeinen Rechts der Geldschuld 43

a) Die **allgemeinen Grundsätze über die Geldschuld** sind auch auf die Fremdwährungsschuld anwendbar, soweit keine Sonderregeln eingreifen. Dies folgt aus der Rechtsnatur der Fremdwährungsschuld (Rz 11). Über die **Anwendbarkeit deutschen Rechts** entscheiden die Grundsätze des Internationalen Schuldrechts.

b) Folgende **Geldschuldregeln des allgemeinen Schuldrechts** sind hervorzuheben: Die 44 Fremdwährungsschuld unterliegt als Geldschuld nicht nur einer vertraglichen, sondern auch der gesetzlichen *Verzinsung*. Kraft Akzessorietät (§ 246 Rz 37 ff) sind Zinsen im Zweifel in derselben Währung zu zahlen wie die Kapitalschuld selbst. Der *Erfüllungsort* ergibt sich bei Anwendung deutschen Schuldrechts aus §§ 269, 270 Abs 4. Der internationalen Vertragspraxis ist – nicht nur, aber auch im Hinblick auf § 244 – eine ausdrückliche Festlegung des Erfüllungsortes zu empfehlen (HENN MDR 1956, 586). Auch die Gefahrtragungsregel des § 270 Abs 1 (vgl Vorbem C 25 zu § 244) findet Anwendung (BGH WM 1982, 291, 293). Befreiende *Unmöglichkeit der Leistung* (§ 275) ist ausgeschlossen (Rz 61). Beruft sich der Schuldner auf Unmöglichkeit, so hindert dies nicht die Verurteilung zur Zahlung in fremder Währung (vgl auch FÖGEN 126). Anders, wenn der Kläger den Antrag umstellt. *Schuldnerverzug* kann auch durch Mahnung in der falschen Währung eintreten (RGZ 109, 61, 63; NEUMEYER III/2 134). Anders, wenn der Gläubiger zu Unrecht auf Zahlung in dieser Währung besteht und gerade die geschuldete Währung zwischen Gläubiger und Schuldner str ist. *Gläubigerverzug* kann nur durch Angebot der geschuldeten Leistung herbeigeführt werden (§§ 293 f). Unter den Voraussetzungen des Abs 1 genügt es, wenn der Fremdwährungsschuldner Zahlung in DM anbietet.

c) Die **Aufwertung von Fremdwährungsschulden wegen Währungsverfalls** wirft 45 Rechtsprobleme auf (eingehend STAUDINGER-FIRSCHING [10./11. Aufl] Vorbem 406 ff zu Art 12 EGBGB; WILFRIED BRAUN 207 ff, 217 ff; ERNST 11 ff). Im Hinblick auf die Rechtsprechung des BGH zur Aufwertung (Vorbem D 129 ff zu § 244) haben die hiermit verbundenen Streitfragen auch aktuelle Bedeutung. Die Aufwertungsrechtsprechung des RG (Vorbem D 95 ff zu § 244) wurde nach der sog **schuldrechtlichen Theorie** auch auf von tiefgreifendem Währungsverfall betroffene Fremdwährungsschulden angewandt (RGZ 120, 70, 76; 141, 212, 218; 145, 51, 55; 147, 377, 380; RG SeuffA 85, 97, 100; JW 1932, 1048, 1049; 1933, 1657, 1658; F A MANN, Recht des Geldes 230 ff; ders, Legal Aspect 275 ff; WOLFGANG MAYER 58 f, 62; MELCHIOR 300; ders JW 1926, 2345; REICHEL JW 1930, 2209; ausführlich STAUDINGER-FIRSCHING [10./11. Aufl] Vorbem 408 f zu Art 12 EGBGB; ERNST 13 ff). Soweit die Fremdwährungsschuld dem dt Schuldstatut untersteht, *unterliegt* sie damit *denselben Aufwertungsgrundsätzen wie eine Heimwährungsschuld* (dazu sowie zu dem bisweilen fehlgedeuteten Urteil RGZ 147, 286 vgl Vorbem D 105 zu § 244). Auch der BGH hat sich der schuldrechtlichen Theorie angeschlossen (vgl BGHZ 43, 162, 168). Die schuldrechtliche Theorie verdient den Vorzug gegenüber der sog **Währungstheorie.**

Diese sah die Aufwertung ungeachtet ihres schuldrechtlichen Ausgangspunkts (§ 242) als einen währungsrechtlichen Eingriff an und trug Bedenken gegen die Aufwertung von Fremdwährungsschulden nach deutschem Recht vor (in dieser Richtung RG JW 1926, 1323; WarnR 1925, Nr 105; Eckstein, Geldschuld und Geldwert [1932] 120 f; Nussbaum, Das Geld 143 f; ders JW 1925, 1986, 1987; 1928, 327 und 1197; Obermair LZ 1925, 1205, 1215; Neumeyer JW 1928, 137; Pomplitz JW 1928, 1199; Schmalz JW 1934, 513, 514; vgl auch Ernst 16 ff, 42 f). Die gegen die schuldrechtliche Theorie vorgetragenen Argumente vermögen nicht zu überzeugen. § 244 Abs 2 steht einer Aufwertung nicht entgegen, weil sich die Vorschrift mit dem Entwertungsproblem überhaupt nicht befaßt (RGZ 141, 212, 216; Wolfgang Mayer 72). Die währungsrechtliche Deutung der Aufwertungsrechtsprechung ist in ihrem Grundgedanken angreifbar. Mit F A Mann (Recht des Geldes 238) ist festzuhalten, daß das Währungsrecht die Rechnungseinheit, das Schuldrecht dagegen die Veränderungen der Fremdwährungsschuld bestimmt (s auch Staudinger-Firsching [10./11. Aufl] Vorbem 411 zu Art 12 EGBGB). Die in der Aufwertung liegende Durchbrechung des nominalistischen Prinzips wirkt sich zwar reflexiv auf die Schuldwährung aus, bewirkt aber als schuldrechtliches Korrektiv nicht Veränderung der öffentlichrechtlichen Wertbestimmung des Geldes, sondern Befreiung der Verbindlichkeit aus dieser Wertbestimmung (ähnlich Wolfgang Mayer 58 f). Über dieAufwertbarkeit einer Fremdwährungsforderung entscheidet das auf sie anwendbare Recht, und über das anwendbare Recht entscheidet das Schuldstatut (Staudinger-Firsching [10./11. Aufl] Vorbem 411 zu Art 12 EGBGB; Wolfgang Mayer 62 f). *Ist deutsches Schuldrecht anzuwenden, so richtet sich auch die Aufwertung von Geldforderungen bei Währungsverfall nach den Grundsätzen des deutschen Schuldrechts* (dazu Vorbem D 90 ff zu § 244). Ist *ausländisches Recht* anzuwenden, das eine Aufwertung ausnahmslos ausschließt, so will Wolfgang Mayer 64 die Anwendung der ausländischen Sachnorm nach Art 30 EGBGB unterbinden (vgl auch Reichel JW 1930, 2209; zweifelhaft; aM RGZ 119, 259, 264; OLG Kiel JW 1931, 156; Melchior 307). RGZ 114, 171 hat einem ausländischen Urteil, das eine Forderungsaufwertung nach § 242 BGB abgelehnt hatte, die Anerkennung nach § 328 ZPO versagt. Eine Aufwertung der Forderung nach § 242 wegen Währungsverfalls kommt aber nur unter den in Vorbem D 100 ff zu § 244 geschilderten strengen Voraussetzungen in Betracht, nicht schon bei jeder Entwertung (näher Vorbem D 105 zu § 244). Fremdwährungsschulden unterlagen *nicht* der *Umstellung* nach dem UmstG (BGHZ 43, 162, 168; BGH NJW 1958, 1390; OLG Hamburg NJW 1954, 233; BGB-RGRK-Alff Rz 21).

46 **2. Erfüllung und Aufrechnung**

a) Die **Erfüllung der Fremdwährungsschuld** richtet sich grundsätzlich nach den für die Erfüllung von Geldschulden allgemein geltenden Regeln (Vorbem C 36 ff zu § 244). Zur Erfüllung und Aufrechnung in DM vgl Rz 81 ff. Die technische Durchführung der Erfüllung in fremder Währung kann auf devisenrechtliche Schwierigkeiten stoßen. Vgl dazu Rz 65 f. Zur Frage der Anwendung deutschen Rechtes auf die Erfüllung vgl Staudinger-Firsching (10./11. Aufl) Vorbem 446 zu Art 12 EGBGB.

47 **b)** Hinsichtlich der **Aufrechnung** muß zwischen einfachen und effektiven Fremdwährungsschulden unterschieden werden. Das Merkmal der *Gleichartigkeit* (§ 387) ist nicht schon dann gegeben, wenn beide einander gegenüberstehenden Forderungen Geldforderungen sind (vgl BGHZ 8, 339, 343 = NJW 1953, 739; BGHZ 23, 395, 400; BGH LM § 395 Nr 2; Fögen 126; Nussbaum, Das Geld 225; Smoschewer JW 1921, 1447; eingehende Nachw bei von Hoffmann IPRax 1981, 156; **aM** OLG Düsseldorf

Recht 1924 Nr 524; Neumeyer III/2 139; Birk AWD 1969, 15). Forderungen, die in verschiedenen Währungen zu begleichen sind, sind nach dem Geldschuldkonzept des BGB ungleichartig (OLG Frankfurt OLGZ 1967, 13, 16 f = NJW 1967, 501, 503; Nussbaum, Das Geld 225; Wolfgang Mayer 92; Smoschewer JW 1921, 1447). Die geschuldete Währung bestimmt den Leistungsgegenstand (vgl auch Rz 73 aE). Das hätte auch nach der Währungsreform von 1948 gelten müssen, soweit sich *umgestellte und nicht umgestellte RM-Forderungen* gegenüberstanden; BGHZ 2, 300 hat jedoch für diesen Ausnahmefall die alte, durch Umstellung einer der Forderungen an sich beseitigte RM-Aufrechnungslage als ausschlaggebend anerkannt (vgl zur Fortführung dieser Praxis BGHZ 8, 339 = NJW 1953, 739; BGHZ 23, 395, 400; 35, 248, 253; eine allgemeine „Sphärentheorie" für die Aufrechnungslage läßt sich aus dieser Ausnahmesituation schwerlich herleiten; so aber Dietrich AcP 170 [1970] 534, 542). Auf der anderen Seite wird mit Recht dazu aufgerufen, die Aufrechnungsproblematik nicht von einer rein *formalen Gleichartigkeit* der Forderungen abhängig zu machen, sondern auf eine *Interessenanalyse* abzustellen (grundlegend Drobnig, American-German Private International Law [1972] 259): Die Voraussetzungen der Aufrechnungslage sollen dafür sorgen, daß dem Aufrechnungsgegner durch die Aufrechnung kein Nachteil entsteht (von Hoffmann IPRax 1981, 156). Von Hoffmann stellt deshalb im Anschluß an Drobnig aaO entscheidend auf die Konvertibilität ab: Bestehe am Erfüllungsort volle Konvertibilität und lasse auch das Devisenrecht des Erfüllungsorts der Hauptforderung die Deviseneinfuhr zu, so bedeute es für den Aufrechnungsgegner keinen Unterschied, an welchem Ort und in welcher Währung er Zahlung erhalte. Nur wenn es an einer dieser Voraussetzungen fehle, sei die Aufrechnung mangels Gleichartigkeit unzulässig. Richtig scheint es, zwischen effektiven und einfachen Fremdwährungsschulden zu unterscheiden.

aa) Bei der effektiven Fremdwährungsschuld liegt Gleichartigkeit vor, wenn der 48
Aufrechnende seinerseits Zahlung in der betreffenden Fremdwährung schuldet (BGB-RGRK-Weber § 387 Rz 35) oder wenn er seinerseits jedenfalls befugt ist, die Geldforderung des Aufrechnungsgegners in der betreffenden Währung zu tilgen (Fögen 126 f; MünchKomm-von Feldmann § 387 Rz 7; vgl auch Staudinger-Kaduk [10./11. Aufl] § 387 Rz 78). *Unzulässig* ist die *Aufrechnung eines DM-Gläubigers gegen eine effektive Fremdwährungsschuld* (Fögen 127; BGB-RGRK-Weber § 387 Rz 35; Reichel AcP 126 [1926] 322; Nachweise aus der österreichischen Praxis bei Staudinger-Weber [11. Aufl] Rz 74). Für die hM ist dies eine Selbstverständlichkeit. Aber auch dann, wenn man im Anschluß an Drobnig und von Hoffmann die Aufrechnungsmöglichkeit erweitert, muß es bei diesem Ergebnis bleiben, denn die Vereinbarung einer effektiven Fremdwährungsschuld enthält das Verbot einseitiger Aufrechnung des Fremdwährungsschuldners mit einer Heimwährungs-Gegenforderung. Zweifelhaft ist, ob umgekehrt *der Gläubiger einer (effektiven) Fremdwährungsschuld* gegenüber einer DM-Forderung seines Schuldners aufrechnen kann (bejahend offenbar Fögen 127; im Ergebnis auch Birk AWD 1969, 15; verneinend die hM; zB LG Hamburg IPRax 1981, 174 und dazu von Hoffmann IPRax 1981, 155; s bereits Reichel AcP 126 [1926] 321 f). Da das Gleichartigkeitsproblem unleugbar ist (aM Birk aaO) hängt die Entscheidung von der *Funktion des Gleichartigkeitserfordernisses* ab. Über diese entscheidet zunächst die *Funktion der Aufrechnung*. Betrachtet man mit der traditionellen Auffassung die Aufrechnung nur als ein *Erfüllungssurrogat* und als Mittel zur Vermeidung umständlicher Hin- und Herzahlung (so namentlich Fögen 126, der deshalb eine Aufrechnungslage leugnen müßte), so sprechen gewichtige Gründe für die hM, denn die Erfüllung der gegenseitigen Forderungen ist in diesem Fall kein bloßes Hin und Her derselben Zahlung. Der Blick auf die *Vollstreckungsfunktion der Aufrechnung* (Bötticher, FS Schima [1969] 95; zust etwa MünchKomm-von Feldmann § 387 (Rz 1) verdeutlicht indes, daß der

Fremdwährungsgläubiger gar nicht eine Leistung erzwingt, die ihm nicht zusteht, sondern daß er durch privaten Zugriff auf die Gegenforderung eine „Privatvollstreckung" wegen seiner Forderung betreibt. Dies darf er nach § 387 tun, sofern nach dem Inhalt der gegenseitigen Forderungen kein dem Aufrechnungsgegner unzumutbarer Nachteil entsteht (insofern übereinstimmend von Hoffmann IPRax 1981, 156). Unter den aE von Rz 47 genannten Voraussetzungen sollte deshalb die Aufrechnung zugelassen werden. Die Umrechnung erfolgt analog Abs. 2.

49 **bb) Bei der einfachen Fremdwährungsschuld** stellt die **hM** auf § 244 ab: Der *Gläubiger einer DM-Forderung* kann gegen eine einfache Fremdwährungsschuld aufrechnen, wenn diese im Inland zu zahlen ist; das ergibt sich aus § 244 Abs 1 (RGZ 106, 99, 100; zust 167, 60, 62 f; OLG Hamburg HansGZ 1924 H Nr 114; Erman-Sirp Rz 17; Henn MDR 1956, 585; **aM** Neumeyer III/2 138, weil Abs 1 nur die Zahlung betreffe; insoweit ähnlich Birk AWD 1969, 15). Die Gleichartigkeit tritt mit dem Augenblick der Aufrechnungserklärung ein (vgl RGZ 167, 60, 63 m zust Anm Meyer-Collings ZAkDR 1942, 235; Wolfgang Mayer 93; Palandt-Heinrichs Anm 4 b; Smoschewer JW 1921, 1447; dagegen eingehend Reichel AcP 126 [1926] 325). Auf diesen Zeitpunkt kommt es für § 389 an (vgl auch zum Fall der Aufrechnung zwischen Geldwertschuld und Geldsummenschuld Vorbem C 56 zu § 244). Noch besser befriedigt im praktischen Ergebnis die Auffassung von Birk (AWD 1969, 15), der überhaupt nicht auf § 244 abstellt und die Aufrechnung auch dann zuläßt, wenn die Fremdwährungsschuld im Ausland zu zahlen ist. Dagegen kann, wer DM schuldet und Zahlung in fremder Währung verlangen kann, nach hM nicht aufrechnen, weil es keine facultas alternativa des Fremdwährungsgläubigers gibt (vgl die Nachweise bei Rz 48; eingehend bereits Reichel AcP 126 [1926] 323). RGZ 167, 60 mAnm Meyer-Collings ZAkDR 1942, 235 leitet die Aufrechnungsbefugnis für den Einzelfall im Wege ergänzender Vertragsauslegung aus dem Parteiwillen her. Richtig ist, daß der Fremdwährungsgläubiger vom Schuldner nicht Zahlung in DM verlangen kann. Auch hier – wie bei der effektiven Fremdwährungsschuld – sprechen aber die Überlegungen von Rz 48 dafür, die *Aufrechnung durch den Fremdwährungsgläubiger* zuzulassen. Vorauszusetzen ist aber freie Konvertibilität am Erfüllungsort (vgl Rz 47).

50 **cc) Umrechnungszeitpunkt im Fall der Aufrechnung** ist der *Zeitpunkt der Aufrechnungserklärung* (RGZ 106, 99, 100; 167, 60, 63; Dürkes [Rz 40 9. Aufl] C 239; BGB-RGRK-Alff Rz 15; Erman-Sirp Rz 17; Henn MDR 1956, 587; ders RIW 1957, 153; LG Stuttgart MDR 1951, 559, 560). Die Gegenauffassung von Reichel (AcP 126 [1926] 313, 324 ff) stützt sich zu Unrecht auf § 389; es kommt auf den Zeitpunkt der Leistungsbewirkung, hier also der Aufrechnungsbewirkung, an. Nach hM entsteht überdies auch die Aufrechnungslage idR erst mit Ausübung der Ersetzungsbefugnis, dh mit der Aufrechnung (insofern inkonsequent Dürkes aaO).

51 **3. Kreditsicherheiten**

Kreditsicherheiten für Fremdwährungsschulden können, soweit deutsches Recht Anwendung findet (zur Anwendung deutschen Rechts auf Mobiliarsicherheiten vgl Drobnig RabelsZ 38 [1974] 468, 478 ff; auf Bürgschaften vgl Staudinger-Firsching [10./11. Aufl] Vorbem 580 zu Art 12 EGBGB; BGB-RGRK-Wengler Bd VI/1 623), nach allgemeinen Regeln bestellt werden.

52 **a) Personalsicherheiten** sind ohne weiteres zulässig. Die *Bürgschaft* setzt überhaupt keine Geldschuld als Hauptschuld voraus (vgl etwa RGZ 140, 216, 218 f), also auch keine DM-Schuld. Kraft Akzessorietät (§ 767) begründet die Bürgschaft im Zweifel

eine effektive Fremdwährungsschuld, wenn die Hauptverbindlichkeit eine effektive Fremdwährungsschuld ist, dagegen eine einfache Fremdwährungsschuld mit Ersatzbefugnis des Bürgen, wenn und solange die Hauptverbindlichkeit eine einfache Fremdwährungsschuld darstellt. Aber Auslegung wird auch ergeben können, daß die Verbindlichkeit des (inländischen!) Bürgen in jedem Fall unechte Fremdwährungsschuld sein soll. Beruht die Nichtleistung des Hauptschuldners auf einer Devisensperre, so kann sich nach dem Gedanken des § 768 auch der Bürge hierauf berufen (OGH Wien mitgeteilt bei GADOW DGWR 1936, 465; PALANDT-THOMAS § 765 Anm 3 b; eingehend STAUDINGER-HORN Vorbem 71 f zu § 765; aM Denkschr Int Law Association mitgeteilt bei SIMON ZAkDR 1938, 651, 653).

b) **Sicherungsgut** bei der Sicherungsübereignung kann nach Maßgabe der Sicherungs- 53
abrede unter der Geltung deutschen Rechts für die Erfüllung echter wie unechter Fremdwährungsschulden haften. **Pfandrechte an beweglichen Sachen** (§§ 1204 ff) können für jede Forderung bestellt werden, die Geldforderung ist oder in eine solche übergehen kann (arg § 1228 Abs 2 S 2). Darunter fallen auch alle Fremdwährungsschulden. Die Befriedigung aus dem Pfanderlös (§ 1247) erfolgt in beiden Fällen in DM (Umrechnung analog § 244 Abs 2).

c) Auch **Grundpfandrechte** (Hypotheken und Sicherungsgrundschulden) können für 54
Fremdwährungsschulden eingetragen werden (OLG Kiel SchlHAnz 1937, 173). Das BGB würde sogar die Grundbucheintragung in fremder Währung zulassen (aM STAUDINGER-SCHERÜBL § 1115 Rz 18). Aber nach **§ 28 S 2 GBO** sind einzutragende Geldbeträge in „Reichwährung" anzugeben, und das bedeutet: seit 21. 6. 1948 in DM (KG NJW 1954, 1686; KUNTZE-ERTL-HERRMANN-EICKMANN, GBO [2. Aufl 1979] § 28 Rz 18). Eintragung in Auslandswährung ist unzulässig (OLG Köln RIW/AWD 1977, 291; Verfassungsbeschwerde nicht angenommen; vgl RIW/AWD 1977, 778). Zur Sonderregelung für *Schweizer Goldhypotheken* aufgrund der Vereinbarung v 23. 2. 1953 und G v 15. 5. 1954 (BGBl II 538, 740) vgl BGH WM 1966, 324; PALANDT-THOMAS § 1113 Anm 6. *Unzulässig ist auch die Eintragung in RM* (LG Hamburg DNotZ 1950, 433, 434; str nur für den Fall der Grundbuchberichtigung, wenn ein RM-Recht zu Unrecht gelöscht wurde; Nachweise bei KUNTZE-ERTL-HERRMANN-EICKMANN § 28 Rz 19). Die Eintragung des Grundpfandrechts in DM betrifft nur das dingliche Recht. Die Fremdwährungsschuld wird durch Eintragung eines Grundpfandrechts in inländischer Währung nicht in eine Heimwährungsschuld umgewandelt (RG WarnR 1923/24 Nr 2; NUSSBAUM, Das Geld 234). Gesichert ist die Fremdwährungsschuld, und die Eintragung des Grundpfandrechts in DM hat lediglich Bedeutung für die Höhe der dinglichen Grundstücksbelastung (RGZ 106, 74, 79; vgl auch RG ZAkDR 1942, 285 und dazu MICHAELIS ZAkDR 1942, 278; in gleicher Richtung RGZ 152, 213, 219). § 28 S 2 GBO ist bloße Ordnungsvorschrift (KG OLGE 1, 48, 49; NJW 1954, 1686; KUNTZE-ERTL-HERRMANN-EICKMANN § 28 Rz 21). Nichtbeachtung der Bestimmung macht als solche die Eintragung nicht unrichtig. Verletzung des § 3 WährG (Rz 41 sowie Vorbem D 187 ff zu § 244) könnte das Grundbuch unrichtig machen und einen Amtswiderspruch nach § 53 Abs 1 S 1 GBO begründen. Aber regelmäßig betrifft sie nur den schuldrechtlichen Anspruch. Ist die Hypothek ordnungsgemäß eingetragen, der Schuldvertrag aber nach § 3 S 1 WährG schwebend unwirksam, so ist dies ein Anwendungsfall von § 1163 Abs 1 S 1. Anders, wenn eine *Sicherungsgrundschuld* bestellt ist.

d) **Schiffshypotheken** in fremder Währung sind zulässig. Nach §§ 8, 24 SchiffsRG 55
genügt jede Geldforderung. Für die Eintragung heißt es in § 36 SchiffsRegO: „In Eintragungsbewilligungen und Eintragungsanträgen sind einzutragende Geldbeträge in der im Geltungsbereich des Grundgesetzes geltenden Währung anzugeben, soweit nicht die Eintragung in anderer Währung gesetzlich zugelassen ist." Die *Zulässigkeit*

von Valuta-Schiffshypotheken ergibt sich aus Art III Abs 1 G zur Änderung und Ergänzung des SchiffsbankG v 8. 5. 1963 (BGBl I 293): „Wird für eine Forderung, die in ausländischer Währung zu zahlen ist, eine Schiffshypothek in das Schiffsregister eingetragen, so kann der Geldbetrag der Forderung und etwaiger Nebenleistungen oder der Höchstbetrag, bis zu dem das Schiff haften soll, in ausländischer Währung angegeben werden. Dasselbe gilt für die Eintragung einer Schiffshypothek in das Schiffsbauregister.“ Das Erfordernis einer Genehmigung nach § 3 WährG (Vorbem D 307 zu § 244) bleibt von dieser rein registerrechtlichen Bestimmung unberührt (vgl PRAUSE, Das Recht des Schiffskredits [3. Aufl 1979] § 36 SchiffsRegO Anm c). **Luftfahrzeuge** können nach § 87 LftfzRG mit einem *Registerpfandrecht* in ausländischer Währung belastet werden. Auch hier bleibt § 3 WährG zu beachten. Für die Zwangsversteigerung wegen einer Schiffshypothek bzw eines Registerpfandrechts in Fremdwährung gelten die §§ 168 c, 171 e ZVG.

56 e) **Ablösungsrechte** nach §§ 268, 1142, 1150, 1223 Abs 2, 1224, 1249 können stets auch in DM ausgeübt werden (auch bei der effektiven Fremdwährungsschuld), weil auch der Zugriff des Gläubigers auf die dingliche Haftung nur zur Befriedigung in DM führt.

57 4. Das Fremdwährungsrisiko

Schrifttum: ALBRECHT, Die Möglichkeiten der Wechselkurssicherung und ihre Eignung für Bank- und Nichtbankunternehmen, Diss rer pol Hamburg 1976; BACKES, Kurssicherungsgeschäfte (1977); BÄLTZER, Wertsicherungstechniken des Euro-Kapitalmarktes, in: HORN (Hrsg), Monetäre Probleme im internationalen Handel und Kapitalverkehr (1976) 143; BRAUN, Monetärrechtliche Probleme vertraglicher Geldwertsicherung im grenzüberschreitenden Wirtschaftsverkehr, Diss Würzburg 1979; DÜRKES, Wertsicherungsklauseln (9. Aufl 1982); EUBA, Der Einfluß von Geldwertrisiko und Wertsicherungsklauseln auf die Vermögensdispositionen (1973); GRAUPNER, Rechtliche Folgen der britischen Abwertung für den deutsch-britischen Wirtschaftsverkehr, AWD 1968, 99; HAHN, Geldwertsicherung und internationales Währungsrecht, Liber amicorum A F Schnitzer (1979) 199; ders, Geldwertsicherung im Recht der internationalen Wirtschaft, FS Bärmann (1975) 195; HOFFMANN, Rechtsfragen der Währungsparität (1969); HOLTZMANN, Der Einfluß monetärer Risiken auf den internationalen Handel und Kapitalverkehr und die Möglichkeit rechtlicher Risikokontrollen, in: HORN (Hrsg), Monetäre Probleme im internationalen Handel und Kapitalverkehr (1976) 13; LEWIS-MOUNTFORD, Foreign Currency Obligations in EnglishLaw, ZHR 140 (1976) 120; MORAWITZ, Die Auswirkungen von Wechselkursänderungen auf die Zahlungsverpflichtungen im Rahmen der EWG, AWD 1973, 658; MOSER, Wechselkursrisiko. Theorie und Praxis der Kurssicherungstechniken (2. Aufl 1978); MOSHEIM, Währungsklauseln und Risiko von Währungsschwankungen, Betrieb 1951, 953; ROTH, Aufwertung und Abwertung im internationalen Privatrecht, in: Fragen des Rechtes der Auf- und Abwertung (1979) 87 ff; ders, Währungsprobleme im int Seerecht, Schriften des Dt Vereins für int Seerecht A 42, 1980; SCHARRER-GEHRMANN-WETTER, Währungsrisiko und Währungsverhalten dt Unternehmer im Außenhandel (1978); WENTZ, Unternehmerische Devisenkurssicherung (1979); WITTGEN, Währungsrisiko und Devisenkurssicherung (1975); ZEHETNER, Geldwertklauseln im grenzüberschreitenden Wirtschaftsverkehr (1976).

58 a) Das **Fremdwährungsrisiko** ist ein *Zentralproblem der Fremdwährungsschuld.* Hier liegt der Grund dafür, daß die Fragen um § 244 die Praxis, von devisenrechtlich bedingten Ausnahmen abgesehen, nur in Zeiten währungsrechtlicher Unruhe bewegen. Zur *Geldwertschuld* (Schadensersatz) vgl zunächst Rz 28. Bei *Geldsummenschulden* trägt im Grundsatz der Gläubiger das Fremdwährungsrisiko (RGZ 145, 51; RG JW 1926, 1323; 1938, 94 BGH WM 1965, 843, 845; OLG Hamburg OLGE 41, 100 = HansRZ 1921 Nr 49; OLGE 45, 120 = HansRZ 1924 Nr 109 = Recht 1924 Nr 1219; OLG Stuttgart SoergRspr 1933 Nr 2 zu § 244; OLG Kiel BankArch 33 [1933/34], 192 = SchlHAnz 1934, 73; OLG Köln VersR 1971, 1166; OLG Hamburg HansRGZ 1936 B Nr 98; VersR 1979, 833; zur Abgrenzung vgl OLG Hamburg

HansRZ 1921 Nr 3). Er trägt es bis zur Erfüllung (vgl zum Verspätungsrisiko Vorbem C 25 zu § 244 sowie OLG Hamburg OLGE 45, 120, 121 = HansRZ 1924 Nr 109 = Recht 1924 Nr 1219). Dieses Fremdwährungsrisiko umfaßt sowohl die Gefahr einer inneren Entwertung als auch die eines Kursverlustes der Zahlungswährung (zur Ausnahme bei Geldwertschulden vgl Vorbem D 334 zu § 244; RGZ 102, 60, 62 f; RG HansRZ 1921 Nr 133 = Recht 1921 Nr 1125 = WarnR 1921 Nr 70). Im **Verzug des Schuldners** verschiebt sich das Fremdwährungsrisiko: Nach Vorbem D 336 ff zu § 244 kann der Gläubiger Ersatz seines Verzugsschadens sowohl dann verlangen, wenn dieser auf dem inneren Währungsverfall der Zahlungswährung beruht, als auch dann, wenn der Schaden auf einem Kursverfall beruht. Das ist auch speziell für den Fall des § 244 anerkannt (vgl nur RGZ 96, 262, 266; RG Recht 1920 Nr 1153; JW 1923, 924; WarnR 1922 Nr 80; 1923/24 Nr 38; BGH MDR 1976, 661 = RIW/AWD 1976, 229; OLG Hamburg OLGE 41, 100 = Recht 1921 Nr 1297 = HansGZ 1921 H Nr 24 = HansRZ 1921, Nr 48; OLG Frankfurt JW 1925, 1658, 1659; KG JW 1935, 2291; OLG Hamburg HansRGZ 1936 B Nr 98; LG Wiesbaden JW 1932, 3832, rechtsvergleichend Rolf H Weber in BernerKomm Art 84 Rz 360 ff). Solange noch die Rechtsprechung den Fälligkeitstag als Umrechnungszeitpunkt nach Abs 2 ansah, diente der Verzugsschadensersatz vor allem dazu, die Unrichtigkeit dieses Ergebnisses zu korrigieren und dem säumigen Schuldner einen Verzugsgewinn wieder zu nehmen (RGZ 96, 262, 266; Recht 1920 Nr 1153; OLG Hamburg HansGZ 1920 Nr 22 = Recht 1920 Nr 1150). Seit der Zahlungstag als Umrechnungszeitpunkt anerkannt ist (Rz 86), braucht ein Kursverlust bei Zahlung in dt Währung nicht mehr ausgeglichen zu werden (Staudinger-Löwisch § 286 Rz 20). Anders wenn in Fremdwährung gezahlt wird (dazu Vorbem D 336 ff zu § 244). Anders auch, soweit ein Verzugsschaden nicht durch Kursverlust, sondern durch Kaufkraftverlust eintritt (vgl Vorbem D 335 zu § 244). In diesen Fällen ist der Verzugsschaden nach den bei Vorbem D 336 ff zu § 244 behandelten Grundsätzen zu ersetzen. Auch hier gilt, daß ein Kaufkraftverlust oder ein Kursverlust nicht per se, sondern nur dann einen Schaden begründet, wenn er sich im Vermögen des Gläubigers niedergeschlagen hat. Zur Beweislast und zur Beweisführung vgl BGH MDR 1976, 661 = RIW/AWD 1976, 229; OLG München NJW 1979, 2480 = RIW/AWD 1979, 277; eingehend Vorbem D 339 zu § 244). Gelegentlich ist der Entwertungsschaden ein nur scheinbarer. So, wenn der Kursverlust der Schadenswährung nur auf einem einseitigen Kursgewinn der Schädigungswährung beruht oder wenn sich der Geschädigte seinerseits aus einem währungsschwachen Land eindeckt (RG JW 1926, 1323; OLG Düsseldorf JW 1933, 857; Wolfgang Mayer 30). Ein Kursgewinn des Gläubigers einer effektiven Fremdwährungsschuld bleibt durch den Verzugseintritt unberührt. Eine Vorteilsausgleichung bleibt grundsätzlich außer Betracht (anders wohl Staudinger-Löwisch § 286 Rz 19 aE). Sonderregeln, die F A Mann (Recht des Geldes 268) als vorbildlich einschätzt, enthalten für den Verzugsfall die Art 41 Abs 1 WG, 36 Abs 1 ScheckG (vgl Rz 101).

b) Wertsicherungsklauseln, die das Risiko verlagern sollen, begegnen in unterschied- 59
licher Form (Zehetner 23 ff, 98 ff; Roth, in: Fragen des Rechtes der Auf- und Abwertung [vor Rz 1] 113 ff; Braun 42 ff; Hahn FS Bärmann (1975) 395 ff). Die Fremdwährungsschuld kann zunächst wie eine Heimwährungs-Valutawertschuld (Rz 5) der Höhe nach an den Betrag oder Kurs einer Drittwährung oder an den Wechselkurs im Verhältnis zur Deutschen Mark geknüpft sein (Dürkes [9. Aufl] C 224 ff). Die Wertsicherung der Fremdwährungsschuld bedarf nach deutschem Währungsrecht einer Genehmigung (Vorbem D 214; Dürkes [9. Aufl] C 231). Wie bei der Wahlschuld (Rz 9) kann das Fremdwährungsrisiko iS einer Meistbegünstigung der wahlberechtigten Partei verlagert werden. Zahlreiche andere Wertsicherungen sind gebräuchlich (Zehetner 100 ff), zB eine Klausel, die das Risiko durch

einen Mittelwert auf beide Parteien verteilt. Die Vereinbarung einer Wertsicherungsklausel geschieht idR ausdrücklich. Sie darf den Parteien nicht ohne nähere Anhaltspunkte unterstellt werden (aM ZEILER JW 1935, 248). Nach RGZ 145, 51 kann dem Darlehensgeber, der zur Vermeidung von Währungsrisiken auf einer vermeintlich stabilen Fremdwährung bestanden hat, das Fremdwährungsrisiko auch nicht im Wege der ergänzenden Vertragsauslegung abgenommen werden. Zur Frage der Genehmigung nach § 3 WährG, insbes zur Frage der Wertsicherungsklausel bei genehmigungsfreien Fremdwährungsschulden vgl Rz 40 ff. Eine Sondersituation besteht in den internationalen Linienschiffahrtskonferenzen. Hier haben sich Währungsanpassungsfaktoren in Gestalt von Währungsaufschlägen und Währungsabschlägen herausgebildet: die currency adjustment factors (CAFs). Eingehend zu den Problemen dieser CAFs vgl ROTH, Währungsprobleme im int Seerecht 23 ff.

60 c) Vom Fremdwährungsrisiko muß das **Repartierungsrisiko** unterschieden werden. Das Repartierungsrisiko ist von Bedeutung, wenn die Fremdwährungsschuld nach Abs 2 in Heimwährung beglichen wird. § 244 beruht auf der Annahme, daß der Gläubiger imstande ist, diese Zahlung in die geschuldete Fremdwährung umzutauschen. Daran kann es vor allem in Zeiten währungsrechtlicher Unruhe fehlen. Das Repartierungsrisiko, also die Gefahr, daß am Zahlungstag Devisen im Umrechnungsbetrag am Zahlungsort überhaupt nicht bzw nicht in ausreichendem Umfang zur Verfügung stehen, weil die zur Verfügung stehenden Devisen auf die Käufer nach dem Verhältnis ihrer Kaufanträge verteilt (repartiert) werden müssen, trägt grundsätzlich der Gläubiger (RGZ 111, 316; RG JW 1926, 249, 250; 1927, 177, 178; KG JW 1926, 1029; OLG Augsburg BayZ 1924, 294; OLG Kiel SchlHAnz 1924, 139; JW 1925, 278, 279 m zust Anm KLAUSING; aM KUNDLER JW 1924, 155, freilich unter Verwechslung von Valutawertschuld und Fremdwährungsschuld; vgl HAASE JW 1924, 664). Der Schuldner wird nach Abs 2 so gestellt, als tausche der Gläubiger die in inländischer Währung gezahlte Summe in die Fremdwährung um, gleichgültig, ob der Gläubiger dies in voller Höhe tut oder auch nur beabsichtigt. Durch die sog *Repartierungsklausel* kann das Repartierungsrisiko auf den Schuldner verlagert werden (RG JW 1926, 249 = Recht 1926 Nr 401; Recht 1926 Nr 229; KG JW 1924, 1177 m krit Anm ALSBERG; 1925, 274 m krit Anm KLAUSING JW 1925, 646; OLG Stuttgart SoergRspr 1925 Nr 5). Soweit die Repartierungsklausel und der in den 20er Jahren um sie geführte Streit nur die Valutawertschulden unter Inländern betraf, ist die Problematik durch § 3 S 1 und 2 WährG überholt.

VII. Umwandlung in eine Heimwährungsschuld und Ersetzungsbefugnis

61 **1. Gesetzliche Umwandlung?**

a) Jede Fremdwährungsschuld, die einfache wie die effektive, ist Geldschuld (Rz 11). *Das Institut der befreienden* **Unmöglichkeit** *(§ 275) paßt grundsätzlich nicht auf die Geldschuld* (Vorbem C 29 zu § 244; MünchKomm-VON MAYDELL Rz 46; NUSSBAUM DJZ 1923, 20; anders im Ausgangspunkt wohl RGZ 145, 51, 53; 151, 35, 38; 153, 384, 387; WOLFGANG MAYER 96 f; F A MANN JZ 1965, 451 f). Jedenfalls wird die Unmöglichkeit nur als eine vorübergehende betrachtet (RGZ 151, 35, 38; BGH LM Nr 5 zu § 275 = BB 1954, 209; SOERGEL-REIMER SCHMIDT [10. Aufl] Rz 9; BGB-RGRK-ALFF Rz 23; HOLBECK BankArch 35 [1935/36] 214, 215; WINDEN Betrieb 1953, 549). **Nach einer verbreiteten Auffassung wandelt sich die Fremdwährungsschuld im Fall der Unmöglichkeit in eine Heimwährungsschuld um** (RG HansGZ 1923 H 242, 244 Nr 135; OLG Kiel SchlHAnz 1934, 73 = BankArch 33 [1933/34] 192; RILK, Das Wechselgesetz [1933] Art 41 Anm II 3; QUASSOWSKI-ALBRECHT, ScheckG [1934] Art 36 Rz 3; WINDEN Betrieb 1953, 549). Dies, obwohl § 245 weder unmittelbar noch analog anwendbar ist (RGZ 151, 35, 37; ERMAN-SIRP Rz 19). Ähnlich wird vertreten, die Ersetzungsbefugnis des § 244 verwandle sich im Unmöglichkeitsfall in eine Ersetzungspflicht (vgl RG WarnR 1935 Nr 32; LG Würzburg IzRspr 1949–53 Nr 261 = MDR 1951, 490, 491; Beitzke NJW 1950, 928, 929; ders JR 1952, 419, 422; Winden Betrieb 1953, 548; eingehend Staudinger-Weber [11. Aufl] Vorbem 748 zu § 244). Diese zweite Auffassung kommt dem Sachproblem näher. Es geht in diesen Fällen regelmäßig um die *Zahlungswährung* und um die *Zahlungsmodalität,* dagegen nicht um eine regelrechte Umwandlung der Fremdwährungsschuld in eine Heimwährungsschuld. Die Fremdwährung bestimmt nach wie vor den Schuldinhalt. Liegt zB eine alternative Währungsklausel mit Wahlrecht des Gläubigers vor, so kann sich der Schuldner nicht wegen devisenrechtlicher Unmöglichkeit zum Nennwert in der verfallenen Heimwährung befreien (RG JW 1920, 373 mAnm Nussbaum; KG JW 1920, 57; vgl auch Braun 205 f).

b) Differenzierte Lösungen unter Einbeziehung von **§ 242**, nicht starre Unmöglich- 62
keitsregeln müssen den Weg weisen. Mit der bloßen Feststellung, daß die Unmöglichkeit der Zahlung in Fremdwährung den Schuldner nicht befreit, sind die einschlägigen Fälle idR nicht gelöst. Es lassen sich im wesentlichen **drei** – miteinander freilich verflochtene – **Fallgruppen** herausarbeiten: *erstens* die Fälle, in denen die Verschaffung der Fremdwährung an den Gläubiger unmöglich oder überobligationsmäßig erschwert ist (Rz 63), *zweitens* die Fälle, in denen die Verschaffung dieser Währung an den Gläubiger dem Erfüllungszweck nicht mehr zu dienen vermag (Rz 64), *drittens* schließlich die Fälle, bei denen Transferprobleme zwar nicht die Verschaffung der Fremdwährung an den Gläubiger, wohl aber die Zahlung in Fremdwährung durch den Schuldner erschweren (Rz 65).

aa) Der erste Fall (**Unmöglichkeit**) ist vergleichsweise selten. Es kommt kaum vor, 63
daß die geschuldete Währung ersatzlos untergeht, denn regelmäßig wird durch rekurrenten Anschluß die Verbindung von der alten zu einer neuen Währung geschaffen (vgl Vorbem A 30 zu § 244). Befindet sich der Gläubiger im Währungsland, so hält auch das Devisenrecht von Staaten mit Devisenbewirtschaftung dem Schuldner in aller Regel Wege offen, dem Gläubiger den Betrag in der geschuldeten Währung zu verschaffen. Devisenrechtliche Schwierigkeiten sowie wirtschaftliche Schwierigkeiten allgemeiner Art entbinden den Schuldner grundsätzlich nicht von der Pflicht, in der bedungenen Währung zu zahlen (RG WarnR 1923/24 Nr 62; vgl auch OLG Hamburg HansGZ 1922 H Nr 83; BGB-RGRK-Alff Rz 23 mwN; Nussbaum DJZ 1923, 19 f). Nur im Einzelfall kann sich über § 244 hinaus aus § 242 ausnahmsweise die Verpflichtung des Gläubigers ergeben, Zahlung in Inlandswährung auf ein Sperrkonto oä an Erfüllungs Statt entgegenzunehmen (RGZ 151, 35, 37 ff; 153, 384, 386 ff; BGHZ 13, 324, 332; BGH LM 5 zu § 275 = BB 1954, 209; vgl auch den Überblick bei BGB-RGRK-Alff Rz 23). Wird noch ein devisenrechtliches Genehmigungsverfahren betrieben, so führen Nichtleistung und Nichtannahme einer Heimwährungszahlung grundsätzlich noch nicht zum Schuldner- oder zum Gläubigerverzug (näher BGB-RGRK-Alff Rz 23 mwN). Bei Undurchführbarkeit der geschuldeten Zahlung ist nach § 242 zu verfahren. Obligationsgerechte Zahlung unter geänderten Zahlungsmodalitäten kann dann bei billiger Berücksichtigung der beiderseitigen Interessen verlangt und angeboten werden (vgl nur RGZ 147, 17, 19 f; 151, 35, 37 ff; RG HansRZ 1923, 242, 244; Soergel-Reimer Schmidt [10. Aufl] Rz 9). Aus § 242 kann sich eine *Pflicht zur Zahlung in Inlandswährung* für den Schuldner auch bereits dann ergeben, wenn die geschuldete Währung für den Gläubiger schwer verwertbar und für den Schuldner schwer zu beschaffen ist (BGH WM 1969, 26 betr ghanaische Cedi). Im Einzelfall geht es um *sachgerechte Anpassung der Fremdwährungsschuld.* Nicht immer führt diese zur Änderung der Zahlungswährung. Ist am Erfüllungsort die Leistung in der geschuldeten Währung

nicht möglich, so kann aus § 242 auch die Verpflichtung folgen, diese Leistung an einem anderen Ort zu erbringen (RG JW 1924, 1357, 1358 mAnm Haase).

64 bb) Eine **Verlagerung des Schuldverhältnisses** in seinem Schwerpunkt kann zu einer Änderung der Zahlungswährung – bei entsprechendem Geschäftswillen der Beteiligten sogar zu einer Änderung der Schuldwährung – führen, wenn an ihr beide Parteien beteiligt sind. Ein einseitiges Überwechseln des Schuldners – erst recht des Gläubigers – von einem Währungsgebiet in das andere ändert dagegen noch nicht die geschuldete Währung (vgl für das Verhältnis DDR/Bundesrepublik KG Rpfleger 1962, 172, 173 mAnm Bremer; LG Berlin Rpfleger 1967, 222, 223). Aber auch eine beiderseitige Schwerpunktverlagerung sollte nicht unbedenklich schon deshalb angenommen werden, weil etwa Gläubiger und Schuldner in ein anderes Währungsgebiet übergewechselt sind. Bedenklich verallgemeinernd will BGHZ 43, 162 = JZ 1965, 448 mAnm F A Mann eine 1935–1939 in Zloty begründete Forderung in DM neu bestimmen, weil die Parteien jede Beziehung zum Währungsland verloren haben und sich der Inhalt der Zloty-Forderung aufgrund zwischenzeitlicher Währungseingriffe grundlegend ändern müßte. F A Mann weist mit Recht darauf hin, daß eine allgemeine Regel dieses Inhalts nicht existiert (vgl die in allen Instanzen erfolglose Klage im Fall RG WarnR 1930 Nr 43). Sie würde das gesetzliche oder vertraglich bedungene Fremdwährungsrisiko beiseiteschieben. Die BGH-Entscheidung sollte deshalb nur in dem Sinne fortentwickelt werden, daß von Fall zu Fall eine Anpassung des Schuldverhältnisses an die neuen Gegebenheiten aufgrund § 242 gestattet ist (so wohl auch – dem BGH zustimmend – Roth, in: Fragen des Rechtes der Auf- und Abwertung 101; Wengler IPR II = BGB-RGRK VI/2 S 870 f).

65 cc) Um bloße **Transferprobleme** handelt es sich, wenn dem Fremdwährungsgläubiger zwar der Fremdwährungsbetrag verschafft werden kann, dies aber nur durch Zahlung in Heimwährung (vgl insbes zum Devisenrecht der DDR Rz 35 sowie Vorbem E 13 ff zu § 244). Unmöglichkeit der Fremdwährungszahlung liegt hier nicht vor. Schuldwährung und Zahlungswährung fallen auseinander (vgl namentlich über Unterhaltsgläubiger in der DDR Rz 35). Das Problem besteht in Wahrheit in der Festlegung des Umrechnungskurses (Rz 35 und 88). Eine Umwandlung der Fremdwährungsschuld in eine Heimwährungsschuld tritt nicht ein.

66 c) Dem **Einfluß des Devisenrechts auf die Fremdwährungsschuld** sind völkerrechtliche, mindestens aber faktische Grenzen gesetzt. Vgl zu den Auswirkungen ausländischen Devisenrechts auf Schuldverhältnisse mit dt Schuldstatut zunächst Vorbem E 29 zu § 244. Nach Wengler IPR II (1981) = BGB-RGRK VI/2 S 1296 f darf kein Staat unter Berufung auf seine Eigenschaft als Aussteller von Zahlungsmitteln den Umgang mit diesen Zahlungsmitteln durch Ausländer im Ausland regeln. Er kann zwar die Ausfuhr solcher Devisen in das Währungsausland oder ihre Rückverbringung in das Währungsinland verbieten, nicht aber die Begründung und Erfüllung von Geldschulden in seiner Währung im Ausland verhindern.

67 **2. Gewillkürte Umwandlung**

a) Jede Fremdwährungsschuld kann durch **schuldrechtliche Vereinbarung** in eine Heimwährungsschuld umgewandelt werden. Wie bei der Begründung der Forderung (Rz 16) steht auch während ihres Bestehens die geschuldete Währung zur Disposition der Parteien, soweit nicht § 3 WährG (Rz 40 ff) oder ein gesetzliches Verbot entgegensteht. Stehen die Parteien in *laufender Rechnung,* so kann ein Saldoanerkenntnis in DM zur Umwandlung führen (vgl auch RGZ 101, 122, 125). Haben sich Kläger und Beklagter für den Fall, daß der geltend gemachte Anspruch besteht, *über die Zahlung in DM geeinigt,* so ist auch in DM zu zahlen und ggf auf Zahlung in DM zu verurteilen (vgl sinngemäß Nussbaum JW 1926, 360 zu RG ebd). Auch durch *Aufrechnungsvertrag,* evtl selbst durch widerspruchslose Hinnahme einseitiger Aufrechnung zwischen einer Fremdwährungsschuld und einer Heimwährungsschuld können die Forderungen gleichartig werden bzw kann den Beteiligten die Berufung auf Ungleichartigkeit versagt werden (OLG Hamburg HansGZ 1923 H Nr 61). Es kann also durch *vorprozessuale oder prozessuale* Erklärungen die Klagforderung auf Inlandswährung fixiert werden. Die bei Rz 13 f, 23 ff kritisierte **Tendenz zur Heimwährungsklage und zum Heimwährungsurteil** findet damit ihre Rechtfertigung zwar nicht im objektiven Recht, wohl aber im Verhalten der Parteien im Einzelfall. Für die *Prozeßpraxis* ist dieser Grundsatz schwer zu entbehren, denn er nimmt dem Gericht die oft schwierige Prüfung ab, ob eine Forderung zu Recht als DM-Forderung eingeklagt ist. Allerdings sollte den Parteien ein solcher Vertrag nicht unterstellt werden. Größere Bedeutung als der vertraglichen Umwandlung kommt deshalb dem Gedanken des venire contra factum proprium (§ 242) zu.

b) Das **Verbot widersprüchlichen Verhaltens** (Verbot des ,,venire contra factum 68
proprium"; dazu Staudinger-Jürgen Schmidt § 242 Rz 554 ff; MünchKomm-Roth § 242 Rz 295 ff, 321 ff) kann es den Beteiligten versagen, sich auf den Fremdwährungscharakter einer Forderung zu berufen, nachdem sie die Forderung einhellig als Heimwährungsschuld behandelt haben. Eine verbindliche Umwandlung durch Vertrag (Rz 67) ist in solchem Einverständnis nicht ohne weiteres zu erblicken. Die Rechtsfolgen des § 242 sind differenzierter und kommen der Einzelfallgerechtigkeit besser entgegen als diejenigen einer vertraglichen Umwandlung der Schuld. Nur wo dies billig scheint, nicht wo ein schutzwürdiges Interesse die Prüfung der ,,wahren Rechtslage" rechtfertigt, werden Gläubiger und Schuldner an ihrer Einschätzung der Schuldwährung festgehalten.

aa) Eine **Klage in dt Währung** macht aus der Fremdwährungsschuld noch keine 69
Heimwährungsschuld (OLG Hamburg HansGZ 1923 H Nr 61). Wie schon in Rz 14 f angemerkt, kann aber *verbindliches Parteiverhalten* den in der Praxis über Gebühr verbreiteten Heimwährungsklagen doch zum Erfolg verhelfen. Melchior (vor Rz 1) 290 f leitet aus § 244 den Grundsatz ab, daß deutsche Gerichte zur Zahlung in Inlandswährung aus Fremdwährungsschulden verurteilen dürfen, wenn der Kläger dies beantragt und der Beklagte gegen die Maßgeblichkeit deutscher Währung keine Einwendungen erhebt (dagegen namentlich Wolfgang Mayer [vor Rz 1] 18; vgl auch OLG Hamburg HansGZ 1923 H Nr 10, 61). Grundlage kann aber nur **§ 242** sein. Namentlich bei der währungsmäßigen *Konkretisierung von Wertschulden,* darüberhinaus aber auch in sonstigen Fällen, *haben die Parteien zur Festlegung der oft zweifelhaften Schuldwährung beizutragen.* Ihr vorprozessuales oder prozessuales Verhalten kann für sie rechtsverbindlich in dem Sinne werden, daß sie sich daran festhalten lassen müssen, soweit nicht ein schutzwürdiges Interesse eine Ausnahme rechtfertigt. Wird etwa ein in Auslandswährung entstandener Schaden in Inlandswährung eingeklagt und erhebt der Schuldner hiergegen keine Einwendungen, so kann der Heimwährungsklage stattgegeben werden (insofern übereinstimmend BGH WM 1977, 478, 479; LG Hamburg RIW/AWD 1980, 64; s auch BGHZ 14, 212, 217). Nach Auffassung des LG Hamburg muß sich der Kläger, wenn er die Fremdwährungsschuld in DM umgerechnet und eingeklagt hat, hieran definitiv festhalten lassen. Er kann dann auch im Fall einer Kursänderung nicht mehr geltend machen, daß eine Fremdwährungsschuld vorliegt, deren Umrechnungskurs sich bis zur Zahlung verändern kann (LG Hamburg MDR 1978, 930; RIW/AWD 1980, 64). Da aber die Schuld nicht in eine Heimwährungsschuld umgewandelt, sondern nach Treu und Glauben nur wie eine solche zu behandeln ist, kann der Gläubiger nicht unter allen Umständen an seiner Entscheidung festgehalten werden. Ein unvorhersehbarer und unverhältnismäßiger Vorteil des Schuldners kann nicht mit § 242

gerechtfertigt werden. Im Fall eines dramatischen Verfalls der Heimwährung kann ihm der Rückgriff auf die geschuldete Fremdwährung nicht versagt werden (OLG Hamburg HansRZ 1920, 317, 320). Hierfür müssen die strengen Voraussetzungen einer Aufwertung (Rz 45 sowie Vorbem D 100 ff zu § 244) nicht erfüllt sein.

70 bb) Auch **Aufrechnungserklärungen** können im vorbezeichneten Sinne verbindlich sein. Die von den komplizierten Fragen um die Aufrechnungslage bei Fremdwährungsschulden (Rz 47 ff) drohende Schwebelage der Rechtsungewißheit läßt sich nur vermeiden, wenn jeder, der die Aufrechnung erklärt hat – beim Aufrechnungsvertrag sind dies beide Parteien – an seiner Einschätzung der Schuld festgehalten wird. Eines Umwandlungsvertrags (Rz 67) bedarf es hierfür nicht.

71 cc) Die **Umwandlung einer Heimwährungsschuld in eine Fremdwährungsschuld** wird von den dt Gerichten als *seltene Ausnahme* angesehen. So sehr man der Festlegung der Parteien auf die moneta fori grundsätzlich verbindliche Kraft beimißt, so wenig kehrt man diesen Grundsatz um, wenn die Parteien sich durch Klage und Klageerwiderung auf eine Fremdwährung festgelegt haben (charakteristisch RGZ 109, 61, 62). Theoretisch scheint dies widersinnig. Ein Verhalten, dem rechtsverbindliche Kraft beigemessen wird, wenn es zur Heimwährung hinführt, wird nur als unverbindliche Rechtsansicht angesehen, wenn es von der Heimwährung wegführt. Zuzugeben ist aber, daß der Festlegung auf Klage und Zahlung in DM bei der Rechtsverfolgung im Inland eine andere Verkehrsbedeutung zukommt als der Fremdwährungsklage. In schwierigen Abgrenzungsfällen – Auslandsschaden eines Inländers etc – sollte indes auch hier das *Verbot des venire contra factum proprium* in Betracht gezogen werden. Es ist deshalb nicht ausgeschlossen, daß Kläger und Beklagter im Einzelfall an ihrer Einschätzung festgehalten werden, wenn sie sich bei einer konkretisierungsbedürftigen Klagforderung auf eine Fremdwährungsklage festgelegt haben. Die *vertragliche Umwandlung* einer Heimwährungsschuld in eine Fremdwährungsschuld ist unter den bei Rz 67 genannten Voraussetzungen möglich und rechtsverbindlich, sofern keine gesetzlichen Hindernisse entgegenstehen (zB § 3 WährG; dazu Rz 40 ff).

72 **3. Die Ersetzungsbefugnis nach § 244**

a) aa) Eine **Ersetzungsbefugnis des Schuldners** (facultas alternativa) ordnet Abs 1 an: Die Zahlung kann auch in Inlandswährung erfolgen. Die **Funktion** dieser Befugnis ergibt sich aus Rz 2. Geschuldet ist Zahlung in fremder Währung, nicht wahlweise Zahlung in inländischer oder fremder Währung; aber der Schuldner kann statt der geschuldeten Valutazahlung auch Zahlung in „Reichswährung", dh seit dem WährG in DM, leisten (RGZ 101, 312, 313; 126, 196, 215; OLG Hamburg Recht 1921 Nr 1296; KG NJW 1957, 104, 106; Enneccerus-Lehmann § 10 I; Kress, SchuldR I 266; Reichel, AcP 126 [1926] 313, 324; Schlegelberger-Hefermehl, HGB [5. Aufl] Anh § 361 Rz 27; Düringer-Hachenburg-Breit, HGB [3. Aufl] Anh § 361 Anm 17). Historisch beruht die Substitutionsbefugnis des Schuldners auf der Überlegung, daß die Verschaffung von Auslandswährung prinzipiell schwierig ist (Nussbaum, Das Geld 209 f; s auch Fögen 123). Als Grundlage des § 244 ist aber heute weniger diese Überlegung als der institutionelle Primat der Inlandswährung anzusehen (Rz 2).

73 bb) Die **dogmatische Einordnung** als Ersetzungsbefugnis entspricht der **hM** (zB Nussbaum, Das Geld 210; Enneccerus-Lehmann § 10 I Fn 2; Larenz I § 12 IV; Windscheid-Kipp II § 256 Anh 1; BGB-RGRK-Alff Rz 14; Jauernig-Vollkommer Anm 3 c; Birk AWD 1973, 426). Die Einordnung als Wahlschuld (so OLG Köln JW 1920, 910, 911 mAnm Nussbaum; Hirsch, ZHR 85 [1921] 210, 219; vgl auch

Neumeyer [vor Rz 1] III/2 182 ff, 194 ff) hat sich mit Recht nicht durchgesetzt. Eine erwägenswerte Auffassung nimmt an, es handle sich nicht um eine facultas alternativa, sondern nur um eine Zahlungsmodalität (Planck-Siber Anm 1; ähnlich Martin Wolff in Ehrenbergs Hdb IV/1 S 640; Wolfgang Mayer [vor Rz 1] 79; Brodmann JW 1921, 441; Esser-Eike Schmidt I/1 § 12 II 2.3: ,,kein Surrogat, sondern exakte Erfüllung"). Ein solches Verhältnis wird hier für die Zahlung in Bargeld oder in Buchgeld angenommen (Vorbem C 44 ff zu § 244). Für § 244 gilt nicht dasselbe, denn die geschuldete Währung ist von bestimmender Bedeutung für den Inhalt der ,,geschuldeten Leistung" (§ 362 Abs 1). Der ungegenständliche Charakter der Geldschuld rechtfertigt es nicht, sie ganz von der Währung zu abstrahieren (Neumeyer [vor Rz 1] III/2 133). Die Geldfunktionen (Vorbem A 7 ff zu § 244) sorgen zwar dafür, daß Geldschulden verschiedener Währungen der Art nach gleichartig sind. Aber sie sind nicht auch dem Leistungsgegenstand nach identisch (vgl auch Rz 47).

b) aa) Voraussetzung der Ersetzungsbefugnis ist, daß eine **einfache Fremdwährungsschuld** vorliegt. Bei der effektiven Fremdwährungsschuld besteht die Ersetzungsbefugnis nicht. Der Gläubiger (Bank) kann aber aus Gründen des Einzelfalls nach § 242 verpflichtet sein, Zahlung in inländischer Währung entgegenzunehmen (BGH LM Nr 5 zu § 275 = BB 1954, 209; RGZ 153, 384, 386 ff). 74

bb) Gesetzliche ebenso wie vertragliche Ansprüche unterliegen der Ersetzungsbefugnis. In fremder Währung ,,ausgedrückt" sein kann eine Forderung auch dann, wenn sie auf dem Gesetz beruht. Die schon in Rz 22 und 24 kritisierte Gegenansicht (RGZ 109, 61, 62; Wolfgang Mayer [vor Rz 1] 80 ff) orientiert sich an dem auf Vertragsverhältnisse hindeutenden und auf Art 336 ADHGB zurückgehenden Wortlaut des Abs 1. Sie wird dem Sinn des § 244 (Rz 2) nicht gerecht und sieht sich auch zu Inkonsequenzen und Konzessionen gezwungen (vgl nur Wolfgang Mayer [vor Rz 1] 84: analoge Anwendung im Fall des § 818 Abs 2). 75

cc) Nur die **im Inland zu zahlende Fremdwährungsschuld** unterliegt den Regeln des § 244 (RGZ 96, 270, 272; RG JW 1922, 1324; OLG Dresden JW 1918, 275; KG JW 1923, 189; vgl Urteil des Deutschen Seeschiedsgerichts VersR 1977, 447, 448). Mit ,,Inland" und ,,Ausland" meint § 244 *Währungsinland und Währungsausland;* die DDR ist insofern als Ausland anzusehen (Rz 79). Maßgeblich ist der *Erfüllungsort* iS der §§ 269, 270 Abs 4 (RGZ 96, 262, 270; 106, 99; OLG Dresden JW 1918, 275; Urteil des Deutschen Seeschiedsgerichts VersR 1977, 447, 448; KG JW 1923, 189; Melchior [vor Rz 1] 282; Wolfgang Mayer [vor Rz 1] 87; Fögen 120; Erman-Sirp Rz 15; Palandt-Heinrichs Anm 4 b; AK-BGB-Brüggemeier Rz 6). Eine Unterscheidung zwischen dem Erfüllungsort und einem für § 244 maßgeblichen ,,wirklichen Zahlungsort" (Nussbaum, Das Geld 215) ist vom Gesetz nicht gewollt und auch in praktischer Hinsicht nicht gerechtfertigt (Wolfgang Mayer 84 ff). Der Erfüllungsort kann sich, dem Schuldstatut folgend, nach ausländischem Recht bestimmen (vgl zur Anwendung von § 244 auf ausländischem Recht unterliegende Schuldverhältnisse Rz 77). § 244 ist dann unanwendbar, wenn das ausländische Recht einen ausländischen Erfüllungsort bestimmt (AK-BGB-Brüggemaier Rz 6). Diese Schwierigkeit tritt indes idR nicht auf. Ist bei Vertragsschuldverhältnissen ein erklärter oder hypothetischer Parteiwille über das anwendbare Recht nicht zu ermitteln, so entscheidet hilfsweise der Erfüllungsort über das anwendbare Recht (RG JW 1922, 1324; BGHZ 57, 72, 75; BGH NJW 1960, 1720, 1721; str, aber hM). Liegt der Erfüllungsort in Deutschland und unterliegt das Schuldverhältnis deutschem Recht, so bestehen nicht die bei Rz 77 besprochenen Zweifel an der Anwendbarkeit des § 244. Ist eine Forderung am Wohnsitz des Gläubigers zu zahlen und tritt der ausländische Gläubiger die Forderung an einen Inländer ab, so kann die 76

Fremdwährungsschuld nachträglich unter § 244 fallen (vgl OLG Hamburg NJW 1954, 233, 234 = DNotZ 1954, 497).

77 **dd) Keine Voraussetzung der Ersetzungsbefugnis ist das deutsche Schuldstatut.** Die Frage ist außerordentlich umstritten (Meinungsüberblick nach Manuskriptabschluß bei Rolf h Weber in Berner Komm Art 84 Rz 304 ff). **Für dieses Erfordernis** zB: OLG Frankfurt OLGZ 1967, 13, 17 = NJW 1967, 501, 503; Birk, Schadensersatz (vor Rz 1) 135; ders AWD 1973, 425, 434; Wolfgang Mayer (vor Rz 1) 102; Küng, Zahlung und Zahlungsort im IPR 1970, 100 ff; MünchKomm-von Maydell Rz 58 f; Staudinger-Weber (11. Aufl) Rz 13. – **Gegen das Erfordernis:** Staudinger-Firsching (10./11. Aufl) Vorbem 393 zu Art 12 EGBGB; Nussbaum, Das Geld 216; Melchior (vor Rz 1) 285 ff; Martin Wolff in Ehrenbergs Hdb IV/1 641; ders, Das IPR Deutschlands (3. Aufl 1954) § 30 I 2; Raape, Internationales Privatrecht (5. Aufl 1961) 531 f; Soergel-Kegel (10. Aufl) Vorbem 630 zu Art 7 EGBGB; Planck-Siber Anm 6; Soergel-Reimer Schmidt (10. Aufl) Rz 6; AK-BGB-Brüggemeier Rz 6; Schlegelberger-Hefermehl, HGB (5. Aufl) Anh § 361 Rz 28; Erman-Sirp Rz 15. *Diese Auffassung verdient den Vorzug.* Die rechtstechnische **Begründung** wird darin gesucht, daß § 244 insoweit als einseitige Kollisionsnorm funktioniert (Staudinger-Firsching [10./11. Aufl] Vorbem 393 zu Art 12 EGBGB; Raape-Sturm, Internationales Privatrecht [6. Aufl 1977] 47, 95; Erman-Sirp Rz 16; Martin Wolff, Das IPR Deutschlands [3. Aufl 1954] § 30 I 2; AK-BGB-Brüggemeier Rz 6; s auch Küng, Zahlung und Zahlungsort im IPR [1970] 100; Raape, Internationales Privatrecht, [5. Aufl 1961] 531), teils auch darin, daß § 244 materiellrechtlicher Satz des deutschen materiellen Schuldrechts oder des deutschen internationalen Geldschuldrechts ist (Überblick bei Soergel-Kegel [10. Aufl] Vorbem 630 zu Art 7 EGBGB). Beide Deutungen zielen auf die Dogmatik des § 244, nicht aber auf das Sachproblem. Der Gesetzgeber wollte „dieses für den Verkehr äußerst wichtige Prinzip“ (Mot in Mugdan II 7) auf jede im Inland zu zahlende, in ausländischer Währung angegebene Geldschuld angewandt wissen, so daß diese stets in nationaler Währung beglichen werden kann (Begründung aus der Entstehungsgeschichte bei Melchior [vor Rz 1] 286). *Die materielle Rechtfertigung* wird man in der doppelten Privilegierungsfunktion des § 244 zu erblicken haben (AK-BGB-Brüggemeier Rz 6; Erman-Sirp Rz 15; Raape aaO 494): im Schutz des inländischen Schuldners und im Primat der inländischen Währung (Rz 2). Die Motive geben zu erkennen, daß jede im Inland zahlbare Geldschuld erfaßt sein soll (Mot in Mugdan II 7). Im praktischen Ergebnis bedeutet dies, *daß es keinen Unterschied macht, ob über die Forderung ein inländischer oder ausländischer Titel vorliegt und ob diesem die Anwendung inländischen oder ausländischen Schuldrechts zugrundeliegt.*

78 **ee)** Da der Erfüllungsort den Ausschlag gibt, ist die **Nationalität** des Gläubigers und des Schuldners **ohne Belang,** sofern sie nicht Einfluß auf den Erfüllungsort hat. Auch Ausländer können sich auf § 244 berufen, und zwar, sofern nur der Erfüllungsort (§§ 269, 270 Abs 4) hiervon unberührt bleibt, selbst bei ausländischem Wohnsitz oder ausländischer Niederlassung. Unwesentlich ist es auch, ob ein ausländischer Schuldner nachträglich die deutsche Staatsangehörigkeit erworben hat (RG JW 1920, 42).

79 **ff)** Die **Anwendung von § 244 auf das Verhältnis zwischen DM und Mark der DDR** ist im Grundsatz zu bejahen. Mit der noch heute umstrittenen Frage, ob die kollisionsrechtliche Anknüpfungsregelung im Verhältnis zur DDR dem IPR oder eigenen interlokalen Anknüpfungsregeln folgt (Heldrich NJW 1978, 2169), hat dies nichts zu tun. § 244 enthält nur eine Regelung für die *Erfüllung von Fremdwährungsschulden im Währungsinland.* **Die DDR ist** – unabhängig von ihrer staatsrechtlichen Beurteilung – **Währungsausland** (eingehende Darstellung mit erschöpfenden Nachweisen auf dem Stand von 1967 bei Staudinger-Weber [11. Aufl] Vorbem 550–829 zu

§ 244). Soweit nicht das Devisenrecht zu Korrekturen zwingt, sind damit die Grundsätze über Heimwährungsschulden und Fremdwährungsschulden **unmittelbar einschlägig** (OLG Nürnberg WM 1962, 318, 320; STAUDINGER-WEBER [11. Aufl] Vorbem 622 zu § 244; HENN NJW 1958, 734; für analoge Anwendung: OLG Koblenz MDR 1956, 164; OLG Frankfurt MDR 1956, 420 = Betrieb 1956, 523; OLG Hamm NJW 1955, 68; LG Bremen MDR 1955, 547, 548; SOERGEL-REIMER SCHMIDT [10. Aufl] Rz 8; MünchKomm-VON MAYDELL Rz 57; HAHNENFELD NJW 1955, 529 f). Das Währungsstatut folgt auch hier der lex causae, was aber auch hier nicht besagt, daß eine nach dem Recht der DDR geschuldete Summe ausnahmslos nur in Mark der DDR, eine nach dem Recht der Bundesrepublik geschuldete Summe ausnahmslos in DM geschuldet wäre (Rz 15). Die in *Rz 13 ff* beschriebenen Abgrenzungskriterien gelten im Ausgangspunkt auch hier. Bei *Altverbindlichkeiten aus der Zeit vor der Währungsspaltung* kam es auf die Verhältnisse an, denen das Schuldverhältnis am Stichtag des 20. 6. 1948 unterlag (BGHZ 29, 320, 324). Im Regelfall ließ die hM den Wohnsitz (die Niederlassung) des Schuldners im Zeitpunkt der Währungsspaltung entscheiden (BGHZ 1, 109, 113; 5, 302, 311; 9, 151, 152; 14, 212, 216; BGH BB 1952, 237 = NJW 1952, 871 [Ls]; LG Passau MDR 1952, 169; eingehende Nachweise bei STAUDINGER-WEBER [11. Aufl] Vorbem 560 ff zu § 244). *Die Hauptprobleme des § 244 bei Verbindlichkeiten in Mark der DDR sind devisenrechtlichen Ursprungs* (Rz 35, 88). Die Umrechnung zum Wechselstubenkurs ist dabei weitgehend zugunsten des Verhältnisses 1:1 zurückgedrängt (vgl insbes für Unterhaltsverbindlichkeiten Rz 36).

gg) Durch **§ 102 des Gesetzes zur Ausführung des Abkommens vom 27. 2. 1953 über** 80
deutsche Auslandsschulden vom 24. 8. 1953 (BGBl I S 1003; Auszug bei HARMENING, Währungsgesetze Nr 18) aufgehoben ist die früher in **§ 15 Abs 5 UmstG** enthaltene Ausnahme von § 244. Nach dieser Vorschrift konnte eine in ausländischer Währung eingegangene Altverbindlichkeit gegenüber einem Angehörigen der Vereinten Nationen nur mit Zustimmung des Gläubigers in DM erfüllt werden. Die Aufhebung trat mit Wirkung vom 21. 6. 1948 ein.

c) aa) Die **Ausübung der Ersetzungsbefugnis** erfolgt nicht durch schlichte Erklärung, 81
sondern durch Leistung oder durch ein den §§ 294, 295 entsprechendes **Leistungsangebot** (so wohl auch KRESS, Schuldrecht I 268). Zur Ausübung der Ersetzungsbefugnis durch **Aufrechnung** vgl Rz 49. Über Prozeß und Vollstreckung vgl Rz 110, 115.

bb) Die Ausübung der Ersetzungsbefugnis steht *grundsätzlich* in der **freien Entschei-** 82
dung des Schuldners (extrem weit DÜRINGER-HACHENBURG-BREIT, HGB [3. Aufl] Anh § 361 Anm 17). Der Schuldner darf zu eigenem Vorteil handeln. Er muß namentlich im Fall der Verschlechterung einer der Währungen nicht die für ihn ungünstigere wählen, denn mit der Ersetzungsbefugnis verbindet sich die Entwertungsgefahr für den Gläubiger (RG Recht 1925 Nr 2194; BGH WM 1965, 843, 845; SCHLEGELBERGER-HEFERMEHL HGB [5. Aufl] Anh § 361 Rz 29). Aber der Schuldner ist bei der Ausübung seines Rechts an § 242 gebunden (vgl OLG Hamburg HansRGZ 1935 B 587, 588; aM DÜRINGER-HACHENBURG-BREIT, HGB [3. Aufl] Anh § 361 Anm 17). Ausnahmsweise kann der Schuldner sogar zur Zahlung in DM verpflichtet sein. So, wenn Devisenbestimmungen der Leistung in der geschuldeten Fremdwährung entgegenstehen (vgl Rz 61). Die *Ersetzungsbefugnis ist teilbar.* Der Schuldner darf bis zur Grenze der §§ 242, 226 von seiner Ersetzungsbefugnis teilweise Gebrauch machen (aA DÜRINGER-HACHENBURG-BREIT, HGB [3. Aufl] Anh § 361 Anm 17). Das gilt namentlich bei einzelnen Raten. Auch muß der Schuldner Kapital und Zins nicht in gleicher Währung zahlen. All dies beruht darauf, daß keine Vertragsänderung vorliegt (Rz 83).

83 **d) Rechtsfolge der Ersetzungsbefugnis:** Die Ausübung der Ersetzungsbefugnis **gestaltet das Schuldverhältnis nicht um.** *Sie macht aus der Fremdwährungsschuld keine Heimwährungsschuld* (RG JW 1924, 1537; BGH NJW 1958, 1390, 1391; OLG Hamburg NJW 1954, 233). Aber Zahlung in DM befreit den Schuldner. *Die Kernfrage dieser Befreiung besteht im Umrechnungsbetrag.*

84 **aa)** Maßgebend ist der **Kurswert,** dh das Wertverhältnis, nach dem das ausländische Geld im inländischen Verkehr gegen DM eingetauscht wird (RGZ 101, 312, 313; 106, 74, 79). Es kommt hierbei auf den *Briefkurs* an, denn der Gläubiger soll instand gesetzt werden, sich den primär geschuldeten ausländischen Betrag zu verschaffen (RGZ 101, 312, 315; OLG Hamburg SeuffA 73 Nr 216; OLG Karlsruhe OLGZ 1978, 338, 341 = Betrieb 1978, 2017; LG Stuttgart MDR 1951, 559, 560; MünchKomm-von Maydell Rz 52; aM wohl Martin Wolff in Ehrenbergs Hdb IV/1 641). Grundsätzlich entscheidet die *amtliche Börsennotiz* (RAG SeuffA 89 Nr 154). Existiert eine solche nicht, so greift die hM auf den „Wechselstubenkurs" zurück, dh auf den Kurs, zu dem die ausländischen Geldzeichen im Inland gehandelt werden (OLG Hamburg HansGZ 1917 B Nr 56; kritisch Fögen 127; vgl OLG Hamburg HansGZ 1923 H Nr 106). Dieser „Wechselstubenkurs" kann vor allem durch Devisenbeschränkungen beträchtlich verzerrt sein, so daß unbefriedigende Ergebnisse, die dem Normzweck des § 244 zuwiderlaufen, nicht auszuschließen sind (eingehend Fögen 127). Theoretisch befriedigender, aber in der praktischen Durchführung fragwürdig, wäre eine Umrechnung nach dem Kaufkraftverhältnis beider Währungen (Fögen 127 f). Jedenfalls ist ein dem wirtschaftlichen Werteverhältnis entsprechendes Ergebnis anzustreben, so daß der „Wechselstubenkurs", wo er diesem Verhältnis nicht entspricht, im Einzelfall korrigiert werden sollte. Die Korrektur kann sich etwa aus dem Kursverhältnis beider Währungen zu einer dritten ergeben (vgl auch hierzu Fögen 127; s auch RGZ 110, 295, 296; zu der Frage des Verfalls beider Vergleichswährungen vgl Rz 87). Über das *Verhältnis zur DDR* vgl noch Rz 88. *Die Parteien* können den Umrechnungskurs auch selbst bestimmen (vgl RG LZ 1907, 221, 222; OLG Hamburg HansRZ 1921, 37; LG Offenburg MDR 1953, 482; F A Mann, Recht des Geldes 262; Schlegelberger-Hefermehl, HGB [5. Aufl] Anh § 361 Rz 29). Ob eine Kursangabe im Vertrag den Umrechnungskurs verbindlich festlegen soll, ist Auslegungsfrage (LG Offenburg MDR 1953, 482). Die Klausel „payable at current exchange" erklärt den Wechselkurs für maßgebend (LG Oldenburg ZHR 38 [1891] 195; Martin Wolff in Ehrenbergs Hdb IV/1 641 Fn 21).

85 **bb)** Der **Kurswert am Zahlungsort** gibt den Ausschlag. Zahlungsort ist der Ort, an dem tatsächlich gezahlt wird (RGZ 101, 312, 316; OLG Hamburg Recht 1921 Nr 1301; OLG Hamburg OLGE 45, 120, 121; Melchior [vor Rz 1] 289; von Caemmerer, FS Mann [1977] 7). Im Gegensatz zur Frage der Zahlung im Inland (Rz 76) kommt es nicht notwendig auf den Erfüllungsort an, sondern auf den *Ort der tatsächlichen Leistungsbewirkung* **(Erfolgsort),** denn der Gläubiger soll in der Lage sein, die erhaltene inländische Währung an Ort und Stelle in den Valutabetrag einzutauschen (RGZ 101, 312, 316; Küng [vor Rz 1] 102; BGB-RGRK-Alff Rz 20; MünchKomm-von Maydell Rz 49; aM Erman-Sirp Rz 16; Birk AWD 1973, 430, 437). Zahlungsort ist regelmäßig der Wohnsitz, der dauernde Aufenthalt oder die Niederlassung des Gläubigers, evtl auch die von ihm angegebene Zahlstelle (vgl MünchKomm-von Maydell Rz 49).

86 **cc) Maßgebender Umrechnungszeitpunkt** ist nach hM der Zeitpunkt der Zahlung, nicht der Zeitpunkt der Fälligkeit (RGZ 101, 312 ff [vereinigte Zivilsenate]; zuvor schon RGZ 98, 160, 161; seither std Rspr; RGZ 106, 74, 79; 111, 316, 318 f; 112, 61, 62; 149, 1, 4; 167, 60, 63; RG Recht 1920 Nr 1152; LZ 1924, 544; JW 1924, 1593; Recht 1924 Nr 967; BGH NJW 1958, 1390, 1391; BayObLG BayZ 1922, 263; OLG Hamburg Recht 1921 Nr 1301, 1835; SeuffA 73 Nr 216; OLG Köln AWD 1971, 485 =

MDR 1971, 925 = VersR 1971, 1166; OLG Karlsruhe OLGZ 1978, 338, 341; LG Stuttgart MDR 1951, 559, 560; LG Offenburg MDR 1953, 482; NUSSBAUM, Das Geld 246; ENNECCERUS-LEHMANN § 11 II 2; LARENZ I § 12 IV; PLANCK-SIBER Anm 2; MünchKomm-VON MAYDELL Rz 50; BRODMANN JW 1921, 441; **aM** noch RGZ 96, 121, 123; 96, 262, 264; OLG Hamburg HansGZ 1917 B Nr 56; Recht 1920 Nr 1151; OLG Hamburg OLGE 45, 120, 121; OLG Dresden SächsArch 1918, 113; differenzierend NUSSBAUM JW 1920, 13; Nachweise zur ausländischen Praxis bei STAUDINGER-WEBER [11. Aufl] Rz 73; ganz anders REICHEL SchwJZ 1920/21, 213; HansRZ 1920, 733; AcP 126 [1926] 324: der für den Gläubiger günstigste Zeitpunkt zwischen Fälligkeit und Zahlung). Über den Fall der *Aufrechnung* vgl Rz 50. Existiert am Stichtag keine Börsennotierung, so entscheidet der letztnotierte Kurs (OLG Hamburg HansGZ 1923 H Nr 106). Bei der Zahlung nach Verzugseintritt wird ein Verzugsschaden ausgeglichen (Rz 59). Ein anderer Zeitpunkt als der gesetzliche kann vereinbart werden (STAUDINGER-WEBER [11. Aufl] Rz 73; HENN RIW 1957, 155; zur Abgrenzung RG Recht 1922 Nr 22 = WarnR 1922 Nr 4, 5). Für die *Einbringung von Fremdwährungsforderungen als Sacheinlagen in Kapitalgesellschaften* oder für die Aufbringung von Bareinlagen im Aufrechnungswege bedeutet der uU schwankende DM-Wert, daß der Registerrichter die Vollwertigkeit der Forderung auf den Stichtag zu prüfen hat (näher STROBER DNotZ 1975, 17 ff).

dd) Die Umrechnung nach § 244 BGB bzw § 661 HGB, Artt 41 WG, 36 ScheckG hat **keine Aufwertungswirkung.** Sie betrifft nur das Verhältnis der Fremdwährung zur Heimwährung. Deshalb deckt sie nicht den Fall einer *Entwertung beider Währungen* im Verhältnis zu einer stabilen Vergleichswährung. Seit RGZ 108, 337, 339; 110, 295, 296 wird hier uU die stabile Drittwährung zur Umrechnungsgrundlage gemacht (zust zB QUASSOWSKI-ALBRECHT, WG [1934] Art 41 Rz 5). Das RG hat dies als dem Sinn der Umrechnung entsprechend ausgegeben. Dem ist nicht zuzustimmen. Es liegt eine Aufwertungsfrage vor, die nach Maßgabe von Rz 45 zu beantworten ist. Von der gesetzlich vorgeschriebenen schematischen Umrechnung muß dieses Problem streng getrennt werden. 87

ee) Fremdwährungsforderungen in Mark der DDR werfen Sonderprobleme auf, die auf dem Zwangskurs der Mark der DDR und auf der devisenrechtlichen Handhabung des Transfers beruhen (vgl bereits Rz 35 f zu den Unterhaltsansprüchen). Zur grundsätzlichen Anwendbarkeit des § 244 auf Forderungen in Mark der DDR vgl zunächst Rz 79. Bei *sozialistischen Staaten mit ähnlichen Devisenregelungen* treten sinngemäß dieselben Probleme auf. Für den Umrechnungsschlüssel kann es keinen Unterschied machen, ob die Umrechnung schon im Erkenntnisverfahren erfolgt oder ob ein auf Mark der DDR lautender Titel vollstreckt werden soll (aM SEYDEL NJW 1958, 738). Zweifelhaft ist dagegen, ob je nach Art des zu vollstreckenden Anspruchs unterschieden werden darf (so HENN NJW 1958, 736; AG Berlin-Charlottenburg DGVZ 1978, 137, 138). Wer den Umrechnungsschlüssel 1:1 zu einem allgemeinen Prinzip erklärt, kann dies verneinen (so etwa SEYDEL NJW 1958, 738). Selbst wenn aber die Entwicklung allmählich auf ein solches Prinzip hinausläuft, muß zwischen Fallgruppen unterschieden werden, die unterschiedliche Zweifelsfragen aufwerfen. Der Schutzgedanke des § 244 (Rz 2) auf der einen und das Prinzip der Gläubigerbefriedigung auf der anderen Seite stehen in einem Spannungsverhältnis, das fallweise aufgelöst werden muß, allerdings – gleich wie das Ergebnis lautet – niemals befriedigend aufgelöst werden kann. „Die tückische Tauschpraxis des Ostens" (KEGEL NJW 1953, 615, 617) geht entweder auf Kosten des Gläubigers oder auf Kosten des Schuldners. Mit § 244 ist das Problem nicht zu lösen. Die Vorschrift soll einerseits den Schuldner schützen (Rz 2), ihn also gewiß nicht zu überobligationsmäßiger Zahlung in Heimwährung zwingen, setzt aber anderseits als selbstverständlich voraus, daß der Gläubiger durch die Heimwährungszahlung voll befriedigt wird (vgl 88

RGZ 101, 312, 313; BGH NJW 1958, 1390, 1391; OLG Hamburg MDR 1971, 487). Beide Grundsätze geraten hier in Widerstreit. Auch Art 30 EGBGB hilft nicht weiter. Ein Verstoß schuldnerfeindlicher Devisenvorschriften gegen den ordre public wird nicht angenommen (OLG Düsseldorf DAVorm 1980, 762). Anfangs hat die Rspr § 244 überwiegend angewandt und ließ es vielfach sogar genügen, wenn der West-Schuldner den nach dem Wechselstubenkurs erforderlichen DM-Betrag zahlte (KG Rpfleger 1962, 172; OLG Braunschweig MDR 1949, 624; OLG Hamm NJW 1955, 67; Rpfleger 1956, 251; 1958, 319; 1960, 298; 1961, 362; OLG Düsseldorf Rpfleger 1957, 258; OLG Frankfurt Rpfleger 1956, 252 = MDR 1956, 420; OLG Koblenz MDR 1956, 164; OLG Hamburg NJW 1959, 536 = MDR 1959, 397; OLG Karlsruhe Rpfleger 1964, 347; LG Berlin Rpfleger 1967, 222; AG Berlin-Charlottenburg DGVZ 1978, 137; HENN NJW 1958, 733, 734; BERNER Rpfleger 1967, 193; eingehende Darstellung bei HIRSCHBERG [vor Rz 1] 32 ff). *Jedenfalls auf dem wichtigen Gebiet der Unterhaltsverbindlichkeiten kann diese Praxis als überholt gelten* (Rz 35 f; HIRSCHBERG [vor Rz 1] 30 ff). Für die unter die **Transferabkommen von 1974** (Vorbem E 16 zu § 244) fallenden Verbindlichkeiten, also für Unterhalts- und Schadensersatzverbindlichkeiten, gilt das Verhältnis 1:1 (vgl Rz 36; LG Berlin Rpfleger 1976, 144; THOMAS-PUTZO, ZPO [11. Aufl] Anh § 723 Anm 3 b; NEUMANN Rpfleger 1976, 119; insoweit auch AG Berlin-Charlottenburg DGVZ 1978, 137, 138). Für Schadensersatzpflichten hatte bereits BGHZ 14, 212, 219 f die Umrechnung zum Wechselstubenkurs abgelehnt, aber noch einen Kaufkraftvergleich angestellt. *Das Clearing von Kfz-Haftpflichtversicherungsfällen* erfolgt nicht aufgrund dieses Abkommens (Merkblatt des BMF, Abdruck AnwBl 1978, 349), sondern nach der im Jahr 1973 neu gefaßten *HUK-Vereinbarung* (BAnz Nr 124 v. 7. 7. 1973 = Bekanntmachung über den Ausgleich von Schäden aus Kfz-Unfällen im Verhältnis zur DDR, VerBAV 1973, 212; dazu eingehend STIEFEL-HOFMANN, Kraftfahrzeugversicherung [11. Aufl 1979] § 2 AKB Rz 31; KITTKE DAR 1976, 281). Soweit hiernach der Haftpflichtschaden eines Gebietsangehörigen der DDR von der Staatshaftpflicht der DDR abzuwickeln ist, kann der Geschädigte nicht Zahlung in DM an einen gebietsangehörigen Verwandten verlangen (LG Münster VersR 1977, 143). *Wo Sonderregeln fehlen,* läßt die wohl noch hM eine Umrechnung zum Wechselstubenkurs zu (vgl OLG Koblenz MDR 1956, 164; LG Mannheim MDR 1976, 1019 f; AG Berlin-Charlottenburg DGVZ 1978, 137, 138; STEIN-JONAS-MÜNZBERG, ZPO [20. Aufl] Vorbem 164 zu § 704; HENN RIW 1957, 156 f). Dem Schutz des Schuldners gegen überobligationsmäßige Inanspruchnahme wird insofern also der Vorrang gegenüber dem Befriedigungsinteresse des Fremdwährungsgläubigers eingeräumt. Charakteristisch etwa LG Mannheim MDR 1976, 1019, 1020, wo auf den Grundgedanken des § 244 hingewiesen und ausgeführt wird, es sei angemessen, dem Gläubiger das auf die in seinem Lebensbereich geltenden Gesetze zurückzuführende Risiko einer nicht vollständigen Befriedigung aufzuerlegen. Die Gesamtentwicklung ist nach wie vor zweifelhaft. Da ein notierter Tauschwert nicht existiert, ist zu erwägen, ob nicht der Schuldner in jedem Fall mindestens den sich bei einem Kaufkraftvergleich ergebenden DM-Betrag aufbringen muß.

89 **4. Keine gesetzliche Ersetzungsbefugnis des Gläubigers**

Das Gesetz sieht *keine Ersetzungsbefugnis des Gläubigers* vor (BGH WM 1958, 822; 1969, 26; NJW 1980 2017; krit REICHEL AcP 126 [1926] 323). Der Schutzgedanke des § 244 (Rz 2) kommt nur dem Schuldner zugute.

5. Vertragliches Wahlrecht und vertragliche Ersetzungsbefugnis 90

a) Eine **vertragliche Ersetzungsbefugnis des Schuldners,** dem Wortlaut nach sogar eine Befugnis zur Umgestaltung der Schuld, ist in Nr 4 Abs 1 S 3 AGB Banken enthalten. Danach ist die Bank berechtigt, dem Kunden eingehende Fremdwährungsbeträge in DM gutzuschreiben, sofern sie nicht für den Kunden ein Konto in der betr Währung führt (Rz 17).

b) Auch **zugunsten des Gläubigers** kann eine Wahlschuld (Rz 9), nach hM auch eine 91 Ersetzungsbefugnis vereinbart werden (RGZ 136, 127, 129; 168, 240, 247; RG WarnR 1923/24 Nr 63; KG NJW 1957, 105, 106; OLG Karlsruhe OLGZ 1978, 338, 340; vgl LG Offenburg MDR 1953, 482; Enneccerus-Lehmann § 10 II). Soll nach Wahl des Gläubigers in einer bestimmten ausländischen oder in inländischer Währung gezahlt werden, so ist durch Auslegung zu ermitteln, ob eine Wahlschuld oder eine facultas alternativa des Gläubigers vereinbart ist (RGZ 136, 127, 129 f) und ob im Fall einer Wahlschuld § 263 wegbedungen ist (RGZ 136, 127, 130; RG WarnR 1923/24 Nr 63; KG NJW 1957, 105, 106). Die praktische Bedeutsamkeit dieses Unterschiedes ist allerdings zweifelhaft (zur grundsätzlichen Frage, ob neben der Wahlschuld die Ersetzungsbefugnis anzuerkennen ist, vgl Staudinger-Selb § 262 Rz 7). *Bei Währungskrediten* verbindet Nr 3 Abs 1 AGB Banken mit der Effektivklausel (Rz 18, 38) ein *Umwandlungsrecht* der kreditgewährenden Bank (Nr 3 Abs 1 S 3 AGB Banken; Wortlaut Rz 18). Dieses Recht der Bank, ihre effektive Fremdwährungsforderung in eine DM-Forderung umzuwandeln, trägt dem Umstand Rechnung, daß die Bank unter Umständen ihre Refinanzierungsverbindlichkeiten erfüllen muß, obwohl sie vom Kreditnehmer die Fremdwährungsmittel aus Gründen, die sie nicht zu vertreten hat, nicht rechtzeitig zurückerhält. Da die Banken verpflichtet sind, dafür zu sorgen, daß ihre Währungspositionen ausgeglichen sind, muß sich eine Bank in diesem Falle zur Erfüllung ihrer Verbindlichkeit anderweit eindecken. Sie benötigt dann die Valuta ihres Kreditschuldners nicht mehr (BGH NJW 1980, 2017 = RIW/AWD 1980, 586 = WM 1980, 793). Nach dem Grundgedanken des § 315 darf die Bank ihr Recht nicht willkürlich – etwa nur zur Erlangung eines Kursvorteils – ausüben (Canaris, Bankvertragsrecht [2. Aufl] Rz 2560; Kümpel WM-Sonderbeil 1/1976, 17). Nr 3 Abs 1 S 3 AGB Banken berechtigt die Bank nicht, ihre Forderung aus einem Fremdwährungswechsel einseitig umzuwandeln, wenn der Fremdwährungswechsel nur der Sicherung eines DM-Kredits dient (BGH und Canaris aaO). Ist die Fremdwährungsschuld gleichzeitig *Geldsortenschuld* (Rz 10), so ist im Regelfall davon auszugehen, daß dem Gläubiger eine Ersetzungsbefugnis in dem Sinne zusteht, daß er nicht auf der vereinbarten Geldsorte bestehen muß (§ 245 Rz 12). Eine Ersetzungsbefugnis des Gläubigers kann auch in dem Sinne bestehen, daß der Gläubiger statt Zahlung in deutscher Währung Zahlung in fremder Währung verlangen kann (RG WarnR 1923/24 Nr 63; KG NJW 1957, 105: keine Befreiung von der Umstellung). Übt der Gläubiger dieses Wahlrecht aus, so entsteht im Zweifel eine effektive, nicht bloß eine einfache Fremdwährungsschuld; § 244 ist damit wegbedungen. Zu den Rechtsfolgen einer Heimwährungsklage des Fremdwährungsgläubigers vgl Rz 105. Aus § 242 kann sich ergeben, daß der Gläubiger selbst im Fall der einfachen Fremdwährungsforderung Inlandswährung in DM, also in Heimwährung, verlangen kann, wenn die geschuldete Währung für den Schuldner schwer zu beschaffen und für den Gläubiger schwer zu verwerten ist (BGH WM 1969, 26; Rz 63).

VIII. Sonderregeln

92 1. § 661 HGB

Schrifttum: Prüssmann-Rabe, Seehandelsrecht (2. Aufl 1983); Schaps-Abraham, Das Seerecht (4. Aufl 1978).

93 a) § 661 HGB hat folgenden **Wortlaut:**

„§ 244 des Bürgerlichen Gesetzbuchs findet Anwendung; jedoch erfolgt die Umrechnung nach dem Kurswert, der zur Zeit der Ankunft des Schiffes am Bestimmungsort maßgebend ist. § 658 Abs 2 gilt sinngemäß".

94 b) Die Bestimmung gilt für **Forderungen aus Frachtverträgen** (§ 556 HGB) **und aus Konnossementen** (§ 643 HGB). Sie räumt dem haftenden Verfrachter die an sich schon durch § 244 BGB gewährleistete Möglichkeit ein, sich durch Zahlung in Heimwährung zu befreien. § 661 HGB gilt nur für die Verfrachterhaftung, nicht also auch für die vom Befrachter bzw Empfänger zu leistenden Zahlungen (insofern bleibt es bei § 244 BGB; vgl Prüssmann-Rabe § 661 Anm A). § 661 HGB gilt nicht für die Forderungen aus einer Zeitcharter. Gesetzliche Schadensersatzansprüche fallen nicht unter § 661 HGB (OLG Hamburg VersR 1979, 833, 834). § 661 HGB schließt ebensowenig wie § 244 BGB die Vereinbarung von effektiven Fremdwährungsschulden oder von Fremdwährungsschulden mit alternativer Währungsklausel aus (vgl Prüssmann-Rabe § 661 Anm B 2 mit allerdings ungenauer Terminologie).

95 c) **§ 244 findet Anwendung,** dies freilich mit den aus § 661 HGB ersichtlichen Modifikationen. Sofern nicht eine echte Fremdwährungsschuld bedungen ist, kann deshalb der Schuldner nach seiner Wahl in Inlandswährung zahlen. Da keine bloße Rechtsfolgenverweisung vorliegt, gilt dies nach § 244 Abs 1 nur, sofern die Geldschuld im Inland zu zahlen ist (Prüssmann-Rabe § 661 Anm C 3).

96 d) **Maßgeblicher Kurswert** ist, abweichend von § 244 Abs 2, der Kurswert am Bestimmungsort des Schiffes. Wird der Bestimmungshafen nicht erreicht, so ist nach §§ 661 S 2, 658 Abs 2 HGB der Kurswert des Ortes, an dem die Reise endet oder an den die geretteten Güter in Sicherheit gebracht sind, maßgebend. Auch der Stichtag der Umrechnung richtet sich nach § 661 HGB, nicht nach § 244 Abs 2. Der Kurswert des § 661 HGB gilt analog, wenn die Haftungshöchstsumme in ausländischer Währung bestimmt ist (Prüssmann-Rabe § 661 Anm C 1; Schaps-Abraham § 661 Rz 3).

97 2. Art 41 WG, Art 36 ScheckG

Schrifttum: Baumbach-Hefermehl, WG und ScheckG (13. Aufl 1981); Kessler, Kommentar zum WG (1933); ders, Kommentar zum ScheckG (1934); Knur-Hammerschlag, Kommentar zum WG (1949); Quassowski-Albrecht, WG (1934); dies, ScheckG (1934); Schnitzer, Handbuch des internationalen Handels-, Wechsel- und Scheckrechts (1938); Stranz, WG (1952); Staub-Stranz, Kommentar zum WG (13. Aufl 1934); Warneyer, WG (1934).

98 a) Die Bestimmungen haben folgenden **Wortlaut:**

Art 41 WG

(1) Lautet der Wechsel auf eine Währung, die am Zahlungsort nicht gilt, so kann die Wechselsumme in der Landeswährung nach dem Wert gezahlt werden, den sie am Verfalltag besitzt. Wenn der Schuldner die Zahlung verzögert, so kann der Inhaber wählen, ob die Wechselsumme nach dem Kurs des Verfalltages oder nach dem Kurs des Zahlungstages in die Landeswährung umgerechnet werden soll.

(2) Der Wert der fremden Währung bestimmt sich nach den Handelsgebräuchen des Zahlungsortes. Der Aussteller kann jedoch im Wechsel für die zu zahlende Summe einen Umrechnungskurs bestimmen.

(3) Die Vorschriften der beiden ersten Absätze finden keine Anwendung, wenn der Aussteller die Zahlung in einer bestimmten Währung vorgeschrieben hat (Effektivvermerk).

(4) Lautet der Wechsel auf eine Geldsorte, die im Lande der Ausstellung dieselbe Bezeichnung, aber einen anderen Wert hat als in dem der Zahlung, so wird vermutet, daß die Geldsorte des Zahlungsortes gemeint ist.

Art 36 ScheckG

(1) Lautet der Scheck auf eine Währung, die am Zahlungsorte nicht gilt, so kann die Schecksumme in der Landeswährung nach dem Werte gezahlt werden, den sie am Tage der Vorlegung besitzt. Wenn die Zahlung bei Vorlegung nicht erfolgt ist, so kann der Inhaber wählen, ob die Schecksumme nach dem Kurs des Vorlegungstages oder nach dem Kurs des Zahlungstages in die Landeswährung umgerechnet werden soll.

(2) Der Wert der fremden Währung bestimmt sich nach den Handelsgebräuchen des Zahlungsortes. Der Aussteller kann jedoch im Scheck für die zu zahlende Summe einen Umrechnungskurs bestimmen.

(3) Die Vorschriften der beiden ersten Absätze finden keine Anwendung, wenn der Aussteller die Zahlung in einer bestimmten Währung vorgeschrieben hat (Effektivvermerk).

(4) Lautet der Scheck auf eine Geldsorte, die im Lande der Ausstellung dieselbe Bezeichnung, aber einen anderen Wert hat als in dem der Zahlung, so wird vermutet, daß die Geldsorte des Zahlungsortes gemeint ist.

b) Für **Fremdwährungswechsel** und **Fremdwährungsschecks** gelten die Bestimmun- 99
gen. Der Grundbegriff der Fremdwährungsschuld (Rz 4) gilt auch hier. Ob eine Fremdwährungsschuld vorliegt, kann sich nur aus der Währungseinheit auf dem Papier ergeben. Auslegungsregeln bei mehrdeutiger Währungsbezeichnung enthalten Art 41 Abs 4 WG, Art 36 Abs 4 ScheckG. Die Vermutung spricht in diesem Fall regelmäßig für eine Heimwährungsschuld. Das gilt auch im Verhältnis von DM-West und DM der DDR (BGHZ 30, 315, 320 f). Soll entgegen der Vermutung ein Fremdwährungswechsel oder Fremdwährungsscheck vorliegen, so muß sich dieser Wille aus der Urkunde ergeben (Staub-Stranz Art 41 Anm 14; Baumbach-Hefermehl Art 41 WG Rz 5). Ist auf dem Wechsel oder Scheck die Währung des Ausstellungslandes oder des Zahlungslandes genannt und gibt es eine Währung gleicher Bezeichnung in einem Drittland, so sind die Auslegungsregeln der Artt 41 Abs 4 WG, 36 Abs 4 ScheckG nicht anwendbar. Es ist dann mangels besonderer Bezeichnung davon auszugehen, daß die Währung des Ausstellungslandes bzw des Zahlungslandes gewählt ist (Staub-Stranz Art 41 Anm 15). Ausstellungsland iS von Artt 41 Abs 4 WG, 36 Abs 4 ScheckG ist das aus der Wechselurkunde ersichtliche Land der Ausstellung. Ein auf devisenrechtliche Voraussetzungen hinweisender Vermerk auf dem Wechsel beseitigt nicht die für die Wirksamkeit des Wechsels erforderliche unbedingte Zahlungsanweisung nach Art 1 Nr 2 WG (vgl BGHZ 30, 315, 318; Baumbach-Hefermehl Art 41 WG Rz 8).

c) Art 41 WG unterscheidet ebenso wie § 244 zwischen **einfachen und effektiven** 100
Fremdwährungsschulden (zur Terminologie vgl Rz 6 ff). Eine effektive Fremdwährungsschuld muß durch sog Effektivvermerk nach Abs 3 der Bestimmungen auf dem Wechsel bestimmt sein (vgl RGZ 105, 141, 142 f). Der *Fremdwährungswechsel oder Fremdwährungsscheck mit Effektivklausel* (Art 41 Abs 3 WG, Art 36 Abs 3 ScheckG) ist in der Fremdwährung und nur in der Fremdwährung zu begleichen. Die Verwendung des Wortes „effektiv" ist auch hier nicht erforderlich; es genügen Formulierungen wie „in natura", „wirklich" oder „allein in dieser Währung" (Quassowski-Albrecht, WG Art 41 Rz 14; Staub-Stranz Art 41 Anm 10). Zur Frage, ob bei Unmöglichkeit dieser Leistung automatisch Umrechnung in die Heimwährung erfolgt, vgl Rz 61).

d) Der **Fremdwährungswechsel (Fremdwährungsscheck) ohne Effektivklausel** be- 101
gründet eine *einfache Fremdwährungsschuld* aus Wechsel oder Scheck. Dann

besteht, wie nach § 244, nach Art 41 Abs 1 S 1 WG, Art 36 Abs 1 S 1 ScheckG eine *Ersetzungsbefugnis des Schuldners* (Rz 72 ff). Die Sonderregeln gehen dem § 244 vor (vgl RGZ 110, 295, 296). Sie gelten, obwohl dies nicht besonders betont ist, nur für im Inland zu zahlende Wechsel und Schecks (BGH NJW 1980, 2017 = RIW/AWD 1980, 586 = WM 1980, 793; BAUMBACH-HEFERMEHL Art 41 WG Rz 1). Die hM begründet dies mit Art 93 Abs 1 WG, aber dasselbe wird trotz Art 63 ScheckG auch für den Fremdwährungsscheck gelten müssen. Im Gegensatz zu § 244 Abs 2 bestimmt sich der **Umrechnungskurs** nach den Handelsgebräuchen des Zahlungsortes (Art 41 Abs 2 S 1 WG, Art 36 Abs 2 S 1 ScheckG). Ein gesetzlicher Devisenkurs geht aber dem Handelsbrauch vor (BAUMBACH-HEFERMEHL Art 41 WG Rz 3). Der Aussteller kann auf dem Wechsel oder Scheck für die zu zahlende Summe einen Umrechnungskurs bestimmen (Art 41 Abs 2 S 2 WG, Art 36 Abs 2 S 2 ScheckG). *Stichtag* ist nach Artt 41 Abs 1 S 1 WG, 36 Abs 1 S 1 ScheckG der Verfalltag. Der Gläubiger trägt damit das Währungsrisiko bis zum Verfalltag. Nimmt er Zahlung vor Verfall entgegen, so wird der Tag der Zahlung entscheiden (näher STAUB-STRANZ Art 41 Anm 6). **Verzögert der Schuldner die Zahlung** (zu diesem Begriff vgl STAUB-STRANZ Art 41 Anm 7), so hat der Inhaber die Wahl, ob die Wechselsumme nach dem Kurs am Verfalltag oder nach dem Kurs am Zahlungstag umgerechnet werden soll (Art 41 Abs 1 S 2 WG, Art 36 Abs 1 S 2 ScheckG). Das Wahlrecht soll das Kursrisiko vom Verfalltag an verändern (OLG Frankfurt AWD 1971, 409 f = NJW 1970, 2172) und Spekulationen des Schuldners mit schwankendem Geldwert verhindern (vgl vor Inkrafttreten des WG noch RGZ 108, 337). Es erlischt erst, wenn der Gläubiger entweder in der geschuldeten Fremdwährung oder in Heimwährung nach dem Umrechnungszeitpunkt seiner Wahl Zahlung vom Schuldner erhalten hat (STAUB-STRANZ Art 41 WG Anm 8). Grenzen des Wahlrechts können sich nur ausnahmsweise aus § 242 ergeben (venire contra factum proprium). Das Wahlrecht gibt dem Gläubiger nicht das Recht, die Zahlung in Fremdwährung zurückzuweisen. Es handelt sich nach wie vor um eine Fremdwährungsschuld mit Ersetzungsbefugnis des Schuldners; nur wenn dieser in Heimwährung leisten will, kann der Gläubiger den Umrechnungsstichtag bestimmen (OLG Frankfurt AWD 1971, 409 f = NJW 1970, 2172; STAUB-STRANZ Art 41 Anm 9; LIESECKE WM 1973, 1163; vgl jetzt auch BAUMBACH-HEFERMEHL Art 41 WG Rz 2; aM QUASSOWSKI-ALBRECHT, WG Art 41 Rz 5; dies, ScheckG Art 36 Rz 6).

102 e) Bei dem Umrechnungszeitpunkt nach Art 41 Abs 1 WG, Art 36 Abs 1 ScheckG geht es nur um das Kursverlustrisiko, das sich aus dem Verhältnis von Währungen untereinander ergibt. Von dem **Risiko eines Verfalls beider Währungen** ist ebensowenig die Rede wie bei § 244. In Zeiten erheblichen Währungsverfalls kann nach RGZ 108, 337 und 110, 295, 296 auch der Vergleich mit einer stabilen Drittwährung geboten sein. Zur Problematik dieser Rechtsprechung vgl Rz 87.

IX. Die Fremdwährungsschuld in Prozeß und Vollstreckung

103 1. Behandlung als Geldschuld

Die Fremdwährungsschuld als Geldschuld (Rz 11) ist in prozessualer Hinsicht den Heimwährungsschulden grundsätzlich gleichgestellt (NUSSBAUM, Das Geld 194). Sie wird **als Geldschuld eingeklagt** (Rz 104) **und vollstreckt** (Rz 113). Sie ist **als Geldforderung nach § 829 ZPO pfändbar** (NUSSBAUM, Das Geld 197). Sie unterliegt dem *Urkunden- und Wechselprozeß* nach §§ 592, 602 ZPO sowie dem *Mahnverfahren* nach § 688 ZPO (NUSSBAUM, Das Geld 194). Der *einstweilige Rechtsschutz* erfolgt nach § 916 ZPO durch den Arrest (STEIN-JONAS-MÜNZBERG ZPO [20. Aufl] Vorbem 1 zu § 803 iVm § 916 Rz 2). Über *Probleme der vorläufigen Vollstreckbarkeit*, insbes des Schadensersatzes nach § 717 ZPO, vgl PROCHOWNICK HansRZ 1922, 366.

2. Klagantrag, Streitgegenstand und Urteil 104

a) Im Gegensatz zu anderen Rechtsordnungen läßt das deutsche Zivilprozeßrecht **Klagen und Urteile, die auf Zahlung in fremder Währung lauten,** zu (zur Entwicklung des englischen Rechts vgl Court of Appeal RIW/AWD 1975, 164 mAnm GRAUPNER; 1975, 296; 1978, 416; Queens Bench Div RIW/AWD 1978, 415; F A MANN, Recht des Geldes 296 ff; ders, Legal Aspect 339 ff; NUSSBAUM, Das Geld 123; GRAUPNER RIW/AWD 1976, 258; LEWIS-MOUNTFORD ZHR 140 [1976] 120). Der Kläger braucht sich grundsätzlich nicht um den Unterschied zwischen einfacher und effektiver Fremdwährungsschuld zu kümmern. Er wird auf Leistung in der bedungenen ausländischen Währung geklagt und zu dieser Leistung verurteilt (RG HansGZ 1923 H Nr 135; BGH WM 1982, 291, 294; AG Lübeck DAVorm 1978, 691; NUSSBAUM, Das Geld 193 f; FÖGEN 123 f; MARTIN WOLFF in Ehrenbergs Hdb IV/1 640 Fn 18; AK-BGB-BRÜGGEMEIER Rz 12). *Das gilt auch für Klagen auf Mark der DDR* (BGHZ 7, 231, 233 = NJW 1953, 339 mit zust Anm HARMENING; BGHZ 7, 397 f; OLG Köln JZ 1951, 309; OLG Schleswig MDR 1950, 235; OLG Hamm NJW 1955, 67; LG Düsseldorf MDR 1954, 358 f; LG Lüneburg MDR 1951, 746, 747; MARQUORDT MDR 1951, 390, 394; ganz hM; vgl auch LG Hamburg MDR 1952, 301; aM LG Dortmund MDR 1950, 552; LG Bielefeld MDR 1952, 108 f; AG Plön MDR 1952, 42; auch noch MARQUORDT MDR 1950, 10). Eine Verurteilung kann unabhängig davon erfolgen, ob der Schuldner zZ über die Möglichkeit verfügt, die Leistung in devisenrechtlich zulässiger Weise zu erbringen (LG Düsseldorf aaO; aM AG Plön 1952, 42). So kann der in der DDR lebende Unterhaltsberechtigte beantragen, den Beklagten zur Zahlung in Mark der DDR zu verurteilen (HAHNENFELD NJW 1955, 529). Das hängt damit zusammen, daß „Unmöglichkeit" der Fremdwährungszahlung die Fremdwährungsschuld nicht zur Heimwährungsschuld macht, wenngleich der Schuldner letztlich Heimwährung aufbringen muß (Rz 35 f, 61 ff). *Kommt allerdings als Zahlungswährung des Schuldners aus devisenrechtlichen Gründen nur DM in Betracht, so kann die Fremdwährungsschuld auch in DM eingeklagt werden* (vgl zu den DDR-Fällen bereits Rz 35; in gleicher Richtung bereits die ältere Rspr; zB RG JW 1938, 946: Zahlung in RM auf Sperrkonto). Bei RGZ 145, 51, 52 wurde folgendermaßen erkannt: „Die Beklagte wird verurteilt, an den Kläger 60 englische Pfund nebst 6 vH Zinsen seit dem 1. 2. 1933 und 1300 englische Pfund nebst 6 vH Zinsen seit dem 1. 4. 1933 zu zahlen, und zwar beide Beträge in dt Währung zum Kurse von . . ." Mit einem solchen Antrag wird die inländische *Zahlungswährung* bereits zum Gegenstand des Prozesses gemacht. Das ist zulässig (Rz 105, 110 f; aM wohl FÖGEN 124), allerdings nicht notwendig (Rz 108). Die Frage, ob die Fremdwährungsschuld auch in Heimwährung erfüllt werden kann oder muß, kann auch in das Vollstreckungsverfahren verlagert werden (vgl dazu Rz 115; BGHZ 36, 11; MünchKomm-VON MAYDELL Rz 54; aM BERNER Rpfleger 1962, 87). Ähnlich kann der Kläger bei der einfachen Fremdwährungsklage die Ersetzungsbefugnis des Schuldners berücksichtigen, muß dies aber nicht tun (Rz 110). *Materiellrechtliche Voraussetzung* für eine erfolgreiche Fremdwährungsklage ist allerdings, daß eine Fremdwährungsschuld vorliegt (zur Abgrenzung vgl Rz 13 ff). Ist dies der Fall, so kann nach Auffassung des RG sogar dann auf Zahlung in fremder Währung geklagt werden, wenn der Kläger hinsichtlich eines anderen Teilbetrages bereits auf Zahlung in inländischer Währung geklagt hatte (vgl RG JW 1920, 704). Liegt dagegen eine Heimwährungsschuld vor, so sind die Parteien auch nach § 242 nicht ohne weiteres an die unrichtige Einschätzung als Fremdwährungsschuld gebunden (näher Rz 71). Zum Antrag auf Verurteilung in fremder Währung, hilfsweise in DM, vgl Rz 106.

105 b) Die **Klage auf Zahlung in Heimwährung** ist begründet bei der Heimwährungsschuld. Wie bei Rz 13 f bemerkt wurde, sind *Heimwährungsklagen und Heimwährungsurteile* häufiger, als es der Einordnung in Heimwährungsschulden und Fremdwährungsschulden entspräche. Die Legitimation dieses Zugs zur Heimwährungsklage und zum Heimwährungsurteil ergibt sich aus dem bei Rz 68 f Gesagten: Zielen Klage und Einlassung des Beklagten auf einen Heimwährungsprozeß, so kann der Beklagte zur Zahlung in DM verurteilt werden, ohne daß die uU schwierige Frage, ob die Klagforderung in fremder Währung hätte geltend gemacht werden müssen, im Einzelfall noch geprüft werden müßte. Liegt eine *Valutawertschuld* vor – die in Rz 24 f, 28 kritisierte Rspr behandelt auch Fremdwährungs-Schadensersatzforderungen als Valutawertschulden in DM –, so lauten Antrag und Urteil auf den sich am Zahlungstag ergebenden Umrechnungsbetrag in DM; es wird also unter Angabe der Fremdwährungssumme auf Zahlung von DM geklagt (vgl nur RGZ 145, 51, 52; RG JW 1924, 1590, 1591). Fallen Schuldwährung und Zahlungswährung aus devisenrechtlichen Gründen auseinander, hat zB der Schuldner eine auf Mark der DDR lautende Fremdwährungsforderung in DM zu erfüllen, so ist eine *Verurteilung in der Zahlungswährung* möglich (vgl bereits Rz 35, 104, zu den Ost-West-Unterhaltsschulden). Denn der Vollstreckungstitel hat sich an der erzwingbaren Schuldnerleistung zu orientieren. Notwendig ist ein solcher Antrag und ein solches Urteil nicht (Rz 104). Da der Erfolg eines Heimwährungsantrags im Einzelfall zweifelhaft sein kann, kann sich – wie schon bei Rz 104 im umgekehrten Fall – die Stellung eines auf Fremdwährung lautenden Hilfsantrags empfehlen; zu seiner Behandlung vgl Rz 106.

106 c) Die eingeklagte Währung bestimmt den **Streitgegenstand.** Die Identität der Währung ist *bindender Inhalt des Klagantrags.* Das Gericht kann auf eine DM-Klage nicht auf Zahlung in Auslandswährung erkennen und umgekehrt (RG JW 1924, 1518 mAnm Nussbaum; s auch BGH NJW 1980, 2017; aM Neumeyer [vor Rz 1] III/2 135, jedoch mit der Begründung, es sei von einem stillschweigend gestellten Hilfsantrag auszugehen). *Anders verhält es sich, wenn dem Vorbringen des Klägers entnommen werden kann, es solle (hilfsweise) auch auf Zahlung in der anderen Währung erkannt werden.* Die nicht ganz einheitliche Praxis verfährt mit Recht großzügig (vgl RGZ 96, 270; RG JW 1924, 1518; s auch RGZ 111, 183; im Ergebnis auch Neumeyer [vor Rz 1] III/2 135). Lautet der Antrag auf Fremdwährung „effektiv", so ist die Annahme eines stillschweigenden Hilfsantrags eindeutig ausgeschlossen (Neumeyer [vor Rz 1] III/2 135). Aber es darf dem Kläger noch nicht ein Hilfsantrag unterstellt werden, wenn dieser Zusatz fehlt (vgl RG JW 1924, 1518 mAnm Nussbaum; zu weitgehend Neumeyer [vor Rz 1] III/2 135). Übergang des Klagantrags von der einen auf die andere Währung ist *Klagänderung* (Neumeyer [vor Rz 1] III/2 134; BGH NJW 1980, 2017, 2018; aM OLG Hamburg HansRZ 1921, 818; KG JW 1923, 189, 190). Es kommt nicht darauf an, ob eine einfache oder eine effektive Fremdwährungsforderung eingeklagt wird; der Übergang von der Fremdwährungsklage zur Heimwährungsklage ist in jedem Fall eine Klagänderung (aM OLG Hamburg HansGZ 1924 H Nr 127). Entspricht der neue Antrag der Auffassung des Gerichts über die einzuklagende Währung, so wird aber die Klagänderung sachdienlich sein (Nussbaum, Das Geld 194). Wird auf Zahlung in der einen, hilfsweise in der anderen Währung geklagt, so kann dies eine *Eventualklage* sein (vgl RGZ 108, 298, 303). Aber der Hilfsantrag wird auf *Klagänderung* (§ 263 ZPO) zielen, so daß ggf nicht der Hauptantrag abzuweisen, sondern nur die Klagänderung für sachdienlich zu erklären ist (Kostenvorteil: keine Anwendung des § 92 ZPO). Eine Auslegung des Antrags kann aber auch ergeben, daß eine einfache Fremdwährungsschuld eingeklagt ist und

der „Hilfsantrag" nur zum Ausdruck bringt, das Gericht solle dem Schuldner Zahlung in Inlandswährung nachlassen (zur Bedeutung dieses Antrags vgl Rz 110).

d) Klage und Urteil bei der effektiven Fremdwährungsschuld können nur auf Zahlung 107
in Auslandswährung lauten. Der Zusatz „effektiv" in Klage und Urteil dient dazu, die Ersetzungsbefugnis auszuschließen. Er zwingt dazu, ausnahmsweise schon im Erkenntnisverfahren zu klären, daß eine effektive Fremdwährungsschuld vorliegt (Wolfgang Mayer [vor Rz 1] 80; aM Fögen 124). Der Zusatz „effektiv" gehört nur bei entsprechendem Klagantrag in das Urteil. Notwendig ist er nicht (Rz 108). Die Beweislast für das Vorliegen einer effektiven Fremdwährungsschuld trägt der Gläubiger (Rz 37; Baumgärtel, HdB der Beweislast I [1981] § 244 Rz 1). Zur Vollstreckung vgl Rz 114.

e) Klage und Urteil bei der einfachen Fremdwährungsschuld können ebenso auf 108
Zahlung in Fremdwährung lauten wie bei der echten Fremdwährungsschuld. Es besteht also kein Zwang, die Frage der Ersetzungsbefugnis im Erkenntnisverfahren zu prüfen (Fögen 124 f; Wolfgang Mayer [vor Rz 1] 80; aM Nussbaum, Das Geld 211). Entgegen der von Nussbaum vertretenen Auffassung kann sich der Schuldner auch dann noch durch Zahlung in inländischer Währung befreien, wenn über die Ersetzungsbefugnis nicht gestritten wurde und der Schuldner rechtskräftig zur Zahlung in ausländischer Währung verurteilt ist (RGZ 136, 127, 132). Anders, wenn sein Antrag, ihm Zahlung in DM nachzulassen, bereits in den Gründen des Urteils ablehnend beschieden ist oder wenn der Schuldner verurteilt ist, den Fremdwährungsbetrag „effektiv" zu zahlen (Rz 110).

f) Die **materielle Rechtskraft** des Urteils erstreckt sich, soweit einer Klage stattgege- 109
ben wird, auf die zu leistende Währung (Neumeyer [vor Rz 1] III/2 136). Auf die Ersetzungsbefugnis bzw auf ihr Fehlen erstreckt sich die Rechtskraft nur, wenn über diese Frage auf Antrag der Parteien entschieden und verhandelt worden ist. Wird die Klage abgewiesen, so ist zu unterscheiden. In dem eher theoretischen Fall, daß die Klage als in der falschen Währung erhoben abgewiesen wird, ist neue Klagerhebung in anderer Währung möglich. Hat das Gericht dagegen das Bestehen der Klagforderung verneint, so ist die erneute Klage in anderer Währung unzulässig (Streitgegenstand und Rechtskraftgrenzen fallen dann auseinander).

g) Eine **Klärung der Ersetzungsbefugnis im Erkenntnisverfahren** ist hiernach, sofern 110
sie nicht von den Parteien beantragt ist, grundsätzlich überflüssig. Ein Ausschluß der Ersetzungsbefugnis durch den Zusatz „effektiv" in Klage und Urteil ist zulässig (Rz 107). Eine positive Klärung, daß die Ersetzungsbefugnis besteht, ist nach überwiegender, aber bestrittener Auffassung zulässig; dem Schuldner kann nach dieser hM nachgelassen werden, die Klagforderung in Heimwährung zu dem in Abs 2 genannten Kurs zu begleichen (RGZ 107, 111, 117; 109, 83, 89; Nussbaum, Das Geld 211; vgl auch zum Urteilstenor RAG SeuffA 89 Nr 154; aM Fögen 124 f; Brodmann JW 1921, 442). Der Einwand Fögens, daß die Vollstreckung ohnedies nur in DM erfolge, verkennt, daß das Urteil nicht nur als Vollstreckungstitel dient, also auch die Möglichkeit befreiender Zahlung klären kann. Der **Kläger** kann mit der Fremdwährungsklage von vornherein den *Antrag* verbinden, *daß dem Beklagten die Zahlung in DM statt in der Klagwährung nachgelassen wird;* der Hauptvorteil eines solchen Antrags besteht darin, daß im Vollstreckungsverfahren der Gerichtsvollzieher zur Entgegennahme von DM befugt ist (vgl Rz 114); der **Beklagte** ist durch einen solchen Antrag nicht beschwert (RGZ 136, 127, 132). Im übrigen ist es Sache des beklagten Geldschuldners, für eine Klärung seiner Ersetzungsbefugnis im Erkenntnisverfahren zu sorgen, etwa indem er hilfsweise neben einem Klagabweisungsantrag beantragt, das Gericht möge ihm DM-Zahlung nach § 244 Abs 2 nachlassen (insoweit überein-

stimmend NUSSBAUM, Das Geld 211). Wird hierüber streitig verhandelt und läßt das Gericht dem Schuldner die Zahlung in Inlandswährung nach, so wird dies nicht als Teilunterliegen des Gläubigers nach § 92 ZPO anzusehen sein (anders in dem wohl theoretischen Fall eines eigens über diese Frage geführten Feststellungsstreits bei sonst unstreitiger Fremdwährungsforderung). Auch ob der Schuldner aus devisenrechtlichen Gründen auf die Fremdwährungsforderung eine Leistung in DM erbringen *muß,* kann auf Antrag des Klägers bereits im Erkenntnisverfahren geprüft werden (Rz 35, 104). In DDR-Sachen neigt die Praxis dazu, von vornherein in DM zu klagen und zu verurteilen (vgl Rz 35 sowie BGHZ 14, 212, 219).

111 h) Ersatz eines **Entwertungsschadens** bei der Einklagung von *Fremdwährungs-Schadensersatzansprüchen* oder bei *Schuldnerverzug* (Rz 58) kann noch in einem nachfolgenden Prozeß eingeklagt werden (OLG Hamburg OLGE 41, 100; F A MANN, Recht des Geldes 267 f). Er ist ein vom Hauptanspruch zu trennender Streitgegenstand und kann häufig erst nach der Zahlung beziffert werden. Dann ist ein Zweitprozeß schwer zu vermeiden. Im Erstprozeß kann ausnahmsweise eine Korrektur der Klagforderung (RG WarnR 1921 Nr 70 = Recht 1921 Nr 1125), häufig aber nur ein Feststellungsantrag helfen. Anders, wenn der Schadensposten nach Vorbem D 339 zu § 244 prima facie in Gestalt der Kursdifferenz dargelegt und berechnet wird. Antrag und Urteil können dann etwa lauten: ,,Der Beklagte wird verurteilt, an den Kläger . . . US-Dollar, mindestens aber den Gegenwert von . . . DM (oder Drittwährungsbetrag) zu zahlen.“ Ähnlich RGZ 145, 51, 52: ,,950 englische Pfund nebst 6 vH Zinsen seit 1. 2. 1933 in dt Währung zum Kurse vom 1. 2. 1933, jedoch zum Kurse des Zahlungstages, falls dieser Kurs ein höherer ist“. Die Zusammenfassung der Primärforderung mit dem Schadensersatz in einem Antrag ändert nichts daran, daß auch prozessual zwei Ansprüche vorliegen. Ein Teilurteil nach § 301 ZPO nur über den Primäranspruch bleibt zulässig. Hat der Kläger den Entwertungsschaden bereits im Erstprozeß geltend gemacht, so erfaßt die objektive Rechtskraft des Urteils auch die Frage, ob dieser Schadensersatz dem Gläubiger zugesprochen oder abgesprochen wird (zur Abgrenzung vgl OLG Hamburg OLGE 41, 100).

112 i) Der **Streitwert** im Prozeß ist selbst keine Geldschuld, sondern ein Geldbetrag. Er bestimmt die Höhe der Gebühren- und Kostenansprüche. Darüber, in welcher Währung der Streitwert festzusetzen ist, entscheidet die *lex fori* (SOERGEL-KEGEL [10. Aufl] Vorbem 621 zu Art 7 EGBGB; HARTMANN, Kostengesetze [20. Aufl 1981) Einl III A). Das gilt für die im Inland anfallenden Gebühren ebenso wie für die aus §§ 91 ff ZPO folgende Kostenerstattungspflicht. Die Höhe des Streitwerts kann allerdings bei einer Fremdwährungsklage von deren Wert nicht unabhängig sein (LG Berlin JR 1950, 58). Auch wird die Einschaltung eines in fremdem Währungsgebiet ansässigen Verkehrsanwalts Einfluß auf den Kostenerstattungsanspruch aus §§ 91 ff ZPO haben (BGH NJW 1954, 1200; OLG Braunschweig NdsRpfl 1952, 27; LG Göttingen JR 1954, 424 m abl Anm TSCHISCHGALE; HARTMANN aaO Einl III A e). *Eine Streitwertfestsetzung in Fremdwährung ist nicht zulässig* (BAG NJW 1955, 927, 928; STEIN-JONAS-SCHUMANN, ZPO [20. Aufl] § 2 Rz 96; aM SOERGEL-KEGEL [10. Aufl] Vorbem 630 zu Art 7 EGBGB Fn 5). Zweifelhaft ist dies nur bei den Ost-Berliner Sachen vor Berliner Gerichten (vgl einerseits KG JR 1949, 477, 478; NJW 1954, 38; HARTMANN aaO Einl III B; TSCHISCHGALE JR 1954, 135; anderseits KG NJW 1955, 348). Über *Devisenprobleme bei der Beitreibung von Gerichtskostenforderungen* aus fremdem Währungsgebiet vgl eingehend HARTMANN aaO Einl III C mwN.

3. Die Zwangsvollstreckung 113

a) Eine **Fremdwährungsschuld**, um die es sich im Zweifel handelt, ist nach §§ 803 ff ZPO als Geldschuld beitreibbar (RGZ 106, 74, 77 f; KG JW 1920, 657, 658; 1923, 188; BGH NJW 1962, 109; OLG Köln JW 1920, 910, 911; OLG Frankfurt JW 1921, 1328, 1329; LG Frankfurt NJW 1956, 65; Nussbaum, Das Geld 195; Fögen 124; AK-BGB-Brüggemeier Rz 12). Das gilt für die **effektive** wie für die **einfache** Fremdwährungsschuld (insofern übereinst Fögen 125; aM Nussbaum, Das Geld 196 mwN). Die von Nussbaum (Das Geld 196) erwogene Anwendung des § 887 ZPO hat sich mit Recht nicht durchgesetzt. *Das gesamte Schuldnervermögen steht als Vollstreckungssubstrat zur Verfügung* (RGZ 106, 74, 77). Auch die Eintragung einer *Zwangshypothek* kommt in Betracht (RGZ 106, 74, 78; Nussbaum, Das Geld 196), dies aber nach hM nur als Höchstbetragshypothek mit einem Höchstbetrag in deutscher Währung (LG Osnabrück Rpfleger 1968, 122 in Anlehnung an RGZ 106, 74; Zeller, ZVG [10. Aufl 1979] § 11 Anm 77). Zulässig ist auch ein Antrag auf *Zwangsversteigerung oder Zwangsverwaltung* (Nussbaum, Das Geld 196; Dassler-Schiffhauer-Gerhardt ZVG [11. Aufl 1978] § 16 Anm 4a). Für das geringste Gebot und für den Teilungsplan bei der Zwangsversteigerung (vgl dagegen zur Zwangsverwaltung Dassler-Schiffhauer-Gerhardt aaO § 156 Anm 6 c; Zeller aaO § 155 Anm 5/10) muß die Forderung in DM umgerechnet werden (Dassler-Schiffhauer-Gerhardt aaO § 44 Anm 5; § 114 II 13; Zeller aaO § 114 Anm 3/3). Sondervorschriften für die *Zwangsversteigerung von Schiffen und Luftfahrzeugen,* die mit Schiffshypotheken bzw Registerpfandrechten in ausländischer Währung belastet sind, enthalten die §§ 168 c, 171 e ZVG. Die Vollstreckung der Fremdwährungsschuld erfolgt, wo dies möglich ist, durch *Pfändung von Geld der geschuldeten Währung* und Ablieferung dieses Geldes an den Gläubiger (KG JW 1921, 1328, 1329; 1923, 188; Nussbaum, Das Geld 196; Neumeyer [vor Rz 1] III/2 187; aM Wieczorek, ZPO [2. Aufl] § 815 Anm A I a unter Berufung auf RGZ 85, 185; aM wohl auch Fögen 125 f). Doch ist dieser Fall weitgehend theoretisch. Im übrigen erfolgt die Vollstreckung *nach den allgemein für die Geldschuld geltenden Grundsätzen.* Im Ergebnis führt damit die Vollstreckung wegen einer effektiven wie einer einfachen Fremdwährungsforderung idR zur **Befriedigung in DM.** Dies beruht nicht auf § 244, sondern ist eine Konsequenz des Vollstreckungsrechts (Neumeyer [vor Rz 1] III/2 187 mit Hinweis auf § 884 ZPO auf S 186). Die *Umrechnung* folgt denselben Grundsätzen, die auch für § 244 Abs 2 gelten (Stein-Jonas-Münzberg, ZPO [20. Aufl] Vorbem 162 zu § 704). Sie ergibt sich also aus Rz 83 ff. Eine Rückrechnung auf einen für den Gläubiger günstigeren Kurs kommt selbst dann nicht in Betracht, wenn der Gläubiger nach § 286 Schadensersatz verlangen kann (Rz 58). Dieser Schadensersatz bedarf der besonderen Geltendmachung im Erkenntnisverfahren (Rz 111).

b) Die **Unterscheidung zwischen einfacher und effektiver Fremdwährungsschuld** 114
verliert in der Vollstreckung weitgehend an Bedeutung. Nach Fögen (125) ist sie sogar völlig bedeutungslos (vgl auch zum schweizerischen Recht Rolf H Weber in Berner Komm Art 84 Rz 370 ff). Der Schuldner könne bei der einfachen wie bei der effektiven Fremdwährungsschuld dem Gerichtsvollzieher Zahlung in DM anbieten und dadurch die Vollstreckung abwenden. Die **hM** teilt diese Auffassung nicht. *Die effektive Valutaschuld* (erst recht die Geldsortenschuld, LG Frankfurt NJW 1956, 65) *verwandelt sich in der Vollstreckung nicht in eine Heimwährungsschuld* (RG JR 1925 Nr 529; Nussbaum, Das Geld 211). Soweit nur die Zahlung in ausländischer Währung befreiend wirkt, ist der **Gerichtsvollzieher** nach hM auch nicht nach §§ 754 f ZPO zur Entgegennahme des Betrags in DM befugt, denn diese Vorschrift gibt ihm keine Vertretungsmacht für die Annahme einer nicht geschuldeten Leistung an Erfüllungs Statt (RG JR 1925 Nr 529; eingehend Stein-Jonas-Münzberg ZPO

[20. Aufl] § 754 Rz 9 f). *Zwei Punkte machen den Kern des Problems aus.* Da die Vollstreckung idR ohnedies auf Befriedigung in DM geht (Rz 113), stellt sich die Frage, ob nicht der Schuldner jede Fremdwährungsvollstreckung durch Zahlung in DM soll abwenden können (in dieser Richtung FÖGEN 125). Aber es geht eben bei §§ 754 f ZPO nicht bloß um eine Abwendung der bevorstehenden Vollstreckung, sondern um die Bewirkung der geschuldeten Leistung. Damit stellt sich die schwierige Frage, wie einfache und effektive Fremdwährungsschulden vom Gerichtsvollzieher unterschieden werden sollen (NUSSBAUM, Das Geld 211). Nur wenn dem Schuldner im Titel Zahlung in Heimwährung nachgelassen ist, wird sich der Gerichtsvollzieher ohne besondere Bevollmächtigung auf eine solche Zahlung einlassen dürfen. Ist dies der Fall, so dürfte die Vertretungsmacht des Gerichtsvollziehers auch den Empfang einer Heimwährungszahlung umfassen. Zu dieser Empfangnahme verpflichtet und zur Aushändigung des Titels an den Schuldner berechtigt ist er aber nur, wenn der zugrundegelegte Kurswert offensichtlich unbedenklich ist.

115 c) **Ob sich der Fremdwährungsschuldner nach § 244 durch Zahlung in DM befreien kann** oder aus devisenrechtlichen Gründen sogar in DM zahlen muß (Rz 35 f) und zu welchem Kurs er dies kann, kann nicht nur im Erkenntnisverfahren (Rz 110), sondern **auch im Vollstreckungsverfahren** geprüft werden (BGHZ 36, 11; MünchKomm-VON MAYDELL Rz 54; aM BERNER Rpfleger 1962, 87), sofern nicht bereits im Erkenntnisverfahren rechtskräftig über diese Frage entschieden ist (Rz 109). Die Frage wird im Rahmen der Rechtsbehelfe des Vollstreckungsrechts geprüft; für eine besondere Feststellungsklage besteht idR kein Rechtsschutzinteresse (BGHZ 36, 11; dagegen BERNER Rpfleger 1962, 87).

116 **d)** Von Fremdwährungstiteln deutscher Gerichte sind **ausländische Titel** zu unterscheiden. Ihre Behandlung ist **Gegenstand des internationalen Prozeßrechts.** Über die Vollstreckung aus ausländischen Titeln vgl §§ 328, 722 ZPO. Dokumentation der einschlägigen Staatsverträge: WIECZOREK, ZPO (2. Aufl) Bd V, bearbeitet von RÖSSLER und SCHÜTZE (1980)*. *Zur Anerkennung ausländischer Unterhaltstitel* vgl BASEDOW, Die Anerkennung von Auslandsentscheidungen (1980); SIEHR, Ausländische Unterhaltsentscheidungen und ihre Abänderung im Inland wegen veränderter Verhältnisse, FS Bosch (1976) 927; zur Vollstreckung von DDR-Unterhaltstiteln vgl HIRSCHBERG (vor Rz 1) 65 – 109.

Zur **Vollstreckung aus deutschen Titeln im Ausland** vgl SCHÜTZE, Anerkennung und Vollstreckung deutscher Urteile im Ausland (1973). Älteres Material bei HAEGER, Die Vollstreckung von Urteilen und Schiedssprüchen im internationalen Rechtsverkehr (1910). Über ausländische Forderungen als Gegenstand der Zwangsvollstreckung vgl ROSENBAUM, Die Zwangsvollstreckung in Forderungen im internationalen Rechtsverkehr (1930).

---

* **Schrifttum** (Auswahl): GEIMER, Prüfung der Gerichtsbarkeit und der internationalen Zuständigkeit bei der Anerkennung ausländischer Urteile (1966); RIEZLER, Internationales Zivilprozeßrecht (1949); BÜLOW-ARNOLD-BÖCKSTIEGEL, Internationaler Rechtsverkehr in Zivil- und Handelssachen, Loseblattwerk (seit 1954); ROTH, Vorbehalt des ordre public gegenüber gerichtlichen Entscheidungen (1967); SCHRÖDER, Internationale Zuständigkeit (1971); SCHLOSSER, Das Recht der privaten internationalen Schiedsgerichtsbarkeit (1975); GRAUPNER, Zur Entstehungsgeschichte des § 328 ZPO, FS Ferid (1978) 183; BÖCKSTIEGEL (Hrsg), Studien zum Recht der internationalen Schiedsgerichtsbarkeit (1979); ERNEMANN, Zur Anerkennung und Vollstreckung ausländischer Schiedssprüche nach § 1044 ZPO (1979); NAGEL, Internationales Zivilprozeßrecht für deutsche Praktiker (1980).

4. Konkurs 117

Im Konkurs wird die unechte wie die echte Fremdwährungsschuld nach **§ 69 KO** in DM umgerechnet (NUSSBAUM, Das Geld 197). Maßgebender Zeitpunkt ist hier der Zeitpunkt der Konkurseröffnung (vgl HAHN, Materialien zur KO [1881] 268). Als Umrechnungssatz gilt damit der für den Ort der Konkursverwaltung maßgebliche Kurs am Eröffnungstag (MENTZEL-KUHN-UHLENBRUCK, KO [9. Aufl] § 69 Rz 4). Die Umrechnung ist Sache des Gläubigers (LG Mönchengladbach KTS 1976, 67).

X. Sonderfragen

1. Internationales Privatrecht 118

§ 244 sagt nichts über das **Schuldstatut** einer Fremdwährungsschuld. Es gelten die allgemeinen kollisionsrechtlichen Regeln sowie das Einheitsrecht der einschlägigen Abkommen, zB das Haager Übereinkommen über das auf Unterhaltsverpflichtungen gegenüber Kindern anzuwendende Recht v 24. 10. 1956 (BGBl 1961 II 1012) nebst ErgG v. 2. 6. 1972 (BGBl 1972 II 589, beides wiedergegeben auch bei WENGLER IPR II = BGB-RGRK VI/2 S 1187 f), für die **DDR** BayObLG NJW 1966, 1173 = JZ 1966, 364 = MDR 1966, 524; OLG Schleswig OLGZ 1980, 49.

2. Rechtsvereinheitlichung 119

Das **Bemühen um Rechtsvereinheitlichung** auf dem Gebiete der Fremdwährungsschulden zielt auf *allgemeine Geltung des in § 244 enthaltenen Gedankens,* also der Umrechnungsbefugnis in die moneta loci solutionis. Vgl dazu eingehend KÜNG [vor Rz 1] passim. Dort Anh I S 123: Projet de Convention sur le paiement des obligations libellées en monnaie étrangère = Draft Convention on the Payment of Foreign Money Liabilities der International Law Association; Anh II S 126: Convention européenne relative aux obligations en monnaie étrangère = European Convention on Foreign Money Liabilities des Europarates. Fundstelle: Conseil de l'Europe, Rapport explicatif sur la Convention européenne relative aux obligations en monnaie étrangère (Strassbourg 1968). Die Bundesrepublik hat das Abkommen am 11. 12. 1967 unterzeichnet. Zur Arbeit der International Law Association auf dem Gebiet des Geldrechts vgl GUISAN, Le comité de droit monétaire de l'International Law Association, FS Mann (1977) 719.

3. § 244 im öffentlichen Recht 120

Die **Anwendung des § 244 im öffentlichen Recht** wird von FRIEDRICHS ArchBürgR 42 (1916) 32 f mit Recht, freilich ohne Begründung, bejaht. Der Schutzgedanke der Norm (Rz 2) paßt auch hier. Öffentlichrechtliche Fremdwährungsschulden können vom Schuldner in DM getilgt werden, wenn sich der Zahlungsort im Währungsinland befindet (vgl Rz 76), keine effektive Fremdwährungsschuld vorliegt und keine devisenrechtlichen Hindernisse bestehen. Eine *effektive* Fremdwährungsschuld entsteht nur, wenn dies in einem öffentlichrechtlichen Vertrag besonders bedungen ist (§§ 62 VwVfG, 244 BGB). In aller Regel werden grenzüberschreitende öffentlichrechtliche Verträge die Zahlungswährung und die Zahlungsmodalität bestimmen. § 244 dürfte deshalb im öffentlichen Recht nur von geringer Bedeutung sein.

§ 245

Ist eine Geldschuld in einer bestimmten Münzsorte zu zahlen, die sich zur Zeit der Zahlung nicht mehr im Umlaufe befindet, so ist die Zahlung so zu leisten, wie wenn die Münzsorte nicht bestimmt wäre.

E I § 216; II § 209; III § 239; Mot II 15; Prot I 290.

Systematische Übersicht

Alphabetische Übersicht

I. Grundlagen

1. Bedeutung der Geldsortenschuld 1

a) Die **Geldsortenschuld** unterscheidet sich von der Geldstückschuld (Vorbem C 5 zu § 244) dadurch, daß nur Geldsumme und Geldsorte bestimmt sind. Die Besonderheiten der Geldsortenschuld sind bei Staudinger-Weber ([11. Aufl] Rz 1 ff) sehr ausführlich besprochen. *Praktische Bedeutung* hatte die Geldsortenschuld, solange noch der Substanzwert der Geldzeichen ihrer Kaufkraft und ihrem Zahlungswert entsprach (Fögen 111 f; MünchKomm-von Maydell Rz 1). Hierauf beruhten namentlich die *Goldmünzklauseln.* Durch VO v 28. 9. 1914 (RGBl 417) wurden Goldmünzklauseln aus der Zeit vor dem 31. 7. 1914 bis auf weiteres für unverbindlich erklärt. Die auf Goldmünzen lautende Geldsortenschuld wurde damit zu einer Geldsummenschuld (Rz 13; RGZ 101, 141, 145; 131, 78, 84; eingehend Nussbaum, Das Geld 182). Nach dem Ersten Weltkrieg ergab sich dieselbe Rechtsfolge auch für die seit 1914 vereinbarten Goldklauseln unmittelbar aus § 245, weil sich die Goldmark nicht mehr im Verkehr befand (RGZ 107, 370, 371; std Rspr); vgl auch Vorbem A 34, D 162 zu § 244.

b) Heute kommt dem Institut der Geldsortenschuld **mehr rechtssystematische als** 2
rechtspraktische Bedeutung zu (auf jede Kommentierung verzichtet AK-BGB-Brüggemeier zu § 245). Eine gewisse Bedeutung kommt ihm noch auf dem Gebiet der effektiven Valutaverbindlichkeiten (§ 244 Rz 10) zu (vgl Soergel-Reimer Schmidt [10. Aufl] Rz 1). Wichtig ist schließlich die richtige Abgrenzung des Instituts der Geldsortenschuld gegen das bei Vorbem D 158 ff zu § 244 besprochene Institut der Wertsicherung. § 245 ist ein, insoweit heute zu wenig gewürdigter, *Baustein im nominalistischen Recht der Geldschuld* (Rz 4 f).

2. Echte und unechte Geldsortenschuld 3

Echte (eigentliche) und unechte (uneigentliche) Geldsortenschuld werden traditionellerweise unterschieden: Die „echte" Geldsortenschuld ist Gattungsschuld (Vorbem C 6 zu § 244), die „unechte" ist Geldschuld (Mot in Mugdan II 8; Larenz I § 12 III; BGB-RGRK-Alff Rz 3; MünchKomm-von Maydell Rz 2). Zur Abgrenzung vgl Rz 9. Nur von der „unechten" Geldsortenschuld, also von einer Geldschuld, spricht § 245. Die Geldsortenschuld des § 245 ist damit auch als Hypothekenforderung eintragbar (RGZ 50, 145, 148; 108, 176, 182; KGJ 48 A 218; OLG Hamburg OLGE 40, 279; krit NUSSBAUM, Das Geld 180 ff), vorausgesetzt, es handelt sich wirklich um eine reine Geldsortenschuld und nicht zugleich um eine Wertsicherungsklausel (vgl zu den Goldklauseln Rz 20 ff). *Die unechte Geldsortenschuld ist eine Geldschuld mit der Zusatzvereinbarung, daß die Schuld in bestimmten Geldsorten beglichen werden soll* (Mot in MUDGAN II 8; LEONHARD I 110). Die hergebrachte Terminologie ist in einem modernen Geldrecht angreifbar („echt" soll ausgerechnet diejenige Geldsortenschuld sein, die keine Geldschuld ist!). Sie wird hier aber beibehalten, weil die Bedeutung der Sache den Aufwand terminologischer Neuorientierung mit den hieraus resultierenden Verständigungsschwierigkeiten nicht lohnt.

4 **3. Normzweck des § 245**

a) Die *Bestimmung ist* nicht dazu geschaffen, Geldwertprobleme zu bewältigen. Sie ist **nominalistisch gedacht** (so der Sache nach NUSSBAUM, Das Geld 85) und zieht nur die Konsequenzen daraus, daß die unechte Geldsortenschuld eine Geldschuld ist und nicht, wie die echte Geldsortenschuld, sämtlichen Regeln über die Gattungsschuld unterworfen werden kann. Deshalb sieht das Gesetz die Bestimmung der Geldsorte nur als „Nebenbestimmung" und als „nebensächlichen Theil" eines Vertrags an (Mot in MUDGAN II 8). Wie die einschlägige Rechtsprechung in Zeiten der Währungskrise gezeigt hat (charakteristisch RGZ 103, 384, 387; 121, 110, 111; RG JW 1925, 1483; dazu auch Rz 21), ist § 245 nicht dazu geschaffen, dem etwa in Geldsortenschulden stillschweigend enthaltenen Wertsicherungszweck zu genügen. Der historische Gesetzgeber hat allerdings die Bestimmung auch nicht geschaffen, um versteckte Wertsicherungsklauseln zu bekämpfen, denn unter dem Eindruck eines lebhaften Goldumlaufs verkannte er einfach die Wertsicherungsfunktion von Goldklauseln (krit NUSSBAUM, Das Geld 180). Der Wertsicherungsaspekt war einfach nicht Gegenstand der gesetzgeberischen Überlegungen (vgl auch Rz 17). Das ist zwischen den Weltkriegen heftig diskutiert worden, entspricht aber, zumal unter der Geltung des § 3 WährG, den Grundlagen des Geldrechts. *Sieht man rückblickend einen Hauptzweck von Geldsortenschulden in der Wertsicherung, so versteht sich § 245 heute geradezu als ein Instrument zur Vereitelung dieses Zwecks.* Anwendungsbereich und Zweck der Geldsortenschuld haben deshalb unter der Geltung des § 245 wesentliche Einschränkungen erfahren. Im Verein mit der Abschaffung der Goldwährung hat § 245 zur Bedeutungslosigkeit dieser Klauseln beigetragen (vgl auch Rz 1).

5 **b)** Der **Grundgedanke** des § 245 besteht darin, daß im Fall der unechten Geldsortenschuld hilfsweise Geld schlechthin geschuldet ist. Insofern zieht § 245 die Konsequenz daraus, daß die unechte Geldsortenschuld trotz gewisser Züge einer Gattungsschuld doch Geldschuld ist (Mot in MUGDAN II 8; ENNECCERUS-LEHMANN § 11 I 4). Die währungstechnischen Grundlagen des § 245 sind veraltet insofern, als § 245 noch Rudiment eines metallisitischen Geldverkehrs ist (vgl auch MünchKomm-VON MAYDELL Rz 1). Weil es diesen Geldverkehr nicht mehr gibt, hat sich das *Regelungsbedürfnis* der Bestimmung weitgehend erledigt. Ihrem *Regelungsinhalt* nach paßt aber die Vorschrift durchaus in ein vom Nennwertprinzip beherrschtes Recht der Geldschuld. Man kann insofern von einem *Funktionswandel des § 245* sprechen.

II. Das materielle Recht der unechten Geldsortenschuld

1. Die Merkmale der unechten Geldsortenschuld 6

a) Es muß eine **Geldschuld** vereinbart sein, denn die unechte Geldsortenschuld ist eine Geldschuld mit der besonderen Maßgabe, daß in einer bestimmten inländischen oder ausländischen Geldsorte gezahlt werden soll (Rz 3).

b) Im Zusammenhang mit der Geldsortenschuld hat der **Begriff „Sorte“** eine andere 7 Bedeutung als im banktechnischen Bereich. Gemeint ist nicht (jedenfalls nicht notwendig) Geld fremder Währung, sondern eine bestimmte Gattung von Münzen oder sonstigen Geldzeichen (NUSSBAUM, Das Geld 80).

c) Die Geldsorte kann eine **inländische oder eine ausländische** sein (Mot in MUGDAN 8 II 8; ERMAN-SIRP Rz 4; MünchKomm-VON MAYDELL Rz 3; vgl insoweit auch RGZ 151, 35, 37). Sie muß aber, jedenfalls nach Auffassung beider Parteien, als Zahlungsmittel im Umlauf sein. Ist sie es entgegen der Annahme der Parteien nicht, so tritt, entgegen dem zu engen Wortlaut („nicht mehr“) die Rechtsfolge des § 245 ein (Rz 15). Wo diese Rechtsfolge nicht paßt, vielmehr nur die Regeln der anfänglichen Unmöglichkeit den Parteiinteressen genügen können, wird es sich um eine echte, nicht um eine unechte Geldsortenschuld handeln. Dann liegt eine Gattungsschuld vor (Rz 3).

d) **Die Vereinbarung** einer bestimmten Geldsorte wird regelmäßig, muß aber nicht in 9 jedem Fall eine ausdrückliche sein (Mot in MUGDAN II 7; Prot in JAKOBS-SCHUBERT, Die Beratung des BGB, SchuldR I [1978] 66). Ein klärender Zusatz wie „effektiv“ ist zwar bei der Auslegung des erklärten Willens hilfreich, aber nicht erforderlich. Ob eine echte oder eine unechte Geldsortenschuld vereinbart ist, muß dem Sinn und Zweck des Vertrags entnommen werden. Den Ausschlag gibt die Frage, ob die Geldsorten als Sachen geschuldet sind (echte Geldsortenschuld = Gattungsschuld) oder ob eine in den vereinbarten Sorten zu begleichende Geldschuld vorliegt (vgl Vorbem C 4 ff zu § 244).

2. Allgemeine Rechtsfolgen 10

a) **Elemente der Geld- und der Gattungsschuld** treffen im Fall der unechten Geldsortenschuld aufeinander (vgl auch NUSSBAUM, Das Geld 82 ff). Im Grundsatz bleibt es dabei, daß eine **Geldschuld** und nicht eine Gattungsschuld vorliegt (Rz 6). Die Frage, inwieweit Gattungsschuldregeln anwendbar sind, stellt sich bei jeder Geldschuld (Vorbem C 8 ff zu § 244); sie ist also kein Spezifikum der Geldsortenschuld. § 275 ist unanwendbar (RGZ 107, 370, 371; 108, 176, 181; BGB-RGRK-ALFF Rz 4). Unanwendbar ist aber auch § 279 (RGZ 103, 384, 388). Diese Bestimmung ist im Recht der Geldschuld entbehrlich (Vorbem C 29 zu § 244). Zahlungsort und Gefahr richten sich nach §§ 269, 270 (NUSSBAUM, Das Geld 82 f; MARTIN WOLFF in Ehrenbergs Hdb IV/1 647). Die unechte Geldsortenschuld unterliegt nicht nur der vertraglichen, sondern auch der gesetzlichen Verzinsung (NUSSBAUM Das Geld 83; MARTIN WOLFF in Ehrenbergs Hdb IV/1 647). Die gesetzlichen Zinsen sind, soweit nichts besonderes vereinbart ist, in Geld schlechthin zu zahlen, nicht notwendig in der bedungenen Sorte (NUSSBAUM, Das Geld 83). Ein darüber hinausgehender Schaden kann im Verzugsfall nach § 288 Abs 2 geltend gemacht werden. Vgl Vorbem D 335 f zu § 244.

b) **Erfüllung** durch Erbringung der geschuldeten Leistung (§ 362 Abs 1) erfolgt in 11 einer bestimmten Geldsorte. Daher gerät der Gläubiger nicht in *Annahmeverzug,* wenn ihm eine Geldleistung in anderen Sorten angeboten wird und er diese Leistung nicht als Erfüllung annimmt (Enneccerus-Lehmann § 11 I 4; Larenz I § 12 III). Aber der Gläubiger kann eine Leistung in anderen Sorten mit Erfüllungswirkung annehmen (zumindest nach § 364 Abs 1; nach Martin Wolff in Ehrenbergs Hdb IV/1 647 liegt Erfüllung vor, nicht Leistung an Erfüllungs Statt). Er kann, wenn ihm eine Ersetzungsbefugnis zusteht (Rz 12), sogar die Erfüllung durch Zahlung schlechthin verlangen, aber er braucht sie, solange die Schuld nicht zur regelmäßigen Geldschuld geworden ist, nicht als Erfüllung gelten zu lassen. Ist die unechte Geldsortenschuld gleichzeitig **Fremdwährungsschuld,** so wird sie nach § 244 Rz 10 und 38 regelmäßig effektive Fremdwährungsschuld sein. Dem Schuldner steht dann die Ersetzungsbefugnis des § 244 nicht zu. Die **Aufrechnung** ist ein Problem der Gleichartigkeit. Folgt man nicht dem Grundsatz, alle Geldschulden seien gleichartig (dazu § 244 Rz 47), so muß als Regel gelten: Dem Geldsummengläubiger ist die Aufrechnung gegen die Geldsortenforderung versagt, dagegen kann der Geldsortengläubiger gegen die Geldsummenschuld aufrechnen (Nussbaum, Das Geld 83), wenn er auch Zahlung schlechthin verlangen kann (dazu Rz 12).

III. Umwandlung in eine regelmäßige Geldschuld

12 **1. Ersetzungsbefugnis des Gläubigers**

Die Vereinbarung einer unechten Geldsortenschuld dient idR einseitig den Interessen des Gläubigers (Nussbaum, Das Geld 82). Um eine Wahlschuld, bei der entgegen der Vermutung des § 262 das Wahlrecht dem Gläubiger zustünde, wird es sich nach dem Parteiwillen nicht handeln, wohl aber kommt eine **Ersetzungsbefugnis (facultas alternativa) des Gläubigers** in Betracht. Der Schuldner soll – anders als bei der echten Geldsortenschuld – die bedungene Summe in der bedungenen Währung schulden. Statt auf der bedungenen Sorte zu bestehen, darf der Gläubiger den Schuldner auch dann auf die allgemeine Wertsummenschuld verweisen und Zahlung in der bedungenen Währung schlechthin verlangen, wenn die Voraussetzungen des § 245 nicht erfüllt sind. Wenn eine unechte Geldsortenschuld, also keine Gattungsschuld, gewollt ist, wird dies regelmäßig dem Parteiwillen entsprechen.

13 **2. Spezialgesetzliche Umwandlung**

Eine Umwandlung kraft Gesetzes stellte die **Außerkraftsetzung der Goldmünzklauseln** durch **VO vom 28. 9. 1914** (RGBl 417) dar. Danach waren die vor dem 31. 7. 1914 getroffenen Vereinbarungen „bis auf weiteres nicht verbindlich". Diese unklare Formulierung bedeutete, daß der Anspruch des Geldsortengläubigers auf diejenige Leistung beschränkt wurde, die er in Ermangelung der Goldklausel von vornherein hätte beanspruchen können (RGZ 101, 141, 146). Das galt auch für die *sog schweizerischen Goldfrankenhypotheken,* die auf deutschen Grundstücken lasteten (RGZ 101, 141). Vgl dazu dann aber die Abkommen vom 6. 12. 1920 und 25. 3. 1923 sowie die Gesetze vom 9. 12. 1920 (RGBl 2023) und vom 23. 6. 1923 (RGBl II 284) und dazu BGB-RGRK-Alff Rz 8 mwN. Für die schweizerischen Goldhypotheken in der Bundesrepublik Deutschland wurde eine Sonderregelung getroffen durch die Vereinbarung über die Regelung der Schweizerfranken-Grundschulden vom 23. 2. 1953 (BGBl II 1954, 539), die aufgrund des Gesetzes vom 15. 5. 1954 (BGBl II 538, ber 740) mit Gesetzeskraft veröffentlicht wurde. Die alten Goldmünzenschulden wandelten sich, soweit sich dies nicht schon aus der VO von 1914 ergab, nach § 245 in reguläre Geldsummenschulden um (RGZ 103, 384, 387 f; 107, 370, 371).

3. Umwandlung kraft Gesetzes nach § 245 14

a) Eine Umwandlung kraft Gesetzes tritt im **Fall des § 245** ein (RGZ 103, 384, 388; allgM). Die Bestimmung wird bisweilen als eine der Ausdehnung unfähige Ausnahmeregel, nämlich als Ausnahme von §§ 275, 279, bezeichnet (RGZ 151, 35, 37; SOERGEL-REIMER SCHMIDT [10. Aufl] Rz 1; BGB-RGRK-ALFF Rz 3, 5; s auch RGZ 107, 370, 371; 108, 176, 181). Diese Einordnung ist mit Recht als irreführend kritisiert worden (F A MANN, Recht des Geldes 58 Fn 13). Denn die Regel des § 245 versteht sich nicht als Ausnahme von einem an sich auch hier gültigen Prinzip. Sie ist die Konsequenz daraus, daß die Verbindlichkeit (im Gegensatz zur echten Geldsortenschuld) eine Wertsummenschuld ist und den Charakter einer regulären Geldschuld zurückgewinnt, sobald eine Erfüllung in den vereinbarten Sorten nicht möglich ist (besonders klar ENNECCERUS-LEHMANN § 11 I 4; MARTIN WOLFF in Ehrenbergs Hdb IV/1 647). In diesem Licht erscheint die Geldsortenvereinbarung bei der unechten Geldsortenschuld als „nebensächlich" und die Unmöglichkeit einer Erfüllung in den vereinbarten Sorten als ein Ereignis, durch das „der Bestand und das Wesen des Schuldverhältnisses selbst nicht geändert" wird (Mot in MUGDAN II 8).

b) Der **Anwendungsfall des § 245** tritt nach dem Gesetzeswortlaut ein, wenn sich die Münzsorte zur Zeit der Zahlung nicht mehr im Umlaufe befindet. Entgegen dieser zu engen Formulierung erfaßt § 245 jede *objektive rechtliche oder tatsächliche (wirtschaftliche) Unmöglichkeit einer Leistung in der vereinbarten Geldsorte* (RGZ 107, 370, 371; MARTIN WOLFF in Ehrenbergs Hdb IV/1 647; SOERGEL-REIMER SCHMIDT [10. Aufl] Rz 1; ERMAN-SIRP Rz 2). *Hauptbeispiel ist die Außerkurssetzung* (Mot in MUGDAN II 8); so bei den Reichsgoldmünzen (VO vom 16. 7. 1938 RGBl I 901), bei dem alten Vereinstaler durch Bek v 27. 6. 1907 RGBl 401 (vgl auch OLG Kiel SchlHAnz 1921, 31) oder bei der deutsch-ostafrikanischen Rupie (vgl RGZ 108, 298). Das Prinzip der Demonetisierung von Geldsorten ist geschildert in Vorbem B 6 zu § 244. *Es genügt aber auch jede andere objektive Unmöglichkeit.* Sobald die Verschaffung der geschuldeten Sorten objektiv unmöglich ist, kann und muß der Schuldner die Leistung auch in anderen Sorten erbringen (RGZ 107, 370, 371 f; BGB-RGRK-ALFF Rz 3; vgl auch Prot in JAKOBS-SCHUBERT, Die Beratung des BGB, SchuldR I [1978] 67). Es genügt, wenn die bedungenen Sorten – auch ohne formell demonetisiert zu sein (dazu Vorbem B 4 zu § 244) – tatsächlich *nicht mehr als Zahlungsmittel im Umlauf* sind und sich nur noch aufgrund ihres Metallwertes im Handel befinden (RGZ 107, 370, 371 f). Schwierigkeiten der Beschaffung stehen der Unmöglichkeit grundsätzlich noch nicht gleich (Mot in MUGDAN II 8; BGB-RGRK-ALFF Rz 4). Das Gesetz stellt auf die Unmöglichkeit überhaupt, nicht auf die Unmöglichkeit am Zahlungsort ab (Mot in MUGDAN II 8). Einen allgemeinen Grundsatz, wonach devisenrechtliche Hindernisse die Anwendung des § 245 rechtfertigen, gibt es also nicht. Der Gläubiger kann sich ggf mit der Ersetzungsbefugnis helfen, dem Schuldner mag ausnahmsweise unter dem Gesichtspunkt des § 242 zu helfen sein. Die entsprechende Anwendung des § 245 auf Fremdwährungsschulden nur deshalb, weil der Begleichung der Fremdwährungsschuld devisengesetzliche Hindernisse im Wege stehen, wurde dagegen von RGZ 151, 35, 36 f abgelehnt (zust MünchKomm-VON MAYDELL Rz 8; dazu § 244 Rz 63). Erst recht stellt die Abwertung einer fremden Währung kein Verschwinden der vereinbarten Geldsorten dar (OLG Hamm DJZ 1935, 128). Die Unmöglichkeit, in den vereinbarten Sorten zu zahlen, kann eine anfängliche oder eine nachträgliche sein. Der Gesetzeswortlaut („nicht mehr") schließt die anfängliche Unmöglichkeit nur scheinbar aus (Rz 8). Vorauszusetzen ist allerdings, daß die Parteien von der Zahlbarkeit in der vereinbarten Sorte ausgingen. Anderenfalls liegt keine unechte Geldsortenschuld vor. 15

c) **Maßgebender Zeitpunkt** ist nach § 245 die „Zeit der Zahlung", nicht die Zeit der Fälligkeit (RGZ 101, 312, 316; ERMAN-SIRP Rz 3; BGB-RGRK-ALFF Rz 6; Münch- 16

Komm-VON MAYDELL Rz 5). Auch nach Fälligkeit und selbst noch nach Eintritt des Verzugs kann sich die Geldsortenschuld in eine normale Wertsummenschuld verwandeln (unklar RGZ 103, 384, 388). Ein hierdurch eintretender Verlust kann ggf als Verzugsschaden geltend gemacht werden (Rz 10). Solange allerdings der Kurs der geschuldeten Münzsorte dem ihr beigegebenen Wert entspricht, fehlt es an einem ersetzbaren Schaden (RG Recht 1927 Nr 1737).

17 d) Es findet nach § 245 **keine Umrechnung** statt. Das Gesetz sieht eine solche Umrechnung nicht vor. STAUDINGER-WEBER (11. Aufl) Rz 107 geht davon aus, daß „eine der Lage am besten entsprechende Umrechnung" erfolgen müsse. Diese Auffassung läßt sich auf WINDSCHEID-KIPP (Anh § 256 unter 2) und PLANCK-SIBER (Anm 5) zurückführen, die eine Umrechnung dergestalt vorschlugen, daß der letzte Kurswert der außer Verkehr getretenen Geldsorte in den zum gleichen Zeitpunkt bestehenden Kurswert der an ihre Stelle getretenen Münze umgerechnet werde (für Umrechnung auch LEONHARD I 111; HECK SchuldR § 19/5 b). Die Ungereimtheit dieser Auffassung und ihre Unvereinbarkeit mit der Regelung des § 245 ist bereits 1925 von NUSSBAUM nachgewiesen worden (NUSSBAUM, Das Geld 86). Das Schweigen des Gesetzes erklärt sich nicht aus einer Lückenhaftigkeit des § 245, sondern geradezu aus dem Prinzip dieser Norm. § 245 ist nominalistisch, nicht valoristisch angelegt (Rz 4). NUSSBAUM (Das Geld 85) sah hierin geradezu das Hauptproblem des § 245 in Zeiten des Währungsverfalls. Die Motive gingen noch davon aus, „Bestand und Wesen" des Schuldverhältnisses würden nicht berührt, wenn sich die bedungene Münzsorte nicht mehr im Umlauf befinde (Mot in MUGDAN II 8). Die Möglichkeit, daß Goldmünzklauseln faktisch Wertsicherungsfunktion hätten gewinnen können (NUSSBAUM, Das Geld 181), wurde in konsequenter Fortführung des nominalistischen Prinzips ausgeschieden, indem der Goldwertcharakter der Goldmünzklausel geleugnet wurde (Rz 21). Für den *Fall einer ausländischen Geldsortenschuld* (Rz 11) sieht § 245 gleichfalls keine Umrechnung vor (Prot in JAKOBS-SCHUBERT, Die Beratung des BGB, SchuldR II [1978] 67). Eine Ausnahmeregelung des Inhalts, die Geldschuld solle, „wenn die Münzsorte eine ausländische war, nach dem Kurse der Münzen des betreffenden Staats" erfolgen (Antrag KURLBAUM 65), fand nicht die Zustimmung der 1. Kommission.

18 e) Nach hM ist § 245 **dispositives Recht,** kann also wegbedungen werden (MünchKomm-VON MAYDELL Rz 7). Gerade hieraus hat NUSSBAUM (Das Geld 85) gefolgert, die 1:1-Umwandlung einer Geldsortenschuld in eine regelmäßige Geldschuld komme nach dem vorrangigen Parteiwillen nicht in Betracht. Richtig ist folgendes: § 245 ist in dem Sinne dispositiv, daß statt der unechten Geldsortenschuld auch eine echte Geldsortenschuld vereinbart werden kann (so in dem Beispiel bei VON MAYDELL). Ein valoristischer Effekt kann dagegen der unechten Geldsortenschuld nur durch eine Wertsicherungsklausel beigegeben werden, die an § 3 WährG gemessen werden muß (Vorbem D 187 ff zu § 244).

IV. Geldsortenschuld, Wertsicherung und Gattungsschuld

19 1. Grundlagen

Heute noch ist das **Verhältnis zu den Wertsicherungsvereinbarungen** (Vorbem D 159 ff zu § 244) von Interesse. In der unechten Geldsortenschuld kann sich ein Wertsicherungszweck verbergen (nachdrücklich NUSSBAUM, Das Geld 85, 180 f). Die Anwendung von § 245 auf Fälle der Entwertung der Währungsgrundeinheit stünde zwar unter dieser Voraussetzung in offenbarem Widerspruch zum Parteiwillen (NUSSBAUM, Das Geld 85), zu einem Parteiwillen indessen, dem im Hinblick auf § 3

WährG nicht zum Siege verholfen werden kann. Die von NUSSBAUM gerügte Disharmonie zwischen § 245 und dem Parteiwillen entspricht dem Nennwertprinzip des geltenden Rechts (Vorbem D 21 ff zu § 244). Ist eine unechte Geldsortenschuld mit einer besonderen Wertsicherungsklausel verbunden (RGZ 100, 79) oder ist sie Fremdwährungsschuld (§ 244 Rz 10, 38), so ist § 3 WährG zu beachten. Nicht dasselbe gilt für die echte Geldsortenschuld. Als Sachschuld ist sie genehmigungsfrei, auch wenn sie Wertsicherungszwecken dient (Vorbem D 223 ff zu § 244). In Betracht kommt nur der Umgehungseinwand (Vorbem D 230 zu § 244).

2. Goldmünzklausel, Goldwertklausel und Goldleistungsklausel 20

Die Abgrenzung der unechten Geldsortenschuld gegenüber Wertsicherungsklauseln und gegenüber der echten Geldsortenschuld läßt sich heute noch exemplarisch am Beispiel der Goldklauseln aufzeigen:

Die **Goldmünzklausel** begründet eine *unechte Geldsortenschuld* (vgl zB RGZ 50, 145, 148; 103, 384, 21 386). Die Goldmünzklausel wurde nicht als Wertsicherungsklausel anerkannt. Sie *berührte den Nennwert der Forderung nicht* (hM; KG JW 1923, 21; abl NUSSBAUM, Das Geld 182). Sie stellte insbesondere keine verschärfte Goldwertklausel dar, die Goldwertklausel also auch kein in jeder Goldmünzklausel notwendig enthaltenes minus (RGZ 121, 110, 111). Deshalb wurde eine schematische Umdeutung jeder Goldmünzklausel in eine Goldwertklausel abgelehnt (RGZ 103, 384, 387; 121, 110, 111 mwN; RG JW 1925, 1483; aM NUSSBAUM, Das Geld 85, 168; ders JW 1925, 1483; KOHLER JW 1926, 2625). In Zeiten des Währungsverfalls hat das RG nicht mit schematischer Umrechnung der Geldschuld nach Maßgabe einer (nicht vereinbarten) Goldwertklausel, sondern mit § 242 geholfen (RGZ 108, 176, 181).

Eine Wertsicherungsklausel, die von der Goldmünzklausel unterschieden werden muß, stellt die 22 **Goldwertklausel** dar (RGZ 50, 145; 101, 141, 144; 103, 384, 385; 104, 352, 354; 107, 400, 401; 121, 110, 111; OLG Köln JW 1923, 1048 = LZ 1924, 45; SORGEL-REIMER SCHMIDT [10. Aufl] Rz 2; BGB-RGRK-ALFF Rz 10; MünchKomm-VON MAYDELL Rz 2). Die Goldwertklausel legt nicht die geschuldeten Geldsorten fest, sondern die Höhe der Forderung. Sie ist nicht, wie die Goldmünzklausel, zum Nennwert in Goldmünzen zu erfüllen, sondern sie ist zum Goldwert in der vereinbarten Währung zu erfüllen. Es liegt damit eine reine Geldschuld, nicht eine Geldsortenschuld, vor, freilich eine *Geldschuld mit Kursgarantieklausel* (vgl RG JW 1928, 1810). Ob eine Goldmünzklausel oder eine Goldwertklausel vereinbart ist, ist ggf durch Auslegung zu ermitteln (RGZ 103, 384, 387; 107, 400, 402; 121, 110, 111; 131, 78; 136, 169). Die ältere Rechtsprechung neigte vielfach deshalb zur Annahme einer Goldmünzklausel, weil eine solche Klausel in das Grundbuch eingetragen wurde, während die Goldwertklausel nicht als eintragungsfähig anerkannt wurde (RGZ 101, 141, 145; 103, 384, 387; 107, 400, 402; RG JW 1925, 1483; vgl aber RGZ 121, 110, 112). Dem Parteiwillen kann auch die Kombination von unechter Geldsortenklausel und Wertsicherungsklausel entsprechen (RGZ 100, 79). Die Goldwertklausel wurde im Gegensatz zur Goldmünzklausel (Rz 13) nicht durch die BundesratsVO v 28. 9. 1914 berührt (RGZ 103, 384, 386; vgl auch RGZ 107, 78, 92; KG OLGE 43, 11). Aber sie unterliegt als Wertsicherungsklausel dem § 3 WährG (vgl näher Vorbem D 221 zu § 244).

Die **Goldleistungsklausel** betrifft im Gegensatz zur Goldmünzklausel und zur Goldwertklausel 23 überhaupt *keine Geldschuld*. Die Klausel zielt auf Lieferung von Gold. Die Goldleistung kann auch in Goldmünzen bestehen, die nicht demonetisiert, wegen ihres Metallwertes aber nur als Waren im Handel sind. Vgl dazu EINICKE, Die geld- und währungspolitische Bedeutung des Goldes nach dem Zweiten Weltkrieg, Diss Marburg 1959; HEICHEN, Goldbergbau und Goldpreis, ZfKrW 1965, 212; CORTNEY, Der Goldpreis nach den Weltkriegen, ZfKrW 1966, 804; STANISLAUS, Der manipulierte Goldpreis. Demonetisierung gegen Mut und Ausdauer, in: Inf der Int Treuhand 53/1977, 9; WITTGEN, Der Goldmünzmarkt, BB 1959, 1181. – § 3 S 2 WährG steht nicht entgegen (vgl Vorbem D 224 zu § 244). Zur steuerlichen Behandlung vgl Vorbem C 4 zu § 244.

Die **Freiheit der Parteivereinbarung** ist heute im wesentlichen durch das *WährG* 24 eingeschränkt (dazu vgl Vorbem D 187 ff zu § 244; § 244 Rz 40 ff). Vorbehaltlich der währungsrechtlichen Genehmigungsbedürftigkeit läßt das BGB *Klauselkombinationen* zu. So findet sich in der älteren Praxis die Kombination der Goldmünzklausel mit

Valuta- und Goldwertklauseln (OLG Hamburg OLGE 40, 279) oder die Mischung von eigentlicher Geldsortenklausel, Goldmünzklausel und Goldleistungsklausel. So im Fall der „unbeschränkten Goldleistungsklausel". Sie verpflichtet den Schuldner, den Geldbetrag in erster Linie in Goldmünzen der Vertragswährung, bei Änderung der Ausprägung hilfsweise in den dann geltenden Goldmünzen und bei Abschaffung der vereinbarten Goldmünzen in anderen Goldmünzen oder in reinem Gold zu leisten (Staudinger-Weber [11. Aufl] Rz 13; KG OLGE 2, 364). Die „unbeschränkte Goldleistungsklausel" war im 19. Jahrhundert außerordentlich verbreitet. Nach geltendem Recht ist sie überholt, weil sie Elemente der Goldleistungsklausel aufweist, ohne doch von § 3 WährG frei zu sein.

V. Prozeß, Vollstreckung, Konkurs

25 **1. Erkenntnisverfahren und Zwangsvollstreckung**

Im **Prozeß** kann die Geldsortenschuld nur unter Beachtung ihrer Eigenart als Geldschuld behandelt werden (Nussbaum, Das Geld 82).

26 a) Der **Klagantrag** ist auf Zahlung in einer bestimmten Münzsorte gerichtet. § 283 findet keine Anwendung. Eine auf Leistung der bedungenen Geldsorte, nach Ablauf einer zu bestimmenden Frist auf Zahlung schlechthin lautende „unechte Eventualklage" (Staudinger-Löwisch § 283 Rz 26) kann dem Gläubiger allerdings zugebilligt werden, wenn ihm eine facultas alternativa zusteht. Die Befugnis des Gläubigers, dem Schuldner eine Frist zu setzen und nach deren fruchtlosem Ablauf Zahlung schlechthin zu verlangen, beruht dann nicht auf Gesetz (§ 283), sondern auf Vertrag. Klagt der Geldsortengläubiger auf Zahlung schlechthin, so ist davon auszugehen, daß er von dieser Ersetzungsbefugnis (Rz 12) Gebrauch gemacht hat.

27 b) Das **Mahnverfahren** nach § 688 Abs 1 ZPO paßt nur auf Geldsummenschulden, nicht auf Geldsortenschulden. Steht dem Gläubiger eine Ersetzungsbefugnis dergestalt zu, daß statt der vereinbarten Sorte auch Zahlung in DM schlechthin verlangt werden kann (Rz 12), so kann das Gericht auf Antrag den Mahnbescheid erlassen (vgl auch Nussbaum, Das Geld 82). Davon ist im Regelfall auszugehen. Der *Urkundenprozeß* (§ 592 ZPO) ist ohne weiteres auch bei der Geldsortenschuld zulässig, ebenso die Aufnahme der Geldsortenschuld in eine *vollstreckbare Urkunde* nach § 794 Abs 1 Nr 5 ZPO (Nussbaum, Das Geld 82). Der **einstweilige Rechtsschutz** erfolgt durch Arrest (§ 916 ZPO).

28 c) Die **Zwangsvollstreckung** aus einem auf Zahlung in einer bestimmten Münzsorte lautenden Titel ist nach hM Vollstreckung wegen einer Geldforderung (Wieczorek, ZPO [2. Aufl] § 803 Anm B III a). Dieser heute wohl vorherrschenden Auffassung hat Nussbaum (Das Geld 82) widersprochen. Eine Geldsortenschuld wird nach ihm gemäß §§ 883, 894 ZPO vollstreckt. Die Frage hängt davon ab, welche Bedeutung man dem Gattungsschuldelement bei der Geldsortenschuld beimißt (Rz 10). Dem Grundgedanken des § 245 (Rz 4 f) entspricht die hM. Nussbaums Lösung kommt dem Gläubigerinteresse stärker entgegen und entspricht der Interessenlage: Der Gläubiger *kann* nach §§ 803 ff ZPO vollstrecken, wenn er Zahlung schlechthin verlangen kann (Rz 12, 14), er *muß* aber erst nach §§ 803 ff ZPO vollstrecken, wenn die Forderung nach Rz 14 ff umgewandelt ist. Nennenswerte praktische Bedeutung kommt der Frage nicht zu.

29 **2. Konkurs**

Im **Konkurs** tritt eine entsprechende Frage auf. Nussbaum (Das Geld 82) sieht die Geldsortenschuld auch hier, sofern sie nicht nach § 245 in eine reguläre Geldschuld umgewandelt ist, als eine Verbindlichkeit an, die iS von § 69 KO nicht auf einen Geldbetrag gerichtet ist. Die unechte Geldsortenschuld müßte dann nach ihrem Schätzwert als Konkursforderung geltend gemacht werden. In Konsequenz des § 245 ist dieser Auffassung zu widersprechen: Die unechte Geldsortenschuld ist Geldschuld. Nur für die echte Geldsortenschuld paßt, sofern sie überhaupt Konkursforderung wird, die Umrechnung nach § 69 KO.

§ 246

Ist eine Schuld nach Gesetz oder Rechtsgeschäft zu verzinsen, so sind vier vom Hundert für das Jahr zu entrichten, sofern nicht ein anderes bestimmt ist.

E I § 217; E II § 210; Mot II 15 ff; Prot I 290 D 41.

Schrifttum

Bachmann, Die Restforderung der Teilzahlungsbank gegen den säumigen Schuldner, NJW 1978, 865; ders, Die Nichtigkeit von Teilzahlungskrediten nach der neueren Rechtsprechung und ihre Folgen, NJW 1979, 2082; Baumbach-Hefermehl, Wettbewerbsrecht (13. Aufl 1981); Belke, Die Strafzinsen im Kreditgewerbe – ihre Begrenzung aus dem Zinseszinsverbot und ihr Verhältnis zu den gesetzlichen Verzugsfolgen, BB 1968, 1219; Bender, Probleme des Konsumentenkredits, NJW 1980, 1129; Bodenstaff, Die Tilgungsstreckung, BB 1967, 356; Bringezu, Erbbauzins und Zinseszinsverbot, NJW 1971, 1168; Buss, Auswirkungen des § 247 BGB auf die Zinsen bei Ratenkrediten, NJW 1977, 1520; Canaris, Bankvertragsrecht (2. Aufl 1981); ders, Der Zinsbegriff und seine rechtliche Bedeutung, NJW 1978, 1891; ders, Die Kreditkündigung gemäß § 247 BGB und der ,,Wandel der Normsituation", WM 1978, 686; ders, Die Problematik des Wucherverbots gemäß §§ 138 II BGB, 302 a StGB und des Verbots der Kündigungsbeschränkungen gemäß § 247 I 2 BGB bei Einbehaltung bestimmter Beträge durch den Kreditgeber im Falle vorzeitiger Kreditrückzahlung, FLF 1980, 212; ders, Schranken der Privatautonomie zum Schutze des Kreditnehmers, ZIP 1980, 709; ders, Der Bereicherungsausgleich bei sittenwidrigen Teilzahlungskrediten, WM 1981, 978; Derleder, Der Marktvergleich beim Konsumentenratenkredit als Mittel der Sittenwidrigkeitsprüfung, NJW 1982, 2401; Doepner, Unlauterer Wettbewerb durch Verletzung von der Verbraucherinformation dienenden Gesetzesvorschriften, WRP 1980, 473; Gelberg, Kommentar zur PreisangabenVO (1975); ders, Die Verordnung über Preisangaben in der Verwaltungspraxis der Jahre 1979 und 1980, GewArch 1981, 1, 46; ders, Die Verordnung über Preisangaben in der Verwaltungspraxis und Rechtsprechung der Jahre 1981/82, GewArch 1982, 281, 319; Giese, Wichtige Änderungen des Abzahlungsgesetzes, BB 1974, 722; Giger-Schluep (Hrsg), Entwicklungstendenzen im schweizerischen Konsumentenkreditrecht (1979); Grützbach, Disagio in wirtschaftlicher und rechtlicher Sicht, BB 1964, 1367; Hackl, Äquivalenzstörung und Sittenwidrigkeit, BB 1977, 1412; Hadding, Welche Maßnahmen empfehlen sich zum Schutz des Verbrauchers auf dem Gebiet des Konsumentenkredits? Gutachten zum 53. DJT 1980; Harenberg, Sittenwidrige Höhe von Darlehenszinsen, NJW 1981, 99; Heckmann, Verpflichtung des Kreditvermittlers zur Angabe des effektiven Jahreszinses, Betrieb 1980, 1683; ders, Zur Verpflichtung des Kreditvermittlers zur Angabe des effektiven Jahreszinses bei Kreditangeboten, Betrieb 1981, 1221; Eike von Hippel, Verbraucherschutz (2. Aufl 1979); Hörter, Der finanzierte Abzahlungskauf (1969); Hohendorf, Die Bestimmung des auffälligen Mißverhältnisses zwischen Vermögensvorteilen und Leistung beim Ratenkreditwucher, BB 1982, 1205; Holzscheck-Hörmann-Daviter, Die Praxis des Konsumentenkredits in der Bundesrepublik Deutschland (1982; bei Manuskriptabschluß noch nicht erschienen); Ihmels, Zur Zinsberechnung bei Teilzahlungskrediten, BB 1975, 1510; Jacobus, Der Rechtsbegriff der Zinsen, Diss Breslau 1908; Joerges, Verbraucherschutz als Rechtsproblem (1981) 75 ff; Kau, Werbung ohne Effektivzinsangabe, ZfKrW 1980, 554; Kessler, Nochmals: Auswirkungen des § 247 BGB auf die Zinsen bei Ratenkrediten, NJW 1977, 2060; Klauss-Ose, Kommentar zum Gesetz betreffend die Abzahlungsgeschäfte (1979); Kochendörfer, Sittenwidrige Höhe von Darlehenszinsen, NJW 1980, 215; König, Konsumentenkredit (1971); Kohlmann-Sandermann, Zur Abgrenzung der Begriffe ,,anbieten" und ,,werben" im Sinne der Verordnung über Preisangaben (PrAngVO), GRUR 1975, 120; Krug, Die vorzeitige Rückzahlung von Konsumentenkrediten durch den Kreditnehmer, BB 1979, 24; Lammel, Probleme des Ratenbarkredits, BB Beil 8/1980; Löwe, Neuerungen im Abzahlungsrecht,

NJW 1974, 2257; MAILÄNDER, Kreditangebot ohne Preisangabe? WM 1980, 456; MARSCHALL VON BIEBERSTEIN, Der finanzierte Abzahlungskauf, Juristische Studiengesellschaft Karlsruhe, Heft 144 (1980); ders, Gutachten zur Reform des finanzierten Abzahlungskaufs (1979); MÜLLER-LAUBE, Teilzahlungskredit und Umsatzgeschäft (1973); OEHMEN, Die Harmonisierung der Rechtsvorschriften über Verbraucherkredit in den Mitgliedstaaten der EG, Diss Köln 1979; OESTERREICH, Zur Rechtsnatur des Damnums (Auszahlungsdisagios) – Abgrenzung zum schlichten Zinsbegriff –, WM 1979, 822; VON OLSHAUSEN, Die Rechtsprechung des BGH zur Sittenwidrigkeit bei vermittelten Ratenkrediten mit Restschuldversicherung, NJW 1982, 909; ders, Zivil- und wirtschaftsrechtliche Instrumente gegen überhöhte Preise – Versuch einer Systematik, ZHR 146 (1982) 259; OSTLER-WEIDNER, Abzahlungsgesetz (6. Aufl 1971); OTT, Zur Sittenwidrigkeit von Konsumentenkreditverträgen, BB 1981, 937; OTTO, Neue Tendenzen in der Interpretation der Tatbestandsmerkmale des Wuchers beim Kreditwucher, NJW 1982, 2745; PEETZ, Konsumentenkredit und Restschuldversicherung in der Rechtsprechung des Bundesgerichtshofs, ZIP 1980, 605; PRASS, Zeitanteilige Rückzahlung des Disagios (Agios) bei vorzeitiger Kündigung eines langfristigen Darlehns, BB 1981, 1058; PRAXL, Untaugliche und taugliche Ermächtigungsgrundlagen für „Effektivzins"-Vorschriften, WM 1979, 2; REICH, Verbraucherkredit (1979); ders, Abzahlungsrecht und Verbraucherschutz, JZ 1975, 550; ders, Reform des Rechts des Konsumentenkredits, JZ 1980, 329; REICH-TONNER-WEGENER, Verbraucher und Recht (1976); REIFNER, Abzahlungsgesetz und Verbraucherschutz – die gesellschaftliche Problematik des Konsumentenkredits und ihre zivilrechtliche Bewertung, DuR 1975, 133; ders, Alternatives Wirtschaftsrecht am Beispiel der Verbraucherverschuldung: Realitätsverleugnung oder soziale Auslegung im Zivilrecht (1979); REIFNER-WEITZ-MESSELER, Tatsachen zum Verbraucherschutz im Konsumentenkredit (1978); REISS, Die Rechtsstellung des Kreditgebers gegenüber dem Abzahlungskäufer bei der Finanzierung von Abzahlungsgeschäften (1970); RITTNER, Der Beitrag zur Restschuld-Lebensversicherung und der Darlehensvertrag, Betrieb Beil 16/1980; ders, Zur Sittenwidrigkeit von Teilzahlungskreditverträgen, Betrieb 1981, 1381; ROLL, Die Höhe der Verzugszinsen, DRiZ 1973, 339; RÜHLE, Das Wucherverbot – effektiver Schutz des Verbrauchers vor überhöhten Preisen? (1978); SCHOLTEN, Die Kreditgebühren der Teilzahlungsbanken und das Zinseszinsverbot, NJW 1968, 385; FRANZ JOSEF SCHOLZ, Die 2. Novelle zum Abzahlungsgesetz, MDR 1974, 881; ders, Sind Restschuldversicherungsprämien Kreditkosten? MDR 1976, 281; ders, Zur Zinsberechnung bei Teilzahlungskrediten, BB 1977, 1425; ders, Die vorzeitige Rückzahlung von Konsumentenkrediten durch den Kreditnehmer, BB 1979, 188; ders, Ein Schritt zum „richtigen" Effektivzins? WM 1980, 322; ders, Bedeutung und Umfang des persönlichen Regelungsbereiches für Verbraucherkreditbestimmungen, ZIP 1981, 1051; SECKELMANN, Der effektive Jahreszinssatz bei Ratenkrediten, ZfKrW 1979, 96; ders, Kreditkosten, ZfKrW 1979 Beil H 12 v 15. 6. 1979, 12; ders, Effektivzinsrechnung mit dem B/F-Finanzrechner der DGZ, ZfKrW 1980 Beil H 6 v 15. 3. 1980, 18; ders, Kreditkostenangabe – Ordnung oder Chaos? Betrieb 1981, 2313; STAUDER, Vom Abzahlungskauf zum Konsumentenkredit, ZRP 1980, 217; UNGNADE, Ausgewählte Einzelfragen aus dem Wettbewerbsrecht der Kreditinstitute, WM 1975, 1078; WEBER, Die Nichtigkeit von Teilzahlungskreditverträgen, NJW 1980, 2062; WEICK, Vertragsform und Vertragsinhalt in der Reform des Abzahlungsrechts, BB 1971, 317; WILHELM, Der effektive Jahreszins. Begriff, Bedeutung und Rechentechnik, TZW 1976, 1/12; WISSEL, Die Werbung für die Vermittlung von Krediten, WRP 1980, 525; REINHARD ZIMMERMANN, Richterliches Moderationsrecht oder Totalnichtigkeit? Die rechtliche Behandlung anstößig-übermäßiger Verträge (1979); ZWANZIG, Sondermarkt für Teilzahlungsbanken im Konsumentenkredit? BB 1980, 1282.

Systematische Übersicht

Alphabetische Übersicht

I. Bedeutung und Inhalt des Zinsbegriffs

1 1. Grundsätzliches

a) Zins und Zinsrecht stehen in einem normativen Bedeutungszusammenhang. Der **Rechtsbegriff Zins** ist durch das BGB nicht festgelegt. Dies erlaubt eine *offene Zinsdefinition,* die Kritikern als inversiv erscheinen mag, die aber klarstellt, daß der Zinsbegriff ein normatives Tatbestandsmerkmal von Rechtsnormen, kein diesen Normen vorgegebener Begriff ist: *Zinsen im Rechtssinne sind diejenigen Kreditkosten, die dem Zinsrecht unterliegen.* Zinsrecht in diesem Sinn ist das *Recht der Zinsschuld.* Wirtschaftswissenschaftliche Aussagen können nützliche, aber nicht letztverbindliche Aussagen über die Abgrenzung des Zinsbegriffs geben. Anders als aus finanzwissenschaftlicher Perspektive (Wilhelm TZW 1976, 1/14) können nicht alle Kostenbestandteile, die nach dem AbzG oder nach der PreisangabenVO in die Berechnung des „Effektivzinses" einbezogen werden, auch in den Rechtsbegriff „Zins" einbezogen werden, denn beim „Effektivzins" geht es nicht um die Anwendung von Zinsrecht auf Kreditkosten, sondern um die Errechnung eines effektiven Zins*satzes*. Auf der anderen Seite erlaubt es der offene Zinsbegriff, diesen Begriff dem *Normzweck der Zinsvorschriften* anzupassen (vgl auch zum „verschleierten Zins" Rz 8).

b) **Die Normengruppen des Zinsrechts** lassen sich unter den hiernach entscheidenden Aspekten – Normzweck und Rechtsfolge – wie folgt ordnen: Eine *erste Regelungsgruppe* ordnet eine Verzinsung an (§§ 256, 288, 290, 291, 452, 641, 668, 698, 849, 1146, 1382, 1806, 1834 BGB, 110, 111, 353, 354 Abs 2 HGB, Artt 48, 49 WG, 45, 46 ScheckG, §§ 104 ZPO, 8 HintO). Eine *zweite Gruppe* verneint eine Pflicht zur Zinszahlung (§§ 248, 289, 301, 522 BGB, 57, 93 AktG, 21 GenG). Eine *dritte Gruppe* setzt eine Zinsschuld voraus und regelt die Höhe des Zinssatzes (§§ 246, 288 BGB, 352 HGB, Artt 48, 49 WG, 45, 46 ScheckG, § 1 WSchZinsG). Eine *vierte Gruppe* regelt das Nebeneinander von Zins- und Hauptschuld (§§ 101, 224, 247, 367, 609, 1047, 1076, 1088, 1107, 1115, 1118, 1119, 1145, 1158, 1159, 1171, 1177, 1178, 1190, 1191, 1192, 1194, 1197, 1210, 1214, 1289, 2379 BGB, 355 HGB, 29, 30, 52 SchiffsRG, 48, 62, 63, 65 KO, 29, 30, 83 VerglO, 10 ZVG, 4, 308 ZPO, 12 GKG, 18 KostO, 9 BRAGO). Eine *fünfte Gruppe* schließlich regelt Fälligkeit und Verjährung der Zinsschuld (§§ 197, 224, 609 BGB). Neben diese fünf Gruppen des Zinsschuldrechts treten noch Regelungen des Gewerbe-, Wettbewerbs- und Verbraucherschutzrechts, die etwa die Angabe von Effektivzinssätzen vorschreiben. Obwohl keine dieser Normengruppen Klarheit über den Zinsbegriff schafft, lassen sich ihnen doch Anhaltspunkte entnehmen. Die Normen, die eine Verzinsung anordnen, deuten darauf hin, daß eine Zinspflicht besteht, weil der Gläubiger etwas entbehren muß. Die Normengruppe, die das Nebeneinander von Zins- und Hauptschuld regelt, zeigt, daß die Zinsschuld Nebenschuldcharakter hat und deshalb weitgehend den Regelungen über die Hauptschuld folgt. Den übrigen Gruppen ist für den Zinsbegriff nichts Allgemeingültiges zu entnehmen. 2

c) Positivrechtliche **Bedeutungszusammenhänge des Zinsbegriffs** führen zu einer strengen Unterscheidung zwischen Normen des Zinsrechts und anderen Vorschriften, die zwar auf den Zins anwendbar sind, aber nicht auf den Zinsbegriff abstellen. 3

aa) Die **Bedeutung im Recht der Zinsschuld** besteht darin, den Anwendungsbereich der einschlägigen Rechtsnormen zu bestimmen. Bei den wenigen gesetzlichen Regeln des Zinsschuldrechts ist die Notwendigkeit, Zinsen von sonstigen Kreditkosten zu unterscheiden, nahezu unbestritten (vgl aber für den Konsumentenkredit AK-BGB-Brüggemeier Rz 9 ff). So zwingt **§ 367** zur Unterscheidung von Zinsen und Kosten. **§§ 248, 289, 291** legen fest, daß von Zinsen keine Zinsen erhoben werden. Hier muß der Zinsbegriff anzeigen, welche Kreditkosten von einer weiteren Verzinsung freizustellen sind (vgl Belke BB 1968, 1219; Scholten NJW 1968, 385). **§ 247 Abs 1 S 1** gesteht dem Schuldner ein unabdingbares gesetzliches Kündigungsrecht zu, wenn die Zinsen mehr als 6 vH im Jahr betragen (jedoch kommt es hierbei auf den Effektivzins an; § 247 Rz 23; str). Schließlich sind bei der **Abwicklung eines Kreditvertrages nach erfolgter Kündigung** (Rz 171 ff) im voraus gezahlte Kreditkosten zeitanteilig zurückzuerstatten, soweit sie Zinsen sind (vgl Rz 155; Buss NJW 1977, 1520; Canaris FLF 1980, 214; Grützbach BB 1964, 1368; Kessler NJW 1977, 2060; Krug BB 1979, 24; Prass BB 1981, 1058; vgl hierzu im einzelnen Canaris, Bankvertragsrecht Rz 1343 ff; Reich, Verbraucherkredit Rz 68). 4

5 **bb) Bedeutungsgrenzen des Zinsbegriffs** zeigen sich, wo der Normzweck nicht zu einer Unterscheidung zwischen Zinsen und sonstigen Kreditkosten zwingt. Keine entscheidende Rolle spielt der Zinsbegriff bei der Überprüfung von Kreditkonditionen im Rahmen des **§ 138** (vgl eingehend RZ 118 ff). Ähnliches gilt für die *preisordnungsrechtlichen Vorschriften* der §§ 1 a AbzG, 1 Abs 4 PreisangabenVO (vgl dazu Rz 97, 105). Der dort verwendete Begriff „*Effektivzins*“ benennt keinen Zins, sondern einen Zins*satz*. Der Wortlaut der Vorschriften „. . . und sonstige Kosten . . .“ macht deutlich, daß in diese Effektivzinssatzberechnung auch Kosten einbezogen werden, die nicht Zinsen im Rechtssinne sind. Auch der Schutzzweck (Rz 91 und 103) weist diese Bestimmungen nicht dem Zinsrecht im technischen Sinne zu. Auch im **Recht der Zinsschuld** ist indes der enge Zinsbegriff nicht in jedem Fall für die Norminterpretation verbindlich und bedarf uU der normativen Korrektur.

6 **d)** Die offene, *auf Normzwecke des Zinsrechts zugeschnittene Zinsdefinition* (Rz 1) läßt die Frage aufkommen, ob überhaupt ein **absoluter Zinsbegriff,** dh eine allgemeingültige Zinsdefinition, entwickelt werden kann oder ob nicht vielmehr ein **relativer Zinsbegriff** den Vorzug verdient, der zu stets neuer Abgrenzung für die je unterschiedlichen Normen zwänge. Für die Rechtsanwendung wäre ein solcher Zinsbegriff indes wertlos. Der Zinsbegriff als Funktionsbegriff soll tunlichst die Rechtsanwendung erleichtern, muß also nach Kräften als abstrakter, in seinem Anwendungsfeld allgemeingültiger Begriff entwickelt werden. Für Differenzierung ist dann im Wege der Vertragsauslegung, der Normanwendung und der Analogie zu sorgen (vgl auch Rz 8).

7 **2. Der Zinsbegriff**

a) Die **ältere Praxis** bezeichnet als Zins die *fortlaufend zu entrichtende Vergütung für den Gebrauch eines in Geld oder anderen vertretbaren Sachen bestehenden Kapitals, die nach Bruchteilen dieses Kapitals berechnet und im voraus dem Betrage nach bestimmt ist* (RGZ 86, 399, 400 f; 118, 152, 155 f; 144, 1, 7; 160, 71, 78, 80; 168, 284, 285; RG DR 1940, 795; vgl auch RG WarnR 1910 Nr 417 sowie 1936 Nr 119; dem RG folgend BGH LM Nr 1 zu § 247 BGB = Betrieb 1953, 485 = BB 1953, 339; die bisherige Rspr referierend BGH LM Nr 2 zu § 247 BGB = WM 1963, 318 = MDR 1963, 486; ausdrücklich im Sinne der oben gegebenen Definition zuletzt BGH LM Nr 2 zu § 248 BGB = MDR 1971, 203 = BB 1971, 107; vgl auch BGH LM Nr 36 zu Art 14 [Eb] GG; Jacobus, Der Rechtsbegriff der Zinsen, Diss Breslau 1908, bes 26 ff; MünchKomm-von Maydell Rz 3; BGB-RGRK-Alff Rz 1; BGB-RGRK-Ballhaus § 608 Rz 1; Soergel-Reimer Schmidt [10. Aufl] Rz 2). Die Bedeutung der Bestimmung im voraus nach Bruchteilen des Kapitals war in Anbetracht der Anpassung an den Diskontsatz bereits durch RGZ 118, 152, 156 und durch BGH LM Nr 1 zu § 247 BGB in Zweifel gezogen. **In neuerer Zeit** hat der Bundesgerichtshof im Anschluß an Canaris (NJW 1978, 1892) das Kriterium der fortlaufenden Zahlung sowie das Erfordernis der vorherigen betragsmäßigen Bestimmung der Zinsschuld nach Bruchteilen des Kapitals fallengelassen. Danach ist Zins im Rechtssinne eine *laufzeitabhängige – aber gewinn- und umsatzunabhängige – in Geld zu entrichtende Vergütung für den Kapitalgebrauch* (BGH NJW 1979, 805, 806 = BB 1979, 343 = Betrieb 1979, 979 = WM 1979, 225; NJW 1979, 540 = BB 1979, 73 = Betrieb 1979, 1128 = WM 1979, 52; NJW 1979, 2089, 2090 = WM 1979, 960 mAnm Scholz WM 1979, 1247 = BB 1979, 1469; Erman-Schopp § 608 Rz 1; Soergel-Lippisch-Häuser § 608 Rz 1; MünchKomm-H P Westermann § 608 Rz 1). Die Definition grenzt den Zins gegen die Vergütung für die Verschaffung, Überlassung oder Hingabe des Kapitals ab (so schon RGZ 168, 284, 285; vgl ferner auch BGH LM Nr 1 zu § 247 BGB = BB 1953, 339 = Betrieb 1953, 485; NJW 1979, 805, 806 = BB 1979, 343 =

Betrieb 1979, 979 = WM 1979, 225; NJW 1979, 808 = WM 1979, 270 = BB 1979, 444; NJW 1979, 2089, 2090 = WM 1979, 960 mAnm SCHOLZ WM 1979, 1247; OLG Nürnberg WM 1981, 1399; LARENZ I § 12 VIII; MünchKomm-VON MAYDELL Rz 7; CANARIS NJW 1978, 1892 ff; krit aber für den Konsumentenkredit AK-BGB-BRÜGGEMEIER Rz 9 ff). Gleichzeitig wird der Zins von der Gewinnbeteiligung unterschieden (dazu RGZ 86, 399, 401; 168, 284 f; näheres bei Rz 18).

b) Stellungnahme: Der im folgenden verwendete Zinsbegriff lehnt sich an die Erträge 8
der jüngeren Rechtsprechung an, *modifiziert aber den Zinsbegriff der hM in der Akzentsetzung.* Die wichtigste Modifikation besteht darin, daß der Akzent vom Kapitalgebrauch des Zinsschuldners auf die *Kapitalentbehrung des Zinsgläubigers* verlagert wird, denn sie ist das zu entgeltende Vermögensopfer. Ihr Spiegelbild ist nicht der Kapitalgebrauch des Zinsschuldners, sondern nur die *Möglichkeit* des Kapitalgebrauchs (vgl CANARIS NJW 1978, 1892). Die **Zinsdefinition** lautet dann: *Zins im Rechtssinne ist das dem Gläubiger einer auf Geld oder vertretbare Sachen gerichteten Forderung für Kapitalentbehrung zu zahlende Entgelt, das laufzeitabhängig und gewinn- und umsatzunabhängig ist.* Die **Zinsforderung** (Zinsschuld) ist eine auf Zinsleistung gerichtete, an die verzinsliche Hauptforderung (Hauptschuld) angelehnte Forderung (Verbindlichkeit). Ob neben dem Zinsbegriff bei vertraglich vereinbarten Zinsen noch ein **Begriff des „verschleierten“ oder „verdeckten“ Zinses** anzuerkennen ist (so mit unterschiedlichen Formulierungen die hM; vgl insbes CANARIS, Bankvertragsrecht Rz 1326; ders NJW 1978, 1892), hängt von der Bedeutung ab, die man dem Parteiwillen bei der Abgrenzung des Zinsbegriffs beimißt. Entscheidet die objektive Laufzeitabhängigkeit über den Zinscharakter und ist ein Entgelt, das weder umsatz- noch gewinnabhängig noch als Entgelt für individualisierbare Kosten vereinbart ist, ohne weiteres als Zins anzusehen (in dieser Richtung BELKE BB 1968, 1222 ff), so wird es dieses Korrektivs nicht oder nur ganz ausnahmsweise bedürfen. Denn die Divergenz zwischen der Vereinbarung (hiernach laufzeitunabhängig) und der tatsächlichen Kalkulation (hiernach laufzeitabhängig) ändert dann an der Zinsnatur des vereinbarten Entgelts nichts. Wird dagegen mit der hM auf die Vereinbarung abgestellt (Rz 12), so kann sich ein Korrektiv als unentbehrlich erweisen. Die Berechtigung eines Einheitsinstituts des „verschleierten Zinses“ ist gleichwohl zweifelhaft. Soweit über Zinsfolgen zu entscheiden ist, die der Parteivereinbarung unterliegen – zB über die Rechtsfolgen der vorzeitigen Kreditabwicklung (Rz 171 ff) –, wird man die Frage bei §§ 157, 242 ansiedeln können (vgl auch Rz 12). Soweit dagegen die Anwendung zwingender Zinsnormen, zB der §§ 247, 248 in Frage steht, geht es um die Anpassung des Zinsbegriffs an den individuellen Schutzzweck der einzelnen Normen (vgl deshalb zum Zinsbegriff bei diesen Bestimmungen § 247 Rz 23; § 248 Rz 8 ff). Im Ergebnis deckt sich dies mit der Anwendung des Umgehungsverbots (dazu CANARIS aaO), denn Umgehungsprobleme sind Normanwendungsprobleme (vgl eingehend TEICHMANN, Die Gesetzesumgehung [1962] 15 ff). Der Begriff des „verschleierten Zinses“ bezeichnet nach all dem ein *Korrektiv des Zinsbegriffs:* Der „verdeckte“ oder „verschleierte“ Zins ist Zins im Rechtssinne.

c) Folgende **einzelne Merkmale** sind hervorzuheben: 9

aa) Die **verzinsliche Forderung** muß auf *Geld oder vertretbare Sachen* gerichtet sein 10
(LEONHARD, SchR I 106; LARENZ I § 12 VIII; ERNST WOLF, SchR I 168; ESSER-EIKE SCHMIDT I/1 § 12 II 4.1; CANARIS NJW 1978, 1892). Sie muß eine *Kapitalschuld* sein (s auch § 247 Rz 10 ff). *Regelmäßig, aber nicht notwendig, wird Zins in Geld auf Geldschulden geleistet.* Geldwertschulden sind ebenso verzinslich wie Geldsummenschulden (Vorbem C 18 zu § 244). Die Zinsschuld ist dann ihrerseits Geldschuld, nach dem bei Vorbem C 4 zu § 244 Gesagten also keine Gattungsschuld (aM folgerichtig ERNST WOLF, SchR I 168). Für die Praxis sind nur diese Fälle von

Interesse. Es können aber nicht nur Geldschulden verzinslich gestellt werden (aM Fikentscher § 29 II 1; AK-BGB-Brüggemeier Rz 2). Die §§ 246 ff passen auch auf Gattungsschulden, die auf vertretbare Sachen gerichtet sind. Nur die Verzugszinsen nach § 288 sind ausdrücklich auf Geldschulden beschränkt. Die Artt 48, 49 WG beschränken sich naturgemäß auf Geldschulden (Art 1 WG). Dagegen kann das Sachdarlehn ebenso wie ein Gelddarlehn verzinslich gestellt sein. Forderungen, die auf andere als vertretbare Sachen gerichtet sind, können dagegen nicht einer Verzinsung unterliegen (hM; anders nur Enneccerus-Lehmann § 12 I 3; Soergel-Reimer Schmidt [10. Aufl] Rz 2).

11 **bb)** Die Zinsschuld ist **Nebenschuld** neben der zu verzinsenden Verbindlichkeit (BGHZ 15, 87, 89; OLG Naumburg DR 1940, 976, 977; Enneccerus-Lehmann § 12 II; Leonhard, SchR I 105; krit Soergel-Lippisch-Häuser § 608 Rz 1). Zinsen werden als Vergütung für entbehrte Kapitalnutzung *neben* den zur Erfüllung der auf Geld oder vertretbare Sachen gerichteten Forderung zu erbringenden Leistungen gezahlt. Wenn Ernst Wolf (SchR I 169) den Hauptpflichtcharakter der Zinsschuld betont, dann steht das nur in scheinbarem Widerspruch zum Nebenschuldcharakter der Zinsschuld. Diese kann Primärverbindlichkeit in einem gegenseitigen Schuldverhältnis sein, ohne doch ihre inhaltliche Anlehnung an die zu verzinsende Schuld zu verlieren. Eine Zinsschuld kann nicht als alleiniger Schuldinhalt entstehen (Mot in Mugdan II 9; RGZ 74, 78, 81; BGHZ 15, 87, 89; BGH Betrieb 1976, 2010, 2011 = WM 1976, 974, 975; Enneccerus-Lehmann § 12 II; Fikentscher § 24 II 1; BGB-RGRK-Alff Rz 1; Erman-Sirp Rz 7; Palandt-Heinrichs Anm 1 c; Soergel-Reimer Schmidt [10. Aufl] Rz 3; MünchKomm-von Maydell Rz 4, 17). Werden „Zinsen" als Hauptschuld, also nicht neben einer verzinslichen Kapitalschuld, versprochen (RG WarnR 1917 Nr 58), so kann dies nur eine *Rente* sein, nicht ein Zins im Rechtssinne (BGH Betrieb 1976, 2010, 2011 = WM 1976, 974, 975). Wird eine verzinsliche Kapitalschuld erlassen, sollen aber weiterhin „Zinsen" gezahlt werden (RGZ 53, 294, 297), so wird aus der Zinsverbindlichkeit wiederum eine bloße Rente (BGH Betrieb 1976, 2010, 2011 = WM 1976, 974, 975). Auch ein verrenteter Kaufpreis stellt keinen Zins dar, wenn er als Hauptverbindlichkeit geschuldet ist und nicht als Zins auf einen Kaufpreiskredit (RGZ 141, 1, 7; BGH LM Nr 2 zu § 248). Vgl hierzu auch Rz 20.

12 **cc)** Für die vom Gläubiger **entbehrte,** dem Schuldner zur Verfügung gestellte **Kapitalnutzung** werden Zinsen gezahlt. Auch die hM grenzt Zinsen als *das Entgelt für den Gebrauch* von sonstigen Kreditkosten ab (BGH WM 1963, 318 = MDR 1963, 486; NJW 1979, 806; NJW 1979, 808 = WM 1979, 270 = BB 1979, 444; NJW 1979, 2089 = WM 1979, 960 mAnm Scholz WM 1979, 1247; MünchKomm-von Maydell Rz 7; Canaris NJW 1978, 1891, 1892). Der Sache nach ist damit dasselbe gesagt, denn es ist nur eine Akzentverlagerung, wenn hier auf die vom Gläubiger entbehrte, nicht auf die vom Schuldner in Anspruch genommene Kapitalnutzung abgestellt wird. Abgrenzungskriterium ist nach hM die **Laufzeitabhängigkeit** (vgl BGH NJW 1979, 2089 = WM 1979, 966 mAnm Scholz WM 1979, 1247; NJW 1979, 805 = WM 1979, 225; BB 1979, 444 = NJW 1979, 808 = WM 1979, 270; Betrieb 1981, 2023 = NJW 1981, 2180 = WM 1981, 839 = ZIP 1981, 841; BFH BB 1971, 1226; Enneccerus-Lehmann § 12 I 5; Fikentscher § 29 II 1; Leonhard, SchR I 106; Erman-Sirp Rz 3; Erman-Schopp § 608 Rz 1; Soergel-Lippisch-Häuser § 608 Rz 1; MünchKomm-von Maydell Rz 11, 13; Palandt-Heinrichs Anm 1 a). Das *Merkmal der Laufzeitabhängigkeit* ergibt sich aus der auch hier zugrundegelegten, durch das Merkmal der Kapitalentbehrung besonders unterstrichenen Funktion des Zinses. Entscheidend für die Abgrenzung des Zinses gegen andere Kosten ist, ob dem Gläubiger gerade die fehlende Gebrauchsmöglichkeit, also die Kapitalentbehrung entgolten wird (vgl MünchKomm-von Maydell Rz 7; Canaris NJW 1978, 1892).

Dies bestimmt sich *nicht allein nach dem Vertragswortlaut;* die Abgrenzung muß an objektiven, funktionalen Maßstäben überprüfbar sein (MünchKomm-VON MAYDELL Rz 3, 13). Wie oft im Grenzgebiet zwischen privatautonomer Formenwahl und zwingendem Recht, kommt allerdings die Praxis ohne inversive Schlüsse nicht aus. Ob beispielsweise Kreditkosten *bei vorzeitiger Kreditbeendigung zeitanteilig verrechnet* werden, ist eine Frage, deren Beantwortung davon abhängt, ob Zins vorliegt oder nicht. Gleichzeitig vertritt der BGH die Auffassung, daß es sich nicht um laufzeitabhängige Kosten und damit nicht um Zinsen handle, wenn die Vertragsauslegung ergebe, daß Kosten bei vorzeitiger Kreditbeendigung nicht zeitanteilig verrechnet werden sollen (BGH NJW 1981, 2181 = WM 1981, 838 = ZIP 1981, 839; vgl dazu auch PRASS BB 1981, 1058). Solche inversiven Schlüsse bei der Vertragsauslegung sind keine Verstöße gegen die Denkgesetze: Bestimmt sich die Frage, ob ein Zins vorliegt, nicht nach der Wortwahl, aber doch nach dem Parteiwillen, so muß es darauf ankommen, ob Zinsfolgen gewollt sind oder nicht. Diese Rechtsfolgenwahl steht dem Gläubiger allerdings dann nicht mehr frei, wenn die Voraussetzungen des Zinses positiv feststellbar sind. Hieraus ergibt sich auch der – geringe – Bedeutungsgehalt derjenigen Fälle, in denen die hM von einem „*verschleierten Zins*" spricht (Rz 8): Ergibt sich aus der Vereinbarung, daß der Kreditgeber eine Vergütung nicht als Zins, sondern als Entgelt für eine Dienstleistung berechnet wissen will, obwohl es an dieser Dienstleistung objektiv fehlt, so ergibt eine Vertragsauslegung nach Treu und Glauben (§ 157), daß diese Vergütung in Wahrheit Teil der laufzeitabhängigen Leistung, also Zins, ist.

dd) Gegenstand der Zinsleistung ist das Entgelt für die Kapitalentbehrung. Dieses 13
wird üblicherweise in *Bruchteilen des Kapitals* ausgedrückt; begriffsnotwendig ist dies entgegen einer verbreiteten Auffassung jedoch nicht (so aber ESSER-EIKE SCHMIDT I/1, § 12 II 4.1; LARENZ I § 12 VIII; BGB-RGRK-ALFF Rz 1; MünchKomm-VON MAYDELL § 246 Rz 3). Vielmehr kann der Zins auch als Festsumme vereinbart sein (RG JW 1936, 921; MünchKomm-H P WESTERMANN § 608 Rz 1; SOERGEL-LIPPISCHHÄUSER § 608 Rz 1). Auch braucht der Zins *nicht mit dem Kapital gleichartig* zu sein (ENNECERUS-LEHMANN § 12 I 4; ERNST WOLF, SchR I 169; SOERGEL-REIMER SCHMIDT [10. Aufl] Rz 2; **aA** MünchKomm-VON MAYDELL Rz 5; MünchKomm-H P WESTERMANN § 608 Rz 1; BELKE BB 1968, 1221). Weder die Entgeltfunktion des Zinses noch der Nebenschuldcharakter der Zinsschuld (aM insoweit MünchKomm-VON MAYDELL Rz 5) bedingen dies. Bei einem Sachdarlehn kann der Zins sehr wohl in Geld ausbedungen werden. Umgekehrt kann bei einem Gelddarlehn unter Wertsicherungsgesichtspunkten ein Interesse daran bestehen, den Zins in Form einer Sachleistung zu vereinbaren (vgl dazu Vorbem D 223 ff zu § 244). Aus der Akzessorietät der Zinsschuld ergibt sich freilich, daß dies die Ausnahme ist und besonderer Vereinbarung bedarf.

ee) Zinshöhe und Zinsbegriff stehen miteinander in engem Zusammenhang. Insbe- 14
sondere die Zinsdefinition der älteren Praxis (Rz 7) machte dies deutlich. Die Zinshöhe – sie mag sich aus Vertrag oder aus dem Gesetz ergeben – bestimmt sich nach dem *Wert der Kapitalentbehrung*. Ist dies nicht der Fall, so handelt es sich nicht um Zinsen. Allerdings muß sich diese Zinskalkulation nicht im Wortlaut des Vertrags niederschlagen (Rz 12). Den Wert der Kapitalentbehrung bestimmen in erster Linie die Parteien, hilfsweise das Gesetz (Rz 56). Die Höhe oder der Wert des entbehrten Kapitals und die zeitliche Dauer der Kapitalentbehrung sind die für die Parteivereinbarungen vorgegebenen Kalkulationsgrundlagen (LEONHARD, SchR I 106). Welchen Nutzen die Kapitalschuld für den Schuldner mit sich bringt, ist für die Zinsnatur einer Vergütung ohne Belang (RGZ 168, 284 f; SOERGEL-REIMER SCHMIDT [10. Aufl] Rz 4; BGB-RGRK-ALFF Rz 1; MünchKomm-VON MAYDELL in Rz 8; ERMAN-SIRP Rz 2; PALANDT-HEINRICHS Anm 1 a). Umsatz- oder Gewinnbeteiligungen stellen keinen

Zins dar (Soergel-Reimer Schmidt [10. Aufl] Rz 3; BGB-RGRK-Alff Rz 1; Erman-Sirp Rz 5; vgl dazu auch Rz 18).

15 d) Die **Abgrenzung zu verwandten Erscheinungen** läßt sich folgendermaßen zusammenfassen:

16 **aa) Mietzins und Pachtzins** sind keine Zinsen im Rechtssinne (allgM). Sie sind nicht Entgelt für Kapitalentbehrung, sondern für Gebrauchs- und Nutzungsüberlassung und unterliegen nicht dem Zinsrecht (vgl mit im einzelnen unterschiedlichen Begründungen, Leonhard, SchR I § 42 unter 1; MünchKomm-von Maydell Rz 5; Erman-Sirp Rz 5; Palandt-Heinrichs Anm 1 v). Dasselbe gilt für Leasingraten.

17 **bb)** Entsprechendes gilt für die **Einzelleistung aus einer Reallast** und den **Erbbauzins** (MünchKomm-von Maydell Rz 6). Allerdings will die hM den § 289 – und somit wohl auch den § 248 – angewendet wissen, obwohl es sich nicht um Zinsen handele (BGB NJW 1970, 243; WM 1973, 42; NJW 1978, 1261; MünchKomm-von Maydell Rz 15). Die Begründung wird in § 1107 erblickt, der iVm § 9 ErbbauVO auf die für die Zinsen einer Hypothekenforderung geltenden Vorschriften und damit auf das gesamte Zinsrecht verweise (vgl Staudinger-Dittmann § 1107 Rz 15). Das überzeugt nicht (vgl § 248 Rz 13).

18 **cc) Gewinnbeteiligungen und Dividenden** sind keine Zinsen im Rechtssinne, auch wenn die Wirtschaftspraxis dabei von ,,Eigenkapitalverzinsung" sprechen mag. In der Regel scheitert die Zinsnatur schon daran, daß neben dem Gewinnanspruch kein Kapitalanspruch besteht, insbesondere wenn er aus Gesellschaftsanteilen fließt. Aber auch wenn daneben eine Kapitalschuld besteht (partiarisches Darlehn, stille Beteiligung) handelt es sich nicht um einen Zins. *Gewinnabhängigkeit und Zinsnatur sind miteinander unvereinbar* (RGZ 86, 399, 401; 168, 285; Erman-Sirp Rz 5; Soergel-Reimer Schmidt [10. Aufl] Rz 3; BGB-RGRK-Alff Rz 1; MünchKomm-von Maydell Rz 8; Canaris NJW 1978, 1892). Mit einem Zins kann nur die Kapitalentbehrung des Gläubigers, nicht können die Kapitalnutzung des Schuldners und die sich daraus ergebenden Umsätze und Gewinne abgegolten werden (Rz 8). Ist die Vergütung für die Kapitalschuld teilweise laufzeitabhängig und teilweise gewinnabhängig, so kann der laufzeitabhängige Teil Zins sein. Das für Gewinnbeteiligungen Gesagte gilt sinngemäß auch für die **Umsatzbeteiligung**. Weder das eine noch das andere ist Zins (BGH BB 1982, 2071 = WM 1982, 1276 = NJW 1983, 111). Vgl hierzu auch § 247 Rz 10.

19 **dd) Tilgungsquoten** (Enneccerus-Lehmann § 12 I 2; Larenz I § 12 VIII) oder **Amortisationsquoten** sind keine Zinsen (RGZ 91, 297, 299; Erman-Sirp Rz 5; BGB-RGRK-Alff Rz 1; Soergel-Reimer Schmidt [10. Aufl] Rz 2; MünchKomm-von Maydell Rz 4; Ernst Wolf, SchR I 168). Sie sind Teilleistungen der Kapitalschuld. Anders verhält es sich mit **Annuitäten.** Annuitäten sind in ihrer Höhe über die ganze Laufzeit eines Darlehns konstante Gesamtraten, mit denen das Kapital zugleich getilgt und verzinst werden soll (vgl BGH BB 1975, 1129, 1130). Annuitäten stellen selbst keine Zinsen dar, aber sie *enthalten teils Tilgungsquoten, teils Zinsen.* Dabei wird im Laufe der Zeit der Zinsanteil kleiner, der Tilgungsanteil entsprechend höher. Die Annuität *als solche* ist somit *kein Zins,* weil sie die Höhe der Kapitalschuld beeinflußt; sie enthält aber einen echten *Zinsanteil,* der über die Laufzeit immer kleiner wird.

20 **ee) Renten** sind keine Zinsen, weil die Rentenschuld nicht neben einer Kapitalschuld entsteht (BGH BB 1971, 107; Betrieb 1976, 2010, 2011 = WM 1976, 974, 975; Leonhard, SchR I § 42 unter 1), sondern einziger Schuldinhalt ist (RGZ 141, 1, 7; Erman-Sirp Rz 5; BGB-RGRK-Alff Rz 1; MünchKomm-von Maydell Rz 4; En-

NECERUS-LEHMANN § 12 I 1). Auf rückständige Rentenleistungen dürfen daher Zinsen verlangt werden (BGH LM Nr 2 zu § 248 BGB). Vgl in diesem Zusammenhang auch Rz 11.

3. Einzelfragen 21

a) Die **Rechtsnatur des Disagio** ist str, allerdings nur für das Darlehnsdisagio (dazu Rz 23).

aa) Die Begriffe **Disagio** – bei Darlehen gelegentlich **Damnum** genannt – und **Agio** 22 begegnen im Emissionsgeschäft (dazu CANARIS, Bankvertragsrecht [2. Aufl] Rz 2236 ff) und im (langfristigen) Darlehnsgeschäft. Sie bezeichnen einen Aufschlag (Agio) auf den Nennwert oder einen Abschlag (Disagio) von dem Nennwert eines Wertpapiers (Emissionsgeschäft) oder eines Darlehns. Bei der Aktienemission ist das Disagio untersagt (§ 9 AktG), während umgekehrt beim *Darlehen* das Agio in diesem Sinne nicht vorkommt (was freilich weitgehend eine Frage der Terminologie ist; zT werden Nebenkosten als „Agio" bezeichnet; zB OLG Nürnberg WM 1981, 1399). Bei der *Emission von Anleihen* trifft man sowohl (idR) das Disagio, als auch (gelegentlich bei Übergang von einer Hochzinsperiode in eine Niedrigzinsperiode) das Agio an. Die Rechtsnatur des Disagios kann unter Umständen zweifelhaft sein. Das *Agio* bei der Emission von Aktien ist jedenfalls *kein Zins,* weil durch den Erwerb der Aktie kein Kapitalanspruch begründet wird und weil das Agio vom Erwerber gezahlt wird. Das **Disagio bei der Emission von Anleihen** kann als Zins qualifiziert werden (anscheinend aA, aber nichtssagend, OLG Köln WM 1973, 156: „Anreiz für Geldanlage"; offen gelassen bei GRÜTZBACH BB 1964, 1367). Der Gläubiger der verbrieften Forderung, der Erwerber der Anleihe, erhält in Höhe des Disagios eine zusätzliche Vergütung für die Kapitalentbehrung. Laufzeit und Nominalzins werden bei Anleihen ohne Beteiligung des Erwerbers festgelegt (vgl § 795 BGB sowie das G über die staatliche Genehmigung der Ausgabe von Inhaber- und Orderschuldverschreibungen vom 26. 6. 1954, BGBl I 147 mit Änderung vom 24. 5. 1968, BGBl I 503). Der Emissionskurs erlaubt es den Parteien, den Wert der Kapitalentbehrung des Gläubigers noch zu bestimmen. Bedenken wegen angeblicher Laufzeitunabhängigkeit bestehen in Wahrheit nicht, weil sich aus Laufzeit, Nominalzins und Disagio ein Zinssatz errechnen läßt und weil die hier beteiligten Parteien bei ihren Verhandlungen ohnehin auf den so errechneten Zinssatz abstellen. Auch eine Verlosung der zur Rückzahlung fälligen Stücke sollte daran nichts ändern. Das im Zusammenhang mit dem Darlehensdisagio (unten Rz 23) geäußerte Argument, mit dem Disagio sollten uU echte Aufwendungen für die Geldbeschaffung ausgeglichen werden (vgl nur GRÜTZBACH BB 1964, 1367; BODENSTAFF BB 1967, 356), trifft jedenfalls für das Disagio bei der Emission von Anleihen nicht zu.

bb) Die **Rechtsnatur des Darlehensdisagio** kann im Einzelfall zweifelhaft sein. Nach 23 verbreiteter, jedoch umstrittener, Auffassung liegt *in der Regel ein Zins* vor (BODENSTAFF BB 1967, 356; BELKE BB 1968, 1222; PRASS BB 1981, 1058; aA OLG Köln WM 1973, 156; LG Hamburg WM 1979, 323). Im Grundsatz besteht zwar Einigkeit darüber, daß das Disagio sowohl ein Kostenfaktor ohne Zinscharakter zur Abwälzung von **Verwaltungsaufwand** als auch ein **Zins** bzw – im hier bei Rz 8 so nicht aufgegriffenen Sprachgebrauch der hM – ein „verschleierter" Zins sein kann (BGH WM 1963, 378, 380 = MDR 1963, 486; NJW 1979, 2089 = WM 1979, 966 mAnm SCHOLZ WM 1979, 1247; BGH Betrieb 1981, 2023 = NJW 1981, 2180 = WM 1981, 839 = ZIP 1981, 841; NJW 1981, 2181 = WM 1981, 838 = ZIP 1981, 839; OLG Köln WM 1973, 156; OLG Hamm ZIP 1980, 652; OLG Frankfurt ZIP 1981, 379; LG Hamburg WM 1979, 323; BELKE BB 1968, 1222; BODENSTAFF BB 1967, 356; CANARIS NJW 1978, 1893; GRÜTZBACH BB 1964, 1367; PRASS BB 1981, 1058); aber die

Abgrenzung im einzelnen bereitet Schwierigkeiten. Im Vordergrund steht der **Parteiwille** (BGH WM 1963, 378 = MDR 1963, 486; Betrieb 1981, 2023 = NJW 1981, 2180 = WM 1981, 839 = ZIP 1981, 841; NJW 1981, 2181 = WM 1981, 838 = ZIP 1981, 839). *Die Frage ist dahin zu stellen, ob dem Gläubiger mit dem Disagio die Kapitalentbehrung abgegolten werden oder ob sonstige Leistungen vergütet oder besondere Aufwendungen ersetzt werden sollen.* Da ein Nachweis der mit der Darlehnshingabe verbundenen Kosten für den Kreditgeber regelmäßig schwierig ist (BGH Betrieb 1981, 2023 = NJW 1981, 2180 = WM 1981, 839 = ZIP 1981, 841; OLG Nürnberg WM 1981, 1399, 1400; CANARIS NJW 1978, 1892), bereitet auch die Feststellung eines verbindlichen Parteiwillens Schwierigkeiten. Weil das so ist, besteht das Hauptproblem darin, ob sich eine *Auslegungsregel* begründen läßt. Banken lassen dem Kunden nicht selten die Wahl, ob er ein Darlehen mit geringem Disagio, aber hohem laufendem Zins, oder ein Darlehen mit höherem Disagio, aber niedrigerem laufendem Zins aufnehmen will (BGH Betrieb 1981, 2023 = NJW 1981, 2180 = WM 1981, 839 = ZIP 1981, 841; PRASS BB 1981, 1058 ff). Wo dies der Fall ist, ist das Disagio als laufzeitabhängiges Entgelt für die Kapitalentbehrung und damit als Zins anzusehen, sofern nicht überwiegende Gesichtspunkte des Einzelfalls gegen eine Laufzeitabhängigkeit sprechen. Im übrigen gehört nach **hM** das Disagio regelmäßig zu den Darlehnsnebenkosten und nur ausnahmsweise zu den Zinsen (OLG Frankfurt ZIP 1981, 379; OLG Köln WM 1973, 156; OLG Nürnberg WM 1981, 1399; LG Hamburg WM 1979, 323; BGB-RGRK-BALLHAUS § 608 Rz 2; SOERGEL-LIPPISCH-HÄUSER § 608 Rz 11; ERMAN-SCHOPP § 608 Rz 7; GRÜTZBACH BB 1964, 1367; CANARIS, Bankvertragsrecht Rz 1324; ders NJW 1978, 1896; OESTERREICH WM 1979, 824; differenzierend MünchKomm-H P WESTERMANN § 608 Rz 3). Es wird von dieser hM streng unterschieden zwischen dem Disagio und der Kreditkostenpauschale, die als Zins angesehen wird (CANARIS, Bankvertragsrecht Rz 1324). Eine **Gegenansicht** sieht das Disagio grundsätzlich als vorweg zu zahlenden Zins an (BELKE BB 1968, 1223; LONGIN-SCHLEHE DStR 1979, 8 ff; PRASS BB 1981, 1061 mwN zum Streitstand in der Praxis). Auch die finanzgerichtliche Rechtsprechung hat den „zinsähnlichen Charakter" des Disagio hervorgehoben und diesen Posten als Entgelt für eine Kapitalnutzung qualifiziert (zB BFHE 129, 344 = BStBl 1980 II 353; 133, 37 = BStBl 1981 II 466; dazu LUDWIG SCHMIDT, EStG [1982] § 20 Anm 55). *Für diese Auffassung sprechen gravierende Gründe.* Sie sorgt dafür, daß Gemeinkosten, die nur Kalkulationsgrundlage, aber nicht eigenständig zu entgeltende Leistungen des Kreditgebers darstellen, in den Zins einbezogen werden. Sie stimmt auch mit der von PRASS BB 1981, 1058 ff dargestellten Praxis der Kreditinstitute und Versicherungen überein. Nach den Urteilen des BGH vom 2. 7. 1981 wird sich indessen diese Auffassung vorerst nicht durchsetzen lassen (BGH Betrieb 1981, 2023 = NJW 1981, 2180 = WM 1981, 839 = ZIP 1981, 841; BGH NJW 1981, 2181 = WM 1981, 838 = ZIP 1981, 839). Der BGH betont zunächst im Anschluß an OLG Frankfurt ZIP 1981, 379, daß auch der Schuldner im Hinblick auf steuerliche Abzugsmöglichkeiten daran interessiert sein kann, daß das Disagio nicht den Zinsen, sondern den Vertragsnebenkosten zugeschlagen wird. Im übrigen indiziert nach Auffassung des BGH nur ein das Übliche übersteigendes Disagio (zB 40%; vgl BGH LM Nr 2 zu § 247 = WM 1963, 378) einen „verdeckten Zins" (s auch CANARIS, Bankvertragsrecht Rz 1326). Bei dieser Ausgangslage wird die vom BGH unterstrichene individuelle Vertragsinterpretation im praktischen Regelfall dazu führen, daß ein Disagio nicht als Zins qualifiziert wird (zu den steuerlichen Aspekten der neuen Rechtsprechung vgl RIEGER BB 1981, 2133). Die praktischen Konsequenzen sind aus den beiden Entscheidungen ablesbar: Stellt sich das Disagio nach der Auslegung des Darlehnsvertrags nicht als Zins dar, sondern gehört es zu den Nebenkosten der Darlehnsgewährung, so muß der Kreditnehmer bei vorzeitiger Beendigung des Kreditverhältnisses das Disagio in voller Höhe tragen, also nicht nur in Höhe des auf die verkürzte

Laufzeit entfallenden Anteils. Der BGH hat nach Manuskriptabschluß uneingeschränkte Gefolgschaft gefunden im Urteil des OLG Köln WM 1982, 1417, 1420. Im Hinblick auf die gewichtigen Ausführungen von PRASS BB 1981, 1058 ff sollte der BGH diese Rechtsprechung indes noch einmal überprüfen. PRASS legt dar, daß das Disagio einen Funktionswandel von der pauschalen Abgeltung der Kreditbeschaffungs- und Kreditgewährungskosten hin zur Feinsteuerung des Zinses und zur Drosselung der laufenden Zinsbelastung gemacht hat. Auch ein nicht überhöhtes Disagio wird nach diesem Befund im Rechtsverkehr regelmäßig als laufzeitabhängige Leistung kalkuliert und auch von den Parteien (§§ 133, 157) als solche verstanden. Es sollte Sache des Kreditgebers sein, klarzustellen, daß das Disagio einmalig und endgültig berechnet wird und auch für den Fall vorzeitiger Kreditbeendigung ungeteilt dem Kreditgeber verbleibt.

b) **Kreditgebühren** sind die gewöhnlichen *Zinsen* des Teilzahlungskreditgeschäftes 24
(BGH NJW 1979, 2090 = WM 1979, 966 mAnm SCHOLZ WM 1979, 1247; OLG KÖLN NJW 1966, 2217; OLG HAMM NJW 1973, 1003; 1974, 1951; BB 1978, 1540; OLG FRANKFURT BB 1979, 446; KG BB 1979, 447; BGB-RGRK-BALLHAUS § 608 Rz 3; IHMELS BB 1975, 1511; CANARIS, Bankvertragsrecht Rz 1324; ders NJW 1978, 1893). Die Gegenauffassung von SCHOLTEN NJW 1968, 385 f, der diese Gebühren den hohen Verwaltungskosten beim Teilzahlungskredit zuschrieb, ist vereinzelt geblieben. Sie beruhte auf einer Verkennung des Unterschiedes zwischen Zinsertrag und Reingewinn. Kreditgebühren weisen die Besonderheit auf, daß die periodisch fälligen Zinsbeträge trotz sich vermindernder Restschuld über die gesamte Laufzeit konstant sind und als Bruchteil des Ursprungskapitals ausgedrückt werden. Sie unterscheiden sich dadurch von den Annuitäten (zu diesen vgl Rz 19). Das ändert an ihrem Zinscharakter nichts. Es ist auch – ganz unabhängig von den allgemeinen Bedenken gegen diese Begriffsbildung (Rz 8) – im allgemeinen nicht sachgemäß, hier von „verschleierten Zinsvereinbarungen" zu sprechen (so aber KG BB 1974, 1505 mAnm SCHOLZ BB 1974, 1605; LG Berlin BB 1978, 15). Mit der Bezeichnung Kreditgebühr wird hinlänglich offenbart, daß die Kapitalentbehrung abgegolten werden soll. Eine Verschleierung liegt nur vor, wenn zwar Kreditgebühren oder eine einmalige *Kreditkostenpauschale* (dazu CANARIS, Bankvertragsrecht Rz 1324; ders NJW 1978, 1893) verlangt werden, aber der Kredit als „unverzinslich" bezeichnet wird. Rechtliche Bedeutung hat diese Verschleierung für das Zinsrecht nicht.

c) Bei den **Antragsgebühren** (einmalig im voraus zahlbaren **Bearbeitungsgebühren**) 25
im Teilzahlungskreditgeschäft handelt es sich nach einer früher verbreiteten Ansicht um *Zinsen* (BELKE BB 1968, 1222; SCHOLZ BB 1974, 1605). Diese Auffassung hat sich nicht durchzusetzen vermocht. Dem Wortlaut der Parteienvereinbarung gemäß sollen diese Gebühren einen Verwaltungsaufwand, nicht eine Kapitalentbehrung entgelten. Sie sind deshalb nach hM keine Zinsen (BGH NJW 1979, 807; NJW 1979, 808 = WM 1979, 270 = BB 1979, 444; NJW 1979, 2089 = WM 1979, 966 mAnm SCHOLZ WM 1979, 1247; OLG Nürnberg WM 1981, 1399; CANARIS, Bankvertragsrecht Rz 1324; ders NJW 1978, 1891; vgl Rz 8). Unzweifelhaft ist dies nicht. Wenn dem individuellen Kreditnehmer konkret vorgerechnet würde, welche Kosten gerade auf seinen Kredit entfallen, und er eine diesem Kostenanteil entsprechende Antragsgebühr als Dienstleistungsentgelt zu entrichten hätte, wäre diesem Betrag der Zinscharakter eindeutig abzusprechen (BELKE BB 1968, 1222; CANARIS NJW 1978, 1892). Üblich ist aber eine pauschale Belastung des Kreditnehmers, die keinerlei Rücksicht darauf nimmt, ob die Kosten im Einzelfall überhaupt angefallen sind. Die Frage liegt dann ähnlich wie beim Disagio (dazu Rz 23). Im Gegensatz zum Disagio sind aber die Begriffe „Antragsgebühr" und „Bearbeitungsgebühr" ihrer Verkehrsbedeutung nach regelmäßig so aufzufassen, daß der Betrag einmalig und endgültig

geschuldet ist, dh bei vorzeitiger Kreditbeendigung auch nicht teilweise erstattet wird. Für den Regelfall mag es bei der hM bleiben.

26 d) Die **Vermittlungsgebühr oder -provision** ist jedenfalls dann *kein Zins,* wenn echte Akquisitionskosten, zB für Kreditmakler, ersetzt werden sollen (OLG München NJW 1977, 152 mAnm Freund und Reich NJW 1977, 636; BGH NJW 1979, 805; NJW 1979, 2089 = WM 1979, 966 mAnm Scholz WM 1979, 1247; vgl auch Scholz BB 1974, 1605; Canaris NJW 1978, 1894). Dann nämlich geht es nicht um eine Vergütung für die Kapitalentbehrung, folglich auch nicht um „laufzeitunabhängige" Zahlungen (vgl auch BGH NJW 1979, 805; NJW 1979, 2089 = WM 1979, 966 mAnm Scholz WM 1979, 1247; Canaris NJW 1978, 1894). Zins, nämlich ein sog „verschleierter" Zins iS des üblichen Sprachgebrauchs, liegt allerdings vor, wenn dieser Gebühr keine konkreten Vermittlungsleistungen gegenüberstehen (vgl Canaris, Bankvertragsrecht Rz 1326, ders NJW 1978, 1894).

27 e) Die Kosten der **Restschuldversicherung** sind dann und nur dann („verschleierte") Zinsen, wenn der Kreditgeber diese Kosten in Wirklichkeit selbst vereinnahmen will, ohne daß eine Versicherung genommen wird. Im Normalfall sind sie, ähnlich wie die Vermittlungsgebühr (vgl Rz 26), *kein Zins* (OLG Frankfurt BB 1979, 446; BGH WM 1979, 270 = BB 1979, 444 = NJW 1979, 1209; NJW 1979, 2089 = WM 1979, 966 mAnm Scholz WM 1979, 1247; Scholz MDR 1976, 281; Hackl BB 1977, 1412; Schulz BB 1978, 15; Canaris NJW 1978, 1894; Rittner Betrieb 1980 Beil 16 H 35, 3). Sie erlegen lediglich ausscheidbare Kosten der Kreditbesicherung dem Kreditnehmer auf.

28 f) **Verlängerungsgebühren, Verzugsgebühren, Überziehungsgebühren oder Überziehungszinsen** werden verlangt bei Überziehung von Kontokorrentkonten, dh bei Verfügungen, die nicht durch Guthaben gedeckt sind oder den vereinbarten Kreditrahmen umfänglich überschreiten, oder wenn ein Kredit nicht in der vereinbarten Frist zurückgeführt wird. Sie werden entweder nach Umfang und Dauer der Überziehung berechnet oder pauschaliert belastet (Belke BB 1968, 1219; Canaris NJW 1978, 1894). Im ersten Fall wird der Kredit entweder schlicht höher als sonst verzinst, oder es werden neben den gewöhnlichen Zinsen Sonderbeträge in Rechnung gestellt (Belke BB 1968, 1219). Es handelt sich sodann um einen aufschiebend bedingten *Sonderzins,* der einzig die Besonderheit aufweist, *daneben Vertragsstrafe* zu sein (Belke BB 1968, 1220; Canaris NJW 1978, 1894). Pauschalierte Überziehungs„gebühren" und dergl sind in aller Regel als („verschleierte") *Zinspauschale* anzusehen (vgl Canaris NJW 1978, 1894). Anders, wenn zusätzlich zu den Zinsen eine objektiv angemessene einmalige Bearbeitungsgebühr erhoben wird (Canaris, Bankvertragsrecht Rz 1325).

29 g) **Vorfälligkeitsentschädigungen** oder **Ablösegebühren** lassen sich Kreditgeber gelegentlich im Falle der Darlehnskündigung oder der vorzeitigen Darlehnsrückzahlung gewähren. Die Zulässigkeit dieser Praxis kann im Einzelfall zweifelhaft sein (vgl § 247 Rz 37). Sind diese Leistungen für den Fall der Kündigung durch den Kreditgeber vereinbart (vgl BGH WM 1979, 270 = BB 1979, 444 = NJW 1979, 808; WM 1979, 1209), so können sie, wie die „Verzugsgebühren" (vgl Rz 28), ein *Sonderzins* sein. Im allgemeinen versteht man unter Vorfälligkeitsentschädigungen und Ablösegebühren jedoch solche Zusatzkosten, die im Fall der Kündigung durch den Kreditnehmer erhoben werden. Diese Kosten sind *keine* Zinsen (Canaris NJW 1978, 1896: „Provision"; Krug BB 1979, 24: „Vertragsstrafe"; Scholz BB 1979, 188: „Vereinnahmung von Verwaltungskosten"; vgl im übrigen § 247 Rz 37), denn sie werden gerade nicht für die auf die Laufzeit entfallene Kapitalentbehrung gezahlt.

h) Nach § 22 Abs 3 KWG ist eine ohne Einhaltung der Kündigungsfrist zurückgezahlte Spareinlage als Vorschuß zu verzinsen. Dieser **Vorschußzins** wird bei der regelmäßig am Jahresende erfolgenden Zinsabrechnung vom Habenzins abgezogen. Er stellt ein gesetzlich vorgeschriebenes, grundsätzlich unverzichtbares (vgl BGH BB 1975, 984) Entgelt für die vorzeitige Überlassung nicht fälligen Kapitals dar und ist somit auch zivilrechtlich als *Zins* einzustufen. 30

i) Teilzahlungszuschläge beim Ratenkauf sind im allgemeinen echte *Zinsen* iSd §§ 246 ff, soweit nicht konkreter andersartiger Mehraufwand des Verkäufers abgegolten werden soll. Das Argument, es handele sich um einen einheitlichen Kaufpreis, der naturgemäß dem Vertrage nach auf allmähliche Tilgung zugeschnitten und deshalb höher als ein Barverkaufspreis ist (OLG München NJW 1969, 53 mwN), besagt nichts für das Gegenteil. Es handelt sich um einen Kauf auf Kredit, bei dem der Schuldner für die zwischenzeitliche Kapitalentbehrung ein zusätzliches Entgelt zu zahlen hat. 31

k) Bereitstellungszinsen oder **Bereitstellungsprovisionen** pflegen Banken für die Zeit nach getroffener Darlehnsvereinbarung und vor der vollen Auszahlung der Darlehensvaluta zu berechnen. Sie sind, obwohl „laufzeitabhängig" (dazu Rz 12), *keine Zinsen* im Rechtssinne (BGH WM 1978, 422, 423; CANARIS, Bankvertragsrecht Rz 1226; ders NJW 1978, 1894; MünchKomm-von MAYDELL Rz 7), weil es vor Auszahlung der Valuta an einer gesonderten Kapitalschuld fehlt. Es handelt sich um eine Provision, nicht um ein Entgelt für Kapitalentbehrung. 32

II. Das Recht der Zinsschuld

1. Begriff und Bedeutung der Zinsschuld 33

Zinsschuld ist *die auf Zinsleistung zielende Verbindlichkeit* (vgl über Zinsschuld und Zinsbegriff bereits Rz 4). Die Zinsschuld ist teils als *Grundlage von Erfüllungsansprüchen* von Interesse (so namentlich bei fortlaufenden Zinszahlungen), teils auch als *Rechtsgrund erbrachter Zinsleistungen*. Die Zulässigkeit eines Vorabzugs von Zinsen war unter dem gemeinen Recht str (WINDSCHEID-KIPP II § 261 Fn 5). Das Partikularrecht enthielt einzelne Verbote. Sie traten spätestens mit Inkrafttreten des BGB außer Kraft (Mot in MUGDAN II 109).

2. Selbständigkeit und Akzessorietät der Zinsschuld 34

a) Die Zinsverbindlichkeit ist *einerseits* eine **selbständige** Verbindlichkeit neben der Hauptverbindlichkeit, *anderseits* aber von der Hauptverbindlichkeit **abhängig** (Mot in MUGDAN II 9; WINDSCHEID-KIPP II § 259; ESSER-EIKE SCHMIDT I/1 § 12 II 4.1; PLANCK-SIBER Anm 1; ERMAN-SIRP Rz 8; MünchKomm-von MAYDELL Rz 18; vgl auch bereits Rz 11). Diese doppelte Eigenschaft der Zinsschuld – Selbständigkeit und Akzessorietät – macht einen wesentlichen Teil ihrer Besonderheiten erklärlich. Das gemeine Recht unterschied noch zwischen Zinsverbindlichkeiten, die selbständig neben der Hauptverbindlichkeit bestehen, und solchen, die mit der Hauptverbindlichkeit eine Einheit bilden (WINDSCHEID-KIPP II § 259 [S 75]). Das geltende Recht kennt diesen Unterschied nicht mehr.

b) Die **Selbständigkeit der Zinsschuld** kommt darin zum Ausdruck, daß die Zinsforderung *selbständig eingeklagt,* selbständig *abgetreten,* selbständig *verpfändet* und selbständig *gepfändet* werden kann (RGZ 74, 78, 80 f; 94, 137, 138; BGB-RGRK-ALFF Rz 2; ERMAN-SIRP Rz 8; MünchKomm-von MAYDELL Rz 18). Die Kapitalforderung kann umgekehrt auch ohne die Zinsschuld übertragen, verpfändet oder 35 gepfändet werden (Planck-Siber Anm 1; allgM). Schließlich kann sogar von vornherein einem anderen als dem Kapitalgeber die Zinszahlung versprochen werden, sei es durch Vertrag zugunsten dieses Dritten (§ 328), sei es auch durch Schuldversprechen nach § 780 diesem Dritten gegenüber (RGZ 94, 137, 138; MünchKomm-von Maydell Rz 18). Zum *Inhalt* der Zinsschuld vgl Rz 13 und 37.

36 *Rechtshängigkeit und Rechtskraft* können zur Trennung von Hauptverbindlichkeit und Zinsschuld führen, wenn nur die eine eingeklagt oder nur über die eine rechtskräftig entschieden ist.

37 c) Die **Akzessorietät der Zinsschuld** besteht im wesentlichen darin, daß das Entstehen von Zinsverbindlichkeiten den Bestand der verzinslichen Kapitalschuld voraussetzt (vgl bereits Rz 11). Das bedeutet im einzelnen: *Als Nebenschuld setzt die Zinsschuld eine Hauptschuld voraus; die verzinsliche Kapitalschuld.* Werden „Zinsen" ohne eine zugrundeliegende Kapitalschuld vereinbart oder wird beim Erlaß der Kapitalschuld die „Zinsschuld" aufrechterhalten, so kann es sich nicht um Zins handeln, sondern nur um eine Rente (Rz 11). Bürgerlichrechtlich wirksam kann zwar die „Rückdatierung" der Zinspflicht auf die Zeit vor der Kapitalhingabe sein (FinG Hannover VersR 1972, 749 f), doch ist auch in diesem Fall zweifelhaft, ob insoweit eine Zinsschuld im technischen Sinne vorliegt. Das ist zu bejahen, wenn sich hinter der Vereinbarung ein Entgelt für die Laufzeit verbirgt. Der **Inhalt** der Zinsschuld richtet sich trotz der Akzessorietät nicht zwingend nach der Hauptschuld (Rz 13). Aber der regelmäßige Parteiwille geht auf gleichartige Leistung. Das gilt auch für die geschuldete Währung (§ 244 Rz 44).

38 Die **Aufhebung der Hauptverbindlichkeit** beseitigt auch die Zinsschuld in dem Sinne, daß **keine neuen Zinsen mehr** verfallen (BGHZ 15, 87, 89; KG OLGE 12, 286; Planck-Siber Anm 1; BGB-RGRK-Alff Rz 2; MünchKomm-von Maydell Rz 17; allgM). Sollen weiterhin „Zinsen" gezahlt werden, so wird aus der Zinsschuld eine obligatorische Rentenschuld (Rz 11). Eine wertpapierrechtlich begründete Ausnahme ist **§ 803:** Zinsscheine bleiben, sofern sie nicht eine gegenteilige Bestimmung enthalten, in Kraft, auch wenn die Hauptforderung erlischt. **Bereits verfallene Zinsverbindlichkeiten** erlöschen nicht mit dem Fortfall der Hauptschuld; sie bleiben also unberührt (Windscheid-Kipp II § 259 mit Fn 8; BGB-RGRK-Alff Rz 2; allgM). Diese entstandenen Zinsverbindlichkeiten erlöschen auch nicht mit vorbehaltloser Annahme der auf die Hauptsumme zu leistenden Zahlung (Planck-Siber Anm 1). Anders verhält es sich nur, wenn in der vorbehaltlosen Entgegennahme des Betrags ein konkludenter Erlaß der Zinssumme erblickt werden kann; dies ist eine Auslegungsfrage, die nur im Einzelfall beantwortet werden kann (RG JW 1902 Beilage 280 Nr 228). Regelmäßig werden nach § 367 Zahlungen, die nicht zur vollen Tilgung ausreichen, zuerst auf die Zinsen und erst dann auf die Hauptforderung angerechnet. Zur *Verjährung* vgl Rz 46.

39 d) Bei der **Währungsumstellung** machte sich besonders bemerkbar, daß die Zinsschuld einerseits selbständig, andererseits akzessorisch ist. Nach § 16 Abs 1 UmstG wurden Reichsmarkforderungen grundsätzlich im Verhältnis 10:1 von RM auf DM umgestellt. Soweit dies der Fall war, konnten Zinsen von dem auf $^1/_{10}$ umgestellten DM-Betrag auch für die Zeit vor der Währungsreform verlangt werden (BGHZ 3, 288, 298 f; BGB-RGRK-Alff Rz 11). Soweit dagegen Reichsmarkforderungen nach § 18 UmstG im Verhältnis 1:1 umgestellt wurden, konnte dies für die am 20. 6. 1948 rückständigen Zinsverpflichtungen nicht gelten; diese Verbindlichkeiten waren bereits am Stichtag zu selbständigen Reichsmarkverbindlichkeiten geworden und deshalb nach § 16 Abs 1 UmstG im Verhältnis 10:1 umzustellen (BGHZ 23, 324, 332 f; BGB-RGRK-Alff Rz 12; BfW-Merkblatt Nr 19, mitgeteilt bei Harmening-Duden, Die Währungsgesetze [1949] 371). Soweit die Zinsen nach dem 20. 6. 1948

fällig wurden, unterlagen sie kraft Akzessorietät (Rz 37) derselben Umrechnung wie die umgestellte Reichsmarkforderung (BayObLGZ 1948/51 Nr 136). Sie gehörten also nicht zu den nach dem 20. 6. 1948 fällig werdenden wiederkehrenden Leistungen, die in jedem Fall 1:1 umzustellen waren (BGHZ 23, 324, 332; BfW-Merkblatt Nr 19 aaO; BGB-RGRK-ALFF Rz 11; HARMENING-DUDEN § 18 Anm 8). Der Zinssatz blieb bei all dem unverändert (BfW-Merkblatt Nr 19 aaO). Wurde also die Hauptforderung 10:1 umgestellt, so war der unveränderte Zinssatz auf eine Kapitalschuld zu zahlen, die nunmehr 1/10 des alten RM-Betrages betrug, wurde dagegen die Kapitalschuld nach § 18 UmstG im Verhältnis 1:1 umgestellt, so blieben auch die Zinsbeträge unverändert (BfW-Merkblatt Nr 19 aaO).

3. Zinsschuld und Kreditsicherheiten 40

Kreditsicherheiten, welche eine verzinsliche Schuld sichern, *können sich auf die Zinsforderung erstrecken.*

a) Die **Bürgschaft** für Zinsen aus der Hauptschuld ist nicht ausdrücklich geregelt. 41
Keineswegs kann aus der Akzessorietät der Bürgschaft (§ 767) und der Zinsschuld (Rz 37) abgeleitet werden, daß der Bürge in jedem Fall für die Zinsen der Hauptschuld haftet. *Es entscheidet der Bürgschaftsvertrag.* Die Haftung für Zinsen ergibt sich, wenn der Bürge die Verzinslichkeit der Hauptschuld kennt, aus dem Parteiwillen (OLG Braunschweig OLGE 23, 53 = SeuffA 67 Nr 5; OLG Colmar Recht 1916 Nr 1107; ERMAN-SEILER § 765 Rz 7; SOERGEL-REIMER SCHMIDT [10. Aufl] § 765 Rz 5; einschr STAUDINGER-HORN § 765 Rz 9; § 767 Rz 1). Sie umfaßt dann idR auch rückständige Zinsen (OLG Braunschweig aaO; ERMAN-SEILER § 765 Rz 7), und zwar nach BGH Betrieb 1978, 629 = WM 1978, 10 bei einer Höchstbetragsbürgschaft auch über den vereinbarten Höchstbetrag hinaus (Auslegungsproblem; zust zB ERMAN-SEILER § 765 Rz 5; abl STAUDINGER-HORN § 765 Rz 9). Doch sind dann im Zweifel nur die Zinsen auf die Höchstbetragssumme, nicht auf einen überschießenden Teil der Hauptforderung erfaßt (BGH aaO; STAUDINGER-HORN § 765 Rz 9). Die **Kontokorrentbürgschaft** umfaßt auch anfallende Zinseszinsen (BGHZ 77, 256 = NJW 1980, 2131). **Wechselbürge** und **Scheckbürge** haften in der gleichen Weise wie der, für den sie sich verbürgt haben (Artt 32 Abs 1 WG, 27 Abs 1 ScheckG). Für die Zinsschuld bedeutet dies, daß für Zinsforderungen nach Artt 48 Abs 1 Nr 2 und 49 Nr 2 WG sowie aus Artt 45 Nr 2, 46 Nr 2 ScheckG gehaftet wird (JACOBI, Wechsel- und Scheckrecht [1955] 685; STAUB-STRANZ, Kommentar zum Wechselgesetz [13. Aufl 1934] Art 32 Anm 4).

b) Ein **Pfandrecht** an einer beweglichen Sache, an einer Forderung oder an einem 42
sonstigen Recht haftet nach §§ 1210, 1289, 1273 auch für die Zinsen der gesicherten Forderung. Diese Regelung ist abdingbar (RG LZ 1927, 606). Die Abdingbarkeit ergibt sich daraus, daß § 1210 nur eine Auslegungsregel ist (Prot in MUGDAN III 915). § 1148 E I hob noch besonders hervor, daß anderes bestimmt werden kann. Das *Pfandrecht an einer Forderung* erstreckt sich nach § 1289 auch auf die Zinsen der belasteten Forderung. Auch diese Regelung ist abdingbar, und zwar sowohl mit schuldrechtlicher als auch mit dinglicher Wirkung (KG OLGE 12, 286; Recht 1914 Nr 2878; PALANDT-BASSENGE § 1289 Anm 1; STAUDINGER-RIEDEL-WIEGAND § 1289 Rz 4).

c) Der dem § 1210 zugrundeliegende Rechtsgedanke, daß nach der Verkehrsauffas- 43
sung die dingliche Haftung die gesamte persönliche Haftung umfaßt (Prot aaO), gilt auch für die **Sicherungsübereignung;** auch hier ist also zu vermuten, daß das Sicherungsgut für die Zinsen der gesicherten Forderung haftet (SERICK, Eigentumsvorbehalt und Sicherungsübertragung II [1965] § 18 I 4 [S 53 f] mit Hinweis auf den

Rechtsgedanken der §§ 1210, 1273, 1115, 1118). Eine besondere Vereinbarung ist aber üblich und mit Serick anzuraten.

44 d) Beim **Eigentumsvorbehalt** tritt Eigentumserwerb des Käufers im Zweifel erst ein, wenn auch die Nebenkosten, also auch die Zinsen, bezahlt sind (Serick, Eigentumsvorbehalt und Sicherungsübertragung I [1963] § 15 III 1 a mit Fn 17; Staudinger-Honsell § 455 Rz 19; BGB-RGRK-Mezger § 455 Rz 39; differenzierend Palandt-Putzo § 455 Anm 3 a).

45 e) **Hypothek** (§ 1118) und **Grundschuld** (§ 1192) lassen das belastete Grundstück ohne weiteres auch für **gesetzliche Zinsen** haften. Eine Eintragung dieser Haftung im Grundbuch wird als überflüssig abgelehnt (vgl für gesetzlich vorgesehene Nebenkosten KG RJA 1,81), ist aber nicht materiell unrichtig (Soergel-Baur § 1118 Rz 1 mit Hinweis auf KGJ 35 A 325). Die **Haftung für vertraglich bedungene Zinsen** setzt eine Eintragung nach § 1115 voraus. Die Höhe des Zinssatzes muß dabei angegeben werden (vgl nur Erman-Raefle § 1115 Rz 8; Soergel-Baur § 1115 Rz 16; Staudinger-Scherübl § 1115 Rz 20 f). Probleme bereitet diese **Eintragung bei Zinsanpassungsklauseln** (zu ihnen Rz 63 ff). Die Eintragung setzt unter dem Gesichtspunkt der Bestimmtheit dreierlei voraus (Überblick bei Eickmann in MünchKomm § 1115 Rz 25 ff): *erstens* die **Eintragung eines Höchstzinssatzes**, die die höchstmögliche Belastung des Grundstücks erkennbar macht (BGHZ 35, 22 = BB 1961, 625 = DNotZ 1961, 404 = NJW 1961, 1257 = WM 1961, 628; BGH BB 1963, 68 = WM 1963, 29 = DNotZ 1963, 436; KG HRR 1931 Nr 736; JW 1934, 1506; 1938, 1257; Rpfleger 1971, 315; OLG Stuttgart NJW 1954, 1646; OLG Karlsruhe JFG 7, 392; Terpitz [Rz 63] 959; Staudinger-Scherübl § 1115 Rz 21); *zweitens* die **Angabe eines Mindestzinssatzes** (BGHZ 35, 22 = BB 1961, 625 = DNotZ 1961, 404 = NJW 1961, 1257 = WM 1961, 628; BGH BB 1963, 68 = DNotZ 1963, 436 = WM 1963, 29; NJW 1975, 1314; OLG Frankfurt Rpfleger 1956, 194; Soergel-Baur § 1115 Rz 18); *drittens* muß der Zinssatz nach der Eintragung und der Eintragungsbewilligung zumindest bestimmbar sein (BGHZ 35, 22 = BB 1961, 625 = DNotZ 1961, 404 = NJW 1961, 1257 = WM 1961, 628; OLG Darmstadt JW 1935, 3576; Soergel-Baur § 1115 Rz 18). Es muß sich also jedenfalls aus der Eintragungsbewilligung ergeben, unter welchen Voraussetzungen und wie lange ein erhöhter Zinssatz zu zahlen ist (in BGHZ 35, 22 = BB 1961, 625 = DNotZ 1961, 404 = NJW 1961, 1257 = WM 1961, 628; BayObLG DNotZ 1983, 44, 45; eingehende Hinweise für die Praxis bei Haegele, Grundbuchrecht [4. Aufl 1971] Rz 829 ff). Die Bezugnahme auf die jeweils allgemein von einer Sparkasse festgesetzten Hypothekenzinsen genügt (BayObLG NJW 1975, 1365; KG JW 1938, 1257; s auch BGHZ 35, 22 = BB 1961, 625 = DNotZ 1961, 404 = NJW 1961, 1257 = WM 1961, 628; Soergel-Baur § 1115 Rz 19), ebenso nach OLG Stuttgart NJW 1954, 1646 = DNotZ 1955, 80 die Bezugnahme auf den Kapitalzins. Dagegen ist die Eintragung, daß der Zinssatz bis zu einem Höchstbetrag vom Gläubiger bestimmt wird, nach der Auffassung der Praxis mangels Bestimmtheit unzulässig (BGHZ 35, 22, 25; BGH BB 1963, 68 = DNotZ 1963, 436 = WM 1963, 29; Riedel DNotZ 1954, 562; aM Ripfel DNotZ 1955, 62; 1963, 439). Erst recht genügt nicht die bloße Eintragung des Höchstzinssatzes (BGH NJW 1975, 1314). Die Vereinbarung einer erhöhten Zinspflicht bei Zahlungsverzug kann als pauschalierter Schadensersatz oder als Vertragsstrafe Nebenleistung iS von § 1115 Abs 1 sein; sie bedarf dann besonderer Eintragung, ist also nicht schon durch die Zinseintragung gedeckt (str; Beispiel für eine solche Eintragung BGHZ 47, 41; eingehende Nachweise bei Soergel-Baur § 1115 Rz 21; vgl auch MünchKomm-Eickmann § 1115 Rz 38 ff). Ist eine solche Nebenleistung nach einem Hundertsatz des ursprünglichen Darlehnskapitals bestimmt, so braucht in dem Grundbuchvermerk nicht auch die Maßgeblichkeit des Ursprungskapitals besonders hervorgehoben zu werden (BGHZ

47, 41 = Rpfleger 1967, 111 mAnm HAEGELE; KG Rpfleger 1966, 303 mAnm HAEGELE; str).

4. Verjährung der Zinsschuld 46

Die **Verjährung** von Zinsschulden ist geregelt in §§ 197, 218, 223 Abs 3, 224. In § 224 kommt das Prinzip der Akzessorietät insofern zum Ausdruck, als unbeschadet der anderen Verjährungsbestimmungen der Anspruch auf Zinsen jedenfalls mit der Kapitalschuld verjährt, denn Zinsen sind Nebenleistungen, die von der Kapitalforderung abhängen.

5. Die Zinsschuld in Prozeß und Vollstreckung 47

a) Im Prozeß und in der Zwangsvollstreckung macht sich die **Selbständigkeit der Zinsschuld** bemerkbar (Rz 35). Nach § 308 Abs 1 S 2 ZPO ist das Gericht auch hinsichtlich der Zinsen an die Anträge der Parteien gebunden.

b) Bei der **Streitwertberechnung** bleiben nach § 4 Abs 1 ZPO Zinsforderungen 48
unberücksichtigt, wenn sie als Nebenforderungen geltend gemacht werden. Nicht unberücksichtigt bleiben die Zinsanträge dagg bei der Kostenentscheidung nach § 92 ZPO: Unterliegt der Kläger hinsichtlich der Kapitalforderung, obsiegt er aber hinsichtlich der Zinsforderung, so liegt ein Teilunterliegen beider Parteien vor (BGH LM Nr 7 zu § 92 ZPO). Wenn umgekehrt nur der Zinsantrag ganz oder teilweise abgewiesen wird, greift gleichfalls § 92 ZPO – einschließlich des Abs 2! – ein.

6. Die Zinsschuld im Internationalen Privatrecht 49

Die **Akzessorietät der Zinsschuld** (Rz 37) bringt es mit sich, daß die Zinsschuld im Internationalen Privatrecht dem allgemeinen Schuldstatut folgt.

III. Gesetzlicher Zins und gesetzlicher Zinssatz

1. Gesetzliche Zinsen 50

a) Gesetzliche Zinsen sind stets nur bei Geldschulden zu zahlen (JAUERNIG-VOLLKOMMER Anm 2 c bb; PALANDT-HEINRICHS Anm 3 a; SCHLEGELBERGER-HEFERMEHL, HGB [5. Aufl] § 353 Rz 5). Auch Schulden in fremder Währung unterliegen der gesetzlichen Verzinsung (CANARIS in Großkomm HGB § 353 Anm 1; SCHLEGELBERGER-HEFERMEHL § 353 Rz 5; aM OLG Hamburg OLGE 44, 245). Es ist nicht erforderlich, daß die Schuld ursprünglich eine Geldschuld war. Eine Forderung, die in eine Geldforderung übergegangen ist – zB auf Schadenersatz wegen Nichterfüllung – genügt (vgl RGZ 20, 118, 122; SCHLEGELBERGER-HEFERMEHL § 353 Rz 5). Nach OLG Frankfurt BB 1982, 2136 = WM 1983, 76 und WM 1983, 77 ist auf Verzugszinsen keine Mehrwertsteuer zu leisten.

b) Anspruchsgrundlagen im BGB sind die §§ 256, 288, 291, 347, 452, 641 Abs 2, 668 51
(auch iVm §§ 675, 681 S 2, 713), 698, 818 Abs 4, 819, 820, 849, 1382 Abs 2, 1834. **Kaufleute** untereinander können für Geldforderungen aus beiderseitigen Handelsgeschäften (Rz 53) Zinsen vom Tage der Fälligkeit an fordern (§ 353 HGB). Das gilt nicht nur für Erfüllungsansprüche, sondern für alle Ansprüche, die in dem beiderseitigen Handelsgeschäft wurzeln (RGZ 20, 118, 122; RG BankArch 13 (1913/14) 170, 173; CANARIS in Großkomm HGB § 353 Anm 3). Zweifelhaft ist, ob auch

Rückgewährschuldverhältnisse aus §§ 346, 812 der Fälligkeitsverzinsung unterliegen können (selbst Vertragsnichtigkeit hindert nicht jeden Rückgriff auf das Recht des Vertrags; vgl Pawlowski, Rechtsgeschäftliche Folgen nichtiger Willenserklärungen [1966]). Aber § 347 ist strenger als § 353 HGB, und im Bereich des § 818 wird es bei der Privilegierung des Schuldners bleiben müssen. Als gesetzlicher Zinsanspruch – auch gegenüber Nichtkaufleuten – funktioniert dagegen § 354 Abs 2 HGB. Die auf Art 290 ADHGB, 227 PreußE ADHGB zurückgehende Bestimmung spricht zwar nicht ausdrücklich von „gesetzlichen Zinsen" (vgl Lutz, Protokolle der Kommission zur Berathung eines ADHGB [1858] 427 f). Grundgedanke der Bestimmung ist, daß der Kaufmann nichts umsonst tut (Canaris in Großkomm HGB § 354 Anm 15). Wie bei § 256, mit dem die Bestimmung verwandt ist (Canaris aaO), handelt es sich aber nicht nur um eine Auslegungsregel, sondern auch um eine gesetzliche Anspruchsgrundlage, die zB auch Ansprüche aus einer Geschäftsführung ohne Auftrag umfaßt (Lutz aaO; Schlegelberger-Hefermehl, HGB [5. Aufl] § 354 Rz 16). Der Zinssatz ist der gesetzliche (§§ 352 HGB, 246 BGB). Zur Anwendung gegenüber Nichtkaufleuten vgl BGB-RGRK-Ballhaus § 608 Rz 5.

52 c) **aa)** Der **Zinssatz** ergibt sich in erster Linie aus einer etwa über die Höhe der gesetzlichen Zinsen getroffenen Vereinbarung (zulässig! Arg § 288 Abs 1 S 2; vgl schon Staudinger-Weber [11. Aufl] Rz 15), in zweiter Linie aus den einzelnen Vorschriften über gesetzliche Zinsen, nur hilfsweise dagegen aus § 246. In diesem letzten Fall beträgt der Zinssatz 4 vH. Die Entwürfe zum BGB sahen noch 5 vH als gesetzlichen Zinssatz vor (E I § 217; E II § 210). Die Herabsetzung auf 4 vH beruhte auf der Feststellung, daß Hypotheken und Personalkredite um 1900 zu Zinssätzen um und unter 4 vH zur Verfügung standen (Kommissionsbericht in Mugdan II 1271; Zahlenangaben über die Durchschnittsrendite vor 1900 bei Roll DRiZ 1973, 341 f). Die Entwicklung zeigt, daß diese Begründung keinen Bestand haben konnte. Rechtspolitisch wird daher eine Erhöhung jedenfalls des Verzugszinssatzes, nicht unbedingt auch des Zinssatzes nach § 246 empfohlen (Koopmann-Wenzel-Winter ZZP 91 [1978] 216; Peters ZRP 1980, 90). Erwogen wird auch ein variabler gesetzlicher Zinssatz, der um einen festen Prozentsatz über dem Diskontsatz liegen soll (Basedow ZHR 143 [1979] 315, 331; ders ZRP 1980, 215; Gelhaar NJW 1980, 1373; **aM** Schlegelberger-Hefermehl, HGB [5. Aufl] § 352 Rz 13; Koopmann-Wenzel-Winter ZZP 91 [1978] 216; Peters ZRP 1980, 93). Dies im Wege der Rechtsfortbildung für geltendes Recht zu erklären, ist mit der Gesetzesbindung der Rechtsanwendung unvereinbar (Bartsch NJW 1980, 2564 gegen Gelhaar NJW 1980, 1372; vgl auch dies NJW 1981, 859; eingehend Roll DRiZ 1973, 339, 342 f). Die Frage, ob der gesetzliche Zinssatz von den Gerichten fortgebildet werden darf, beschäftigte schon die Praxis der Inflationszeit. Sie war auch zu jener Zeit zu verneinen (insoweit zutr Crisolli DJZ 1926, 167; vgl auch Mannhardt und Goltermann JW 1926, 1790 f). Ein über den gesetzlichen Zinssatz hinausgehender **Zinsschaden** kann als (Verzugs-) Schaden geltend gemacht werden (vgl auch Vorbem D 335 ff zu § 244). Im Verurteilungsfall geht diese Schadensersatzforderung wie ein gesetzlicher Zins in den Urteilstenor ein (Vorbem D 333 zu § 244). Der Schaden kann in Anlageverlusten (entgangener Zins) oder in Kreditkosten des Gläubigers (Zinsaufwand) bestehen (eingehend Staudinger-Löwisch § 288 Rz 11 ff; MünchKomm-Walchshöfer § 288 Rz 6 f; Belke JZ 1969, 586; Roll DRiZ 1973, 339). Das praktische Problem ist im wesentlichen ein solches der abstrakten *Schadensberechnung* und der *Beweiserleichterung*. *Anlageverluste* können nach BGHZ 62, 103, 105 f mAnm Roll NJW 1974, 1281 jedenfalls zugunsten von Kaufleuten, insbes Banken nach § 252 berechnet und ggf unter Zuhilfenahme von § 287 ZPO geschätzt werden (ebenso Staudinger-Löwisch und Walchshöfer aaO; Mannhardt JW 1926, 1790; Belke JZ 1969, 593 f; krit Esser-Eike Schmidt I/2 § 28 I 2.2; Bedenken auch bei

Roll DRiZ 1973, 588 f, der aber auf das Merkmal der Erlöseinbuße durch Umsatzeinbuße abzustellen scheint, wo es schlicht um entgangene Kapitalnutzung geht). Kapitalnutzung ist ein wirtschaftlicher Wert (in diesem Punkt richtig die Bereicherungskonstruktion bei Crisolli DJZ 1926, 167). Kapitalentbehrung verursacht demnach in aller Regel einen Schaden. Mit Löwisch wird man diesen Gedanken auf alle Gläubiger größerer Geldbeträge ausdehnen können, denn die Lebenserfahrung spricht für die Annahme, daß hier, wenn keine Kreditkosten, so jedenfalls Anlageverluste in schätzbarer Zinshöhe entstehen (enger Erman-Battes § 288 Rz 4). Die Zinshöhe ist bei Kreditinstituten, die nur eine Geschäftsart betreiben, einfach feststellbar; bei anderen Banken ist aus deren Geschäftsstruktur ein Durchschnittswert zu ermitteln, der ggf geschätzt werden kann (BGHZ 62, 103; Staudinger-Löwisch § 288 Rz 14; Roll NJW 1974, 1281 f). Bei Privatleuten kommt es darauf an, welche Anlageart angesichts der Umstände des Einzelfalls, hilfsweise nach gewöhnlichem Lauf der Dinge, zu erwarten war (vgl auch Staudinger-Löwisch § 288 Rz 13). *Kreditkosten* müssen vom Gläubiger dargelegt und im Streitfall nachgewiesen werden; ein prima-facie-Beweis scheidet insofern aus (OLG Köln NJW 1961, 30; Staudinger-Löwisch § 288 Rz 20; MünchKomm-Walchshöfer § 288 Rz 7; Mannhardt JW 1926, 1790; Roll DRiZ 1973, 339, 343; aM OLG Schleswig NJW 1955, 425; Goltermann JW 1926, 1791; Belke JZ 1969, 503). Vorgetragen und im Streitfall bewiesen werden muß ein Sachverhalt, aus dem sich eine Kreditnahme ergibt, die bei rechtzeitiger Zahlung nicht erforderlich gewesen wäre. Dazu genügt es, daß laufend (Kontokorrent-) Kredit in Anspruch genommen wird. Daß ein Kredit eigens aufgrund des Verzuges aufgenommen wurde oder aufgrund des Verzuges nicht getilgt werden konnte, braucht nicht dargelegt und bewiesen zu werden (BGH BB 1965, 305; OLG Hamburg MDR 1974, 930; LG Bielefeld NJW 1972, 1995; Staudinger-Löwisch § 288 Rz 21; aM KG NJW 1957, 1561 f).

bb) Bei beiderseitigen Handelsgeschäften beträgt nach **§ 352 Abs 1 S 1 HGB** der 53
gesetzliche Zinssatz nicht 4 vH, sondern 5 vH. Ob ein beiderseitiges Handelsgeschäft vorliegt, beurteilt sich nach §§ 1 ff, 343 f HGB (dazu im einzelnen Karsten Schmidt, Handelsrecht [1980] § 17): Es muß ein *Rechtsgeschäft* vorliegen; beide Beteiligte müssen *Kaufleute,* nicht notwendig Vollkaufleute, sein (zur Frage der Ausdehnung von Handelsrecht auf nichtkaufmännische Unternehmensträger vgl Karsten Schmidt, Handelsrecht § 3); das Rechtsgeschäft muß *betriebszugehörig* sein, was nach Maßgabe von § 344 HGB vermutet wird. Rechtsgeschäfte von Handelsgesellschaften sind immer Handelsgeschäfte (BGH NJW 1960, 1852 f = WM 1960, 866, 867). Bei einem Formkaufmann (§§ 3 AktG, 13 Abs 3 GmbHG, 17 GenG) genügt, daß ein Rechtsgeschäft der Gesellschaft vorliegt, ohne daß es darauf ankommt, ob die Gesellschaft ein Handelsgewerbe betreibt und ob das Rechtsgeschäft zu diesem Gewerbe gehört (Martin Wolff, Festgabe Otto Gierke II [1910] 135; von Ohnesorge, Die Kaufmannseigenschaft der sog Zivilaktiengesellschaften . . ., Diss Münster 1977; Karsten Schmidt, Handelsrecht § 17 I 1c aa). Rückgewährschuldverhältnisse aus Rücktritt, Wandlung oder ungerechtfertigter Bereicherung sind mit von § 352 HGB erfaßt, wenn die zurückzugewährende Leistung auf einem beiderseitigen Handelsgeschäft beruht (zutreffend Heymann-Kötter, HGB [21. Aufl 1971] § 352 Anm 2; vgl auch ROHGE 23, 143 f; aber sehr str; aM RGZ 96, 53, 57; RG Recht 1926 Nr 246; DR 1941, 1294; Schlegelberger-Hefermehl, HGB [5. Aufl] § 352 Rz 16).

cc) Unter den Spezialregeln sind neben § 288 (wichtig wegen Abs 1 S 2!) namentlich 54
diejenigen über **Wechsel- und Scheckzinsen** zu beachten. Diese betragen nach Artt 28 Abs 2, 48, 49 WG, 45, 46 ScheckG 6%, aber das Gesetz über die Wechsel- und Scheckzinsen v 3. 7. 1925 (WSchZinsG; RGBl I 93) geht vor; es bestimmt, daß der Zinssatz um 2% über dem Diskontsatz zu liegen hat, aber 6% nicht unterschreiten

darf. Eine entsprechende Regelung für jeden gesetzlichen Zinssatz wird vielfach empfohlen (Basedow ZHR 143 [1979] 315, 331; vgl Rz 52). De lege lata aber ist diese Regelung ein Einzelfall (BGHZ 60, 337, 341). Eine automatische Anpassung des gesetzlichen Zinssatzes zum Ausgleich der Geldentwertung findet nicht statt (von Maydell, Geldschuld und Geldwert [1974] 140 ff; ders in MünchKomm Rz 26; Erman-Sirp Rz 5 unter Berufung auf BGHZ 60, 337, 341).

55 d) **Zinseszinsen** sind bei der gesetzlichen Verzinsung nicht zu entrichten (§ 248 Rz 5; ausdrücklich §§ 289, 291 S 2 BGB, 353 S 2 HGB).

56 2. Gesetzlicher Zinssatz bei Vertragszinsen

Rechtsgeschäftlich vereinbarte Zinsen unterliegen im Grundsatz der freien Vereinbarung (Rz 61). Die Vereinbarung eines gleitenden Zinssatzes ist möglich (RG WarnR 1936 Nr 184; BGH LM Nr 1; MünchKomm-von Maydell Rz 26). Zur Zinsherabsetzung nach § 242 vgl Rz 81 sowie § 247 Rz 64. Für sie gelten im übrigen die §§ 247, 248. Die §§ 246 BGB, 352 Abs 1 S 2 HGB enthalten eine *Vermutung* über die Höhe des vereinbarten Zinssatzes: Sind Zinsen ohne Bestimmung des Zinsfußes versprochen, so gilt der gesetzliche Zinssatz als vereinbart, nach § 246 also 4 vH, bei beiderseitigen Handelsgeschäften dagegen 5 vH (§ 352 Abs 1 S 2 HGB). Allerdings kann in einem solchen Fall das Fehlen einer Abrede über den Zinsfuß auch bedeuten, daß *der übliche Zinssatz* vereinbart sein soll (§ 157). Dann liegt kein Fall des § 352 Abs 1 S 2 HGB vor. Es wird dann der übliche Zinssatz geschuldet (Schlegelberger-Herfermehl, HGB [5. Aufl] § 352 Rz 14). Eine stillschweigende Zinsvereinbarung kann sich insbesondere aus fortdauernder Zahlung eines höheren als des gesetzlichen Zinses ergeben (Canaris in Großkomm HGB § 352 Anm 5). Der Kunde einer Bank zahlt bei der Inanspruchnahme von Bankkredit im Zweifel den banküblichen Zins (RGZ 118, 165; BGB-RGRK-Alff Rz 8). Der buchstäbliche Anwendungsfall des § 352 Abs 1 S 2 HGB – fehlende Einigung über den Zinssatz – ist deshalb recht selten und wohl nur theoretisch (vgl allerdings zu § 29 ADSp aF KG NJW 1957, 1561). Unter Privatpersonen kann dagegen der gesetzlich vermutete Zinssatz einer Vereinbarung auch praktisch zum Zuge kommen (§ 246), weil hier nicht ohne weiteres von handels- oder branchenüblichen Konditionen ausgegangen werden kann. Die wichtigste Bedeutung der beiden Bestimmungen – trotz des Wortlauts von § 352 Abs 1 S 2 HGB handelt es sich um Vermutungen! – besteht in der *Beweislastverteilung*: Ist eine Zinsvereinbarung unstreitig oder bewiesen, die Höhe der vereinbarten Zinsen aber streitig, so trägt der Gläubiger die Darlegungs- und Beweislast für die behauptete Zinshöhe nur insoweit, als diese den gesetzlichen Zinssatz überschreitet. § 246 BGB sowie § 352 Abs 1 S 2 HGB können als Beweislastregel also auch dann zur Anwendung kommen, wenn eine Vereinbarung über die Zinshöhe vorliegt, das Vereinbarte aber streitig ist.

57 3. Urteilszinsen

Für **Urteilszinsen** gilt § 246 nicht (RG JW 1908, 656; Staudinger-Weber [11. Aufl] Rz 7; Planck-Siber Anm 3). Durch Urteil zugesprochene Beträge sind nicht kraft Gesetzes verzinslich (BGB-RGRK-Alff Rz 6). *Urteilszinsen sind keine dritte Gruppe von Zinsen neben gesetzlichen und vertraglichen Zinsen.* Zinsen können im Urteil nur zugesprochen werden, soweit dies beantragt (§ 308 Abs 1 S 2 ZPO) und der Zinsanspruch als gesetzlicher oder vertraglicher Anspruch begründet ist. *Der Zinssatz muß im Urteil ausdrücklich bestimmt sein.* Fehlt es daran, so gestattet § 246 keine Urteilsauslegung in dem Sinne, daß im Zweifel die gesetzlichen Zinsen geschuldet sind. Staudinger-Weber (11. Aufl) Rz 7 empfiehlt eine Urteilsergänzung nach § 321 ZPO (ebenso bereits PLANCK-SIBER Anm 3), aber ein übergangener Nebenanspruch liegt nicht vor, wenn nur die Zinshöhe fehlt. Die Praxis hilft sich durch Urteilsberichtigung nach § 319 ZPO, wenn der Fehler rechtzeitig bemerkt wird und der Zinssatz in die Entscheidungsgründe aufgenommen werden kann. Gelingt dies nicht mehr, so muß eine neue Klage wegen des Zinsanspruchs angestrengt werden.

4. Übergangsrecht 58

§ 246 ist auch auf **Altverbindlichkeiten** aus der Zeit vor dem 1. 1. 1900 anwendbar (vgl, teils zu § 288, RGZ 46, 74; 52, 265; RG JW 1900, 269; 1902, 186; DJZ 1900, 253; 1900, 301; OLG Dresden DJZ 1900, 98).

IV. Der Vertragszins

1. Der vereinbarte Zins 59

Schrifttum (vgl zunächst vor Rz 1): FALTER, Die Praxis des Kreditgeschäfts bei Sparkassen und anderen Kreditinstituten (5. Aufl 1962); HIEBLER, Praxis der Kreditgewährung (3. Aufl 1972); SCHAARSCHMIDT, Die Sparkassenkredite (4. Aufl 1960).

a) Die **Zinsvereinbarung** wird idR ausdrücklich getroffen. Stillschweigende (konkludente) Zinsvereinbarungen sind zulässig (ERMAN-SCHOPP § 608 Rz 4; JAUERNIG-VOLLKOMMER § 608 Anm 2 a; zu § 354 Abs 2 HGB, der auch als Auslegungsregel funktioniert, vgl Rz 51). In der Vertragspraxis sind sie selten. Auch die Zinshöhe ist idR ausdrücklich bestimmt. Zur Bedeutung des gesetzlichen Zinssatzes bei fehlender Bestimmung über die Zinshöhe vgl Rz 56. 60

b) Es gilt das **Prinzip der Zinsfreiheit** (Mot in MUGDAN II 107; Prot in MUGDAN II 628; Denkschrift in MUGDAN II 1234; ENNECCERUS-LEHMANN § 13 I; HERSCHEL DR 1940, 21). Eine vertragliche Zinsvereinbarung ist damit verbindlich, sofern nicht die allgemeinen Unwirksamkeits- oder Nichtigkeitsgründe entgegenstehen, insbes § 138 (zu diesem vgl Rz 110 ff). Die Zinsfreiheit wird vom BGB stillschweigend vorausgesetzt, nachdem das Prinzip bereits durch das Bundesgesetz v 14. 11. 1867 (BGBl des Norddeutschen Bundes 159) und durch das bayer Gesetz v 5. 12. 1867 (GBl für das Königreich Bayern 249) anerkannt war und zunächst auch in den Text des BGB aufgenommen werden sollte (§ 358 Abs 1 S 1 BGB-E I; § 211 Abs 1 BGB-E II; § 240 Abs 1 Bundesratsvorlage). Zinsfreiheit bedeutet zunächst, daß die bei der Abfassung des BGB längst vollzogene Abschaffung des kanonischen Zinsverbots (Nachweise bei WINDSCHEID-KIPP II § 260 Fn 3; HERMANN LANGE, FS Bärmann [1975] 99 ff) bestätigt ist. Zinsfreiheit bedeutet weiter, daß das Gesetz keine feste Höchstgrenzen (Zinstaxen) mehr vorschreibt (Ausnahme: § 10 PfandlVO = Verordnung über den Geschäftsbetrieb der gewerblichen Pfandleiher v 1. 6. 1976 [BGBl I 1334], geändert durch Art 5 der VO v 28. 11. 1979 [BGBl I 1986]; rechtspolitisch: RÜHLE 74 ff; HADDING, Gutachten 228 ff). Insbesondere gilt auch nicht mehr das Verbot der Zinsen ultra duplum (ultra alterum tantum), so daß die Zinslast während der Laufzeit eines Kredits auch den Betrag der verzinslichen Kapitalschuld übersteigen kann (Mot in MUGDAN II 9). Das Verbot der Zinsen ultra duplum war bereits nach gemeinem Recht umstritten (näher WINDSCHEID-KIPP II § 261 [S 82]) und für das Handelsrecht ausdrücklich außer Kraft gesetzt (Art 293 ADHGB). 61

62 c) **Zinsklauseln in Allgemeinen Geschäftsbedingungen** unterliegen selbstverständlich den Grenzen des AGBG (dazu näher Rz 70 ff). Für Kontoüberziehungen im Giroverhältnis gilt Nr 14 Abs 3 AGB Banken: „Nimmt ein Kunde Kredit ohne ausdrückliche Vereinbarung oder über den vereinbarten Betrag oder über den vereinbarten Termin hinaus in Anspruch (Kontoüberziehung), hat er statt etwa vereinbarter niedrigerer Zinsen, Gebühren und Provisionen die von der kontoführenden Stelle der Bank im Rahmen des § 315 des Bürgerlichen Gesetzbuches für Überziehungen bestimmten Zinsen, Gebühren und Provisionen zu tragen." Vgl zu dieser Klausel näher Werhahn-Schebesta, Die neuen Bankbedingungen (1980) Rz 203. Die Klausel ist mit dem AGBG vereinbar (Canaris, Bankvertragsrecht Rz 2633; Graf von Westphalen WM 1980, 1416; s auch LG Berlin WM 1979, 322; LG München WM 1978, 915). Wird das Konto nicht durch eine Überziehung, sondern nachträglich durch eine Stornobuchung debitorisch, so ist dies kein Fall der Nr 14 Abs 3 AGB Banken (Canaris, Bankvertragsrecht, Rz 459). Auch eine besondere Überziehungsprovision darf daher nicht in Rechnung gestellt werden (Canaris aaO gegen LG Berlin WM 1979, 322).

63 **2. Zinsanpassungsklauseln**

Schrifttum (Auswahl): Canaris, Bankvertragsrecht (2. Aufl 1981) Rz 1328 f; Schaarschmidt, Die Sparkassenkredite (4. Aufl 1960); Schmuck, Auswirkungen des AGB-Gesetzes auf Darlehensverträge und Anleihebedingungen der Realkreditinstitute, Der langfristige Kredit 1977, 195; Terpitz, Kündigungsklauseln in den Hypothekenkreditverträgen der Kreditinstitute, FS Bärmann (1975) 953.

64 a) Die **Funktion von Zinsanpassungsklauseln** besteht in der Anpassung der Zinsen bei lang- und mittelfristigen Krediten an den sich ändernden marktüblichen Zins. Im Hinblick auf § 247 (zum Zweck dieser Bestimmung vgl § 247 Rz 2 f) sind diese Klauseln namentlich für den Kreditgeber unentbehrlich. Die unterschiedlichen **Arten von Zinsanpassungsklauseln** differieren vor allem in der Anpassungstechnik. Die Terminologie ist uneinheitlich. Im folgenden wird die Zinsanpassungsklausel als Oberbegriff angesehen; die einzelnen Fälle der Zinsanpassungsklauseln sollen im folgenden als Zinsgleitklauseln (Rz 65), Zinsänderungsklauseln (Rz 66) und Kündigungsklauseln (Rz 67) bezeichnet werden. Zwischen Zinsgleitklauseln und Zinsänderungsklauseln wird vielfach nicht mit derselben Genauigkeit unterschieden (vgl etwa zur Vermengung von Gleitklauseln und Änderungsklauseln Terpitz 958; zur Vermengung von Änderungsklauseln und Kündigungsklauseln MünchKomm-H P Westermann § 608 Rz 8). Der ganz unterschiedliche Anpassungsmechanismus läßt aber die hier gewählte Differenzierung geraten erscheinen.

65 aa) **Zinsgleitklauseln** sind solche Vertragsklauseln, die für die automatische Anpassung des Zinssatzes an bestimmte Sätze – zB für die Überschreitung des Bundesbankdiskontsatzes um eine bestimmte Höhe – sorgen. Beispiele: RGZ 118, 152, 156 (Zinserhöhung nach Maßgabe der Dividende der Stammaktien der Schuldnerin); BGH LM Nr 1 zu § 247 (Lombardsatz als Zinssatz); LG Heidelberg WM 1975, 1271 ($3^1/_4$ vH über dem Diskontsatz der DBB). Die Mitteilung des geänderten Zinssatzes an den Vertragspartner hat bei Zinsgleitklauseln nur deklaratorische Bedeutung. Zinsgleitklauseln sind häufig mit einer Mindestklausel verbunden, zB: „Sollzinsen . . . vH über dem jeweiligen Diskontsatz (oder: Lombardsatz) der Deutschen Bundesbank, mindestens . . . vH, z Zt also . . . jährlich." (vgl Schütz, Bankgeschäftliches Formularbuch [18. Ausgabe 1969] Muster 207).

66 bb) **Zinsänderungsklauseln** geben der begünstigten Vertragspartei das Recht, durch

Gestaltungsklärung den Zinssatz zu ändern. Der Unterschied gegenüber der Zinsgleitklausel besteht in der konstitutiven Wirkung der Erklärung; von der Kündigungsklausel unterscheidet sich die Zinsänderungsklausel darin, daß die Ausübung des Zinsänderungsrechts keine (auch keine bedingte) Lösung des Vertragsverhältnisses darstellt und daß die Zinsänderung keinen Vertrag mit dem Vertragsgegner voraussetzt. Die Zinsänderungsklausel ist damit ein Anwendungsfall des § 315 Abs 2: Die Leistungsbestimmung erfolgt durch Erklärung gegenüber dem Vertragspartner (vgl BGB-RGRK-Ballhaus § 608 Rz 8; Terpitz 958). Es handelt sich um ein Gestaltungsgeschäft (Terpitz 958). Grundlage des Gestaltungsrechts ist der Vertrag einschließlich etwa wirksam in den Vertrag einbezogener Allgemeiner Geschäftsbedingungen. Für das **Girogeschäft der Banken** ergibt sich eine einseitige Zinsanpassungsbefugnis aus Nr 14 Abs 2 AGB Banken, wonach der Kunde die vereinbarten oder – mangels einer Vereinbarung – die von der kontoführenden Stelle der Bank im Rahmen des § 315 bestimmten Zinsen trägt. Die Bezugnahme auf § 315 stellt klar, daß die Bestimmung durch zugangsbedürftige Willenserklärung erfolgen muß (Werhahn-Schebesta [Rz 62] Rz 196). Bedingungen, die die einseitige Zinsänderung ohne jede Mitteilung an den Kunden gestatten, sind nach § 9 AGBG unwirksam (so wohl im Ergebnis auch Werhahn-Schebesta Rz 196). Im übrigen begegnet die Klausel, da sie auf § 315 Bezug nimmt, keinen Bedenken (Canaris, Bankvertragsrecht Rz 2631; s auch LG Berlin WM 1979, 322 f). Sie stellt durch diese Verweisung klar, daß die Bestimmung nach billigem Ermessen zu treffen ist. Die Verweisung von Zinsanpassungsklauseln auf § 315 hat allgemein nur deklaratorische Bedeutung. Jede einseitig gestaltende Zinsänderung unterliegt dieser Bestimmung und damit auch der richterlichen Billigkeitskontrolle (RG HRR 1940 Nr 544). Die Zinsänderungsklausel kann etwa folgendermaßen lauten (Terpitz 958): „Die Gläubigerin ist berechtigt, im Falle einer künftig eintretenden Änderung der von den öffentlichen Sparkassen für Hypothekendarlehen allgemein in Ansatz gebrachten Zinsen den Zinssatz mit sofortiger Wirkung durch Erklärung gegenüber dem Darlehensnehmer zu senken oder zu erhöhen." Oder (Terpitz 960): „Die Gläubigerin ist berechtigt, diesen Zinssatz zu ändern, wenn sich der von ihr für Spareinlagen mit einer Kündigungsfrist von . . . allgemein vergütete Zinssatz ändert." Mit der Zinsänderungsklausel kann sich eine **Mindest-** oder **Höchstklausel** verbinden oder eine Kombination beider Klauseln: „Der Mindestzinssatz beträgt . . . vH, der Höchstzinssatz . . . vH." Zur Bedeutung dieser Klauseln für die dingliche Sicherung vgl Rz 45. Die Höchstklausel begrenzt nur das Recht aus der Anpassungsklausel, also das Recht zur einseitigen Anpassung; sie schließt eine Änderungskündigung mit dem Ziel, eine notwendig gewordene weitere Erhöhung durchzusetzen, nicht aus (BGH WM 1977, 834; Terpitz 960 ff; zweifelnd MünchKomm-H P Westermann § 608 Rz 8). Dem ist schon deshalb zuzustimmen, weil die Höchstklausel regelmäßig nicht dem Kreditnehmerschutz dient, sondern die Eintragung einer Immobiliarsicherheit ermöglichen soll (Rz 45). Im Hinblick auf §§ 3, 5 und 9 AGBG ist allerdings zu bedauern, daß die hM den Kreditgeber nicht zu dem besonderen Hinweis anhält, daß die Kündigungsmöglichkeit durch die Höchstgrenze nicht berührt wird. Im **Einlagengeschäft** schreibt § 22 Abs 4 KWG vor, daß „der jeweils geltende Zinssatz für Spareinlagen durch Aushang im Kassenraum ersichtlich zu machen ist". Ein Recht des Kreditinstituts zur einseitigen Anpassung von Zinsen darf hieraus nicht hergeleitet werden (Canaris, Bankvertragsrecht Rz 1172). Erforderlich und gebräuchlich sind besondere Vereinbarungen der Kreditinstitute mit ihren Kunden. Demgegenüber enthält Nr 31 Abs 3 AGB Sparkassen folgende Regelung: „Für die . . . hereingenommenen Einlagen werden die von der Sparkasse jeweils festgesetzten und durch Aushang in den Kassenräumen bekanntgemachten Zinssätze gewährt. Die Sparkasse ist berechtigt . . ., die Zinssätze für bestehende Einlagen jederzeit zu ändern . . .". Über Zinsänderungsklauseln im **Darlehnsgeschäft** vgl Rz 67, 72.

67 cc) **Kündigungsklauseln** können nicht nur der *lösenden Kündigung* dienen, sondern auch der *Änderungskündigung* (BGH WM 1977, 834; Canaris, Bankvertragsrecht Rz 1329; Terpitz 954 ff; Bedenken bei MünchKomm-H P Westermann § 608 Rz 8; ders AcP 176 [1976] 537). Die Kündigungsklausel braucht nicht besonders hervorzuheben, daß neben der lösenden Kündigung auch die Änderungskündigung zulässig ist. Ist die Änderungskündigung auf eine einfache Kündigungsklausel gestützt, so kann dies bedeuten, daß die Kündigung unbedingt erklärt und mit einem Neuabschlußangebot verbunden wird, oder daß sie unter einer aufschiebenden Potestativbedingung erklärt wird (zur Technik der Änderungskündigung vgl etwa BGH WM 1977, 834, 835; Terpitz 956). Regelmäßig entspricht die Kündigung unter einer Potestativbedingung dem Sinn und Zweck der auf Zinsänderung zielenden Kündigung. Nimmt der Vertragspartner das in der Änderungskündigung enthaltene Angebot zur Vertragsänderung an, so stellt dies idR eine bloße Änderung des fortlaufenden Vertrages, nicht einen Neuabschluß dar, weil die Änderungskündigung regelmäßig als aufschiebend bedingt aufzufassen ist (vgl im Ergebnis auch Terpitz 967). Etwaige Kreditsicherheiten setzen sich also ohne weiteres fort (Terpitz 963). Daß eine allgemein gehaltene Kündigungsklausel auch die Änderungskündigung durch den Kreditgeber trägt, ergibt sich aus dem plus-minus-Verhältnis zwischen lösender und ändernder Kündigung. Die Befugnis zur Änderungskündigung muß in der Kündigungsklausel nicht besonders ausgesprochen sein. Sie ist als minus in der Befugnis zur unbedingt lösenden Kündigung enthalten. Die **Änderungskündigung hat** sogar **Vorrang** vor der lösenden Kündigung, denn das Kreditinstitut darf von dem ihm eingeräumten Recht zur ordentlichen lösenden Kreditkündigung nur in den Grenzen des § 242 Gebrauch machen (BGH WM 1977, 834, 835; OLG Hamburg MDR 1965, 294 f; allg zur Einschränkung von Kündigungsrechten durch § 242 MünchKomm-Roth § 242 Rz 256, 407). Die Ausübung des Kündigungsrechts kann deshalb mit Neuverhandlungspflichten einhergehen (zur Neuverhandlungspflicht vgl allgemein Horn AcP 181 [1981] 255). Das gilt insbes für formularmäßige Kündigungsrechte des Kreditgebers (dazu Rz 70 ff). Diese dienen schon bestimmungsgemäß nicht der Lösung, sondern nur der Anpassung langfristiger Kredite (vgl zu § 18 Abs 2 SparkassenVO NRW: BGH WM 1977, 834, 835 sowie Terpitz 956). Das *Ziel der vom Kreditgeber ausgesprochenen Kündigung* – Vertragsanpassung oder Vertragsauflösung – bestimmt dann auch die **Voraussetzungen des Kündigungsrechts** (deutlich BGH WM 1977, 834, 835). Der BGH stellt darauf ab, ob dem Kreditgeber bei der Ausübung des gesetzlichen Kündigungsrechts ein „ernstlicher Grund" zur Seite steht. Dieser „ernstliche Grund" als Legitimationsvoraussetzung der ordentlichen Kündigung braucht selbstverständlich nicht die Voraussetzungen eines wichtigen Grundes für die außerordentliche Kündigung zu erfüllen. Canaris (Bankvertragsrecht Rz 1329) spricht deshalb mit Recht nur von einem „berechtigten Anlaß". Eine Zinsanpassung, die für eine wirtschaftliche Refinanzierung unentbehrlich ist, stellt einen solchen „ernstlichen Grund" dar (ausdrücklich BGH aaO). Allerdings muß die Kreditgeberin nach Auffassung des BGH auch zur Herabsetzung des Zinssatzes bereit sein, wenn die durch die Änderungskündigung auszugleichende Hochzinsperiode endet. Im Hinblick auf § 247 bedeutet dies einen erweiterten Kreditnehmerschutz, weil der nachträglich angehobene Zinssatz ohne Einhaltung der sechsmonatigen Kündigungsfrist des § 247 Abs 1 wieder gesenkt werden muß, und zwar auch ohne daß der Kreditnehmer seinerseits eine Änderungskündigung ausspricht (vgl Canaris, Bankvertragsrecht Rz 1329).

68 dd) **Klauselkombinationen** sind zulässig und in der Praxis gebräuchlich. Vgl als Beispiel für die *Kombination einer Zinsgleitklausel mit einer Zinsänderungsklausel* LG Heidelberg WM 1975, 1271: „Der Zinssatz beträgt 3¾% über dem jeweiligen Diskontsatz der Deutschen Bundesbank, zur Zeit also 7% jährlich netto, mindestens

jedoch 7%. Die Bank behält sich vor, den Zinssatz je nach den Geldmarktverhältnissen zu ändern." Diese Klausel besagt zunächst, daß der Zinssatz grundsätzlich automatisch 3¾% über dem jeweiligen Diskontsatz der Deutschen Bundesbank betrage. Darüber hinaus ist vereinbart, daß die Kreditgeberin bei einer außergewöhnlichen Änderung der Geldmarktverhältnisse die Möglichkeit haben soll, den Zinssatz den geänderten Verhältnissen im Rahmen des Erforderlichen anzugleichen. Möglich ist ferner die *Kombination der Zinsgleitklausel oder der Zinsänderungsklausel mit einer Kündigungsklausel* (vgl BGH WM 1977, 834; Terpitz 960 ff). Der Sinn der Kündigung besteht dann entweder darin, daß die Kündigungsklausel minder strenge Voraussetzungen vorsieht als die Anpassungsklausel, oder er liegt bei den Kündigungsfolgen: Die Änderungskündigung überwindet auch eine mit der Änderungsklausel verbundene Höchstklausel (dazu Rz 66).

b) Die Wirksamkeit von Zinsanpassungsklauseln richtet sich nach allgemeinen Regeln, insbes nach § 138 und nach dem AGBG (zu diesem vgl Rz 70 ff). Bedenken im Hinblick auf § 3 S 2 WährG (Wortlaut: Vorbem D 187 zu § 244) bestehen nicht. Abgesehen von grundsätzlichen Bedenken gegen die Anwendung dieser Bestimmung auf den Zins als Nebenforderung sind die gebräuchlichen Zinsanpassungsklauseln als Spannungsklauseln, teilweise gleichzeitig als Leistungsbestimmungsvorbehalte anzusehen und damit in jedem Fall genehmigungsfrei. 69

3. Zinsänderungsklauseln in AGB 70

Schrifttum (Auswahl): Canaris, Bankvertragsrecht (2. Aufl 1981); Koch-Stübing, AGB (1977); Löwe-von Westphalen-Trinkner, Kommentar zum Gesetz zur Regelung des Rechts der Allgemeinen Geschäftsbedingungen (1977); Schlosser, AGBG (Sonderdruck aus: Staudinger-Schlosser, BGB [12. Aufl, Lfg 1980]); Schlosser-Coester-Waltjen-Graba, Kommentar zum Gesetz zur Regelung des Rechts der Allgemeinen Geschäftsbedingungen (1977); Schmuck, Auswirkungen des AGBG auf Darlehensverträge und Anleihebedingungen der Realkreditinstitute, Der langfristige Kredit (1977) 195; Ulmer-Brandner-Hensen, AGBG (4. Aufl 1982); Werhahn-Schebesta, Die neuen Bankbedingungen (1980).

a) Zinsanpassungsklauseln in Allgemeinen Geschäftsbedingungen sind als Konditionenanpassungsklauseln praktisch unentbehrlich und prinzipiell nicht zu beanstanden (Ulmer-Brandner-Hensen Anh §§ 9–11 Rz 282; Schmuck aaO). *Prüfungsmaßstab* ist § 9 AGBG, nicht § 11 Nr 1 AGBG, denn diese Bestimmung gilt nicht für laufende Dauerschuldverhältnisse (Löwe-von Westphalen-Trinkner § 9 Rz 73; § 11 Nr 1 Rz 6 mit Hinweis auf LG Heidelberg WM 1975, 1271; Palandt-Heinrichs § 11 AGBG Anm 1; Ulmer-Brandner-Hensen Anh §§ 9–11 Rz 282). Auch § 10 Nr 4 AGBG ist nicht einschlägig, denn es ändert sich nicht die Leistung des Verwenders, sondern die Gegenleistung (Schmuck 196). 71

b) Unbedenklich sind Zinsanpassungsklauseln jedenfalls dann, wenn sie nur eine Feinabstimmung der Geschäftsgrundlage ermöglichen sollen und wenn sie **beiden Parteien** gleichartige Rechte geben, insbes also den Verwender nicht nur zur Erhöhung des Zinssatzes berechtigen, sondern ihn auch zur Zinsherabsetzung verpflichten. **Einseitige Zinsanpassungsklauseln** nur zugunsten des Kreditgebers verstoßen nach der Auffassung von Canaris gegen § 9 AGBG (Bankvertragsrecht, Rz 1328 f; ders ZIP 1980, 720). Dem ist für den Regelfall, jedoch unter der Voraussetzung zuzustimmen, daß sich die Klausel nicht darauf beschränkt, auch dem Gläubiger eine dem § 247 entsprechende Position zuzugestehen (vgl auch Karsten Schmidt BB 1982, 2078). Gegen § 9 Abs 1 AGBG verstößt eine Klausel nur, wenn sie den Vertragspartner entgegen den Geboten von Treu und Glauben unangemessen benachteiligt. Das ist nicht schon dann der Fall, wenn sie dem Verwender Vorteile 72 einräumt, die sie dem Vertragspartner nicht zugesteht (Schlosser-Coester-Waltjen-Graba § 9 Rz 57). Immerhin kann auch eine vom Gegenstand her sachgerechte Regelung, wenn sie ohne rechtfertigenden Grund nur zugunsten des Verwenders wirkt, gegen § 9 AGBG verstoßen (Schlosser-Coester-Waltjen-Graba § 9 Rz 58). Das Gesetz geht aber, wie § 247 zeigt, von einer Ungleichheit der Waffen aus und setzt voraus, daß der Kreditgeber im Gegensatz zum Kreditnehmer selbst in der Lage ist, sein Interesse an einer Anpassung der Zinsen an marktübliche Zinssätze wahrzunehmen (vgl § 247 Rz 6). Solange es der Gesetzgeber bei der Regel des § 247 beläßt, verstößt eine einseitige Zinsanpassungsklausel deshalb nur dann gegen § 9 Abs 1 AGBG, wenn sie dem Kreditgeber eine unangemessene Besserstellung gegenüber dem gesetzlichen Kündigungsrecht des Kreditnehmers einräumt. Das kann der Fall sein, wenn dem Kreditgeber eine jederzeitige Anpassung an Diskontsatzveränderungen eingeräumt wird, während es für den Kreditnehmer bei der befristeten Kündigung des § 247 bleibt. Die in den Kreditverträgen gebräuchlichen Zinsanpassungsklauseln sind im Zweifel so auszulegen, daß sie den Kreditgeber zur Anpassung nicht nur berechtigen, sondern ggf auch verpflichten (Karsten Schmidt BB 1982, 2078).

73 c) Auch eine **Änderungskündigung** kann in Allgemeinen Geschäftsbedingungen vorgesehen werden (BGH WM 1977, 834, 835; Canaris, Bankvertragsrecht Rz 1329). Ein einseitiges Kündigungsrecht nur zugunsten des Kreditgebers verstößt nach Canaris gegen § 9 AGBG (Bankvertragsrecht Rz 1329; ders ZIP 1980, 720). Dieser Standpunkt wird hier bei Rz 72 relativiert. Im Fall der Änderungskündigung ist dies besonders einsichtig: Das Gesetz räumt dem Kreditnehmer ein solches Kündigungsrecht in § 247 unter der Prämisse ein, daß der Kreditgeber selbst zur Wahrung seiner Belange imstande ist. Das Recht zur Änderungskündigung darf nur in den durch § 242 gezogenen Grenzen ausgeübt werden (BGH WM 1977, 834, 835; Canaris, Bankvertragsrecht Rz 1329). Ein zur außerordentlichen Kündigung berechtigender wichtiger Grund muß nicht vorliegen, wohl aber muß die Änderungskündigung durch hinreichende Gründe – zB durch eine unvorhersehbare Steigerung des Zinsniveaus – gerechtfertigt sein (Rz 67).

74 **d) aa) Verzugsschadenspauschalierungen** in Form von Zinspauschalen sind zB in § 16 Nr 5 Abs 3 S 2 VOB/B und in § 29 ADSp enthalten (dazu zB Ingenstau-Korbion, VOB/B [9. Aufl 1980] § 16 Rz 79). Die Pauschalierung von Schadensersatzansprüchen ist nach § 11 Nr 5 AGBG unwirksam, wenn sie den nach dem gewöhnlichen Lauf der Dinge zu erwartenden Schaden übersteigt oder dem anderen Vertragsteil der Nachweis abgeschnitten wird, ein Schaden sei nicht entstanden oder wesentlich niedriger als die Pauschale. Zinspauschalen, die sich im Rahmen des zu erwartenden Verzugsschadens bewegen, verstoßen nicht gegen diese Bestimmung (vgl Ulmer-Brandner-Hensen § 11 Nr 5 Rz 26; Canaris ZIP 1980, 718 f; **aM** Löwe-von Westphalen-Trinkner § 11 Nr 5 Rz 15; zweifelnd Locher NJW 1977, 1803; Überblick bei Staudinger-Schlosser § 11 Nr 5 AGBG Rz 27). Zulässig ist auch eine Klausel, nach der der Verwender Zinsen, die er für die Refinanzierung bei seiner Muttergesellschaft zu zahlen hat, als Verzugsschaden berechnet (BGH WM 1978, 1170, 1171; Staudinger-Schlosser § 11 Nr 5 AGBG Rz 27). Ebenso *Vorfälligkeitsentschädigungen* (Schmuck 198). Unangemessen hohe Pauschalverzinsungsklauseln sind unwirksam (OLG München MDR 1978, 407; OLG Köln Betrieb 1981, 688), ebenso Unkostenpauschalen, die neben den tatsächlichen Verzugszinsen und Verzugsschäden zu zahlen sind (Rechtsprechungsnachweise bei Staudinger-Schlosser § 11 Nr 5 AGBG Rz 27). Nach der bei Rz 76 vertretenen Auffassung wird es sich in diesen Fällen vielfach ohnedies um Vertragsstrafeklauseln handeln, die in Allgemeinen Geschäftsbedingungen gegenüber Nichtkaufleuten unzulässig sind. Eine weitere Frage ist, ob Verzugsschadenspauschalierungen – zB Vorfälligkeitsentschädigungen

– dem Schuldner in jedem Fall *ausdrücklich* den Nachweis offenhalten müssen, daß der Verzugsschaden im Einzelfall den Pauschalbetrag nicht erreicht. Diese Frage ist zu verneinen (BayObLG DNotZ 1983, 44, 48; Koch-Stübing § 11 Nr 5 Rz 15; Löwe-von Westphalen-Trinkner § 11 Nr 5 Rz 12; aM Schlosser § 11 Nr 5 Rz 19; Schlosser-Coester-Waltjen-Graba § 11 Nr 5 Rz 39; wohl auch Schmuck 200). Mit Schmuck 198 ist dem Kreditgeber vorsorglich zur Aufnahme eines entsprechenden Vorbehalts in die Klausel zu raten.

bb) **Nicht zulässig** ist dagegen die Einräumung pauschalierter **Verzögerungszinsen ohne Mahnung,** denn eine Bestimmung, durch die der Verwender von der gesetzlichen Obliegenheit freigestellt wird, den Schuldner zu mahnen, ist nach **§ 11 Nr 4 AGBG** unwirksam. Eine Klausel des Inhalts, der Schuldner müsse nach Fälligkeit Zinsen in bestimmter Höhe über dem Diskontsatz bzw „;bankübliche Zinsen" zahlen, ist demnach unzulässig und unwirksam (Koch-Stübing § 11 Nr 4 Rz 10; Ulmer-Brandner-Hensen § 11 Nr 4 Rz 5). Gegenüber Kaufleuten und juristischen Personen des öffentlichen Rechts (§ 24 AGBG) gilt dies nur, wenn die Klausel den Vertragspartner unangemessen benachteiligt (§ 9 AGBG; vgl zu Zinsvereinbarungen im kaufmännischen Verkehr auch Löwe-von Westphalen-Trinkner § 9 Rz 116). Unberührt bleibt im übrigen § 284 Abs 2. Ist also eine nach dem Kalender bestimmte Leistungszeit festgelegt und treten Verzugsfolgen ohne Mahnung ein, so stehen nur noch die Verzugsfolgen zur Diskussion, und eine Verzugsschadenspauschalierung ist unter den Voraussetzungen des § 11 Nr 5 AGBG zulässig. 75

cc) Zweifelhaft ist die **Abgrenzung zwischen zulässigen Verzugsschadenspauschalierungen und unzulässigen Vertragsstrafevereinbarungen** (dazu vgl BGHZ 49, 84, 89; 63, 256, 259; BGH NJW 1970, 29, 32; BayObLG DNotZ 1983, 44 und 49; OLG Celle NJW 1963, 351; OLG Köln NJW 1974, 1952, 1953; Larenz I § 24 II c; Esser-Eike Schmidt I/1 § 16 III 2; Erman-H P Westermann Vorbem 2 zu § 339; MünchKomm-Söllner Vor § 339 Rz 3; MünchKomm-Kötz § 11 AGBG Rz 33; Koch-Stübing § 11 Nr 6 Rz 7 f; Ulmer-Brandner-Hensen § 11 Nr 5 Rz 6 f; Lindacher, Phänomenologie der ‚Vertragsstrafe' [1972] 179 ff; Hadding, Gutachten 270 ff; Belke Betrieb 1969, 559, 561 f; Beuthien, FS Larenz [1973] 498 ff). Die an dieser Stelle nicht im einzelnen zu diskutierende Praxis des BGH stellt darauf ab, ob nur der als bestehend vorausgesetzte Schadensersatzanspruch in seiner Durchsetzung erleichtert oder ob als Zwangsmittel ein besonderer Anspruch begründet werden soll (Überblick mwN nach Manuskriptabschluß bei BayObLG DNotZ 1983, 44, 47 und DNotZ 1983, 49, 50 f). Wegen der weitreichenden und undifferenzierten Rechtsfolgen des § 11 Nr 6 AGBG wird die Praxis in Grenzfällen eher zur Annahme einer Schadensersatzpauschalierung neigen (Löwe-von Westphalen-Trinker § 11 Nr 6 Rz 5; Beuthien aaO 511). Das Hauptproblem liegt also bei der Frage, welche Indizien für das Vorliegen einer Vertragsstrafe sprechen. Bestimmt eine Klausel, daß Zinsen bei Zahlungsverzug nicht bloß auf die Restschuld, sondern auf die ursprüngliche Darlehnsschuld berechnet werden, so wird es sich regelmäßig um eine Vertragsstrafe handeln (Eickmann Rpfleger 1978, 8). Auch eine Zinserhöhungsklausel, die sich bei Zahlungsverzug mit nur einer Rate auf die gesamte Restschuld bezieht, wird nicht mehr Schadenspauschalierung (§ 11 Nr 5 AGBG), sondern Vertragsstrafeklausel sein (§ 11 Nr 6 AGBG, aber zweifelhaft; aM Canaris ZIP 1980, 717 f). Entsprechendes gilt für einen Säumniszuschlag, der ohne Rücksicht auf vorherige Tilgungsleistungen prozentual auf den ursprünglichen Darlehnsbetrag erhoben wird (aM Schmuck 199). Auch wenn dem Schuldner ausdrücklich der Nachweis gestattet wird, der konkrete Verzugsschaden sei geringer (vgl § 11 Nr 5 b AGBG), ändert dies nichts, weil der Zuschlag schon der rechnerischen Anlage nach über eine bloße Schadenspauschalierung hinausgeht. 76

77 e) Nach **§ 10 Nr 7 AGBG** ist eine Klausel unwirksam, nach der der Verwender für den Fall der *Kreditkündigung* eine *unangemessen hohe Vergütung oder* einen unangemessen hohen *Aufwendungsersatz* verlangen kann. Eine Vorfälligkeitsentschädigung fällt nicht unter diese Bestimmung; sie kann nur pauschalierter Schadensersatz (§ 11 Nr 5 AGBG) oder Vertragsstrafe (§ 11 Nr 6 AGBG) sein (Schmuck 198). Wohl aber können Zinsvereinbarungen für den Kündigungsfall unter § 10 Nr 7 AGBG fallen (Löwe-von Westphalen-Trinkner § 9 Rz 73; Hadding, Gutachten 273), sofern nicht auch ihnen nur die Funktion eines pauschalierten Schadensersatzes zukommt.

78 f) **Überhöhte Zinsen** können nur nach § 138 zur Nichtigkeit des Vertrages führen (Rz 110 ff), nicht nach § 9 AGBG, denn es handelt sich bei einer überhöhten Zinsvereinbarung nicht um eine Klausel, die iS von § 8 AGBG von Rechtsvorschriften abweicht oder diese ergänzt (Löwe-von Westphalen-Trinkner § 9 Rz 73; Ulmer-Brandner-Hensen Anh §§ 9–11 Rz 750; **aM** Schlosser-Coester-Waltjen-Graba § 9 Rz 142 ff).

79 g) Ein **Verstoß gegen die PreisangabenVO** zieht die bei Rz 98 ff geschilderten Rechtsfolgen nach sich, führt aber nicht zur Unwirksamkeit nach dem AGBG (Ulmer-Brandner-Hensen Anh §§ 9–11 Rz 750; aM Schlosser-Coester-Waltjen-Graba § 9 Rz 55, 144).

80 **4. Zinsvereinbarung und Geschäftsgrundlage**

Eine **automatische Anpassung des Zinssatzes** an den Geldwert gibt es **nicht** (vgl insofern zutr KG JW 1937, 1405, 1406 m abl Anm Herschel; Erman-Sirp Rz 10 mit Hinweis auf BGHZ 60, 337, 341, wo es um den gesetzlichen Zinssatz geht; Überblick über Sondervorschriften aus den 30er Jahren bei KG aaO). Ebenso wenig findet eine automatische Anpassung an den Marktzins statt. *Vertragliche Zinsanpassungsklauseln* sind grundsätzlich zulässig (dazu näher Rz 63 ff). Einer Genehmigung nach § 3 S 2 WährG bedürfen diese Klauseln nicht (Rz 69). Ein *gesetzliches* Recht zur Anpassung im Wege der Kreditkündigung gibt § 247 dem Kreditnehmer. Eine Vertragsanpassung wegen Veränderung der Geschäftsgrundlage scheidet in aller Regel aus:

81 a) Kaum praktisch ist das Problem der Geschäftsgrundlage beim **Fallen des marktüblichen Zinssatzes.** Zwar kann ausnahmsweise das Weiterfordern des vereinbarten Zinses gegen § 242 verstoßen (Enneccerus-Lehmann § 13 I c; Palandt-Heinrichs Anm 3 b; Roquette JW 1937, 1938; Herschel JW 1937, 1407; ders DR 1940, 534; ders DR 1941, 21; s auch LG Wuppertal DR 1940, 1640). Doch muß es sich dabei um *extreme Äquivalenzstörungen* handeln, denn für die üblichen Schwankungen des marktüblichen Zinssatzes gewährt § 247 gesetzlichen und ausreichenden Schuldnerschutz. Jede Vertragsanpassung unter dem Gesichtspunkt der Geschäftsgrundlage untersteht dem Grundsatz der Subsidiarität (Vorbem D 106 ff zu § 244). Das sonst überholte Urteil KG JW 1937, 1405, 1406 hat insofern noch bleibende Bedeutung, als es die Anwendung von § 242 auch dann neben Spezialregelungen zurücktreten läßt, wenn diese im Einzelfall *nicht* helfen (gegen das KG aber Enneccerus-Lehmann § 13 I c; Herschel JW 1937, 1407). Aus § 247 ergibt sich, daß ein Jahreszinssatz, der 6% nicht übersteigt, auch beim Fallen der marktüblichen Zinsen nicht abgeändert zu werden braucht (ein zZ theoretischer Fall); weiter ergibt sich daraus, daß auch ein Zinssatz, der über 6% jährlich liegt, bei Fehlen einer vertraglichen Zinsanpassungsregelung nicht jederzeit an Änderungen des Marktzinses angepaßt zu werden braucht, daß vielmehr dem Schuldner grundsätzlich zugemutet werden kann, eine Halbjahresfrist abzuwarten. Nur wenn dies ausnahmsweise unzumutbar sein sollte,

kann der Schuldner verlangen, daß der Zins alsbald einer exorbitanten Senkung des marktüblichen Zinses angepaßt wird. Es wird sich dabei um Fälle der sog „nachträglichen Sittenwidrigkeit" handeln (insofern übereinstimmend HERSCHEL DR 1941, 21), die teils als Frage des § 138 angesehen wird, teils als Frage des § 242 (zum umstrittenen Problem des für die Anwendung von § 138 maßgebenden Zeitpunkts vgl STAUDINGER-DILCHER § 138 Rz 17 ff). Str ist, ob die Herabsetzung des Zinses nach rechtskräftiger Verurteilung nach § 323 ZPO oder nach § 767 ZPO geltend zu machen ist (Überblick: ROQUETTE JW 1937, 1938 ff; HERSCHEL DR 1941, 21 ff).

b) Auch eine **Anhebung des Zinsniveaus** rechtfertigt im allgemeinen nicht eine 82
außerordentliche (Änderungs-)Kündigung wegen Fortfalls der Geschäftsgrundlage; es liegt idR auch kein wichtiger Grund iS von Nr 17 S 2 AGB Banken vor (CANARIS, Bankvertragsrecht Rz 1329 mit Verweisung auf Rz 1247). Jedenfalls wenn der Vertrag eine auch für Änderungskündigungen geeignete Kündigungsklausel enthält, kann der Kreditgeber regelmäßig nicht unter Berufung auf den Fortfall der Geschäftsgrundlage eine sofortige, dh unbefristete, Zinsänderung verlangen (TERPITZ 963). Hat allerdings der Zins nach dem Inhalt des Vertrages Versorgungscharakter, so kann eine Anpassung nach § 242 geboten sein (HERSCHEL DR 1941, 24: „soziale Zinserhöhung"), denn der Versorgungszweck einer versprochenen Geldleistung bleibt auch sonst bei der Anpassung nicht unberücksichtigt (Vorbem D 130 zu § 244).

V. Der Effektivzinssatz

1. Bedeutung des Effektivzinssatzes 83

a) Der oftmals sogenannte „Effektivzins" (vgl zB SCHOLZ WM 1980, 322; HECKMANN Betrieb 1981, 1221) ist kein Zins im Rechtssinne, sondern ein bloßer **Zinssatz** (zu seiner Berechnung vgl Rz 153 ff). § 1 a Abs 1 S 5 AbzG definiert den effektiven Jahreszins als „Zinsen und sonstige . . . zu entrichtende Kosten . . ., ausgedrückt als einheitlicher, auf das Jahr bezogener Vom-Hundert-Satz vom Barzahlungspreis abzüglich Anzahlung, unter Berücksichtigung der Zahl, der Fälligkeit und des Betrages der Teilzahlungen". Der sog Effektivzins ist das Ergebnis der rechnerischen Auswertung eines in seinen Konditionen bereits bekannten Vertrages. *Notwendig sein kann diese Auswertung unter Aspekten des Preisordnungsrechts, bei der Vertragsinhaltskontrolle nach § 138 BGB und im Falle der vorzeitigen Kreditabwicklung.* Diese ganz unterschiedlichen Aufgaben des Effektivzinssatzes bringen es mit sich, daß nicht allenthalben dieselben Kostenbestandteile in den Zinssatz einzurechnen sind. Bereits hieraus ergibt sich, daß es „den" Effektivzinssatz nicht gibt, denn die **Effektivzinsberechnung als Rechtsproblem** kann nicht unabhängig sein von den verschiedenen Rechtsnormen, die zur Effektivzinsermittlung zwingen.

b) Die rechtlichen Funktionen des Effektivzinssatzes 84

unterscheiden sich hiernach erheblich voneinander, und mit diesen Funktionen variieren auch die *Ziele der Effektivzinsrechnung:*

aa) Im **Preisordnungsrecht** findet sich der Effektivzinssatzbegriff in § 1 Abs 4 Preis- 85
angabenVO und in § 1 a AbzG (dazu Rz 89 ff). *Normzweck ist der Kreditnehmerschutz* (Rz 91, 103). Die Angabe des Effektivzinssatzes soll hier zur Markttransparenz beitragen (LAMMEL BB 1980 Beil 8, 4 f). Die Vorbedingungen privatautonomer Konsumentenentscheidung sollen sichergestellt werden.

bb) Jede **Bewertung der Zinshöhe** setzt eine Ermittlung des Effektivzinssatzes voraus 86
Das gilt zunächst für den **Maßstab der Sittenwidrigkeit** nach § 138. Bei der Frage, ob

zwischen Leistung und Gegenleistung ein ,,auffälliges" oder ,,grobes" Mißverhältnis besteht, bedient sich die Praxis eines *Effektivzinsvergleichs* (Rz 118 ff). Gleiches muß aber in allen anderen Fällen gelten, in denen die **Angemessenheit der Verzinsung** geprüft werden muß. So sind zB im *Problembereich der verdeckten Gewinnausschüttung* im Steuerrecht gemäß § 19 KStDVO 1968 ua folgende Fälle verdeckter Gewinnausschüttung anerkannt:

- die Gewährung eines Darlehns an einen Gesellschafter durch die Gesellschaft zu einem außergewöhnlich geringen Zinssatz;
- die Gewährung eines Darlehns an die Gesellschaft durch einen Gesellschafter zu einem außergewöhnlich hohen Zinssatz

(vgl Knobbe-Keuk, Bilanz- und Unternehmenssteuerrecht [3. Aufl 1981] § 19 I 2 a; Tipke, Steuerrecht [8. Aufl 1981] § 11 3.322). Für die Frage der Angemessenheit kommt es auf einen *Fremdvergleich* an. Dabei wird auf der Grundlage einer Fiktion ermittelt, welche Konditionen mit einem fremden Vertragspartner vereinbart worden wären (so bereits RFH RStBl 1932, 713, 714). Ist der Gesellschafter Darlehnsnehmer, so werden die Konditionen vergleichbarer Kredite als Vergleichsmaßstab herangehoben (allerdings hat der RFH in einem Fall die Refinanzierungskosten einer Gesellschaft als angemessene Vergleichsgröße für ein Darlehn an einen Gesellschafter angesehen; RFH RStBl 1932, 441; vgl dazu Brezing, Verrechnungsentgelte und Umlagen zwischen Kapitalgesellschaften und ihren Gesellschaftern im Steuerrecht [1975] 20, 56). Gewährt eine deutsche Gesellschaft ihren ausländischen Gesellschaftern ein Darlehn, so ist die Zinshöhe im Inland maßgeblich (BFH BStBl III 1965, 176). Ist der Gesellschafter Kreditgeber, so kommt es darauf an, ob der Kredit in erster Linie im Gesellschaftsinteresse lag (Vergleichsmaßstab sind dann die Kreditbedingungen dritter Kreditgeber) oder ob ein Anlagedarlehn im Interesse des Gesellschafters vorliegt (dann ist derjenige Zinssatz zugrunde zu legen, den die Gesellschafter für die Anlage bei einem Dritten erhalten hätten; vgl RFH RStBl 1932, 1026; Brezing 24 f). Auch die Bewertung von Zinsleistungen in Anwendung der §§ 172 Abs 4 HGB, 30 GmbHG folgt diesen Grundsätzen. Die Angemessenheitsprüfung hat in diesen Fällen unter Zugrundelegung der Effektivverzinsung, ggf also auf der Grundlage einer Zinsrechnung zu erfolgen.

87 cc) Das **Kündigungsrecht des § 247** setzt voraus, daß ,,ein höherer Zinssatz als sechs vom Hundert für das Jahr vereinbart" ist. Auch diese Rechtsnorm dient dem Schutz des Zinsschuldners. Da sie umgehungsfest sein muß, kann nicht der Wortlaut des Vertrages, sondern nur der Effektivzinssatz Auskunft darüber geben, ob die Grenze von 6 vH überschritten ist (str; vgl § 247 Rz 23 ff).

88 dd) Im Fall **vorzeitiger Kreditabwicklung** (Rz 171 ff) besteht die Aufgabe der sog Effektivzinsberechnung vor allem darin, daß im voraus berechnete Zinsen rückvergütet werden müssen. Dazu ist ein für die gesamte Laufzeit einheitlicher Zinssatz zu ermitteln, aus dem sich ergibt, welcher Zinsanteil dem Gläubiger für die Teillaufzeit zustehen soll. Voraussetzung ist hier allerdings, daß Zinsen im Rechtssinne, also laufzeitabhängige Gegenleistungen für die Kapitalentbehrung (Rz 8) vorliegen. Nebenkosten, die keine Zinsen im Rechtssinne sind, verbleiben bei vorzeitiger Kreditbeendigung dem Kreditgeber (Rz 4, 155).

89 **2. Angabe des Effektivzinssatzes nach der PreisangabenVO**

Nach **§ 1 der VO über Preisangaben** (VO PR Nr 3/73) v 10. 5. 1973 (BGBl I 461) muß, wer Letztverbrauchern gewerbs- oder geschäftsmäßig oder regelmäßig in sonstiger Weise Leistungen anbietet oder unter Angabe von Preisen gegenüber Letztverbrauchern wirbt, die Endpreise angeben (Abs 1). Bei Krediten muß der unter Zugrundelegung der gesamten Laufzeit des Kredits, des ausgezahlten Betrages, der Tilgungsleistungen, des Zinssatzes, der Vermittlungskosten und der sonstigen Kosten sich ergebende Preis in vH als „effektiver Jahreszins" angegeben werden (Abs 4).

Die **Rechtswirksamkeit der PreisangabenVO,** insbes des hier einschlägigen § 1 Abs 4, ist im Hinblick auf Art 80 GG zweifelhaft und umstritten (für Nichtigkeit VGH Stuttgart WM 1981, 460; VG Stuttgart WM 1980, 344; Praxl WM 1979, 2; vgl dazu Kau ZfKrW 1980, 554; Mailänder WM 1980, 456; Gelberg GewArch 1981, 1 ff; 1982, 281). Die Praxis der ordentlichen Gerichte geht bisher von der Rechtswirksamkeit aus (BGH NJW 1980, 1388 und 2076; KG WRP 1980, 698, 700; OLG Stuttgart WM 1981, 534). **§ 1 Abs 4 PreisangabenVO** hat folgenden Wortlaut: 90

Bei Krediten ist der unter Zugrundelegung der gesamten Laufzeit des Kredits, des ausgezahlten Betrags, der Tilgungsleistungen, des Zinssatzes, der Vermittlungskosten und der sonstigen Kosten sich ergebende Preis in vom Hundert des Kredits für das Jahr unter der Bezeichnung „effektiver Jahreszins" anzugeben.

a) Normzweck von § 1 Abs 4 PreisangabenVO ist der *Konsumentenschutz* (Begründung zur PreisangabenVO BAnz Nr 97 v 24. 5. 1973 = Gelberg Anh 1; BGH Betrieb 1980, 874 = GRUR 1980, 304 = NJW 1980, 1388; OLG Hamm NJW 1979, 173 mAnm H P Westermann = WM 1980, 30; OLG Düsseldorf WRP 1980, 264; Hadding, Gutachten 145; Gelberg Vorbem 2; Reifner 392 f; Ott NJW 1978, 1269). Die Bestimmung des effektiven Jahreszinssatzes erleichtert den Vergleich der Kosten eines Ratenkredits mit den Kosten eines in einer Summe zurückzuzahlenden, vielleicht auch als Hypothekenbarkredit in gleichen Annuitäten zu tilgenden Darlehns (BGH BB 1975, 1129, 1130; Gelberg § 1 Abs 4 Anm 3). Sie dient damit zugleich der *Markttransparenz*. 91

b) Normadressat von § 1 Abs 4 PreisangabenVO ist jeder, der gewerbs- oder geschäftsmäßig oder sonst regelmäßig Kredite anbietet oder mit Krediten wirbt (§ 1 Abs 1, 4 PreisangabenVO). Es macht keinen Unterschied, ob dies im eigenen oder in fremdem Namen geschieht. Preisangabepflichtig ist damit nicht nur der Kreditgeber selbst (vgl Amtl Begr BAnz Nr 97 v 24. 5. 1973 = Gelberg Anh 1, unter II § 1 Nr 7; Gelberg § 1 Abs 4 Anm 4). Erfaßt sind neben den *Kreditinstituten* alle, die selbständig im Kreditgewerbe tätig sind (Gelberg § 1 Abs 4 Anm 4.1–4.1.3). Das gilt auch für *Kreditvermittler* (Amtl Begr aaO; BGH Betrieb 1980, 874 = GRUR 1980, 304 = NJW 1980, 1388; Gelberg § 1 Abs 4 Anm 4.2). Für den *Einzelhändler oder sonstigen Gewerbetreibenden,* der zu Teilzahlungszwecken Kredite vermittelt, gilt § 1 Abs 1 gleichfalls (Gelberg § 1 Abs 4 Anm 4.3). Eine allgemeine Preisauszeichnungspflicht ergibt sich aber daraus nur, wenn die Kreditvermittlung zu den wesentlichen Leistungen des Gewerbetreibenden gehört (§ 3 Abs 1 PreisangabenVO). Solange dies nicht der Fall ist, kann sich eine Pflicht zur Angabe des effektiven Jahreszinses aus § 1 Abs 4 PreisangabenVO nur ergeben, wenn der Kredit bereits angeboten oder wenn mit ihm unter Preisangabe geworben wird (Rz 96). Die „gespaltene" Werbung eines Versandhauses für den Barkauf ohne Effektivzinsangabe bei den einzelnen Angeboten für den Ratenkauf wird als zulässig angesehen (vgl Gelberg GewArch 1982, 287). Auch *Versicherungsunternehmen* gehören zum Adressatenkreis des § 1 Abs 4 PreisangabenVO (Gelberg § 1 Abs 4 Anm 4.4). Allerdings gilt auch hier, daß nicht schon die allgemeine Werbung mit der Kreditvergabe zur Angabe des Effektivzinses verpflichtet. Die Anwendung auf *Bausparkassen* ist str (Gelberg § 1 Abs 4 Anm 4.5). Sie wird bejaht bei KG WRP 1980, 698, 700 f. Zur Effektivzinsberechnung vgl Laux, Die effektiven Jahreszinsen bei Bauspardarlehen, VersW 1982, 509 ff, 572 ff. 92

93 c) Bei **Realkrediten,** insbesondere bei Hypothekenkrediten, ist die Berechnung des effektiven Jahreszinses nicht ohne weiteres durchführbar. Die Vorschrift ist auf Ratendarlehen und Kleinkredite zugeschnitten. Bei diesen können die Kreditbedingungen für die gesamte Laufzeit festgelegt werden; bei Realkrediten ist das nicht möglich. Die **hM** folgert hieraus, *daß § 1 Abs 4 PreisangabenVO für Realkredite nicht gilt* (OLG Hamm NJW 1979, 1713 mAnm H P Westermann = WM 1979, 30, 31 = WRP 1979, 146, 147; KG WRP 1979, 303, 305; 1980, 263; OLG Stuttgart WM 1981, 534; VGH Stuttgart WM 1981, 460; VG Stuttgart WM 1980, 344, 348; Soergel-Lippisch-Häuser § 608 Rz 5; Baumbach-Hefermehl, Wettbewerbsrecht [13. Aufl 1981] Anh V zu § 3 UWG; Reichstein ZfKrW 1981, 18 ff; Scholz WM 1980, 322, 323; s auch Praxl WM 1979, 7; weitere Nachweise bei Gelberg, GewArch 1982, 287 f; **aM** Rolfes ZfKrW Beil zu Nr 20/1979 S 14; Gelberg GewArch 1981, 6; relativierend aber ders GewArch 1982, 287 m Fn 62). Auch wenn mit Preisbestandteilen geworben wird, besteht nach dieser hM keine Verpflichtung zur Angabe des effektiven Jahreszinses. Die im Bund-Länder-Ausschuß „Effektiver Jahreszins" zusammengeschlossenen Verwaltungsbehörden bejahen diese Verpflichtung. Der **BGH** hat die Frage in einem *Urteil vom 13. 11. 1981* offen gelassen; er hat lediglich ausgesprochen, daß jedenfalls kein bewußter und planmäßiger Verstoß und damit kein Handeln wider die guten Sitten im Wettbewerb (§ 1 UWG) vorliegt, wenn der für Realkredite Werbende von der Angabe des effektiven Jahreszinses absieht, weil ihm die Geltung des § 1 Abs 4 PreisangabenVO für solche Kredite unbekannt ist und sich ihm nach den Umständen auch nicht aufdrängen muß (BGH Betrieb 1982, 690 = NJW 1982, 825 = WM 1982, 183 = WRP 1981, 268). Insbes im Hinblick auf die hM hat der BGH deshalb die klagabweisenden Urteile der Vorinstanzen bestätigt, ohne die Richtigkeit der hM abschließend zu prüfen.

94 **d)** Die Pflicht zur Angabe des effektiven Jahreszinses wird ausgelöst durch das **Anbieten** oder durch **Werbung.** Beide Tatbestände müssen unterschieden werden, denn das Anbieten des Kredits verpflichtet in jedem Fall zur Angabe des effektiven Jahreszinses, während die Werbung diese Verpflichtung nach § 1 Abs 1, 4 PreisangabenVO nur auslöst, wenn unter Angabe von Preisen geworben wird (OLG Stuttgart BB 1978, 573).

95 **aa)** Der **Begriff des „Anbietens"** nach § 1 Abs 1 S 1 PreisangabenVO ist, dem Konsumentenschutzzweck der Norm entsprechend, nicht auf Angebote iS von § 145 beschränkt (BGH Betrieb 1980, 874 = GRUR 1980, 304 = NJW 1980, 1388 = WRP 1980, 328; Betrieb 1982, 1396 = NJW 1982, 1877; BayObLG BB 1977, 312; KG JR 1973, 431 mAnm Seeber; OLG Saarbrücken Betrieb 1971, 230; OLG Stuttgart BB 1978, 573, 574; Hadding, Gutachten 146; Soergel-Lippisch-Häuser § 608 Rz 5; Gelberg § 1 Abs 4 Anm 1.1; Ungnade WM 1975, 1078; Ott NJW 1978, 1269; Heckmann Betrieb 1980, 1683; **aM** OLG Düsseldorf WRP 1980, 264, 265). Erfaßt ist *jede Erklärung eines Kaufmanns* (besser: Unternehmensträgers), *die der Verkehr üblicherweise als Angebot, dh als Bereitschaft zur Verschaffung der Leistung, auffaßt* (BGH Betrieb 1980, 874 = GRUR 1980, 304 = NJW 1980, 1388 = WRP 1980, 328; ebenso BGH BB 1982, 2004, 2005 = Betrieb 1982, 1396 f = NJW 1982, 1877; Hadding, Gutachten 147; Baumbach-Hefermehl, Wettbewerbsrecht [13. Aufl 1981] Anh V zu § 3 UWG). Der engere Begriff des Angebots iS von § 145 BGB deckt stets auch den Begriff des Anbietens. Aber es genügt jede invitatio ad offerendum, der der Kreditkunde entnehmen kann, daß er sich bereits durch seine Antwort (zB auf vorgedrucktem Formular) bindet (ähnlich Kohlmann-Sandermann GRUR 1975, 120; Wissel WRP 1980, 525, 528; strenger KG GRUR 1975, 148, 149; unrichtig OLG Düsseldorf WRP 1980, 264, 265). Ein *Bindungswille* des Kreditgebers oder der Schein eines solchen Bindungswillens ist *nicht erforderlich* (unrichtig OLG Düsseldorf WRP 1980, 264, 265). Auch muß das Angebot, wenn es nur die vorgenannten

Voraussetzungen erfüllt, nicht an eine Einzelperson gerichtet sein. Ein Einzel- oder Individualangebot ist also nicht erforderlich; ein *Allgemeinangebot* genügt (HADDING, Gutachten 147; SOERGEL-LIPPISCH-HÄUSER § 608 Rz 5; HECKMANN Betrieb 1980, 1683). Kreditangebote müssen auch dann den effektiven Jahreszins ausweisen, wenn der Kredit durch *Kreditvermittler* angeboten wird und das Angebot in einer überregionalen Zeitschrift mit Massenauflage erscheint (BGH Betrieb 1980, 874 = GRUR 1980, 304 = NJW 1980, 1388). Auch ein *in fremdem Namen erklärtes Angebot* begründet die Pflicht zur Preisangabe (GELBERG § 1 Abs 4 Anm 1.2). Ein *mündliches Angebot* kann genügen. In der Rechtspraxis wird aber ein solches nicht vorliegen, solange nicht bei dem mündlichen Angebot bereits Preise angegeben werden (GELBERG § 1 Abs 4 Anm 1.2). Werden aber Preise angegeben, so folgt die Pflicht zur Effektivzinsangabe auch schon aus Rz 96. Nicht ausreichend ist dagegen eine allgemein gehaltene Werbung, der Einzelheiten über die abzuschließenden Geschäfte noch nicht entnommen werden können (BGH BB 1982, 2004, 2005 = Betrieb 1982, 1396, 1397 = NJW 1982, 1877).

bb) Werbung liegt vor, wenn es noch am Angebot iS von Rz 95 fehlt, der Konsu- 96
mentenkreis aber bereits zum Informationsaustausch aufgefordert wird (WISSEL WRP 1980, 527). Werbung steht im Vorfeld des Angebots (GELBERG § 1 Abs 1 Anm 5.1.2; ihm folgend HADDING, Gutachten 147). Werbung für Kreditvergabe oder -vermittlung führt nicht allgemein, sondern nur dann zur Preisangabepflicht, wenn **unter Angabe von Preisen** geworben wird. Solange aus der Werbung kein Angebot iS von Rz 95 wird, läßt es das Gesetz dem Werbenden offen, ob er auf jede Preisangabe und dann auch auf die Angabe des Effektivzinses verzichten will (OLG Stuttgart BB 1978, 573, 574). Das praktisch ausschlaggebende Kriterium liegt demgemäß bei der Preisangabe: Wer bei der Werbung für Kredite Preise angibt, muß den effektiven Jahreszins angeben. Werbung unter Angabe von Preisen liegt zweifellos vor, wenn Zinsen, zB Monatszinsen, angegeben werden (vgl GELBERG § 1 Abs 4 Anm 3). *Allgemeine Anpreisungen* sind keine Preisangaben, sondern schlichte Reklame. So stellt die Werbung für „günstige" Kredite „zu reellen Bedingungen" „für jede Geldbörse" oä noch keine Werbung unter Angabe von Preisen dar (ähnlich OLG Düsseldorf WRP 1980, 264, 265; GELBERG § 1 Abs 1 Anm 6.1.1). Aber es ist nicht erforderlich, daß ein bestimmter Nominalzins genannt wird. Die *Inzidentangabe von Preisen* genügt (GELBERG § 1 Abs 4 Anm 2), so etwa die Angabe des Auszahlungsbetrags oder der Auszahlungsgebühr (GELBERG § 1 Abs 4 Anm 2.5) oder die Angabe von Monatsraten, wobei es nicht darauf ankommen kann, ob nur die Tilgungsrate oder die einschließlich Zinsen, Gebühren etc zu zahlende Rate angegeben wird (GELBERG § 1 Abs 4 Anm 2.3, 2.4). Gegen diese strenge Auslegung spricht nicht die Praxis zu den Hypothekenkrediten (Rz 93). Sie beruht nicht darauf, daß eine Teilangabe des Preises keine Preisangabe ist (so aber wohl HADDING, Konsumentenkredit 147), sondern auf dem ganz anderen Gedanken, daß eine Angabe des effektiven Jahreszinses hier sinnvollerweise nicht verlangt werden kann.

e) Die gebotene Angabe muß unter der Bezeichnung „effektiver Jahreszins" den sich 97
unter Zugrundelegung der Gesamtlaufzeit, des ausgezahlten Betrags, der Tilgungsleistungen, des Zinssatzes, der Vermittlungskosten und der sonstigen Kosten ergebenden Preis des Kredits enthalten. Für die Frage, welche Kreditkosten Eingang in die Effektivzinsberechnung finden, gelten – wie auch bei § 1 a AbzG (Rz 105) – sinngemäß die Ausführungen bei Rz 119 ff. Demnach sind prinzipiell alle Kosten einzubeziehen, die Kosten einer Restschuldversicherung nur, sofern diese Versicherung Teil des vom Kreditgeber angebotenen Leistungspakets ist (vgl auch Rz 105). Die vom Bund-Länderausschuß „Preisauszeichnung", Arbeitsgruppe „Effektiver Jahreszins" herausgegebenen „*Grundsätze zur Berechnung des effektiven Jahreszinses nach der Verordnung über Preisangaben*" (Rz 166) enthalten einen festen **Katalog**

derjenigen Kreditkosten, die in die Effektivzinsberechnung einzubeziehen bzw nicht einzubeziehen sind. Die Grundsätze haben zwar, wie bei Rz 166 erläutert wird, keinen Rechtsquellencharakter, sind also nicht im Rechtssinne bindend. Trotzdem sei der Katalog im Sinne einer authentischen Interpretation aufgezählt. *Einzubeziehen* sind danach: der Nominalzins, Zinssollstellungstermine, die jährliche Tilgungshöhe bei planmäßiger Laufzeit, tilgungsfreie Jahre, Disagio und Agio, Bearbeitungsgebühr und Verwaltungsbeiträge, Maklerprovisionen und sonstige Kreditvermittlungskosten, Zahlungstermine, Annuitäten-Zuschußdarlehen, Zusatzdarlehen zur Finanzierung eines Disagios oder Agios uä, von den Zahlungsterminen abweichende Tilgungsverrechnungstermine. *Nicht einzubeziehen* sind: inhaltlich noch nicht feststehende Änderungen der Konditionen, Bereitstellungszinsen und Teilzahlungs-Zinsaufschläge, die mit der Absicherung des Darlehns zusammenhängenden Aufwendungen, Aufwendungen für Versicherungen, Ansparleistungen und ähnliche Vorleistungen des Kreditnehmers, Aufwendungen im Verzugsfall, allgemeine Kontoführungsgebühren.

98 f) Ein **Verstoß** gegen die Pflicht zur Angabe des effektiven Jahreszinses liegt vor, wenn die Angabe *unterbleibt,* außerdem auch, wenn sie *unrichtig* ist (vgl KG WRP 1980, 698, 700).

99 **aa)** Nach § 6 PreisangabenVO stellt der Verstoß gegen § 1 Abs 4 PreisangabenVO eine **Ordnungswidrigkeit** dar (näher Gelberg § 6 Anm 1; Ungnade WM 1975, 1081).

100 **bb)** Die **Wirksamkeit des Vertrages** wird **nicht** durch den Verstoß gegen § 1 PreisangabenVO **berührt.** Nur soweit auch § 248 Abs 1 verletzt ist, führt dies zur Teilnichtigkeit der Zinsabrede. Um ein gesetzliches Verbot iS von § 134, das zur Nichtigkeit des Kreditvertrags führen würde, handelt es sich bei § 1 PreisangabenVO nicht (vgl BGH NJW 1974, 859; WM 1979, 50, 52; NJW 1980, 2301, 2302; NJW 1982, 2436, 2437 = WM 1982, 919, 921; OLG Frankfurt MDR 1978, 930 = WM 1978, 1218; Soergel-Lippisch-Häuser § 608 Rz 5; **aM** Canaris, Bankvertragsrecht Rz 1303 a; Lammel BB-Beil 8/1980, 5). Auch die Voraussetzungen des § 123 werden idR nicht vorliegen (BGH WM 1979, 50, 52; vgl aber Canaris, Bankvertragsrecht Rz 1303 b). Schließlich greift auch das AGBG nicht ein (Rz 79). Neben anderen Gesichtspunkten, vor allem neben einer bedenklichen Höhe des Effektivzinses, kann allerdings die unzureichende Aufklärung des Kreditnehmers bei der Nichtigkeitsprüfung nach § 138 ins Gewicht fallen (BGH NJW 1980, 2301, 2302; Soergel-Lippisch-Häuser § 608 Rz 5; Bachmann NJW 1978, 865; Canaris ZIP 1980, 713). Nach Auffassung des 11. Zivilsenats des OLG Celle NJW 1978, 1268 mit abl Anm Ott (zur Rechtskraft vgl NJW 1980, 728) ist **§ 1 a Abs 3 AbzG** entsprechend anzuwenden, so daß der Kreditnehmer nur den ausgezahlten Nettokredit zurückzuzahlen hat (in gleicher Richtung Bachmann NJW 1978, 865; s auch Joerges 79; H P Westermann NJW 1979, 1715). Diese Ansicht ist überwiegend auf Ablehnung gestoßen (BGH WM 1979, 50, 52; OLG Frankfurt MDR 1978, 930 = WM 1978, 1218; OLG Celle [13. Zivilsenat] WM 1978, 939; MünchKomm-H P Westermann § 608 Rz 9; Soergel-Lippisch-Häuser § 608 Rz 5; Palandt-Putzo § 1 a AbzG Anm 1 c; Ott NJW 1978, 1269 f). Das Vorhandensein einer Gesetzeslücke ist in der Tat zweifelhaft, und die Basis für die Analogie ist schmal (vgl allerdings BGH NJW 1975, 1129, 1130). Selbst wer mit dieser vereinzelt gebliebenen Auffassung vom Alles-oder-Nichts-Prinzip (Wirksamkeit oder Nichtigkeit des Vertrags) abrücken wollte, müßte jedenfalls eine Verzinsung des Nettokredits annehmen, die sich entweder (mangels besonderer Einigung) nach § 246 BGB (§ 352 HGB) oder nach dem Parteiwillen zu richten hätte (im Fall des OLG Celle waren 0,9% Kreditgebühr pM vereinbart). Vgl zu diesen Fragen auch Rz 139.

cc) Mit einem Gegenanspruch des Kreditnehmers wegen Verletzung vorvertraglicher Aufklärungspflichten darf, wenn der Vertrag trotz des Verstoßes wirksam ist, im Regelfall nicht geholfen werden. AM ist das OLG Stuttgart (NJW 1979, 2409, 2413, insoweit nicht in BB 1979, 1168). Nach Auffassung des Gerichts begründet die Verletzung der PreisangabenVO einen Schadensersatzanspruch, sofern nicht der Kreditgeber glaubhaft macht, daß der Kreditnehmer den Kredit auch bei ordnungsgemäßer Angabe des Effektivzinses in Anspruch genommen hätte. Der Schadensersatzanspruch soll im Ergebnis die richterliche Vertragsanpassung legitimieren. Man wird einen solchen Gegenanspruch indessen nur dann anerkennen können, wenn der Kreditnehmer jedenfalls das zur Schätzung eines Schadens nach § 287 ZPO Erforderliche vorträgt und im Streitfall beweist. Die bloße Unklarheit des Vertrags gibt hierfür nichts her. 101

dd) Klagen Dritter – namentlich Unterlassungsklagen – können nicht auf § 823 Abs 2 gestützt werden. Verstöße gegen die PreisangabenVO sind keine Schutzgesetzverstöße iS dieser Bestimmung, jedenfalls nicht gegenüber Dritten (OLG Düsseldorf BB 1965, 60; Gelberg Vor § 1 Anm 2). Klagen Dritter, auch Verbandsklagen nach § 13 UWG, kommen nur in Betracht, wenn die *Tatbestände der §§ 1 oder 3 UWG* erfüllt sind. Die Nichtbeachtung der PreisangabenVO begründet noch nicht den Tatbestand irreführender Wirkung nach § 3 UWG (OLG Hamm BB 1979, 187, 188; näher Hadding, Gutachten 150 f). Anders, wenn die Angabe nicht unterblieben, sondern unrichtig ist (vgl KG WRP 1980, 698, 700). Ein Verstoß gegen § 1 UWG wegen der Verletzung von Verbotsnormen kommt nach hM nur in Betracht, wenn die mißachteten Vorschriften entweder wertbezogen sind (vgl zB Baumbach-Hefermehl, Wettbewerbsrecht [13. Aufl 1980] § 1 UWG Rz 538; eingehend und kritisch Schricker, Gesetzesverletzung und Sittenverstoß [1970] 239 ff) oder wenn die verletzte Norm zwar wertneutral, der Verstoß aber deshalb wettbewerbswidrig ist, *weil sich der Wettbewerber bewußt und planmäßig über die Vorschrift hinwegsetzt, um sich einen sachlich nicht gerechtfertigten Vorsprung gegenüber gesetzestreuen Mitbewerbern zu verschaffen* (hM; vgl allerdings die eingehende Kritik bei Schricker aaO; ders JurA 1970, 69; speziell zum Fragenkreis der PreisangabenVO Doepner WRP 1980, 473). Die Preisauszeichnungspflicht wird als *wertneutral* eingestuft (BGH GRUR 1973, 655 = NJW 1973, 1371; GRUR 1974, 281 = NJW 1974, 140; Betrieb 1980, 874 = GRUR 1980, 304 = NJW 1980, 1388; dazu Hadding, Gutachten 151; Baumbach-Hefermehl § 1 UWG Rz 546; aM OLG Hamburg BB 1972, 978; Reich-Tonner-Wegener 101; T Schneider NJW 1974, 559; Lammel BB-Beil 8/1980, 5). Der Verstoß gegen § 1 Abs 4 PreisangabenVO kann aber auch nach dieser Rechtsprechung unter dem *Gesichtspunkt des Vorsprunggedankens* unlauterer Wettbewerb sein. Spricht der Wettbewerber den Kunden mit einem Angebot ohne Nennung des effektiven Jahreszinses an, so kann er sich die Tatsache zunutze machen, daß der Kunde den Preis des Kredits erst erfragen muß. Er läßt dann den Kunden zunächst im Ungewissen und kann, wenn sich der Kunde vergewissern will, sein Angebot zusätzlich anpreisen (vgl BGH Betrieb 1980, 874, 875 = GRUR 1980, 304, 306 = NJW 1980, 1388, 1389; KG WRP 1980, 698, 700; enger OLG Hamm BB 1979, 187, 188; Ungnade WM 1975, 1082). Unter diesem Gesichtspunkt erkennt der BGH den nach § 13 UWG Klagebefugten Unterlassungsansprüche zu (BGH aaO; vgl insoweit auch H P Westermann NJW 1979, 1714). Der Vorwurf der Sittenwidrigkeit setzt aber nach hM voraus, daß ein bewußter und planmäßiger Verstoß gegen die Preisangabepflicht vorliegt. Ist dem für Kredite Werbenden die Geltung des § 1 Abs 4 PreisangabenVO für den angebotenen Kredit unbekannt und braucht sie sich ihm im Hinblick auf eine entgegenstehende Gerichtspraxis nicht aufzudrängen, so liegt nach Auffassung des BGH ein Verstoß gegen § 1 UWG nicht vor (BGH Betrieb 1982, 690 = NJW 1982, 825 = WM 1982, 183; dazu schon Rz 93). 102

103 **3. Angabe des effektiven Jahreszinses nach § 1 a AbzG**

Eine **Pflicht zur Angabe des effektiven Jahreszinses** ergibt sich seit 1. 10. 1974 (G v 15. 5. 1974) auch *bei Abzahlungsgeschäften* (§ 1 a Abs 1 S 2 Nr 4 AbzG). Vgl zur Einführung der Bestimmung Marschall von Bieberstein, Gutachten 52; Giese BB 1974, 722; Löwe NJW 1974, 2257; Scholz MDR 1974, 881. Die Bestimmung dient dem Kreditnehmerschutz und der Markttransparenz.

104 a) Der **Geltungsbereich** der Bestimmung ergibt sich aus **§§ 1 und 6 AbzG.** Die Verpflichtung zur Angabe des effektiven Jahreszinses erstreckt sich auf alle *Abzahlungsgeschäfte* nach § 1 AbzG. Der ganze § 1 a AbzG, also auch § 1 a Abs 1 S 2 Nr 4 AbzG, findet außerdem Anwendung auf die *„verhüllten" oder „verdeckten" Abzahlungsgeschäfte* nach § 6 AbzG (vgl BGHZ 62, 42, 46; BGH NJW 1977, 1058, 1059; 1980, 938, 939; OLG Karlsruhe–Freiburg NJW 1973, 2067; BGB-RGRK-Kessler § 6 AbzG Rz 2, 14; Palandt-Putzo § 1 a AbzG Anm 1 c; Weick BB 1971, 321). Das sind nach dem Wortlaut des § 6 AbzG „Verträge, welche darauf abzielen, die Zwecke eines Abzahlungsgeschäfts (§ 1) in einer anderen Rechtsform, insbesondere durch mietweise Überlassung der Sache, zu erreichen". § 6 AbzG ist teleologisch nach seinem Schutzzweck auszulegen. Eine Umgehungsabsicht ist nicht erforderlich (Erman-Weitnauer-Klingsporn § 6 AbzG Rz 1). Aber ein *Konsumentendarlehn* fällt nicht schon dann unter § 6 AbzG, wenn die Darlehnsvaluta für Kaufzwecke verwendet werden soll und dies dem Kreditinstitut bekannt ist (MünchKomm-H P Westermann § 6 AbzG Rz 66 im Anschluß an BGHZ 37, 94, 101). Daran ändert sich auch dann nichts, wenn der Kreditnehmer eine Direktüberweisung an den Verkäufer veranlaßt (MünchKomm-H P Westermann § 6 AbzG Rz 67). Die Anwendung des § 6 AbzG auf Teilzahlungskredite setzt vielmehr voraus, daß Kredit und Kauf wirtschaftlich eine auf ein Ziel ausgerichtete Einheit bilden oder sich zu einer solchen Einheit ergänzen (BGHZ 3, 257, 259; 47, 233, 237 f; 47, 253, 255; BGH NJW 1970, 701, 702; LM Nr 2 zu § 6 AbzG). Die tatsächlichen Anzeichen hierfür können von Fall zu Fall verschieden sein, aber es kommt auf die von allen Beteiligten – auch vom Kreditgeber – gewollte wechselseitige Abhängigkeit von Kauf und Kredit an (BGHZ 47, 253, 255; BGH NJW 1970, 701, 702). Typischerweise gehört dazu, daß der Kreditgeber mit dem Verkäufer identisch oder konzernverbunden ist oder mit ihm bei der Gestaltung des Kreditkaufs zusammenarbeitet (vgl in dieser Richtung BGHZ 47, 253, 255 f; BGH NJW 1970, 701; 1971, 2303; 1980, 938, 939; OLG Stuttgart NJW 1977, 1926; MünchKomm-H P Westermann § 6 AbzG Rz 67). Eine auf Dauer angelegte Rahmenvereinbarung ist nicht erforderlich (BGHZ 47, 253, 256; BGH NJW 1970, 701, 702; BGB-RGRK-Kessler § 6 AbzG Rz 11). Auch eine Sicherungsübereignung an den Kreditgeber – von BGHZ 47, 253, 255 noch „als selbstverständlich" vorausgesetzt – ist nicht zu verlangen (BGH NJW 1980, 938; OLG Stuttgart NJW 1977, 1926; BGB-RGRK-Kessler § 6 AbzG Rz 11; MünchKomm-H P Westermann § 6 AbzG Rz 67). Eine allgemeine Ausdehnung auch auf echte Anschaffungsdarlehen, Barkreditgeschäfte und Personaldarlehen ist von § 6 AbzG nicht gedeckt (OLG Frankfurt MDR 1978, 930 = WM 1978, 1218; OLG Celle NJW 1978, 1487; MünchKomm-H P Westermann § 6 AbzG Rz 65; Palandt-Putzo § 1 a AbzG Anm 1 c; § 6 AbzG Anm 3 b dd; aM OLG Celle NJW 1978, 1268 m abl Anm Ott; Marschall von Bieberstein, Der finanzierte Abzahlungskauf 48). *§ 6 AbzG ist keine Vorschrift über den Konsumentenkredit schlechthin.* Hier liegt vielmehr die Bedeutung der PreisangabenVO (Rz 91). Eine Ausdehnung des bisherigen § 1 a Abs 1 AbzG auf alle Konsumentenkredite kann nur rechtspolitisch erwogen werden (vgl Hadding, Gutachten 166 ff; s auch Marschall von Bieberstein, Gutachten 167 f).

105 b) **Bestandteile des Effektivzinses** sind nach § 1 a Abs 1 S 5 AbzG „Zinsen und sonstige vom Käufer zu entrichtende Kosten". Sachlich entspricht diese Definition

der des § 1 Abs 4 PreisangabenVO (dazu Rz 97). Bei der Frage, welche Kreditkosten einzubeziehen sind, gelten sinngemäß die zu § 138 entwickelten und bei Rz 119 ff dargestellten Grundsätze (eingehend ERMAN-WEITNAUER-KLINGSPORN § 1 a AbzG Rz 8, deren Rechtsprechungsnachweise der Praxis zu § 138 entnommen sind). Einzubeziehen sind nicht nur der laufende Zins und ein etwaiges Disagio, sondern auch alle als Gebühren, Spesen und Provisionen bezeichneten Kreditnebenkosten. Zweifelhaft ist auch hier die Beurteilung der Kosten für eine Restschuldversicherung (Rz 123 ff). Es kommt darauf an, ob die Restschuldversicherung Teil der Kreditkonditionen oder von diesen ablösbar ist (s auch Rz 97). Die Restschuldversicherung ist also zu berücksichtigen, wenn der Kreditnehmer den Kredit ohne die Restschuldversicherung nicht oder nur zu ungünstigeren Bedingungen erhielte (ebenso ERMAN-WEITNAUER-KLINGSPORN § 1 a AbzG Rz 8; vgl auch HANS J WINTER TZW 6/1978, 20 zu dem auf § 138 bezogenen Urteil des OLG Frankfurt v 22. 6. 1978 TZW 6/1978, 21).

c) Der **Inhalt der Formvorschrift** ergibt sich aus § 1 a Abs 1 AbzG. Der Vertrag 106
bedarf der schriftlichen Form. Das Schriftformerfordernis gilt für den ganzen Vertrag, nicht nur für einzelne Angaben (MARSCHALL VON BIEBERSTEIN, Gutachten 167; OSTLER-WEIDNER § 1 a Anm 2; ERMAN-WEITNAUER-KLINGSPORN § 1 a AbzG Rz 5; PALANDT-PUTZO § 1 a AbzG Anm 3 b). Die schriftliche Urkunde muß den effektiven Jahreszins angeben. Effektiver Jahreszins sind Zinsen und sonstige vom Käufer zu entrichtende Kosten (Differenz zwischen Teilzahlungs- und Barzahlungspreis), ausgedrückt als einheitlicher, auf das Jahr bezogener Vom-Hundert-Satz unter Berücksichtigung der Zahl, der Fälligkeit und des Betrages der Teilzahlungen (§ 1 a Abs 1 S 5 AbzG). Zur Berechnung vgl Rz 153 ff. Letzte mathematische Genauigkeit sollte nicht verlangt werden (SCHOLZ MDR 1974, 882; REICH JZ 1975, 551). Die Angabe in % mit der ersten Stelle hinter dem Komma genügt (BGB-RGRK-KESSLER § 1 a AbzG Rz 7; PALANDT-PUTZO § 1 a AbzG Anm 3 b dd). Auch können minimale Rechenfehler, solange sie aus der Sicht des typischen Kreditnehmers unbedeutend sind, nicht die Formnichtigkeit begründen (REICH JZ 1975, 551). In Anbetracht des mit der Effektivzinsberechnung verbundenen theoretischen Aufwands mag dies inkonsequent scheinen. Die undifferenzierten Sanktionen des AbzG zwingen aber zu Kompromissen. Schwierigkeiten bereitet im Fall des § 6 AbzG die Anwendung des gesamten § 1 a AbzG. Es wird genügen müssen, wenn Kaufvertrag und Kreditvertrag auf getrennten, aufeinander verweisenden Urkunden die jeweils für diesen Vertrag entscheidenen Angaben nach § 1 a Abs 1 AbzG enthalten (BGB-RGRK-KESSLER § 6 AbzG Rz 14; unentschieden BGH NJW 1980, 938, 940).

d) Die **Sanktion eines Formverstoßes** muß sich im Fall des § 6 AbzG aus einer 107
sinngemäßen Anwendung des § 1 a Abs 3 AbzG ergeben: Der Vertrag wird erst mit der Übergabe der Kaufsache wirksam, und zwar nur in Höhe des Barzahlungspreises (OLG Karlsruhe-Freiburg NJW 1973, 2067; BGB-RGRK-KESSLER § 6 AbzG Rz 14). Solange es an der Übergabe fehlt, liegt ein wirksamer Darlehnsvertrag nicht vor (BGH NJW 1980, 938, 940), wobei wegen der theoretisch umstrittenen Frage, ob dies ein Fall heilbarer Nichtigkeit oder ein Fall schwebender Unwirksamkeit ist, auf die Kommentierungen des § 1 a AbzG verwiesen werden kann (Überblick: BGB-RGRK-KESSLER § 1 a AbzG Rz 9). Rechtspolitisch wird die Sanktion des § 1 a Abs 3 AbzG sehr unterschiedlich eingeschätzt (MARSCHALL VON BIEBERSTEIN, Gutachten 167 f; HADDING, Konsumentenkredit 166; WEICK BB 1971, 319; HÄSEMEYER JuS 1980, 3 Fn 29).

e) Das **Verhältnis zwischen § 1 a Abs 1 S 2 Nr 4 AbzG und § 1 Abs 4 PreisangabenVO** 108
ergibt sich teils aus den Tatbeständen, teils aus den Rechtsfolgen. Die Tatbestände decken sich nicht. Insbesondere erfassen die §§ 1 a, 6 AbzG nicht den gesamten Bereich des Konsumentenkredits (Rz 114). Dafür befaßt sich § 1 Abs 4 Preisanga-

benVO nicht mit dem Vertrag, sondern mit dem bei Rz 94 ff besprochenen Angebot und der Werbung (vgl zu diesem Unterschied HADDING, Konsumentenkredit 164 f). Auch die Sanktionen sind unterschiedlich (Rz 98 ff und 107). Soweit die Tatbestandsmerkmale beider Vorschriften erfüllt sind, greifen daher § 1 a Abs 1 S 2 Nr 4 AbzG und § 1 Abs 4 PreisangabenVO nebeneinander ein.

109 **4. Angabe des effektiven Jahreszinses nach der Makler- und BauträgerVO**

Eine Verpflichtung zur Angabe des Effektivzinssatzes ergibt sich aus § 11 Nr 2 iVm § 10 Abs 3 Nr 4 der **Verordnung über die Pflichten der Makler, Darlehens- und Anlagenvermittler, Bauträger und Baubetreuer** (Makler- und Bauträgerverordnung – **MaBVO** –) idF der Bekanntmachung v 11. 6. 1975, BGBl I 1351, geändert durch VO v 18. 11. 1979, BGBl I 1986. Die einschlägigen Bestimmungen (zu ihnen HADDING, Gutachten 152) lauten:

§ 10 Abs 3 MaBVO:

(3) Aus den Aufzeichnungen und Unterlagen von Gewerbetreibenden im Sinne des § 34c Abs. 1 Satz 1 Nr. 1 der Gewerbeordnung müssen ferner folgende Angaben ersichtlich sein, soweit sie im Einzelfall in Betracht kommen,

1. . . .
2. . . .
3. . . .
4. bei der Vermittlung oder dem Nachweis der Gelegenheit zum Abschluß von Verträgen über Darlehen: Höhe, Laufzeit, Zins- und Tilgungsleistungen unter Bezeichnung des Zahlungszeitraums, Auszahlungskurs, Dauer der Zinsbindung und Nebenkosten des Darlehens sowie dessen effektiver Jahreszins (§ 1 Abs 4 der Verordnung über Preisangaben vom 10. Mai 1973 – Bundesgesetzbl. I S. 461 –), bei nicht durch Grundpfandrechte gesicherten Darlehen mit Ausnahme von solchen zur Finanzierung von Grundstücksgeschäften auch der vom Auftraggeber zu entrichtende Gesamtbetrag, Name, Vorname und Anschrift des Darlehensgebers; der Angabe des effektiven Jahreszinses bedarf es nicht, wenn das Darlehen dem Auftraggeber zur Verwendung in seiner selbständigen beruflichen oder gewerblichen oder in seiner behördlichen oder dienstlichen Tätigkeit gewährt werden soll;

§ 11 MaBVO:

Informationspflicht. Der Gewerbetreibende hat dem Auftraggeber schriftlich und in deutscher Sprache folgende Angaben mitzuteilen, soweit sie im Einzelfall in Betracht kommen:

1. . . .
2. in den übrigen Fällen des § 34c Abs. 1 Satz 1 Nr. 1 der Gewerbeordnung vor der Annahme des Auftrages die in § 10 Abs. 2 Nr. 2 und Abs. 3 Nr. 4 bis 7 erwähnten Angaben.

VI. Der wucherische Zins

110 **1. Tatbestandsbildung**

a) Wucherische Kreditgeschäfte sind nach § 138 nichtig. Sie können auch durch Neuabschluß nach § 141 nur bestätigt werden, wenn die Gründe der Sittenwidrigkeit entfallen (BGH Betrieb 1982, 1558). Die Grundlagen der Tatbestandsbildung sind im Verhältnis der beiden Absätze von § 138 zueinander angelegt.

111 **aa)** Kreditverträge können insbesondere wegen ihrer Zinsgestaltung (Rz 59 ff) **sittenwidrig iS von § 138** sein. Voraussetzung dafür ist zunächst ein **auffälliges Mißverhältnis** zwischen der Gläubigerleistung und den vom Schuldner versprochenen oder gewährten Vermögensvorteilen. Tritt zum auffälligen Mißverhältnis die

Ausbeutung der Zwangslage, der Unerfahrenheit, des Mangels an Urteilsvermögen oder der erheblichen Willensschwäche des Schuldners hinzu (dazu STAUDINGER-DILCHER § 138 Rz 100 ff), so ist der Vertrag wegen Wuchers nach **§ 138 Abs 2** nichtig (eingehend mwN RÜHLE 29 ff, 41 ff; STAUDINGER-DILCHER § 138 Rz 97 ff). Zur **Neufassung des Wuchertatbestands** und zum Einfluß der in § 302 a StGB enthaltenen *Additionsklausel* auf seine Interpretation vgl Rz 143 f. Fehlt es an den besonderen gesetzlichen Merkmalen des Wuchers, so kann sich die Nichtigkeit einer unverhältnismäßigen Zinsabrede aus § 138 Abs 1 ergeben. Da die vorherrschende Terminologie vom positivrechtlichen Wuchertatbestand des § 138 Abs 2 bestimmt ist, spricht man dann vom Tatbestand der Schuldnerausbeutung (§ 138 Rz 41) oder – in Abgrenzung zum Wuchertatbestand des § 138 Abs 2 – von einem *wucherähnlichen Geschäft* (zB BGHZ 80, 153 = BGH WM 1981, 353 mAnm SCHOLZ WM 1981, 538 = ZIP 1981, 369 = NJW 1981, 1206 = Betrieb 1981, 1080 = JZ 1981, 344 = BB 1981, 927 mAnm KESSLER; WM 1982, 740; 1982, 1021, 1022, PALANDT-HEINRICHS § 138 Anm 2 a). Dabei ist zu beachten, daß § 138 Abs 2 der Konkretisierung, nicht dagegen der Einengung des § 138 Abs 1 dient (MünchKomm-MAYER-MALY § 138 Rz 113). Die Praxis läßt zwar beim Fehlen von Wuchermerkmalen nicht *ohne weiteres* den Rückgriff auf § 138 Abs 1 zu (RGZ 93, 27, 28 f; BGH NJW 1951, 397; näher zum Gang der Rspr HADDING, Gutachten 215 f). Sie stützt aber typischerweise die Sittenwidrigkeit und Nichtigkeit einer Zinsregelung auf § 138 Abs 1 und läßt dann offen, ob auch die Voraussetzungen des Abs 2 vorliegen (vgl etwa BGH WM 1979, 270 = BB 1979, 444 = NJW 1979, 808 = MDR 1979, 476 = Betrieb 1979, 980; WM 1980, 860 = NJW 1980, 2076 mAnm LÖWE = BB 1980, 1292 = MDR 1980, 827; vgl aber ohne Prüfung der besonderen Ausbeutungsmerkmale OLG Karlsruhe BB 1958, 319; AG Frankfurt MDR 1969, 47; AG Hamburg MDR 1975, 662). Weitaus seltener sind Fälle wie BGH NJW 1982, 2767 = WM 1982, 1050, bei denen der gesamte Wuchertatbestand geprüft und bejaht wird. Die bisweilen scharf kritisierte *Ineffizienz des Wuchertatbestandes* (eingehend RÜHLE 20 ff, 51 ff, 60; s auch REIFNER 389) darf nicht darüber hinwegsehen lassen, daß § 138 Abs 1 den Abs 2 entlastet. In seiner gegenwärtigen Formulierung ist der Sondertatbestand des Abs 2 gegenüber dem Grundtatbestand des Abs 1 von geringerer Bedeutung. Angesichts der generalklauselhaften Gestaltung des § 138 Abs 1 hilft allerdings § 138 Abs 2 bei der konkretisierenden Ausprägung eines gemeinsamen Typus des Wuchers und des wucherähnlichen Geschäfts: Charakteristisches objektives Merkmal ist das auffällige Mißverhältnis von Leistung und Gegenleistung. Insofern erweist sich § 138 Abs 2, obwohl regelmäßig nicht unmittelbar entscheidungstragend, doch nicht als überflüssig.

bb) Zweifelhaft ist die **Gewichtung der objektiven und subjektiven Merkmale** der Sittenwidrigkeit beim wucherähnlichen Geschäft. Nach **hM** ergibt sich aus § 138 Abs 2, daß ein noch so großes Mißverhältnis von Leistung und Gegenleistung allein nicht die Sittenwidrigkeit des Rechtsgeschäfts begründet. Es müssen – ähnlich wie im gesetzlichen Spezialfall des Wuchers – weitere Merkmale der Sittenwidrigkeit hinzukommen (vgl nur RGZ 64, 181; 93, 27, 28 f; std Rspr; BGH NJW 1951, 397; BGHZ 80, 153 = NJW 1981, 1206 = WM 1981, 353 mAnm SCHOLZ 538 = ZIP 1981, 369; BGH WM 1981, 1050, 1051; OLG Hamburg BB 1982, 698 mAnm KESSLER; STAUDINGER-DILCHER § 138 Rz 42; ERMAN-BROX § 138 Rz 72; JAUERNIG § 138 Anm 3 d ee; eingehend LARENZ JurJb VII 98 ff). Begründet wird diese hM nicht nur mit dem Gesetzeswortlaut, sondern auch mit der *Beseitigung des Tatbestandes der laesio enormis* durch den BGB-Gesetzgeber (vgl dazu Mot in MUGDAN II 178; WINDSCHEID-KIPP II § 396; zu den Wurzeln der Anfechtung wegen laesio enormis vgl HACKL SZRA 98 [1981] 147 ff). Die hM befürchtet von einer Objektivierung des Sittenwidrigkeitsmaßstabs einen Rückfall in dieses Prinzip der laesio enormis; sie will 112 vermeiden, daß das materielle Unwerturteil des § 138 schon durch ein objektives Ungleichgewicht der Leistungen ausgefüllt oder durch dieses ersetzt werden kann (RGZ 64, 181, 182; BGHZ 80, 153, 156 = WM 1981, 353 mAnm SCHOLZ 538 = BB 1981, 927 mAnm KESSLER = Betrieb 1981, 1080 = NJW 1981, 1206 = JZ 1981, 344 = ZIP 1981, 369; in gleicher Richtung STAUDINGER-DILCHER § 138 Rz 42; CANARIS ZIP 1980, 709, 716 f; RITTNER Betrieb 1980 Beil 16, 11 f; WEBER NJW 1980, 2062, 2063; OTT BB 1981, 937, 939; zur rechtspolitischen Beurteilung von Höchstgrenzen für Zinsen vgl HADDING, Gutachten, 1980, 228 ff). Das nach hM neben dem Mißverhältnis erforderliche Sittenwidrigkeitsmerkmal kann in der *Ausnutzung einer von § 138 Abs 2 nicht erfaßten Notlage* bestehen (vgl zB BGH WM 1976, 289, 290; OLG Stuttgart JZ 1975, 572 mAnm KRAMPE), vor allem aber in einer *verwerflichen Gesinnung* des Gläubigers (BGH BB 1962, 156; WM 1971, 857; 1976, 1158, 1160; BGHZ 80, 153 = WM 1981, 353 mAnm SCHOLZ WM 1981, 538 = ZIP 1981, 369 = NJW 1981, 1206 = Betrieb 1981, 1080 = JZ 1981, 344 = BB 1981, 927 mAnm KESSLER; KG WM 1979, 589, 590 = BB 1979, 447; OLG Karlsruhe Betrieb 1967, 1454; OLG Hamburg BB 1982, 698 mAnm KESSLER; LG Frankfurt NJW 1978, 1925, 1926; LG Bielefeld BB 1980, 14; LG Freiburg BB 1979, 1003, 1004; STAUDINGER-DILCHER § 138 Rz 42; vgl auch SOERGEL-HEFERMEHL § 138 Rz 34). Nach einer **Gegenansicht** bedarf es dieses zusätzlichen Merkmals nicht oder doch nicht in jedem Fall (vgl mit Unterschieden im einzelnen OLG Stuttgart JZ 1979, 687 = NJW 1979, 2409, 2410 = VersR 1979, 1039 [Ls] = BB 1979, 1423 [LS] mAnm KESSLER; FLUME, Rechtsgeschäft § 18/3; § 18/7 c; MAYER-MALY, Das Bewußtsein der Sittenwidrigkeit [1971] 25 ff; ders in MünchKomm § 138 Rz 99; HACKL BB 1977, 1412).

113 **Stellungnahme:** Der zweiten Ansicht ist zu folgen. Sie allein entspricht der recht verstandenen Schutzfunktion des § 138, und sie allein trägt der Tatsache Rechnung, daß das Mißverhältnis von Leistung und Gegenleistung quantitativ sehr unterschiedlich sein kann und damit auch qualitativ einer Einheitsbeurteilung nicht zugänglich ist. De facto wird auch von der hM nicht in jedem Fall mit dem angeblich unentbehrlichen individuellen Unwerturteil Ernst gemacht (konsequent und deshalb krit allerdings CANARIS, Bankvertragsrecht Rz 1298 mwN). Das bedeutet freilich nicht, daß andere als objektive Merkmale für die Feststellung sittenwidriger Zinsvereinbarungen allgemein irrelevant wären. Das Gesetz zwingt nämlich zur **Unterscheidung dreier Fallgruppen:** Ein Mißverhältnis, das nicht „auffällig" ist – *erste Fallgruppe* – kann, wie § 138 Abs 2 zeigt, nicht die Sittenwidrigkeit begründen. Es ist sub specie § 138 irrelevant. Ein „auffälliges Mißverhältnis" – *zweite Fallgruppe* – macht den Vertrag noch nicht sittenwidrig, vielmehr müssen besondere Merkmale, zB die des § 138 Abs 2, hinzukommen. Dies schließt aber nicht aus, daß ein „grobes Mißverhältnis" – *dritte Fallgruppe* – bereits für sich allein das Verdikt der Sittenwidrigkeit begründet. Die Frage, ob es einer verwerflichen Gesinnung bedarf, ist bei der ersten Fallgruppe nicht zu stellen, bei der zweiten und bei der dritten Fallgruppe ist sie zu verneinen. Ihrem Kern nach erweist sich der Unterschied zwischen der zweiten und der dritten Fallgruppe als ein solcher von Regel und Ausnahme.

114 **b)** Aus diesen Überlegungen ergibt sich bereits eine **vorläufige Ordnung** der Merkmale (zur Auswertung vgl Rz 127 ff):

115 **aa)** Die **erste Fallgruppe – irrelevantes Mißverhältnis** zwischen Leistung und Gegenleistung – kann nur negativ abgegrenzt werden: Liegt weder ein „auffälliges" noch ein „grobes" Mißverhältnis vor, so ist auch ein nach wirtschaftlichen Gesichtspunkten zu hoch gewählter Zinssatz hinzunehmen. Der Grund besteht im Vorrang der Privatautonomie, in der der Vereinbarung prinzipiell innewohnenden „Richtigkeitsgewähr" (SCHMIDT-RIMPLER AcP 147 [1941] 130 ff; ders, FS Ludwig Raiser [1974] 5 ff) oder „Richtigkeitschance" (MANFRED WOLF, Rechtsgeschäftliche Entscheidungsfreiheit und vertraglicher Interessenausgleich [1970] 73 f, 81 f). Eine

richterliche iustum-pretium-Kontrolle ist dem geltenden bürgerlichen Recht deshalb im Grundsatz fremd (vgl Bydlinski, Privatautonomie und objektive Grundlagen des verpflichtenden Rechtsgeschäfts [1967] 103 ff, 151 ff; M Wolf, Rechtsgeschäftliche Entscheidungsfreiheit und vertraglicher Interessenausgleich [1970] 32 f; Bartholomeyczik AcP 166 [1966] 30 ff, 39 ff; historisch: Luig, Bemerkungen zum Problem des gerechten Preises bei Christian Thomasius, Gedenkschrift Riederer [1981] 167; vgl auch dens, FS Coing I [1982] 177 ff).

bb) Die **zweite Gruppe – auffälliges Mißverhältnis** – setzt nach hM neben dem objektiven Mißverhältnis noch ein qualifizierendes Unwerturteil voraus. Das meist genannte Merkmal der *verwerflichen Gesinnung* wird von der Praxis durchweg nicht tatsächlich festgestellt, sondern normativ verwässert. Eine verwerfliche Gesinnung soll schon in der Ausnutzung der schwächeren Lage des Zinsschuldners zum Vorteil des Zinsgläubigers liegen; dem wird es bereits gleichgestellt, wenn der Zinsgläubiger sich leichtfertig der Erkenntnis verschließt, daß sich der Zinsschuldner nur aufgrund seiner wirtschaftlich schwächeren Lage auf die Vereinbarung einlasse (RGZ 150, 1, 5; BGH NJW 1951, 397; WM 1956, 459, 460; NJW 1957, 1274; WM 1962, 112; WM 1966, 399 = Betrieb 1966, 660; WM 1971, 857, 858; WM 1979, 225 = NJW 1979, 805 = MDR 1979, 476 = BB 1979, 343 = Betrieb 1979, 979; WM 1979, 1209, 1211; WM 1979, 966 mAnm Scholz WM 1979, 1247 = NJW 1979, 2089 = BB 1979, 1469; WM 1980, 10 = NJW 1980, 445 = Betrieb 1980, 251; WM 1980, 892 = NJW 1980, 2074 mAnm Löwe = BB 1980, 1290 = ZIP 1980, 642 = MDR 1980, 827; WM 1980, 860 = NJW 1980, 2076 mAnm Löwe = BB 1980, 1292 = MDR 1980, 827; WM 1980, 1111 = NJW 1980, 2301 = Betrieb 1980, 2031; BGHZ 80, 153 = WM 1981, 353 mAnm Scholz WM 1981, 538 = BB 1981, 927 mAnm Kessler = ZIP 1981, 369 = NJW 1981, 1206 = JZ 1981, 344 = Betrieb 1981, 1080; WM 1981, 1050; OLG Stuttgart JZ 1975, 572 mAnm Krampe; KG WM 1979, 589, 590 = BB 1979, 447; WM 1980, 72; OLG Hamm WM 1980, 122 = NJW 1979, 2110 = BB 1979, 1119; WM 1980, 1324). Zum *Begriff der Leichtfertigkeit* vgl BGH WM 1956, 1229; 1962, 933, 934 f; 1966, 1148, 1149; 1966, 1150, 1151; 1975, 559, 560. Von einem Merkmal subjektiver Vorwerfbarkeit kann hierbei nur schwerlich gesprochen werden. Die Leichtfertigkeit ihrerseits ergibt sich nämlich aus den objektiven Marktgegebenheiten (vgl hierzu BGH WM 1979, 1209, 1211; KG WM 1979, 589 = 1979, 447). Der Sache nach geht es dieser Praxis nicht um ein *subjektives*, sondern um ein *individuelles* Merkmal: Da ein auffälliges Mißverhältnis nicht eo ipso die Nichtigkeit des Vertrags begründen kann (arg § 138 Abs 2), bedarf es stets der Einzelfallprüfung, ob unter Würdigung aller Umstände des Vertragsschlusses unter Berücksichtigung der wirtschaftlichen Verhältnisse der Parteien das Verdikt der Sittenwidrigkeit angebracht ist. Eine etwa vorhandene verwerfliche Gesinnung ist geeignet, das Sittenwidrigkeitsurteil zu begründen. Erforderlich ist sie nicht. 116

cc) Die **dritte Fallgruppe – grobes Mißverhältnis** – begründet nach hM ohne weiteres das Sittenwidrigkeitsurteil (vgl BGH WM 1971, 857, 858; OLG Karlsruhe BB 1958, 319; OLG Nürnberg MDR 1976, 399; OLGZ 1979, 215 = NJW 1979, 555 = BB 1979, 449; OLG Köln NJW 1979, 554; LG Berlin BB 1978, 15 mAnm Schulz; AG Mönchengladbach MDR 1962, 128 [Ls]). Gelegentlich heißt es stattdessen, die verwerfliche Gesinnung ergebe sich aus dem objektiven Mißverhältnis (RG JW 1936, 1281; BGH WM 1966, 399, 400; WM 1966, 832, 835; 1966, 1222, 1224; WM 1976, 1158, 1160; 1978, 1349, 1351; Betrieb 1981, 1131; KG WM 1975, 128, 129 = BB 1974, 1505 mAnm Scholz BB 1974, 1605; WM 1979, 589, 590 = BB 1979, 447; OLG Karlsruhe BB 1967, 1454, 1455; OLG Düsseldorf WM 1976, 1151, 1152; LG Frankfurt NJW 1978, 1925, 1927; LG Freiburg BB 1979, 1003, 1004). Diese extremen Mißverhältnisse werden teils als „besonders kraß" bezeichnet (BGH WM 1976, 1158), teils als „grob" (LG München I NJW 1976, 1978; LG Frankfurt NJW 1978, 117

1925 = BB 1979, 449) oder als „besonders grob" (OLG Stuttgart JZ 1979, 687 = BB 1979, 1168 mAnm KESSLER BB 1979, 1423 = NJW 1979, 2409 = VersR 1979, 1059 [Ls]). Im praktischen Ergebnis bedeutet dies, daß das Gesinnungsmerkmal entbehrlich ist (vgl auch zB HACKL BB 1977, 1412). Die Besonderheit des „groben" im Gegensatz zum lediglich „auffälligen" Mißverhältnis besteht eben darin, daß eine positive Festlegung individueller Sittenwidrigkeitsmerkmale entbehrlich ist. Der Tatbestand eines „groben" Mißverhältnisses und der dadurch bedingten Sittenwidrigkeit läßt sich *für den Regelfall* objektiv-generalisierend festlegen. Es gibt eine kritische Grenze, oberhalb derer Sittenwidrigkeit die Regel, Wirksamkeit dagegen die seltene Ausnahme ist. Aus der Zinshöhe allein läßt sich allerdings ein „grobes Mißverhältnis" nicht vorbehaltlos ableiten, weil neben dem Effektivzins (Rz 119 ff) auch sonstige Umstände berücksichtigt werden (Rz 133 ff). RGZ 110, 251 hat 500% Zinsen bei galoppierender Inflation als zulässig angesehen; die Geschäftsgrundlage einer solchen Zinsbestimmung entfällt aber, wenn sich die Währungssituation normalisiert.

118 **2. Der Effektivzinsvergleich**

Die Frage, ob ein „auffälliges" (Rz 116) oder „grobes Mißverhältnis" (Rz 117) von Leistung und Gegenleistung vorliegt, entscheidet sich *in erster Linie* nach einem **Effektivzinsvergleich.**

119 **a) Gegenstand der Effektivzinsvergleichung** sind die Kreditkosten (vgl auch zu § 1 PreisangabenVO den Katalog Rz 97). Ob die einzelnen Kreditkosten Zinsen im Rechtssinne sind, ist nicht entscheidend (BGH WM 1979, 225 = NJW 1979, 805 = MDR 1979, 476 = BB 1979, 343 = Betrieb 1979, 979; WM 1979, 270 = NJW 1979, 808 = MDR 1979, 476 = BB 1979, 444 = Betrieb 1979, 980; WM 1979, 1209; NJW 1979, 2089 = WM 1979, 966 mAnm SCHOLZ WM 1979, 1247 = BB 1979, 1469; WM 1980, 860 = NJW 1980, 2076 mAnm LÖWE = BB 1980, 1292 = MDR 1980, 827; WM 1980, 1111 = NJW 1980, 2301 = Betrieb 1980, 2031; WM 1981, 353 mAnm SCHOLZ WM 1981, 538 = ZIP 1981, 369 = JZ 1981, 344 = BB 1981, 927 mAnm KESSLER = Betrieb 1981, 1080 = NJW 1981, 1206; OLG Frankfurt BB 1979, 446 = VersR 1979, 651 [Ls]; OLG Köln [9. Senat] NJW 1968, 1933 mAnm SCHOLTEN; FREUND NJW 1977, 636; im Ergebnis ebenso RITTNER Betrieb 1980 Beil 16; CANARIS NJW 1978, 1891, 1894 f). *Mit dem „Zins" kann bei der Prüfung des § 138 nur die Gesamtbelastung des Schuldners gemeint sein,* nicht der Zins iS der Ausführungen bei Rz 7 bis 32. Daraus, daß ein Kostenbestandteil im Rahmen des § 138 zu berücksichtigen ist, kann nicht gefolgert werden, dies sei ein Zins (so aber anscheinend OLG Köln [3. Senat] NJW 1979, 221 = VersR 1979, 479); ebenso unrichtig ist die Folgerung, was nicht Zins sei, sei nicht zu beachten (so aber OLG Köln [14. Senat] WM 1973, 156; ähnlich OLG München NJW 1977, 152 mAnm FREUND und REICH NJW 1977, 636). Im einzelnen gilt folgendes:

120 **aa)** Einzubeziehen sind zunächst **Kreditkosten mit Zinscharakter.** Das sind in erster Linie **die nominellen Zinsen** bzw. beim Teilzahlungskredit die **Kreditgebühren** (Rz 24; BGH WarnR 1975 Nr 142 = WM 1975, 889 = BB 1975, 1129 = JR 1976, 17 = MDR 1975, 1010 = Betrieb 1975, 1932; NJW 1979, 540; WM 1980, 892 = NJW 1980, 2074 mAnm LÖWE = ZIP 1980, 642 = MDR 1980, 827 = BB 1980, 1290; KG WM 1975, 128 = BB 1974, 1505 mAnm SCHOLZ BB 1974, 1605; WM 1979, 589 = BB 1979, 889; OLG Köln NJW 1968, 1933 mAnm SCHOLTEN; OLG Nürnberg MDR 1976, 399; OLG Düsseldorf MDR 1976, 663; OLG Frankfurt WM 1978, 1216 = MDR 1978, 139; AG Frankfurt MDR 1969, 47; AG Hamburg MDR 1975, 662). Andere

Kreditkosten können im Einzelfall Zinsen sein (Rz 25 ff) und sind dann ebenfalls ohne weiteres einzurechnen.

bb) In vollem Umfange einzubeziehen sind, unabhängig von ihrer Rechtsnatur, auch 121
diejenigen Kreditkosten, mit denen ein **betriebsinterner Verwaltungsaufwand** des Gläubigers abgegolten werden soll. Für den Wuchertatbestand stellt bereits der Wortlaut des § 138 Abs 2 dies klar. Die Gläubigerleistung und die Vermögensopfer des Schuldners, nicht nur seine Gegenleistung im rechtstechnischen Sinne, werden einander gegenübergestellt (Staudinger-Dilcher § 138 Rz 98). Dasselbe gilt für das auffällige Mißverhältnis iS des Tatbestands des wucherähnlichen Geschäftes (zur Abgrenzung vom Wucher vgl Rz 111 sowie Staudinger-Dilcher § 138 Rz 41). In den vergleichenden Effektivzinssatz einzurechnen sind somit insbesondere die sogenannten **Antrags- und Bearbeitungsgebühren** (vgl nur BGH WM 1975, 889 = WarnR 1975 Nr 142 = BB 1975, 1129 = MDR 1975, 1010 = Betrieb 1975, 1932; KG WM 1975, 128 = BB 1974, 1505 mAnm Scholz BB 1974, 1605; WM 1979, 589 = BB 1979, 447; WM 1982, 921 = NJW 1982 2433 = ZIP 1982, 1047; OLG Nürnberg MDR 1976, 399; OLG Düsseldorf WM 1976, 1151; OLG Frankfurt WM 1978, 1216 = MDR 1978, 139; BB 1979, 446 = VersR 1979, 651 [Ls]); ebenso das **Disagio,** selbst wenn es, was im einzelnen str ist (Rz 23), kein Zins sein sollte (BGH WM 1956, 459 = BB 1956, 318 = Betrieb 1956, 326; WM 1956, 1353 = Betrieb 1956, 1010; OLG Karlsruhe Betrieb 1967, 1454; vgl auch zum „Auszahlungsabschlag" LG München I NJW 1976, 1978; Grützbach BB 1964, 1367, 1368; ebenso die „Grundsätze zur Berechnung des effektiven Jahreszinses", vgl Rz 97; aA, aber unrichtig, OLG Köln WM 1973, 156).

cc) Vermittlungsgebühren, also *Kreditmaklerkosten oder Darlehnsbeschaffungsprovisionen* (OLG Düsseldorf WM 1976, 1151) müssen nach ganz hM *ohne Abzug in die Betrachtung einbezogen* werden (BGH WM 1956, 1353 = Betrieb 1956, 1010; WM 1980, 892 = ZIP 1980, 642 = NJW 1980, 2074 mAnm Löwe = MDR 1980, 827 = BB 1980, 1290; BGHZ 80, 153 = WM 1981, 353 mAnm Scholz WM 1981, 538 = BB 1981, 927 mAnm Kessler = ZIP 1981, 369 = JZ 1981, 344 = NJW 1981, 1206 = Betrieb 1981, 1080; KG WM 1975, 128 = BB 1974, 1505 mAnm Scholz BB 1974, 1605; OLG München NJW 1966, 836; OLG Nürnberg [7. Senat] MDR 1976, 399; OLG Düsseldorf aaO; OLG Frankfurt WM 1978, 1216 = MDR 1978, 139; OLG Stuttgart NJW 1979, 2409 = JZ 1979, 687 = BB 1979, 1168 mAnm Kessler BB 1979, 1423 = VersR 1979, 1039 [Ls]; OLG Hamburg NJW 1982, 942, 943; LG Frankfurt NJW 1978, 1925 = BB 1979, 449; LG Osnabrück WM 1981, 1066; Lammel BB Beil 8/1980 S 10; von Olshausen NJW 1982, 909; **aA** OLG München NJW 1977, 152 m krit Anm Freund und Reich 636; ausführlich und differenzierend Canaris, Bankvertragsrecht Rz 1300). An dieser immer noch umstrittenen hM ist festzuhalten. Es entscheidet die Gesamtwürdigung der vom Kreditnehmer zu erbringenden Vermögensopfer (vgl auch BGH WM 1979, 960 mAnm Scholz 1247 = NJW 1979, 2089 = BB 1979, 1469). Daß der Kreditvermittler eine eigenständige geldwerte Leistung erbringt, schließt die Gebühr nicht von der Anrechnung aus (aM Scholz BB 1974, 1605; s auch Canaris, Bankvertragsrecht Rz 1300 sowie Zwanzig BB 1980, 1286). Das Argument, Kreditgeber und Kreditvermittler träten dem Kunden als Einheit gegenüber (LG Freiburg BB 1979, 1003), ist in diesem Zusammenhang eher mißverständlich, denn es geht nicht um Verhaltenszurechnung, sondern um den notwendigen Bedingungszusammenhang zwischen den vom Kreditnehmer zu erbringenden Opfern. Auch die „Grundsätze zur Berechnung des effektiven Jahreszinses" (Rz 97) sprechen sich für eine Berücksichtigung der Vermittlungsgebühren aus. 122

dd) Umstritten ist die Berücksichtigung der Kosten einer **Restschuldversicherung.** 123
Der Streit wird sowohl um das Ob (Rz 124 ff) als auch um das Wie (Rz 126) der

Berücksichtigung geführt. Vorweg ist zu betonen, daß die *Restschuldversicherung* nicht mit der *Kreditversicherung* verwechselt werden darf (H Schulz TZW 6/1978, 21): Eine Kreditversicherung sichert den Kreditgeber gegen Ausfälle bei notleidenden Krediten (zum Rechtstatsächlichen vgl eingehend Rittner Betrieb Beil 16/1980). Eine Restschuldversicherung ist dagegen eine Lebensversicherung zur Abdeckung von Ratenverbindlichkeiten. Nutznießer der Restschuldversicherung ist damit nicht – jedenfalls nicht nur – der Kreditgeber. Dies schließt jedoch die Berücksichtigung im Rahmen der Kreditkosten nicht a limine aus.

124 **aaa)** Die überwiegende **Rechtsprechung** steht auf dem Standpunkt, daß die Restschuldversicherung in die Betrachtung einbezogen werden muß (BGH WM 1979, 270 = NJW 1979, 808 = MDR 1979, 476 = BB 1979, 444 = Betrieb 1979, 980; WM 1979, 966 mAnm Scholz WM 1979, 1247 = NJW 1979, 2089 = BB 1979, 1469; WM 1980, 892 = ZIP 1980, 642 = NJW 1980, 2074 mAnm Löwe = BB 1980, 1290 = MDR 1980, 827; WM 1980, 1111 = NJW 1980, 2301 = Betrieb 1980, 2031; BGHZ 80, 153 = WM 1981, 353 mAnm Scholz WM 1981, 538 = BB 1981, 927 mAnm Kessler = ZIP 1981, 369 = NJW 1981, 1206 = Betrieb 1981, 1080; BGH WM 1982, 921 = NJW 1982, 2433 = ZIP 1982, 1047; KG WM 1975, 128 = BB 1974, 1505 mAnm Scholz BB 1974, 1605; WM 1979, 589 = BB 1979, 447; OLG Nürnberg [7. Senat] MDR 1976, 399; OLG Frankfurt WM 1978, 1216 = MDR 1978, 139; BB 1979, 446 = VersR 1979, 651 [Ls]; OLG Stuttgart JZ 1979, 687 = NJW 1979, 2409 = BB 1979, 1168 mAnm Kessler BB 1979, 1423 = VersR 1979, 1039 [Ls]; OLG Hamm [11. Senat] WM 1980, 122 = NJW 1979, 2110 = BB 1979, 1119; LG Berlin BB 1978, 15 mAnm Schulz; LG Frankfurt NJW 1978, 1925 = BB 1979, 449; LG Bielefeld BB 1980, 14; LG Osnabrück WM 1981, 1066). In anderen Gerichtsentscheidungen wurde eine Berücksichtigung der Restschuldversicherungskosten abgelehnt (OLG München WM 1977, 490 = NJW 1977, 152 mAnm Freund und Reich NJW 1977, 636 = MDR 1976, 930; OLG Frankfurt BB 1979, 446; OLG Köln NJW 1979, 221 = VersR 1979, 479; OLG Nürnberg [5. Senat] OLGZ 1979, 211 = MDR 1979, 755 = Betrieb 1979, 1404; OLG Hamm [11. Senat] WM 1980, 1324; OLG München/Augsburg BB 1980, 1825; LG München I MDR 1976, 399). Die Meinungen im **Schrifttum** über die Anrechenbarkeit dieser Kosten sind geteilt (*für Anrechnung* zB: Freund NJW 1977, 636; Reich NJW 1977, 636, 637; Lammel BB Beil 8/1980, 9 f; Otto NJW 1982, 2748; Erman-Brox § 138 Rz 72; BGB-RGRK-Krüger-Nieland-Zöller § 138 Rz 108; *gegen Anrechnung:* Scholz BB 1974, 1605; MDR 1976, 281; Weber NJW 1980, 2062; Ott BB 1981, 937, 942; Grundsätze zur Berechnung des effektiven Jahreszinses [Rz 97]; *differenzierend:* Rittner Betrieb Beil 16/1980; ders Betrieb 1981, 1381, 1382; Canaris, Bankvertragsrecht Rz 1300; ders NJW 1978, 1895: Berücksichtigung nur im Rahmen einer Gesamtwürdigung).

125 **Stellungnahme:** Nach den grundlegenden Ausführungen von Canaris und Rittner sollte klar getrennt werden zwischen dem **Ob** und dem **Wie** der Berücksichtigung. Hinsichtlich des **Ob** sollte nicht einfach darauf abgestellt werden, ob Zinsen im Rechtssinne vorliegen, was nach Rz 27 zu verneinen ist (vgl aber Weber NJW 1980, 2062; Ott BB 1981, 937, 942). Es sollte auch nicht auf das Vorhandensein zweier selbständiger gegenseitiger Verträge abgestellt werden (vgl aber Rittner Betrieb Beil 16/1980, 8 ff). Kein *begriffs*notwendiger Zusammenhang besteht auch zwischen dem auf Information des Kreditnehmers zielenden Effektivzinsbegriffs der PreisangabenVO und des § 1 a AbzG auf der einen und der Einrechnung der Restschuldversicherung im Rahmen des § 138 auf der anderen Seite. Im Ergebnis kommt es aber auch hier auf die Zusammengehörigkeit der Angebote an: Immer dann, wenn die Restschuldversicherung als Annex zum Kreditvertrag angesehen werden muß, ist sie auch in die Prüfung des Kreditvertrags am Maßstab des § 138 einzubeziehen (so im Ergebnis etwa BGH BB 1980, 1290 = NJW 1980, 2074 mAnm Löwe = WM 1980, 892

= ZIP 1980, 642; KG BB 1979, 447 = WM 1979, 589; OLG Nürnberg MDR 1976, 399; LG München I MDR 1976, 399; REICH NJW 1977, 636; SCHULZ BB 1978, 16; PEETZ ZIP 1980, 607). Beruht die Restschuldversicherung auf dem freien Entschluß des Kreditnehmers, so kann sie ausscheiden (vgl LG München I aaO). Sie scheidet aber nicht schon dann aus, wenn der Kreditgeber den Kredit mit und ohne Restschuldversicherung anbietet; es genügt für die Berücksichtigung, daß die Restschuldversicherung dem Kreditnehmer nahegelegt wird (BGH aaO).

bbb) Die **entscheidende Frage** besteht darin, **wie** die Kosten der Restschuldversicherung zu berücksichtigen sind. Da der Nutzen dieser Leistung in erster Linie dem Kreditnehmer zugutekommt, stellt sich die Frage der **Vorteilskompensation.** Dem Kreditnehmer bzw seinen Rechtsnachfolgern nimmt die Versicherung uU das Kreditrisiko ab. Er wird im Versicherungsfall befreit, ohne die Verwertung seines Vermögens dulden zu müssen (SCHOLZ BB 1974, 1605; ders MDR 1976, 281; OTT BB 1981, 937, 942). Versicherungsfall ist im allgemeinen der Tod des Schuldners. Aber auch weitere Gefahren können versichert sein, zB Arbeitsunfähigkeit (vgl im einzelnen VerBAV 1978, 203 ff). Trotz dieser Vorteile verbietet sich eine vollständige Kompensation. Die Bedeutung, welche die Restschuldversicherung für den Gläubiger hat, wird allerdings unterschiedlich veranschlagt (vgl nur CANARIS, Bankvertragsrecht Rz 1300; HACKL BB 1977, 1412, 1414; RITTNER Betrieb Beil 16/1980, 10; alle mwN). In der Praxis beginnt sich die *hälftige Einbeziehung in den Effektivzinsvergleich* durchzusetzen (vgl BGHZ 80, 153 = WM 1981, 353 mAnm SCHOLZ WM 1981, 538 = BB 1981, 927 mAnm KESSLER = ZIP 1981, 369 = NJW 1981, 1206 = Betrieb 1981, 1080; BGH WM 1982, 921 = NJW 1982, 2433 = ZIP 1982, 1047; WM 1982, 1023, 1024; OLG Stuttgart JZ 1979, 687 = NJW 1979, 2409, = BB 1979, 1168 mAnm KESSLER BB 1979, 1423 = VersR 1979, 1039 [Ls]; LG Bielefeld BB 1980, 14). Diese Auffassung versteht sich als ein Versuch, die beiderseitigen Vorteile zu pauschalieren. Sie ist in den praktischen Ergebnissen vor allem dann zweifelhaft, wenn man – wie der BGH – den konkreten Kredit mit anderen versicherten (nicht mit unversicherten!) Krediten vergleicht (vgl die Kritik von CANARIS, Bankvertragsrecht Rz 1300 Fn 52 sowie unten Rz 132). Nach den Überlegungen von RITTNER und CANARIS führe die Praxis besser, wenn sie die Kosten der Restschuldversicherung nicht in den Effektivzinsvergleich, sondern nur in eine elastische *Gesamtwürdigung* einbezöge. Im Ergebnis entspricht das wohl auch der bei Rz 132 geschilderten Tendenz der Rechtsprechung. KG ZIP 1982, 555 läßt die Prämie für die Restschuldversicherung außer Betracht, wenn die Prämie als Entgelt für den Versicherungsschutz angemessen ist. Diese isolierte Würdigung soll sich wohl daraus ergeben, daß der BGH auf das angemessene Entgelt für versicherte Kredite abstellt. Sie entspricht aber schwerlich der Auffassung des BGH. 126

b) Die **Ergebnisse der Effektivzinsfeststellung** können nach dem bei Rz 116 ff Gesagten nicht in allen Fällen letztverbindlich über die Vertragswirksamkeit entscheiden. Dies können sie nur, wenn die Effektivzinsfeststellung allein schon zu dem Ergebnis führt, daß ein grobes Mißverhältnis iS von Rz 117 vorliegt. In diesen Fällen wird hier von absoluter Sittenwidrigkeit gesprochen (Rz 128). Von ihr zu unterscheiden sind die indizierte Sittenwidrigkeit (Rz 129) und die relative Sittenwidrigkeit (Rz 130). Zu den hierbei zu berücksichtigenden Umständen vgl Rz 133 ff. 127

aa) Der Fall der **absoluten Sittenwidrigkeit** kann entweder marktzinsabhängig oder durch Angabe absoluter Höchstzinssätze abgegrenzt werden. Die hM nennt absolute Höchstzinssätze. Im Umgang mit solchen Höchstsätzen ist Vorsicht geboten (vgl CANARIS, Bankvertragsrecht Rz 1298). Eine absolute Zahl kann nur unter engen Voraussetzungen ein „grobes Mißverhältnis" iS von Rz 117 belegen. Als *ohne weiteres sittenwidrig* wurden von der Rechtsprechung in Zeiten unterschiedlichen 128

Zinsniveaus im einzelnen folgende *absolute Zinssätze* angesehen: *114,3%* (BGH WM 1966, 399 = Betrieb 1966, 660), *72,32%* (OLG Düsseldorf WM 1976, 1151), *61,4%* (LG München I NJW 1976, 1978), *58,5%* (OLG Frankfurt WM 1978, 1216 = MDR 1978, 139), *56%* (BGH BB 1954, 174), *51%* (BGH WM 1978, 1349), *50%* (BGH WM 1981, 353 mAnm SCHOLZ WM 1981, 538 = BB 1981, 927 mAnm KESSLER = JZ 1981, 344 = ZIP 1981, 369 = NJW 1981, 1206 = Betrieb 1981, 1080), *45%* (BGH BB 1962, 156), *41%* (KG WM 1975, 128 = BB 1974, 1505 mAnm SCHOLZ BB 1974, 1605), *40%* (BGH WM 1971, 857; WM 1978, 1349; WM 1981, 353 = aaO; OLG Karlsruhe BB 1958, 319; Betrieb 1967, 1454; OLG Nürnberg MDR 1976, 399; OLGZ 1979, 215 = NJW 1979, 555 = BB 1979, 449; LG Freiburg MDR 1980, 844), *38,51%* (KG WM 1979, 589 = BB 1979, 447), *38%* (AG Hamburg MDR 1975, 662), *34,31%* (LG Frankfurt NJW 1978, 1925 = BB 1979, 499), *33,36%* (LG Berlin BB 1978, 15 mAnm SCHULZ), *33,23%* (LG Freiburg BB 1979, 1003), *31,2%* (AG Frankfurt MDR 1969, 47), *30%* (AG Mönchengladbach MDR 1962, 128 [Ls]), *29%* (OLG Köln NJW 1979, 554) und *25,37%* (LG Bielefeld BB 1980, 14). Bei all dem kann es sich nur um grobe Richtwerte handeln. Auch ist das Institut der „absoluten Sittenwidrigkeit" insofern zu relativieren, als es **nur unter Normalbedingungenn** gelten kann. Unter der galoppierenden Inflation wurde, wie bei Rz 117 aE hervorgehoben, ein Zinssatz von 500% als zulässig angesehen. Den **Versuch eines marktzinsabhängigen Maßstabes** für absolute Sittenwidrigkeit macht das OLG Stuttgart (JZ 1979, 687 = NJW 1979, 2409 = BB 1979, 1168 mAnm KESSLER BB 1979, 1423 = VersR 1979, 1039 [Ls]; zustimmend BACHMANN NJW 1979, 2082). Es hält den *doppelten Marktzins* für schlechthin sittenwidrig. Diese Methode (Bestimmung der kritischen Zinsrelation) wird de lege ferenda diskutiert (vgl BENDER NJW 1980, 1129, 1132 f; REICH JZ 1980, 329, 335). De lege lata wird sie überwiegend abgelehnt (vgl die Revisionsentscheidung BGHZ 80, 153 = WM 1981, 353 mAnm SCHOLZ WM 1981, 538 = BB 1981, 927 mAnm KESSLER = JZ 1981, 344 = ZIP 1981, 369 = NJW 1981, 1206 = Betrieb 1981, 1080; HADDING, Gutachten 229; CANARIS, Bankvertragsrecht Rz 1298; ders ZIP 1980, 716 f; KOCHENDÖRFER NJW 1980, 215, 216; OTT BB 1981, 937, 938; RITTNER Betrieb Beil 16/1980, 11 f; ders Betrieb 1981, 1381). *Für das geltende Recht kann der vom OLG Stuttgart behauptete Rechtssatz so nicht anerkannt werden,* obleich der Einfluß des Marktzinses auf den höchstzulässigen Zins unbestreitbar ist (vgl OLG Hamm WM 1980, 1324, 1325). Die strikten Rechtsfolgen absoluter Sittenwidrigkeit lassen sich aus der Relation zum Marktzins nicht ausnahmslos ablesen. Der doppelte Marktzins kann nämlich ausnahmsweise noch zu rechtfertigen sein, wenn Rechtfertigungsgründe vorliegen. Das könnte insbesondere während einer extremen Niedrigzinsphase der Fall sein, in der Kosten oder Risiken des Gläubigers relativ stärker ins Gewicht fallen. Ist er in Niedrigzinsperioden zu streng, so kann dieser Maßstab in Hochzinsperioden zu milde sein. Hier kann Sittenwidrigkeit bereits sehr viel früher vorliegen.

129 **bb)** Die **indizierte Sittenwidrigkeit** (zweite Fallgruppe) und die **relative Sittenwidrigkeit** (dritte Fallgruppe, Rz 130) ergeben sich noch nicht zwingend aus dem Effektivzins. *Diese Fallgruppen unterscheiden sich hinsichtlich Regel und Ausnahme:* Die indizierte Sittenwidrigkeit wird wie die absolute Sittenwidrigkeit behandelt, sofern keine Rechtfertigungsgründe die gewählte Zinsgestaltung legitimieren. Bei der relativen Sittenwidrigkeit rechtfertigen erst weitere positive Sittenwidrigkeitsindizien das Unwerturteil (Rz 130). *In der Praxis lassen sich diese Unterfallgruppen nicht scharf trennen,* weil im Einzelfall durchaus gleichzeitig sowohl weitere Sittenwidrigkeitsindizien, als auch besondere Rechtfertigungsgründe vorliegen können (charakteristisch BGH WM 1979, 270 = NJW 1979, 808 = BB 1979, 444 = MDR 1979, 476 = Betrieb 1979, 980). Die Vielfalt der Sachverhalte und die Notwendigkeit einer Gesamtwürdigung jedes Falls trotzt der Systematisierung. Auch bleibt, wo im

Ergebnis Sittenwidrigkeit angenommen und das Fehlen von Rechtfertigungsgründen festgestellt wird, nicht selten offen, ob ein Rechtfertigungsgrund, namentlich also ein besonderes Gläubigerrisiko, wirklich etwas am Unwertbefund geändert hätte. So etwa in den Entscheidungen BGH WM 1956, 459 = BB 1956, 318 = Betrieb 1956, 326 *(39,56%)*; OLG München NJW 1966, 836 *(43,9%)*; OLG Frankfurt ZIP 1980, 868 *(28,45%)*; LG Osnabrück WM 1980, 1066 *(28,41%)*; Fälle, in denen Sittenwidrigkeit gerade wegen eines Rechtfertigungsgrundes verneint wurde, sind zB die folgenden Entscheidungen: BGH WM 1956, 1353 = Betrieb 1956, 1010 *(25,82%)*; WM 1966, 1221 = LM Nr 15 zu § 138 (Aa) BGB = WarnR 1966 Nr 207 = JR 1967, 19 = MDR 1967, 119 = Betrieb 1966, 1884 = BWNotZ 1967, 28 [Ls] = WPg 1967, 263 [Ls] = BB 1966, 1322 *(32,52%)*; WM 1975, 889 = BB 1975, 1129 = WarnR 1975 Nr 142 = JR 1976, 17 = MDR 1975, 1010 = Betrieb 1975, 1932 *(25,3%)*; OLG Köln MDR 1964, 502 = Betrieb 1964, 216 = BB 1964, 1061 = JMBlNRW 1964, 101 *(25%)*; NJW 1968, 1934 = JMBlNRW 1969, 92 *(23%–24%)*; NJW 1979, 221 = VersR 1979, 479 *(29,96%)*; OLG Frankfurt WM 1978, 1216 = MDR 1978, 139 *(27,33%)*; OLG Nürnberg OLGZ 1979, 211 = MDR 1979, 755 = Betrieb 1979, 1404 *(22%)*; LG Bielefeld BB 1980, 16 *(28,42–29,15%)*. Hier mag im Einzelfall zweifelhaft sein, ob die Konditionen überhaupt *rechtfertigungsbedürftig* waren.

cc) Als **Fälle der relativen Sittenwidrigkeit** oder potentiellen Sittenwidrigkeit werden 130
hier diejenigen Fälle bezeichnet, bei denen zu dem auffälligen Mißverhältnis noch zusätzliche Sittenwidrigkeitsindizien hinzutreten müssen. Hierher gehören Entscheidungen, bei denen Sittenwidrigkeit verneint wurde, weil neben dem Effektivzins keine relevanten Umstände ersichtlich waren. Dieser Befund gilt für die Entscheidungen BGH WM 1965, 918 *(20% Zins + 5% Bearbeitungsgebühr)*; NJW 1979, 540 *(22,23%–24,68%)*; WM 1980, 10 = NJW 1980, 445 = Betrieb 1980, 251 *(22,1%–22,2%)*; KG WM 1980, 72 *(26,16%)*; OLG Frankfurt WM 1978, 1218 = MDR 1978, 930 *(25,85%)*; BB 1979, 446 = VersR 1979, 651 [Ls] *(24,5%)*. Ebenfalls in diese Reihe gehören Entscheidungen, in denen ausnahmsweise ausdrücklich festgestellt wird, daß die Effektivzinsgestaltung für sich allein noch nicht auffällig ist (so bei *27,1%* BGH WM 1979, 270 = NJW 1979, 808 = MDR 1979, 476 = BB 1979, 444 = Betrieb 1979, 980; bei *22,8%* OLG München WM 1977, 490 = NJW 1977, 152 mAnm Freund und Reich NJW 1977, 636 = MDR 1976, 930; bei *23%* LG Freiburg MDR 1980, 844). Aber auch aus Entscheidungen, die die Voraussetzungen der Sittenwidrigkeit positiv begründen, läßt sich der Stellenwert, der der Effektivzinsgestaltung von der Rechtsprechung in concreto beigelegt wird, oft nicht eindeutig ablesen. So, wenn neben der Effektivzinsgestaltung weitere Sittenwidrigkeitsindizien (vgl dazu Rz 133 ff) vorlagen, etwa der Effektivzins nicht richtig angegeben wurde oder die Verzugsregelungen unangemessen waren. Hier wird nämlich zumeist nicht offenbart, welches Gewicht den drei Komponenten Effektivzins, weitere Sittenwidrigkeitsindizien und Rechtfertigungsgründe bei der Entscheidungsfindung zugekommen ist. Vgl hierzu die Entscheidungen BGH WM 1979, 1209 *(25,85%–33,3%)*; WM 1979, 966 mAnm Scholz WM 1979, 1247 = NJW 1979, 2089 = BB 1979, 1469 *(32,73%)*; WM 1980, 892 = NJW 1980, 2074 mAnm Löwe = ZIP 1980, 642 = BB 1980, 1290 = MDR 1980, 827 *(32%)*; WM 1980, 1111 = NJW 1980, 2301 = Betrieb 1980, 2031 *(30,11%)*; OLG Hamm WM 1980, 122 = NJW 1979, 2110 = BB 1979, 1119 *(38,63%–40,23%)*; WM 1980, 1324 *(22,6%–23,8%)*.

c) Soweit nicht ausnahmsweise ein Fall absoluter Sittenwidrigkeit vorliegt, der unter 131
ökonomischen Normalbedingungen weitere Überlegungen überflüssig macht (Rz 128), wird der Effektivzins **im Wege eines sog Marktvergleichs** beurteilt (BGHZ 80, 153, 162 = BB 1981, 927 mAnm Kessler = NJW 1981, 1206 = WM 1981, 353 mAnm Scholz 538 = ZIP 1981, 369: BGH WM 1979, 270 = NJW 1979, 808 = MDR 1979, 476 = BB 1979, 444 = Betrieb 1979, 980; WM 1980, 892 = NJW 1980, 2074

mAnm Löwe = ZIP 1980, 642 = BB 1980, 1290 = MDR 1980, 827; NJW 1980, 2076 mAnm Löwe = WM 1980, 860 = MDR 1980, 827 = BB 1980, 1292; WM 1982, 1021,1022; OLG Köln NJW 1979, 554; LG Bielefeld BB 1980, 14; Soergel-Lippisch-Häuser § 608 Rz 3). Der *Anteil der generellen und der individuellen Merkmale* bei diesem Marktvergleich ist zweifelhaft und durch die Grundsatzentscheidung des BGH v 12. 3. 1981 (BGHZ 80, 153 = aaO) nur unvollkommen geklärt (eingehend nach Drucklegung Derleder NJW 1982, 2401 ff). Ausgangspunkt jedes echten Marktvergleichs muß die *Abgrenzung des relevanten Marktes* sein. Ob es einen Sondermarkt für Teilzahlungsbanken gibt, ist außerordentlich str. Die neuere Rspr neigt zur Verneinung (vgl eingehend BGHZ 80, 153, 162 ff = aaO; BGH WM 1982, 919 = NJW 1982, 2436 = ZIP 1982, 1044; OLG Hamburg NJW 1982, 942, 943; BGB-RGRK-Krüger-Nieland-Zöller § 138 Rz 112; Hörmann-Holzscheck BB 1982, 1886; **aM** etwa KG WM 1980, 72, 74; Canaris, Bankvertragsrecht Rz 1297; Scholz BB 1982, 1890; eingehend Zwanzig BB 1980, 1282 ff mit umfassenden Nachweisen). Der BGH sieht sich indes durch die Ablehnung eines Sondermarktes nicht gehindert, im Zuge der Gesamtwürdigung (Rz 132) doch Besonderheiten der Kosten- und Risikostruktur der Teilzahlungsbanken zu berücksichtigen (vgl auch Münstermann WM 1982, 1070). Er bedient sich dieses Gesichtspunkts im Grunde nur, um die **Berücksichtigung des „Schwerpunktzinses“** nach der Statistik der DBB zu rechtfertigen. Die ganz überwiegende Praxis bedient sich bei der Würdigung des ermittelten Effektivzinses dieses „Schwerpunktzinses“ (vgl mwN BGHZ 80, 153, 162 = aaO; BGH WM 1982, 742; 1982, 1023 f; OLG Stuttgart wistra 1982, 36; OLG Hamburg NJW 1982, 942; Soergel-Lippisch-Häuser § 608 Rz 8; Otto NJW 1982, 2746). Die Eignung dieser statistischen Größe gerade für den Marktvergleich auf dem Gebiet der Teilzahlungsbanken ist sehr str (abl etwa OLG München FLF 1980, 223; LG Freiburg MDR 1980, 844; Kessler BB 1979, 1424; Kochendörfer NJW 1980, 215; Weber NJW 1980, 2062; Ott BB 1981, 937, 941; Hohendorf BB 1982, 1208; s auch Rittner Betrieb-Beil 16/1980, 12). Der Kritik ist entgegenzuhalten, daß der Schwerpunktzins nicht iS endgültiger Verbindlichkeit, sondern nur iS einer generalisierenden Vorprüfung herangezogen wird.

132 Im Ergebnis gesteht aber der BGH in seiner Grundsatzentscheidung v 12. 3. 1981 doch *Sonderbedingungen für den Teilzahlungskreditvertrag* zu (vgl eingehend und krit zu den Unstimmigkeiten des Urt von Olshausen NJW 1982, 909 ff; nach Drucklegung Derleder NJW 1982, 2401 ff): Nachdem er zunächst einen Sondermarkt verneint und die Kreditvermittlungkosten vollständig (Rz 122) sowie die Restschuldversicherungsprämie hälftig (Rz 126) in die Effektivzinsberechnung einbezogen hat, vergleicht er den vermittelten nicht einfach mit einem nicht vermittelten Kredit. Die **endgültige Gesamtwürdigung** erfolgt vielmehr im Wege folgenden Marktvergleichs: Entweder werden entsprechende (also vermittelte und mit Restschuldversicherung verbundene) Kredite zum Vergleich herangezogen, oder es werden andere (also nicht vermittelte und nicht versicherte) Kredite zum Vergleich herangezogen, dann aber unter zusätzlicher Berücksichtigung der für die Kreditvermittlung und für die Restschuldversicherung erbrachten beiderseitigen Leistungen. Von Olshausen hat anhand von Rechenbeispielen belegt, daß diese Methode mit der Ablehnung eines Sondermarktes unvereinbar und nach dem verbraucherschützenden Ansatz des Grundsatzurteils inkonsequent ist. Richtig ist, daß eine Klärung noch aussteht. Das gilt auch nach dem Stand dreier nach Drucklegung veröffentlichter BGH-Urteile v 8. 7. 1982 (NJW 1982, 2433 = WM 1982, 921 = ZIP 1982, 1047; NJW 1982, 2436 = WM 1982, 919 = ZIP 1982, 1044; WM 1982, 1023). Der III. Zivilsenat hat in diesen Entscheidungen ausdrücklich offen gelassen, ob daran festgehalten werden soll, daß trotz Ablehnung eines Sondermarkts für Teilzahlungsbanken (Rz 131) der vermittelte Teilzahlungskredit mit einem nichtvermittelten

Kredit verglichen werden soll. Er hat aber für die Restschuldversicherung daran festgehalten, daß der versicherte Kredit ,,nicht ohne weiteres" einem Kredit ohne Restschuldversicherung gegenübergestellt werden kann (vgl wörtlich im Urt III ZR 60/81 und sinngemäß in beiden Parallelentscheidungen): ,,Für den Marktvergleich muß vielmehr entweder die anrechenbare Restschuldversicherungsprämie bei dem zu überprüfenden Kredit abgesetzt oder beim Marktzins zugeschlagen werden (BGHZ 80, 153, 169/70). An dieser Auffassung hält der Senat jedenfalls für die Restschuldversicherung fest, weil sie nicht nur der kreditgewährenden Bank, sondern auch dem Kreditnehmer Vorteile bieten." Dieser Standpunkt klärt die Rechtslage nicht. Er ist auch argumentativ nicht haltbar. Da nämlich die Vorteile des Kreditnehmers schon vorab dadurch berücksichtigt sind, daß die Versicherungsprämien bei dem Effektivzinsvergleich nur teilweise in Ansatz gebracht werden (Rz 126), berücksichtigt der III. Zivilsenat diesen Vorteil zu Unrecht doppelt. Der Teil der Versicherungsprämie, den der Senat in Ansatz bringt, verdient keine andere Behandlung als die Vermittlungsgebühr. Die Urteile v 8. 7. 1982 werden damit der insbesondere von VON OLSHAUSEN vorgetragenen Kritik nicht gerecht, sondern tragen nur weiter zur Unklarheit bei (vgl zu den Urteilen auch MÜNSTERMANN WM 1982, 1070 ff). Der Marktvergleich so, wie er vom III. Senat durchgeführt wird, entbehrt immer noch der logischen Schlüssigkeit. Will der Senat an seinem Lösungskonzept festhalten, so sollte er künftig deutlich aussprechen, daß und warum er im Ergebnis doch Sonderregeln für die Teilzahlungsbanken befürwortet. Dann könnte er die Restschuldversicherung aus dem Effektivzinsvergleich herausnehmen und sie nur noch in die Gesamtwürdigung einbeziehen (Rz 126). Beschreitet er diesen Weg nicht, so sollte er der Auffassung von VON OLSHAUSEN folgen. Einstweilen muß festgehalten werden, daß die Ablehnung eines Sondermarktes für Teilzahlungsbanken, so, wie sie vom BGH verstanden wird, nur die überschlägige Heranziehung des ,,Schwerpunktzinses" rechtfertigen kann und die Berücksichtigung der individuellen Leistungen des Kreditgebers nicht ausschließt.

3. Berücksichtigung weiterer Umstände 133

Da eine Gesamtwürdigung entscheidet (statt vieler BGH WM 1982, 1022 und 1023; PALANDT-HEINRICHS § 138 Anm 1 c; kritischer Überblick bei JOERGES 81 ff), müssen außerhalb der Fälle absoluter Sittenwidrigkeit (Rz 128; s auch zum ,,groben Mißverhältnis" Rz 117) im Einzelfall die besonderen Umstände des konkreten Geschäfts berücksichtigt werden, wobei zwischen indizierter (Rz 129) und nur relativer oder potentieller Sittenwidrigkeit (Rz 130) unterschieden werden muß.

a) Die **Rechtfertigung** eines aufgrund des Marktvergleichs unangemessen scheinenden *höheren Effektivzinses* kann sich vor allem aus erhöhtem Gläubigerrisiko (Rz 135) oder erhöhten Kosten (Rz 136) ergeben. 134

aa) Ein **außergewöhnliches Gläubigerrisiko** kann einen hohen Effektivzins rechtfertigen (STAUDINGER-DILCHER § 138 Rz 41; BGH LM Nr 15 zu § 138 [Aa] = WM 1966, 1221 = WarnR 1966 Nr 207 = Betrieb 1966, 1884 = JR 1967, 19 = MDR 1967, 119 = BWNotZ 1967, 28 [Ls] = BB 1966, 1322; WM 1956, 459 = BB 1956, 318 = Betrieb 1956, 459; BB 1962, 156; BB 1967, 349; WM 1971, 857; KG WM 1980, 72; OLG Köln MDR 1964, 502 = BB 1964, 1061 = Betrieb 1964, 216 = JMBlNRW 1964, 101; NJW 1968, 1934 = JMBlNRW 1969, 92; OLG München WM 1977, 490 = MDR 1976, 930 = NJW 1977, 152 mAnm FREUND und REICH NJW 1977, 636; OLG Nürnberg OLGZ 1979, 211 = MDR 1979, 755 = Betrieb 1979, 1404; OLG Frankfurt ZIP 1980, 868; LG München I MDR 1976, 399; LG Frankfurt NJW 1978, 1925 = BB 1979, 449; LG Bielefeld BB 1980, 14 und 16). Unschlüssig ist die Kritik dieser hM durch REIFNER 394 f. REIFNER meint, diese ,,Theorie" sei ,,für den Grundanspruch des bürgerlichen 135

Rechts nach mindestens formaler Gleichbehandlung der Bürger erstaunlich" und sie vertrage sich nicht mit der verfassungsmäßigen Ordnung. Besage doch die hM nichts anderes, „als daß der § 138 BGB den Armen mehr Ausbeutung zumutet als den Reichen". Es ist für die von REIFNER sog „formale Gleichbehandlung" im bürgerlichen Recht geradezu charakteristisch, daß Leistung und Risiko ohne Rücksicht auf die Leistungsfähigkeit ihren Preis haben. Richtig ist allerdings, daß § 138 mehr garantiert als eine rein „formale Gleichbehandlung" aller Schuldner, so daß jede rein „formale" Rechtfertigung hoher Zinsen ihre Grenze im Ausbeutungsverbot findet. Neben dem Verbot der Schuldnerausbeutung zieht auch der Drittschutz – also das Verbot der Gläubigergefährdung – der Rechtfertigung hoher Zinsen mit hohem Risiko Grenzen. Die Kreditvergabe an einen konkursreifen Schuldner berechtigt nicht etwa zu besonders hohen Zinsen, sondern kann unter dem Gesichtspunkt der Gläubigergefährdung oder der Drittschädigung sittenwidrig sein (BGH WM 1959, 626; WM 1965, 918; zu dieser Problematik des Sanierungsdarlehens vgl eingehend CANARIS ZHR 143 [1979] 113; HOPT ZHR 143 [1979] 139; MERTENS ZHR 143 [1979] 174; RÜMKER ZHR 143 [1979] 195; SCHÖNLE ZHR 143 [1979] 208). Nur wenn ex ante überhaupt eine vernünftige Aussicht bestand, den Kredit ordnungsgemäß abzuwickeln, kann ein aktuelles Insolvenzrisiko einen hohen Zinssatz rechtfertigen. *Kreditunwürdigkeit* des Schuldners gibt kein Recht zu überhöhten Zinsen (vgl LG Berlin nach KG WM 1980, 72, 74; REICH JZ 1980, 329, 332). In jedem Fall ist es Sache des Gläubigers, die Besonderheit seiner Risiken darzulegen (vgl BGH WM 1981, 353 mAnm SCHOLZ WM 1981, 538 = BB 1981, 927 mAnm KESSLER = ZIP 1981, 369 = JZ 1981, 344 = NJW 1981, 1206 = Betrieb 1981, 1080; OLG Köln NJW 1979, 554; LG Freiburg MDR 1980, 844; REICH NJW 1977, 636, 637).

136 **bb)** Auch **besondere Kostenbelastung** kann einen erhöhten Effektzins rechtfertigen (OLG Köln NJW 1968, 1934 = JMBlNRW 1969, 92; WM 1973, 156; SCHOLTEN NJW 1968, 385 f). Nicht in diesen Zusammenhang gehören die *Refinanzierungskosten*. Sie sind, soweit sie den Kreditnehmer überhaupt betreffen können, im Marktvergleich berücksichtigt.

137 **cc)** Keine eigenständige Bedeutung kommt der **Laufzeitgestaltung** für die Rechtfertigung eines erhöhten Effektivzinses zu (so aber für kurzfristige Kredite OLG Köln [14. Senat] WM 1973, 156; und auch für langfristige Kredite OLG Köln [14. Senat] NJW 1979, 221 = VersR 1979, 479). Dieses Merkmal wird schon beim *relevanten Vergleichsmarkt* berücksichtigt (OLG Köln [9. Senat] NJW 1968, 1933 mAnm SCHOLTEN).

138 **b) Belastende Einzelumstände** spielen im Bereich der indizierten (Rz 129) und der relativen (Rz 130) Sittenwidrigkeit vielfach eine Rolle. Wegen der Einzelheiten ist auf die Kommentierungen zu § 138 zu verweisen (zB STAUDINGER-DILCHER § 138 Rz 42). Hierher gehört insbes eine besonders ungünstige wirtschaftliche *Situation des Schuldners* (BGH WM 1979, 270 = NJW 1979, 808 = MDR 1979, 476 = BB 1979, 444 = Betrieb 1979, 980; OLG Frankfurt ZIP 1980, 868). *Unklare Kündigungssanktionen*, die den Kreditnehmer von der Kündigung nach § 247 abhalten können, werden gleichfalls mitberücksichtigt (BGH WM 1982, 1021, 1022).

139 **aa) Fehlende Effektivzinsangabe** – insbes also ein Verstoß gegen die PreisangabenVO (dazu Rz 100) – wird in die Gesamtwürdigung einbezogen. Sie führt aber nicht ohne weiteres zur Zinslosigkeit (so unrichtig OLG Celle WM 1978, 284 = NdsRpfl 1978, 149) oder zur Reduzierung des Zinssatzes auf ein angemessenes Maß (so aber OLG Stuttgart NJW 1979, 2409 = JZ 1979, 68 = VersR 1979, 1039 [Ls] = BB 1979, 1168 m Anm KESSLER BB 1979, 1423). Sie sind aber in die Gesamtwürdigung im Rahmen des § 138 einzubeziehen, können also im Verein mit sonstigen Umständen das Sittenwidrigkeitsurteil begründen (BGH WM 1979, 225 = NJW 1979, 805 = MDR 1979,

476 = BB 1979, 979; WM 1980, 860 = NJW 1980, 2076 mAnm Löwe = BB 1980, 1292 = MDR 1980, 827; WM 1980, 1111 = NJW 1980, 2301 = Betrieb 1980, 2031; WM 1982, 919, 921 = NJW 1982, 2436, 2437; OLG Hamm WM 1980, 122 = NJW 1979, 2110 = BB 1979, 1119; OLG München/Augsburg BB 1980, 1825; LG Frankfurt NJW 1978, 1925 = BB 1979, 449; LG Bielefeld BB 1980, 16).

bb) Auch **belastende Verzugssanktionen** können im Rahmen der Gesamtwürdigung 140
(insbesondere bei gleichzeitiger Unübersichtlichkeit) die Sittenwidrigkeit begründen. Sind die Verzugsregeln für sich genommen sittenwidrig, so sind sie nichtig (KG WM 1980, 72; AG Frankfurt MDR 1969, 47; AG Hamburg MDR 1975, 662); an ihre Stelle treten dann die gesetzlichen Verzugsregeln (OLG Hamm NJW 1974, 1951). Das OLG Frankfurt (WM 1978, 1216 = MDR 1978, 139; WM 1978, 1218 = MDR 1978, 930) erhält allerdings Teile der Verzugsregelungen aufrecht. Dies läßt sich nur im Rahmen des § 139 rechtfertigen. Verzugsregelungen, die die Belastung des Schuldners ins Unerträgliche steigern, können darüberhinaus zur Sittenwidrigkeit des gesamten Kreditvertrages führen (Belke BB 1968, 1219, 1225 f; aA OLG Köln NJW 1968, 1934 = JMBlNRW 1969, 92; OLG Frankfurt BB 1979, 446 = VersR 1979, 651 [Ls]; krit Weber NJW 1980, 2062, 2065; Ott BB 1981, 937, 943). Die Sittenwidrigkeit der Verzugsregelungen allein reicht dafür jedoch noch nicht aus (BGH WM 1979, 225 = NJW 1979, 805 = MDR 1979, 476 = BB 1979, 343 = Betrieb 1979, 979; WM 1980, 10 = NJW 1980, 445 = Betrieb 1980, 251). Die Verzugskostenregelung ist Element der Gesamtwürdigung, nicht ein evtl nach § 139 zur Gesamtnichtigkeit führender Vertragsteil (BGH WM 1981, 516 = ZIP 1981, 481). Sie kann gesondert als sittenwidrig qualifiziert werden und ist nach der Rechtsprechung des BGH nicht einmal in jedem Fall in die Gesamtwürdigung des Vertrags einzubeziehen. Wird sie in AGB gegenüber geschäfts- oder rechtsunkundigen Schuldnern verwendet, so daß diese ihr Vertragsrisiko nicht abschätzen können, so kann die Verzugsregelung allerdings in die Bewertung des Gesamtvertrags einbezogen werden (BGH WM 1979, 225 = aaO; WM 1979, 270 = NJW 1979, 808 = BB 1979, 444 = MDR 1979, 476 = Betrieb 1979, 980; WM 1979, 1209; NJW 1979, 2089 = WM 1979, 966 mAnm Scholz WM 1979, 1247 = BB 1979, 1469; WM 1980, 10 = aaO; WM 1980, 892 = NJW 1980, 2074 mAnm Löwe = BB 1980, 1290 = ZIP 1980, 642 = MDR 1980, 827; BB 1980, 1292 = NJW 1980, 2076 mAnm Löwe = WM 1980, 860 = MDR 1980, 827; WM 1980, 1111 = NJW 1980, 2301 = Betrieb 1980, 2031; WM 1982, 919 = NJW 1982, 2436 = ZIP 1982, 1044). Ebenso, wenn der Verzugsfall von vornherein nahelag (BGH WM 1981, 516 = ZIP 1981, 481; WM 1982, 919, 921 = NJW 1982, 2436, 2437 = ZIP 1982, 1044). Wird im Verzugsfall nicht hinreichend zwischen der Hauptforderung und der Nebenforderung unterschieden und die „Gesamtkreditsumme" fällig gestellt, so kann eine Vertragsauslegung ergeben, daß auch auf die darin enthaltenen Zinsen noch Verzugszinsen verlangt werden (OLG Hamm WM 1980, 122 = NJW 1979, 2110 = BB 1979, 1119) oder daß die Berechnung der nicht verbrauchten und rückzuerstattenden Zinsen entweder unklar (BGH WM 1979, 270 = aaO; WM 1980, 10 = aaO; WM 1980, 1111 = aaO; OLG Hamm aaO; LG Karlsruhe BB 1979, 188; für unbedenklich gehalten von OLG Düsseldorf MDR 1976, 663) oder unbillig ist (BGH WM 1979, 966 mAnm Scholz WM 1979, 1247 = NJW 1979, 2089 = BB 1979, 1469).

4. Strafrechtliches Wucherverbot und zivilrechtliche Folgen 141

a) Der wucherische Zins ist ua Gegenstand des **Straftatbestandes des § 302 a StGB** (dazu nach Manuskriptabschluß Hohendorf, Das Individualwucherstrafrecht nach dem Ersten Gesetz zur Bekämpfung der Wirtschaftskriminalität, 1982).

142 aa) Die **Tatbestandsmerkmale** des § 302 a StGB (und daran angepaßt § 138 Abs 2 BGB) sind durch das Erste Gesetz zur Bekämpfung der Wirtschaftskriminalität v 29. 7. 1976 (BGBl I 2034) neu gefaßt worden. Die Bestimmung enthält in Abs 1 S 1 Nr 2, 4 eine Regelung des Kreditwuchers. Nach dieser Vorschrift macht sich strafbar, wer vorsätzlich die Zwangslage, die Unerfahrenheit, den Mangel an Urteilsvermögen oder die erhebliche Willensschwäche seines Vertragspartners dazu ausnutzt, bei der Vermittlung und/oder Gewährung eines Kredits Vereinbarungen durchzusetzen, die zu einem auffälligen Mißverhältnis (dazu eingehend OLG Stuttgart wistra 1982, 36; HOHENDORF BB 1982, 1205) von Leistung und Gegenleistung führen (eingehend zu den einzelnen Tatbestandsmerkmalen SCHÖNKE-SCHRÖDER-STREE, StGB [21. Aufl 1982] § 302 a passim; vgl namentlich Rz 6, 16 zum Kreditwucher). Der Tatbestand beschreibt einen *Fall des Individualwuchers,* bei dem der Bewucherte trotz an sich funktionierenden Wettbewerbs aufgrund seiner individuellen Schwächesituation einer überhöhten Forderung seines Vertragspartners nicht auszuweichen vermag.

143 **bb) Der unterschiedliche Wortlaut von § 138 Abs 2 BGB und § 302 a StGB** hat zu der Frage geführt, welche Bestandteile des Gesamtgeschäftes „Kreditgewährung" in den nach § 138 Abs 2 BGB anzustellenden Vergleich von Leistung und Gegenleistung einzustellen sind. Es geht um den *Einfluß des § 302 a StGB auf die Interpretation des § 138 Abs 2 BGB.* Während nach der „Additionsklausel" des § 302 a StGB bei der Feststellung eines auffälligen Mißverhältnisses zwischen sämtlichen Vermögensvorteilen und sämtlichen Gegenleistungen die – uU rechtlich selbständigen – Leistungen aller Beteiligten (also auch zB der Kreditvermittler und Versicherer) zu berücksichtigen sind (krit zu dieser Vorschrift LENCKNER JR 1980, 161, 163 f; MAURACH-SCHROEDER, Strafrecht Besonderer Teil Teilbd 1 [6. Aufl 1979] 456; RÜHLE 58 f; SAMSON in: Systematischer Kommentar zum Strafgesetzbuch § 302 a Rz 26 ff; differenzierend auch HOHENDORF BB 1982, 1205 ff), fehlt eine gleichlautende Bestimmung in § 138 Abs 2 BGB. Hieraus ist gefolgert worden, daß im Rahmen des § 138 Abs 2 BGB jedes rechtlich selbständige Teilgeschäft, also etwa die Kreditvermittlung oder die Restschuldversicherung (zu letzterer eingehend RITTNER Betrieb, Beil 16/1980, 1 ff, bes 8 f), auch jeweils getrennt an den Maßstäben des Wuchertatbestandes geprüft werden müsse (MünchKomm-MAYER-MALY § 138 Rz 115; RITTNER aaO). Dem ist entgegenzuhalten, daß die Additionsklausel des § 302 a StGB nur deshalb nicht in den § 138 Abs 2 BGB übernommen worden ist, weil der Gesetzgeber bei der Neuregelung davon ausging, daß die Rspr beide Bestimmungen einheitlich auslegen und bei der Anwendung des § 138 Abs 2 BGB den ganzen Sinngehalt des § 302 a StGB berücksichtigen werde (BT-Drucks 7/5291, 20; s dazu ERMAN-BROX § 138 Rz 12; FREUND NJW 1977, 636; s auch den Hinweis von MÜLLER-EMMERT-MEIER NJW 1976, 1664). Die auf das Strafrecht bezogene Wertung des § 302 a Abs 1 S 2 StGB ist auch im Zivilrecht zur Geltung zu bringen (vgl CANARIS, Bankvertragsrecht Rz 1300 Fn 53; PALANDT-HEINRICHS § 138 Anm 4 a aa unter Hinweis auf BGH NJW 1980, 1156).

144 Die Ansiedelung des Streits bei der strafrechtlichen Additionsklausel ist unglücklich, weil das Zurechnungsproblem nicht dasselbe ist (vgl auch Rz 122). Nach der Rspr des BGH zum Konsumentenkredit ist jedenfalls bei der Überprüfung von Kreditgeschäften am Maßstab des § 138 Abs 1 BGB der „Gesamtpreis" der Darlehnshingabe (also einschließlich der Vermittlungs-, Bearbeitungs- und sonstiger Kosten) zu berücksichtigen (vgl dazu Rz 119 ff).

145 b) Ein Verstoß gegen das strafrechtliche Wucherverbot hat folgende **zivilrechtliche Folgen:**

146 aa) Ein Verstoß gegen § 302 a StGB führt zur **Nichtigkeit** des wucherischen Rechtsgeschäfts **nach § 134 BGB** (STAUDINGER-DILCHER § 134 Rz 20, § 138 Rz 106;

ERMAN-BROX § 134 Rz 51; HADDING, Gutachten 213, 214; REICH NJW 1977, 637; PALANDT-HEINRICHS § 138 Anm 4 c; JAUERNIG in JAUERNIG [Hrsg] BGB [2. Aufl] § 138 Anm 4 a). Dem steht nicht entgegen, daß sich nur der Wucherer strafbar macht. Da sich § 302 a StGB gerade gegen den wucherischen Inhalt eines Rechtsgeschäftes richtet, reicht die einseitige Strafbarkeit für die Qualifzierung des § 302 a StGB als Verbotsgesetz iSd § 134 BGB aus (ebenso JAUERNIG aaO).

Zur *Frage des Verhältnisses von § 134 BGB iVm § 302 a StGB zu § 138 Abs 2 BGB* 147
wird die Auffassung vertreten, daß es sich hierbei um zwei selbständige Nichtigkeitsgründe handele, die nebeneinander vorliegen könnten (STAUDINGER-DILCHER § 139 Rz 106 unter Hinweis auf PALANDT-HEINRICHS § 138 Anm 4 c). Nach anderer Auffassung liegt demgegenüber ein Fall der Spezialität vor, so daß § 138 Abs 2 BGB von § 134 verdrängt werde und daher eigentlich überflüssig sei (JAUERNIG aaO § 138 Anm 4 a). In den Rechtsfolgen ist dieser Meinungsstreit ohne Bedeutung.

bb) Ein Verstoß gegen § 302 a StGB stellt die Verletzung eines sog Schutzgesetzes iS 148
von **§ 823 Abs 2** dar und verpflichtet zum **Schadensersatz** (RGZ 159, 99, 101 f; HADDING, Gutachten 214; ERMAN-DREES § 823 Rz 132; MünchKomm-MERTENS § 823 Rz 168).

5. Das Wuchergesetz 149

Nach Art 4 Abs 1 **WucherG v 24. 5. 1880** (RGBl I 109, zuletzt geändert durch Art 183 EGStGB v 2. 3. 1974, BGBl I 469, 589 f) sind gewerbsmäßige Darlehnsgeber verpflichtet, für jeden Kunden zum Ablauf des Geschäftsjahres die *Rechnung abzuschließen* und dem Kunden *binnen drei Monaten* nach Schluß des Geschäftsjahres einen *Rechnungsauszug* zu erteilen. Diese Pflicht zur Rechnungslegung besteht nicht für öffentliche Banken, Notenbanken, Bodenkreditinstitute, Hypothekenbanken auf Aktien, öffentliche Leihanstalten, öffentliche Spar- und Darlehnsinstitute und eingetragene Genossenschaften sowie im Verkehr zwischen Kaufleuten. Sie entfällt ferner, wenn mit dem Kunden nur ein einziges Geschäft während des Geschäftsjahres abgeschlossen und ihm darüber eine schriftliche Mitteilung übergeben worden ist (Art 4 Abs 3 WucherG). Ein Verstoß gegen die Verpflichtung zur Rechnungslegung wird gem Art 4 Abs 1 a WucherG als *Ordnungswidrigkeit* verfolgt. Weitere Rechtsfolge des Verstoßes gegen Art 4 Abs 1 WucherG ist der *Verlust des Zinsanspruches* für das abgelaufene Geschäftsjahr (Art 4 Abs 2 WucherG).

VII. Das Recht der Zinsrechnung 150

Schrifttum (Auswahl): BRYCH, Die Effektivzins-Angabe – eine dekretierte Halbwahrheit, Der langfristige Kredit (1982) 302; BUSS, Auswirkungen des § 247 BGB auf die Zinsen bei Ratenkrediten, NJW 1977, 1520; DÄUMLER, Effektivzinsbestimmung bei Fremdfinanzierung, Betrieb 1982, 2366; DIBBERN, Effektivverzinsung von Ratenkrediten, Die Bank 1980, 424; IHMELS, Zur Zinsberechnung bei Teilzahlungskrediten, BB 1975, 1510; KESSLER, Nochmals: Auswirkungen des § 247 BGB auf die Zinsen bei Ratenkrediten, NJW 1977, 2060; KRUG, Die vorzeitige Rückzahlung von Konsumentenkrediten durch den Kreditnehmer, BB 1979, 24; LAMMEL, Probleme des Ratenkredits, BB-Beil 8/1980; SCHOLL, Zum effektiven Jahreszinssatz bei Ratenkrediten, ZfKrW 1979, 1136; SCHOLZ, Zur Zinsberechnung bei Teilzahlungskrediten, BB 1977, 1425; ders, Die vorzeitige Rückzahlung von Konsumentenkrediten durch den Kreditnehmer, BB 1979, 188; ders, Ein Schritt zum „richtigen" Effektivzins? WM 1980, 322; ders, Zur Zinsberechnung im Teilzahlungskreditgeschäft, Betrieb 1981, 2161; SECKELMANN, Kreditkosten, ZfKrW Beil Heft 12/1979; ders, Der effektive Jahreszinssatz bei Ratenkrediten, ZfKrW 1979, 96; ders, Effektivzinsrechnung mit dem B/F-Finanzrechner der DGZ, ZfKrW Beil H 6/1980; STEPPELER, Effektivzinsen nach der Preisangabenverordnung (1982); WILHELM, Der Effektive Jahreszins: Begriff, Bedeutung und Rechentechnik, TZW 1976, 1/12.

151 **1. Die Aufgaben der Zinsrechnung im Recht**

a) Die **Aufgaben der Zinsrechnung** sind folgende: Einmal geht es bei der Zinsrechnung um die *Berechnung eines Zinssatzes* aus feststehenden wirtschaftlichen Größen (Rz 153 ff, 160 ff); dann wieder kann es um die *Berechnung des zu zahlenden Zinses* bei bekanntem Zinssatz gehen (Rz 156, 171 ff). Die zuerst genannte Aufgabe der Zinsrechnung ergibt sich daraus, daß die vereinbarten Kreditkosten die effektive Jahresbelastung des Kreditnehmers häufig nicht widerspiegeln, so daß sich diese erst mit Hilfe einer Rechenoperation ergibt. Die zuletzt genannte Aufgabe (Berechnung des zu zahlenden Zinses) setzt voraus, daß der zugrundezulegende Zinssatz bekannt ist. Bei vereinbarungsmäßiger Kreditabwicklung wirft diese Aufgabe keine nennenswerten Probleme auf. Anders verhält es sich bei vorzeitiger Kreditbeendigung, denn hier ist es nicht möglich, die geschuldeten Kreditgebühren einfach zeitanteilig zu verrechnen (Rz 173).

152 **b) Die wesentlichen Fälle der Zinsrechnung** sind hiernach folgende:

153 **aa)** Die **Berechnung des Zinssatzes** ist überall da erforderlich, wo es nach Rz 84 ff auf den Effektivzinssatz ankommt.

154 **aaa) Anwendungsfälle** der Effektivzinsberechnung sind die *Effektivzinsangabe* nach §§ 1 Abs 4 PreisangabenVO, 1 a AbzG (Rz 85), die *Bewertung der Zinshöhe,* zB nach § 138 oder zur Feststellung einer verdeckten Gewinnausschüttung (Rz 86), die Feststellung der *Kündigungsvoraussetzungen nach § 247* (Rz 87), aber auch die *Zinsrückrechnung bei vorzeitiger Kreditabwicklung* (Rz 88). Die Zinsrückrechnung erfolgt nach richtiger, wenn auch bestrittener Auffassung auf der Grundlage einer Effektivzinsanalyse (BGH NJW 1979, 540; OLG Hamm NJW 1978, 1540; OLG Düsseldorf ZIP 1981, 725; Canaris, Bankvertragsrecht [2. Aufl] Rz 1344; ders NJW 1978, 1897). Bisweilen wird dies als mit § 247 unvereinbar kritisiert (Buss NJW 1977, 1520 f), bisweilen geradezu als selbstverständliches Gebot des objektiven Rechts hingestellt (Krug BB 1979, 24). Zu folgen ist weder dem einen noch dem anderen Ansatz. Die Bedingungen vorzeitiger Kreditbeendigung ergeben sich in erster Linie aus wirksamen Vertragsabreden (vgl etwa OLG Düsseldorf ZIP 1981, 725, 726; zur Grenze der Wirksamkeit vgl aber Rz 156). Mangels besonderer Abreden ist davon auszugehen, daß der Kreditnehmer Zinsen nur zeitanteilig schuldet. Die Berechnung erfolgt aber nicht auf der Grundlage des Nominalzinssatzes, sondern des Effektivzinssatzes, denn anderenfalls wäre der Kreditnehmer im Fall vorzeitiger, dh tilgungsplanwidriger, Kreditbeendigung begünstigt (vgl sogleich Rz 155).

155 **bbb) Die relevanten Kreditkosten** für die Berechnung des Effektivzinssatzes sind nicht bei jeder Effektivzinsberechnung dieselben (vgl Rz 4 f). Für die *Effektivzinsangabe* (Rz 97) und für die *Effektivzinsbewertung im Fall des § 138* (Rz 119 ff) sind alle Kreditkosten anzusetzen. Anders verhält es sich bei dem für die *Zinsrückrechnung* anzusetzenden Zinssatz, denn nur laufzeitabhängige Kreditkosten sind zeitanteilig zu verrechnen (vgl Rz 4). Der für die Zinsrückrechnung bei vorzeitiger Kreditkündigung maßgebliche Zinssatz ist deshalb nicht mit dem Effektivzinssatz nach der PreisangabenVO identisch. Er ist ein um die nicht laufzeitabhängigen Einmalkosten bereinigter Effektivzinssatz (Steppeler 25). Den Parteivereinbarungen muß entnommen werden, welche Leistungen des Kreditnehmers dem Kreditgeber endgültig verbleiben und welche Leistungen in welcher Weise zeitanteilig verrechnet werden (in gleichem Sinne etwa BGH BB 1981, 1799 = Betrieb 1981, 2023 = NJW 1981, 2180 = WM 1981, 839 = ZIP 1981, 841; BB 1981, 1800 = NJW 1981, 2181 = WM 1981, 838 = ZIP 1981, 839; OLG Hamm BB 1978, 1540 f; Lammel BB-Beil 8/1980, 16). Das bedeutet allerdings nicht, daß nur der im Vertragswortlaut ausgewiesene (nominelle) Jahres- oder Monatszinssatz verrechnet wird (so unrichtig Buss NJW 1977, 1520; wohl auch Ihmels BB 1975, 1513). Dies würde zu einer unberechtigten Bevorzugung

des Kreditnehmers führen, der bei vertragsmäßiger Kreditabwicklung den effektiven, bei vorzeitiger Abwicklung dagegen nur den nominellen Zinssatz zu tragen hätte (BGH NJW 1979, 540, 541; hM; anders IHMELS aaO mit Hinweis auf den Verzugsschadensersatz, der aber zB bei einer Kündigung nach § 247 nicht hilft).

bb) Die Feststellung der Zinsschuld bei vorzeitiger Kreditbeendigung ist zwar ohne 156 Kenntnis des relevanten Effektivzinssatzes nicht möglich (Rz 155), stellt aber nach Rz 151 eine andere Aufgabe dar als die bloße Ermittlung des Zinssatzes: Es geht um die *Errechnung der zeitanteilig verbrauchten Zinsen und der nicht verbrauchten Zinsen* (der „Zinsrückvergütung" oder des „Rediskonts"). Im Fall vorzeitiger Kreditbeendigung ist davon auszughen, daß Zinsen nur für die Dauer der Kreditgewährung gezahlt werden (vgl statt vieler BGH NJW 1979, 540, 541; OLG Hamm NJW 1973, 1002; CANARIS, Bankvertragsrecht [2. Aufl] Rz 1343; LAMMEL BB-Beil 8/1980, 16). Nach dem Rechtsgedanken der §§ 301, 557 Abs 1 ist Stichtag nicht der Kündigungsstichtag, sondern der Zeitpunkt der effektiven Darlehnsrückzahlung, so daß bis zu diesem Stichtag Vertragszinsen gefordert werden können, falls nichts anderes vereinbart ist (OLG Hamm NJW 1973, 1002, 1003; CANARIS aaO; PALANDT-HEINRICHS Anm 2 b; im Ergebnis auch OLG Frankfurt NJW 1978, 1927, 1929). Das beruht einfach auf dem Gedanken, daß die entgeltliche Kreditgewährung so lange zu vergüten ist, wie sie tatsächlich dauert (OLG Hamm aaO; nach PALANDT-HEINRICHS aaO gilt dies sogar dann, wenn für den Verzugsfall ein geringerer Zins vereinbart ist; zweifelhaft). Dagegen sind etwa noch unbeglichene Kreditgebühren nach §§ 248, 289 nicht zu verzinsen (PALANDT-HEINRICHS Anm 2 b). Durch die Beendigung der Zinszahlungspflicht entsteht eine sog **Zinsrückvergütung** (Rediskont). Wird sie vertraglich ausgeschlossen, so kann dies eine unzulässige Beschränkung des gesetzlichen Kündigungsrechts nach § 247 Abs 1 S 2 darstellen (dazu § 247 Rz 37; zur Vorfälligkeitsentschädigung vgl Rz 74 sowie besonders BGH BB 1981, 1797 = Betrieb 1981, 737 = NJW 1981, 814 = WM 1981, 222; OLG Düsseldorf ZIP 1981, 725, 726; CANARIS, Bankvertragsrecht [2. Aufl] Rz 1346; ders ZIP 1980, 719; ULMER-BRANDNER-HENSEN, AGBG [4. Aufl 1982] Anh §§ 9–11 Rz 751). Sind sie in Allgemeinen Geschäftsbedingungen getroffen, so können sie unabhängig von § 247 nach §§ 3, 9 AGBG, evtl auch nach § 11 Nr 6 AGBG unwirksam sein (OLG Frankfurt NJW 1978, 1927, 1928; Betrieb 1981, 1459, 1460; PALANDT-HEINRICHS Anm 2 b; BACHMANN NJW 1978, 2301 gegen OLG Celle ebd; s auch Rz 74 ff). Dagegen ist die Zinsrückrechnung nach dem Effektivzins als solche noch keine Beschränkung der Zinsrückvergütung. BGH NJW 1979, 540, 542 stellt hier geringe Anforderungen an die Klarheit einer Vertragsklausel (zust ULMER-BRANDNER-HENSEN, AGBG [4. Aufl 1982] § 5 Rz 25). Mit dem BGH ist ein ausrücklicher Hinweis auf die Maßgeblichkeit des Effektivzinses nur zu empfehlen, nicht zu fordern.

2. Die Zinsrechnung als Rechtsproblem 157

a) Die *Methodendiskussion* bei der Zinsrechnung ist teils ein mathematisches Problem, teils – und darum geht es hier – eine **Rechtsfrage.** Die unterschiedlichen Zinsberechnungsmethoden stellen nämlich nicht bloß mathematische Techniken für die Ermittlung der rechnerisch einzig richtigen Zinshöhe dar, sondern sie unterscheiden sich auch im *Ziel der Rechenoperation.* Dieses Ziel kann nicht unabhängig sein vom Normzweck derjenigen Bestimmung, auf der die Notwendigkeit der Zinsberechnung beruht. Insofern ist die Frage der richtigen Berechnungsmethode *Rechtsfrage.* Sie ist als solche Gegenstand nicht der Darlegungslast, der Beweislast, der Beweisführung und der Beweiswürdigung (§ 286 ZPO), sondern Rechtsfindungsaufgabe. Als Rechtsfrage ist die Methodenwahl vom Gericht von Amts wegen zu entscheiden, und sie ist Teil der revisiblen richterlichen Entscheidung. Soweit bei der

Zinsrechnung Allgemeine Geschäftsbedingungen auszulegen sind, verlangt zwar BGH NJW 1979, 540, 541 im Einklang mit der ständigen Praxis zu § 549 ZPO, daß es sich um eine Klausel handelt, deren Anwendungsbereich sich über den Bereich eines OLG hinaus erstreckt. Die richtige Zinsrechnungsmethode ist aber idR nicht durch Auslegung Allgemeiner Geschäftsbedingungen zu ermitteln, denn aus diesen werden sich nur die Zinsbestandteile ergeben. Die rechtliche Zulässigkeit von Annäherungsmethoden (Rz 158, 164 ff und 178 ff) ist demnach gleichfalls **Rechts- und nicht Tatfrage.** Das gilt auch insoweit, als diese Zulässigkeit auf § 287 Abs 2 ZPO gestützt wird (Rz 170, 180). Zuviel Gewicht auf die Tatfrage legt BGHZ 80, 153, 169 = BB 1981, 927 mAnm Kessler = Betrieb 1981, 1080 = JR 1981, 364 mAnm Olzen = NJW 1981, 1206 = WM 1981, 353 mAnm Scholz 538 = ZIP 1981, 369, wo es heißt: „Die Frage, welche Methode für die genaue Ermittlung des effektiven Zinssatzes angebracht ist, muß im Streitfall vom Tatrichter gegebenenfalls mit Hilfe eines Sachverständigen beantwortet werden.“ Ähnlich sagt BGH NJW 1982, 825, 826: „Gesetzliche oder verordnungsrechtliche Vorschriften für die Berechnung des effektiven Jahreszinses bestehen nicht. Ob sich dieser anhand der vom Bund-Länder-Ausschuß ‚Preisauszeichnung‘ erarbeiteten ‚Grundsätze zur Berechnung des effektiven Jahreszinses‘ nach dem derzeit maßgebenden Stand vom 3. 12. 1980 oder in sonstiger Weise berechnen läßt, ist eine im wesentlichen tatsächliche Frage, die der Aufklärung durch den Tatrichter bedarf . . .“ Dem ist so nicht zuzustimmen. Der konkret zu errechnende Zins kann als Tatfrage angesehen werden, die Richtigkeit der Methode ist Rechtsfrage.

158 b) **Annäherungsmethoden und finanzmathematisch exakte Methoden** liegen bei der Zinsrechnung miteinander in Streit. Dabei ist zu bemerken, daß die Annäherungsmethoden der juristischen Praxis dem Anschein nach genauer sind, weil sie Zinseszinseffekte von vornherein ausblenden, die finanzmathematisch nur iterativ (annäherungsweise) errechnet werden können. Die Annäherungsmethode der juristischen Praxis ist die **Uniformmethode.** Diese Methode zerlegt die Gesamtleistung des Zinsschuldners in Zins und Tilgung, wobei beim Ratenkredit (Rz 159) Zins- und Tilgungsanteile konstant bleiben. Der Zeitpunkt der einzelnen Zinszahlungen und der hierdurch bedingte Zinseszinseffekt bleibt außer Ansatz. Anderes gilt für **die finanzmathematischen Methoden**, die auf korrekte Berücksichtigung der gesamten Kapitalentbehrung und der beiderseitigen Geldströme zielen. Der Effektivzinssatz ist nach diesen Methoden derjenige Zinssatz, mit dem man die Geldströme beider Seiten (ohne Rücksicht auf ihre Rechtsnatur) anlegen müßte, damit am Ende der Laufzeit jede Partei einschließlich der Zinsen dieselbe Summe aufgebracht hätte. Die Aufteilung der Leistungen in Zins und Tilgung, die damit verbundene Verrechnung der Tilgungsteile auf die Restschuld und die darauf aufbauende einfache Verzinsung nur der Restschuld erscheint aus der Sicht der Rentenmethode willkürlich (Wilhelm TZW 1976, 1/14). Da auch die Berücksichtigung von Zinseszinseffekten nicht auf einen mathematisch unumstößlichen Effektivzins hinauslaufen kann, vielmehr stets auf der Unterstellung eines Normalfall-Kredits beruht, treten die finanzmathematischen Methoden in unterschiedlichen Spielarten auf (Steppeler 11). Die eigentliche **Renten- bzw Annuitätenmethode** (vgl Scholz WM 1980, 323 ff; Seckelmann ZfKrW 1979, 96 ff) setzt bei der nachträglichen Äquivalenz von Leistung und Gegenleistung an. Ausgangsüberlegung dieser Methode ist, daß Gläubiger und Schuldner am Ende der Kreditlaufzeit dieselbe mathematisch-wirtschaftliche Leistung erbracht haben. Es geht dieser Methode daher darum zu errechnen, unter Zugrundelegung welchen *Zinsfaktors* die Leistungen von Gläubiger und Schuldner am Endpunkt identisch sind (vgl Seckelmann ZfKrW Beil H 6 v 15. 3. 1980, 19). Die **360-Tage-Methode** geht von dem Regelfall des BGB aus. Nach ihr hat der Effektivzinssatz denjenigen Zinssatz zu bennenen, der sich ergäbe, wenn bei gleicher Gesamtbelastung des Kreditnehmers

Zinsen erst jeweils nach einem Jahr Laufzeit belastet würden (vgl auch SCHOLZ WM 1980, 326; Anm der DGZ zu SECKELMANN ZfKrW Beil H 6/1980 v 15. 3. 1980). Die *Definition des Effektivzinssatzes nach der 360-Tage Methode* lautet demnach (STEPPELER 12): „Der Effektivzinssatz ist der Nominalzins einer vergleichsweisen Abrechnung des Kredits auf der Grundlage von Zinsbelastungen jeweils erst nach einem Laufzeitjahr." Zu **weiteren Varianten,** die jedoch in der zivilistischen Praxis keine nennenswerte Rolle zu spielen scheinen, und zu den, in Wahrheit sehr zahlreichen, finanzmathematischen Methoden ist folgendes zu bemerken: Die finanzmathematischen Methoden bieten unstreitig ein hohes Maß an mathematischer Richtigkeit der Zinsrechnung. Dagegen ist die Uniformmethode nicht eine unter mehreren prinzipiell gleichartigen Methoden, sondern ein aliud, weil sie schon dem Grundgedanken nach auf eine exakte Zinsrechnung verzichtet. Unbestritten ist deshalb die Uniformmethode finanzmathematisch falsch, dafür aber in der praktischen Handhabung einfach (SCHOLL ZfKrW 1979, 1138; SCHOLZ WM 1980, 322; DIBBERN Die Bank 1980, 424). Die Uniformmethode liefert nur Näherungsformeln und vermag den Effektivzins nicht mit finanzmathematischer Exaktheit wiederzugeben (LG Osnabrück WM 1981, 1066, 1067; BACHMANN NJW 1978, 865; SCHOLL ZfKrW 1979, 1138). Das Rechtsproblem der Effektivzinsberechnung besteht im Kern in der Frage, ob von Rechts wegen finanzmathematische Genauigkeit angestrebt werden soll oder ob die Uniformmethode als „Praktikermethode" beibehalten werden darf. Bereits im Gedankengang unhaltbar und deshalb rechtsfehlerhaft ist dagegen eine rein lineare Umrechnung monatlicher Kreditgebühren in den effektiven Jahreszins, wie sie das OLG Köln in Betrieb 1981, 688 vorgenommen hat (dagegen mit Recht SCHOLZ Betrieb 1981, 2161): Das OLG Köln rechnet 0,65% monatlichen Nominalzins in einen Jahreszins von 12×0,65% = 7,8% um.

c) **Der Ratenkredit** ist der hauptsächliche Problemfall der Zinsrechnung. Auf ihn 159
konzentrieren sich auch die folgenden Überlegungen. Auf den Ratenkredit beziehen sich auch sämtliche von der Rechtsprechung und Literatur erwähnten Formeln (vgl nur ERMAN-WEITNAUER-KLINGSPORN § 1 AbzG Rz 8; AK-BGB-BRÜGGEMEIER Anh § 246; LÖWE NJW 1974, 2258; UNGNADE WM 1975, 1079; WILHELM TZW 1976, 1/13 f; KESSLER NJW 1977, 2060; SECKELMANN ZfKrW 1979, 96; LAMMEL BB Beil 8/1980, 8; SCHOLZ WM 1980, 322 f). Das ist kein Zufall, denn beim Ratenkredit ist die bei Rz 151 bemerkte Divergenz zwischen den jewiligen Tilgungsraten und der Zinsschuld besonders groß. Der **Ratenkredit** ist ein kleinerer Kredit (meist Konsumentenkredit in Gestalt des persönlichen Kleinkredits, des Anschaffungsdarlehns oder des Teilzahlungskredits beim finanzierten Abzahlungskauf), bei dem die Kreditkosten (Zinsen und sonstige Kosten) dem Darlehnsbetrag zugeschlagen werden. Der sich daraus ergebende Endbetrag ist in gleichbleibenden regelmäßigen Tilgungsraten abzutragen (vgl BGH BB 1975, 1129, 1130 = WM 1975, 889, 890; OLG Hamm BB 1978, 1540, 1541; MÜLLER-LÖFFELHOLZ, Bank-Lexikon [7. Aufl 1973] Stichworte „Ratenkredit" und „Kleinkredit"). Beim Ratenkredit hat der Kreditnehmer gleichbleibende Gesamtleistungen zu erbringen, die sich aus konstanten Tilgungs- und Zinsanteilen zusammensetzen. In Abweichung von § 367 ist ausdrücklich oder stillschweigend vereinbart, daß Kapital und Kreditkosten mit jeder Rate zu gleichen Teilen getilgt werden (OLG Hamm NJW 1974, 1951; OLG Frankfurt NJW 1978, 1928; PALANDT-HEINRICHS Anm 2 b; BACHMANN NJW 1978, 866). Nur zusätzlich anfallende (Mahn- oder Verzugs-)Gebühren, die nicht in die Gesamtrechnung einbezogen sind, werden von eingehenden Zahlungen vorab abgezogen (BACHMANN aaO). Bei vertragsmäßiger Abwicklung des Kredits hat diese Vereinbarung erhebliche praktische Vorteile, weil sie die technische Bearbeitung wesentlich erleichtert (OLG Hamm BB 1978, 1540, 1541). Da neben den einzelnen, für den Kreditnehmer schwer kalkulierbaren Kreditkosten nach §§ 1 Abs 4 Preisan-

gabenVO, 1 a AbzG auch der Effektivzinssatz angegeben werden muß, ist der immer wieder an der angeblichen Irreführung und am Verheimlichungseffekt geäußerten Kritik am Ratenkredit (HADDING, Gutachten 74 f mwN) nicht zu folgen. Man muß sich aber darüber klar sein, daß die Vereinbarung gleichmäßiger Zins- und Tilgungsraten stets nur den *gezahlten* und nicht den zeitanteilig *geschuldeten* Zins betreffen kann, denn die Vereinbarung über die ratenweise Zinszahlung steht nicht im Einklang mit der sich staffelmäßig verändernden Kapitalentbehrung. Effektivzinssatz und jeweils geschuldeter Zins können deshalb nur im Wege der Zinsrechnung festgestellt werden. Einfacher verhält es sich beim **Annuitätentilgungdarlehn.** Der Kreditnehmer zahlt hierbei zwar gleichfalls in konstanten Raten, jedoch wird der Anteil von Zins und Tilgung an diesen Raten auf der Grundlage der noch verbleibenden Restschuld berechnet, so daß im Laufe der Zeit der Zinsanteil abnimmt und der Tilgungsanteil entsprechend wächst; das Annuitätentilgungsdarlehn ist vor allem beim Realkredit verbreitet (vgl MÜLLER-LÖFFELHOLZ aaO sowie Enzyklopädisches Lexikon für das Geld- Bank- und Börsenwesen [3. Aufl 1967/68] jeweils zum Stichwort „Tilgungshypothek"). Auf der Grundlage des rein nominellen Zinses scheint das Annuitätentilgungsdarlehn uU wesentlich ungünstiger als der Ratenkredit; die Differenz zwischen nomineller und effektiver Verzinsung ist geringer (im Rechenbeispiel bei WILHELM TZW 1976, 1/13: 0,833% Nominalzins beim Tilgungsdarlehn, 0,448% beim Ratenkredit bei gleichem Effektivzinssatz). Die folgende Darstellung vernachlässigt das Annuitätentilgungsdarlehn und greift auch für den Ratenkredit nur die für das Rechtsproblem der Zinsberechnung charakteristischen Problemlagen heraus. Um Zinsrechnungsvorschläge für alle denkbaren Konstellationen kann und soll es nicht gehen.

160 **3. Die Ermittlung des Zinssatzes**

a) Die Aufgabe der Zinssatzermittlung ist bei Rz 151, 153 ff vorgestellt worden. Die gedanklichen Ansätze der wichtigsten Methoden ergeben sich aus Rz 158. Im folgenden sollen **die wichtigsten Effektivzinsformeln** vergleichsweise durchgerechnet werden:

161 **aa)** Die **Formel der Uniformmethode** lautet:

$$\text{Effektivzinssatz} = 24 \times \frac{\text{Laufzeitzinssatz} \times \text{Laufzeitmonate} + \text{Bearbeitungsgebührensatz}}{\text{Laufzeitmonate} + 1}$$

Dies sei an einem *Beispiel* (in Anlehnung an STEPPELER 23 f) verdeutlicht. Es wird ein Ratenkredit zu folgenden Bedingungen gewährt:

Kreditsumme	DM 60 000,–
Laufzeit	30 Monate
Kreditgebühr	0,5% pro Monat
Bearbeitungsgebühr	DM 650,–
Maklerkosten	DM 550,–

Der Bearbeitungsgebührensatz errechnet sich – wenn er nicht von vornherein in Prozent des Kapitals ausgedrückt ist – nach der Formel

$$\frac{\text{absoluter DM-Betrag} \times 100}{\text{Ursprungskapital}}$$

Danach ergibt sich für das Beispiel bei Einbeziehung von Bearbeitungsgebühr und Maklerkosten (vgl zur Frage der Bestandteile des Effektivzinssatzes Rz 155) ein Bearbeitungsgebührensatz von

$$\frac{1\,200 \times 100}{60\,000} = 2\%$$

Der Effektivzinssatz errechnet sich damit folgendermaßen:

$$\text{Effektivzinssatz} = 24\ \frac{0{,}5 \times 30 + 2}{30 + 1} = 13{,}161\%$$

bb) Die **Renten- oder Annuitätenmethode** (Rz 158) errechnet, unter Zugrundelegung welchen Zinsfaktors die Leistungen von Gläubiger und Schuldner bei Kreditbeendigung äquivalent sind. Dazu werden einerseits die einzelnen Leistungen des Schuldners (ohne Rücksicht auf ihre Rechtsnatur) vom Zeitpunkt ihrer jeweiligen Fälligkeit an bis zum Ende der Kreditlaufzeit mit einem variablen Zinsfaktor aufgezinst. Die Gesamtleistung des Schuldners ergibt sich dann als Summe der aufgezinsten monatlichen Einzelraten. 162

$$L_{Sch} = \sum_{\gamma=1}^{\gamma=n} r_{\gamma}\ \text{aufgezinst}$$

Dabei ist:

- r die Höhe der Einzelraten
- γ die fortlaufende Numerierung der monatlichen Einzelraten
- n die Gesamtlaufzeit in Monaten.

Ebenso wird anderseits die mathematisch-wirtschaftliche Leistung des Gläubigers durch Aufzinsung der Kreditsumme (K) ermittelt:

$$L_{Gl} = K_{\text{aufgezinst}}$$

Die mathematische Gleichsetzung der Schuldner- und der Gläubigergesamtleistung ($L_{Sch} = L_{Gl}$) führt dann zu einer eindeutigen Bestimmbarkeit des Aufzinsungsfaktors und somit des Zinssatzes mittels der Formel

$$\sum_{\gamma=1}^{\gamma=n} r_{\gamma}\ \text{aufgezinst} = K\ \text{aufgezinst}$$

Die Einzelheiten dieser wirtschaftlich orientierten Methode sind in der wirtschaftswissenschaftlichen Diskussion umstritten (vgl Seckelmann ZfKrW Beil H 6 v 15. 3.1980, S 18, 20 mAnm der Deutschen Girozentrale; Scholz WM 1980, 322, 326). Die einfachere *Rentenmethode* (vgl Seckelmann ZfKrW 1979, 96 ff) geht bei ihrem kalkulatorischen Ansatz davon aus, daß ständig Zinseszinseffekte auftreten (ders ZfKrW Beil H 12 v 15. 6. 1979, 12). Sie geht von der Prämisse aus, zu verzinsendes Kapital wachse exponentiell (ders ZfKrW Beil H 12 v 15. 6. 1979, 20).

Für die überwiegend verwendete *Rentenmethode* wird die Endleistung des Gläubigers (L_{Gl}) folgendermaßen berechnet:

$$L_{Gl} = K_{aufgezinst} = K \times q^n$$

Dabei ist: K der zugrundezulegende Kreditbetrag
q der *monatliche Aufzinsungsfaktor*
n die Laufzeit in Monaten

Die Endleistung des Schuldners ($L_{Sch} = \sum_{\gamma=1}^{\gamma=n} r_{\gamma\ aufgezinst}$)

ist formelmäßig bereits schwieriger auszudrücken. Es handelt sich um eine *geometrische Reihe,* um die Summe der wegen der unterschiedlichen Restlaufzeiten unterschiedlich aufgezinsten Einzelraten. Die einzelne aufgezinste Rate erhält folgendes Aussehen:

$$r_{\gamma\ aufgezinst} = r \times q^{n-\gamma}$$

Dabei ist γ ein beliebiger Zahlungszeitpunkt innerhalb der Laufzeit.

Die Gesamtleistung des Schuldners stellt sich also wie folgt dar:

$$L_{Sch} = \sum_{\gamma=1}^{\gamma=n} r_{\gamma\ aufgezinst} = \sum_{\gamma=1}^{\gamma=n} (r \times q^{n-\gamma}) = r \times \frac{q^n - 1}{q - 1}$$

Aus der Gleichbewertung von Schuldner- und Gläubigerleistung folgt dann:

$$K \times q^n = r \times \frac{q^n - 1}{q - 1}$$

oder

$$\frac{K}{r} = \frac{q^n - 1}{q^n \times (q - 1)}$$

In dieser Gleichung sind sowohl der Kreditbetrag (K), als auch die monatlichen Raten (r) und die Gesamtlaufzeit (n) bekannt. Der gesuchte monatliche Aufzinsungsfaktor (q) steht damit mathematisch eindeutig fest. Allerdings ist die Gleichung nicht nach der Variablen auflösbar (vgl SECKELMANN ZfKrW 1979, 96, 98). Sie ist nur iterativ bestimmbar. Ist sie aber erst einmal (näherungsweise) bestimmt, läßt sich aus ihr ein effektiver Monatszinssatz (p_m als Prozentzahl ausgedrückt) errechnen nach der Formel

$$p_m = (q \times 100) - 100 = 100 \times (q - 1),$$

woraus sich der nach der Annuitätenmethode maßgebliche Jahreseffektivzinssatz (p_a als Prozentzahl ausgedrückt) ergibt:

$$p_a = 100 \times \left[\left(1 + \frac{p_m}{100}\right)^{12} - 1 \right]$$

Hat der Schuldner *zusätzlich einmalig im voraus einen Zinsbetrag (Z_o)* zu entrichten bzw wird ein solcher Betrag einbehalten, verkompliziert sich die Formel unwesentlich. Der Endwert der Gläubigerleistung bleibt nach wie vor als

$L_{Gl} = K_{aufgezinst} = K \times q^n$ bestehen.

Karsten Schmidt

Die Schuldnerleistung hingegen ist um den aufgezinsten Betrag von Z_o zu vergrößern, so daß sich

$$L_{Sch} = r \times \frac{q^n - 1}{q - 1} + Z_o \times q^n$$

als Endwert ergibt. Die Gleichsetzung ergibt dann mit

$$K \times q^n = r \times \frac{q^n - 1}{q - 1} + Z_o \times q^n$$

oder

$$\frac{K - Z_o}{r} = \frac{q^n - 1}{q^n \times (q - 1)}$$

dasselbe rechnerische Ergebnis, als hätte man die maßgebliche *Kreditsumme sofort um den Vorauszins vermindert.*
Das schon bei Rz 161 durchgerechnete Beispiel soll die Anwendung dieser Formeln verdeutlichen:

Es wird ein Ratenkredit zu folgenden Bedingungen gewährt:

Kreditsumme	DM 60 000,–	$= K$
Laufzeit	30 Monate	$= n$
Kreditgebühr	0,5%	$= p_{nom}$
Bearbeitungsgebühr	DM 650,–	$= Z_o$
Maklerkosten	DM 550,–	

Die monatliche Rate (r) ergibt sich als Summe der

$$\text{Tilgungsrate} = \frac{60\,000}{30} = 2\,000$$

$$\text{und der monatlichen Kreditgebühr} = \frac{60\,000 \times 0{,}5}{100} = 300$$

Daraus ergibt sich $r = 2\,000 + 300 = 2\,300$.
Der „Vorauszins" (Z_o) beträgt:
$Z_o = 650,– + 550,– = 1\,200,–$

Daraus ergibt sich, daß wegen

$$\frac{K - Z_o}{r} = \frac{60\,000 - 1\,200}{2\,300} = 25{,}5652$$

derjenige monatliche Aufzinsungsfaktor (q) zu ermitteln ist, der die Eigenschaft hat:

$$\frac{q^{30} - 1}{q^{30} \times (q - 1)} = 25{,}5652$$

Das ist bei q = 1,010647 (iterativ bestimmt) der Fall, so daß sich der monatliche Effektivzinssatz (p_m) wie folgt berechnet

$$p_m = (1{,}010647 \times 100) - 100 = 1{,}0647$$

Dies ergibt einen effektiven Jahreszins (p_a)

$$\underline{\underline{p_a = 14{,}761\%}}$$

163 cc) Die **360-Tage-Methode** unterscheidet sich von der Renten- oder Annuitätenmethode vor allem dadurch, daß sie mit Rücksicht auf § 248 den Zinseszinseffekt für die unterjährige Verzinsung vernachlässigt (Rz 158). Wegen des verringerten kalkulatorischen Zinseszinseffekts ergibt sich gegenüber der Rentenmethode ein erhöhter Effektivzinssatz. Die bei STEPPELER und DIBBERN aaO näher entwickelte Berechnung beruht auf folgender Formel:

$$\frac{1 + \frac{b}{100}}{\text{Laufzeit}} + \frac{p_m}{100} = \frac{q^j}{\left(\frac{12}{q-1} + \frac{11}{2}\right) \times (q^j - 1) + \left(1 + \frac{m-1}{24} \times (q-1)\right) \times \frac{m}{1 + \frac{m}{12} \times (q-1)}}$$

Dabei ist b = Bearbeitungsgebührensatz
p_m = Laufzeitzinssatz
q = Zinsfaktor
j = Laufzeit in vollen Jahren
m = zusätzliche Laufzeit in Monaten

Der Zinsfaktor q kann nur iterativ bestimmt werden. Die Gleichung ist mit verschiedenen Zinsfaktoren so lange durchzurechnen, bis beide Seiten übereinstimmen. Dann ergibt sich der Effektivzinssatz (p) wie folgt:

$$p = 100 \times (q - 1)$$

Zur finanzmathematischen Ableitung dieser Formeln vgl STEPPELER 16 ff.

Die Formel soll wiederum an Hand des von STEPPELER 23 f gebildeten Beispiels durchgerechnet werden (vgl auch oben Rz 161, 162):

Laufzeit	30 Monate
Kreditgebühr	0,5% pro Monat
Bearbeitungsgebühr	2%

Damit ergibt sich die rechte Seite der Gleichung wie folgt:

$$\frac{1 + \frac{2}{100}}{30} + \frac{0{,}5}{100} = 0{,}034 + 0{,}005 = \underline{\underline{0{,}039}}$$

Die rechte Seite der Gleichung lautet bei j = 2 (Jahre) und m = 6 (Monate):

$$\frac{q^2}{\left(\frac{12}{q-1} + \frac{11}{2}\right) \times (q^2 - 1) + \left(1 + \frac{6-1}{24} \times (q-1)\right) \times \frac{6}{1 + \frac{6}{12} \times (q-1)}}$$

Bei q = 1,1336 ergibt sich

$$\frac{1{,}1336^2}{\left(\frac{12}{1{,}1336-1}+\frac{11}{2}\right)\times(1{,}1336^2-1)+\left(1+\frac{5}{24}\times(1{,}1336-1)\right)\times\frac{6}{1+\frac{1}{2}\times(1{,}1336-1)}}$$

$$=\frac{1{,}285049}{(89{,}820359+5{,}5)\times 0{,}285049+(1+0{,}208333\times 0{,}1336)\times\frac{6}{1+0{,}066800}}$$

$$=\frac{1{,}285049}{27{,}170973+1{,}027833\times 5{,}624297}=\frac{1{,}285049}{32{,}951811}=0{,}038998$$

Bei q = 1,1337 erhält man demgegenüber 0,039002 und bei q = 1,3365 0,039000, so daß bei q = 1,13365 beide Seiten der Gleichung übereinstimmen. Damit ergibt sich der Effektivzinssatz

$$p = 100 \times (1{,}13365 - 1) = \underline{\underline{13{,}365\%.}}$$

b) Die Bestimmung der rechtlich „richtigen" Methode ist nach dem bei Rz 157 f Gesagten eine Frage des Normzwecks, evtl auch ein Problem des § 287 Abs 2 ZPO. 164

aa) Die **Effektivzinsangabe nach § 1 Abs 4 PreisangabenVO** erfolgte in den 70er Jahren noch unter Duldung der Rechtsprechung nach Maßgabe der Uniformmethode (vgl Gelberg [vor Rz 1] § 1 Abs 4 Anm 5.3; s auch BGH NJW 1979, 2110, 2111; weitere Nachweise bei Hadding, Gutachten 148). Auch den vom Bundesministerium für Wirtschaft herausgegebenen Berechnungsbeispielen lag diese Methode zugrunde (Nachweise bei Scholz WM 1980, 322). Dabei ist es normteleologisch verfehlt, wenn der Effektivzinssatz des Kreditgebers betrachtet und deshalb mit dem „internen Zinsfuß" gleichgesetzt wird (so aber Scholl ZfKrW 1979, 1138). Zweck des § 1 Abs 4 PreisangabenVO ist Verbraucherschutz durch Verbraucherinformation und durch die Möglichkeit eines Preisvergleichs (Rz 91). Die Effektivzinsberechnung nach der Uniformmethode vermochte diesem Zweck in praxisgerechter Weise zu entsprechen (vgl Scholl ZfKrW 1979, 1158; **aM** Seckelmann ZfKrW 1979, 96; ders ZfKrW Beil H 12/1979 v 15. 6. 1979, 20). 165

Bei den Preisaufsichtsbehörden hat sich jedoch die Auffassung durchgesetzt, daß es bei der Effektivzinsangabe nicht nur auf Vergleichbarkeit, sondern auch auf Exaktheit des angegebenen Zinses ankommt (vgl Steppeler 15). Die Preisaufsichtsbehörden der Länder haben deshalb der 360-Tage-Methode in den von ihnen herausgegebenen Grundsätzen zum Sieg verholfen (*Grundsätze zur Berechnung des effektiven Jahreszinses* nach der Verordnung über Preisangaben [PAngV] von 1980; wiedergegeben bei Steppeler 90 ff). Federführend war die Arbeitsgruppe „effektiver Jahreszins" im Bund-Länderausschuß „Preisauszeichnung", die in den Grundsätzen folgende Überlegungen festschreibt: 166

„Effektiver Jahreszins und Nominalzins sind nur dann identisch, wenn ein jährlicher (360 Zinstage nach Auszahlung) bzw – bei Restlaufzeiten von weniger als einem Jahr – am Kreditende nachschüssig nach der jeweiligen Kredithöhe zu verzinsender Kredit ohne weitere Kreditkosten vorliegt (Vergleichskredit). Jede Abweichung von dieser Modalität ist kostenwirksam richtig zu berücksichtigen und zwar ausgehend von dem nominalen Vertragszinssatz und der deutschen banküblichen Praxis, für Zeiträume von weniger als einem Jahr mit einfachem Zins und bei nach Jahren bemessenen

Zeiträumen mit Zinseszinsen zu rechnen. Praktisch bedeutet dies, daß alle Kostenbelastungen des Kreditnehmers unter Berücksichtigung des ihm zur Verfügung stehenden Kreditbetrags und der zeitlichen Folge der Leistungen in einer Rechnung exakt zu ermitteln sind. Dieser Ermittlung ist eine Staffelrechnung nach den Modalitäten des Vergleichskredits gegenüberzustellen. Der effektive Jahreszinssatz ist demzufolge derjenige Zinssatz, mit dem der Kredit zu verzinsen ist, wenn
- summen- und terminmäßig die Zahlungsströme (Auszahlung des Kredits, Zahlungen des Kreditnehmers) nach den Vertragsbedingungen zugrundegelegt werden,
- aber unterstellt wird, daß die Zahlungen des Kreditnehmers bis zur Zinssollstellung zunächst wie Tilgungen berücksichtigt werden und daß die Zinsen jeweils nach einem Jahr (360 Zinstage) bzw – bei Restlaufzeiten von weniger als einem Jahr – am Kreditende belastet werden."

Die *Grundsätze zur Berechnung des effektiven Jahreszinses* werden von einem Teil der Kreditpraxis in dem Sinne verstanden, daß nun die Verwendung der 360-Tage-Methode einheitlich für alle Effektivzinsrechnungen vorgeschrieben sei (charakteristisch Steppeler passim; Dibbern Die Bank 1980, 425; in gleicher Richtung auch Hadding, Gutachten 149 f). In der Tat ist zu erwarten, daß die Verwaltungspraxis zu § 1 Abs 4 PreisangabenVO die Grundsätze entsprechend handhabt. Die Grundsätze sind aber *keine Rechtsquelle,* also nicht selbst Bestandteil des materiellen Rechts (richtig OLG Stuttgart WM 1981, 534, 535; vgl auch die Kritik bei Scholz WM 1980, 322 ff). Zwar ist nicht zu bestreiten, daß eine der 360-Tage-Methode folgende Effektivzinsangabe den Anforderungen des § 1 Abs 4 PreisangabenVO genügt; die andere Frage, ob diese Angabe rechtlich geboten ist, kann nur aus dem Zweck des § 1 Abs 4 PreisangabenVO selbst beantwortet werden und muß als offen bezeichnet werden. Als normkonkretisierende Verwaltungsanordnung können allerdings die Grundsätze de facto Regelungscharakter erhalten. Setzt sich die 360-Tage-Methode durch, so wird der einzelne Kreditgeber unter dem Aspekt der Vergleichsmöglichkeit nicht mehr auf die Uniformmethode ausweichen dürfen. Ob sich die Methode durchsetzen wird, ist nicht zuletzt ein rein praktisches Problem. Der Bund-Länderausschuß „Preisauszeichnung" ist der Auffassung, daß bereits jetzt Hilfsmittel in Gestalt von Tabellen und programmierten Taschenrechnern zur Verfügung stehen, die eine finanzmathematisch exakte Angabe ermöglichen (vgl Hadding, Gutachten 149 f).

167 **bb)** Die **Effektivzinsangabe nach § 1 a AbzG** erfolgt nach bisher hM nach Maßgabe der Uniformmethode (Erman-Weitnauer-Klingsporn § 1 a AbzG Rz 8; MünchKomm-H P Westermann § 1 a AbzG Rz 14 f; Löwe NJW 1974, 2258; weitere Nachweise bei Hadding, Gutachten 148). Dabei sollte es vorerst bleiben (vgl aber die Kritik von Hadding, Gutachten 74, 148 f mwN). Die Effektivzinsangabe nach § 1 a Abs 1 Nr 4 AbzG muß nicht mit derselben Genauigkeit erfolgen wie die nach § 1 Abs 4 PreisangabenVO (Rz 106). Diese scheinbare Inkonsequenz beruht auf den unterschiedlichen Sanktionen der Bestimmungen. Solange die Uniformmethode noch gebräuchlich ist, kann die Einsetzung des entsprechenden Zinssatzes nicht als Verstoß gegen die Formvorschrift angesehen werden.

168 cc) Die **Bewertung der Zinshöhe** – zB nach **§ 138,** aber auch stets da, wo es auf ihre „Angemessenheit" etc ankommt – erfolgt aufgrund eines Effektivzinsvergleichs. Für diesen genügen zuverlässige Annäherungsmethoden. Namentlich die Prüfung, ob ein „auffälliges" oder „grobes" Mißverhältnis zwischen Leistung und Gegenleistung vorliegt (Rz 112, 118 ff, 128 ff), zielt nur auf Annäherungswerte. Es kann deshalb unbedenklich mit der Uniformmethode gearbeitet werden (BGH WM 1979, 225; NJW 1979, 808 =WM 1979, 270; NJW 1979, 1209, 1211; NJW 1980, 2301, 2302 = WM 1980, 1111; OLG Hamm NJW 1979, 2110, 2111; LG Freiburg MDR 1980, 844; LG Osnabrück WM 1981, 1066, 1069; aM wohl Scholz WM 1980, 326). Freilich muß dies bei dem Effektivzinsvergleich (Rz 118 ff) berücksichtigt werden, denn es ist bei Vergleichswerten stets auf Übereinstimmung der Methoden zu achten (BGH NJW

1979, 808 = WM 1979, 270). Zu Unrecht erklärt aber der BGH im Urteil vom 12. 3. 1981 die Uniformmethode für unzureichend, wenn es auf einen genauen Zinssatz ankommt; dann soll nach einer „finanzmathematisch genaueren" Methode verfahren werden (BGHZ 80, 153 = BB 1981, 927 mAnm KESSLER = Betrieb 1981, 1080 = JR 1981, 364 mAnm OLZEN = JZ 1981, 344 = NJW 1981, 1206 = WM 1981, 353 mAnm SCHOLZ WM 1981, 538 = ZIP 1981, 369). Dem ist mit BGH NJW 1979, 808 = WM 1979, 270 entgegenzuhalten, daß überhaupt nicht die Zinssatzfeststellung, sondern nur ein Zinssatzvergleich Gegenstand der Prüfung nach § 138 ist.

dd) Die **Feststellung der Zinshöhe bei der Kündigung nach § 247** erfolgt nach der hier vertretenen Auffassung auf der Grundlage des effektiven Jahreszinses (§ 247 Rz 23 ff). Die Uniformmethode kann hier keine endgültigen Ergebnisse liefern. In Grenzfällen kann bei strittigem Effektivzins der Einsatz finanzmathematisch korrekter Methoden, ggf also auch die Hinzuziehung eines Sachverständigen, unvermeidbar sein. Praktisch wird es sich um seltene Fälle handeln. Die viel häufiger auftretende Frage, welche Kreditkosten bei der Effektivzinsberechnung einzusetzen sind, ist eine Frage des Zinsbegriffs (Rz 7 ff, 21 ff) und damit eine Rechtsfrage. 169

ee) Die **Effektivzinsfeststellung bei vorzeitiger Kreditbeendigung** erfolgt idR gleichfalls nach der Uniformmethode (BGH NJW 1979, 540, 541; OLG Frankfurt NJW 1978, 1927; LG Frankfurt BB 1977, 314 f; KESSLER NJW 1977, 2060). Die vom LG Frankfurt offen eingeräumte Ungenauigkeit des Ergebnisses rechtfertigt sich in entsprechender Anwendung des § 287 Abs 2 ZPO: Soweit die Forderungshöhe unter den Parteien streitig ist und die Feststellung der genauen Forderungshöhe mit Schwierigkeiten verbunden ist, die zur Bedeutung des in Frage stehenden Teils der Forderung außer Verhältnis stehen, ist die Verwendung einer Annäherungsmethode zulässig. Mit PALANDT-HEINRICHS Anm 2 a kann davon ausgegangen werden, daß die Ungenauigkeit der Uniformmethode bei kleineren Krediten erst bei etwa vierjähriger Laufzeit so gravierend wird, daß sie nicht mehr hingenommen werden kann (vgl auch die Rechenbeispiele bei SCHOLL ZfKrW 1979, 1138). Da es auf die Schwierigkeit der Ermittlung ankommt, ist auch hier die Ablösung der Uniformmethode in erster Linie ein praktisches Problem. Die Vereinfachung der Hilfsmittel für eine genauere Effektivzinsfeststellung kann zur Ablösung der Uniformmethode führen. Es ist denkbar, daß eine finanzmathematisch genaue Zinsberechnung künftig auch für kleinere Alltagsfälle einfach genug sein wird. Vorerst kann hiervon für die gerichtliche Praxis nicht ausgegangen werden. 170

4. Die Zinsrückrechnung bei vorzeitiger Kreditbeendigung 171

a) Bei der **Zinsrückrechnung** im Fall vorzeitiger Kreditbeendigung geht es um die *Frage, in welcher Höhe der Kreditnehmer für die vergangene Laufzeit Zinsen verbraucht hat und welche Zinsen ihm rückvergütet werden sollen* (Rz 156). Hiervon zu unterscheiden ist die **Frage der anteiligen Zinstilgung.** Diese bezieht sich darauf, in welcher Höhe der Kreditnehmer auf Zins und Tilgung gezahlt *hat.* Beim Ratenkredit geht die Vereinbarung im Zweifel dahin, daß alle Kreditkosten mit jeder Rate zu gleichen Teilen beglichen werden (Rz 159). Daran ändert sich auch im Fall vorzeitiger Kreditbeendigung nichts (CANARIS, Bankvertragsrecht [2. Aufl] Rz 1344). Wieviel auf die Kreditkosten und wieviel auf das Kapital gezahlt worden ist, wird deshalb durch lineare Rückrechnung festgestellt (vgl zB OLG Stuttgart ZIP 1981, 725, 727; LG Frankfurt BB 1977, 314, 315; PALANDT-HEINRICHS Anm 2 b). Dabei sind mangels entgegenstehender Abrede sogar die dem Kreditgeber verbleibenden Einmalgebühren (zB die Bearbeitungsgebühr; Rz 25) einzubeziehen. Die Frage, in welchem Umfang einzelne Zahlungen auf Kapital und Zinsen anzurechnen sind, beantwortet sich mangels besonderer Vereinbarung nach folgenden Formeln:

$$\% \text{ Tilgung} = \frac{\text{Nettokredit} \times 100}{\text{Nettokredit} + \text{Kreditkosten}}$$

$$\% \text{ Kreditkosten} = \frac{\text{Kreditkosten} \times 100}{\text{Nettokredit} + \text{Kreditkosten}}$$

Die Anwendung dieser einfachen Formeln verdeutlicht das folgende Rechenbeispiel in Anlehnung an Palandt-Heinrichs Anm 2 a, b: Angenommen der Nettokredit betrüge 10 000 DM, die Laufzeit 36 Monate, die prozentuale Kreditgebühr 1% pm und die einmalige Bearbeitungsgebühr 2%, so betrüge die Gesamtsumme

Nettokredit	10 000,– DM
Kreditgebühr	3 600,– DM
Bearbeitungsgebühr	200,– DM
	13 800,– DM

Hier entfallen mangels besonderer Vereinbarung von jeder Tilgungsrate auf die Kapitalschuld

$$\frac{10\,000 \times 100}{13\,800} \% = 72{,}46\%.$$

Auf die Kreditkosten entfallen

$$\frac{3\,800 \times 100}{13\,800} \% = 27{,}54\%$$

davon 26,09% auf die Kreditgebühr und 1,45% auf die Bearbeitungsgebühr.

Diese Berechnung ist *keine Zinsrückrechnung*. Sie wird neben der Zinsrückrechnung benötigt, damit aufgrund geleisteter Zahlungen festgestellt werden kann, in welcher Höhe bei vorzeitiger Kreditbeendigung Kapitalschuld und Zinsschuld bereits durch gezahlte Raten beglichen sind. Wie hoch die zu begleichende Zinsschuld ist, wird im Wege der Rückrechnung festgestellt.

172 **b) Die wesentlichen Zinsrückrechnungsmethoden** können hier nicht in den finanzmathematischen Details wiedergegeben werden. Wie bei der Ermittlung des Zinssatzes geht es dabei um Rechnungen, die stets nur iterativ (annäherungsweise) durchgeführt werden können und bei denen die Kompliziertheit mit der finanzmathematischen Genauigkeit zunimmt. Die Rechtsfrage der zulässigen Methode (Rz 157) wird auch hier darin bestehen, ob der finanzmathematischen Genauigkeit oder der Einfachheit der Berechnung der Vorrang einzuräumen ist. Die in Betracht kommenden Methoden sollen anhand des Beispiels von Palandt-Heinrichs (vgl Rz 171) durchgerechnet werden, wobei davon ausgegangen wird, daß der Kredit nach einer Laufzeit von 10 Monaten vorzeitig fällig gestellt wird, dh im Überblick:

Nettokredit	10 000,– DM
Kreditgebühr	3 600,– DM
Bearbeitungsgebühr	200,– DM
	13 800,– DM
Laufzeit	36 Monate
Ablösung nach	10 Monaten

aa) Die **lineare Rückrechnungsmethode** (vgl IHMELS BB 1975, 1513) wird hier nur der Vollständigkeit halber erwähnt. Sie überträgt den auf die gesamte Laufzeit berechneten Zinssatz auf die verkürzte Laufzeit, geht also von konstanten Zinsanteilen aus (vgl zB OLG Hamm NJW 1974, 1951; ZIP 1980, 652; LG Trier NJW 1975, 1930). LAMMEL (BB-Beil 8/1980, 16 Fn 195) nennt folgende Formel für die „Rückvergütung“: 173

$$\frac{\text{Kapital} \times \text{Monatszinssatz} \times \text{Restlaufzeit}}{100}$$

Umgekehrt muß sich für die Errechnung der vom Kreditnehmer verbrauchten Zinsen die Formel ergeben:

$$\frac{\text{Kapital} \times \text{Monatszinssatz} \times \text{Rumpflaufzeit}}{100}$$

Dabei ist es nicht ein Problem der Zinsrechnung, sondern eine Frage des Zinsbegriffs, welcher Monatszinssatz einzusetzen ist. Der Nominalzins kann dies nicht sein (richtig zB OLG Düsseldorf ZIP 1981, 725, 726), denn maßgebend ist der effektive Jahreszins (Rz 88). Bei Zugrundelegung des durchzurechnenden Beispiels (Rz 172) ergibt sich als verbrauchter Zins

$$\frac{10\,000 \times 1 \times 10}{100} = 1000 \text{ DM},$$

mithin als „Rückvergütung“

$$\frac{10\,000 \times 1 \times 26}{100} = \underline{\underline{2600 \text{ DM.}}}$$

Diese Methode ist jedoch aus den bei Rz 180 genannten Gründen nicht haltbar.

bb) Auf einer Effektivzinsanalyse hingegen beruht die Formel der sogenannten **„78er-Methode“** (vgl statt vieler SCHOLZ BB 1977, 1425, 1429; vgl auch LAMMEL BB Beil 8/1980, 16). Diese 78er-Methode stellt sich als eine Übertragung der Uniformmethode auf das Rückrechnungsproblem dar. Die 78er-Methode ist eine Zinsstaffelmethode. Sie berücksichtigt die von Monat zu Monat steigenden Tilgungsquoten, indem sie jeden Monat in dem Verhältnis an der Gesamtgebühr beteiligt, indem er auch an der Gesamtsumme der addierten Ratenzahlungen beteiligt ist. Der Name 78er-Methode rührt von der Summe bei zwölfmonatigen Raten: 12 + 11 + 10 + ... + 1 = 78 (SCHOLZ aaO; LAMMEL BB-Beil 8/1980, 7). Wird ein Kredit, der für eine Laufzeit von n Monaten vorgesehen war, nach Ablauf bereits des m-ten Monats und nach Zahlung der m-ten Raten abgewickelt, so ist nach dieser Methode folgendermaßen vorzugehen: 174

Dem Gläubiger stehen auf die Summe der Restschuldbeträge Zinsen auf der Grundlage des effektiven Jahreszinssatzes zu. Nach Tilgung der m-ten Rate kann er insgesamt verlangen (Zins und Ursprungskapital):

$$K \times \frac{100 \times (n + 1) + pm \times m \times (2n - m + 1)}{100 \times (n + 1)}$$

(wobei K = Ursprungskapital ist).

Hiervon ist aber abzuziehen die Summe der bereits geleisteten Monatsraten. Aus dieser Differenz ergibt sich die sog Ablösesumme:

$$K \times \frac{n^2 \times (100 + m \times pm) - n\,(m^2 \times pm + 100\,m - 100) - 100\,m}{100 \times n \times (n + 1)}$$

In dieser Ablösesumme ist das noch nicht getilgte Kapital

$$\left(= \frac{\text{Ursprungskapital} \times \text{Restlaufzeit}}{\text{Gesamtlaufzeit}} \right)$$ sowie der noch zu zahlende Zins

$$\left(= \frac{\text{monatl Kreditgebühr (in DM)} \times \text{abgelaufene Zeit} \times \text{Restlaufzeit}}{\text{Gesamtlaufzeit} + 1} \right)$$

enthalten. „Rückzuvergüten" ist der Teil des Gesamtzinses, der weder gezahlt ist noch nachgefordert werden soll:

Gesamtzins
./. bereits gezahlter Zins
./. Restzins

„Zinsvergütung"

Hieraus ergibt sich folgende Formel für die Zinsrückvergütung:

$$\text{Rückvergütung in DM} = \frac{\text{monatl Kreditgebühr (in DM)} \times \text{Restlaufzeit} \times (\text{Restlaufzeit} + 1)}{\text{Gesamtlaufzeit} + 1}$$

Im durchzurechnenden Beispiel (Rz 172) bedeutet dies:

$$\frac{100 \times 26 \times 27}{37}\ \text{DM} = \underline{\underline{1897{,}30\ \text{DM}}}$$

Üblich ist auch eine prozentuale Rediskontberechnung aufgrund der folgenden Formel (vgl Palandt-Heinrichs Anm 2 b):

$$\text{Rückvergütung in \%} = \frac{\text{Restlaufzeit} \times (\text{Restlaufzeit} + 1) \times 100}{\text{Laufzeit} \times (\text{Laufzeit} + 1)}$$

In dem Rechenbeispiel von Palandt-Heinrichs (Rz 172) ergeben sich also

$$\frac{26 \times (26 + 1) \times 100}{36\,(36 + 1)} = 52{,}703,$$

mithin ein absoluter Rediskontbetrag von

$$\frac{3600 \times 52{,}\ 703}{100}\ \text{DM} = \underline{\underline{1897{,}31\ \text{DM}.}}$$

175 cc) Als Zinsstaffelmethode (KG WM 1980, 72) – besser: **vereinfachte Zinsstaffelmethode** – wird eine in den Allgemeinen Geschäftsbedingungen von Kreditinstituten anzutreffende Methode bezeichnet, aus der sich die folgende Formel ergibt (KG aaO; OLG Düsseldorf ZIP 1981, 725, 727; Scholz BB 1977, 1429; Bachmann NJW 1978, 865; Krug BB 1979, 25; Lammel BB-Beil 8/1980, 16 Fn 198):

$$\text{Rediskont} = \frac{\text{Nettokredit} \times \text{Restlaufzeit}^2 \times \text{Monatssatz}}{\text{Ursprungslaufzeit} \times 100}$$

Das von PALANDT-HEINRICHS entnommene Rechenbeispiel (Rz 171, 172) ergäbe dann folgende Berechnung für den Rediskont:

$$\text{Rediskont} = \frac{10\,000 \times 26^2 \times 1}{36 \times 100} = \underline{\underline{1877{,}78 \text{ DM}}}$$

Die Formel führt regelmäßig zu einer geringeren Rückvergütung (LAMMEL BB-Beil 8/1980, 16; im Fall des OLG Düsseldorf ZIP 1981, 725, 727 betrug die Differenz 12 272,80 : 12 303,75).

dd) Weitgehend vernachlässigt wurde bisher die Brauchbarkeit der **Renten- bzw Annuitätenmethode** für die Rückrechnung. Immerhin ist das OLG Hamm (BB 1978, 1540) bereits im Prinzip nach ihr verfahren. Für die Methode ergibt sich nach der *m*-ten Ratenzahlung eines *n*-Monatskredites als vom Gläubiger erbrachte Leistung: 176

$L_{GL} = K \times q^m$, wobei K: das Ursprungskapital,
q: der monatliche Aufzinsungsfaktor (vgl Rz 162) und
m: der Monat ist, nach dem abgerechnet wird.

Der Schuldner hat inzwischen mit seinen *m* monatlichen Raten (r) folgende Leistung erbracht:

$$L_{Sch} = \sum_{\gamma = 1}^{\gamma = m} r_{\gamma \text{ aufgezinst}} = r \times \frac{q^m - 1}{q - 1},$$

wobei r die monatliche Rate ist.

Die Differenz zwischen beiden Leistungen hat der Gläubiger als *Ablösesumme* zu fordern.

$$\text{Ablösesumme} = L_{Gl} - L_{Sch} = K \times \frac{q^n - q^m}{q^n - 1},$$

wobei n die Gesamtlaufzeit ist.

Zur Tilgung sind nur noch erforderlich:

$$\text{Resttilgung} = K \times \frac{n - m}{n}.$$

Die Differenz zwischen Ablösesumme und Resttilgung stellt den noch zu zahlenden Zins dar:

Ablösesumme
∕. Resttilgung
Restzins

$$\text{Restzins} = K \times \frac{(n - m) + (m \times q^n - n \times q^m)}{n \times (q^n - 1)}$$

Daraus ergibt sich die „Zinsvergütung":

Gesamtertrag
⁒ bereits gezahlter Zins
⁒ Restzins
„Zinsvergütung"

Für das Beispiel von Rz 172 ergibt sich:

r = Tilgungsrate + monatliche Kreditgebühr =

$$\frac{10\,000}{36} + \frac{10\,000 \times 1}{100} = 277{,}78 + 100 = 377{,}78$$

sowie der monatliche Aufzinsungsfaktor

q = 1,01891 (iterativ bestimmt).

Damit errechnet sich die Ablösesumme wie folgt:

$$\text{Ablösesumme} = 10\,000 \times \frac{1{,}9628594 - 1{,}2060298}{0{,}9628594} = \underline{\underline{7860{,}23\ \text{DM}}}$$

Die noch erforderliche Resttilgung beträgt:

$$10\,000 \times \frac{36 - 10}{36}\ \text{DM} = \underline{\underline{7222{,}22\ \text{DM.}}}$$

Damit ergibt sich der Restzins aus der Differenz beider Beträge mit 638,01 DM.

Bei voller Laufzeit hätte sich ein Gesamtzinsertrag in Höhe von 36 × 377,78 – 10 000 = 13 600,08 – 10 000 = 3600,08 ergeben.

Der Schuldner hat 10 Raten à 377,78 DM, also 3777,80 DM gezahlt. Davon entfallen auf die Tilgung (bei einer noch ausstehenden Resttilgung in Höhe von 7222,22 DM) 2777,78, so daß er bereits Zinsen in Höhe von 1000,02 DM gezahlt hat. Damit ergibt sich die Zinsvergütung folgendermaßen:

3600,08 DM
⁒ 1000,02 DM
⁒ 638,01 DM
1962,05 DM.

177 ee) Die nunmehr bei der Berechnung des Effektivzinssatzes einheitlich angewendete **360-Tage-Methode** (Rz 158, 163) beeinflußt auch die Zinsrückrechnung bei vorzeitiger Kreditbeendigung (eingehend Steppeler 25 ff; s auch Dibbern, Die Bank 1980, 425). Auch hier sind die monatlichen Ratenzahlungen voll auf die Tilgung anzurechnen und Zinsen erst nach 360 Laufzeittagen zu belasten. Dabei ergeben sich die verbrauchten Zinsen nach folgender Formel:

$$\text{verbrauchte Zinsen} = \text{Durchschnittskapital} \times \text{zurückgelegte Laufzeit} \times \frac{\text{Effektivzinssatz}}{12 \times 100}$$

Das Durchschnittskapital kann nach folgender Formel berechnet werden:

$$\text{DurchschnKap} = \text{KredSumme} - \text{Rate o BearbGeb} \times \frac{\text{zurückgel Laufzeit} - 1}{2}$$

Die Berechnung der verbrauchten Zinsen nach dieser Formel ist jedoch nur für eine vorzeitige Tilgung im ersten Laufzeitjahr exakt. Für spätere Tilgungen sind Zinseszinsen zu berücksichtigen (vgl dazu STEPPELER 28 f).

Für das oben bereits mehrfach verwendete Beispiel ergibt sich als Durchschnittskapital:

$$10\,000 - 377{,}78 \times \frac{10 - 1}{2} = 10\,000 - 1700{,}01 = \underline{\underline{8299{,}99 \text{ DM.}}}$$

Damit errechnen sich die verbrauchten Zinsen bei Zugrundelegung eines Effektivzinssatzes von 23,35% (vgl PALANDT-HEINRICHS Anm 2 a) folgendermaßen:

$$\text{verbrauchte Zinsen} = 8299{,}99 \times 10 \times \frac{23{,}35}{12 \times 100} = \underline{\underline{1615{,}04}}$$

Gegenüber dem Gesamtzinsertrag in Höhe von DM 3600,08 (vgl Rz 176) ergibt sich danach eine „Zinsrückvergütung" in Höhe von DM 1985,04.

c) Die Bestimmung der rechtlich „richtigen" Methode ist ebenso zweifelhaft wie beim 178
Effektivzinssatz.

aa) Vertragsvereinbarungen haben den Vorrang, weil dispositives Recht vorliegt 179
(KG WM 1980, 72; BACHMANN NJW 1978, 866; LAMMEL BB-Beil 8/1980, 16). Es sind aber erhebliche Anforderungen an die Wirksamkeit von Rückrechnungsklauseln zu stellen. Abgesehen von Bedenken aus § 247 Abs 1 S 2 und aus §§ 3, 9, 11 Nr 6 AGBG (Rz 156) ist genau zu prüfen, ob eine Schmälerung der Zinsrückvergütung überhaupt als vereinbart betrachtet werden darf (§§ 133, 157 BGB, 3 AGBG). Die Benennung der Rückrechnungsformel in einem Vertrag stellt, sofern ein besonderer Hinweis fehlt, aus der Sicht des Kreditnehmers nur eine Mitteilung der „richtigen" Zinsrückrechnungsformel dar; daß die Formel dem Kreditgeber zusätzliche Ansprüche einräumt oder dem Kreditnehmer solche Ansprüche nimmt, ergibt sich nicht aus der Formel. Im Streitfall hat also das Gericht von dem nach Rz 180 „richtigen" Rückrechnungsmodus auszugehen, sofern sich nicht aus der Rückrechnungsklausel ein Verzicht des Kunden auf weitere Rückvergütung ergibt. Im praktischen Regelfall können deshalb Rückrechnungsklauseln, die die Rechte des Kreditnehmers schmälern, vernachlässigt werden. Zu Unrecht übernimmt KG WM 1980, 72 kommentarlos die vereinfachte Zinsstaffelmethode (Rz 175) aus den Allgemeinen Geschäftsbedingungen. Keine Beschränkung der Rückvergütung ist dagegen eine Regelung, nach der die Zinsrückvergütung bei einem Ratenkredit nach Maßgabe des Effektivzinssatzes und nicht unter linearer Rückrechnung erfolgt (vgl auch BGH NJW 1979, 540, 542 und dazu Rz 156). Eine solche Regelung wiederholt nur, was ohnedies rechtens ist.

bb) Die objektiv „richtige" Methode müßte sich nach der finanzmathematischen 180
Genauigkeit der Rückrechnung bestimmen, denn es geht um die Präzisierung schuldrechtlicher Ansprüche. Rechtlich unhaltbar, weil mit den Denkgesetzen unvereinbar, ist jedenfalls die lineare Rückrechnung. Sie beruht auf einer Verwechselung der tatsächlich erbrachten Zinsleistungen mit der Berechnung der Zinsschuld

(dazu Rz 171), und sie stellt den Kreditnehmer im Fall vorzeitiger Kreditbeendigung besser als bei vertragsmäßiger Kreditdauer (richtig BGH NJW 1979, 540, 541; OLG Hamm BB 1978, 1540, 1541; OLG Düsseldorf ZIP 1981, 725, 726; SCHOLZ Betrieb 1981, 2162). Auch wenn, wie beim Ratenkredit, eine gleichmäßige Verteilung von Zins und Tilgung auf die Einzelraten vereinbart ist, geschieht dies doch nur unter der Voraussetzung vertragsmäßiger Kreditbeendigung (richtig OLG Hamm BB 1978, 1540, 1541; vgl auch CANARIS, Bankvertragsrecht [2. Aufl] Rz 1344). Auch die Ungenauigkeit der vereinfachten Staffelmethode kann rechtlich nicht hingenommen werden (im Ergebnis richtig OLG Düsseldorf ZIP 1981, 725, das die Rechenergebnisse vergleicht und ohne rechtliche Begründung das für den Kreditnehmer günstigere Ergebnis auswählt). Wenn es auf präzise Berechnung ankommt, ist die Renten- oder Annuitätenmethode zugrundezulegen (vgl bereits OLG Hamm BB 1978, 1540) oder die 360-Tage-Methode (STEPPELER 25 ff), wobei die finanzmathematische Ermittlung des *Einzelergebnisses* Tatfrage und ggf unter Zuhilfenahme eines Sachverständigen zu klären wäre. Die 78er Methode macht diesen Schritt entbehrlich. Sie ist die Methode der überwiegenden juristischen Praxis (vgl etwa BGH NJW 1979, 540, 542; OLG Hamm BB 1978, 1540; eingehend LAMMEL BB-Beil 8/1980, 16; s auch LÖWE-GRAF VON WESTPHALEN-TRINKNER, AGBG § 9 Rz 67). Das Festhalten an einer nachweislich ungenauen Rückrechnungsmethode kann naturgemäß nicht mit der objektiven Exaktheit ihrer Ergebnisse begründet werden. Die 78er-Methode kann vielmehr nur als Methode der *Forderungsschätzung* gerechtfertigt werden. Solange eine genauere Rückrechnung noch mit unverhältnismäßigen Schwierigkeiten verbunden ist, rechtfertigt § 287 Abs 2 ZPO bei kleineren Krediten eine solche Schätzung (PALANDT-HEINRICHS Anm 2 b). Diese Schwierigkeiten sind erst behoben, wenn die Voraussetzungen für eine vom Gericht (nicht bloß vom Kreditgeber!) ohne Hinzuziehung von Sachverständigen durchführbare Rechnung oder Prüfung bestehen (vgl auch Rz 170 aE).

181 cc) Das **Abrechnungsbeispiel** von Rz 171, 172 läßt sich auf dieser Grundlage folgendermaßen abschließen (vgl PALANDT-HEINRICHS Anm 2 b):

Grundfall: Der Kunde führt mit der 10. Rate den Gesamtkredit zurück. Er hat vorher 9 Raten (= 3 450,00 DM) planmäßig bedient. Folgende Rechnung ist aufzustellen:

Nettokredit	10 000,— DM	
abzügl. 72,46% von 3 450,– DM (siehe Rz 171)	2 499,87 DM	
Restkredit	7 500,13 DM	7 500,13 DM
Bearbeitungsgebühr (nicht laufzeitabhängig Rz 25)	200,— DM	
Kreditgebühr (3 600 – 1 897,31; Rz 174)	1 702,69 DM	
Kreditkosten insgesamt	1 902,69 DM	
abzügl. 27,54% von 3 450,– (Rz 171)	950,13 DM	
unbezahlte Kreditkosten	952,56 DM	952,56 DM
Kreditnehmer hat zu zahlen		8 452,69 DM

Fallvariante: Der Kredit wird nach 10 Monaten bei einem geleisteten Zahlungsvolumen von 2500 DM wegen Zahlungsverzugs gekündigt. Unter diesen Voraussetzungen versteht sich die folgende, bei PALANDT-HEINRICHS aaO angestellte Berechnung:

Nettokredit	10 000,— DM	
abzügl. 72,46% von 2 500,– DM (siehe Rz 171)	1 811,50 DM	
Restkredit	8 188,50 DM	8 188,50 DM
Bearbeitungsgebühr (nicht laufzeitabhängig Rz 25)	200,— DM	
Kreditgebühr (3 600 – 1 897,31; Rz 174)	1 702,69 DM	
Kreditkosten insgesamt	1 902,69 DM	
abzügl. 27,54% von 2 500,– DM (Rz 171)	688,50 DM	
unbezahlte Kreditkosten	1 214,19 DM	1 214,19 DM
Kreditnehmer hat zu zahlen		9 402,69 DM

VIII. Zinsen im öffentlichen Recht 182

Schrifttum *(Auswahl)*: Eckert, Leistungsstörungen in verwaltungsrechtlichen Schuldverhältnissen, DVBl 1962, 11, 19 f; Ulf Fischer, Die öffentlich-rechtliche Geldforderung – unter besonderer Berücksichtigung ihrer Verzinsung, Diss Bonn 1968, 159 ff; ders, Die Verzinsung öffentlich-rechtlicher Geldforderungen, NJW 1969, 1883; Götz, Verzinsung öffentlich-rechtlicher Geldforderungen, DVBl 1961, 433; Kamps, Der Anspruch auf Zinsen bei Rückforderungen durch Leistungsbescheid, DVBl 1982, 777; Papier, Die Forderungsverletzung im öffentlichen Recht (1970) 127 ff; Schwanckhart, Verzugs- und Prozeßzinsen im Sozialrecht, NJW 1970, 1301; Simons, Leistungsstörungen verwaltungsrechtlicher Schuldverhältnisse (1967) 145 f; Eckard Weber, Der Erstattungsanspruch (1970) (zugl Diss Hamburg 1969) 134 ff.

1. Verzinslichkeit öffentlich-rechtlicher Forderungen 183

Ein das gesamte öffentliche Recht beherrschender Grundsatz, daß öffentlich-rechtliche Geldforderungen zu verzinsen seien, besteht nicht (BVerwGE 14, 1; 15, 78, 81 ff; 21, 44; 24, 186, 191; 48, 133, 136; BVerwG DÖV 1979, 761). Wo allerdings die Verzinsung gesetzlich geregelt ist, ist eine Geldschuld auch im öffentlichen Recht verzinslich (BVerwG NJW 1973, 2122).

a) Insbesondere ist es ganz überwiegend abgelehnt worden (analog § 288 BGB) 184
Verzugszinsen wegen verzögerter Erfüllung öffentlich-rechtlicher Geldforderungen zuzuerkennen (BVerwGE 14, 1, 3 ff; 15, 78, 81 ff; 16, 346; 21, 44; 24, 186; 37, 229, 241; 38, 49; 58, 316, 326; BVerwG NJW 1973, 1854; DÖV 1979, 761; BSG DVBl 1965, 738; BayVGH BayVBl 1973, 296; OVG Hamburg VwRspr 19, 92; OVG Lüneburg DÖV 1968, 846; **aM** Eckert DVBl 1962, 11, 19; Simons 144 f; *differenzierend* Götz DVBl 1961, 433, 436; Papier 135 ff; Weber 134 ff; unentschieden BVerwGE 48, 133, 137 [unzutr ausgewertet bei Kamps DVBl 1982, 778]). Erst recht wird eine Fälligkeitsverzinsung, etwa bei Erstattungsansprüchen (Rz 187) im Grundsatz verneint. Die Begründungen schwanken je nach der betroffenen Fallgruppe.

aa) Im *Beamtenrecht* stützt sich die Ablehnung von Verzugszinsen auf einen in den 185
meisten Beamtengesetzen der Länder enthaltenen ausdrücklichen Ausschluß der Verzinsung für den Fall, daß Bezüge erst nach dem Fälligkeitstag gezahlt werden (vgl BVerwGE 16, 346; 24, 186; Götz DVBl 1961, 435). Für den Bund wird überwiegend die Fortgeltung der Ziff 3 der DVO zu § 38 DBG (RGBl I 1937, 669) angenommen (zur Gültigkeit der Vorschrift vgl BVerwGE 16, 346, 349; BGHZ 10, 125; OVG Münster DVBl 1959, 75; VGH BadWürtt ZBR 1969, 52, 54). Die Bestimmung lautet: „Werden Dienst- oder Versorgungsbezüge nach dem Tage der Fälligkeit ausgezahlt, so besteht gegen die Zahlungspflichtigen kein Rechtsanspruch auf Verzinsung."

186 **bb)** Eine ausführliche gesetzliche Regelung hat die Frage der Verzinsung im *Steuerrecht* in den §§ 233–239 AO (1977) gefunden. Danach werden Ansprüche aus dem Steuerschuldverhältnis nur in den gesetzlich vorgeschriebenen Fällen verzinst (§ 233 AO). Dies gilt hinsichtlich der Steuerschuld des Steuerpflichtigen im Falle der Stundung (§ 234 AO) sowie bei Steuerhinterziehung (§ 235 AO; dazu BFH NJW 1982, 2792). Auf Erstattungsbeträge sind keine Verzugszinsen, sondern lediglich Prozeßzinsen zu zahlen. Dabei hat die AO den Streit über die Einordnung eines außergerichtlichen Rechtsbehelfsverfahrens dadurch erledigt, daß die Verzinsung später rechtskräftig zuerkannter Erstattungsbeträge zwei Monate nach Einlegung des Rechtsbehelfs beginnt. Wird ein außergerichtliches Rechtsbehelfsverfahren nicht durchgeführt, beginnt die Verzinsung mit Rechtshängigkeit (vgl § 236 AO).

187 **cc)** Umstritten ist allerdings, inwieweit anderweitige *öffentlich-rechtliche Erstattungsansprüche,* insbesondere im Bereich des Gebühren- und Beitragsrechts, zu verzinsen sind. Die Rechtsprechung lehnt einen Anspruch auf Verzinsung eines Erstattungsanspruches aus dem Gesichtspunkt des Verzuges einhellig ab, vgl BVerwGE 37, 239 (Erschließungsbeitrag); 58, 316, 326 (Kosten einer Sondernutzung); BVerwG NJW 1973, 1854 (Getreidekauf); BayVGH BayVBl 1973, 296 (Erschließungsbeitrag); OVG Hamburg VwRspr 19, 92 (Sielbaubeitrag); OVG Lüneburg DÖV 1968, 846 (Erschließungsbeitrag). Demgegenüber wird im Schrifttum die Auffassung vertreten, daß im Rahmen des öffentlich-rechtlichen Erstattungsanspruches der Rechtsgedanke des § 288 BGB analoge Anwendung finden könne, da hier ein ausdrücklicher (gesetzlicher) Ausschluß der Verzinsung nicht gegeben sei (so zB Götz DVBl 1961, 433, 439; Eckert DVBl 1962, 11, 19; Kamps DVBl 1982, 778). Dies müsse jedenfalls dann gelten, wenn ein Fälligkeitstermin für die vom Staat zu erbringende Leistung eindeutig feststehe (so Weber 139; zust Wolff-Bachof, Verwaltungsrecht I [9. Aufl 1974] § 44 III b 6). Der in der Rechtsprechung vertretenen Auffassung ist insgesamt entgegenzuhalten, daß der besondere Charakter verwaltungsrechtlicher Schuldverhältnisse dann einer entsprechenden Anwendung privatrechtlicher Bestimmungen nicht entgegensteht, wenn es nicht um die Befugnisse des Staates geht, zunächst (durch Verwaltungsakt) über Entstehung und Umfang eines Zahlungsanspruches zu entscheiden (so der zutreffende Hinweis von Götz DVBl 1961, 433, 438). Steht also die Zahlungsverpflichtung nach Grund und Höhe fest, so ist entgegen der Rechtsprechung eine Pflicht zur Verzinsung vom Fälligkeitstag an (§ 284 Abs 2) gegeben. Beruht der Erstattungsanspruch auf der *Rücknahme eines Verwaltungsakts*, so ergibt sich die Verzinsungspflicht bereits aus dem Gesetz, nämlich aus § 48 Abs 2 S 6 VwVfG, §§ 819 Abs 1, 818 Abs 4, 291 BGB (aM Knack, VwVfG [2. Aufl 1982] § 48 Rz 8.6.6). Im *Fall des Widerrufs* eines (rechtmäßigen!) Verwaltungsakts nach § 49 VwVfG scheidet eine rückwirkende Verzinsung dagegen grundsätzlich aus. Für den *Sonderfall des Widerrufs eines Zuwendungsbescheides* – also vor allem im Subventionswesen – schien dem Gesetzgeber deshalb eine Sonderregelung erforderlich, die durch die Zweite BHO-Novelle v 14. 7. 1980 (BGBl I 955) als § 44 a BHO eingeführt wurde (vgl zum folgenden eingehend Piduch, Bundeshaushaltsrecht II [Stand 1982]; Weides NJW 1981, 841; Kamps DVBl 1982, 777):

§ 44 a Widerruf von Zuwendungsbescheiden, Erstattung und Verzinsung

„(1) Werden Zuwendungen entgegen dem im Zuwendungsbescheid bestimmmten Zweck verwendet oder werden mit der Zuwendung verbundene Auflagen nicht oder nicht innerhalb einer dem Zuwendungsempfänger gesetzten Frist erfüllt, kann der Zuwendungsbescheid ganz oder teilweise mit Wirkung für die Zukunft oder für die Vergangenheit widerrufen werden. Eine nicht zweckentsprechende Verwendung liegt auch vor, wenn Zuwendungen nicht oder nicht mehr für den vorgesehenen Zweck oder nicht alsbald nach der Auszahlung hierfür verwendet werden.

(2) Soweit ein Zuwendungsbescheid nach Absatz 1 widerrufen oder nach sonstigen Rechtsvorschriften mit Wirkung für die Vergangenheit zurückgenommen, widerrufen oder infolge Eintritts einer

auflösenden Bedingung unwirksam wird, ist die Zuwendung zu erstatten. Hat der Zuwendungsempfänger die Umstände, die zur Rücknahme, zum Widerruf oder zur Unwirksamkeit des Zuwendungsbescheids geführt haben, nicht zu vertreten, so gelten für den Umfang der Erstattung mit Ausnahme der Verzinsung die Vorschriften des Bürgerlichen Gesetzbuches über die Herausgabe einer ungerechtfertigten Bereicherung entsprechend. Auf den Wegfall der Bereicherung kann sich der Zuwendungsempfänger nicht berufen, soweit er die Umstände kannte oder infolge grober Fahrlässigkeit nicht kannte, die zum Entstehen des Erstattungsanspruchs geführt haben.

(3) Der Erstattungsanspruch ist mit seiner Entstehung fällig und von diesem Zeitpunkt an mit 6 vom Hundert für das Jahr zu verzinsen. Von der Zinsforderung kann abgesehen werden, wenn der Zuwendungsempfänger die Umstände, die zum Entstehen des Erstattungsanspruchs geführt haben, nicht zu vertreten hat und die Erstattung innerhalb der von der Bewilligungsbehörde festgesetzten Frist leistet. Der Bundesminister der Finanzen kann durch Verwaltungsvorschrift für einzelne Zuwendungsbereiche oder durch Entscheidung im Einzelfall weitergehende Ausnahmen zulassen. Werden Zuwendungen nicht alsbald nach der Auszahlung zur Erfüllung des Zuwendungszwecks verwendet und wird der Zuwendungsbescheid nicht widerrufen, können für die Zeit bis zur zweckentsprechenden Verwendung Zinsen nach Satz 1 verlangt werden."

Die Verzinsungspflicht nach § 44 a Abs 3 BHO geht über eine bloße Verzugszinsenregelung noch hinaus (krit Weides NJW 1981, 846). Die Verzinsung beginnt mit der Entstehung des Erstattungsanspruchs. Der Erstattungsanspruch entsteht in dem Zeitpunkt, in dem zurückbezogen die Wirkung des Zuwendungsbescheides als Rechtsgrund beseitigt wird (Piduch §§ 44 a Rz 5). Zugrundegelegt wird ein fester Zinssatz von 6 vH. Von der Festlegung eines gleitenden Zinssatzes wurde im Interesse der Verwaltungsvereinfachung abgesehen (Piduch aaO). Nach § 44 a Abs 3 S 4 BHO kann die Bewilligungsbehörde Zinsen auch dann verlangen, wenn Zuwendungen nicht alsbald zur Erfüllung des Zuwendungszwecks verwendet werden, der Zuwendungsbescheid aber nicht widerrufen wird.

dd) Im *Sozialrecht* findet sich weder ein ausdrücklicher Ausschluß der Verzinsung, **188**
noch eine generelle Zuerkennung eines Zinsanspruches. Lediglich § 1436 Abs 2 RVO (ähnlich § 823 Abs 2 RVO und § 158 Abs 2 AVG) gibt dem Träger der Rentenversicherung einen Verzugszinsenanspruch gegen die Einzugsstelle, wenn diese die Abführung der eingezogenen Beiträge zur Rentenversicherung schuldhaft verzögert. Hieraus hat das BSG den Umkehrschluß gezogen, daß in allen nicht ausdrücklich geregelten Fällen eine Verzinsung von Sozialleistungen nicht in Betracht komme, da Sozialleistungen dem täglichen Verbrauch zu dienen bestimmt seien und nicht zinsbringend angelegt würden (BSGE 22, 150, 153; 24, 16, 18; 28, 218, 223; BSG SozR Nr 3 zu § 1424 RVO; SozR Nr 3 zu § 288 BGB; zust Schwankhart NJW 1970, 1303). Auch speziell für den Erstattungsanspruch wird eine Verzinslichkeit abgelehnt (Schroeter-Prinzen-Wiesner, SGB X [1981] § 50 Anm 3.3 mit Hinweis auf BSGE 29, 44, 56).

Dem ist wie beim allgemeinen öffentlich-rechtlichen Erstattungsanspruch (dazu Rz 187) entgegenzuhalten, daß die Sonderstellung des öffentlich-rechtlichen Schuldverhältnisses – bedingt durch das Erfordernis der Konkretisierung eines Leistungsanspruches durch eine hoheitliche Entscheidung – einer Verzinsung dann nicht entgegensteht, wenn Grund und Höhe eines Anspruches eindeutig feststehen. Auch aus dem Versorgungscharakter der Sozialleistungen läßt sich nichts Gegenteiliges herleiten. Einerseits ist die zinsbringende Anlage zumindest eines Teils der Sozialleistungen keineswegs ausgeschlossen, andererseits wird sich der Anspruchsberechtigte in vielen Fällen der verzögerten Auszahlung zur anderweitigen Beschaffung von Barmitteln gezwungen sehen. Hier sollte von ihm nicht die einfache Möglichkeit des pauschalierten Mindestschadensersatzes, der im Verzugszinsanspruch steckt, nehmen.

ee) Auch im Rahmen *öffentlich-rechtlicher Entschädigungsansprüche* wird die **189**
Zahlung von Verzugszinsen in der Rechtsprechung allgemein abgelehnt (BVerwGE

14, 1; 15, 78, 81 ff; 21, 44; BGH WM 1981, 1312 ff; vgl demgegenüber aber Papier 136 f). Auch insoweit kann auf das bei Rz 187 zur Verzinsung des allgemeinen Erstattungsanspruches Gesagte verwiesen werden. Bei der Bemessung der angemessenen Entschädigung kann allerdings die Tatsache berücksichtigt werden, daß dem Betroffenen die Nutzungsmöglichkeit entzogen ist, ihm aber der Entschädigungsbetrag noch nicht zur Verfügung steht (Kreft WM-Sonderbeil 7/1982, 29). Dagegen wird dem zu Entschädigenden weder regelrechter Verzugszins nach § 288 noch ein Quasi-Verzugszins im Wege des Schadensersatzes nach § 286 zuerkannt (BGH WM 1981, 1312 ff; Kreft aaO 30).

190 **ff)** Fraglich ist ferner, ob die allgemein ablehnende Haltung der Rechtsprechung zur Frage der Verzugszinsen auf den Verzug im Rahmen eines öffentlich-rechtlichen Vertrages (vgl §§ 54 ff VwVfG) übertragbar ist. Die vorstehend referierte Rechtsprechung bezog sich ausnahmslos auf typisch hoheitlich geprägte Subordinationsverhältnisse. Diesen kann das durch einen öffentlich-rechtlichen Vertrag begründete Schuldverhältnis nicht in jeder Beziehung gleichgestellt werden (vgl die Hinweise zur Unterscheidung von Unter- und Gleichordnungsverhältnissen in BVerwGE 14, 1, 4 und bei Götz DVBl 1961, 436). Gleichwohl hat das BVerwG – allerdings für die Zeit vor Inkrafttreten des VwVfG – entschieden, daß auch im Rahmen eines verwaltungsrechtlichen Vertrages (hier: Stellplatzablösevertrag) Verzugszinsen nicht zu zahlen seien (BVerwG DÖV 1979, 761).

Nach § 62 VwVfG finden auf den öffentlich-rechtlichen Vertrag ergänzend die Vorschriften des BGB Anwendung. Dies gilt auch für § 288 BGB (so Erichsen-Martens, Allgemeines Verwaltungsrecht [5. Aufl 1981] § 28, S 279; Kopp, Verwaltungsverfahrensgesetz [2. Aufl 1980] § 62 Rz 5; Meyer NJW 1977, 1705, 1712; Meyer-Borgs, Verwaltungsverfahrensgesetz [2. Aufl 1982] § 62 Rz 10; Stelkens-Bonk-Leonhardt, Verwaltungsverfahrensgesetz [1978] § 62 Rz 16; Ule-Laubinger, Verwaltungsverfahrensrecht [2. Aufl 1979] § 67 IV 2 b; Wolff-Bachof, Verwaltungsrecht I [9. Aufl 1974] § 44 III b 6; **aA** nur Knack in ders (Hrsg), Verwaltungsverfahrensgesetz [2. Aufl 1982] § 62 Rz 3 [S 735]).

191 **b)** Ganz allgemein anerkannt ist dagegen, daß der Anspruchsinhaber *Prozeßzinsen* in entsprechender Anwendung des § 291 BGB ab Rechtshängigkeit geltend machen kann (BVerwGE 7, 95; 11, 314, 318; 14, 1, 3; 15, 78, 85; 21, 44; 38, 49, 50; BVerwG NJW 1973, 1854; BGHZ 10, 125; differenzierend neuerdings BVerwGE 51, 287). Keine Gefolgschaft hat hingegen der Vorschlag von Götz (DVBl 1961; 433, 439; ihm folgend Fischer NJW 1970, 1883, 1885) gefunden, Prozeßzinsen bereits mit Beginn des Vorverfahrens gem §§ 68 ff VwGO zuzuerkennen. Die entsprechende Frage im Steuerrecht ist durch den Gesetzgeber entschieden worden (vgl dazu Rz 186). Anders entscheidet dagegen das BSG, das nicht nur Verzugszinsen, sondern auch Prozeßzinsen auf Sozialleistungen mangels ausdrücklicher gesetzlicher Grundlage strikt ablehnt (BSGE 22, 150, 154 ff; 28, 218, 223; 29, 44, 56 ff; zust Schwankhart NJW 1970, 1301; ablehnend LSG Niedersachsen, DVBl 1965, 740; Martens NJW 1965, 1703; Fischer NJW 1970, 1883). Über Prozeßzinsen bei Leistungsbescheiden vgl Kamps DVBl 1982, 780.

192 **2. Der gesetzliche Zinssatz**

Im öffentlichen Recht ist **§ 246 subsidiär anwendbar** (§ 62 VwVfG und Verwaltungsverfahrensgesetze der Länder; vgl insoweit auch bereits Friedrichs ArchBürgR 42 [1916] 33). Zur Zinshöhe bei der Enteignungsentschädigung vgl BGHZ 60, 337. Für das Steuerrecht gilt § 238 AO 1977:

„Die Zinsen betragen für jeden Monat einhalb vom Hundert. Sie sind von dem Tag an, an dem der Zinslauf beginnt, nur für volle Monate zu zahlen; angefangene Monate bleiben außer Ansatz.

Für die Berechnung der Zinsen wird der zu verzinsende Betrag jeder Steuerart auf volle hundert Deutsche Mark nach unten abgerundet."

§ 247

Ist ein höherer Zinssatz als sechs vom Hundert für das Jahr vereinbart, so kann der Schuldner nach dem Ablaufe von sechs Monaten das Kapital unter Einhaltung einer Kündigungsfrist von sechs Monaten kündigen. Das Kündigungsrecht kann nicht durch Vertrag ausgeschlossen oder beschränkt werden.

Diese Vorschriften gelten nicht für Schuldverschreibungen auf den Inhaber und für Orderschuldverschreibungen. Bei Darlehen, die zu einer aufgrund gesetzlicher Vorschriften gebildeten Deckungsmasse für Schuldverschreibungen gehören oder gehören sollen, kann das in Abs. 1 Satz 1 bestimmte Kündigungsrecht durch ausdrückliche Vereinbarung für die Zeit ausgeschlossen werden, während der sie zur Deckungsmasse gehören.

E I § 358 Abs 1; II § 211; III § 241; Mot II 195 f; Prot I 472 f; Abs 2 neu gefaßt durch Gesetz vom 5. 3. 1953 (BGBl I 33), Satz 2 eingefügt durch Gesetz vom 14. 1. 1963 (BGBl I 9).

Materialien zu den Änderungen: BT-Drucks 1/3824 (S 16); BR-Drucks 228/62 (S 26 f).

Schrifttum

VON BARGEN, Gedanken zu § 247 BGB, ZfKrW 1978, 318; ders, Zur Reform des § 247 BGB, VersR 1979, 1069; BELLINGER, Die Antiken Wurzeln des § 247 BGB, ZfKrW 1978, 109; BUSS, Auswirkungen des § 247 BGB auf Zinsen bei Ratenkrediten, NJW 1977, 1520; CANARIS, Bankvertragsrecht (2. Aufl 1981); ders, Die Kreditkündigung gemäß § 247 BGB und der „Wandel der Normsituation", WM 1978, 686; ders, Der Zinsbegriff und seine rechtliche Bedeutung, NJW 1978, 1891; ders, Die Pflicht des Gesetzgebers zur Reform von § 247 BGB, WM 1982, 254; CROME, Die Preis- und Zinssenkung nach der IV. NotVO, GmbH-Rdsch 1932, 65; FLACHMANN, Wirkungen und Fehlwirkungen des § 247 BGB, ZfKrW 1978, 57; HADDING, Welche Maßnahmen empfehlen sich zum Schutz des Verbrauchers auf dem Gebiet des Konsumentenkredits? Gutachten zum 53. Deutschen Juristentag (1980); ders, Zur Auslegung des § 247 II BGB, NJW 1979, 405; HADDING-WELTER, Das gesetzliche Kündigungsrecht gemäß § 247 BGB bei zweistufiger Darlehensvergabe, ZIP 1982, 399; HAMELBECK, Das Kündigungsrecht nach § 247 BGB, NJW 1959, 518; HEFERMEHL, Aufräumarbeiten auf dem Gebiet des Hypothekenrechts, Gruchot 71 (1932) 449; HERREINER, Das Kündigungsrecht nach § 247 BGB im Blickpunkt wirtschaftlicher Interessen, NJW 1959, 225; JOERGES, Verbraucherschutz als Rechtsproblem, 1981; KESSLER, Nochmals: Auswirkungen des § 247 BGB auf die Zinsen bei Ratenkrediten, NJW 1977, 2060; KNIESTEDT, Zur Auslegung des § 247 Abs 2 S 2 BGB, NJW 1982, 2224; KÖRBER, Ein neuer Zinssatz für § 247 BGB, ZfVers 1982, 301; KRÜCKMANN, Volkswirtschaftliche und sozialpolitische Theorien im BGB, LZ 1915, 879; KRUG, Die vorzeitige Rückzahlung von Konsumentenkrediten durch den Kreditnehmer, BB 1979, 24; LANDAU, Die Gesetzgebungsgeschichte des § 247 BGB, Zugleich ein Beitrag zur Einführung der Zinsfreiheit in Deutschland, Gedächtnisschrift für Conrad (1979) 385; LEHMANN-BACH, Die Nominalverzinsung der Pfandbriefe, BankArch XXIX (1929/30) 178; LEMBERG, Das vergessene Bürgerliche Gesetzbuch, JW 1923, 215; LUIG, Das Kündigungsrecht bei hohem Zinssatz, Die AG 1979, 147; MEES, § 247 BGB – früher Wohltat, heute Plage? ZfVers 1982, 386; MONSSEN, Die Unkündbarkeit des Darlehensvertrages vor Abnahme der Valuta, WM 1978, 1394; MUTHESIUS, Die Sache mit § 247, ZfKrW 1978, 855; OERTMANN, Bankzinsen und Zinsen für Frachtsachen, VerkRdsch 1925, 601; PLEYER, Das Kündigungsrecht nach § 247 BGB und seine Ausnahmen, NJW 1978, 2128; REICH, Verbraucherkredit (1979); RIEDEL, Das gesetzliche Kündigungsrecht bei einem Jahreszinssatz von mehr als 6 von Hundert nach § 247 BGB, JurBüro 1978, 943; VON ROZYCKI = VON HOEWEL, § 247 BGB im Grundbuchverkehr, JW 1933, 594; D SCHMIDT, Zur Reform des § 247 BGB, Spark 1979, 122; HOLGER SCHMIDT, Das Kündigungsrecht bei hohem Zinssatz nach § 247 BGB, BB 1974, 201; KARSTEN

SCHMIDT, Die Rechtsfolgen der Kündigung nach § 247 BGB. Plädoyer für ihre Anpassung an ein verändertes Normverständnis, BB 1982, 2075; F J SCHOLZ, Die vorzeitige Rückzahlung von Konsumentenkrediten durch den Kreditnehmer, BB 1979, 188; SCHWEBLER, Vermögensanlage unter Belastungen, VersW 1978, 786; SCHWEICHEL, Notverordnung und Grundbuchrecht, DJZ 1932, 477; SEESEMANN, Zinsversprechen und ihre Kündigung, BlGBW 1959, 298; VOGEL (ohne Titel), VersW 1979, 666; STÖCKER, Das Kündigungsrecht nach § 247 BGB – ein unentbehrliches Instrument des Schuldnerschutzes, BB 1982, 2079; ZIEBE, Die Reform des „Wucherzinsparagraphen", ZRP 1980, 168.

Systematische Übersicht

Alphabetische Übersicht

I. Geschichte, Funktion und Zweck

1 1. Geschichte

Die **Geschichte des Abs 1** (eingehend Landau, GedSchr Conrad 385 ff) ist *für Rechtsanwendung und Rechtspolitik von Bedeutung* insofern, als sie zu kritischen Überlegungen über den Normzweck Anlaß gibt. Das Kündigungsrecht geht zurück auf § 2 des G für den Norddeutschen Bund betreffend die vertragsmäßigen Zinsen v 14. 11. 1867 (BGBl NddBd 159; dazu eingehend Mandry, Der civilrechtliche Inhalt der Reichsgesetze [1898] 409 ff). Die Vorschrift korrespondierte mit der in § 1 des Gesetzes enthaltenen Aufhebung der Zinsbeschränkungen (dazu § 246 Rz 61; Mandry 410 f; Landau, GedSchr Conrad 385 f; Herreiner NJW 1959, 225; Luig Die AG 1979, 147). Sie ging ihrerseits auf Vorarbeiten in Preußen und Sachsen zurück (Landau, GedSchr Conrad 390 ff). Das Kündigungsrecht wurde 1867 auf dem 6. DJT diskutiert und überwiegend abgelehnt (Verh des 6. DJT III, 1868, 106 ff). Die Einführung auf der Ebene des Norddeutschen Bundes ist die Folge des Scheiterns auf der Ebene Preußens (Landau, GedSchr Conrad 398 f). Bei der Entstehung des BGB verzichtete der E I auf das Kündigungsrecht, weil die Bestimmung „ihren Zweck im Wesentlichen verfehlt" habe und „wohlthätige Wirkungen" nicht bekannt seien (Mot in Mugdan II 108; vgl dazu die scharfe Kritik von Otto Gierke, Der Entwurf eines BGB und das deutsche Recht [1889] 201). Die Aufnahme in den E II (§ 211 Abs 2) und in das geltende Recht beruhte im wesentlichen auf der Stellungnahme landwirtschaftlicher Interessenvertreter (vgl im einzelnen Landau, GedSchr Conrad 401). Sie war ein Zugeständnis an diejenigen, die eine gesetzliche Zinsbeschränkung forderten (Jakubezky, Bemerkungen zu dem Entwurfe eines BGB [1892] 81). Begründet wurde die gesetzgeberische Entscheidung mit dem Bedürfnis nach einem Schutz des Schuldners als des wirtschaftlich Schwächeren und mit der Erwägung, daß sich die „wohlthätige Wirkung" der Norm nicht unbedingt sichtbar in Gerichtsurteilen niederschlage, sondern darin, daß Zinsen über der kritischen Grenze nicht vereinbart würden (Prot in Mugdan II 628). Insgesamt überwog die Auffassung, es beim geltenden Reichsrecht zu belassen (Prot in Mugdan II 628; vgl auch Holger Schmidt BB 1974, 201; Canaris WM 1978, 688 f). Als das Zinsniveau nach 1920 beträchtlich stieg und die Vorschrift erhebliche praktische Bedeutung erlangte, besann man sich auf die „Unerträglichkeit" des Kündigungsrechts (Lemberg JW 1923, 215 f). § 247 wurde durch Gesetz v 3. 3. 1923 (RGBl I 163) vorläufig aufgehoben. Für die Beurteilung des geltenden Rechts muß festgehalten werden, daß die Aufhebung nicht auf ein Versagen des Abs 1 in Hochzinsperioden schließen läßt, sondern auf dem Währungsverfall beruhte und daß sie in erster Linie dem Schutz derjenigen Institute diente, die heute durch Abs 2 S 2 geschützt sind (vgl Entwurf des Gesetzes mit Begr, Drucks No 5564 in RT-Verh I, Wahlperiode 1920/23, Anl, Bd 376; dazu LANDAU, GedSchr Conrad 405). Im Zuge der Brüningschen Wirtschaftspolitik wurde § 247 durch NotVO des Reichspräsidenten v 8. 12. 1931 (RGBl I 699) wieder in Kraft gesetzt (dazu CANARIS WM 1978, 689; LANDAU, GedSchr Conrad 405 f). Bei der Änderung des Abs 2 S 1 durch G v 5. 3. 1953 (dazu Rz 40) entstand noch einmal die Frage, ob Abs 1 ganz abgeschafft werden solle (LANDAU, GedSchr Conrad 406). Man konnte sich aber zu einem so grundsätzlichen, „wirtschaftlich bedeutsamen" Schritt nicht entschließen (BT-Drucks I/3824 S 16). Eine weitere Einschränkung des Abs 1 brachte die Einführung des Abs 2 S 2 (Rz 48). Zur rechtspolitischen Frage der Abschaffung oder Weiterentwicklung vgl Rz 7 f.

2. Normzweck 2

a) Der **Wuchergedanke** – *Schutz des Schuldners gegen überhöhte Zinsen* – war nach dem Werdegang des Abs 1 der beherrschende Normzweck (Rz 1). Abs 1 ist als Ersatz für die starren Zinstaxen entstanden und sollte neben dem zur Nichtigkeit führenden Wucher (§ 138 Abs 2) einen minder schweren Fall überhöhten Zinses treffen. Die Materialien zum BGB und zum HGB sehen in Abs 1 ein *Schutzinstrument gegen die wirtschaftliche Übermacht des Gläubigers* (Prot in MUGDAN II 629; Kommissionsbericht in HAHN-MUGDAN, Materialien zum HGB [1897] 625). *Schutzsubjekt ist damit der Schuldner* (KG JW 1933, 1333 = HRR 1933 Nr 1486; RÜHLE aaO [§ 246 vor Rz 1] 26; MünchKomm-VON MAYDELL Rz 1; JAUERNIG-VOLLKOMMER Anm 1 b; THIELE AcP 89 [1899] 151). Die hM betont geradezu den sozialpolitischen Zweck des Abs 1 (OERTMANN Anm 1; BGB-RGRK-ALFF Rz 1; HOLGER SCHMIDT BB 1974, 202; RIEDEL JurBüro 1978, 946; LUIG Die AG 1979, 149) und bringt Abs 1 damit in Verbindung mit dem *Konsumentenschutz* (HADDING, Gutachten 251; PALANDT-HEINRICHS Anm 1; krit MUTHESIUS ZfKrW 1978, 855). Richtig ist, daß Abs 1 Verbraucherschutz*wirkungen* hat und daß Abs 1 nach der Vorstellung des BGB-Gesetzgebers (Anwendung auf Kaufleute war damals nicht vorgesehen, Rz 21) sogar auf Verbraucherschutz*funktionen* zielte. *De lege lata ist aber Abs 1 keine spezifische Verbraucherschutznorm* (überzeugend CANARIS WM 1982, 257). Auch der Wuchergedanke paßt nicht mehr zu Abs 1. Ein Zinssatz von 6 vH galt im Jahr 1900 als zwar unter der Wuchergrenze (§ 138 Abs 2), aber über der Grenze des Marktüblichen liegend. Der marktübliche Zins bewegte sich 1900 um 4 vH (vgl Kommissionsbericht in MUGDAN II 1271). Das hat sich grundlegend geändert (vgl MünchKomm-VON MAYDELL Rz 3; nachdrücklich HERREINER NJW 1959, 226; CANARIS WM 1978, 687). CANARIS folgert aus diesem *„Wandel der Normsituation"*, daß der Gedanke des Schutzes gegen überhöhte Zinsen ausscheiden muß (WM 1978, 694; 1982, 256; ähnlich MünchKomm-VON MAYDELL Rz 3). Seinen wegweisenden Überlegungen ist insofern zu folgen, als der Anwendungsbereich des Abs 1 nicht mehr durch den Wuchergedanken gerechtfertigt werden kann. **Der Wuchergedanke scheidet als tragende ratio legis aus,** seit Zinsen über 6 vH an der Tagesordnung sind. Aber der sogleich bei Rz 3 besprochene Gedanke der Anpassung an den marktüblichen Zins darf nicht deshalb in künstlichem Gegensatz zum Schutz gegen überhöhte Zinsen gesehen werden, weil die kritische Grenze von 6 vH kein Indiz für zu hohen Zins mehr ist. Auch der Schutz gegen die Bindung an höhere als die marktüblichen Zinsen kann als Schutz gegen „überhöhte Zinsen" begriffen werden, nur ergibt sich die Überhöhung nicht mehr ohne weiteres aus der abstrakten Zinshöhe. Der Schuldner wird nach wie vor von Abs 1 nur Gebrauch machen, wenn der marktübliche Zinssatz überschritten ist oder – ein Fall, in dem der Einwand der Arglist geprüft werden muß (Rz 32) – wenn sein Kreditbedürfnis nicht mehr vorhanden ist.

3 b) Tragender Normzweck ist die **Anpassung des Zinses an Senkungen des marktüblichen Zinssatzes** (KG JW 1933, 1333 = HRR 1933 Nr 1486; MünchKomm-von Maydell Rz 3; Canaris Bankvertragsrecht [2. Aufl] Rz 1342; ders WM 1978, 694; 1982, 256; Karsten Schmidt BB 1982, 2076). Dieser Normzweck ist auch nicht durch den „Wandel der Normsituation" in Fortfall gekommen (Canaris WM 1978, 695). Wohl aber kann von einem **Funktionswandel des § 247** gesprochen werden: *Die 6%-Grenze* indiziert nicht mehr die Sittenwidrigkeit des Zinses, sondern sie markiert eine Erheblichkeitsschwelle, bei der der Anpassungsmechanismus ansetzt (Rz 23 f); die *Kündigungsfolgen* sind vom primären Ziel der Vertragsauflösung zu befreien und auf eine Vertragsanpassung zu richten (vgl im Ergebnis Rz 31 f; eingehen Karsten Schmidt aaO).

4 Abs 1 dient der **Gewährleistung innerer Vertragsgerechtigkeit bei Zinsvereinbarungen.** Wie jede Regel, die diese Vertragsgerechtigkeit nicht der Vereinbarung überläßt (vgl hierzu Schmidt-Rimpler AcP 147 [1941] 138 ff; ders, FS Ludwig Raiser [1974] 3; Manfred Wolf, Rechtsgeschäftliche Entscheidungsfreiheit und vertraglicher Interessenausgleich [1970]), schränkt Abs 1 die Vertragsfreiheit ein. Freilich liegt nicht, wie bei § 248, ein gesetzliches Verbot iS von § 134 vor (vgl § 248 Rz 2), sondern nur ein unabdingbares Kündigungsrecht. Palandt-Heinrichs Anm 2 sprechen deshalb von einer mittelbaren Einschränkung der Freiheit vereinbarter Zinsbemessung. Das ist richtig insofern, als Abs 1 ursprünglich ein teilweiser Ersatz für die im 19. Jhdt abgeschafften Zinstaxen sein sollte (Rz 1). Aber Abs 1 entfaltet praktische Wirksamkeit nur in Gestalt einer *nachträglichen Anpassung an den marktüblichen Zins* (Rz 3; zur Frage, ob die definitive Lösung vom Kreditverhältnis gegen § 242 verstößt, vgl Rz 31 f). Abs 1 liegt deshalb nicht auf einer Ebene mit den Verboten des § 134, sondern zielt auf innere Vertragsgerechtigkeit bei Dauerschuldverhältnissen. Das Kündigungsrecht ist als „unentbehrliches Gegengewicht gegenüber der fortwirkenden Bindungskraft dauernder Schuldverhältnisse" bezeichnet worden (Otto von Gierke JherJb 64 [1914] 380). Demgemäß hat man § 247 als eine Rückzugsposition des iustum-pretium-Prinzips bezeichnet (Luig Die AG 1979, 148), als Ausprägung eines Grundsatzes konkreter Vertragsgerechtigkeit (Luig Die AG 1979, 149).

5 c) Wenig geklärt ist die **Schutzrichtung des Abs 1.** Die Anpassung von Zinsverbindlichkeiten an den marktüblichen Zins kann *Funktionen des Individualschutzes* und *ordnungspolitische Funktionen* aufweisen. Die Wiedereinführung des Abs 1 im Rahmen der Brüningschen Wirtschaftspolitik (Rz 1) belegt, daß Abs 1 nicht nur Individualschutzfunktion, sondern auch institutionelle Funktion haben kann. Aber „Rechtsschutz und Institutionenschutz" (Ludwig Raiser in: summum ius summa iniuria [1963] 145 ff) bilden keine unvereinbaren Gegensätze. Abs 1 funktioniert im Einzelfall als eine *Individualschutznorm.* Auch der Lösungsmechanismus spielt sich im Zweipersonenverhältnis ab. Adressat der Kündigung bleibt der einzelne Gläubiger, selbst wenn der Eingriff in den Vertrag marktwirtschaftlich gerechtfertigt wird (so Holger Schmidt BB 1974, 202). Die ordnungspolitische Funktion ergibt sich aus der Breitenwirkung dieses Individualschutzes, und diese beruht auf der Summe der Einzelfälle. Der ordnungspolitische Aspekt des Abs 1 – Breitenwirkung von Veränderungen des marktüblichen Zinses – ändert damit nichts an der Individualschutzfunktion des Abs 1. Bei der rechtspolitischen Bewertung ist er neben dem Individualschutz in Betracht zu ziehen (Rz 8). Allerdings ist umstritten, ob § 247 zins- und marktpolitisch vorteilhaft, unschädlich oder schädlich ist (Luig Die AG 1979, 153 f; Canaris WM 1978, 689; Flachmann ZfKrW 1978, 58; von Bargen VersR

1979, 1070). Die ordnungspolitische Komponente bringt es auch mit sich, daß das individuelle Schutzbedürfnis des Schuldners keine Voraussetzung des Kündigungsrechts darstellt. Abs 1 ist nach geltendem Recht keine echte Verbraucherschutznorm (Rz 2).

d) Das rechtstechnische Instrumentarium des Abs 1 – nur ein lösendes Kündigungs- 6
recht, keine richterliche Vertragsgestaltung oder Änderungskündigung (Rz 29) – paßt gut zu dem Wuchergedanken (Rz 2), weniger gut dagegen zu dem aus heutiger Sicht ausschlaggebenden Normzweck der Zinsanpassung (Rz 3). Es hat aber den Vorteil der Einfachheit und Klarheit für sich: Die Kündigung löst das Kreditverhältnis auf, und die künftige Befriedigung des Kreditbedürfnisses ist von neuer Vereinbarung abhängig. Damit vereinfacht sich die praktische Anwendung von Abs 1. Der im Anpassungswege zu vereinbarende Zins braucht nicht im Gesetz geregelt zu werden (dies wäre der Fall, wenn Abs 1 eine Änderungskündigung regelte). Er braucht auch nicht vom Gericht bestimmt zu werden (so bei richterlicher Anpassung). Die Korrektur wird vielmehr dem privatautonomen Kräftespiel überlassen. Daß Abs 1 ,,Waffengleichheit" zwischen Gläubiger und Schuldner schafft (so Luig Die AG 1979, 150), ist allerdings eine auf einseitiger Verbraucherschutzperspektive beruhende Deutung, die dem geltenden Recht nicht entspricht (Rz 2). Das Kündigungsrecht steht allein dem Schuldner zu (vgl denn auch die Kritik bei Herreiner NJW 1959, 225; von Bargen VersR 1979, 1069; Canaris WM 1982, 257), und es ist mit dem Gedanken der ,,Waffengleichheit" nur zu rechtfertigen, wenn man davon ausgeht, daß der Gläubiger den Zinssatz typischerweise einseitig, wenn auch unter Berücksichtigung der Marktlage, bestimmt und das eigene Interesse an Zinserhöhungen durch Vertragsklauseln sichern kann (dazu § 246 Rz 72). Mit der rechtstechnischen Einfachheit des § 247 korrespondiert die *Schwierigkeit, die Kündigungsfolgen dem bei Rz 3 herausgearbeiteten Normzweck anzupassen.* Die Lösung ergibt sich aus **§ 242**: Soweit das Kündigungsrecht dem Schuldner zu viel an Rechtsmacht gibt (der Schuldner kann sich aus einem lästigen Kreditverhältnis durch Kündigung definitiv lösen), ist eine Korrektur der Kündigungswirkungen mittels § 242 zu erwägen (Rz 31 f); soweit das Kündigungsrecht dem Schuldner zu wenig Schutz gewährt (die Kündigung bringt die Fortsetzung des Kreditverhältnisses in Gefahr), kann sich aus § 242 eine Neuverhandlungspflicht auch des Kreditgebers ergeben (Rz 32). Nicht zuletzt bei kreditbedürftigen Unternehmen kann dies eine Rolle spielen.

3. Rechtspolitisches 7

a) Der **Geltungsanspruch des Abs 1** ist durch einen ,,Wandel der Normsituation" in Frage gestellt (Canaris WM 1978, 686 ff). Dieser ,,Wandel der Normsituation" wird einmal darin gesehen, daß ein Zinssatz von 6 vH nicht mehr, wie im Jahr 1900, außergewöhnlich ist (Herreiner NJW 1959, 226; Canaris WM 1978, 687 f). Man hat deshalb versucht, Abs 1 bereits de lege lata jedenfalls teilweise auszuschalten (Herreiner NJW 1959, 226 f; teilweise auch Canaris WM 1978, 686 ff). Die hM folgt dieser Tendenz mit Recht nicht (BGHZ 79, 163 = JR 1981, 460 mAnm Rehbein = NJW 1981, 814 = ZIP 1981, 263; BGHZ 82, 182, 184 = NJW 1982, 431 = WM 1982, 36 = ZIP 1982, 38; Larenz I § 12 VIII; Staudinger-Weber [11. Aufl] Rz 14; Palandt-Heinrichs Anm 1; Jauernig-Vollkommer Anm 1 b; Hamelbeck NJW 1959, 518; Holger Schmidt BB 1974, 201). Ein ,,Wandel der Normsituation" kann nur ausnahmsweise derogatorische Wirkung entfalten (eingehend Canaris WM 1978, 689 ff). Ein so krasser Wandel, daß der Rechtsanwender zum Ungehorsam gegenüber Abs 1 herausgefordert wäre, ist nicht zu verzeichnen. Der eingehenden *verfassungsrechtlichen Kritik* von CANARIS (vgl Rz 8) wird hier aufgrund der aus Rz 3 ff, 8 ersichtlichen Erwägung nicht gefolgt. § 247 ist eine rechtspolitisch umstrittene, nicht jedoch verfassungswidrige Norm. Der „Wandel der Normsituation" kann allerdings im Einzelfall die Frage aufwerfen, ob der Ausübung des Kündigungsrechts mit dem Einwand unzulässiger Rechtsausübung begegnet werden kann (Rz 31 f).

8 b) Eine **Reform des § 247** kann prinzipiell **verschiedene Wege** gehen. In Betracht kommt zunächst eine ersatzlose *Streichung* der umstrittenen Vorschrift (in dieser Richtung Stellungnahme der Deutschen Bundesbank v 8. 5. 1978; MUTHESIUS ZfKrW 1978, 856; FLACHMANN ZfKrW 1978, 58 f; VON BARGEN ZfKrW 1978, 320; ders VersR 1979, 1070; MEES ZfVers 1982, 386 ff; s auch HAMELBECK NJW 1959, 518). So hätte die Entscheidung zu lauten, wenn die Vorteile des § 247 die Nachteile nicht überwögen. Diese Forderung ist jüngst von CANARIS (WM 1982, 254 ff) eingehend untermauert worden, und zwar sowohl unter dem Gesichtspunkt des Individualschutzes als auch unter ordnungspolitischem Aspekt. CANARIS erklärt das einseitig eingeräumte Kündigungsrecht für unvereinbar mit den Postulaten der Systemgerechtigkeit und der materiellen Gerechtigkeit (256 f); die ordnungspolitische Kritik geht dahin, daß § 247 ein Störfaktor sowohl für die Währungspolitik der DBB (257 f) als auch für den Kapitalmarkt und den Schutz der Versicherungssparer ist (258 f). Die Norm verstößt nach CANARIS gegen rechtsstaatliche Grundprinzipien (Willkürverbot und Verhältnismäßigkeit), insbes gegen Art 2, 3 GG, weshalb der Gesetzgeber von Verfassungs wegen zur Reform verpflichtet sei (gegen CANARIS vgl eingehend STÖCKER BB 1982, 2081 ff). Eine *zweite Möglichkeit* besteht darin, *die Vorschrift systemimmanent zu verbessern.* Das ist der richtige Lösungsweg, wenn man sich weiterhin Vorteile für den Individualschutz sowie Vorteile ordnungspolitischer Art von Abs 1 erhofft. Vorgeschlagen wird, die kritische Grenze von bisher 6 vH zu erhöhen (zB LARENZ I § 12 VIII) oder sie beweglich und doch jusitiabel zu gestalten, etwa durch Festlegung einer bestimmten Prozentzahl, um die der Zins den Diskontsatz übersteigen muß (MünchKomm-VON MAYDELL Rz 4; ähnlich ZIEBE ZRP 1980, 171). Nicht auf den Diskontsatz, sondern auf die durchschnittliche Emissionsrendite tarifbesteuerter festverzinslicher Wertpapiere stellt ein Vorschlag der Versicherungswirtschaft ab (vgl KÖRBER ZfVers 1982, 301 f; s auch MEES ZfVers 1982, 394). Aktualität kann im Zeitpunkt des Manuskriptabschlusses die Ausgestaltung des Abs 1 zu einer *Rechtsnorm des Konsumentenschutzes* für sich in Anspruch nehmen (vgl HADDING, Gutachten 251 f; vgl auch VON BARGEN VersR 1979, 1071). Das brächte eine nicht unbedeutende Verschiebung der ratio legis und einen Verzicht auf die ordnungspolitische Funktion des Abs 1 (Rz 5) mit sich. *Gesichtspunkte des Kreditnehmerschutzes und der Vertragsgerechtigkeit sprechen für eine prinzipielle Beibehaltung der Vorschrift* (ebenso Larenz I § 12 VIII). Die einseitige Bevorzugung des Kreditnehmers ist rechtspolitisch zu rechtfertigen, wenn man davon ausgeht, daß der Staat um die Senkung, nicht um die Anhebung des Zinsniveaus besorgt sein muß und daß der Kreditgeber typischerweise in der Lage ist, sich durch vertragliche Kündigungsrechte oder durch Zinsanpassungsklauseln (§ 246 Rz 72) zu schützen. Ob diese Gesichtspunkte ausreichen, um die Vorschrift zu erhalten, wird ganz wesentlich von der Beurteilung der Ausnahmetatbestände des Abs 2 und ihrer wettbewerbsverzerrenden Wirkung abhängen (dazu die Kritik von CANARIS WM 1982, 261 ff). Bevor an eine ersatzlose Streichung gedacht wird, sollte die Hauptsorge des Gesetzgebers in einer überzeugenden *Ordnung der in Abs 2 enthaltenen Ausnahmen* bestehen, außerdem in einer *Anpassung des Kündigungsmechanismus an den heutigen Normzweck:* Das Gesetz sollte sicherstellen, daß die Kündigung nur als Änderungskündigung funktioniert (zum geltenden Recht vgl Rz 31 f). Die Kündigung könnte mit einer gesetzlich geregelten Neuverhandlungspflicht verbunden werden, oder es

könnte in Anlehnung an die Technik des § 16 BetrAVG der Kreditgeber zur regelmäßigen Prüfung und Anpassung des Zinssatzes angehalten werden.

II. Allgemeine Voraussetzungen des Kündigungsrechts

1. Kapitalschuld 9

Eine mit mehr als 6 vH verzinsliche **Kapitalschuld** muß vorliegen (vgl bereits zum Zinsbegriff § 246 Rz 7 ff).

a) Auf **Darlehen** ist Abs 1 anzuwenden, auch auf *partiarische Darlehen* (HAUPT DR 10 1942, 729). Ein Anwendungsbereich für Abs 1 ist bei einem partiarischen Darlehn vorhanden, wenn neben der Gewinnbeteiligung eine Festverzinsung von mehr als 6 vH zugesagt ist. Ist dagegen nur ein Zins bis 6 vH fest zugesagt und ein darüberliegender Gewinn nach Art des partiarischen Darlehns vom Gewinn abhängig, so handelt es sich nicht um Zins iS von Abs 1, sondern um eine Gewinnbeteiligung. Auf sie ist das Kündigungsrecht auch dann nicht anwendbar, wenn sich der versprochene Zins in Gewinnjahren auf mehr als 6% beläuft (RGZ 86, 399, 400 f; BGB-RGRK-ALFF Rz 5). Dasselbe gilt für Umsatzbeteiligungen, denn auch die Beteiligung am Umsatz ist eine von § 247 nicht erfaßte Vergütung, die an den Erfolg der Tätigkeit des Kapitalnehmers anknüpft (BGH BB 1982, 2071 = WM 1982, 1276 f = NJW 1983, 111). Auf **gestundete Forderungen,** deren Verzinslichkeit vereinbart ist, ist Abs 1 anzuwenden, ohne daß geprüft werden müßte, ob ein Vereinbarungsdarlehn (§ 607 Abs 2) vorliegt.

b) Die Anwendung von Abs 1 im **Gesellschaftsrecht** ist zweifelhaft. 11

aa) Problematisch, aber im Ergebnis zu verneinen, ist die Anwendung auf **festverzinsliche Einlagen.** Einlagen, die haftendes Kapital in Kapitalgesellschaften oder Personengesellschaften bilden, begründen keine *Kapitalschuld.* Im einzelnen gilt folgendes: 12

Bei der **Aktiengesellschaft** erledigt sich das Problem von selbst. Eine Festverzinsung 13 von Aktien wäre ein Widerspruch in sich (LUTTER, Kapital, Sicherung der Kapitalaufbringung und Kapitalerhaltung in den Aktien- und GmbH-Rechten der EWG [1964] 417 ff). Sie ist durch § 57 Abs 2 AktG ausdrücklich verboten und wäre nichtig. Zulässig, aber kein Anwendungsfall des Abs 1, ist die Zusage einer Mindestbeteiligung am Reingewinn. „Dividendengarantien" Dritter – vor allem herrschender Unternehmen (§ 304 AktG!) – sind gleichfalls zulässig (RGZ 147, 42, 46 f; BARZ in GroßkommAktG [3. Aufl] § 57 Anm 19; LUTTER in KölnKomm § 57 Rz 19 ff), und zwar nicht nur als Rentabilitätsgarantie zugunsten der AG, sondern auch als Rentengarantie zugunsten des einzelnen Aktionärs (DÜRINGER-HACHENBURG-FLECHTHEIM, HGB [3. Aufl] § 215 Anm 4 ff; LUTTER in KölnKomm § 57 Rz 22). Beide Garantien sind nicht nach Abs 1 kündbar. Sie sind als Gewinngarantie auf eine Begleitung versprochen, nicht als Zinsen auf eine Kapitalschuld.

Bei der **GmbH** gibt es kein dem § 57 Abs 2 AktG entsprechendes Verbot der festen 14 Zinsen oder der Dividendengarantie. Die wohl hM hält trotzdem beides für unzulässig (KG OLGE 28, 358; FEINE in Ehrenbergs Hdb III/3 [1929] 365; BAUMBACH-HUECK, GmbHG [13. Aufl 1970] § 29 Anm 2 E; VOGEL, GmbHG [2. Aufl 1956] § 29 Anm 4; einschränkend RG DR 1942, 40). Eine im Vordringen befindliche Gegenansicht gestattet die Zusage und verbietet nur ihre Erfüllung, wenn diese gegen § 30 GmbHG verstoßen würde (HACHENBURG-GOERDELER-MÜLLER, GmbHG [7. Aufl 1979] § 29 Rz 82, 94; über Gewinnvorschüsse vgl GÖTZ HUECK ZGR 1975, 133). Aber diese *Gewinngarantie fällt nicht unter Abs 1,* gleichgültig ob sie als Festverzinsung vereinbart ist oder nicht. Sie ist nicht für eine Kapitalschuld gegeben, sondern für haftendes Kapital, das der Gesellschafter in der GmbH hält. Das gilt auch für die – wie bei der AG nach allgemeiner Auffassung zulässige – Rentabilitätsgarantie oder Rentengarantie, die ein Dritter, zB ein herrschendes Unternehmen, übernimmt.

15 Bei den **Personengesellschaften** ist eine Gewinngarantie – auch in Gestalt fester Verzinsung – zulässig. Diese sog Festverzinsung wird allerdings nicht echte Verzinsung sein. Sie betrifft idR das Entnahmerecht der Gesellschafter (wenn zugunsten aller Gesellschafter) oder den Gewinnvoraus zugunsten eines Gesellschafters (uU mit Entnahmerecht in Verlustjahren, evtl auch mit Fortfall der Beteiligung am Verlust). *In keinem Fall fällt eine solche „Festverzinsung" unter Abs 1.* Denn es geht um den „Wertanteil" (Ulrich Huber, Vermögensanteil, Kapitalanteil und Gesellschaftsanteil an Personengesellschaften des Handelsrechts [1970] 141 ff) am haftenden Kapital. Es wäre mit dem Gesellschaftsrecht unvereinbar, aus Abs 1 etwa ein Ausschließungsrecht oder auch nur ein Recht zur Beschneidung von Vorzugsanteilen herzuleiten. Eine ganz andere Frage ist, ob Abs 1 auf das Darlehnskonto des Personengesellschafters anzuwenden ist (Rz 17).

16 Die **Kündigung einer stillen Einlage** nach Abs 1 kommt selbstverständlich nur in Betracht, soweit Zinsen (Rz 9), nicht soweit Gewinnanteile oder Umsatzbeteiligungen zugesagt sind (vgl zur Umsatzbeteiligung BGH BB 1982, 2071 = WM 1982, 1276 = NJW 1983, 111). Auch insoweit ist die Anwendung von Abs 1 jedenfalls dann *ausgeschlossen,* wenn der Stille auch am Verlust teilnimmt (RGZ 168, 284, 286 f = DR 1942, 727 mAnm Haupt; Paulick, Handbuch der stillen Gesellschaft [3. Aufl 1981] 243; Soergel-Reimer Schmidt [10. Aufl] Rz 3; Palandt-Heinrichs Anm 2; BGB-RGRK-Alff Rz 6; Baumbach-Duden, HGB [24. Aufl] § 335 Anm 1 C). Fehlt es an der Verlustbeteiligung, so kann, was als „stille Einlage" bezeichnet ist, in Wahrheit *partiarisches Darlehn* sein und umgekehrt. In diesen Fällen ist zweifelhaft, ob Abs 1 bei fest zugesagter Mindestverzinsung über 6 vH anwendbar ist. Liegt ein partiarisches Darlehn vor, so ist Abs 1 anwendbar (Rz 10). Handelt es sich um eine stille Einlage, soll nach Haupt (DR 1942, 729) Abs 1 generell unanwenbar sein. Für den Regelfall ist diese *Kurzformel* brauchbar: *Abs 1 gilt nicht für die stille Beteiligung, wohl aber für das partiarische Darlehn.* Der vom Verfasser betonte Kreditcharakter des gesetzlichen (nicht unbedingt: tatsächlichen) Regeltypus der stillen Einlage (Karsten Schmidt, ZHR 140 [1976] 475) spricht nicht für Gleichstellung von stiller Gesellschaft und partiarischem Darlehn, denn bei der stillen Gesellschaft überschneiden sich ein Gesellschaftsverhältnis und ein nach dem Gesetz als Kredit funktionierendes Einlageverhältnis; die Kündigung nach Abs 1 würde auf das Gesellschaftsverhältnis, nicht bloß auf die Einlage, zielen. Deshalb treffen die für oHG und KG geltenden Argumente prinzipiell auch auf die stille Gesellschaft zu. Da allerdings stille Gesellschaft und partiarisches Darlehn nur typusmäßig – vor allem nach Maßgabe der Kontrollrechte – gegeneinander abgegrenzt werden, ist die Übereinstimmung der Kriterien stets kritisch zu prüfen. Die Tatsache allein, daß sich der Gläubiger besondere Kontrollrechte einräumen läßt, kann dem Schuldner den Schutz des Abs 1 nicht ohne weiteres nehmen (vgl auch sinngemäß RGZ 130, 4).

17 **bb) Darlehnskonten in der Personengesellschaft** – insbesondere beim Kommanditisten – sind im Hinblick auf Abs 1 schwer einzuordnen. Einerseits weist ein solches Konto eine Kapitalschuld aus, anderseits ruht diese Kapitalschuld auf gesellschaftsrechtlicher Grundlage. *Im Grundsatz ist § 247 anzuwenden* (vgl auch Sudhoff, Der Gesellschaftsvertrag der Personengesellschaften [5. Aufl 1978] 238). Allerdings ist folgendes zu beachten: Die Kündigung betrifft immer nur den Bestand der Darlehnskonten, nicht die im Gesellschaftsvertrag enthaltene Verzinsungsregel. Neu anfallende Darlehnsguthaben aus gutgeschriebenen Gewinnen bleiben vertragsgemäß verzinslich. Die Verzinsungsregel kann nur durch Änderung des Gesellschaftsver-

trags geändert werden. Bei der Kündigung sind die gesellschaftsrechtlichen Grundsätze der Treupflicht und der Gleichbehandlung zu beachten. Beruht die Kündigung lediglich auf einem günstigeren Kreditangebot, nicht auf fehlendem Kapitalbedarf, so darf die Gesellschaft nicht unter allen Umständen auf einen dritten Kapitalgeber ausweichen (vgl zum Arglisteinwand auch Rz 32). Dem Gesellschafter muß vielmehr die Befugnis zuerkannt werden, in diesem Fall den gekündigten Betrag der Gesellschaft zum Zinssatz von 6 vH oder zu einem marktüblichen oder zu dem vom dritten Kapitalgeber gebotenen Zinssatz weiter zu belassen.

cc) **Gesellschafterdarlehen,** also Fremdmittel, die die Gesellschafter – meist Gesell- 18
schafter einer GmbH oder einer Personengesellschaft – der eigenen Gesellschaft zur Verfügung stellen, werden in den Kapitalgesellschaften und in der GmbH & Co allerdings wie haftendes Kapital behandelt, wenn sie *kapitalersetzende Funktion* haben (BGHZ 67, 171 = NJW 1977, 104 mAnm KARSTEN SCHMIDT; BGHZ 75, 53 = NJW 1980, 592 = ZIP 1980, 115 mAnm KLASMEYER; BGHZ 76, 326 = NJW 1980, 1524 = ZIP 1980, 361; BGH NJW 1982, 383 = Die AG 1982, 72; seit 1981 vgl §§ 32 a f GmbHG, 129 a, 172 a HGB). Ein Gesellschafterdarlehn kann von Anfang an kapitalersetzende Funktion haben, diese Funktion aber auch erst nachträglich erhalten. Ist die Gesellschaft kreditunwürdig, ist sie maW nicht mehr in der Lage, ihren Kapitalbedarf bei einem Kreditinstitut zu decken, so wird nach der Rspr aus der Zeit vor der GmbH-Novelle 1980 auch aus einem zunächst neutralen Kredit ein kapitalersetzendes Darlehn, das dem Rückzahlungsverbot der §§ 30, 31 GmbHG unterliegt (zuletzt BGHZ 75, 53 = ZIP 1980, 115 mAnm KLASMEYER; BGHZ 76, 326 = NJW 1980, 1524 = ZIP 1980, 361; dazu KARSTEN SCHMIDT ZGR 1980, 567; zum Verhältnis zu den neuen §§ 32 a KO, 3 b AnfG vgl KARSTEN SCHMIDT ZIP 1981, 692 mwN). Die Anwendbarkeit von § 247 ist noch ungeklärt. *Sachgerecht scheint folgende Lösung:* Auch das kapitalersetzende Darlehn unterliegt unter den Voraussetzungen des Abs 1 dem Kündigungsrecht. Solange die Gesellschaft kreditbedürftig, aber zur Erlangung von Krediten Dritter unfähig ist, kann sie Anpassung an den marktüblichen Zins verlangen. Der Gesellschafter kann sich nicht darauf berufen, daß die Gesellschaft marktüblichen Zins nicht bekäme. Selbst die Zahlung marktüblichen Zinses kann überdies gegen § 30 GmbHG verstoßen. Wird aufgrund der Kündigung das Gesellschaftsdarlehn zurückgezahlt, so unterliegt diese Rückgewähr unter den Voraussetzungen der §§ 32 a KO, 3 b AnfG der Anfechtung.

dd) **Industrieobligationen** (Schuldverschreibungen) würden unter Abs 1 fallen. 19
Schuldverschreibungen auf den Inhaber und Orderschuldverschreibungen sind aber nach **Abs 2 S 1** vom Geltungsbereich des Abs 1 ausgenommen. Der Standpunkt der Praxis ist weniger eindeutig. Die ältere Praxis hat die „Zugehörigkeit“ zu einer Hauptforderung auf der einen Seite (ROHGE 25, 256, 258; der Sache nach ähnlich RGZ 5, 254) und die Verselbständigung des verbrieften Rechts auf der anderen Seite einander gegenübergestellt (RGZ 5, 254 ff; ROHGE 10, 213, 215 f). Bei ROHGE 25, 258 wird „zugegeben, daß nicht alle Consequenzen, welche das bürgerliche Gesetz für Zinsobligationen aus deren accessorischer Natur zieht, auf solche Obligationen anwendbar sind“. Soweit nicht die wertpapierrechtliche Verbriefung entgegensteht, sind jedoch alle Vorschriften über Zinsen anwendbar.

2. Gläubiger und Schuldner 20

a) Die **Person des Gläubigers** ist belanglos. Jeder Gläubiger ist unter den näheren Voraussetzungen des Abs 1 dem Kündigungsrecht ausgesetzt, der Privatmann ebenso wie der Unternehmer, die öffentlich Hand ebenso wie ein privater Rechtsträger (zur Anwendbarkeit des Abs 1 im öffentlichen Recht vgl. Rz 62).

21 b) Belanglos ist auch die **Person des Schuldners.** Ein besonderes Schutzbedürfnis des Schuldners wird vom Gesetz nicht vorausgesetzt. *Jeder Schuldner* kann unter den Voraussetzungen des Abs 1 kündigen, **auch ein Kaufmann** (RGZ 66, 409, 411; 168, 284, 287; Planck-Siber Anm 5; Soergel-Reimer Schmidt [10. Aufl] Rz 3; Palandt-Heinrichs Anm 1; Erman-Sirp Rz 1; MünchKomm-von Maydell Rz 5; Düringer-Hachenburg-Werner, HGB [3. Aufl] vor § 352 Anm 16; Schlegelberger-Hefermehl, HGB [5. Aufl] § 352 Rz 22; Luig Die AG 1979, 150). Anders noch § 2 Abs 3 des G v 14. 11. 1867 und Art 292 ADHGB. Der Gesetzgeber des BGB hat sich allerdings nur deshalb gegen eine besondere Ausnahmeregelung entschieden, weil er sie schon im HGB vorzufinden meinte (Prot in Mugdan II 629; Denkschrift in Mugdan II 1234). Noch § 342 HGB-E II lautete: „Das im § 247 Abs 1 des Bürgerlichen Gesetzbuchs vorgesehene Kündigungsrecht bei Schulden, die mit mehr als sechs vom Hundert für das Jahr zu verzinsen sind, gilt nicht für die Schulden eines Kaufmanns aus seinen Handelsgeschäften" (Wortlaut bei Hahn-Mugdan, Materialien zum HGB [1897] 72). Die Bestimmung wurde nicht in das HGB aufgenommen, weil das Kündigungsrecht „als ein geeignetes Mittel anerkannt worden sei, dem Schuldner gegen die Übermacht des Gläubigers Schutz zu gewähren und dieser Schutz auch im kaufmännischen Verkehre durchaus angebracht sei" (Kommissionsbericht, in Hahn-Mugdan aaO 625). Der Gesetzgeber hat sich damit bewußt für die Anwendung des § 247 auch auf Kaufleute als Schuldner entschieden (Canaris WM 1978, 688). Nach Canaris ist Abs 1 gleichwohl unanwendbar, wenn der Schuldner Vollkaufmann ist. Für den Fall, daß der Zinssatz auch für den Kreditgeber fest ist, soll dies bereits aus den Regeln über die teleologische Restriktion von Normen folgen, außerdem aber aus Art 3 Abs 1 und 2 Abs 1 GG iVm den Grundsätzen der Verhältnismäßigkeit und der Vertragsfreiheit (Bankvertragsrecht [2. Aufl] Rz 1342; WM 1978, 700). Abs 1 soll darüber hinaus aber selbst dann unanwendbar sein, wenn der Zinssatz nur für den Vollkaufmann als Schuldner fest ist (Canaris WM 1978, 701). Grundlage dieser Beurteilung ist neben dem rechtstatsächlichen „Wandel der Normsituation" die Feststellung, daß der Gesetzgeber des BGB nicht die Einführung oder Verschärfung des Kündigungsrechts, sondern nur seine Beibehaltung gerechtfertigt hat, während die Streichung des Art 292 ADHGB eine so nicht zu rechtfertigende Verschärfung mit sich bringe (WM 1978, 689). Aber genau diese Verschärfung war von dem hierfür verantwortlichen HGB-Gesetzgeber gewollt. Solange aus § 247 keine reine Verbraucherschutznorm gemacht wird, ist hierin auch keine Unstimmigkeit zu erblicken, denn ein Bedürfnis nach Anpassung des Zinses kann bei jedem Kreditverhältnis – auch dem des Kaufmanns – bestehen.

22 Auch **die öffentliche Hand** als Schuldner kann von dem Kündigungsrecht nach Abs 1 Gebrauch machen (Palandt-Heinrichs Anm 1; aM Canaris, Bankvertragsrecht [2. Aufl] Rz 1342; ders WM 1978, 698).

23 **3. Zinssatz höher als 6 vH**

a) Ein Zinssatz von **mehr als 6 vH für das Jahr** ist Voraussetzung des Kündigungsrechts. Diese Grenze ist und bleibt, solange nicht der Gesetzgeber Abs 1 ändert, verbindlich. Es geht nicht an, das Kündigungsrecht im Wege der teleologischen Reduktion auf den Fall überhöhter Zinsen zu beschränken (BGHZ 79, 263 = JR 1981, 460 mAnm Rehbein = NJW 1981, 814 = ZIP 1981, 263; aM Herreiner NJW 1959, 226; von Bargen ZfKrW 1978, 318). Die allgemeine Änderung des Zinsniveaus gegenüber dem Stand von 1900 berechtigt nur den Gesetzgeber, nicht den Rechtsanwender, zur Erhöhung der kritischen Grenze (Canaris WM 1978, 694). Dabei ist nach hM vom allgemeinen Zinsbegriff auszugehen (§ 246 Rz 7 ff). Ob alle Kreditkosten, die nicht zeitanteilig geschuldet sind, ausscheiden, ist indes zweifelhaft. Es kommt auf die Funktion der 6%-Grenze an. Nach wohl richtiger Auffassung entscheidet der **Effektivzins** (MünchKomm-von Maydell Rz 8; Riedel JurBüro 1978, 954). Die Gegenauffassung – enger Zinsbegriff – wird von Reich Rz 68 mit der Überlegung begründet, bei Zugrundelegung des Effektivzinses unterfiele praktisch jeder Kredit dem § 247, was nicht in der Absicht des Gesetzgebers liege. Nach der recht verstandenen ratio legis markiert aber die 6%-Grenze nicht ein Unwerturteil, sondern sie schließt nur diejenigen Kredite vom Anpassungszwang aus, bei denen die Zinsbelastung quantité negligeable ist (Rz 3). Ob die Grenze heraufgesetzt werden soll, mag der Gesetzgeber entscheiden (Rz 8). Solange dies nicht geschehen ist, besteht kein Grund, den Geltungsbereich des § 247 durch einen „engen" Zinsbegriff einzugrenzen. Zum Effektivzins vgl näher § 246 Rz 83 ff. Wer den Zinsbegriff eng faßt, Umgehungen des Abs 1 aber doch ausschalten will, wird den engen Zinsbegriff durch analoge Anwendung des Abs 1 ausgleichen (MünchKomm-von Maydell Rz 6; Erman-Sirp Rz 4; vgl auch zur Umgehung des Abs 1 Riedel JurBüro 1978, 951). Im übrigen ist nachhaltig zu betonen, daß die Probleme des § 247 entgegen der bisher hM weniger bei den Kündigungs*voraussetzungen* als bei den Kündigungs*folgen* gesehen werden sollten.

b) Auf die **effektive Zinsbelastung** kommt es hiernach an. Kreditkosten, die keine Zinsen in dem bei § 246 besprochenen Sinn sind, bleiben nach hM außer Betracht (BGH LM Nr 1 = BB 1953, 339; MünchKomm-von Maydell Komm Rz 6; Riedel JurBüro 1978, 950 f). Das gilt zweifelsfrei für Tilgungsleistungen (RG Recht 1908 Nr 1498; Erman-Sirp Rz 2; Riedel JurBüro 1078, 951). Auch sonstige Belastungen aus dem Dauerschuldverhältnis, die nicht als Zinsleistungen auf die Kapitalschuld berechnet und geschuldet sind, scheiden nach hM aus (BGH LM Nr 1 = BB 1953, 339; vgl auch OLG Stettin HRR 1933 Nr 1569). Demgegenüber ist zu bedenken, daß die 6%-Grenze nicht eine hohe Zinslast, sondern nur eine Erheblichkeitsschwelle markiert (vgl Rz 3, 23). Das Abstellen auf die **Effektivverzinsung** (Rz 23) führt notwendig zu einem breiten Anwendungsbereich von Abs 1. Sind 6 vH auf einen die Kapitalschuld übersteigenden Betrag ausbedungen, so liegt die Effektivverzinsung über 6 vH (Planck-Siber Anm 2; Erman-Sirp Rz 5; MünchKomm-von Maydell Rz 8). Kreditgebühren sind auf den Jahreszins umzurechnen (Jauernig-Vollkommer Anm 2 b; Kessler NJW 1977, 2060). Ein Disagio kann als Zins einbezogen werden (differenzierend BGH LM Nr 2 = BB 1963, 410; Riedel JurBüro 1978, 950; im Ergebnis ebenso – analoge Anwendung von Abs 1 – MünchKomm-von Maydell Rz 6; nur ausnahmsweise nach Palandt-Heinrichs Anm 2; Riedel JurBüro 1978, 950; ganz abl noch Staudinger-Weber [11. Aufl] Rz 6; Grützbach BB 1964, 1368). Soweit *Zinseszinsen* zulässigerweise vereinbart sind (§ 248 Rz 26 ff), ein Ausnahmefall nach § 247 Abs 2 aber nicht vorliegt, wird die Hinzurechnung des Zinseszinses zum Zins verneint (Riedel JurBüro 1978, 951). Man darf dies aber nicht mit Riedel daraus folgern, daß §§ 247, 248 selbständig nebeneinanderstehen und daß ein trotz § 248 ausnahmsweise zulässiger Zinseszins nicht nach § 247 beanstandet werden könne. Im Regelfall kann bei einer Zinseszinsvereinbarung der künftig anfallende Zinseszins überhaupt nicht festgestellt werden und scheidet aus diesem Grund bei der Berechnung des Effektivzinses aus. Wird dagegen etwa zulässigerweise ein aus Zins und Zinseszins bestehender Festbetrag in Rechnung gestellt (§ 248 Rz 25), so ist dieser Posten auch in die Effektivzinsberechnung einzubeziehen. 24

c) Bei einem **gleitenden Zinssatz**, der 6 vH übersteigen kann, sind die Voraussetzungen des Abs 1 an sich erfüllt, aber die Kündigung ist erst zulässig, wenn die kritische Grenze wirklich überschritten ist, nicht ohne weiteres schon sechs Monate nach der Vereinbarung (BGH LM Nr 1 = BB 1953, 339; Rz 26). 25

III. Ausübung des Kündigungsrecht

26 **1. Die beiden Sechsmonatsfristen**

a) Das Kündigungsrecht beginnt nach dem Ablauf von sechs Monaten. Diese *Sechsmonatsfrist beginnt* nach bisher hM *mit der Vereinbarung* (Staudinger-Weber [11. Aufl] Rz 4; Düringer-Hachenburg-Werner, HGB [3. Aufl] vor § 352 Anm 17; Planck-Siber Anm 4; BGB-RGRK-Alff Rz 4; MünchKomm-von Maydell Rz 9; Erman-Sirp Rz 6; Riedel JurBüro 1978, 956). Nach einer heute verbreiteten Auffassung beginnt die Frist mit der Auszahlung (Canaris, Bankvertragsrecht [2. Aufl] Rz 1342; Palandt-Heinrichs Anm 2; Monssen WM 1978, 1394). An der bisher hM ist festzuhalten. Die Anträge in der II. Kommission wollten die Frage noch klären (Prot in Mugdan II 628). Antrag 1 sagte: „seit der Schließung des Vertrags", Antrag 3 sagte: „nach Ablauf eines halben Jahres von dem Zeitpunkt an, in welchem der Zinsenlauf nach diesem höheren Betrage begonnen hat". Der geltende Abs 1 geht auf den Antrag 1 zurück, enthält allerdings keine Klärung mehr. Die heute im Rahmen von § 607 nicht mehr vorherrschende Realvertragslehre hätte wohl iS der neueren Ansicht entschieden, aber der heuristische Wert der Darlehnstheorien wird zunehmend geleugnet (Neumann-Duesberg NJW 1970, 1403; vgl auch Karsten Schmidt JuS 1976, 709). Das Argument, die Gesetzesverfasser hätten noch mit der Realvertragslehre Auszahlung und Vertragsschluß gleichgesetzt (Canaris Bankvertragsrecht [2. Aufl] Rz 1342) ist mit dem Befund in den Materialien schwerlich vereinbar und geht auch am Sinnwandel der Norm vorbei. Der *Sinn und Zweck des Abs 1,* das Dauerschuldverhältnis von Zeit zu Zeit dem marktüblichen Zinssatz anzupassen (Rz 3), spricht dafür, daß die Frist mit dem Vertragsschluß beginnt (aM Monssen WM 1978, 1395, der noch vom Schutz vor Ausbeutung ausgeht). Auch die systematischen Argumente der neueren Auffassung (angeblich drohende Unstimmigkeit mit Abs 2 S 2) treffen nicht zu, denn Abs 2 S 2 kann bereits vor der Auszahlung des Kredits die Kündigung hindern. Der Vergleich mit § 609 (Monssen WM 1978, 1394) paßt gleichfalls nicht. Der Gesetzeswortlaut spricht sogar für einen Gegenschluß. Das ordentliche Kündigungsrecht nach § 609 soll das laufende Kreditverhältnis beendigen und nach dem klaren Wortlaut für „Rückerstattung eines Darlehens sorgen". Davon ist in Abs 1 nicht die Rede. Rein formaler Art ist schließlich der Einwand, ein vor Auszahlung ausübbares Kündigungsrecht sei ein Rücktrittsrecht (Monssen WM 1978, 1395). Daß eine vor Beginn der Leistungen erklärte Kündigung nur Rücktritt und nicht Kündigung sein könne, ist keineswegs ausgemacht (BAG AP Nr 2 zu § 67 HGB; Nr 1 zu § 620 BGB; Soergel-Kraft vor § 620 Rz 46 mwN; vgl aber auch BGHZ 50, 312; Emmerich-Sonnenschein, Mietrecht [2. Aufl] Vorbem 21 zu § 537). Aber die Frage ist für § 247 irrelevant. Nicht die Dogmatik des Kündigungsbegriffs, sondern die ratio legis gibt den Ausschlag, und sie deckt im Fall des Abs 1 jede sechs Monate nach Vertragsschluß erklärte Lösung von dem Dauerschuldverhältnis, mag diese dogmatisch als Kündigung oder als Rücktritt eingeordnet werden. Auch **bei gleitendem Zinssatz** ändert sich nichts an diesem Grundsatz. Beträgt hier der Zinssatz nicht von vornherein über 6 vH, so entsteht allerdings das Kündigungsrecht erst, wenn der Zinssatz die Grenze von 6 vH überschritten hat (BGH LM Nr 1 = BB 1953, 339; Düringer-Hachenburg-Werner, HGB [3. Aufl] vor § 352 Anm 17; BGB-RGRK-Alff Rz 4; MünchKomm-von Maydell Rz 9; Erman-Sirp Rz 6; Palandt-Heinrichs Anm 2; Jauernig-Vollkommer Anm 2 b; Riedel JurBüro 1978, 950). Aber es muß dann nicht erst die Sechsmonatsfrist nach der Zinserhöhung abgewartet werden, vielmehr genügt es auch hier, wenn diese Frist seit der Zinsvereinbarung verstrichen ist.

27 **b)** Die **Kündigungsfrist** beträgt gleichfalls sechs Monate. Für ihre Berechnung gelten die §§ 187 Abs 1, 188 Abs 2. Ist eine kürzere Kündigungsfrist vereinbart, so ist für

eine Anwendung des Abs 1 kein Raum (KG JW 1933, 1333 = HRR 1933 Nr 1486) Die Verkürzung verstößt nicht gegen Abs 1 S 2 (Riedel JurBüro 1978, 956).

2. Die Kündigungserklärung 28

Die **Kündigungserklärung** ist eine einseitige empfangsbedürftige Willenserklärung (§ 130). Sie ist *formfrei* und nach hM *bedingungsfeindlich.* Ohne weiteres zulässig ist aber die Eventualkündigung unter einer Rechtsbedingung (etwa wenn der Schuldner das Darlehen bereits nach § 138 für nichtig hält). Zulässig sind auch solche Bedingungen, durch die der Gläubiger nicht in eine ungewisse Lage versetzt wird, insbesondere die **Änderungskündigung** (Staudinger-Dilcher Vorbem 39 zu §§ 158 ff). Der Schuldner kann die Kündigung also mit der Maßgabe aussprechen, daß das Rechtsverhältnis enden soll, falls nicht der Gläubiger einer Zinssenkung auf einen bestimmten Zinssatz – zB 6 vH – zustimmt. Die Kündigung muß *in Ausübung des Rechts aus Abs 1* erklärt sein. Dazu ist nicht die Angabe der Vorschrift erforderlich, wohl aber muß der Schuldner erkennbar in Ausübung des gesetzlichen Kündigungsrechts handeln und die Kündigung erkennbar auf die Höhe des Zinssatzes stützen. Zwar verlangt die Rechtsprechung nicht generell die **Angabe des Kündigungsgrundes** bei einer Kündigung (BGH AP Nr 26 zu § 626 BGB; BAG AP Nr 55, 56 zu § 1 KSchG). Soweit auf die Angabe verzichtet werden kann, läßt die Praxis auch ein Nachschieben von Kündigungsgründen zu. Im Fall des Abs 1 handelt es sich aber um ein außerordentliches Kündigungsrecht. Inwieweit bei der außerordentlichen Kündigung der Kündigungsgrund angegeben werden muß, ist str (grundsätzlich verneinend BGHZ 27, 220, 224; Überblick bei Emmerich-Sonnenschein, Mietrecht [2. Aufl] § 564 Rz 16; MünchKomm-Schwerdtner Vorbem 89 ff zu § 620; vgl auch §§ 626 Abs 2 S 3; anders etwa § 564 b Abs 2). Es muß dabei unterschieden werden zwischen denjenigen Gründen, welche die Art der Kündigung klarstellen und den etwa für die Rechtfertigung einer außerordentlichen Kündigung ausschlaggebenden Einzeltatsachen. Diese brauchen grundsätzlich nicht im einzelnen benannt und können auch nachgeschoben werden, soweit sie bereits im Kündigungszeitpunkt vorlagen (BGHZ 27, 220; hM). Im Fall des § 247 kann es dagegen nur um die Klarstellung gehen, daß die Kündigung wegen des Zinssatzes erfolgt. Diese ist unentbehrlich und kann, wo sie sich nicht jedenfalls aus den Umständen ergab, einer auf andere Gründe gestützten Kreditkündigung nicht nachgeschoben werden.

3. Rechtsfolgen der Kündigung 29

a) Die Kündigung **löst das Kreditverhältnis zum Kündigungszeitpunkt auf.** Irreführend heißt es bei Staudinger-Weber (11. Aufl) Rz 11 im Anschluß an Düringer-Hachenburg-Werner, HGB (3. Aufl) Vorbem 17 d zu § 352, die Kündigung löse den Vertrag, der dem Schuldverhältnis zugrundeliege, nicht auf. Obwohl Abs 1 der Anpassung hochverzinslicher Kredite an den marktüblichen Zins dient (Rz 3) und praktisch auch in diesem Sinne funktioniert, kann der Gläubiger durch einseitige Herabsetzung des Zinsfußes der bereits erklärten Kündigung nicht die Grundlage entziehen (Düringer-Hachenburg-Werner aaO Vorbem 17 zu § 352). Ein solcher Effekt läßt sich nur mittelbar über eine Neuverhandlungspflicht des Schuldners erzielen. Entgegen der hM wird hier aus § 242 gefolgert, daß Neuverhandlungspflicht und Vertragsänderung Vorrang vor der endgültigen Lösung des Kreditverhältnisses haben (Rz 32).

b) Der **Umfang der Rückzahlungsmasse** ergibt sich unter Berücksichtigung voraus- 30
entrichteter Zinsen, insbesondere bei der Zinszahlung mittels Disagio (Berechnung

str; vgl § 246 Rz 23; Buss NJW 1977, 1520; Bachmann NJW 1978, 865; Kessler NJW 1977, 2060; Scholz BB 1977, 1425; Krug BB 1979, 24). Nach BGHZ 81, 124 = WM 1981, 839 = ZIP 1981, 841 kann das Disagio nicht einheitlich behandelt werden. Es ist Frage der Vertragsauslegung, ob der Kreditgeber, wenn der Kreditnehmer das Darlehn nach § 247 kündigt, einen Teil des Disagios zurückerstatten muß. Entscheidend ist, ob das Disagio laufzeitabhängig oder als Entgelt für die Hingabe der Darlehnsvaluta vereinbart ist. Entsprechendes wird für Kreditgebühren gelten. Nach richtiger Auffassung ist bei der Berechnung der unverbrauchten Kreditgebühren zu berücksichtigen, daß bei gleichmäßigen Raten nicht linear zu gleichbleibenden Anteilen auf Kapital und Zins geleistet wird. Deshalb ist der unverbrauchte Teil der Kreditgebühr staffelmäßig zu errechnen (vgl im einzelnen § 246 Rz 171 ff). Bei der Berechnung einer Ablösungsgebühr ist zu beachten, daß diese Gebühr nicht nur die durch die außerplanmäßige Abrechnung entstehenden Kosten, sondern auch die durch Anlaufzeit noch nicht gedeckten Einmalkosten decken soll (Scholz BB 1979, 189 mwN).

31 **4. Der Einwand unzulässiger Rechtsausübung**

a) Der Kündigung kann uU mit dem **Einwand unzulässiger Rechtsausübung** begegnet werden (Erman-Sirp Rz 3; Schlegelberger-Hefermehl HGB [5. Aufl] § 352 Rz 23). Dann ist die Kündigung unzulässig. Da aber § 242 nicht dazu dienen darf, doch wieder dem „Wandel der Normsituation" (Rz 2) zum Sieg über das Gesetz zu verhelfen, kann der Einwand unzulässiger Rechtsausübung nur von Fall zu Fall und nur ganz ausnahmsweise beachtlich sein (Riedel JurBüro 1978, 948; Ziebe ZRP 1980, 170 im Anschluß an Canaris WM 1978, 693). *Es geht nicht an, mit Hilfe von § 242 den Abs 1 bis zur praktischen Unanwendbarkeit auszuhöhlen* (in dieser Richtung aber Herreiner NJW 1959, 227; dagegen mit Recht MünchKomm-von Maydell Rz 16; Erman-Sirp Rz 3; Hamelbeck NJW 1959, 518). Den § 247 in Anbetracht der gegenüber der Vorschrift geltendgemachten rechtspolitischen Zweifel zur Disposition zu stellen, ist Sache des Gesetzgebers. Eine ganz andere Frage ist die, ob die **Rechtsfolgen der Kündigung** dem Funktionswandel des § 247 angepaßt werden können und ob dies schon nach geltendem Recht auch auf die Voraussetzungen des § 247 durchschlagen kann (vgl schon Rz 6). Diese Frage sollte bejaht werden (vgl Karsten Schmidt BB 1982, 2077 f): Nach § 242 darf der Kreditnehmer von dem Kündigungsrecht nur in einer mit dem bei Rz 3 geschilderten Normzweck in Einklang stehenden Weise Gebrauch machen. *Er darf sich auf die Kündigungsfolgen dann nicht berufen, wenn der Kreditgeber bereit ist, das Kreditverhältnis zu marktüblichen Bedingungen fortzusetzen.* Insbesondere ist es also dem Kreditnehmer versagt, das außerordentliche Kündigungsrecht zu einer fristlosen Befreiung aus einem marktüblichen Kredit zu mißbrauchen. Neuverhandlungspflicht und Vertragsanpassung haben Vorrang vor der definitiven Lösung des Kreditverhältnisses. Die hM macht von dieser Restriktion des Kreditnehmerschutzes bisher keinen hinreichenden Gebrauch.

32 **b) Im einzelnen** ist die Begrenzung des § 247 durch § 242 str. § 242 ist in dem Sinne anzuwenden, daß die gesetzliche *Technik der lösenden Kündigung* (Rz 29) dem Normzweck und damit dem *Effekt einer Änderungskündigung* angepaßt wird (Karsten Schmidt BB 1982, 2077). **Verwirkung** tritt, soweit das Kündigungsrecht nach Abs 1 S 2 unabdingbar ist, nicht schon dadurch ein, daß der Kreditnehmer den Kreditgeber in dem Glauben läßt, er werde von seinem Recht keinen Gebrauch machen. Erst recht kann die Vereinbarung einer langen Laufzeit allenfalls Anlaß und niemals Hindernis für die Ausübung des Kündigungsrechts sein (Hamelbeck aaO; vgl auch Ziebe ZRP 1980, 170). Der **Arglisteinwand** kann dem Kündigenden

entgegengehalten werden, *wenn der vereinbarte Zins marktüblich ist und der Kreditgeber seinerseits zur Fortsetzung des Kreditverhältnisses bereit ist* (im Ergebnis zutr Herreiner NJW 1959, 226; aM Hamelbeck NJW 1959, 518; s auch MünchKomm-von Maydell Rz 16). Denn in diesem Fall besteht jene Situation, auf die die Kündigungsfolgen im Lichte des § 242 zielen (s sogleich in dieser Rz). Zweifelhaft ist freilich *der maßgebende Zeitpunkt.* Es sollte auf den Zeitpunkt des Wirksamwerdens der Kündigung ankommen. Jedenfalls ein Effektivzins, der sich sowohl im Kündigungszeitpunkt als auch bei Ablauf der Kündigungsfrist im Rahmen des Marktüblichen hält, berechtigt nicht zur einseitigen Vertragsauflösung nach § 247 Abs 1. Zinsanpassungsklauseln (§ 246 Rz 71 ff) können helfen, das Kündigungsrecht ohne Verstoß gegen Abs 1 S 2 abzuwehren (Karsten Schmidt BB 1982, 2077 f). Nach Düringer-Hachenburg-Werner (HGB [3. Aufl] Vorbem 17 c zu § 352) kann der Kreditgeber die Kündigung nicht abwehren, indem er nach Empfang der Kündigung den Zins unter 6% senkt, wohl aber, indem er der Kündigung durch eine entsprechende Zinssenkung zuvorkommt (selbst hiergegen noch Staudinger-Weber [11. Aufl] Rz 10). Das ist noch zu eng. Auch im ersten Fall besagt die Wirksamkeit der Kündigung noch nicht, daß nicht der Kreditnehmer nach § 242 zur Fortsetzung des Kreditverhältnisses verpflichtet sein kann. Als rechtsmißbräuchlich wird auch eine Kündigung angesehen, die bei gleitendem Zinssatz ausgesprochen wird, obgleich das Absinken auf 6% oder darunter vorhersehbar ist (Riedel JurBüro 1978, 953; kaum praktisch). Bei all dem sollte *eine Verwechselung der 6%-Grenze und des marktüblichen Zinses* vermieden werden: *Voraussetzung des Kündigungsrechts* ist grds, daß der Zins im Zeitpunkt der Kündigung über 6% liegt, sofern nicht das Absinken unter 6% vorhersehbar ist. Der *Arglisteinwand* bezieht sich dagegen auf die Rechtsfolge der Kündigung: *Wenn der Kreditgeber zur Fortsetzung des Kreditverhältnisses zu marktüblichen Bedingungen bereit ist, kann er diese Fortsetzung verlangen.* Die Kündigung löst eine **Neuverhandlungspflicht** aus (über Neuverhandlungspflichten vgl Horn AcP 181 [1981] 255). Der *Kreditgeber* ist gehalten, eine marktgerechte Fortsetzung des Kreditverhältnisses anzubieten (s auch Holger Schmidt BB 1974, 202); das ergibt sich im Lichte des bei Rz 3 dargestellten Normzwecks aus Abs 1 S 2. Das Angebot muß sich im marktüblichen Rahmen halten. Andere Kreditgeber braucht es nicht zu unterbieten. Ein Kreditinstitut wird also denjenigen Zinssatz anbieten, zu dem es Neuverträge gleicher Art abschließt. Der *Kreditnehmer* ist seinerseits gehalten, ein solches Angebot anzunehmen, sofern es ohne unzumutbares Zögern des Kreditgebers abgegeben wird. *Im Ergebnis wirkt dann die Kündigung nach Abs 1 wie eine Änderungskündigung.* Nimmt der Kreditnehmer das Angebot nicht an, so ist es ihm nach § 242 versagt, sich auf die Lösungsfolgen der Kündigung zu berufen. Nimmt er es an, so pflegen die Kreditinstitute die Kreditgebühr neu in Rechnung zu stellen. Diese Praxis ist, wenn man den Zinsanpassungszweck des § 247 betrachtet, nicht unzweifelhaft, aber im Ergebnis zu halten, wenn das Kreditinstitut bereit ist, an den bisherigen Konditionen festzuhalten, sofern die Neukonditionen bei Einrechnung der zusätzlichen Bearbeitungsgebühr ungünstiger sind (Karsten Schmidt BB 1982, 2078 f). Akzessorische Kreditsicherheiten bleiben jedenfalls dann ohne weiteres bestehen, wenn der Vertrag vor Ablauf der Kündigungsfrist fortgesetzt wird (vgl im übrigen auch § 246 Rz 67).

IV. Kein vertraglicher Ausschluß des Kündigungsrechts

1. Grundsatz des Abs 1 S 2 33

a) Das gesetzliche Kündigungsrecht nach Abs 1 S 1 ist **zwingendes Recht.** Es kann nicht durch Vertrag ausgeschlossen oder beschränkt werden (Abs 1 S 2). Mit Recht hält sich die hM strikt an diesen klaren Gesetzeswortlaut (OLG Düsseldorf WM 1980, 94, 95; MünchKomm-von Maydell Rz 13). Ausnahmen kann nur das Gesetz zulassen, so in Abs 2 S 2 (Rz 47 ff). Unklare Vertragsbestimmungen, die den Kreditnehmer von der Kündigung abhalten können, fallen nicht unter Abs 1 S 2, sind aber bei der Sittenwidrigkeitsprüfung zu berücksichtigen (§ 246 Rz 138; BGH WM 1982, 1021, 1022).

34 b) Durch **Vereinbarung ausländischen Rechts** kann allerdings der ganze § 247 ausgeschlossen werden. Auch zwingende Vorschriften des ohne die Rechtswahl maßgeblichen Rechts werden nämlich durch solche Rechtswahl ausgeschlossen (RGZ 108, 243; BGH NJW 1977, 1011; Neuhaus, Grundbegriffe des IPR [2. Aufl 1976] § 33 IV; Kegel, IPR [4. Aufl 1977] § 18 I 1 b; Palandt-Heldrich Vorbem 2 a zu Art 12 EGBGB; zum Aspekt der Umgehung vgl allerdings Kegel § 14).

35 c) Wird unter **Verstoß gegen Abs 1 S 2** das Kündigungsrecht ausgeschlossen, so ist diese *Vereinbarung nach § 134 nichtig* (OLG München HRR 1937 Nr 1637; MünchKomm-von Maydell Rz 13; von Rosycki-von Hoewel JW 1933, 594; Pleyer NJW 1978, 2128; Riedel JurBüro 1978, 947). *Die Nichtigkeit berührt nicht den Bestand des Kreditverhältnisses.* Abs 1 S 2 gehört zu denjenigen Schutznormen, die von vornherein nur zur Teilnichtigkeit führen, so daß § 139 nicht zur Anwendung gelangt (dazu allgemein Staudinger-Dilcher § 139 Rz 32).

36 **2. Abs 1 S 2 als Auslegungsregel**

In der Praxis funktioniert Abs 1 S 2 primär als Auslegungsregel und nur hilfsweise als gesetzliches Verbot: Nur wenn ausdrücklich oder erkennbar gerade auch das Kündigungsrecht nach Abs 1 ausgeschlossen sein soll, liegt ein Verstoß gegen Abs 1 S 2 vor. Die Bestimmung, ein Darlehen mit einem Zinssatz von über 6 vH sei bis zu einem bestimmten Zeitpunkt unkündbar, verstößt idR nicht gegen Abs 1 S 2, denn sie soll üblicherweise nur solche Kündigungen ausschließen, bei denen dies zulässig ist. Sie ist deshalb im Zweifel dahin auszulegen, daß nur das Kündigungsrecht des § 609, nicht das des Abs 1, ausgeschlossen sein soll (KG JW 1933, 1333 = HRR 1933 Nr 1486; OLG München DNotZ 1941, 34; OLG Hamm OLGZ 1973, 141; Canaris in Großkomm HGB § 352 Anm 7; Palandt-Heinrichs Anm 2). Für eine Anwendung von § 139 ist dann von vornherein kein Raum (OLG Hamm OLGZ 1973, 141). Auch eine Eintragung der Abrede in das Grundbuch ist dann möglich (Rz 61).

37 **3. Unzulässige Beschränkungen des Kündigungsrechts**

Nicht nur der Ausschluß, sondern **auch die Beschränkung des Kündigungsrechts ist nach Abs 1 S 2 unwirksam.** Eine unzulässige Beschränkung liegt nicht nur in der *Anhebung der kritischen Grenze* oder in der *Verlängerung der Fristen,* sondern in jeder *Erschwerung der Kündigung.* Das gilt vor allem auch für den Ausschluß der Zinsrückvergütung (§ 246 Rz 156). Unzulässig und wirkungslos ist damit nach Abs 1 S 2 zB auch eine für den Fall der Kündigung nach Abs 1 S 1 bestimmte Vertragsstrafe (vgl Jauernig-Vollkommer Anm 1 c bb mwN) oder Vorfälligkeitsentschädigung (BGHZ 79, 163 = JZ 1981, 312 = JR 1981, 460 mAnm Rehbein = Betrieb 1981, 737 = NJW 1981, 814 = ZIP 1981, 263; MünchKomm-von Maydell Rz 13; Palandt-Heinrichs Anm 2). Dies gilt jedenfalls dann, wenn die Vorfälligkeitsentschädigung dem Darlehensgeber als Kompensation für entgangenen Zinsgewinn dienen soll (eingehend Pleyer NJW 1978, 2128). Ist die Vorfälligkeitsentschädigung ausschließlich als Ausgleich für den aus vorzeitigem Kapitalrückfluß entstehenden Verwaltungsmehraufwand kalkuliert, so ließe sich die Auffassung vertreten, daß eine

Beschränkung des Kündigungsrechts nicht vorliegt (unentschieden BGH aaO; Pleyer NJW 1978, 2128). Der Gläubiger hätte dann zu beweisen, daß diese Art der Vorfälligkeitsklausel vorliegt. Gute Gründe sprechen aber für die von Canaris vertretene Auffassung, wonach auch diese Art Vorfälligkeitsentschädigung gegen Abs 1 S 2 verstößt, weil hier der Darlehensgeber aus Anlaß der Kündigung ein Risiko auf den Darlehensnehmer überzuwälzen sucht, das er nach dem Gesetz zu tragen hat (Canaris ZIP 1980, 719). Anderes gilt für eine Abrechnungsgebühr, die in jedem Fall – auch bei vertragsmäßiger Dauer des Kreditverhältnisses – gezahlt werden müßte (Canaris ZIP 1980, 719). Keine unzulässige Kündigungsbeschränkung ist nach BGHZ 81, 124 = WM 1981, 839 = ZIP 1981, 841 die Vereinbarung eines Disagios, das auch im Fall vorzeitiger Kündigung dem Darlehensgeber verbleibt (vgl auch OLG Frankfurt ZIP 1981, 379; Hadding WM 1982, 1421). Der BGH begründet diese Auffassung einmal mit der Überlegung, daß das den Disagio rechtfertigende Kreditgeberrisiko mit der Kreditvergabe verwirklicht ist, zum anderen mit der (entscheidenden!) Überlegung, hier werde im Kündigungsfall kein Druck auf den Kreditnehmer mehr ausgeübt. Im übrigen funktioniert Abs 1 S 2 auch hier nicht nur als gesetzliches Verbot (§ 134), sondern auch als Auslegungsregel: Eine allgemein gehaltene Bestimmung über die Vorfälligkeitsentschädigung bei vorzeitiger Kündigung des Kredits wird sich idR nur auf vertragsmäßige Kündigungsgründe, nicht auf die Kündigung nach Abs 1 beziehen. Anderes gilt bei einem unter Abs 2 fallenden Kredit. Wo die Vorfälligkeitsentschädigung nicht gegen Abs 1 verstoßen kann, kann die Kündigung oder die vertragliche Aufhebung des Kreditverhältnisses mit einer Vorfälligkeitsentschädigung verbunden werden ; so zB bei einem unter Abs 2 S 2 fallenden Kredit einer öffentlichrechtlichen Pfandbriefanstalt (BGH NJW 1982, 432 = WM 1982, 185 = ZIP 1982, 153; zust Hadding-Welter ZIP 1982, 400 Fn 13).

V. Die gesetzlichen Ausnahmen nach Abs 2 38

Abs 2 läßt **zwei Ausnahmen** von Abs 1 zu. Die beiden Ausnahmen sind von unterschiedlicher Qualität. Nach *Abs 2 S 1* entfällt bei Schuldverschreibungen auf den Inhaber und bei Orderschuldverschreibungen das gesetzliche Kündigungsrecht *(Ausnahme zu Abs 1 S 1)*. Nach *Abs 2 S 2* kann das gesetzliche Kündigungsrecht bei Darlehen, die Schuldverschreibungen decken, ausgeschlossen werden *(Ausnahme zu Abs 1 S 2)*.

1. Abs 2 S 1 39

Nach Abs 2 S 1 steht dem **Emittenten von Inhaberschuldverschreibungen (§ 793) oder Orderschuldverschreibungen (§ 808 a)** das gesetzliche Kündigungsrecht nach Abs 1 nicht zu.

a) aa) Diese **Ausnahmevorschrift** geht zurück auf § 2 des Gesetzes vom 14. 11. 1867 40 (oben, Rz 1; vgl Denkschrift in Mugdan II 1234). Die Orderschuldverschreibungen wurden eingefügt durch Art 2 Nr 1 des Gesetzes zur Wiederherstellung der Gesetzeseinheit auf dem Gebiete des bürgerlichen Rechts vom 5. 3. 1953 (BGBl I 33).

bb) Der **Normzweck** von Abs 2 S 1 ergibt sich aus dem Anlagecharakter der Papiere. 41 Durch Abs 1 S 1 sollen hochverzinsliche Anlagen nicht in Frage gestellt werden. Das Anlageinteresse des Gläubigers wird damit über die Schutzinteressen des Schuldners gestellt. Der Schuldner ist in den fraglichen Fällen auch weniger schutzbedürftig als in den Regelfällen des Abs 1. Der Emissionsschuldner nimmt typischerweise gewerbsmäßig oder haushaltsmäßig Gelder auf, und gestaltet selbst die Emissionsbedingungen (MünchKomm-von Maydell Rz 3; Pleyer NJW 1978, 2128; Hadding NJW 1979, 405). Außerdem erfaßt Abs 2 S 1 nur diejenigen Papiere, die nach §§ 795, 808 a der staatlichen Genehmigung bedürfen (Rz 42). Über sonstige Schuldverschreibungen vgl Rz 44.

42 cc) Die **Genehmigungspflicht** für Inhaberschuldverschreibungen und Orderschuldverschreibungen ist geregelt in §§ 795, 808 a idF des Gesetzes über die staatliche Genehmigung von Inhaber- und Orderschuldverschreibungen v 26. 6. 1954 (BGBl I 147). Das Inverkehrbringen dieser Schuldverschreibungen ohne die erforderliche Genehmigung stellt eine Ordnungswidrigkeit dar (§ 6 Abs 1 Nr 1 des Gesetzes). Die Schuldverschreibung ist in diesem Fall nichtig, und der Aussteller hat dem Inhaber den durch die Ausgabe verursachten Schaden zu ersetzen (§§ 795 Abs 2, 808 a S 2). Zinsscheine, die als Inhaberpapiere ausgestellt sind, sind von der Genehmigung gedeckt und bedürfen keiner besonderen Genehmigung. Sind Zinsscheine auf den Inhaber für Schuldverschreibungen ausgestellt, die ihrerseits nicht der Genehmigungspflicht nach § 795 Abs 2 unterliegen, so sind die Zinsscheine selbst nach dieser Vorschrift genehmigungspflichtig (RGZ 74, 339, 341; RG JW 1926, 2675; BGB-RGRK-Steffen § 795 Rz 5; MünchKomm-Vallenthin § 795 Rz 3; aM Enneccerus-Lehmann § 214 I 3).

43 **b) aa) Tatbestandliche Voraussetzung** des Abs 2 S 1 ist lediglich, daß es sich um eine *staatlich genehmigte* (Rz 42) *Inhaberschuldverschreibung oder Orderschuldverschreibung* handelt.

44 **bb) Festverzinsliche Wertpapiere anderer Art,** insbesondere Rektapapiere wie der Sparkassenbrief, fallen nicht unter Abs 2 S 1. Sparkassenbriefe, die als Namenspapiere ausgegeben sind, unterliegen deshalb dem Abs 1 (Pleyer NJW 1978, 2130). Über die rechtspolitische Berechtigung dieser Unstimmigkeit kann man streiten. Die Inkongruenz im Wortlaut von Abs 2 S 1 (Rektapapiere nicht erfaßt) und Abs 2 S 2 (Rektapapiere erfaßt) wirft Abstimmungsprobleme auf. Eine Zwangsharmonisierung gegen den Gesetzeswortlaut in Form einer Ausdehnung des Abs 2 S 1 (analoge Anwendung auf alle Fälle des Abs 2 S 2) oder in Form einer Restriktion des Abs 2 S 2 (so Pleyer NJW 1978, 2130), scheidet nach dem Gesetzeswillen aus. Auch der aus den Gesetzesmaterialien ablesbare unmittelbare Sachzusammenhang zwischen S 1 und S 2 des Abs 2 (Rz 49) rechtfertigt nicht eine Übertragung der fragwürdigen Enge von S 1 auf den S 2 (immerhin zw). Die Inkongruenz der beiden Sätze wird in der Praxis keine Schwierigkeiten machen. Mißbräuche dergestalt, daß Emissionshäuser hochverzinsliche unkündbare Kredite vergeben (Abs 2 S 2), ihrerseits jedoch ausgegebene Namenspapiere kündigen, ist deshalb nicht zu befürchten, weil die Herausnahme aus der Deckungsmasse das Privileg beendet (Rz 57); verbleibenden Fällen wäre mit § 242 zu begegnen.

45 **cc) Ausländische Inhaber- und Orderschuldverschreibungen** sind zwar von der Genehmigungspflicht nach §§ 795, 808 a ausgenommen, aber nicht von Abs 2 S 1. Soweit deutsches Recht auf sie Anwendung findet, sind damit auch diese Schuldverschreibungen nicht nach Abs 1 kündbar. Aber idR folgt das Recht aus dem Papier dem Recht des auf der Urkunde angegebenen Ausstellungsortes (RGZ 118, 370; 126, 196, 200 f; Soergel-Kegel [10. Aufl] vor Art 7 EGBGB Rz 305; Palandt-Heldrich vor Art 12 EGBGB Anm 6 q).

46 **c) Rechtsfolge des Abs 2 S 1** ist, daß das gesetzliche Kündigungsrecht ausgeschlossen ist. Es liegt damit nicht bloß eine Ausnahme von Abs 1 S 2 vor wie im Fall des Abs 2 S 2, sondern das gesetzliche Kündigungsrecht ist *kraft Gesetzes* ausgeschlossen. Nur das außerordentliche Kündigungsrecht des Abs 1 ist ausgeräumt. Rechtsgeschäftliche Kündigungsrechte in den Emissionsbedingungen bleiben unberührt. In Hochzinsperioden sichert der Emittent sein Interesse, stets nur marktgerechte Zinsen zahlen zu müssen, gelegentlich durch die Aufnahme von Klauseln ab, nach denen er

berechtigt ist, die Zinsen auf die Emission zu senken (Konvertierungs-Klauseln). Der Sache nach handelt es sich dabei um eine Änderungskündigung.

2. Abs 2 S 2 47

Abs 2 S 2 ist eine **Ausnahme von Abs 1 S 2** (Rz 38). Das Kündigungsrecht nach Abs 1 S 1 kann durch ausdrückliche Vereinbarung ausgeschlossen werden bei Darlehen, die zu einer auf Grund gesetzlicher Vorschriften gebildeten Deckungsmasse für Schuldverschreibungen gehören oder gehören sollen; der Kündigungsausschluß ist nur für die Zeit zulässig, während derer die Darlehen zur Deckungsmasse gehören.

a) aa) Die Bestimmung geht auf § 4 des Gesetzes über weitere Maßnahmen auf dem Gebiet des Hypotheken- und Schiffsbankrechts sowie über Ausnahmen von § 247 Abs 1 BGB v 30. 4. 1954 (BGBl I 115) zurück, der folgenden Wortlaut hatte: 48

(1) Abweichend von § 247 Abs 2 Satz 2 des Bürgerlichen Gesetzbuchs kann das in Absatz 1 Satz 1 dieser Vorschrift bestimmte Kündigungsrecht bei Darlehen, die zu einer auf Grund gesetzlicher Vorschriften gebildeten besonderen Deckungsmasse für Schuldverschreibungen gehören oder gehören sollen, durch ausdrückliche Vereinbarung für die Zeit ausgeschlossen werden, während der sie zur Deckungsmasse gehören.

(2) Ist in der Zeit vom 17. Dezember 1952 bis zum Inkrafttreten dieses Gesetzes bei einem Darlehen der in Absatz 1 genannten Art das Kündigungsrecht aus § 247 Abs 1 Satz 1 des Bürgerlichen Gesetzbuchs ausgeschlossen worden, so steht § 247 Abs 1 Satz 2 des Bürgerlichen Gesetzbuchs der Wirksamkeit der Vereinbarung für die Zeit nicht entgegen, während der das Darlehen zur Deckungsmasse gehört. Die Wirksamkeit von Kündigungen, die vor dem Inkrafttreten dieses Gesetzes erfolgt sind, wird hierdurch nicht berührt.

Durch Art III des Fünften G zur Änderung und Ergänzung des Hypothekenbankgesetzes v 14. 1. 1963 (BGBl I 9) wurde die Bestimmung als Abs 2 S 2 in den § 247 aufgenommen und inhaltlich auf alle Kreditinstitute erstreckt, die auf Grund gesetzlicher Vorschriften eine Deckungsmasse für Schuldverschreibungen bilden.

bb) Normzweck des Abs 2 S 2 ist, den Emittenten eine Kongruenz von Aktiv- und Passivgeschäft bei Schuldverschreibungen zu ermöglichen (Amtl Begr, BR-Drucks 228/62 S 26). Abs 2 S 2 ist damit „systemnotwendiges Korrelat" des Abs 2 S 1 (BGHZ 82, 182, 185 = JR 1982, 192, 193 mAnm Rehbein = NJW 1982, 431 = ZIP 1982, 38, 39; OLG Köln WM 1982, 1417, 1419 mAnm Hadding; Pleyer NJW 1978, 2129; Hadding NJW 1979, 406). Unmittelbar kommt die Regelung den Kreditinstituten entgegen: Sie sollen in der Lage sein, durch Vereinbarung mit dem Darlehnsschuldner die Deckung höher verzinslicher Schuldverschreibungen, die sie ihrerseits nach Abs 2 S 1 nicht kündigen können, sicherzustellen. Mittelbar, und dies ist für den Normzweck entscheidend, bezweckt aber Abs 2 S 2, zum Schutz der Kapitalanleger, dh der Erwerber von Schuldverschreibungen nach Abs 2 S 1, die Deckungsmasse zu erhalten (BGHZ 82, 182, 186 = JR 1982, 192, 193 mAnm Rehbein = NJW 1982, 431 = ZIP 1982, 38, 39; OLG Köln aaO). Die Emissionsbank soll durch Vereinbarung mit dem Darlehnsschuldner das Risiko ausschließen können, an dem höheren Zinssatz der Schuldverschreibung, die sie nicht kündigen kann, festgehalten zu werden, aber ihrerseits der Kündigung des von ihr gewährten Darlehens (mit einem ihr günstigen Zinssatz) ausgesetzt zu sein (BT-Drucks IV/624, S 26 zu Nr 3; BGHZ 79, 163, 169 = JR 1981, 460, 461 m Anm Rehbein = NJW 1981, 814, 815 = ZIP 1981, 263, 265; Hadding NJW 1979, 406). Die Emissionsbank wird im allgemeinen die Zinsen des von ihr gegebenen Hypotheken-Darlehens (unter Berücksichtigung einer Gewinnspanne) auf die Konditionen ihrer Schuldverschreibungen abgestimmt haben. Gäbe es § 247 Abs 2 S 2 nicht, so bestünde für die Emissionsbank die Gefahr einer Inkongruenz von Aktiv- und Passivgeschäft (BGHZ 82, 182, 186 = JR 1982, 192, 193 mAnm Rehbein = NJW 1982, 431 = ZIP 1982, 38, 49

39). Die Vorschrift enthält damit ein Stück Anlegerschutz (MünchKomm-von Maydell Rz 14; Pleyer NJW 1978, 2128; Hadding NJW 1979, 406). Die Abwägung zwischen dem Schutzgedanken des Schuldnerschutzes (Abs 1) und des Anlegerschutzes (Abs 2) fällt in diesem Fall zugunsten der Anleger aus.

50 **b)** Die tatbestandliche Abgrenzung von Abs 2 S 2 ist im einzelnen str.

51 **aa)** Es muß sich um **Darlehen,** dh um Kredite handeln.

52 **bb)** Die Darlehnsvaluta muß zu einer **Deckungsmasse** für Schuldverschreibungen gehören, die **auf Grund gesetzlicher Vorschriften** gebildet ist. Gesetzliche Vorschrift kann nach Art 2 EGBGB jede Rechtsnorm, also auch eine landesrechtliche Rechtsnorm sein (OLG Köln WM 1982, 1417, 1419 m zust Anm Hadding; Pleyer NJW 1978, 2129). Der Begriff „Deckungsmasse" ist str, und str ist damit auch der Kreis der durch Abs 2 S 2 begünstigten Kreditgeber. Der Gesetzgeber hat bewußt auf eine Enumerativregelung verzichtet (Pleyer NJW 1978, 2129 f). Auf der anderen Seite steht fest, daß § 247 Abs 2 S 2 auf Kredite, die nicht zu einer gesetzlichen Deckungsmasse für Schuldverschreibungen gehören, weder unmittelbar noch analog angewandt werden kann (BGHZ 79, 163, 168 = JR 1981, 737 mAnm Rehbein = NJW 1981, 814 = WM 1981, 222 = ZIP 1981, 263; WM 1982, 146). Zweifelsfrei gehören in den numerus clausus der privilegierten Deckungsmassen die bei den privaten Hypothekenbanken (§ 6 HypBkG) und bei den Schiffspfandbriefbanken (§ 6 SchiffsbankG) gebildeten Deckungsmassen. Unproblematisch sind ferner die Deckungsmassen nach § 18 G über die Landwirtschaftliche Rentenbank idF v 15. 7. 1963 (BGBl I 466 m Änderungen), nach § 14 G über die Deutsche Genossenschaftsbank v 22. 12. 1975 (BGBl I 3171). Die nach dem Gesetz über die Pfandbriefe und verwandten Schuldverschreibungen öffentlichrechtlicher Kreditanstalten (**ÖPG**) v 8. 5. 1963 (BGBl I 312, geändert durch Gesetz v 11. 3. 1974 BGBl I 669; eingehend zu diesem Gesetz Hans Weber ZfKrW 1963, 590) zur Bildung einer Deckungsmasse verpflichteten öffentlichrechtlichen Realkreditanstalten gehören gleichfalls hierher (Pleyer NJW 1978, 2129). Zweifelhaft ist die Anwendung von Abs 2 S 2 zugunsten von Sparkassen und anderen öffentlichrechtlichen Kreditanstalten, soweit sie Schuldverschreibungen ausgeben, die nicht unter das ÖPG fallen. Die Frage, ob diese Sparkassen und öffentlichen Kreditanstalten gegenüber ihren Darlehnsnehmern nach Abs 2 S 2 das Kündigungsrecht abbedingen dürfen, wird unterschiedlich beurteilt. Eine von Pleyer (NJW 1978, 2129 f) angeführte Auffassung will einschränkend nur solche Deckungsmassen begünstigen, die hinsichtlich der als Deckung zugelassenen Vermögenswerte qualitativ den Regelungen der §§ 10 ff HypBkG, 6 ff SchiffsbankG, 1 ff ÖPG entsprechen und im Konkursfalle eine mit Befriedigungsvorrecht der Papiergläubiger ausgestattete Sondermasse entsprechend § 35 HypBkG bilden (zust Palandt-Heinrichs Anm 3). Diesem Erfordernis ist genügt in §§ 35 HypBkG, 36 SchiffsbankG, 6 ÖPG, 15 G über die Landwirtschaftliche Rentenbank, § 16 G über die Deutsche Genossenschaftsbank, nicht dagegen zB in §§ 16, 20 ff SparkassenVO NRW. Diese Auffassung überzeugt – so gewichtig die von Pleyer vorgetragenen Erwägungen sind – im Ergebnis nicht (vgl Hadding NJW 1979, 405; Herbst-Lang, Sparkassenobligationen [1971] 102 ff). Die Bildung eines mit Befriedigungsvorrecht für die Gläubiger der Schuldverschreibungen ausgestatteten Sondervermögens ist zwar für die Anwendungsfälle, auf die Abs 2 S 2 historisch zurückgeht, charakteristisch, stellt aber keine Voraussetzung des Tatbestandsmerkmals „Deckungsmasse" dar (Hadding NJW 1979, 407 f; aM Pleyer NJW 1978, 2130). Auch die amtl Begr (BR-Drucks 228/62 S 26) paßt auf alle Kredite, die zur Deckung höher verzinslicher Schuldverschreibungen ausgegeben werden (eingehend Hadding NJW 1979, 407 f). Wenn Abs 2 S 2 den Anlegerschutz vor den Kreditnehmerschutz stellt (Rz 49), ist auch nicht einzusehen, warum sich die Darlehnsnehmer

zur Erhaltung des gesetzlichen Kündigungsrechts darauf sollen berufen dürfen, daß ihre Darlehen die durch Abs 2 S 2 geschützten Anleger weniger sichern. Falls die Deckungsmasse der Schuldverschreibungen wirklich minderwertig ist, sind die Anleger erst recht darauf angewiesen, daß die Deckung nicht zusätzlich ausgehöhlt wird, bedürfen also erst recht des Schutzes des Abs 2 S 2. Auch der gewichtige Einwand, wegen fehlenden Befriedigungsvorrechts hätten die Papiergläubiger kein Interesse an der Deckungsmasse, die allen Gläubigern des Emittenten gleichmäßig zugute komme (Pleyer NJW 1978, 2130), ist kein Grund, den Papiergläubigern auch noch diesen minderen Schutz zu nehmen. Ein besonderes Befriedigungsvorrecht der Papiergläubiger ist wegen öffentlicher Gewährträgerhaftung im Ergebnis entbehrlich (vgl insoweit auch Pleyer NJW 1978, 2130), doch gibt auch dies keinen Anlaß, zum Vorteil der Darlehnsnehmer hier den Abs 2 S 2 beiseitezuschieben und die Dekkungsmasse zu gefährden. In Übereinstimmung mit dem Gesetzeswortlaut ist damit festzuhalten: *Auch die Sparkassen und öffentlichen Kreditanstalten* dürfen unter Berufung auf die nach ihren Landessparkassengesetzen, Landesbankerrichtungsgesetzen oder Satzungen vorgesehenen Deckungsmassen das aus Abs 1 resultierende Kündigungsrecht nach Abs 2 S 2 ausschließen. Die Praxis ist allerdings darauf hinzuweisen, daß die Frage nicht ausdiskutiert, die Rechtslage deshalb zweifelhaft ist. BGHZ 79, 163 ff hat die Frage entgegen der Darstellung bei Palandt-Heinrichs Anm 3 nicht entschieden. Entschieden wurde sie dagegen nach Manuskriptabschluß durch ein *Urteil des OLG Köln v 22. 9. 1982*, und zwar übereinstimmend mit der hier vertretenen Auffassung (WM 1982, 1417 mAnm Hadding).

cc) Eine **Deckungsmasse für Schuldverschreibungen** setzt Abs 2 S 2 voraus. Auf 53
Deckungsmassen, die nicht für Schuldverschreibungen gebildet werden, ist Abs 2 S 2 weder unmittelbar noch analog anzuwenden (BGHZ 79, 163 = JR 1981, 460 m Anm Rehbein = NJW 1981, 814 = ZIP 1981, 263; Palandt-Heinrichs Anm 3; Hadding WM 1982, 1421; Hadding-Welter ZIP 1982, 400). Damit ist ein großer Kreis von Kreditgebern, insbes im Versicherungswesen, von dem Privileg ausgeschlossen. Um Schuldverschreibungen auf den Inhaber oder um Orderschuldverschreibungen braucht es sich nach dem klaren Gesetzeswortlaut nicht zu handeln (aM Pleyer NJW 1978, 2130; wie hier nach Manuskriptabschluß Hadding WM 1982, 1422 f). Nach der Gegenauffassung von Pleyer können Rektapapiere nicht nach Abs 2 S 2 durch unkündbare Darlehnsforderungen über 6 vH gedeckt sein. Namentlich die „Sparkassenbriefe“ wären im Gegensatz zu den als Orderpapieren ausgestellten „Sparkassenobligationen“ (zur Terminologie vgl § 16 SparkassenVO NRW) schon aus diesem Grunde von Abs 2 S 2 ausgenommen. Die von Pleyer geforderte Koordination der Sätze 1 und 2 ist durch sachgerechte Anwendung der Bestimmungen, nicht durch eine mit dem Wortlaut unvereinbare Zwangsharmonisierung zu erzielen (Rz 44; allerdings zw).

dd) Die **Zugehörigkeit** der Darlehen **zur Deckungsmasse** ist gewährleistet, wenn die 54
Kredite zu dieser Deckungsmasse *gehören oder gehören sollen*. Abzustellen ist auf die vereinbarte und vollzogene Zugehörigkeit zur Deckungsmasse. Die Zugehörigkeit zur Deckungsmasse muß zur Zeit der Vereinbarung über den Kündigungsausschluß festgelegt werden (OLG Düsseldorf WM 1980, 94, 95 = Betrieb 1980, 250). Bleibt Abs 2 S 2 unbeachtet und wird das Darlehn trotz der Vereinbarung nicht in Deckung genommen, so berührt dies nicht die Wirksamkeit des Vertrags, sondern nur des Kündigungsausschlusses. Der Schuldner ist berechtigt, das Darlehn nach Abs 1 S 1 zu kündigen (Uebe NJW 1958, 1526). Das Merkmal der Zugehörigkeit zur Deckungsmasse bereitet kaum Schwierigkeiten, solange der zur Deckungsmasse verpflichtete Emittent von Schuldverschreibungen mit dem Darlehnsgeber identisch ist. Dann wird die Verbindung des Aktivgeschäfts (Abs 2 S 2) mit dem Passivgeschäft des Emissionsinstituts (Abs 2 S 1) durch die Deckungsmasse sichergestellt. Da dem

Kreditinstitut ein gewisser Spielraum belassen werden muß, hindert auch eine Überdeckung der im Umlauf befindlichen Schuldverschreibungen durch die Deckungsmasse nicht ohne weiteres die Berufung auf Abs 2 S 2 (BGH BB 1982, 2070 f = NJW 1982, 432 f = WM 1982, 185 = ZIP 1982, 153). Nach OLG Köln WM 1982, 1417, 1420 gilt dies selbst dann, wenn die Überdeckung zeitweilig etwa 100% beträgt!

55 ee) Bei **Nichtidentität von Kreditgeber und deckungspflichtigem Emissionsinstitut** entstehen Zweifelsfragen. Das Gesetz geht vom typischen Bild einer Identität beider aus. Problematisch sind deshalb *die mehrstufigen Kreditverhältnisse,* bei denen ein nicht deckungspflichtiges Emissionsinstitut das Darlehn vergibt, sich bei einem deckungspflichtigen Kreditinstitut refinanziert und seinerseits den Kündigungsausschluß in den Vertrag mit dem Kreditnehmer aufnimmt. Tritt das Kreditinstitut das gewährte Darlehn sicherungs- oder erfüllungshalber an das deckungspflichtige Emissionsinstitut ab, so ist zweifelhaft, ob dies für die Zugehörigkeit beider Darlehen zur Deckungsmasse des Emissionshauses ausreicht. In einzelnen Vorschriften gibt der Gesetzgeber Anhaltspunkte für die Zulässigkeit solcher mehrstufigen unkündbaren hochverzinslichen Kredite. § 19 Abs 4 G über die Landwirtschaftliche Rentenbank v 15. 7. 1963 (BGBl I 465), lautet: „§ 247 Abs 2 Satz 2 des Bürgerlichen Gesetzbuchs gilt auch für die von der Landwirtschaftlichen Rentenbank gewährten Darlehen, wenn die für sie gestellten Sicherheiten zu einer nach § 18 Abs 2 gebildeten Deckungsmasse gehören oder gehören sollen." Das Spiegelbild findet sich in § 14 Abs 7 G über die Deutsche Genossenschaftsbank v 22. 12. 1975 (BGBl I 3171): „§ 247 Abs 2 Satz 2 des Bürgerlichen Gesetzbuchs gilt auch für Darlehensforderungen, die an die Bank als Sicherheit für solche Darlehen abgetreten werden, die zu einer nach Absatz 1 gebildeten Deckungsmasse gehören oder gehören sollen." Eine Verallgemeinerung dieser Regeln in dem Sinne, daß unkündbare hochverzinsliche Kredite stets auch mittelbar gewährt werden können und daß dann sowohl der Kredit selbst als auch der Refinanzierungskredit unter Abs 2 S 2 fällt, könnte die Gefahr von Manipulationen mit sich bringen (vgl OLG Düsseldorf Betrieb 1980, 250 f = WM 1980, 94 f; dazu aber Hadding-Welter ZIP 1982, 401). Eine strenge Auffassung erklärt deshalb die Identität des Kreditgebers und des deckungspflichtigen Kreditinstituts zur Tatbestandsvoraussetzung des Abs 2 S 2 (AK-BGB-Brüggemeier Rz 9; Palandt-Heinrichs Anm 3). Wenn aber Abs 2 S 2 das Interesse der Papiergläubigerschaft an der Bonität der Schuldverschreibungen dadurch sichern soll, daß das Emissionsinstitut besonders besicherte Forderungen als Deckung vorhält, dann behält dieser Gesetzeszweck auch dann Gültigkeit, wenn ursprünglich einmal ein Dritter Darlehnsgläubiger gewesen ist. Auch an dem Interesse des Financier, mittels der Kündigungsausschlußmöglichkeit die ihm auferlegte Kongruenz von Aktiv- und Passivgeschäft gewährleisten zu können (von Bargen ZfKrW 1978, 318; Pleyer NJW 1978, 2128, 2129; Hadding NJW 1979, 405, 406), ändert sich nichts, wenn zuvor ein Dritter Darlehnsgläubiger war. Die Abtretung einer Darlehnsforderung, die Übertragung aus einer Deckungsmasse in die andere, beseitigt nicht die Anwendbarkeit des Abs 2 S 2. Allerdings ist diese Auffassung nur im Zusammenhang mit dem bei Rz 59 Gesagten annehmbar.

56 Der **Standpunkt der Praxis** ist durch zwei neue **Urteile des BGH vom 12. 11. 1981** geklärt worden. Danach kann auch eine allgemeine Geschäftsbank, die nicht zu dem Kreis der nach Abs 2 S 2 begünstigten Darlehnsgeber gehört, dann einen Kündigungsausschluß mit ihren Kreditnehmern vereinbaren, wenn sie ihre hypothekarisch gesicherten Ansprüche an eine nach Abs 2 S 2 begünstigte Emissionsbank (zB Hypothekenbank) abtritt, die das Darlehn einer aufgrund gesetzlicher Vorschriften gebildeten Haftungsmasse zuführt (BGHZ 82, 182, 186 = JR 1982, 192 mAnm Rehbein = NJW 1982, 431 = WM 1982, 36 = ZIP 1982, 38; BGH BB 1982, 464 =

WM 1982, 146; dazu eingehend HADDING-WELTER ZIP 1982, 399 ff; weitere Nachweise bei HADDING WM 1982, 1421). Die bloße Sicherungsabtretung an ein deckungspflichtiges Kreditinstitut sollte hierfür allerdings nicht ausreichen (PLEYER NJW 1978, 2130 f). Für die entscheidende Klarheit und Verkehrssicherheit sorgt das Erfordernis einer ausdrücklichen Vereinbarung (Rz 59). Der Darlehnsvertrag darf also nicht etwa offen lassen, ob und wann die darlehnsgewährende Bank die Forderung einer Deckungsmasse zuführen wird (vgl OLG Düsseldorf Betrieb 1980, 250 = WM 1980, 94). Die Vereinbarung über die Aufnahme in eine Deckungsmasse darf auch nicht bloß vorsorglich erfolgen, vielmehr muß die feste Absicht bestehen, das Darlehn in eine Deckungsmasse einzustellen (HADDING-WELTER ZIP 1982, 402).

ff) Mit dem **Ende der Zugehörigkeit zur Deckungsmasse** lebt das gesetzliche Kündi- 57
gungsrecht wieder auf. Nur während die Darlehen zur Deckungsmasse gehören, ist das Kündigungsrecht durch die ausdrückliche Vereinbarung ausgeschlossen. KNIESTEDT NJW 1982, 2225 folgert hieraus, daß das durch Abs 2 S 2 begünstigte Realkreditinstitut die Kündigung zurückweisen muß, nicht dagegen die Kündigung unter der Voraussetzung „annehmen" darf, daß eine Vorfälligkeitsentschädigung gezahlt wird (so geschehen im Fall BGH BB 1982, 2070 = NJW 1982, 432 = MW 1982, 185 = ZIP 1982, 153). Diese Auffassung ließe sich im Wege der teleologischen Reduktion begründen oder auf die Überlegung stützen, daß das Kreditinstitut das Privileg mißbraucht, wenn es die Vertragslösung nicht abwehrt, sondern dem Kreditnehmer nur die Bedingungen einer Vertragslösung diktiert. Aus dem Gesetz ergibt sich diese Beschränkung freilich nicht, denn die „Annahme" der Kündigung unter besonderen Konditionen ist in Wahrheit nichts anderes als die Abwehr der Kündigung, verbunden mit einem Vertragsauflösungsangebot (ähnlich HADDING WM 1982, 1421 Fn 12). Mit dem BGH und entgegen KNIESTEDT wird man deshalb die „bedingte Annahme der Kündigung", mit der das Kreditinstitut die Vertragsauflösung von der Zahlung einer Vorfälligkeitsentschädigung abhängig macht, als zulässig ansehen müssen.

c) In der **Rechtsfolge** beseitigt Abs 2 S 1 nicht das Kündigungsrecht des Abs 1 S 1. Es 58
handelt sich vielmehr um eine Ausnahme von Abs 1 S 2: Die Parteien können das Kündigungsrecht abbedingen (Rz 47).

aa) Ein **ausdrücklicher Ausschluß des Kündigungsrechts** ist erforderlich. Das be- 59
deutet zunächst, daß ein konkludenter oder stillschweigender Ausschluß des Kündigungsrechts nicht in Betracht kommt (HADDING-WELTER ZIP 1982, 402). Der ausdrücklichen Vereinbarung kommen außerdem im Hinblick auf die bei Rz 55 f dargestellten Schwierigkeiten bei mehrstufigen Kreditverhältnissen *erhebliche Rechtsklarheitsaufgaben* zu. Deshalb muß die Zugehörigkeit des Darlehns zu einer Deckungsmasse unmißverständlich festgehalten werden (BGHZ 82, 182, 187 = NJW 1982, 431, 432 = WM 1982, 36 = ZIP 1982, 38 und dazu HADDING-WELTER ZIP 1982, 399 ff; KNIESTEDT NJW 1982, 2224): Die „ausdrückliche Vereinbarung" verlangt gerade in diesen Fällen einen klaren Hinweis der selbst nicht von Abs 2 S 2 begünstigten Geschäftsbank darauf, daß sie die Darlehnsforderung abtreten und auf diese Weise einer Deckungsmasse zuführen wird. Schließlich und endlich muß die „ausdrückliche Vereinbarung" auch klarstellen, daß das Kündigungsrecht des § 247 abbedungen wird (PLEYER NJW 1978, 2131). Mit dieser *Klarstellungsfunktion* verbindet sich nach Auffassung des BGH eine *Informations- und Warnfunktion* gegenüber dem Kreditnehmer (krit HADDING-WELTER ZIP 1982, 403 ff). Diese Warnfunktion gibt dem Klarheitsgebot einen zusätzlichen Inhalt (deutlich BGH WM 1982, 146; NJW 1982, 432 = WM 1982, 185 = ZIP 1982, 153). Mit Recht prüft etwa BGH BB 1982, 2070 = NJW 1982, 432 = WM 1982, 185 = ZIP 1982, 153, ob die Klausel im Vertragstext klar erkennbar oder, was unzureichend wäre, an unauffäl-

liger Stelle versteckt ist. Auf der anderen Seite ist eine besondere Hervorhebung, etwa durch Fett- oder Farbdruck, entbehrlich (BGH WM 1982, 146). Entscheidend ist nach der Praxis des BGH, daß ein Darlehnsnehmer bei durchschnittlicher Aufmerksamkeit die Klausel nicht übersieht.

60 **bb)** Ein **nachträglicher Ausschluß des Kündigungsrechts** ist nur durch Vertragsänderung möglich. Unzureichend ist die spätere Aufnahme des Darlehns in eine Deckungsmasse und eine entsprechende Mitteilung an den Schuldner (Pleyer NJW 1978, 2131).

VI. Einzelfragen

61 **1. § 247 und Grundbuchrecht**

Im **Grundbuchverkehr** hindert ein Verstoß gegen Abs 1 S 2 die Eintragung einer das Kündigungsrecht ausschließenden Beschränkung (OLG München HRR 1937 Nr 1637; von Rosycki-von Hoewel JW 1933, 594). Jedoch gilt dies nur für solche Abreden, die das Kündigungsrecht des Abs 1 ausschließen, nicht für solche, die nur die ordentliche Kündigung nach § 609 betreffen und das besondere Kündigungsrecht des Abs 1 unberührt lassen (KG DNotZ 1932, 524; JW 1933, 1333 = HRR 1933 Nr 1486; aM von Rosycki-von Hoewel JW 1933, 594). Die Möglichkeit, daß der Zinssatz 6 vH übersteigt, hindert die Eintragung eines Rechts selbstverständlich nicht (KG HRR 1932 Nr 1827 = DNotZ 1932, 771). § 247 berührt nämlich nicht die Wirksamkeit des Kredits und seiner Sicherung. Das gesetzliche Kündigungsrecht bedarf zu seiner Erhaltung gegenüber dem Gläubiger nicht der Eintragung (KG JW 1933, 1334 = HRR 1933 Nr 1486 = DNotZ 1932, 722; LG Neustrelitz JW 1933, 647; LG Kiel VersR 1958, 869). Ist das Kündigungsrecht ausgeschlossen, prüft das Grundbuchamt die Voraussetzungen des Abs 2 S 2. Der Nachweis, daß die Hypothek in Deckung genommen ist, kann nach richtiger Auffassung nicht verlangt werden (Uebe NJW 1958, 1526).

62 **2. § 247 und öffentliches Recht**

Im öffentlichen Recht ist § 247 nach hM nicht anwendbar (Staudinger-Weber [11. Aufl] Rz 21; MünchKomm-von Maydell Rz 15; Friedrichs ArchBürgR 42 [1916] 33). Friedrichs, auf den diese hM zurückgeht, begründete das Ergebnis mit der bei Rz 2 f abgelehnten Einordnung des § 247 als Wucherparagraph. Auch fehle es am Vertragsschuldverhältnis. Wie bei § 248 Rz 6 erläutert, ist diese Begründung heute unhaltbar. Im Ergebnis kann der hM beigepflichtet werden, weil und solange Geldschulden öffentlichrechtlicher Art nicht den Regeln des Kapitalmarkts folgen.

63 **3. Übergangsrecht**

Das **Übergangsrecht** von 1900 (Staudinger-Weber [11. Aufl] Rz 22) ist nicht mehr von praktischem Belang. Die Vorschrift gilt auch für Schuldverhältnisse, die vor dem Inkrafttreten des BGB entstanden sind (RGZ 66, 409, 411; Planck-Siber Anm 3). Dasselbe muß für die Wiederinkraftsetzung im Jahr 1931 (dazu Rz 1) gelten (BGH LM Nr 1; BGB-RGRK-Alff Rz 2). Abs 1 gilt also auch für Altschuldverhältnisse, die vor 1931 und selbst vor 1900 schon bestanden. Besondere Übergangsvorschriften enthalten: das G v 16. 3. 1923 RGBl I 163; § 4 G v 30. 4. 1954 BGBl I 115. Die G v 5. 3. 1953 BGBl I 33 und v 14. 1. 1963 BGBl I 9 enthalten keine Übergangsvorschriften.

4. Ergänzung des § 247 durch § 242? 64

Eine Anpassung des Zinssatzes an Marktveränderungen wegen Fortfalls der Geschäftsgrundlage tritt nach hM neben das Kündigungsrecht des Abs 1 (§ 246 Rz 81). Der Sinn und Zweck dieser Vertragsanpassung wird darin erblickt, daß der Kreditnehmer durch eine Kündigung nach § 247 den eigenen Schutz gefährdet und daß für weitere Deckung seines Kapitalbedarfs gesorgt werden muß (Luig Die AG 1979, 149). Von dieser bedenklichen Möglichkeit sollte die Praxis nur in krassen Fällen Gebrauch machen, solange der Gesetzgeber es bei dem geltenden § 247 beläßt. Der Einfluß des § 242 auf die Anwendung des § 247 (vgl Rz 31 f) dürfte ausreichen. Für einen zusätzlichen gesetzlichen Anpassungsmechanismus nach § 242 besteht grundsätzlich kein Bedürfnis.

5. Ergänzung des § 247 durch § 138 65

Neben § 247 bleibt § 138 anwendbar (hM; zB Riedel JurBüro 1978, 947). Nach der hier vertretenen Auffassung ist Abs 1 kein ,,Wucherparagraph" (Rz 3). Den Schutz gegen sittenwidrig überhöhte Zinsen übernimmt § 138. Aber auch die überkommene Gegenauffassung (Rz 2) kann den Abs 1 keineswegs als eine den § 138 verdrängende Spezialregelung ansehen (vgl Holger Schmidt BB 1974, 202).

§ 248

Eine im voraus getroffene Vereinbarung, daß fällige Zinsen wieder Zinsen tragen sollen, ist nichtig.

Sparkassen, Kreditanstalten und Inhaber von Bankgeschäften können im voraus vereinbaren, daß nicht erhobene Zinsen von Einlagen als neue verzinsliche Einlagen gelten sollen. Kreditanstalten, die berechtigt sind, für den Betrag der von ihnen gewährten Darlehen verzinsliche Schuldverschreibungen auf den Inhaber auszugeben, können sich bei solchen Darlehen die Verzinsung rückständiger Zinsen im voraus versprechen lassen.

E I § 358 Abs 2; II § 12; III § 242; Mot II 196; Prot I 475.

Systematische Übersicht

Alphabetische Übersicht

I. Grundlagen 1

Schrifttum: Vgl zunächst die Angaben bei § 246 vor Rz 1; ferner besonders: BACHMANN, Die Restforderung der Teilzahlungsbank gegen den säumigen Schuldner, NJW 1978, 865; BELKE, Die Strafzinsen im Kreditgewerbe – ihre Begrenzung aus dem Zinseszinsverbot und ihr Verhältnis zu den gesetzlichen Verzugsfolgen, BB 1968, 1219; BRINGEZU, Erbbauzins und Zinseszinsverbot, NJW 1971, 1168; BRODMANN, Die Zinsschuld, in: Ehrenbergs Hdb des gesamten Handelsrechts IV/2 § 32; CANARIS, Funktionen und Rechtsnatur des Kontokorrents, FS Hämmerle (1972); ders, Der Zinsbegriff und seine rechtliche Bedeutung, NJW 1978, 1891; DÜRINGER-HACHENBURG, HGB, Bd IV (3. Aufl 1932); J VON GIERKE, Handelsrecht und Schiffahrtsrecht (1958); HERZ, Das Kontokorrent (1974); IHMELS, Zur Zinsberechnung bei Teilzahlungskrediten, BB 1975, 1510; KÜBLER, Feststellung und Garantie (1967); LÖWISCH, Zinseszinsverbot und Verzugsschadensersatz, NJW 1978, 26; PÄTZOLD DJ 1938, 1430; RAISCH, Geschichtliche Voraussetzungen, dogmatische Grundlagen und Sinnwandlung des Handelsrechts (1965) 233 ff; SCHAUDWET, Bankkontokorrent und Allgemeine Geschäftsbedingungen (1967); KARSTEN SCHMIDT, Handelsrecht (1980); ders, Das „Zinseszinsverbot". Sinnwandel, Geltungsanspruch und Geltungsgrenzen, JZ 1982, 829; ders, Kontokorrentrecht und Zinseszinsverbot, JZ 1981, 126; SCHLEGELBERGER-HEFERMEHL, HGB (5. Aufl Bd IV 1976); SCHÖNLE, Bank- und Börsenrecht (2. Aufl 1976); SCHOLTEN, Die Kreditgebühren der Teilzahlungsbanken und das Zinseszinsverbot, NJW 1968, 385; SCHOLZ, Sittenwidrigkeit eines Darlehensvertrags wegen überhöhten Zinssatzes, BB 1974, 1605; ders, Sind Restschuldversicherungsprämien Kreditkosten? MDR 1976, 281.

1. Gegenstand und Zweck der Bestimmung 2

a) Abs 1 spricht das sog **Verbot des Anatozismus** (Zinseszinsverbot) aus. Die Bestimmung enthält eine Begrenzung der Privatautonomie. Sie ist ein gesetzliches Verbot und wäre ohne weiteres auch als Verbotsgesetz iS von § 134 zu qualifizieren, wenn nicht die Rechtsfolge (Nichtigkeit) in Abs 1 ausdrücklich ausgesprochen wäre. Es handelt sich um eines derjenigen Verbotsgesetze, bei denen die Anwendung von § 134 nichts als ein „überflüssiger Rundgang" (VON TUHR II/2 § 69 Fn 9) wäre.

b) Der **Zweck des Zinseszinsverbots** ist nicht zweifelsfrei. Selbstverständlich geht es 3
um den Schutz des Schuldners. Die Einordnung dieses Schuldnerschutzes schwankt zwischen dem *Schutz gegen Ausbeutung* und dem *Schutz gegen Rechtsungewißheit.* Der enge historische Zusammenhang mit dem Wucherverbot (vgl KARSTEN SCHMIDT JZ 1982, 829 f) enthält Elemente des Ausbeutungsgedankens, die bis in die gegenwärtige Praxis fortwirken, aber überwunden werden müssen. Abs 1 richtet sich nicht gegen eine zu hohe Effektivverzinsung, sondern nur gegen eine unabsehbare bzw schwer absehbare Zinslast. *Der Ausbeutungsgedanke hat seinen rechten Platz bei der Inhaltskontrolle von Verträgen, nicht bei dem Zinseszinsverbot.* Das Zinseszinsverbot schützt den Schuldner vor der Ungewißheit über den Umfang der im voraus vereinbarten Zinsschuld. Der Schuldner muß bereits bei Vertragsschluß wissen, wieviel an Zinslast er verspricht; außerdem soll während des Laufs eines Rechtsverhältnisses stets feststehen, auf welche Summe Zinsen berechnet werden. Das so verstandene Zinseszinsverbot hat nicht mehr die ihm ursprünglich zukommende Bedeutung, seit die VO über Preisangaben vom 10. 5. 1973 (BGBl I 461) eine Angabe des effektiven Jahreszinses vorschreibt (§ 246 Rz 89 ff).

4 **2. Anwendungsbereich**

a) Das sog Verbot des Anatozismus (Zinseszinsverbot) stellt eine Begrenzung der Privatautonomie dar. Es gilt für **Zinsvereinbarungen,** *nicht für gesetzliche Zinsen* (aM ROHGE 24, 388, 389 f; Palandt-Heinrichs Anm 1; Planck-Siber Anm 1; Soergel-Reimer Schmidt [10. Aufl] Rz 1; unklar insoweit BGH NJW 1964, 294). Für den gesetzlichen Zins bedarf es nicht des Verbots (Rz 5). Auch sonst ist der Ausdruck „Zinseszinsverbot" eher mißverständlich. Das Gesetz verbietet nicht den Zinseszins, sondern es verbietet nur, daß Vertragsvereinbarungen über die Zahlung von Zinseszins wirksam im voraus getroffen werden.

5 b) **Gesetzliche Zinsen** sind nach BGB und HGB *stets nur Zinsen auf die Hauptforderung.* Sonderregeln, die dies ausdrücklich aussprechen, haben nur deklaratorischen Charakter. So § 353 S 2 HGB, wonach die unter Kaufleuten zu zahlenden Fälligkeitszinsen nicht auch Zinsen von Zinsen erfassen; die Vorschrift dient nur „zur Vermeidung von Zweifeln" (Denkschrift HGB [1897] 195). Nach §§ 289 S 1, 291 S 2 sind auch Verzugs- und Prozeßzinsen aus einer Zinsschuld nicht zu leisten (zutr etwa OLG Köln NJW 1966, 2217, 2218; OLG Düsseldorf MDR 1976, 663, 664). Auch diese Vorschriften sind keine Anwendungsfälle des Abs 1. Die Motive (Mugdan II 34) knüpfen zwar noch bei dem gemeinrechtlichen Zinseszinsverbot an, das auch das „Nehmen von Verzugszinsen" aus Zinsen verbiete; aber Abs 1 verbietet nicht mehr das Nehmen von Zinseszinsen, sondern nur die Vereinbarung im voraus. Trotz der gemeinsamen historischen Wurzeln hat sich deshalb das Zinseszinsverbot unter der Geltung des Prinzips der Zinsfreiheit zu einem Sondertatbestand des Vertragsrechts verselbständigt (Karsten Schmidt JZ 1982, 830). Für gesetzliche Zinsen bedarf es dieses Verbots nicht. *Die §§ 289 S 1, 291 S 1 stellen nur die Begrenzung der gesetzlichen Zinspflicht klar.* § 249 E 1 wollte noch Zinseszinsen aus vertraglichen Zinsen ab Rechtshängigkeit vorschreiben, weil man in der Rechtshängigkeit eine Parallele zur nachträglichen Vereinbarung sah (Mot in Mugdan II 35). Die II. Kommission gab aus Billigkeitsgründen der geltenden Fassung des § 289 den Vorzug (Prot in Mugdan II 538). Ausgeschlossen sind nur gesetzliche Zinsen aus (gesetzlichen oder vereinbarten) Zinsen. Zum Zinsbegriff vgl § 246 Rz 7 ff. § 289 S 2 stellt klar, daß ein Verzugsschaden auch insoweit zu ersetzen ist, als er sich aus entgangener Verzinsung (RGZ 152, 166, 175; OLG Hamburg OLGE 28, 70) oder aus gezahltem Zinseszins berechnet (näher Staudinger-Löwisch § 289 Rz 6 sowie Löwisch NJW 1978, 26).

6 c) Im **öffentlichen Recht** findet § 248 sinngemäß jedenfalls Anwendung auf Verträge von Trägern hoheitlicher Gewalt mit Privatrechtssubjekten. Das ergibt sich aus § 62 S 2 VwVfG und den Verwaltungsverfahrensgesetzen der Länder (die Kommentare zum VwVfG nennen § 248 allerdings nicht; vgl zB Knack, VwVfG [2. Aufl 1982] § 62 Rz 3). Staudinger-Weber (11. Aufl) Rz 27 steht noch auf dem Standpunkt, § 248 beschränke sich auf das Privatrecht und sei im öffentlichen Recht unanwendbar (im Anschluß an Friedrichs ArchBürgR 42 [1916] 33). Friedrichs hatte diese Auffassung damit begründet, daß sich § 248 nur auf Vertragsschuldverhältnisse beziehe. Das ist richtig (Rz 4), steht aber der Anwendbarkeit im öffentlichen Recht nicht entgegen. Mit der Anerkennung subordinationsrechtlicher öffentlichrechtlicher Verträge ist der Standpunkt von Friedrichs überholt. Für gesetzliche Zinsen (zB nach §§ 233 ff AO 1977) bleibt es allerdings dabei, daß § 248 überflüssig und unanwendbar ist (vgl sinngemäß Rz 4; zur gesetzlichen Verzinsung im öffentlichen Recht vgl im einzelnen Wolff-Bachof, Verwaltungsrecht I [9. Aufl 1974] § 44 III b 6; Ulf Fischer, Die öffentlich-rechtliche Geldforderung, Diss Bonn 1968, 159 ff; Eckard Weber, Der Erstattungsanspruch [1970] 134 ff; zum Zinseszinsverbot s auch BGH NJW 1973, 2284 f).

3. Bedeutung der Ausnahmen 7

Die **Ausnahmen vom Zinseszinsverbot** (Rz 26 ff) haben unterschiedliche Bedeutung, je nachdem, wie weit der Tatbestand des Abs 1 begriffen wird. Bedeutungslos geworden ist Art 94 EGBGB mit dem Vorbehalt handelsrechtlicher Vorschriften über Pfandleiher und Pfandleihanstalten (vgl dazu noch SOERGEL-REIMER SCHMIDT [10. Aufl] Rz 4).

II. Voraussetzungen des Zinseszinsverbots

1. Kapitalschuld 8

a) Nur für **Kapitalschulden** gilt Abs 1. Die Abgrenzung ergibt sich aus § 246 Rz 10.

b) Für die *Abgrenzung des Kapitalschuldbegriffs im Gesellschaftsrecht* gelten sinngemäß die Ausführungen bei § 247 Rz 11 ff: Bei der AG stellt sich die Frage, ob Abs 1 anwendbar ist, wegen § 57 Abs 2 AktG nicht. Bei der GmbH gilt nach herkömmlicher Auffassung dasselbe (§ 247 Rz 14). Soweit eine Festverzinsung zugelassen wird, dürfte das Problem der Zinseszinsen gleichwohl nicht auftreten; es wäre ggf entsprechend der Rechtslage bei den Personengesellschaften zu lösen. Der ,,Wertanteil" an Personengesellschaften (§ 247 Rz 15) ist keine Kapitalschuld. *Problematisch* ist dagegen die Rechtslage bei der *stillen Beteiligung,* dem meist aus thesaurierten Gewinnen entstandenen *Darlehnskonto des Gesellschafters* und bei den von Gesellschaftern zur Verfügung gestellten *Gesellschafterdarlehen.* Bei der stillen Einlage ist im Ausgangspunkt zu differenzieren wie bei § 247 (dort Rz 16). Darlehnskonto und Gesellschafterdarlehen begründen Kapitalschulden. Bei den Darlehnskonten – zT auch bei Gesellschafterdarlehen in Kapitalgesellschaften – finden sich ausdrückliche und stillschweigende Vereinbarungen, wonach der Kontostand an einem bestimmten Stichtag (einschließlich Gewinn- und Zinsgutschriften!) der Festverzinsung zugrundegelegt wird. Die Verzinsung von Zinsgutschriften fällt dann an sich unter Abs 1. Eine solche Verzinsung ist zwar als solche erlaubt, könnte aber nach Abs 1 nicht wirksam im voraus versprochen werden. Daß eine Vertragsvereinbarung trotzdem zulässig ist, ergibt sich aus dem recht verstandenen *Privileg des § 355 Abs 1 HGB:* Die Gesellschaft als Trägerin eines Unternehmens kann auf der Grundlage periodischer Verrechnung Zinseszinsen versprechen (Rz 46; KARSTEN SCHMIDT JZ 1981, 129). 9

c) Zinsscheine (§ 803) unterliegen nach hM dem Zinseszinsverbot (RGZ 5, 254; ROHGE 10, 213, 214; ERMAN-HENSE § 803 Rz 1; PALANDT-THOMAS § 803 Anm 1 b; SOERGEL-LIPPISCH § 803 Rz 5; MünchKomm-VALLENTHIN § 803 Rz 3). Eine im voraus getroffene Vereinbarung über die Verzinsung der im Zinsschein verbrieften Forderung verstößt nach dieser hM gegen § 248. Die im Zinsschein verbriefte Forderung unterliegt nach hM auch nicht der gesetzlichen Verzinsung nach §§ 288, 290 BGB (RGZ 5, 254; ROHGE 10, 213; 25, 257; CANARIS in Großkomm HGB § 353 Anm 4). *Diese hM bedarf der Überprüfung* (KARSTEN SCHMIDT JZ 1982, 833). Sie ist durch den Gesetzeszweck (Rz 3) nicht gedeckt. Auch wenn eine Zinsforderung vorliegt, verbietet doch § 248 Abs 1 nicht das Verzinsungsversprechen für einen bereits feststehenden Betrag (Rz 25). Eine Verzinsung nach Fälligkeit und Vorlage des Zinsscheins kann damit in dem Papier wirksam versprochen werden. Auch gesetzliche Verzugs- und Prozeßzinsen (§ 353 HGB kommt kaum in Betracht) sind nicht ausgeschlossen. 10

11 **2. Zinseszins**

a) Nur **Zinsen auf Zinsen** dürfen nicht im voraus vereinbart werden. Im Grundsatz ist dabei von dem bei § 246 Rz 7 ff dargestellten Zinsbegriff auszugehen. Dieser Zinsbegriff muß auf die ratio legis abgestimmt werden, dh auf das Gebot der Rechtsklarheit (Rz 3). Im Ergebnis behält damit auf der Ebene des § 248 die Zinsdefinition der älteren Auffassung ihre Berechtigung: Zinsen, die als Festbeträge vereinbart sind, verstoßen nicht gegen § 248. Als verbotene Zinseszinsen sind bei der Anwendung von § 248 nur wiederkehrende Leistungen für den Gebrauch eines Kapitals anzusehen, die nach Bruchteilen dieses Kapitals berechnet werden (BGH Betrieb 1971, 92, 93).

12 **aa)** Nur **Zinsversprechen** sind von dem Verbot betroffen. Was nicht Zins ist, ist auch nicht Zinseszins. Ein *Disagio,* dh Zinserhebung durch Abzug vom Kapital, ist nicht durch Abs 1 verboten (so ausdrücklich Mot in Mugdan II 109). Da nicht der Ausbeutungsgedanke, sondern der Gedanke der Rechtsklarheit den Abs 1 beherrscht, ist ein solcher Abzug auch dann nicht untersagt, wenn er rechnerisch auf die Inanspruchnahme von Zinseszinsen hinausläuft (Düringer-Hachenburg-Werner § 353 Anm 5). Eine in jedem Fall der Zuwiderhandlung einmalig zu entrichtende feste *Vertragsstrafe* für den Fall unpünktlicher Zinszahlung kann der Herabsetzung nach § 343 unterliegen; sie kann auch nach § 138 nichtig sein (im Einzelfall können dabei auch die Leitbildfunktion des Abs 1 und der Umgehungsgedanke herangezogen werden). Um Zinseszins, dessen Vereinbarung im voraus nach Abs 1 generell nichtig wäre, handelt es sich dagegen nicht (so schon eingehend Staudinger-Werner [11. Aufl] Rz 9; zur Zinserhöhung bei unpünktlicher Zahlung vgl Rz 18). Eine Ausdehnung des Zinseszinsverbots auf Vertragsstrafen (Antrag Dziembowski-Pomian) wurde im Gesetzgebungsverfahren unmißverständlich abgelehnt (vgl Jakobs-Schubert, Die Beratung des BGB II, Recht der Schuldverhältnisse I [1978] 80, 975; eingehend Karsten Schmidt JZ 1982, 832).

13 **bb) Auf Zinsen** müssen Zinsen versprochen sein. Fehlt es daran, so liegt kein Zinseszins vor (BGH NJW 1964, 294). Ob Zinseszins vorliegt, hängt von der Rechtsnatur der Schuld ab, nicht von der Bezeichnung, die die Parteien gewählt haben (BGH Betrieb 1971, 92, 93). Eine Vereinbarung, daß Zinsen zum Kapital geschlagen werden sollen, ist eine Zinseszinsvereinbarung (Düringer-Hachenburg-Werner § 353 Anm 5). Sie ist es auch dann, wenn der Schuldner verspricht, jeweils verzinsliche Schuldanerkenntnisse in neuer Höhe abzugeben (OLG Kiel OLGE 35, 321). Sobald allerdings der Zinseszinsbetrag im voraus als Festbetrag vereinbart wird, ändert sich dies (Rz 25).

14 **b) Exemplarische Einzelprobleme** sollen die Abgrenzung erläutern:

15 *Keine Zinsen* sind nach hM **Gewinnanteile** (zB nach § 121 HGB). Das ist zweifelhaft und hängt von der Rechtsnatur der Schuld ab. Die Gewinnbeteiligung beim partiarischen Darlehn unterliegt nach wohl richtiger Auffassung dem Zinseszinsverbot. Gutschriften aus Gewinnbeteiligungen an einer Gesellschaft können der Verzinsung auf dem Privatkonto eines Gesellschafters unterliegen (so im Ergebnis Düringer-Hachenburg-Werner § 353 Anm 5; zu eng noch Staudinger-Weber [11. Aufl] Rz 10), weil es bereits am Merkmal der Kapitalschuld fehlt (Rz 8). Für Gewinnanteile, die auf einem Darlehnskonto bei einer Gesellschaft verbucht werden, gilt im Ergebnis dasselbe, weil die Befreiung nach § 355 Abs 1 HGB eingreift (Rz 46).

16 Kein Zins ist auch die **Verpflichtung zur Rückerstattung von Zinsen** etwa nach § 346 oder § 812. Der Schuldner muß diese Schuld nach allgemeinen gesetzlichen Regeln (zB §§ 291, 347 S 3) verzinsen, ohne daß §§ 289 S 1, 291 S 2 im Wege stehen (KG

OLGE 24, 285). Demgemäß verstößt auch eine Vorausvereinbarung über die Verzinsung rückzuerstattender Zinsen nicht gegen Abs 1.

Renten unterliegen nicht dem Zinseszinsverbot. Es kann also vereinbart werden, daß rückständige Rentenbeträge verzinst werden sollen (BGH Betrieb 1971, 92; PLANCK-SIBER Anm 1). Das gilt auch für eine *verrentete Kaufpreisschuld* (BGH Betrieb 1971, 92, 93). Auch vereinbarte *Raten* auf eine Schuld sind keine Zinsen und können durch Vereinbarung im voraus verzinslich gestellt werden (BGH Betrieb 1971, 92, 93). Auch eine Entschädigung für einen Nutzungsausfall (zB wegen Grundstücksenteignung) ist nicht schon deshalb „Zins", weil sie als Wert-„Verzinsung" berechnet wird. Die Verzinsung einer solchen Entschädigung kann im voraus vereinbart werden (vgl BGH NJW 1964, 294). Anders verhält es sich, wenn eine bereits geschuldete Enteignungsentschädigung als Summe verzinst wird. Zinsen auf diese Zinsschuld können nach Abs 1 nicht im voraus versprochen werden (BGH NJW 1973, 2284, 2285; MünchKomm-VON MAYDELL Rz 1). 17

Auf rückständige **Erbbauzinsen** und *Einzelleistungen einer Reallast* findet Abs 1 trotz §§ 9 ErbbauVO und 1107 BGB keine Anwendung. Die Praxis wird sich allerdings auf die entgegenstehende hM einrichten müssen, die § 289 – mithin wohl auch § 248 – auf die Verzinsung dieser Schuld anwenden will (vgl BGH NJW 1970, 243; WM 1973, 42, 44; NJW 1978, 1261; STAUDINGER-AMANN § 1107 Rz 15; STAUDINGER-RING § 9 ErbbauVO Rz 30 mwN). Diese, freilich ganz herrschende, Auffassung sollte revidiert werden (BRINGEZU NJW 1971, 1168; KARSTEN SCHMIDT JZ 1982, 832). Die Verweisung des § 1107 auf das Recht der Hypothekenzinsen macht aus den Erbbauzinsen und den Einzelleistungen noch keine dem Abs 1 unterliegende, auf eine Kapitalschuld zu berechnende Zinsschuld (eingehend BRINGEZU NJW 1971, 1168). Auch die Verweisungsnorm des § 1107 besagt nicht das Gegenteil, denn sie soll nur sicherstellen, daß das Grundstück wie für Hypothekenzinsen haftet (so noch ganz deutlich E 1 § 1051). Die Verzinsung rückständiger Beträge kann daher nach richtiger Auffassung vereinbart werden. Der Einwand mangelnder Bestimmtheit (STAUDINGER-RING § 9 ErbbauVO Rz 30) kann allenfalls der dinglichen Sicherung, nicht aber der wirksamen Vereinbarung der Verzinsung entgegenstehen. 18

Kein Zinseszins und deshalb auch nicht durch Abs 1 untersagt ist die Abrede, daß sich der auf die Verbindlichkeit zu entrichtende Zinssatz bei unpünktlicher Zinszahlung erhöht (RGZ 37, 274; BGB-RGRK-ALFF § 248 Rz 1; SOERGEL-REIMER SCHMIDT [10. Aufl] § 248 Rz 1; DÜRINGER-HACHENBURG-WERNER § 353 Anm 5; CANARIS in Großkomm HGB § 353 Anm 4; SCHLEGELBERGER-HEFERMEHL § 353 Rz 9; KARSTEN SCHMIDT JZ 1982, 832). Zur Frage, ob § 339 zutrifft, vgl STAUDINGER-KADUK § 339 Rz 83; RG LZ 1912, 914; OLG Hamburg HansRZ 1926 Nr 114. 19

c) Eine **umgehungsfeste Ausdehnung des Zinseszinsverbots** wird teils durch einen weiten Zinsbegriff, teils durch analoge Anwendung des Abs 1 erreicht. Die Abgrenzung beider Bereiche ist nicht zweifelsfrei (§ 246 Rz 6, 8). Die jüngere Praxis steht noch unter dem Eindruck des Ausbeutungsgedankens (vgl Rz 2) und neigt dazu, den Umfang des Zinseszinsverbots zu überdehnen (vgl zu den folgenden Rz 21–23 eingehend KARSTEN SCHMIDT JZ 1982, 831 f). 20

Auf **Kreditgebühren** wendet die hM § 248 an (BGH WM 1982, 1021, 1022; OLG Braunschweig BB 1965, 847 = NdsRpfl 1965, 11; OLG Köln NJW 1966, 2217; OLG Hamm NJW 1973, 1002, 1003 unter ausdrücklicher Aufgabe der älteren Praxis des VIII. Zivilsenats; AG Hamburg MDR 1965, 381; MünchKomm-VON MAYDELL Rz 2; PALANDT-HEINRICHS Anm 1; BELKE BB 1968, 1224; BACHMANN NJW 1978, 866; vgl auch für gesetzliche Zinsen OLG Düsseldorf MDR 1976, 663). Zinsen auf Kreditgebühren sind danach unzulässige Zinseszinsen. Die Vereinbarung solcher Zinsen ist nichtig. Nach der hier vertretenen Auffassung muß demgegenüber stets geprüft 21 werden, ob überhaupt Zinsen auf eine noch bestehende Kapitalschuld berechnet werden (Rz 8 ff) und ob sie iS von Rz 25 im voraus vereinbart sind.

22 Die **Behandlung sonstiger Nebenposten** ist noch umstritten (Bachmann NJW 1978, 866). Es kann auf die Ausführungen zum Zinsbegriff Bezug genommen werden (§ 246 Rz 7 ff). Der Tendenz zur Ausweitung des Zinseszinsverbots ist auch hierbei entgegenzuhalten, daß nicht der Ausbeutungsgedanke, sondern der Gedanke der Rechtsklarheit die Auslegung des Abs 1 zu beherrschen hat.

23 **Schadensersatzvereinbarungen** können gegen den hier wohl nur analog anwendbaren Abs 1 verstoßen, wenn sie materiell Zinseszinsvereinbarungen darstellen. Die Abgrenzung im einzelnen ist nicht unzweifelhaft. Unzulässig ist die Vorausvereinbarung eines Schadensersatzes, soweit der Schaden nur im Ausfall von Zinsleistungen von seiten des Schuldners besteht (ROHGE 24, 388, 390; Canaris in Großkomm HGB § 353 Anm 4). Kein Zinseszins liegt nach OLG Hamburg OLGE 28, 70 (betr Verzugs- und Prozeßzinsen) vor, soweit ein Zinsschaden auf die Nichtanlage des unbeglichenen Zinsbetrags zurückzuführen ist. Diese nicht zweifelsfreie Auffassung führt im Ergebnis dazu, daß für den Verzugsfall eine Vereinbarung von Zinseszins in Höhe marktüblicher Zinsen erlaubt wäre (abl Canaris in Großkomm HGB § 353 Anm 4). In Anbetracht des § 289 S 2 und der vom BGH zugelassenen typisierten Schadensberechnung (BGHZ 62, 103) mögen hierfür gute Gründe sprechen (vgl zu § 289 auch Löwisch NJW 1978, 26). Wenn aber das Zinseszinsverbot für Rechtsklarheit sorgen soll (Rz 3) und wenn der Normzweck des Abs 1 ein anderer als der des § 289 ist (Rz 5), dann ist eine im voraus getroffene Zinseszinsvereinbarung nicht schon deshalb unbedenklich, weil das Gesetz im Nachhinein die Zahlung von Zinsschadensersatz anordnet. Geht die Vereinbarung über eine Wiederholung des § 289 S 2 hinaus, so ist sie analog § 248 unwirksam.

24 **3. Vereinbarung im voraus**

Nur die **im voraus getroffene Vereinbarung über Zinseszinsen** wird durch Abs 1 unterbunden. „Im voraus" bedeutet nach hM vor Fälligkeit.

25 **Abreden nach Fälligkeit sind zulässig** (Erman-Sirp Rz 1; Schlegelberger-Hefermehl § 353 Rz 9; ausdrücklich auch § 358 Abs 1 S 2 E I: „Zinsen aus rückständigen Zinsen"). So kann ein *Schuldanerkenntnis* (§ 781 BGB) die Verzinslichkeit eines Festbetrags anordnen, auch soweit in diesem Festbetrag Zinsposten enthalten sind (RGZ 95, 18, 19 f). Das gilt auch für den *(Prozeß-)Vergleich.* Der Vergleich kann auf eine verzinsliche Summe lauten, auch wenn in dieser Summe bereits angesammelte Zinsen enthalten sind. Der Begriff „im voraus" bedarf aber darüber hinaus der Korrektur. Dieser Begriff beruht nämlich nicht eigentlich auf der fehlenden Fälligkeit, sondern auf der noch unbestimmten Höhe künftiger Zinsen. Da das Zinseszinsverbot nicht die Ausbeutung des Schuldners, sondern die Eingehung unbestimmt hoher Zinsverbindlichkeiten verhindern soll (Rz 3), *sollte der Begriff „im voraus" von der strikten Bindung an das Merkmal der Fälligkeit befreit werden.* Der Wortlaut des Abs 1 zwingt nicht zur Auslegung der hM (anders § 358 E I). *Auch eine noch nicht fällige Zinsschuld kann durch Vereinbarung verzinslich gestellt werden, wenn sie bereits im Zeitpunkt der Vereinbarung summenmäßig bestimmt in eine fixe Kapitalschuld aufgenommen wird* (Karsten Schmidt JZ 1982, 831). Eine Abrede vor Fälligkeit (zB ein Prozeßvergleich auf künftige Leistungen) ist damit entgegen der noch hM gleichfalls zulässig; wenn summenmäßig berechnete Zinsen in die versprochene Kapitalschuld aufgenommen sind, kann sie einschließlich der in ihr enthaltenen Zinsen verzinslich gestellt werden. Folgerichtig verstößt auch ein Kreditvertrag nicht gegen Abs 1, wenn ein Kredit von vornherein dergestalt versprochen

wird, daß für das erste, das zweite und weitere Jahre ein Festbetrag bei dem Kreditnehmer belassen und eine von Jahr zu Jahr um den Zinsbetrag wachsende Summe verzinst wird. Voraussetzung ist, daß diese Summe im Vertrag auch genannt wird. Eine Abrede, durch die sich der Schuldner zur alljährlichen Aufnahme angefallener Zinsen in die Kapitalschuld durch jeweils neue Vereinbarungsdarlehen (§ 607 Abs 2) bzw Schuldanerkenntnisse (§ 781) verpflichtet, verstößt gegen Abs 1 (OLG Kiel OLGE 35, 321), denn hier ist die verzinsliche Summe nur abstrakt errechenbar und nicht konkret benannt. Wer Zinseszinsen verlangt, trägt die *Beweislast* für ihre rechtswirksame Vereinbarung (BAUMGÄRTEL, Hdb der Beweislast I [1981] § 248 Rz 1).

III. Ausnahmen nach Abs 2 26

Abs 2 macht eine Ausnahme für **Kreditinstitute** und für Kreditanstalten, die berechtigt sind, verzinsliche Inhaberschuldverschreibungen auszugeben.

1. Abs 2 S 1 27

Sparkassen, Kreditanstalten und Inhaber von Bankgeschäften können im Einlagengeschäft die Zahlung von Zinseszinsen versprechen (**Abs 2 S 1**). *Nur zu ihren Lasten,* nicht zu ihren Gunsten gilt Abs 2 S 1. Der Gesetzgeber hat diese Ausnahme mit der Verkehrsüblichkeit des Zinseszinses im Einlagengeschäft begründet (Prot in MUGDAN II 629). Die eigentliche Besonderheit und Bedeutung von Abs 2 S 1 besteht darin, daß die Voraussetzungen des § 355 Abs 1 HGB nicht vorzuliegen brauchen (DÜRINGER-HACHENBURG-WERNER § 353 Anm 6). Meist liegen sie vor. Dann konkurrieren beide Freistellungstatbestände. Unausgesprochene Voraussetzung des Abs 2 S 1 ist aber weiter, daß der *Schutzgedanke* des Abs 1 (Rz 3) auf Kreditinstitute nicht zutrifft. Als Sparkasse sieht RGZ 115, 393, 397 auch die verzinsliche Arbeitnehmereinlage in einem Unternehmen an (ebenso BGB-RGRK-ALFF Rz 3). Was ein Bankgeschäft ist, soll sich nach RGZ 129, 189, 195 nach der Verkehrsauffassung bestimmen (ebenso DÜRINGER-HACHENBURG-WERNER § 353 Anm 6; BGB-RGRK-ALFF Rz 4). Heute sollte für Abs 2 S 1 die *Begriffsbestimmung des § 1 KWG* den Ausschlag geben (ebenso PALANDT-HEINRICHS Anm 2; SCHLEGELBERGER-HEFERMEHL § 353 Rz 10). Der *Begriff* der Sparkassen, Kreditanstalten und Inhaber von Bankgeschäften ist dann identisch mit dem *des Kreditinstituts.* Es fallen darunter Unternehmen, die Bankgeschäfte in einem Umfang betreiben, der einen in kaufmännischer Weise eingerichteten Geschäftsbetrieb erfordert. Die nach § 2 KWG ausgenommenen Kreditinstitute, insbesondere die Deutsche Bundesbank, die Deutsche Bundespost, die Versicherungsunternehmen und Bausparkassen, fallen mit unter Abs 2 S 1 (ebenso schon STAUDINGER-WEBER [11. Aufl] Rz 15). Dagegen ist die bloße Tatsache, daß Arbeitnehmer Einlagen in ihrem Unternehmen halten können, entgegen RGZ 115, 393, 397 kein Grund für die Anwendung von Abs 2 S 1. Es bedarf der Ausnahmebestimmung in diesem Fall auch nicht (vgl Rz 46).

2. Abs 2 S 2 28

a) Die Ausnahme des **Abs 2 S 2** *privilegiert bestimmte Kreditinstitute* als Kreditgläubiger. Gegenüber Abs 2 S 1 ist dies eine Besonderheit insoweit, als die hier in Frage stehenden Kreditinstitute nicht nur Zinseszinsen versprechen, sondern sich Zinseszinsen versprechen lassen, also nicht bloß Zinseszinszahlung *gewähren* (Abs 2 S 1), sondern Zinseszinszahlung *verlangen* können (Abs 2 S 2). Die auf Bodenkreditinstitute zugeschnittene Ausnahmeregelung wurde in der II. Kommission mit der

Erwägung gerechtfertigt, „daß diese Institute ihrerseits den Inhabern der von ihnen ausgegebenen Zinsscheine pünktlich Zahlung zu leisten verpflichtet seien, zu diesem Zwecke aber, wenn die Darlehnsschuldner mit ihren Zinszahlungen im Rückstande blieben, die erforderlichen Beträge vorschießen müßten"; der Zinseszins wurde deshalb als „Entschädigung für die geleisteten Vorschüsse" und als „Ansporn zu pünklicher Zinszahlung" angesehen (Prot in MUGDAN II 629). Die Vorschrift kommt aber nicht nur den Hypothekenbanken zugute, sondern allen Kreditinstituten, die zur deckungsgleichen Ausgabe verzinslicher Schuldverschreibungen auf den Inhaber befugt sind, zB auch den Schiffsbanken. Ausländische Kreditanstalten können gleichfalls unter die Ausnahmevorschrift fallen; es kommt nicht einmal darauf an, ob sie berechtigt sind, Inhaberschuldverschreibungen im Inland auszustellen und in den Verkehr zu bringen (KGJ 44 A Nr 58; DÜRINGER-HACHENBURG-WERNER § 353 Anm 6). Insgesamt handelt es sich um eine eng begrenzte *Ausnahmeregel für vorweg vereinbarten Zinseszinsschaden*. Die Regel trifft deshalb nur auf solche Darlehen zu, für deren Betrag auch verzinsliche Schuldverschreibungen auf den Inhaber ausgegeben worden sind bzw ausgegeben werden (STAUDINGER-WEBER [11. Aufl] Rz 22; aM wohl BRODMANN in Ehrenbergs Hdb IV/2 S 242).

29 b) Es wird also *zwischen* **Deckungswerten** *und* **Nicht-Deckungswerten** *unterschieden*. Nicht erforderlich ist dagegen, daß der Darlehnsbetrag schon im Zeitpunkt der Vereinbarung durch Inhaberschuldverschreibungen gedeckt ist (PLANCK-SIBER Anm 2 b; aM wohl STAUDINGER-WEBER [11. Aufl] Rz 22). Ein solches Erfordernis wäre mit § 6 Abs 1 HypBkG und mit § 6 Abs 1 SchiffsbankG unvereinbar, denn nach diesen Bestimmungen dürfen Hypothekenpfandbriefe nur ausgegeben werden, soweit ihr Betrag bereits durch Hypotheken bzw Schiffshypotheken gedeckt ist.

30 c) Das **Prüfungsrecht des Grundbuchrichters** bei der Eintragung einer Hypothek mit Zinseszinsabrede umfaßt grundsätzlich auch den § 248; die Kreditanstalt muß deshalb mindestens erklären, daß es sich um Deckungswerte handelt (aM wohl LG Berlin KGBl 1900, 70 f = SoergRspr 1900/01 b zu § 248). Dann ist diese Angabe als richtig zu unterstellen, sofern nicht Anhaltspunkte dagegen sprechen (KG JFG 1, 461, 464). Den Nachweis, daß auch verzinsliche Schuldverschreibungen auf den Inhaber ausgegeben worden sind, kann der Grundbuchrichter nicht verlangen (LG Berlin KGBl 1900, 70 f = SoergRspr 1900/01 b zu § 248). Unentbehrlich ist dagegen die Angabe eines eintragungsfähigen Zinseszinssatzes (KG Recht 1900, 332 = SoergRspr 1900/01 a zu § 248). Dagegen kann der Zinseszins nicht in einem bestimmten Geldbetrag angegeben werden und braucht auch nicht in dieser Form angegeben zu werden (KG JFG 1, 461, 464; aM noch KGJ 20 A Nr 54; SOERGEL-REIMER SCHMIDT [10. Aufl] Rz 6).

IV. Ausnahmen nach § 355 HGB

31 1. Inhalt und Zweck der Vorschrift

a) Eine **Befreiung vom Zinseszinsverbot** enthält § 355 Abs 1 HGB: Im Kontokorrentverhältnis ist der Saldo auch insoweit verzinslich, als bereits in dem Saldo Zinsen enthalten sind. Da § 248 Abs 1 nicht den Zinseszins, sondern nur dessen Vereinbarung im voraus unterbindet, besteht die *Bedeutung* des § 355 Abs 1 HGB zu darin, *die im voraus getroffene Vereinbarung über die Verzinsung zuzulassen* (CANARIS in Großkomm HGB § 355 Anm 100; SCHLEGELBERGER-HEFERMEHL § 355 Rz 62).

32 b) Der **Zweck der Vorschrift** beruht auf der Vereinheitlichungs- und Vereinfachungsfunktion der Verrechnung (Mot z PreußE eines ADHGB [1857] 112; CANARIS in Großkomm HGB § 355 Anm 100). Die Vorschrift privilegiert aus Gründen der

Rücksichtnahme auf kaufmännische Gepflogenheiten den Gläubiger. Die Parteien sollen nicht gezwungen sein, neben dem Kapital stets ein zusätzliches Konto für die Zinsen zu führen. Dabei ist der Akzent auf die Verrechnung zu legen, nicht auf die laufende Rechnung (das Kontokorrent) als Rechtsverhältnis (Karsten Schmidt JZ 1981, 129 f). Diese Akzentsetzung ist gegenüber dem mißverständlichen Gesetzeswortlaut von erheblicher Bedeutung, denn § 355 HGB wirft zwei unterschiedliche Ordnungsaufgaben durcheinander: die Ausnahme vom Zinseszinsverbot und die Regelung des Kontokorrents als Rechtsverhältnis (Raisch 231). Da zwischen beiden Normzwecken des § 355 HGB unterschieden werden muß, kann die Befreiung vom Zinseszinsverbot weiter reichen als der Kontokorrentbegriff.

c) Die **Abgrenzung der Freistellungsnorm** darf sich hiernach nicht streng an den 33 Tatbestandsmerkmalen des § 355 Abs 1 HGB orientieren, sondern sie richtet sich nach dem bei Rz 32 genannten Normzweck. Soweit dies zur Ausdehnung führt, mag man in methodischer Hinsicht nicht von einer direkten, auf teleologischer Auslegung beruhenden, sondern von einer analogen Anwendung sprechen (so wohl Canaris in Großkomm HGB § 355 Anm 12, 119). Im Ergebnis macht dies keinen Unterschied, und die für diese Korrektur streitenden Argumente bleiben dieselben. Im Ergebnis führt die unausgereifte Fassung des § 355 Abs 1 HGB zu Zweifelsfragen.

2. Die gesetzlichen Merkmale des § 355 Abs 1 HGB 34

Kein Zweifel an der Befreiung vom Zinseszinsverbot besteht, wenn sämtliche **Merkmale des § 355 Abs 1 HGB** erfüllt sind. Es sind dies die folgenden:

a) Jedenfalls auf einer Seite muß ein **Kaufmann** beteiligt sein. Ein Kaufmann nach 35 §§ 5, 6 HGB genügt (Canaris in Großkomm HGB § 355 Anm 13; allgM). Es muß sich auch nicht um einen Vollkaufmann handeln (Canaris in Großkomm HGB § 355 Anm 13; allgM). Wird ein unter § 1 HGB fallendes Gewerbe betrieben, so schadet es hiernach nichts, wenn der Gewerbebetrieb nach Art und Umfang einen in kaufmännischer Weise eingerichteten Geschäftsbetrieb nicht erfordert (§ 4 HGB). Anders im Fall des § 2 HGB. Hier wird sogar die Eintragung in das Handelsregister vorausgesetzt. Ein förmliches Festhalten am Kaufmannsbegriff engt aber die Befreiung vom Zinseszinsverbot unsachgemäß ein und führt zu Zufallsergebnissen. Auch die umstrittene Frage, ob Scheinkaufmannseigenschaft genügt (eingehend Canaris in Großkomm HGB § 355 Anm 17), erlaubt noch keine befriedigenden Lösungen. Wie in Rz 45 auszuführen sein wird, genügt es für die Befreiung vom Zinseszinsverbot, wenn ein Unternehmensträger am Kontokorrent beteiligt ist. Darauf, ob sich dieser Unternehmensträger als ein unter §§ 1 ff HGB fallender Kaufmann geriert hat, kommt es dann nicht mehr an. Die Vorschrift ist auf Kaufleute direkt, auf sonstige Unternehmensträger analog anzuwenden. Ist allerdings auch die Unternehmensträgerschaft vorgetäuscht (das angebliche Unternehmen existiert nicht, oder der Kontokorrentbeteiligte ist nicht sein Inhaber), so greift § 355 Abs 1 HGB nicht ein; soweit es dann um die Zinseszinspflicht des Scheinunternehmers geht, kann diesem nach § 242 die Berufung auf § 248 Abs 1 versagt sein (insoweit übereinstimmend Canaris in Großkomm HGB § 355 Anm 17; Schlegelberger-Hefermehl § 355 Rz 9).

b) Eine **Geschäftsverbindung** setzt § 355 Abs 1 voraus. Notwendige Grundlage eines 36 Kontokorrentverhältnisses ist also der Wille der Parteien, fortgesetzt Geschäfte miteinander abzuschließen (Canaris in Großkomm HGB § 355 Anm 18; Schlegelberger-Hefermehl § 355 Rz 10). Zum Begriff und zu den Rechtsfolgen einer Geschäftsverbindung vgl Müller-Graff, Rechtliche Auswirkungen der laufenden Geschäftsverbindung im amerikanischen und deutschen Recht (1974); ders, Die

Geschäftsverbindung als Schutzpflichtverhältnis, JZ 1976, 153; PHILIPOWSKI, Die Geschäftsverbindung (1963); KARSTEN SCHMIDT, Handelsrecht § 19 mwN).

37 c) **Beiderseitige Ansprüche und Leistungen** müssen nebst Zinsen in Rechnung gestellt werden. Daraus wurde in der älteren Praxis gefolgert, daß auch auf beiden Seiten Ansprüche entstehen müssen (RGZ 95, 18, 19; RG JW 1933, 2826, 2827). Die heute hM verlangt nicht mehr, daß beiderseitige Ansprüche und beiderseitige Leistungen in das Kontokorrent eingestellt werden. Es genügt, wenn auf der einen Seite nur Ansprüche entstehen, während auf der anderen Seite nur Leistungen erbracht werden (RGZ 88, 373, 375; 115, 393, 396; RG WarnR 1926 Nr 27; HRR 1935 Nr 802; 1938 Nr 1231; CANARIS in Großkomm HGB § 355 Anm 20; SCHLEGELBERGER-HEFERMEHL § 355 Rz 12; KARSTEN SCHMIDT, Handelsrecht § 20 II 2 c). Dieser hM ist zuzustimmen. Das erklärt sich, soweit es um das Kontokorrent als Schuldverhältnis geht, aus der Prädominanz des Parteiwillens (so SCHLEGELBERGER-HEFERMEHL § 355 Rz 12), soweit es um die Befreiung vom Zinseszinsverbot geht, dagegen aus teleologischer Gesetzesauslegung (so CANARIS in Großkomm HGB § 355 Anm 20). Es genügt, daß beiderseitige Ansprüche und Leistungen, *sofern* solche entstehen, kontokorrentmäßig behandelt werden sollen.

38 d) Eine **Kontokorrentabrede** wird vorausgesetzt. Inhalt der Kontokorrentabrede ist, daß die Ansprüche und Leistungen zunächst in Rechnung gestellt und in regelmäßigen Zeitabschnitten durch Verrechnung und Feststellung des Überschusses ausgeglichen werden. Der Parteiwille entscheidet also darüber, ob ein Kontokorrentverhältnis vorliegt (RGZ 117, 34, 35; 123, 384, 386; RG WarnR 1926 Nr 27; JW 1933, 2826; 1936, 2540; SCHLEGELBERGER-HEFERMEHL § 355 Rz 14). Von der Kontokorrentabrede wird der „Geschäftsvertrag" unterschieden, der als gegenseitiger Vertrag die obligatorische Grundlage der Inrechnungstellung und der Verrechnung darstellt (CANARIS in Großkomm HGB § 355 Rz 10).

39 e) Die **Periodizität** ist nach hM Voraussetzung für eine direkte Anwendung des § 355 Abs 1 HGB (RGZ 115, 393, 396; 123, 384, 386; insoweit auch SCHLEGELBERGER-HEFERMEHL § 355 Rz 15). Das *Staffelkontokorrent,* bei dem mit jeder Buchung auch eine Verrechnung erfolgt, entspricht nicht dem Leitbild des § 355 Abs 1 HGB. Nach hM stellt das Staffelkontokorrent die Ausnahme, das Periodenkontokorrent dagegen die Regel dar (RGZ 56, 19, 24; 76, 330, 333; 87, 434, 438; BGHZ 49, 24, 29; 50, 277, 279; BGH WM 1972, 283 f; BB 1972, 1163; SCHLEGELBERGER-HEFERMEHL § 355 Rz 104; hM; **aM** OLG Celle WM 1960, 208; GÖPPERT ZHR 102 [1936] 166 ff; 103 [1936] 318 ff; HERZ 72 ff; SCHAUDWET 39 ff). Damit ist nicht gesagt, daß die Periodizität etwa „Wesensmerkmal" des Kontokorrents wäre (hiergegen CANARIS in Großkomm HGB § 355 Anm 30; SCHLEGELBERGER-HEFERMEHL § 355 Rz 15). Aber die Befreiung vom Zinseszinsverbot stellt doch auf die Periodizität ab. Zur Frage, ob § 355 Abs 1 HGB auf das Staffelkontokorrent analog anzuwenden ist, vgl Rz 47.

40 **3. Die Verzinsung beim Periodenkontokorrent**

a) Die **Verzinsung der Einzelforderungen während der Rechnungsperiode** unterliegt dem § 248 BGB. Die Einzelforderungen sind nach allgemeinen Regeln verzinslich. Sie bleiben auch nach der Einstellung in die laufende Rechnung existent und verlieren nur ihre Klagbarkeit, Aufrechenbarkeit und Abtretbarkeit (RGZ 105, 233, 234; BGH WM 1970, 184, 186; SCHLEGELBERGER-HEFERMEHL § 355 Rz 32 ff). Die Verzinsung der Einzelforderungen kann auf dem Gesetz (zB § 353 HGB) oder auf einer Vereinbarung beruhen. Dagegen darf nicht schon aus § 355 Abs 1 HGB eine gesetzliche Verzinsung aller in das Kontokorrent eingestellten Forderungen hergeleitet werden (DÜRINGER-HACHENBURG-BREIT § 355 Anm 31; CANARIS in Großkomm

HGB § 355 Anm 49; SCHLEGELBERGER-HEFERMEHL § 355 Rz 20, 38). Zur Zinsberechnung während der Kontokorrentperiode vgl näher CANARIS in Großkomm HGB § 355 Anm 50; SCHLEGELBERGER-HEFERMEHL § 355 Rz 39.

b) Nur für die **Verzinsung des Saldos** gilt § 355 Abs 1 HGB. Zinsen können auch insoweit berechnet werden, als in dem Saldo Zinsposten enthalten sind. Da § 248 Abs 1 nur die im voraus getroffene Zinseszinsvereinbarung untersagt (Rz 24 f), besteht die Bedeutung des § 355 Abs 1 HGB als Befreiung vom Zinseszinsverbot darin, daß eine Verzinsung des Saldos einschließlich der darin enthaltenen Zinsen schon im voraus vereinbart werden kann und daß *schon der „kausale", noch nicht anerkannte Saldo* (CANARIS in Großkomm HGB § 355 Anm 98) in dieser Weise verzinslich ist. Die Freistellung vom Zinseszinsverbot besagt, daß Zinseszinsen im Kontokorrent *vereinbart* werden *können*. Eine andere Frage ist, ob diese Verzinsung vereinbart worden *ist*, ob maW Zinseszinsen im Einzelfall auch *verlangt* werden können. § 355 Abs 1 ordnet Zinseszinsen nicht an, sondern läßt die Vereinbarung nur zu. Eine Verzinsungsvereinbarung wird aber beim Kontokorrentverhältnis vermutet (CANARIS in Großkomm HGB § 355 Anm 101). Nach einer weitergehenden Auffassung folgt aus § 355 Abs 1, daß der Saldo auch insoweit verzinslich ist, als es die einzelnen Forderungen nicht waren (J VON GIERKE § 63 IV 4 c; SCHLEGELBERGER-HEFERMEHL § 355 Rz 62). Das dürfte im Regelfall dem Parteiwillen entsprechen. Setzt sich allerdings der Saldo ausschließlich aus unverzinslichen Forderungen zusammen, so ist auch der Saldo unverzinslich, sofern nichts anderes vereinbart ist (CANARIS in Großkomm HGB § 355 Anm 101; KARSTEN SCHMIDT, Handelsrecht § 20 IV 3). Das Gesetz selbst regelt die Frage nicht. 41

c) Auch der **Zinssatz** ergibt sich in erster Linie aus dem Vertrag. Ist nichts über den Zinssatz geregelt, so gilt unter Nichtkaufleuten § 246 BGB, während der Zinssatz des § 352 Abs 2 HGB zur Anwendung kommt, wenn auch nur eine Partei Kaufmann ist (CANARIS in Großkomm HGB § 355 Anm 101; SCHLEGELBERGER-HEFERMEHL § 355 Rz 64). 42

d) Auch **gegen Sicherungsgeber,** die für die Kapitalschuld einschließlich der Zinsen Sicherheit gewähren, wirkt § 355 Abs 1 HGB. So nach § 767 Abs 1 gegen den Bürgen, der sich für die Kontokorrentschuld verbürgt hat (BGHZ 77, 256 = BB 1980, 1294 = NJW 1980, 2131 = JuS 1981, 61 mAnm KARSTEN SCHMIDT). 43

4. Zinseszins und „uneigentliches Kontokorrent" 44

a) *Die Freistellungsnorm des § 355 Abs 1 HGB ist nach Rz 32 f nicht auf den in § 355 Abs 1 genannten Fall beschränkt.* Die hM bezeichnet Rechtsverhältnisse, die nicht alle in § 355 Abs 1 HGB aufgezählten Merkmale aufweisen, als „uneigentliche Kontokorrentverhältnisse" (zB RGZ 95, 18, 19; 117, 34, 35; J VON GIERKE § 63 IV 6; SCHLEGELBERGER-HEFERMEHL § 355 Rz 118). Diese **Terminologie** stößt in der Literatur auf berechtigte Kritik (CANARIS in Großkomm HGB § 355 Anm 119; s auch SCHLEGELBERGER-HEFERMEHL § 355 Rz 118). Das Schlagwort vom „uneigentlichen Kontokorrent" verdeckt nämlich Unterschiede. Die Rechtsanwendung im Bereich des „uneigentlichen Kontokorrents" muß von den in Wahrheit ganz unterschiedlichen Sachfragen geleitet sein, die sich in diesem Bereich stellen (vgl auch KARSTEN SCHMIDT, Handelsrecht § 20 II 1). Je nachdem, welches Merkmal des § 355 Abs 1 HGB fehlt, und je nachdem, welche Rechtsfolge des § 355 HGB in Frage steht, kann die Beurteilung eines „uneigentlichen Kontokorrents" ganz unterschiedlich ausfallen. Vor allem muß, wie bei Rz 32 f gefordert, genau zwischen dem Kontokorrent als Schuldverhältnis und der Befreiung vom Zinseszinsverbot unterschieden werden.

45 **b) Das ,,uneigentliche Kontokorrent" unter Nichtkaufleuten** trägt diesen Namen zu unrecht. Fehlt unter den Merkmalen des § 355 Abs 1 HGB einzig die Kaufmannseigenschaft, so stellt das Schuldverhältnis unter den Parteien ein Kontokorrent dar, an dem nichts ,,Uneigentliches" ist. Das Kontokorrent als Schuldverhältnis ist ein Institut nicht des Handelsrechts, sondern des bürgerlichen Rechts (Capelle-Canaris, Handelsrecht [19. Aufl] § 16 VII). Ein solches Rechtsverhältnis kann von jedermann vereinbart werden, nicht bloß von Kaufleuten und auch nicht bloß von Unternehmern (Karsten Schmidt, Handelsrecht § 20 II 2 b; aM Raisch 231, 248 f). Die Befreiung vom Zinseszinsverbot dagegen wird von der hM in diesem Fall abgelehnt (Capelle-Canaris, Handelsrecht [19. Aufl] § 16 VII; Canaris in Großkomm HGB § 355 Anm 15; Düringer-Hachenburg-Breit Anh §§ 355-357 Anm 7; Heymann-Kötter, HGB [21. Aufl] § 355 Anm 1; Schlegelberger-Hefermehl § 355 Rz 9; zweifelnd aber ebd Rz 119; aM wohl Schumann, Handelsrecht II [1954] § 5 II 2). Nach richtiger Ansicht muß es hier auf die von Raisch für das Kontokorrent als Schuldverhältnis vorgeschlagene (dort aber nicht angebrachte) Unterscheidung zwischen verschiedenen Typen von Nichtkaufleuten ankommen: Ihrem Sinn und Zweck nach kann die Befreiung vom Zinseszinsverbot nicht von den Zufallsergebnissen des veralteten Kaufmannsbegriffs (§§ 1 ff HGB) abhängen. § 355 Abs 1 HGB ist deshalb stets dann anzuwenden, wenn auf mindestens einer Seite ein **Unternehmensträger** beteiligt ist (Karsten Schmidt, Handelsrecht § 20 II 2 b; ders JZ 1981, 129). Nach Rz 35 wird die Anwendung auf das Kontokorrent eines nichtkaufmännischen, aber gewerblichen oder freiberuflichen Unternehmers usf als eine nur analoge Anwendung zu bezeichnen sein. Im Ergebnis ändert dies nichts. *Kaufmannseigenschaft ist nicht erforderlich; Unternehmereigenschaft einschließlich der freien Berufe genügt.* Keine Anwendung findet § 355 Abs 1 HGB dagegen trotz gewisser Zweifel auf das Kontokorrent unter Privatleuten (zB bei Wohnungsmiete von einem privaten Vermieter). Ein nennenswertes rechtspolitisches Bedürfnis ist hier nicht erkennbar. Die Verzinsung des bereits anerkannten Saldos wird ohnedies nicht durch § 248 Abs 1 untersagt (vgl Rz 25, 31; 41; eingehend Canaris in Großkomm HGB § 355 Anm 16).

46 **c) Die kontokorrentähnlichen Rechtsverhältnisse,** meist gleichfalls als ,,uneigentliches Kontokorrent" bezeichnet, werfen die Frage auf, ob die Befreiung vom Zinseszinsverbot wirklich ein Kontokorrentverhältnis iS von § 355 Abs 1 HGB voraussetzt. Nach Rz 32 muß das verneint werden. Nur kontokorrentähnlich ist zB die offene Rechnung, bei der Forderungen ,,angeschrieben", oft sogar später verrechnet werden, ohne durch Einstellung in das Kontokorrent ihre Selbständigkeit zu verlieren (vgl nur RGZ 117, 34, 35; OLG Köln MDR 1963, 138; OLG Frankfurt Betrieb 1975, 2178). *Ist hier ein Unternehmensträger beteiligt, und ist regelmäßige Verrechnung vereinbart, so kann sich der Unternehmensträger analog § 355 Abs 1 HGB auch ohne Kontokorrentabrede zur Zahlung von Zinseszinsen verpflichten;* ist regelmäßige Verrechnung vereinbart, so muß auch – wie im unmittelbaren Anwendungsfall des § 355 Abs 1 HGB – im Zweifel davon ausgegangen werden, daß der Saldo verzinslich ist (Karsten Schmidt JZ 1981, 129 f). Vgl im Ergebnis auch RGZ 95, 18, 20, wo ein echtes Kontokorrentverhältnis mit zweifelhaften Gründen verneint und die nachträgliche Zinseszinspflicht aus einem konkludent abgeschlossenen Schuldanerkenntnisvertrag hergeleitet wird (abl Kübler 161 f). Auch die *Darlehenskonten und stillen Einlagen von Gesellschaftern* (Rz 9) unterliegen dem direkt oder analog anwendbaren § 355 Abs 1 HGB; sie unterliegen damit der Verzinsung im Umfang des ganzen Jahressaldos, ohne daß es darauf ankommt, ob die gesetzlichen Merkmale des Kontokorrents (Geschäftsverbindung? Kontokorrentabrede?) vollständig vorliegen (Karsten Schmidt JZ 1981, 130). Im Ergebnis zutr auch (unter unrichtiger Anwendung von § 248 Abs 2) RGZ 115, 393, 397 für die Arbeitnehmerbeteiligung.

Anderes muß für das *Zinseszinsversprechen des Nichtunternehmers,* insbesondere des Verbrauchers, gelten. Eine Ausdehnung des § 355 Abs 1 über echte Kontokorrentverhältnisse hinaus scheint zu seinen Lasten nicht vertretbar (KARSTEN SCHMIDT JZ 1981, 130). Eine *im voraus* getroffene Zinseszinsabrede bleibt damit unzulässig. Eine *nachträgliche* Einbeziehung von bereits aufgesummten Zinsen in das verzinsliche Kapital verstößt freilich auch hier nicht gegen § 248 Abs 1 (RGZ 95, 18, 19 f.; CANARIS in Großkomm HGB § 355 Anm 16; ders, FS Hämmerle 60; aM KÜBLER 161 f). Soweit § 355 Abs 1 HGB nicht weiterhilft, ist es freilich unzulässig, dem Schuldner ein zur Zinseszinszahlung führendes Schuldanerkenntnis aufgrund der im voraus getroffenen Verrechnungsabrede gegen seinen Willen zu unterstellen (insoweit überzeugend KÜBLER 162; **aM** CANARIS in Großkomm HGB § 355 Anm 16; ders, FS Hämmerle 60).

5. Zinseszins und Staffelkontokorrent 47

Ein Staffelkontokorrent ist zwar nach hM nicht die Regel (Rz 31), aber seine Vereinbarung ist zulässig (BGHZ 50, 277, 279; BGH WM 1972, 283, 284; SCHLEGELBERGER-HEFERMEHL § 355 Rz 106; hM). *Die analoge Anwendung des § 355 Abs 1 HGB* wird bejaht (SCHLEGELBERGER-HEFERMEHL § 355 Rz 122). Dem kann nur mit der Maßgabe zugestimmt werden, daß die *periodische* Hinzurechnung von Zinsen zum Kapital auch dann vom Zinseszinsverbot befreit ist, wenn das zugrundeliegende Kontokorrent ein Staffelkontokorrent ist (HERZ 72; KARSTEN SCHMIDT JZ 1981, 130).

Paragraphenregister

Sachregister

Fette Zahlen bezeichnen die Paragraphen und deren Vorbemerkung, magere Zahlen die Randnummern.

FSC
www.fsc.org
MIX
Papier | Fördert gute Waldnutzung
FSC® C083411

Kolibri 360 GmbH
Ferdinand-Jühlke-Straße 7
99095 Erfurt, Deutschland
produktsicherheit@kolibri360.de